2026 최신판

임상심리사

1차 〈찐정리 한권끝장〉 필기 이론서

김형준 / 유상현 공저

2급

합격의 바이블

필기/실기 시험 합격 완벽대비!

💯 이 책의 특장점!

- ✦ 일반적으로 잘 출제되는 기출문제 핵심내용 반영
- ✦ 한국산업인력공단에서 발표한 시험출제기준 반영
- ✦ [기출 확인학습], [실력 다지기], [심화]의 Tip 제공
- ✦ 나눔복지교육원 홈페이지에서 저자 직강의 강의 제공(유료)
- ✦ 동영상 강의 🖳 나눔복지교육원 www.hrd-elearning.com

PREFACE

2026년 임상심리사 2급 자격시험을 준비하시는 수험생 여러분의 최종합격을 기원합니다.

임상심리사는 임상심리 전문가로서, 인간의 심리적 건강 및 적응을 효과적으로 다루어 심신의 건강 증진을 돕는 전문가이며, 심리평가와 심리검사, 개인 및 집단 심리상담, 심리재활 프로그램의 개발과 실시, 심리학적 교육, 심리학적 지식을 응용해 자문을 합니다.

다년간 임상심리사 2급 자격수험서 시리즈(이론서, 필기기출문제집, 실기기출문제 및 핵심요약집)를 통해 수험생이 합격을 하는데 도움을 드릴 수 있어 흐뭇한 마음이 듭니다. 2026년 최종합격을 위한 [2026 임상심리사 2급 이론서]를 출간하게 되었으며, 향후 2026년 시험일정은 7p를 참고하시기 바랍니다.

[2026 임상심리사 2급 이론서]의 특징은 다음과 같습니다.

첫째, 보편적으로 출제되고 있는 기출내용을 잘 반영하여 수험생 여러분이 자신 있게 향후 시험을 대비할 수 있게 하였습니다.

둘째, 한국산업인력공단에서 발표한 출제기준에 따라 이론 내용을 구성하였습니다.

셋째, [기출문제 확인학습], [실력 다지기], [보충], [심화학습] 등을 제공하여, 보충학습을 통한 학습의 효율성을 제고하였습니다.

마지막으로 나눔복지교육원(www.hrd-elearning.com) 홈페이지에서 각 이론내용을 심리/상담전문가들로부터 유료로 수강할 수 있기 때문에 이를 잘 활용해보시길 바랍니다.

감사의 말씀을 드립니다.

[2026 임상심리사 2급 이론서]가 출간될 수 있도록 함께 해 주신 유상현 교수님께 깊은 감사드리며, 편집과 제작을 맡아주신 고시고시 출판사 최진만 대표님과 임직원 여러분께 깊은 감사를 드립니다.

2026년 수험생 여러분의 최종합격과 여러분의 온 가정에 축복이 가득하시길 기원합니다.

편저자 대표 심리학 박사 김형준 씀

임상심리사 2급 시험 개요

1 개요

1) 자격 분류 : 국가기술자격증
2) 관련부처 : 보건복지부
3) 시험 시행기관 : 한국산업인력공단(www.q-net.or.kr)

2 임상심리사 2급 전문가의 업무

1) 정신 건강에 문제를 겪는 환자 및 내담자들에 대한 정확한 평가를 위하여 인지능력, 정서, 성격, 적성 등 정신건강 제반사항에 대한 평가를 내린다.
2) 내담자들의 정서적, 성격적, 행동적 문제들에 개입하여 문제해결을 돕는다.
3) 면접과 심리검사의 방법을 이용하는데 이 중 심리검사는 임상심리사의 가장 중요한 평가 도구 중의 하나라고 할 수 있다.
4) 심리검사에는 한 개인의 지적 능력을 평가하는 지능검사에서부터 성격검사, 신경심리검사, 행동관찰 등 다양한 검사가 있다.
5) 심리검사 후 심리평가 보고서를 쓰는데 이 보고서는 정신과 전문의가 진단을 내리고 치료 계획을 세우는데 주요한 참고자료가 된다.
6) 임상적 기법의 평가, 이상행동 등에 관한 기초적 연구나 임상적 연구를 바탕으로 내담자에게 심리상담을 하며 내담자의 정서적, 성격적, 행동적 문제들을 심리학적인 방법으로 접근한다.
7) 정신건강과 관련된 제반 문제들에 대한 프로그램 개발을 위한 작업을 수행한다.
8) 심리치료에 관한 연구를 수행하기도 한다.
9) 심리치료 컨설턴트 또는 교육자로 활동하기도 한다.
10) 대학이나 종합병원에 소속된 교수진들은 오랫동안 구축된 자료를 토대로 심리상담을 새롭게 구성하거나 기존의 심리상담을 수정하고, 평가방법의 정확성 등을 연구하여 활용될 수 있도록 한다.
11) 이 외에도 대학에서 강의를 하거나 심리상담기관이나 병원, 다양한 정부기관에 심리상담 프로그램을 제공하기도 하며, 심리건강과 관련된 행정적인 업무를 수행하기도 한다.

3 취득방법

1) 응시자격, 시험과목, 검정방법, 시험시간

응시자격		시험과목	검정방법	시험시간
임상심리와 관련하여 1년 이상 실습수련을 받은 자 또는 2년 이상 실무에 종사한 자로서 대학졸업자 및 졸업예정자 등	필기	1. 심리학개론 2. 이상심리학 3. 심리검사 4. 임상심리학 5. 심리상담	각 과목별 20문항씩, 객관식 4지 택일형 (100문제)	2시간 30분
	실기	임상실무	필답형	3시간

※ 임상심리사2급 응시자격은 한국산업인력공단에서 개별적으로 확인 가능

2) 합격기준

구분		합격기준
임상심리사 2급	필기	매 과목 40점 이상, 전 과목 평균 60점 이상
	실기	60점 이상

3) 필기시험 합격 후 실기시험의 응시자격은 필기시험 합격자 발표일로부터 2년간 유예

※ 한국산업인력공단(www.q-net.or.kr)에서 필기시험 면제기간을 개별적으로 확인 가능

4 대학원 이수기간의 실무경력 인정

1) 대학원의 학과명, 전공명, 학위명 중 어느 하나에서라도 반드시 "심리, 상담, 치료"가 포함되는 과를 의미
2) 단, 직업상담과 같이 교과과정상 심리학분야와 명확히 거리가 먼 학과는 인정불가

※ 심리학 분야로의 인정 가능 확인을 위한 도움 자료

구 분			인정여부
학과명	전공명	학위명	
유아교육학과	유아교육**심리**전공	문학석사	인정
교육학과	상담**심리**전공	교육학석사	인정
예술치료학과	미술치료전공	예술치료학석사	인정
아동**심리**치료학과	-	심리치료학석사	인정
상담학과	기독교(가족)상담	상담학석사	인정
심리치료학과	미술치료학전공	문학석사	인정

INFORMATION

3) 예외조항 : 심리, 상담, 치료관련 학과가 아닌 경우, 임상심리사 2급의 필기과목인 심리학개론, 이상심리학, 심리검사, 임상심리학, 심리상담 중 3과목 이상을 대학원 이수기간 중 이수하였을 때 인정(학사과정은 해당 없음) 단, 이수과목 명칭이 필기과목과 동일해야 함.

5 연도별 응시자 및 합격률

연도	임상심리사 2급 합격률					
	필기			실기		
	응시	합격	합격률(%)	응시	합격	합격률(%)
2025년	8,620	6,200	72.9%	5,615(2회까지)	2,194(2회까지)	39.1%(2회까지)
2024년	8,975	5,920	66	7,634	3,028	39.7
2023년	7,941	5,928	74.7	7,521	2,965	39.4
2022년	5,915	4,644	78.5	6,792	2,054	30.2
2021년	6,469	5,465	84.5	6,461	2,614	40.5
2020년	5,032	4,003	79.44	3,674	870	23.68
2019년	6,016	4,012	66.67	3,015	292	9.68
2018년	5,621	3,885	69.10	6,189	1,141	18.4
2017년	5,294	4,442	83.69	6,196	1,063	17.18
2016년	5,424	4,492	82.72	5,810	1,327	22.86
2015년	4,442	3,174	73.02	5,330	826	16.34
2014년	3,455	3,151	91.2	3,367	476	14.14
2013년	2,405	2,070	86.10	2,136	770	36
2012년	1,475	875	59.30	1,201	345	28.70
2011년	1,092	802	73.40	1,037	177	17.10
2010년	900	785	87.20	1,013	363	35.80
2009년	763	675	88.50	814	28	3.40
2008년	622	589	94.70	640	178	27.80
2007년	475	457	96.20	490	311	63.50
2006년	293	266	90.80	293	80	27.30
2005년	164	146	90.90	209	77	36.80

6 시험일정

회별	필기시험			응시자격 서류제출 (필기합격자 결정)	응시자격 심사기준일	실기시험		
	원서접수 (휴일제외)	시험시행	합격(예정)자 발표			원서접수 (휴일제외)	시험시행	합격자 발표
제1회	1.12(월) ~ 1.15(목)	1.30(금) ~ 3.3(화)	3.11(수)	1.30(금) ~ 3.20(금)	3.3(화)	3.23(월) ~ 3.26(목)	4.18(토)	6.12(금)
제2회	4.20(월) ~ 4.23(목)	5.9(토) ~ 5.29(금)	6.10(수)	5.11(월) ~ 6.19(금)	5.29(금)	6.22(월) ~ 6.25(목)	7.19(일)	9.11(금)
제3회	7.20(월) ~ 7.23(목)	8.7(금) ~ 9.1(화)	9.9(수)	8.7(금) ~ 9.18(금)	9.1(화)	9.21(월) ~ 9.23(수), 9.28(월)	10.25(일)	12.18(금)

임상심리사 2급 응시자격 서류제출

1 응시자격

◆ 국가기술자격법 시행규칙 별표11의4(제10조의2제3항)

① 임상심리와 관련하여 1년 이상 실습수련을 받은 자 또는 2년 이상 실무에 종사한 자로서 대학졸업자 및 그 졸업예정자
② 외국에서 동일한 종목에 해당하는 자격을 취득한 자

※ 다만 ②호에 해당하는 외국자격은 현재 없으므로 ①호 기준만 적용됨

2 응시자격에서 ①호 기준으로 응시한 사람이 제출할 서류

1) 임상심리사 2급 응시자격 서류 제출 경우의 수(응시자격 요건)

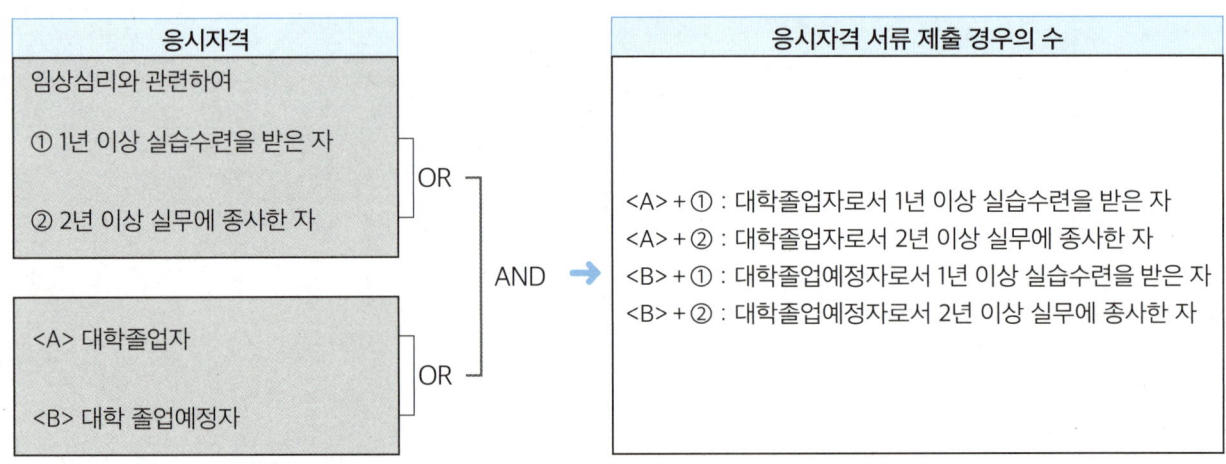

2) 응시자격 기준 적용에 따른 제출 서류

응시자격 서류 제출 경우의 수	제출 서류
\<A\> + ① : 대학졸업자로서 1년 이상 실습수련을 받은 자	대학 졸업증명서 + 실습수련증명서
\<A\> + ② : 대학졸업자로서 2년 이상 실무에 종사한 자	대학 졸업증명서 + 경력증명서
\<B\> + ① : 대학졸업예정자로서 1년 이상 실습수련을 받은 자	대학졸업 예정증명서(최종 학년 재학증명서) + 실습수련증명서
\<B\> + ② : 대학졸업예정자로서 2년 이상 실무에 종사한 자	대학졸업 예정증명서(최종 학년 재학증명서) + 경력증명서

3 실습수련과 실무경력과의 차이

1) 실습수련과 실무경력의 일반적 비교

구 분	실습수련	실무경력	비 고
언제	실습수련기관에서 정한 시간 (고용보험 등 4대 보험 가입×)	근로계약을 체결한 근무 시간 (고용보험 등 4대 보험 가입○)	실무경력은 직장개념으로 고용보험 등 4대 보험에 가입함
어디서	병원, 상담센터(대학교 부설기관 포함) 등	병원, 상담센터(청소년상담센터, 심리연구소), 교정시설, 복지관 등	일반적으로 실무경력의 범위가 넓음
무엇을	심리상담, 심리검사, 심리평가, 심리치료 등의 임상심리와 관련된 실습	심리상담, 심리검사, 심리평가, 심리치료 등의 실무	
어떻게	**실습수련 감독자(Supervisor)의 지도**를 받아서	감독자의 지도 필요 없음	
왜	(전공이수 과정으로, 또는 정신보건임상심리관련) 실습 수련을 인정받기 위하여	일정 보수를 받으며 사회생활	

2) 근로계약을 체결하고 일정 보수를 받는 직장에서의 근무 개념인 실무경력과는 구분이 되며, "실습수련확인서(또는 실습수련증명서)"상에는 실습수련기간, 실습수련 내용, 실습수련 감독자의 내용이 기재되어 있어야 함

3) 실무 경력을 증빙하는 경우에도 임상심리와 관련된 업무를 수행했다는 내용 필요
   ① 경력증명서상에 재직기간, 담당 업무내용(심리상담, 심리검사, 심리평가, 심리자문, 심리치료 등)이 명시적으로 기재가 되어 있을 것
   ② 정확한 재직기간의 확인을 위하여 4대 보험(국민연금, 건강보험, 고용보험, 산재보험) 중 하나를 선택하여 경력증명서와 함께 제출
   ③ 실기접수 및 응시자격 서류제출 기간에는 고용보험 자료를 공단에서 전산 조회가 가능하므로 4대 보험 가입증명서 없이도 경력증명서만으로도 확인이 가능

4 실습수련과 실무경력과의 차이

1) 실습수련확인서 서식은 법정서식으로 정해진 것은 없으나, 가급적 공단에서 지정한 서식(실습수련증명서)을 활용 – "실습수련확인서(또는 실습수련증명서)"상에는 실습수련기간, 실습수련 내용, 실습수련 감독자의 내용이 기재되어 있어야 함
2) 사설기관에서 실습수련을 받은 경우에는 기관의 확인을 위한 절차로 사업자등록증명원을 추가로 첨부하여 제출

5 경력증명서 제출

실습수련확인서와는 달리 경력증명서는 국가기술자격법 시행규칙 별지 제7호의 법정서식을 활용하기를 권장. 다만, 회사 서식에도 재직기간, 담당 업무내용 등의 내용이 모두 기재되어 있다면 인정이 가능

6 실습수련확인서 예시

<table>
<tr><td colspan="4" align="center">**실습수련증명서**</td></tr>
<tr><td>주소</td><td colspan="3">서울시 마포구 공덕동 370 - 4 (전화번호: 02 - 3271 - 9114)</td></tr>
<tr><td>성명</td><td>(한글) 홍 길 동</td><td>주민등록번호</td><td>790101 - 1234567</td></tr>
<tr><td rowspan="4">증명사항</td><td>실습기간</td><td>2010년 4월 1일 - 2011년 3월 31일</td><td>총합계 1년 월 일
(실습수련기간은 만으로 산정)</td></tr>
<tr><td>실습시간</td><td colspan="2">주 3회(1일 8시간)</td></tr>
<tr><td>실습수련 내용
(구체적으로 기재할 것)</td><td colspan="2">장애아동관련 심리상담, 심리검사 등</td></tr>
<tr><td>실습수련 감독자(지도자)</td><td>박 ○○　　비고</td><td>임상심리전문가 제○○호
(비고란은 의무기재사항 아님)</td></tr>
<tr><td colspan="4">국가기술자격법 시행령 제12조의2 및 같은법 시행규칙 제14조제2항의 규정에 의한 국가기술자격검정(임상심리사 1,2급) 응시자격 증명을 위한 실습수련확인서를 제출합니다.

 20   년   월   일
위 본인 홍 길 동 (서명 또는 인) </td></tr>
<tr><td colspan="4">위 기재사항이 사실과 다름없음을 증명합니다. 20   년   월   일 기 관 명 : ○○병원
주　 소 : 서울시 ○○구 ○○동 ○○○-○　전화번호 : 02-○○○○-○○○○
사업자등록번호 또는 대표자 주민등록번호 : ○○○-○○-○○○○○○
대 표 자 :　김 ○○　(인)</td></tr>
<tr><td colspan="4" align="center">한국산업인력공단 이 사 장 귀하</td></tr>
</table>

※ 주의사항 : 이 증명은 국가기술자격검정 응시자격 증명을 위한 것이므로 허위작성 또는 위조 등으로 사실과 다를 때에는 3년 이내에 동일한 자격종목에 응시할 수 없으며, 이미 취득한 자격의 취소 처분은 물론 형사처벌(공·사문서의 위조, 변조 등)을 받을 수 있습니다.
※ 국가기술자격법 시행령 제33조의2항(고유식별정보의 처리)에 근거하여 응시자격에 관한 수험자의 개인정보를 수집할 수 있습니다.

임상심리사 2급 이론서

7 경력증명서 예시

경력증명서

※ 뒤쪽의 경력증명서 작성방법을 읽고 작성하시기 바랍니다. (앞 쪽)

제출인 (본인)	성 명	홍길동	주민등록번호	790101 - 1234567
	전화번호	010 - 0000 - 0000		
	주 소	서울시 마포구 공덕동 370-4 (전화번호: 02-3271-9114)		

증명사항	재직기간		소속 및 직위	담당 업무 내용 (구체적으로 작성할 것)
	2011년 1월 1일 ~ 2012년 12월 31일	2년 개월	상담심리사	심리검사 실시 및 해석상담(MMPI, MBTI, 진로발달심리상담 등)
	년 월 일 ~ 년 월 일	년 개월		
	년 월 일 ~ 년 월 일	년 개월		
	년 월 일 ~ 년 월 일	년 개월		
	년 월 일 ~ 년 월 일	년 개월		

「국가기술자격법 시행령」 제12조의2제2항 및 같은 법 시행규칙 제14조제2항에 따라 국가기술자격 검정 응시자격 증명을 위한 경력증명서를 제출합니다.

20 년 월 일

위 본인 홍길동 (서명 또는 인)

한국산업인력공단 이사장 귀하

위 사항이 사실과 다름 없음을 증명합니다.

20 년 월 일

기관명 : ○○시 청소년 상담센터   전화번호 : ○○○○-○○○○

주 소 : ○○시 ○○동 ○○번지

사업자등록번호 또는 대표자 주민등록번호 :   ○○○ - ○○ - ○○○○○

대표자 김○○   (인)

한국산업인력공단 이사장 귀하

유 의 사 항

이 증명은 국가기술자격검정 응시자격 증명을 위한 것이므로 거짓으로 작성하거나 위조 등을 하여 사실과 다를 때에는 3년 이내에 동일한 자격종목에 응시할 수 없으며, 이미 취득한 자격의 취소처분은 물론 형사처벌(공문서·사문서의 위조, 변조 등)을 받을 수 있습니다.

INFORMATION

임상심리사 2급 출제기준(필기)

직무분야	보건·의료	중직무분야	보건·의료	자격종목	임상심리사 2급	적용기간	2025. 1. 1 ~ 2029. 12. 31

○ 직무내용 : 국민의 심리적 건강과 적응을 위해 기초적인 심리평가, 심리검사, 심리치료 및 상담, 심리재활, 및 심리교육 등의 업무를 주로 수행하며, 임상심리사 1급의 업무를 보조하는 직무이다.

필기검정방법	객관식	문제수	100	시험시간	2시간 30분

필기과목명	문제수	주요항목	세부항목	세세항목
심리학 개론	20	1. 심리학의 역사와 개관	1. 심리학의 역사	1. 심리학의 정의와 목적
				2. 심리학의 성장과 발전
				3. 심리학의 최근 동향
		2. 발달심리학	1. 발달의 개념과 설명	1. 발달의 개념
				2. 발달연구의 접근방법
				3. 전생애 발달
			2. 발달심리학의 연구주제	1. 인지발달
				2. 사회 및 정서 발달
		3. 성격심리학	1. 성격의 개념	1. 성격의 정의
				2. 성격의 발달
			2. 성격의 이론	1. 정신역동이론
				2. 현상학적 이론
				3. 특성이론
				4. 인지 및 행동적 이론
				5. 심리사회적 이론
		4. 학습 및 인지 심리학	1. 학습심리학	1. 조건형성
				2. 유관학습
				3. 사회 인지학습
			2. 인지심리학	1. 뇌와 인지
				2. 기억 과정
				3. 망각
		5. 심리학의 연구 방법론	1. 연구방법	1. 측정
				2. 자료수집방법
				3. 표본조사
				4. 연구설계
				5. 관찰
				6. 실험

필기과목명	문제수	주요항목	세부항목	세세항목
이상 심리학	20	6. 사회심리학	1. 사회지각	1. 인상형성
				2. 귀인이론
			2. 사회적 추론	1. 사회인지
				2. 태도 및 행동
		7. 동기와 정서	1. 동기 심리학	1. 동기이론
				2. 동기의 기능
			2. 정서 심리학	1. 정서이론
				2. 정서의 기능
		1. 이상심리학의 기본개념	1. 이상심리학의 정의 및 역사	1. 이상심리학의 정의
				2. 이상심리학의 역사
			2. 이상심리학의 이론	1. 정신역동 이론
				2. 행동주의 이론
				3. 인지적 이론
				4. 통합이론
		2. 이상행동의 유형	1. 신경발달장애	1. 유형
				2. 임상적 특징
			2. 조현병 스펙트럼 및 기타 정신병적 장애	1. 유형
				2. 임상적 특징
			3. 양극성 및 관련 장애	1. 유형
				2. 임상적 특징
			4. 우울장애	1. 유형
				2. 임상적 특징
			5. 불안장애	1. 유형
				2. 임상적 특징
			6. 강박 및 관련 장애	1. 유형
				2. 임상적 특징
			7. 외상 및 스트레스 관련 장애	1. 유형
				2. 임상적 특징
			8. 해리장애	1. 유형
				2. 임상적 특징
			9. 신체증상 및 관련 장애	1. 유형
				2. 임상적 특징
			10. 급식 및 섭식장애	1. 유형
				2. 임상적 특징
			11. 배설장애	1. 유형
				2. 임상적 특징

INFORMATION

필기과목명	문제수	주요항목	세부항목	세세항목
			12. 수면 – 각성 장애	1. 유형
				2. 임상적 특징
			13. 성기능부전	1. 유형
				2. 임상적 특징
			14. 젠더 불쾌감	1. 유형
				2. 임상적 특징
			15. 파괴적, 충동조절 및 품행 장애	1. 유형
				2. 임상적 특징
			16. 물질관련 및 중독 장애	1. 유형
				2. 임상적 특징
심리검사	20		17. 신경인지장애	1. 유형
				2. 임상적 특징
			18. 성격장애	1. 유형
				2. 임상적 특징
			19 변태성욕장애	1. 유형
				2. 임상적 특징
		1. 심리검사의 기본개념	1. 자료 수집 방법과 내용	1. 평가 면담의 종류와 기법
				2. 행동 관찰과 행동평가
				3. 심리검사의 유형과 특징
			2. 심리검사의 제작과 요건	1. 심리검사의 제작과정 및 방법
				2. 신뢰도 및 타당도
			3. 심리검사의 윤리문제	1. 심리검사자의 책임감
				2. 심리검사에 관한 윤리강령
		2. 지능검사	1. 지능의 개념	1. 지능의 개념
				2. 지능의 분류
				3. 지능의 특성
			2. 지능검사의 실시	1. 지능검사의 지침과 주의사항
				2. 지능검사의 절차
				3. 지능검사의 기본적 해석
		3. 표준화된 성격검사	1. 성격검사의 개념	1. 개발 과정
				2. 구성 및 특성
				3. 척도의 특성과 내용
			2. 성격검사의 실시	1. 성격검사의 실시와 채점
				2. 성격검사의 기본적 해석

임상심리사 2급 이론서

필기과목명	문제수	주요항목	세부항목	세세항목
			4. 신경심리검사	1. 신경심리검사의 개념	1. 신경심리학의 기본 개념
				2. 인지 기능의 유형 및 특성
				3. 주요 신경심리검사의 종류
			2. 신경심리검사의 실시	1. 면담 및 행동관찰
				2. 주요 신경심리검사 실시
		5. 기타 심리 검사	1. 아동 및 청소년용 심리검사	1. 아동 및 청소년용 심리검사의 종류
				2. 아동 및 청소년용 심리검사의 실시
			2. 노인용 심리검사	1. 노인용 심리검사의 종류
				2. 노인용 심리검사의 실시
임상심리학	20		3. 기타 심리검사	1. 검사의 종류와 특징
				2. 투사 검사의 종류와 특징
				3. 기타 질문지형 검사의 종류와 특징
		1. 임상 심리학의 역사와 개관	1. 임상 심리학의 역사와 개관	1. 임상 심리학의 현대적 발전
				2. 정신병리 접근법의 발달과정
				3. 진단체계 발달과정
				4. 발달정신병리
			2. 임상심리학의 이론	1. 정신역동 관점
				2. 행동주의 관점
				3. 생물학적 관점
				4. 현상학적 관점
				5. 통합적 관점
		2. 심리평가 기초	1. 면접의 개념	1. 면접의 개념
				2. 면접의 유형
			2. 행동평가 개념	1. 행동평가의 개념
				2. 행동평가의 방법
			3. 성격평가 개념	1. 성격평가의 개념
				2. 성격평가의 방법
			4. 심리평가의 실제	1. 계획
				2. 실시
				3. 해석
		3. 심리치료의 기초	1. 행동 및 인지행동 치료의 제 개념	1. 행동 및 인지행동 치료의 특징
				2. 행동 및 인지행동 치료의 종류

INFORMATION

필기과목명	문제수	주요항목	세부항목	세세항목
			2. 정신역동적 심리치료의 제 개념	1. 정신역동치료의 개념
				2. 역동적 심리치료 시행 방안
			3. 심리치료의 기타 유형	1. 인본주의치료
				2. 기타 치료
		4. 임상 심리학의 자문, 교육, 윤리	1. 자문	1. 자문의 정의
				2. 자문의 유형
				3. 자문의 역할
				4. 지역사회심리학
			2. 교육	1. 교육의 정의
				2. 교육의 유형
				3. 교육의 역할
			3. 윤리	1. 심리학자의 윤리
				2. 심리학자의 행동규약
		5. 임상 특수분야	1. 개념과 활동	1. 행동의학 및 건강심리학
				2. 신경심리학
				3. 법정 및 범죄심리학
				4. 소아과심리학
				5. 지역사회심리학
심리상담	20	1. 상담의 기초	1. 상담의 기본적 이해	1. 상담의 개념
				2. 상담의 필요성과 목표
				3. 상담의 기본원리
				4. 상담의 기능
			2. 상담의 역사적 배경	1. 국내외 상담의 발전과정
			3. 상담관련 윤리	1. 윤리강령
		2. 심리상담의 주요 이론	1. 정신역동적 상담	1. 기본개념
				2. 주요 기법과 절차
			2. 인간중심 상담	1. 기본개념
				2. 주요 기법과 절차
			3. 행동주의 상담	1. 기본개념
				2. 주요 기법과 절차
			4. 인지적 상담	1. 기본개념
				2. 주요 기법과 절차
			5. 기타 상담	1. 기본개념
				2. 주요 기법과 절차
		3. 심리상담의 실제	1. 상담의 방법	1. 면접의 기본방법
				2. 문제별 접근방법

필기과목명	문제수	주요항목	세부항목	세세항목
			2. 상담의 과정	1. 상담의 진행과정
				2. 상담의 시작과 종결
			3. 집단상담	1. 집단상담의 정의
				2. 집단상담의 과정
				3. 집단상담의 방법
		4. 중독상담	1. 중독상담 기초	1. 중독모델
				2. 변화단계이론
				3. 정신약물학
			2. 개입방법	1. 선별 및 평가
				2. 동기강화 상담
				3. 재발방지
		5. 특수문제별 상담유형	1. 학습문제 상담	1. 학습문제의 기본특징
				2. 학습문제 상담의 실제
				3. 학습문제 상담시 고려사항
			2. 성문제 상담	1. 성문제 상담의 지침
				2. 성피해자의 상담
				3. 성 상담시 고려사항
			3. 비행청소년 상담	1. 청소년비행과 상담
				2. 비행청소년에 대한 접근방법
				3. 상담자의 역할
				4. 비행청소년 상담시 고려사항
			4. 진로상담	1. 진로상담의 의미 및 이론
				2. 진로상담의 기본지침
				3. 진로상담시 고려사항
			5. 위기 및 자살상담	1. 위기 및 자살상담의 의미 및 이론
				2. 위기 및 자살상담의 기본지침
				3. 위기 및 자살상담시 고려사항
			6. 장노년 상담	1. 장노년 상담의 의미 및 이론
				2. 장노년 상담의 기본지침
				3. 장노년 상담 시 고려사항

INFORMATION

임상심리사 2급 출제기준(실기)

직무 분야	보건·의료	중직무 분야	보건·의료	자격 종목	임상심리사 2급	적용 기간	2025. 1. 1 ~ 2029. 12. 31

○ 직무내용 : 국민의 심리적 건강과 적응을 위해 기초적인 심리평가, 심리검사, 심리치료상담, 심리재활, 및 심리교육 등의 업무를 주로 수행하며, 임상심리사 1급의 업무를 보조하는 직무이다.
○ 수행준거 : 1. 기초적인 심리평가를 수행하고 그 결과를 해석하고 적용할 수 있다.
　　　　　　 2. 임상심리학 지식을 통해 기초적인 심리상담 및 심리치료를 할 수 있다.

실기검정방법	필답형	시험시간	3시간

실기과목명	주요항목	세부항목	세세항목
임상실무	1. 기초심리 평가	1. 기초적인 심리검사 실시/채점 및 적용하기	1. 지능검사를 지침에 맞게 실시, 채점하고 해석할 수 있다. 2. 표준화된 성격검사를 지침에 맞게 실시, 채점하고 해석할 수 있다. 3. 투사 검사를 지침에 맞게 실시, 채점할 수 있다. 4. 신경심리검사를 지침에 맞게 실시, 채점할 수 있다. 5. 다양한 행동 평가 방법을 활용하여 목표행동을 규정하고 자료를 수집할 수 있다.
	2. 기초심리 상담	1. 심리상담하기	1. 내담자와 관계형성을 할 수 있다. 2. 내담자의 심리적 특성을 평가할 수 있다. 3. 상담 목표와 계획을 수립할 수 있다. 4. 수퍼비전 하에 상담을 진행할 수 있다.
	3. 심리치료	1. 심리치료하기	1. 내담자와 치료관계를 형성할 수 있다. 2. 기초 행동수정법을 적용할 수 있다. 2. 대인관계증진법을 적용할 수 있다. 3. 아동지도법을 적용할 수 있다. 4. 아동청소년 스트레스 관리 프로그램을 실시할 수 있다.
	4. 자문, 교육, 재활	1. 자문하기	1. 기초적인 자문을 할 수 있다.
		2. 교육하기	1. 심리교육프로그램을 개발할 수 있다. 2. 심리교육을 시행할 수 있다. 3. 심리건강을 홍보할 수 있다.
		3. 심리재활하기	1. 심리사회적 기능을 평가할 수 있다. 2. 심리재활 계획을 수립할 수 있다. 3. 심리재활 프로그램을 실시할 수 있다. 4. 사례관리를 할 수 있다.

임상심리사 2급 자격 취득자에 대한 법령상 우대현황

순번	법령명	조문내역	활용내용
1	경찰공무원임용령	제16조 경력채용의 요건	특별채용의 자격
2	초·중등교육법 시행규칙	제37조 과목면제	고시합격자로 가름 또는 과목면제
3	공무원임용시험령	제27조 경력채용시험의 응시자격 등(별표7, 8)	특별채용시험에 응시
4	공무원임용시험령	제31조 채용시험의 특전 (별표10, 12)	6급 이하 공무원 및 기능직공무원 채용시험 가산대상 자격증
5	공직자윤리법 시행령	제34조 취업승인	관할 공직자윤리위원회가 취업승인을 하는 경우
6	공직자윤리법의 시행에 관한 대법원규칙	제37조 취업승인	퇴직공직자의 취업승인 요건
7	공직자윤리법의 시행에 관한 헌법재판소규칙	제20조 취업승인	퇴직공직자의 취업승인 요건
8	교원자격검정령 시행규칙	제9조 무시험검정의 신청	실기교사무시험검정인 때에는 국가기술자격증 사본(해당과목에 한한다)을 첨부하여야 무시험자격
9	교육감 소속 지방공무원 평정규칙	제23조 자격증 등의 가점	5급 이하 공무원, 연구사·지도사 및 기능직공무원이 자격증을 소지한 경우 점수 가점 평정
10	국가공무원법	제36조의2 채용시험의 가점	채용시험의 가점
11	국가기술자격법	제14조 국가기술자격 취득자에 대한 우대	국가기술자격 취득자를 우대
12	국가기술자격법 시행규칙	제21조 시험위원의 자격 등(별표16)	시험위원의 자격
13	국가기술자격법 시행규칙	제10조의2 응시자격(별표11의4)	서비스분야 응시자격
14	국가기술자격법 시행령	제27조 국가기술자격취득자의 취업 등에 대한 우대	채용·보수 및 승진 등에 있어 해당 직무분야의 국가기술자격 취득자를 우대
15	국가를 당사자로 하는 계약에 관한 법률 시행규칙	제7조 원가계산을 할 때 단위당 가격의 기준	가격을 적용함에 있어 해당 노임단가에 그 노임단가의 100분의 15 이하에 해당하는 금액을 가산
16	국회인사규칙	제20조 경력경쟁채용의 요건	동종직무에 관한 자격증소지자를 특별채용하는 경우
17	군무원인사법 시행규칙	제16조 시험과목의 일부 면제 등	국가에서 실시한 각종 자격·면허시험에 합격한 사람의 자격이 임용예정 직급과 관련이 있는 경우에는 그 자격·면허시험에 이미 응시한 시험과목에 대한 시험은 면제
18	군무원인사법 시행규칙	제27조 가산점(별표4)	승진후보자 명부작성시 자격증 및 면허증 소지자 가산
19	군무원인사법 시행령	제10조 경력경쟁채용 요건 (별표4)	특별채용시험에 의하여 신규채용할 수 있는 자격
20	군인사법 시행규칙	제14조 부사관의 임용	부사관의 자격
21	근로자직업능력 개발법 시행령	제28조 직업능력개발훈련교사의 자격 취득(별표1)	직업능력개발훈련교사의 자격

INFORMATION

순번	법령명	조문내역	활용내용
22	근로자직업능력 개발법 시행령	제38조 다기능기술자과정의 학생선발방법	정원 내 특별전형대상자
23	근로자직업능력 개발법 시행령	제44조 교원 등의 임용	교원을 임용할 때 자격증 소지자 우대
24	독학에 의한 학위취득에 관한 법률 시행령	제9조 시험과목면제 대상	시험과목의 전부 또는 일부를 면제받을 수 있는 자
25	병역법	제53조 전시근로소집 대상 등	전시근로소집 대상
26	병역법 시행령	제83조 전문연구요원 및 산업기능요원이 종사할 해당 분야 등	분야에 종사해야할 전문연구요원 및 산업기능요원
27	비상대비자원 관리법	제2조 대상자원의 범위	대상자원의 범위
28	선박직원법 시행령	제11조 시험과목	필기시험의 해당 과목을 면제
29	아동복지법 시행령	제43조 아동보호전문기관 직원 등의 자격(별표5)	아동보호전문기관의 임상심리치료 전문인력
30	연구직 및 지도직공무원의 임용 등에 관한 규정	제26조의2 채용시험의 특전(별표7)	연구사 및 지도사공무원 채용시험 응시하는 경우 점수 가산
31	장애인 등에 대한 특수교육법 시행령	제17조 전문인력의 자격 기준 등	자격이 있는 진로 및 직업교육을 담당하는 전문인력
32	중소기업인력지원 특별법	제28조 근로자의 창업지원 등	당해 직종과 관련된 분야에서 신기술에 기반한 창업을 하고자 하는 경우 지원
33	지방공무원 임용령	제17조 경력경쟁임용시험 등을 통한 임용의 요건	특별임용 하려는 경우
34	지방공무원 임용령	제55조의3 자격증 소지자에 대한 신규임용시험의 특전	6급 이하 공무원 및 기능직공무원 신규임용시험 시 필기시험 점수 가산
35	지방공무원 평정규칙	제23조 자격증 등의 가점	5급 이하 공무원, 연구사·지도사 및 기능직공무원이 자격증을 소지한 경우 점수 가점 평정
36	지방공무원법	제34조의2 신규 임용시험의 가점	공무원 신규 임용시험 시 점수 가산
37	지방자치단체를 당사자로 하는 계약에 관한 법률 시행령	제57조 주민참여 감독자의 자격	주민대표자의추천을받을수있는사람의자격기준
38	지방자치단체를 당사자로 하는 계약에 관한 법률 시행규칙	제7조 원가계산을 할 때 단위당 가격의 기준	지방자치단체의 장 또는 계약담당자는 가격을 적용함에 있어 당해 노임단가에 동 노임단가의 100분의 15이하에 해당하는 금액을 가산
39	지방자치단체를 당사자로 하는 계약에 관한 법률 시행령	제106조 계약 심의위원회의 구성	계약심의위원회의 위원
40	철도안전법 시행규칙	제18조 적성검사기관의 세부지정 기준 등(별표5)	적성검사기관의 세부지정기준
41	국민안전처 소관 비상대비자원 관리법 시행규칙	제2조 인력자원의 관리 직종(별표)	인력자원 관리직종의 자격 구분표
42	헌법재판소공무원 수당 등에 관한 규칙	제6조 특수업무수당(별표2)	특수 업무수당 지급

임상심리사 2급 시험 합격 Tip

1 합격을 위한 준비 Tip

1) 필기시험 합격을 위한 준비 Tip
   ① 합격의 바이블인 기출문제는 반드시 확인 점검하길 바랍니다.
   기출문제에 대해서는 두 번 이상의 학습이 요구되는데, 이는 임상심리사 2급 시험은 문제은행식 출제이기 때문에 필기시험을 가볍게 합격하기 위해서는 기출문제의 반복학습이 매우 중요합니다.
   ② [심리학개론], [심리검사], [이상심리학]에서 과락(40점 미만)이 나오지 않도록 이론적 내용을 철저하게 숙지하길 바랍니다.
   포괄적인 영역을 담고 있는 [심리학개론]은 난이도의 기복이 심한 과목입니다. [심리학개론]의 학습 분량도 많습니다. [심리검사]는 각종 검사의 채점이나 해석이 나오면 어렵게 출제되는 부분이며, 이는 실기시험에서도 많은 문제가 출제됩니다. 각종 검사의 최신버전 내용(MMPI - 2, 웩슬러 지능검사 - 4번째 또는 5번째 판 등)에 대해 숙지하는 것이 바람직합니다. [이상심리학]에서는 DSM - 5의 전반적인 장애내용을 숙지해두는 것이 좋습니다.
   ③ [심리상담]이나 [임상심리학]은 필기시험에서 쉽지만, 실기시험에서 많은 문제가 출제되므로 이론을 잘 학습하길 바랍니다.
   특히 [심리상담]이 실기시험에서 가장 많이 출제되므로 이론학습을 잘 해두시고 [임상심리학]은 필기시험에서 전형적으로 쉽게 출제되는 과목이지만, 이론을 등한시하면 안 되는데 그 이유는 실기시험에서 많이 출제되고 있기 때문입니다.

2) 실기시험 합격을 위한 준비 Tip
   ① 필기시험과 마찬가지로 실기시험에서도 기출문제에서 40~50% 정도 출제가 되고 있기 때문에 기출문제는 될 수 있는 대로 모두 점검하길 바랍니다.
   기출문제의 분량이 방대하지만, 합격을 위한 지름길이기 때문에 기출문제들을 점검하고 특히, 기출문제에서 반복되어 나온 문제, 새로운 유형의 문제들에 대해 집중적인 학습을 하시길 바랍니다. 그리고 많이 나오는 [심리검사], [심리상담] 과목을 중심으로 작성연습을 꼭 해야 합니다.
   ② 실기시험은 주관식/필답형으로 답안을 작성해야 하는 시험이기 때문에, 직접 작성연습을 해보는 것이 가장 최선의 길이라는 것을 명심하길 바랍니다.
   사전에 작성 연습 없이 시험장에 간다면, 작성하는데 체계적인 답안을 써 내려가기가 쉽지 않습니다. 따라서 문제의 예시 답안을 직접 작성해보아야 합니다. 이러한 부단한 노력은 실제 시험장에서 자신감을 갖게 할 것이며, 차분히 체계적으로 답안을 써 내려가는데 많은 도움이 될 것입니다.

INFORMATION

합격수기

*드디어 실기시험까지 최종합격했습니다 ~ ^^*

닉네임 : 착칸이

이번에 실기시험까지 합격했네요~^^

1차 필기시험은 5과목 제 나름대로 서브노트를 만들어서 이용했어요.
2003년부터 최근 기출문제를 보고 서브노트를 작성했지요.
국가자격시험은 문제은행으로 출제되어서 기출문제를 어느 정도 파악해서 공부하시면 합격하실 수 있을 것 같아요.

2차 실기시험은 많이 공부하셔야 할 것 같아요.
기출문제는 물론 나올 만한 문제들을 노트로 만들어서 외우시면 좋을 것 같습니다.
학습에 정답은 없어요.
전공서적을 꼼꼼히 공부하시거나 강의 하시는 교수님에게 물어서 정답을 만들었습니다.

이번에는 의외로 제가 만든 문제도 나와서 합격하지 않았나 생각해 봅니다.
그리고 1급 2차실기도 정리해서 외웠습니다. 혹시나 해서요...

인터넷에서 떠도는 답들은 정답이 아닌 것도 많기 때문에, 책을 보시고 정리하셨으면 좋을 것 같습니다.

그리고 김형준 교수님의 강의가 참 좋아요. 쉽게 설명해주시고 공부를 잘 할 수 있도록 동기를 부여해 주세요.

아무튼 공부하는 학생님들 열심히 하시면 합격이 다가옵니다.
저도 실기시험까지 3번 만에 합격했으니까, 여러분들은 더욱 더 잘 할 수 있다고 믿으리라 생각합니다.

감사합니다.

포기하지 않은 시험, 합격의 영광

닉네임 : 因쌤 - 강因

합격하지 못했으리라 생각하면서 혹시나 하고 핸드폰 문자를 들여다 본 순간 나도 모르게 함성을 지르고 말았습니다. 합격! 많은 시험을 치고 합격을 하면서 살아 왔지만 오늘처럼 기뻤던 적이 있었나 생각해봅니다.

제 나이 올해 49세.
작년 여름, 필기에서 합격을 하고 실기는 자신이 없어 아예 응시하지 않았고, 올해 첫 시험 실기도전에서 48점으로 불합격. 조금만 더 공부하면 합격할 수 있겠다는 생각으로 다시 도전, 실기시험 두 번째에 합격을 하였습니다.

작년엔 타 출판사, 올해는 나눔북의 기출문제와 요약본 한권으로 준비했습니다.
6월부터 계획을 세우고 전공 서적으로 공부하기 시작하여 기출문제를 분석하고 요약본을 먼저 읽고 다시 전공 서적으로 깊이 있게 공부하였습니다. 그렇게 한 과목씩 공부를 해 나갔습니다. 8월에 들어서는 두 출판사의 기출문제를 중심으로 출제영역의 빈도수를 파악하고, 한 문제에 두 출판사의 조금씩 다른 해설을 하나로 정리하였고, 기출문제는 2003년부터 거의 암기 하다시피 했습니다. 그리고 카페의 합격 수기와 시험정보 및 자료를 참고했습니다. 또 올해 1차 시험에서 실패한 요인을 분석하고 모자라는 부분에 시간투자를 하였습니다.

시험 날, 시험문제를 받아서 문제만 쭉 훑어보았는데 머리가 하얀 백지가 되는 당황함.ㅎㅎ
시험문제 방향이 전혀 다르게 출제된 것이었습니다. 다시 한 번 차분히 문제를 읽으며 답안을 작성하였습니다. 답을 적지 못한 하얀 빈칸들, 비워두지 않고 다 채웠습니다.
그리고 드디어 발표! 점수는 높지 않았습니다. 두 번 시험에 응시하면서 느끼게 된 생각은 평소에 상담, 심리치료, 심리검사 등에 대한 폭 넓은 공부를 해야 한다는 것입니다. 저는 정해진 모범답안처럼 작성하지 않았습니다. 평소 제가 알고 있는 내용을 중심으로 짧게 답안을 작성하였습니다. 평소에 공부를 해두면 시험답안 작성 시 유리할 것 같습니다. 자신이 이해한 만큼 작성하니 부분점수 인정이 좋았는지 제가 생각했던 것보다 점수가 잘 나왔습니다.

지금도 임상심리사가 되려고 도전하는 분들 모두 포기하지 마시고 지속적으로 공부하길 바랍니다. 청소년상담사에도 두 번 낙방했는데 이번 임상심리사 합격으로 용기를 얻어 내년에 다시 도전하려고 합니다. 모든 분들 힘내시고 화이팅 하시길~~~~^^*

CONTENTS

PART 1 심리학 개론

제1장 발달심리학
제1절 발달의 개념과 설명 … 32
제2절 발달심리학의 연구주제 … 35

제2장 성격심리학
제1절 성격의 개념과 형성 … 46
제2절 성격의 제 이론 … 48

제3장 학습 및 인지심리학
제1절 학습심리학 … 65
제2절 인지심리학 … 91

제4장 심리학의 연구 방법론
제1절 기초심리 통계 … 108
제2절 자료수집 - 측정 … 112
제3절 자료수집 방법 - 심리학의 연구방법 중심으로 … 120

제5장 사회심리학
제1절 사회 지각 … 123
제2절 사회적 추론 … 131

제6장 기타 심리학에 관한 내용
제1절 동기와 정서 … 138

PART 2 이상심리학

제1장 이상심리학의 기본개념
- 제1절 이상심리학의 정의 및 역사 · · · · · 146
- 제2절 이상심리학의 이론 · · · · · 152
- 제3절 이상행동의 평가와 진단 · · · · · 156

제2장 정신진단분류체계 5번째 개정판(DSM-5)의 개요 · · · · · 159

제3장 이상행동의 유형
- 제1절 불안장애의 하위유형 · · · · · 165
- 제2절 우울장애와 양극성 및 관련장애 · · · · · 173
- 제3절 중독장애(물질관련 장애) · · · · · 181
- 제4절 성격장애 · · · · · 188
- 제5절 조현병 스펙트럼 및 기타 정신증적 장애 · · · · · 204
- 제6절 성(性) 관련 장애 · · · · · 214
- 제7절 신경발달장애 · · · · · 218
- 제8절 해리장애 · · · · · 227
- 제9절 섭식장애 · · · · · 229
- 제10절 충동통제장애 · · · · · 232
- 제11절 치매, 섬망 및 기타 인지장애 · · · · · 236
- 제12절 신체증상 및 관련 장애 · · · · · 241
- 제13절 외상 및 스트레스 관련 장애 · · · · · 245
- 제14절 강박 및 관련 장애 · · · · · 250
- 제15절 기타 장애 · · · · · 252

PART 3 심리검사

제1장 심리검사의 기본개념
- 제1절 심리검사의 의미 — 258
- 제2절 심리검사의 목적 — 259
- 제3절 자료수집 방법과 내용 — 260
- 제4절 심리검사의 제작과 요건 — 267
- 제5절 심리검사의 윤리문제 — 273

제2장 지능검사
- 제1절 지능의 기초 개념 — 277
- 제2절 지능의 분류와 특성 – 지능이론 중심으로 — 280
- 제3절 지능검사 – 웩슬러(Wechsler) 오리지널 검사 — 284
- 제4절 K-WISC-IV(한국판 웩슬러 아동용 지능검사) — 293
- 제5절 K-WISC-V(한국판 웩슬러 아동용 지능검사 V판) — 299
- 제6절 K-WAIS-IV(한국판 웩슬러 성인용 지능검사) — 304

제3장 다면적 인성검사(MMPI-2)
- 제1절 다면적 인성검사(MMPI-2)의 개발과정 — 313
- 제2절 타당도 척도(Validity Scales) — 314
- 제3절 임상척도(Clinical Scale) — 322
- 제4절 성격병리 5요인(PSY-5) 척도 — 334
- 제5절 내용척도(Content Scales) – 15개 — 335
- 제6절 보충척도(Supplementary Scales) – 15개 — 336
- 제7절 다면적 인성검사(MMPI-2)의 실시 — 337
- 제8절 다면적 인성검사(MMPI-2)의 해석과 사례 — 339

제4장 신경심리검사
- 제1절 신경심리검사의 제 개념 — 344
- 제2절 신경심리검사의 실시 — 356

제5장 기타 심리검사
- 제1절 아동 및 청소년용 심리검사 — 361
- 제2절 노인용 심리검사 및 기타 심리검사 — 370
- 제3절 투사적 검사 — 374

PART 4 임상 심리학

제1장 심리학의 역사와 개관
- 제1절 심리학의 역사 … 412
- 제2절 심리학의 제 이론 … 418

제2장 심리평가 기초
- 제1절 면접의 제 개념 … 424
- 제2절 행동평가 제 개념 … 428
- 제3절 성격평가 제 개념 … 431
- 제4절 심리평가의 실제 … 434

제3장 심리치료의 기초
- 제1절 행동 및 인지행동 치료의 제 개념 … 439
- 제2절 정신역동적 심리치료의 제 개념 … 450
- 제3절 심리치료의 기타 유형 … 454

제4장 임상심리학의 자문, 교육, 윤리
- 제1절 자문 … 458
- 제2절 교육 … 469
- 제3절 윤리 … 471

제5장 임상 특수분야
- 제1절 개념과 활동 … 478

CONTENTS

PART 5 심리상담

제1장 상담의 기초
- 제1절 상담의 기본적 이해 ... 494
- 제2절 상담의 역사적 배경 ... 497
- 제3절 상담관련 윤리 - 윤리강령 중에서 중요내용을 중심으로 ... 500

제2장 심리상담의 주요 이론
- 제1절 정신분석적 상담(지그문트 프로이트) ... 506
- 제2절 인간중심 상담(칼 로저스) ... 510
- 제3절 행동주의 상담(구스타인 등) - 행동치료 ... 514
- 제4절 인지적 상담(엘리스, 벡) ... 521
- 제5절 기타 상담접근법 ... 532

제3장 심리상담의 실제
- 제1절 상담의 방법 - 면접의 기본방법 ... 550
- 제2절 상담의 과정 ... 554
- 제3절 집단상담 ... 561
- 제4절 가족상담 ... 573

제4장 중독상담
- 제1절 중독상담 기초 ... 580
- 제2절 개입방법 ... 586

제5장 특수문제별 상담유형
- 제1절 학습문제 상담 ... 594
- 제2절 성(性) 문제 상담 ... 598
- 제3절 비행청소년 상담 ... 603
- 제4절 진로상담 ... 608
- 제5절 위기 및 자살상담 ... 618

부록

제1장 심리학자의 윤리기준   626

제2장 상담사의 윤리기준   638

제3장 DSM-5(2013)의 주요 장애 진단기준   647

참고문헌   671
찾아보기   668

PART 1
심리학개론

제1장 발달심리학
제2장 성격심리학
제3장 학습 및 인지심리학
제4장 심리학의 연구 방법론
제5장 사회심리학
제6장 기타 심리학에 관한 내용

제1장 발달심리학[1]

> 1) 발달심리학은 인간의 전 생애에 걸친 모든 발달적 변화의 양상과 과정을 연구하는 학문이다.
> 2) 발달심리학은 유아나 아동과 같은 생의 초기에 연구가 집중되는 경향이 있다. 그러나 변화는 어떤 시점에서 중단되는 것이 아니라 일생에 걸쳐 지속적으로 변화하는 전 생애에 걸쳐 발달(life - span development)한다.
> 3) 발달심리학의 연구영역
>   (1) 현상기술연구(phenomenal description)
>   발달심리학 연구의 일차적인 목적은 사람의 연령이 변화함에 따라 여러 영역에 있어서의 심리적 특성이 변화해 가는 양상을 있는 그대로 기술하는 데 있다.
>   (2) 발달기제연구(developmental mechanism)
>   아동의 연령에 따라 발달적 변화가 일어나는 원인과 그 과정을 추론하고 이론화하는데 주안점을 둔다.

제1절 발달의 개념과 설명

1 발달과 성장의 개념

(1) 발달(development)
   ① 발달은 인간의 전 생애에 걸쳐 생활주기에서 나타나는 신체적, 정신적, 사회적 그리고 경험적인 변화이다.
   ② 미리 예측 가능하지만, 그 변화속도는 인간 각 개인마다 매우 달라 독특한 양상을 보이면서 속도는 일정하지 않고 발달의 속도는 개인별로 개인차가 있다.
   ③ 신체적, 지적, 정서적, 사회적 측면에서 조화와 균형을 유지하면서 발달한다.
   ④ 출생에서부터 죽음에 이르기까지 인생 전반에 걸쳐 단계적으로 연속성을 가지고 일어나는 변화의 과정이다.
   ⑤ 기능과 구조가 상승적 변화로만 성장 발달하는 것이 아니라, 이 기능이 약화되고 위축되는 현상도 나타나는데 이를 하강적 또는 퇴행적 변화라고 한다.

(2) 성장(growth)
   ① 신체적인 부분이 어느 단계에 이를 때까지 증가하는 것이며 양적인 증가를 의미한다.
   ② 성장통의 개념에서 사용하는 것과 유사하게 뼈의 증가라든지 근육이 많아지고 볼륨이 풍부해지는 신체적 측면의 양적 증가를 의미한다.

---

[1] 발달심리학은 인간이 수정이 되면서부터 사망에 이르는 전 생애를 다루는 전 생애적 접근 방법을 통해 인간의 발달과 변화를 설명하고 기술하는데 중점을 두는 심리학 분야이다.

2 인간발달에 영향을 미치는 요소

(1) 생물학적 요소

　　인간이 지배할 수 없는 기질이나 유전자 등이 주로 육체적 발달을 주도하는 요인인 생물학적 요소가 된다.

(2) 심리적 요소
　　① 심리적 기능은 일반인들에게 적용되는 내적 혹은 상호작용의 과정으로서 인생의 발달 단계를 통해 변화가 가능하다.
　　② 인간발달의 상호작용, 직접 및 간접적인 생활경험, 사회문화적 요소들의 영향을 받는다.

(3) 환경적 요소 또는 사회문화적 요소
　　① 학습[2] 및 사회화[3]와 관련된 가족, 학교, 직장과 같은 사회문화적 요소들의 영향을 받는다.
　　② 기본적인 사회문화적 요소는 인간의 학습(learning)과 사회화(socialization)에 영향을 준다.

3 인간발달의 원리

(1) 발달은 변화과정을 포함한다.
　　→ 발달은 전 생애에 걸쳐 이루어지는 변화의 과정으로서 신체적, 심리적, 행동상의 변화를 모두 포함한다.
(2) 발달의 양상은 예측이 가능하다. 많은 학자들이 발달단계 이론에 대해서 이야기하고 있기 때문에 예측이 가능하다.
　　→ 출생 전후의 환경조건에 의해 지체될 수도 있고, 부분적으로는 촉진될 수도 있다.

(3) 발달은 일정한 방향으로 진행된다.
　　→ 머리와 몸통부분에서 먼저 발달이 일어나고 사지부분은 나중에 일어나는데, 즉 머리에서 아래쪽으로 발달이 이루어지고 몸 중심에서 몸 밖으로 발달이 이루어진다.
(4) 발달에는 결정적 시기(critical period)가 있다.
　　→ 발달은 어느 시기에나 가능한 것이 아니라 발달 영역에 따라 가장 용이하게 이루어지는 최적의 시기가 있다.
(5) 모든 발달 단계 또는 발달 시기마다 그 시기에 대한 사회적 기대가 있다.
　　→ 사회적 기대를 갖고 있는 부모 및 교사들은 각 시기의 아동들이 환경에 잘 적응해 가기 위해 이루어야 할 발달적 변화 및 발달과업이 무엇인지를 알고 이들을 지도하는 과정에서 영향을 미치게 된다.

2　학습은 경험과 훈련에 의해 가치관, 태도 등을 형성하면서 기술을 습득하고 지식을 얻는 과정이다.
3　사회화는 개인이 자기가 속한 사회적 집단, 즉 가족, 지역사회, 국가와 민족에 그 구성원으로서 자연스럽게 동화되어 가는 과정으로 그 안에서 통용되는 사회적 기대, 관습, 가치, 신념, 역할, 태도 등을 배우는 것이다.

(6) 발달은 점성성(epigenesis)을 갖는다(점성의 원리 - 에릭슨).
   → 이전에 이루어진 발달의 기초 위에서 다음 단계의 발달이 이루어지게 된다. 즉, 발달은 특히 이전 단계의 발달들이 함축되어 전반적으로 영향을 미친다는 원리이다.

(7) 개개인의 발달 과정을 비교해 보면 개인차가 있다.
   → 개인차는 발달속도가 일정하지 않아서 나타나는 원리라고 할 수 있다.

(8) 인간발달의 원리는 분화와 통합의 과정을 이룬다.
   → 인간의 발달은 분화의 과정을 거쳐서 후에 통합의 과정에 이르게 된다.

(9) 인간의 발달은 유전에 의해서만 발달이 되지 않고 환경에 의해서만 발달이 일어나지도 않으며, 유전과 환경의 상호작용에 의해서 발달이 이루어진다.

(10) 인간발달은 연속적인 과정이다.

(11) 예측이 가능하다. 다만, 연령이 증가하면 발달의 경향을 예측하기가 힘든데, 이는 연령이 증가할수록 환경의 영향을 많이 받기 때문이다.

제2절 발달심리학의 연구주제

1 인지발달[4]과 사회행동 – 피아제의 인지발달이론

(1) 주요 개념 기출
① 피아제는 인지를 유기체가 환경에 생물학적으로 적응하는 한 형태로 보았으며 인지발달에 대해 유기체가 환경과 상호 작용하는 적응과정(평형화)을 통하여 이루어진다.
② 평형화(equilibration)
개인이 스스로 자신의 인지구조를 형성하고 재구성하는 기능으로, '동화(assimilation)'와 '조절(accommodation)'이라는 두 가지의 하위과정으로 나누어진다.
③ 동화(assimilation)
자기 나름대로 기존 이해의 틀에 맞춰 외계의 대상을 이해하고 해석하는 것으로서 예를 들어 '치와와'를 처음 본다면 기존의 '작은 개' 도식에 맞추어서 이해하는 경우이다.
④ 조절(accommodation)
외계의 대상이 기존의 틀로써 이해되지 않을 때 그 틀을 변화시키는 것으로 새로운 도식을 통해 인간은 외부세계에 대처하는 방법을 보다 효율적으로 구성할 수 있다. 예를 들면 엄마 젖을 빨던 도식을 활용해서 젖병을 빨 때는 동화를 하지만, 컵으로 우유를 마시게 될 때는 기존의 젖 빨기 도식을 수정해서 조절해야 하는 경우이다.

(2) 도식(schema)[5]
① 유기체가 외계의 사물을 인지하고 대응하는 데 사용하는 지각의 틀 또는 반응의 틀이다.
② 인간이 환경을 이해하는 틀로서 인간이 환경을 접할 때 반복하는 행동과 경험이다.
   예 인간의 첫 도식 : '빨기 도식'

(3) 인지발달단계[6]

> **실력다지기**
>
> **피아제 발달단계**
> 암기문장 감전구형
> 해설 감각운동기(0~2세) → 전조작기(2~7세) → 구체적 조작기(7~12세) → 형식적 조작기(12세~성인기)

---

4 인지발달이란 인간의 지적 능력이 환경과의 상호작용을 통해 어떻게 발달되어 가는가의 과정이며 인간은 환경과의 적극적인 상호작용을 통해 자신의 인지구조를 재구성해 나간다.
5 피아제는 유아의 인지발달이 스키마가 점차 추상적으로 되어가는 과정으로 보았는데 스키마가 실제적인 행동과 덜 연결되면서 보다 추상적인 사고와 연결되는 단계로 나아간다고 보았다.
6 피아제는 이전의 단계에서 이루어진 스키마를 기초로 새로운 사고의 스키마가 형성되는 방식으로 인지발달이 이루어진다고 주장하였으며 각각의 단계를 거쳐야 다음 단계로 순서적으로 발달한다고 보고 각 단계의 인지구조는 질적으로 다르다고 주장하였다.

| 인지
발달
단계 | 감각
운동기
(0~2세) | 1) 0~2세의 유아는 외부세계에 대해 빨기, 쥐기와 같은 신체적 행동양식을 조직화한다.
2) 대상영속성[7]을 이해한다.
3) 하위단계
  (1) 1단계(출생~1개월) : 반사활동 단계
    ① 이 시기에 가장 우세한 도식은 '빨기 도식'이다.
    ② 이 밖에도 아기는 젖을 먹기 위해 자신의 머리를 움직여 가슴을 찾는 조절도 하게 된다.
  (2) 2단계(1~4개월) : 1차 순환반응
    순환반응이란 우연히 새로운 경험을 하고 그러한 경험을 하기 위해 행동을 반복하는 것이다.
  (3) 3단계(4~8개월) : 2차 순환반응
    ① 2단계의 1차 순환반응은 관심이 자기 내부의 만족을 위한 것이라면 3단계는 자신이 아닌 외부에서 흥미로운 사건을 발견하여 반복하게 된다.
    ② 4개월에서 8개월이 된 아이들은 자기내면보다도 어떤 외부환경에 의한 환경에서의 흥미로운 사건을 발견한다.
  (4) 4단계(8~12개월) : 2차 도식의 협응
    ① 이 시기의 유아는 어떤 결과를 얻기 위해 둘로 분리된 도식을 협응하여 의도적이며 수단·목적적인 행동을 수행한다.
    ② AB의 오류 : A에 숨겨진 물건을 B로 옮겨도 A에서 찾는 오류
  (5) 5단계(12~18개월) : 3차 순환반응
    ① 이 시기의 유아는 외부세계에 대해 실험적이며 탐색적인 접근을 하게 된다.
    ② 새로운 대상이 나타나면 탐색하고 다른 행동양식을 적용해 봄으로써 그 대상의 구조와 기능을 알려고 노력한다.
    ③ AB의 오류에서 벗어난다.
  (6) 6단계(18~24개월) : 상징적 표상단계(사고의 시작)
    ① 이 시기의 유아는 주어진 대상에 대상의 실체가 존재하지 않더라도 스스로 상징을 만들어 그것에 대해 생각할 수 있게 된다.
    ② 6단계에서 아동은 직접 행동하지 않고 상상하거나 생각함으로써 시험해 본다.

정리
1) 빨기 잡기 등의 반사행동으로 움직이다가(반사기능 단계)
2) 적응반응을 반복하게 되고(적응적 도식 발달)
3) 사물에 관심을 가지고 이들을 탐색하는 행동을 보이고
4) 그 후에는 원하는 목표를 지각하고 성취하려는 의도적인 행동을 하며
5) 실험을 하듯이 시행착오 과정을 거치며 적극적인 탐색으로 사물의 속성을 파악하고
6) 2세경에는 눈앞에 없는 사물을 내재적으로 표상하는 심상을 형성하며, 시행착오적 행동 없이도 문제를 해결하는 식으로 발달한다.
  (사례 성냥갑에 넣은 시계 줄 꺼내기가 가능하다) |

---

[7] 대상영속성이란 어떤 대상이 우리 시야에서 사라졌다 하여도 그 존재가 소멸되지 않고 살아 있다는 것을 아는 것이다. 즉, 어떤 대상 다시 말해 어머니가 시야에서 사라졌다 하여도 그 존재가 소멸되지 않고 살아 있다는 것을 의미하고 안다는 것이다. Piaget는 대상개념도 하위단계에 준하는 여섯 개의 단계를 거쳐 발달한다고 믿는다.

인지 발달 단계	전조작기[8] (2~7세)		1) 전조작기에 해당하는 아동(2~7세)들은 언어를 사용하게 되면서 사물이나 사건을 기억하고 표현하는 능력이 가능해진다. 2) 전조작기에는 변형된 경험을 논리적으로 환원시키지 못하는 논리적 사고가 힘들어진다. 3) 전조작기는 다시 전개념적 사고(preconceptual thinking)단계(2~4세경)와 직관적 사고(intuitive thinking) 단계(4~7세경)로 구분한다.
		상징 놀이	상징놀이는 감각운동기 6단계에서 최초로 나타나 전조작기에서 가장 많이 발달한다. 사례 베개를 아기라 하면서 업고 다니는 것
		그림	아동의 내적 표상이 표출되는 중요한 상징적 기능이다. 그림의 발달과정> 우연적 사실성단계(2~3세) → 불확실한 사실성단계(3~4세) → 지적 사실성단계(5~7세) → 시각적 사실성단계(8~9세)
		물활론	생명이 없는 대상에게 생명을 부여하는 것이다. 사례 ① 인형에 생명을 부여하여 인형의 다리가 부러지면 인형이 아프다고 생각한다. ② 종이를 자르면 아포해~ / 해가 지면 해가 화가 나서 숨는 거야~
		도덕론[9]	도덕론은 콜버그의 경우 1수준(전 인습수준)에 머무르고 피아제의 경우 타율적 도덕론의 시기이다.
		목적론적 사고	우연히 존재하게 된 현상의 원인을 찾아내려는 전조작기의 인과적 사고이다. 사례 복숭아 나무는 내가 복숭아 나무 따 먹으라고 존재하는 거야.
		언어 발달	표상이 형성되기 시작한 후 표상을 언어라는 상징을 통해 표현한다.
		자아[10] 중심성	모든 것을 자신의 관점과 다른 사람의 관점을 구별하지 못한다.
		직관적 사고	대상이 가지는 한 가지의 현저한 지각적 속성에 의해 그 대상의 성격을 판단한다. 사례 잔에 있는 우유를 좁고 높은 잔에 따르면, 높게 보인다는 지각적 속성 때문에 좁은 잔이 더 많다고 판단한다.
		전환적 추론	한 특정 사건으로부터 다른 특정 사건을 추론하는 것으로 이는 형식적 조작기의 추론과 다른 전조작기 특유의 인과 추론이다. 사례 낮에 항상 낮잠 자던 아이가, 낮잠 자지 않은 어느 날 "내가 아직 낮잠을 자지 않았기 때문에 아직 낮이 아니에요."라고 말하는 경우 → 낮잠이 낮의 원인이라고 추론하는 것이다.
		인공론적 사고	모든 사물과 자연현상이 사람의 필요에 따라 만들어졌다고 믿는 것이다. 사례 해와 달도 집처럼 우리를 비추기 위해 사람이 하늘에 만들어 둔거야~

---

8 논리적인 조작이 가능하지 않으므로 전조작기로 부른다.
9 도덕론의 내용은 뒤에 나오는 도덕성 발달 부분에서 설명할 것이다.
10 어린 아동이 타인의 관점을 수용할 수 없어서, 다른 사람들이 보거나 아는 것이 자신이 보거나 아는 것과 반드시 같은 것이 아니라는 것을 깨닫지 못한다는 것이다.

인지 발달 단계	구체적 조작기 (7~12세)	1) 논리적으로 사고할 수 있는 능력을 획득하는데 구체적 조작기의 사고는 관찰이 가능한 구체적 사건이나 사물에 한정되어 있기 때문에 구체적 조작기라고 명명하였다. 2) 구체적 조작기에 나타나는 논리적 사고의 가장 중요한 특징은 가역성의 개념이며 이러한 가역적 사고가 가장 잘 드러나는 개념이 보존개념, 유목화, 서열화이다. 3) 자기중심성에서 벗어나 타인의 입장과 감정을 추론하고 이해하는 조망수용능력 습득이 가능하다.
		보존: (1) 보존개념은 물체의 외형상 변화에도 불구하고 그 물체의 특정한 양은 그대로 보존된다고 판단할 수 있는 능력이다. (2) 보존개념의 획득에는 어떤 상태의 변화가 그 과정을 역으로 밟아 가면 다시 원상 복귀될 수 있다는 가역성(reversibility), 높이의 감소가 폭이라는 차원으로 보상된다는 보상성, 어떤 방법으로든 가감하지 않으면 양은 동일하다는 동일성이라는 세 개의 개념 획득을 전제로 한다. **실력다지기** **보존개념 획득 요소 3가지** **암기문장** 성동일씨는 조작된 사건을 역조작하여 보상을 받아 인기를 보존하였다. **해설** 동일성, 역조작성, 보상성
		유목화 = 분류: (1) 전체와 부분 간의 공통점과 차이점, 관련성을 이해할 수 있는 능력이다. (2) 유목화 과정은 일반화와 변별을 통해 이루어진다.
		서열화: 어떠한 대상물을 순서대로 나열할 수 있는 능력이다. **사례** 유아에게 길이가 다른 여러 개의 막대기를 주고 길이가 짧은 것부터 순서대로 나열해 보라고 할 때 할 수 있는 경우
	형식적 조작기 (12세~ 성인기)	1) 구체적 조작기의 아동들과 달리 직접적으로 경험하지 않아도 추상적으로 사고하고 추론을 통해 가설을 세워 검증할 수 있다. 2) 원대한 문제, 즉 미래 등에 대해 생각하면서 추상적 사고가 가능해진다. 3) 현재와 다른 사회를 상상하고 이를 현실적으로 검증해 보지도 않고 미래를 예측한다. **정리** **형식적 조작기** 1) 추상적 사고가 가능한 단계이다. 2) 눈앞에 보이지 않는 가상적인 가능성을 생각할 수 있고 실제로 경험하지 않았던 영역에서 논리적 행동을 계획할 수 있다. 3) 가설을 설정하고 검증하는 가설적·연역적 사고가 가능하다. 4) 피아제는 청소년과 성인의 인지작용에는 차이가 없다고 보았다. 5) 성인기는 형식적 조작 사고가 강화되고 공고화 되는 과정이다.

(4) 피아제(Piaget) 인지발달이론에 대한 비판

① 단계에 따른 질적 차이 - 명확한 증거의 부족

전조작기의 아동이라 하여도 모두 자아 중심적인 것은 아니며, 모두 물활론적 사고를 가지고 있는 것도 아니다.

② 변화 과정의 불명확성

스키마와 행동의 불명확한 연결 - 변화과정이 불명확하고, 너무 일반적이며 행동적 자료와 동떨어져 있다는 비판이 있는 것으로, 팔다리가 없는 유아가 비록 물리적으로 자신의 환경에 행동을 가할 수 없어도 정상적인 인지능력을 발달시킬 수 있다.

③ 사회환경의 역할에 대한 과소평가

아동의 발달이 자발적이라는 주장이 강한 비판을 받는 부분으로서, 이는 피아제가 성인의 가르침 없이도 아동들은 스스로 인지구조를 발달시킨다고 보았지만, 특히 학습론자들은 훈련과 효과를 제시하며 부모와 교사의 교육을 중시하였다.

④ 성인의 형식적 추론과 구체적 추론의 문제

피아제는 최종적인 인지발달이 청소년기가 되면 이루어진다고 보았는데, 일부 학자들은 성인기에도 인지발달은 계속된다고 주장하였으며 또한 청소년기에 도달한다는 형식적 조작기에 상당수의 성인이 도달하지 못한다고 반박하였다.

(5) 피아제(Piaget)가 발달심리학에 끼친 영향

① 환경 속의 자극을 적극적으로 구축하는 가설-생성적인 개체로 아동을 보게 하였다.
② 발달심리학에서 추구하는 학습이론이 구조와 규칙에 대한 심리학이 되는데 그 기반을 제공했다.
③ 발달심리학이 인간의 복잡한 지적능력의 변화를 탐색하는 분야가 되는데 기여했다.

📖 읽을 거리

촘스키의 선천주의 가설에 대한 논쟁

1. 촘스키의 선천주의 가설
  1) 촘스키는 언어사용을 가능하게 하는 선천적 체계가 있다고 전제한다.
  2) 이는 인간이 학습이전에 보편 문법체계를 알고 있다는 것을 통해 유추된다.
  3) 촘스키는 생성문법이 결국 보편 문법체계로 귀결된다는 것을 증명하여, 언어능력이 선천적 또는 생득적이라고 주장하였다.
2. 피아제의 반론
  1) 피아제는 인간이 학습의 전제가 되는 합리적 구조가 선천적으로 있다라는 점을 반대한다.
  2) 보편 문법체계를 통한 언어능력에 대한 설명보다 학습에 의해 구성된다고 설명한다.

2 인지발달과 사회행동 - 비고츠키의 인지발달이론(사회문화적 발달이론)

(1) 개관

① 비고츠키 이론은 아동이 타인과의 관계에서 영향을 받으며 성장하는 사회적 존재임을 강조하며 인간 이해에 있어서 사회, 문화, 역사적 측면을 제시하였다.
② 아동을 타인과의 관계에서 영향을 받으면서 성장하는 역사 사회적 존재로 보고, 인지발달은 사회학습의 결과로서 사회의 보다 성숙한 구성원들과 상호작용하는 동안 자신의 문화에 적합한 인지과정이 아동에게 전이된다.
③ 언어발달은 인지발달을 위한 상호작용이 가장 중요한 변인이다. 또 아동이 혼자서는 해결할 수 없지만 타인의 도움을 받으면 해결할 수 있는 근접발달영역(zone of proximal development)이 있다.
④ 이 개념은 아동의 인지발달에 부모나 교사의 도움을 유용하게 활용할 수 있다는 교육 및 학습의 중요성을 역설하고 있다.

(2) 주요 개념의 내용
　① 근접발달 영역(The Zone of Proximal Development / ZPD)
　　독립적으로 문제를 해결할 수 있는 실제적 발달 수준(level of actual development)과 성인의 안내 혹은 유능한 동료와의 공동노력을 통한 문제 해결에 의해 결정되는 잠재적 발달 수준(level of potential development) 간의 거리를 의미한다.
　② 사적 언어(Private Speech)
　　아동의 사고를 이끄는 역할을 하는 아동 자신의 혼잣말이다.
　③ 사회학습과 자기중심적 언어
　　비고츠키는 학습에 대한 사회문화적 성질을 강조하여, 학습이란 아동들이 그들의 근접발달영역(Zone of proximal development : ZPD) 내에서 작용할 때 일어난다고 하였다.
(3) 발달에 대한 비고츠키의 접근
　비고츠키 관점으로 보면 사고란 개인의 두뇌나 정신에 의해 제한받는 것이 아니라는 것이다. 개인의 정신은 다른 사람들의 정신과 분리되어 있지 않고 결합되어 있으며 인지는 하나의 심오한 사회적인 현상이라고 본다.

실력 다지기

피아제 이후의 인지발달

1) 샤이에(Schaie)의 성인 인지발달 5단계 모형
　(1) 피아제의 인지발달은 지식 획득 과정을 설명하면서 지식 획득이 완성되는 청년기까지만 설명하였다.
　(2) 샤이에(Schaie)는 성인기는 청년기와 구별되는 지식 사용능력이 발달한다고 보았다.

<샤이에(Schaie)의 성인 인지발달 5단계>

단계	연령	특징(지적 기능 사용)
지식 획득	아동, 청년기	감각운동기~형식적 조작기까지 기본 인지구조 발달
성취 단계	성인전기 (20~30대)	• 직업선택, 가정의 설계 등 생애의 중요한 의미 갖는 실제적 문제 해결 • 관련된 맥락을 고려할 수 있어야 하고 독자적 의사결정
책임 단계	성인중기 (중년기)	• 배우자, 자녀, 동료, 지역사회에 대한 책임을 가지고 과업에 관여하고 의사결정 • 자신의 사고, 판단, 의사결정에 책임을 져야 함
실행 단계	성인중기 (일부)	• 기관 장이나 지도자가 지적기능을 어떻게 사용하느냐에 따라 기관이나 사회가 발전 또는 위기초래 • 보다 복잡한 조직적 위계와 책임을 갖는 문제해결
재통합 단계	성인후기 (노년기)	• 사회적 책임의 감소 • 개인적 흥미, 가치에 적합한 문제 및 과제의 선택

2) 리겔(Riegel)의 변증법적 추론모형
　(1) 형식적 조작기에 도달해서 인지발달이 완성된다는 피아제의 주장에 반론을 제기하였다.
　(2) 성인기 특유의 사고 특징인 변증법적 추론을 주장하였다.

(3) 변증법적 추론
  ① 다양한 상황과 대상물 또는 사람에 내재하는 모순을 인식하는 능력이다.
  ② 자신이 속한 종교 및 관점의 문제와 한계점을 인식하고 모순을 깨달을 줄 아는 사고이다.
(4) 피아제와 리겔의 비교
  ① 피아제는 개인과 문제 상황 간의 안정된 균형을 지향하는 인지구조 발달을 전제로 한다.
  ② 리겔은 문제 상황과 그 해결양상이 내포하고 있는 불완전성과 애매성을 강조한다.
  ③ 리겔은 갈등과 변화를 발달의 본질로 삼는다.
  ④ 리겔의 변증법적 추론은 형식적 조작기 이후의 독립적인 성인기 인지발달이 아니라, 피아제가 간과한 인지발달의 다른 측면을 부각시켜 주는 것이다.

3) 아를린(Arlin)의 문제 발견적 사고
  (1) 아를린은 피아제의 형식적 조작 사고는 문제해결에 국한되지만, 성인기 인지발달은 문제발견이 주(主)가 된다고 주장한다.
  (2) 아를린은 피아제의 형식적 조작기 다음에 문제발견의 단계가 있다고 주장한다.
  (3) 문제발견의 단계는 창의적 사고, 확산적 사고, 새로운 문제해결 방법의 발견 등이다.

  사례 현재 직장에 남을까? 새 직장으로 옮길까? 등 두 가지 가능성을 선택한 후 발생 가능한 문제를 탐색한다.

3 사회성 및 정서 발달

(1) 애착[11](attachment) 발달

유아에게는 물리적 필요뿐 아니라 정서적 필요에 민감하게 반응해주는 성인과의 관계형성이 중요하다.

① 애착의 주요 요인 – 접촉위안(contact comfort)
  ㉠ 스피츠(R. Spitz) – 1940년대의 미국의 정신의학자
    ㉮ 1940년대 미국과 캐나다의 고아원에 있는 유아들의 발달을 연구하였다.
    ㉯ 고아원의 아이들이 충분한 음식과 청결에도 불구하고 1/3 가량이 첫 해에 죽는다는 것을 발견하였다.
    ㉰ 이들 중 많은 아이들이 신체적으로, 정신적으로 발달이 부진한 것을 발견하였다.
  ㉡ 할로우(Harlow)의 어린 원숭이 대리모 실험
    ㉮ 새끼 원숭이들을 어미에게서 떼어내어 철사로 되어 있고 젖꼭지를 단 인형과 담요로 덮여있고 젖이 없는 인형 대리모에게 각각 할당하였다.
    ㉯ 새끼 원숭이는 철사 인형보다는 담요로 된 인형에 매달려 있었다.
    ㉰ 먹이가 아닌 접촉위안(contact comfort)이 어미에게서 형성하는 애착에 더 중요한 변수가 되었다.
  ㉢ 필드(T. Field)와 그의 동료들
    ㉮ 접촉이 미성숙한 유아의 신체적 성장에 놀랄만한 효과를 가지고 있다는 것을 발견하였다.
    ㉯ 인큐베이터 속의 미숙아들을 나누어 한 집단의 미숙아는 손으로 마사지를 하고 다른 집단의 미숙아들은 마사지를 하지 않은 결과 마사지를 받은 미숙아 집단이 몸무게 증가도 빠르고 더 활동적으로 발달하였다.

---

11 애착 – 한 개인이 자신과 가장 가까운 사람에 대해서 느끼는 강한 감정적 유대관계

② 애착행동 측정 - 애착유형
  ㉠ 에인스워스(Mary Ainsworth)의 낯선 상황(strange situation) 검사
    유아가 친숙하지 않은 상황에서 미리 계획된 방식으로 주 양육자가 같이 있거나 없거나 하면서 낯선 사람이 들어왔을 때와 나갔을 때 유아가 보이는 불안 행동을 측정하였다.
    ㉮ 안정 애착
      ⓐ 엄마가 같이 있을 때는 활달하게 놀았으며 적극적으로 탐색하는 행동을 보였다.
      ⓑ 엄마가 없거나 낯선 사람과 함께 있을 때는 약간 놀라면서 탐색하는 것이 줄었으나, 엄마가 다시 돌아왔을 때 적극적으로 엄마에게 접근하여 접촉하려고 하였다.
    ㉯ 불안정 회피 애착
      ⓐ 엄마가 떠났을 때는 무관심한 것처럼 보였다.
      ⓑ 엄마가 돌아왔을 때는 적극적으로 회피하고 무시하였다.
    ㉰ 불안정 저항 애착
      ⓐ 엄마가 떠났을 때는 극심한 분리불안을 보였다.
      ⓑ 엄마가 돌아왔을 때는 화를 내지만, 엄마에게 다가가 안겼다가는 이내 화난 듯 밀쳐내는 반응을 보였다.
    ㉱ 혼란 애착
      ⓐ 회피애착과 저항애착이 결합된 것이다.
      ⓑ 엄마가 돌아왔을 때는 얼어붙은 표정으로 엄마에게 접근하고 엄마가 안아줘도 먼 곳을 쳐다보았다.
③ 각인(imprinting) - 로렌츠(Lorenz)의 각인(imprinting)
  ㉠ 어떤 영아는 맨 처음 보거나 소리를 듣는 움직이는 대상에 자동적으로 각인된다.
  ㉡ 각인은 발달의 결정기에 신속하게 일어나고 쉽게 변화되지 않는다.
  ㉢ 로렌츠는 인위적으로 사람에 의해 부화된 것처럼 실험을 한 결과, 어린 거위들이 사람에게 각인된다는 것을 증명하였다.
④ 친사회적 행동[12] - 친사회적 행동에 대한 이론들
  ㉠ 종의 생존을 보장해 주는 것으로 유전이 강조되는 이론은 사회생물학적 이론이다.
  ㉡ 친사회적 행동은 학습된 것으로 보는 이론은 정신분석(초자아), 인지발달이론(역할수용), 사회학습이론(관찰학습), 행동주의적 학습이론(강화, 처벌) 등이 있다.

(2) 관계의 내적 작동 모델 - 보울비
  ① 발달하는 아이는 상호작용 경험에 대한 반복적인 유형을 기초로 해서 자신과 타인에 대한 일련의 모델들을 쌓는다.
  ② 이러한 기본적인 가정들, 일반화된 상호작용의 표상들, 역할관계 모델과 자기 - 타인 도식은 아동이 예측하고 세계와 연관시키기 위해 사용하는 비교적 고정된 표상적 모델들을 형성한다.
  ③ 안정 애착된 아동은 반응을 잘하고 애정이 깊으며 신뢰할 만한 보호자 및 사랑받고 주목받을 가치가 있는 자신에 대한 내부 작동 모델을 저장하고 있어서, 이러한 가정들을 모든 다른 관계에도 적용하게 된다.

---

[12] 친사회적 행동은 다른 사람을 이롭게 하는 행동(나누기, 돕기, 위로하기, 보살피기, 협조하기)이다.

④ 불안정 애착 아동은 세상을 위험한 장소, 즉 다른 사람들을 매우 주의 깊게 다루어야 하는 곳으로 간주하고 자기 자신도 사랑받을 가치도 없고 쓸모도 없다고 생각할 수 있다.
⑤ 이러한 기본적인 가정들은 비교적 안정적이며 영구적인데, 아주 어린 시절 형성된 가정들은 특히 오래 지속되며, 뒤에 겪는 다른 여러 가지 경험으로 인해 수정될 가능성도 없다고 본다.

기출문제 확인학습

깁슨과 워크(Gibson & Walk)의 시각절벽(벼랑)(visual cliff) 실험 - 깊이 지각 실험

1) 생후 6개월경 영아가 깊이지각을 할 수 있는 능력이 있음을 보여 준 실험이다.
2) 기어 다닐 줄 아는 영아는 시각절벽(visual cliff)이 보이는 유리판 위로 기어가는 것을 피하는데 이는 영아가 시각적 자극에 반응해서 깊이를 지각한다는 의미이다.
3) 너무 어려서 기어 다니지 못하는 영아도 시각절벽을 볼 수 있었다.

실력 다지기

정체감 발달

1) 자아정체감
   (1) 개별성
       자신이 독특하고 특별하며 타인과 다르다는 인식이다.
   (2) 총체성
       자신의 욕구, 태도, 동기, 행동양식 등이 전체적으로 통합되었다는 의미이다.
   (3) 계속성
       시간이 경과하여도 자신은 동일한 사람이라는 인식을 한다.

2) 정체감의 형성과 발달
   (1) 정체감 형성은 아동기의 경험과 동일시에 영향을 받는다.
   (2) 구체적 조작기에서 형식적 조작기로 이행하는 과정이 자아정체감 발달에 영향을 미친다.
   (3) 청년기를 거쳐 성인기에 이르기까지 발달이 계속된다.

3) 마르샤(Marcia)의 자아 정체감 수준 분류[13]
   (1) 정체감 혼미(identity diffusion)
       가장 낮은 성취지위로 직업계획이나 이념적인 세계관에 대한 강한 참여를 하지 않거나 쉽게 중단해 버리고 자아에 대해 안정되고 통합된 견해 형성에 실패한다.
   (2) 정체감 유실(identity for closure) = 조기 완료
       정체감 위기를 경험하지 않은 채로 바로 부모나 기타 권위주의에 의하여 주어진 가치관을 그대로 받아들여 동조하는 상태이다.
   (3) 정체감 유예(identity moratorium)
       여러 가지 대상에 적극적인 참여를 보이지만, 참여의 안정성과 만족이 결핍되어 있고 대개는 위기를 경험하게 된다.
   (4) 정체감 성취(획득, identity achievement)
       이미 위기를 경험하고 비교적 강한 참여를 할 수 있게 되어 상황적 변화에 따른 동요 없이 성숙한 정체감을 소유하고 의사결정도 가능하다.

---

13 마르샤(Marcia)는 자아정체감 수준을 성취지위에 따라 네 가지로 분류하고 정체감 성취를 위해서는 정체감 유예 상태가 꼭 필요한 단계라고 주장하였으며 유예상태를 거치지 않은 사람은 정체감을 성취한 것 같지만 외적 충격이 오면 쉽게 정체감 혼란에 빠진다고 보았다.

		위기	
		Yes	No
획득	Yes	정체감 성취	정체감 유실
	No	정체감 유예	정체감 혼미

<자아정체감 분류 모형>

도덕성 발달

1) 콜버그(L. Kohlberg)의 도덕성 발달 이론

전 인습[14]적 수준 (9세 이전)	1단계	벌과 복종 지향	복종해야 하는 불변의 규칙이 있고 그 규칙을 어겼을 경우 벌을 받게 되며 벌을 받는 것은 나쁜 것이라고 생각한다.
	2단계	욕구충족 수단	도덕적 행위가 자신을 만족시켜 주는 수단이지, 더 이상 고정적이거나 절대적인 것이라고는 생각하지 않는다.
인습적 수준 (9세 이후)	인습적 수준에서는 사회적 승인과 사회질서를 염두에 둔 판단을 한다.		
	3단계	대인관계 조화	동기와 감정이 정의로운가에 비추어 생각하며 결국 타인으로부터 얼마나 인정받을 수 있는가에 따라 판단한다.
	4단계	법과 질서 준수	사회질서에 대해 광범위하게 사고하며 사회질서가 유지되기 위해서는 법에 복종해야 한다는 것을 강조한다.
후 인습적 수준 (특별한 개인 등)	5단계	사회계약 정신	사람들이 필요로 하는 바를 충족시키지 못하면 동의나 민주적인 절차를 통해 변경시킬 수 있다고 본다.
	6단계	보편적 도덕 원리에 대한 확신	① 가장 높은 도덕단계로서 옳고 그름을 개인양심에 비추어 판단하여야 한다. ② 양심의 원리는 구체적인 규칙이 아니고 법을 초월하는 '인간의 존엄성'이나 '정당성'과 같은 보편적 원리에 대한 확신이다.

> **심화**
>
> **콜버그(Kohlberg)의 도덕성 발달 이론에 대한 비판**
> 1) 도덕적 판단 능력과 도덕적 행동의 실천은 별개의 것이다.
> 2) 6단계에 도달한 사람들은 거의 찾아 볼 수 없다.
> 3) 퇴행이 자주 발견된다.
> 4) 문화적 보편성이 결여되어 있다.
> 5) 타당성 검증의 어려움이 있다.
>   (1) 도덕 갈등에 대한 반응을 채점하는 것이 어렵고 상당한 훈련과 경험을 요구한다.
>   (2) 재검사를 하였을 때에 같은 도덕 갈등에 대하여 반드시 처음과 같은 종류의 도덕 판단을 하지 않는 경우도 있다.
> 6) 기억요인과 관련이 있다는 점이다.
>   (1) 도덕적 판단을 요구하기 위해서 제시되는 이야기의 복잡성이 문제가 되는데, 이것은 기억의 발달과 관계가 된다.
>   (2) 어린 아동들은 이야기의 앞부분의 자세한 것을 잊어버리고 끝 부분의 이야기만을 자세하게 기억한다는 것을 발견하였다.
> 7) 성별 차이로 인한 남성 편향성을 보였다.

---

14 인습은 사회규칙, 기대, 관습, 권위에 순응하는 것을 말한다.

피아제(Piaget)의 도덕성 발달 이론
피아제는 도덕 발달의 기본골격을 마련하고 모두 두 가지의 단계가 있다고 주장하였다.
1) 사실적 도덕성(=타율적 도덕성)의 단계
　　모든 도덕적 문제에는 '옳은' 쪽과 '나쁜' 쪽이 있으며, 규칙을 따르는 것이 항상 '옳다'고 여긴다.
　　(1) 6~10세의 아동은 규칙과 신념에 대한 강한 존중감을 발달시키고 그것에 항상 복종해야만 한다고 생각하게 된다.
　　(2) 타율적 도덕단계의 아동들은 규칙이란 권위적 인물이 일방적으로 부과하며 매우 신성하고 결코 변경될 수 없다고 여긴다.
　　(3) 위급한 환자를 병원으로 데려가는 중에 '도로 규칙'을 위반했을 때에도 아동은 그 행동이 벌을 받아야 한다고 생각한다.
　　(4) 타율적 도덕 단계의 아동들은 규칙을 절대시한다.
　　(5) 아동들은 행위자의 의도보다는 행위의 객관적 결과를 가지고 옳고 그름을 판단한다.
　　　　사례 우연히 컵 15개를 깨뜨린 아이가, 잼을 훔치려다 컵 한 개를 깬 아이보다 더 나쁘다고 생각하는 경우
2) 상대적 도덕성(=자율적 도덕성)의 단계
　　규칙을 위반해도 항상 벌이 따르지 않는다는 것을 경험에 의해 알게 된다.
　　(1) 10~11세가 되면, 도덕성 발달의 두 번째 단계가 시작된다.
　　(2) 자율적 도덕단계의 아동들은 사회규칙들이 변경될 수 있으며 규칙이 사람들의 동의여하에 따라 바뀔 수도 있는 임의적 합의라는 사실을 깨닫게 된다.
　　(3) 규칙이란 사람들의 욕구에 따라 위배될 수도 있는 것이라고 느끼게 된다.
　　(4) 아동은 행동 자체의 객관적 결과보다는 의도에 의해 옳고 그른 것을 판단할 수 있다.
3) 타율적 도덕성 단계에서 자율적 도덕성 단계로의 발달
　　(1) 인지적 성숙과 사회적 경험이 중요한 역할을 한다.
　　(2) 인지적 요소 - 자아 중심성의 감소와 역할 수용 능력의 발달이 이루어져야 한다.
　　(3) 사회적 경험 - 또래와의 대등한 위치에서의 상호작용이 융통성 있는 자율적 도덕성 발달에 도움을 준다.

길리건(Gilligan)의 도덕 추론설
1) 콜버그의 이론에 대한 반론
　　남녀 성별에 따른 도덕적 추론의 차이를 설명하지 못하고 있음을 비판하였다.
2) 남녀는 '정의'와 '타인에 친한 애정'의 서로 다른 방식으로 도덕적 딜레마를 추론한다.
　　(1) 남성은 옳고 그름의 '정의'의 입장에서 도덕적 추론이 이루어진다.
　　　　→ 정의, 공정성, 공평성, 합리성을 강조한다.
　　(2) 여성은 타인을 돌보고 사회적 관계의 조화를 중시하는 입장에서 도덕적 추론이 이루어진다.
　　　　→ 보살핌(배려), 책임, 애착, 희생을 강조한다.

제2장 성격심리학[15]

> 1) 성격심리학은 인간의 성격이 어떠한 형태로 형성되고 유지되며 성격이 어떠한 구조를 가지는가에 대한 연구를 주로 하는 분야이다.
> 2) 성격심리학은 개인 간에 생기는 차이를 규명하고자 하는 학문으로서, 사람들 간의 차이를 기술하고 사람들이 왜 이런 행동을 하게 되었는지를 설명하며 이러한 이해를 토대로 앞으로 사람들이 어떤 행동을 할 것인지 예측하고자 하는 것이다.

제1절 성격의 개념과 형성

1 성격의 정의와 특성

여러 성격 연구자들이 성격을 정의하는데 있어 공통적으로 강조하는 성격의 특성은 두 가지가 있다.

(1) 행동의 독특성
  ① 성격은 한 개인이 다른 사람과는 구별되는 점을 일컫는 말이다.
  ② 어떤 상황에서 모든 사람이 동일하게 행동한다면, 우리는 그러한 외현적인 행동을 성격에 기초해 나타나는 행동이라고 생각하지 않는다. 또한, 그러한 행동을 기초로 타인의 성격을 추론하지 않는다.

(2) 안정성과 일관성
  ① 성격은 시간과 공간의 변화에 따라 매 순간 바뀌는 것이 아니고, 어느 정도 안정적으로 일관되게 나타나야 한다.
  ② 성격이란 시간과 공간의 변화에도 불구하고 어느 정도 안정적이고 일관되게 나타나야 하는 특성 때문에 우리가 타인의 성격을 파악하기 위해서는 어느 정도의 시간이 요구된다.
  ③ 다만, 성격이 안정성과 일관성이 있어야 한다는 말의 의미가 결코 성격이 변화되지 않는다는 것을 의미하는 것은 아니며 인간은 의식적으로 때로는 무의식적으로 성격의 변화를 시도하기도 한다.
  ④ 이러한 변화가 결코 쉽게 이루어지지는 않지만 한번 변화된 성격은 또 일정 기간 안정적으로 그리고 일관되게 우리의 행동에 영향을 미치게 된다.

(3) 이상을 토대로 하여, 학자와 사람에 따라 서로 다른 성격의 특성들을 종합해보면, 성격이란, 개인이 환경에 따라 반응하는 특징적인 양식으로서, 타인과 구별되게 하는 독특하고, 일관성이 있으며, 안정적인 사고, 감정 및 행동방식의 총체라고 할 수 있다.

---

[15] 성격심리학은 인간의 성격이 어떻게 이루어지고, 어떤 성격이 존재하며, 사람마다 성격은 얼마나 다른지와 같은 개인차를 연구한다.

2 성격의 형성

성격과 관련된 이슈는 유전과 환경에 관한 관점이며 이는 개인들 간에 존재하는 성격의 차이는 유전에 의한 것인가? 아니면, 환경의 차이, 즉 개인에게 주어지는 환경 자극의 차이에 기인하는 것인가? 현대 성격연구자들은 유전과 환경의 상호작용에 의해 성격이 형성된다고 생각한다.

(1) 유전적 요인
  ① 최근 과학의 발달로 성격 형성에 유전이 중요한 요인임이 드러나고 있다. 예컨대, 개인과 개인을 구별짓는 독특성은 인간이 가지고 태어나는 기질적인 특성에 근거한다는 증거가 많이 나오고 있다.
  ② 이란성 쌍생아에 비하여 일란성 쌍생아는 기질적인 특성이 매우 강하게 관찰되고 있으며 그러한 기질적인 유사성은 환경의 영향에도 불구하고 대체로 지속되고 있음이 증명되고 있다.
  ③ 일란성 쌍생아의 기질연구 결과를 보면, '정서성', '활동성', '사회성'에서 높은 유사성이 나타나고 있다(남아 : 68%, 73%, 65% / 여아 : 60%, 50%, 58%).
  ④ 이외에도 신경생물학적인 연구 결과가 관심을 불러일으키고 있는데, 신경계통의 기능적인 특징이나 뇌의 신경전도 물질이 성격 형성 과정에 요인이 된다는 사실이 드러나고 있다.

(2) 환경적 요인
  ① 유전적인 측면들은 태어난 인간에게 있어서 하나의 가능성으로서, 이러한 요인들은 인간을 둘러싸고 있는 환경 안에서 복잡하고도 독특한 경험과 상호작용을 하면서 실현된다.
  ② 인간의 경험은 성격 형성의 후천적 요소로서 성격 발달에 중요한 역할을 하는데, 성격 형성의 한 요소인 경험은 개인이 속해 있는 공동체의 문화의 영향을 받는다.
  ③ 인간은 누구나 어떤 특정 문화나 집단에 소속되어 있게 마련이며 자신이 속해 있는 삶의 장에서 다른 구성원들과 함께 공통적인 경험을 하면서 살아간다.
  ④ 가정은 한 사람이 인간으로 조성되는 데 있어서 가장 최초로, 그리고 가장 지속적인 영향을 주는 곳이며 부모는 가정 문화를 만들고 유지해 가는 중심인물이다.
  ⑤ 부모의 가치관이나 생활양식, 양육 방식은 성격 발달에 절대적인 영향을 미치며 건강한 성격을 형성하는 데 핵심이라고 할 수 있는 기본적인 신뢰감, 안정된 정서, 자율성은 어머니와 아기가 맺게 되는 강한 애착관계와 밀접한 관계를 가진다.

(3) 이상의 연구를 종합해 보면, 성격은 타고나는 유전적인 요인과 태어난 이후에 한 개인이 성장하는 과정에서의 경험이 서로 상호작용하면서 형성된다는 점이다.

제2절 성격의 제 이론

성격이론(personality theory)은 개인들이 보이는 행동방식의 차이를 묘사, 설명하려는 체계적인 시도이다. 성격 이론가들은 성격이론을 통해 성격이 어떻게 형성되며, 어떻게 변화되고, 어떤 성격 특질이 중요한지에 관한 설명을 시도하려고 한다.

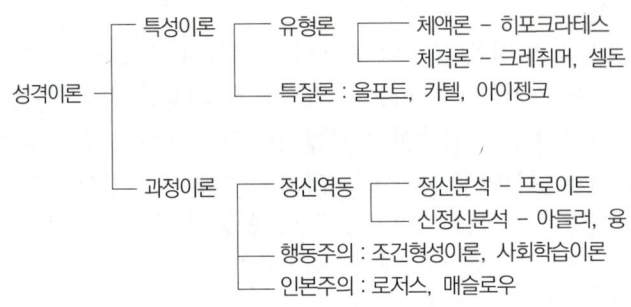

1 정신역동이론

(1) 정신분석이론 - 지그문트 프로이트

정신의 구조 (지형학적)	의식	의식은 개인이 현재 자각하고 있는 생각을 포함하며 현재 자각하고 있는 부분이다.
	전의식	의식과 무의식의 중간 부분으로 조금만 주의를 기울이면 의식영역으로 이끌 수 있는 정신의 부분이다.
	무의식	무의식은 정신의 가장 깊은 수준에서 작동되는 것으로 무의식은 본능에 의해 지배되며 억압된 사고와 감정이 그 내용을 이루고 있고 행동의 대부분은 이 무의식에 의해 결정된다.
성격의 구조 (구조적)	원초아 (id)	1) 완전히 무의식적이고 정신적 에너지의 저장소, 본능과 충동으로 구성 2) 근원적인 생물학적 충동 저장, 쾌락의 원리 3) 프로이트의 정신분석이론에서 가장 중요시하는 무의식 세계의 중요한 메커니즘
	자아 (ego)	1) 현실 원리에 따라 작동하는 성격의 의사결정 요소 - 사회규범, 규칙, 관습과 같은 사회적 현실을 고려해서 행동 결정 2) 즉각적인 만족을 추구하려는 원초아와 현실을 중재하는 역할
	초자아 (super-ego)	1) 초자아는 무엇이 옳고 그른가에 대한 사회적 기준을 통합하는 성격의 요소 2) 양심과 자아의 이상으로 이루어진 정신구조 최고 단계로 고등법원 판사 역할 - 완전의 원리 / 도덕의 원리 3) 도덕적 목표와 완전을 추구, 쾌락보다 완전을 추구하고 현실보다는 도덕과 이상적인 것을 추구

모형		
	의식 — 자아 전의식 무의식 — 초자아 원초아	
심리 성적 발달 단계	구강기 (출생~18개월)	수유경험은 후기 발달에 중요한 역할을 하며 특히 이유방식이 가장 중요하며 애착형성이 중요하다.
	항문기 (18개월~3세)	1) 부모에 의한 대소변 가리기 훈련은 이후에 성격발달에 효과를 나타낸다. 2) 잘못 발달된 성격 　(1) 강박성, 완벽주의, 죄책감, 완고함, 인색한 성격 – 항문보유적 성격 　(2) 양가감정, 더러움과 지저분함, 반항, 분노, 가학, 피학성을 지닌 성격 – 항문폭발적 성격
	남근기 (3~6세)	1) 남아 – 오이디푸스 콤플렉스(Oedipus complex) : 거세불안 2) 여아 – 엘렉트라 콤플렉스(Electra complex) : 남근선망 3) 잘못 발달된 성격 : 욕구 좌절, 욕구 충족이 너무 심했던 양극단의 경우를 겪는 남아의 경우 거세불안과 어른을 두려워하고, 여아는 유혹적이고 정서가 불안정한 히스테리 성격이 된다.
	잠복기 (6~12세)	성적인 관심이 잠시 잠복되는 시기로서 전(前) 단계까지 경험해 온 성적 욕망이나 성적 갈등 현상은 잠재되고 활발한 문화 활동과 또래에 관심을 보이는 것과 같은 '승화' 현상이 가능해진다.
	생식기 (12세~성인기 이전)	1) 이성에 대한 관심과 인식이 다시 증가하며 성적·공격적 충동이 다시 나타난다. 2) 잘 발달된 성격은 성숙한 이성 관계를 수립하게 되고 주체성을 형성한다.

기출문제 확인학습

정신분석적 성격이론의 기본 원리

1) 지형학적(topography) 원리

인간의 정신세계를 의식, 전의식, 무의식의 3층 구조로 구성되어 있다고 설명하여, 인간의 정신을 일종의 지도로 제시함.

2) 구조적 원리

프로이트가 정신분석 초기의 개념을 통합하여 인간의 성격을 자아, 초자아, 원초아의 세 구조로 구성되었다고 설명함.

3) 역동적(dynamics) 원리

개인이 충동 또는 욕구에 의해 행동의 추진력을 갖게 되지만, 사회적 기대와 갈등을 겪게 된다는 관점으로 개인의 행동을 설명함.

4) 경제적 원리

인간의 행동은 본능에 기원하며, 정신에너지를 발산하는데 목적을 갖으며, 정신에너지의 양이 고정되어 있기 때문에 삶의 본능과 죽음의 본능에 대한 정신에너지의 배분 비율에 따라 개인이 보이는 행동이 달라진다고 함.

5) 발생적(genetic) 원리

인생후기의 갈등, 성격 특성, 심리적 구조 및 증상 등은 아동기의 중요한 사건과 소망 그것들의 환상에 기원을 둔다고 설명함.

6) 결정론적 원리

인간의 정신 행동이 우연이 아닌, 원인이 존재한다고 보고 특히 어린시절의 경험이 현재의 정신작용에 영향을 주며, 현재의 사건을 이전 경험들의 결과로 설명함.

(2) 자아 방어기제 이론 - 안나 프로이트

개념	자아가 약하고 미성숙한 자아를 가진 사람은 불안으로부터 자신을 보호하고 부분적으로라도 욕구를 충족시킬 방법으로 활용하는 일종의 적응기술	
	불안의 개념 및 종류 1) 불안의 개념 　불안(anxiety)이란 위험이 가까이 있다는 신호를 자아가 느끼는 것이다. 2) 불안의 종류 　(1) 현실적 불안 - 현실세계의 위협에 대한 자아의 불안을 의미한다. 　　　사례　시험이 다가오면 불안해하는 경우 　(2) 신경증적 불안 - 본능의 충동이 의식 속으로 들어옴으로 인해 느껴지는 불안이다. 　　　사례　성적, 공격적 충동이 느껴지면 불안해하는 경우 　(3) 도덕적 불안 - 원초아의 충동이 부도덕한 방식으로 충족을 얻으려고 할 때, 죄책감이나 수치심을 통한 초자아의 처벌 위험을 느껴서 불안을 느끼는 경우이다.	
정상적·병리적 구분	1) 균형 - 한 가지 방어기제를 사용하는지 또는 여러 가지 상이한 방어기제들을 사용하는지 여부 2) 방어기제의 강도 - 사용 빈도 3) 사용된 방어기제의 연령 적절성 4) 철회가능성 - 자아가 위험에 빠지는 것을 막기 위해 사용된 방어기제가 그 위험이 사라지고도 사용되는지, 사용되지 않는지의 여부	
종류	부정	고통스럽거나 위협적인 상황을 부인(否認)해 버리는 것 사례　백혈병으로 죽어 가는 아들의 어머니가 아들이 곧 나을 거라고 생각하는 것
	억압	대처할 수 없는 상황을 봉쇄하는 거부와는 달리, 받아들일 수 없는 충동이나 생각을 봉쇄하는 것 사례　망각의 한 형태로 지난 밤 술 모임의 당황스런 주정을 잊는 것
	주지화 (지성화)	거부의 교묘한 형태로 어떤 문제로부터 위협받고 있다는 사실을 알고 있을 때, 그러한 문제들에 대하여 분석하고 지성적으로 다루는 척 하면서, 실제로는 그 문제 상황으로부터 벗어나려는 방어기제인데, 문제해결에 도움이 되지 않음 사례　자녀를 새 학교에 입학시킨 부모가 자녀문제로 면담하는 과정에서 면담이 시작된 지 잠시 후부터는 자녀의 교육문제가 아닌 골치 아픈 교육철학에 대하여 말하는 경우
	반동 형성	거부가 행동으로 나타난 것으로 자기가 실제로 가지고 있는 감정과 정반대되는 감정을 나타내는 것으로 보통 과장형식을 띠게 됨 사례　유별나게 경쟁자를 칭찬하는 경우, 미운 놈 떡 하나 더 주기
	전치 (전위)	에너지를 만족되지 않는 욕구로부터 덜 위협적인 다른 대상으로 바꿈으로써 긴장을 완화시키려는 방어기제 사례　직장에서 승진하기 위해 상사에게 저자세의 태도를 취한 사람이 집에 가서 아들과 부인에게 큰소리를 치는 경우
	승화	원래의 욕구나 충동을 보다 사회적으로 용납될 수 있는 형태로 전환시킴으로써 만족을 얻고자 하는 방어기제 사례　폭력배가 유명한 권투선수가 되는 경우
	투사	한 개인이 가지고 있는 옳지 못한 충동이나 욕구를 다른 사람이나 대상에 전가하여 다른 사람들이 그러한 옳지 못한 욕구나 충동을 갖고 있다고 비난함으로써 자기의 긴장상태의 불안을 경감하는 경우 사례　내가 싫어하는 것이 아니라 그 여자가 나를 싫어한다고 하는 경우

종류	투입	투사의 반대개념으로 외부 대상을 자기내면의 자아체계로 받아들이는 경우 **사례** 어머니를 미워하는 것이 자아에 수용될 수 없기 때문에 나 자신이 미운 것으로 대치되는 경우
	동일시	다른 사람의 성격이나 역할을 따라서 자기의 일부로 삼는 과정 **사례** 청소년이 그들이 할 수 있다고 하는 것과 부모나 사회가 허락하는 것과의 사이에서 갈등을 갖게 되어 영화배우, 가수 등과 동일시하여 해소하는 경우
	퇴행	심한 스트레스 상황에 처해 있는 사람들이 어렸을 때의 유치한 행동이나 원시적인 방법으로 돌아가는 경우 혹은 과거의 문제 해결된 방법으로 되돌아가는 것 **사례** 네 살 난 아이가 동생이 태어나면 대소변을 못 가리는 등 다시 젖먹이 때 행동으로 돌아가는 경우
	보상	어떤 바람직한 특성을 강조하여 약점(결함)을 극복하거나 어떤 영역에서의 욕구불만을 다른 영역에서 과잉만족으로 대신하려는 것 **사례** 자신의 친부모에게 효도를 못한 사람이 이웃의 노인을 극진히 부양하는 경우

	합리화	1) 자기의 실패나 약점이 자기의 무능 혹은 부덕의 소치인데도 불구하고 그것을 은폐하기 위하여 그럴 듯한 이유를 붙여 정당화하는 경우
		2) 기제
		  (1) 신포도형(sour grapes)
		    어떤 목표를 달성하려 했으나 실패한 사람이 자신은 처음부터 그것을 원하지 않았다고 변명함(**예** 여우와 신포도)
		  (2) 달콤한 레몬형(sweet lemon)
		    자기가 현재 가지고 있는 것이 남들이 볼 때는 별 볼 일 없는 것이지만 본인은 바로 그가 원하던 것이라고 스스로 믿는 것
		  (3) 투사형(projection)
		    자신의 결함이나 실수를 자기 이외의 다른 대상에게 책임을 전가시키는 것
		  (4) 망상형(delusion)
		    원하는 일이 마음대로 되지 않을 때 자신의 능력에 대해 허구적 신념을 가짐으로써 실패의 원인을 합리화시킴

	취소	보상과 속죄의 행위를 통해 용납할 수 없거나 죄책감을 일으키는 충동이나 행동을 중화 또는 무효화하는 경우 **사례** 바람 피는 남자가 부인에게 비싼 선물을 하는 경우
	해리	의식세계에서 받아들이기 힘든 성격의 일부가 자아의 지배를 벗어나 하나의 독립된 기능을 수행하는 경우 **사례** 지킬박사와 하이드, 이중인격, 기억상실증 등
	전환	심리적 갈등이 신체증상(수의근, 감각기관)으로 바뀌는 것 1) 글을 쓰는 데 갈등을 느끼는 소설가가 원고를 쓰는 오른팔에 마비가 오는 경우 2) 군에 입대하기 싫어하는 사람이 입영영장을 받아보고 시각 장애가 오는 경우
	신체화	심리적 갈등이 감각기관, 수의근계를 제외한 기타 신체부위(불수의근)의 증상으로 표출되는 경우 **사례** 사촌이 땅을 사면 배가 아프다거나 오랫동안 병원에 입원한 환자가 '앵~앵' 119 자동차 소리에 심장이 뜀

(3) 심리사회이론 - 에릭슨 [기출]

1단계 유아기	1) 기본적 신뢰감 대 기본적 불신감 - 엄마 / 희망 2) 인생의 초기단계 중 가장 비중 있게 취급하고 기본적인 신뢰감, 즉 부모와의 신뢰감을 의미하며 애착관계가 중요함
2단계 초기 아동기	1) 자율성 대 수치심과 의심 - 부모 / 의지 2) 신체 및 지적인 면이 빠르게 발달하여 언어와 사회적 기준을 배우기 시작함 3) 확고하고 친절하며 점진적인 대소변 가리기 훈련을 받은 아동은 자존감을 잃지 않으며 자기통제 감각을 발달시켜 자율성을 획득함
3단계 학령 전기	1) 주도성 대 죄의식 - 가족 / 목적의식 2) 아동의 행동은 목표 지향적이고 경쟁적인 성향(공격성)을 갖게 되며 부모가 자녀의 호기심 및 환상적인 행동을 인정하고 금지하지 않았을 때 자기 스스로 행동하도록 격려된 아동은 자신의 행동에 목표와 계획을 세우는 주도성을 가짐
4단계 학령기	1) 근면성 대 열등감 - 학교, 이웃 / 능력 2) 학교 친구와의 관계에서 자기 정체성을 확립하고 스스로 주도적으로 할 수 있는 능력과 자신감, 근면성을 발전시킴
5단계 청소년기	1) 자아정체감 형성 대 자아정체감 혼란(= 역할 혼란) - 또래집단 / 성실 2) 주요 발달과업은 자신이 누구인지를 탐구하고 자신의 정체성을 형성하는 것임 3) 심리사회적 유예기간 : 청소년기는 심리사회적인 위기를 겪을 수 있는 나이이기 때문에 어느 정도 그것을 해결할 수 있는 시간을 허용해 주는 시기임
6단계 성인 초기	1) 친밀감 대 고립감 - 우애, 사랑, 경쟁 대상자 / 사랑 2) 중요한 발달과업은 친밀감 형성이며 친밀감은 정체성을 희생하는 것을 두려워하지 않고 다른 사람과 주고받고 나누는 능력임
7단계 장년기	1) 생산성 대 침체감 - 직장동료, 확대가족 / 배려 2) 정립된 자아를 통해서 이웃과 세계를 위해 의미 있는 일을 실천하는 단계로 경제적으로 안정되어 있고 가정과 사회에서 중요한 역할을 수행하는 인생의 황금기임
8단계 노년기	1) 자아통합 대 절망감 - 인류와 동족 / 지혜 2) 이전의 7단계를 종합하고 통합 및 평가하는 기간으로 노년기는 신체적·사회적 상실에 직면하는 시기임

실력다지기

에릭슨이 프로이트의 이론을 확장한 내용 4가지[16]

1) 에릭슨은 성격발달의 본능적 측면 뿐 아니라 심리사회적 측면을 강조하였다.
2) 에릭슨은 원초아(id)보다 자아(ego)를 더 강조하였다.
3) 프로이트가 본능을 주로 강조한 반면 에릭슨은 전체 성격의 형성에 문화, 사회, 역사의 영향을 인식하였다.
4) 에릭슨은 성격형성에 과거 뿐 아니라 미래도 중요하다고 보았다.

---

16 성격심리학. 노안영, 강영신. 학지사(2006)

기출문제 확인학습

노년기의 심리적 변화

1) 우울증 경향의 증가
   신체적 질병, 배우자의 죽음, 경제 사정의 악화, 사회와 가족들로부터의 고립, 일상생활에 대한 자기통제 불능, 지나온 세월에 대한 후회가 원인이다.
2) 내적 성향 및 수동성의 증가
   노화해감에 따라 사람은 사회적 활동이 점차 감소하고, 사물의 판단과 활동방향을 외부보다는 내부로 돌리는 행동양식을 갖게 된다.
3) 성역할 지각의 변화
   노인은 이전과는 달리 일생동안 자기 자신에게 억제되었던 성역할의 방향으로 전환되어 간다.
4) 경직성의 증가
   동작성 지능검사나 학습능력의 저하라는 결과를 초래한다.
5) 조심성의 증가
6) 친근한 사물에 대한 애착심
7) 유산을 남기려는 경향
8) 의존성의 증가
   신체적·경제적 능력의 쇠퇴와 더불어 의존성이 증가한다.

노년기 인지발달의 특징

1. 지능

1) 유동성 지능의 감퇴와 반응속도의 둔화(처리속도의 감소)
2) 노년기 인지기능의 저하는 처리속도의 감소와 관련이 있다.
3) 최종 급강하 현상(kleemeier, 1961) : 지능, 지각, 정신운동기능, 성격 등의 영역에서 갑작스럽게 큰 폭으로 감퇴를 보이는 현상.
4) 지적 변화양상의 개인차가 크고, 연령에 따른 지능의 변화 양상은 지능의 하위 능력에 따라 다르다.

2. 기억력

1) 기억력 감퇴 이론
   ① 생물학적 가설 : 중추신경계의 손상 등 생물학적 요인으로 인해 기억능력 쇠퇴가 발생한다는 이론
   ② 정보처리 가설 : 주요 정보에 할당하는 주의능력의 결함과 정보처리 역량 감소가 원인이라는 이론
   ③ 맥락적 가설 : 경험, 동기, 성격, 문화적 요인들이 미치는 영향을 중시하는 이론
2) 단기기억의 감퇴가 일어나며, 장기기억은 단기기억보다 감퇴되는 정도가 적다.
3) 장기기억 중 의미기억이나 절차기억보다는 일화기억의 능력이 저하된다. 일화기억은 특정 사건이나 경험에 대한 기억이며, 의미기억은 법칙과 관련된 기억으로 의미기억보다는 일화기억이 더 많이 쇠퇴한다.
4) 최근에 일어난 일에 대한 기억보다는 오래전에 일어난 일을 회상하는 먼 기억(remote memory)을 잘한다.
5) 노인들은 인지기능의 쇠퇴에 직면하여 목표범위를 좁혀나가는 등의 최적화 책략(메모 등의 기억방략)의 사용이 증가한다. 그러나 체계적인 기억방략(예 정교화, 조직화, 군집화 등)의 사용은 감소한다.

(4) 개인심리이론 - 아들러

개념	내용
생활양식[17] (Life Style)	1) 인생목표 뿐 아니라 자아개념, 타인에 대한 감정, 세상에 대한 태도 등 스스로 설계한 한 개인의 독특한 특징으로 유형으로는 지배형, 기생형, 회피형, 사회적 유용형이 있다. 2) 열등감과 무력감을 극복하고 우월성을 향해 노력하며 개인에게 의미를 주는 삶의 목표를 추구하며 자신만의 독특한 생활양식이 만들어진다. 3) 생활양식은 5세 이전에 형성되어 일생을 통해 유지되는 경향이 있다.
열등감과 보상	1) 열등감 : 개인이 잘 적응하지 못하거나 해결할 수 없는 문제에 직면했을 때 생기는 것이며 모든 인간으로 하여금 무언가를 추구할 수 있게 하는 동기로서 아들러는 열등감 콤플렉스의 세 가지 원천, 즉 생활양식을 왜곡할 수 있는 것으로 신체적으로 병약하거나 허약한 아동, 응석받이, 거부당하는 아동을 제시하였다. 2) 보상 : 잠재력을 발휘하도록 인간을 자극하는 건전한 반응, 즉 열등감에서 우월감을 갖도록 어떤 것을 유발하는 건전한 반응이다.
사회적 관심	각 개인이 이상적인 공동사회의 목표를 달성하고자 할 때 사회에 공헌하려는 성향이다.
자아의 창조적인 힘 (=창조적 자아)	자아의 창조적인 힘은 생(生)의 의미를 제공하는 원리로 작용하면서 풍요롭게 만들며 자신의 인생목표와 이를 추구하는 방법을 결정하고 사회적 관심의 발달에 영향을 미친다.
우월성 추구 (=우월을 향한 노력)	열등감을 보상하려는 욕구에서 출발하며 인간생활의 궁극적 목적은 우월하게 되는 것이다.
가상적 목표 (아들러의 목적론)	1) 아들러는 우리의 궁극적인 목표는 현실에서 검증되거나 확인될 수 없는 가상의 목표라고 하였다. 2) 개인의 행동을 이끄는 마음 속의 중심 목표를 가상적 목표라고 한다. 3) 가상적 목표는 완전해진 상태에 대한 개인의 궁극적 목표나 특정 방향으로 가려는 지속적 경향성을 의미하는데, 목표 때문에 우리가 진실을 받아들인다거나 어떤 행동을 하고 어떻게 사상을 해석할지 선택하는 창조적 힘을 가질 수 있다고 보았다. 4) 가상적 목표는 미래에 실재할 것이라기보다는 주관적으로 또는 정신적으로 현재의 행동에 영향을 주는 이상으로 지금 - 여기에 존재하며, 어떤 상황에서 개인이 추구하는 안전한 상태의 자기상이라고 하였다. 5) 인간의 모든 심리현상은 이 가상적 목적을 이해함으로써 설명될 수 있다. 6) 이는 우월성의 추구 및 생활양식의 지침이 된다.

(5) 분석심리이론 - 칼융

개념	내용
원형	집단무의식을 구성하고 있는 인류역사를 통해 물려받은 정신적 소인이며 융이 제시한 대표적인 원형은 페르소나, 아니마와 아니무스, 그림자, 자기(self)이다.
페르소나	페르소나는 환경의 요구에 조화를 이루려고 하는 적응의 원형으로 자아의 가면을 뜻하는 희랍어이다. 개인이 사회적 요구들에 대한 반응으로서 밖으로 내놓은 공적 얼굴이다.
아니마와 아니무스	인간이 태어날 때 본질적으로 양성을 가지고 태어났다는 양성론적 입장으로서 아니마(anima)는 무의식에 존재하는 남성의 여성적인 측면이며, 아니무스(animus)는 무의식에 존재하는 여성의 남성적인 측면이다.

---

[17] 아들러는 사회적 관심과 활동수준에 따른 생활양식을 네 가지, 즉 지배형(the ruling type), 기생형(the getting type), 회피형(the avoiding type), 사회적 유용형(the socially useful type)으로 설명하였다. 지배형·기생형·회피형은 바람직하지 않은 유형으로, 사회적 관심이 부족하다는 공통점이 있으나 활동수준에는 차이가 있다. 사회적 유용형은 바람직한 유형으로 사회적 관심과 아울러 활동수준도 높다. 아들러는 이러한 생활유형은 가정에서 어린 시절에 부모의 영향하에서 주로 형성된다고 보았다.

[18] 융은 정신의 구조를 의식과 개인무의식과 집단무의식으로 나누었다.

개념	내용
음영 (=그림자)	인간의 어둡거나 사악한 측면을 나타내는 원형의 형태이지만, 인간의 양면성, 밝고 긍정적인 면과 어둡고 부정적인 면을 반영한 원형이다.
자기(self)	1) 자기는 전체적인 관점으로 성격의 조화와 통합을 위해 노력하는 원형으로 자기는 인생의 가장 결정적인 변화의 시기인 중년의 시기에 나타난다. 2) 균형과 전체의 중요성을 강조하며 정신 내면의 잠재력 성장에 초월적 근원과 영적 차원의 인식이다.
중년기의 개별화	자아를 외적·물질적 차원에서 내적·정신적 차원으로 전환하는 것이다.
의식[18]	인간은 자아를 통해 자신을 외부에 표현하고 외부 현실을 인식한다.
개인 무의식	1) 개인무의식은 의식에 인접해 있는 부분으로 쉽게 의식화될 수 있는 경험이나 감각경험으로 구성된다. 2) 프로이트의 전의식과 유사한 개념이지만, 무의식까지 포함한 개념이라고 할 수 있다.
집단 무의식	1) 융의 분석심리학의 이론 체계에서 가장 핵심적인 개념이다. 2) 집단무의식은 개인적 경험이 아니라 사람들이 역사와 문화, 종교, 신화 등을 통해 공유해 온 모든 정신적 자료의 저장소, 즉 개인적 경험과는 상관없이 조상 또는 종족 전체의 경험 및 생각과 관계된 원시적 감정, 공포, 사고, 원시적 성향 등을 포함하는 무의식이다. 3) 집단무의식은 직접적으로 의식화되지는 않지만, 인류역사의 산물인 신화, 민속, 예술 등이 지니고 있는 영원한 주제의 현실을 통해 간접적으로 관찰될 수 있다.
콤플렉스	무의식 속에 하나의 공통된 주제에 관한 감정, 사고, 지각, 기억 등의 조작된 무리이다(무의식 속의 관념 덩어리).
성격유형	1) 태도(2가지) - 의식의 주체인 자기가 갖는 정신적 에너지의 방향이다. 　(1) 외향성은 의식을 외적 세계 및 타인에게 향하게 하는 성격태도이다. 　(2) 내향성은 의식을 자신의 내적·주관적 세계로 향하게 하는 성격태도이다. 2) 심리적 기능(4가지) 　(1) 합리적 요소인 사고, 감정, 그리고 비합리적 요소인 감각, 직관으로 모두 4가지를 말한다. 　(2) 감각은 오감(五感), 직관은 육감(肉感)과 관련성이 있다.

(6) 신경증적 성격이론 – 카렌 호나이(Karen Honey)

개념	내용
기본적 불안	• 자아보호 기제 　1) 애정과 사랑의 확보 : '만약 당신이 나를 사랑하면 당신은 나를 해치지 않을 것이다'라는 신념으로 타인이 원하는 것을 무엇이든지 하려고 노력하게 된다. 　2) 복종 : 위협적인 환경에서 자신의 욕망과 감정을 억압하고 순응을 통해 기본적 불안을 피하려고 한다. 　3) 힘 성취 : 타인을 능가하는 힘의 성취를 통해 개인의 무력감을 보상하고 안전을 성취할 수 있다. 　4) 철회 : 개인은 타인들과 관계를 하지 않으려고 하며, 자신의 욕구만족을 위해 타인에게 의존하지 않고 독립적이 되려고 시도한다.
신경증 욕구	• 기본적 불안을 처리하는 방어적 태도(신경증 욕구) 　1) 애정과 인정 욕구 : 상대에 대한 고려 없는 무분별한 애정과 인정 욕구. 　2) 지배적 파트너 욕구 : 타인에게 매우 의존적인 경향으로 상호관계의 손상. 　3) 힘 욕구 : 자신의 불안, 약함, 열등감을 보호하기 위한 힘의 추구. 　4) 착취 욕구 : 자신의 안전감을 위해 타인을 착취할 필요를 느끼는 적대적이며 의심이 많은 경향. 　5) 특권에 대한 욕구 : 타인에 의해 인정받고 유명해지고자 하는 욕구로 지위 상실에 대한 두려움이 강함. 　6) 존경에 대한 욕구 : 자기혐오와 자기경멸의 감정을 피하기 위해 이상적 자아상을 창조하며, 비현실적인 자아상이 존경받는 것에 집착함. 자신을 천재 또는 성인으로 여겨지기를 바람 　7) 성취 혹은 야망에 대한 욕구 : 너무 많은 분야에서 최고가 되기를 바라는 경향으로 에너지가 분산되며, 결과적으로 실패와 실망으로 이어지게 됨 　8) 자아충족 욕구 : 지속적으로 다른 사람들로부터 자기 자신을 고립시키려고 함. 정서적 고립을 통해 우월환상을 유지함 　9) 완전 욕구 : 아동초기에 시작되며, 독선적이고 권위적인 부모의 양육태도와 관련됨 　10) 생의 편협한 제한 욕구 : 비난을 두려워하여 자기개방을 피하려고 하고 단조롭고 정돈된 삶에 안주하려는 경향

성격유형 (신경증적 경향성)	1) 순응형 성격 : 타인을 향해 움직이기 ↔ 애정과 인정 욕구, 지배적 파트너 욕구 2) 공격형 성격 : 타인에 반해 움직이기 ↔ 힘, 착취, 특권, 존경, 성취 혹은 야망 욕구 3) 고립형 성격 : 타인으로부터 멀어지기 ↔ 자아충족 욕구, 완전 욕구, 생의 편협한 제한 욕구
성격발달	• 아동이 부모에 대한 적개심을 억압하는 이유 1) 무기력 : 무기력을 일단 느끼게 되면 신경증적인 행동으로 발전할 수 있으며, 아동의 의존적 상태에서 과도한 보호, 응석을 부리도록 방치되면 무기력이 커지게 되며, 순응적이 된다. 2) 두려움 : 부모로부터 처벌, 학대 등의 위협을 통해 두려움이 생기면 적대감이 억압된다. 3) 사랑 : 역설적으로 사랑은 부모에 대한 적대감을 억압하는 목적이 되고, 부모가 충분하게 안전한 환경이 되지 못하지만 그마저도 잃어버릴까봐 적대감을 억압한다. 4) 죄의식 : 아동 자신이 느끼는 적대감에 죄의식을 느낄수록 적대감은 더욱 억압된다.

2 인본주의 이론

(1) 로저스의 현상학적 이론 중 충분히 기능하는 사람[19]의 특성

경험에의 개방성	가치의 조건에 아무런 제재를 받지 않는 상태로 자신의 감정과 태도를 자유로이 경험할 수 있으며 방어기제의 사용 없이 자신을 개방할 수 있다. (↔ 방어적인 삶)
실존적인 삶	경직성, 경험에 대한 의도적인 구조가 없는 삶이다. 모든 경험을 이전에는 결코 비슷한 방법으로 존재하지 않았던 것처럼 새롭게 느낀다. (↔ 전에 부모로부터 습득한 방식대로 삶)
자신의 유기체에 대한 신뢰	가장 만족스런 행동에 도달하는 믿을만한 수단이 자신의 유기체임을 믿는 상태이며 옳다고 느껴질 때 그렇게 행동한다. (↔ 유기체의 불신)
자유 의식 (선택에의 자유)	삶에 대한 개인적 지배를 즐기며 그것은 일시적인 생각이나 환경, 과거의 사건들에 의해 결정되는 것이 아니라 자기 자신에게 달려있다고 믿는다. (↔ 조작되는 느낌, 자유롭게 선택할 수 없음)
창조성	타인들로부터의 인정에 별 관심이 없기 때문에 자기 자신이 존재하는 모든 영역에서 창의적인 자세와 삶으로 스스로를 표현한다. (↔ 일상적이고 틀에 박힌)

(2) 매슬로의 욕구위계이론 중 욕구 5단계

결핍 동기	생리적 욕구	1) 가장 강력한 욕구로서 유기체의 생존과 유지에 관련됨. 2) 인간의 생존을 위해 필요한 음식, 물, 공기 등에 관한 생리적 욕구가 다른 욕구에 비해서 가장 기본적이고 강력함.
	안전의 욕구	1) 질서있고 안정적이며, 예언할 수 있는 세계에 대한 유기체의 욕구. 2) 안전 욕구의 만족을 위해 안전, 보호, 질서, 공포와 불안으로부터의 자유가 요구됨.
	소속과 애정 의 욕구	개인은 다른 사람과의 친밀한 관계, 연인 관계를 맺기를 원하며 특별한 집단에 소속되기를 바람.
	자기존중의 욕구	1) 자신으로부터의 존중과 타인으로부터의 존중을 필요로 하며 자아존중을 이루기 위해 유능감, 자신감, 성취, 독립, 자유 등을 갖는 것이 요구됨.(→ 사회적 인정) 2) 자아존중의 욕구를 충족시킨 사람은 자신의 힘, 가치에 대해 확신을 가짐.

---

[19] 충분히 기능하는 사람은 자신의 잠재력을 인식하고 능력과 자질을 발휘하여 자신에 대한 완벽한 이해와 경험을 풍부히 하는 방향으로 이동해 나가는 사람이다.

성장 동기	자아실현의 욕구	발달의 마지막 단계인 자아실현은 자신의 모든 잠재력과 능력을 인식하고 충족시키는 것으로 가장 높은 수준의 욕구임 - 가장 중시하는 욕구
모형	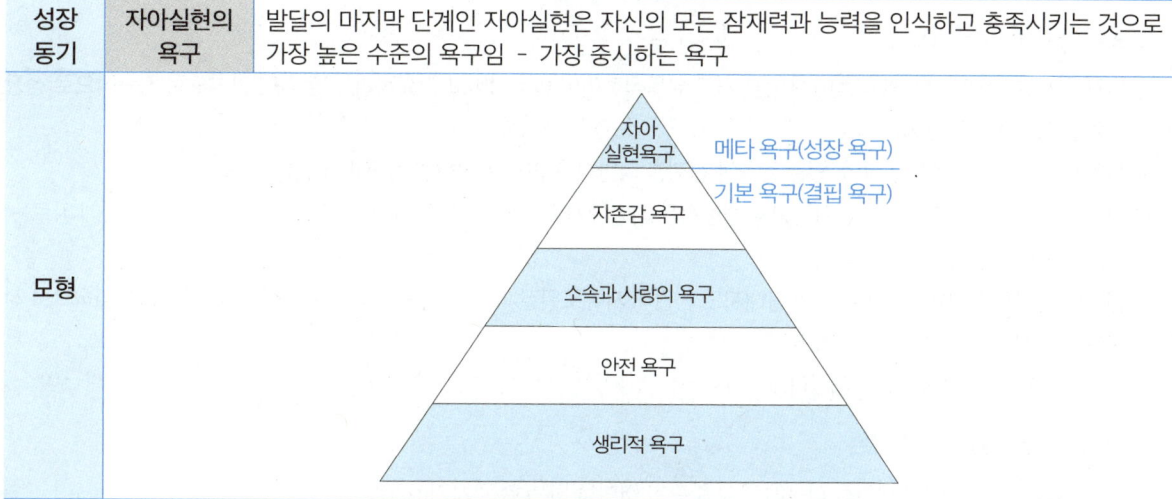	

실력다지기

인본주의 이론

1) 인간에 대하여 긍정적이고 건전한 발달의 관점을 가지고 인간 스스로 문제를 인지하고 해결하고자 하는 능력을 가지고 있다고 본다.
2) 인본주의 이론은 무의식적 결정론에 근거한 정신분석이론과 환경결정론에 근거한 행동주의 이론의 입장에 반대하는 제3세력의 심리학으로 분류된다.
3) 인본주의 이론은 실존주의 철학에 기원을 두고 있으며 치료자와 내담자의 관계를 중시한다는 공통점을 가지고 있다.
4) 인본주의 이론은 인간의 자아실현 경향과 긍정적 면에 초점을 둔다.

📖 읽을 거리

로저스(C. Rogers)의 이론 : 인본주의 성격이론

1) 행동주의적이며 자연과학적 방법을 강조하는 연합주의와 사람을 지나치게 분석적·결정론적으로 보는 정신분석학적 입장에 반대하는 심리학의 조류로서, 1940년대 이후 등장하여 제3의 심리학으로 불린다.
2) 인본주의 성격이론은 정신분석이론이나 행동주의 이론과는 달리, 각 개인의 내적 준거 틀을 바탕으로 개인을 이해한다.
3) 동물이나 문제가 있는 사람을 대상으로 하여 인간을 반응 객체로 파악하는 연합주의와 정신분석학적 입장을 비판하면서 등장하였다.
4) 인간의 잠재적 본성을 창조성이라고 보는 관점을 갖는다.
5) 인본주의에서는 모든 인간은 자기 자신에 대한 주관적 인식과 자기[20]를 둘러싼 세상에 대한 주관적 인식에 따라 행동한다고 본다.
6) 인본주의 학자들은 인간을 자기실현을 향한 자연적 성향을 가진 존재로 본다.
7) Rogers, Maslow 등의 인본주의 학자들은 개인의 주관적 경험을 강조한다.
8) 개개인이 자기 자신과 주변 세계를 어떻게 지각하고 해석하는가에 따라 행동이 다르게 나타난다고 보는 이론으로, 일명 자기이론 또는 자기실현이론이라고 한다.
9) 인본주의는 인간을 이해하는 데 있어 문제의 역사보다 '지금 여기에'를 강조하므로 현상학적 성격이론이라고도 한다.

---

20 자기(self)는 심리적 적응에 있어 가장 중요한 역할을 한다.

현상학적 이론의 인간관

1) 인간은 자유로우며 자신의 행동에 책임을 지고 유목적적이며 합리적이고 건설적인, 긍정적인 방향으로 지속적으로 성장해 나가는 미래 지향적 존재이다.
2) 선천적으로 잠재력을 발휘할 수 있는 존중과 신뢰를 기반으로 인간은 무한한 성장과 발전이 가능하다.
3) 인간은 선천적으로 타고난 성장가능성을 실현하는 과정에서 자신의 인생목표와 방향을 스스로 결정하고 결정에 따르는 책임을 수용하는 자유로운 존재이다.
4) 인간의 합리성은 자아실현의 경향이 강해지고 인간이 자유로워질 때 강하게 표출되며 자아실현 경향을 자기 성숙으로 지향하는 진보적인 추진력을 가지고 있다.
5) 인간을 전체적, 통합적으로 이해한다.

로저스(Rogers)의 성격이론

1) Rogers의 성격이론에서 심리적 적응에 가장 중요한 역할을 하는 것은 자기(self)이다.
2) 자기(self)는 로저스의 성격 이론에서 가장 중요한 구성개념으로, 지속적인 인식체계이며 자기 존재에 대한 인식으로 자신을 소중히 여기는 가치를 포함한다.
3) 자기와 경험의 불일치의 경우 개인이 자신의 유기체적 경험을 자기 개념과 일치하는 것으로 통합할 때 건강한 심리적 적응이 가능하다고 본다.

로저스(Rogers)의 상징화와 자기

1) 로저스는 상징화의 개념을 개인은 객관적 현실이 아닌 자신의 현상학적 장(場)에 입각하여 재구성된 현실에 반응하게 되는 것이라고 보았다.
2) 자기 구조의 발달에 뒤를 이어, 실현화(actualization)는 자기 내부에 상징화되어 있는 유기체 경험의 일부로써 표현되기도 한다.
3) 개인적인 경험의 일부를 자기 경험으로 자각되도록 상징화가 이루어진다.
4) 자신의 존재와 기능에 대한 자각이 발달함에 따라 개인은 환경 내에서 자기 자신의 존재 및 기능에 대한 경험으로 이루어지는 자기감(sense of self)을 획득하게 된다.

3 특성이론

(1) 유형이론(typology)

① 히포크라테스(Hippocrates)의 체액론

최초의 유형론으로 사람의 체액을 혈액, 점액, 흑담즙, 담즙으로 구분하고, 그 중 어느 체액이 신체 내에서 우세한가에 따라 성격이 결정된다.

② 크레취머(Kretschemer)의 체격론

체형에 따라 사람을 쇠약형, 비만형, 투사형, 이상 발육형의 네 범주로 나누고 각 체형에 따라 성격이 결정된다.
　㉠ 쇠약형은 가냘프고 마른 사람들로 조현병에 걸릴 성향이 많다.
　㉡ 비만형은 둥글고 땅딸한 사람들로 조울증에 걸릴 성향이 많다.
　㉢ 투사형은 강하고 근육이 발달된 사람으로 조울증보다 조현병의 경향이 다소 많다.
　㉣ 이상 발육형은 신체발달이 균형이 잡히지 않은 사람들로서 투사형과 유사한 성향을 보인다.

③ 셀돈(Sheldon)의 체격론

크레취머(Kretschmer)의 연구를 더욱 발전시켜 개인은 내배엽형, 중배엽형, 외배엽형의 세 가지 차원에서 개인의 점수를 평정하여 유형화시킬 수 있다.
㉠ 내배엽형 - 내장구조들이 고도로 발달된 사람들로 수줍어하고 내성적인 기질이 특징이다.
㉡ 중배엽형 - 근육이 우세한 사람들로 활동적, 자기 주장적, 정력적인 기질이 특징이다.
㉢ 외배엽형 - 근육이 섬세하고 약한 사람들로 편안함을 즐기며, 사교적인 기질이 특징이다.

(2) 특질이론(trait theory) - Gordon Allport, Raymond Cattell, Hans Eysenk

특질이론은 어느 두 사람도 완전히 동일한 성격을 가질 수 없다는 가정에 기초하며 특질이론가들은 한 개인이 타인과 지속적으로 어떻게 서로 다른지가 성격의 본질이라고 주장한다.

① 올포트(Allport)의 특질론 기출

올포트는 특질은 개인에게 여러 가지 다른 자극이나 상황에 대해 유사한 방식으로 반응하도록 조작하는 실체로서, 개인의 사고, 정서 및 행동을 결정하는 중요한 역할을 한다고 주장하였다. 올포트는 행동상에 미치는 정도에 따라 주(기본) 특질(cardinal trait), 중심특질(central trait), 이차적 특질(secondary trait)로 구분하였다.

㉠ 주 특질(cardinal trait)

주 특질은 영향력이 매우 커서 한 개인의 행동 전반에 영향을 미치며 이러한 주 특질의 지배를 받는 사람은 마치 주 특질의 노예가 되어있는 것처럼 여겨진다.

예 눈만 뜨면 재산을 모으려고 한다든지, 권력을 잡으려고 애쓰는 사람들은 주 특질을 소유한 사람들인데, 다행스럽게 이러한 열정적인 주 특질은 소수의 사람들만이 가지게 된다.

㉡ 중심특질(central trait)

중심특질은 주 특질보다 행동에 미치는 영향력은 적지만, 비교적 보편적이고 일관된 영향을 끼치는 것으로 우리가 한 개인을 기술할 때 사용하는 특성들이다.

예 어떤 사람은 시간을 잘 지키고, 사리가 분명하며 믿을 수 있다고 한 개인의 특성을 기술한다면, 이는 중심특질에 해당한다.

㉢ 이차적 특질(secondary trait)

이차적 특질은 중심특질보다 덜 보편적이고 덜 일관적인 영향을 미치는 것이다.

예 한 개인이 학교에서는 깔끔하지만 집에서는 깔끔하지 않은 경우 이차적 특질에 해당한다.

② 아이젠크(Eysenck)의 특질론

아이젠크는 소수의 성격차원만이 존재하며, 개인은 이러한 차원들에서 정도의 차이에 의해 독특한 특질을 소유하게 된다고 보았으며 아이젠크는 요인분석을 통하여 세 가지 성격 차원들을 발견하였다.

㉠ 외향성 - 내향성(extroversion - introversion) 차원

뇌의 각성 수준과 관련되어 있는데, 외향성인 사람들의 성격 특성으로는 충동적이고 혈기왕성하고 사교적인 특성들이 나타나는 반면, 내향성인 사람들은 수줍어하고 관심이 한정되어 있으며 내성적이고 과묵한 성격특성들을 보인다.

㉡ 신경증적(neuroticism) 차원 = 안정성 - 불안정성(stability - instability) 차원

정서적인 안정성과 관련이 있는 차원으로 신경증적인 경향성이 높을수록 정서적으로 불안정하고 예민하여 사소한 일에도 지나치게 근심을 하는 경향이 있다.

ⓒ 정신병적(psychoticism) 차원
마지막에 첨가된 차원으로서, 정신병질자(정신질환자)가 될 정도를 반영하는 차원으로 정신병적 경향성이 높을수록 타인을 배려하지 않고 이기적으로 행동하며, 공격적이고 냉정하고, 충동적으로 행동하고 자제할 줄 모르는 행동 경향성을 보인다.

> **심화**
>
> **아이젱크(Eysenck)의 특질이론**
> 1) 아이젱크는 특수한 반응들, 습관적 반응들에서 특질, 유형으로 이어지는 서열에 따라 성격이 조직화되어 있다고 주장하였다.
> 2) 유형은 특질들의 관찰된 구성체 또는 증후군이다.
> 3) 아이젱크는 성격의 차원을 생물학적 토대로 가정하였다.
> 4) 외향성 및 내향성, 신경증 성향, 정신병 성향의 세 가지 유형범주로 사람들의 성격을 분류할 수 있다고 보고, 외향성 및 내향성은 대뇌 흥분수준과, 신경증 성향은 자율신경계 반응성과, 정신병 성향은 남성호르몬 수준과 관계가 있다고 가정한다.
> 5) 아이젱크(1981)는 기질의 양적 차이에 대해 관심을 가진 성격 이론가로, 성격을 유전에 의해 거의 결정된다고 보고, 환경에 대한 개인의 독특한 적응에 영향을 끼치는 인격, 기질, 지성, 신체적 요소들이 안정적, 영속적으로 조직화된 것으로 보았다.

③ 커텔(Cattell)의 특질론

커텔은 개인의 특징적 행동을 설명할 수 있는지의 여부에 따라 특질을 표면특질과 근원특질로 분류하였다.

㉠ 표면특질
㉮ 표면특질은 인간이 보이는 다양한 행동들 중에서 각기 서로 관련되어 있다고 여겨지는 일련의 행동들을 묶어 놓은 것이다.
㉯ 표면특질은 환경의 영향을 받아 실제 자신의 의도와는 다른 행동 패턴을 보여야 하는 경우에 발생한다.
　예 미소를 짓는 행동, 인사를 하는 행동, 타인을 돕는 행동 등은 서로 함께 나타나는 경향이 있는데 이는 친절성 특질을 나타내며, 타인을 비방하거나, 얼굴을 찌푸리거나, 타인을 괴롭히는 일련의 행동은 공격성 특질을 나타낸다.

㉡ 근원특질
㉮ 근원특질은 성격의 핵심을 이루는 것으로 개인의 행동, 생각 및 정서에 영향을 주어, 행동의 일관성을 결정짓는 역할을 한다.
㉯ 근원특질은 표면특질에 해당하는 행동의 진정한 원인이 무엇인지에 대한 설명을 제공하게 된다.
　예 친절성과 공격성의 특질에 속하는 일련의 행동들을 나타내는 사람의 저변에는 정서적 불안이라는 근원특질이 존재할 수 있는데, 한 개인은 타인에게 소외 받을지도 모른다는 정서적 불안감 때문에 타인에게 친절하게 대하기도 하고, 때로는 공격적으로 행동하기도 한다.

기출문제 확인학습

A유형 성격의 특성

1) 경쟁심

A유형 행동 특징을 지닌 근로자들은 더욱더 짧은 시간 내에 더욱더 많은 일을 성취하려고 하고 무조건 이기려고 든다. 친선게임조차 전쟁터가 되어버릴 만큼 경쟁적 속성을 놀이에 옮기는 것을 좋아하며 여가활동도 경쟁적인 경기가 되는 경향이 있다.

2) 언어적 공격

A유형 사람들은 말이 빠른 것은 물론, 대화 중에 핵심 단어를 지나치게 강조하거나 일순간 감정이 폭발하면 욕설을 퍼붓기도 한다.

3) 정력적

A유형 사람들은 자신을 극한 상황까지 몰아붙이는 경향이 있다. 이들은 보통 동시에 여러 가지의 과제를 수행하고 자신의 일정을 지나치게 빡빡하게 잡아 놓는다. 또한 휴식시간도 없이 한 과제를 수행하면 곧이어 다음 과제를 수행하는데 밤늦게까지 일을 하며, 심지어 토요일이나 일요일에도 일거리를 집으로 가져온다.

4) 이완의 어려움

A유형 사람들은 휴가 중인데도 무엇인가 생산적인 활동을 하지 못하고 있다는 사실에 자책감을 느낀다.

5) 시간개념

A유형 사람들은 시계 없이 하루를 보낸다는 것을 상상할 수가 없다. 이들은 융통성이 거의 없는 엄격한 일정을 유지하고 시간 낭비를 증오한다.

6) 분노감

A유형 사람들은 쉽게 화를 내고 발끈하는 경향이 있다.

7) 적대감

분노가 일반적인 특징이고 어떤 사건이나 대상에게 향해져 있다면, 적대감은 사람에게 초점을 맞춘 것이다.

8) 책임감

A유형은 책임을 자신에게 돌리는 성향이 크다.

9) 스트레스

B유형은 환경에 대한 책임으로 돌리는 경우가 많으므로 스트레스를 덜 받게 되지만 A유형은 자기 자신을 통제하지 못해서 생기는 일이라 생각하기 때문에 스트레스를 많이 받게 된다.

4 인지사회이론 - 반두라의 사회적 인지[21]이론 중심으로

개념	내용
모델링 (=모방)	다른 사람이 행동하는 것을 보고 들으며 그 행동을 따라서 하는 것으로 모델링의 효과는 모델과 관찰자의 유사성, 모델의 지위와 신분관계, 신뢰의 정도와 전문성 여부, 모델 학습의 횟수에 따라 다르게 나타난다.
인지	학습된 반응을 수행할 의지의 표현은 인지의 통제 정도에 따라 다르게 나타나기 때문에 사회적 학습은 인지행동적 학습이라고도 한다.
자기조정 (=자기규제)	1) 개인은 자신의 행동 결과를 예견하고 통제하는 기준을 가지는데, 이는 자기관찰, 자기판단, 자기반응 과정이 있다. 2) 즉, 수행과정, 판단과정, 자기반응의 과정으로 이루어진다.
자기 강화	1) 자기 강화는 스스로 자신의 감정과 인지사고를 통제하고 행동을 제한할 수 있는 능력이 있음을 믿고 그 능력으로 인하여 자신의 행동을 유지, 변화시켜 나가는 과정이다. 2) 직접강화와 대리강화는 환경에 의해 주어지는 것이지만, 자기강화는 각 개인에 의해 의식적으로 만들어지는 것이다. 3) 인간행동은 전적으로 외적인 영향에 좌우되는 것이 아니라, 개인이 자신의 감정, 사고, 행동을 통제할 수 있는 자기조절 능력을 가진다.
자기효능감	1) 자기 효능감은 바람직한 효과를 기대하면서 산출적인 행동반경을 성공적인 방향으로 수행토록 인도하는 개인의 믿음, 즉 자신이 바라는 목적을 이루기 위해 어떤 특정 행동을 성공적으로 수행할 수 있다는 신념이다. 2) 자기효능감은 개인의 과거 성취경험, 대리경험, 정서적 각성, 언어적 설득으로부터 비롯된다. 3) 자기효능감은 개인의 능력에 대한 판단을 수반하는데 비해, 자아존중감은 자기가치에 대한 판단을 포함한다는 점에서 구별된다.
| 상호결정론 | 1) 인간은 행동하면서 환경이라는 개념을 활용하고 이들 요소 상호 간에 관계를 맺고 영향을 서로 주고받으면서 발전한다.<br>2) 인간의 행동 그리고 그 행동이 실행되는 환경의 특성들이 서로 지속적인 상호작용을 하는 것이다.<br><br>```
        P(사람)
       /      \
      /        \
   B(행동) —— E(환경)
```<br>B : 행동<br>E : 환경<br>P : 사람의 행동에 영향을 주는 인지적, 지각적, 내적사건들 |

관찰학습 과정 (4단계)	주의집중 단계 (제1단계)	파지(보존=기억) 단계 (제2단계)	운동재생 단계 (제3단계)	동기화 단계 (제4단계)
	모델의 행동에 집중, 정확하게 지각 하는 단계	관찰된 모델의 행동을 기억하는 단계(→ 인지)	모델의 행동을 기억한 것을 새로운 반응 유형으로 나타내는 단계	정적 강화가 주어지게 되면 모델의 행동을 수행하는 단계

---

[21] 반두라의 성격이론은 전통적 행동주의 관점에 인지적 접근을 추가하여 형성되었다.
```

실력다지기

자기 효능감의 원천
이전 성취경험, 대리경험, 언어적 설득, 정서적 각성이 있다.

1) 성취경험

목표를 달성하기 위한 시도에서 비롯된 성공·실패에 대한 과거 경험은 자기효능감의 가장 중요한 결정요인이다.

사례 과거에 "그 일을 하니까 되더라"라는 경험이 있으면 후에 다른 일에 대해서도 하면 된다는 믿음

2) 대리경험

타인의 성공·실패를 목격하는 것은 유사한 상황에서 개인의 유능감을 평가하기 위한 비교 근거를 제공한다.

사례 다른 사람이 어떤 일을 성공하는 것을 보고 "저 사람도 하는데 나라고 왜 못해"라는 생각

3) 언어적 설득

타인으로부터 어떤 과제를 숙달할 수 있는지 혹은 숙달할 수 없는지에 관해 듣는 것은 역시 자기효능감을 증가 혹은 감소시킬 수 있다.

사례 칭찬받음으로 인해 나도 할 수 있다는 자신감이 생김

4) 정서적 각성

(1) 개인의 자기효능감은 어떤 주어진 수행상황에서 개인이 느끼는 정서적 각성의 정도와 질에 의해 영향을 받는다.

(2) 개인이 느끼는 어려움, 스트레스 등 과제를 어떻게 해석하느냐에 따라 자기효능감에 영향을 준다.

(3) 과제를 접할 때 염려하고 걱정하거나 또는 흥분하느냐에 따라 자기효능감을 낮추거나 높인다.

사례 실패에 대해 개선이 가능할 것이라는 긍정적인 마인드를 통해서 과제를 접하고 해석하려는 정서적 각성을 통해 불안에서 탈피해야 자기효능감이 높아진다.

행동의 결과에 영향을 미치는 요소들

1) 대리강화

(1) 대리강화가 일어나려면 모델이 어떤 행동을 수행해서 강화 받아야 하고 그에 따라 관찰자의 행동수행 빈도도 증가해야 한다.

(2) 모델이 행동 후, 강화 받는 것을 관찰하면 그 행동을 할 가능성이 증가하며 모델이 처벌받는 것을 보았다면 행동할 가능성이 낮아진다.

(3) 대리강화의 효과

어떤 상황에서 어떤 행동이 적합한지에 관한 정보를 제공하고 관찰자에게 즐거움과 만족이라는 정서적 반응을 일으킨다.

2) 대리처벌

(1) 모델이 행동 후, 처벌 받는 것을 관찰하면 그 행동을 할 가능성이 감소한다.

(2) 대리처벌의 효과

처벌받기 쉽거나 부적절한 행동에 관한 정보를 전달하며 공격적인 행동에 대한 모방을 억제하는 효과가 있다.

3) 처벌의 부재

처벌에 대한 예상은 금지된 행동 모방을 억제하지만, 개인이 위반에 대해 처벌받지 않으면, 그 행동을 수용하게 되고 처벌의 부재가 공격적인 행동을 더 증가하게 한다.

4) 자기강화
   (1) 직접강화와 대리강화는 환경에 의해 주어지는 것이지만, 자기강화는 각 개인에 의해 의식적으로 만들어지는 것이다.
   (2) 인간행동은 전적으로 외적인 영향으로 좌우되는 것이 아니라, 개인이 자신의 감정, 사고, 행동을 통제할 수 있는 자기조절 능력을 가진다.

관찰학습이 효과적으로 일어날 수 있는 조건
관찰학습의 과정은 주의 집중단계, 파지단계, 재생단계, 동기화단계로 이루어진다. 이러한 관찰학습이 일어나려면 4가지의 과정에서 다음과 같은 조건이 요구된다.

1) 주의 집중단계(attentional phase)
학습하기 위해서는 모델에게 관심을 주의 집중해야 하는데, 모델이 성(性), 연령에서 자신과 비슷할 때, 매력적이거나 존경을 받거나 지위가 높고 유능할 때 주의집중을 보다 많이 받는 경향이 있다.

2) 파지단계(retention phase)
   (1) 관찰에서 얻은 정보를 사용하기 위해서는 그것을 언어적 방법이나 심상을 사용하여 머릿속에 기억해야 하는데, 모델을 관찰하는 동안 모델이 행하는 것을 말로 되뇌이거나 시각적 영상을 만들어서 저장하게 된다.
   (2) 정보를 인지적으로 저장하고 나면, 관찰학습이 일어난 뒤 오랜 시간이 경과해도 이용할 수 있다.

3) 재생단계(reproduction phase)
관찰한 행동을 잘 재생하기 위해서는 많은 연습이 필요하다. 자신의 행동을 관찰하고 자신의 행동과 기억하고 있는 모델의 행동을 비교하면서, 계속 자기의 행동을 수정하여 모델의 행동을 재생할 수 있게 해주는 교정적 피드백이 필요하다.

4) 동기화단계(motivation phase)
   (1) 모델의 행동을 습득하고, 기억하고, 능숙하게 수행할 수 있는 능력을 가지고 있더라도, 그 행동이 바람직하게 받아들여지지 않는다면 그것은 행동으로 수정되지 않는다.
   (2) 행동에 대한 동기화, 행동을 스스로 바람직하게 받아들이는 자기강화 과정이 요구된다.

제3장 학습 및 인지심리학

제1절 학습심리학[22]

1 고전적 조건형성 – 파블로프(Pavlov)의 발견 : 조건반사

(1) 파블로프의 실험

① 1단계

개의 입에 먹이를 넣어주면 타액을 분비하며 종소리를 들려주면 타액은 분비되지 않으나, 소리가 나는 쪽으로 머리를 돌린다.

② 2단계

종소리를 들려준 직후 개의 입에 먹이를 넣어주면, 먹이로 인해 타액을 분비하며 종소리와 먹이를 짧은 시간 간격으로 짝지어 주는 것을 반복한다.

③ 3단계

먹이 없이 종소리만 제시되어도 타액이 분비된다.

(2) 고전적 조건형성의 네 가지 요소

① 무조건 반응(UnConditioned response ; UCR)

유기체가 어떤 자극에 자동적으로 반응하는 것으로 학습되지 않은 자동적 반응이다.
→ 실험에서 개는 먹이를 먹으면 자연적으로 침을 분비하는 반응을 한다.

② 무조건자극(unconditioned stimulus ; UCS)

무조건 반응을 일으키는 자극이다.
→ 침을 분비시키는 먹이를 의미한다.
→ 무조건 반사는 무조건자극에 대해 무조건 반응이 일어나는 것이다.

③ 조건자극(conditioned stimulus ; CS)

무조건자극(먹이)과 짝지어져서 새로운 반응(침 분비)을 유발하는 자극(종소리)이다.
→ 종소리는 원래 침 분비를 유발하지 않는 중성자극이었으나, 먹이와 연합됨으로써 먹이를 예고하는 신호로 작용한다.

---

22 학습심리학은 동물을 포함한 유기체의 학습과정과 그 기제 및 관련 변인들에 대하여 탐색하는 학문이다. 이러한 학습심리학은 심리학적 사조에 따라 행동주의 학습심리학, 인지주의 학습심리학, 인본주의 학습심리학 등으로 구분되며, 또 학습영역에 따라 신체 및 운동학습심리학, 인지학습심리학, 정서학습심리학, 사회성학습심리학, 도덕성학습심리학 등으로 세분되기도 한다.

④ 조건반응(conditioned response ; CR)

조건자극(종소리)에 의해 새로이 형성된 반응(타액)이다.
→ 조건반사는 조건자극에 대해 조건반응이 일어나는 것이다.

(3) 고전적 조건 형성의 기능

① 유기체가 조건자극(CS)과 무조건자극(UCS)의 두 사건들 사이의 관계성을 학습하여 앞으로 닥쳐올 일에 대한 준비를 할 수 있게 한다.
② 조건자극(CS, 종소리)이 무조건자극(UCS, 먹이)보다 먼저 제시되기 때문에 학습 후에는 조건자극(CS, 종소리)이 무조건자극(UCS, 먹이)의 출현을 예고하는 신호가 된다.
→ 결과적으로 유기체는 무조건자극에 대비할 수 있게 된다.
③ 생존과 적응에 도움을 제공한다.
  사례1 번개(CS)가 치면 천둥소리(UCS)를 대비해 미리 귀를 막는 경우
  사례2 아프리카 영양들이 사자의 냄새가 흘러오면(CS) 사자의 출현(UCS)을 피해 미리 멀리 달아나는 경우

(4) 고전적 조건형성의 주요 현상 　기출

① 습득(acquisition)

새로운 조건반응이 형성 또는 확립되는 과정이다.
㉠ 연합 횟수가 많을수록 학습된 반응이 증가하게 된다.
  - 조건자극(CS)과 무조건자극(UCS)이 빈번하게 짝지어질수록 조건자극(CS)이 조건반응(CR)을 유발하는 경향성이 증가한다.
㉡ 조건자극(CS)과 무조건자극(UCS) 사이의 시간적 관계가 중요하다.
  ㉮ 동시 조건형성
    조건자극(CS)과 무조건자극(UCS)이 동시에 제시되는 경우
  ㉯ 지연 조건형성
    조건자극(CS)이 먼저 제시되어 무조건자극(UCS)이 제시될 때까지 지속되는 경우
  ㉰ 흔적 조건형성
    조건자극(CS)이 먼저 제시되지만, 무조건자극(UCS)이 제시되기 전에 조건자극(CS) 종료되는 경우
  ㉱ 역행 조건형성
    무조건자극(UCS)이 먼저 제시되고 조건자극(CS)이 나중에 제시되는 경우
  ㉲ 조건자극(CS)이 먼저 제시되고 무조건자극(UCS)이 나중에 제시되는 지연조건형성과 흔적조건형성이 학습이 잘 된다. (지연 > 흔적 > 동시 > 역행)
  ㉳ 역행조건화의 경우 조건자극(CS)이 무조건자극(UCS)을 전혀 예측하지 못하기 때문에 가장 비효과적이다.
㉢ 근접성
  조건자극(CS)이 제시된 후, 짧은 시간 안에 무조건자극(UCS)이 주어져야 학습이 잘 된다.
    예 개에게 종소리를 들려준 후, 10분 후에 먹이를 주면 학습이 안 됨

- ② 수반성

  조건자극(CS) 제시 후에, 얼마나 일관성 있게 무조건자극(UCS)이 뒤따르는가의 여부가 습득을 좌우한다.

  > **사례** 종소리를 들려주고 항상 먹이를 줄 경우와 종소리 들려주고 가끔씩 먹이를 안 줄 경우에서 종소리를 들려주고 항상 먹이를 줄 경우 학습이 잘 된다.

- ⑩ 조건자극(CS)과 무조건자극(UCS)의 종류에 따른 학습 속도 차이
  - ㉮ 유기체에게 해로운 것일수록 조건형성이 달라진다.
  - ㉯ 종소리와 먹이 짝짓기 할 경우와 불빛과 전기충격을 짝짓기 하는 경우 후자가 더욱 학습이 잘 된다.

② 소거와 자발적 회복

- ㉠ 소거(extinction)
  - ㉮ 학습 후 조건자극(CS)이 무조건자극(UCS) 없이 되풀이되어 제시되면 조건반응(CR)이 점차로 사라지는 것이다.
  - ㉯ 조건자극(CS)이 더 이상 무조건자극(UCS)에 대한 신호가 아님을 학습하게 된다.
- ㉡ 자발적 회복(spontaneous recovery)
  - ㉮ 추가적인 훈련 없이 어느 정도의 휴식 후에 소거되었던 반응이 다시 나타나는 현상이다.
  - ㉯ 소거된 반응이 완전히 상실된 것이 아니라, 잠시 억압되어 있었음을 의미하는 것이다.
  - ㉰ 이 때 반응의 크기는 처음 습득되었던 최고 수준에 미치지 못하고 지속기간도 일시적인 경우가 많다.

③ 역 조건형성(counter - conditioning)

- ㉠ 부적응적인 조건형성을 없애는 치료적 방법이다.
- ㉡ 원리 : 자연적으로 조건형성이 소멸되는 소거와 달리, 역조건 형성에서는 부적응적인 조건반응(CR)을 일으킨 조건자극(CS)을 그 사람이 좋아하는 무조건자극(UCS)과 짝지어 조건자극(CS)에 대한 새로운 조건반응(CR)을 학습시킨다.

  > **사례** 물에 빠져 죽을 뻔한 사람의 경우 물을 내담자가 좋아하는 어떤 것과 짝지어 물에 대해 좋은 느낌을 학습시키는 것이다.

④ 자극 일반화

- ㉠ 특정 자극에 대해서 반응하는 것을 학습한 유기체가 원래의 자극과 유사한 자극에 대해서도 비슷한 방식으로 반응하는 것이다.
- ㉡ 새로운 자극이 원래의 자극과 유사할수록 일반화의 가능성도 높아진다.
- ㉢ 실험 – John Watson의 실험
  - ㉮ 11개월 된 알버트(Albert)라는 유아를 대상으로 흰 쥐와 공포(큰 소리)를 연합시킨 경우
  - ㉯ 5일 후 알버트(Albert)는 흰 토끼, 흰 개, 흰 털 코트, 흰 마스크에 대해서도 공포반응을 보였다.
  - ㉰ 일반화 덕분에 학습이 여러 범위에 확장되어 적용이 가능하다.

⑤ 의미 일반화

- ㉠ 학습된 행동이 추상적인 특징에 기초하여 일반화되는 것이다.
- ㉡ 자극의 물리적 특성(색깔, 크기, 모양, 음량 등)에 기초하여 이루어지는 일반화와 차이가 있다.
- ㉢ 실험
  - ㉮ 옥수수 등 농사와 관련된 단어를 전기충격과 짝지어서 농사와 관련된 단어들이 심장박동률 증가하게 조건화하였다.

ⓒ 조건자극과 의미상 관련 되지만, 전기충격과 짝지어진 적이 없는 단어들(소, 밭갈이 등)을 제시하였더니 심장박동을 달리 뛰게 하였다.
ⓓ 반면, 농사와 의미상 관련 없는 단어들은 심장을 심장박동을 빠르게 하지 않았다.
ⓔ 인간의 경우 자극 일반화가 물리적 특성뿐 아니라 추상적인 개념에 기반을 둘 수 있다.
ⓕ 사례로는 '일본'이라는 단어를 보면, 다른 나라와 달리 '쪽발이', '재수 없는' 등의 불쾌 반응이 나타나는 경우가 있다.

⑥ 자극 변별
㉠ 유사한 두 가지 자극의 차이를 식별하여 각각의 자극에 대하여 서로 다르게 반응하도록 학습하는 것이다.
㉡ 유사한 자극에 대해서 처음에는 자극 일반화를 보이지만, 원래의 자극은 유지시키고 유사한 자극을 소거시키면 두 자극을 변별하게 된다.

사례 종소리의 크기를 달리해서 특정 종소리에만 침 흘리게 하는 경우

정리

자극 변별
1) 자극 변별은 유사한 두 가지 자극의 차이를 식별하여 각각의 자극에 대하여 서로 다르게 반응하도록 학습하는 것이다.
2) **사례 1** 순종적이던 개가 실험과정에서 안절부절 못하고 공격적이며 대소변을 가리지 못하는 등의 실험신경증(experimental neurosis)의 경우 자극변별에 어려움이 있기 때문이다.
3) **사례 2** 종소리의 크기를 달리해서 특정 종소리에만 침 흘리게 하는 경우이다.

⑦ 고순위 조건형성(higher - order conditioning)
㉠ 한 단계의 조건형성에서 조건자극(CS)이었던 자극이 다음 단계의 조건형성에서 무조건자극(UCS)으로 사용되는 경우의 학습이다.
㉡ 실험
ⓐ 종소리와 먹이를 짝지어 타액분비를 조건화시킨다.
ⓑ 종소리를 불빛과 반복하여 짝지어 제시하면, 불빛에 대해서 타액분비를 나타낸다.
㉢ 인간의 경우 많은 조건반응은 고차 조건화의 산물인데, 예를 들어, 돈은 음식과 같은 무조건자극(UCS)과 짝지어져 있고 돈은 수표와도 짝지어지기 때문에 수표에 대해서도 조건반응(CR)이 나타나게 된다.

(5) 생활 속의 고전적 조건형성과 고전적 조건형성의 응용
① 정서적 측면 : 공포와 불안 등
㉠ 공포증(phobia)
ⓐ 많은 공포는 고전적 조건화의 결과로 형성된 것이다.
ⓑ 물에 빠져 죽을 뻔했던 경우, 물이 조건자극(CS)으로, 죽음의 공포가 무조건자극(UCS)으로 작용해서 물을 피하게 된다.
㉡ 실험적 신경증(experimental neurosis)
동물을 이용해 실험적으로 만들어진 신경증적 행동 이상이다.
ⓐ Pavlov가 개의 조건반사 실험을 하면서 처음으로 발견된 현상이다.
ⓑ 개에게 원과 타원을 구분하도록 훈련시킨 후에 타원을 원에 가깝게 만들어 갔다.

ⓒ 과제가 어느 정도 이상 어려워졌을 때 개는 실수를 하면서 이상행동을 보였다. - 개가 갈등상황에 처할 때 나타나는 결과이다.
ⓓ 인간의 경우 과중한 업무, 내적 갈등에 시달리거나 통제할 수 없는 스트레스를 받으면 건강에 유해한 결과를 보인다.
ⓒ 유쾌한 정서반응도 고전적 조건화를 통해서 형성한다.
  사례 광고의 효과로서 상품을 정적 정서를 일으키는 무조건자극과 짝짓는 경우

② 면역학습
  ㉠ 신체의 면역계가 학습과정에 영향을 받을 수 있다는 것이다.
  ㉡ 실험
    ⓐ 실험집단 쥐들에게는 단맛 나는 사카린과 면역반응을 약화시키는 약물을 연합해서 주었다.
    ⓑ 통제집단 쥐들은 사카린만 받았다.
    ⓒ 차후 두 집단 모두 사카린만 제시받았을 때 실험집단 쥐들은 항체를 더 적게 생성하였다.
  ㉢ 학습된 연합만으로도 면역계의 억압을 유발하여 병에 취약하게 할 수 있음을 보여준다.
  ㉣ 면역반응을 억압하는 학습뿐 아니라 면역반응을 촉진하는 학습도 가능하다.

실력다지기

파블로프의 고전적 조건형성 원리

1) 시간의 원리
   조건자극이 무조건자극보다 동시에 아니면 앞서서 제시되어야 조건형성이 쉽게 이루어진다.
2) 강도의 원리
   후속되는 자극이 앞서 주어진 자극의 강도에 비해 적어도 같거나 보다 강한 자극을 주어야 바람직한 반응을 일으킨다.
3) 일관성의 원리
   조건자극(종소리)은 일관성이 있는 자극물을 사용해야 한다.
4) 계속성의 원리
   자극과 반응의 연결의 반복되는 횟수가 많을수록 조건화가 잘 된다.

고전적 조건형성에 의한 행동요법

자기가 속한 문화, 환경에서 정상적인 감정, 태도를 학습하지 못한 자에게 재학습 시키는 상담방법

1) 체계적 둔감법(systematic desensitization)
   사람이란 느긋하면서 동시에 불안할 수 없다는 원리에 입각하여 공포, 긴장, 불안 반응에 유쾌한 감정을 넣어 이완시키는 자율 훈련법
   예 동물공포가 있는 소년에게 동물을 보면서 맛있는 식사 제공
2) 주장 훈련법(assertiveness training)
   정신분석에서 공격성의 외향화를 권하는 것과 같은 원리로 자기가 하고 싶은 대로 해보게 하는 훈련, 즉 자기주장(주장행동)을 쓰는 방법
   예 자기의 욕구, 권리 등 마음 속에 있는 것을 상대방에게 직접 표출하도록 학습
3) 정서 심상법(emotive imagery)
   자신의 긍지, 장래의 꿈, 동일화, 상대방의 실패 등 상상과 이미지를 떠올려 현재의 공포를 잊거나 완화시켜 주는 것
   예 빅트 프랭클린 : 강제수용소 노동을 하면서 전쟁 후 자기가 쓰고 싶은 책을 구상하면서 견딤
4) 성적 반응법(sexual response)
   성적 감정을 불러 일으켜 공포, 긴장, 불안을 극복하는 방법으로 성적 경험은 내담자를 유아화의 세계로 순진한 반응이 가능하게 하여 긴장해소, 내면적 화해를 맛보게 함

> **기출문제 확인학습**
>
> ### 자극추구(sensation - seeking) 성향 = 감각추구 성향
> 1) 자극추구 성향의 개념
>   (1) 자극추구 성향은 신기하고 복잡한 감각 및 경험을 필요로 하고 다른 어떤 제약이 있다고 하더라도 자신이 원하는 경험을 추구하려고 하는 욕구를 말한다.
>   (2) 주커만(Zuckerman, 1994)은 자극추구 성향을 다양하고 복잡한 경험에 대한 욕구와 경험을 위하여 신체적, 사회적인 위험을 감수하면서 자극적인 경험을 추구하는 것으로 정의하였으며 커티스(Curtis) 등은 자극추구 성향을 변화, 새로움, 복잡하고 다양한 감정적 경험을 추구하여 그것을 느끼고자 하는 성향으로 정의하였다.
>   (3) 이러한 개념정의는 자극추구 성향이 높을수록 환경으로부터 자극을 추구하려는 시도와 접촉이 더욱 강해진다는 것을 의미한다.
> 2) 자극추구 성향의 4가지 하위요인(Zuckerman, 1997)
>   (1) 스릴 및 모험추구(thrill and adventure seeking)
>   자동차 경주, 번지점프 등 재미와 모험, 스피드를 추구하는 스포츠 / 오락을 즐기는 것을 말한다.
>   (2) 경험추구(experience seeking)
>   여행, 새로운 것 시도하기 등 평범하지 않고 새로운 상황을 경험하고자 하는 것을 뜻한다.
>   (3) 금지해제(disinhibition)
>   음주, 파티, 성행위 등 감각적인 쾌락을 얻기 위해 통상적으로 요구되는 규범을 어기고 싶어 하는 동기를 말한다.
>   (4) 권태 민감(boredom susceptibility)
>   권태 민감이란 틀에 박힌 삶을 싫어하고 변화하지 않는 것에 지루함을 느끼며 참지 못하는 동기를 뜻한다.
> 3) 자극추구 성향은 다양한 영역의 위험행동들, 예를 들어 음주, 운전습관, 도박, 성행동 등으로 표현될 수 있는데, 자극추구 성향은 이러한 위험행동과 각각 정적인 상관을 보인다.
> 4) 자극추구는 하나의 성향이고 잠재성이기 때문에 개인의 인성과 사회화 환경이 어떻게 그러한 성향을 유도하고 형성하게 하는가에 따라 잠재된 자극추구 성향이 반사회적 행동으로 표현될 수도 있고, 사회적으로 바람직한 특성(창의성, 지도력)으로 표현될 수도 있다.
> 5) 주커만은 자극추구에서 비롯되는 행동적 기질이 생물학적 기초, 즉 유전과 관련이 있다고 보고하고 있다. 노어에피네프린(NE)이라는 신경전달물질은 스트레스나 위기 상황에서 분비되는 것이다. 자극추구 성향이 높은 사람은 스트레스를 경험하고 노어에피네프린(NE)이라는 신경전달물질을 통제하는 체계에서 낮은 흥분수준을 보인다는 보고가 있다.

2 도구적 조건형성 - 손다이크(Thorndike)의 법칙

(1) 동물 지능이 있는지 알아보기 위한 실험
   ① 문제상자(puzzle box)를 만들고 고양이를 넣은 다음, 고양이가 지렛대를 밟고 밖으로 나올 때까지 소요된 반응시간을 측정하였다.
   ② 고양이는 상자 밖의 먹이를 얻기 위해 다양한 반응을 보이다가, 우연히 지렛대를 밟아서 문이 열렸고 먹이를 먹었다.
   ③ 그 다음에도 다양한 반응을 하지만, 조금 더 빨리 지렛대를 밟았다.
   ④ 시행이 반복됨에 따라 고양이가 지렛대를 밟고 바깥으로 나오는 반응시간이 짧아졌다.

(2) 시행착오 학습(trial - and error learning) - 고양이의 문제해결 방법
    ① 여러 가지 반응들을 임의적으로 해 보다가, 그 중 어느 하나가 문제를 해결하게 되면 그 반응이 여러 시행에 걸쳐 점진적으로 습득되는 식의 학습을 의미한다.
    ② 고양이는 지렛대를 밟는 것과 문이 열리는 것 사이의 관계성을 획득한 것은 아닌데, 그 이유는 문제해결에 대한 통찰을 했다면 그 후부터는 일정하게 문제해결 방법을 사용해야 하지만, 고양이의 문제해결 행위의 수행은 느리고 점진적으로 향상되기 때문이다.
    ③ 고양이의 다양한 반응은 약화되는 대신에, 정확한 반응이 강화됨으로 학습이 이루어지게 된다.

(3) 효과의 법칙(law of effect)
    ① 반응 후에 수반되는 결과가 바람직한 것이면 그 반응이 나타날 확률이 증가되고 결과가 바람직하지 않으면 확률이 감소되는 것이다.
    ② 고양이(동물)는 문제해결을 위해 생각하거나 이해할 필요가 없고 어떤 반응 후에 보상이 오면 그 반응이 더욱 잘 수행될 뿐이다.

(4) 연습의 법칙(law of exercise)
    연습의 횟수나 사용빈도가 많을수록 결합은 강화되고 횟수가 적거나 사용되지 않을 때에는 결합이 약화된다는 것이다.

(5) 준비성의 법칙(law of readiness)
    학습하는 태도나 준비와 관련하여 그러한 준비 자세가 되어 있을수록 결합이 용이하고 그렇지 못하였을 때에는 결합이 약화된다는 것이다.

(6) 중다 반응(multiple response)
    ① 모든 학습에서 일어나는 첫 번째 단계, 첫 번째 반응이 문제해결을 하지 못하면 다시 다른 반응을 시도한다는 것이다.
    ② 어떤 반응이 문제를 해결할 때까지 유기체는 활동을 계속하는 경향이 있다.

실력다지기

손다이크(Thorndike)의 3대 법칙(1898년)

1) 연습의 법칙(the law of exercise)
    (1) 연습이 자극과 반응 사이의 결합을 강화한다는 법칙, 즉 자극과 반응의 결합은 그 반응횟수에 비례해서 강화된다고 하는 것이다.
    (2) 반복하며 사용할수록 강화되므로 사용의 법칙(the law of use)이라 할 수 있다.
    (3) 사용을 하지 않으면 그 만큼 약화되므로 이를 불사용의 법칙(the law of disuse)이라고 할 수 있다.

2) 효과의 법칙(the law of effect)
    (1) 자극 - 반응 결합에 따르는 만족감이 크면 클수록 그 결합은 강화된다(만족의 법칙).
    (2) 반대로 불만족을 주는 상태가 계속된다면 그 결합은 약화된다(불만족의 법칙).

3) 준비성의 법칙(the law of readiness)
    어떤 행동단위는 행동할 준비성을 갖추고 있을 때 비로소 만족하게 행할 수 있으며 반대로 행동할 준비성을 갖추고 있지 않을 때 실패를 가져오기 쉽다는 법칙이다.

> **참고**
>
> ### 고전적 조건형성과 도구적(조작적) 조건형성과의 비교
> 1) 고전적 조건형성은 불수의적(비자발적, involuntary)인 것이지만, 대부분의 인간 행동은 수의적(자발적, voluntary)이다.
> 2) 고전적 조건화는 동물로부터 어떤 반응을 인출(elicit)하지만, 도구적 조건화는 동물이 방출(emit)해 내는 반응에 의존한다.
>
> ### 미국 심리학자 손다이크(Edward Lee Thorndike) 이론의 수정
> 1) 손다이크는 동물행동과 학습과정을 연구하여 연결주의 이론을 세웠다.
> 2) 연결주의는 특정 자극에 대한 행동반응이, 자극과 가장 만족스러운 반응 사이의 신경연결에 영향을 주는 시행착오 과정을 통해 확립된다는 이론이다.
> 3) 1895년 웨슬리언 대학교를 졸업하고 1895~97년 하버드대학교 대학원에서 심리학자 윌리엄 제임스 밑에서 공부하면서 동물행동을 연구했다.
> 4) 그 뒤 컬럼비아대학교 제임스 매킨 커텔 밑에서 연구를 계속하면서 1898년 박사학위를 받았고 여생의 대부분을 이곳에서 보냈다.
> 5) 1898~1901년에 쓴 박사학위 논문에서 처음으로 '효과의 법칙'과 '연습의 법칙'이라는 2가지 행동법칙을 발표했고, 이를 <동물의 지능 Animal Intelligence>(1911)으로 출판했다.
> 6) 손다이크는 적응을 위한 동물의 행동변화가 인간의 학습과 비슷하다고 생각하여, 자신의 두 법칙을 적용함으로써 행동연합(연결)을 예언할 수 있다고 제언했다.
> 7) 효과의 법칙은 가장 만족스러운 결과가 뒤따르는 행동반응은 일정한 형태로 확립되기 쉬우며 이 반응은 같은 자극에 대해 다시 나타난다는 것이고, 연습의 법칙은 자극과 반응의 결합이 자주 일어날수록 행동이 보다 강하게 확립된다는 이론이다.
> 8) 몇 년 동안 동물의 행동에 대한 실험을 계속한 손다이크는 1932년 연습의 법칙이 모든 경우에 전적으로 타당한 것은 아니라고 결론지었으며 또한 부적합한 반응에 대한 처벌이 단지 자극과 잘못된 반응 사이의 연합을 약간 약화시키는 반면 적합한 반응에 대한 보상은 항상 상당히 강력한 연합을 만들어낸다고 말하면서 효과의 법칙을 수정했다.
> 9) 결과가 만족스러우면 자극과 반응의 결합이 강화된다고 믿었던 손다이크는, 초기에는 만족스러운 결과는 결합을 강화시키고 혐오적인 결과는 반응을 약화시켜 자극과 반응의 결합도 약화시킨다고 믿었지만, 1930년대 이후에는 만족스럽고 유쾌한 결과만이 결합의 강도에 효과를 미치며, 불쾌하거나 불만족스러운 자극은 결합의 강도에 영향을 미치지 않는다고 자신의 이론을 수정하였다.
> 10) 손다이크의 초기 연구는 동물 학습에 대한 최초의 실험실 연구로 여겨지고 그는 실험을 단순히 서술적으로 설명하는 데 반대하여 측정과 자료의 양적 분석을 강조함으로써 현대 심리학, 특히 행동주의 실험에 막대한 영향을 미쳤다.

3 조작적 조건화[23] - 스키너(Skinner)의 실험[24]

> 1) 손다이크의 문제 상자보다 동물 행동을 관찰하기 쉬운 단순한 실험장치를 고안하였다.
> 2) 쥐가 레버를 누르면 먹이통에서 먹이 알이 나오도록 스키너 상자를 고안하였다.
> 3) 비둘기의 경우 부리로 쫄 수 있는 원반을 벽에 설치하였다.
> 4) 쥐가 상자 안에서 하는 여러 행동 중 레버 누르기에 대해서만 먹이를 주어 반응 빈도를 높였다.
> 5) 스키너는 동물의 이러한 반응이 환경에 어떤 조작을 가하는 것이라는 의미에서 조작적 행동이라 한다.

---

23 조작적 조건화란 고전적 조건화와는 다르게 유기체가 원하는 결과를 얻기 위하여 실행하게 되는 자발적이면서 능동적인 행동 반응이다.
24 우리가 수행하는 대부분의 행동은 무엇을 하기 위한 '도구적'인 것이며, 환경을 '조작'하는 수의적(隨意的)인 것이며, 또한 그러한 행동에서 빚어지는 결과, 결말, 상태에 따라 영향받고 통제되는 것이다.

(1) 강화와 처벌

① 강화(reinforcement)

특정 반응이 반복해서 나타날 가능성을 증가시키는 것으로, 어떤 행동에 뒤따르는 사건이 그 행동을 다시 야기할 가능성을 증가시킬 때마다 일어나는 반응의 빈도를 증가시키는 것이다.

② 처벌(punishment)

특정 반응이 반복되어 나타날 가능성을 감소시키는 것으로, 사람에게 그가 원하는 어떤 것을 빼앗아 가거나 또는 원하지 않는 어떤 것을 줌으로써 반응을 약화시키는 것이다.

③ 강화를 일으키는 자극은 강화인(reinforcer), 처벌을 일으키는 자극은 처벌인(punisher)이라고 한다.

④ 강화의 종류

㉠ 정적 강화(positive reinforcement)
반응 후에 유쾌하거나 바람직한 긍정적인 자극을 주는 것이다.
- 사례: 아이가 청소를 하는데 그 청소의 영역을 더 넓히기 위해서 긍정적인 강화물인(정적 강화물) 아이스크림을 사준다든지, 컴퓨터를 할 수 있는 시간을 더욱 늘려주는 경우

㉡ 부적 강화(negative reinforcement)
행동에 뒤따르는 혐오자극을 제거함으로써 반응의 빈도가 증가하는 것이다.
- 사례: 시끄러울 때 창문을 닫으면 소음이 멈추는 경우, 전기충격을 받은 쥐가 레버를 누르면 충격이 멈추는 경우

실력다지기

일반적 강화인

일반적 강화인이란 하나 이상의 1차 강화물과 연합되어 강화적 속성을 띠게 되는 2차 강화인을 말한다. 스키너(1953)는 인간의 행동을 상당 부분 지탱하는 중요한 다섯가지 일반화된 강화인으로 관심, 승인, 애정, 타인의 복종, 토큰(돈)을 제안하였다.

⑤ 처벌의 종류

㉠ 정적 처벌(positive punishment)
반응 후에 혐오적 자극이 제시되는 것이다.
- 사례: 동생을 때리면 엄마가 회초리로 때리는 경우

㉡ 부적 처벌(negative punishment)
반응 후에 매력적인 자극이 제거되는 것이다.
- 사례: 동생을 때리면 용돈을 주지 않거나 컴퓨터 게임을 못하게 하는 경우

⑥ 처벌의 효과 [기출]

㉠ 어떤 행동을 하려는 강력한 동기를 가지고 있는데, 다른 방법으로는 그 동기를 충족시킬 수 없을 경우에 하는 처벌은 비효과적이다.

㉡ 처벌은 일시적으로 행동을 억압할 뿐, 영구적으로 약화시키지는 못한다.

㉢ 처벌의 효과를 높이려면 일관성 있게 처벌이 부여되어야 하고, 처벌의 대상이 행동한 사람이 아니라 행동 자체라는 것을 분명히 하고, 바람직하지 못한 행동 대신 다른 대안적 행동에 대한 정보를 제공하여야 한다.

	강화	처벌
정적	유쾌자극 **제공** ↓ 반응 **증가**	혐오자극 **제공** ↓ 반응 **감소**
부적	혐오자극 **제거** ↓ 반응 **증가**	유쾌자극 **제거** ↓ 반응 **감소**

실력다지기

타임아웃(time out)
소거의 한 개념으로서 타임아웃(time out)은 형이 동생을 때렸을 때 형이 좋아하는 장난감이나 컴퓨터가 있는 방에 잠깐 들어오지 못하도록 일시적으로 타임아웃을 사용했을 때 형이 동생을 때리는 행위가 감소될 것이다.

부적 강화와 벌의 차이
1) 간혹 부적 강화와 벌을 혼동하는 경우가 있으나 이는 잘못된 것이다.
2) 벌은 어떤 자극의 제공에 의해 행동의 빈도가 감소되거나 강도가 약화된 것을 가리키지만 부적 강화는 행동의 강도나 빈도가 높아지는 것을 가리키며 자극의 제공이 아니라 자극의 제거에 의해서 이루어진다.

정리

강화와 벌

1) 강화의 개념 : 바람직한 행동의 발생빈도를 높이는 것
2) 적극적 강화와 소극적 강화

적극적 강화(정적 강화)	강화(유쾌자극)를 제시함으로써 반응의 빈도 증가를 유발하는 강화
소극적 강화(부적 강화)	강화(불쾌자극)를 제거함으로써 반응의 빈도 증가를 유발하는 강화

3) 강화물

1차적 강화물	그 자체로 강화력을 갖는 것 → 무조건 강화물
2차적 강화물	1차적 강화물과 연계됨으로써 강화력을 갖게 되는 것 → 조건 강화물

4) 벌 : 바람직하지 못한 행동의 발생 빈도를 낮추는 것

제1유형의 벌(정적 처벌)	불쾌자극을 제시하여 행동의 발생빈도를 낮추는 것
제2유형의 벌(부적 처벌)	유쾌자극을 제거하여 행동의 발생빈도를 낮추는 것

> **참고**
>
> ### 마우러의 회피 학습[25]
>
> 1) 회피학습은 혐오적인 결과를 미리 신호하는 자극을 단서로, 특정한 반응을 획득하는 것이다.
> 2) 즉, 사전에 어떤 주의신호가 있는 동안에 미리 효과적인 반응을 함으로써 불쾌하거나 위험한 자극을 피할 수 있는 것을 배우는 일이다.
> 3) 회피 학습에 대한 연구에서는 전기 충격을 제시하기 전에 이를 알리는 신호를 먼저 제시한다.
>   - **사례 1** 셔틀 상자에서 불빛을 몇 초 동안 먼저 제시한 후 전기 충격을 제시한다. 동물은 처음에는 전기 충격을 받을 때만 다른 칸으로 달려가지만(도피 학습) 점차적으로 불빛이 전기 충격을 신호한다는 것을 알아차려 불빛이 제시되면 즉시 안전한 칸으로 도망치는 것을 학습하게 된다.
>   - **사례 2** 방 안 중앙에 낮은 병풍 따위를 쳐서 방을 이등분해 놓고, 한쪽에는 전기가 통하도록 장치해 둔다. 먼저 버저(주의신호)를 울린 다음 5초 후에 들여보낸 동물이 있는 방에 전기 충격이 가도록 한다. 그러면 처음에는 그 동물이 충격을 받고서 병풍을 뛰어 넘어 안전한 방으로 도망치게 된다(도피학습). 그러나 이러한 훈련을 거듭하게 되면 나중에는, 버저 소리를 듣기만 해도 그 동물은 전기 자극을 받기 전에 벌써 옆의 방으로 뛰어가 버린다(회피학습). 이렇게 해서 일단 습득한 회피학습은 좀처럼 잊어버리지 않는 것이 특징이다.

(2) 조작적 조건형성에만 있는 현상들

① 행동형성(조형, shaping)
  ㉠ 원하는 목표행동을 단계적으로 조작하여 최종적으로 동물이 하기를 바라는 반응에 점차적으로 근접해 가도록 하는 것이다.
  ㉡ 기대하는 반응과 행동을 학습하고 목표로 삼는 바람직한 행동으로 강화시켜 점진적인 과정을 거쳐 나아가는 행동 양상이다.
  ㉢ 우편함에서 편지를 물어오게끔 개를 조성하기
    우편함 근처에 다가가면 강화 → 우편함을 건드리면 강화 → 편지를 물면 강화 → 가져오면 강화

② 미신행동(= 징크스)
  ㉠ 유기체의 반응이 실제로 특정 결과를 초래한 원인이 아님에도 불구하고 마치 그런 것처럼 그 반응을 계속하는 것이다.
  ㉡ 보상과 아무런 관련이 없으면서 완전히 우연히 한 어떤 행동이 강화에 선행한 경우 그 행동이 고정적으로 계속되려는 경향이다.

③ 강화물의 종류
  ㉠ 일차 강화물(primary reinforcer)
    음식물이나 물과 같이 선천적 욕구를 충족시키는 것이다.
  ㉡ 이차 강화물 또는 조건 강화물
    선천적 요구를 충족시켜주는 것이 아니지만 일차 강화물과 짝지어져서 강화효과를 가지는 것으로 사례로는 돈이나 유아들에게 보여지는 어머니의 얼굴 등이 있다.
  ㉢ 사회적 강화물
    1차 강화물과 짝지어진 적이 없음에도 불구하고 강화력을 가진 것으로, 사례로는 칭찬, 타인의 관심 등이 있다.

---

25 O.H.마우러는 회피조건 하에서 일차적 동인(動因 : shock)을 회피하는 학습은 강화에 의하고, 2차적 동인(공포)을 회피하는 학습은 접근에 의한 것이라고 생각하였다(본문 출처 : 네이버 백과사전 및 박소현, 김문수 공역(2004). 학습과 행동. 시그마프레스).

> **실력다지기**

강화물의 종류

1) **1차 강화물**

   어떤 반응을 학습시키는 데 필요한 강화물 중 음식이나 물, 전기충격의 종료 등은 유기체의 생물학적인 요구를 충족시켜 주는 것이므로 1차 강화물(primary reinforcer)이라고 불린다. 그런데 학습은 항상 1차 강화물에만 의존하는 것은 아니다.

2) **2차 강화물 또는 조건 강화물(conditioned reinforcer)**

   어떤 자극들은 유기체의 생물학적 요구와 전혀 상관없지만 1차 강화물과 짝지어짐으로써 강화력을 획득하게 된다. 이를 조건 강화물(conditioned reinforcer)이라고 하는데, 그 대표적인 예가 돈이다. 돈이란 쇳조각 또는 종이 조각에 불과하지만 음식 등 우리가 원하는 무엇인가와 짝지어져 왔기 때문에 마치 1차 강화물과 같은 힘을 갖게 된 것이다.

3) **사회적 강화물**

   조건 강화물과 달리, 1차 강화물과 짝지어진 적이 없음에도 불구하고 강화력을 갖고 있는 다른 자극들도 있다. 예컨대, 교사는 단순히 고개를 끄덕여 주거나 "잘했어"라는 말만으로도 충분히 학생의 반응을 강화할 수 있다. 사람의 경우에는 타인에게서 인정이나 칭찬, 관심을 받는 것이 강력한 강화물로 작용하는데, 이를 사회적 강화물(social reinforcer)이라 한다.

④ 강화계획

  ㉠ 고정간격계획(fixed - interval schedule)

   ㉮ 반응 수에 관계없이 일정기간이 경과한 후에, 처음 나타나는 반응을 강화시키는 경우이다.

   사례 매 월 일정 날짜에 용돈이나 월급을 받는 경우

   ㉯ 두 강화 사이에 수행되는 반응의 수는 강화물 획득에 영향을 미치지 않는다.

> **참고**
>
> **scallop(고정간격) 현상 - 고정간격 강화**
>
> 1) 일정 시간이 지난 후 나오는 첫 번째 반응에 강화를 주는 계획이다.
> 2) Skinner Box의 쥐도 이를테면 2분 간격의 고정계획으로 강화를 주면, 일단 강화를 받은 후는 반응률이 뚝 떨어지고 2분이 가까워질수록 반응률이 높아진다.
> 3) 강화 후 반응률이 뚝 떨어져서 대부분의 기간 동안은 천천히 반응하다가 간격기간이 다 되어 가서 강화가 가까워지면 반응률이 급격히 높아지는 scallop현상을 보인다.

  ㉡ 변동간격계획(variable - interval schedule)

   ㉮ 일정치 않은 시간 간격을 두고 강화를 하는 경우로서 이 계획 전체를 통해 강화가 주어지는 시간 간격의 평균은 항상 일정하게 정해진다.

   사례 일 년에 정해진 보너스 지급 일수를 불규칙한 날에 지급하는 경우

   ㉯ 이 계획하에서는 안정적인 반응을 하지만, 반응의 속도는 느리게 나타난다.

  ㉢ 고정비율계획(fixed - ratio schedule)

   ㉮ 일정한 수의 정확한 반응이 나타난 후에 강화시키는 절차이다.

   사례 실적에 따라 임금을 받는 경우

   ㉯ 반응이 빠르고 안정적으로 나타난다.

   ㉰ 강화물을 얻기 위해서 많은 수의 반응을 해야 하는 경우, 강화물을 받은 직후에 휴식기간이 존재한다.

② 변동비율계획(variable - ratio schedule)
  ㉮ 강화물을 받기 위해 요구되는 반응수가 시행에 따라 변화하는 경우로서 가장 반응률이 높다.
    사례 도박
  ㉯ 강화물을 받는 비율은 변동적이지만, 이들 반응 수의 합을 강화의 수로 나눈 평균값으로 예를 들어 주사위 3이 나와야 돈을 받는 도박에서 3이 나올 확률은 1/6이 된다.
  ㉰ 이 계획하에 훈련받은 행동은 빨리 습득되고 높은 비율로 오래 유지되는 경향이 있다.

실력다지기

강화계획

1) 연속강화
   실험자가 바라는 반응이 나타날 때 강화를 주는 것이다.
2) 부분강화(partial reinforcement)
   어떤 반응에 대해서는 반응이 주어지고 다른 반응에 대해서는 강화물이 주어지지 않는 것이다.
3) 부분강화효과(partial reinforcement effect)
   부분강화 계획하에서 부분적으로만 강화를 받아서 습득된 반응이 강화가 주어지지 않아도 꽤 오랫동안 유지되며 연속강화로 습득된 반응보다 소거에 더 많이 저항하는 효과로서 사례로는 복권 사기, 슬롯머신 당기기 등이 있다.

강화를 제공하는 간격과 비율강화계획 전략(고정과 변동) 두 가지

강화계획에는 강화를 제공하는 간격(interval)을 고정 또는 변동시키느냐 하는 전략과 다른 강화의 비율(ratio)을 고정시키느냐 변동시키느냐 하는 두 가지 전략이 있다.

1) 간격 계획
   (1) 고정 - 간격 강화전략은 3분마다 혹은 5일마다 일정한 간격을 정해서 학습자에게 강화를 제공하는 것을 말한다.
   (2) 변동 - 간격 강화전략은 정해진 시간 간격 없이 2분마다 또는 20분마다 불규칙적으로 강화를 제공하는 것을 말한다.
2) 비율 계획
   (1) 강화 제공의 준거로서 시간 간격이 아닌 학습자의 반응수에 따라 강화계획을 잡는 것을 말한다.
   (2) 고정 - 비율 강화계획은 예를 들면, 학습자가 매 10가지 과제를 정확하게 해결할 때마다 강화를 주는 것을 말한다.
   (3) 변동 - 비율 강화 계획은 일정한 반응수마다 강화를 주지 않고 불규칙적으로 강화를 주는 것으로 처음에는 5가지 과제를 맞추면 강화를 주다가 다른 때에는 7가지 과제를 맞추면 강화를 주는 계획을 말한다.
3) 일반적으로 간격보다는 비율이, 그리고 고정적인 것보다 변동적으로 강화를 주는 것이 훨씬 강화 효과가 크며 형성된 학습행동이 더 오래 지속되는 경향이 있으며 변동비율 > 고정비율 > 변동간격 > 고정간격의 순서로 반응률이 나타난다.

암기법 변비 - 고비 - 변간 - 고간

(3) 생활 속의 조작적 조건화
  ① 조작적 조건화의 원리는 원래 실험실에서 동물을 대상으로 연구된 것이었으나, 다양한 인간의 행동을 이해하는 데도 도움을 제공한다.
  ② 행동수정(behavior modification)
    ㉠ 인간의 행동을 변화시키는데 사용하고 있다.
    ㉡ 어떤 행동 목표를 설정하고 그 행동에 점차 가까워지도록 내담자의 반응을 강화한다.

③ 토큰경제(token economy)

정신병원 등에서 환자들이 바람직한 행동을 했을 때 토큰을 지급해 모은 토큰을 여러 가지 보상이나 특권과 바꿀 수 있게 하는 방법이다.

④ 프리맥(Premack)의 원리[26]

㉠ 가능성이 높은 활동이, 가능성이 낮은 활동에 대해 강화물이 될 수 있다는 원리이다.
㉡ 새로운 행동(A : 숙제하는 것)은 그 행동을 한 후 학습자가 쉽사리 보이는 옛 행동(B : 야구경기 관람)이 즉각적으로 따를 때 학습이 된다는 것, 즉 B행동이 A행동과 관련성이 있을 때 학습이 증진된다는 것이다.

> 사례 "네가 숙제를 끝내면 비디오 게임을 하게 해 줄게" / 숙제를 다하면 야구경기를 보여 주겠다.

보충

학습된 무기력(learned helplessness)

1) 개념
    (1) 반복되는 실패를 경험한 후에 환경에 대해 통제를 할 수 없다는 무기력을 학습하는 것이다.
    (2) 우울의 원인에 대한 근거로 우울한 사람들은 무엇을 해도 소용이 없다고 믿는다.
2) 셀리그만(Seligman)의 동물 실험
    (1) 개들에게 피할 수 없는 고통스러운 전기충격을 주고 이후 전기충격을 피할 수 있는 환경으로 바꾸어 주었다.
    (2) 피할 수 없는 전기충격을 경험했던 개들은 전기충격을 피할 수 있는 상황에 놓여도 피하려 들지 않는다.
3) 초기의 학습된 무기력 이론은 귀인이론을 추가해서 우울증에 대한 설명을 확장한다.
4) 통제가 불가능한 경험을 내적이고 안정적이며 전반적인 원인에 귀인시키면 우울해진다.

> 사례 성적이 낮을 때, '시험이 어려웠어!'라고 외부 귀인하기보다는 '머리가 나빠서 그래'라고 내부 귀인을 하거나, '시험 볼 때 컨디션이 안 좋았어!'라고 특정 원인에 귀인하기보다 '원래 공부를 못해서 그래'라고 안정적이고 전반적인 원인에 귀인하는 경우

조작적 조건형성과 고전적 조건형성에서 함께 나타나는 것들

1) 소거(관심 중단)
    강화물을 제거하면 학습된 반응이 소거된다.
    > 사례 누군가에게 부탁을 할 때 계속 거절을 당하면 더 이상 부탁을 하지 않는 경우
2) 자극 일반화
    특정 자극에 대한 반응 결과로 강화를 받았다면 유사한 자극에서도 동일한 반응을 한다.
    > 사례 선생님에게 인사 잘해서 칭찬을 받으면, 다른 어른들에게도 인사를 하는 경우
3) 변별 : 특정 자극에 대한 반응의 결과로 강화를 받았는데 다른 자극에 대해서는 반응을 하여도 강화를 받지 못하면 두 자극을 구분하여 상이한 반응을 나타내게 되는 경우에 나타난다.

---

[26] 빈도가 높은 행동은 빈도가 낮은 행동에 대해서 강화력을 갖는다는 원리이다.

> 📖 읽을 거리

헐(Hull)의 신행동주의

1) S - O - R 모형

   (1) 자극과 반응 사이에 직접 관찰할 수 없는 유기체라는 매개변인을 가정하는 모형이다.
   (2) 매개변인 - 유기체의 내적 과정
   (3) 헐(Hull) 또한 학습을 '자극 - 반응' 연합 형성으로 보았으나, 다른 행동주의자와 달리 매개변인을 가정하였다.
   (4) 매개변인이란 자극과 반응을 매개하고 중재하는 유기체 내의 관찰 불가능한 특성이나 상태를 의미한다.
   (5) 충동(drive)은 매개변인 가운데 하나로서, 충동은 음식이나 물과 같은 생물학적 욕구를 박탈하는 시간에 비례해서 커진다.
   (6) 충동이 증가하면 움직임이 늘어나고 주변을 자주 살피며, 먹고 마시는 행동을 많이 하게 된다.

2) 행동유발 공식

   반응 경향성 = 충동(drive)×습관 강도(학습의 강도)

추동(충동)감소 이론 - 헐의 체계적 조건화설

1) 생리적 욕구가 생기면 신체가 각성 상태에 놓인다고 가정하는데, 이 상태가 곧 추동(충동)이다.

2) 유기체가 추동을 경험하면 그 상태에서 벗어나 추동을 감소시키려는 강한 동기가 발생하고, 그러한 동기에 따라 특정 행동을 하게 된다는 것이다.

3) 한 실험에서 연구자는 쥐가 어떤 정해진 행동을 하면 사카린이 들어 있는 물을 먹을 수 있게 하였다.

4) 이 실험에서 사카린은 물에 단맛이 나게 하였을 뿐, 어떤 결핍 상태를 제거하거나 결핍으로 인한 긴장을 감소시키는 것은 아니었다.

5) 쥐는 사카린이 든 물을 먹기 위해 실험자가 요구하는 행동을 열심히 하였다.

6) 또 다른 실험에서는 수컷 쥐가 암컷 쥐와 짝짓기를 하기 위해 전기가 흐르는 바닥을 가로질러 가야만 하는 상황을 만들었다.

7) 짝짓기를 위해 전기충격을 감수한 수컷 쥐가 오르가즘에 미처 이르기 전에 암컷 쥐로부터 떼어 놓음으로써 긴장 감소가 일어나지 못하도록 하였다.

8) 이때에도 수컷 쥐는 여전히 짝짓기를 위해 전기가 흐르는 바닥을 가로질러 달려갔다.

9) 이 이론은 배고픔이나 목마름, 고통 회피 같은 생존 욕구에 지나치게 집중되어 있다.

10) 배고픔을 참으며 심미적인 가치를 추구하는 예술가도 있고, 생명의 위협과 신체적 고통에도 불구하고 험한 산을 오르는 산악인들도 있다. 이는 이 이론이 비판받는 부분이다.

11) 추동감소이론에 따른 동기화 과정

욕구 [식욕, 성욕, 수면욕 등] ⇒ 추동 [배고픔, 성적 흥분, 졸림 등] ⇒ 추동감소 행동 [섭식행동, 성행위, 수면 등]

실력다지기

바람직하지 못한 행동 감소기법 등

1) 포화의 원리

부적절한 행동을 싫증이 날 때까지 수행하도록 허용 또는 강요한다. 즉, 한계효용의 법칙을 이용한 방법으로, 싫증날 때까지 실컷 하도록 하는 방법이다. 상담자가 바람직하지 않은 행동을 유발하는 강화(쾌자극)를 반복 제시하여 내담자로 하여금 불쾌자극으로 느껴지게 함으로써 행동을 수정하는 방법이다.

2) DRO(Differential reinforcement of other behavior) - 차별강화

학생이 바람직하지 못한 행동을 정해진 시간 동안 하지 않고 있을 때 강화하는 차별강화의 한 방법이다. 다시 말해서 한 아이의 여러 행동 종목 중 어느 하나만을 골라 선택적으로 강화하는 방법이다. 이는 학생이 바람직하지 못한 행동을 정해진 시간 동안 하지 않을 때 강화하는 타행동과의 차별강화(DRO : Differential Reinforcement of Other behavior)나 평균적으로 발생한 행동 수가 기준 수보다 적을 때 강화하는 저반응률 차별강화(DRL : Differential Reinforcement of Low rate of responding) 등이 있다.

사례 아동이 수업 중 5분간 계속해서 떠들지 않았을 때 보상을 준다.

3) 상호 제지법

불안을 일으키는 상황에서 그것과 양립할 수 없는 반응을 제시하고 불안반응을 감소시키거나 억압시키는 방법이다.
짜증나는 행동에 대한 음식섭취 행동

4) 혐오치료법

바람직하지 못한 행동에 혐오스러운 자극을 연합시켜 행동을 수정하는 방법이다.

사례 지나친 흡연가에게 폐의 손상된 영상을 보여주는 것이다.

5) 부적연습법

바람직하지 못한 행동을 반복 수행케 함으로써 신체적 피로감이나 심리적 권태를 생기게 하는 행동수정방법이다. 즉, 학습자가 없애고 싶어 하는 습관적 행동을 적극적으로 의식하면서 연습함으로써 그 행동을 없애는 방법이다.

사례 오락을 좋아하는 학생에게 하루 종일 오락을 시키는 것이다.

기타 행동수정 기법

1) 행동조형(Shaping behavior) - 조성기법

최종 목표행동을 여러 단계로 나누어 낮은 단계부터 하나씩 강화하여 점진적으로 목표행동에 접근시키는 방법이다.

2) 행동계약

사회에서 어떠한 계약을 맺고 그대로 이행하는 것과 비슷하게 교사와 학습자(상담자와 내담자)가 어떠한 행동을 어떻게 얼마나 할 것이며, 성공적으로 수행한 행동에 대하여 어떠한 보상을 주기로 계약을 맺고 교사와 학습자(상담자와 내담자)가 그대로 시행하는 방법이다.

3) 타임아웃(Time out, 잠시 소외시키기)

벌(제거성 벌) 또는 소거의 일종으로, 부적응 행동을 했을 때 긍정적 강화를 받을 수 있는 기회를 일시적으로 박탈하여 부적절한 행동을 줄이는 방법이다.

4) 상반 행동의 강화

바람직하지 못한 행동을 직접 수정하기보다는 상반되는 다른 바람직한 행동을 강화하는 방법이다.

5) 용암법(fading)

한 행동이 다른 상태에서도 발생할 수 있도록 그 조건을 점차적으로 변경해 주는 과정의 방법. 행동을 좌우하는 기존의 자극을 점차 줄여감으로써 변화하는 자극의 통제를 받도록 하는 자극통제의 변화를 의미한다.

6) 행동연쇄(chaining)
(1) 행동에 대한 일련의 순차적 반응을 분석하여 자극 - 반응의 연결과정을 통하여 행동 수정이나 행동관리를 실시하는 것이다.
(2) 연쇄의 각 행동이나 반응은 다음 반응에서 식별자극의 역할을 하게 되는데, 첫 반응은 두 번째 반응을 위한 식별자극을 산출하고, 두 번째 반응은 세 번째 반응을 위한 식별 자극을 산출하여 모든 반응이 끝날 때까지 차례대로 발생하며 행동연쇄는 마지막 반응이 강화되는 결과를 가져올 때에만 계속된다.
(3) 행동 연쇄는 처음부터 과제를 단계별로 목표 행동을 설정하여 실천하는 전진 행동 연쇄(forward chaining)와 맨 마지막 과제부터 한 가지씩 역순으로 목표행동을 실천하는 역순 행동 연쇄(backward chaining)의 두 가지로 구분된다.

사례 특정한 순서대로 수행되는 여러 행동들의 연속으로서, 골프에서 스윙을 하는데 필요한 여러 동작들의 연속을 예로 들 수 있다.

기출문제 확인학습

합리적 행위이론(마틴 피시바인, Martin Fishbein)[27]

1) 합리적 행위이론(theory of reasoned action)은 피시바인과 아젠(Fishbein & Ajzen, 1975)이 주장한 이론으로 학습이론과 가치기대 이론, 인지 일치 이론, 귀인 이론 등을 바탕으로 하고 있다.
2) 합리적 행위이론에 따르면 사람들이 특정 행동에 대해 긍정적인 태도를 가지고 있고, 자신에게, 그리고 중요한 주변 사람들에게 그 행동이 용인될 수 있을 때(주관적 규범), 행동 의도(동기)가 높아지게 된다.
3) 합리적 행위이론에서는 BI = (AB)W1 + (SN)W2라는 방정식으로 표현되는데, 이 때 BI는 행위의도(Behavior Intention), AB는 행동에 대한 태도(Attitude toward Behavior), SN은 주관적 규범(Subjective Norm)을 의미하며, W1, W2는 각각 개인의 태도와 주관적 규범에 대해 부여하는 가중치를 의미한다.
4) 합리적 행위이론은 가치기대이론에 근거하여 개발되었는데, 가치기대이론에서 어떤 행위의 가치기대는 그 행위의 각각의 결과에 대한 가치와 행위를 수행하였을 때, 그 결과가 일어날 가능성에 대한 기대의 합이라고 보았다.
5) 결과에 대한 가치는 객관적인 면과 주관적인 면을 고려하여 파악하고, 가치에 대한 주관적 판단으로 관심의 대상에 개인이 어느 정도 호감을 갖고 있는지를 나타내며 이 판단은 대개 '좋음'에서 '나쁨'까지의 연속 척도로 측정한다.
6) 합리적 행위이론에서 개인의 의도로 행위를 예측할 수 있다고 보고, 자기 의지로 통제할 수 있는 행위를 설명하는 데 적용할 수 있으며, 이 이론에서는 행위의도가 행위의 결정요인이고 다른 요인들은 의도를 통하여 행위에 영향을 미친다고 가정한다.
7) 특정한 행위를 수행하는데 있어서 개인의 의도는 행위에 대한 태도와 행위에 대한 사회적 혹은 일반적 개인의 규범이라는 두 요인에 의하여 결정된다.
8) 행위에 대한 태도의 두 가지 요소는 행위를 하면 어떤 결과가 일어날 것이라는 신념과 결과의 평가에 의하여 결정된다.

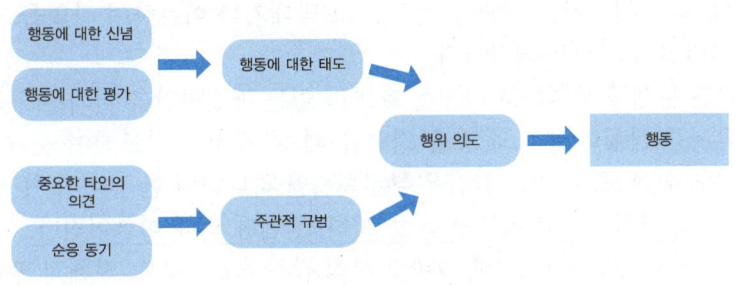

<그림[28] : 합리적 행위 이론>

---

[27] Fishbein의 합리적 행위이론(Reasoned Action Theory)에 의하면 행위 의도는 행위에 대한 태도와 주관적 사회규범에 의해 결정된다고 본다.
[28] 출처 : Fishbein, M., & Ajzen, I. (1975) / 그림출처 : 네이버

4 인지학습

(1) 인지학습[29]의 개념
　① 인지학습이란 유기체 내부에 일어나는 사건에 관심을 두고 자극과 반응 사이를 매개하는 인지과정을 의미하며 인지(사고)에 의해 학습이 일어난다고 보는 이론이 인지학습이론이다.
　② 고전적 및 도구적 조건화를 지지하는 연구자들은 모든 학습을 사고가 필요 없는 단순연합으로 설명하려고 했으나, 인간은 강화 또는 처벌이 수반되지 않아도 학습이 가능한 것을 보면 이는 많은 한계점을 가지고 있다.

(2) 형태주의 학습이론 – 인지학습이론
　① 이론의 기본입장
　　㉠ 학습자는 학습 상황에서 각 부분을 관련이 없는 단편적인 것으로 지각하는 것이 아니라, 각 부분을 연결하여 조직된 전체나 형태로 지각한다.
　　㉡ 모나리자의 그림을 볼 때 팔, 코 등의 순서가 아니라 전체로 파악하여 인상을 형성하게 된다.
　② 학습에 대한 형태주의적 접근
　　㉠ 형태주의 심리학자들은 학습을 지각의 특수문제로 인식한다.
　　㉡ 유기체는 문제해결에 필요한 모든 요소를 하나의 전체적 관계로 고려하여 신중히 생각한 다음, 인지적으로 해결방안을 모색한다.
　　㉢ 이러한 과정을 통해 문제해결에 대한 통찰이 일어나 갑자기 해답을 얻는 지적 경험을 하게 된다.
　　㉣ 형태주의 접근에서는 인간을 능동적, 적극적인 존재로 인식하는 발판을 마련하였다.
　　㉤ 부분은 전체와 관련되어야 하고 전체적인 이해와 내적 강화 등을 중요시한다.

(3) 쾰러의 통찰학습(insight learning)
　① 통찰
　　문제 상황에서 갑작스럽게 문제 해결이 이루어지는 현상을 깨닫는 것이다.
　② 쾰러의 침팬지 실험
　　㉠ 볼 수는 있어도 손이 닿을 수 없는 높은 곳에 과일을 매달아 둔 장면을 침팬지에게 노출하였다.
　　㉡ 몇 번의 실패 후에 침팬지는 주변을 둘러 보고 막대기를 이용하여 과일을 가지거나 상자를 받침대로 삼아 올라가서 과일을 취하였다.
　　㉢ 침팬지는 일단 문제를 해결하고 나서는 효과가 없는 해결방안을 거의 시도하지 않았다.
　　㉣ 침팬지는 유사한 상황에서 그와 같은 경험을 해 본 것처럼 시도하여 문제를 즉각 해결하였다.
　③ 침팬지(Sultan)가 바나나를 따먹는 학습은 부분학습을 하나하나 한 것이 모여서 된 것이 아니라 학습의 장을 전체적으로 인식하고 해결하는 통찰, 아하! 경험에 의해 이루어진다.
　④ 통찰(insight)은 '관계(relationship)에 관한 기본적 감각 혹은 느낌', '전체적 관계를 파악하는 지능적인 행동'을 말하는데, 즉 상황을 구성하는 요소 간의 관계를 파악하는 것을 말한다.

---

[29] 복잡한 형태의 학습을 연구하기 위해서는 지각의 역할과 인지과정에 주의를 기울여야 한다. 인지심리학적 견해를 가진 심리학자들은 학습, 특히 인간학습의 경우 조건화된 연합만으로 설명하는데 만족하지 못한다.

⑤ 통찰이 발달한다는 것은 개인의 생활공간에 관한 인지구조가 변한다는 뜻이다.
⑥ 인지구조는 객관적인 것이 아니라 개인적·물리적·사회적 세계에 관한 주관적·심리적 지각으로 구성되어 있다.
⑦ 통찰은 a - ha 현상이라고 부르며, Archimedes가 목욕탕에서 부력의 원리를 발견하고 'Eureka'를 부르짖던 그 순간의 정신작용이 통찰의 의미와 유사하다.
⑧ 유기체는 가능한 해결을 생각하며 여러 가지 가설을 거치고 바로 전략이 발견되었을 때 통찰이 일어나 문제를 해결한다.
⑨ 통찰학습은 문제해결은 문제 장면을 전체적으로 파악(요소 간의 관계 파악)하여 목적과 수단의 관계가 한꺼번에 해결된다(= a - ha 현상).

실력다지기

통찰학습의 네가지 특징[30]
1) 미해결에서 해결상태로의 이행이 갑작스럽고 완전하다.
2) 통찰로 얻은 해결책에 기초한 수행은 보통 부드럽고 오류가 없다.
3) 통찰에 의해 얻은 해결책은 상당한 시간 동안 유지된다.
4) 통찰에 의해 얻은 원리는 다른 문제에 쉽게 적용될 수 있다.

정리

쾰러의 통찰설(Insight theory)
1) 침팬지의 바나나실험
2) 학습 = 통찰 = 학습장면의 "전체적인 관계의 파악"
3) 학습 : 경험의 재구성에 의한 "인지구조의 전환 과정"
4) 학습 : 전체 장면의 파악을 통한 "비약적인 변화"

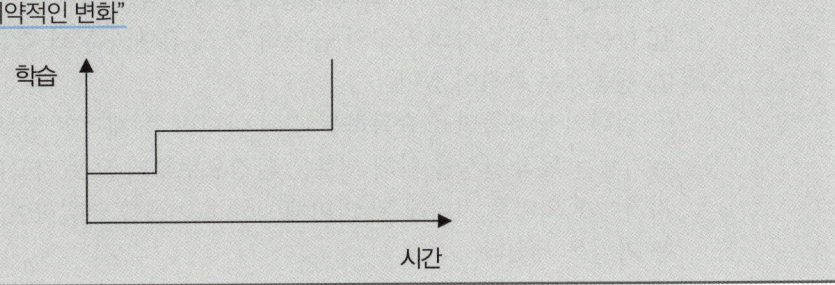

(4) 톨만의 잠재학습

① 인지도(cognitive map)[31]
   ㉠ 미로를 사용한 쥐 실험으로 학습의 인지적 요인을 강조한다.
   ㉡ 사람이나 침팬지뿐만 아니라, 쥐도 인지학습을 할 수 있음을 실험을 통해 보여주었다.
   ㉢ 톨만은 동물이 미로에 대한 일종의 정신적인 지도인 인지도(cognitive map), 곧 미로가 어떻게 생겼는가에 대한 지식을 학습한다고 주장한다.

---

30 학습심리학, Matthew H, Olson, B.R. Hergenhahn(서울대학교 창의학습센터 역). 학지사(2017)
31 유기체가 환경 내에서 활동하는 데 이용할 수 있는 일종의 그림 형태의 지식체계이다. 목표에 도달하기 위하여 각각의 개별적인 반응을 일으켜 행동하는 것이 아닌 전체적인 상황에 대한 인지지도를 발달시켜 목표에 도달할 수 있는 가장 짧고 효과적인 길을 선택한다(최소 노력의 원리).

② 잠재학습(latent learning)[32]
  ㉠ 학습에 대해 초기에 인지적으로 해석한 사람은 톨만(Tolman)이다.
  ㉡ 톨만(Tolman)은 쥐가 미로를 통과하면서 학습하는 것을 인지도(cognitive map), 즉 미로에 대한 정신적 지도를 형성하는 것으로 보았다.
  ㉢ 톨만(Tolman)은 학습이 강화 없이도 가능하며 강화는 단지 학습한 것을 수행으로 나타나도록 하는데 도움을 준다고 주장한다.
  ㉣ 쥐의 미로 학습 - 세 집단의 쥐들을 매일 미로를 달리게 하였다.
    ㉮ 미로의 끝 목표점에 도달하면 먹이를 준다. - 첫 번째 집단
    ㉯ 목표점에 도달해도 먹이를 주지 않는다. - 두 번째 집단
    ㉰ 처음 10일 동안은 목표점에 도달해도 먹이를 주지 않았다가 11일째부터는 먹이를 준다. - 세 번째 집단
    ㉱ 세 번째 집단은 12일째부터 오류 수가 급격하게 줄어들어 첫 번째 집단과 비슷하게 나타났다.
    ㉲ 세 번째 집단이 처음 강화를 받지 않을 때도 첫 번째 집단의 쥐들과 마찬가지로 학습이 되었는데 강화가 없었기 때문에 수행으로 나타나지 않았다.
    ㉳ 강화를 받고 이미 학습한 것을 갑자기 사용하였는데 이것을 잠재학습이라고 한다.
  ㉤ 잠재학습
    이미 학습은 되었으나 보상이 주어질 때까지는 학습한 것이 나타나지 않고 잠재해 있는 것이다.
  ㉥ 톨만(Tolman)은 강화를 학습에 필수적인 것으로 보지 않았으며, 강화는 학습에 영향을 미치는 것이 아니라 학습한 것의 수행에 영향을 미친다고 보았다.
  ㉦ 톨만의 목적적 행동주의[33]
    ㉮ 기본 가정
      ⓐ 강화 없이도 학습은 가능하다.
      ⓑ 행동과정 연구 : S - R 연합, S - S연합에 의한 조건반사로 분해하여 연구하였다.
      ⓒ 학습의 결과가 반드시 외적 행동으로 나타나는 것이 아니다.
      ⓓ 학습에서 학습자의 욕구와 습관의 강도, 유인가 등과 같은 중재 변인을 고려하였다.
      ⓔ 행동에는 목적이 있다.
      ⓕ 일련의 반응들만을 습득하는 것이 아니라, 체계적인 정보도 습득 가능하다.
    ㉯ 유기체는 목적 달성을 위해 새로운 환경으로부터 오는 자극(신호)과 이전에 접한 적이 있어서 자기에게 의미를 지니게 된 의미체(significate)를 연결하여, 문제를 해결해 줄 것으로 기대되는 가설을 세웠다.
    ㉰ 가설을 적용하여 문제를 해결하는 과정에서 시행착오를 겪게 되고, 그 결과 인지지도를 구성하는데 이러한 인지지도의 구성이 바로 학습요소이다.

---

32 조작적 조건화에서의 학습의 조건이 강화와 벌(스키너의 쥐의 실험)이었다면 인지적 행동주의에서는 강화 없이도 학습이 가능하다는 주장을 뒷받침한다. 학습 당시 외면 행동적으로 나타나지는 않지만, 적절한 동기가 주어졌을 때 행위로 나타나는 학습 현상을 잠재학습이라 설명한다.

33 목적적 행동주의(purposive behaviorism)는 행동을 목적과 결부시켜 이해해야 한다는 행동주의 이론이다.

실력다지기

대리적 시행착오

실험에서 쥐가 미로를 찾는 과정을 관찰한 다른 쥐는 자신이 실제 시행착오를 겪은 것이 아님에도 불구하고 실제 자신이 시행착오를 경험한 것과 같은 효과가 있었다.

톨만(Tolman)의 기호학습설(sign - learning theory)

1) 학습이 이루어지는 것은 목적(goal)에 도달하는 길(route)을 아는 것이다.
2) 개념
   (1) 기호 - 형태(sign - gestalt)
      개인에게 의미가 있는 목적적 대상(Gestalt)과 이것에 이르는 수단이 될 수 있는 대상(Sign) 사이의 의미 있는 수단 - 목표 관계를 통해서 성립하는 종합적 인지구조를 뜻한다.
   (2) 기호 - 형태 - 기대
      학습은 문제 해결이나 목표 도달에 이르는 기호를 학습하는데 있고 기호 - 형태에 대한 기대의 성립과 의미를 인지·예측하는 데 있으며 인지지도를 신경조직 속에 형성하는 것이다.
   (3) 잠재 학습
      직접 조건화 과정(미로를 통과하면 먹이를 주는 과정)이 없이도 학습이 가능하다. 즉, 쥐는 비록 보상(먹이 주는 것)이 없더라도 나름대로 미로 통과에 대한 인지도를 형성했기 때문에 일어나는 학습현상이다.
   (4) 전체적 행동(molar behavior)
      행동을 분자적(미시적) 단위로 보지 않고 전체적 단위의 과정으로 보며 행동은 목표지향적이고 전체적 행동은 목표에 이르는 수단으로서 환경의 뒷받침을 한다.

(5) 형태주의 학습이론(인지학습이론)의 공헌점
   ① S - R 행동주의의 소단위적 접근법, 즉 원자론적 접근법을 비판한 점이다.
   ② 지각과 학습은 모두 심리적 경험을 조직화하는 인지과정이 특징적임을 보여주었다.
   ③ 행동주의적 연구자들에게 생산적인 도전을 제시하였다.
   ④ 형태주의 심리학이 통찰학습에 초점을 둔 것이기 때문에 강화를 다르게 개념화하게 되었다.
   ⑤ 발견이나 문제해결에서 따라오는 만족에 주목함으로써 형태주의 심리학은 외재적 강화에서 내재적 강화로 우리의 관심을 옮겨 놓았다.

실력다지기

인지주의적 관점에 의한 학습원리

1) '지각적 특성'을 고려하여 학습자에게 문제를 제시하는 것이 중요한 학습조건이 되므로 학습의 기본적인 특징이 학습자의 눈에 잘 띌 수 있도록 학습문제의 형태를 재구조화하여 제시해야 한다.
2) '지식의 구조(the organization of knowledge)'는 교사나 교육 계획자에게 특히 중요한 관심사가 되어야 한다.
3) 전체의 문제는 그 지식의 구조나 체계의 문제이기 때문에 복잡한 것이 어떻게 체계화되는가에 관한 이론을 떠나서는 처리될 수 없다.
4) '이해를 통한 학습(learning with understanding)'은 기계적인 암기학습이나 공식을 통한 학습보다 더 영속적이고 전이가 잘 된다.
5) '인지적 피드백(cognitive feedback)'은 정확한 지식을 확인해 주고 틀린 학습은 교정해 준다.
6) 학습자에 의한 '목표설정'은 학습동기를 유발시킨다는 의미에서 중요하며 이 목표달성 여부는 미래의 새로운 목표설정에 중요한 요인이 된다.
7) 논리적으로 정확한 해답을 이끌어 주는 수렴적 사고뿐만 아니라, 문제의 창의적인 해결이나 새롭고 가치 있는 결과를 창조하게 해주는 '확산적 사고'가 육성되어야 한다.

> **기출문제 확인학습**

인지 부조화 이론

1) 인지 부조화의 개념
   태도와 관련된 고전적 연구 주제 중의 하나로서, 둘 이상의 태도 사이 또는 자신의 행위와 태도 사이의 비일관성을 말한다.
2) 인지 부조화 이론
   (1) 1957년 사회심리학자 페스팅거(Festinger)가 제기한 이론으로, 현상의 실체에 대한 지각, 판단, 사고 등의 지식이 결합되어 형성된 하나의 인지가 다른 인지들과 논리적으로 불일치하여 발생한 부조화 관계를 말한다.
   (2) 인지 부조화 이론은 원래 사람들의 자기 자신에 대한 지각과 그 환경에 대한 지각과의 관계를 취급한 것으로서, 이들 두 가지 지각이 서로 관계가 없을 때는 이들은 서로가 무관하다고 생각한다.
   (3) 한쪽의 지각이 다른 쪽의 지각을 지지할 때는 이들은 서로 협력·화합하는 관계에 있다고 여긴다.
   (4) 부조화는 서로 관계되는 두 가지 지각이 모순될 때에 생기며 이 부조화는 심리학적으로 매우 불유쾌한 긴장을 발생하고 개인에게 긴장 또는 부조화를 감소시키기 위하여 양립할 수 없는 지각의 한쪽을 수정하는 노력을 하게끔 한다.
   (5) 어떤 의미에서 그 사람은 '조화 또는 균형의 조건'을 회복하기 위한 대안적 행동을 취하게 된다.
3) 인지 부조화의 감소 방법
   (1) 부인
      부조화를 근절하기 위해 문제가 있다는 사실 자체를 부인하는 것으로 그러한 정보의 출처를 무시하거나 과소평가함으로써 문제의 존재를 부인하는 것이다.
   (2) 변경
      자신의 기존 사고를 변경하여 일관성을 획득하고자 하는 것으로, 대개 자신이 틀렸다는 사실을 인정하고 자신의 실수를 만회하기 위해 변화하는 것을 포함한다.
   (3) 재구성
      자신의 이해나 해석을 수정함으로써, 자신의 사고를 변경하거나 문제 자체의 중요성을 과소평가하며, 그것을 전혀 중요하지 않다고 생각한다.
   (4) 조사
      ① 상대방의 입장에서 오류를 발견하고 그 출처를 의심하며, 자신의 관점이 사회적으로 확실한 지지를 받을 수 있는 방법을 찾겠다고 결심한다.
      ② 그 원인을 찾을 수 있는 경우, 자신이 실수를 저지르게 된 원인을 이해시키려고 하고 또한 자신의 행동이 옳다며 타인을 이해시키려 한다.
   (5) 분리
      ① 상충관계에 있는 태도를 각각 분리하여 자신의 인지를 확실히 구분하여 그 불일치를 무시하거나, 심지어 망각할 수 있다.
      ② 자신이나 타인의 삶 한 부분에서 일어나는 일이 다른 부분에 영향을 미쳐서는 안 된다고 생각한다.
   (6) 합리화
      불일치를 수용할 수 없는 변명거리를 찾는 것으로서, 자신의 기대치를 수정하거나 실제로 일어난 일을 변경하려 하거나, 자신의 행동이나 의견을 정당화할 수 있는 이유를 찾는다.

인지 부조화의 구체적 조건

1) 행동의 선택 – <u>자발적 선택</u>
   태도와 관련되는 행동이 상황적 압력에 의해서가 아니라 스스로가 선택한 행동일 때 부조화를 경험한다.

2) 돌이킬 수 없는 행동 – <u>취소 불가능한 개입</u>
   자신이 취한 행동을 취소할 수 없을 때 부조화를 경험한다.

3) 행동의 결과 예측 – <u>불충분한 유인가</u>
   자신이 선택한 행동이 바람직하지 못한 결과를 가져올 것을 알거나 예견할 수 있었는데도 행동을 하면 부조화를 경험한다.

실력다지기

심적 회전[34] – 지각에 기초한 표상 : 상사(相似)적(analog) 표상체계

1) 심적 회전은 2차원적이거나 3차원적인 물체의 심상을 회전하는 능력이며 주로 지각의 역할을 하는 우뇌에서 사용되고 이는 공간적 처리 능력의 시간과 지능과 연계된다. <u>심적 회전은 인간의 정신세계에서 일어나는 아날로그적 지식 표상의 활용 형태이다.</u>

2) 표상되는 세계의 주요 특성과 표상하는 세계인 표상구조 사이에 직접적인 대응이 이루어지는 표상양식이 있다. 즉, 표상되는 세계의 시간적·공간적 특성이 표상 자체의 공간적 특성으로, 그리고 서열적·순서적 특성이 선형적(linear) 또는 수적(number) 체계의 특성으로 표상될 수 있다는 것이다. 이것이 바로 지각에 기초한 상사적 – 아날로그적 표상양식이며 대표적인 경우가 심상표상(imagery)이다.

3) 심상표상은 Paivio, Shepard 및 Kosslyn 등에 의해 깊이 연구되었고 심상의 여러 특징들이 밝혀졌다.

4) 심상표상은 공간적 매체상에서 일어나며 외계의 물리적 공간의 간격 속성이 그대로 유지되어 심상의 각 부분이 대상의 한 부분과 상응하게 된다.

5) 시각 자극에 대한 심상 실험 결과에 의하면, 심상 상에서 한 점에서 다른 점까지 마음의 눈으로 훑어보는 시간은 실제 대상 상에서 그 두 점 사이의 거리에 비례한다는 결과가 도출되었다.

---

34 심적 회전은 기억정보가 아날로그 방식으로 표상됨을 나타내는 개념이다.

기출문제 확인학습

조형의 요소와 원리 - 통일성 : 게슈탈트 법칙[35]

1) 디자인 요소들 사이에 '눈에 보이는 시각적인, 형태적인' 유사성이 있어 보는 사람이 조화, 일관성 등을 느끼게 되는데, 이 때 이러한 유사성을 통일성(Unity)이라고 한다. 시각적 통일성을 주는 가장 쉽고 대표적인 방법은 게슈탈트 법칙을 이용하는 것이다.

2) 게슈탈트 법칙(Gestalt Laws)

독일의 심리학자 베르트하이머가 1910년 여름, 기차 여행을 하는 동안에 영감을 얻어 발견하게 되었다. 그는 기차의 불투명한 벽과 창문 프레임이 부분적으로 자신의 시야를 가리고 있는데도 바깥의 경치를 볼 수 있다는 것을 깨달았다. 게슈탈트 심리학자들은 베르트하이머에 의한 최초 연구를 더욱 확장시켜 영상 인식은 감각적 요소와 형태를 다양한 그룹으로 조직한 결과라고 결론지었다.

① 폐쇄성의 법칙(Law of Closure)

기존의 지식을 토대로 완성되지 않은 형태(open된)를 완성된 형태(close된)로 인지한다. 아래의 그림은 원도 삼각형도 아니다. 하지만 우리는 친숙한 형태와 이미지를 떠올리고 보이지 않는 선을 이어 삼각형으로 인식한다. 즉 무질서해 보이는 원들과 꺽쇠들 사이에서 삼각형을 떠올리고 거기에서 통일감을 느끼게 된다.

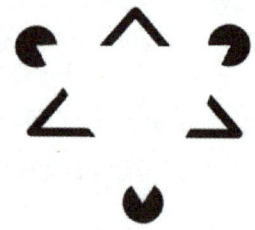

② 유사성의 법칙(Law of Similarity)

유사한 자극 요소들을 함께 묶어서 지각하는 경향이 있다. 비슷한 요소들을 하나의 집합적인 전체나 총합으로 인식하는 것이다. 이러한 유사성은 형태, 색, 크기, 밝기 등의 관계에 따르게 된다. 아래의 그림에서 대부분의 사람들은 수직으로 규칙적으로 놓여있는 사각형 및 원과 같은 모양의 요소들끼리 묶어서 지각한다.

---

35 출처 : http://story.pxd.co.kr/218

③ 근접성의 법칙 (Law of Proximity)
시간과 공간 차원에서 근접해 있는 자극 요소들을 함께 묶어서 지각한다. 아래 그림에서 왼쪽의 그림은 모두 같은 거리 상에 위치해 있기 때문에 함께 묶어 지각하지만, 오른쪽의 그림은 거리가 달리 구성되어 있기 때문에 세 개의 그룹으로 나누어 지각한다.

④ 연속성의 법칙(Law of Continuity)
우리의 뇌는 갑작스럽거나 급격한 움직임의 변화를 좋아하지 않는다. 즉 뇌는 가능한 한 선의 부드러운 연속을 추구하려고 한다. 그리고 부드러운 연속을 따라 함께 사물을 묶어서 지각한다. 이 원리는 시각뿐만 아니라 청각, 움직임에까지 적용된다.

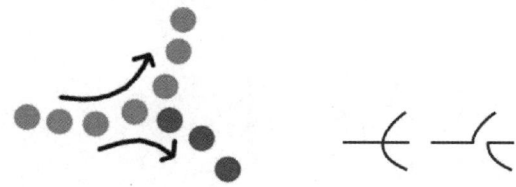

⑤ 단순성의 법칙 (Law of Simplicity)
특정 대상을 주어진 조건 하에서 최대한 가장 단순하고 간결할 수 있는 방향으로 인식하려고 하는 법칙이다. 아래의 그림을 보면 사실 수많은 복잡한 형태로 지각할 수도 있지만, 우리는 4개의 원이 모여 있는 것으로 지각한다. 또한 원형이 3개 겹쳐진 그림에서 완전한 원 1개와 부분적인 원 2개가 있는데, 이것을 단순히 원형 3개라고 인식한다.

⑥ 공동 운명의 법칙(Law of Common Fate)
　이것은 움직이는 요소들을 방향이 같은 것끼리 집합적으로 묶어서 한 요인으로 지각한다는 것이다. 한 퍼포먼스 공연에서 한 그룹의 무용수들은 왼쪽으로, 나머지 그룹은 반대로 뛰어가는 장면을 본다면 우리는 그것을 각기 두 개의 그룹으로 나누고 묶어서 지각할 것이다.

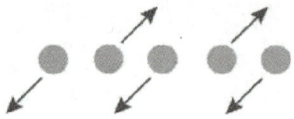

⑦ 대칭의 원리 (Law of Symmetry)
　대칭적인 것은 균형과 안정감을 느끼게 해주며, 좋은 모양으로 보인다는 원리이다.

제2절 인지심리학[36]

1) 인지심리학이란 인간의 마음을 정보처리체계로 간주하는 정보처리적 관점에서, 인간의 내외적 정보의 처리과정과 지식 표상의 본질을 경험적·체계적으로 탐구하는 학문으로 정의될 수 있다.
2) 인지심리학은 주의, 형태지각, 학습, 기억, 언어 처리, 문제해결적 사고, 추리, 판단과 결정 등의 인지 과정들을 중심으로 인간의 마음의 과정적·내용적 본질을 경험적으로, 특히 실험적 방법을 주로 사용하여 연구하는 학문이다.

1 뇌와 인지[37] - 뇌의 구조와 인지 기능 중심으로

인간의 뇌와 인지기능은 둘 다 매우 복잡하고 다양한 구조로 이루어져 있어서 아직도 단정적으로 결론 내릴 수 없는 부분이 많다. 특히 인지기능과 그에 해당하는 뇌 영역에 대한 연구는 여전히 활발하게 진행되고 있다.

(1) 뇌의 주요 구조물 개관
- 뇌는 크게 전뇌(forebrain), 중뇌(midbrain), 그리고 후뇌(hindbrain)의 세 가지 주요 부분으로 나누어 볼 수 있다.
- 생명유지에 필수적인 기능에서 고차원적 인지 기능으로 발달하는 뇌의 발달 단계는 후뇌(뇌교와 소뇌) → 수뇌(연수) → 중뇌 → 간뇌 → 종뇌의 순이다. `암기법` 후수중간종

① 뇌 구조 중 후뇌
　㉠ 뇌 구조 중 후뇌는 연수, 뇌교, 소뇌로 구성되어 있다.
　㉡ 연수 : 척수 바로 위에 있는 연수는 생명유지에 필요한 여러 반사를 뇌신경을 통해 조절한다.
　㉢ 뇌교 : 중뇌와 연수 사이에 위치한 뇌교는 수면과 각성에 관여하는 망상체의 일부분이 지나가고 있는 곳이다.
　㉣ 소뇌 : 주로 자동적이고 정교한 협응 운동을 조절하는 것으로 알려져 있으나, 최근에는 여러 가지 인지기능에도 관여하고 있음이 밝혀지고 있다.

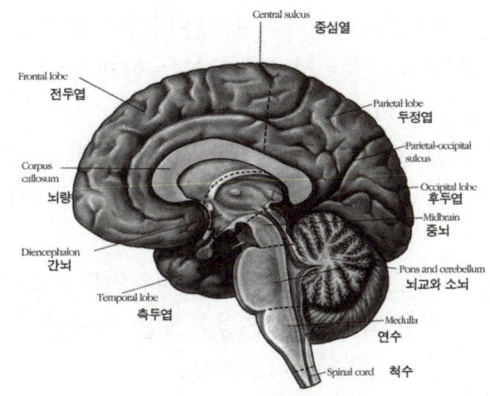

<[그림] 뇌의 구조 - 머리중앙에서 지면과 직각으로 좌우로 가른 면>

---

[36] 인지심리학은 인간이 세상에 관한 정보를 어떻게 받아들여서 처리하고 그 결과는 어떻게 나타나는지를 다루는 심리학 분야이다. 지각심리학이 세상을 보는 원리가 무엇인지를 다루는 학문이라면, 인지심리학은 지각심리학의 범위를 넘어 인간이 세상에 대한 자극과 정보를 처리하는 전체적인 과정을 정보처리적인 관점으로 다룬다는 점이 다르다.
[37] 출처 : 서은현, 뇌의 구조와 인지 기능, 한국치매협회, 재인용

② 뇌 구조 중 중뇌
  ㉠ 뇌 구조 중 중뇌는 배측의 중뇌개와 복측의 중뇌피개로 이루어져 있다.
  ㉡ 중뇌개 : 시상에서 시각과 청각정보를 받는 상구와 하구가 있다.
  ㉢ 중뇌피개 : 망상체가 지나가고, 종 특유의 행동을 조절하는 중뇌수도 주변 회백질, 운동계의 중요한 구성요소인 적핵과 흑질이 포함된다.

③ 뇌 구조 중 전뇌
  ㉠ 뇌 구조 중 전뇌는 대뇌피질과 변연계 및 기저핵인 종뇌와 시상과 시상하부인 간뇌가 있다.
  ㉡ 대뇌피질 : 대뇌반구를 둘러싸고 있는 대뇌피질은 전두엽, 두정엽, 측두엽, 후두엽으로 나눌 수 있으며 각기 다른 기능을 담당하며 인지기능을 담당하는 매우 중요한 뇌 구조물이다.
    ㉮ <u>전두엽</u> : 운동계획과 실행 및 통제하는 데 관여한다.
    ㉯ <u>두정엽</u> : 여러 체 감각에 대한 정보를 받아들인다.
    ㉰ <u>측두엽</u> : 청각정보를 처리한다.
    ㉱ <u>후두엽</u> : 시각정보를 처리한다.
  ㉢ 변연계 : 주로 동기와 정서를 담당하는데, 이 중 일부(해마)는 학습과 기억에 더 관련 있는 것으로 알려져 있다.
  ㉣ 기저핵 : 전뇌의 피질하 핵들의 집합으로 주로 운동통제에 관여한다.
  ㉤ 시상 : 대뇌피질로 가는 대부분의 신경입력이 나가는데, 특히 감각정보를 대뇌피질의 특정 감각 영역으로 투사한다.
  ㉥ 시상하부 : 시상 아래의 시상하부는 자율신경계와 내분비계 그리고 생존과 관련된 행동을 통제하는 곳이다.

(2) <u>주요 인지기능 및 관련 뇌 영역</u>
인간의 주요 인지기능은 크게 다섯 가지로 나눌 수 있으며 주의력, 기억력, 언어능력, 시공간 구성능력, 실행기능이 그것이다.
① 주의력
  ㉠ 일상생활에서 주의력 혹은 집중력이라는 단어가 많이 쓰이고 있는데, 주의력을 정의하는 것은 생각만큼 쉽지 않다. 이는 단일한 개념이라기보다는 다양한 심리적 현상을 뜻하는 명칭이기 때문이다.
  ㉡ 뇌에서 한 순간에 처리할 수 있는 정보의 양에는 한계가 있기 때문에 특정 정보를 선택하는 과정이 필요한데, 이 과정을 '주의'라고 말할 수 있다.
  ㉢ 주의력은 주의를 유지할 수 있는 지속적 주의력, 무관한 자극을 무시하고 특정 자극에만 주의를 집중하는 선택적 주의력 그리고 두 가지 이상의 여러 자극에 적절히 주의를 배분하는 능력으로 나누어 볼 수 있다.
  ㉣ <u>주의력과 관련된 뇌 부위로는 전두엽의 앞부분(전전두엽)과 두정엽, 망상체, 중뇌의 상구, 시상, 변연피질 등이 있고 이러한 뇌 부위에 손상이 오면 주의력에 장애가 생기게 된다.</u>

② 기억력
  ㉠ 기억이라는 것은 우리가 생각하는 것보다 훨씬 더 복잡한 체계로 구성되어 있으며 그 작용 시간에 따라 크게 감각기억, 단기기억, 장기기억으로 나뉘고 장기기억은 또 외현기억과 암묵기억으로 나눈다.
  ㉡ 외현기억은 사실이나 사건에 대한 기억으로, 기억 정보에 대한 의식적 경험이 가능하며 의미기억과 일화기억이 있다.

ⓒ 암묵기억은 행위나 기술 및 조작에 대한 기억으로, 기억정보에 대한 의식적 접근이 불가능하며 특정 기술, 점화, 습관, 비연합 학습 등이 있다.
ⓔ 기억력과 관련된 뇌 부위는 측두엽인데, 특히 내측 측두엽의 해마에서 담당한다고 알려져 있으며 최근 연구에서는 기억을 저장하고 인출하는 데 있어 전두엽이 중요하고 능동적인 역할을 한다는 보고가 나오고 있어, 측두엽 뿐 아니라 전두엽에 손상이 와도 기억력 장애가 생길 수 있다.

③ 언어능력
ⓐ 언어능력은 자발적인 언어표현능력, 따라 말하기능력, 이름대기능력, 언어 이해력, 쓰기 및 읽기 능력, 그리고 사회언어적 능력 등으로 나눌 수 있다.
ⓑ 언어생성은 주로 좌반구의 하전두엽 부분에 있는 브로카 영역을 포함하는 부위에서 관여하고, 언어이해는 주로 좌반구의 상측두엽 부분에 있는 베르니케 영역의 주변 부위에서 관여한다.
ⓒ 사회언어적 능력이란 암묵적인 대화 규칙을 지키고, 언어의 운율, 리듬, 얼굴 표정 등을 상황에 맞게 이해하고 사용할 수 있는 능력을 말한다.
ⓓ 대부분의 언어능력은 주로 좌반구에서 담당하지만, 사회언어적 능력만은 우반구의 외측구 주변에서 관여한다고 알려져 있다.

④ 시공간 구성능력
ⓐ 시각적 대상의 공간적 위치와 형태를 파악하는 지각능력과 시공간적 구성 및 조직화를 할 수 있는 능력을 말한다.
ⓑ 길을 찾아 가거나 그림을 그리거나 혹은 퍼즐을 맞출 때 쓰이는 능력으로, 언어능력과는 반대로 우반구(특히 두정엽)에서 주로 담당한다고 알려져 있다.
ⓒ 우반구는 자극의 전체적인 윤곽을 구성하는 데 관여하고, 좌반구는 자극의 세부적인 내용을 구성하는 데 관여한다.

⑤ 실행기능
ⓐ 인지기능 중 가장 복잡한 고위 기능이 실행기능이며 여기에는 판단능력, 문제해결 능력, 추론 및 추상화 능력, 계획 능력, 목적에 맞게 순서대로 일을 처리하는 능력, 융통성, 자동화된 반응을 억제하고 상황에 적절한 반응을 하는 능력, 통찰력, 충동조절능력 등이 포함된다.
ⓑ 실행기능은 주로 전두엽, 특히 전전두엽 영역에서 담당한다고 알려져 있다.
ⓒ 최근에는 전두엽의 영역을 보다 세분화하여 이러한 다양한 실행기능을 담당하는 영역과의 관련성을 찾는 노력들이 진행되고 있다.

기출문제 확인학습

가현운동 - 지각심리학

1) 가현운동의 개념
   (1) 객관적으로는 움직이지 않는데도 움직이는 것처럼 느껴지는 심리적 현상
   (2) 대표적인 것은 영화의 화면이 움직이는 것처럼 보이게 하는 베타 운동(β-movement)이며 예를 들면 2개의 광점(光點)이 적당한 시간 간격으로 점멸하면, 하나의 광점이 그 사이를 움직인 것처럼 보이는 현상이다.

2) 가현운동의 종류
   넓은 뜻으로는 흐르는 구름에 둘러싸인 달이 마치 반대방향으로 움직이는 것처럼 보이는 유도운동(induced movement)이나, 암흑 속에 있는 하나의 광점을 보고 있으면 그 광점이 움직이는 것처럼 보이는 자동 운동감(auto-kinetic sensation) 그리고 한 방향을 향한 운동을 계속해서 관찰한 후에 반대 방향의 운동으로 나타나는 운동 잔상 등도 가현운동에 포함된다.

착시 - 지각심리학

1) 자동운동
   암실 내 수 미터 거리에서 정지된 광점을 한 동안 응시하면, 그 광점이 움직이는 것처럼 보이는 현상(예 야간 운행 비행사는 불빛을 계속 보지 않도록 하는 것은 자동운동 착시현상을 방지하기 위함)
2) 가현(假現)운동 = 파이(Phi) 현상 = 외현운동
   두 개의 정지대상을 0.06초의 시간 간격으로 다른 장소에 제시하면, 마치 한 개의 대상이 이동한 것으로 보이는 현상, 즉 두 개의 빛이 빠른 속도로 번갈아 가며 반짝이면(100분의 60초 간격으로) 빛 하나가 앞뒤로 움직이는 듯한 착각이 일어나는 현상
3) 유도운동
   실제로는 정지해 있는 것이 움직이는 것으로, 그리고 반대로 운동하고 있는 것이 정지해 있는 것으로 느끼는 현상이다.
   예 열차가 줄지어 있을 때, 다른 열차가 움직일 때, 자신의 열차가 움직이는 것으로 느끼는 것, 구름이 움직이는데 달이 움직이는 것으로 보이는 현상
4) 양안 부등(불일치) 현상
   좌우 망막의 불일치에서 생성되는 착시 현상

2 기억 과정 - 정보처리이론을 중심으로

(1) 기억의 작용에 있어서 세 가지 의문점
   ① 정보는 어떻게 기억 속으로 입력되는가? : 부호화[38]
   ② 정보는 어떻게 기억 속에서 유지되는가? : 저장(파지[39])
   ③ 정보는 어떻게 기억에서 인출되는가? : 인출[40]

(2) 엣킨슨과 쉬프린(Atkinson과 Shiffrin)의 다단계 모형 (부호화 - 저장 - 인출)

정리

다단계 모형

1) 순서
   정보(외부자극) → 감각기억 → 단기기억 → 저장 → 장기기억 → 인출 → 반응
2) Atkinson과 Shiffrin(1968)이 제안한 이론은 장기기억과 단기기억의 상호작용을 강조한다.
3) 새로운 정보를 장기기억에 넣는 일은 쉽지 않은데, Atkinson과 Shiffrin은 새로운 정보를 학습하고자 할 때 사용할 수 있는 - 지식습득을 촉진하기 위한 전략들로써 - 몇 가지 통제과정(control process)을 제안하였다.
4) 이는 암송/시연(rehearsal), 부호화(coding), 심상화(imaging)이다.
5) Atkinson과 Shiffrin은 추상적이고 무의미한 재료를 학습하도록 실험과제를 고안함으로써 시연/암송전략 사용을 장려하였다.
6) 이 실험에서는 두 자리 숫자(자극)와 낱자(반응)를 결합시키는 학습을 해야 했다.
7) 학습시행 중간에 검사시행이 끼어 있었는데, 검사시행에서는 자극 숫자만 제시하고, 그 숫자와 결합된 낱자를 기억해내라고 하였다.

---

38 외부에서 감각기관을 통해 들어오는 물리적 자극을 기억이 수긍하는 기호로 바꾸는 것이다.
39 부호화된 정보를 기억 속에 가지고 있는 것이다.
40 그러한 정보를 사용하기 위해 끄집어내는 것이다.

8) 이 실험결과로서 Atkinson과 Shiffrin은 결합학습에 어문적 암송/시연이 이용된다는 모형을 제안하여 암송의 기능이 자극에 대한 정보를 장기기억으로 전이시키는 것이라고 보았다.

계열위치효과 - Atkinson과 Shiffrin 모형 적용
1) 초두효과 : 앞에 있는 것을 더 많이 암송한다. (암송횟수 많음)
2) 최신효과 : 암송횟수가 적음에도 재생확률이 증가한다. 최근에 외워 단기기억의 효과에 의해 재생확률이 증가한다.
3) 자유회상 실험을 통해 얻은 계열 - 위치 곡선(Postman & Phillips, 1965)의 시사점은 초두효과, 최신효과이며, 최신효과는 단기기억과 관련이 있으며, 초두효과는 장기기억과 관련이 있는 것이다.
4) 단기기억과 장기기억의 이중적 기억체계와도 관련이 있다.

① 감각기억(sensory memory)
감각자극의 물리적 특징에 대한 정확한 표상을 잠시 동안 유지하는 것이다.

심화

감각기억(Sensory Memory)
1) 감각기억은 지속시간이 1~2초 정도로 매우 짧으며 실제 인출될 수 있는 용도보다 훨씬 큰 기억용량을 가지고 있다.
2) 감각기억에서는 받아들일 수 있는 정보는 무한하지만, 정보가 머무를 수 있는 시간은 순간이다.
3) 감각기억에서 주의를 받은 정보는 단기기억으로 넘어갈 수 있지만, 주의를 받지 못한 정보들은 순식간에 사라지고 만다.
4) 감각기억은 영상 기억(Iconic Memory)과 잔향 기억(Echoic Memory)으로 나뉜다.
   (1) 영상기억은 시각적 정보에 대한 감각기억이다.
      ① 영상기억에 대한 연구(스펄링)의 한 가지 예를 살펴보면, 연구자들은 영상기억이 얼마나 많은 정보를 수용할 수 있느냐에 대해 의문을 가지고 피험자들에게 뒤섞인 알파벳 조합의 나열을 잠깐 동안(대략 0.1초~0.2초) 제시한 후에 얼마나 많은 알파벳을 보았는지를 질문하였다. 그 때 대부분의 피험자들이 모든 알파벳을 다 본 것처럼 느꼈으나, 눈으로 본 것 중 불과 4~5개의 알파벳만을 보고할 수 있었다. 이는 전체보고법으로, 제시된 모든 알파벳은 잠깐 동안 눈을 통하여 뇌로 보내져 남아 있지만, 그 자극에 대한 심상은 순식간에 사라져 버리기 때문이다.
      ② 피험자들에게 같은 자극을 제시한 후에 특정 줄만을 회상하라는 요구를 하면(주의를 받은 정보) 피험자들은 자기가 본 알파벳에 대한 영상이 사라지기 전에 그 줄의 알파벳을 정확하게 회상하여 보고할 수 있었다. 이는 부분보고법으로, 전체보고법보다는 영상기억의 용량이 더 크다고 할 수 있다.
   (2) 잔향기억은 청각적 정보에 대한 감각기억이다.
      ① 도서관에서 열심히 공부를 하고 있는데 친구가 와서 "밥 먹었니?"라고 말을 걸었다고 가정해보자. 당신은 책에 푹 빠져서 친구가 말을 한 것을 알지만, 무슨 말을 했는지를 알 수 없어서 "뭐라고 말했지?"라고 되묻는 경우가 있었을 것이다. 그런데 친구가 말한 내용을 되풀이하기 전에 친구의 질문이 당신의 귀에 남아 있어서 "응, 아직 안 먹었어"라고 대답할 수 있다. 이렇게 친구의 질문이 잠깐 동안 귀에 남아 있는 이 기억을 잔향기억이라고 한다.
      ② 시각적인 감각이 사라지는 것과 마찬가지로 소리에 대한 감각도 일시에 사라져 버린다.
      ③ 잔향기억은 영상기억보다는 정보가 더 오래 지속되는데, 이는 바로 전에 들은 단어들의 의미를 파악하는 과정에서 비교적 더 많은 시간이 필요하기 때문이다.
      ④ 대부분의 경우에 청각적 감각기억인 잔향기억은 어떤 소리가 중단된 다음에 4~5초가 지난 후에야 완전히 사라진다고 한다(Darwin, Turvey & Crowder, 1972).

실력다지기

부호화 등

1) 부호화
   (1) 인지과정 혹은 정보처리 과정의 한 형태로, 청각, 시각, 촉각 등 감각을 통해 들어오는 정보를 처리하고 저장하기 위해 그 정보를 유의미하게 만들고, 장기기억에 저장되어 있는 기존의 정보와 연결하고 결합하는 과정이다.
   (2) 이러한 과정을 통해 새 정보는 작업기억에서 장기기억으로 전환된다.
   (3) 부호화가 안 되면 입수된 대부분의 정보는 일시적인 저장만 가능하게 된다. 부호화 전략으로는 시연(rehearsal), 매개, 심상, 기억법 등이 있다.

2) 감각 등록기
   (1) 학습자가 환경으로부터 눈이나 귀와 같은 감각 수용기관을 통해 정보를 최초로 저장하는 곳이다.
   (2) 자극을 아주 정확하게 저장하지만, 매우 짧은 시간 동안 저장한다는 특징을 가지고 있는데 시각(視覺)은 약 1초 정도, 청각(聽覺)인 경우엔 약 4초 정도를 저장한다.
   (3) 수용량에 제한이 없지만, 투입되는 정보가 즉시 처리되지 않을 경우 그 정보는 유실된다.

기출문제 확인학습

부호화 특정성 원리(encoding specificity principle)

1) 개념
   인간은 부호화를 하는 동안에 제시되는 단서가 회상을 하는데 최고의 단서로써 활용된다는 원리이다.

2) 부호화(encoding)
   부호화는 기억의 3단계로 거슬러 올라가게 되는데, 기억은 물체를 봤을 때 잠시 저장되는 감각 등록기, 조금 더 오래 저장하는 단기기억, 거의 영구적으로 저장하는 장기기억의 세 단계로 구분된다.

3) 부호화하는 과정
   감각등록기에서 단기기억, 단기기억에서 장기기억으로 넘어가는 과정이다. 즉, 충분한 시연이 있었을 경우에 부호화가 일어난다.

4) 부호화 특정성 원리를 쉽게 설명하면,
   (1) A가 예전에 어떤 것을 기억했다.
   (2) 그것을 기억할 때에는 여러 가지 상황이 있었을 것이다(장소, 상태, 기분 등).
   (3) A는 지금 그 어떤 것을 다시 회상하려 한다.
   (4) 그 회상하려는 상황이 기억했던 상황과 유사한 상황일 때 최고의 단서로써 활용되어 잘 회상된다.
   (5) 상황이 그 기억을 용이하게 회상하도록 돕기 때문에 이것은 이 원리들로 지지된다.

5) 상태 의존 기억(state - dependent memory)
   부호화 그리고 회상할 때 사람의 신체적 상태와 관련된 것에 의존하는 기억으로 회상은 그 사람이 부호화 할 때의 상태와 일치할 때 더 잘 된다.
   예 A가 커피를 마셔서 심장이 두근두근 뛸 때 심리학을 공부했다고 하자. 그렇다면 심리학 시험을 칠 때, 커피를 마신다면 회상이 더 용이하게 될 것이다.

6) 기분 의존 기억(mood - dependent memory)
    (1) 이것은 부호화 그리고 회상할 때 사람의 기분에 의존하는 기억으로서, 부호화할 때와 같은 기분이라면 회상이 더 쉽다는 것이다.
    (2) 이것과 관련된 현상이 기분 일치 효과(mood - congruence effect)라는 것이 있는데, 기분 일치 효과는 사람의 현재 기분과 일치하는 기억을 회상하는 경향, 즉 사람은 지금 기분이 좋다면 좋은 기억을 회상하고 기분이 좋지 않다면 좋지 않은 기억을 회상하는 경향이 있다는 것이다.

② 단기기억(short - term memory : STM) 기출
    ㉠ 20초~30초 정도 정보를 가지고 있을 수 있는 제한된 능력의 기억 저장고이다.
    ㉡ 감각기관에 수용된 자극 중 선택적 주의를 받은 자극이 단기기억으로 넘어간다고 본다.

> **단기기억(Short - term Memory)**
> 1) 감각기억을 거친 자극 정보가 장기기억에 저장되기 전에 거치는 일차적 작업대 또는 작업과정으로, 단기 기억은 활동 중인 기억, 또는 인지과정을 통제하는 중앙 통제적 기억으로서 작동중인 기억이라는 용어를 사용한다.
> 2) 단기기억에 정보가 머무르는 시간은 평균적으로 3~5초, 길어야 30초 정도 정보를 기억한다. 그러나 정보를 반복하여 되뇌이는 시연(rehearsal)을 하면 그 정보가 단기기억으로 머무르는 시간이 늘어나고 장기 기억으로 들어가 저장된다.
> 3) 단기기억에 들어온 정보는 처음에는 시각적, 청각적 부호형태로 유지되고 처리되기 쉬운 언어 의미적 형태로 변화한다.
> 4) 단기기억의 용량은 제한되어 있고, 단기기억에서 한 번에 나를 수 있는 용량은 7개 내외이며 정보들을 덩어리 짓기(chunking)을 통해 제한된 기억용량을 극복할 수 있다.
> 5) 단기기억을 장기기억 속에 부호화하지 않으면 사라진다.

③ 시연(rehearsal)[41]
    ㉠ 작동기억(단기기억) 안에서 이루어지는 처리과정으로서 정보를 소리내어 읽든지 속으로 되풀이 하든지 그것의 형태와 관계없이 계속적으로 반복하는 것을 의미한다.
    ㉡ 작동기억 안으로 들어온 정보는 시연을 통해 파지(retention)가 되기도 하고 장기기억으로 전이가 이루어지기도 한다.
    ㉢ 작동기억 안에서 의도한 목적을 달성할 때까지만 시연을 하는 것이다.
        예 전화를 거는 경우 전화번호를 반복함으로써 머리에 담아두고 있지만, 일단 다이얼을 돌리고 나면 더 이상 번호를 기억하는 데 관심이 없어진다.

④ 단기기억의 용량
    ㉠ 단기기억은 시간뿐만 아니라, 기억할 수 있는 정보의 항목 수에도 제한이 있다.
    ㉡ 자극들을 더 크고 고차원적인 단위로 조합함으로써 단기기억의 용량이 증가할 가능성이 있다.
    ㉢ 청킹(chunking)
        ㉮ 청킹은 분리되어 있는 항목들을 보다 큰 묶음으로, 보다 의미 있는 단위로 조합하는 것을 의미한다.
        ㉯ 작동기억에 있어 청킹의 역할은 매우 중요한 의미를 갖는다.

---

[41] 획득한 정보를 반복적으로 생각하거나 말로 되뇌이는 과정이다.

사례1 19451950198820022008
사례2 'r, u, n'이라는 세 글자는 작동기억 속에서 세 개의 단위로 자리하지만, 'run'이라는 단어로 조합되면 한 개의 단위로 자리하게 된다.

ⓒ 이와 같은 청킹의 적극적인 활용은 제한된 작동기억의 수용량을 증가시키는 좋은 방안이 되는 것이다.

기출문제 확인학습

단기기억과 청킹('마법의 수 7±2')

1) 단기기억의 중요한 특징은 용량이 제한되어 있다는 점이다. 숫자를 몇 개 들려주고 나서, 들려준 숫자를 순서대로 회상하게 하면 단기기억의 용량을 알 수 있는데, 일반적으로 사람들은 아무 관련이 없는 숫자는 대략 일곱 개 정도를 들려준 순서대로 회상할 수 있다.

2) 여기서 중요한 것은 이 일곱 개가 절대 개수가 아니라는 것이다. 낱자를 기억하게 하면 일곱 낱자 정도를 기억하지만, 단어를 기억하게 하면 일곱 단어 정도 기억한다. 이와 같이 우리가 기억할 때 어떤 단위로 부호화하느냐에 따라 절대 개수는 달라지지만, 처리 단위로 보면 비교적 일관되게 일곱 단위 정도로 그 용량이 제한되어 있다는 것이고, 이것이 조지 밀러의 유명한 구절 '마법의 수 7±2'라는 것이다(Miller, 1956).

3) 낱자보다 단어일 때 훨씬 더 많은 철자를 기억할 수 있는데, 이와 같이 보다 큰 단위로 부호화하는 것을 청킹(chunking)이라 하며, 청킹을 통해 우리는 단기기억의 용량 제한을 어느 정도 극복할 수 있게 된다.

⑤ 작업기억(working memory)
  ㉠ 작업기억은 되뇌임을 하는 단순한 임시저장고가 아니며 주어진 정보를 처리하는 기능을 한다는 측면을 강조한 단기기억의 다른 이름이다.
  ㉡ 단기기억을 작업기억(working memory)이라는 복잡한 모형으로 제안한다.
  ㉢ 작업기억의 세 가지 구성요소
    ㉮ 음운루프(phonological loop)
      언어정보를 일시적으로 처리하고 저장한다.
    ㉯ 시공간 잡기장(visuospatial sketchpad)
      시각적 심상들을 일시적으로 처리하고 저장한다.
    ㉰ 중앙 집행기(central executive)
      정보의 통합이나 의사결정에 관여한다.

⑥ 장기기억(long-term memory)
  장기기억은 무한한 정보를 영구적으로 저장할 수 있는 곳이며 장기기억으로의 정보를 전이하기 위해 시연[42]하는 것이 좋고 장기기억은 일상기억과 의미기억이라는 두 부분으로 구성되어 있다.
  ㉠ 일상기억(episodic memory)
    ㉮ 주로 개인의 경험을 보유하는 저장소이며 일상기억에서의 정보는 주로 장소의 이미지로 부호화되며, 정보가 발생한 때와 장소를 기초로 조직된다.
    ㉯ 일상기억은 기억되는 경험이 매우 의미있는 경우가 아닐 때에는 종종 인출에 실패하는 경향이 있는데, 이는 보다 최근에 발생한 정보로 인해 인출이 방해를 받기 때문이다.

---

42 획득한 정보를 반복적으로 생각하거나 말로 되뇌이는 과정이다.

ⓒ 의미기억(semantic memory)
  ㉮ 의미기억에는 문제해결 전략과 사고기술, 사실, 개념, 일반화, 규칙 등이 저장된다.
  ㉯ 학교에서 학습하는 대부분의 내용들은 장기기억 중 의미기억에 저장되는 것이다.
  ㉰ 의미기억에 저장되는 정보들은 서로 연관을 맺으면서 체계적인 네트워크(network)를 구성하게 된다.

실력다지기

기억의 구조

감각기억(Sensory Memory), 단기기억(Short - term Memory), 장기기억(Long - term Memory)으로 구분한다.

1) 감각기억(Sensory Memory)
  (1) 감각기억은 매우 짧은 시간 동안 지속되는 기억으로, 즉 일반적으로 1초 동안, 혹은 조건이 좋으면 2초 동안 기억되는데, 시각의 경우 0.25초, 청각의 경우 4초 정도 기억된다.
  (2) 감각기관에 들어온 자극 정보를 완전하고 정확하게 보유하고, 감각기관에 들어온 자극 정보는 번개 칠 때와 같이 극히 짧은 시간에 감각기억에 기억되다가 순간적으로 사라진다.

2) 단기기억(Short - term Memory)
  (1) 감각기억을 거친 자극 정보가 장기기억에 저장되기 전에 거치는 일차적 작업대 또는 작업과정으로, 단기기억은 활동 중인 기억, 또는 인지과정을 통제하는 중앙 통제적 기억으로서 작동중인 기억이라는 용어를 사용한다.
  (2) 단기기억에 정보가 머무르는 시간은 평균적으로 3~5초, 길어야 30초 정도 정보를 기억한다. 그러나 정보를 반복하여 되뇌이는 시연(rehearsal)을 하면 그 정보가 단기기억으로 머무르는 시간이 늘어나고 장기기억으로 들어가 저장된다.
  (3) 단기기억에 들어온 정보는 처음에는 시각적, 청각적 부호형태로 유지되고 처리되기 쉬운 언어 의미적 형태로 변화한다.
  (4) 단기기억의 용량은 제한되어 있고, 단기기억에서 한 번에 나를 수 있는 용량은 7개 내외이며 정보들을 덩어리 짓기(chunking)을 통해 제한된 기억용량을 극복할 수 있다.
  (5) 단기기억을 장기기억 속에 부호화하지 않으면 사라진다.

3) 장기기억(Long - term Memory)
  (1) '기억력이 좋다' 혹은 '기억이 나쁘다'라고 말할 때의 기억은 장기기억을 말한다.
  (2) 장기기억은 단기기억을 거쳐 온 정보가 비교적 영구적으로 저장되어 있으며, 기억해 낼 필요가 없는 한 의식하지 못하고 지내는 기억이다.
  (3) 장기기억은 용량의 제한이 없으므로 많은 정보가 저장된다.
  (4) 이 기억은 1분 이상, 영원히 잊혀지지 않는 기억으로 일반적으로 연령이 증가할수록 기억조직을 잘 해 정보를 회상하기 쉽다.

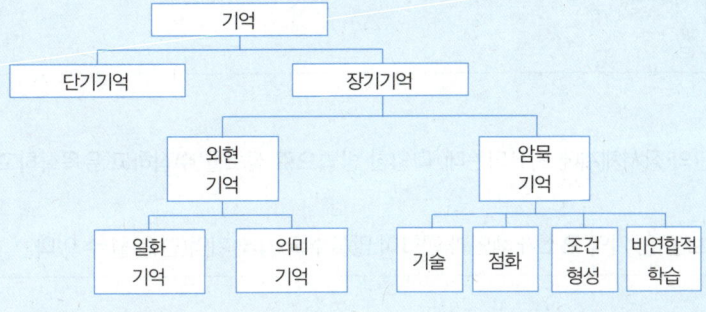

정보의 장기적 파지 전략

1) 초과 반복학습(overlearning)

친숙하지 않는 정보를 계속해서 학습을 할 때, 학습자는 정보를 단순히 반복하는 것이 아니라, 재조직하고 변형시켜서 받아들이므로 이로 인해 이해와 기억이 증진된다.

2) 정교화(elaboration)

새로운 정보를 기존의 지식과 연결하여 의미를 부여하면, 정보의 의미가 정밀해져서 장기기억에 오래 저장될 수 있다. 장기기억 속에 있는 기존 지식과 많은 연결고리가 형성되면 인출의 단서가 많아져 원래의 정보에 쉽게 도달할 수 있게 된다.

3) 조직화(organization)

따로따로 떨어진 별개의 정보들에게 질서를 부여하면, 의미가 연결되기 때문에 더 많은 양을 오래 기억하는 데 도움이 된다. j,h,l,n,v,s,r,o,o,e,e 라는 방식보다 'John loves her'라는 문장이 쉽고 오래 기억되는 것과 같은 경우이다.

4) 맥락화(context)

정보를 장소, 특정한 날에 느꼈던 감정, 함께 있었던 사람 등과 같은 물리적·정서적 맥락(상황)과 함께 학습하면 그 정보를 기억하고 재생해내는 것이 더 쉬워진다.

5) 암송(rehearsal)

정보를 내적으로 반복하거나, 소리 내어 반복해서 기억흔적을 단기기억에 유지시켜 주는 방법이다. 단기기억 내에 있는 정보를 많이 암송하면 할수록, 정보가 장기기억으로 더 잘 전이된다.

⑦ 계열위치 효과(serial - position effect)
  ㉠ 자유 회상에서 회상수준이 단어목록의 처음과 끝에 제시된 단어에서 제일 높게 나타난다.
  ㉡ <u>초두효과(primary effect)</u>
    <u>목록의 첫 부분에 있는 항목들을 더 잘 회상한다.</u>
  ㉢ <u>최신효과(recency effect)</u>
    <u>목록의 끝부분에 있는 항목들을 더 잘 회상한다.</u>

(3) 정보의 인출

① 인출
  ㉠ 유용한 정보를 기억하더라도 필요할 때 꺼낼 수 있어야 한다.
  ㉡ 장기기억에서 정보를 찾는 탐색과정이며 부호화와 밀접하게 관련되어 있다.
  ㉢ 효과적으로 부호화되지 않으면 효과적으로 인출될 수 없다.
  ㉣ 저장된 정보는 장기기억의 어딘가에는 분명 존재하고 있지만, 그 정보를 인출할 수 있느냐 하는 것은 정보에 어느 정도 접근할 수 있는가에 달려있다.

> **참고**
>
> **연합과 인출**
>
> 1) 장기기억은 흔히 도서관의 장서체계에 비유되는데, 다양한 방법으로 정보를 수집하고 유목화하고, 또 그것을 분류해 놓고 있는 것이다.
> 2) 장기기억 속의 어떤 정보는 한 기억 요소가 색인과 연합이 많을수록 쉽게 기억(인출)될 수 있다.

② 인출단서

기억 속에 있는 특정한 정보에 접근하는 것을 도와주는 자극으로서, 인출 실패 상태에 있는 기억은 인출단서를 제시함으로 되살아날 수 있다.

③ 설단 현상(tip - of - the tongue phenomenon)
  ㉠ 알고 있고 금방 기억이 날 것 같은데도 혀끝에서만 맴돌고 끝내 말을 하지 못하는 것이다.
  ㉡ 장기기억에 존재하는 특정한 정보에 대해 정확하게 접근할 수 없기 때문에 발생한다.
  ㉢ 이 현상은 실제 학교 현장에서 학생에게 자주 일어나는데, 정확한 인출을 위해서 정교한 부호화가 필요하다.

④ 맥락 단서(context cue)

어떤 사건을 사건이 일어났던 맥락 속으로 돌아가서 생각해봄으로써 기억의 인출을 돕는 것이다.

⑤ 상태 의존적 기억
  ㉠ 부호화할 때와 인출할 때의 상태가 일치할 때 더 잘 기억하는 현상이다.
  ㉡ 장기기억을 인출할 때 인출단서가 중요하다는 것을 보여주는 현상이다.

⑥ 정서 일치 효과(mood - congruence effect)

행복한 기분일 때 불쾌한 정보보다는 유쾌한 정보를 더 잘 기억하고, 슬프거나 우울한 기분일 때는 즐거운 정보보다 불쾌한 정보를 잘 기억하는 현상이다.

실력다지기

정서가 기억에 영향을 미치는 5가지 방식

1) 되뇌기
정서가 개입된 상황에 대해 더 많이 생각하는 경향이 있다. 밋밋한 기억보다는 흥미진진한 기억을 더 많이 되뇌기하고 체계화한다.

2) 섬광기억
섬광기억은 정서적으로 충만한 중요한 사건을 학습했던 상황에 대한, 명료하면서도 비교적 영속적인 기억을 말한다.

3) 불안을 통한 인출간섭
불안은 인출을 방해하는 요인이 되는데, 시험을 치고 있는 상황에서 첫번째 문제를 풀지 못하면 다음 문제에도 영향을 미치는 경우에 해당한다.

4) 맥락효과
인출할 때의 맥락이 기억을 부호화할 때의 맥락과 맞아떨어지면 가장 우수한 기억을 하게 된다.

5) 억압
프로이트의 무의식 이론에 따라 어떤 극단적인 외상경험은 억압되고, 무의식에 저장되며 궁극적인 인출 실패를 나타낸다.

> **실력다지기**
>
> **정보처리이론에서의 학습과정**
>
> 1) 학습자가 환경으로부터 받은 자극은 학습자의 감수기관에 영향을 주어 감각 기록처를 거쳐 신경계로 들어간다.
> 2) 선택적 지각에 의해 처리된 정보는 단기기억고에 저장된다.
> 3) 단기기억고에서의 정보는 다시 유의미하게 기호화되어 장기기억고에 들어간다.
> 4) 장기기억고에 들어간 새로운 정보가 이미 학습했던 내용과 부분적으로 관련이 깊을 때 다른 정보와 결합할 수 있도록 단기기억으로 재생되기도 한다.
> 5) 단기기억고나 장기기억고에서 나온 정보는 반응 발생처로 옮겨져서 정보를 행동으로 변형시킨다.
> 6) 환경으로부터 받은 자극이 행동으로 나타났을 때 실제로 학습이 이루어졌다고 말한다.

> **기출문제 확인학습**
>
> **형태 재인(pattern recognition)**
>
> 1) 개념
>   (1) 감각기억 내의 입력자극 정보와 장기기억을 대조하여 현재 주어진 자극의 형태로부터 의미를 이끌어 내는 과정이다.
>   (2) 영상기억이나 잔향기억 내용들이 의미를 부여받기 위해서는 그것의 정보내용과 부합되는 장기기억과 대조가 되어야 한다.
>
> 2) 이론 또는 모형
>   (1) 판형이론[43](template theory)
>   입력된 자극들이 기억되어 있는 판형들과의 비교로 의미를 이끌어 낸다.
>   (2) 원형대조이론(prototype matching theory)
>   형태의 필수적인 요소들을 간추린 기억목록에 의해 의미를 이끌어 낸다.
>   예 할머니에 대한 원형 목록 '머리가 희다', '주름살이 깊다', '눈빛이 너그럽다', '키가 작다' 등
>   (3) 특징분석 모형(feature analysis model)
>   정보처리 첫 단계에서 분석된 뒤, 그 특징에 기초하여 의미를 이끌어 낸다.
>   예 'ㄹ'의 경우 'ㅡ', 'ㅣ'의 특징요소(획)가 분석된 뒤, 그 획의 조합형태를 토대로 'ㄹ'을 재인함
>
> **회상(recall)과 재인(recognition)**
>
> 1) 인출 방식들 중 회상(recall)과 재인(recognition)이 있다.
> 2) <u>회상은 기억해내야 할 대상(target)을 직접 보지 않는 상태에서 간접적 단서에만 의지하여 표적(target)을 인출하는 방식이며, 재인은 표적을 직접 보고 있는 상태에서 그것을 사전에 접하였는지 판단하는 인출 방식이라 할 수 있다.</u>
>   사례1 회상은 '철수의 전화번호가 뭐였더라?'를 떠올리는 것이고, 재인은 '전화번호부에 적혀 있는 전화번호들 중 철수의 전화번호가 뭐지?'를 떠올리는 것이다.
>   사례2 주관식 시험은 회상검사에 해당하며 객관식 시험은 재인검사에 해당된다. 주관식 시험이 객관식 시험에 비해 어렵게 느껴지므로 회상보다 재인이 더 쉽다.

(4) 중다기억 체계
  ① 절차적 기억과 서술적 기억
    ㉠ 절차적 기억(procedural memory)
       언어화하기 어려운 기억으로서 행위나 기술에 대한 기억이다.
       사례 자전거 타기, 수영, 운전, 구두끈 매기 등
    ㉡ 서술적 기억(declarative memory)
       언어화하기 용이한 기억으로서 사실적 정보에 대한 기억이다.
       사례 단어, 이름, 얼굴, 사건, 개념 등
  ② 의미적 기억과 삽화적 기억
    ㉠ 의미적 기억(semantic memory)
       정보를 학습했을 때의 맥락과 관련이 없는 일반적 지식이다.
       사례 고래는? 포유류 등
    ㉡ 삽화적 기억(episodic memory)
       개인적인 경험이 일어난 연대기적 기억이다.
       사례 "초등학교 학예회 때 ○○ 노래를 했다." "작년 여름에는 울릉도를 갔었다." 등
  ③ 암묵기억과 외현기억
    기억을 분류하는 방법은 여러 가지가 있는데 크게 외현기억(explicit memory)과 암묵기억(implicit memory)으로 나눈다. 외현기억은 일화기억(episodic memory)과 의미기억(semantic memory)들 중에서 의식적으로 생각해 낼 수 있는 기억들을 말한다. 암묵기억은 의식이 관여하지 않는 것으로 절차기억, 초회감작(priming), 고전적인 조건반사들이 여기에 해당한다.
    ㉠ 암묵기억(implicit memory)
       무의식적이고 간접적으로 접근할 수 있는 기억이다.
       사례 강의시간에 교수님이 입고 왔던 옷 등
    ㉡ 외현기억(explicit memory)
       ㉮ 자기가 기억하고 있다는 것을 자각할 수 있는 기억이다.
       ㉯ 의식적이고 직접적으로 접근할 수 있는 기억이다.
    ㉢ 외현기억은 기억 상실증, 나이, 약물의 투여, 간섭 등과 같은 요인들에 크게 영향을 받지만, 암묵기억은 거의 영향을 받지 않는다.

> **개념비교**
> (1) 섬광기억은 정서적으로 충만한 중요한 사건을 학습했던 상황에 대한, 명료하면서도 비교적 영속적인 기록을 말한다.
> (2) 구성기억(Constructive Memory)은 실제 일어나지 않은 사건에 대한 명백한 기억으로, 기억된 내용을 통해 무의식적으로 공백을 메우기 위해 사용된다.

(5) 기억 향상법
  ① 적절한 시연과 깊은 처리
    자신의 생활이나 경험과 관련지어 봄으로써 개인적으로 의미 있는 것으로 만드는 것이 유용하다.

---

43 형태 재인이 이루어지기 위해서는 반드시 입력되는 자극정보와 정확하게 일치하는 기억정보가 장기기억 속에 존재해야 한다고 가정하는 이론이다.

② 간섭의 최소화

유사한 내용을 서로 다른 날 학습할 때 간섭이 적게 일어나서 망각을 막는다.

③ 언어적 기억술

㉠ 두 문자어(acronym)

단어의 첫 글자를 이용해서 새로운 하나의 단어를 만드는 것이다.

㉡ 이야기 만들기

기억해야 할 단어를 적절한 순서대로 포함시켜 이야기를 만드는 것이다.

㉢ 연결법

기억해야 할 항목들을 함께 연결해서 새로운 하나의 심상을 형성하는 것이다.

㉣ 장소법

기억해야 할 항목들의 심상을 특정한 위치와 연합시키는 것이다.

㉤ 정보의 조직화

정보들이 잘 조직화될 때 기억하기가 더 쉽다.

기출문제 확인학습

부분 보고법과 전체 보고법을 이용한 스펄링(Sperling)의 기억에 관한 실험

1) 감각기억 또는 감각저장(sensory register ; SR)은 외부의 자극이 우리의 감각기관에 들어왔을 때, 처리되지 않고 일시적으로 머무는 기억이다.
2) 인간은 시각, 청각, 촉각, 미각, 후각의 5가지 감각을 통하여 정보를 받아들이는데, 그 중에서도 시각의 감각기억을 영상저장 또는 영상기억(iconic memory)이라고 한다.
3) 영상기억의 연구는 스펄링(Sperling, 1960)의 연구가 대표적이다.
4) 스펄링(Sperling)의 실험 - 부분 보고법과 전체 보고법
   (1) 스펄링은 4×3의 문자 자극판을 피험자에게 순간 노출기를 사용하여 0.05초(50ms) 동안 제시했다. 처음에는 가능한 한 기억할 수 있는 문자를 모두 보고하라고 했더니(전체 보고법), 그 결과 평균 4.5개를 보고하였다.
   (2) 스펄링은 피험자들이 순간적으로 4.5개 정도만 보는 것인지, 아니면 보고하는 동안 영상기억이 지워졌기 때문인지 의문이 생겼다.
   (3) 이번에는 문자 자극판 제시 후에 바로 고음, 중음, 저음 중 하나를 제시하였다.
   (4) 만약 고음이 제시되면 맨 위줄을, 중음이 제시되면 가운데 줄을, 저음은 아래 줄을 보고하도록 하였다(부분 보고법).
   (5) 그 결과 피험자들은 한 줄 당 3개 이상의 문자를 보고하였다.
   (6) 영상기억의 저장용량은 9개 이상인 것이다.
5) 스펄링(Sperling)의 또 다른 실험
   (1) 스펄링은 영상기억의 지속시간을 측정하기 위해서, 부분 보고법과 시간 지연을 사용했다.
   (2) 문자 자극판을 제시한 후에, 전혀 지연을 하지 않고 소리(고음, 중음, 저음)를 제시하고, 그 다음은 0.01초(10ms) 지연 후에 소리를 제시하고, 그 다음 0.05초(50ms) 등의 방법으로 2초까지 소리를 지연시켜 보았다.
   (3) 그 결과 1초 지연이 되었을 때 보고한 수가 평균 4.5개로 이것은 전체 보고법을 사용했을 때와 같은 수가 나왔다.
   (4) 부분 보고법을 사용하는 것이 전체 보고법을 사용하는 것보다 더욱 그 결과가 좋다면, 영상기억이 남아 있다고 할 수 있으나, 이 둘의 결과가 같다면, 영상기억이 남아있지 않다고 할 수 있다.
   (5) 영상기억의 지속 시간은 1초라는 것이다.
6) 위의 실험들을 토대로 영상기억에 대하여 정리를 하자면, 영상기억의 용량은 9개 이상이고, 지속시간은 1~2초이며, 후속자극에 의해 파괴가 된다고 할 수 있다.

3 망각

(1) 망각이 일어나는 이유
① 부호화, 저장, 인출과정의 결함 또는 그러한 결함들의 조합에 의해서 일어난다.
② 망각의 원인 - 소멸, 간섭, 인출실패
  ㉠ 소멸 - 흔적 쇠퇴설(trace decay theory)
    ㉮ 망각의 원인에 대한 초기 이론으로 기억흔적이 시간이 흐르면서 희미해지기 때문에 망각이 일어난다고 본다.
    ㉯ 머릿속에 저장된 내용을 계속 사용한다면 흔적이 더욱 뚜렷해져 소멸되지 않지만, 사용하지 않거나 또는 사용의 빈도가 적으면 흔적이 점차 쇠퇴해서 망각 현상을 가져온다고 본다.
  ㉡ 간섭
    ㉮ 간섭이론(interference theory)
      망각은 기억이 손실된 것이 아니고 기억 이전이나 이후의 정보에 의해서 기억정보가 방해를 받기 때문에 생기는 현상으로 설명한다.
    ㉯ 망각을 유발하는 간섭의 종류
      ⓐ 역행간섭
        새로운 정보가 이전의 정보의 파지를 방해할 때 발생하는 것으로서, 예를 들어 친구의 핸드폰 번호가 바뀌면 예전 번호를 기억하기 어려운 경우이다.
      ⓑ 순행간섭
        이전의 정보가 새로운 정보의 파지를 간섭하는 것으로서 예를 들어 몇 년간 사용하던 주차 장소가 바뀌면 새로운 주차장소를 기억하기 어려운 경우이다.
  ㉢ 인출 실패
    ㉮ 기억 속에 저장되어 있더라도 제대로 인출되지 않는 것이 망각이라고 본다.
    ㉯ 어떤 정보를 최초에 부호화하는 과정에서 같이 처리되었던 단서정보를 제시할 때 그 단서가 기억의 인출을 돕는데, 이 때 인출단서와 최초 부호화 간의 잘못된 만남으로 생기는 인출실패가 망각의 원인이라고 본다.

실력다지기

망각 방지법
1) 학습 내용을 구조화하여 기호화(encoding)할 것
2) 기존 경험과 관련시켜 학습 자료의 유의미성을 높일 것
3) 기존의 유사 경험과 관련시켜 변별성을 높일 것
4) 충분한 강도로 학습할 것
5) 최초의 학습 직후에 연습할 것

에빙하우스[44]의 무의미 철자 실험
1) 에빙하우스는 학습과 기억이라고 하는 고등 정신과정을 실험적으로 연구할 수 있다는 것을 보여주었기 때문에 심리학을 철학으로부터 해방시켰다.

---

[44] 19세기 독일의 심리학자로서, 실험심리학의 선구자로 불린다.

2) 여러 세기를 통하여 연구자들은 결합을 이미 형성되어 있는 것으로 전제하고 반사를 통하여 이를 연구하였지만 에빙하우스는 오히려 결합이 일어나는 과정을 연구함으로써 그는 결합발달에 영향을 미치는 조건들을 체계적으로 연구할 수 있었다.
3) 결합의 원리 가운데서 특히 중요한 것의 하나는 빈도의 법칙이었는데 에빙하우스는 여기에 연구의 초점을 두었다.
4) 빈도의 법칙이란 경험이 더욱 빈번하게 일어나면 날수록 그 경험은 보다 쉽게 해낼 수 있다는 것이다. 환언하면 기억은 반복을 통하여 강도를 더해간다는 것이다.
5) 이러한 생각을 검증하기 위하여 에빙하우스는 실험피험자의 이전의 경험에 의해 물들지 아니한 재료가 필요하였으며 이러한 이전 경험의 효과를 통제하기 위하여 그는 유명한 무의미 철자(nonsense syllable, 음절)를 창안해 내었다.
6) **무의미 철자**란 두 자음 사이에 하나의 모음이 끼어 있는 것으로 되어 있다. (예 gaw, jig, xuw, cew, tib)
7) 무의미 철자는 12개를 한 묶음으로 배열하는 것이 보통이었다. 그러나 그는 학습하려는 재료 크기의 함수로서의 학습속도를 측정하기 위하여 묶음의 크기를 달리하기도 하였다.
8) 학습하려는 무의미 철자의 수가 커짐에 따라서 그 재료를 학습하는 데 더 많은 시간이 걸린다는 것을 발견하였다.

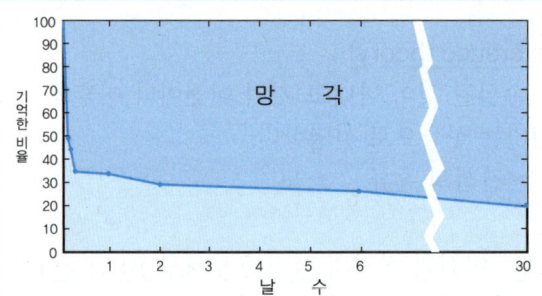

[난이도가 거의 같은 무의미한 철자를 리스트로 만들어 이를 한번에 완전히 암송할 수 있을때까지 외운다. 그 후 20분에서 1개월까지 다양한 시간 간격으로 체크를 해 외운 비율을 조사한 것이다.]

망각곡선

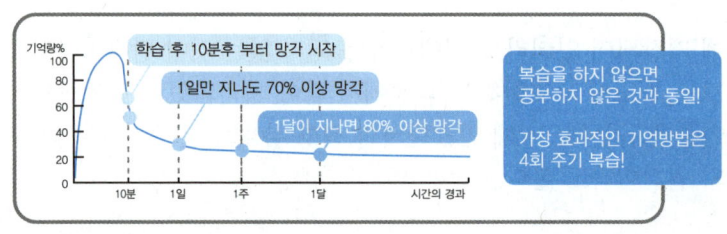

1) 에빙하우스는 망각, 기억에 대한 연구를 통하여 망각곡선을 나타내고 발표하였다.
2) 그의 연구에 따르면 학습 후 10분 후부터 망각이 시작되어, 1시간 뒤에는 50%, 하루 뒤에는 70%, 한달 뒤에는 80%를 망각하게 된다.
3) 이러한 망각으로부터 기억을 지켜내기 위한 가장 효과적인 방법은 복습이다.
4) 에빙하우스는 복습에 있어서 그 주기가 매우 중요하다는 사실도 발견하게 되었다.
5) <u>최초 학습 후 10~20분 뒤에 1차 복습을 해야만 효과적이다.</u>
6) 다음날 2차 복습, 일주일 뒤 3차 복습, 한달 뒤 4차 복습까지 끝내야만 한 번 보는 것보다 더 많은 내용을 오랫동안 기억할 수 있게 되는 것이다.

7) 최초학습은 오랫동안 최대한 깊게 정독하며 이해를 하는 것이 중요하다.
8) 1차 복습 시에는 어느 정도 속도를 내면서 공부를 해서 짧은 시간 내에 복습이 이루어지도록 해야 하며, 2차·3차 복습을 할 때쯤이면 어느 정도 머릿속에 내용이 있는 상태에서 복습이 이루어지므로 그렇게 시간이 오래 걸리지 않아야 한다.

메타인지(metacognition, 초인지, 상위 인지)

1) '한 단계 고차원'을 의미하는 메타(meta)와 어떤 사실을 안다는 뜻의 인지(recognition)를 합친 용어로서, 자신의 생각에 대해 비판적 사고를 하고, 한 차원 높게 자신을 객관적으로 바라보는 능력이다.
2) 포괄적인 의미에서 인지 그 자체를 대상으로 하는 지식이며, 인지 그 자체에 대한 이해라 할 수 있다.
3) "자신의 인지 또는 사고에 관한 지식"과 "자신의 인지 또는 사고에 관한 조절, 조정"의 두 가지 측면을 포함하는 인지이다.
4) "자신의 인지 또는 사고에 관한 지식은 자신의 사고 상태와 내용, 능력에 대해 알고 있는 지식(메타인지적 지식)을 말하며, "자신의 인지 또는 사고에 관한 조절, 조정"은 문제해결 과정에 있어 계획하고 적절한 전략을 선택·사용하며 과정을 점검·통제하고, 결과를 반성·평가하는 사고 기능(메타 인지적 기능)을 말한다.

4 기분(Mood)[45]

(1) 기분과 기억
① Bower는 선택적 기억이라고 하는 현상에 관심을 가졌으며 사람들이 회상하는 정도는 사건이 발생했던 그 시기의 기분과 그들이 그 사태를 회상하고자 할 때 그들이 처했던 기분에 달려 있는데, 이것을 기분 - 의존 학습이라고 하였다.
② 사람들의 기억은 처음에 기억할 때 빠져 있었던 기분과 동일할 때 더 잘 기억하는데, 즉 기억은 학습할 때의 기분과 회상할 때의 기분이 일치할 때 더 좋아진다.
③ Bower 연구의 일반적인 결론은 한 사람이 다른 사람을 평가할 때마다 그리고 그 평가가 기억에 의존하게 될 때마다, 평가자가 평가를 내리는 그 순간의 기분 상태가 그 평가에 영향을 주게 될 가능성이 있다는 것이다.

(2) 기분과 친사회적 행동
① Isen은 친사회적 행동이 기분의 결과라고 보아, 기분이 좋은 사람은 기분이 나쁜 사람보다 다른 사람을 도와줄 소지가 더 많다고 주장했다.
② Isen은 후속 연구에서, 친사회적 행동은 기분의 영향(성공의 결과)뿐만 아니라, 기대하지 못했던 보상이나 선물을 받은 결과일 가능성도 있다는 것을 보여주었다.

---

[45] 특정한 정서 경험에 대한 일반적인 쾌 혹은 불쾌이며 유쾌한 정서경험은 행복, 좋은 기분 혹은 긍정적인 기분과 연합되고 불쾌한 정서 경험은 슬픔, 나쁨 혹은 부정적인 기분과 연합된다.

제4장 심리학의 연구 방법론

제1절 기초심리 통계

1 표본조사 – 표본추출 방법을 중심으로

(1) 확률표집[46]의 종류

① 단순무작위 표집(simple random sampling)
의식적인 조작이 전혀 없이 표본을 추출하는 방법으로 모집단의 모든 요소가 추출기회를 동등하게 가지며 어떤 요소의 추출이 계속되는 다른 요소의 추출 기회에 아무런 영향을 미치지 않는 방법이다.
예 난수표 이용법, 제비뽑기, 컴퓨터를 이용한 추출방법(컴퓨터 추첨)

② 계통적 표집(systematic sampling = 계층적 표집 = 체계적 표집)
㉠ 모집단을 구성하고 있는 구성요소들이 자연적인 순서에 따라 배열된 목록에서 표집간격인 매 k 번째의 구성요소를 추출하여 형성한 표집이다.
cf 표집간격 = 모집단의 크기 / 표본집단의 크기
㉡ 첫 번째 요소는 반드시 무작위적으로 선정되어야 하고 목록자체가 일정한 주기성을 갖지 않아야 한다.

③ 층화표집(stratified sampling = 유층표집)
㉠ 모집단을 일정한 기준에 따라 2개 이상의 동질적인 계층으로 구분하고, 각 계층별로 단순무작위 추출방법 또는 체계적 표집방법을 적용하는 방법이다.
㉡ 전체 모집단에서 표본을 선정하기보다는 이미 알고 있는 사전 지식을 이용하여 모집단을 동질적인 부분으로 나누고 이들 각각으로부터 적정한 수의 요소를 선정한다.
㉢ 층화표집법의 유형에는 모집단에서 각 계층이 점하는 비례에 따라서 각 계층의 크기를 할당하여 추출하는 방법인 비례층화표집과 각 계층에서 각 계층의 크기와 상관없이 표본을 추출하는 방법인 비비례층화표집이 있다.

④ 집락표집(cluster sampling = 군집표집)
㉠ 모집단을 여러 가지 이질적인 구성요소를 포함하는 여러 개의 집락 또는 집단으로 구분한 후 집락을 표집단위로 하여 무작위로 몇 개의 집락을 표본으로 추출한 다음, 표본으로 추출된 집락에 대해 그 구성요소를 무작위로 표본추출하는 방법이다.

---

[46] 모집단의 각 표집단위가 추출될 기회를 다 가지고 있고, 각각의 표집단위가 추출될 확률을 정확히 알며 무작위방법에 기초하여 표본을 추출한다.

ⓒ 층화표집과의 비교
㉮ 층화표집은 각 계층의 구성요소들은 동질적이고, 계층과 계층 간에는 이질적인 경우에 적용하는 것이 바람직한 데 비하여, 집락표집의 경우에는 각 집락이 모집단의 구성요소를 대표할 수 있는 이질적인 요소로 구성되고, 집락과 집락들 사이에는 거의 차이가 없는 경우에 적용된다.
㉯ 층화표집은 모든 부분적 계층에서 표본이 선정되지만 집락표집은 추출된 부분계층에서만 표본을 선정한다.

실력다지기

확률표집(확률 표본추출)의 종류

암기문장 단층집계 확률!

해설
1) 단순무작위 표집
2) 층화표집 = 유층표집
3) 집락표집 = 군집표집
4) 계통적 = 체계적 = 계층적 표집

(2) 비확률표집[47]의 종류

① 편의표집(convenient sampling / accidental sampling = 임의표집 = 우발적 표집)
  ㉠ 모집단에 대한 정보가 전혀 없는 경우나, 모집단의 구성요소들 간의 차이가 별로 없다고 판단될 때 조사자가 임의대로 표본을 추출하는 방법이다.
  ㉡ 연구자가 쉽게 이용 가능한 대상들을 표본으로 선택하는 방법이다.
  ㉢ 가장 비용이 적게 들고 시간을 절약할 수 있는 방법이지만, 표본의 대표성과 결론의 일반화에 한계를 가진다.

② 유의표집(purposive sampling = 판단표집 = 의도적 표집)
  ㉠ 모집단에 대한 정보가 많은 경우 연구자의 주관적 판단의 기준에 따라 연구목적 달성에 도움이 될 수 있는 구성요소를 의도적으로 추출하는 방법이다.
  ㉡ 주관적 판단의 타당성 여부가 표집의 질을 결정한다.
  ㉢ 문제점으로는 표본의 대표성을 확신할 수 없고 모집단에 대해 상당한 사전지식이 필요하며 표집오차의 산정이 곤란하다는 점이다.

③ 할당표집(quota sampling)
  ㉠ 모집단의 어떤 특성을 사전에 미리 알고 추출된 표본에 같은 비율을 얻고자 할 때 사용되는 방법이다.
  ㉡ 표본을 모집단에서 차지하는 범주의 비율에 따라 할당하고 할당된 수의 표본을 임의적으로 추출하는 것이다.
  ㉢ 확률표집인 층화표집과 유사한데 이의 차이점은 무작위방법과 인위적 방법의 차이이다.

④ 누적표집(snowball sampling = 눈덩이 표집)
  ㉠ 연구에 필요한 소수의 사례 표본을 찾고 그 표본을 통해서 다른 사람을 추천받아 점차로 표본의 수를 늘려가는 표집방법이다. 즉, 첫 단계에서 연구자가 임의로 선정한 제한된 표본에 해당하는 사람으로부터 추천받아 다른 표본을 선정하는 과정을 되풀이하여 마치 눈덩이를 굴리듯이 표본을 누적해 가는 방법이다.
  ㉡ 연구자가 특수한 모집단의 구성원을 전부 파악하고 있지 못할 때에 적합한 표집방법이다.

---

47 비확률표집방법은 모집단 자체의 범위를 한정할 수 없거나, 모집단의 한계가 분명하더라도 목록을 구할 수 없거나 작성할 수 없을 경우 그리고 비용, 시간, 인력이 지나치게 많이 드는 문제가 있을 때 사용하는 표집방법이다.

ⓒ 단점으로는 추천하는 사람의 주관에 의한 편견이 개입될 수 있다는 점이다.

실력다지기

비확률표집의 종류

암기문장 누유임할 - 비확률

해설
1) 누적(= 눈덩이)표집
2) 유의(= 판단)표집
3) 임의(= 편의)표집
4) 할당표집

실력다지기

확률표집과 비확률표집의 비교[48]

기준	확률표집방법	비확률표집방법
연구대상이 표본으로 추출될 확률	동등하다. 알려져 있을 때	동등하지 않다. 알려져 있지 않을 때
표집	무작위적	인위적
표본의 통계치로 모집단의 모수 추정	편의(bias)가 없다.	편의(bias)가 있다.
모치수 추정 가능성	추정 가능	추정 불가능
오차 측정 가능성	측정 가능	측정 불가능
시간과 비용	많이 소요	많이 소요되지 않는다.
모집단의 규모와 성격	명확히 모집단의 성격 규명	불명확 또는 불가능
종류	단순무작위, 계통, 층화, 집락	편의, 유의, 누적, 할당

참고

범위에 따른 조사분류

1) 전수조사
   (1) 조사 대상이라고 생각되는 모든 대상, 즉 연구대상이 되는 모집단 전체를 조사하는 것을 말한다. 예로는 Census(인구주택 총 조사) 등이 있다.
   (2) 경제성과 신속성이 낮다.
   (3) 표본오차는 없으나 비표본오차가 커서 표본조사보다 반드시 더 정확한 것은 아니다.

2) 표본조사
   (1) 모집단을 모두 조사하기 어려운 경우 일부만을 뽑아 조사하여 모집단을 추정하는 조사이다. 즉, 모집단을 대표하는 특성을 지닌 표본을 조사하여 자료와 정보를 얻는 방법이다.
   (2) 현실적으로 시간과 비용이 적게 든다는 이점이 있지만 표본추출이 잘못되면, 연구결과가 일반화할 수 없다는 단점도 있다.
   (3) 전수조사보다 더 정확한 자료를 얻을 수 있으며 표본오차가 있고 비표본오차가 전수조사보다 작다.
   (4) 표본조사는 모집단의 특성을 알기 위해 실시한다.

표본오차와 비표본오차
1) 표본오차란 표본의 통계치에서 모집단의 추정치(= 모수치)를 추정하는 과정에서 발생하는 오차로 표본조사에서만 발생한다.
2) 비표본오차란 자료의 조사과정과 집계과정에서 발생하는 오차로 전수조사와 표본조사 모두에서 발생한다.

---

[48] 김귀환 외(2005), 사회복지조사방법론

2 연구 설계[49] - 관찰과 실험 중심으로

(1) Gelso가 제시한 4가지 연구설계[50]는 실험실 기술연구, 현장 기술연구, 실험실 실험연구, 현장 실험연구이다.
(2) 실험연구에서는 연구자는 연구 목적과 의도에 맞게 실험절차를 표준화하거나 기타 연구자가 통제하고 싶은 변인들을 통제하며 이는 인과관계를 설명함에 있어서 높은 내적 타당도를 의미한다.

실력다지기

1) 통제효과가 높다.
   피험자를 무선 선발, 각 처치에 무선으로 할당, 엄격한 독립변인의 조작
2) 통제효과가 낮다.
   각 처치에 무선 할당률이 낮으며 독립변인의 조작 불완전
3) 장소에 따라 : 실험실 - 실험실연구 / 상담현장 - 현장연구
   (1) 실험실 실험연구 : 내적 타당도 ↑, 외적 타당도 ↓
      ① 현장이 아닌 조작된 상황에서 실험을 하는 연구
      ② 변인들 간의 인과성 속성을 정확히 알고 할 때 주로 사용
   (2) 현장 상관(기술)연구 : 내적 타당도 ↓, 외적 타당도 ↑
      전문 상담기관에서 수행하는 수백 건의 상담사례 기록을 분석하는 현장 상관(기술)연구
   (3) 현장 실험연구 : 내적 타당도 ↑, 외적 타당도 ↑
      ① 가장 이상적인 실험설계
      ② 실험연구이지만, 실험실 연구에 비하면 실험변인 이외의 변인을 통제하기 어려움
   (4) 실험실 상관(기술)연구 : 내적 타당도 ↓, 외적 타당도 ↓

   * 실험연구 : 내적 타당도 높다.   * 현장연구 : 외적 타당도 높다.
   * 상관(기술)연구 : 내적 타당도 낮다.   * 실험실 : 외적 타당도 낮다.

---

49 연구설계란, 연구문제에 나타난 이론이나 가설들을 경험적으로 검증하기 위한 전반적인 틀을 설계하는 것이다. 즉, 연구문제나 가설에서 제기된 명제들을 경험적으로 검증하기 위해서 어떤 자료들이 필요하며 자료들을 어떻게 조합할 것인지에 대한 계획을 세우는 일이다.
50 연구설계와 타당도와의 관계를 중심으로 설정

제2절 자료수집 – 측정

1 변수(변인)와 척도

(1) 변수

서로 다른 수치를 부여할 수 있는 모든 사건이나 대상의 속성이다.

① 연속 변수와 불연속 변수

무한히 많은 값을 취할 수 있는 변수와 한정된 수치만을 할당할 수 있는 변수

② 양적 변수와 질적 변수
- 수치들이 양적인 차이를 나타내는 변수와 질적인 차이를 나타내는 변수
- 질적 변인 : 수량화할 수 없는 변인 예 성별, 출신지, 직업의 종류 등
- 양적 변인 : 수량화할 수 있는 변인 예 지능지수, 성적, 키, 몸무게 등

③ 독립 변수와 종속 변수

어떤 다른 변수의 원인이 되는 변수와 독립변수의 결과가 되는 변수

④ 예언 변수와 준거 변수

변수의 값을 통해 다른 변수의 값을 예언하려는 용도로 사용되는 변수와 예언변수로 예측하고자 하는 변수

(2) 척도의 수준 [기출]

수치를 체계적으로 할당하는데 사용하는 측정도구이며 대상들을 산출한 수치들이 담고 있는 정보의 양에 따라 다음과 같이 나눈다.

① 명명척도(= 명목척도)

정보 차이만을 담고 있는 척도 예 성별, 지역, 눈 색깔 등

② 서열척도(= 순위척도)

상대적 크기, 순위 관계에 관한 정보도 담고 있는 척도 예 석차, 만족도 등

③ 등간척도(= 동간척도)

수치 차이가 반영하는 속성 차이가 동일하다는 등간정보도 포함 예 지능지수, 온도 등

④ 비율척도

수의 비율에 관한 정보도 담고 있는 척도로 절대영점이 있는 변수를 측정한 경우에 얻을 수 있음 예 길이, 무게 등

(3) 척도의 종류

① 리커트척도

㉠ 측정에 동원된 모든 문항들이 그 중요도에서 동등한 가치를 갖고 있는 것으로 간주한다.

㉡ 개별 항목들의 답을 단순 합산해서 측정치가 만들어지고, 그것으로 측정 대상들에 대한 서열을 매긴다.

㉢ 다수의 문항을 사용했을 때 나타나는 복잡성 문제를 개선하여 좀 더 간단하고 정확하게 변수를 측정할 수 있다.

② 실용성이 높아 사회과학의 자료수집방법들에서 가장 보편적으로 사용되고 있다.

> **예시**
>
> 일주일동안 당신의 일상생활의 수행정도는 어떠했습니까?
> 5. 아주 좋았다.   4. 좋았다.   3. 보통이었다.   2. 나빴다.   1. 아주 나빴다.

② 거트만(Guttman) 척도
   ㉠ 누적 스케일링의 대표적인 형태로, 척도도식법(scalogram method)이라고도 부른다.
   ㉡ 척도에 동원된 개별 문항들을 서열화시켜 구성한다.
   ㉢ 리커트척도가 단순합산에 의한 서열화라면, 거트만척도는 개별항목 자체에 서열성을 미리 부여하여 구성한다.
   ㉣ 도출된 점수에 의해 결과의 의미의 위치를 쉽게 파악할 수 있지만, 동일한 간격을 확인하기 어렵다.
   ㉤ 보가더스 사회적 거리척도(Borgardus Social Distance, 1925)는 가장 고전적 유형의 거트만척도 이다.

> **예시**
>
> 마음 속에 처음 떠오르는 생각에 따라서, 내가 읽고 지나가는 진술문 중 어느 하나 혹은 그 이상에서 다른 인종 사람들을 기꺼이 받아들일 것이다.
>
> ___ 1) 결혼해서 가까운 친척으로
> ___ 2) 개인적으로 가까운 친구모임 멤버로서
> ___ 3) 거리에서 만나는 이웃으로
> ___ 4) 같이 일하는 동료로서
> ___ 5) 국가의 시민으로서
> ___ 6) 국가의 관광객으로서
> ___ 7) 국가로부터 추방하도록 결정하겠다.

③ 써스톤(Thurstone) 척도
   ㉠ 가중치가 부여된 일련의 문항을 구성하고, 응답자가 찬반을 표시하도록 한다. 응답자가 동의한 모든 문항의 가중치를 합해서 평균을 낸 척도이다.
   ㉡ 동형간격법 또는 유사동간척도라고도 한다.
   ㉢ 척도 제작시 진술문을 1점에서 11점까지 평가범주로 나누어 포함되게 구성하고 문항들을 등간격으로 고르게 배치되도록 척도를 구성한다.

예시

동성 결혼에 대한 태도
___ 법을 어기는 것이다.(1.7)
___ 완전히 잘못되었다고 볼 수는 없다.(6.8)
___ 결혼은 남자와 여자가 하는 것이다.(2.4)
___ 그것은 범죄이다.(1.3)
___ 그것은 합법적이다.(9.1)
___ 끔찍하다.(1.5)
___ 해로울게 없다.(6.9)

④ 어의변별척도

㉠ 오스굿 등(Osgood et al.)이 개발한 척도로 어의적 분화척도 또는 형용사 변별척도라고도 한다.
㉡ 언어적으로 유동적인 주제들에 대해서 그 개념의 의미에 대해 직접적으로 질문하는 것이 효과적이라고 본다.
㉢ 리커트척도와 유사하지만, 측정하고자 하는 대상을 표현하는 일정한 형용사들을 양 극단에 대칭적으로 배열하여 각 평정 점수를 가지고 주관적으로 평가하도록 한다.

예시

한국인에 대한 어의변별척도
1. 느리다   ------------------- 빠르다
2. 정이 많다 ------------------- 냉정하다
3. 용감하다   ------------------- 비겁하다
4. 권위적이다 ------------------- 민주적이다
5. 강하다   ------------------- 약하다

⑤ 소시오메트리 척도

㉠ 집단구성원 간의 상호관계성을 조사하여 집단의 구조를 이해하는 척도이다.
㉡ 최소한 두 사람 이상의 사이에서 맺어지는 인간관계를 측정할 때 사용되며, 집단 내 구성원 간의 거리를 측정한다는 점에서 보가더스의 사회적 거리척도와 다르다.

예시

직장 내에서 사회적 관계
- 직장 내에서 업무에 대한 궁금증을 상의하고 싶은 사람은 누구입니까?
- 직장 내에서 개인적인 고민을 상의하고 싶은 사람은 누구입니까?
- 직장 내에서 함께 일하고 싶은 사람은 누구입니까?

2 집중 경향치

(1) 한 집단의 점수분포를 하나의 값으로 요약해 주는 지수를 말한다.
(2) 가장 대표적인 것으로 산술평균[51]이 있으며 이외에 중앙치, 최빈치 등이 있다.
(3) 산술평균은 측정수준이 동간성이나 비율성을 가정할 수 있는 변인에 적절하며 중앙치나 최빈치는 서열변인이나 명명변인에 적절하다.
(4) 정상분포 곡선하에서는 평균치 = 중앙치 = 최빈치이다.
(5) 부적으로 편포되어 있는 경우(낮은 점수는 별로 없고 높은 점수만 많은 경우)에는 최빈치 > 중앙치 > 평균의 순으로 크고, 정적으로 편포되어 있는 경우(높은 점수는 별로 없고 낮은 점수만 많은 경우)에는 평균 > 중앙치 > 최빈치의 순으로 크다.

실력다지기

중앙치[52](median)

한 집단의 점수분포에서 전체 사례를 상위 1/2과 하위 1/2로 나누는 점을 말한다. 즉, 이 중앙치를 중심으로 전체 사례의 반이 중앙치 상위에, 나머지 반이 중앙치 하위에 있게 된다. 예를 들어, 12, 13, 16, 19, 20과 같이 5개의 사례가 크기 순서로 나열되어 있는 경우 그 중앙에 위치한 16이 중앙치가 된다. 엄격히 말하면 중앙에 위치한 16을 가진 사례가 중앙치가 되는 것이 아니라 전체 사례 5가지를 상위 2.5와 하위 2.5로 나누는 16.0이 중앙치가 된다. 만약 22라는 점수를 가진 사례가 하나 더 있다면 총 사례 수는 짝수가 되므로 (16 + 19)/2 = 17.5, 즉, 17.5가 중앙치가 된다.

최빈치(mode)

최빈치(mode)란 가장 많은 빈도를 지닌 점수를 말한다. 11개 사례의 값이 12, 12, 14, 14, 18, 18, 18, 18, 19, 20, 20인 경우, 18은 그 빈도가 4로 가장 많으므로 18이 최빈치가 된다. 빈도의 크기가 다 같은 경우에는 최빈치가 없다. 예를 들어 1, 8, 12, 13, 15의 경우이다.

3 변산도

변산도란 한 집단의 점수분포의 흩어진 정도를 요약해주는 지수를 말한다. 변산도를 나타내는 지수로는 여러 가지가 있다.

(1) 범위(range)
  ① 범위는 점수분포에 있어서 최고점수와 최하점수까지의 거리를 의미한다.
  ② 범위를 R이라고 간단히 표현하면 R = 최고점수 - 최저점수 + 1로 나타낸다.
  ③ 여기서 +1은 최고점수 정확상한계와 최저점수 정확하한계까지의 거리가 범위를 포함한 것이다.
  ④ 예를 들어 2, 5, 6, 8, 네 점수가 있는 경우 이것의 범위는 8 - 2 + 1 = 7이 된다.

---

51 한 집단에 속하는 모든 점수의 합을 사례의 수로 나눈 것이다.
52 한 집단의 점수분포에서 전체 사례를 상위 50%와 하위 50%로 나누는 점을 말한다.

(2) 사분위편차(interquartile range)[53]
① 사분위편차는 범위가 양극단의 점수에 의해 좌우된다는 단점을 가지므로, 점수 분포상에서 양극단의 점수가 아닌 어떤 일정한 위치에 있는 점수 간의 거리를 비교하고자 하는 것이다.
② 사분위편차는 범위가 가지고 있는 단점인 양극단의 점수의 영향을 배제하기 위해 만든 것인데, 전체 사례를 '넷으로 나누는(사분)' 점수 중 백분위 75에 해당하는 백분위 점수에서 백분위 50에 해당하는 백분위 점수까지의 거리와 백분위 50에 해당하는 백분위 점수에서 백분위 25에 해당하는 백분점수까지의 거리를 합하여 2로 나눈 것이다.
③ <u>중앙치로부터 백분위 25가 되는 평균거리를 산출한 것이 바로 사분위편차</u>인데, 사분위편차 역시 범위(range)의 일종이라고 할 수 있다.

(3) 평균편차
한 집단의 산술평균으로부터 모든 점수까지의 거리를 평균낸 것을 말하며 평균편차는 수리적인 조작에 한계가 있기 때문에 추리통계에서는 사용되지 않는다.

(4) 표준편차
① 통계집단 단위의 계량적 특성값에 관한 산포도를 나타내는 도수 특성값을 말하며 한 집단의 수치들이 어느 정도 동질적인지를 표현하기 위해 개발한 통계치 중 하나로서 <u>집단의 각 점수들이 평균에서 벗어난 평균거리를 의미한다.</u>
② 표준편차가 0일 때는 관측값의 모두가 동일한 크기이고 표준편차가 클수록 관측값 중에는 평균에서 떨어진 값이 많이 존재한다.
③ 표준편차는 관측값의 산포(散布)의 정도를 나타낸다.

4 자료의 분석

(1) 분포도[54]
분포도란 사례들의 점수를 각 점수대별로 표현한 그림이며 대부분의 변수들은 사례수가 충분하다면 정규분포[55]를 이루게 된다.

---

53 중앙치로부터 백분위 25가 되는 평균거리를 산출한 것이다.
54 자료를 정확하게 제시하는 가장 기본적인 방법이다.
55 정규분포 : 도수분포곡선이 평균값을 중앙으로 하여 좌우대칭인 종 모양을 이루는 것으로 신장(身長)의 분포, 지능(知能)의 분포 등 그 예는 많다. K.F.가우스가 측정오차의 분포에서 그 중요성을 강조하였기 때문에 이것을 가우스분포·오차분포라고도 하며, 그 곡선을 가우스곡선 또는 오차곡선이라 한다. 또한 A.J.케틀레가 통계에 이용하였으므로 이것을 케틀레곡선이라고도 한다(네이버 백과사전)

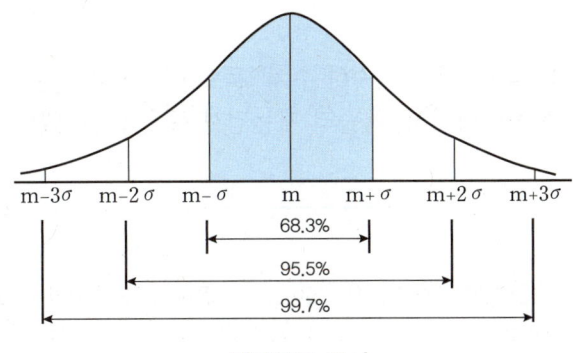

<정규분포 곡선>

실력다지기

분포의 종류

1) 정규분포는 연속 확률 분포의 하나이다. 정규분포는 수집된 자료의 분포를 근사하는 데에 자주 사용되며, 이것은 중심극한 정리에 의하여 독립적인 확률변수들의 평균은 정규분포에 가까워지는 성질이 있기 때문이다.
2) t 분포 : 정규분포의 평균을 측정할 때 주로 사용되는 분포이다. 일반적으로 표본 크기가 30 보다 적으면 작은 표본으로 분류하여 t – 분포를 이용한다.
3) χ^2 분포 : k개의 서로 독립적인 표준정규 확률변수를 각각 제곱한 다음, 합해서 얻어지는 분포이다. 이 때 k를 자유도라고 하며, 카이제곱 분포의 매개변수가 된다. 카이제곱 분포는 신뢰구간이나 가설검정 등의 모델에서 자주 등장한다.
4) F 분포 : 통계학에서 사용되는 연속 확률 분포로, F 검정과 분산분석 등에서 주로 사용된다.

(2) 평균

집단의 특성을 나타내는 하나의 대표치로서 각 점수들의 합을 사례수로 나눈 값이다.

(3) 분산

① 통계에서 각 변량의 값이 변량의 평균값과 차이를 말한다.
② 변량 X의 평균값을 E(X)라 할 때, $\{X - E(X)\}^2$의 평균값, 또는 σ^2 = 0일 때 자료는 모두 평균값에 집중되어 있어서 흩어짐이 없다.

(4) 표준오차

① 추정량의 정도를 나타내는 척도로서 표준편차를 표본크기의 양의 제곱근으로 나눈 것이다.
② 표본추출을 여러 번 했을 때 각 표본들의 평균이 모집단 전체의 평균과 얼마만큼의 차이를 보이는가를 알려주는 통계량이다.

(5) 표준점수(Z점수)

① 평균이 0이고 표준편차가 1이 되도록 변환한 값으로서 원 점수에서 평균을 뺀 후 표준편차로 나눈 값이다.
② 서로 다른 체계로 측정한 점수들을 동일한 조건에서 비교를 가능하게 한다.

(6) 표준점수(T점수)

① 표준점수에 상수를 더하거나 곱해서 친숙한 수치[56]들로 변환하여 만든 점수이다.
② 예를 들어 미네소타 다면적 인성검사, 웩슬러 지능검사 등을 들 수 있다.

> **실력다지기**
>
> **규준 등 – Z점수와 T점수**
>
> **사례** 영수는 국어 점수가 75점(평균 : 70점, 표준편차 : 5)이고 수학점수가 68점(평균 : 60점, 표준편차 : 4)이다. 이 두 점수로 Z점수와 T점수를 구하면,
>
> **해설** - Z점수 공식 = 원 점수 - 평균/표준편차   - T점수 공식 = 10Z + 50
>   1) 영수의 국어 Z점수 = 75 - 70/5 = 1   T점수 = 60
>   2) 영수의 수학 Z점수 = 68 - 60/4 = 2   T점수 = 70

(7) 상관계수

① 두 변인이 서로 일정한 관련성이 있는 정도를 나타낼 수 있도록 개발된 통계치로서 검사의 신뢰도나 타당도를 분석할 때 널리 이용된다.
② -1에서 +1의 값을 가지며 절대값이 클수록 상관관계가 높다는 것을 뜻한다.
③ 산포도를 표현했을 때 사례들이 나타내는 점들이 직선에 가깝게 모여 있을수록 상관계수가 크고 점들이 퍼져 있을수록 상관계수가 작다.
④ 상관계수의 크기에 영향을 미치는 요인은 점수의 제한과 아울러 서로 다른 집단의 결합이다.

> **기출문제 확인학습**
>
> **t - 검정(t - test)**
>
> 1) 집단별 평균분석
>   집단별 평균분석은 그룹별로 특정변수에 대한 기술통계량을 구하고자 할 때 사용된다.
> 2) 일표본 t - 검정
>   단일변량 t - test라고도 불리는 일표본 t - 검정은 한 변수에 대한 기술 통계량을 구하고자 할 때 사용된다.
>   **사례** 어느 '학교에서 무작위적으로 선택된 30명의 남학생 키를 조사하였다고 하자. 성인 남자의 평균 키가 170cm이라고 할 때, 이 학교의 남학생들의 평균 키가 성인 남자들의 평균 키보다 크다고 할 수 있는가?'라는 문제에 사용되는 검정방법이다.
> 3) 독립표본 t - 검정
>   독립표본 t - 검정은 두 그룹 간에 모평균의 차이가 있는가를 검정하고자 할 때 사용되는 검정법이며 '독립인 두 변량 t - test' 라고도 불린다.
>   **사례** '남학생, 여학생 각각 10명의 수학성적을 수집하였다. 이 때 남녀 학우별 수학성적의 평균 점수가 같다고 할 수 있는가?'라는 문제에 이용되는 검정방법이다.

---

56   T점수를 의미한다.

4) 대응표본 t - 검정

대응표본 t - 검정은 대응되는 표본에 대한 평균차이가 있는가를 검정하고자 할 때 사용되는 검정법이며 '대응변량 t - test' 라고도 한다.

사례 '어떤 알약의 부작용으로 혈압강하의 효과가 있는지 알아보기 위하여 10명의 환자를 대상으로 알약 복용 전후의 혈압을 측정하여 자료를 얻었다. 측정하여 얻은 결과로부터 알약이 혈압을 내린다는 주장을 할 수 있는가?'라는 문제에 적합한 검정법이다.

정리

독립표본 t - 검정과 대응표본 t - 검정의 차이점은 쉽게 말해, 대응표본 t - 검정은 동일한 표본(개체)에서 두 개의 측정값을 관측한 경우이고, 독립표본 t - 검정은 서로 다른 표본(개체)에서 측정값을 관측한 경우이다.

'통계적으로 유의미하다'라는 말의 의미 기출

1) '통계적으로 유의미하다'라는 말의 의미는 통계적으로 독립변인이 종속변인에 영향을 미친다는 내용과 같은 의미이다.
2) 독립변인은 실험처치와 같은 의미이므로 실험결과(종속변인)가 우연히 아닌 실험처치(독립변인)에 의해서 나왔다는 의미로 이해하면 된다.

통계분석법

1) 2개의 모평균 간에 차이가 있는지를 검정하기 위해서 두 집단 평균비교 검정, 즉 독립표본 t - 검정을 사용한다.
2) 3개 또는 그 이상의 평균치 사이에 차이가 있는지를 검정하기 위해서 분산분석(analysis of variance)을 사용한다.
3) 빈도 차이의 유의성을 검증하기 위해서 x^2 검정(카이제곱 검정)을 사용한다.
4) 피어슨 상관계수 r은 근본적으로 관련성을 보여주는 지표이지, 어떠한 인과적 요인을 밝혀주지는 않는다.
5) 인과관계를 규명하고자 하는 경우는 중다회귀분석(multiple regression analysis)을 사용한다.

제3절 자료수집 방법[57] – 심리학의 연구방법 중심으로

1 관찰법

(1) 관찰법(observational method)은 연구자가 정밀하고 체계적인 관찰을 통하여 정보를 수집하는 방법이다.
(2) 관찰법은 연구대상에게 비교적 영향을 주지 않고 정보를 수집할 수 있으며 비언어적 정보의 수집, 질문지나 심리검사로는 파악하기 어려운 자료를 수집할 수 있는 이점이 있다.
(3) 관찰법은 관찰자의 참여 정도에 따라 참여관찰과 비참여관찰, 관찰 장면의 통제정도에 따라 자연적 관찰과 통제적 관찰, 관찰 장면의 구조화 정도에 따라 구조화 관찰과 비구조화 관찰 등으로 다양하게 구분할 수 있다.

실력다지기

관찰법의 의미와 특성

1) 응답자의 행동과 태도를 조사자가 관찰하고 기록함으로써 정보를 수집하는 방법
2) 관찰 대상자 자신이 인식하지 못한 행동의 패턴을 조사하는 방법
3) 응답자와의 어떠한 커뮤니케이션도 없이 오직 관찰에 의해서만 정보를 수집하는 방법
4) 응답자가 조사에 응하고자 하는 응답의도에 신경 쓸 필요가 없음
5) 관찰법은 응답하여 조사하는 방법이 아니므로 면접자와 응답자 사이의 커뮤니케이션 과정에서 발생할 수 있는 잠재적인 조사오류도 없음

2 실험법

(1) 실험법(experimental method)은 가설을 검증하는 방법으로 심리학 연구에서 널리 사용되고 있는데 실험처치에 따른 인간의 행동 변화를 체계적으로 관찰할 수 있다.
(2) 실험법은 인위적으로 실험상황을 설정하여 실험에 영향을 미칠 수 있는 제반 변인들을 통제하고 독립변인(independent variable)에 따른 종속변인(dependent variable)의 변화를 측정함으로써 독립변인과 종속변인 간의 인과관계, 법칙 등을 추출하는 연구방법이다.
(3) 독립변인이란 실험을 위해 조작 및 통제되는 변인을 말하며, 종속변인이란 독립변인의 조작결과로 나타나는 변인을 말한다.

---

[57] 심리학 연구에서는 다양한 연구방법들이 사용된다. 그 중 가장 많이 사용되고 있는 연구방법으로서 관찰법 질문지법, 검사법, 사례연구법과 임상분야에서 많이 사용되는 투사법에 대해 살펴본다.

> **기출문제 확인학습**
>
> **실험법과 조사법의 차이**
> 1) 실험법은 실험설계로서 외생변수(가외변인)의 통제, 무작위 할당(난선화), 원인의 조작, 결과의 비교가 특징이다.
> 2) 조사법은 실험설계의 3요소는 갖추지 못하는 방법이며, 변인의 통제가 어려운 상태에서 모집단의 특성에 대한 분포 및 발생 빈도 등의 특성을 파악하기 위한 조사이다.
>
> **조사방법 중 조사법의 사례**
> 1) 알프레드 킨제이의 1948년 연구는 조사법으로 이루어졌으며 남성의 성행동(Sexual Behavior in the Human Male)의 경우 '남성 인구의 46%는 성인 시기에 이성 성경험과 동성 성경험을 모두 했거나 또는 동성과 이성 모두에게 반응했다.'는 사실을 주장하였다.
> 2) 킨제이 척도는 특정 시점에서 한 사람의 성적 경험 또는 반응을 설명하고자 한다. 이 척도에는 완전한 이성애자를 뜻하는 0부터 완전한 동성애자를 뜻하는 6까지가 있다.

3 질문지법(questionnaire) = 조사법

(1) 질문지법은 어떤 문제에 대하여 미리 작성된 체계적인 질문지를 사용하여 어떠한 사실에 대한 정보수집이나 개인의 의식, 의견, 태도, 감정 등에 대한 자료를 수집하는 방법이다.
(2) 질문지법은 여론조사, 마케팅, 교육 등 다양한 분야에서 매우 광범위하게 사용되고 있다.
(3) 질문에 대한 응답방법으로는 자유 응답법(서술), 양분 질문법(예 / 아니오), 다지 선다형(여러 개 중에서 선택), 평정척도법(매우 그렇다, 보통이다, 그렇지 않다 등과 같은 3점, 5점, 7점, 9점 평정척도) 등이 쓰인다.
(4) 질문지법은 한꺼번에 비교적 많은 자료를 쉽게 수집할 수 있으며 익명성이 보장될 경우 비교적 심층적인 정보를 얻을 수 있다는 점에서 널리 사용되고 있다.
(5) 단점은 문항의 타당도와 신뢰도 문제, 응답자의 반응을 근거로 하기 때문에 응답자가 얼마나 솔직하게 답을 하는지, 익명성 보장이 오히려 불성실한 응답을 하게 할 수도 있기 때문에 반응의 타당성과 신뢰성이 문제될 수 있으며 회수율이 비교적 낮다는 점이다.

4 검사법(test method)

(1) 검사법은 인간의 지적 특성, 정의적 특성, 학업성취 등의 검사를 이용하여 측정하는 방법으로 대부분 표준화 절차를 거쳐 만들어진다.
(2) 분류기준에 따라 개인용 검사와 집단용 검사, 속도검사와 역량검사, 언어검사와 비언어검사, 표준화 검사, 투사적 검사 등으로 구분된다.
(3) 현재 우리나라에서도 다양한 영역(예 지능검사, 진로적성검사, 성격검사, 흥미검사 등)의 표준화 검사가 개발되어 활용되고 있는데 여러 검사들 중에서 무엇을 선택할 것인지는 연구목적, 대상, 실용성 등을 고려하여 결정한다.
(4) 연구에 사용할 적합한 표준화 검사 도구가 없다면 연구자가 직접 개발하여 사용할 수 있는데, 검사의 타당도와 신뢰도가 확보되어야 한다.

5 사례연구법(case study)

(1) 사례연구는 개인의 가족관계, 발달사, 가정환경, 심리학 특성 등 개인에 관련된 정보를 검사, 관찰, 면접 등 다양한 방법을 이용하여 포괄적 및 심층적으로 수집하여 총체적으로 검토 및 분석하여 개인을 이해하고 지도하는 데 활용하는 방법이다.
(2) 개인의 성격이나 행동문제를 중심으로 하여 개인에 대한 이해와, 문제의 진단과 지도를 위해 개인생활의 전 과정이나 특정 측면에 대한 자료를 집중적으로 수집하고 분석함으로써 그 문제의 발생요인이나 조건을 진단하고, 그러한 성격이나 행동문제를 교육적으로 해결 및 치료하려고 하는 임상적 방법으로 많이 사용되고 있다.
(3) 사례연구는 특정 개인을 대상으로 하기 때문에 연구대상이 제한적이며 사례연구 그 자체를 일반화하는 데 제한점을 가지고 있으며 외적 타당도도 낮은 편이다.

6 투사법(projective technique)

(1) 투사법은 비교적 모호하고 구조화되지 않은 자극을 제공함으로써 피검사자 자신의 성격 기능에 따라 구성해 내도록 요구하는 검사방법이다.
(2) 투사법에서의 개인 반응은 그 개인의 욕구, 동기감정 및 정서가 투영되어 있다고 본다.
(3) 투사법의 종류

　① 연상기법(association technique)
　　어떤 단서자극에 대한 연상을 알아보는 검사로 단어연상검사, 로샤 잉크반점검사 등
　② 구성기법(construction technique)
　　어떤 단서자극을 보고 창조적 혹은 구성적 산물(그림이나 이야기)을 산출하도록 하는 주제통각검사, 아동통각검사, 인물화검사, 벤더 - 게슈탈트 검사 등
　③ 완성기법(completion technique)
　　미완성된 자극을 피검사자에게 제시하여 완성하도록 하는 문장완성검사, 그림좌절검사 등이 있다.

제5장 사회심리학[58]

1) 사회심리학은 사회적 상호작용, 즉 사람들이 서로의 사고 및 감정과 행동에 어떻게 영향을 미치는가를 과학적으로 연구하는 심리학의 한 분야이다(Myers, 1988).
2) 사회심리학은 인간이 다른 사람들과의 상호작용 상황, 즉 사회적 상황 하에서 보이는 의사결정 및 행동을 연구한다.
3) 성격심리학과 상당히 유사한 연구방법론을 사용하고, 주제 역시 일반적으로 생각되는 '심리학'에 대한 인상과 상당히 유사해진다.
4) 사회심리학은 복수의 인간 사이에 나타나는 상호작용을 연구하기 때문에, 사람들 속에서 가지는 '자기'에 대한 관념에서부터 시작하여 집단 내의 의사결정 및 상호작용, 편견 및 차별과 같은 고전적인 문제는 물론, '사랑'과 같은 인간관계나, 문화권 차이로 인해 나타나는 사고의 차이 등까지 포함하는 등, 연구하는 범위는 넓다.

제1절 사회 지각

1 사회 지각[59]

(1) 인상형성 - 대인지각과 사회적 인지
  ① 인상형성의 연구 영역은 우리가 타인에 대한 인상을 형성하거나 지각할 때 어떤 요인에 의해 영향을 받는가에 대한 내용이다.
  ② 인상형성은 일반적으로 매우 짧은 시간과 한정적인 정보만을 가지고 상대방에 대한 전반적인 인상을 형성하며, 어떤 사람에 대해 일단 한번 형성된 인상은 상당히 오랜 시간동안 지속된다.
  ③ 인상형성의 평가적 차원
     평가적 차원(좋은 또는 나쁜 사람)이 우선적으로 판단되는데, 이러한 평가적 차원 내에 지적 평가(똑똑하다, 영리하다, 현명하다 등)와 사회적 평가(성실하다, 친절하다, 다정하다 등)으로 나누어 질 수 있다.
  ④ 인상에 관한 정보의 통합
     ㉠ 평균원리(averaging principle)
        성격특성의 점수에 대한 평균을 최종 인상형성에 사용한다.
     ㉡ 가중 평균원리(weighted averaging principle)
        어떤 사람에게 중요하다고 생각하는 특성에 더 많은 비중을 두어 전반적 인상형성을 한다.

---

[58] 사회심리학은 인간은 사회적 동물이라는 전제하에 인간의 심리와 행동이 사회적 환경의 영향 속에서 어떻게 형성되어 발달하고, 변화하는 지를 연구하는 심리학 분야이다.
[59] 사회적 지각(사회지각)은 사람들이 타인을 이해하는 주관적 과정이며 사회적 상황에서 개인의 판단이나 행동은 주관적 지각에 의해 좌우된다.

⑤ 인상형성의 특징
   ⊙ 후광효과(halo effect)
      사람들은 타인에 대해 형성한 인상을 일관적으로 유지하려는 경향이 있다.
   ⓒ 부적효과(negativity effect)
      좋은 특성과 나쁜 특성을 똑같이 가지고 있을 때, 그 사람에 대한 평가가 중립적이라기보다는 나쁜 사람이라는 쪽으로 형성되는 경향이 있다.
   ⓒ 정적 편향(positivity bias)
      일반적으로 다른 사람을 평가하는데 부정적 평가를 하기보다는 긍정적 평가를 하는 경향이 있는데, 이를 타인을 관대하게 보려는 경향이라고 하여 관용효과(leniency effect)라고도 한다.
   ⓔ 유사성 가정(assumed similarity)
      일반적으로 사람들은 타인들이 자기와 비슷하다고 판단하는 경향이 있다.

2 편견과 고정관념의 감소방안의 하나인 '접촉가설'

(1) 접촉가설은 집단 간의 접촉이 편견과 고정관념을 감소시킬 것이라는 주장이다.

(2) 접촉은 그들 간의 유사성의 인식을 높이는 결과를 초래한다.

(3) 고정관념은 잘 변하지 않지만 그 고정관념과 불일치하는 정보를 충분히 접하면 변경될 수 있다.

(4) 접촉가설 성공의 조건
   ① 장기적인 긴밀한 접촉
   ② 동등한 지위
   ③ 공동목표를 지니고 이를 달성하기 위해 협조해야 함
   ④ 사회적 규범과 조정자 및 감독자 간 합의
      편견이 잘못된 것이며 집단 성원간의 평등성을 당연시하는 사회적 규범이 존재하고 분쟁의 조정, 감독역할을 하는 사람들 간의 합의가 존재해야 함

(5) 도식(schema) - 구조화된 기존의 지식체계
   ① 사람도식(person schema)
      ⊙ 일반 사람들에 대해 가지고 있는 도식(사람도식)이 있는데, '하나를 보면 열을 안다'(하나의 정보만을 가지고 여러 가지 그 사람의 성격 특징들을 추론)는 내현성격이론(implicit personality theory)이 가장 대표적이다.
      ⓒ 안중근 의사와 같은 특정 인물은 우리가 한 번도 만나본 적이 없는 인물이지만, 우리는 "용감, 충성심, 정직, 자신의 의무에 대한 충실 등"과 같은 특성과 함께 묶여있는데, 이러한 현상이 일어나는 것은 안중근 의사에 대해 우리가 도식을 가지고 있기 때문이다.
      ⓒ 이러한 사람도식 중 특정집단의 사람에 대해 가지고 있는 도식을 고정관념(stereotype)이라고 한다.

> **심화**

암묵적 성격이론 또는 내현성격이론 〔기출〕

1) 한 가지 인상에서 여러 다른 인상으로 새끼 치듯이 나가는 것은 '어떤 특성을 가진 사람은 어떤 특성도 갖고 있다'라는 식으로 특성들 간의 연관에 대한 생각을 갖고 있기 때문인데, 이를 암묵적 성격이론 또는 내현성격이론이라고 한다.
2) 인상형성과 관련된 것으로, 얼굴 생김새, 옷차림새, 제스처 등 개인의 외적 단서에 근거하여 성격특성을 추론하는 인지적 판단에 적용되며 개인차를 무시하고 융통성 없이 적용되는 경우 고정관념이 될 수 있다.

대인지각에서 첫 인상의 중요성을 설명하는 효과로 많이 알려진 초두효과

먼저 제시된 정보가 나중에 들어온 정보보다 전반적인 인상 형성에 강력한 영향을 미치는 것이다.

1) Asch(1946)의 초두효과에 대한 실험 – 두 집단의 대학생들에게 어떤 사람이라고 소개하는 경우
    (1) 집단1 : 똑똑하다 – 근면하다 – 즉흥적이다 – 비판적이다 – 고집이 세다 – 시기심이 많다
    (2) 집단2 : 시기심이 많다 – 고집이 세다 – 비판적이다 – 즉흥적이다 – 근면하다 – 똑똑하다
         → 집단 1의 경우 동일한 사람을 훨씬 더 성공적이고 사회적으로 원만한 사람으로 평가하였는데, 이는 처음 들어온 정보가 중요하다는 것을 의미한다.

2) 초두 효과의 발생원인
    (1) 맥락 효과
        ① 처음에 제시되었던 정보가 나중에 들어온 정보들의 처리지침이 되고 맥락을 제공한다.
            예 머리가 좋다는 정보를 듣기 이전에, 성실하다는 정보와 이기적이라는 정보를 제공하는 경우 완전히 다른 인상을 형성한다.
        ② 성실 – 머리가 좋다 : 현명하고 지혜로운 사람으로 인상 형성 / 이기적 – 머리가 좋다 : 교활한 사람으로 인상 형성
    (2) 주의 감소 효과
        ① 첫인상의 강력한 효과로 인해 후기 정보에 대한 주의가 감소한다.
        ② 정보처리 효율성 때문에 처음에 들어오는 정보는 주의를 많이 기울이지만 나중에 들어오는 정보에는 주의를 기울이지 않는다.
    (3) 중요성 절감효과
        ① 후기 정보의 중요성이 초기 정보에 비해 가볍게 취급한다.
        ② 첫인상과 일치한 정보는 중요하게 생각하는 반면에, 첫인상과 불일치한 정보는 평가절하해 버리고 첫인상을 유지한다.

cf 신근성 효과
(1) 초두 효과의 예외적인 경우로, 나중에 들어온 정보가 인상형성에 중요한 영향을 미치는 경우이며 다시 말하면, 최근에 들어온 정보가 중요한 경우이다.
(2) 나중에 제시된 정보가 더 잘 기억되고 인상 형성에 더 큰 영향력이 있다.

② 일 도식(event schema)
    ㉠ 일 도식(event schema)은 어떤 사건이나 일의 표준적 순서에 대한 도식으로서, 이러한 도식을 대본(script)이라고도 하며 사례로는 미팅에 대한 도식, 수업에 대한 도식 등이 될 수 있다.
    ㉡ 일 도식(event schema)은 단편적 행동계열은 행동의 변화, 즉 중단점(break point)에 의해 구획된다.

③ 도식적 정보처리 도식
   ㉠ 도식적 정보처리 도식은 다른 사람에 대한 다양한 정보들을 신속하고도 경제적이고 효율적으로 처리하도록 도와준다.
   ㉡ 도식적 정보처리 도식은 타인에 대한 정보 중에서 빠진 부분을 채워 놓도록 도와줌으로써 그에 대한 통합적인 인상을 형성하도록 한다.
   ㉢ 도식적 정보처리 도식은 대상인물의 행동에 대한 기대를 형성해줌으로써 미래에 대한 준비를 하도록 해주며, 대상인물에 대한 회상을 촉진시킨다.
   ㉣ 도식적 정보처리에 따르는 단점 : 빈약하고 예비적인 정보에 의존해서 얻어진 것일 때는 과도한 단순화의 위험이 있을 수 있으며, 주어지는 정보를 세밀히 고려하지 못하게 하고, 잘못된 해석이나 부정확한 기대 또는 고정된 반응양식을 유도할 수도 있다.
④ 인상형성 과정

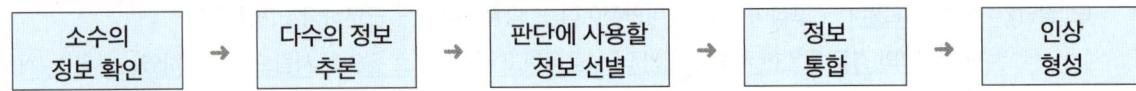

기출문제 확인학습

타인에 대한 호감이나 매력의 정도를 결정짓는 요인

1) 근접성(Proximity)
   단순접촉 가설과 관련된 것으로서, 만나는 횟수가 많아질수록, 반복될수록 서로 친숙해진다.
   예 out of sight, out of mind
2) 유사성(Similarity)
   신체적, 지역(출신), 성격, 종교, 경제적 수준, 태도 등이 유사할수록 친숙해지는데, 태도 유사성은 호감이나 매력을 결정짓는 여러 요인들 중에서 가장 중요한 요소로 꼽힌다.
3) 보상성(Compensation)
   보상을 증가시키려는 행동은 일정한 보상을 주는 행동보다 매력에 더 큰 영향을 준다.
4) 상호성(Reciprocity)
   사람들은 자신을 좋아하는 사람을 좋아하는 경향이 있다.
5) 상보성(Complementarity)
   각 상대는 상대에게 부족한 욕구, 성격 특성 등을 보충하려는 경향이 있으며 서로의 장점과 단점을 보완하려는 작용을 상보성이라고 한다.
6) 신체적 매력(Physical Attractiveness)
   상대를 만날 때 최상의 외모로 나갈 때, 그렇지 않은 경우보다 더 좋은 평가를 끌어내기에 충분하다.
7) 유능성
   (1) 천재의 실수와 꼴찌의 실수는 다르다.
   (2) 후광 효과(Halo effect), 달무리 효과 – 예쁘고 잘생긴 사람은 모든 것을 잘할 것만 같고 못생긴 사람은 모든 것을 못할 것 같은 효과
8) 무드(분위기)
   (1) 대인 평가는 만나는 장소의 분위기에 의해서도 영향을 받는다.
   (2) 아름다운 곳은 그렇지 못한 곳보다, 쾌적한 곳은 그렇지 않은 곳보다 상대를 좋게 평가하도록 영향을 준다.

3 귀인이론 - 와이너(Weiner)

(1) 학생들이 그들의 성공과 실패를 어떻게 설명하는가에 대해 연구하였다.

(2) 귀인이론의 기본가정
   인간은 자신의 성공과 실패의 원인을 알고자 하는 특성이 있다

(3) 귀인의 4가지 요소 : 능력, 노력, 과제난이도, 운
   예 학습이론에서 100점을 맞은 학생의 귀인 사례
   ① 능력
      "난 원래 머리가 좋으니까 100점 맞은 거야! 당연해!"
   ② 노력
      "강의 중에 열심히 이해하고 필기하고 복습도 열심히 했더니 점수가 잘 나왔네."
   ③ 과제난이도
      "이번에는 시험 문제가 너무 쉽게 나왔네."
   ④ 운
      "별로 공부도 안하고 다 적었는데 운이 좋아서 100점이네."

(4) 귀인의 세 가지 차원
   ① 원인의 소재 : 내부 - 외부
      ㉠ 성공과 실패의 책임을 내부에 두는가 또는 외부에 두는가의 여부이다.
      ㉡ 결과에 대한 책임을 노력과 능력에 돌리면 내적 요인에 두는 것이다.
      ㉢ 결과에 대한 책임을 과제난이도와 운으로 돌리면 외적 요인에 두는 것이다.
   ② 안정성(stability) : 안정 - 불안정
      ㉠ 실패나 성공의 원인이 시간이 지나면 변화하는지 또는 아닌지의 여부이다.
      ㉡ 노력으로 귀인하면, 의지에 따라 노력은 달라질 수 있으므로 불안정적이다.
      ㉢ 능력은 비교적 고정적이라고 생각되는 안정적 요인이다.
   ③ 통제가능성 : 통제 가능 - 통제 불가능
      ㉠ 성공과 실패의 원인이 개인에 의해서 통제될 수 있느냐의 여부이다.
      ㉡ 개인이 통제할 수 있다고 귀인하면 자부심을 느끼고 다음에도 비슷한 결과를 기대할 수 있다.
      ㉢ 통제 불가능한 요인에 귀인하면, 차후 비슷한 결과를 기대하기 어렵다.
         예 이번에는 운이 좋았어! → 다음에도 운이?

실력다지기

귀인의 방향

1) 가장 주된 귀인방향은 '내부적 - 외부적' 귀인이다.
   (1) 내부적 귀인(internal attribution)
       행동을 한 당사자, 즉 행위자의 내부적 요인(성격, 능력, 동기)에 그 원인을 돌리는 것이다.
   (2) 외부적 귀인(external attribution)
       행위자의 밖에 있는 요소, 즉 환경, 상황, 타인, 우연, 운 등의 탓으로 돌리는 경우를 의미한다.
2) 귀인의 두 번째 방향은 '안정적 - 불안정적' 귀인이다.
   (1) 안정적 귀인(stable attribution)
       그 원인이 내부적인 것이든 외부적인 것이든 시간이나 상황에 상관없이 비교적 변함이 없는 원인에 돌리는 경우를 말한다.
   (2) 불안정한 귀인(unstable attribution)
       ① 자주 변화될 수 있는 원인에 돌리는 경우이다.
       ② 내부적 요인 중에서도 '성격이나 지적 능력'은 비교적 안정된 요인이라고 할 수 있지만 '노력의 정도나 동기수준'은 변화하기 쉬운 것이다.
3) 귀인의 또 다른 방향은 '전반적 - 특수적' 귀인(global - specific attribution)이며 이 차원은 귀인요인이 구체적으로 한정되어 있는지의 정도를 의미한다.
   (1) '이성에게 거부당한 일에 대해서 성격이라는 내부적 - 안정적 귀인을 할 경우'에도 그의 성격 전반에 귀인할 수도 있고 그의 성격 중 '성급하다'는 일면에만 구체적으로 귀인할 수도 있다.
   (2) '수학 과목에서 성적이 나쁘게 나와 자신의 능력 부족에 귀인할 경우'에는, '나는 머리가 나쁘다'고 일반적인 지적 능력의 열등함에 귀인할 수 있고, '나는 수리능력이 부족하다'고 구체적인 지적 능력에만 귀인할 수 있다.

귀인이론 - 정리

1) 귀인이론의 개념
   행동의 결과, 특히 성공과 실패를 설명하는 방법에 관한 인지적 접근을 귀인이론이라고 한다.
2) 귀인이론과 교육의 관계
   교육상황이 끊임없이 학생들에게 성공과 실패를 가져다준다는 점에서 귀인이론은 중요한 교육적 의미를 함축하고 있다.
3) 귀인이론의 성향
   (1) 성취상황 성공 및 실패의 원인에는 능력, 노력, 과제 난이도, 운의 네 가지 이유가 있다.
       ① 능력과 노력 : 내적 요인이며, 능력은 비교적 안정적이고 변화되기 어렵다. 그러나 노력은 경우에 따라 어느 정도의 차이가 있다.
       ② 과제 난이도와 운 : 외적 요인이며 과제 난이도는 근본적으로 안정적 특성이다. 그러나, 운은 불안정적이며 예측 불가능하다.

(2) 학생들의 성패 원인의 분류

내부적 또는 외부적 요인, 안정적 또는 불안정적인 요인, 통제 가능한 또는 통제 불가능한 요인으로 분류된다.

① 안정성의 차원은 미래에 대한 기대와 밀접하게 관련이 있다.
② 통제성 차원은 자신이 결과를 통제할 수 있다는 믿음과 관련이 있다.
③ 내적, 외적 차원
- 귀인 성향 분류의 가장 일반적인 준거이다.

> 셀리그만에 의해 귀인을 강조하는 개정된 무기력 이론에 의하면, 사람들은 부정적인 생활사건의 탓을 <u>내부적으로 안정적이거나, 보편적인(전반적인) 원인으로 돌릴 때 우울해진다</u>고 주장하고 있다(이상심리학, 시그마프레스, 2005 제9판).

실력다지기

3가지 차원의 8가지 귀인 모형

차원분류			실패에 대한 이유
내적	안정적	통제 불가능	낮은 적성
		통제 가능	절대 공부를 안 함
	불안정적	통제 불가능	시험 당일에 아픔
		통제 가능	시험을 위해 공부하지 않음
외적	안정적	통제 불가능	학교의 요구사항이 너무 높음
		통제 가능	교사가 편파적임
	불안정적	통제 불가능	운이 나빴음
		통제 가능	친구들이 도와주지 않았음

와이너(Weiner)의 인과적 귀인 모형

	내 적		외 적	
	안정적	불안정적	안정적	불안정적
통제 가능	평소 노력	즉시적 노력	교사의 편견	타인의 도움
통제 불가능	고정된 능력	기분	과제 난이도	행운

> 기출문제 확인학습

켈리(Kelley)의 공변 원리에 의한 3가지 정보 〔암기법〕 공변은 / 특이한 일관과 일치
1) 여러 번의 관찰을 통해 얻어진 정보에 기초한 귀인과정이 공변의 원리이다.
2) 공변 원리에서 활용되는 정보
    (1) 원인의 독특성(특이성)
        어떤 결과가 특정 원인이 있을 때만 발생하는가?
    (2) 시간적 및 상황적 일관성
        시간 및 상황의 변화에 관계없이 특정 자극에 대해 항상 동일한 결과가 발생하는가?
    (3) 원인의 일치성(동의성)
        특정 원인과 결과와의 관계를 다른 관찰자들도 동일하게 지각하는가?

귀인 이론
1) 대응추리이론 : 자유 의지, 비 공통효과, 낮은 사회적 바람직성
2) 공변이론 : 독특성, 합의성, 일관성

대응추리이론
1) 사람들이 타인의 행위에 대해 의미 있는 원인을 알려고 한다는 가정에서 출발한다.
2) 타인이 보인 행동이 그 사람이 지니는 안정적인 특성 때문이라고 추론하게 되면 그 사람의 장래행동을 예측하기 쉬워진다.
3) 사람들은 행동을 보고 이에 상응하는 성향이나 성격을 추론한다고 보며 사람의 행동과 그 사람의 성향특성을 대응시키는 과정을 귀인이라고 본다.
4) 〔사례〕 누가 나에게 말을 걸어오는 경우
    나를 좋아하는가? 아니면 그가 원래 친절해서인가? 그것도 아니면 혼자 있기 지루해하는 성격 때문인가? 등, 행동의 원인이 될 수 있는 그의 성향요인을 찾아서 대응시키는 과정을 중요하게 생각한다.

기본적 귀인 오류(Fundamental Attribution Error)
기본적 귀인 오류는 타인의 행동을 판단할 때 상황적 요인들을 충분히 고려하지 않는 데에서 오는 편향을 말한다. 자신의 행동에 대해서 설명할 때는 주변 상황적 요인에 주로 의지하는 반면, 타인에 대해서는 그 사람의 성향적 자질에 그 원인이 있다고 쉽게 결론내리는 것이다.

공정한 세상 가설(just - world hypothesis)[60]
멜빈 러너(Melvin Lerner, 1978)가 최초로 이론화한 것으로, 사람들이 세상을 공정하다고 믿으려는 경향을 말한다. 세상을 공정하다고 보는 것은 지각된 위협을 덜 느끼게 해 주고, 안정감을 주며, 어렵고 불안한 상황에서 의미를 부여하고, 심리적으로 도움을 준다. 이러한 믿음은 또한 사람들이 비극적인 사건이나 사고의 희생자들(강간 피해자 등)을 보면서 자신들은 그런 사건을 겪지 않을 거라고 스스로에게 확신을 주기 위해 피해자를 비난하는 경향을 가져오기도 한다. 사람들은 심지어 피해자들의 '전생'의 잘못을 언급하면서까지 그들이 처한 부정적 결과를 정당화하려고 시도하기도 한다.

자아고양 편파(self - serving bias)
어떤 공동체의 성공은 자신으로 인한 것으로 생각하지만, 실패의 경우 다른 구성원을 탓하는 경향을 말한다.

행위자 - 관찰자 편향(Actor - observer bias)
행위자가 자신의 행동을 귀인할 때와 타인의 행동을 관찰자로서 귀인할 때에 차별적인 경향을 보이는 귀인 오류이다.

---
[60] 위키백과 참조

제2절 사회적 추론

1 사회적 추론

(1) 사회적 추론의 개념

사회적 추론은 사람들이 일상적으로 사용하는 직관적 추론과정으로, 사람들이 어떤 정보에 관심을 갖고, 어떻게 취합, 정리하여 판단을 내리는가의 과정을 다루는 것이다.

(2) 사회적 추론과정의 특징

① 기존 지식체계의 과다한 적용
   ㉠ 기존 지식체계의 과다한 적용은 고정관념을 가지고 우리가 사물을 본다는 것으로, 항상 고정관념을 유지하려 한다.
   ㉡ 고정관념은 지각에서 선택적 지각을 통해 나타나며, 일관성의 유지라는 원리를 통해서 쉽게 고쳐지지 않는다.

② 특정 자료에의 부적절한 선호
   불확실한 상황에 처했을 때, 사람들은 주어지는 모든 정보에 똑같이 주의를 기울이지 않고, 특출성이 있거나 생생한 정보에 더 많은 주의를 기울인다.
   예 방송에서 들은 전문가의 이야기보다 잘 모르는 옆 사람이 하던 이야기를 우리는 더 잘 믿는다.

(3) 추단율(heuristics, 추론방략)의 사용

① 추단율은 확률을 추정하고 어떤 값을 예측하는 것과 같은 복잡한 과제를 간단한 판단 작업으로 단순화시키는 것이다.
② 추단율의 종류에는 대표성 추단율(A와 B가 유사한 정도에 따라 어느 쪽의 소속 범주로 판단하는 경향), 가용성 추단율(접근 가능성 및 상대적 용이성으로 판단하는 경향), 정박점 추단율(최초의 준거점을 기준으로 삼아 판단하는 경향)이 있다.

2 사회인지

(1) 사회적 인지(사회인지)의 개념은 자신, 타인, 다른 사람과의 관계 그리고 다양한 집단 등에 대해 생각하고 추론하는 방법을 말한다.
(2) 사회적 인지는 사물을 지각하는 방식과 약간 다른 사람에 대한 지각(person perception)의 차원으로 볼 수 있다.
(3) 다른 사람에 대해 얻게 되는 정보 중에서 어떤 것은 왜곡하고, 또한 빠진 것은 나름대로 채워 넣기도 한다.
(4) 사회적 인지는 인지구성주의와 사회구성주의 이론의 장점을 통합한 것이라고 할 수 있다.
(5) 지식은 인식하는 관점에 따라 객관주의와 구성주의로 나뉜다.

(6) 객관주의

① 지식이란 인식 주체와는 무관하게 외부세계에서 고정되어 있고 확인할 수 있는 독립된 실체로 보기 때문에 지식은 객관적이고 절대적인 존재이다.
② 이러한 지식을 발견할 수만 있으면 그것은 역사적, 문화적, 시대적인 제약을 벗어나 모든 경우에 적용할 수 있으며 객관주의 최종목적은 초역사적, 초공간적, 범우주적인 절대적 진리와 지식의 추구이다.

(7) 구성주의

① 지식은 개인의 사회적 경험을 바탕으로 하여 개인의 인지적 작용에 의해 지속적으로 구성, 재구성되는 것이라며 개인의 인지적·사회적 요소와 역할을 강조하면서 지식의 보편적·일반적 성격을 부인하는 것이다.
② 구성주의는 인식이 어떻게 이루어지는가, 인식의 구조가 어떻게 행동에 영향을 미치는가에서 객관주의와 구분된다.
③ 객관주의가 지식의 절대성을 강조했다면 구성주의는 인식의 주체가 지식을 구성하는 방법에 관심을 갖는다.
  ㉠ 구성주의는 지식의 형성과 습득을 개인의 인지작용과 개인이 속한 사회구성원들 간의 사회적 상호작용에 비추어 설명하는 상대주의적 인식론에 그 기반을 두고 있다.
  ㉡ 구성주의는 지식을 구성하는 방법을 인식 주체의 주관적 경험으로 볼 것인가, 아니면 사회 공동체 구성원들 간의 합의의 결과로 볼 것인가에 따라 인지 구성주의와 사회구성주의로 나뉜다.

심화

성격의 '사회 - 인지적 접근'

1) 사회인지적 접근은 성격과 상황이 어떻게 상호작용하여 행동을 유발하고, 사람들이 자신의 마음속에서 그 상황을 재구성하는데 성격이 어떤 기여를 하며, 사람들의 목표와 기대가 여러 상황에 대한 그들의 반응에 어떻게 영향을 주는지를 알아본다.
2) 사회인지 심리학자들이 행동을 개인의 성격과 그가 처한 상황 모두에 귀인을 하지만, 대부분은 상황이 성격을 압도한다고 본다.
3) 사회인지 이론가들은 상황에 따라 성격의 일관성이 다르게 나타나는 것은 사람에 따라 상황을 다르게 해석하고 각 상황마다 추구하는 목표가 다르기 때문이라고 본다.
4) 상황이라는 것은 그것을 '바라보는 사람의 눈'에 따라 다르게 보일 것인데, 이를 개인적 구성개념 (personal construct)이라고 하며, 사람들이 자신의 경험의 의미를 찾는 데 사용하는 차원이다.
5) 사회인지이론은 같은 상황에 대해 다른 반응이 나오는 것을 사람들이 사물을 서로 다른 방식으로 바라보기 때문인 것으로 설명한다.
6) 사회인지이론은 상황에 대한 한 개인의 독특한 시각은 그의 개인적 목표에서 나타나며, 이 목표는 대부분의 경우 의식적인 것이라고 본다.
7) 성과 기대 (outcome expectancy)는 장차 할 행동에 따라 나오게 될 결과에 대한 예상인데, 성과 기대는 개인의 목표와 결합하여 그 사람의 특징적인 행동 양식을 만들어 낸다.
8) 통제 소재 (locus of control)는 보상에 대한 통제력이 자기 자신에게 있는지, 아니면 외부적인 환경에 있는지에 대한 개인의 인식인데, 자신의 운명은 자신이 통제한다고 믿는 것은 내적(internal) 통제 소재이며, 결과라는 것은 운에 의해 결정, 다른 사람에 의해 통제된다고 믿는 것은 외적(external) 통제 소재이다.
9) 내적 통제 소재인 사람은 외적 통제 소재인 사람보다 불안이 더 적고, 더 많은 것을 성취, 스트레스를 더 잘 극복한다.

3 추리와 의사결정

(1) 연역추리
① 전제가 참이라는 가정 하에 논증의 결론이 거짓일 가능성이 없음을 논증하는 것이다.
② 내용효과 : 연역 논증을 평가할 때 논리 형식이 아닌 명제의 내용에 영향을 받는다.

(2) 귀납추리
① 전제가 참이면 결론이 거짓일 가능성(확률)이 낮다는 것을 의미한다.
② 발견법 : 어림법이라고도 하며, 상대적으로 적용이 용이하고 간편한 절차이지만, 항상 신뢰할 만한 것은 아니다.
  ㉠ 유사성 발견법 : 유사성 추정을 확률 추정의 발견법으로 사용함.
  ㉡ 인과성 발견법 : 사건 간 인과 관계 강도를 확률 추정의 근거로 사용함.
  ㉢ 가용성 발견법 : 개인의 기억 속에서 얼마나 가용적인가, 즉 얼마나 쉽게 떠올릴 수 있는가에 따라 확률 추정하는 방법.
  ㉣ 대표성 발견법 : 각 사례가 범주를 대표하는 정도에 근거한 발견법

기출문제 확인학습

가용성 발견법[61]

1) 사람들은 어떤 것이 얼마나 평범한지 판단하려고 할 때, 또는 어떤 일이 발생할 가능성이 얼마나 될지 판단하려고 할 때 그것의 사례를 생각하려고 한다.
2) 만약 어떤 사례가 쉽게 연상되면 그것은 평범한 것이라고 결론을 내리고, 그렇지 않으면 평범하지 않은 것이라고 결론을 내린다.
3) 어떤 것이 기억 속에서 얼마나 "가용적"이냐에 따라 그것이 얼마나 평범한지 판단하는 단순한 어림짐작이다.
4) 가용성 발견법은 무의식이 구사하는 도구로서, 이것은 의식적인 노력 없이도 혼자 자동적으로 결론을 쏟아내며 우리는 이러한 결론들을 직관적으로 경험한다.
5) 그 결론이 어디에서 나오는지, 어떻게 형성되는지 알지 못하며 그저 그 결론이 옳다고 느낄 뿐이고 그 결론이 실제 옳은지의 여부는 별개의 문제이다.
6) 가용성 발견법은 무의식의 각인 과정과 마찬가지로 우리 뇌가 진화의 길을 걸었던 선사시대 환경의 산물이다(카트먼과 트버스키).

사례 주변에 교통사고를 당한 사람들이 많은 사람은 교통사고 발생률을 실제보다 높게 판단하는 것처럼 특정 사건을 지지하는 사례들이 기억에 저장되어 있는 정도에 따라 사건의 발생가능성을 판단하는 경향

---

61 살인사건이나 화재 등으로 죽는 사람과 심장마비로 죽는 사람 중 누가 더 많은지를 묻는 질문에서 사람들이 흔히 범하는 확률추론 과정의 오류

기출문제 확인학습

퀄리언(Quillian)의 의미망 모형

1) 퀄리언(Quillian)의 의미망 모형의 기본 입장은 지식이 의미망으로 표상된다는 것이다.
2) 이 망은 개념 마디들과 이 마디들을 연결하는 명칭이 부여되고 방향이 지워진 관계들로 이루어지는 질서 있는 망이다.
3) 이 의미망에서 어떤 개념의 의미란 그것과 연결된 마디와 관계들의 전체 형태에 의해 주어진다. 각 개념 마디는 대체로 자연 언어의 단어에 해당하는 마디인데, 어떤 마디는 그에 해당하는 단어가 없는 마디도 있다.
4) 의미망의 특징
    (1) 범주 개념 마디에 해당하는 'type'(보편항)과 그 예에 해당하는 'token'(例項 또는 個項)을 구분하여, 'A is - a B'라는 관계에 의해 'A'가 'B'라는 type의 한 token임을 나타내어 이것은 동일 개념이 서로 다른 여러 개념들과의 연결됨을 경제적으로 표상 가능하게 한다.
    (2) 특성 상속(feature inheritance)의 특징이 있는데, 이는 상위 범주인 type의 속성을 하위 범주인 한 token이 default 값으로 상속받는 것이다.
    (3) 어떤 개념 마디에서나 다른 마디들로 무한한 개수의 관계적 연결을 지닐 수 있다는 것으로서 이러한 다양한 연결의 가능성은 다양한 의미 표상을 가능하게 해준다.
    (4) 확산적 활성화 특성으로서, Collins와 Loftus(1975) 등은 의미망에서 표상 마디의 활성화 값이 마디 간의 연결 등을 통해 다른 마디들로 확산되어 그 마디들의 활성화 수준을 높인다고 했다.
        ① 활성화란 표상구조에서 얼마만큼의 정보 처리 활동이 이루어졌는가를 나타내는 추상적 양으로서 그 정도 또는 수준이 숫자로 표현된다.
        ② 두 개 이상의 개념들의 의미적 관계를 파악, 처리한다는 것은 그 개념 마디들에서부터 활성화가 확산되어 연결고리들을 따라 퍼져 가다가 그 확산이 서로 마주쳐 교차될 때 그 개념 마디들 사이에 길이 생기며 그 길이 추적되어 그에 의해 그 개념들 사이의 의미 관계가 파악되는 것이라고 본다.

4 태도 및 행동

(1) 태도(attitudes)는 어떤 특정 대상, 사고, 사람 또는 집단에 대한 호오(好惡)적 평가 반응으로서, 일반적으로는 집단적으로 측정되어지는 경향이 있다.

(2) 태도는 세 가지 요소, 즉 감정 또는 정서적(affective or emotional), 행동적(behavioral), 인지적(cognitive) 요소로 구성되어 있다. 이러한 세 요소는 서로 밀접한 관계를 맺고 있어서 이러한 구분이 모호하기는 하지만, 이러한 태도의 요소가 어떻게 형성되는지 살펴볼 필요가 있다.
   ① 감정적 요소의 형성은 고전적 조건화와 단순 노출효과(mere exposure effect)를 통해 생성될 수 있다.
   ② 행동적 요소의 형성은 조작적 조건형성에 의해 생성될 수 있다.
   ③ 인지적 요소의 형성은 정보의 제공을 통한 교육 등으로 인지적 반응을 형성할 수 있다.

(3) 태도와 행동의 일관성에 영향을 미칠 수 있는 요인
   ① 태도의 강도 : 태도의 강도가 높을수록 행위의 일관성을 높여줄 수 있다.
   ② 태도의 안정성 : 처음부터 갖고 있던 태도보다 행동하려는 시기에 접근한 태도가 행동에 반영되기 쉽다.
   ③ 상황적 압력 : 상황적 압력(예 다른 사람이 지켜보는 경우)이 클수록 행동의 일치가 더 많이 일어날 수 있다.

(4) 행동이 태도를 결정하는가의 관점은 Bem(1972)의 자기 지각이론(self perception theory)에 의하면, 태도의 강도가 약할 때, 자신의 태도를 알아보기 위해 자신의 행동을 통해 자신의 태도를 추론한다고 본다.

(5) 행동의 개념은 인간을 포함한 동물의 활동과 반응 전반을 가리키는 말이다.

(6) 동조(conformity)행동
① 동조행동이란 한 사회 집단의 구성원들이 그 집단 특유의 사고나 감정, 행동 양식 따위를 공유하고 그대로 답습하는 행동을 말한다.
② 동조행동에 영향을 미치는 요인
㉠ 정보가 부족할 때, 타인이 정보원의 역할을 하기 때문에 동조현상이 일어난다고 볼 수 있으며, 다만 아주 명확한 상황에서도 집단적 의견에 동조하려는 경향이 있다.
㉡ 동조행동은 집단이 전문가로 이루어졌을수록, 자기 확신도가 적을수록, 집단의 응집성이 클수록, 집단의 크기가 커질수록, 만장일치일수록 동조의 경향성이 커진다.

(7) 이타행동(도움행동, altruism)은 다른 사람에게 도움을 줄 때 아무런 대가도 바라지 않고 순수하게 도와주는 행동이다.

(8) 도움행동에 영향을 미치는 요인
① 상황적 요인
도움행동은 타인이 존재할 때 도움행동이 잘 일어나지 않으며 책임분산(diffusion of responsibility)에 의한 주변인 효과(bystander effect)와 상황 해석의 애매성, 다른 사람이 어떻게 생각할까하는 평가 우려(evaluation apprehension). 그 외의 요인으로 날씨, 시간 압력 등이 있다.
② 도움을 주는 사람의 요인
도움행동은 도움을 주는 사람의 성격적 요인, 도움을 주는 사람이 유쾌할 때, 도움을 주는 사람이 죄의식을 느끼고 있을 때(도둑이 제 발 저리는 경우) 등이다.
③ 도움을 받는 사람의 요인
도움을 받는 사람이 매력적인 사람일수록, 통제력이 없을수록 도움행동의 확률이 높아진다.

(9) 이 외에도 행동에는 공격성(aggression)[62]을 띤 행동 등이 있다.

---

62 공격성은 타인에게 해를 주거나 고통을 주려는 의도를 가진 행동이다.

5 집단 상호작용

(1) 조직규범

용인되는 행동과 신념에 대한 내현적이거나 외현적인 규칙을 말한다. 다만, 조직규범은 학교, 교도소와 같은 동종의 조직이나 기관에만 적용되기 때문에 사회규범과 다르다.

(2) 집단 의사결정

① 집단극화(group polarization)

집단 전체의 의사결정이 개인적 의사결정의 평균보다 더 극단적으로 되는 현상을 말한다.

> **집단 극화**[63] 기출
>
> 1) 발생원인
>   (1) 책임의 분산
>   '집단'이라는 익명성 때문에 의사결정 실패 시 전적인 책임을 회피하려는 경향이 있고, 따라서 최초 의사결정 시점부터 모험적인 결정을 하려는 경향이 나타난다.
>   (2) 자신의 견해 과신
>   다른 구성원도 자신과 같은 생각을 갖고 있을 것이라고 확신하여 자신의 의견에 당연히 동의할 것이라고 과신하는 경우에 나타난다.
> 2) 해결방안
>   집단극화의 현상을 방지하기 위해서는 극단적 의견 이외에 제3의 의견발표를 고무시키거나, 찬반이 확실한 경우 반대쪽 의견을 고무시켜야 한다.

② 집단사고(group think)

한 집단의 성원들이 집단 합의에 대한 관심으로 자신의 이견을 억제하는 현상을 의미한다.

[63] 출처 : 위키백과

기출문제 확인학습

집단사고 (Janis, 1983) [기출]

1) 집단사고란 집단 구성원 간에 존재하는 지나친 일치화(concurrence) 경향으로 특징 지어지는 집단 의사결정의 한 모습을 말한다.
2) Janis(1983)에 따르면, 집단사고(groupthink)란 집단내의 압력으로 인해 정신적 효율성과 현실 적합성 및 도덕적 판단이 결함되고, 이런 상태에서 의사결정을 하는 것을 일컫는다.
3) 집단사고는 3가지 조건에서 흔히 발생하게 된다.
    (1) 첫 번째 조건은 집단내의 높은 응집력(high group cohesiveness)이다.
    (2) 두 번째 조건은 집단의 구조적 문제들로, 외부의견으로부터의 집단의 고립(insulation of group from outside opinions), 지시적인 리더(directive leader) 등을 특징으로 한다.
    (3) 세 번째 조건은 위기 상황(crisis situation)으로, 외부 위협으로부터의 강한 스트레스나 리더의 의견 외에는 더 나은 해결책의 부재 상황 등을 특징으로 한다. 이러한 상황에서 집단구성원들은 리더의 의견에 반대하거나 리더와 다른 의견을 제시하기가 어렵고, 오히려 비합리적일 수 있는 리더의 의견을 보다 적극적으로 옹호하고 강화시키는 행동을 하게 된다.

기출문제 확인학습

설득(응종, Compliance)을 일으키는 기법 - 사람들을 응종하게 하는 방법

1) 문간에 발 들여 놓기 기법(foot in the door technique)
   이 방법은 어떤 사람에게 처음에는 작은 요구에 동의하게 만든 다음, 일단 그 사람이 작은 요구에 응하면, 더 큰 요구를 하는 방법이다.
2) 면전의 문 기법(door in the face technique)
   면전에서 문 닫기 효과(door - in - the - face effect)라고도 하며 이는 문간에 발 들여놓기의 정반대 방법이다. 면전의 문 기법(door in the face technique)은 처음에 매우 큰 요구를 하고, 그 다음에 더 작은 요구를 함으로써 작은 요구에 대한 응종을 증가시키는 기법이다.
3) 낮은 공 기법(low ball technique)
   사람들에게 불완전한 정보에 기초하여 어떤 일에 동의하도록 요구받고, 그 후 전체의 요구의 내용을 들려주는 방법이 낮은 공 기법이다.
   예) 한 경우는 연구자가 학생에게 전화를 걸어 아침 7시에 계획된 연구에 참가해 달라고 부탁한다. 다른 경우에는 연구자가 전화를 걸어 어떤 연구에 참가해 달라고 부탁한다. 그리고 학생이 승낙을 하면 연구가 아침 7시에 계획되었다고 알려준다. Cialdini 등(1978)은 이 두 가지 방법을 비교하였을 때 첫 번째 방법에서는 25%의 학생들만이 참가에 동의하였으나, 두 번째 방법에서는 55%의 학생이 동의함을 발견했다. 이 기법이 낮은 공 기법으로 불리는 이유는 야구에서 투수의 공이 낮게 들어오다가 갑자기 높아지는 것을 비유한 것이다. 이 방법이 효과를 보는 이유는 사람들이 일단 어떤 행동코스에서 개입하게 되면, 심지어 기본 규칙들이 바뀌었을 때라도 취소를 꺼려하기 때문인 것으로 알려지고 있다.
4) 그것이 전부가 아닙니다 기법(that's not all technique)
   이것은 주로 세일즈에 많이 사용되는 방법이다.
   예) 예를 들면, 한 세일즈맨이 고객에게 새로 나온 전자오븐을 설명하고 가격을 제시한다. 고객이 구매에 대한 결정을 신중히 검토하고 있는 동안 외판원은 "그렇지만 그것이 전부가 아닙니다."라고 부언한다. 지금 당신에게만 특별히 전자오븐을 구입하면 전자오븐용 접시세트를 무료로 증정한다고 제시한다. 이 세일즈맨은 처음부터 전자오븐을 사면 접시세트를 무료로 제공한다고 말할 수도 있었지만, 무료접시에 대한 내용을 나중에 설명함으로써 '특별한 판매'와 '당신만을 위한 혜택'이라는 점을 부각시킨다. 이 기법은 사람들이 구매에 대한 결정을 하는 순간 구매에 더욱 매력적인 제안을 제시함으로써 구매를 증진시키는 방법이다.

제6장 기타 심리학에 관한 내용

제1절 동기와 정서

1 동기

(1) 동기의 개념
  ① 유기체가 욕구를 충족시키기 위해 유인가를 찾는 과정이다.
  ② 행동을 일으키는 원동력이며, 유기체의 활동을 가능케 하는 심리적 에너지이다.

(2) 동기유발의 개념
  ① 행동의 근원이 되는 힘인, 동기를 일으키는 것이다.
  ② 유기체의 목표 지향적인 행동을 하도록 하는 것이다.
  ③ 학습동기 유발은 학습과 관련하여 학습하고자 하는 경향이 생기게 하고 적극적인 학습활동을 하도록 하는 것이다.
  ④ 동기유발은 개체 내에서 발생하는 동인(drive)과 환경이 갖고 있는 유인가(incentive)와의 상호작용에 의해 그 과정이 달라진다.

(3) 동기의 기능
  ① 행동 촉진 기능
    동기는 유기체의 행동을 촉진시킨다.
  ② 목표 지향 기능
    동기는 유기체의 행동 방향을 결정지어 준다.
  ③ 선택적 기능
    동기는 유기체의 행동을 선택케 하는 기능을 한다.

(4) 성취동기[64] - 맥클리랜드(D. C. McClelland)의 성취동기이론
  ① 성취동기(achievement motive)가 높은 개인이나 집단이 학업, 사업, 발명, 연구 등에서 현저한 업적을 보인다.
  ② 인간의 행위를 유발할 수 있는 잠재력을 가진 요소를 성취 욕구, 권력 욕구, 친교욕구로 파악한다.
  ③ 성취욕구의 속성
    ㉠ 맥클리랜드는 성취 욕구를 중시하였다.

---

[64] 개인이 도전적인 과제와 성취의 수월 수준을 스스로 정해 놓고, 이것을 성취해 나가는 과정에서 만족을 갖는 동기를 성취동기라고 지칭하였다.

ⓒ 성취 욕구가 강한 사람은 스스로 달성할 목표를 정하기 좋아하고 도전적 목표를 선호한다.
ⓒ 성취 욕구가 높으면 문제해결에 대한 책임을 회피하려고 하지 않고 수행에 대해 즉각적이며 효과적인 피드백을 선호한다.

> **참고**
>
> **성취동기가 높은 사람의 특징**
>
> 성취동기란 장애를 극복하고 자신의 능력을 발휘하여 곤란한 일을 해결해 목표를 달성하려는 욕구(H.A. Murray, 1938), 또는 도전적이고 어려운 과업을 훌륭히 성취하고 싶어하며 성취결과보다 성취과정에서 만족을 얻으려는 내적 의욕이다. 즉, 어려운 문제를 해결함으로써 만족을 얻고자 하는 욕구에서 나오는 동기로서, Murray가 처음 소개하고, McClelland가 체계화하였으며, 측정에 주제통각검사(T.A.T)를 이용하였다.
> 1) 과업지향적 성향
> 2) 적절한 모험성
> 3) 정력적이고 혁신적인 활동
> 4) 자신감과 자기 책임감
> 5) 미래지향적 경향
> 6) 결과를 알고 싶어하는 경향
> 7) 정확한 판단과 조속한 환류(feedback)
>
> 성취동기가 강한 사람들은 학업성취, 업적, 명성, 재산과 같은 외적인 보상이나 성취결과에 연연해 하지 않고 어려운 일을 훌륭히 성취하는 과정 자체에서 만족을 얻고자 한다. 성취동기와 관련된 행동 특성으로는 과업지향성, 적절한 모험심, 자신감, 정력적, 혁신적 활동성, 자기 책임감, 결과에 대한 지식, 미래 지향성 등을 들 수 있다.

기출문제 확인학습

성취목표 지향성 유형 중 수행목표(performance goal)를 가진 학습자의 특징

1) 수행목표는 자신의 유능함과 능력이 다른 사람의 능력과 어떻게 비교되느냐에 초점을 둔 목표(타인과의 상대적 비교를 기준으로 성공 여부를 판단)로서, 수행접근목표와 수행회피목표로 구분된다.
   예 과학 실험수업에서 발표를 가장 잘함으로써 동료에게 유능하고 지적으로 보이기를 원하는 학생의 목표는 수행접근목표이지만, 단지 멍청하고 무능하게 보이는 것을 원하지 않는 학생의 목표는 수행회피목표이다.
2) 수행목표는 부정적이고 비적응적인 귀인과 관련되며 숙달목표를 가진 학생은 성공 및 실패 장면에서 노력귀인을 하고 능력이 노력에 비례한다고 생각한다.
3) 수행목표를 가진 학생은 성공 및 실패 장면에서 능력귀인을 한다.
4) 수행목표를 가진 학생은 능력과 노력이 반비례한다고 생각하기 때문에 능력과 자기 가치감을 보호하기 위해 노력을 회피하는 경향이 있다.
5) 수행목표를 가진 학생은 피상적인, 기계적인 학습전략을 활용하는 경향이 있다.
6) 수행목표를 가진 학생은 학습과제에 대해 가치를 부여하지 않고 외재적 동기가 높다.
7) 수행목표를 가진 학생은 위험부담 경향이 낮기 때문에 쉬운 과제를 선호하고, 새로운 과제나 도전적인 과제를 기피한다.
8) 수행목표를 가진 학생은 다른 사람의 도움을 받는 것은 능력이 부족하다는 사실을 나타낸다고 보고 다른 사람의 도움을 적극적으로 요청하지 않는다.

성취목표 지향성[65]

1) 성취목표 지향성이란 학습자들이 학습활동에 어떻게 접근하고 참여하는지를 결정하는 일련의 행동적 의도(Meece 외, 1988) 또는 학습자가 어떤 목표를 채택하면서 생기는 유입 정보 처리에 대한 일련의 관심이나 준거(Dweck, 1986)로서, 성취지향적인 행동의 인지적 측면과 정의적 측면을 통합하여 인지과정을 동기화시키는 중요한 요소이다(Ames, 1992).

---

[65] 출처 : 윤선희 외, 청소년의 성취목표지향성과 불안이 진로결정수준에 미치는 영향, 한국청소년연구, 2009

2) 성취목표이론(achievement goal theory) 혹은 목표지향성이론(goal - orientation theory)은 지난 20년여 년 이상동안 성취목표지향성에 관한 연구에서 하나의 이론적 틀이 되어왔을 뿐 아니라 최근에 와서 특히 주목을 받으며 연구가 활발히 이루어지고 있다.
3) 성취목표이론은 한 개인이 동기가 있는가, 없는가에 관심이 있는 것이 아니라, 그 자신이 과제를 수행하는 이유와 의도에 대하여 어떻게 생각하는가에 초점을 맞춘다(Ames, 1992).
4) 이 이론은 인간의 성취행동 중에서도 특히 학교장면의 학업관련 과제에 있어서의 학생의 학습과 수행을 설명하기 위해 발달심리학자, 동기심리학자, 교육심리학자들에 의해 개발되어 온 것으로(Pintrich·Schunk, 2002), 학습자가 어떠한 이유로 과제에 참여하는가에 직접적으로 초점을 맞추고 있는 이론이다.
5) 성취목표지향성의 개념은 숙달목표와 수행목표로 두 가지 유형으로 분류하는 것으로 시작하여 점차 세분화 되는 방향으로 발달하였다.
6) 성취목표지향성의 최근 모델은 2×2 성취목표지향성 모델로 성취목표지향성은 유능성을 정의하는 방식(수행 / 숙달)과 능력에 대해 가치평가하는 방식(접근 / 회피), 이 두 가지 기준으로 나누는 것이다.
7) 수행목표는 타인과의 비교를 통해 개인의 유능성을 정의하는 것을 말한다.
8) 숙달목표는 과제 자체나 개인의 과거 수행을 기준으로 개인의 유능성을 정의하는 성향을 말한다.
9) 이러한 각 목표는 성공에 대한 접근 또는 실패에 대한 회피성향에 따라 수행접근, 수행회피, 숙달접근, 숙달회피의 4가지로 분류할 수 있다(김아영·이주화, 2005).
10) 수행접근은 타인과의 상대적인 유능성을 획득하려는 목표인 반면, 수행회피는 상대적인 무능력을 회피하려는 목표이다.
11) 숙달접근은 과제의 숙달이나 능력의 발전을 달성하려는 목표이지만, 숙달회피는 자신의 능력이 감소하거나 숙달이나 학습에 실패할 부정적인 가능성을 회피하려는 목표이다.

(5) 외재적 동기 & 내재적 동기(데시)

① 내재적 동기

㉠ 어떤 행동을 하는 그 자체가 목표이기 때문에 행동이 유발되는 동기이다.
㉡ 개인이 가진 흥미, 호기심, 자기 만족감과 성취감 등에서 비롯되는 동기이다.
㉢ 강화와 관계없이 활동 그 자체나 그로 인한 성취감이 보상으로 작용하기에 지속력이 강하다.

② 외재적 동기

㉠ 행동 그 자체와는 상관없이 행동의 결과 주어지는 강화나 처벌 때문에 비롯되는 동기이다.
㉡ 행동 결과 강화나 처벌이 주어질 때만 작동하는 동기이기 때문에 지속력이 없다.

실력다지기

내재적 동기 & 외재적 동기 비교

구분	내재적 동기	외재적 동기
형태	자연 발생적	인위적 발생
주체	자기 자신	타인
방법	능동적	수동적
지속	장기적	단기적
방법	호기심, 즐거움, 보람, 기쁨, 성취동기 등	칭찬, 상벌, 보상, 강화 등

> **실력다지기**

켈러의 동기유발 기능 4가지

1) **활성적 기능**

   동기는 행동을 유발시키고 지속시켜 주며, 유발시킨 행동을 성공적으로 추진하는 힘을 주게 되는데, 이것을 활성적 기능이라고 한다.

2) **지향적 기능**

   동기에 따라 행동의 방향이 결정되기 때문에 이를 지향적 기능이라 한다.

3) **조절적 기능**

   선택적 목표 행동에 도달하기 위해서는 필요한 다양한 동작이 선택되고 이를 수행하는 과정을 겪는데, 이러한 과정에서 동기는 조절적 기능을 한다.

4) **강화적 기능**

   동기에 따라 그 행동이 일어날 확률을 증가하기도 하고 감소하기도 한다. 즉, 행동의 결과로 어떠한 보상이 주어지느냐에 따라 동기유발의 수준이 달라지는 것이다.

켈러(J. M. Keller)의 학습동기유발이론 : ARCS이론 - `기출`

1) **주의(Attention)**

   주의집중(Attention)은 동기의 요소로서 어떻게 하면 학습자의 주의를 끌고 그것을 유지시키느냐에 관심을 두며, 학습의 선수조건으로서 어떻게 하면 학습자를 자극에 집중시키느냐에 관심을 둔다.

2) **관련성(Relevance)**

   관련성(Relevance)은 학습자들이 왜 이 과제를 공부해야 하는가에 대한 의문과 개인적인 필요에 대한 긍정적인 해답을 제시하는 것이다.

3) **자신감(Confidence)**

   자신감(Confidence)은 학습자가 스스로 학습상황을 조절할 때 느낄 수 있는 학습의 자아조절의 의미로, 강화를 관리하고 자기통제가 가능하도록 한다.

4) **만족감(Satisfaction)**

   만족감(Satisfaction)은 적용의 기회를 주거나, 긍정적 피드백과 보상을 제공하여 동기를 계속 유지시키는 역할을 한다.

2 정서

(1) 정서의 지표들

   ① 언어적 보고

   사람들에게 단어로 그들의 정서를 말하게 하는 것은 정서를 연구하는 아주 인기 있는 방법이었지만, 이 방법은 주로 개념들(그리고 어휘)에 의존하기 때문에, 정서의 보편적 속성에 대한 연구에는 적합하지 않다.

   ② 표현 반응

   정서를 연구하는 두 번째 방법은 정서를 경험하는 사람들을 관찰하는 것이다.

③ 생리적 반응

언어적 보고와 얼굴표정으로 한 개인의 정서를 언제나 정확하게 읽을 수는 없기 때문에, 연구자들은 생리적 반응을 정서지표의 세 번째 유형으로 잡는다.

(2) 정서 이론

① James - Lange 이론

㉠ 슬프기 때문에 눈물을 흘리는 것인가 아니면, 눈물을 흘리기 때문에 슬픈 것인가의 경우 James - Lange는 후자의 입장이다.

㉡ 1800년대 말경 미국의 심리학자 William James는 정서 때문에 신체적 변화가 오는 것이 아니라, 어떤 상황에서 신체적 변화가 우선 오고, 우리가 이러한 변화를 지각하게 될 때 특정한 정서를 느끼게 된다고 주장하였다(슬프기 때문에 눈물을 흘리는 것이 아니라 눈물을 흘리기 때문에 슬픔을 느낀다는 것이다).

㉢ 덴마크의 생리학자 Carl Lange도 같은 시대에 이와 비슷한 주장을 하여 이 이론을 James - Lange 이론이라고 한다.

> 사건 → 각성과 생리적 변화 → 생리적 변화에 대한 해석 → 정서경험

② Cannon - Bard 이론

㉠ James - Lange 이론은 즉각적으로 공격을 받았으며 생리학자 Walter Cannon은 3가지 주요한 측면에서 James - Lange 이론의 이론을 반박하였다.
  ⓐ 정서의 종류는 광범위함에도 불구하고 자율신경계의 반응은 거의 동일하다.
  ⓑ 신체기관의 반응은 위협적인 상황이나 분노를 느끼게 하는 상황에서 경험되는 정서를 설명하기에는 그 속도가 너무 느리다.
    예 슬픈 장면을 보더라도 곧 바로 눈물이 나지 않는 경우가 많다.
  ⓒ 뇌와 신체기관을 연결시켜주는 신경을 절단하고 난 뒤에도 정서를 느낄 수 있다.

㉡ 결과적으로 사태가 생리적 반응과 정서의 지각 둘 다를 유발시킨다고 주장하였다.

㉢ 이들 반응들은 시간상으로 근접해서 발생하지만, 둘 다 외적 자극의 부산물이며, 서로 직접적으로 연계되어 있지는 않다.

㉣ Cannon의 연구는 주로 정서의 신경적 측면에 관심을 두고 Bard(1934)에 의해서 계속되어 그 이후로 이 이론은 정서의 Cannon - Bard 이론으로 알려지게 되었다.

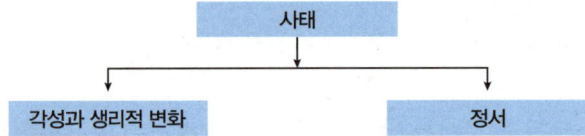

③ Schachter - Singer 이론

㉠ 사고 과정이 정서경험에서 중요한 역할을 한다.

㉡ Schachter와 Singer는 사람은 외부 자극에 의해서 각성되며, 이러한 각성을 인식하고, 각성이 발생한 이유에 대한 단서를 환경에서 찾게 되고, 그 단서에 적합한 정서 명칭을 붙이게 된다고 제안하였다.

ⓒ Schachter와 Singer의 결과는 정서의 가장 중요한 구성요소는 각성과 인지임을 시사한다.

> 사태 → 각성과 생리적 변화 → 맥락에 따른 해석 → 정서경험

3 의사결정

(1) 전망이론(prospect theory)
   ① 1979년부터 아모스 트버스키와 대니얼 카너먼에 의해 기대효용이론이 맞지 않는 심리학적인 현상을 설명하기 위한 이론으로 발전되었다.
   ② 이 이론은 실험에 의한 증거에 기반하여 개인이 어떻게 잠재적 이득과 손해를 평가하는지 설명하고 있다.
   ③ 이 이론은 두 가지 단계의 의사결정을 보여주고 있다.
      ㉠ 발견단계 : 어떤 발견법에 의해 얻어진 경험에 의해 가능한 의사결정의 결과가 순서대로 정리되었다. 특히 사람들은 기본적으로 이득과 손해가 같을 것이라고 생각되는 점을 준거점으로 잡고 이보다 낮은 경우 손해이고 높은 경우 이득이라고 생각한다.
      ㉡ 평가단계 : 다음의 평가 단계에서 사람들은 어떤 결정에 대한 효용이 어떠할 것인가를 평가하게 되는데 이것은 그들의 전망에 따른 확률에 따라 행동한다. 그리고 여기서 높은 효용을 가진 대안을 선택하게 된다.

(2) 가족유사성 이론(family resemblance theory)
   ① 한 가족의 성원들이 모두 공유한 속성은 없지만 성원 중 누군가는 그 속성을 가지는 구조로 자연적인 범주의 대부분이 이런 특징을 갖는다(Ross, 1973).
   ② 어떤 하나의 개념과 대상들도 개별적 속성이 존재하지만 공통성의 범주로 설명할 수 있다. 즉, 우리가 사용하는 언어는 본질적인 정의가 불가능하고, 유사성에 의해서만 정의가 가능하다(Wittgenstein, 1958).

(3) 원형이론(prototype theory)
   ① 가족유사성이론에 기초하여 인간의 심리학적 범주는 원형을 중심으로 구성된다(Rosch, 1975)
   ② 어떤 개념을 이해할 때 원형의 범주를 비교하여 판단하게 된다. (예 앞에 나타난 동물이 개에 속하는지 물고기에 속하는지 판단

(4) 본보기 이론(exemplar theory)
   ① 우리는 새로운 사례와 범주의 다른 사례에 대한 기억을 비교함으로써 범주를 판단한다(Medin, 1978).
   ② 원형 이론에 비해 범주화의 다양한 측면을 잘 설명한다.
   ③ 시각 피질은 원형 형성과 관련이 있으며, 전전두엽과 기저핵은 본보기를 학습하는 것과 관련된다(Ashby, 2001).

(5) 합리적 선택 이론(rational choice theory)
   어떤 것이 일어날 가능성이 얼마인지를 결정하고, 그 결과의 가치를 판단한 후, 이들을 곱하여 결정을 내림(Edward, 1955).

MEMO

PART 2
이상심리학

제1장 이상심리학의 기본개념
제2장 정신진단분류체계
5번째 개정 (DSM - 5)의 개요
제3장 이상행동의 유형

제1장 이상심리학의 기본개념

제1절 이상심리학의 정의 및 역사

1 이상심리학의 정의

1 개요
(1) 이상심리학이란 인간의 일탈행동 또는 심리적 장애를 연구하는 학문이다.
(2) 우리가 생활하면서 경험하는 적응의 곤란이나, 더 넓게는 생활의 어려운 문제는 적어도 이상심리학의 연구대상이 될 수 있다.
(3) 이상심리학은 인간이 나타내는 다양한 이상행동과 심리장애를 현상적으로 기술하고 분류하며 그 원인을 규명하여 설명하고, 치료 방법 및 예방 방안을 강구하는 학문이다.
(4) 이상심리학에서 다루는 문제에는 다음과 같은 것이 있다.
   ① 부적응 행동이나 심리적인 장애에는 어떤 유형이 있는가?
   ② 이러한 장애는 어떻게 표출되는가? 생리적 요소나 인지적 요소, 정서적 요소 등이 어떻게 서로 관련되는가?
   ③ 이러한 장애의 유발요인은 무엇인가?
   ④ 이러한 장애를 고치는 방법은 무엇인가? 심리적 장애나 이상행동의 예방은 가능한가? 가능하다면 어떤 방법이 있는가?

2 이상(abnormal)과 정상(normal)의 구분 - Kazdin(1980)

(1) 통계적인 기준
   ① 개인의 어떤 특성을 측정한 측정치가 지나치게 평균에서 이탈되어 있다면 이를 이상상태로 보자는 것이다.
   ② 통계적인 기준은 정확하게 경계선을 긋기만 한다면 객관적이고 정확하다는 장점을 지닌다.
   ③ 문제점
      ㉠ 통계적 경계선은 전문가들이 세운 편의상의 경계이므로 어떤 이론적이나 경험적으로 타당한 근거는 없다.
      ㉡ 어떤 특성이 이상행동과 관련되는 것이라도 이탈된 극단치는 양방향적인데, 어느 쪽을 이상행동으로 보느냐 하는 문제가 제기된다.
         > **사례** 지능이 극히 우수한 경우 이를 이상행동으로 구분하지 않지만, 지능이 아주 낮을 경우에는 지적장애로 이상행동의 범주에 포함시킨다. 이렇게 볼 때 통계적 기준은 반드시 다른 기준을 필요로 한다.

(2) 사회적 규범의 기준
   ① 만일 어떤 사람이 그가 속한 사회적 규범을 어기는 생활을 한다면 그는 적응을 못하는 사람이 될 것이며 한 사회의 규범에 적응하지 못하고 일탈된 행동을 하는 경우를 이상행동으로 본다.
   ② 문제점
   이 기준의 문제점은 문화의 상대성의 문제로서 여러 다른 사회에서는 서로 다른 사회규범을 생각할 수 있는데 이 때 서로 상반되는 규범이 있을 수 있으며 어떤 규범을 기준으로 삼을 것인가 하는 문제가 생기고, 또한 규범 자체가 바람직하지 못할 경우도 있다.

(3) 주관적 불편감으로서의 기준
   ① 어떤 특성 때문에 개인 스스로가 불편하고 괴로우면 이를 이상행동으로 보는 것이 주관적 불편감으로서의 기준이다.
   ② 객관적으로 서로 유사한 상태에 있음에도 한 사람은 유독 그 증상으로 인해 괴로움을 느끼고 다른 한 사람은 괜찮을 때 전자의 상태를 이상으로 보는 것이다.

(4) 절대적인 기준
   어떤 행동특성을 나타내면 언제나 이상행동이라고 정의하는 것이다.

> **정리**
>
> **이상행동 및 정신장애의 판별기준** `기출`
>
> 1) 적응적 기능의 저하 및 손상
> 2) 주관적 불편감과 개인의 고통
> 3) 문화적 규범의 일탈
> 4) 통계적 규준의 일탈

3 이상심리학의 연구방법

(1) 이상행동에 대한 객관적 측정
   ① 이상심리학은 인간의 심리적 현상에 대한 객관적 평가와 측정에서 출발한다.
   ② 객관적 평가도구는 인간의 다양한 행동을 정교하게 변별할 수 있을 뿐만 아니라, 측정도구가 이상행동을 일관성 있는 방식으로 평가하는 정도를 나타내는 신뢰도와, 측정도구가 본래 측정하려고 하는 이상행동을 평가하는 정도를 의미하는 타당도가 높은 도구를 지칭한다.
   ③ 방법들
      ㉠ 면접법
      대화나 의사소통을 통해 사람의 심리적 특징을 알아보는 방법으로서 질문과 응답으로 이루어지는 언어적 의사소통을 통해 피면접자의 언어적 반응내용과 방식을 정밀히 분석하고 수량화하는 방법이다.
      ㉡ 행동관찰법
      내면적인 심리적 특성이 밖으로 드러난 행동을 잘 관찰하며 특정한 상황에서 개인이 어떤 행동을 하는지를 관찰하여 구체적으로 기술하고 그 빈도나 강도를 수량화하는 방법이다.

ⓒ 질문지법
연구자가 묻고자 하는 사항을 문장으로 기술한 문항을 제시하고 피검자로 하여금 그 문항에 대해 자신의 상태를 응답하게 하는 방법이다.
ⓒ 과제 수행법
해결해야 할 과제를 주고 그 사람이 그 과제를 얼마나 잘 수행하는지를 보는 방법이다. 평가하고자 하는 심리적 특성이 요구되는 과제를 주고 그 과제 수행반응을 객관적으로 수량화하고 이를 통해 심리적 특성을 평가하는 방법이다.
ⓜ 심리 생리적 측정법
심리적 상태를 평가하기 위해 신체 생리적 변화를 측정하는 것으로 뇌파, 심장박동, 혈압, 근육의 긴장도, 피부 전기저항 반응 등의 생리적 상태를 측정할 수 있는 측정 도구를 통해 심리적 상태나 특성을 평가하는 방법이다.
ⓗ 뇌영상술
뇌의 구조적 결함이나 생리적 활동을 측정하는 방법이다.

(2) 이상행동의 원인에 관한 과학적 연구

① 이상심리학에서는 과학적인 측정방법에 의해서 수집된 자료에 근거하여 이상행동의 특성, 관련 요인 및 원인적 요인 등을 밝히는 연구가 진행된다.
② 이상행동의 원인은 이상행동에 시간적으로 선행하여 존재하면서 이상행동의 증가나 감소에 영향을 미치는 요인을 의미한다.
③ 연구 방법들
  ㉠ 사례연구
    ㉮ 이상행동의 원인과 관련된 요인을 탐색하는 가장 기초적인 연구방법으로 이상행동을 나타내는 개인에 초점을 맞추어 그 사람에 관한 다양한 정보를 수집하여 기술하는 방법이다.
    ㉯ 장점 : 개인에 관해 풍부하고 자세한 정보를 제공하기 때문에 이상행동의 양상, 발전 경위, 영향요인 등을 정밀하게 분석할 수 있다.
    ㉰ 단점 : 한 개인에 대한 자료에 근거하기 때문에 그 결과를 다른 사람에게 일반화하여 적용하기 어렵다.
  ㉡ 상관연구
    ㉮ 어떤 이상행동을 나타내는 여러 사람들의 특성을 객관적 평가도구를 통해 수집하여 그러한 자료 간의 관계를 살펴보는 방법이다.
    ㉯ 상관연구는 연구를 통해서 조사된 요인들 간의 밀접한 연관성은 알 수 있지만, 인과적 관계와 방향을 확증할 수는 없다.
  ㉢ 집단 간 비교연구
    상관연구와 마찬가지로 이상행동과 관련된 요인을 탐색할 수 있지만, 이상행동의 요인들 같이 인과관계를 명백히 설명해주지는 못하므로 원인 규명을 위해서는 치밀하게 설계된 실험적 연구나 종단적 연구가 필요하다.
  ㉣ 실험연구
    ㉮ 연구자가 원인적 요인(독립변인)을 의도적으로 변화시켰을 때 그 영향으로 인한 결과적 요인(종속변인)의 변화에서 두 변인 간의 인과관계를 규명할 수 있다.

　　　　㉯ 실험자가 조작한 변인 외에 다른 변인이 실험의 결과에 개입되지 않도록 세심한 주의를 기울여야 한다.
　　ⓒ 종단적 연구
　　　　㉮ 종단적 연구는 두 시점 이상에서 시간차를 두고 자료를 수집하여 인과관계를 밝히는 방법이다.
　　　　㉯ 실제 생활에서 일어나는 이상행동의 원인을 연구할 수 있는 장점이 있지만, 많은 사람을 대상으로 장기간의 연구를 진행해야 한다는 문제점이 있다.

(3) 이상행동의 치료와 예방방법에 대한 과학적 검증
　① 심리치료의 효과를 과학적으로 검증하기 위한 여러 가지 연구방법이 사용되고 있다.
　② 연구 방법들
　　㉠ 치료 전후의 행동 비교
　　　　㉮ 치료 전후의 행동에 변화가 있을 경우에도 그것이 치료에 의한 것인지, 시간경과에 따른 자연적 회복인지를 변별하기는 어렵다.
　　　　㉯ 특정한 심리치료 방법의 효과를 정교하게 검증하는 연구에서는 통제집단을 포함시키는 것이 일반적이다.
　　㉡ 서로 다른 치료방법들의 치료효과 비교
　　　　㉮ 같은 증상의 집단을 두 집단으로 나누어 다른 치료 방법을 실시하고 나서 치료 전후를 측정하여 어떤 치료가 효과적인지 판단할 수 있다.
　　　　㉯ 치료효과는 치료 직후뿐만 아니라 1개월, 3개월 또는 1년 후까지 추적하며 증상의 호전상태를 평가하는 추수연구를 한다.
　　㉢ 단일사례 연구
　　　　한 명의 환자에게 심리치료적 처치를 가하는 조건(B, 처치단계)과 그렇지 않은 조건(A, 기초선 단계)을 반복적으로 여러 번 시행하여 치료적 처치가 가해지는 조건에서만 치료적 변화가 나타나는지를 확인하는 방법이다.

2 이상심리학의 역사

1 고대 사회 : 초자연적인 이해
(1) 고대 원시 사회에서는 동양, 서양의 구분 없이 정신병을 초자연적 현상으로 이해하였다.
(2) 신의 특별한 계시를 받았다거나 저주를 받았다고 여기거나 귀신이 들렸다고 여겼다.

2 그리스 로마시대
(1) 그리스 로마시대는 이전의 원시시대에서 이상심리를 초자연적 힘으로 본 것과는 달리, 과학적 입장에서 설명하였다.
(2) 이 시기는 신 중심이 아닌 인간중심의 사회(헬레니즘)였기 때문에 이상심리에 대해서도 신의 형벌이나 초자연적인 힘으로 이해하기 보다는 과학적인 접근이 가능했던 것이다.

(3) 히포크라테스의 업적
　① 직접 심리적 장애를 관찰해서 객관적으로 기술하였다.
　② 처음으로 이상행동에 관한 신체 의학적 또는 생물적 이론을 발전시켰다.
　③ 최초로 심리적 장애를 분류하여 조증, 우울증, 광증(狂症)으로 구분하였다.

3 서양 중세의 귀신론

(1) 중세에는 심리적 장애에 대한 과학적 접근 대신에, 고대의 미신적인 견해나 귀신론적 입장이 성행하였다.
(2) 이 당시에는 귀신이나 악령이 사람의 삶에 직접 영향을 주는 것으로 보았기 때문에 정신병자를 과학적 입장에서 접근하는 것을 방해하였다.

4 중세 이후의 발전

(1) 중세의 마법과 귀신론의 영향으로 정신장애자의 처우는 19세기까지도 동물이나 죄수와 같이 열악하였다.
(2) 그러나 서서히 인도주의적인 처우와 과학적 접근이 진전되었다.
(3) 1500년대를 지나면서 정신병자의 수용기관이 감옥소와 같은 곳에서 서서히 정신병원이나 요양소로 바뀌게 되었지만, 실제는 감옥과 다를 바 없었다.
(4) 정신병자에게 인간적 처우를 해야 한다고 주장한 것으로 유명한 정신과 의사 Pinel은 정신병자의 쇠사슬을 제거하고 환자를 죄수가 아니라, 병자로 보고 친절과 관심을 가지고 치료하자고 주장하였다.

5 근대 과학적 접근의 시작

(1) 16세기에 비롯된 인간의 해부학이나 생리학의 괄목할 만한 발전에 힘입어 이상행동에 대한 경험적이면서 자연주의적인 학설이 형성되기 시작하였다.
(2) 이 시기에는 모든 이상행동이나 정신병리의 원인을 뇌의 기질적인 병변에서 찾고자 하였다.

6 심리학설의 출현

(1) 현대 정신사에 큰 영향을 미친 지그문트 프로이트의 정신분석학설이 이상행동에 관한 심리학적인 학설로 제창된 것은 19세기 말의 일이지만, 심리학적인 학설이 대두되기까지는 1세기 이상 임상가들의 노력이 밑거름이 되었다.
(2) 프로이트는 처음으로 신경증의 원인과 치료에 있어서 심리적 요인의 중요성을 강조한 사람으로서, 정신분석학에서 제시되고 있는 많은 임상적 추론과 이론적 개념은 이상심리학의 이론과 실제에 막대한 영향을 끼쳤다.
(3) 가장 중요한 개념은 대부분의 인간행동은 무의식적 동기에 의해 결정된다는 무의식의 개념이며 환자의 문제를 이해하기 위해서는 환자가 의식하고 있는 범위를 넘어선 무의식적 동기를 밝혀야 한다는 것이다.

7 이상행동의 측정과 관찰 : 기술 정신의학의 발달과 심리검사의 시작

(1) 19세기 후반, 기술 정신의학의 아버지로 알려질 만큼 정신과적 장애의 진단분류체계에 큰 영향을 미친 Kraepelin은 정신질환자의 증상을 관찰하고 정신질환의 유형을 분류했다.
(2) 정신의학이 의학의 특수 분야라는 것을 강조했고 정신병을 조울병(manic - depressive illness)과 조발성 치매(dementia praecox)로 분류했는데, 이러한 분류는 오늘날 진단분류체계에서도 상당한 설득력을 갖는다.
(3) 19세기 후반, 인간의 심리적 특성을 측정하려는 과학적인 연구가 시도되어 다양한 지능검사, 성격검사가 개발되기에 이르렀다.

8 최근의 동향

(1) 2차 대전을 전후해서 이상심리학 분야는 실험과학과 경험적인 연구에 의존해서 기질적 접근과 심리적 접근의 통합적 접근 경향이 뚜렷해지고 있다.
(2) 정신역동적 정신병리이론이 임상실제와 연구 분야에서 도전 받으면서 개인심리학적 접근에서 행동주의적 접근과 현상학적 인간주의적 접근이 발전하게 되었으며, 가족체계를 비롯해서 사회 환경의 영향에 관한 이론이 발전하고 있다.
(3) 1950년대 향정신 약물이 개발되고 대형 정신병원에 장기 수용되었던 정신병 환자들이 외래치료 방향으로 전환하면서 지역사회적인 접근이 두드러지게 강조되었다.
(4) 이러한 추세에 따라 사회환경과 개인의 상호작용을 강조하는 이론 모형이 형성되고 있다.

제2절 이상심리학의 이론

1 정신분석 이론

(1) 정신분석적 입장은 이상행동의 근원적 원인을 어린 시절의 경험에 그 뿌리를 둔 무의식적 갈등에 의해서 설명한다.
(2) 정신분석 이론에 따르면 인간의 성격은 원초적 욕구로 구성된 원초아, 환경에 대한 현실적인 적응을 담당하는 자아, 사회의 도덕적 가치와 윤리적 규범이 내면화된 초자아로 구성되며 이들 간의 역동적 관계에 의해 행동이 결정된다.
(3) 자아가 원초아의 통제에 어려움을 겪게 될 때 신경증적 불안을 경험하게 되는데 이러한 불안을 감소시키기 위해서 억압, 부인, 반동형성, 합리화, 대치, 투사, 분리, 신체화, 퇴행, 승화와 같은 다양한 방어기제를 사용한다.
(4) 정신분석치료는 자유연상, 꿈의 분석, 전이분석, 저항분석 등의 방법을 통해 내담자가 자신의 무의식적 갈등을 통찰하고 현실생활에서 통찰내용을 실천하게 하는 훈습의 과정으로 구성된다.

2 생물학적 이론

(1) 생물학적 입장은 신체적 원인론의 전통에 뿌리를 두고 있으며 모든 정신장애는 신체질환과 마찬가지로 신체적 원인에 의해서 생겨나는 일종의 질병이라고 본다.
(2) 생물학적 입장은 정신장애를 유발하는 주요한 생물학적 요인으로 유전적 요인, 뇌의 구조적 결함, 신경 전달물질이나 내분비 계통의 신경화학적 이상 등에 초점을 맞추고 있다.
(3) 정신장애를 치료하는 생물학적 방법으로는 약물치료, 전기충격치료, 뇌 절제술 등이 있으며 뇌의 신경전달물질에 영향을 주는 약물을 통해 치료하는 약물치료가 가장 흔히 사용된다.

기출문제 확인학습

Fragile X syndrome(취약 X 염색체 증후군)

1) Fragile X syndrome은 취약 X 염색체 증후군이라고 하며, 지적장애 및 발달 장애와 아울러 자폐적 행동양식 또는 과다한 행동 등을 보여 소아 정신과 의사에 노출되는 경우가 흔하다.
2) 취약 X 염색체 증후군은 염색체 이상에 의해 유발되는 대표적인 장애로, 진찰 소견 상 긴 얼굴에 튀어나온 큰 귀가 특징적이고, 사춘기 이후에는 큰 고환이 특징적이다.

다운증후군(Down syndrome)

1) 다운증후군은 염색체 이상으로 발생하는 질환으로 처음으로 특징을 기술한 영국인 의사인 John Langdon Down의 이름을 인용하여 명명하였다.
2) 정상인은 염색체가 2개의 쌍으로 이루어져 있지만 다운증후군은 21번 염색체가 3개이다.
3) 다운증후군을 21삼체성(trisomy 21)이라고도 부른다.
4) 일부에서는 여분의 염색체가 다른 염색체에 결합되어 발생(전위형)하기도 하고, 세포 분열 오류로 인해 정상적인 핵형을 가진 세포와 비정상 세포들이 혼재(모자이크형)하기도 한다.
5) 이러한 염색체 이상으로 특징적인 외모와 정신 지체가 나타난다.

6) 납작한 얼굴에 눈꼬리가 올라가 있고, 눈가에 덧살이 있으며 귀, 코, 입이 작다.
7) 이 밖에 키가 작고, 손가락과 발가락이 짧으며 지능이 낮다.

3 행동주의 이론

(1) 행동주의적 입장은 엄격한 과학적 입장에 근거하며 인간의 행동을 환경으로부터 학습된 것으로 본다.
(2) 인간의 행동을 자극과 반응의 관계로 설명하며 행동이 학습되는 원리와 과정에 주된 관심을 갖는다.
(3) 이상행동이 형성되고 유지되는 과정을 고전적 조건형성, 조작적 조건형성, 사회적 학습 등의 학습원리로 설명한다.
(4) 고전적 조건형성은 무조건자극과 조건자극을 짝지어 반복적으로 제시함으로써 조건자극에 대한 조건반응이 학습되는 과정이며, 조작적 조건형성은 어떤 행동의 결과가 보상적이면 그 행동이 증가하는 반면, 그 결과가 처벌적이면 행동의 빈도가 감소하는 학습과정을 의미한다.
(5) 인간의 경우에는 사회적 상황에서 다른 사람의 행동에 대한 관찰과 모방을 통해 새로운 행동을 학습하는 사회적 학습이 중요하다.
(6) 행동치료기법으로서 부적응적인 이상행동을 제거시키는 방법으로는 소거, 처벌, 혐오적 조건형성, 상호 억제, 체계적 둔감법 등이 있으며 적응행동을 학습시키는 방법으로는 행동조성법, 토큰강화, 모방학습법, 사회적 기술훈련 등이 있다.

기출문제 확인학습

체계적 둔감법(systematic desensitization)

1) 불안위계표를 사용한다.
2) 공포증의 치료에 효과적이다.
3) 역조건화의 기제와 관련이 있다.
4) 울피(Wolpe)에 의해 개발된 치료기법이다.
5) 고전적 조건화의 원리를 주로 적용한다.
   → 체계적 둔감법(systematic desensitization)은 이완과 불안이라는 반대의 반응 기제를 활용하는 것으로서, 역조건화의 기제와 관련이 있다. 자극(외부 자극)과 반응(이완과 공포 등)의 관계를 활용하는 것이므로 이는 고전적 조건화의 원리를 적용한 것이다.

행동치료

병의 원인보다는 증상(문제행동)의 1차적인 해소에 초점을 두고 있는 심리치료 방법은 행동치료이다. 즉, 문제행동을 수정하는 것에 1차적인 목적을 두는 심리치료이다. 병의 원인에 주된 관심으로 두는 것은 정신분석치료이다.

마우러의 2요인 이론(예 공포증)

1) Mowrer의 2요인 이론에 따르면 회피반응의 획득과 유지는 고전적 및 조작적 조건형성의 과정이 작용한다.
2) 회피학습의 2요인이론에 따르면 회피학습에서 경고자극인 불빛은 전기충격과 반복해서 짝지어짐으로써 점차 공포를 유발시키는 조건자극이 되고(고전적 조건형성), 공포는 유기체에게 혐오적이기 때문에 공포감소는 부적 강화의 기능을 한다는 것이다(조작적 조건형성).
3) 2요인 이론에 따르면 회피반응의 결과 전기충격과 같은 외적인 혐오자극뿐 아니라 조건형성된 공포와 같은 내적인 혐오자극도 제거된다는 것이다.

4 인지적 이론

(1) 인지적 입장은 인간을 자신과 세상에 대해 의미를 부여하는 능동적인 존재로 보며 인간이 고통 받는 주된 이유는 객관적 환경 자체보다는 그에 부여한 의미 때문이라는 가정(사고)에 근거하고 있다.
(2) 이상행동과 정신장애는 자신과 세상에 대해서 부정적이고 왜곡된 의미를 부여하는 부적응적인 인지적 활동에 기인한다.
(3) 인지적 입장은 정신장애를 유발하는 부적응적 인지도식, 역기능적 신념, 인지적 오류, 부정적인 자동적 사고에 초점을 맞추고 있다.
(4) 인지적 심리치료에서는 내담자의 이상행동을 초래하는 부적응적인 사고 내용을 포착하여 그러한 사고의 타당성, 현실성, 유용성을 내담자와 함께 다각적으로 평가함으로써 보다 더 현실적이고 적응적인 사고로 전환시키는 구체적인 작업이 이루어진다.

5 인본주의 이론

(1) 인본주의적 입장은 긍정적인 인간관에 근거하여 인간을 근본적으로 자기실현을 추구하는 성장지향적 존재로 본다.
(2) 부모가 어린 아이의 유기체적 욕구나 성향을 충분히 수용하지 못하고 자신들의 가치와 기대에 맞추어 조건적인 수용을 하게 되면, 부모의 애정을 얻기 위해 자신이 유기체적 경험을 왜곡하거나 부인하게 된다.
(3) 인본주의적 심리치료자는 무조건적인 긍정적 존중, 공감적 이해, 진솔함을 통해 내담자와 성장 촉진적 관계를 형성하여 내담자가 왜곡하고 부인해 왔던 자신의 진정한 모습을 자각하고 수용함으로써 자기실현적 성향이 활성화되도록 돕는다.

6 통합이론

(1) 취약성 - 스트레스 모델
   ① 취약성 - 스트레스 모델은 특정한 장애에 걸리기 쉬운 개인적 특성인 취약성과 환경으로부터 주어지는 심리사회적 스트레스가 상호작용하여 정신장애가 유발된다는 입장이다.
   ② 개인의 취약성 : 특정 장애에 걸리기 쉬운 개인적 특성으로 유전적, 생물학적, 인지적, 정서적 소인 모두를 포함한다.
      ㉠ 생물학적, 유전적 원인(예 조현병의 가족력이 있는 경우)
      ㉡ 인지적, 정서적 원인(예 자존감이 낮은 경우)
   ③ 심리사회적 스트레스 : 심리적 부담을 유발하는 외부 사건으로 부모의 사망, 이혼, 실직, 전쟁, 천재지변 등을 포함한다. (예 환경의 급격한 변화, 대인관계 갈등, 과중한 업무 등)

(2) 생물 심리사회적 모델
   ① 생물 심리사회적 모델은 기존의 특정한 이론적 입장에 구애받지 않은 탈이론적 입장으로서 이상행동과 정신장애의 이해와 치료를 위해서 생물학적, 심리적, 사회적 요인을 종합적으로 고려해야 한다는 입장이다.
   ② 21세기의 이상심리학에서는 이상행동의 다양한 원인적 요인들이 어떻게 서로 연결되어 있으며 어떤 상호작용 과정을 통해 이상행동을 유발하는지에 대한 통합적 연구가 중요한 연구주제가 될 것으로 전망된다.

실력다지기

사회문화적 관점

1) 사회문화적 입장은 개인이 성장하고 생활하는 환경의 사회문화적 요인이 이상행동과 정신장애의 유발에 중요한 영향을 미친다고 본다.
2) 사회문화적 입장에서는 이상행동과 정신장애의 발생과 관련되는 여러 가지 사회문화적 요인(예 문화권, 종족, 사회경제적 계층, 거주지역, 사회문화적 변화, 성차별, 경제적 빈곤, 정신장애에 대한 사회적 낙인 등)에 관심을 둔다.

제3절 이상행동의 평가와 진단

1 심리평가란 개인의 다양한 심리적 속성(지능, 성격, 이상행동, 정신병리 등)을 심리학적 전문지식에 근거하여 면접, 행동관찰, 심리검사 등의 방법을 통해 단기간에 평가하는 작업을 말한다.

2 개인의 이상행동과 증상에 대한 심리평가 자료를 통합하여 특정한 정신장애로 분류하는 작업을 심리진단이라고 한다.

3 임상적 심리평가의 과정
(1) 심리평가에 앞서 평가의 목적을 명료화하는 일이 필요하다.
(2) 평가의 목적에 적절한 평가방법과 절차를 계획한다.
(3) 평가계획에 따라 환자로부터 직접 평가자료를 수집하게 된다.
(4) 수집된 자료는 체계적으로 정리되거나 채점되는 과정을 거쳐 그 심리적 의미가 해석되며 이렇게 평가자료를 해석하고 통합하는 과정은 이상행동과 정신장애에 관한 전문적 지식과 경험, 심리학 전반에 대한 지식, 평가도구에 대한 이해, 치료방법에 대한 구체적 지식 등을 필요로 하는 전문적인 작업이다.

4 심리평가 방법

(1) 면접법
　언어적인 대화나 의사소통을 통해 환자의 심리적 특징과 정신병리를 탐색하는 방법이다.
　① 비구조화된 임상적 면접 : 환자에 대해 자유로운 방법으로 질문하여 정보를 수집한다.
　② 구조화된 임상적 면접 : 면접자의 주관성을 배제하기 위해서 질문의 구체적인 내용과 순서를 비롯하여 응답에 대한 채점방식 등이 정해져 있는 면접방법이다.
　③ 정신상태 검사 : 환자의 행동과 심리적 특성을 체계적으로 평가하는 면접방법이다.

(2) 행동관찰법
　행동관찰법은 개인이 특정한 상황에서 어떤 행동을 하는지를 유심히 관찰하여 그 행동의 내용을 구체적으로 기술하고 그 빈도나 강도를 수량화하는 방법이다.
　① 자연주의적 관찰법 : 일상적 생활환경 속에서 개인의 행동을 관찰하여 평가하는 방법이다.
　② 구조화된 관찰법 : 특정한 자극상황에서 환자가 나타내는 행동을 관찰하는 방법이다.
　③ 자기관찰법 : 환자가 자신의 행동을 체계적으로 관찰하는 방법이다.
　④ 행동분석법 : 어떠한 문제행동이 나타나는 전후 상황을 구체적으로 평가하는 방법으로서 특정한 문제행동이 나타나기 전에, 어떤 일이 일어나며 그러한 행동의 결과로 어떤 일이 초래되는지를 구체적으로 평가하는 방법이다.

(3) 심리검사법

심리적 특성을 평가하기 위한 구체적인 검사문항과 채점체계를 갖추고 있으며 검사결과를 해석할 수 있는 규준과 해석 지침을 구비하고 있는 개인의 심리적 특성을 가장 객관적으로 측정할 수 있는 방법이다.

① 지능검사

㉠ 이상행동과 부적응 상태에 있는 사람은 지적 기능의 저하나 손상을 보이는 경우가 많아, 임상적 평가에서는 개인의 지적 능력과 기능을 평가하기 위해 지능검사가 흔히 사용된다.

㉡ 웩슬러(Wechsler) 지능검사

전반적 또는 세부적 지적 기능의 수준, 병전 지능 수준, 지적 잠재력뿐만 아니라 일반적 적응상태, 성격적 특성, 정신 병리적 특징, 뇌 손상을 평가할 수 있는 정보를 제공하는 유용한 임상적 평가도구이다.

② 객관적 성격검사

㉠ 피검자에게 성격의 다양한 측면을 기술하는 문항을 제시하고 자신에게 해당되는지를 평정하게 하는 지필식 자기보고형 검사이다.

㉡ 다면적 인성검사(MMPI)

가장 널리 사용되는 객관적 성격검사로서, 피검자의 검사태도를 평가하는 4개의 타당도 척도와 여러 가지 성격적 또는 정신병리적 특성을 평가하는 10개의 임상척도로 구성되어 있다.

③ 투사적 성격검사

㉠ 투사적 성격검사는 피검자에게 애매 모호한 자극을 제시하고 그에 대한 자유로운 반응을 유도한 후에 검사반응을 정밀하게 분석함으로써 피검자의 무의식적인 성격특성을 평가한다.

㉡ 로샤 검사

데칼코마니 양식에 의한 대칭형의 잉크얼룩으로 이루어진 10장의 카드로 구성되어 그림이 무엇처럼 보이는지를 말하게 하고 어느 부분에서 어떤 특성 때문에 그러한 반응을 하게 되었는지도 확인한다.

㉢ 주제통각 검사(TAT)

피검자가 쉽게 동일시할 수 있는 인물과 상황을 묘사한 30장의 그림카드로 구성되며 그림을 보고 피검자가 구성한 이야기 내용을 여러 채점 기준에 따라 분석하는 방법이다.

④ 신경심리검사

다양한 심리적 기능을 측정함으로써 뇌의 손상 유무, 손상의 정도와 부위를 평가하는 검사이다.

(4) 심리 생리적 측정법

신체의 생리적 반응을 통해 심리적 특성을 평가할 수 있는데, 심리 생리적 측정법은 이처럼 심리 생리적 반응을 측정할 수 있는 도구를 통해 심리적 상태나 특성을 평가하는 방법이다.

(5) 뇌 영상술

뇌 영상술은 인간의 뇌를 투시하여 뇌의 구조와 기능을 평가하는 방법으로서 다양한 방향에서 뇌를 투과한 X - ray의 양을 측정하여 컴퓨터로 재구성한 뇌의 단면을 영상화하는 기법인 전산화된 단층촬영술(CT), 자기공명 영상술(MRI), 양전자방출 단층촬영술(PET) 등이 있다.

실력다지기

신경증과 정신증의 구분

1) 신경증(Neurosis)
   (1) 인격 : 침해가 덜하다.
   (2) 사회적 기능 : 사회적으로 조직되고 잘 보존된다.
   (3) 행동 : 내적 경험이 외적 행동을 크게 혼란시키지 않고 이상한 행동을 나타내지는 않는다.
   (4) 현실검증 능력
      ① 크게 장애가 없다(자아가 건전하게 유지됨).
      ② 현실 회피도 부분적이며 인격손상이 거의 없다.
      ③ 현실 존재를 부정하지 않고 등한시하려고 하며 현실검증능력의 질적 저하보다 양적인 저하를 나타낸다.
   (5) 사고 : 현실적이다.
   (6) 사고의 흐름 : 연상이 잘 보전된다.
   (7) 소망, 동기 : 투사가 안 되고 내부에서 느끼고 경험한다.
   (8) 통찰 : 자신의 병을 알고 있으며 치료에의 필요성을 느낀다.
   (9) 사회관계 : 외부세계에 대한 관심이 유지된다.
   (10) 정동(감정적인 요소) : 환경적 요소에 의해 결정이 많이된다.

2) 정신증(Psychosis)
   (1) 인격 : 심각한 침해가 있다.
   (2) 사회적 기능 : 크게 손상된다.
   (3) 행동 : 주관적인 경험과 현실 구별 능력이 크게 장애를 받는다.
   (4) 현실검증 능력
      ① 현실검증에 심각한 장애를 보인다.
      ② 현실 존재를 부정한다(다른 것으로 대치하려고 한다).
      ③ 질적인 변화(망상, 환각의 내용을 현실로 생각하고 왜곡시킴)를 보인다.
   (5) 사고 : 비현실적이다.
   (6) 사고의 흐름 : 연상의 장애가 있다.
   (7) 소망, 동기 : 내면의 소망을 외부로 투사한다.
   (8) 통찰 : 병식(病識)이 없고 치료 장면으로 오기를 거부한다.
   (9) 사회관계 : 관심이 소실되어 있다.
   (10) 정동(감정적인 요소) : 정서적 불안, 정동이 감소되거나 변화된다.

> **결론** 정신증(Psychosis)과 신경증(Neurosis) 간의 감별은 현실검증 능력의 여부(망상, 환각, 행동, 사회적인 관계), 병에 대한 통찰력의 유무, 병 때문에 본인이 괴로운가, 괴롭지 않은가 및 대인관계에서 적절한 자기역할을 할 수 있는가가 중요하다.

제2장 정신진단분류체계 5번째 개정판(DSM-5)의 개요

1 정신진단 분류체계(DSM)의 역사

(1) DSM - I은 1952년 130쪽에 106개의 정신장애를 수록, 발간했다. 그 이후 5번의 개정이 이루어졌다. 개정될 때마다 정신장애의 수가 늘어나고 내용이 증가했다.
(2) DSM - II는 1968년 182개의 정신장애를 134쪽에 수록해서 발간되었다.
(3) DSM - III는 1980년 494쪽에 265개의 정신장애를 수록해서 발간되었다. 이 때 외상 후 스트레스 장애가 처음으로 정신장애에 포함되었다.
(4) DSM - III - R은 1987년 567쪽에 292개 정신장애 목록으로 발간되었다.
(5) DSM - IV는 1994년 886쪽에 297개의 목록으로 발간되었다.
(6) DSM - IV - TR은 2000년에 발간되었는데, 서술내용만 일부 수정되었기 때문에 정신장애의 목록에서 DSM - IV와 차이가 없다.
(7) 2010년 2월 미국정신의학협회는 DSM - 5에 대한 시안을 공개했으며 DSM - 5의 최종안은 2013년 5월에 발표하기로 하고 다양한 의견을 청취하기 위해 시안을 발표했다.
(8) 2013년에는 20년 만에 DSM - 5으로 새로운 개정판을 출간하였다.

2 DSM - 5 주요 특징[1]

(1) DSM - IV까지는 개정판 숫자를 로마자(I, II, III, IV)로 표기해왔으나, DSM - 5부터는 아라비아 숫자로 표기하고 있는데, 이는 급속하게 이루어지고 있는 임상연구의 진전에 따라 향후 개정이 빈번하게 계속될 것이기 때문이다(예 DSM - 5.0, DSM - 5.1, DSM - 5.2)
(2) DSM - 5에서는 다축진단체계가 해체되었다.
(3) DSM - 5에서 조현병의 하위분류도 지워졌다.
(4) 불안 장애의 범주 속에 있던 강박 장애, 외상 후 스트레스 장애가 각각 강박 및 관련 장애, 외상 관련 장애로 나누어졌다.
(5) 기분 장애의 범주 속에 있던 양극성 장애 역시 따로 분류되었다.
(6) 저장장애(Hoarding Disorder), 피부 뜯기장애(Skin - Picking Disorder)라는 새로운 진단이 개발되었다.
(7) 성질내기 좋아하는 아동과 청소년은 양극성 장애로 보기보다는 파괴적 기분조절 곤란장애(Disruptive Mood Dysregulation Disorder)라는 좀 더 맞는 진단을 받을 수 있게 되었다.
(8) 남용과 의존의 개념을 구분 없이 사용한다.

---

1 출처 : 한국심리학회 홈페이지 글 일부 수정(https://www.koreanpsychology.or.kr)

(9) 주요 우울 장애와 사별 반응(Bereavement)이 이웃사촌이 되었다.
(10) 자폐 장애, 아스퍼거 장애, 아동기 해체 장애, PDD - NOS(비전형적 전반적 발달장애) 등이 자폐스펙트럼 장애로 통합되었다.
(11) 10개의 성격장애는 과거의 틀을 유지하게 되었다.
(12) DSM - 5는 20개의 주요한 상위범주로 심리장애를 구분하고 있다.
(13) DSM - 5는 300개 이상의 하위유형으로 심리장애를 구분하고 있다.

기출문제 확인학습

정신장애의 진단 및 통계편람에 관한 설명

1) 1950년대에 처음으로 발간된 이후 현재 DSM - 5까지 이르고 있다. 질환의 증상과 증후들에 많은 초점을 둔 정신장애의 진단 및 통계편람(DSM)은 미국정신의학협회(미국정신의학회, APA)에서는 독자적인 진단 및 통계편람(Diagnostic and Statistical Manual of Mental Disorders)으로 1952년에 출간하였다. 2013년에는 DSM - 5의 새로운 개정판을 냈다.
2) 정신장애의 원인보다는 질환의 증상과 증후들에 많은 초점을 두었다.
3) 정신질환자들의 분류체계와 진단을 효율적으로 적용하기 위해 마련되었다.
4) 정신의학적 진단의 타당성과 신뢰성을 확보하기 위해 출간되었다.
5) 정신장애의 진단 및 통계편람(DSM)은 미국정신의학협회(미국정신의학회, APA)에서 인간의 사망과 질병 통계 작성을 위해 마련된 것이 아니라, 정신질환자들의 분류체계와 진단을 효율적으로 적용하고, 정신의학적 진단의 타당성과 신뢰성을 확보하기 위해 출간되었다.

실력다지기

DSM - 5의 심리장애 상위범주 및 하위유형

1) 신경발달장애(Neuro - developmental Disorders)의 하위유형
    (1) 지적 장애(Intellectual Disability, Intellectual Developmental Disorder) : 경도, 중도, 중등도 지적 장애
    (2) 의사소통장애(Communication Disorders)
    (3) 자폐스펙트럼장애(Autism Spectrum Disorders)
    (4) 주의력 결핍 및 과잉행동장애(ADHD)
    (5) 특수 학습장애(Specific Learning Disorder) : 읽기장애, 쓰기장애, 산수장애
    (6) 운동장애(Motor Disorders) : 발달성 협응장애(Develpmental Coordination Disorder), 상동증적 운동장애(Stereotypic Movement Disorder), 틱 장애(Tic Disorders)
        ※ DSM - IV에서, '유아기 및 아동기에 흔히 처음으로 진단되는 장애' 범주의 변화
2) 조현병 스펙트럼 및 기타 정신병적 장애의 하위유형
    (1) 조현형 성격 장애(Schizotypal Personality Disorder)
    (2) 망상장애(Delusional Disorder)
    (3) 단기 정신증적 장애(Brief Psychotic Disorder)
    (4) 조현양상 장애(Schizophreniform Disorder)
    (5) 조현병(Schizophrenia)
    (6) 조현정동장애(Schizoaffective Disorder)

(7) 긴장증(Catatonia)
　　※ DSM - IV와 크게 다르지 않다.
　　※ 조현형 성격장애를 스펙트럼장애로 포함시켰다는 차이점이 있다.

3) 양극성 및 관련 장애(Bipolar and Related Disorders)의 하위유형
　(1) 제I형 양극성장애 (Bipolar I Disorder)
　(2) 제II형 양극성장애 (Bipolar II Disorder)
　(3) 순환성장애(Cyclothymic Disorder)
　　※ DSM - IV에서는 기분장애 범주에 포함되었으나, DSM - 5에서는 별도의 장애로 분리시켰다. 즉, 기분장애 범주에서 삭제하여 양극성 및 관련 장애로 분리하였다.

4) 우울장애(Depressive Disorders)의 하위유형
　(1) 파괴적 기분조절곤란장애(Dysruptive Mood Regulation Disorder)
　(2) 주요 우울장애(Major Depressive Disorder)
　(3) 지속성 우울장애(Persistent Depressive Disorder) : 기분부전장애
　(4) 월경전기 불쾌장애(Premenstrual Dysphoric Disorder)
　　※ DSM - IV에서는 기분장애 범주에 포함되었으나, DSM - 5에서는 별도의 장애로 분리시켰으며 2개 장애가 명시적으로 추가되었다.

5) 불안장애(Anxiety Disorders)의 하위유형
　(1) 분리불안장애(Separation Anxiety Disorder)
　(2) 선택적 함구증(Selective Mutism)
　(3) 특정공포증(Specific Phobia)
　(4) 사회불안장애(Social Anxiety Disorder) : 사회공포증
　(5) 공황장애(Panic Disorder)
　(6) 광장공포증(Agoraphobia)
　(7) 범불안장애(Generalized Anxiety Disorder)
　　※ 강박장애, 외상 후 스트레스장애 범주를 별도로 신설하여 분리시켰다.
　　※ 아동기 장애(2개) 및 광장공포증이 추가되었다.

6) 강박 및 관련 장애(Obsessive - Compulsive and Related Disorders)의 하위유형
　(1) 강박장애(Obsessive - Compulsive Disorder)
　(2) 신체이형장애(Body Dysmorphic Disorder)
　(3) 수집광(Hoarding Disorder) : 저장장애
　(4) 발모광(Trichotillomania, Hair - Pulling Disorder) : 모발뽑기 장애
　(5) 피부뜯기장애(Excoriation, Skin - Picking Disorder) : 박피증
　　※ 불안장애에서 별도로 독립시켰다.
　　※ 강박 스펙트럼장애를 한 영역으로 묶었다.
　　※ 일부 충동 - 통제장애 및 신체형 장애에서 이관하였다.
　　※ 일부 장애를 신설하였다.

7) 외상 및 스트레스 관련 장애(Trauma - and Stress - related Disorders)의 하위유형
 (1) 반응성 애착장애(Reactive Attachment Disorder)
 (2) 탈억제성 사회적 유대감 장애(Disinhibited Social Engagement Disorder)
 (3) 외상 후 스트레스장애(Posttraumatic Stress Disorder)
 (4) 급성 스트레스장애(Acute Stress Disorder)
 (5) 적응장애(Adjustment Disorder)
  ※ 불안장애에서 별도로 독립시켰다.
  ※ 스트레스 관련장애를 한 영역으로 묶었다.

8) 해리장애(Dissociative Disorders)의 하위유형
 (1) 해리성 정체성장애(Dissociative Identity Disorder)
 (2) 해리성 기억상실(Dissociative Amnesia)
 (3) 이인성 / 비현실감 장애(Depersonalization / Derealization Disorder)
  ※ 해리성 둔주(Fugue) 범주를 삭제하고, 기억상실증에 통합하였다.

9) 신체증상 및 관련장애(Somatic Symptoms and Related Disorders)의 하위유형
 (1) 신체증상장애(Somatic Symptom Disorder) : 신체화장애
 (2) 질병불안장애(Illness Anxiety Disorder) : 건강염려증
 (3) 전환장애(Conversion Disorder) : Functional Neurological Symptom Disorder
 (4) 의학적 상태에 영향을 미치는 심리적 요인(Psychological Factors Affecting Other Medical Conditions)
 (5) 인위성장애(Factitious Disorder) : 허위성 장애
  ※ 상위범주 및 하위유형 명칭의 상당한 변경이 있었다.
  ※ 신체변형장애 이동과 통증장애 삭제, 허위성 장애가 추가되었다.

10) 급식 및 섭식장애(Feeding and Eating Disorders)의 하위유형
 (1) 이식증(Pica)
 (2) 되새김 장애(Rumination Disorder) : 반추장애
 (3) 회피적 / 제한적 음식섭취장애(Avoidant / Restrictive Food Intake Disorder)
 (4) 신경성 식욕부진증(Anorexia Nervosa)
 (5) 신경성 폭식증(Bulimia Nervosa)
 (6) 폭식장애(Binge - Eating Disorder)
  ※ 아동기, 성인기 장애를 통합하였다.
  ※ 거식증의 세분화 및 폭식증의 세분화가 이루어졌다.

11) 배설장애(Elimination Disorders)의 하위유형
 (1) 유뇨증(Enuresis)
 (2) 유분증(Encopresis)
  ※ 아동기 장애에서 분리시켰다.

12) 수면 - 각성장애(Sleep - Awake Disorders)의 하위유형
 (1) 불면장애(Insomnia Disorder)
 (2) 과다수면장애(Hypersomnolence Disorder)
 (3) 기면증(Narcolepsy) : 수면발작

(4) 호흡관련 수면장애(Breathing - Related Sleep Disorders)
    ① 방해성 수면무호흡증(Obstructive Sleep Apnea Hypopnea)
    ② 중추성 수면무호흡증(Central Sleep Apnea)
    ③ 수면관련 저호흡증(Sleep - Related Hypoventilation)
(5) 일주기 리듬 수면 - 각성장애(Circadian Rhythm Sleep - Awake Disorders)
(6) 사건수면(Parasomnias) : 수면곤란장애
    ① 비REM 수면 각성장애, 몽유병, 수면 중 보행장애
    ② 악몽장애(Nightmare Disorder)
    ③ REM수면 행동장애(Rapid Eye Movement Sleep Behavior Disorder)
    ④ 하지불안증후군(Restless Legs Syndrome)

13) 성기능장애(Sexual Dysfunctions)의 하위유형
   (1) 사정지연(Delayed Ejaculation)
   (2) 발기장애(Erectile Disorder)
   (3) 여성 극치감 장애(Female Orgasm Disorder)
   (4) 여성 성적 관심 / 흥분장애(Female Sexual Interest / Arousal Disorder)
   (5) 성기-골반통증/삽입장애(Genito - Pelvic Pain / Penetration Disorder)
   (6) 남성 성욕감퇴장애(Male Hypoactive Sexual Desire Disorder)
   (7) 조기사정(Premature Ejaculation)

14) 성별 불쾌감(Gender Dysphoria) : 성정체감 장애의 변화

15) 파괴적, 충동조절 및 품행장애(Disruptive, Impulse - Control, and Conduct Disorders)의 하위유형
   (1) 적대적 반항장애(Oppositional Defiant Disorder)
   (2) 간헐적 폭발장애(Intermittent Explosive Disorder)
   (3) 품행장애(Conduct Disorder)
   (4) 반사회성 성격장애(Antisocial Personality Disorder)
   (5) 병적 방화(Pyromania)
   (6) 병적 도벽(Kleptomania)
       ※ 상위범주의 통합이 이루어졌다.
       ※ 발모광은 강박 스펙트럼장애로 이동, 병적 도박은 중독 장애로 이동하였다.

16) 물질 - 관련 및 중독 장애(Substance - Related and Addictive Disorders)의 하위유형
   (1) 물질관련장애(Substance - Related Disorder)
       ① 물질 사용 장애(Substance Use Disorder)
       ② 물질 중독(Substance Intoxication)
       ③ 물질 금단(Substance Withdrawal)
       ④ 물질로 유발된 장애(Substance-Induced Disorders)
   (2) 비물질관련장애(Non-Substance - Related Disorder)
       ① 도박장애(Gambling Disorder)

17) 신경인지장애(Neurocognitive Disorders)의 하위유형
   (1) 섬망(Delirium)
   (2) 주요 및 경도 신경인지장애(Major and Minor Neurocognitive Disorders)
      ※ 뇌의 손상으로 인해 의식, 기억, 언어, 판단 등의 인지적 기능에 심각한 결손이 나타나는 경우
      ※ 알츠하이머 질환, 뇌혈관 질환, 충격에 의한 뇌 손상, HIV 감염, 파킨슨 질환 등에 의해 유발될 수 있음
      ※ 물질 사용, 신체적 질병과 같은 다양한 원인에 의해서 유발될 수 있음
18) 성격장애(Personality Disorders)의 하위유형
   (1) 군집 A 성격장애 : 편집성(Paranoid), 조현성(Schizoid), 조현형(Schizotypal)
   (2) 군집 B 성격장애 : 반사회성(Antisocial), 경계성(Borderline), 연극성(Histrionic), 자기애성(Narcissistic)
   (3) 군집 C 성격장애 : 회피성(Avoidant), 의존성(Dependent), 강박성(Obsessive - Compulsive)
19) 변태성욕장애(Paraphilic Disorders)의 하위유형
   (1) 관음장애(Voyeuristic Disorder)
   (2) 노출장애(Exhibitionistic Disorder)
   (3) 마찰도착장애(Frotteuristic Disorder)
   (4) 성적피학장애(Sexual Masochism Disorder)
   (5) 성적가학장애(Sexual Sadism Disorder)
   (6) 소아성애장애(Pedophilic Disorder)
   (7) 물품음란장애(Fetishistic Disorder)
   (8) 복장도착장애(Transvestic Disorder)
20) 추가 연구가 필요한 진단적 상태(Conditions for Further Study)
   (1) 약화된 정신병 증후군(Attenuated Psychosis Syndrome)
   (2) 단기 경조증 동반 우울 삽화(Depressive Episodes with Short - Duration Hypomania)
   (3) 지속성 복합 애도장애(Persistent Complex Bereavement Disorder)
   (4) 카페인사용장애(Caffeine Use Disorder)
   (5) 인터넷게임장애(Internet Gaming Disorder)
   (6) 태아기 알코올 노출과 연관된 신경행동장애(Neurobehavioral Disorder Associated with Prenatal Alcohol Exposure)
   (7) 자살행동장애(Suicidal Behavior Disorder)
   (8) 자살의도가 없는 자해(Nonsuicidal Self - Injury)

제3장 이상행동의 유형

제1절 불안장애의 하위유형

불안장애(Anxiety Disorders)의 하위유형
1) 분리불안장애(Separation Anxiety Disorder)
2) 선택적 함구증(Selective Mutism)
3) 특정공포증(Specific Phobia)
4) 사회불안장애(Social Anxiety Disorder) : 사회공포증
5) 공황장애(Panic Disorder)
6) 광장공포증(Agoraphobia)
7) 범불안장애(Generalized Anxiety Disorder)
   ※ 강박장애, 외상 후 스트레스장애 범주를 별도로 신설하여 분리시켰다.
   ※ 아동기 장애(2개) 및 광장공포증이 추가되었다.

1 분리불안장애(Separation Anxiety Disorder)

(1) 집 또는 애착 대상과의 분리에 대한 불안이 발달 수준에 부적절하게 지나친 정도로 나타나며, 다음 3가지 (또는 그 이상) 상황에서 드러난다.
   ① 집 또는 주된 애착 대상과 분리되거나 분리가 예상될 때 반복적으로 심한 불안을 느낀다.
   ② 주된 애착 대상을 잃거나 그에게 해로운 일이 일어날 거라고 계속적으로 심하게 걱정한다.
   ③ 운 나쁜 사고가 생겨 주된 애착 대상과 분리될 거라는 비현실적이고 지속적인 걱정을 한다 (예 길을 잃거나 납치되는 것).
   ④ 분리에 대한 불안 때문에 학교나 그 외의 장소에 지속적으로 가기 싫어하거나 거부한다.
   ⑤ 혼자 있거나 주된 애착 대상 없이 지내는 데 대해 지속적이고 과도하게 두려움을 느끼거나 거부한다.
   ⑥ 주된 애착 대상이 가까이 있지 않은 상황이나 집을 떠나는 상황에서는 잠자기를 지속적으로 싫어하거나 거부한다.
   ⑦ 분리의 주제와 연관되는 반복적인 악몽을 꾼다.
   ⑧ 주된 애착 대상과의 분리가 예상될 때 반복적인 신체 증상을 호소한다(예 두통, 복통, 오심, 구토).
(2) 공포, 불안, 회피반응이 아동·청소년에서는 최소 4주이상, 성인의 경우 6개월 이상 지속되어야 한다.
(3) 장애가 사회적·학업적(직업적) 또는 다른 중요한 기능 영역에서 임상적으로 현저한 고통이나 손상을 초래한다.
(4) 장애가 다른 정신질환으로 더 잘 설명되지 않는다. 예를 들어, 자폐증에서 변화에 대한 저항, 정신병적 장애에서 망상이나 환각, 범불안장애나 질병불안장애로 인한 걱정

2 선택적 함구증(Selective Mutism)

(1) 다른 상황에서는 말을 할 수 있음에도 불구하고 특정한 사회적 상황에서는 지속적으로 말을 하지 못한다 (예 말하기가 요구되는 상황, 학교).
(2) 장애가 학업적, 직업적 성취나 사회적 의사소통을 저해한다.
(3) 장애의 기간은 적어도 1개월은 지속되어야 한다(입학 후 처음 1개월은 포함되지 않는다).
(4) 말하지 못하는 이유가 사회생활에서 요구되는 언어에 대한 지식이 없거나 그 언어에 대한 불편과 관계가 없는 것이어야 한다.
(5) 장애가 의사소통장애(예 말더듬기)에 의해 잘 설명되지 않아야 하고, 자폐스펙트럼장애, 조현병 또는 다른 정신증적 장애의 기간 중에만 발생되는 것은 아니어야 한다.

3 특정공포증(Specific Phobia)

(1) 특정한 동물, 상황, 자연적 환경에 대한 공포증을 말한다.
(2) 학습이론은 특정 공포증이 고전적 조건형성을 비롯하여 대리학습과 정보 전이에 의해서 습득될 수 있다고 본다.
(3) 주된 치료법에는 체계적 둔감법, 노출치료, 참여적 모방 학습법 등이 있다.
(4) 특정공포증은 어떤 특정한 대상이나 상황을 두려워하여 피하는 것으로 대개 동물이나, 높은 곳, 천둥, 어둠, 비행, 폐쇄 공간, 특정 음식물 섭취, 피나 상처를 보는 것, 주사를 맞는 것 등등 그 수를 헤아릴 수 없을 정도로 많다.
(5) 특정 공포증은 그 유형에 따라 다음과 같이 분류하기도 한다.
   ① 동물형 : 파충류, 쥐, 벌레, 고양이, 개, 곤충에 대한 공포
   ② 자연환경형 : 폭풍, 높은 곳, 물과 같은 자연환경에 대한 공포
   ③ 혈액 - 주사 - 손상형 : 피를 보거나 주사를 맞거나 기타 찌르는 검사에 대한 공포
   ④ 상황형 : 공중교통 수단, 터널, 다리, 엘리베이터, 운전, 또는 폐쇄된 공간에 대한 공포

기출문제 확인학습

특정 공포증

특정 공포증은 불안장애에 해당한다. 그리고 하위유형으로는 동물형, 자연환경형(예 높은 곳, 폭풍, 물), 혈액 - 주사 - 손상형, 상황형(예 비행기, 엘리베이터, 밀폐된 장소), 기타형(예 질식, 구토, 또는 질병을 유발할 수 있는 상황에 대한 공포, 큰 소리나 전설적 인물에 대한 소아들의 두려움)이 있다.

4 사회불안장애(Social Anxiety Disorder) : 사회공포증

(1) 다른 사람들과 상호작용하는 사회적 상황을 두려워하는 공포증이다.
(2) 인지적 입장에서는 사회공포증이 부정적인 자기개념, 대인관계에 대한 역기능적 신념, 자신의 사회적 행동에 대한 부정적 평가, 자기초점적인 주의 등에 의해 유발되는 것으로 설명한다.
(3) 인지행동적 집단치료가 가장 효과적인 것으로 알려지고 있다.

(4) 사회공포증(Social phobia)은 낯선 사람과 이야기하거나, 다른 사람들 앞에서 연설을 하는 등의 사회적 상황에 대한 두려움과 불안이 있어서 그런 상황을 가능한 한 피하려 하는 병이다.

(5) 사회공포증 환자는 잘 모르는 사람과 대화를 하거나, 직장 상사와 이야기할 때 불안하고 긴장이 되어 얼굴이 붉어지거나, 가슴이 두근거리고, 말을 제대로 하지 못한다.

(6) 남들 앞에서 발표를 하는 등 남들이 자신을 관찰하고 평가하는 상황에 남의 시선을 의식하게 되고 그러한 상황을 두려워하여 자꾸 피하게 된다.

(7) 이러한 상황을 피하다 보면 나중에는 더욱 두려움이 커져서 더욱 그러한 상황을 회피하는 악순환을 되풀이하게 된다.

(8) 사회공포증은 어떤 특정 상황만 두려워하는 사람과 광범위하게 여러 사회 상황을 두려워하는 사람으로 나눌 수 있다.

(9) 사회공포증은 10대 중반의 청소년기에 발병하는데 이는 지나친 자의식으로 비롯되기 때문이다.

정리

사회공포증(사회불안장애)의 진단기준

1) 타인에게서 면밀하게 관찰될 수 있는 하나 이상의 사회적 상황에 노출되는 것을 극도로 두려워하거나 불안해 한다. 예를 들어 사회적 관계(대화를 하거나 낯선 사람을 만나는 것), 관찰되는 것(음식을 먹거나 마시는 자리), 다른 사람들 앞에서 수행하는 것(연설) 등
　※ 주의 : 아이들에서는 성인과의 관계가 아니라 아이들 집단 내에서 불안해할 때만 진단한다.
2) 다른 사람들에게 부정적으로 평가되는 방향(수치스럽거나 당황한 것으로 보임, 다른 사람을 거부하거나 공격하는 것으로 보임)으로 행동하거나 불안 증상을 보일까봐 두려워한다.
3) 이러한 사회적 상황이 거의 항상 공포나 불안을 일으킨다.
　※ 주의 : 아동의 경우 공포와 불안은 울음, 분노발작, 얼어붙음, 매달리기, 움츠러듦 혹은 사회적 상황에서 말을 하지 못하는 것으로 표현될 수 있다.
4) 이러한 사회적 상황을 회피하거나 극심한 공포와 불안 속에 견딘다.
5) 이러한 불안과 공포는 실제 사회 상황이나 사회문화적 맥락에서 볼 때 실제 위험에 비해 비정상적으로 극심하다.
6) 공포, 불안, 회피는 전형적으로 6개월 이상 지속되어야 한다.
7) 이러한 장애는 사회적, 직업적, 또는 다른 중요한 기능 영역에서 임상적으로 현저한 고통이나 손상을 초래한다.
8) 이러한 장애는 다른 의학적 상태로 인한 것이 아니며, 다른 정신질환으로 더 잘 설명되지 않는다.
9) 만약 다른 의학적 상태가 있다면, 공포, 불안, 회피는 이와 무관하거나 혹은 지나칠 정도다.

기출문제 확인학습

만성적인 불안을 느끼는 사람들의 특징

(1) 잠재적 위험에 예민하여, 위험한 사고와 위협적인 사건에 관한 정보에 관심이 많고, 위험한 단서를 예민하게 포착한다.
(2) 잠재적 위험이 실제 발생할 확률을 과도하게 높게 평가한다.
(3) 실제 발생될 부정적 결과를 지나치게 치명적으로 평가한다.
(4) 실제 발생 시 자신의 대처능력을 과소평가한다.
(5) 현실적 근거가 없는 자신만의 규칙을 갖고 있다.

5 공황장애(Panic Disorder)

(1) 갑자기 엄습하는 강렬한 불안을 뜻하는 공황발작을 반복적으로 경험하는 장애를 말한다.
(2) 공황장애는 혈액 속의 CO_2 수준에 예민한 생물학적 취약성, 과잉 호흡, CO_2 수준 변화에 대한 생리적인 오(誤)해석에 의해 유발될 수 있다는 생물학적 이론이 제시되고 있다.
(3) 인지적 이론에서는 불안으로 인한 증폭된 신체감각을 재난적인 것으로 잘못 해석하는 파국적 오(誤)해석이 공황발작을 유발한다고 본다.
(4) 일반적으로 공황장애에는 불안을 조절하는 복식호흡과 긴장이완, 신체감각에 대한 파국적 오(誤)해석의 인지적 수정, 두려운 상황에의 점진적 노출로 구성되는 인지행동치료가 효과적인 것으로 알려지고 있다.

읽을 거리

파국화(catastrophizing)

1) 스트레스 상황들의 결과를 매우 부정적으로 파악하는 경향을 말한다. 즉, 이 왜곡은 개인이 걱정하는 한 사건을 취해서 지나치게 과장하여 두려워하는 것을 말한다.
2) 이런 오류를 가지는 사람들은 자신이 (또는 다른 사람이) 바로 그 상황이나 비슷한 상황들을 과거에 성공적으로 다루었음을 인식하지 못한다.
3) 범불안 장애 환자들은 인지내용에서 정신적 파국화(mental catastrophe) 경향을 보인다.
4) 자신을 계속 파국화시키는 사람은 재난에 대한 과장된 사고를 통해 세상에 곧 종말이 닥칠 것이라는 두려움 속에서 살아가도록 하는 원인이 된다.

사례 적용

B양은 19세로 고등학교 3학년 학생이었는데, 어느 날 도서관에서 밤늦게까지 공부한 후 집으로 가기 위해 버스를 탔다. 버스에는 많은 사람들이 있었고, B양은 가방을 든 채 서 있었다. 버스가 터널로 들어가서 중간 정도쯤 지나갔을 때, B양은 갑자기 가슴이 답답하고, 심장이 빨라지고, 질식할 것 같은 느낌이 들었다. 몸에는 진땀이 났고, 곧 죽을 것 같은 공포와 불안이 밀려왔다. 이러한 증상이 10분정도 지속되다가, 서서히 좋아졌다. B양은 버스에서 내려 급하게 부모님께 전화했고, 함께 야간응급실로 가서 진단을 받았지만 특별한 이상 소견을 찾을 수 없었다. B양은 그 이후에도 가끔씩 갑작스럽게 나타나는 증상 때문에 학업에 큰 지장을 받고 있다.

심화

공황장애

1) 인체를 보호하기 위해 일어나는 일종의 투쟁이나 도피반응으로 응급반응의 일종인데, 실제적인 위험대상이 없는 데 일어난다.
2) 죽거나 미치거나 자제력을 잃을 것 같은 공포감이 동반될 수 있다.
3) 대개 공황장애를 앓는 사람들은 갑자기 나타나는 신체적 증상에 대해 무슨 큰일이라도 일어날 것 같은 위험 상황으로 인식하는 경향이 있다.
4) 공황장애 발병 연령은 25세이고, 여성이 남성보다 2~3배 더 많이 발생하며, 어느 연령대에서나 나타날 수 있는 것으로 알려져 있다.

5) 급성 심장병의 심장발작·뇌졸중·질식사·돌연사 등 신체건강상의 위중한 문제와 관련된 것처럼 느껴지는 갑작스러운 신체 증상이 나타나기 때문에 많은 환자가 신체적 진료에만 의존하는 경향이 있으나 신체검사에서는 이상이 나타나지 않는다.
6) 공황장애를 확실하게 진단하기 위해서는 신체질환 및 다른 정신과적 질환과의 감별진단이 필요하다.
7) 원인
    (1) 생물학적 요인
        ① 뇌의 구조와 기능의 생물학적인 이상에서 비롯된다.
        ② 교감신경계의 주요 신경전달 물질인 노르에피네프린을 분비하는 청반핵(Locus Ceruleus)이라는 뇌의 부위의 이상에서 비롯된다.
    (2) 유전적 요인
        ① 임소공포증을 동반한 공황장애의 경우 유전적인 영향을 더 많이 받는 경향이 있다.
        ② 공황장애 환자의 직계가족에게 나타날 가능성이 더 높다.
        ③ 쌍둥이 연구에서 일란성쌍생아인 경우에 이란성보다 공황장애에 대한 일치율이 더 높다.
    (3) 심리·사회적 요인
        ① 정신분석이론
            공황장애는 공황을 유발하는 무의식적 충동에 대한 방어가 실패했기 때문으로 보고 소아기의 부모상실이나 분리 불안 경험을 중시한다.
        ② 행동이론
            불안은 부모행동에 대한 모델링이나 조건반사의 과정을 통한 학습된 반응으로 보고 있다.
        ③ 인지이론
            공황장애는 사소한 신체감각을 지나치게 과대평가하고, 확대 해석하여 파국적인 사고로 발전시킴으로써 극도의 불안인 공황에 도달한다는 것이다.
8) 공황장애에 의한 신체적 증상
    (1) 과(過)호흡
        ① 숨을 너무 빨리 쉬거나 너무 깊이 쉰다.
        ② 호흡곤란, 가슴이 답답함, 질식감 등이 나타난다.
        ③ 어지러움, 머리가 무거움, 손발의 저린 감각, 다리에 힘이 없음, 가슴이 두근거림, 가슴이 당기거나 아픔 등의 증상이 나타난다.
    (2) 생리현상
        ① 교감신경이 활성화되어 교감신경계의 모든 부분이 반응하게 됨에 따라 모든 증상이 동시 다발적으로 일시에 나타난다.
        ② 교감신경계가 활성화되면 심장혈관계에도 영향을 미쳐서 심장박동수와 강도의 증가, 혈류의 변화로 피부·손발이 차갑고 저리거나 따끔거리고 얼굴이 화끈 달아오르기도 한다. 또 땀을 많이 흘린다.
    (3) 기타
        입마름·구토·거북함·변비·통증·떨림·눈동자 커짐·눈부심 등의 증상이 나타난다.

> **기출문제 확인학습**

공황장애의 치료

공황장애의 주된 치료방법은 약물치료와 인지행동치료, 공황통제치료가 있다.

1) 약물치료
    (1) 공황장애에 사용되는 약물은 항우울제(세로토닌 재흡수 억제제)와 항불안제가 있다.
    (2) 항우울제는 치료 효과가 오래 유지되고 공황발작을 예방하는 효과가 있으며 습관성이 없다.
    (3) 항불안제는 항우울제에 비해 치료 효과가 바로 나타나 불안을 빠르게 감소시켜 주지만, 치료 효과가 수 시간 정도만 지속되고 습관성이 있어서 정신과 전문의의 관리하에 복용해야 한다.
    (4) 공황증상이 호전되면 재발방지를 위해 8~12개월간 지속적으로 약물을 복용해야 한다.

2) 인지행동치료
    (1) 공황발작을 경험한 사람은 또 다시 그런 고통스러운 공황발작을 경험하게 될까봐 항상 불안해한다.
    (2) 위험하지 않은 상황도 자꾸 피하게 되면서 두려움이 점점 더 커지는데, 이런 생각과 행동을 치료자와 함께 알아내어 바로잡는 것이 인지행동치료이다.
    (3) 대개의 경우 집단 인지치료가 진행되고, 긴장을 이완시키는 근육이완, 호흡법이 포함된다. 치료는 보통 10~12주간 진행되며 초기에는 약물치료와 병용하다가 점차 약물을 줄여나간다.

3) <u>공황통제치료 – 심리치료 상담 중의 한 기법</u>
    (1) 공황상태에서의 생각훈련으로, 공황장애에 매우 효과적이고 효과가 2년 후에도 지속된다.
    (2) 이 치료의 예로는 공황장애 증상의 환자를 회전의자에 앉히고 의자를 돌린다.
    (3) 환자는 공황발작과 유사한 느낌을 미약하게 받게 되고 그때 치료자가 불안통제기술을 사용하여 환자의 생각이나 느낌 등을 수정하고 변화시켜 안전한 상황임을 인지하게 하는 것이 주요 핵심내용이다.

6 광장공포증(Agoraphobia)

(1) 광장공포증을 지닌 사람은 다음 다섯 가지 상황 중 두 가지 이상에서 현저한 공포와 불안을 나타낸다.
    ① 대중교통 이용(자동차, 버스, 기차, 배, 비행기)
    ② 열린 공간에 있는 것(주차장, 시장, 다리)
    ③ 밀폐된 공간에 있는 것(상점, 공연장, 영화관)
    ④ 줄서기, 군중 속에 있기
    ⑤ 집 밖에 혼자있기
    ※ 주의 : 만약 회피가 하나의 특정 상황이나 소수의 특정 상황에 한정되어 있다면 특정공포증의 진단을 고려하고, 회피가 오로지 사회적 상황에만 국한되어 있다면 사회공포증의 진단을 고려한다.
(2) 상황을 회피하거나(예 여행을 제한함), 공황발작이나 공황과 유사한 증상이 일어나는 데 대한 현저한 불편감이나 불안을 참고 견디거나 동반자를 필요로 한다.
(3) 이러한 장애는 전형적으로 6개월이상 지속된다.

(4) 불안이나 공포로 인한 회피가 다른 정신장애에 의해 잘 설명되지 않는다. 다른 정신장애란 사회공포증(**예** 당황할까 두려워하는, 사회적 상황에 국한되는 회피), 특정 공포증(**예** 엘리베이터와 같은 단일한 상황에만 국한되는 회피), 강박장애(**예** 오염에 대한 강박적 사고를 갖고 있는 개인의 경우, 더러움에 대한 회피), 외상 후 스트레스 장애(**예** 심한 스트레스 유발 요인과 관련되는 자극에 대한 회피), 분리불안장애(**예** 집이나 친지를 떠나는 데 대한 회피) 등을 말한다.

(5) 광장공포증은 공황장애 유무와 관계없이 진단된다. 만약 공황장애와 광장공포증의 진단기준을 모두 만족한다면 2가지 진단이 모두 내려져야 한다.

7 범불안장애(Generalized Anxiety Disorder) = 일반 불안장애

(1) 다양한 상황에서 만성적 불안과 과도한 걱정을 나타내는 경우를 말한다.
(2) 정신분석적 입장에서는 성격 구조 간의 역동적 불균형에 의해 경험되는 부동(不動) 불안이 범불안장애의 핵심적 증상이라고 본다.
(3) 행동주의적 입장에서는 이 장애를 다양한 자극상황에 대해 경미한 공포반응이 조건형성되어 나타나는 일종의 다중 공포증이라고 설명한다.
(4) 인지적 입장에 따르면, 위험에 예민한 인지도식으로 인해 생활 속의 잠재적 위험요인에 과민하고 위험한 결과의 발생가능성과 치명성을 과대평가하며 그에 대한 대처능력을 과소평가하는 인지적 특성이 범불안장애를 유발한다.
(5) 범불안 장애에 대한 주요 치료법은 인지행동치료와 약물치료이다.

정리

범불안 장애의 진단기준

1) 여러 사건이나 활동(작업 또는 학교 성적)에 대한 과도한 불안이나 걱정(염려스런 예견)이 적어도 6개월 동안 50% 이상 발생한다.
2) 개인은 걱정을 조절하는 것이 어렵다고 느낀다.
3) 불안과 걱정은 다음의 6가지 증상들 가운데 3가지 이상 증상을 동반한다.
   ※ 주의 : 아동의 경우 1개 이상
   (1) 안절부절 못함 또는 긴장이 고조되거나 가장자리에 선 느낌
   (2) 쉽게 피로해짐
   (3) 집중 곤란 또는 마음이 멍해지는 느낌
   (4) 과민한 기분상태
   (5) 근육 긴장
   (6) 수면장애
4) 불안과 걱정의 초점이 다른 장애의 특징에만 국한되는 것이 아니어야 한다. 즉, 공황발작(공황장애에서), 공공장소에서 어쩔 줄을 모르게 되는 불안(사회공포증에서), 감염된다는 불안(강박장애에서), 집이나 가까운 가족으로부터 멀리 떨어지는 데 대한 불안(분리불안장애에서), 체중 증가에 대한 불안(신경성 식욕부진증에서), 여러 가지 신체적인 증상에 대한 불안(신체화장애에서), 또는 심각한 질병이 있다는 데 대한 불안(건강염려증에서), 그리고 불안과 걱정이 외상 후 스트레스 장애 경과 중에만 발생되지 않는다.

기출문제 확인학습

벤조디아제핀
1) 벤조디아제핀은 신경전달물질인 GABA의 효과를 향상시켜, 진정작용, 수면작용, 항불안 작용, 항경련 작용, 근육이완과 기억상실을 일으킨다.
2) 벤조디아제핀은 불안완화, 불면증, 흥분, 발작, 경련, 알코올 중독과 의학적 혹은 치과에서 마취를 하기 전에 사용된다.

불안장애에 대한 행동치료에 근거하는 학습이론
1) 불안장애에 대한 행동치료에 근거하는 학습이론은 대개 행동주의적 학습이론을 응용한다. 행동주의적 학습이론은 불안 감소, 행동 수정 등의 목적을 달성하기 위해 활용된다.
2) 행동치료의 사례로서는 바람직하지 않은 행동에 대한 대처기법을 배우게 되는데, 특히 점진적인 노출 방법을 통해서 이루어진다.
3) 단기적·점진적 노출치료는 내담자를 짧은 시간동안 불안을 유발하는 수준이 낮은 사건에서 높은 수준의 사건으로 점진적으로 노출하는 치료법으로, 체계적 둔감법이 대표적이다. 체계적 둔감법의 3단계 과정은 불안의 상반된 근육이완 - 불안 위계표 작성 - 불안수준이 낮은 장면부터 둔감화하는 과정을 거친다.

제2절 우울장애와 양극성 및 관련장애

우울장애(Depressive Disorders)의 하위유형
1) 주요 우울장애(Major Depressive Disorder)
2) 지속성 우울장애(Persistent Depressive Disorder) : 기분부전장애
3) 월경전 불쾌장애(Premenstrual Dysphoric Disorder)
4) 파괴적 기분조절곤란장애(Dysruptive Mood Regulation Disorder)
   ※ DSM - IV에서는 기분장애 범주에 포함되었으나, DSM - 5에서는 별도의 장애로 분리시켰으며 2개 장애가 명시적으로 추가되었다.

양극성 및 관련 장애(Bipolar and Related Disorders)의 하위유형
1) 제I형 양극성장애 (Bipolar I Disorder)
2) 제II형 양극성장애 (Bipolar II Disorder)
3) 순환성장애(Cyclothymic Disorder)
   ※ DSM - IV에서는 기분장애 범주에 포함되었으나, DSM - 5에서는 별도의 장애로 분리시켰다.
   ※ 즉, 기분장애 범주에서 삭제하고, 즉 양극성 및 관련 장애 & 우울장애로 분리하였다.

1. 우울장애(Depressive Disorders)의 하위유형

1 주요 우울장애

(1) 우울증
  ① 지속적인 우울한 기분과 일상 생활에 대한 흥미나 즐거움의 현저한 저하를 비롯하여 식욕 및 체중의 변화, 수면의 변화, 지연되거나 초조한 행동, 피로감과 활력 상실, 무가치감과 죄책감, 사고력 및 집중력의 저하, 죽음에 대한 생각 및 자살기도 등의 증상을 나타내는 장애이다.
  ② 심한 우울증상이 2주 이상 반복적으로 나타나는 ㉠ 주요 우울장애와 경미한 우울증상이 2년 이상 장기간 나타나는 ㉡ 기분부전장애(기분 저하증)가 있다.

(2) 주요 우울증 삽화의 진단기준
  ① 다음 9가지 증상 가운데 5개(또는 그 이상) 증상이 연속 2주 기간 동안 지속되며, 이러한 상태가 이전 기능으로부터의 변화를 나타내는 경우 ; 위의 증상 가운데 적어도 하나는 우울 기분이거나, 흥미나 즐거움의 상실이어야 한다.
     ※ 주의 : 명백한 일반적인 의학적 상태나 기분과 조화되지 않는 망상이나 환각으로 인한 증상이 포함되지 않는다.
     ㉠ 하루의 대부분, 그리고 거의 매일 지속되는 우울한 기분이 주관적인 보고(슬프거나 공허하다고 느낀다)나 객관적인 관찰(울 것처럼 보인다)에서 드러난다.

※ 주의 : 소아와 청소년의 경우는 과민한 기분으로 나타나기도 한다.
ⓒ 모든 또는 거의 모든 일상 활동에 대한 흥미나 즐거움이 하루의 대부분 또는 거의 매일같이 뚜렷하게 저하되어 있을 경우(주관적인 설명이나 타인에 의한 관찰에서 드러난다.)
ⓒ 체중 조절을 하고 있지 않은 상태에서 의미 있는 체중 감소나 체중 증가, 거의 매일 나타나는 식욕 감소나 증가가 있을 때(예 1개월 동안 체중 5% 이상의 변화)
※ 주의 : 소아의 경우 체중 증가가 기대치에 미달되는 경우 주의할 것
ⓔ 거의 매일 나타나는 불면이나 과다 수면
ⓜ 거의 매일 나타나는 정신 운동성 초조나 지체(주관적인 좌불안석 또는 처진 느낌이 타인에 의해서도 관찰 가능하다)
ⓗ 거의 매일의 피로나 활력 상실
ⓢ 거의 매일 (망상적일 수도 있는) 무가치감 또는 과도하거나 부적절한 죄책감을 느낌(단순히 병이 있다는 데 대한 자책이나 죄책감이 아님)
ⓞ 거의 매일 나타나는 사고력이나 집중력의 감소, 또는 우유부단함(주관적인 호소나 관찰에서)
ⓩ 반복되는 죽음에 대한 생각(단지 죽음에 대한 두려움뿐만 아니라), 특정한 계획 없이 반복되는 자살 생각 또는 자살 기도나 자살 수행에 대한 특정 계획
② 증상이 혼재성 삽화의 기준을 충족시키지 않는다.
③ 증상이 사회적, 직업적, 기타 중요한 기능 영역에서 임상적으로 심각한 고통이나 장애를 일으킨다.
④ 증상이 물질(예 약물 남용, 투약)이나 일반적인 의학적 상태(예 갑상선 기능저하증)의 직접적인 생리적 효과로 인한 것이 아니다.
※ 주의 : 증상이 중요한 상실(사별, 재정적 파탄, 자연재해, 심각한 질병이나 장애)이 있을 경우, 주의 깊게 판단하며, 문화적 특징을 근거로 한 임상적 판단이 필요하다.

(3) 원인
① 상실과 실패를 의미하는 부정적인 생활사건에 의해 촉발된다.
② 정신분석적 입장에서는 우울증을 무의식적으로 분노가 자기에게 향해진 현상이라고 설명한다.
③ 행동주의적 입장에서는 사회환경으로부터의 긍정적 강화의 약화나 사회적 기술의 부족이 우울증을 유발할 수 있다고 본다.
④ 우울증이 환경을 통제할 수 없다는 무기력감에서 비롯된다는 학습된 무기력이론은 귀인이론으로 개정되어 미래에 대한 비관적 예상에 초점을 두는 절망감 이론으로 발전되었다.
⑤ 우울증을 설명하는 대표적인 심리학적 이론인 인지이론에서는 우울증이 부정적인 자동적 사고, 인지적 오류와 왜곡, 역기능적 인지도식과 신념에 의해서 발생된다고 본다.
⑥ 생물학적 입장에서는 유전적 요인, 노르에피네프린(Norepinephrine)과 같은 신경전달물질, 시상하부의 기능 이상, 내분비계 호르몬의 이상이 우울증과 관련된 것으로 주장하고 있다.

(4) 치료
① 효과적인 치료방법에는 인지치료와 약물치료가 알려져 있다.
② 우울한 내담자의 사고내용을 정밀하게 탐색하여 인지적 왜곡을 찾아내어 교정함으로써 보다 더 현실적이고 긍정적인 사고와 신념을 지니도록 유도하는 것으로 단기간에 치료할 뿐 아니라 치료효과가 우수하며 재발률이 낮은 것이 인지치료이다.

③ 약물치료는 여러 가지 부작용, 약물중단 시의 높은 재발률, 약물에 대한 환자의 거부감 등 문제점을 지니고 있지만 우울증을 치료하는 주요한 방법으로서 치료효과가 높고 부작용이 적은 새로운 약물이 개발되고 있다.

기출문제 확인학습

우울증의 임상양상과 원인 등에 따른 양분된 차원 3가지

1) 정신병적 우울과 신경증적 우울(psychotic vs neurotic)
   우울상태가 정신병적 양상(psychotic feature)을 동반하고 있느냐, 신경증적 수준이냐에 따른 구분으로, 정신병적 우울은 망상이나 환각 등 혼란 증세를 보이며, 현실 검증력이 떨어지고, 개인적으로나 사회적으로 기능의 장애가 나타난다.
2) 내인성 우울과 반응성 우울(endogenous vs reactive)
   발병요인과 관련하여 우울에 빠질 만한 충분히 납득할 수 있는 외적 요인이 있는가에 따른 구분으로, 내인성 우울의 경우 우울증의 발병이 환경요인과 무관하게 내적·생물학적 요인에 의한 것으로서 치료에서도 약물치료가 우선적이지만 반응성 우울에서는 심리치료가 주가 되고 있다.
3) 지체성 우울과 초조성 우울(retarded vs agitated)
   표면에 나타나는 정신운동양상이 지체가 심하게 나타나느냐 또는 초조와 흥분이 두드러지느냐에 따른 구분으로, 보편적인 우울양상은 에너지 수준이 저하되어 가능한 한 행동을 하지 않으려 하고, 의욕이 감소되는 지체성 우울을 보이나, 갱년기에 발병하는 우울이나 소아 우울에서는 대개 쉽게 흥분하거나 싸움을 하는 초조성 우울이 나타난다.

심화

삼환식 항우울제와 부작용[2]

1) 항우울제는 화학적으로 분자구조가 3개의 고리로 되어 있는 삼환식 항우울제와 모노아민산화효소(MAO) 억제제의 2가지로 분류된다.
2) 항우울제는 1950년대 말에 개발되어 우울증(슬픔이나 사기 저하 때 느끼는 정상적인 반응과는 다른 만성질환에서 오는 절망)을 치료하기 위해 널리 사용되고 있다.
3) 삼환식 항우울제는 도파민과 노르에피네프린 같은 뇌아민의 수송체계를 저해하여 중추신경계에 영향을 미치는 것으로서, 이미프라민·아미트립틸린·데시프라민·노르트립틸린과 그 외 많은 화합물을 포함한다.
4) 몇몇 사람에게서는 뇌·심장 독성이 보고되었으며 그 밖의 부작용으로는 구내건조·변비·현기증·심계항진이 나타나며 시야가 흐려질 수 있다.
5) 삼환식 항우울제는 울증을 조증(燥症)으로 바뀌게 하는 작용이 있다.

실력다지기

자살(自殺)

1) 자살은 의식의 단절을 통해 심리적 고통으로부터 벗어나기 위한 도피수단으로 절망감이 자살을 유발하는 중요한 심리적 요인이다.
2) 자살하는 사람의 약 90%는 정신장애를 지니고 있으며 이들 중 약 80%가 우울증을 지니고 있는 사람이다.
3) 고통스러운 상황을 개선할 수 있는 현실적 방법을 강구하는 동시에 가족, 직장동료, 친구들의 심리적 지지를 통해 고통을 덜어주어야 한다.
4) 자살 아닌 다른 방법으로 고통스러운 상황에 대처할 수 있는 방법을 제시해 주는 것이 필요하다.

2　출처 : 다음 백과사전

> **기출문제 확인학습**
>
> ### Abramson 등의 '우울증의 귀인이론(attributional theory of depression)'
>
> 1) 우울증 귀인이론은 학습된 무기력이론이 지니고 있는 문제점을 해결하기 위해서 1978년 Abramson, Seligman, Teasdale(1987)이 사람을 피험자로 하여 소음이나 풀 수 없는 문제를 주어 실패경험을 하게 하는 실험을 하는 과정에서 동물과는 다른 심리적 과정을 발견하였다.
>   (1) 즉, 통제 불능 상태가 자신 때문인지 아니면 외부적 상황 때문인지를 판단하는 귀인방향에 따라서 무기력 양상이 달라짐을 발견하게 되었다.
>   (2) 이러한 발견에 근거하여 우울증에 취약한 사람은 독특한 인지적 특성을 지니며 이러한 인지적 특성은 어떤 결과에 대한 원인을 설명하는 귀인양식에 반영된다는 것이다.
> 2) Abramson의 주장에 따르면, 우울증에 취약한 사람들은 실패경험에 대해서 <u>내부적, 안정적, 전반적 귀인을 하는 경향이 있다</u>는 것이다.
> 3) 이러한 세 가지 귀인양식은 우울증의 세 가지 측면과 관련되어 있는데, 즉 <u>실패경험에 대한 내부적 – 외부적 귀인은 자존감 손상과 우울증의 발생에 영향을 미치며, 안정적 – 불안정적 귀인은 우울증의 만성화 정도와 관련되어 있고, 전반적 – 특수적 귀인은 우울증의 일반화 정도를 결정하게 된다.</u>
>   (1) 실패경험(예 성적불량, 사업실패, 애인과의 결별 등)에 대해서 내부적 귀인(예 능력부족, 노력부족, 성격적 결함 등)을 하게 되면, 자존감에 손상을 입게 되어 우울감이 증진된다. 그러나 같은 실패경험이라도 외부적 귀인(예 잘못된 시험문제, 전반적 경기 불황, 애인의 변덕스러움 등)을 하게 되면, 자존감의 손상은 적게 된다.
>   (2) 실패경험에 대한 안정적 귀인이 우울증의 만성화와 장기화에 영향을 미친다.
>   즉, 실패경험을 능력부족이나 성격적 결함과 같은 안정적 요인에 귀인하게 되면 무기력과 우울감이 장기화될 수 있다. 그러나 실패를 노력부족 등과 같은 일시적인 불안정적 요인에 귀인하게 되면 일시적으로 무기력할 수 있으나 곧 회복될 수 있을 것이다.
>   (3) 실패경험에 대한 전반적 – 특수적 귀인은 우울증의 일반화에 영향을 미친다.
>   실패경험을 전반적 요인(예 전반적 능력 부족, 성격전체의 문제 등)에 귀인하게 되면, 우울증이 전반적인 상황으로 일반화될 수 있다. 예를 들어 수학과 관련된 능력에만 문제가 있는 것이 아니라, 전반적인 지적능력의 부족 때문이라고 성적불량에 대해서 전반적 귀인을 하게 되면 수학시험뿐만 아니라 모든 과목의 시험에서 무기력한 행동을 보이게 될 것이다.

2 지속성 우울장애 : 기분부전장애

(1) 적어도 2년 동안, 하루의 대부분 우울한 기분이 있고, 우울 기분이 없는 날보다 있는 날이 더 많고, 이는 주관적인 설명이나 타인의 관찰로 드러난다.
   ※ 주의 : 아동과 청소년에서는 기분이 과민한 상태로 나타나기도 하고, 기간은 적어도 1년이 되어야 한다.

(2) 우울기 동안 다음 2가지(또는 그 이상)의 증상이 나타난다.
   ① 식욕 부진 또는 과식
   ② 불면 또는 수면과다
   ③ 기력의 저하 또는 피로감
   ④ 자존감 저하
   ⑤ 집중력 감소 또는 결정 곤란
   ⑥ 절망감

(3) 장애가 있는 2년 동안(아동과 청소년에서는 1년) 연속적으로 2개월 이상, 진단기준 (1)과 (2)의 증상이 존재하지 않았던 경우가 없었다.
(4) 주요우울장애의 진단기준을 만족하는 증상이 2년간 지속적으로 나타날 수 있다.
(5) 조증 삽화, 경조증 삽화가 없어야 하고, 순환성 장애의 진단기준을 충족시키지 않아야 한다.
(6) 장애가 조현병이나 망상장애와 같은 만성 정신증적 장애의 기간에만 발생되어서는 안 된다.
(7) 증상이 물질(예 약물 남용, 투약) 또는 일반적인 의학적 상태(예 갑상선 기능 저하증)의 직접적인 생리적 효과로 인한 것이 아니다.
(8) 증상이 사회적, 직업적, 또는 다른 중요한 기능 영역에서 임상적으로 현저한 고통이나 손상을 초래한다.
  ※ 주의 : 만약 질환의 현 삽화가 어느 시점에서든 주요우울장애의 진단기준을 모두 만족한다면 주요우울장애로 진단해야 한다.

실력다지기

기분부전장애

1) 역학
  (1) 기분부전장애는 모든 인구의 3~6%에서 나타나며, 임상에서 흔히 볼 수 있는 질환이다.
  (2) 기분부전장애는 남성보다 여성에게 2~3배 정도 더 빈번하며, 젊고 미혼인 경우, 경제적 수입이 낮은 경우 더 많다.
  (3) 기분부전장애는 21세를 기준으로 조발성과 만발성을 구분하는데 21세 이전 발병이 전체의 75%에 해당한다.
  (4) 주요 우울장애, 불안장애, 약물남용 등의 정신과적 질환이 동반되는 경우가 흔하다.

2) 진단
  (1) 핵심적인 임상양상은 매우 장기간 지속되는 우울 상태이다.
  (2) 환자들이 자신의 상태를 "괜찮다"고 이야기하는 기간이 며칠 또는 몇 주씩 있기도 하지만, 대부분의 기간은 지쳐 있고 우울해 한다.
  (3) 모든 것이 힘들고, 흥미가 없다.
  (4) 항상 생각에 잠겨 있거나 불만이 많고 숙면을 취하지 못한다.
  (5) 그러나 일상 생활의 기본적 요구는 수행이 가능하다.

3) 임상양상
  (1) 기분 저하증은 증상이 지속되는 특징이 있는 만성질환이지만, 증상의 심한 정도는 일시적으로 변화를 보이기도 한다.
  (2) 증상들은 주요우울장애 증상들과 비슷하다.
  (3) 기분 저하증에서의 우울 증상의 심한 정도는 일반적으로 주요 우울장애보다 덜하며, 기분 저하증 환자들은 어떠한 정신병적 증상도 보이지 않는다.

4) 경과 및 예후
  단지 10~15%의 환자에게서 첫 진단을 받은 후 1년 내에 증상의 호전을 보였으며, 전체 기분 저하증 환자들 중 약 25%는 결코 완전히 회복할 수 없다고 보고되었다.

2 양극성 및 관련 장애(Bipolar and Related Disorders)의 하위유형

1 양극성 장애

(1) ① 우울한 기분상태와 고양된 기분상태가 교차되어 나타나는 장애로서 기분이 비정상적으로 고양되어 조증상태를 특징적으로 나타내는 제1형 양극성 장애, ② 조증상태의 증상이 상대적으로 미약하게 나타나는 경조증 상태와 우울증 상태를 주기적으로 나타내는 제2형 양극성 장애, ③ 경미한 우울증 상태와 경조증 상태가 2년 이상 장기적으로 순환되어 나타나는 순환성 장애로 구분되고 있다.
(2) 양극성 장애는 유전적 영향을 많이 받는 정신장애이며 신경 전달물질, 신경 내분비계통의 기능 등의 생물학적 요인이 밀접하게 관련된 것으로 알려지고 있다.
(3) 정신분석적 입장에서는 양극성 장애의 조증 증세를 무의식적 상실이나 자존감 손상에 대한 방어나 보상 반응으로 보고 있다.
(4) 인지적 입장에서는 우울증의 경우와 마찬가지로 현실에 대한 인지적 왜곡이 조증 상태를 유발한다고 본다.
(5) 대표적 치료방법은 항(抗)조증 약물을 사용하는 약물치료이다.
(6) 양극성 장애는 지속적인 투약과 더불어 자신의 증상을 지속적으로 관찰하고 생활 스트레스를 관리하는 인지행동적 치료가 함께 병행되어야 한다.

2 제Ⅰ형 양극성 장애 진단기준

(1) 적어도 1회의 조증 삽화를 만족한다
(2) 조증 및 주요우울 삽화는 조현정동장애, 조현병, 조현양상장애, 망상장애, 또는 기타 정신병적 장애로 더 잘 설명되지 않는다.

기출문제 확인학습

조증 삽화

1) 비정상적으로 의기양양하고 자신만만하거나 짜증스러운 기분을 나타내고 목표지향 행동이나 에너지 수준이 비정상적으로 증가된 상태가 1주일이상 분명하게 지속되는 조증 삽화를 나타내야 한다.
2) 이러한 조증삽화는 7가지 증상 중 3가지 이상(기분이 과민한 상태인 경우에는 4가지) 심각한 정도로 나타난다.
 (1) 팽창된 자존심 또는 심하게 과장된 자신감
 (2) 수면에 대한 욕구 감소
  예 단 3시간의 수면으로도 충분하다고 느낌
 (3) 평소보다 말이 많아지거나 계속 말을 하게 됨
 (4) 사고의 비약 또는 사고가 연달아 일어나는 주관적인 경험
 (5) 주의 산만
  예 중요하지 않거나 관계없는 외적 자극에 너무 쉽게 주의가 이끌림
 (6) 목표 지향적 활동의 증가(직장이나 학교에서의 사회적 또는 성적인 활동) 또는 정신 운동성 초조
 (7) 고통스런 결과를 초래할 쾌락적인 활동에 지나치게 몰두
  예 흥청망청 물건 사기, 무분별한 성행위, 어리석은 사업투자

3) 일생동안 적어도 1회는 조증 삽화가 있어야 제I형 양극성장애로 진단될 수 있다.
4) 기분 장애로 인한 직업적 기능이나 일상적 사회 활동, 대인관계에서의 뚜렷한 손상을 막고 자신이나 타인에게 해를 입히는 것을 방지하기 위해 입원이 필요할 정도로 기분 장애가 심각하거나 정신증적 양상이 동반된다.
5) 증상이 물질(예 약물 남용, 투약, 또는 기타 치료)이나 일반적인 의학적 상태(예 갑상선 기능 항진증)의 직접적인 생리적 효과로 인한 것이 아니다.

3 제II형 양극성 장애 진단기준

(1) 적어도 1회의 경조증 삽화와 적어도 1회의 주요우울 삽화의 진단기준을 만족시킨다. 조증 삽화는 1회도 없어야 한다.
(2) 비정상적으로 들뜨거나, 의기양양하거나, 과민한 기분, 그리고 활동과 에너지의 증가가 적어도 4일 연속으로 거의 매일, 하루 중 대부분 지속되는 분명한 기간이 있어야 한다.
(3) 삽화가 사회적, 직업적 기능의 현저한 손상을 일으키거나 입원이 필요할 정도로 심각하지 않으며, 정신병적 양상이 있다면 조증 삽화에 해당한다.

정리

순환성 장애의 진단기준

1) 적어도 2년 동안(아동·청소년에서는 1년), 잦은 경조증 기간(조증 삽화의 진단기준을 충족시키지 않는)과 잦은 우울증 기간(주요 우울 삽화의 진단기준을 충족시키지 않는)이 있다.
2) 2년 이상의 기간 동안(아동·청소년에서는 1년), 경조증 기간과 우울증 기간이 절반 이상 차지해야 하고, 증상이 없는 기간이 2개월 이상 지속되어서는 안 된다.
3) 주요 우울 삽화, 조증 삽화, 또는 경조증 삽화가 존재하지 않는다.
4) 진단기준 1)의 증상이 조현정동장애, 조현병, 조현양상장애, 망상장애, 달리 명시된, 또는 명시되지 않는 조현병 스펙트럼 및 기타 정신병적 장애로 더 잘 설명되지 않는다.
5) 증상이 물질(예 남용약물, 치료약물)의 생리적 효과나 다른 의학적 상태(예 갑상선 기능항진증)로 인한 것이 아니어야 한다.
6) 증상이 사회적, 직업적, 또는 다른 중요한 기능 영역에서 임상적으로 심각한 고통이나 장애를 일으킨다.

> **심화**

기분장애의 '카테콜아민(catecholamine) 가설'

1) 카테콜아민 가설(catecholamine hypothesis)은 우울증을 뇌신경화학적인 요인으로 설명하려는 대표적 이론으로서 이는 오늘날 항우울제의 약물치료를 가능하게 만드는 이론이다.
2) 카테콜아민은 신경전달물질인 노르에피네프린, 에피네프린, 도파민을 포함하는 호르몬이다.
3) 이 가설에서는 개인에게 카테콜아민이 결핍되면 우울증이 생기고, 반대로 과다하면 조증이 생긴다는 것이며 이 가설은 뇌의 신경 연접부와 관련해 노르에피네프린이나 세로토닌에 의해 지배된다는 원리에 기초한다.
4) 치료에서도 어떤 약물은 노르에피네프린에 반응하는가 하면, 어떤 약물은 세로토닌에 의해 더 반응하는데, 특히 카테콜아민 중에서 에피네프린이나 도파민보다는 노르에피네프린이 기분장애에 중요한 역할을 한다고 한다.
5) 이 가설에 따르면 기분장애는 뇌의 신경화학적 활동 변화에 의해 생기며, 우울증은 특정 신경전달물질, 즉 카테콜아민이 문제를 일으켜 생겨난다.
6) 이 가설은 사람을 피험자로 직접 실험을 할 수 없다는 문제가 있지만, 이런 문제에도 불구하고 이 가설은 상당히 인정되는데, 이를 뒷받침하는 근거로 다음 3가지를 들 수 있다.
   (1) 먼저 이 가설은 여러 동물 연구에서 간접적으로 뒷받침된다.
   　　실험적으로 쥐의 노르에피네프린 수준을 낮췄을 때 쥐는 우울증 환자처럼 위축되고 무 반응적 행동을 나타냈다.
   (2) 다음 약물치료 과정에서 우연히 발견된 사실들이 이 가설을 뒷받침한다.
   　　고혈압 환자의 혈압강화제로 사용되는 리설핀(reserpine)을 복용한 환자 중 때때로 우울증상을 호소하는 것이 보고됐다.

제3절 중독장애(물질관련 장애)

> **물질 - 관련 및 중독 장애(Substance - Related and Addictive Disorders)의 하위유형**
>
> 1) 물질 - 관련장애(Substance - Related Disorder)
>   (1) 물질 사용 장애(Substance Use Disorder)
>   (2) 물질로 유발된 장애(Substance - Induced Disorder)
>   → 물질 중독, 물질 금단
> 2) 도박장애(Gambling Disorder)

1 물질 관련 장애는 중독성을 지닌 다양한 물질과 관련된 심리적 장애를 말하며 크게 ① 물질사용 장애와 ② 물질로 유발된 장애로 구분된다.

2 물질 사용 장애는 ① 반복적인 물질 섭취로 인해서 그 물질을 점점 더 많이 원하는 내성과 섭취하지 않으면 고통을 느끼는 금단현상으로 인해 개인을 심각한 부적응 상태로 몰아가는 경우를 뜻하는 물질의존과, ② 과다한 또는 반복적인 물질사용으로 인한 현저하게 해로운 결과가 나타나는 경우를 의미하는 물질남용으로 구분된다.

3 물질로 유발된 장애는 특정한 물질의 섭취나 복용으로 인해 파생되는 여러 가지 부정적인 심리적 증상을 뜻한다.

4 DSM - 5에서는 물질 관련 장애를 10가지 중독성 물질, 즉 알코올, 니코틴, 카페인, 흡입제, 아편류, 환각제, 대마계 제제, 자극제(암페타민, 코카인, 등), 진정제, 수면제 또는 항불안제에 따라 구분하고 있다. 다만, DSM - 5에서는 담배(타바코) 중독(intoxication) 진단명은 인정하지 않았다. 그리고 DSM - 5에서 물질 사용장애에서는 카페인 사용장애 진단명은 인정하지 않았다.

기출문제 확인학습

보상결핍증후군

보상결핍증후군은 빈약한 애착관계가 뇌에 부정적인 영향을 주어 보상에 대한 결핍을 느끼게 되고, 갈망을 유발하는 과정이다. 이 증후군은 개인이 일상생활에서 보상을 얻지 못하는 생화학적/신경학적 무능력의 결과라고 본다. 즉, 보상회로에 작용을 하는 도파민이 부족해져 발생하는 증상군으로, 도파민 부족이 이러한 증후군의 원인이 된다고 가정하고 있다.[3]

---

[3] Flores, P. J. (2004년). Addictions as an Attachment Disorder. [김갑중, 박춘삼 (2010년) 애착장애로서의 중독. 서울 : 도서출판NUN.]

심화

젤리넥(Jellinek)의 알코올 의존[4] 4단계

1) 알코올 의존(alcohol dependence)
   (1) 잦은 음주로 내성이 생기고 섭취량과 마시는 빈도가 늘면서 술에 의존하게 되는 현상
   (2) 알코올 사용이 물질의존의 진단기준을 충족시킬 경우, 알코올 의존으로 진단
   (3) 알코올의 생리적 의존은 내성과 금단증상을 나타나게 함
   (4) 알코올 내성 : 술에 잘 취하지 않음, 점점 더 많은 양을 마시게 됨
   (5) 알코올 금단증상 : 손 떨림, 불안, 초조, 구토, 불면증
   (6) 알코올 의존으로 인해 직장, 가정, 대인관계, 건강 등 심리사회 문제 초래
   (7) 12개월 이상 지속되면 알코올 의존 진단

2) 알코올 의존의 4단계(Jellinek 1952) 암기문장 전조결성

1단계	전 알코올 증상단계 (pre alcoholic phase)	사교적 목적, 즐기는 단계, 긴장 해소, 대인관계 원활, 알코올의 긍정적 효과 경험
2단계	전조단계 (prodromal phase)	음주량과 빈도 증가, 망각현상(blackout), 음주 동안의 사건을 기억하지 못함
3단계	결정적 단계 (crucial phase)	술을 수시로 마심, 빈번한 과음으로 여러 가지 부적응적 문제 발생
4단계	만성단계 (chronic phase)	알코올에 내성이 생김, 심한 금단증상, 술에 대한 통제력 상실, 술을 마시는 것 외에는 무관심

약물 중 아편류(모르핀, 헤로인, 메사돈, 코데인 등)

1) 아편(opium) : 양귀비라는 식물에서 채취되는 진통효과를 지닌 물질
2) 아편류(opioids) : 아편과 유사한 화학적 성분이나 효과를 나타내는 물질들
3) 진통제, 마취제, 설사 억제제, 기침 억제제로 처방
4) 천연 아편류 : 모르핀, 코데인, 테바인
5) 반합성 아편류 : 헤로인, 하이드로모르핀, 옥시코돈
6) 합성 아편류 : 메사돈, 펜타닐, 메페리딘

cf 엑스터시(Ecstasy)
   한국에서는 '도리도리'로, 미국에서는 '아담', '엑스터시'로 불리는 MDMA는 환각성과 암페타민과 같은 특성을 지닌 합성 향정신성약이다.

---

[4] 기출 알코올 중독과 관련된 장애는 치매, 공포장애, 우울장애이다.

기출문제 확인학습

작용	종류	의학적 사용	투여방법	투약 후 추적 가능시간
각성제 (흥분제)	암페타민류	과운동증 치료제, 수면발작증 치료제, 비만치료제	경구, 주사, 흡연, 흡입	1~2일
	메스암페타민	과운동증 치료제, 수면발작증 치료제, 비만치료제	경구, 주사, 흡연, 흡입	1~2일
	메틸페니데이트	과운동증 치료제, 수면발작증 치료제	경구, 주사	1~2일

기출문제 확인학습

물질의존 장애를 일으킬 수 있는 약물

물질의존 장애를 일으킬 수 있는 약물로는 알코올, 니코틴(타바코), 코카인, 암페타민, 환각제(LSD, mescaline, psilocybin, 암페타민류, 항콜린성 물질), 흡입제(본드, 부탄가스, 가솔린, 페인트 시너, 분무용 페인트, 니스 제거제, 라이터 액, 아교, 고무 시멘트, 세척제, 구두약 등), 카페인, 대마(대마계 제제 - 카나비스, 마리화나 - 대마초 등), 아편류는 천연 아편류(모르핀), 반합성 아편류(헤로인), 합성 아편류(코데인, 아이드로 모르핀, 메사돈, 옥시코든, 메페리딘, 펜타닐) 등이 있다.

※ 기억 상실, 지각적 결함, 주도성의 결여, 작화증과 같이 주로 인지적인 기능 손상을 일으키는 코르사코프 증후군이 포함되는 장애 : 알코올 관련장애

코르사코프 증후군(기억상실증적 심리증후군)[5]

1) 지속적인 알코올 섭취는 중추신경계를 손상시켜 주의력, 기억력, 판단력 등의 인지 기능을 손상시키는데 대표적인 장애는 코르사코프 증후군(Korsakoff's syndrome)으로 새로운 경험을 기억하지 못하는 지속성 기억상실증이다.
2) 코르사코프 증후군은 알코올중독자의 경우에 기술되는 건망증(Amnesia)의 한 형태이다.
3) 처음 상세한 기술은 1880년 러시아의 신경학자 Sergei Korsakow(1854~1900)에 의해 발표되었다.
4) 코르사코프 증후군은 종종 또한 '코르사코프 - 증상복합체'로도 불린다.
5) 코르사코프에 의해 명명된 증후군의 실제적인 증상
   (1) 알코올로 인한 뇌 손상이 극도로 심한 비가역적인 형태
   (2) 기억상실증
   (3) 역행성 기억상실증(retrograde amnesia) - 시간적으로 미래에 초점이 맞춰진 기억상실증
   (4) 전행성 기억상실증(anterograde amnesia) - 시간적으로 과거에 초점을 둔 기억상실증
   (5) 작화증(confabulation)[6] - 환자들은 객관적으로 잘못된 이야기를 설명하는데, 그러나 자기 자신에게는 진실로 받아들여지며 대부분 이 이야기들은 실제적인 사건의 단편들로 짜 맞춰진다.
   (6) 탈정향화 - 해당자들은 이전의 시간에 그리고 다른 장소에서 공상을 하며 종종 이들은 또한 이렇게 그르게 받아들여진 실제에 상응하여 행동한다.

---

5   출처 : 알코올 관련 장애, 심리학용어사전, 2014. 4, 한국심리학회
6   작화증은 자기의 공상을 실제의 일처럼 말하면서 자신은 그것이 허위라는 것을 인식하지 못하는 증상으로서 뇌질환, 알코올 중독, 노인성 치매 등의 정신 질환으로 발생한다.

5 비물질 - 관련 장애 : 도박장애

(1) 노름이나 도박을 하고 싶은 충동으로 반복적인 도박을 하게 되는 정신장애이다.
(2) 도박중독은 DSM-IV에서는 충동조절장애의 하위범주로 분류되었으나, DSM-5에서는 비물질관련장애의 하위범주인 도박장애로 심각한 행동 장애로 분류되었다. 도박중독은 물질관련 장애와 같이 금단증상을 보일 수 있고, 심하면 자살을 초래한다.
(3) 학습이론에서는 다른 사람의 도박행동에 대한 모방학습과 간헐적으로 돈을 따는 강화에 의해 병적 도박증이 유발되고 지속된다고 설명한다.
(4) 인지적 입장에 따르면 병적 도박증을 지닌 사람들은 자신이 돈을 따게 될 주관적 확률을 높게 평가하는 낙관적 성향과 비현실적이고 미신적인 인지적 왜곡을 나타낸다고 한다.
(5) 병적 도박증의 치료를 위해서는 도박에 대한 매혹을 제거하고 혐오감을 형성시키는 행동치료적인 기법이 사용되기도 한다.

실력다지기

도박장애

1) 사교적 도박자와 병적인 도박자는 발생 원인과 발달 양상이 서로 관련성이 있다. 사교적 도박에는 자유로운 사교성 도박과 심각한 사교성 도박이 있다. 심각한 사교성 도박자들은 사교성에서 이미 조금 더 습관성으로 빠져든 경우이다. 이들은 처음 단순히 사람을 만나서 사귀기 위해 도박판에 오고, 도박하는 재미를 점차 느낀다. 그러다 도박하지 않으면 허전하고 심심해서 견디지 못하게 된다. 이런 정도에 이르면 상당히 습관성으로 진행됐기에 도박의 전문성으로 진행하기 쉬운 시점에 있다. 이것이 추후에 병적인 도박이 될 수 있기 때문에 사교적 도박자와 병적인 도박자는 발생 원인과 발달 양상이 서로 관련성이 있다.
2) 여성 도박장애자들은 인생의 초반기부터 전조가 시작되는 경향을 보이지 않는다. 도박장애의 발병은 청소년기 혹은 초기 성인기에 나타날 수 있지만, 어떤 사람들은 중년기 혹은 심지어 노년기에 나타날 수도 있다. 도박장애는 대개 수년에 걸쳐 진행되고, 병의 진전 속도는 여성이 남성보다 더 빠르게 진행된다. 도박장애로 발전하는 사람들의 대부분은 도박의 빈도나 양 모두에 있어 점차적으로 증가하는 패턴을 보인다. 보다 경미한 형태가 더 심각한 형태로 발전한다는 점은 확실하다. 도박장애는 여성보다 남성에게서 더 이른 시기에 나타난다. 어린 나이에 도박을 시작하는 사람들은 대개 가족들 혹은 친구들과 같이 한다. 인생 초반부에 도박장애로 발전된다는 것은 충동성이나 물질남용과도 관련되어 보인다. 도박장애로 발전하는 고등학생 및 대학생들 대다수는 그 문제로부터 벗어나지만 일부는 평생 지속되기도 한다. 중년기 및 노년기의 도박장애 발병은 남성보다는 여성에게서 더 흔하다.
3) 도박장애자들은 고혈압이나 소화성 궤양, 편두통과 같은 증상이 동반되는 경우가 많다.
4) 정신적인 고통(무기력, 죄책감, 불안, 우울감 등)을 느낄 때마다 도박에 집착하는 경향이 있다.

실력다지기

알코올 관련 장애 : DSM - 5

1) 알코올 사용 장애

알코올 사용장애(Alcohol Use Disorder)는 과도한 알코올의 사용으로 인해 발생되는 다양한 심리적 장애를 말한다.

> **진단기준**
>
> 임상적으로 중요한 장애나 고통을 일으킬 수 있는 부적응적인 알코올 사용 양상을 보여 주고, 지난 12개월 내에 다음 중 2개 이상을 보여줄 경우에 진단할 수 있다.
> ① 알코올을 종종 의도했던 것보다 많은 양, 혹은 오랜 기간 동안 마신다.
> ② 알코올 사용을 줄이거나 조절하려는 지속적인 노력에도 실패한 경험들이 있다.
> ③ 알코올을 구하거나, 사용하거나 그 효과를 벗어나기 위한 활동에 많은 시간을 보낸다.
> ④ 알코올에 대한 갈망감, 혹은 강한 바람, 혹은 욕구를 지닌다.
> ⑤ 반복적인 알코올 사용으로 인해 직장, 학교 혹은 가정에서의 주요한 역할을 다하지 못한다.
> ⑥ 알코올의 영향으로 지속적으로, 혹은 반복적으로 사회적 혹은 대인관계 문제가 발생하거나 악화됨에도 불구하고 알코올 사용을 지속한다.
> ⑦ 알코올 사용으로 인해 중요한 사회적, 직업적 혹은 여가 활동을 포기하거나 감소되었다.
> ⑧ 신체적으로 해가 되는 상황에서도 반복적으로 알코올을 사용한다.
> ⑨ 알코올 사용으로 인해 지속적으로 혹은 반복적으로 신체적·심리적 문제가 유발되거나 악화될 가능성이 높다는 것을 알면서도 계속 알코올을 사용한다.
> ⑩ 내성, 다음 중 하나로 나타남
>   a. 중독이나 원하는 효과를 얻기 위해 알코올 사용량의 뚜렷한 증가가 필요로 한다.
>   b. 같은 양의 알코올을 지속적으로 사용함에도 현저하게 감소된 효과가 나타난다.
> ⑪ 금단이 다음 중 하나로 나타남
>   a. 알코올의 특징적인 금단 증후군이 나타난다
>   b. 금단 증상을 완화하거나 피하기 위해 알코올(혹은 벤조디아제핀 같은 비슷한 관련 물질)을 사용한다.

2) 알코올로 유발된 장애

알코올의 섭취나 사용으로 인해 나타나는 부적응적인 후유증을 말한다.

(1) 알코올 중독
　① 과도하게 알코올을 섭취하여 심하게 취한 상태에서 부적응 행동이 나타나는 경우를 말한다.

> **진단기준**
>
> A. 최근의 알코올 섭취
> B. 알코올을 섭취하는 동안 또는 그 직후에 임상적으로 심각한 부적응적인 행동 변화 및 생리적인 변화가 발생한다.
>   예 부적절한 성적, 공격적 행동, 정서 불안정, 판단력 장애, 사회적·직업적 기능 손상
> C. 알코올 사용 중 또는 그 직후에 다음 항목 가운데 1개 이상이 나타난다.
>   ① 불분명한 말투　　　② 운동 조정 장애　　　③ 불안정한 보행
>   ④ 안구 진탕　　　　　⑤ 집중력 및 기억력 손상　⑥ 혼미 또는 혼수
> D. 증상이 일반적인 의학적 상태로 인한 것이 아니며, 다른 정신장애에 의해 잘 설명되지 않는다.

② 주요 특징
　　㉠ 계속적인 음주를 한다.
　　㉡ 다른 일보다 음주가 우선시 된다.
　　㉢ 음주 양과 횟수를 조절하지 못한다.
　　㉣ 음주를 하지 않으면 몸이 떨리는 증상과 두통, 불면증 등을 호소한다.
　　㉤ 음주 다음 날, 술이나 약을 다시 사용하게 된다.
　　㉥ 음주 후 자신의 행동과 상황을 기억하지 못한다(필름이 끊기는 현상).
(2) 알코올 금단
　① 지속적으로 사용하던 알코올을 중단 했을 때 여러 가지 신체 생리적 또는 심리적 증상이 나타나는 상태를 말한다.

> A. 알코올 섭취를 중단한 이후 몇 시간 또는 며칠 이내에 다음 중 2개 이상의 증상이 나타날 때 해당 된다.
>   ① 자율신경계가 기능 항진(발한 또는 맥박수가 100회 이상 증가)
>   ② 손 떨림 증가　　　　　　　③ 불면증　　　　　　　④ 오심 및 구토
>   ⑤ 일시적인 환시, 환청, 환촉, 또는 착각　　　　　⑥ 정신운동성 초조증
>   ⑦ 불안　　　　　　　⑧ 대발작
> B. 이러한 증상으로 인해 사회적, 직업적 또는 다른 중요한 기능 영역에서 임상적으로 심각한 고통이나 장애를 일으킨다.
> C. 증상이 일반적인 의학적 상태로 인한 것이 아니며, 다른 정신장애에 의해 잘 설명되지 않는다.

　② 주요 특징
　　㉠ 발병연령은 어느 연령에서도 오지만 대개는 비교적 음주력의 초기에 많고 30~40대에 많다.
　　㉡ 선행요인으로는 영양부족, 피로, 우울, 내과적 질환의 악화 등이 있다.
　　㉢ 경과로는 금단증상은 음주 중단 직후에 시작하여 5~7일간 지속된다.
　　㉣ 알코올의 금단증상 중 더 심각하고 중대한 양상으로서 알코올 진전 섬망이 있는데 치사율이 15%인 나쁜 예후를 갖고 있으며 치료 없이는 사망 또는 영구적인 신체장애가 온다.
　　㉤ 장기간 심한 폭주를 계속하던 사람이 갑자기 음주를 중단했을 때 나타나는 진전 및 섬망 상태로 응급을 요하는 질환이다.
　　㉥ 그 외 알코올 환각증, 알코올성 건망증후군, 알코올성 치매도 넓은 의미의 알코올 금단 증상 범주에 포함시킬 수 있다.
(3) 그 외 알코올로 유발된 장애
　① 알코올로 유발된 정신병적 장애(alcohol - induced psychotic disorders)
　② 알코올성 환각증(alcoholic hallucinosis)
　　㉠ 알코올의존이 있는 사람이 폭음을 중단 또는 감량한 후 보통 48시간 이내에 의식은 명료한 상태에서 갖가지 환청을 갖게 되는 경우
　　㉡ 환청(주로 목소리), 관계망상, 비체계적 피해망상이 나타난다.
　　㉢ 임상적으로 조현병과 유사한 양상을 보이나, 조현병에 비해 증상이 나타나는 기간이 짧다.
　　㉣ 알코올 금단 섬망에 비해 의식이 명료하다.

③ 알코올성 건망장애(alcohol amnestic disorder)
　㉠ 장기간에 걸친 대량 음주에 의해 단기기억의 장애가 오는 것이 특징이며, 이것은 비타민 결핍 때문이다.
　㉡ 일단 발병하면 회복이 어렵다.
④ 알코올로 유발된 지속성 치매(alcohol - induced persisting dementia)
　㉠ 장기적인 음주와 관련되어 나타난 치매
　㉡ 알코올의 중독이나 금단에 의한 효과를 감별하기 위하여 금주 후 3주가 경과한 후에 진단을 내린다.
⑤ 알코올로 유발된 기분장애
　반복된 음주에 의해 우울증이나 조증이 나타난 경우
⑥ 알코올로 유발된 불안장애
　㉠ 급성 또는 만성 금단상태에서 불안이 나타나는 것이다.
　㉡ 대개 공황장애이며 기타 범불안 장애, 공포증 또는 사회공포증과 유사한 증상도 있다.
⑦ 알코올로 유발된 성기능장애
　만성 알코올 의존 환자에서 테스토스테론 감소, 고환 크기의 감소 및 여성화장애, 발기부전 등 나타난다.
⑧ 알코올로 유발된 수면장애
　자주 잠에서 깨는 현상이 나타난다.
⑨ 기타 알코올 관련 정신장애
　㉠ 성격장애 : 반사회적 인격장애 유병률이 높다.
　㉡ 다른 물질남용 : 알코올은 다른 남용물질의 부작용이나 원하지 않는 효과를 완화시키기 위해 사용하거나, 이들 물질을 구할 수 없을 때 이를 대신하기 위해 사용, 흡연이 많다.
　㉢ 폭력과 자살 : 반사회성 성격장애에 의한 범죄행동과 관계가 있다.

기출문제 확인학습

고통을 경감시키는 작용을 하는 신체 내 분비물질(엔돌핀과 엔케팔린)

1) 뇌에는 쾌락의 느낌을 주고 통증을 감소시켜주는 여러 진정성 신경전달물질들이 있는데 이는 엔돌핀, 엔케팔린, 모르핀 등이다.
2) 엔돌핀은 사람이 스트레스 상황에 빠지면 고통을 덜어주기 위해 뇌에서 분비되는 것으로 가장 강력한 마약성 진통제인 모르핀의 200배에 해당하는 진통효과를 발휘한다.
3) 엔케팔린(enkephalin)은 웃을 때 엔돌핀과 함께 나오는 신경펩티드 호르몬으로 모르핀보다 300배 강한 물질로 아편과 유사한 체내 물질이라 하여 체내 아편성 물질이라고도 불리며 엔도르핀과 함께 자연적인 진통 작용과 아편의 작용과 같은 희열감·행복감 등을 일으키는 신경 펩티드이다.
4) 엔돌핀과 엔케팔린 등의 물질 분비는 면역력이 올라가면서 진통작용이 생긴다.

제4절 성격장애

> **성격장애(Personality Disorders)의 하위유형**
> 1) 군집 A 성격장애 : 편집성(Paranoid), 조현성(Schizoid), 조현형(Schizotypal)
> 2) 군집 B 성격장애 : 반사회성(Antisocial), 경계성(Borderline), 연극성(Histrionic), 자기애성(Narcissistic)
> 3) 군집 C 성격장애 : 회피성(Avoidant), 의존성(Dependent), 강박성(Obsessive-Compulsive)

1 성격장애의 개요

1 성격장애(Personality Disorder)

성격장애는 한 개인이 지닌 삽화적이 아닌, 지속적인 일정한 행동양상 때문에 현실에 적응하는 데 있어서 자신에게나 사회적으로 주요한 기능장애를 초래하게 되는 이상 성격의 양상으로 볼 수 있다.

2 성격장애로 진단되기 위한 몇 가지 기준

(1) 개인의 지속적인 내적 경험과 행동 양식이 그가 속한 사회의 문화적 기대에서 심하게 벗어나야 한다.
   → 이러한 양식은 인지(예 자신, 타인, 사건을 지각하고 해석하는 방식), 정동(예 정서 반응의 범위, 강도, 불안정성, 적절성), 대인관계 기능, 충동 조절의 4개 영역 중 2개 이상의 영역에서 나타나야 한다.
(2) 고정된 행동 양식이 융통성이 없고 개인생활과 사회생활 전반에 넓게 퍼져 있어야 한다.
(3) 고정된 행동 양식이 사회적, 직업적 그리고 다른 중요한 영역에서 임상적으로 심각한 고통이나 기능의 장애를 초래해야 한다.
(4) 양식이 변하지 않고 오랜 기간 지속되어 왔으며 발병 시기는 적어도 청소년기나 성인기 초기로 거슬러 올라갈 수 있어야 한다.

3 성격장애(Personality Disorder)의 증상

(1) 만성적이고 만연된 융통성 없는 행동패턴을 보인다.
(2) 기능의 손상과 주관적인 고통을 일으킬 만큼 부적응적인 환경지각 및 반응패턴을 보인다.
(3) 이러한 패턴은 아동기, 청소년기에 형성되어 일생동안 지속되는 행동패턴으로서 이 시기 부모나 중요 타인의 모델링 또는 상호작용이 중요한 역할을 한다.
(4) 다른 정신장애의 증상이나 결과로 일어나는 것이 아니다.

2 A군 성격장애

기이하고 괴상한 행동특성을 나타내는 성격장애임

1 편집성 성격장애(Paranoid Personality Disorder)

(1) 주요 증상과 임상적 특징
   ① 편집성 성격장애는 타인의 의도를 적대적인 것으로 해석하는 불신과 의심을 주된 특징으로 한다.
   ② 다른 사람이 자신을 부당하게 이용하고 피해를 주고 있다고 왜곡하여 생각하고 친구의 우정이나 배우자의 정숙성을 자주 의심하며 자신에 대한 비난이나 모욕을 잊지 않고 가슴에 담아 두어 상대방에게 보복하는 경향이 있다.
   ③ 주변 사람들과의 지속적인 갈등의 경험으로 스트레스를 많이 경험하고 우울증, 공포증, 강박장애, 알코올 남용과 같은 정신장애가 나타날 가능성이 높다.
   ④ 강한 스트레스가 주어질 때 짧은 기간 동안 심리적 혼란을 경험하여 망상장애나 조현병으로 발전되는 경우도 있다.
   ⑤ 조현형, 조현성, 자기애성, 회피성, 경계성 성격장애의 요소를 함께 지니고 있는 경우가 많다.
   ⑥ 타인의 동기를 악의에 찬 것으로 해석하는 등 광범위한 불신과 의심이 성인기 초기에 시작되어 여러 가지 상황에서 나타나며 다음 7가지 특성 중 4개 이상을 만족시켜야 한다.
      ㉠ 충분한 근거 없이 다른 사람에게 착취당하고 해를 당하거나 속임을 당하고 있다고 의심한다.
      ㉡ 친구나 동료의 성실성이나 신용에 대한 부당한 의심을 한다.
      ㉢ 정보가 자기에게 악의적으로 사용될 것이라는 부당한 공포 때문에 터놓고 얘기하기를 꺼린다.
      ㉣ 타인의 말이나 사건 속에서 자신을 비하하거나 위협하는 숨겨진 의미를 찾으려 한다.
      ㉤ 원한을 오랫동안 풀지 않는다.
      ㉥ 자신에 대한 모욕, 손상, 경멸을 용서하지 않는다.
      ㉦ 타인은 그렇게 생각하지 않지만 자신의 인격이나 명성이 공격 당했다고 인식하고 즉시 화를 내거나 반격한다.
      ㉧ 이유 없이 배우자나 성적 상대자의 정절에 대해 반복적으로 의심한다.

(2) 원인
   ① 정신분석적 입장
      ㉠ 무의식적인 동성애적 욕구에 기인한다.
      ㉡ 동성애적 욕구에 대한 불안을 제거하기 위해서 부인, 투사, 반동형성의 방어기제를 사용함으로써 편집성 성격특성이 나타난다.
      ㉢ 편집성 성격을 지닌 사람은 어린 시절 부모로부터 가학적인 양육을 받는 경향이 있으며 이 과정에서 자신과 타인에 대한 가학적 태도를 내면화한다.
      ㉣ 자신의 적대감과 비판적 태도를 자각하지 못하는 특성 때문에 타인이 자신에게 적대적인 태도를 나타내는 이유를 이해하지 못하고 타인은 믿지 못할 악한 존재라는 생각을 강화하게 된다는 것이다.

② 인지적 입장
    ㉠ 독특한 신념과 사고과정에 초점을 둔다.
    ㉡ 편집성 성격장애자들의 3가지 기본적 신념
        ㉮ 사람들은 악의적이고 기만적이다.
        ㉯ 그들은 기회만 있으면 나를 공격할 것이다.
        ㉰ 긴장하고 경계해야만 나에게 피해가 없을 것이다.
    ㉢ 타인에 대한 적대적 신념, 타인의 부정적 측면에 대한 선택적 지각, 타인의 적대적 행동 유발, 타인의 적대성에 대한 신념의 확인으로 이어지는 악순환이 반복됨으로써 편집성 성격성향이 지속되는 것이다.

(3) 치료
① 치료자와 내담자 간의 신뢰로운 관계 형성이 매우 어렵지만, 그만큼 중요하기도 하다.
② 치료자는 솔직하고 개방적인 자세로 신뢰감을 심어주는 것이 중요하다.
③ 편집성 성격장애자가 치료자의 언행에서 적대적 요소를 포착하여 치료자에게 의심과 분노와 적대감을 표현할 때 치료자는 내담자의 감정을 잘 수용하는 것이 중요하다.
④ 이들이 겪고 있는 문제와 갈등의 근본적인 원인이 자기 자신에게 있음을 자각하고 자신을 변화시키기 위한 실제적인 노력을 하게 하는 것이 중요하다.

2 조현성 성격장애(Schizoid Personality Disorder)

(1) 주요증상과 임상적 특성
① 조현성 성격장애는 감정표현이 없고 대인관계를 기피하여 고립된 생활을 하는 성격장애이다.
② 이러한 성격의 소유자는 사람을 사귀려는 욕구가 없으며 생활 속에서 거의 즐거움을 느끼지 못하고 타인의 칭찬이나 비난에 무관심하며 주로 혼자 하는 활동에 종사하는 경우가 많다.
③ 우울증을 지니고 있는 경우가 흔하며 조현형, 편집성, 회피성 성격장애의 요소를 함께 지니고 있는 경우가 많다.
④ 사회적 관계에서 고립되어 있고 대인관계 상황에서 감정 표현이 제한되어 있는 특성이 성인기 초기부터 생활 전반에 나타나며 다음 특성 중 4개 이상의 항목을 충족시켜야 한다.
    ㉠ 가족의 일원이 되는 것을 포함하여, 친밀한 관계를 원하지도 즐기지도 않는다.
    ㉡ 거의 항상 혼자서 하는 활동을 선택한다.
    ㉢ 만약 여럿이 같이 한다고 하더라도, 소수의 활동에서만 즐거움을 얻는다.
    ㉣ 다른 사람과 성경험을 갖는 일에 거의 흥미가 없다.
    ㉤ 직계가족 이외에는 가까운 친구나 마음을 털어놓는 친구가 없다.
    ㉥ 타인의 칭찬이나 비평에 무관심해 보인다.
    ㉦ 정서적인 냉담, 무관심 또는 둔마된 감정반응을 보인다.

(2) 원인
① 정신분석적 입장
    ㉠ 편집성 성격장애와 마찬가지로 기본적 신뢰의 결여에 기인한 것으로 본다.

㉡ 어려서 부모로부터 충분히 수용되지 못하거나 거부당하는 경험을 지니는 경향이 있는데 조용하고 수줍으며 순종적인 모습을 나타낸다.
㉢ 조현성 성격장애자들은 기본적으로 타인과 관계를 맺는 능력에 결함이 있으며 이러한 결함은 유아기에 부모로부터 양육되는 과정에서 경험하는 부적절감에 기인한다.
② 인지적 입장
㉠ 부정적 자기개념과 대인관계 회피에 관한 사고가 조현성 성격장애의 특성을 초래한다.
㉡ "나는 혼자 있는 것이 낫다.", "아무도 나를 간섭하지 않았으면 좋겠다.", "다른 사람들과 관계를 맺으면 문제만 일어난다.", "주위에 사람들만 없다면 인생은 별로 복잡하지 않을 것이다." 등의 사고를 내면적으로 지니고 있다.

(3) 치료
① 치료자가 인내심을 가지고 내담자의 침묵이나 소극적 태도를 수용하면서 서서히 관계형성에 노력해야 한다.
② 내담자의 사소한 정서적 반응에도 주목하고 공감적으로 수용함으로써 치료자와의 관계형성에 흥미를 갖도록 유도해야 한다.
③ 치료자는 내담자가 사회적 상황에서 철수하려는 경향을 줄이고, 생활 속에서 즐거움을 경험하도록 도우며, 정서적 경험의 폭과 깊이를 서서히 확대, 심화시키고 인간관계를 형성하고 유지하는 기술을 습득하도록 노력해야 한다.

3 조현형 성격장애(Schizotypal personality Disorder)[7]

(1) 주요 증상과 임상적 특성
① 조현형 성격장애는 친밀한 인간관계를 불편해하고 인지적 또는 지각적 왜곡과 더불어 기괴한 행동을 나타내는 성격장애이다.
② 심한 사회적 불안을 느끼며 마술적 사고나 기이한 신념에 집착하고 말이 상당히 비논리적이고 비현실적이며 기괴한 외모나 행동을 나타내는 경향이 있다.
③ 친밀한 대인관계에 대한 현저한 불안감, 인간관계를 맺는 제한된 능력, 인지적 또는 지각적 왜곡 그리고 기이한 행동으로 인해 생활 전반에서 대인관계와 사회적 적응에 현저한 손상을 나타내야 한다.
④ 위의 특성이 성인기 초기에 시작되고 다양한 상황에서 나타나며 다음의 특성 중 5개 이상의 항목을 충족시켜야 한다.
㉠ 관계망상과 유사한 사고(분명한 관계망상은 제외)를 한다.
㉡ 행동에 영향을 미치는 괴이한 믿음이나 마술적 사고(예 미신, 천리안에 대한 믿음, 텔레파시나 육감, 아동이나 청소년의 경우 기괴한 환상이나 집착)를 한다.
㉢ 신체적 착각을 포함한 유별난 지각 경험을 한다.
㉣ 괴이한 사고와 언어(예 애매하고 우회적이며 은유적이고 지나치게 자세하게 묘사되거나 또는 상동증(常同症)적인 사고와 언어)를 보인다.
㉤ 의심, 편집증적 사고를 보인다.

[7] 암기법 우리 형은 괴짜다!

ⓑ 부적절하거나 메마른 정동(정서적 요소)을 보인다.
　　　ⓐ 괴이하고 엉뚱하거나 특이한 행동이나 외모를 보인다.
　　　ⓞ 직계가족 외에는 가까운 친구나 마음을 털어놓을 수 있는 사람이 없다.
　　　ⓩ 과도한 사회적 불안(이러한 불안은 친밀해져도 줄어들지 않으며 자신에 대한 부정적인 판단보다는 편집증적 공포와 연관되어 있음)을 보인다.

(2) 원인
　① 유전적 요인
　　㉠ 유전적 요인과 관련되어 있다는 주장이 제기되고 있다.
　　㉡ 조현병 환자의 직계가족에서 유병률이 높으며 이 장애를 지닌 사람의 가족에는 조현병의 유병률이 높다.
　　㉢ 조현병과 매우 밀접한 유전적 소인이 관여하는 것으로 추정하고 있다.
　② 인지적 입장
　　㉠ 독특한 사고와 다양한 인지적 왜곡을 보인다.
　　㉡ "나는 결함이 많은 사람이다.", "사람들과 관계를 맺는 것은 매우 위험하다.", "나는 사람들이 나를 좋아하지 않는다는 것을 알고 있다.", "나는 다른 사람이 무슨 생각을 하는지 다 안다."와 같은 사고를 지닌다.
　　㉢ 자신과 무관한 일을 자신과 연결시켜 생각하는 개인화, 정서적 느낌에 따라 상황의 의미를 판단하는 정서적 추론, 무관한 사건들 간의 인과적 관계를 잘못 파악하는 임의적 추론 등의 인지적 오류를 통해서 관계 망상적 사고, 마술적 사고, 괴이한 믿음 등을 지니게 된다.

(3) 치료
　약물치료와 인지 행동적 치료가 도움이 된다고 보고되고 있다.

3　B군 성격장애

극적이고 감정적이며 변화가 많은 행동이 주된 특징임

1 반사회성 성격장애(Antisocial Personality Disorder)

(1) 주요 증상과 임상적 특징
　① 사회적 규범이나 타인의 권리를 무시하는 행동양상을 주된 특징으로 한다.
　② 거짓말, 사기, 무책임한 행동, 폭력적 행동, 범법행위를 나타내고 이러한 행동에 대해서 후회나 죄책감을 느끼지 않는 경향이 있다.
　③ 반사회성 성격장애자는 잦은 폭력과 범법(犯法) 행동, 직업 적응의 실패, 가족 부양의 소홀, 성적 문란, 채무 불이행, 거짓말이나 사기 행각, 무모한 위험행동, 문화시설의 파괴행위 등을 나타냄으로써 주변 사람과 사회에 커다란 피해를 입히게 된다.

④ 아동기에 주의 결핍 - 과잉행동장애를 나타내거나 청소년기에 품행장애를 나타낸 경향이 있다.
⑤ 타인의 권리를 무시하거나 침해하는 행동양식이 생활전반에 나타나며 이러한 특성이 15세부터 시작되어야 하며 다음의 특성 중 3개 이상의 항목을 충족시켜야 한다.
   ㉠ 다른 사람의 권리 침해
      ㉮ 법에서 정한 사회적 규범을 준수하지 않으며 구속당할 행동을 반복한다.
      ㉯ 개인의 이익이나 쾌락을 위한 반복적인 거짓말, 가명 사용, 타인을 속이는 사기 행동을 보인다.
      ㉰ 충동성 또는 미리 계획을 세우지 못한다.
      ㉱ 빈번한 육체적 싸움이나 폭력에서 드러나는 호전성과 공격성을 보인다.
      ㉲ 자신이나 타인의 안전을 무시하는 무모성이 나타난다.
      ㉳ 꾸준하게 직업 활동을 수행하지 못하거나 채무를 이행하지 못하는 행동으로 나타나는 지속적인 무책임성을 보인다.
      ㉴ 타인에게 상처를 입히거나 학대하거나 절도행위를 하고도 무관심하거나 합리화하는 행동으로 나타나는 자책의 결여를 보인다.
   ㉡ 만 18세 이상이다.
   ㉢ 15세 이전에 품행장애를 나타낸 증거가 있어야 한다.

(2) 원인
   ① 유전적인 요인
      ㉠ 유전적인 요인이 관여함을 시사하는 쌍생아 연구, 입양아 연구들이 보고되고 있다.
      ㉡ 유전적 요인과 환경적 요인 모두의 영향을 받으며 특히 여성의 반사회성 성격은 유전적 요인에 의해 더 강한 영향을 받는다.
      ㉢ 뇌의 활동에 이상을 나타낸다는 연구 보고가 있고 자율신경계와 중추신경계의 각성이 저하되어 있는 경향이 있으며, 이러한 특성이 범죄성향이나 난폭한 행동과 관련된다는 주장이 제기되었다.
      ㉣ 어린 시절 거칠고 거절을 잘하며 지배적인 부모의 태도가 아동을 공격적이고 반사회적으로 만든다는 주장도 있다.
   ② 정신분석적 입장
      ㉠ 어머니와 유아 간의 관계형성의 문제에서 반사회성 성격이 기인한다.
      ㉡ 기본적 신뢰가 형성되지 못하여 폭력적이고 파괴적인 방법으로 타인과 관계를 맺으려는 시도가 반사회성 성격으로 나타난다는 것이다.
   ③ 인지적 입장
      ㉠ 반사회성 성격장애자들의 독특한 신념체계를 보인다.
      ㉡ "우리는 정글에 살고 있고 강한 자만이 살아남는다.", "힘과 주먹이 내가 원하는 것을 얻는 최선의 방법이다.", "들키지 않는 한 거짓말을 하거나 속여도 상관없다.", "내가 원하는 것을 이루기 위해서는 어떠한 행동도 정당화될 수 있다.", "내가 먼저 공격하지 않으면 다른 사람이 먼저 나를 공격할 것이다." 등의 신념을 지니고 있다.

(3) 치료
  ① 권위적 인물에 대해 저항하는 경향이 있으므로 치료자는 중립적이고 수용적인 태도를 유지해야 하며 치료적 관계를 형성하는 것이 중요하다.
  ② 심층적 심리치료보다는 구체적인 부적응적인 행동을 변화시키는 행동치료적인 접근이 더 효과적이라고 알려져 있다.

> **기출문제 확인학습**
>
> **반사회적 성격장애의 개념과 요인**
>
> 1) 사회의 정상적이고 일반적인 규범에 맞추지 못하고 만성적, 반복적으로 비이성적, 비도덕적, 충동적, 반사회적 또는 범죄적 행동을 하고 남의 권리를 무시하거나 침해하고 더 나아가 남을 해치는 행동 등을 나타내는 장애이다.
> 2) 충동적이고 잦은 거짓말을 하는 등의 사기성을 보이며 공격성, 무책임함을 보이고 양심의 가책이 결여되어 있다.
> 3) 이는 18세 이후에 나타나고 15세 이전에는 품행장애의 증거가 있어야 한다.
> 4) 반사회적 성격장애를 갖고 있는 사람은 다른 이에 비하여 세로토닌의 활동수준이 비정상적으로 저하되어 있다. - 신경전달물질인 세로토닌(Serotonin)의 부족
> 5) 환경적 요인
>   (1) 반사회적 성격의 발달력에는 부모의 적대감이 주목되는데, 부모의 적대감과 학대의 대상이 됨으로써 그 반응으로 아이에게 적대감이 발생할 뿐만 아니라, 아이는 부모를 하나의 모델로 관찰함으로써 적대감을 배울 수도 있다.
>   (2) 또 다른 환경적 요인은 적절한 부모 모델의 결여로서, 부모의 상실보다도 변덕스럽고 충동적인 부모가 더욱 문제가 된다.

2 경계성 성격장애(Borderline Personality Disorder)

(1) 주요 증상과 임상적 특징
  ① 경계성 성격장애는 대인관계, 자기 상(象), 감정상태의 심한 불안정성을 주된 특징으로 한다.
  ② 이러한 성격장애의 소유자는 타인으로부터 버림받는 것에 대한 두려움을 지니며 강렬한 애정과 증오가 반복되는 불안정한 대인관계를 반복적으로 나타낸다.
  ③ 대인관계, 자아상 및 정서의 불안정성과 더불어 심한 충동성이 생활전반에서 나타나야 한다.
  ④ 기분장애, 공황장애, 물질 남용, 충동통제 장애, 섭식장애 등이 함께 나타나며 특히 기분장애가 나타날 때 자살가능성이 높은 것으로 알려져 있다.
  ⑤ 성인기 초기에 시작하여 다양한 상황에서 일어나며 다음의 특성 중 5가지 이상의 항목을 충족시켜야 한다.
    ㉠ 실제적인 또는 가상적인 유기(버림받음)를 피하기 위한 필사적인 노력을 한다.
    ㉡ 극단적인 이상화에서 평가절하가 특징적으로 반복되는 불안정하고 강렬한 대인관계 양식을 보인다.
    ㉢ 정체감 혼란으로 자아상이나 자기지각의 불안정성이 심하고 지속적이다.
    ㉣ 자신에게 손상을 줄 수 있는 충동성이 적어도 2가지 영역에서 나타난다.
      예 낭비, 성관계, 물질남용, 무모한 운전, 폭식
    ㉤ 반복적인 자살 행동, 자살 시늉, 자살 위협 또는 자해 행동을 보인다.
    ㉥ 현저한 기분변화에 따른 정서의 불안정성을 보인다.
      예 간헐적인 심한 불쾌감, 과민성, 불안 등이 흔히 몇 시간 지속되지만 며칠 동안 지속되는 경우는 드물다.
    ㉦ 만성적인 공허감을 보인다.

ⓔ 부적절하고 심한 분노를 느끼거나 분노를 조절하기 어렵다.
  예 자주 울화통을 터뜨림, 지속적인 분노, 잦은 육체적 싸움
ⓕ 스트레스와 관련된 망상적 사고나 심한 해리 증상을 일시적으로 나타낸다.

> **사례 적용**
>
> 내원한 젊은 여성 환자가 정체감 혼란, 충동적인 성관계, 반복적인 자살위협, 일시적인 해리증상 등을 보이고 있으나, 기질적인 손상은 없는 것으로 확인된 경우

(2) 원인
  ① 정신분석적 입장
    ㉠ 유아기의 분리 - 개별화 단계에서 심한 갈등을 경험하여 이러한 단계에 고착되어 있다고 설명한다.
    ㉡ 좋은 엄마와 나쁜 엄마가 사실은 동일한 존재라는 것을 수용하지 못한 채 엄마에 대한 양극적인 표상을 분리하여 지니게 된다.
  ② 인지적 입장
    경계성 성격장애자들의 3가지 독특한 내면적 믿음을 보이는데, 이는 "세상은 위험하며 악의에 가득 차 있다.", "나는 힘없고 상처받기 쉬운 존재이다.", "나는 원래부터 환영받지 못할 존재이다."이며 또한 흑백 논리적 사고를 통한 인지적 오류를 범한다.
  ③ 생물학적 입장
    ㉠ 선천적으로 충동적이고 공격적인 기질을 지닌다.
    ㉡ 행동억제와 관련된 세로토닌 활동수준이 낮다.
    ㉢ 핵심문제는 자기조절 기능의 손상이며 이러한 손상은 뇌의 신경인지적 결함과 관련되어 있다는 주장도 있다.

(3) 치료
  ① 일반적인 치료방법은 개인 심리치료이다.
  ② 치료자가 솔직하고 분명한 태도를 나타냄으로써 내담자의 오해를 사는 일이 없도록 하는 것이 중요하다.
  ③ 일관성 있고 안정된 지지적 태도를 견지함으로써 치료적 관계형성에 주력해야 한다.
  ④ 인지행동치료에서는 치료의 초기에 치료적 관계형성에 주력하고 다음으로 내담자의 흑백 논리적 사고를 다루어 간다.

> **실력다지기**
>
> **경계성 성격장애의 임상적 특징**
>
> 1) 실제적이거나 가상적인 유기를 피하기 위한 필사적인 노력
>   ※ 주의 : 진단기준 5에 열거한 자살 또는 자해 행위는 포함되지 않음
> 2) 극단적인 이상화의 평가 절하가 반복되는 불안정하고 강렬한 대인관계 양식
> 3) 정체감 혼란 : 심각하고 지속적인 불안정한 자아상 또는 자아 지각
> 4) 자신에게 손상을 줄 수 있는 충동성이 적어도 2가지 영역에서 나타난다.
>   예 낭비, 성관계, 물질남용, 무모한 운전, 폭식
>   ※ 주의 : 진단기준 5에 열거한 자살 또는 자해 행위는 포함되지 않음
> 5) 반복적인 자살행동, 자살시늉, 자살위협, 자해행위

6) 현저한 기분의 변화에 따른 정도의 불안정성
   예 간헐적인 심한 불쾌감, 과민성, 불안 등이 수 시간 정도 지속되지만 수일은 넘지 않음
7) 만성적인 공허감
8) 부적절하고 심한 분노 또는 분노를 조절하기 어려움
   예 자주 울화통을 터뜨림, 항상 화를 내고 있음, 자주 몸싸움을 함
9) 일과성으로 스트레스에 의한 망상적 사고 또는 해리 증상

3 연극성 성격장애(Histrionic Personality Disorder)

(1) 주요 증상과 임상적 특징
   ① 연극성 성격장애는 과도하고 극적인 감정표현을 하고 지나치게 타인의 관심과 주의를 끄는 행동을 특징적으로 나타낸다.
   ② 이러한 사람들은 항상 사람들로부터 주목받는 위치에 서고자 노력하고 외모에 신경을 많이 쓰며 자신을 과장된 언어로 나타내는 경향이 강하다.
   ③ 지나친 감정표현과 관심 끌기의 행동이 생활전반에 나타나는데 다음 특성 중 5개 이상의 항목을 충족시켜야 한다.
      ㉠ 자신이 관심의 초점이 되지 못하는 상황에서는 불편함을 느낀다.
      ㉡ 다른 사람과의 관계에서 흔히 상황에 어울리지 않게 성적으로 유혹적이거나 도발적인 행동을 특징적으로 나타낸다.
      ㉢ 감정의 빠른 변화와 피상적 감정 표현을 보인다.
      ㉣ 자신에게 관심을 끌기 위해서 지속적으로 육체적 외모를 활용한다.
      ㉤ 지나치게 인상적으로 말하지만, 구체적 내용이 없는 대화 양식을 가지고 있다.
      ㉥ 자기 연극화, 과장된 감정표현을 나타낸다.
      ㉦ 타인이나 환경에 의해 쉽게 영향을 받는 피암시성이 높다.
      ㉧ 대인관계를 실제보다 더 친밀한 것으로 생각한다.

(2) 원인
   ① 정신분석적 입장
      어린 시절의 오이디푸스 갈등에 기인한 것으로 보며 남근기의 고착이 연극성 성격을 유발할 수 있다는 주장도 있다.
   ② 인지적 입장
      ㉠ 독특한 신념과 사고방식을 보이는데, "나는 부적절한 존재이며 혼자서 삶을 영위하는 것은 너무 힘들다."는 핵심적인 믿음을 가진다.
      ㉡ "나를 돌봐줄 사람들을 찾아야 한다."고 생각하며 적극적으로 관심과 애정을 추구한다.

(3) 치료
   ① 연극성 성격장애자의 대인관계 문제에 초점을 맞추고 있다.
   ② 애정을 얻을 수 있는 적절한 현실적인 방법을 습득시킨다.

4 자기애성 성격장애(Narcissistic Personality Disorder)

(1) 주요 증상과 임상적 특징
① 자기애성 성격장애는 자신이 대단히 중요한 사람이라는 웅대한 자기상을 지니고 있어서 다른 사람으로부터 칭찬을 받고자 하는 욕구가 강한 반면, 자신을 위해 타인을 이용하며 타인의 감정을 이해하는 공감능력이 결여되어 있는 특징이 있다.
② 공상이나 행동에서의 웅대(雄大)성, 칭찬에 대한 욕구, 공감의 결여가 생활전반에 나타나며 다음의 특성 중 5개 이상의 항목을 충족시켜야 한다.
　㉠ 자신의 중요성에 대한 과장된 지각을 갖고 있다.
　　예 자신의 성취나 재능을 과장함, 뒷받침할 만한 성취가 없으면서도 우월한 존재로 인정되기를 기대함
　㉡ 무한한 성공, 권력, 탁월함, 아름다움 또는 이상적인 사랑에 대한 공상에 집착한다.
　㉢ 자신이 특별하고 독특한 존재라고 믿으며, 특별하거나 상류층의 사람들만이 자신을 이해할 수 있고 그러한 사람들(혹은 기관)하고만 어울려야 한다고 믿는다.
　㉣ 과도한 찬사를 요구한다.
　㉤ 특권의식을 가지는데, 예를 들어, 특별대우를 받을 만한 이유가 없는데도 특별대우나 복종을 바라는 불합리한 기대감을 가진다.
　㉥ 대인관계에서 착취적이며 자신의 목적을 위해서 다른 사람을 이용한다.
　㉦ 감정이입 능력이 결여되어 있어 타인들의 감정이나 욕구를 인식하거나 확인하려 하지 않는다.
　㉧ 흔히 타인을 질투하거나 타인들이 자신에 대해 질투하고 있다고 믿는다.
　㉨ 오만하고 건방진 행동이나 태도를 보인다.

(2) 원인
① 정신분석적 입장
　㉠ 지그문트 프로이트는 자기애를 "심리적 에너지가 자신에게로 향해져 자신의 신체를 성적인 대상으로 취급하는 태도"라고 정의했으며 이러한 성향이 어린 시절에는 정상적일 수 있으나, 성장하여 성숙한 형태로 발전하지 못하면 병적인 자기애가 나타날 수 있다고 주장했다.
　㉡ 부모의 과잉보호나 특이한 성장과정으로 인해 정상적인 좌절경험을 하지 못하게 되거나 웅대한 자기상에 대한 지나친 좌절을 경험하게 되면 유아기적 자기애가 지속되어 자기애성 성격장애로 발전될 수 있다.
② 인지적 입장
　"나는 매우 특별한 사람이다.", "나는 너무나 우월하기 때문에 특별한 대우를 받고 특권을 누릴 자격이 있다.", "인정, 칭찬, 존경을 받는 것은 매우 중요한 일이다.", "사람들은 나를 비판할 자격이 없다.", "나 정도의 훌륭한 사람만이 나를 이해할 수 있다."는 신념을 지니고 있다.

(3) 치료
　① 개인적 심리치료가 필요하며 치료자가 내담자와의 관계 속에서 나타나는 전이현상을 잘 활용하는 것이 중요하다고 보았다.
　② 인지행동치료는 웅대한 자기상, 평가에 대한 과도한 예민성, 공감의 결여에 대한 치료적 개입을 강조하고 있다.

> **실력다지기**
>
> **자기애의 원인에 대한 정신역동적 접근**
> 1) 프로이트
>   심리적 에너지가 자신에게로 향해져 자신의 신체를 성적인 대상으로 취급하는 태도. 타인과의 상호작용 속에서 성숙한 형태의 자기애를 발전시키지 못하고, 유아기적 자기애에 고착된 상태를 병리적 자기애로 보았다.
> 2) 코헛(Kohut)
>   부모의 과잉보호나 특이한 성장과정으로 자신의 웅대성에 대한 좌절경험을 하지 못하거나, 반대로 지나친 좌절을 경험하게 되면 자기애성 성격장애로 발전될 수 있다.
> 3) 컨버그(Kernberg)
>   자신을 특별하게 대우해주고 칭찬해주며, 헌신적인 사랑을 베풀어 주는 이상적인 어머니상이 혼합되어, 자신이 특별한 존재라는 생각을 하게 되고, 웅대한 자기상을 형성하게 된다.

4　C군 성격장애

불안과 두려움을 지속적으로 지니는 특징을 지니고 있음

1　회피성 성격장애(Avoidant Personality Disorder)

(1) 주요 증상과 임상적 특징
　① 타인으로부터 부정적 평가를 받는 것에 대해 과도하게 예민하며 사회적 상황에서 지나치게 감정을 억제하고 부적절감을 많이 느끼게 되어 대인관계를 회피하는 성격장애를 말한다.
　② 사회적 억제, 부적절감, 부정적 평가에 대한 과민성이 성인기 초기에 시작되고 여러 가지 상황에서 나타나며 다음 중 4개 이상의 항목을 충족시켜야 한다.
　　㉠ 비난, 꾸중 또는 거절이 두려워서 대인관계가 요구되는 직업 활동을 회피한다.
　　㉡ 호감을 주고 있다는 확신이 서지 않으면 사람과의 만남을 피한다.
　　㉢ 창피와 조롱을 당할까 두려워서 대인관계를 친밀한 관계에만 제한한다.
　　㉣ 사회적 상황에서 비난당하거나 거부당하는 것에 사로잡혀 있다.
　　㉤ 부적절감 때문에 새로운 대인관계 상황에서 위축된다.
　　㉥ 자신을 사회적으로 무능하고, 개인적인 매력이 없으며 열등하다고 생각한다.
　　㉦ 당황하는 모습을 보일까봐 두려워서 개인적 위험이 따르는 일이나 새로운 활동에는 관여하지 않으려 하며, 드물게 마지못해서 한다.

(2) 원인
  ① 정신역동적 입장
    주된 감정이 수치심이며 자신에 대한 부정적 자아상과 관련되는 이 수치심으로부터 숨고자 하는 소망 때문에 대인관계나 자신이 노출되는 상황을 회피하게 되는 것이다.
  ② 인지적 입장
    ㉠ 아동기 경험에서 유래하는 자신에 대한 부정적 신념과 관련되어 있다.
    ㉡ 회피성 성격장애자는 자신이 부적절하고 무가치한 사람이며 타인과의 관계에서 거부당하거나 비난당할 것이라는 믿음을 지닌다.

(3) 치료
  ① 가장 주된 치료는 개인 심리치료라고 알려져 있다.
  ② 정신역동적 치료에서는 수치심의 기저에 깔려 있는 심미적 원인을 살펴보고 과거 발달과정에서 경험한 일들과의 관련성을 탐색한다.
  ③ 인지행동치료에서는 자신의 불안을 조절하고 회피행동을 극복할 수 있는 구체적 방법을 제시하고 있다.

2 의존성 성격장애(Dependent Personality Disorder)

(1) 주요 증상과 임상적 특징
  ① 의존성 성격장애는 타인으로부터 보살핌을 받고자 하는 과도한 욕구를 지니고 있어서 이를 위해 타인에게 지나치게 순종적이고 굴종적인 행동을 통해 의존하는 성격특성을 말한다.
  ② 경계성, 회피성, 연극성 성격장애와 함께 나타나는 경향이 있으며 기분장애, 불안장애, 적응장애의 발병 위험이 높다.
  ③ 보호받고 싶은 과도한 욕구로 인하여 복종적이고 매달리는 행동과 이별에 대한 두려움을 나타낸다. 다음 중 5개 이상의 항목을 충족시켜야 한다.
    ㉠ 타인으로부터의 많은 충고와 보장이 없이는 일상적인 일도 결정을 내리지 못한다.
    ㉡ 자기 인생의 매우 중요한 영역까지도 떠맡길 수 있는 타인을 필요로 한다.
    ㉢ 지지와 칭찬을 상실하는 것에 대한 두려움 때문에 타인에게 반대 의견을 말하기가 어렵다.
    ㉣ 자신의 일을 혼자 시작하거나 수행하기가 어렵다(동기나 활력이 부족해서라기보다는 판단과 능력에 대한 자신감이 부족하기 때문이다).
    ㉤ 타인의 보살핌과 지지를 얻기 위해 무슨 일이든 다 할 수 있고 심지어 불쾌한 일을 자원해서 하기까지 한다.
    ㉥ 혼자 있으면 불안하거나 무기력해지는데, 이유는 혼자서 일을 감당할 수 없다는 과장된 두려움을 느끼기 때문이다.
    ㉦ 친밀한 관계가 끝났을 때, 필요한 지지와 보호를 얻기 위해 또 다른 사람을 급하게 찾는다.
    ㉧ 스스로를 돌봐야 하는 상황에 버려지는 것에 대한 두려움에 비현실적으로 집착한다.

(2) 원인
  ① 부모의 과잉보호는 의존성 성격장애의 중요한 요인이 된다는 주장과 의존성은 공격성이 위장된 것으로 상대방에 대한 적대감을 방어하기 위한 타협책이라는 주장도 있다. 또한 정서의 조절, 동기 및 기억에 관여하는 뇌의 영역인 변연계의 이상과 관련된다는 주장도 있다.
  ② 정신분석학적 입장
     의존성 성격장애는 구강기에 고착된 결과이며 의존성, 혼자됨에 대한 불안, 비관주의, 수동성, 인내심 부족, 언어적 공격성 등의 특성을 나타낸다.
  ③ 인지적 입장
     "나는 근본적으로 무력하고 부적절한 사람이다.", "나는 혼자서는 세상에 대처할 수 없으며 의지할 사람이 필요하다."라는 기본 신념을 지니고 있으며 또한 의존성과 독립에 대한 흑백논리를 가지고 있다.

(3) 치료
  ① 개인적인 심리치료를 할 수 있는데, 정신역동적인 치료의 목표는 내담자의 의존적 소망을 좌절시키고 내담자가 독립적으로 생각하고 행동할 수 있도록 돕는 것이다.
  ② 인지행동치료에서는 치료목표를 독립에 두기보다는 자율에 두는데, 이는 타인으로부터 독립적으로 행동하는 동시에 타인과 친밀하고 밀접한 인간관계를 유지할 수 있음을 의미한다.

3 강박성 성격장애(Obsessive – Compulsive Personality Disorder)

(1) 주요 증상과 임상적 특징
  ① 강박성 성격장애는 지나치게 완벽주의적이고 세부적인 사항에 집착하며 과도한 성취지향성과 인색함을 특징적으로 나타내는 성격장애를 말한다.
  ② 정리 정돈, 완벽주의, 마음의 통제와 대인관계의 통제에 집착하는 행동특성이 생활전반에 나타나며 이러한 특성으로 인해 융통성, 개방성, 효율성을 상실하는 대가를 치르게 된다.
  ③ 다음 중 4개 이상의 항목을 충족시켜야 한다.
     ㉠ 사소한 세부사항, 규칙, 목록, 순서, 시간계획이나 형식에 집착하여 일의 큰 흐름을 잃게 된다.
     ㉡ 과제의 완수를 저해하는 완벽주의를 보인다.
        예 지나치게 엄격한 기준에 맞지 않기 때문에 과제를 끝맺지 못함
     ㉢ 일과 생산성에만 과도하게 몰두하여 여가 활동과 우정을 희생한다(분명한 경제적 필요성에 의한 경우가 아님).
     ㉣ 도덕, 윤리 또는 가치문제에 있어서 지나치게 양심적이고 고지식하며 융통성이 없다(문화적 또는 종교적 배경에 의해서 설명되지 않음).
     ㉤ 닳아빠지고 무가치한 물건, 그리고 이 물건이 감상적 가치조차 없는 경우에도 버리지 못한다.
     ㉥ 자신이 일하는 방식을 그대로 따르지 않으면 타인에게 일을 맡기거나 같이 일하려 하지 않는다.
     ㉦ 자신과 타인 모두에게 구두쇠처럼 인색하고 돈은 미래의 재난에 대비해서 저축해두어야 하는 것으로 생각한다.
     ㉧ 경직성과 완고함을 보인다.

(2) 원인
- ① 정신분석적 입장
  - ㉠ 심리성적 발달단계에서 항문기의 경험과 관련된 것으로 본다.
  - ㉡ 강박성 성격장애가 오이디푸스 시기의 거세불안으로 인해 항문기의 안정된 상태로 퇴행한 것으로 보았다.
  - ㉢ 이 시기에 배변 훈련 과정에서 나타난 어머니의 양육방식과도 관련된다.
  - ㉣ 부모의 과잉통제적인 양육방식이 강박성 성격장애를 초래한다는 주장도 있다.
- ② 인지적 입장

  강박성 성격장애자들은 "나는 나 자신뿐만 아니라, 내 주변 환경을 완벽하게 통제해야 한다.", "나는 실수를 하지 않아야만 가치 있는 존재이다.", "실수는 곧 실패이다.", "모든 행동과 결정에는 옳고 그름이 있다."와 같은 믿음을 지니고 흑백논리적 사고, 의미 확대 및 의미 축소 등의 인지적 오류를 자주 범한다.

(3) 치료
- ① 신뢰로운 치료적 관계를 형성하는 것이 중요하다.
- ② 정신역동적 치료의 목표는 지나치게 엄격한 초자아를 수정하는 것이다.
- ③ 인지행동치료에서는 내담자가 호소하는 현재의 문제에 초점을 맞추어 구체적인 목표를 세우고 하나씩 해결해 나간다.
- ④ 이러한 과정을 통해 치료적인 관계를 증진시켜 가면서 내담자로 하여금 자신의 부적응적 신념을 탐색하고 이들의 부정적 결과를 확인하며 이해하도록 한다.

정리

1) 성격장애 A 그룹 : 기이하고 괴상한 행동특성을 나타내는 성격장애임
   (1) 편집성 성격장애(Paranoid Personality Disorder)
   (2) 조현성 성격장애(Schizoid Personality Disorder)
   (3) 조현형 성격장애(Schizotypal Personality Disorder)

2) 성격장애 B 그룹 : 극적이고 감정적이며 변화가 많은 행동이 주된 특징임
   (1) 반사회성 성격장애(Antisocial Personality Disorder)
   (2) 경계성 성격장애(Borderline Personality Disorder)
   (3) 히스테리성 성격장애(연기성 성격장애, Histrionic Personality Disorder)
   (4) 자기애성 성격장애(Narcissistic Personality Disorder)

3) 성격장애 C 그룹 : 불안과 두려움을 지속적으로 지니는 특징을 지니고 있음
   (1) 회피성 성격장애(Avoidant Personality Disorder)
   (2) 의존성 성격장애(Dependent Personality Disorder)
   (3) 강박성 성격장애(Obsessive - Compulsive Personality Disorder)

기출문제 확인학습

성격장애와 방어기제

1) 편집성 성격장애
   (1) 상대하기에 가장 불편하고 힘든 성격장애 중 하나이다.
   (2) 항상 의심이 많고 적대적인 이들이 주로 사용하는 방어기제는 투사(projection)이다.
   (3) 투사는 자기내부의 바람직하지 못한 행동을 부인하고 방출시키는 도구인 동시에, 타인을 향한 공격성 또는 보복성을 정당화하는 도구로써 작용한다.

2) 조현성 성격장애
   (1) 이들은 주지화(intellectualization)를 주요 방어기제로 사용한다.
   (2) 주지화는 장애가 있는 이들의 정서와 대인 경험을 지극히 사실적인 용어로 기술하려는 경향이다.
   (3) 주지화는 조현성 성격장애자에게 환경과 정서적으로 관련되지 않고 초연하게 지낼 수 있는 도구가 된다.

3) 조현형 성격장애
   (1) 자폐적이고 기이한 인지 양상과 심한 사회적·정서적 고립을 특징으로 하는 조현형 성격장애는 취소(undoing)를 주요 방어기제로 사용한다.
   (2) 취소는 자기 정화적 기제로써, 바람직하지 않은 행동이나 악한 동기를 참회하려는 시도이다.
   (3) 그러나 스스로는 이러한 자기행동의 실제 의미를 알지 못할 뿐만 아니라 그 행동을 통제할 능력마저 상실한 것처럼 보이기도 한다.

4) 반사회성 성격장애
   (1) 행동화(acting - out)를 주요 방어기제로 사용한다.
   (2) 행동화는 공격적인 사고와 감정 및 외현적 행동들을 충동적으로 표출하는 경향이다.
   (3) 사회적으로 용납되지 않는 행동을 바람직한 형태로 바꾸어 표현하지 않고 결과에 대한 고려 없이 직접적으로 방출하게 된다.
   (4) 분노발작(temper tantrum)이 행동화의 특징적인 예이다.

5) 연극성 인격장애 : 해리, 부정
6) 경계성 인격장애 : 분리, 투사적 동일시
7) 강박성 성격장애 : 고립(= 격리), 취소, 반동형성, 대치 `암기법` 고(분). 취. 반. 대

투사적 동일시

1) 투사적 동일시는 개인이 수용하기 힘든 내적 특성을 대상이 갖고 있는 것으로 지각하여 이에 일치된 행동과 감정을 유발하게 하는 과정이다.
2) 대상관계이론(클레인)에서 투사적 동일시는 한 개인이 특정한 상황에서 다른 사람들의 행동이나 반응을 유발하는 대인관계 행동유형이다.
3) 일차적 동일시와는 다르게, 투사적 동일시는 실제로 다른 사람들을 행동이나 정서적으로 조정하는 것이다.
4) 투사적 동일시는 내적 세계 밖으로 투사하여 그것이 대인관계 영역에서 작용하도록 하는 것이다.

5) 투사적 동일시의 4가지 유형
   (1) 의존성 - 무기력(나는 스스로 살 수 없다) - 돌봄 반응
     ① 특징 : 여러 형태로 만성적인 무기력을 호소하는 것이다.
     ② "당신은 어떻게 생각하세요?", "내가 뭘 해야 할까요?", "날 도와줄 수 있어요?", "나는 이것을 혼자 처리할 수 없을 것 같아요."
   (2) 힘 : 통제 (너는 스스로 살 수 없다) - 무능력 반응
     ① 특징 : 지배와 통제가 관련되어 있는 내적 싸움에 근거를 두며 대인관계 영역에서 약하고 무능력하다는 감정을 유발하는 식으로 드러난다.
     ② "내가 말하는 대로 정확하게 해라.", "나를 따르라.", "이렇게 해.", "내 명령에 복종해라."
   (3) 성(性) : 성애적 경향(나는 너를 성적으로 완전하게 만들어 줄 것이다) - 각성 반응
     ① 특징 : 성(性)을 수단으로 관계를 확립하고 유지하려는 대 인간 역동이며, 자신이 관심이 가는 사람에게 성애적인 반응을 유도하고, 이것에 기초하여 관계를 유지하기 위해 만들어진다.
     ② 7세 소년으로, 자신을 노출하며 사람들 앞에서 자위행위
   (4) 환심 사기 : 자기희생(너는 나에게 빚을 지고 있다) - 인정 반응
     ① 특징 : 자신이 하고 있는 일과 자신이 희생하는 것에 대해 다른 사람들이 감사하게 여기도록 만든다.
     ② "나는 너를 편하게 해주려고 매우 애쓰고 있다.", "내가 너를 위해서 얼마나 많은 일들을 하는지 전혀 모른다."

제5절 조현병 스펙트럼 및 기타 정신증적 장애

> **조현병 스펙트럼 및 기타 정신증적 장애의 하위유형**
> 1) 조현병(Schizophrenia)
> 2) 조현형 성격장애(Schizotypal Personality Disorder)
> 3) 망상장애(Delusional Disorder)
> 4) 단기 정신증적 장애(Brief Psychotic Disorder)
> 5) 조현양상 장애(정신분열형 장애 : Schizophreniform Disorder)[8]
> 6) 조현정동장애(분열정동장애 : Schizoaffective Disorder)
> 7) 긴장성 강직증(Catatonia)
>   ※ DSM - IV의 조현병 아류가 삭제되었다.
>   ※ 조현형 성격장애를 스펙트럼장애로 포함시켰다.

1 조현병(Schizophrenia)

(1) 개요
   ① 가장 심각한 부적응적 양상을 나타내는 정신장애이다.
   ② 망상, 환각, 와해된 언어, 심하게 와해된 행동이나 긴장증적 행동, 음성 증상 중 2개 이상의 증상이 1개월 이상 나타나는 활성기가 있어야 하며 장애의 징후가 전구기와 잔류기를 포함해서 6개월 이상 지속될 때 진단된다.
   ③ 망상은 자신과 세상에 대한 잘못된 강한 믿음으로 분명한 반증에도 불구하고 견고하게 지속되는 신념을 망상이라고 하며 피해망상, 과대망상, 관계망상, 애정망상, 신체망상이 있다.
   ④ 환각은 현저하게 왜곡된 비현실적 지각을 말하며 외부자극이 없음에도 어떤 소리나 형상을 지각하거나 외부자극에 대해 현저하게 왜곡된 지각을 하는 경우를 말하고 환청, 환시, 환후, 환촉, 환미로 구분된다.
   ⑤ 와해된 언어는 비논리적이고 지리멸렬한 혼란된 언어를 뜻하며 와해된 행동은 나이에 걸맞은 목표지향적 행동을 하지 못하고 상황에 부적절하게 나타내는 엉뚱하거나 부적응적인 행동이며 긴장성 운동 행동은 마치 근육이 굳은 것처럼 어떤 특정한 자세를 유지하는 경우를 말한다.
   ⑥ 음성증상은 정서적 둔마, 무(無)언어증 또는 무욕(無慾)증 상태를 보인다.

(2) 원인
   ① 생물학적 입장
      ㉠ 조현병을 뇌의 장애로 간주한다.
      ㉡ 유전적 요인의 강력한 영향을 받으며 전두엽과 기저핵을 비롯한 뇌의 여러 영역의 이상과 더불어 전두엽 피질의 신진대사 저하와 관련된 것으로 알려져 있다.
      ㉢ 조현병과 가장 밀접한 관련을 지닌 신경전달물질은 도파민(dopamine)이다.

---

[8] 조현양상장애는 ① 조현병과 동일한 임상적 증상을 나타내지만 장애의 지속기간이 1개월 이상 6개월 이하이다. ② 장애의 지속기간이 6개월 이상 지속될 경우에는 진단이 조현병으로 바뀌게 된다. ③ 유병률은 조현병의 절반 정도로 추정되고 있고, 청소년에게 흔하다고 알려져 있다.

📖 **읽을 거리**

조현병 발병의 원인으로서 '도파민 가설'을 지지하는 증거

조현병의 병인론으로 많은 생화학적 이론이 제시되어 왔는데 그 중 도파민 가설이 가장 지배적이다.

1) 고전적 도파민 가설
   (1) 고전적 도파민 가설은 도파민의 과다 분비 혹은 도파민 수용체의 증가로 인하여 도파민 활동이 과잉상태가 되면 조현병이 발생한다는 가설이다.
   (2) 이 가설의 주요한 근거는 항정신병 약물의 효과가 도파민 d2 수용체 차단효과와 밀접한 상관성을 갖고 도파민 활성을 항진시키는 약물에 의해 조현병 증상이 유도되거나 악화된다는 것이다.
   (3) 또한 도파민의 대사물질인 HVA의 혈장농도가 조현병에서 증가한다는 보고나 이 물질의 증가가 조현병 증상의 심각도 및 치료반응과 밀접한 관련이 있다는 보고 등도 이 가설을 지지하는 소견이다.
   (4) 그러나 이 가설은 너무 단순하고 포괄적이어서 도파민 과활성이 도파민 유리와 증가를 의미하는지, 도파민 수용체의 수의 증가 혹은 감수성 증가를 의미하는지가 확실하지 않고 또 뇌의 어떤 도파민 경로의 문제인지도 불확실하다는 한계가 있다.

2) 최근 수정된 도파민 가설들
   (1) 수정된 도파민 가설 1
      ① 조현병 발생 시에 도파민계의 일부는 활성이 증가되고 다른 일부는 오히려 활성이 감소한다는 가설이다.
      ② 전 전두피질의 도파민 신경을 선택적으로 파괴하면 피질하 도파민 활성과 d2 수용체가 증가된다.
      ③ 반대로 전 전두피질에 암페타민을 주입하면 도파민 대사물질이 감소된다.
      ④ 이러한 결과에 근거하여 조현병의 증상이 중뇌피질경로의 도파민 저활성과 중뇌 변연계 경로의 도파민 과다 활성에 의해 발생한다는 가설이 제시되었다.
   (2) 수정된 도파민 가설 2
      ① 도파민 수용체 아형에 따른 뇌조직별 분포, 항정신병 약물과의 결합 그리고 약물학적 작용이 다르다는 것에 기초한 것이다.
      ② 뇌 선조체 외에도 전두엽을 포함한 대뇌피질에 분포하고 음성 증상과 관련이 있다고 알려져 있으며 d2 수용체는 주로 뇌 선조체와 변연계에 존재하며 양성증상과 관련이 있다고 제안되고 있다.
      ③ 최근 d1, d2수용체가 관련이 있음이 밝혀져 연구의 초점이 되고 있다.

3) 뇌에서 도파민(dopamine) 생성을 자극하는 암페타민(amphetamine), 엘 - 도파(L - Dopa), 코카인(cocaine)을 다량 복용하면 조현병과 유사한 증상을 나타낸다는 임상적 보고와 더불어 조현병 치료에 효과가 있는 항정신병 약물들이 도파민에 영향을 준다는 연구결과들이 있다.

② 인지적 입장
   ㉠ 주의 장애에 기인한 사고장애로 보며 주의 기능의 손상으로 인해 부적절한 정보가 억제되지 못하고 의식에 밀려들어 정보의 홍수를 이루게 되어 심한 심리적 혼란을 경험하고 와해된 언행을 나타내게 된다.
   ㉡ 조현병 환자는 심리적 혼란을 감소시키기 위해 지나치게 단순한 논리로 혼란스런 현상을 설명하기 위해 망상을 발달시키거나 외부자극에 대해 무감각한 태도를 취하며 사회적 관계를 회피하게 된다.

③ 정신분석적 입장
    ㉠ 자아가 발달하기 이전의 초기발달과정에서 원인을 찾는다.
    ㉡ 조현병은 강한 심리적 갈등으로 인해 초기단계의 미숙한 자아상태로 퇴행한 것이라는 갈등모델과, 심리적 에너지가 내부로 철수되어 외부세계와 단절된 자폐적 상태에서 적응기능이 손상된 것이라는 결손모델이 제기되었다.
    ㉢ 이 밖에 자아경계의 손상, 피해의식적인 대상관계, 발달초기의 자폐적 단계로의 퇴행 등이 조현병을 야기한다는 주장이 제기되고 있다.
④ 환경적 요인
    ㉠ 가족관계가 조현병에 영향을 미치는 중요한 환경적 요인이다.
    ㉡ 부모의 부적절한 양육태도, 자녀에 대한 부모의 이중적인 의사소통 양식, 가족 간 심한 갈등과 부정적 감정의 과도한 표출, 부모의 편향적 또는 갈등적 부부관계가 조현병 발병과 경과에 영향을 미친다는 주장이 제기되었다.

실력다지기

표현된 정서

조현병의 예후와 재발로 인한 환자가족들의 환자에 대한 비난, 적개심, 지나친 정서 감정(표현된 정서, EE ; expressed emotion) 등이 관여하므로 가족구성원들이 조현병환자의 재활치료에 영향을 미치게 된다.

    ㉢ 취약성 - 스트레스 모델
        유전적 요인과 출생 전후의 신체적 - 심리적 요인에 의해 개인마다 다른 조현병에 대한 취약성과 취약성을 지닌 사람에게 스트레스 사건이 발생하여 그 적응부담이 일정한 수준을 넘게 되면 조현병이 발병한다고 통합적으로 설명하고 있다.

심화

취약성 - 스트레스 모델

1) 정신질환의 원인은 흔히 스트레스 - 취약성 모델(stress - diathesis model)로 설명된다.
2) 이 이론은 주요 정신장애에 관한 취약성을 선천적으로 타고 나거나 후천적으로 획득한 사람에게 다양한 스트레스가 가해졌을 때 정신질환이 유발된다고 본다.
3) 취약성이란 주요 정신질환을 일으킬 수 있는 위험성을 의미하며, 증상의 발생시기와 관계없이 개인이 지속적으로 지니고 있는 병리적 이상을 말한다.
4) 이 모델은 질병에 대한 소인인 취약성과 환경적 스트레스 간의 상호작용에 초점을 둔다.
5) 스트레스와 취약성의 관계를 강물과 강둑의 관계에 비유할 수 있는데, 환자는 선천적으로 일반인에 비해서 강둑의 높이가 낮기 때문에 심한 스트레스를 받게 되면 강물이 금방 강둑을 넘치게 되어 발병하거나 재발하게 되는 것이다.

기출문제 확인학습

조현병의 원인

1) 생물학적 요인
   (1) 유전적 요인
      ① 양자연구 : 양부모보다 친부모와 공병률이 높다.
      ② 유전적 요인의 강력한 영향력이 있다는 보고도 있다.
   (2) 뇌의 구조적 이상
      ① 정상인보다 뇌실의 크기가 크고, 뇌 피질의 양이 적은 것 등이 있다.
      ② 뇌실의 확장은 주로 음성증상을 나타내는 조현병 환자, 양극성 장애, 신경성 식욕부진증, 알코올 중독 환자에게서도 나타난다.
   (3) 뇌의 기능적 이상
      전두엽 피질의 신진대사 저하, 좌반구에서 과도한 활동이 나타난다.
   (4) 신경전달물질
      ① 도파민(dopamine) : 도파민 가설
         뇌에서 도파민 생성을 자극하는 amphetamine, L - Dopa, cocaine을 다량 복용하면 조현병과 유사한 증상이 나타난다.
      ② 세로토닌(serotonin) : 세로토닌 - 도파민 가설
         이 두 가지 신경전달물질의 수준이 높으면 조현병 증상이 나타난다.
   (5) 생물학적 환경
      ① 출생 전후의 생물학적 환경 : 태내조건, 출생시의 문제, 출생 직후의 문제는 유전적 취약성을 발현시키는 작용을 한다.
      ② 바이러스 : 늦겨울에서 봄에 태어난 경우, 자궁에 있을 때가 여름이어서 바이러스에 더 많이 노출될 수 있다.
      ③ 가족력이 있는 조현병 환자는 주의 장애를 보였다.

2) 심리적 요인
   (1) 인지적 입장
      ① 주의 장애에 초점
         ㉠ 조현병이 사고장애이며 사고장애는 주의 기능의 손상에 기인한다고 주장한다.
         ㉡ 주의기능이 손상되면 부적절한 정보를 억제하지 못해 정보의 홍수를 이루므로 심리적 혼란을 경험하게 된다.
      ② 망상형 또는 급성 조현병 환자는 주의의 폭이 확대되어 외부 자극에 지나치게 예민한 반응을 나타내는 반면, 비망상형 또는 만성 조현병 환자는 반대로 주의 폭이 협소해져서 외부 자극을 잘 포착하지 못하며 대부분의 인지적 과제에서 현저한 수행저하를 나타난다.
      ③ 작업기억(단기기억, working memory)의 손상, 전두엽 피질의 기능 이상과 관련된다.
   (2) 정신분석적 입장
      ① 오이디푸스 단계 이전의 심리적 갈등과 결손에 의해 생겨나는 장애로 본다.
      ② 자아경계(ego boundary)의 붕괴
         외부적 자아경계 손상이 외부 현실과 심리적 현실을 구분하지 못하는 환각과 망상의 증상을 나타내고, 내부적 자아경계 약화가 초기의 미숙한 자아상태 출현의 원인이 된다고 주장한다.

③ 대상관계이론의 입장 : 생후 1년 이내에 두 가지의 인간관계 패턴을 형성한다.
　　㉠ 피해의식적 입장
　　　자신의 공격적 상상을 엄마에게 투사하여 엄마로부터 박해 받을지 모른다는 인식을 갖게 된다.
　　㉡ 우울적 입장
　　　엄마를 공격하는 박해자로서의 죄책감을 지닌다.
　　㉢ 조현병의 잠재가능성을 지닌 아동은 엄마에 대해 공격적 충동을 지니며 이를 엄마에게 투사하여 피해의식적 불안을 갖게 됨으로써 외부세계로부터 철수, 분리, 투사적 동일시 등의 방어기제를 사용하며 피해의식적 입장에 고착된다.

3) 가족관계 및 사회환경적 요인
　(1) 어머니의 부적절한 양육태도
　　① 차갑고 지배적이며 자녀에게 갈등을 조장하는 경향이 있다.
　　② 조현병 유발적 어머니는 자녀의 감정에 무감각, 거부적, 친밀감에 대한 두려움 또는 자녀에게 과잉보호적, 과도한 자기희생을 보인다.
　(2) 이중구속이론
　　① 조현병 환자의 부모는 이중적 의미의 의사소통을 하는 경향이 있다.
　　② 부모 가운데 한 사람이 동일한 사안에 대해서 서로 다른 시기에 상반된 의사를 전달하거나, 동일한 사안에 대해 부모가 서로 상반된 지시나 설명을 한다.
　(3) 환자 가족의 의사소통 문제
　　① 불분명한 소통방식과 비논리적 소통방식을 보인다.
　　② 정상적이고 합리적인 사고나 의사소통을 방해함으로써 발병이나 경과에 영향을 미칠 수 있다.
　(4) 표현된 정서
　　조현병 환자의 가족은 비판적이고 분노감정을 과도하게 표현할 뿐 아니라 환자에 대해 과도한 간섭을 한다.
　(5) 부모의 부부관계
　　① 편향적 부부관계 : 수동적인 배우자가 정신적으로 건강하지 못한 배우자에게 가족에 대한 통제권을 양보한 채 자녀에게 집착하는 경우
　　② 분열적 부부관계 : 부부가 만성적인 갈등상태에서 서로의 요구를 무시하고 자녀를 자기편으로 만들기 위해 치열하게 경쟁하는 경우
　(6) 사회문화적 환경
　　① 사회적 유발설
　　　낮은 사회계층에 속하는 사람은 타인으로부터의 부당한 대우, 낮은 교육수준, 낮은 취업기회 및 취업조건 등으로 많은 스트레스와 좌절경험을 하게 되며 그 결과 조현병으로 발전할 수 있다.
　　② 사회적 선택설
　　　조현병 환자들이 부적응적인 증상으로 인하여 사회의 하류계층으로 옮겨가게 된 것이다.

4) 취약성 - 스트레스 모델
　장애에 대한 취약성이 지속되는 장애로서, 이러한 취약성을 지닌 사람에게 스트레스 사건이 발생하여 그 적응부담이 일정한 수준을 넘게 되면 조현병이 발병한다.

(3) 치료
① 현실검증력의 손상이 현저하고 자신과 타인을 위해할 가능성이 있기 때문에 입원치료를 받아야 한다.
② 양성 증상의 완화를 위한 항정신병 약물이 사용되는 약물치료가 우선적으로 작용하며 사회적 재적응과 재발방지를 위한 심리치료가 병행되어야 한다.
③ 정신역동적 치료는 환자의 자아기능 강화와 의미 있는 관계형성에 초점을 두고 인지행동치료에서는 적응적 행동과 사고를 증가시키기 위해 인지치료적 기법, 건강한 자기대화를 위한 자기지시 훈련, 사회적 기술훈련, 문제해결 훈련, 환표(換票)이용법과 같은 다양한 방법이 활용되고 있다.

정리

조현병과 클로자핀

1) 조현병은 전 세계의 1%에게 나타나는 중증 뇌질환이다.
2) 조현병의 가장 큰 특징은 환상, 망상, 사고 장애이며 여성보다는 남성에게 많이 발생하며 사춘기 후기나 성인 초기에 주로 진단된다고 한다.
3) 현재 가장 효과적인 조현병 치료약물로는 클로자핀(clozapine)이 있다.
4) 원래 항우울제로 개발된 클로자핀은 조현병에도 효과를 보여서 이용되고 있다.
5) 클로자핀은 환자들을 완치시키기 못하고 당 대사 이상 및 백혈구 수치 감소와 같은 부작용이 수반되는 경우가 많아서 이용에 제한이 발생하고 있다.
6) 조현병 치료제인 클로자핀은 글루탐산 수용체의 활성 수준을 현저히 늘렸으며 세로토닌 수용체의 활성 수준을 감소시켰다고 한다.

정리

조현병의 진단기준

1) 특징적 증상 : 다음 증상 가운데 2개(또는 그 이상)가 있어야 하며, 1개월 중 상당 기간 동안 존재해야 한다(단, 성공적으로 치료된 경우는 짧을 수 있다).
   (1) 망상
   (2) 환각
   (3) 와해된 언어(예 빈번한 탈선 또는 지리멸렬 → 말이 조리 있게 안 됨)
   (4) 심하게 와해된 행동이나 긴장증적 행동
   (5) 음성 증상, 즉 정서적 둔마, 무논리증 또는 무욕증
   ※ 주의 : 만약 망상이 기괴하거나, 환각이 계속적으로 행동이나 생각에 대해 간섭하는 목소리이거나, 둘 또는 그 이상이 서로 대화하는 목소리일 경우에는 한 개 증상만 있어도 된다.
2) 사회적·직업적 기능부전 : 발병 이후 상당 기간 동안 직업이나 대인 관계, 또는 자기 관리와 같은 하나 또는 그 이상의 주요 생활 영역의 기능 수준이 발병 이전과 비교하여 현저히 감소되어 있는 경우(또는 소아나 청소년기에 발병될 경우에는 대인관계, 학업 또는 직업 분야에서 적절한 성취를 이루지 못하는 경우)
3) 기간 : 장애의 징후가 적어도 6개월 이상 지속되어야 한다. 6개월의 기간은 진단기준 A를 충족시키는 증상(활성기 증상)이 존재하는, 적어도 1개월의 기간을 포함하고 있어야 하며(또는 성공적으로 치료되면 더 짧을 수 있음), 이 기간은 전구기와 잔류기를 포함할 수 있다. 전구기나 잔류기에는 음성증상만 있거나 진단기준 A에 있는 증상 가운데 2개 이상의 증상이 악화된 형태로 나타난다.
   예 괴상한 믿음, 이상한 지각적 경험

4) 조현정동장애와 기분장애의 배제 : 조현정동장애와 정신증적 양상이 있는 기분장애는 다음과 같은 이유로 배제될 수 있다.
   (1) 주요 우울증, 조증 또는 혼재성 삽화가 활성기 증상과 동시에 나타나지 않는다.
   (2) 만약 활성기 증상이 있는 기간 중에 기분 삽화가 발생한다면, 활성기와 잔류기에 비해 전체 삽화의 기간이 상대적으로 짧다.
5) 물질 및 일반적인 의학적 상태의 배제 : 장애가 물질(예 남용 약물이나 투약 약물)이나 일반적인 의학적 상태의 직접적인 생리적 효과로 인한 것이 아니다.

기출문제 확인학습

조현병의 주요 증상

1) 환각과 같은 지각장애가 나타난다.
2) 와해된 언어 및 사고장애가 나타난다.
3) 무논리증 또는 무욕증과 같은 정서적 둔마가 나타난다.
4) 슬픈 이야기를 하면서 무표정하거나 화를 내고 망상을 나타낸다.

Schneider가 주장한 조현병의 1급 증상 - 11가지

1) 사고 반향
2) 환청과의 대화나 논쟁
3) 환자의 활동을 간섭하거나 논평하는 환청
4) 망상적 지각
5) 신체적 피동체험
6) Thought insertion(사고 투입)
7) Thought withdrawal(사고 철수)
8) Thought broadcast (사고 전파)
9) 만들어진 감정
10) 만들어진 충동
11) 만들어진 수의적 행동

블로일러(Bleuler)가 제시한 조현병의 4가지 근본증상

1) 1911년 스위스의 E. Bleuler는 소위 조발성 치매가 반드시 불치의 병도 아니며, 병의 경과나 예후보다는 인격의 통합이 와해되고 관념 연합이 이완, 해체되는 이 병을 정신분열증(schizophrenia)이라고 고쳐 부를 것을 제안하였다.
2) 그는 중요 기본 증상으로 연상장애, 둔마된 감정, 자폐증, 양가감정(소위 4A 증상)을 말했고 망상, 환각은 부수적 증상이라 했다.
3) Bleuler의 4As는 연상(Associations)장애 - 정서(Affect)장애 - 자폐적 사고(Autistic thinking) - 양가감정(Ambivalence)이다.

> 실력다지기

조현병의 증상들

조현병은 증상이 나타날 때 그 사람의 생각, 행동과 반응에 영향을 미치게 되며, 증상을 양성증상·분열증상·음성증상 3가지로 나눌 수 있다.

1) 양성증상(Positive Symptoms)
    (1) 정상적으로는 있지 말아야 되는 증상을 가진 것을 말하며 양성증상을 때로 정신이상이라고 부르는데 왜냐하면 환자들이 중요한 부분에서 현실과 동떨어져 있기 때문이다.
    (2) 양성증상의 주요 증상
        ① 망상(Delusion)
            조현병 환자들은 때때로 거짓이거나 비현실적인 신념을 가지고 있으며 그들의 신념은 다른 사람들이 자신의 생각을 읽는다든지, 자신을 조종하고 있다든지 또는 그들이 다른 사람들의 마음을 조종할 수 있다고 믿는 것 등이다.
        ② 환각(Hallucination)
            실제로 존재하지 않는 것을 듣거나 본다든지, 냄새를 맡거나 느낀다든지 하는 증상을 말한다.

2) 분열증상(Disorganized Symptoms)
    (1) 생각과 말
        조현병 환자들은 때때로 조리 있게 문장을 표현하거나 대화를 이어가지 못한다.
    (2) 행동
        조현병은 사람을 천천히 움직이게 하거나, 같은 행동을 규칙적으로 반복하거나 의식적인 행위를 하게 하기도 한다.
    (3) 지각통찰력
        조현병 환자는 때로 매일 보고 듣고 느끼는 것을 이해하는 데 어려움을 가질 수 있는데, 그들을 둘러싸고 있는 지각 통찰력이 왜곡되어서 평범하던 것이 이상하거나 두렵게 보이기도 해서 주변의 소음이나 색깔, 모양 등에 지나치게 예민해질 수 있다.

3) 음성증상(Negative Symptoms)
음성증상은 꼭 있어야 하는 특성의 부족을 의미하며 이 증상은 양성증상처럼 두드러지지는 않아도 환자의 기능에 심각하게 영향을 미친다.
    (1) 감정이 없어 전혀 표현이 안 되는 경우
        조현병은 자신의 감정을 분명하게 설명하는 데 어려움을 주기도 하고 같은 톤으로 말을 한다거나 얼굴에 표정이 없어지기도 한다.
    (2) 의욕과 에너지 결여
        조현병 환자들은 기운이 없거나 어떤 새로운 계획을 시작하는 데 어려움을 겪거나 끝마치는 것이 어렵고 심한 경우에는 목욕을 하거나 옷을 갈아입는 것과 같은 단순한 일조차 지속적으로 알려주어야 한다.
    (3) 흥미의 결여
        조현병 환자들은 주변의 것들에 흥미나 기쁨을 느끼지 못하기도 하고 심지어 자신이 좋아하던 것조차 흥미를 잃어버리며 집밖으로 나가려고 하지도 않으며 어떤 일을 하려고도 하지 않을 수 있다.
    (4) 언어의 제한(빈곤한 언어)
        말이 간단해지고 내용이 없어진다. 종종 지속적인 대화를 하거나 새로운 것을 말하는 데 어려움을 겪는다.

2 조현정동장애(분열정동장애 : Schizoaffective Disorder)의 진단기준

(1) 주요 우울증 삽화, 조증 삽화 또는 혼재성 삽화 가운데 하나가 연속적으로 지속되는 기간 동안의 진단기준 A를 충족시키는 증상들이 일부 기간 동안 동반된다.

　※ 주의 : 주요 우울증 삽화는 반드시 진단기준 (1)을 포함해야 한다 : 우울 기분

(2) 동일한 장애 기간 중 망상이나 환각이 현저한 기분 증상이 없는 상태에서 적어도 2주 이상 존재해야 한다.
(3) 기분 삽화의 진단기준을 충족시키는 증상들이 활성기와 잔류기를 포함한 전체 장애 기간 가운데 상당 기간 존재해야 한다.
(4) 장애가 물질(예 남용 약물, 투약 약물)이나 일반적인 의학적 상태의 직접적인 생리적 효과로 인한 것이 아니어야 한다.

3 망상장애(Delusional Disorder)의 진단기준

(1) 기괴하지 않은 망상(즉, 미행 당한다거나, 누가 독을 먹인다거나, 감염되었다거나, 멀리서 타인이 자신을 사랑한다거나, 배우자나 연인이 부정하다거나, 질병을 가지고 있다는 등)으로 현실에서 일어날 수 있는 상황과 관련된다.
(2) 조현병의 진단기준 A가 한 번도 충족된 적이 없었다.

　※ 주의 : 망상적 주제와 연관되어 환촉이나 환미가 망상장애에서 나타날 수 있다.

(3) 망상이나 망상에 이어지는 판단 장애에 의해 영향 받는 경우를 제외하고는, 기능 수준은 심하게 손상되지 않으며, 행동도 이상하거나 기괴하지 않다.
(4) 망상과 동반되는 기분 삽화가 있을 경우에는, 기분 삽화의 기간이 전체 망상의 기간에 비해 상대적으로 짧아야 한다.

정리

장애	증상
망상장애	조현병의 활성기 증상이 없는 상태에서 적어도 1개월 이상 지속되는 기괴하지 않은 망상이 특징
단기 정신증적 장애	정신증적 증상이 1일~1개월까지 지속
조현양상 장애	기간, 즉 장애가 1개월 이상 6개월까지 지속을 제외하고는 조현병과 동등한 증상이 특징이며 기능 감소가 있어야 한다는 조건은 없음
조현병	6개월 이상 지속, 1개월 이상의 활성기 증상이 있어야 함 (즉, 다음 두 가지 또는 그 이상 : 망상, 환각, 와해된 언어, 전반적으로 와해된 행동 및 긴장된 행동, 음성증상)
조현정동장애	기분 삽화와 조현병의 활성기 증상이 동시에 나타나는 장애로, 뚜렷한 기분 증상이 없는 상태에서 망상이나 환각이 적어도 2주 이상 선행되어야 함

> **심화**

지적장애 수준에 따르는 기능영역 및 훈련가능 정도의 평가

지적장애	IQ	비율 (지적장애 중)	특성
가벼운 정도의 지적장애 (경도, mild)	지능지수 50~55에서 약 70까지	약 85%	① 외모나 체격이 일반아동과 거의 비슷 ② 운동능력이 다소 미숙 ③ 학교에서 요구되는 지적 학습능력의 어려움 ④ 주의 집중력 부족, 충동적 ⑤ 자신의 정신연령과 비슷한 나이어린 아이들과 어울림 ⑥ 10대 후반에 6학년 정도의 지적수준 ⑦ 성인이 되어도 생계를 위한 최소한의 사회적, 직업적 기술을 습득할 수 있지만 타인의 도움 필요, 독립적 생활 가능
중간 정도의 지적장애 (중등도, moderate)	지능지수 35~40에서 50~55까지	약 10%	① 의사소통의 기술을 습득할 수 있음 ② 지도감독 하에 사회적 기술과 직업적 기술을 익힐 수 있음 ③ 초등학교 2학년 지적 수준 넘기기 어려움 ④ 대인관계의 어려움 ⑤ 성인기에는 보호기관에서 지도감독 아래 비숙련, 반숙련 작업 가능
심한 정도의 지적장애 (고도, severe)	지능지수 20~25에서 30~35까지	약 3~4%	① 매우 초보적인 언어 습득 ② 기본적인 자기 보살핌 행동 가능 ③ 성인기에는 매우 집중적인 지도감독 하에서 비숙련 단순작업 가능
아주 심한 정도의 지적장애 (최고도, profound)	지능지수 20 또는 25 이하	약 1~2%	① 신경학적 결함을 가짐 ② 현저한 발달지체와 열등한 신체적 조건으로 유아기, 아동기 초기에 판별이 가능, 지적 학습 불가능 ③ 인간관계 및 사회적 적응이 불가능 ④ 걸음걸이, 운동기능에 이상 ⑤ 초기 아동기부터 지속적인 보살핌과 지도감독이 필요

지적장애 아동에 대한 적합한 치료전략

1) 환경 개입과 증진 프로그램
2) 주거치료 : 주거 환경에서 적합한 치료
3) 인지 행동적 치료
   조작적 조건 형성에 기초한 행동 개입(조기교육 - Head Start), 근접한 행동 강화, 모델링 등
4) 인지적 개입 : 자기교습(학습) 훈련
5) 약물 치료
   (1) 지적장애아에게 약물을 사용하는 것은 지적장애 그 자체를 호전시키거나 근절시키지는 못한다.
   (2) 약물치료는 보조적 방법이며, 기질적 원인들을 예방하거나 교정하는 방법이다.
   (3) 약물은 사용하기 전에 항상 행동수정방법 등으로 행동교정을 시도해야 하며, 이러한 방법이 행동 교정에 효과가 없을 때에 약물 사용을 고려하여야 한다.

2 의사소통 장애 (Communication Disorders)

(1) 정상적 지능수준에도 불구하고 의사소통에 사용되는 말이나 언어의 사용에 결함이 있는 경우를 말한다.
(2) 의사소통 장애의 하위유형에는 언어장애, 말소리 장애, 아동기 발병 유창성장애(말더듬), 사회적(실용적) 의사소통장애가 있다.

실력다지기

언어 장애의 진단기준

1) 언어에 대한 이해와 생성의 결함으로 인해 언어 양식(예 말, 글, 수화 또는 기타)의 습득과 사용에 지속적인 어려움이 있으며, 다음 항목들을 포함한다.
   (1) 어휘(단어에 대한 지식과 사용)의 감소
   (2) 문장구조(적절한 문법이나 어순을 만드는 능력)의 제한
   (3) 담화(적절한 어휘를 사용하고 문장을 연결하는 능력)의 손상
2) 언어 능력이 연령에 기대되는 수준보다 상당히 그리고 정량적으로 낮으며, 이로 인해 개별적으로나 어떤 조합에서나 효율적인 의사소통, 사회적 참여, 학업적 성취 또는 직업적 수행의 기능적 제한을 초래한다.
3) 증상은 초기 아동기에 시작된다.
4) 이러한 어려움은 청력이나 다른 감각 손상, 운동 기능 이상 또는 다른 의학적·신경학적 조건에 기인한 것이 아니며, 지적장애나 전반적 발달지연에 의한 것이 아니다.

사회적 의사소통장애의 진단기준

1) 언어적·비언어적 의사소통의 사회적인 사용에 있어서 지속적인 어려움이 있고, 다음과 같은 양상이 모두 나타난다.
   (1) 인사하기나 정보 교환과 같은 사회적 목적을 위해서 맥락에 적절하게 의사소통하는 능력의 결함
   (2) 맥락이나 듣는 사람의 필요에 맞추어 의사소통을 적절하게 변화시키는 능력(예 교실과 운동장에서 각기 다른 방식으로 말하기, 아동과 성인에게 다른 방식으로 말하기, 매우 형식적인 언어의 사용을 피하는 것 등)의 손상.
   (3) 대화와 이야기하기에서 규칙을 따르는 능력(예 대화에서 번갈아 말하는 것, 잘 이해하지 못했을 때 쉬운 말로 바꾸어 말하기 등)의 어려움.
   (4) 명시적으로 표현되지 않은 것(예 추측하기)이나 언어의 함축적이거나 이중적 의미(예 관용구, 유머, 은유, 해석 시 문맥에 따른 다중적 의미)를 이해하는 데 있어서의 어려움.
2) 개별적 또는 복합적으로 결함이 효과적인 의사소통, 사회적 참여, 사회적 관계, 학업적 성취 또는 직업적 수행의 기능적 제한을 초래한다.
3) 증상은 초기 아동기에 나타난다.(다만, 사회적 의사소통 요구가 제한된 능력을 넘어설 때까지는 완전히 나타나지 않을 수 있음.)
4) 다른 의학적 상태로 더 잘 설명되지 않는다.

기출문제 확인학습

의사소통 장애의 분류[11] (DSM-IV와 DSM-5 비교)

DSM - IV(APA, 2000)	DSM - 5(APA, 2013)
• 표현성 언어 장애(Expressive Language Disorder) • 혼재 수용 - 표현성 언어 장애 　(Mixed Receptive - Expressive Language Disorder) • 음성학적 장애(Phonological Disorder) • 말 더듬기(Stuttering) • 달리 분류되지 않는 의사소통 장애 　(Communication Disorder Not Otherwise Specified)	• 언어 장애(Language Disorder) • 말소리 장애(Speech Sound Disorder) • 아동기 발병 유창성 장애(말더듬) 　(Childhood - Onset Fluency Disorder) (Stuttering) • 사회적(실용성) 의사소통 장애 　(Social(Pragmatic) Communication Disorder) • 명시되지 않는 의사소통 장애 　(Unspecified Communication Disorder)

3 자폐스펙트럼 장애(Autism Spectrum Disorders)

(1) 다른 사람과 상호관계가 형성되지 않고 정서적인 유대감도 일어나지 않는 아동기 증후군으로 '자신의 세계에 갇혀 지내는 것' 같은 상태라고 하여 이름 붙여진 발달장애이다.
(2) 자폐스펙트럼 장애는 사회적 교류 및 의사소통의 어려움, 언어발달지연, 현저하게 저하된 관심과 흥미를 지니며, 상동증적 행동 등을 특징으로 한다.
(3) DSM-IV 전반적 발달장애에 포함되었던 자폐장애, 소아기 붕괴성 장애, 아스퍼거 장애, 기타의 전반적 발달장애를 DSM-5에서는 자폐 스펙트럼으로 통합하였다.
(4) 이러한 네가지의 장애는 심각도만 다른 하나의 장애 스펙트럼 상에 존재한다는 것을 의미하며, DSM-IV의 전반적 발달장애에 포함되어 있던 레트장애(Rett's disorder)는 고유한 유전적 원인이 밝혀지면서 자폐 스펙트럼 장애에서 제외되었다.

실력다지기

자폐스펙트럼 장애 진단기준

1) 다양한 맥락에서 사회적 의사소통과 상호작용에 지속적인 결함이 나타난다. 이러한 결함은 현재 또는 과거에 다음과 같은 방식으로 나타날 수 있다.
　(1) 사회적 - 정서적 상호작용의 결함을 나타낸다.(예 타인에게 비정상적인 사회적 접근을 시도하거나 정상적인 주고 받는 대화가 실패됨. 또는 타인과 흥미나 감정 공유가 어렵고, 사회적 상호작용의 시작 및 반응에 실패함)
　(2) 사회적 상호작용을 위한 비언어적인 의사소통 행동의 결함을 나타낸다. (예 언어적, 비언어적 의사소통의 불완전한 통합. 눈 맞춤이 어렵고 비정상적인 몸동작을 보임. 타인의 몸동작을 이해하지 못하며 몸동작 사용을 못함. 얼굴 표정과 비언어적 의사소통의 전반적 결핍)
　(3) 관계발전, 유지 및 관계에 대한 이해의 결함을 나타낸다.(예 다양한 사회적 상황에 적합한 적응적 행동의 어려움, 상상놀이를 공유하거나 친구 사귀기가 어려움, 동료들에 대한 관심이 없음)

11　심리학용어사전, 2014. 4, 한국심리학회

2) 제한적이고 반복적인 행동이나 흥미, 활동이 현재 또는 과거력상 다음 4가지 중 2가지 이상 나타난다.
   (1) 상동증적이거나 반복적인 운동성 동작, 물건 또는 언어의 사용 (예 단순 운동 상동증, 장난감 정렬하기, 또는 물체 튕기기, 반향어, 특이한 문구 사용)
   (2) 동일성에 대한 고집, 일상적인 것에 대한 융통성 없는 집착, 또는 의례적인 언어나 비언어적 행동 패턴(예 작은 변화에 대한 극심한 고통, 변화의 어려움, 완고한 사고방식, 의례적인 인사, 같은 길로만 다니기, 매일 같은 음식 먹기 등)
   (3) 극도로 제한되고 고정된 흥미를 갖는데, 강도나 초점에 있어서 비정상적임 (예 특이한 물체에 대한 강한 애착 또는 집착, 과도하게 국한되거나 고집스러운 흥미)
   (4) 감각 정보에 대한 과잉 또는 과소 반응, 또는 환경의 감각 영역에 대한 특이한 관심(예 통증/온도에 대한 명백한 무관심, 특정 소리나 감촉에 대한 부정적 반응, 과도한 냄새 맡기 또는 물체 만지기, 빛이나 움직임에 대한 시각적으로 매료됨)
3) 이러한 증상은 반드시 초기 발달 시기부터 발생해야 한다.
4) 이러한 증상은 사회적, 직업적, 또는 다른 중요한 현재의 기능 영역에서 뚜렷한 손상을 초래한다.
5) 이러한 장애는 다른 의학적 상태에 의한 것이 아니다.

기출문제 확인학습

자폐스펙트럼 장애의 특징

1) 핵심증상 2가지
   (1) 사회적 상호작용의 결함
      ① 사회적-정서적 상호작용 결함(예 대화)
      ② 비언어적 의사소통 행동 결함(예 눈맞춤)
      ③ 관계에 대한 이해 결함(예 친구 사귀기)
   (2) 제한된 반복적 행동 패턴
      ① 상동증적 행동
      ② 융통성 없는 행동
      ③ 제한된 흥미
      ④ 감각 정보에 대한 특이한 반응
2) 유병률
   (1) 유병률은 아동과 성인을 포함한 전체 인구의 1% 정도이다.
   (2) 남자 아동이 여자 아동보다 3~4배 더 나타난다.
   (3) 증상은 보통 생후 2년 내(생후12~24개월)에 인식된다(다만, 발달지연이 심각하면 생후 12개월 이전에 인식됨)
3) 치료법
   (1) 구체적인 치료법은 알려져 있지 않다.
   (2) 행동치료가 가장 일반적으로 적용된다.
   (3) 정신역동치료에서는 놀이치료를 통해 언어적 기술과 상상적 활동을 증진시킨다.
   (4) 자폐스펙트럼 장애 아동의 예후는 의사소통 능력과 지적수준의 발달과 관련되어 있다.

4 주의력 결핍 / 과잉행동장애(Attention Deficit / Hyperactivity Disorder, ADHD)

(1) 아동기에 많이 나타나는 장애로, 지속적으로 주의력이 부족하여 산만하고 과다활동, 충동성을 보이는 상태를 말한다.

(2) 증상
  ① <u>부주의, 과잉행동-충동성을 보인다.</u>
  ② ADHD 아동들은 자극에 선택적으로 주의 집중하기 어렵고, 지적을 해도 잘 고쳐지지 않는다.
  ③ 선생님의 말을 듣고 있다가도 다른 소리가 나면 금방 그 곳으로 시선이 옮겨가고, 시험을 보더라도 문제를 끝까지 읽지 않고 문제를 풀다 틀리는 등 한 곳에 오래 집중하는 것을 어려워한다. - <u>산만함</u>
  ④ ADHD 아동들은 허락 없이 자리에서 일어나고, 뛰어다니고, 팔과 다리를 끊임없이 움직이는 등 활동 수준이 높다.
  ⑤ 생각하기 전에 행동하는 경향이 있으며 말이나 행동이 많고, 규율을 이해하고 알고 있는 경우에도 급하게 행동하려는 욕구를 자제하지 못하기도 한다. - <u>또래들과 어울리는데 어려움</u>
  ⑥ 유아기에는 증상으로 표현되기보다는 일상적인 행동이나 습관으로 나타날 수 있다.
  ⑦ 젖을 잘 빨지 못하거나 먹는 동안 칭얼거리고 소량씩 여러 번 나누어서 먹여야 하고, 잠을 아주 적게 자거나 자더라도 자주 깨며, 떼를 많이 쓰고 투정을 부리고 안절부절 못하거나, 과도하게 손가락을 빨거나 머리를 박고 몸을 앞뒤로 흔드는 행동을 하기도 한다.
  ⑧ 기어 다니기 시작하면 끊임없이 이리저리 헤집고 다니기도 하고 수면 및 수유 등 일과가 매우 불규칙적인 모습을 보이기도 한다.

실력다지기

주의력 결핍 및 과잉행동장애의 DSM - 5 진단기준(요약)

	(1), (2) 중 적어도 하나 만족(발달 수준에 부적절하게 6개월 이상 지속)	

A	(1) [주의력 결핍] ≥ 6 (17세 이상에서는 ≥ 5)
	  a. 부주의한 실수
	  b. 작업, 놀이에 집중하지 못함
	  c. 타인의 말에 경청하지 못함
	  d. 끝까지 공부 / 일을 마무리 못(not 안)함
	  e. 계획적인 공부 / 일 못함
	  f. 공부, 숙제 등을 회피
	  g. 물건을 잘 잃어버림
	  h. 쉽게 한눈을 팖
	  i. 할 일을 잘 잊어버림
		(2) [과잉행동] ≥ 6 (17세 이상에서는 ≥ 5)
		  a. 꼼지락거림
		  b. 자리에 못 앉아 있고 일어남
		  c. 부적절하게 뛰어다니고 기어오름
		   (청소년기 : 앉아 있으면 몸이 근질거림)
		  d. 차분히 놀지 못함
		  e. 모터가 달린 것처럼 계속 움직임
		  f. 말이 많음 [충동성]
		  g. 질문 끝나기 전에 대답
		  h. 차례를 기다리지 못함
		  i. 불쑥 끼어들고 참견

5 특정 학습장애(Specific Learning Disorder)

(1) 특정 학습장애란 읽기, 쓰기, 추론, 산수 계산 등의 능력과 획득 및 사용상의 심각한 곤란을 주증상으로 하며, 정상적인 지능을 갖추고 있으며, 정서적으로 문제가 없음에도 학습에 어려움을 나타낸다.
(2) 지능에 비해서 실제적인 학습기능이 낮은 경우를 의미하며, 특정한 학습기능에 따라 읽기 손상형, 쓰기 손상형, 수학 손상형으로 구분한다.
(3) 특정학습장애는 기본적으로 중추신경계, 특히 대뇌의 특정 영역의 발달적인 기능 장애로 인한 것으로 보고되고 있다.
(4) 뚜렷한 가족력이 있는 경우도 있어, 유전적인 요인이 있는 것으로 판단된다.
(5) 특정학습장애 아동은 대개 정상 또는 정상보다 높은 지능을 갖는 경우가 많으며, 가족 환경의 면에서 뚜렷한 병리를 갖고 있지 않은 경우도 많다.
(6) 증상
　① 읽기 손상형
　　㉠ 아동은 단어를 소리 내어 발음하는 데에 어려움(틀린 발음, 혼란된 발음)
　　㉡ 읽기 속도가 매우 느리며, 읽은 문장을 이해하는 것에 힘들어 한다.
　② 쓰기 손상형
　　㉠ 아동은 철자의 오류가 매우 많고, 반복적인 학습에도 불구하고 철자의 혼란이 교정되지 않는다.
　　㉡ 일기 쓰기 등에서 내용이 매우 미숙하고 문법적인 오류를 많이 보인다.
　③ 수학 손상형
　　㉠ 빼기, 곱하기 등의 기본 연산을 제대로 하지 못하는 경우
　　㉡ 수학공식을 적용하거나 암기된 연산값을 적용하는 것 등 수학적 추론의 어려움을 보인다.
(7) 대부분 저학년 때 학습 문제가 분명해 지며, 특정학습장애가 지속되면 이차적인 우울증, 시험 불안증이 동반되는 경우가 많고, 청소년기에 이르면 학업 탈락에 대한 반응으로 분노 조절의 어려움, 반항성의 증가가 나타나는 경우도 많다.
(8) 주의력 결핍 장애가 동반되는 경우가 약 50%에서 보고되고 있는데, 이러한 경우 반항 장애나 품행 장애로의 이환이 더욱 증가된다고 알려져 있다.
(9) 난독증(dyslexia)는 적절한 단어 인지의 어려움, 해독 및 철자 능력 결함을 특징으로 하는 학습장애의 또 다른 용어이다. 따라서 독해나 수학적 추론과 같은 어려움이 있는지 동반 가능성을 확인하는 것이 중요하다.

기출문제 확인학습

학습장애 아동의 특성

1) 학업적 특성으로 읽기, 말하기, 듣기, 쓰기, 셈하기, 추론하기 등 영역 중 몇 가지에서 어려움을 보인다.
2) 추론하기의 경우에 문제를 읽고 그 문제에 담긴 의미를 파악하기 어려운 경우가 있고 특히 읽기 장애의 경우가 가장 많은데, 읽기의 경우에 글자를 빠뜨리거나 추가하거나 하는 문제를 보이기도 한다.
3) 인지적 특성으로는 낮은 기억력을 보이고 인지적인 전략을 잘 사용하지 못해 비효율적인 결과를 낳지만, 평균 지능을 가지고 있다.
4) 정서적 특성으로는 낮은 학업성취로 인한 자신감 결여, 부정적인 자아 개념, 위축, 부적절한 귀인 등을 보이지만 반대로 안정적인 정서를 가지고 사회적으로 거부당하지 않고 잘 생활하는 경우도 있다.
5) 사회적 특성으로는 상황에 대해 잘못 판단하여 부적절하게 행동하는 경우가 많아 사회적으로 거부되기 쉽고 사회적인 거부가 반복되면 정서적으로 더욱 부정적인 자아 개념을 갖게 되고 사회적으로 위축되어 다른 사람과의 관계를 맺는 것이 더욱 어려워질 수 있다.
6) 신체적 특성으로는 운동능력의 부족함으로 손으로 도구를 사용하여 하는 활동에서 문제가 있을 수 있고, 어설픈 동작을 보이기도 한다.
7) 시각적, 청각적인 정보처리에서 문제가 있어 학업적 문제를 보일 수 있다.

특정 학습장애 진단적 특징

1) 특정학습장애의 어려움이 없었더라면 정상 수준의 지적 기능을 예상할 수 있다.
2) 학습의 어려움이 외부 환경적 요인(예 빈곤, 교육 경험의 부족 등)에 의한 것이 아니다.
3) 다른 의학적 상태(예 소아 뇌졸중, 운동장애, 시각장애 또는 청각장애)에 의한 것이 아니다.
4) 학습의 어려움이 한 가지 학업 기술이나 학업 영역에만 국한되어 있을 수 있다.

6 틱 장애(Tic Disorders)

(1) 얼굴 근육이나 신체 일부를 갑작스럽게 움직이거나 갑자기 이상한 소리를 내는 이상행동을 반복적으로 나타내는 경우를 말한다.
(2) 틱은 갑작스럽고 재빨리 일어나는 비(非)목적적인 행동이 동일하게 반복되는 현상을 말한다.
(3) 틱 장애는 ① 운동 틱과 음성 틱이 1년 이상 지속적으로 나타나는 경우인 뚜렛 장애, ② 둘 중에 한 가지 틱이 1년 이상 지속적으로 나타나는 만성적 운동 / 음성 틱 장애, ③ 일시적으로 운동 틱이나 음성 틱이 나타나는 틱 장애로 구분된다.

실력다지기

틱 장애의 DSM - 5 진단기준(요약)

	뚜렛 장애	지속성(만성) 운동 / 음성 틱 장애	잠정적 틱 장애
A	틱(갑작스럽고 빠르게 반복되는, 불규칙한 상동적 운동 또는 발성)		
	다수의 운동 틱 + 음성 틱	운동 틱 or 음성 틱	
B	1년 이상 지속		1년 미만
C	18세 이전 발병		
D	물질(정신자극제) 및 신체질환(뇌염, 헌팅턴병 등) 배제		
E	-	뚜렛 장애 아님	뚜렛 장애, 지속성 틱 장애 아님

기출문제 확인학습

아동기 장애의 양대 영역구분

구분	외현화 장애	내면화 장애
특징	공격성, 불순종, 과잉행동, 충동성과 같은 보다 외부 지향적 행동	우울, 불안과 같은 내부에 초점이 맞추어진 경험과 행동
장애	주의력 결핍 과잉행동장애(ADHD), 품행장애(CD), 반항장애(ODD)	아동기 불안과 기분장애
성별	남아에게서 자주 발견	여아에게서 자주 발견
기타	적어도 사춘기에 전문화에 걸쳐 일관되게 나타나는 현상	

기출문제 확인학습

지연성 운동장애(만발성 운동장애 : Tardive dyskinesis : TD)

전통적인 항정신병 약물의 사용(보통 장기간 사용 시)후에 나타난다. 일정한 비자발적인 운동 즉, 혀를 앞으로 내미는 것, 입맛을 다시는 모습, 씹는 것, 눈을 깜박이는 것, 얼굴을 찡그리는 것, 다리와 몸통의 무도병 같은 움직임, 다리를 떠는 것 등이다. 현재 TD에 대한 치료법은 없다.

cf 추체외로 증상(Extrapyramidal symptoms, EPS) : 향정신성 약물 투여 후 급성으로 나타나는 운동곤란 증상으로, 대개 초기에는 근육경직(rigidity), 좌불안석증(aka-thiasis) 및 근긴장이상반응(dystonic reaction) 등으로 일어난다.

제8절 해리장애

> **해리장애(Dissociative Disorders)의 하위유형**
> 1) 해리성 정체감 장애(Dissociative Identity Disorder)
> 2) 해리성 기억상실증(Dissociative Amnesia)
> 3) 이인증 / 비현실감 장애(Depersonalization / Derealization Disorder)
> ※ 해리성 둔주(Fugue) 범주를 삭제하고, 기억상실증에 통합하였다.

강한 심리적 충격이나 외상을 경험한 후 개인의 통합적인 기능, 즉 의식·기억·자기정체감·환경에 대한 지각 등에서 붕괴가 나타나는 정신장애는 해리장애이다. 해리장애는 의식, 기억, 행동 및 자기 정체감의 통합적 기능에 갑작스러운 이상을 나타내는 정신장애로서 충격적인 경험을 한 이후 발생되는 경향이 있으며, '억압'이라는 방어기제를 주로 활용한다.

1 해리성 정체감 장애(다중 성격장애, Dissociative Identity Disorder)

(1) 한 사람 안에 둘 이상의 각기 다른 정체감을 지닌 인격이 존재하는 장애이다.
(2) 아동기의 외상적인 경험과 관련되어 있는 것으로 이해되고 있다.
(3) 신(新) 해리이론은 개인의 인지체계를 통합적으로 관리하는 중앙통제체계로부터 하위 인지체계가 분리되어 독립적인 기능을 함으로써 해리성 정체감 장애와 같은 해리 현상이 나타난다고 하였다.

<해리성 정체감 장애의 DSM - 5 진단기준(요약)>

A	2가지 이상의 뚜렷이 구분되는 주체성(정체성) / 인격이 환자를 교대로 통제한다.
B	주요 개인정보 관련한 광범위 기억장애
C	증상으로 인해 사회, 직업 기능의 현저한 장애
D	증상이 문화나 종교적으로 넓게 받아들여지는 정상적인 범위를 벗어난 수준
E	배제진단 - 물질 / 신체질환

2 해리성 기억상실증(Dissociative Amnesia)

(1) 중요한 과거경험을 기억하지 못하는 장애이다.
(2) 고통스런 사건 당시의 감정상태가 너무 충격적이어서 그러한 상태에서 학습되었던 정보들을 기억하지 못하는 것으로 이해되고 있다.
(3) 해리성 둔주는 해리성 기억상실증에 해당하는 것으로서, 갑자기 가정과 직장을 떠나 방황하거나 예정에 없는 여행을 하며 이에 대한 기억상실을 나타내는 장애이다.
(4) 해리성 기억상실증과 유사한 원인에 의해 유발되며 기억상실뿐만 아니라, 고통스러운 감정을 유발하는 환경으로부터 벗어나며 자기정체감 상실까지 수반한다.

> **정리**
>
> **해리성 기억상실증의 진단기준**
> 1) 새로운 정보에 대한 학습 장애 또는 병전에 학습한 정보의 회상 능력의 장애로 초래되는 기억력 장애가 발생한다.
> 2) 기억력 장애가 사회적 또는 직업적 기능에 있어서 심각한 장애를 일으키고, 병전의 기능 수준보다 상당히 감퇴되어 있음을 나타낸다.
> 3) 과거력, 신체검사 또는 검사 소견에서 장애가 일반적인 의학적 상태(신체 손상 포함)의 직접적인 생리적 효과로 인한 것이라는 증거는 없다.

3 이인증 / 비현실감 장애(Depersonalization / Derealization Disorder)

(1) 자신이 매우 낯선 상태로 변화되었다고 느끼는 이인증이나 외부 세계가 예전과 달라졌다고 느끼는 비현실감을 호소하는 장애이다.
(2) 자기정체감의 갈등과 관련되어 있으며 자기통합의 어려움에 대한 두려움을 반영하는 것이라고 여겨지고 있다.

> **심화**
>
> **이인증(離人症, depersonalization)**
> 1) 심리학에서 한 개인이 자기 자신이나 외부 세계를 실재하지 않는 허구로 느끼는 상태이다.
> 2) 이인증은 이러한 비현실감 이외에도 정신이 육체와 분리되어 있다는 느낌, 신체의 일부가 짝짝이라는 느낌, 자기가 자기 자신을 멀리서 바라보고 있다는 느낌 또는 자신이 기계가 되어버렸다는 느낌 등을 동반하기도 한다.
> 3) 가벼운 이인증은 많은 청소년이 인격을 완성하고 독특한 개성을 얻어가는 정상적인 과정에서 나타나며, 사회적·심리적 기능에 반드시 해를 끼치지는 않는다.
> 4) 오랫동안 정서적인 스트레스를 받으면 어른에게도 이러한 느낌이 나타날 수 있으며 사회적 기능을 제대로 하지 못하거나 직업에 종사할 수 없을 만큼 심각한 상태가 계속되면, 치료를 받아야 할 정신장애자로 여겨진다.
> 5) 이인증은 우울증·히스테리·조현병 등의 부차적인 증상으로 나타날 수도 있다.
> 6) 지그문트 프로이트의 정신분석이론에 따르면, 자아는 '현실의 대표자'이므로 이인증은 자아 기능이 손상된 결과이다.
> 7) 이인증은 참을 수 없거나 위협적인 현실에서 도피하려는 무의식적 욕구에 대한 방어적 반응으로 해석되는 경우가 많다.
> 8) 이인증이라는 용어는 일터나 공동체에서 개성을 잃어버린 결과로 나타나는 사회적 소외를 가리키기도 한다.

제9절 섭식장애

급식 및 섭식장애(Feeding and Eating Disorders)의 하위유형
1) 신경성 거식증(Anorexia Nervosa)
2) 신경성 폭식증(Bulimia Nervosa)
3) 이식증(Pica)
4) 반추장애(Rumination Disorder)
5) 회피적 / 제한적 음식섭취장애(Avoidant / Restrictive Food Intake Disorder)
6) 과잉섭취장애(Binge - Eating Disorder)
　※ 아동기, 성인기 장애를 통합하였다.
　※ 거식증의 세분화 및 폭식증의 세분화가 이루어졌다.

1 섭식장애(eating disorder)

(1) 섭식장애는 식이행동상 현저한 장애로서, 마른 몸매에 대한 강한 욕구로 인해 계속 굶거나 약을 먹어서 부적절한 체중 조절을 하는 등 극단적 다이어트에 비정상적으로 집착하는 질환이다.

(2) 섭식장애는 불규칙한 식사 습관, 폭식, 음식에 대한 조절감의 상실, 음식에 대한 과도한 집착, 영양결핍 상태인데도 음식 섭취를 거부하는 등 주로 무리한 다이어트에 의하여 촉발되는 식사행동상의 장애를 특징으로 한다.

(3) 섭식장애의 특징
　① 체중의 증가와 비만에 대한 강박적인 걱정과 함께 왜곡된 신체상을 가지고 있다.
　② 건강하게 체중을 유지하기 위한 음식 섭취를 적절히 통제하지 못한다.
　③ 자신의 체형과 체중을 어떻게 지각하느냐에 따라 자기평가가 쉽게 변한다.

(4) 섭식장애는 음식을 먹는 것을 거부하는 신경성 식욕부진증(anorexia nervosa), 지나치게 많이 먹는 신경성 폭식증(bulimia nervosa), 과잉섭취장애(binge - eating disorder)로 구분되는데, 그중에서 신경성 식욕부진증과 신경성 폭식증이 가장 많이 알려져 있다.

(5) 거식증과 폭식증의 공통점은 체중에 대한 지나친 관심과 왜곡된 신체상을 가지며, 만성 경과를 밟는 증후군으로 볼 수 있다.

(6) 자가중독(auto addictive) 이론이나 설정점(set point) 이론으로 설명할 수 있는 장애는 섭식장애이다.

> **기출문제 확인학습**
>
> 1) 자가중독(auto - addictive) 이론
>   쥐에게 지속적으로 먹이를 한번만 주다보면 스스로 먹기를 거부하고 굶거나, 운동하는 자가중독(self - addiction) 또는 자가기아(self - stavation) 행동을 한다고 주장하는 이론이다.
> 2) 설정점(set point) 이론
>   (1) 고정점(set point) 이론이라고도 하며 고정점이란 '의학적으로 우리 몸이 특정 값을 유지하려고 노력하는 일련의 값'을 말한다.
>   (2) 즉, 고정점(set point)이란 우리 몸이 일정한 몸무게(체중), 일정한 온도(체온), 일정한 염분 농도(삼투압) 등을 유지하려고 하는 하나의 노력이다.
>   (3) 이는 신체에 큰 변화가 오면 신체의 기관 전체에 변화를 주고 이러한 변화들은 몸에 무리를 줄 수 있기 때문에 어느 정도 일정선에서 유지하려는 우리 신체의 보호기전이다.
>   (4) 설정점(set point) 이론은 결론적으로, 체중이 내적인 자동조절장치인 지방세포수 등의 설정점에 따라 조절되며 이를 인위적으로 조절하려는 시도는 실패한다고 주장하는 이론이다.

2 신경성 식욕부진증(Anorexia Nervosa)

(1) 체중 증가와 비만에 대한 극심한 두려움을 지니고 있어 음식섭취를 현저하게 감소시키거나 거부함으로써 체중이 비정상적으로 저하되는 경우를 말한다.
(2) 정신분석적 입장에서는 성적인 욕구에 대한 방어적 행동으로 식욕부진증을 설명하였다.
(3) 행동주의적 입장에서는 뚱뚱함에 대한 공포와 과도한 음식섭취에 대한 공포가 식욕부진증을 유발한다고 보았다.
(4) 인지적 입장에서는 식욕부진증 환자들이 자신의 신체를 뚱뚱한 것으로 왜곡하여 지각하는 경향이 있으며 이상적인 몸매와의 심각한 괴리감으로 그 원인을 들었다.
(5) 생물학적 입장에서는 신경성 식욕부진증에 유전적 요인과 시상하부의 이상이 관여한다고 주장한다.
(6) 신경성 식욕부진증 환자들은 영양실조로 인한 여러 가지 합병증의 위험이 있기 때문에 입원 치료하는 경우가 많은데, 건강한 식습관과 영양관리, 신체 상(象)에 대한 왜곡의 수정, 비합리적 신념의 변화, 가족치료를 병행하는 것이 바람직하다.
(7) 신경성 식욕부진증 진단기준
    ① 연령과 신장에 비하여 체중을 최소한의 정상 수준이나 그 이상으로 유지하기를 거부한다.
    ② 낮은 체중임에도 불구하고 체중 증가와 비만에 대한 극심한 두려움이 있다.
    ③ 체중과 체형이 체험되는 방식이 왜곡되고, 체중과 체형이 자기 평가에 지나친 영향을 미치며, 현재의 낮은 체중의 심각함을 부정한다.
    ④ 월경이 시작된 여성에서 무월경, 즉 적어도 3회 연속적으로 월경 주기가 없다(만일 월경 주기가 에스트로겐과 같은 호르몬 투여 후에만 나타날 경우 무월경이라고 간주된다).
    ⑤ 유형을 세분할 것
        ㉠ 제한형 : 신경성 식욕 부진증의 현재 삽화 동안에 규칙적으로 폭식하거나 하제를 사용하지 않음(즉, 스스로 유도하는 구토 또는 하제, 이뇨제, 관장제의 남용이 없음)
        ㉡ 폭식 및 하제사용형 : 신경성 식욕 부진증의 현재 삽화동안 규칙적으로 폭식하거나 하제를 사용함(즉, 스스로 유도 구토 또는 하제, 이뇨제, 관장제의 남용)

3 신경성 폭식증(Bulimia Nervosa)

(1) 짧은 시간 내에 많은 양을 먹는 폭식행동과 이로 인한 체중 증가를 막기 위해 배출행동이 반복되는 경우를 말한다.
(2) 정신분석적 입장에서는 부모에 대한 무의식적 공격성의 표출과 관련 있다고 본다.
(3) 행동주의적 입장에서는 음식에 대한 접근행동과 회피행동의 반복 상태라고 설명하였다.
(4) 신경성 폭식증 진단기준
　① 폭식의 반복적인 삽화, 폭식의 삽화는 다음 두 가지 특징이 있다.
　　㉠ 일정한 시간 동안(예 2시간 이내) 대부분의 사람들이 유사한 상황에서 동일한 시간동안 먹는 것보다 분명하게 많은 양의 음식을 먹는다.
　　㉡ 삽화 동안 먹는 데 대한 조절 능력의 상실감이 있다.
　　　예 먹는 것을 멈출 수 없으며, 무엇을 또는 얼마나 많이 먹어야 할 것인지를 조절할 수 없다는 느낌
　② 스스로 유도한 구토 또는 하제나 이뇨제, 관장약, 기타 약물의 남용, 금식이나 과도한 운동과 같은, 체중 증가를 억제하기 위한 반복적이고 부적절한 보상행동이 있다.
　③ 폭식과 부적절한 보상 행동 모두 평균적으로 적어도 1주 2회씩 3개월 동안 일어난다.
　④ 체형과 체중이 자아 평가에 과도한 영향을 미친다.
　⑤ 이 장애가 신경성 식욕부진증의 삽화 동안에만 발생되는 것은 아니다.
　⑥ 유형을 세분할 것
　　㉠ 하제 사용형 : 신경성 폭식증의 현재의 삽화 동안 정규적으로 구토를 유도하거나 하제, 이뇨제, 관장약을 남용한다.
　　㉡ 하제 비사용형 : 현재의 삽화 동안 금식이나 과도한 운동과 같은 부적절한 보상 행동을 하지만, 정규적으로 구토를 유도한다거나 또는 하제, 이뇨제, 관장제를 남용하는 행동은 하지 않는다.
　　※ 폭식장애 : 구토 등의 보상행동이 없어도 통제력을 잃은 폭식이 반복되는 경우

4 이식증(Pica)의 진단기준

(1) 적어도 1개월 동안 비영양성 물질을 지속적으로 먹는다.
(2) 비영양성 물질을 먹는 것이 발달수준에 부적절하다.
(3) 먹는 행동이 문화적으로 허용된 관습이 아니다.
(4) 만약 먹는 행동이 다른 정신장애(예 지적장애, 광범위성 발달장애, 조현병)의 기간 중에만 나타난다면, 이 행동이 별도의 임상적 관심을 받아야 할 만큼 심각한 것이어야 한다.

5 반추장애(Rumination Disorder)의 진단기준

(1) 정상적으로 기능하는 기간이 있고 난 다음 나타나며, 적어도 1개월 동안 음식물의 반복적인 역류와 되씹기 행동이 있다.
(2) 이 행동은 동반되는 위장 상태 또는 일반적인 의학적 상태(예 식도 역류)로 인한 것이 아니다.
(3) 이 행동은 신경성 식욕부진증 또는 신경성 폭식증의 경과 중에만 발생하지는 않는다. 만약 증상이 지적장애 또는 광범위성 발달장애의 경과 중에만 발생한다면, 이 증상은 별도로 임상적 관심을 받아야 할 만큼 심각한 것이어야 한다.

제10절 충동통제장애

파괴성 장애, 충동통제장애 및 품행장애(Disruptive, Impulse - Control, and Conduct Disorders)의 하위유형
1) 적대적 반항장애(Oppositional Defiant Disorder)
2) 간헐적 폭발장애(Intermittent Explosive Disorder)
3) 품행장애(Conduct Disorder)
4) 반사회성 성격장애(Antisocial Personality Disorder)
5) 방화광(Pyromania)
6) 도벽광(Kleptomania)
  ※ 상위범주의 통합이 이루어졌다.
  ※ 발모광은 강박 스펙트럼장애로 이동하였고, 병적 도박은 중독 장애로 이동하였다.

1 적대적 반항장애(Oppositional Defiant Disorder)

(1) 진단적 특징
  ① 적대적 반항장애의 필수 증상은 권위 인물에 대해 반복되는 거부적, 도전적, 불복종적, 적대적 행동이 적어도 6개월 이상 지속된다(진단기준 A).
  ② 다음 행동 가운데 적어도 4가지 행동이 빈번하게 발생한다.
    ㉠ 화내기
    ㉡ 어른과 논쟁하기
    ㉢ 적극적으로 어른의 요구나 규칙을 무시하거나 거절하기
    ㉣ 고의적으로 타인을 귀찮게 하기
    ㉤ 자신의 실수나 잘못된 행동을 남의 탓으로 돌리기
    ㉥ 타인에 의해 기분이 상하거나 쉽게 신경질 내기
    ㉦ 화내고 원망하기
    ㉧ 악의에 차 있거나 앙심을 품고 있기
  ③ 적대적 반항장애가 진단 내려지기 위해서는 나이가 비슷하고 동일한 발달 수준에 있는 다른 사람들에게서 전형적으로 관찰되는 것보다 그러한 행동이 더 빈번해야 하고, 그러한 행동이 사회적, 학업적, 직업적 기능에 심각한 장애를 초래해야 한다(진단기준 B).
  ④ 행동장애가 정신증적 장애 또는 기분장애 기간에만 나타나지 않는다(진단기준 C).
  ⑤ 품행장애 또는 반사회성 인격장애의 진단기준에 맞는다면(18세 이상의 개인에서), 적대적 반항장애는 진단 내려지지 않는다.

(2) 특징
  ① 거부적이고 도전적인 행동은 지속적인 고집, 지시에 대한 저항, 어른이나 친구와의 타협, 양보, 협상을 하지 않는 양상으로 표현된다.
  ② 도전은 대개 명령을 무시한 채 논쟁하고, 실수에 대한 비난을 받아들이지 못하는 양상으로 표현된다.

③ 적개심은 어른이나 친구에게 직접적으로 표현되고, 고의적으로 귀찮게 굴거나 언어적으로 공격하는 양상으로 나타난다(흔히 품행장애에서 심각한 신체적 공격성은 나타나지 않는다).
④ 이 장애의 표현은 거의 대부분 집에서 나타나는데, 학교나 지역사회에서는 나타나지 않을 수 있다.
⑤ 증상은 전형적으로 잘 알고 있는 어른이나 친구와의 관계에서 더 잘 나타나고, 임상적인 관찰 도중에는 분명히 나타나지 않을 수 있다.
⑥ 이 장애를 갖고 있는 개인들은 흔히 자신을 반항적이거나 도전적이라고 생각하지 않고, 자신의 행동을 불합리한 요구나 환경에 대한 반응이라고 정당화한다.

2 간헐적 폭발성 장애(Intermittent Explosive Disorder)

공격적 충동이 조절되지 않아, 심각한 공격적 행동이나 재산 및 기물을 훼손하는 파괴적 행동을 반복적으로 나타내는 경우이다.

심화

	적대적 반항장애	간헐적 폭발성 장애	파괴적 기분조절 곤란장애
핵심증상	① 분노하며 짜증내는 기분 ② 논쟁적이고 반항적인 행동 ③ 복수심	① 공격적 충동조절의 어려움 ② 이로 인한 심각한 파괴적 행동	① 만성적인 짜증 ② 간헐적 분노폭발
구별	① 기분장애를 반드시 동반하지 않음 ② 폭발적 행동이 반드시 동반되지는 않음	① 기분장애 동반되지 않음 ② 폭발적 행동(분노발작) 동반 ③ 6세 이상 진단	① 기분장애 동반 ② 폭발적 행동(분노발작) 동반 ③ 6세~18세 진단

3 품행장애(conduct disorder)[12]

(1) 타인의 기본 권리나 나이에 맞는 사회적 규칙을 반복적이고 지속적으로 위반하는 것과 관련된 장애이다.
(2) 사람과 동물에 대한 공격성, 파괴와 사기 혹은 절도, 심각한 규칙의 위반 등의 모습으로 나타난다.
(3) 사회적인 관점에서는 일탈행동이며 법률적으로는 비행에 해당하고, 특히 형법과 관련되어서는 범죄 행위로 평가될 수 있는데 사회적으로 용납되지 않는 행동을 지속하는 것이 품행장애의 주된 증상으로 비행, 공격성이 동반된다.
(4) 일시적인 일탈이 아니라 적어도 과거 6개월 동안 진단에 필요한 준거가 나타나야 한다.
(5) 품행 장애는 반사회적, 공격적, 도전적 행위를 반복적, 지속적으로 행하여 사회, 학업, 작업 기능에 중대한 지장을 초래하는 장애를 의미한다.
(6) 가족뿐만 아니라 대인관계 전반에서 나타날 수 있으며 가정과 학교, 사회에서 나타난다.
(7) 심리적 관점으로는 품행장애로 보지만, 사회적으로는 일탈 행동, 법률적으로는 청소년 비행에 해당된다.
(8) 품행장애는 1950년대에 '청소년 비행(juvenile delinquency)'으로 소아기에 나타나는 행동장애로 간주되었고, 1990년대에 품행장애(conduct disorder)라는 용어를 사용하였다.
(9) 품행장애는 남자에게서 훨씬 높게 나타나며 청소년기의 여아에게는 성적 일탈이 두드러지고 남아는 폭력적 성향이 두드러지며 주로 청소년 초기에 처음 발현된다.

12 출처 : 네이버 백과사전

(10) 소아기(10세 이전)에 발병되면 잘 낫지 않으며 청소년기에 발병하면 나이가 들어서 반사회적 행동이 줄어드는 경향이 있다.

실력다지기

품행장애의 진단기준

1) 다른 사람의 기본적 권리를 침해하고 나이에 맞는 사회적 규범 및 규칙을 위반하는, 지속적이고 반복적인 행동 양상으로서, 다음 가운데 3개(또는 그 이상) 항목이 지난 12개월 동안 있어 왔고, 적어도 1개 항목이 지난 6개월 동안 있어 왔다.
   (1) 흔히 다른 사람을 괴롭히거나, 위협하거나, 협박한다.
   (2) 흔히 육체적인 싸움을 도발한다.
   (3) 다른 사람에게 심각한 신체적 손상을 일으킬 수 있는 무기를 사용한다(예 곤봉, 벽돌, 깨진 병, 칼 또는 총).
   (4) 사람에게 신체적으로 잔혹하게 대한다.
   (5) 동물에게 신체적으로 잔혹하게 대한다.
   (6) 피해자와 대면한 상태에서 도둑질을 한다.
      예 노상강도, 날치기, 강탈, 무장 강도
   (7) 다른 사람에게 성적 행위를 강요한다.
      ※ 재산의 파괴
   (8) 심각한 손상을 입히려는 의도로 일부러 불을 지른다.
   (9) 다른 사람의 재산을 일부러 파괴한다(방화는 제외).
      ※ 사기 또는 도둑질
   (10) 다른 살인마들의 집, 건물, 차를 파괴한다.
   (11) 물건이나 호감을 얻기 위해 또는 의무를 회피하기 위해 거짓말을 흔히 한다.
      예 다른 사람을 속인다
   (12) 피해자와 대면하지 않은 상황에서 귀중품을 훔친다.
      예 파괴와 침입이 없는 도둑질, 위조 문서
      ※ 심각한 규칙 위반
   (13) 13세 이전에 부모의 금지에도 불구하고 밤 늦게까지 집에 들어오지 않는다.
   (14) 친부모 또는 양부모와 같이 사는 동안 적어도 2번 가출한다(또는 오랫동안 돌아오지 않는 1번의 가출).
   (15) 13세 이전에 시작되는 무단결석
2) 행동의 장애가 사회적·학업적 또는 직업적 기능에 임상적으로 심각한 장애를 일으킨다.
3) 18세 이상일 경우, 반사회성 인격장애의 진단기준에 맞지 않아야 한다.

기출문제 확인학습

파괴적 행동문제를 보이는 청소년에게 정적강화의 수준을 높여야 하는 이유

1) 파괴적 행동문제(disruptive behavior problem)를 보이고 있으므로 정적 강화는 바람직하지 못한 행동을 수정하는 효과가 높기 때문이다. 즉, 파괴적 행동을 하지 않고 그 반대의 행동을 했을 경우 인정과 칭찬은 바람직한 행동을 더 하도록 유발할 수 있다.
2) 파괴적 행동문제(disruptive behavior problem)를 하는 청소년에 대해 벌(체벌 등)을 주는 것보다는 강화기법을 활용하는 것이 정서적으로 민감한 청소년이 받아들일 수 있는 더 좋은 방법이기 때문이다.
3) 정적 강화가 효율적이 되려면 강화계획은 미리 알려주는 것이 좋은데, 이를 이해하고 받아들이는 것이 파괴적 행동문제를 일으키는 청소년들에게 더욱 적합하고 쉽기 때문이다.

4 기타 충동통제장애 유형

여러 가지 종류의 충동이 조절되지 않은 채 부적응적인 행동양상으로 나타나는 경우를 의미한다. 충동통제장애의 하위유형의 공통적 특성은 자기 자신이나 타인에게 해를 끼칠 수 있는 행동을 하려는 충동, 욕구, 유혹에 저항하지 못한다는 것과 충동적 행동을 하기 전까지 긴장감이나 각성상태가 고조되고, 일단 행동으로 옮기고 나면 쾌감, 만족감, 안도감을 경험하게 되는 것이다.

(1) 도벽광(Kleptomania)

① 남의 물건을 훔치고 싶은 충동을 참지 못해서 반복적으로 도둑질을 하는 경우
② 개인적으로 필요치 않은 하찮은 물건을 훔침
③ 훔친 물건을 살만한 돈을 가지고 있음
④ 훔친 물건은 버리거나 다시 제 자리에 몰래 갖다 놓기도 함
⑤ 미리 계획된 행동이 아닌 충동적 행동으로 언제나 혼자 저지름
⑥ 훔치다 붙잡혀서 사회적 체면을 손상받지 않을까 하는 우려로 우울, 불안, 죄책감에 시달리기도 함
⑦ 동반질환 : 만성우울, 신경성 식욕부진증, 과식욕, 방화광(특히 여성에서)
⑧ 대부분 소매상에서 훔침
⑨ 개인적으로 쓸모가 없거나 금전적으로 가치가 없는 물건을 훔치려는 충동을 저지하는데 반복적으로 실패한다.
⑩ 훔치기 전에 고조되는 긴장감을 경험한다.
⑪ 훔친 후에 기쁨, 충족감, 안도감을 느낀다.

실력다지기

도벽광의 DSM - 5 진단기준(요약)

A	자신에게 쓸모나 경제적 가치가 없는 물건을 반복적으로 훔침
B	훔치기 직전에 긴장이 고조
C	훔치는 동안 쾌감, 만족감 또는 긴장 해소
D	망상이나 환각 또는 분노나 원한 때문이 아님
E	배제진단 - 품행장애, 조증삽화, 반사회성 인격장애

(2) 방화광(Pyromania)

불을 지르고 싶은 충동을 조절하지 못해 반복적으로 방화를 하는 장애이다.

제11절 치매, 섬망 및 기타 인지장애[13]

> **신경인지장애(Neurocognitive Disorders)의 하위유형**
> 1) 주요 신경인지장애(Major Neurocognitive Disorders)
> 2) 경도 신경인지장애(Minor Neurocognitive Disorders)
> 3) 섬망(Delirium)
>   ※ 뇌의 손상으로 인해 의식, 기억, 언어, 판단 등의 인지적 기능에 심각한 결손이 나타나는 경우
>   ※ 알츠하이머 질환, 뇌혈관 질환, 충격에 의한 뇌 손상, HIV 감염, 파킨슨 질환 등에 의해 유발될 수 있음
>   ※ 물질 사용, 신체적 질병과 같은 다양한 원인에 의해서 유발될 수 있음

1 섬망(delirium)

(1) 의식이 흐릿하고 주의를 집중하지 못하며 사고의 흐름이 일관성이 없는 장애로서 주변상황을 잘못 이해하며, 생각의 혼돈이나 방향상실 등이 일어나는 정신의 혼란상태이다.
(2) 일반적인 의학적 조건에 의한, 물질 중독성, 물질 금단성, 복합 원인에 의한 섬망이 있다.
(3) 섬망은 보통 중독·발열·심부전(心不全) 및 대뇌에 부상을 당했을 때 등 뇌에 나쁜 영향을 끼치는 신체적 결함으로 인해 일어난다.
(4) 주위환경 변화가 심하면 섬망상태가 더 잘 일어나기 때문에 섬망이 나타나려고 할 때 환자를 집에서 병원으로 옮기는 것은 환자에게 위협이 될 수 있는데, 이때 가족이 곁에 있으면 위협을 훨씬 줄일 수 있다.
(5) 원인이 되는 신체적 조건이 개선되면 섬망 증상은 곧 없어진다.
(6) 독물의 제거뿐 아니라 뇌의 피해 정도나 신체의 회복능력에 따라서도 회복속도가 달라진다.
(7) 섬망의 진단기준
  ① 의식 장애(즉, 환경을 파악하는 명료도의 감퇴)와 주의를 집중하고, 유지하고, 이동하는 능력의 감퇴
  ② 인지의 변화(기억력 장애, 지남력 장애, 언어 장애 등) 또는 지각 장애가 이미 존재하거나 확진되거나 진행 중인 치매로 잘 설명되지 않는다.
  ③ 장애가 단기간 동안(대개 몇 시간에서 며칠) 발전되고, 하루 중에도 변동하는 경향이 있다.
  ④ 과거력, 신체검사 또는 검사 소견에서 장애가 일반적인 의학적 상태의 직접적인 생리적 효과에 의한 것이라는 증거가 있다.

2 치매

(1) 노년기에 나타나는 대표적 정신장애로서 다양한 인지적 기능이 퇴화하는 경우를 말한다.
(2) 기억력이 현저하게 저하되고 언어나 운동기능이 감퇴하며 물체를 알아보지 못하고 일상생활에 필요한 여러 가지 적응능력이 전반적으로 손상된다.
(3) 기억장애를 필수적으로 포함하여 실어증, 실행증(失行症), 실인증, 실행 기능의 장애가 나타날 경우 치매로 진단된다.

---
[13] 신경인지장애(Neurocognitive Disorders)의 하위유형을 중심으로 기술

> 1) 실어증(aphasia) : 사람과 사물의 이름을 말하는 데 어려움을 느낌
> 2) 실인증(agnosia) : 사물을 인지하지 못하거나 그 의미를 파악하지 못함
> 3) 실행증(apraxia) : 동작을 통해 어떤 일을 실행하는 능력의 장애
> 4) <u>실행기능(executive function) 장애 : 하위 과제로 쪼개기, 순서대로 배열하기, 계획하기, 시작하기, 결과 점검하기, 중단하기 등을 수행하지 못함</u>
> 5) 지남력 : 시간과 장소, 상황이나 환경 따위를 올바로 인식하는 능력

(4) ① 뇌세포의 점진적 파괴로 인해 발생하며 치매증상이 서서히 진행되는 것이 주된 특징인 알츠하이머형 치매와 ② 뇌출혈이나 뇌졸중 등에 의한 뇌혈관의 파열로 인해 뇌세포가 손상되어 치매증상이 나타나는 경우인 혈관성 치매, ③ 두부 외상으로 인한 치매, ④ 파킨슨 질환으로 인한 치매 등으로 다양하게 구분된다.

(5) 알츠하이머 치매

알츠하이머병은 가장 흔한 치매로서, 전체 치매의 절반정도를 차지하고 있다. 이 치매는 정상 뇌세포의 손상으로 아세틸콜린과 세로토닌이라는 신경전달물질이 감소되어 기억력, 언어기능, 판단력이 상실되고 성격이 변화되어 결국에는 스스로를 돌볼 수 있는 능력이 상실되는 질환이다. 점차적으로 발생하고 서서히 나빠지는데 아직까지 정확한 원인이 밝혀지지 않았다.

기출문제 확인학습

알츠하이머 질환과 베타 아밀로이드

1) 일종의 뇌 질환인 치매의 종류는 다양하며 이는 알츠하이머형 치매, 혈관성 치매, 파킨슨 치매, 외상에서 오는 치매, 음주와 흡연에서 오는 치매 등이다.
2) 여러 종류의 치매 중 가장 흔한 치매는 알츠하이머형 치매와 혈관성 치매이다.
3) <u>알츠하이머 치매는 '베타 아밀로이드'라고 불리는 단백질과 관련성이 높고, 혈관성 치매는 뇌졸중이나 중풍처럼 뇌 혈관과 관련이 많다.</u>
4) <u>알츠하이머 치매의 원인은 '베타 아밀로이드'가 뇌 신경세포 내 미토콘드리아에서 배출되는 활성산소를 증가시키며 생긴다.</u>
5) 증가된 활성산소는 뇌 조직에 염증을 일으켜 뇌 세포 내 단백질이나 DNA에 치명적인 손상을 입혀 치매 증상의 원인이 된다.
6) 혈관성 치매 역시 알츠하이머 치매와 진행 과정이 비슷하며 혈관이 막히면서 뇌세포를 손상 또는 사망시켜 치매 증상을 일으킨다.

실력다지기

알츠하이머 치매 진단기준(DSM - 5) 요약

기준	내용

A	복합적인 인지 결손이 다음의 두 가지 양상으로 나타난다.
	1) 기억 장애(새로운 정보에 대한 학습 장애 또는 병전에 학습한 정보의 회상 능력의 장애)
	2) 다음의 인지 장애 가운데 1개(또는 그 이상)
	   (1) 실어증(언어 장애)
	   (2) 실행증(운동 기능은 정상이지만, 운동 활동의 수행에 장애)
	   (3) 실인증(감각 기능은 정상이지만, 물체를 인지하거나 감별하지 못함)
	   (4) 실행 기능의 장애(즉, 계획, 조정, 유지, 추상적 사고 능력)

B	진단기준 A 1)과 A 2)의 인지 장애가 사회적 또는 직업적 기능에 있어서 심각한 장애를 일으키고, 병전의 기능 수준보다 상당히 감퇴되어 있음을 나타낸다.
C	경과는 서서히 발병하고 지속적인 인지 감퇴를 보이는 특징이 있다.

D	진단기준 A 1)과 A 2)의 인지 장애가 다음 가운데 어떤 경우로 인한 것도 아니어야 한다.
	1) 점진적인 기억과 인지 장애를 일으키는 다른 중추신경계 상태
	   예 뇌혈관 질환, 파킨슨 병, 헌팅턴 병, 경막하 혈종, 정상압 수두증, 뇌종양
	2) 치매를 일으키는 정신적 상태
	   예 갑상선 기능 저하증, 비타민 B12 또는 엽산결핍, 나이아신결핍, 과칼슘혈증, 신경매독, 인간면역결핍 바이러스 병
	3) 물질로 유발된 상태

기출문제 확인학습

1) 테이 삭스 질환 - 뇌 손상 관련 없음

   뇌에 해로운 화학물질이 축적되는 유전질환으로 어린 시기에 발생하는 치명적인 질환이다. 뇌에 필수적인 효소가 결핍되어 비정상적인 화학 물질이 축적되고 진행성이고 치명적인 뇌 손상을 일으킨다. <u>상염색체 열성으로 유전되는 이상 유전자에 의해서 발생하는 질환이다(유전자 질환).</u>

2) 헌팅턴 무도병 - 뇌 손상 관련 있음

   의도하지도 않았는데 날뛰듯이 거칠게 사지를 움직이는 질병이며, 선조체 손상(더 자세히 설명하면 미상핵과 피핵으로 이루어진 선조체에서 미상핵 손상)으로 발생한다.

3) 픽병(Pick Disease) - 뇌 손상 관련 있음

   뇌의 앞부분이 서서히 위축되는 병(좀 더 구체적으로 이야기하면 측두엽 피질의 조직 퇴화)으로 치매를 불러일으킨다. 기억을 상실하고(좀 더 구체적으로 이야기하면 사실과 관계된 기억 상실) 혼돈 상태가 자주 나타나는 것이다.

4) 알츠하이머병 - 뇌 손상 관련 있음

   전뇌기저부 뉴런의 망실로 야기되는 노인성 치매의 가장 흔한 형태. 기억 상실, 방향 감각 상실, 의식장애 증상을 보인다. 알츠하이머병에서 문제가 되는 것은 사고 과정 자체가 마멸되는 치매 현상이다. 알츠하이머병과 파킨슨병은 둘 다 '신경퇴행성'질환이다.

5) 파킨슨병 - 뇌 손상 관련 있음

   흑질의 뇌세포가 사멸하면서 발생하는 질병으로 환자들은 수의적인 운동 능력을 상실한다. 근육이 경직되고 손도 떨린다. 파킨슨병은 알츠하이머병과 달리 운동장애를 먼저 일으킨다. 환자는 움직이려고 하지만 자신의 욕구를 행동으로 옮길 수 없다.

출처 : <뇌에 대해 풀리지 않는 의문들>, <브레인 스토리>에서 발췌하여 정리

기출문제 확인학습

기능적 기억장애와 기질적 기억장애의 구분

1) 기능적 기억장애
   (1) 뇌병변이 아닌 심리적인 요인에 의해 기억기능이 억제되거나 기억력이 저하되는 장애이다.
   (2) 기억상실이 갑작스럽게 발생하며 일시적인 지속과 기억이 완전 회복된다는 것이 특징이다.
      예 해리성 기억상실
2) 기질적 기억장애
   (1) 기억 및 회상에 관계하는 뇌세포나 신경세포의 병변 또는 감각기관의 장애 등으로 인해 기억력이 저하되는 장애이다.
   (2) 일반적으로 기억회복 속도가 느리며 불완전한 경우가 많다.
      예 섬망, 치매 등

위스콘신 카드분류검사(Wisconsin Card Sorting Test, WCST)

1) WCST는 실행기능 등 전두엽 기능평가에 매우 민감한 검사로서 추상적인 개념형성과 문제 해결 능력을 평가하기 위하여 시행하는 검사이다.
2) 추상능력과 외부 환경 변화에 따라 인지 세트(cognitive set)를 변환하고 유지하는 능력, 피드백을 활용하는 능력을 측정한다.
3) 검사도구는 4장의 자극카드와 128장의 반응카드로 구성되어 있다.
4) 피험자는 반응카드를 한 장씩 차례대로 사용해 4장의 자극 중 놓고 싶은 곳에 놓으면 된다.
5) 단, 카드를 내려놓는 데는 일정한 규칙이 있으며, 검사자는 피험자가 카드를 하나씩 내려놓을 때마다 피험자의 반응에 대한 피드백(맞았다, 틀렸다)을 주게 되고, 이 답변을 통해 피험자는 규칙을 발견해나가게 된다.

주요 신경인지 장애[14] : DSM - 5

1) 병인에 따른 아형 세분화(Specify whether due to)
2) 알츠하이머병(Alzheimer's disease)
3) 전측두엽 퇴화(Frontotemporal lobar degeneration)
4) 루이체병(Lewy body disease)
5) 혈관성 질환(Vascular disease)
6) 외상성 두뇌 손상(Traumatic brain injury)
7) 물질 / 약물 유발형 (Substance / medication induced)
8) 인간면역결핍 바이러스(HIV) 감염 (HIV infection)
9) 프리온 병(Prion disease)
10) 파킨슨병(Parkinson's disease)
11) 헌팅턴병(Huntington's disease)
12) 다른 의학적 상태(Another medical condition)
13) 다양한 병인(Multiple etiologies)
14) 불특정형(Unspecified)

---

14 신경인지장애(Neurocognitive Disorders)의 하위유형에는 주요 신경인지장애(Major Neurocognitive Disorders), 경도 신경인지장애(Minor Neurocognitive Disorders), 섬망(Delirium)이 있다.

치매의 증상

치매에서 발생하는 증상으로는 뇌 신경의 손상으로 인한 기억장애, 언어장애 등을 포함하는 신경인지 기능장애와 망상, 환각, 착각, 행동장애, 성격변화, 수면장애 등의 정신증상 및 신경과적 징후 등이 있다.

단계	증상
1단계	건망증이 시작되고 집중력이 떨어지며 타인에 대한 검정이 어렵다.
2단계	1) 익숙하지 않은 곳에서 헤매고 단기 기억력이 어려워 약속이 어렵다. 2) 타인의 일에 흥미가 없어지고 물건 구입이 어려워진다. 3) 다른 것을 인정하는 것을 거부하기 시작하고, 다른 사람을 비난함으로써 자신의 행동을 방어한다.
3단계	1) 혼돈으로 과식이나 결식을 한다. 2) 자식이나 친구의 이름을 잊어버리고 쉽게 좌절감을 느낀다. 3) 일상생활 하는데 어려움이 시작된다. 4) 특정한 주제, 이야기를 반복하고 단어구사가 어려우며 배회한다.
4단계	1) 혼자 있을 수 없고 보호를 필요로 하며 목욕에 어려움이 시작된다. 2) 일하면서 자신이 무엇을 하는지 질문을 하며 쉽게 산만해진다. 3) 갑자기 많은 것을 시키면 화를 내고 불안, 공포, 좌절감에 감정을 폭발한다. 4) 밤과 낮이 바뀌며 지속적으로 주 부양자를 따라 다닌다.
5단계	1) 주 부양자가 치매노인의 모는 것을 도와주어야 한다. 2) 단어의 의미를 이해하지 못하고 걷기, 서기 등에 어려움이 있다. 3) 어디에 앉을지 판단이 어렵고 실변과 실금을 하며 언어를 이해하지 못한다.
6단계	식사를 먹여 주어야 하며, 실변·실금을 계속하고 언어적 의사소통이 불가능하다.

제12절 신체증상 및 관련 장애

> **신체증상 및 관련장애(Somatic Symptoms and Related Disorders)의 하위유형**
> 1) 신체증상장애(Somatic Symptom Disorder) : 신체화장애
> 2) 질병불안장애(Illness Anxiety Disorder) : 건강염려증
> 3) 전환장애(Conversion Disorder) : Functional Neurological Symptom Disorder
> 4) 의학적 상태에 영향을 미치는 심리적 요인 (Psychological Factors Affecting Other Medical Conditions)
> 5) 허위성장애(Factitious Disorder)
>   ※ 상위범주 및 하위유형 명칭의 상당한 변경이 있었다.
>   ※ <u>신체변형장애 이동과 통증장애 삭제, 허위성 장애가 추가되었다.</u>

1 신체증상장애(Somatic Symptom Disorder) : 신체화장애

(1) 장기간 지속되어 온 다양한 종류의 신체적 증상을 호소하는 장애이다.
(2) 부정적 감정을 억압할 때 생겨날 수 있으며 신체적 증상으로 인한 이차적 이득에 의해서 강화된다.
(3) 신체화 장애를 지닌 사람은 신체적 변화에 주의를 많이 기울이고 신체 감각을 증폭하여 지각하며 신체적 증상의 원인을 질병으로 잘못 해석하는 경향이 있다.
(4) 만성적인 경과를 나타내며 치료하기 어려운 장애로 알려져 있다.

정리

신체화 장애의 DSM - 5 진단기준(요약)

A	일상생활에 심각한 장애를 초래하는 한 가지 이상의 신체 증상
B	신체 증상 및 건강에 대한 걱정과 관련된 다음 중 한 가지 이상의 생각, 느낌 또는 행동 1) 과도하고 지속적으로 증상의 심각성에 대해 생각함 2) 건강 또는 증상에 대한 지속적으로 과도한 불만 3) 이런 증상 또는 건강을 걱정하는 것에 과도한 시간과 에너지를 소비함
C	증상이 지속적(6개월 이상), 단 한 가지 증상이 쭉 지속될 필요는 없음(증상이 중간에 바뀌어도 진단 가능)

2 질병불안장애(Illness Anxiety Disorder, 건강염려증) 진단기준

(1) 자신이 중병을 가지고 있다는 공포나 믿음에 사로잡혀 있다.
(2) 일상적인 신체증상이나 감각을 정상이 아니라고 생각한다(중병의 신호로 인식).
(3) 주관적으로 느끼는 신체적 장애를 의학적 검사로 입증할 수 없다.
(4) 사회생활이나 직업에 지장을 준다.
(5) 6개월 이상 지속된다.
(6) 자신은 합당하고 충분한 진료를 받지 못했다고 인식한다.

3 전환장애(Conversion Disorder)

(1) 전환(conversion)이란 정신적인 에너지가 신체증상으로 변환되었다는 의미이며, 고전적으로 히스테리 신경증이라고 불리던 질환으로 신체 마비나 감각 이상과 같이 주로 신경학적 손상을 시사하는 소수의 신체적 증상을 나타내는 장애이다.
(2) 증상은 심리적 갈등 욕구가 원인이 되어 신경계 증상이나 수의 운동기관의 증상이 한 가지 이상 오지만, 정밀 검사를 하여도 해부 생리학적인 기전으로 설명되지 않는 경우 진단을 내리게 된다.
(3) 사춘기나 성인초기에 잘 발병되며 여성에게서 더 많이 나타난다.
(4) 정신분석적 입장에서는 전환 장애가 무의식적인 욕구와 그것을 표출하는 것에 대한 두려움의 타협으로 생긴다고 본다.
(5) 행동주의적 입장에서는 전환증상을 충격적 사건이나 정서적 상태 후에 생기는 신체적 이상이 외부적으로 강화된 것이라고 설명하고 있다.

정리

전환장애의 DSM - 5 진단기준(요약)

A	수의운동 / 감각기능의 이상이나 결손
B	증상이 신경학 또는 의학적인 상태에 부합하지 않음
C	배제진단 - 다른 의학적 또는 정신 장애
D	증상이나 결손으로 인해 사회적, 직업적 또는 다른 중요한 기능적 장애나 고통

기출문제 확인학습

전환장애[15]

1) 과거에 '히스테리'라고 불렸던 전환장애는 S. Freud가 정신분석학을 발전시키는 초기과정에 많은 관심을 지녔던 장애이다.
2) S. Freud는 전환장애가 무의식적인 생각이나 감정을 표현하려는 욕구와 그것을 표현하는 것에 대한 두려움의 타협으로 생긴다고 보았다.
3) S. Freud는 한 쪽 팔이 마비되어 움직이지 못하는 히스테리 증상을 나타냈던 20대 여성인 Anna O의 사례를 분석하면서, Anna가 병상에 있는 아버지를 간호하는 과정에서 아버지의 성기를 만지고 싶은 욕망과 그에 대한 죄책감에 대한 무의식적 타협으로 증상을 나타내게 되었다고 설명하고 있다.
4) 팔의 마비는 아버지의 성기를 만지려는 욕망이 행동으로 나타나는 것을 방지하는 동시에 그러한 욕망을 품었던 자신에 대한 자기처벌적인 의미를 지니고 있으며 이는 죄책감을 완화하는 기능을 할 수 있다는 것이다.
5) 이러한 분석을 통해서, 전환장애는 오이디푸스 시기에 생기는 수동적인 성적 유혹과 관련되어 있다고 보았던 것이다.
6) 결론적으로 정신분석적 입장에서는 전환장애를 심리성적 발달과정의 오이디푸스 갈등에서 유래하는 특정한 성적 갈등이 억압되어 상징적 의미를 지니는 신체적 증상으로 전환된 것으로 보고 있으며, 최근에는 성적 갈등 뿐 아니라 다양한 심리적 갈등이 전환장애를 초래할 수 있다고 설명하고 있다.

---

15 현대 이상 심리학, 권석만, 2003

4 허위성 장애(Factitious Disorder)[16]

(1) 환자의 역할을 하기 위하여 신체적 또는 심리적 증상을 의도적으로 만들어 내거나 위장하는 경우를 말한다.
(2) 이러한 증상으로 인하여 아무런 현실적인 이득이 없음이 분명하고 다만, 환자 역할을 하려는 심리적 욕구에 기인한 것으로 추정될 때 이러한 진단이 내려진다.
(3) 허위성 장애와 구분되는 꾀병은 의도적으로 증상을 만들거나 과장하지만, 목적이 있다는 것이 허위성 장애와 다른 점이다.

기출문제 확인학습

뮌하우젠 증후군(Muausen syndrome)

1) 1951년 미국의 정신과 의사 리처드 애셔(Richard Asher)가 의학저널 'The Lancet'을 통해 처음으로 이 증세를 묘사했다.
2) '뮌하우젠'이란 병명은 18세기 독일의 군인이자 관료였던 폰 뮌하우젠 남작(Baron Karl Friedrich Munchausen, 1720~1797)에게서 따왔다.
3) 애셔는 끊임없는 허풍과 과장, 진지하게 자신의 경험이라고 주장하는 부분이 환자들의 증세와 일치한다고 보고 뮌하우젠 남작의 이름을 병명으로 만들었다.
4) 허위성 장애의 아형 3가지(정신장애의 진단 및 통계 편람 제4판)
　(1) 주로 심리적인 징후와 증상이 있는 것
　(2) 주로 신체적인 징후와 증상이 있는 것 - 뮌하우젠 증후군
　(3) 심리적, 신체적 징후와 증상이 같이 있는 것
　　 허위성 장애의 필수 증상은 신체적인 혹은 심리적인 징후나 증상을 의도적으로 만들어 내는 것이다.
5) 임상 양상
　(1) 꾸며진(위조된) 주관적인 호소
　　 예 어떤 동통도 없으면서 급성 복통을 호소
　(2) 자기 - 상해 상황
　　 예 타액이 피부로 침투되어 농양 형성
　(3) 전에 있었던 일반적인 의학적 상태에 대한 과장이나 악화
　　 예 간질의 과거력을 가진 환자가 대발작으로 꾸며 말함
　(4) 이러한 행동을 하는 동기는 환자의 역할을 하려는 것이며, 이런 행동의 외적인 이득이 없어야 한다.
　　 예 꾀병에서처럼 경제적인 이득, 법적인 책임 회피, 신체적인 편안함의 개선
6) 고통을 주는 검사나 수술을 원하는 것은 환자의 피학적 성격(masochistic personality) 때문인데, 그 고통을 자신의 과거의 실제 또는 상상의 죄에 대한 징벌로 생각한다.

---

16 허위성장애 또는 가성장애는 행동의 외적 유인(예 꾀병에서와 같은 경제적 이득, 법적 책임을 회피하려는 의도, 혹은 신체적 안녕을 꾀하는 것들)이 없어야 한다.

7) 증상
   (1) 주로 심리적인 징후와 증상이 있는 것
      개인들은 배우자 사망 후 우울과 자살 사고(배우자의 사망은 다른 정보 제공자에 의해 확인되지 않음), 기억 상실(단기와 장기 기억), 환각(환청과 환시), 해리 증상을 호소한다.
   (2) 주로 신체적인 징후와 증상이 있는 것 – 뮌하우젠 증후군
      흔한 임상 양상은 메슥거림과 구토를 동반한 심한 좌하복부 복통, 현훈, 다량의 각혈, 전신의 발진과 농양, 확인되지 않는 원인의 발열, 항응고제 복용 후의 이차적인 출혈 등이다.
8) 진단(정신장애의 진단 및 통계 편람 제4판)
   (1) <u>신체적 혹은 정신적 징후나 증상을 의도적으로 만들거나 가장한다.</u>
   (2) 그 행동의 동기는 환자 역할(sick role)을 가장하려는 것이다.
   (3) <u>행동의 외적 유인이 없어야 한다.</u>
      예 꾀병에서와 같은 경제적 이득, 법적 책임을 회피하려는 의도, 혹은 신체적 안녕을 꾀하는 것들

제13절 외상 및 스트레스 관련 장애

> **외상 및 스트레스 관련 장애(Trauma and Stress - related Disorders)의 하위유형**
> 1) 반응성 애착장애(Reactive Attachment Disorder)
> 2) 탈억제성 사회적 유대감 장애(Disinhibited Social Engagement Disorder)
> 3) 외상 후 스트레스 장애(Posttraumatic Stress Disorder)
> 4) 급성 스트레스 장애(Acute Stress Disorder)
> 5) 적응장애(Adjustment Disorder)
>   ※ 불안장애에서 별도로 독립시켰다.
>   ※ 스트레스 관련장애를 한 영역으로 묶었다.

1 반응성 애착 장애[17] (Reactive Attachment Disorder, RAD)

(1) 5세 이전에 시작되는 대표적인 영유아기 장애로서 아동과 양육자 관계에서의 애착문제가 아동의 다양한 발달을 지연시키는 장애를 말한다.

(2) 반응성 애착 장애의 가장 기본적인 특징은 거의 모든 상황에서, 심하게 손상되고 발달적으로 적절하지 못한 사회적 관계를 형성한다는 것이다.

(3) 이 장애는 5세 이전에 시작되고 병적인 보살핌(안락함·자극·애정 등 소아의 기본적인 감정적 욕구를 지속적으로 방치, 소아의 기본적인 신체적 욕구를 지속적으로 방치, 양육자의 빈번한 교체)과 매우 밀접하게 관련이 있다.

(4) 발달적으로 부적절한 사회적 관계 형성은 크게 두 가지 유형으로 나타난다.
   ① 소아는 장기간에 걸쳐 계속적으로 거의 모든 사회적 관계를 시작하지 못하고, 발달적으로 적절하지 못한 방식으로 반응을 취하며, 사회적 관계를 맺음에 있어서 지나치게 억제적이고 경계하며, 심하게 양가적이고 상반된 반응을 보인다.
   ② 소아는 애착대상을 무분별하게 선택하는 애착대상 선택능력 결여의 특징을 나타내며 이 유형의 애착 장애를 가진 소아는 낯선 사람에 대해서도 지나치게 친근감을 나타내는 등 애착 대상을 제대로 분별하여 선택하지 못한다.

(5) DSM-IV에서 반응성 애착장애의 아형으로 억제성과 탈억제성 구분하던 것을 DSM-5에서 억제성을 반응성 애착장애, 탈억제성을 탈억제성 사회적 유대감 장애로 독립하여 분류하였다.

(6) 반응성 애착장애는 단지 발달지연으로만 설명되지는 않으며, 광범위성 발달장애의 기준에 부합되지 않는다.

---

17 DSM - 5에 의하면 외상 및 스트레스 관련 장애(Trauma - and Stress - related Disorders)에 해당한다.

정리

반응성 애착장애와 탈억제성 사회적 유대감 장애의 진단기준(요약)

	반응성 애착장애	탈억제성 사회적 유대감 장애
양육자에 대한 태도 (A)	(1) 억제형 2가지 a. 괴로움을 느낄 때에도 양육자에게 위안을 구하지 않음 b. 괴로움을 느낄 때에도 양육자의 위안에 반응하지 않음	(1) 탈억제형 2가지 이상 a. 낯선 성인에게 접근하거나 소통하는데 주저함이 없음 b. 과도하게 친밀한 언어 또는 신체적 행동 c. 낯선 상황에서도 성인 양육자의 존재를 확인하지 않음. d. 낯선 성인을 따라가는데 주저함이 없음
사회적·감정적 장애 (B)	(2) 지속적인 사회적·정서적 장애가 최소 2가지 이상 a. 타인에 대한 사회적·정서적 반응을 나타내지 않음 b. 긍정적인 정서를 거의 느끼지 못함 c. 성인양육자와 상호작용 중 이유없는 과민성, 슬픔, 무서움 삽화	(2) 진단기준 A의 행동이 충동성에 국한되지 않고, 사회적으로 탈억제된 행동을 포함한다.
양육외상 경험 (C)	(3) 양육외상 경험 최소 1가지 이상 a. 양육자에 의해 기본적인 정서적 욕구가 충족되지 못한 사회적 방임이나 박탈 경험 b. 안정 애착 형성을 방해할 정도의 주 양육자의 잦은 교체 c. 선택적 애착 형성 기회를 제한하는 독특한 양육형태 (예 아동 육아원)	

2 외상 후 스트레스 장애(PTSD)

(1) 충격적인 외상 사건을 경험하고 난 후에 불안상태가 지속되는 경우를 말한다.
(2) 유전적 또는 체질적 취약성, 아동기의 외상적 경험, 성격 특성, 사회적 지지체계의 부족, 최근 생활의 스트레스나 변화와 같은 개인적 위험요인을 지닌 사람들이 외상사건 후에 이 장애를 나타내기 쉽다.
(3) 인지적 입장에 따르면, 이 장애는 충격적인 외상경험이 개인의 신념체계에 수용되지 못하여 발생하는데 외상 사건이 제공하는 대량의 정보가 인지적 과부하를 유발하고 인지체계에 통합되지 못하여 발생하게 된다.
(4) 급성 스트레스 장애는 외상 후 스트레스 장애와 매우 유사한 증상을 나타내는 불안장애로서 외상 사건 경험 후에 단기간 해리 증상이 나타나는 경우를 말한다.

정리

외상 후 스트레스 장애의 진단기준

1) 실제적이거나 위협적인 죽음, 심각한 상해 또는 성폭력에 노출되는 것이 다음 중 한가지 이상에서 나타난다.
   (1) 외상 사건의 직접적 경험
   (2) 다른 사람에게 일어난 외상 사건을 직접 목격하는 것
   (3) 가까운 가족이나 친구에게 외상 사건이 일어난 것을 알게 되는 것
   (4) 외상 사건의 혐오스러운 세부사항에 반복적으로 극단적으로 노출되는 것(단, 전자매체, TV, 영화, 사진을 통한 것은 제외)

2) 외상 사건 이후 외상 사건과 관련된 침습 증상이 다음 중 한가지 이상에서 나타난다.
   (1) 외상 사건의 고통스러운 기억이 반복적이고 불수의적이며 침습적으로 경험됨
      ※ 주의 : 아동의 경우 반복적인 놀이를 통한 재현으로 나타날 수 있음
   (2) 외상 사건과 관련된 고통스러운 꿈의 반복적 경험
      ※ 주의 : 아동의 경우 꿈의 내용이 외상 사건과 연관없는 악몽의 형태로 나타날 수 있음
   (3) 마치 외상성 사건이 재발하고 있는 것 같은 행동이나 느낌(사건을 다시 경험하는 듯한 지각, 착각, 환각, 해리적인 환각 재현의 삽화들, 이런 경험은 잠에서 깨어날 때 혹은 중독 상태에서의 경험을 포함한다.)
      ※ 주의 : 아동의 경우 외상의 특유한 재연(놀이를 통한 재경험)이 일어날 수 있음
   (4) 외상적 사건과 유사하거나 상징적인 내적 또는 외적 단서에 노출되었을 때 심각한 심리적 고통
   (5) 외상적 사건과 유사하거나 상징적인 내적 또는 외적 단서에 노출되었을 때의 생리적 재반응
3) 외상 사건과 관련된 자극에 대한 지속적인 회피가 다음 중 한 가지이상에서 나타난다.
   (1) 외상 사건과 밀접하게 관련된 고통스러운 기억, 생각, 감정을 회피하거나 회피하려는 노력
   (2) 외상 사건과 밀접하게 관련된 고통스러운 기억, 생각, 감정을 초래하는 외적인 단서들(예 사람, 장소, 대화, 활동, 대상, 상황)을 회피하거나 회피하려는 노력
4) 외상 사건 이후 외상 사건과 관련된 인지와 감정의 부정적 변화가 다음 중 2가지 이상에서 나타난다.
   (1) 외상 사건에 대한 중요한 내용을 기억할 수 없는 무능력
   (2) 자신, 타인, 세상에 대한 지속적이고 과장된 부정적인 신념과 기대
   (3) 외상 사건의 원인이나 결과에 대한 지속적인 왜곡된 신념으로 자신과 타인을 책망함
   (4) 부정적인 정서 상태(예 공포, 경악, 화, 죄책감 또는 수치심)가 지속됨
   (5) 주요 활동에 대한 흥미와 참여가 현저하게 감소됨
   (6) 타인과의 관계에서 거리감이나 소외감을 느낌
   (7) 긍정 정서(예 행복감, 만족, 사랑)를 경험할 수 없는 지속적인 무능력
5) 증가된 각성 반응의 증상(외상 전에는 존재하지 않았던)이 2가지 이상 나타난다.
   (1) 자극에 과민한 상태 또는 분노의 폭발
   (2) 무모하거나 자기파괴적인 행동
   (3) 지나친 경계
   (4) 악화된 놀람 반응
   (5) 집중의 어려움
   (6) 수면교란(잠들기 어려움 또는 잠을 계속 자기 어려움)
6) 장애의 기간이 1개월 이상이다.
7) 증상이 임상적으로 심각한 고통이나 사회적·직업적 다른 중요한 기능 영역에서 장애를 초래한다.

> 📖 **읽을 거리**
>
> ### 외상 후 스트레스 장애(PTSD)와 Edna Foa 박사의 지속노출치료(PE)[18]
>
> 1) 외상 후 스트레스장애(Post - Traumatic Stress Disorder, PTSD)
>   (1) 외상 후 스트레스 장애는 자신이나 타인에게 죽음이나 상해 당할 것에 대한 실제적 혹은 지각된 위협을 수반하는 사건을 경험하거나 목격(외상)한 후 나타나는 정신적인 고통이 1개월 이상 지속되는 경우를 의미한다.
>   (2) 주로 성범죄, 가정폭력, 각종 재해, 사고, 고문 등과 같은 사건 사고로 인하여 발생하며, 증상은 구체적으로 충격의 재경험, 회피 그리고 과경계 증상으로 나타난다.
>   (3) 충격을 다시 경험하는 피해자의 경우에는 기억, 꿈, 환각을 통해 사건 당시와 같은 강렬한 느낌이 재연될 수 있다.
>   (4) 회피 증상을 경험하는 경우 외상과 관련된 상황, 생각과 활동을 회피하고 활동에 대한 흥미가 감소하고 타인과의 관계가 분리되며 감정의 범위가 제한된다.
>   (5) 각성의 증가 증상으로는 수면 장애, 분노 폭발, 주의집중 곤란과 과다 경계 증상이 나타날 수 있다.
>   (6) 외상 후 스트레스 장애로 어려움을 겪는 피해자들은 감정이 비현실적이고, 분노심과 피해의식에 휩싸이며 수치심을 느끼기 쉽다.
>   (7) 어린이의 경우에는 경험 자체에 대한 꿈 대신에 악몽을 꾸는 경향이 있고, 위통, 두통, 학교 공포, 외부인에 대한 공포로 나타날 수 있다.
>   (8) 알코올이나 약물 남용, 자해적 행동과 자살 시도, 직업적 무능력, 대인관계 어려움이 나타날 수 있다.
> 2) 에드나 포아(Edna Foa)의 지속노출치료(PE, Prolonged Exposure)
>   (1) 지속노출 기법으로써, 성폭력, 가정폭력, 재난, 사고, 범죄, 고문 등 각종 외상 후 스트레스 장애(PTSD)를 단기간에 매우 효과적으로 치료할 수 있는 과학적으로 검증된 유일한 심리치료 기법이다.
>   (2) 현재 과학 수준에서 PTSD를 치료할 수 있는 가장 좋은 심리치료법은 지속노출치료이다.
>   (3) 최소 3개월에서 6개월 정도 안에 대부분의 증상이 완화되는 과학적으로 효과가 검증된 치료기법이며, 미국에서는 대부분의 병원과 심리클리닉에서 매우 각광받고 있는 심리치료이다.

3 적응장애(Adjustment Disorder)

(1) 분명하게 확인될 수 있는 심리사회적 스트레스 사건에 대한 반응으로 나타나는 정서적 또는 행동적 증상을 말한다.
(2) 스트레스 사건이 발생하고 3개월 이내에 증상이 나타나며 사건의 강도에 비해 과도한 심리적 고통과 부적응적인 증상을 나타내는 경우에 적응장애로 진단된다.
(3) 주된 증상은 우울한 기분, 불안, 행동문제 등이 나타나게 되며 스트레스 사건이 종료되면 6개월 이내에 사라지는 것이 일반적이다.
(4) 우울 기분을 동반하는 적응장애, 불안을 동반하는 적응장애, 품행장애를 동반하는 적응장애 등으로 나누어진다.

---

18 포아(Foa)에 의해 개발된 이후 외상 후 스트레스 장애에 대해 경험적으로 지지된 치료로서 학계로부터 널리 인정을 받고 있는 치료법이다.

기출문제 확인학습

스트레스 호르몬이라고 불리는 코티솔(cortisol)

1) 코티솔은 급성 스트레스에 반응해 분비되는 물질로, 스트레스에 대항하는 신체에 필요한 에너지를 공급해 주는 역할을 한다.
2) 코티솔은 콩팥(신장)의 부신 피질에서 분비되는 스트레스 호르몬이다.
3) 코티솔은 외부의 스트레스와 같은 자극에 맞서 몸이 최대의 에너지를 만들어 낼 수 있도록 하는 과정에서 분비되어 혈압과 포도당 수치를 높이는 것과 같은 역할을 수행한다.
4) 코티솔의 역할
   (1) 분비된 코티솔은 스트레스와 같은 외부 자극에 맞서 신체가 대항할 수 있도록 신체 각 기관으로 더 많은 혈액을 방출시키며 그 결과 맥박과 호흡이 증가한다.
   (2) 근육을 긴장시키고 정확하고 신속한 상황 판단을 하도록 하기 위해 정신을 또렷하게 하며 감각기관을 예민하게 한다.
   (3) 문제는 스트레스를 지나치게 받거나, 만성스트레스가 되면 코티솔의 혈중농도가 높아지고 그 결과 식욕이 증가하게 되어, 지방의 축적을 가져온다.
   (4) 혈압이 올라 고혈압의 위험이 증가하며, 근조직의 손상도 야기될 수 있다.
   (5) 불안과 초조 상태가 이어질 수 있고 체중의 증가와 함께 만성피로, 만성두통, 불면증 등의 증상이 나타날 수 있으며 면역 기능이 약화되어 감기와 같은 바이러스성 질환에 쉽게 노출될 우려도 있다.

제14절 강박 및 관련 장애

> **강박 및 관련 장애(Obsessive - Compulsive and Related Disorders)의 하위유형**
> 1) 강박장애(Obsessive - Compulsive Disorder)
> 2) 신체이형장애(Body Dysmorphic Disorder)
> 3) 수집광(Hoarding Disorder) : 저장장애
> 4) 발모광(Trichotillomania, Hair - Pulling Disorder) : 모발뽑기 장애
> 5) 피부 뜯기 장애(Excoriation, Skin - Picking Disorder) : 박피증
> ※ 불안장애에서 별도로 독립시켰다.
> ※ 강박 스펙트럼장애를 한 영역으로 묶었다.
> ※ 일부 충동 - 통제장애 및 신체형 장애에서 이관하였다.
> ※ 일부 장애항목을 신설하였다.

1 강박장애(Obsessive - Compulsive Disorder)

(1) 반복적으로 의식에 침투하는 강박적 사고와 그에 따른 강박행동을 주된 증상으로 하는 불안장애이다.
(2) 인지적 입장에서는 누구나 경험하는 침투적 사고에 대해서 과도하게 중요성, 책임감, 통제 필요성을 부여하는 인지적 평가와 사고억제를 위한 부적절한 대처행동이 강박장애의 유발에 관여한다고 본다.
(3) 정신분석적 입장에서는 격리, 대치, 반동형성, 취소와 같은 방어기제를 통해 무의식적 갈등과 불안에 대처할 경우 강박증상을 나타낼 수 있다고 설명한다.
(4) 강박장애는 다양한 형태로 나타나는데 ① 순수한 강박사고형, ② 내현적 강박행동형, ③ 외현적 강박행동형이 있다.
(5) 강박장애에 대한 심리적 치료방법으로는 노출 및 반응방지법, 인지적 치료 및 약물치료가 적용되고 있다.

정리

강박장애의 진단기준

1) 강박적 사고 또는 강박적 행동
   (1) 강박적 사고는 다음과 같이 정의한다.
      ① 반복적이고 지속적인 사고, 충동 또는 심상, 이 주요 증상은 장애가 경과하는 도중 어느 시점에서 침입적이고 부적절한 것이라고 경험되며, 현저한 불안이나 고통을 일으킨다.
      ② 이러한 사고, 충동, 심상을 무시하거나 억압하려고 시도하며 다른 생각이나 행동에 의해 중화하려고 한다.
   (2) 강박적 행동은 다음과 같이 정의한다.
      ① 반복적인 행동(예 손 씻기, 정돈하기, 확인하기) 또는 정신적인 활동(예 기도하기, 숫자세기, 속으로 단어 반복하기), 이러한 증상은 개인의 강박적 사고에 대한 반응으로, 또는 엄격하게 적용되어야 하는 원칙에 따라 수행되어져야 한다는 압박감을 동반한다.
      ② 강박적 행동이나 정신적 활동은 고통을 예방하거나 감소하고, 두려운 사건이나 상황을 방지하거나 완화하려는 것이다. 그러나 이런 행동이나 정신적 활동이 중화하거나 방지하려고 하는 것과 현실적인 방식으로 연결되어 있지 않으며 명백하게 지나친 것이다. (아동의 경우는 인식하지 못할 수 있음)
2) 시간을 소모하는(하루에 1시간 이상) 강박적 사고나 강박적 행동은 심한 고통을 초래하거나 정상적인 일, 직업적(또는 학업적) 기능, 또는 사회적 활동이나 사회적 관계에 심각한 지장을 초래한다.

> **실력다지기**
>
> **강박장애 환자의 치료기법 및 효과적인 치료과정 4단계**
>
> 1) 노출(exposure) 및 반응 방지(response prevention) 기법 - ERP
>   노출 및 반응 방지 기법은 강박증 환자가 불안을 느끼는 어떤 상황에 노출시킨 후에 불안을 줄이기 위해서 보이는 강박행동을 못 하도록 막는 것이다
> 2) 치료과정 4단계
>   (1) 1단계 : 치료 프로그램의 과정과 목적 공유
>   치료프로그램(ERP)의 과정과 목적 등을 환자와 공유하여 환자가 치료과정에 적극적으로 임하고 동기부여를 할 수 있도록 한다.
>   (2) 2단계 : 노출 및 반응방지법 진행
>   환자의 불안과 증상으로 나타나기까지의 과정에 대한 이해를 바탕으로 불안을 스스로 완화하는 방법을 연습하는 동시에 강박행동을 줄이는 데까지 연습이 이루어지도록 한다.
>   (3) 3단계 : 왜곡된 인지적 평가 수정
>   환자가 흔히 왜곡되게 인지하는 경우와 상황은 어떤 것들이 있는지 확인하고 그 다음으로 환자 스스로가 자신의 왜곡된 인지를 알고 평가하여 이를 올바르게 고쳐나가는 방법을 익혀나가도록 한다.
>   (4) 4단계 : 재발 방지 및 효과 평가
>   이 과정은 환자 가족이 생각하기에 환자가 호전증상을 보이고 있는 상황에서 불필요하게 느껴질 수 있지만, 이 과정을 통해 강박증 재발과 더 악화될 수 있는 상황과 대처방법에 대해 논의하고 익히며 종결하게 된다.

2 신체이형장애(Body Dysmorphic Disorder)

(1) 신체이형장애는 자신의 외모가 기형적이라고 지나친 몰두와 집착을 하는 경우를 말한다.
(2) 대부분의 신체이형 장애 환자는 피부과나 성형외과를 찾는 경향이 있지만, 성형수술을 하더라도 다른 신체적 특징에 새롭게 집착하게 된다.
(3) 자신의 외모에 대한 결함을 타인이 알아채는 것에 대한 지나친 두려움이나 관계 망상을 가지고 있어서 낮은 외향성, 낮은 자존감, 높은 수준의 불안과 사회적 회피, 우울, 신경증적 경향을 보이기도 한다. 게다가 자살 사고와 자살 시도의 발생률이 높게 나타난다.

제15절 기타 장애

1 배설장애(Elimination Disorders)

배설장애(Elimination Disorders)의 하위유형
1) 유뇨증(Enuresis)
2) 유분증(Encopresis)
 ※ 아동기 장애에서 분리시켰다.

1 대소변을 가릴 충분한 나이가 되었음에도 불구하고 이를 가리지 못하고 옷이나 적절치 못한 장소에서 배설하는 경우를 말한다.

2 소변과 관련된 ① 야간형 유뇨증(遺尿症)과 ② 주간형 유뇨증(遺尿症), ③ 주간 및 야간형 유뇨증(遺尿症)으로 나뉘는 유뇨증과 적절치 않은 곳에 대변을 보는 ④ 유분증으로 구분된다.

3 유분증(Encopresis)의 진단기준
(1) 적절치 않은 곳(예 옷 또는 마루)에 불수의적이든 의도적이든 반복적으로 대변을 본다.
(2) 이러한 사건이 적어도 3개월 동안 최소한 매달 1회 발생한다.
(3) 소아의 생활 연령이 최소한 4세이다(또는 그와 동일한 발달 수준).
(4) 행동이 전적으로 물질(예 하제)이나 일반적인 의학적 상태(변비를 일으키는 기전을 제외한)의 직접적인 생리적 효과로 인한 것이 아니어야 한다.

4 유뇨증(Enuresis)의 진단기준
(1) 침구나 옷에 반복적으로 소변을 본다(불수의적이든 고의적이든).
(2) 이 행동이 적어도 연속 3개월 동안 주 2회의 빈도로 일어나고, 사회적, 학업적(직업적) 또는 다른 중요한 기능 영역에서 임상적으로 심각한 고통이나 장애를 일으킨다는 점에서 임상적으로 중요하다.
(3) 생활연령이 적어도 5세(또는 이에 해당하는 발달 수준)이다.
(4) 이러한 행동이 전적으로 물질(예 하제)이나 일반적인 의학적 상태(예 당뇨병, 척추이분증, 경련 질환)의 직접적인 생리적 효과로 인한 것이 아니어야 한다.

> **실력다지기**
>
> **기능적 유뇨증 - 성인기까지 발전하는 것은 아님**
> 1) 기능적 유뇨증은 아동들이 신체적 장애가 없음에도 불구하고 배변 훈련을 할 나이를 지나서도 옷이나 침대에 무의식적으로 혹은 고의로 지속적으로 오줌을 싸는 경우를 의미한다.
> 2) 유뇨증은 오줌이 불수의적으로 나오는 것으로 정의하며 낮에 오줌 싸는 것을 주뇨증이라고 하며 아동이 낮과 밤 모두 오줌을 싸는 것을 일컬어 '복합성 유뇨증'이라 정의한다.
> 3) 야뇨증은 남아가 여아보다 두 배 정도 많이 보이지만 주뇨증은 여아들 사이에서 더욱 보편적인 경향이다.
> 4) 태어나서 한 번도 소변을 가려본 적이 없는 경우 일차성 유뇨증이라고 하며 소변을 가리다가 사회 환경적 스트레스 등으로 소변을 다시 가리지 못하는 경우를 이차성 유뇨증이라고 한다.

2 수면 - 각성장애(Sleep - Awake Disorders)

> **수면 - 각성장애(Sleep - Awake Disorders)의 하위유형**
> 1) 불면장애(Insomnia Disorder)
> 2) 과다수면장애(Hypersomnolence Disorder)
> 3) 기면증(Narcolepsy) : 수면발작
> 4) 호흡관련 수면장애(Breathing - Related Sleep Disorders)
>   (1) 방해성 수면무호흡증(Obstructive Sleep Apnea Hypopnea)
>   (2) 중추성 수면무호흡증(Central Sleep Apnea)
>   (3) 수면관련 저호흡증(Sleep - Related Hypoventilation)
> 5) 일주기 리듬 수면 - 각성장애(Circadian Rhythm Sleep - Awake Disorders)
> 6) 사건수면(Parasomnias) : 수면곤란장애
>   (1) 비REM 수면 각성장애, 몽유병, 수면 중 보행장애
>   (2) 악몽장애(Nightmare Disorder)
>   (3) REM수면 행동장애(Rapid Eye Movement Sleep Behavior Disorder)
>   (4) 하지불안증후군(Restless Legs Syndrome)

1 불면장애(Insomnia Disorder)

(1) 적어도 1개월 동안 수면의 시작이나 수면 유지의 어려움 또는 원기 회복이 되지 않는 수면을 주로 호소한다.
(2) 수면 장애(또는 연관되는 낮 동안의 피로감)가 사회적·직업적 또는 기타 중요한 기능 영역에서 임상적으로 심각한 고통이나 장애를 초래한다.
(3) 수면 장애가 수면발작, 호흡 관련 수면장애, 일주기 리듬 수면장애, 또는 수면 관련 장애의 경과 중에만 발생되지 않는다.
(4) 장애가 다른 정신장애(예 주요 우울장애, 범불안장애, 섬망)의 경과 중에만 발생되지 않는다.
(5) 장애가 물질(예 남용 약물, 투약 약물)이나 일반적인 의학적 상태의 직접적인 생리적 효과로 인한 것이 아니다.

2 과다수면장애(Hypersomnolence Disorder)

(1) 적어도 1개월 동안 지속되는 과다한 졸음이 주된 호소로서 연장된 수면 삽화 또는 거의 매일 일어나는 주간의 수면 삽화로 나타난다.
(2) 과다한 졸음이 사회적·직업적 또는 기타 중요한 기능 영역에 있어서 임상적으로 심각한 고통이나 장애를 초래한다.
(3) 과다한 졸음이 불면증에 의해 잘 설명되지 않으며, 다른 수면장애(예 수면발작, 호흡 관련 수면장애, 일주기 리듬 수면장애, 또는 수면 관련 장애)의 경과 중에만 발생되지 않으며, 불충분한 수면의 양으로도 설명되지 않는다.
(4) 장애가 다른 정신장애의 경과 중에만 발생되어서는 아니 된다.
(5) 장애가 물질(예 남용 약물, 투약 약물)이나 일반적인 의학적 상태의 직접적인 생리적 효과로 인한 것이 아니다.

3 기면증(Narcolepsy) : 수면발작

(1) 적어도 3개월 이상 지속되는 저항할 수 없는, 원기 회복이 되는 수면발작이 주요 호소이다.
(2) 다음 중 하나 이상이 발생하여야 한다.
　① 탈력발작(즉, 짧은 시간 동안 흔히 격렬한 감정과 연관되는, 양측 근 긴장의 갑작스런 소실)
　② 수면과 각성의 이행기 동안 REM 수면의 반복적인 침습이 있으며, 수면 삽화의 시작이나 끝에 출면기 또는 입면기 환각이나 수면 마비가 있다.
(3) 장애가 물질(예 남용 약물이나 투약 약물)이나 다른 일반적인 의학적 상태의 직접적인 생리적 효과로 인한 것이 아니다.

4 호흡 관련 수면장애(Breathing - Related Sleep Disorders)

(1) 수면장애가 과도한 졸음 또는 불면증을 유발하고, 그것이 수면 관련 호흡 상태(폐색성 수면 무호흡 증후군, 중추성 수면 무호흡 증후군, 중추성 폐포 환기저하증후군)로 인한 것이라고 판단되는 경우
(2) 장애가 다른 정신장애로 잘 설명되지 않으며, 물질(예 남용 약물, 투약 약물)이나 다른 일반적인 의학적 상태(호흡 관련 장애를 제외한)의 직접적인 생리적 효과로 인한 것이 아니어야 한다.

5 일주기 리듬 수면 - 각성장애(Circadian Rhythm Sleep - Awake Disorders)

(1) 환경에 의해 요구되는 수면 - 각성 주기와 개인의 일주기 수면 - 각성 양식 사이의 부조화 때문에 생기는 과도한 졸음 또는 불면을 일으키는 수면장애가 반복되고 지속되는 양상을 보인다.
(2) 수면 장애가 사회적·직업적 기타 중요한 기능 영역에서 임상적으로 심각한 고통이나 장애를 초래한다.
(3) 장애가 다른 수면장애나 다른 정신장애의 경과 중에만 발생하는 것은 아니다.
(4) 장애가 물질(예 남용 약물, 투약 약물)이나 일반적인 의학적 상태의 직접적인 생리적 효과로 인한 것이 아니다.

6 수면곤란장애(Parasomnias) 중 수면 중 보행장애

(1) 수면 동안 침대에서 일어나서 걸어 다니는 반복적인 삽화가 있고, 대개 주요 수면 시간의 초기 3분의 1에서 발생한다.
(2) 수면 중 보행 동안 개인은 멍청하게 응시하는 얼굴을 보이고, 대화하려는 다른 사람의 노력에 대해 반응을 보이지 않고, 깨우기가 무척 어렵다.
(3) 깨어났을 때(수면 중 보행 삽화 동안 또는 다음날 아침), 삽화에 대해 기억상실이 있다.
(4) 수면 중 보행 삽화에서 깨어나서 몇 분이 지나면 정신 활동이나 행동에는 아무런 장애가 없다(초기에 잠깐 동안 혼돈이 있거나 지남력 장애가 있을 수 있다).
(5) 수면 중 보행은 사회적·직업적 또는 기타 중요한 기능 영역에서 임상적으로 심각한 고통이나 장애를 일으킨다.
(6) 장애가 물질(예 남용 약물, 투약 약물)이나 일반적인 의학적 상태의 직접적인 생리적 효과로 인한 것이 아니다.

기출문제 확인학습

정신과적 진단 및 감별진단의 사례적용

> 50대 여성 내담자의 지능 검사 결과, 각 소검사별 평가치는 기본지식 8점, 숫자 6점, 어휘 10점, 산수 7점, 이해 9점, 공통성 9점, 빠진 곳 찾기 5점, 차례 맞추기 6점, 토막 짜기 5점, 모양 맞추기 6점, 바꿔 쓰기 5점으로 나왔다.

1) 정신과적 진단 2가지와 감별 진단을 위해 고려해야 하는 사항 4가지
   ① 정신과적 진단 2가지
      ㉠ <u>주요 우울장애</u>
      ㉡ <u>지속성 우울장애(= 기분 부전장애)</u>
   ② 감별 진단을 위해 고려해야 하는 사항 4가지 - 주요 우울장애(DSM - 5)를 기준으로
      ㉠ 과민성 조증과 혼잡된 삽화
      ㉡ 다른 의학적 상태로 인한 기분장애
      ㉢ 물질 / 약물에 유발에 의한 우울장애 or 양극성장애
      ㉣ 주의력결핍 및 과잉행동장애
      ㉤ 적응장애를 동반한 우울, 슬픔
2) 위 사례의 내담자가 신경증적 손상은 없고 남편의 외도로 인하여 스트레스를 받아, 산수 및 숫자점수의 상대적 저하와 동작성 지능의 전반적 저하에 대한 설명
   ① 신경증적 손상은 없고 남편의 외도로 인하여 스트레스를 받았고, 산수 및 숫자점수의 상대적 저하와 동작성 지능의 전반적 저하가 나타난 경우 주요 우울장애가 의심된다.
   ② 우울 장애 환자군에서 WAIS를 통한 인지 기능의 양상을 살펴보면, 우울증 환자군이 정상군에 비해서 언어성 지능보다 동작성 지능이 낮으며, 시간제한이 있는 과제에서 저조한 수행을 보인다.
   ③ 즉, 우울한 환자는 언어성 소검사에서보다는 시간제한이 있거나, 민첩한 정신 - 운동 속도를 요하는 동작성 소검사에서 부진한 수행을 보인다.
   ④ 언어성 검사에서는 대개 적극적인 정신적인 노력이나 주의 집중을 요하는 산수, 숫자문제 점수 저하를 보이며, 대인관계나 사회적인 상황에 대한 적극적인 탐색 능력이나, 관심 등이 요구되는 차례 맞추기와 빠진 곳 찾기 검사에서 저조한 점수를 보인다.

MEMO

PART 3
심리검사

제1장 심리검사의 기본개념
제2장 지능검사
제3장 다면적 인성검사(MMPI - 2)
제4장 신경심리검사
제5장 기타 심리검사

심리검사의 기본개념

제1절 심리검사의 의미

1. 인간의 행동적 특성이나 심리적 특성을 측정하는 방법으로 응용 가능성을 가지고 수많은 영역에서 다양하게 실시되고 있는데 간단한 검사에서부터 특수한 검사까지 아주 다양하다.

2. 인간의 성격, 능력 및 그 밖의 그 사람이 갖고 있는 심리적 특성의 내용과 그 정도를 밝힐 목적으로 일정한 조건하에 이미 마련한 문제나 혹은 작업을 제시한 다음 그 사람의 행동 또는 행동의 결과를 어떤 가정의 표준적 관점에 비추어 질적 혹은 양적으로 기술하는 조직적 절차를 의미한다.

3. 심리검사는 인간행동의 모든 것을 완전하게 설명해 주는 도구가 아니라, 단지 인간의 행동을 이해하는 보조도구이기 때문에 너무 과신하거나 불신하는 것은 바람직하지 않다.

> **심리평가(Psychological assessment)**
> 심리평가란 개인의 심리적 특성을 이해하기 위한 일련의 전문적인 과정으로서, 심리검사, 면담, 행동관찰, 전문지식의 여러 다른 방법에 의해 이루어진다. 즉, 다양한 평가결과를 종합하여 최종적으로 해석을 내리는 보다 복잡하고 전문적인 과정이다.

제2절 심리검사의 목적

학업성취도의 예측이나 특정 활동에서 개인의 행동을 예측하는데 유용하며 심리검사의 결과는 개인 간의 상호 비교에 그 근거를 두어 앞으로 한 개인이 수행할 행동을 상대적으로, 확률적으로 예측할 수 있도록 한다.

1 한 개인의 행동을 예측하는 것이다.

학업성취도의 예측이나 특정 활동에서 개인의 행동을 예측하는데 유용하며 심리검사의 결과는 개인 간의 상호 비교에 그 근거를 두어 앞으로 한 개인이 수행할 행동을 상대적으로, 확률적으로 예측할 수 있도록 한다.

2 한 개인의 행동 상의 원인적인 요인을 진단하는 것이다.

적절한 심리검사의 사용을 통해 행동에서 나타나는 결함이나 결점뿐만 아니라, 그 원인을 찾을 수가 있다.

3 심리검사는 인간행동의 모든 것을 완전하게 설명해 주는 도구가 아니라, 단지 인간의 행동을 이해하는 보조도구이기 때문에 너무 과신하거나 불신하는 것은 바람직하지 않다.

4 개성과 적성의 발견을 통하여 자신의 발전을 도모하고 인력의 적재적소 배치를 위해 검사를 사용하기도 한다.

실력다지기

인간에 대한 이해 등

1) 인간 이해의 세 가지 수준
   (1) 상식적 이해
      어떤 사람의 특성에 비추어 그 사람을 이해하는 것으로 오류 가능성이 있다.
   (2) 과학적 이해
      ① 지식에 근거하여 인간을 이해하거나 지능검사, 적성검사, 성격검사 등 표준화된 검사 이해 방법이다.
      ② 객관적이고 과학적인 자료를 바탕으로 이해한다는 점에 있어서 높은 수준의 이해가 가능하다.
   (3) 공감적 이해
      개인이 가지고 있는 내면의 심리세계를 그 사람의 입장이 되어서 이해하는 것으로서 상담 과정에서 매우 중요하게 다루어지는 요소이다.

2) 검사, 측정, 평가의 개념 비교
   (1) 검사(test) : 대답될 일련의 질문과 과제를 제시해 놓은 것으로 적성검사, 학업성취도 검사, 성격검사, 흥미검사 등이 있다.
   (2) 측정(measurement) : 물체나 인간이 가지고 있는 어떤 속성을 수량화하는 과정으로 무게, 길이, 심리적 특성의 측정 과정을 들 수 있으며 측정은 검사보다 광의의 의미를 지닌다.
   (3) 평가(evaluation) : 인간, 프로그램, 사물의 속성과 특성을 측정한 결과를 가지고 가치를 판단하는 행위이며 평가는 필요한 정보를 결정하고 수집하여 가치를 판단하는 과정으로서 측정과 검사를 모두 포함하는 개념이다.

제3절 자료수집 방법과 내용

1 평가 면담의 종류와 기법

(1) 임상적 면접의 내용, 즉 임상적으로 탐색되는 내용들은 면담자의 이론적 배경(증상, 행동, 심리사회적 문제를 해석하는 관점)에 따라 달라질 수 있다.

(2) 임상심리학적 면담

   ① 개인적 자료(Identification Data)
      성(性), 연령, 출생 년 월일, 결혼상태, 취업상태, 주소, 전화번호, 면담 날짜 등
   ② 문제의 진술 혹은 자문 이유(Chief Complaint)
      현 시점에서 도움을 받고자 하는 이유 및 문제의 진술
   ③ 현 병력(Present Illness)
      현재의 증상의 발전, 변화과정, 치료경력과 내용
   ④ 개인의 발달사적 과거력(Developmental History)
      인격형성과 발달에 주요한 과거 사건들, 주요한 행동양식 등
      예 임신과 출산, 초기 발달 / 신체적·정서적 발달과정 / 교육적 발달과정 / 직업력 / 성적 적응과 결혼 / 대인관계 / 의학적 과거력
   ⑤ 가족배경(Family History)
      ㉠ 부모, 조부모, 형제, 기타 의미 있는 관계를 맺었던 친척에 관한 정보 및 이들과의 관계
      ㉡ 가족력(증상과 관련된 유전적 정보)
   ⑥ 현재의 생활조건
      당면한 문제나 적응과 연관이 있는 현재의 생활조건
      예 환자의 직계가족 / 주거 조건 / 현재의 직장 및 작업 조건 / 경제적 문제 / 특수한 긴장과 스트레스 요인 및 사건

> **참고**
>
> **면접법(interview method)**
> 1) 연구자가 참여자와 대면하여 언어적 질문과 응답을 통해 연구에 필요한 자료를 수집하는 방법이다.
> 2) 연구질문의 제시방법이나 참여자 응답의 분류방법에 따라 구조화된 면접(structured interview), 반구조화된 면접(semi-structured interview), 비구조화된 면접(unstructured interview)으로 나누어질 수 있다.
> 3) 면접의 유형
>   (1) 구조화 면접
>   연구자가 대상자로부터 정보를 얻기 위하여 기록된 설문목록, 즉 면접조사표를 가지고 질문을 하며 이는 연구자의 편향된 오류를 최소화하기 위한 것이다.

(2) 반구조화 면접
    정보를 얻기 위하여 처해진 상황에 따라 질문을 변화하는 경우로 면접지침만 존재하며 연구자는 연구대상자의 이해정도에 따라서 질문을 달리 할 수 있다.
(3) 비구조화 면접
    가장 자유롭고 개방적인 형태의 면접으로서 면접에 대한 간단한 주제 목록을 가지고 질문을 하며 이 때 질문은 규칙적이지 않고 대체적으로 자유롭게 전개한다.

2 행동관찰과 행동평가

(1) 전통적인 행동관찰
    ① 개인의 행동이 그 개인의 행동특성과 정서, 심리적 상태를 표현한다는 전제하에 행동을 이해하고 예측하기 위해 기본적인 성격특성에 대한 탐색을 하기 때문에 주관성이 나타날 수 있다.
    ② 언어적 표현보다는 비언어적 행동이 더 정확하고 의미 있는 단서를 제공한다.

실력다지기

행동관찰법

1) 자연관찰법(naturalistic observation)
    (1) 피검사자의 집, 학교, 병원 등에서 자연스럽게 나타나는 문제행동을 관찰하는 것이다.
    (2) 시간과 비용면에서 효율적이지 못하다(문제행동이 나타나는데 시간이 걸린다).
    (3) 생태학적으로 가장 완벽하고 많은 정보를 제공해준다.
    (4) 여러 상황에 걸쳐 관찰함으로써 문제행동의 리스트를 작성하고 문제행동의 기초자료를 수집하는데 도움을 준다.
2) 유사관찰법(통제관찰법, analogue observation)
    (1) 피검사자가 문제행동을 보이는 상황을 조작해 놓고 그 조건에서의 문제행동을 관찰하는 것이다.
    (2) 경제적이고 효율적인 방법이다.
3) 자기관찰법
    (1) 자신의 행동, 사고, 정서 등을 스스로 관찰하고 기록하는 것이다.
    (2) 자신에 대한 기록과 관찰을 왜곡할 수 있다는 단점이 있다.
    (3) 비용이 저렴하고 자신의 행동에 대한 피드백으로 문제행동을 통제하는 장점이 있다.
4) 참여관찰법
    (1) 피검사자와 자연스런 환경에서 같이 생활하고 있는 사람(부모, 보호자, 교사)이 관찰하여 보고하도록 하는 것이다.
    (2) 비용이 적게 들고, 광범위한 문제행동과 환경적 사건에 적용 가능하며, 자연적 상황에서 자료수집이 가능하다.
    (3) 관찰자의 훈련 문제, 정확한 기록이 어렵다는 등의 단점이 있다.

(2) 행동주의적 행동평가 - 행동주의 이론에 근거를 두고 있는 평가법
    ① 성격특징이나 정서, 심리적 상태보다는 행동에 관심, 행동의 용어로 설명하고 기술한다.
    ② 행동의 원인으로서의 내적 갈등보다는 현재 환경에서의 유발자극 및 유지조건에 관심을 가지므로 객관성을 보장한다.

> **실력다지기**
>
> **심리평가를 위한 자료원 중 면담, 행동관찰과 비교한 '심리검사의 장점'**
> 1) 심리검사와 면담, 행동관찰 자료를 비교하면 교차검증을 통해서 해석상의 오류를 감소시킬 수 있다.
> 2) 심리검사만으로 해석할 경우 과잉해석하게 되는 부분을 임상자료를 통해 줄일 수 있다.
> 3) 심리검사로 보지 못했던 부분을 보충하여 예측 가능성을 높일 수 있다.

3 심리검사의 유형[1]과 특징

(1) 측정 영역에 따른 분류

① 지능검사[2]
  ㉠ 개인용 : 비네 검사, 웩슬러 검사, 카우프만 검사 등
  ㉡ 집단용 : 군대 알파, 군대 베타 검사, 각 학교에서 집단적으로 실시되는 지필 검사 등

> **실력다지기**
>
> **집단용 지능검사**
> 1) 최초의 집단검사는 스탠포드 대학의 오티스(Otis, 1912)에 의해 개발되었다.
> 2) 여키스(R.Yerkes) 등은 1917년에 병사들의 적절한 배치를 위한 집단검사인 육군 알파검사(Army - α)를 만들었고, 후에 문맹자를 위한 육군 베타 검사(Army - β)를 만들었다.
> 3) 이러한 집단검사가 개발되면서 적성검사, 성격검사, 흥미검사 등의 등장으로 개인의 적성, 성격, 흥미 등을 측정하는데 도움을 주고 있다.

② 학력 및 학업 관련 검사
③ 적성검사 : 특수한 분야에서의 성공 가능성을 예언해주는 능력을 측정한다.
  ㉠ 진학 적성검사 대 직업 적성검사
  ㉡ 일반 적성검사(예 GATB, DAT 등) 대 특수 적성검사(예 사무능력 적성검사, 기계 이해검사, 음악 적성검사, 미술 적성검사 등)
④ 성격검사
  ㉠ 자기보고형 : MMPI, CPI, MBTI 등
  ㉡ 투사형 : 로샤 검사, 주제통각검사(TAT), BGT, 문장완성검사(SCT), HTP검사 등
⑤ 흥미검사
  직업 흥미검사 대 학업 흥미검사

---

1 검사내용에 의한 분류는 지능, 적성, 학력 등과 같이 개인의 능력적인 면을 측정하는 능력검사와 인성, 흥미, 태도 등을 알아내는 성향검사로 분류된다.
2 검사대상자의 인원에 따라 일대일로 검사를 받는 개인검사와 검사자가 집단을 대상으로 실시하는 집단검사가 있다.

(2) 측정방법에 따른 분류[3]

① 기구를 사용하는 검사 : 예 GATB, WAIS, WISC 등
② 지필 검사(paper pencil test)
③ 이외에도 측정방법에 따라 검사시간을 엄격히 제한하는 속도검사와 제한하지 않는 역량검사가 있다.

(3) 측정 목적과 용도에 따른 분류

진단용, 선발 배치용 등이 있다.

(4) 평가절차에 따른 분류

표준화 절차에 따라 제작된 표준화 검사(제작, 실시, 채점, 해석의 표준화)와 표준화 절차를 거치지 않은 비표준화 검사가 있다.

(5) 결과의 표현방식에 따른 분류

양적 검사(수량화하여 표현) 대 질적 검사(서술하여 표현)가 있다.

(6) 기타

정신적 이상 유무를 진단하는 진단검사와 비진단검사가 있다.

4 심리검사의 분류

(1) 검사의 실시방식에 따른 분류

구분	검사명	특징
실시 시간	속도검사	시간 내에 수행능력 측정, 문제해결력보다는 숙련도 측정
	역량검사	어려운 문제로 구성, 궁극적인 문제해결력 측정(예 수학경시대회)
피검사자의 수	개인검사	한 사람의 피검사자에게 1대 1로 검사하는 심층적 연구
	집단검사	선다형 검사이며, 보통 컴퓨터로 한꺼번에 객관적으로 채점
검사의 도구	지필검사	종이에 인쇄된 문항에 연필로 응답하는 가장 일반적인 방식
	수행검사	피검사자가 대상이나 도구를 직접 다루어야 하는 검사(예 운전면허시험 2차)

---

[3] 검사도구와 관련해 검사지와 필기도구만을 가지고 하는 지필검사와 특정한 기계나 기구를 가지고 하는 기구검사가 있다.

(2) 내용에 따른 분류

대분류	중분류	직업상담에 적합한 심리검사의 예	특징 비교
인지적 검사 (능력검사 = 성능검사)	지능검사	한국판 웩슬러 지능검사[4] 카우프만 아동용 지능검사	극대수행검사 문항에 정답 있음 응답의 시간제한 최대한의 능력발휘 요구
	적성검사	GATB(일반적성검사) 기타 다양한 특수적성검사	
	성취도 검사	TOEFL, TOEIC	
정서적 검사 (성격검사 = 성향검사)	성격검사	직업선호도 검사 중 성격검사 캘리포니아 성격검사(CPI) 성격유형검사	습관적 수행검사 문항에 정답 없음 응답 시간제한 없음 최대한 정직한 응답요구
	흥미검사	직업선호도 검사 중 흥미검사	
	태도검사	직무만족도 검사	

(3) 사용목적에 따른 분류

규준 참조검사	준거 참조검사
다른 대표적인 집단의 사람들의 점수와 비교해서 해석하며 비교 기준이 되는 점수들을 규준이라고 한다.	특정 기준을 토대로 해석하며 기준 점수는 검사사용 기관이나 조직의 특성 및 시기에 따라 달라질 수 있다.

> **기출문제 확인학습**
>
> **성취도 검사의 일종인 기초학습 기능검사 평가영역**
>
> 1) 기초학습 기능검사(KEDI - Individual Basic Learning skills test)는 학습능력과 수행정도를 평가하는 검사들 중 대표적인 것으로서 정보 처리, 셈하기, 읽기 I (문자와 낱말을 재인하고 발음하는 능력), 읽기 II (독해력), 쓰기(철자의 재인)의 5개 하위 소검사들로 구성되어 있으며, 유치원부터 초등학교 6학년 아동까지 실시가 가능하다.
> 2) 각 소검사 원 점수들은 연령규준과 학년규준에 따라 평가치로 전환되며 5개의 소검사 평가치 점수를 합산하여 전체 학년 배치 수준 점수가 산출된다.
> 3) 지능지수(IQ)에 의해 산출된 조정된 정신연령을 구하여서 각 소검사들의 점수를 조정된 정신연령과 비교하여서 학습장애 여부를 진단한다.
> 4) 기초학습 기능검사의 검사대상 아동은 유치원부터 초등학교 6학년까지이며 능력이 부족한 장애아동을 대상으로 기초 능력을 평가하는데 사용된다.
> 5) 이 검사는 학생의 학습 수준이 정상과 어느 정도 떨어지는가를 알아보거나 학습진단 배치에서 어느 정도 수준의 아동 집단에 들어가야 하는가를 결정하는데 도움을 주는 도구이며, 특히 학생들의 선수학습 능력이나 학습 결손상황의 파악, 학생들이 부딪치고 있는 학습장애의 현상이나 요인들을 밝혀내고 개별화 교육프로그램(IEP)을 작성하는데 기여할 수 있을 것이다.
> 6) 조기 취학의 가능 여부 판별, 미취학 아동의 가능 여부 판별, 미취학 아동의 수학 여부 판별, 선수학습 능력과 학습의 결손 상황파악, 학습장애 요인 분석, 아동의 학습수준이 정상과의 이탈 정도를 판정, 각 학년별·연령별 규준을 설정하여 학력성취도를 쉽게 알 수 있다.

---

[4] 유아용(WPPSI), 아동용(WISC), 성인용(WAIS)

7) 기초학습 기능검사의 검사명 및 측정요소
   (1) 정보처리
      정보에 대한 학습자의 지각 과정, 자극에 반응하는 시각 - 운동과정, 시각적 기억과 양, 길이, 무게 및 크기에 대한 관찰 능력과 묶기, 분류하기, 공간적 특성과 시간에 따라 순서 짓기 등의 조직 능력, 학습자의 추론 및 적용 능력, 유추, 부조화된 관계 알기 등의 관계 능력 측정
   (2) 셈하기
      숫자 변별, 수 읽기 등 셈하기의 기초 개념부터 간단한 가, 감, 승, 제, 십진 기수법, 분수, 기하, 측정 영역의 계산 및 응용문제 등 실생활에 필요한 기초적인 수학적 지식과 개념을 측정하는 문항으로 구성
   (3) 읽기 I(문자와 낱말의 재인)
      문자(낱자와 낱자군)를 변별하고 낱말을 다른 사람들이 이해할 수 있는 언어음으로 읽는 문항들로 구성되어 있으며, 읽기 능력을 측정하는 검사
   (4) 읽기 II(독해력)
      하나의 문장을 제시하고 그 문장의 의미, 즉 문장에 나타난 간단한 사실과 정보를 기억하고 재생하는 능력 평가
   (5) 쓰기
      아동들이 얼마나 낱말의 철자를 잘 알고 있는가를 측정하는 검사

적성과 학업성취도

1) 적성검사와 학업성취도 검사의 구분
   (1) 적성검사 : 개인이 앞으로 얼마나 잘 학습할 수 있는가를 예측 - 미래중심
   (2) 학업성취도 검사 : 현재 상태에 있어서 지식이나 기술, 혹은 성취도의 수준을 측정 - 과거 중심
2) 두 검사의 근본적인 차이점은 측정하는 것이 무엇인가가 아니라, 검사를 제작하는 방법과 제작자의 목적에 있음.
3) 과거의 학습을 시간상의 연속 위에서 구분한다는 것과 또한 어느 하나의 검사만을 사용하여 과거의 학습을 안다는 것은 불가능하기 때문에, 두 검사 분류에는 한계가 있음.
4) 두 검사 모두 예언적 기능으로 활용 가능함.

적성검사와 흥미검사 공통점 및 차이점

1) 공통점
   (1) 주로 표준화된 객관적 검사로 이루어지며, 개인을 이해하기 위한 검사이다.
   (2) 진로 또는 직업적인 측면에서 진로설계의 기본 자료로 활용할 수 있는데, 직업적성검사, 직업흥미검사가 그 것이다.
2) 차이점
   (1) 흥미검사는 정서적 성향을 알아보는 정서적 검사인 반면, 적성검사는 특수능력을 측정하는 인지적 검사에 해당한다.
   (2) 흥미는 자신이 좋아하는 것이며, 적성은 특수한 지식이나 기술을 숙달할 수 있는 개인의 잠재적 능력을 말하는 것이므로 흥미검사는 자신이 무엇을 잘하느냐와 상관없이 무엇을 좋아하느냐를 측정하는 것이며, 적성검사는 무엇을 잘하느냐를 측정하는 것이다.
   (3) 예를 들어, 좋아하는 것과 잘하는 것은 일치할 수도 있지만 일치하지 않을 수도 있다. 어떤 친구는 수학을 잘 하고 체육을 못 하지만, 수학보다는 체육을 더 좋아할 수 있다.

성격검사 개발 방법의 구분

1) 논리적·이론적 방법

   (1) 어떤 이론이나 모델을 바탕으로 검사문항을 구성하는 연역적 방법이다.

   (2) 특정 성격이론이 제시하는 심리적 구인을 측정하기 위한 문항을 개발하고 검사결과가 이론과 일치하는지 구인타당도를 산출한다.

   > **사례** MBTI(Myers - Briggs Type Indicator)가 있다.

2) 준거집단 방법

   (1) 실제 임상자료를 바탕으로 성격검사를 개발하는 경험적 방법이다.

   (2) 예를 들어, 임상적으로 조현병으로 진단된 사람에게서 특징적으로 나타나는 성격특성을 표집하여 검사문항을 구성한 후 정상적 집단의 사람에게 실시하여 이 두 집단을 지속적으로 잘 구별해주는 문항을 추려내어 검사를 제작하는 것이다.

   > **사례** MMPI(Minnesota Multiphasic Personality Inventory) 등이 있다.

3) 요인분석 방법

   성격특성을 기술하는 문항을 개발하여 요인분석이라는 통계분석방법을 사용하여 성격요인을 추출하고 그에 해당하는 문항들로 검사를 구성하는 것이다.

   > **사례** 커텔(Cattell)의 16성격 요인검사(16PF, Sixteen Personality Factors), NEO - PI 검사

제4절 심리검사의 제작과 요건

1 심리검사의 제작과정 및 방법 - 표준화 검사를 중심으로

(1) 표준화 검사는 특정 행동특성을 측정하기 위해 표준화된 절차를 거쳐 작성된 검사를 말하며, 측정에 사용되는 검사, 절차, 채점방법 등이 표준화된 것을 뜻한다.

(2) 표준화검사의 가장 두드러진 특징은 여러 가지 조건이 다른 피험자에게 동일한 검사를 실시하여 얻은 점수를 의미 있게 상호 비교할 수 있도록 검사의 작성에서부터 실시에 이르기까지의 모든 조건을 표준화했다는 점에 있다.

(3) 규준참조 검사(표준화 검사)의 개발과정 - 도표 정리

과정	기법
1. 가설개념의 영역 규정(측정 대상의 개념화)	문헌연구
2. 문항표집(문항제작)	문헌연구, 사례에 대한 통찰
3. 사전검사 자료수집	표본조사
4. 측정도구 세련화	문항분석 / 요인분석
5. 본 검사의 자료수집	표본조사
6. 신뢰도 평가	신뢰도 계수
7. 타당도 평가	타당도 계수
8. 규준개발	통계집단별 분포

(4) 표준화 검사의 제작과정
① 검사의 목적 및 대상을 구체적으로 결정한다.
② 합리적인 문항 형식을 선택하고 이에 따라 다수의 문항을 제작하되, 문항 수는 최후검사에 포함시키려는 문항 수의 두 배 이상은 되어야 한다.
③ 제작된 문항으로 예비검사를 구성하고, 활용 대상 집단을 대표하는 표집을 대상으로 예비조사를 실시한 후 문항분석을 실시한다.
④ 문항분석의 결과에 따라 선택된 문항을 가지고 최후 검사를 완성하고 실시방법 및 채점법 등을 결정한다.
⑤ 규준을 제작하기 위해 검사의 활용대상인 모집단을 대표하는 대단위 표집을 하여 검사를 실시하며 이 때 표집 군(郡)이 모집단을 충분히 대표할 수 있어야 한다.
⑥ 정해진 방법에 의하여 채점하고, 여러 가지 통계적 조작(신뢰도 및 타당도 검증 등)을 통하여 규준을 만든다.
⑦ 제작된 검사는 검사지와 검사요강의 형태로 산출되는데, 검사요강에는 검사의 실시방법, 채점방법, 규준, 활용방법, 검사의 신뢰도나 타당도와 같은 정보를 수록한다.

> **기출문제 확인학습**
>
> <u>표준화 검사의 제작과정에서 유의점</u>
> 1) 평균이 지나치게 한쪽으로 몰려 있거나 분산이 작은 경우는 정보가 낮아 좋은 문항이라고 하기 어렵다.
> 2) <u>문항의 난이도가 높아질수록 개인의 능력을 변별할 수 있는 가능성이 줄어든다.</u>
> 3) 오답을 정답으로 잘못 선택하는 확률은 각 오답 선택지별로 동질적인 것이 좋다.
> 4) <u>검사 점수의 변량이 작으면 검사의 신뢰도나 타당도는 낮아질 가능성이 크다.</u>

2 검사의 실시방법

(1) 분위기 및 동기조성
① 개인검사로 되어 있는 표준화 검사는 전문적 소양이 있는 검사자에 의하여 검사가 시행되어야 하겠지만, 집단검사로 되어 있는 표준화 검사는 보통 검사자에 의하여 실시될 수 있다.
② 검사자가 피검사자들에게 최선을 다하여 검사를 받도록 동기를 유발해 주어야 한다.

(2) 지시의 정확화
① 검사를 시작하는 데 있어 인쇄된 지시만을 읽을 때에는 문장을 빠뜨리거나 대체 첨가함이 없도록 해야 할 것이며, 지시의 불완전한 이해로 말미암아 시행이 무효화될 수도 있다.
② 검사 시간이 정확하게 지켜져야 할 경우에는 스톱워치(stop watch)를 사용하는 것이 바람직하겠으나, 불가능할 때는 시작할 때의 '분과 초'를 기록해 두는 것이 매우 중요한 일이다.
③ 시간을 정확하게 지키는 일을 기억에 의존하는 방법은 금물이다.

(3) 실시시간
① 검사실시의 시간은 되도록 오전 중을 택하는 것이 좋다.
② 피검사자들이 충분히 그 능력을 발휘할 수 있도록 조용한 장소, 좋은 날씨, 피로하지 않은 시간 등 조건을 갖추어 주는 것이 바람직하다.

(4) 결과의 해석[5]
① 검사를 실시하여 얻은 검사의 결과는 '현재 피검사자의 능력이 어느 정도인가'를 지시하는 식으로 해석되어야 한다.
② 검사의 결과를 영구적 또는 반영구적으로 해석한다는 것은 위험한 일인데, 그 이유는 비교적 영구성을 띠고 있는 것으로 알려져 있는 지능지수도 변동이 있음이 연구결과로 보고되고 있다.

(5) 검사지 처리
수량화된 검사의 결과는 상담활동에 유효하게 사용되어야 하며 쓸데없이 피검사자에게 알리지 않는 것이 좋다.

---

[5] 심리검사 해석의 과정은 일련의 가설검증 과정으로서, 면접, 행동관찰, 각각의 검사에서 나타나는 병리적 증거들을 가지고 일련의 가설을 세우고 검증해나간다.

실력다지기

검사 해석의 과정 4단계

1) 피검사자 오리엔테이션 단계
   검사를 선택하기에 앞서 실시될 검사에 대해 피검사자에게 설명해주는 단계이다.

2) 검사결과 해석을 위한 준비단계
   (1) 검사를 실시하고 나서 검사결과의 해석에 들어가기 전에, 검사결과 해석을 위한 준비단계가 있어야 한다.
   (2) 검사자의 준비와 피검사자의 준비가 포함될 수 있다.

3) 검사결과를 해석하고 전달하는 단계 - 검사해석에 있어 가장 핵심적인 단계
   (1) 피검사자가 해석의 중심이 되어야 한다.
   (2) 피검사자에게 필요한 것은 검사점수(숫자)보다는 자신의 이해와 문제해결에 도움이 되는 유용한 정보라는 점을 염두에 두어야 하는데, 즉 검사자는 이 점수들이 피검사자가 올바른 의사결정을 하는 데 유용한 정보가 되도록 해석을 해야 한다.
   (3) 개인차는 본래 중립임을 염두에 두어야 하며 검사점수에서 나타나는 개인차의 의미는 그것이 피검사자의 자기이해, 적응 또는 의사결정을 위한 단서가 된다는 의미로 받아들여져야 한다.
   (4) 검사결과는 통합된 형태로 해석해야 하며 검사점수를 독립적으로 해석하지 말고 가능한 한 다른 많은 요인들을 고려해서 해석해야 한다.
   (5) 피검사자의 이해수준을 염두에 두어야 하며 검사가 무엇을 측정하는지 그리고 사용된 점수유형을 어떻게 해석해야 하는지를 분명히 이해시키는 일이 중요하다.
   (6) 검사정보의 정확성을 설명해 주어야 한다. 검사자는 측정의 표준오차를 알고, 결과는 정확한 점수가 아니라 범위임을 피검사자에게 설명해 주어야 한다.
   (7) 방어적 반응을 최소화해야 하며 피검사자에게 불리한 결과가 산출되었을 때라도 그 결과를 피하거나 이러한 점수의 의미를 과소평가해서는 안 된다.
   (8) 피검사자의 기대를 함께 고려하는 것이 좋은데, 즉 검사의 결과가 피검사자가 기대했던 것과 어떤 차이가 있는지를 알아보고, 일치한 내용과 일치하지 않은 내용을 피검사자와 함께 논의해 보는 것이 좋다.
   (9) 자기보고식(self-reported) 검사의 특성을 고려해볼 필요가 있는데, 대부분의 심리검사가 자기보고식이기 때문에 그 자료의 정확성이 검토되어야 한다.

4) 검사결과 해석 후의 단계
   해석의 내용에 대한 피검사자의 이해를 확인하는 활동과 검사자의 자기관리 활동이 있어야 한다.

> **기출문제 확인학습**
>
> **심리검사 결과를 해석하고 통합하는데 있어 환자에 대한 정보를 얻을 수 있는 정보의 출처(Allison, 4가지 출처)**
>
> 1) 검사점수
>   (1) 주로 양적 측정을 일차적인 목표로 하는 객관적 검사나 자기보고식 질문지 검사를 통해서 얻게 된다.
>   (2) 각 검사가 재고자 하는 영역에서 피검자가 어느 위치를 차지하고 있는가에 대한 구체적이고 상대적인 정보를 볼 수 있다.
> 2) 반응의 내용과 주제
>   주로 투사적 검사에서의 정보 출처로, 투사적 검사의 특징은 반응의 양적인 측면이 아닌 질적인 측면에 관심을 두는 것이므로, 피검자가 '실제로 한 반응이 무엇이냐'가 중요한 정보의 출처가 된다.
> 3) 검사반응에 대한 태도
>   검사 중에 피검자가 하는 사담, 덧붙이는 말, 몸짓, 자세 등이 해석의 중요한 단서를 제공하는 경우가 많다.
> 4) 검사자와 피검자 간의 대인관계
>   검사자의 특성이 피검자의 반응을 끌어내는 데 많은 영향을 줄 수 있으며 검사자 개인의 특성에 의하여 피검자와 어떤 관계를 맺는가에 따라 검사자가 얻는 피검자에 대한 관찰적 정보와 결론이 달라질 수 있다.
>
> **생활사적 정보와 심리검사 결과를 통합적으로 해석해야 하는 이유**
>
> 1) 심리학적 평가보고서를 작성할 때 심리검사 결과, 즉 내담자의 지능을 포함한 정서, 성격 등의 심리적 특성은 생활사적 정보의 통합이 중요하다.
> 2) 그 이유는 첫째, 인격적 특성이나 생활의 적응적 행동은 깊은 관계가 있기 때문에 생활사적 정보를 통합하여 평가보고서를 작성해야 한다.
> 3) 둘째, 심리검사 결과와 생활사적 정보를 같이 살펴봄으로써 상호 간 인과관계를 알아내고 설명할 수 있으며, 다양한 관점에서 환자를 바라볼 수 있기 때문이다.
> 4) 결론적으로 심리학적 평가보고서를 작성할 때 심리검사 결과와 생활사적 정보의 통합이 중요한 이유로는 전체적인 이해, 기능수준 파악, 정확한 평가, 합리적 치료목표 설정의 도움을 위함이다.

3 신뢰도 및 타당도

(1) 신뢰도의 개념과 종류

① 신뢰도의 개념

신뢰도는 '얼마나 정확하게', '얼마나 오차 없이' 측정하고 있느냐의 개념이며, 측정하고 있는 정도의 일관성(consistency)이 있느냐의 문제에 관계한다.

② 신뢰도의 종류

㉠ 검사 - 재검사 신뢰도
㉮ 검사 - 재검사 신뢰도(test - retest reliability)는 동일한 검사를 동일한 피검사자들에게 두 번 시행하고 그 결과에 대하여 상관관계를 산출하는 신뢰도 추정치이다.
㉯ 측정하고자 하는 특성이 얼마나 안정성이 있는가 하는 것을 나타내므로 일명 안정도계수(安定度係數, coefficient of stability)라고도 부른다.

ⓒ 동형검사 신뢰도
- ㉮ 동형검사 신뢰도(equivalent form reliability)의 추정치는 두 동형검사의 관찰점수 간의 상관계수이다.
- ㉯ 같은 집단에 대해서 두 동형검사를 각각 다른 시기에 실시하여 얻은 점수 간의 상관관계를 구하는 것을 평행검사 신뢰도(parallel forms reliability)라고도 부른다.

ⓒ 반분신뢰도
반분신뢰도(split half reliability)는 한 개의 평가도구 혹은 검사를 한 피검사 집단에 실시한 다음 그것을 적절한 방법에 의해서 두 부분의 점수로 분할하고 이 분할된 두 부분을 독립된 검사로 생각해서 그 사이의 상관을 내는 방법이다.

ⓒ 내적 일관성 신뢰도(Cronbach의 α계수)
검사를 구성하고 있는 문항 간의 내적 일관성 또는 합치도의 정도를 나타내 주는 지수 또는 측정치를 내적 일관성 신뢰도(homogeneity coefficient)라고도 부른다.

③ 신뢰도에 영향을 주는 요인

특정한 신뢰도를 추정하는 방법에 따라서 신뢰도 계수는 영향을 받을 뿐만 아니라, 검사문항의 수, 검사 시간 및 속도, 집단의 동질성, 문항 곤란도, 그리고 객관도와 같은 요인이 신뢰도 계수에 영향을 끼친다.

(2) 타당도 개념과 종류

① 타당도의 개념

타당도란 한 검사 또는 평가도구가 측정하려고 하는 것을 어느 정도로 얼마나 충실하게 측정하고 있느냐를 의미한다. 즉 '무엇을 재고 있느냐'의 개념이다.

② 타당도의 종류

㉠ 내용타당도(content validity)
- ㉮ 내용타당도는 중요한 목표와 내용을 측정도구가 빠뜨리지 않고 포괄하고 있는가의 정도를 말한다.
- ㉯ 측정도구가 측정하려고 하는 내용이나 개념을 어느 정도로 충실히 측정하고 있는가 하는 타당도이다.

㉡ 준거 타당도
검사점수와 어떤 준거점수와의 상관을 구하여 타당도를 추정한 것이다.
- ㉮ 예언타당도(예측타당도, predictive validity)
예언타당도란 한 측정도구가 그 검사결과로서 피검사자의 미래의 행동이나 특성을 어느 정도로 정확하게 또한 완전하게 예언하느냐의 능률의 정도를 말한다.
- ㉯ 공인타당도(동시타당도, concurrent validity)
공인타당도 계수(concurrent validity coefficient)는 검사점수와 준거점수를 동시에 수집할 수 있을 때, 두 점수 사이의 상관계수이며 준거의 성질이 예언이라는 데 있지 않고 공통된 요인이 있느냐, 없느냐에 있다.

ⓒ 구인타당도(구성타당도, construct validity)
구인타당도는 어떤 평가에서 아직 조작적으로 정의하지 않은 어떤 개념이나 성질을 측정했을 때 그 평가가 과연 과학적 이론에 비추어 보아 어느 정도 의미 있게 측정하고 있는가를 가리키는 개념이다.
　㉮ 수렴적 타당도(집중타당도)
　　동일한 개념이 여러 가지 다른 방법에 의해 측정될 때에 개념 간에 상관관계가 높다는 것을 나타내는 타당도를 말한다.
　㉯ 판별적 타당도(차별타당도)
　　여러 가지 다른 개념이 동일한 방법에 의해서 측정되고 있다고 하더라도 다른 특성의 측정결과 간에는 서로 상관이 높지 않다는 것을 나타내는 타당도를 말한다.
　㉰ 요인타당도(factorial validity)
　　요인타당도는 요인분석을 통하여 입증되는 구인타당도의 한 형태로서, 요인분석(factor analysis)은 일련의 변수들의 상관을 분석하고 변수들을 몇 개의 요인으로 수렴 분류하여 상호관계를 설명하는 수리적 절차이다.
③ 타당도에 영향을 미치는 요인
　㉠ 가장 중요한 요인은 검사의 준거 측정치의 신뢰도이며, 또한 집단의 이질성 요인, 즉 다른 조건이 같을 때 집단이 이질적일수록 타당도 계수는 높아진다.
　㉡ 그 밖에 피검사자의 반응경향(response tendency or set)이나 허위반응(faking response) 등이 영향을 주기 쉽다.

제5절 심리검사의 윤리문제

1 심리검사의 검사자(사용자) 윤리

(1) 피검사자가 기법, 목적, 본질을 충분히 이해할 권리가 있으므로 이에 대한 설명을 해야 한다.
(2) 검사를 개발하고 표준화할 때 기존의 과학적 방법을 따라야 한다.
(3) 평가 결과의 해석을 타인이 오용하지 않도록 하며, 신뢰도와 타당도 높은 검사를 사용하고, 검사의 한계를 지적한다.
(4) 적절한 훈련, 교습, 훈련감독을 받은 사람만이 심리검사를 시행한다.
(5) 피검사자의 사생활을 보호한다.
(6) 채점, 해석과정, 프로그램의 타당도에 대한 적절한 준거를 가지고 있어야 한다.
(7) 검사내용, 문항이나 자극들을 수검 대상자에게 미리 알려준다.

참고

미국심리학회의 '심리학자의 윤리원칙' - 평가기법에 관한 내용

1) 평가도구의 개발, 출판 및 이용에 있어 심리학자는 피검사자의 복지와 이익을 증진시키기 위해서 최선의 노력을 기울여야 한다.
2) 심리학자는 평가결과가 잘못 사용되지 않도록 노력해야 하며, 검사결과와 해석 그리고 결론 및 제언의 근거에 대해 피검사자들이 알려고 하는 권리를 존중해야 한다.
3) 심리학자는 법률이 정하는 범위 내에서 검사와 다른 평가도구의 기밀을 유지하기 위해 모든 노력을 기울여야 한다.
4) 다른 사람이 평가도구를 적절히 사용하도록 도와야 한다.
5) 평가기법을 이용할 때 심리학자는 피검사자가 그 기법의 성질과 목적에 관해 이해할 수 있는 용어로 충분한 설명을 들을 수 있도록 피검사자의 권리를 존중해야 한다.
6) 다른 사람이 이를 대신해서 설명할 경우 심리학자는 이러한 설명이 적절하다는 것을 보증해주는 절차를 마련해야 한다.

2 심리검사의 윤리적 고려사항

(1) 검사의 질적 수준
    타당도와 신뢰도가 높은 도구를 사용해야 한다.

(2) 검사 사용자의 능력과 자질
    전문적 기술과 교육을 받은 전문가이어야 한다.

(3) 피검사자의 권익보호
    피검사자의 복리에 기여, 피검사자의 문제에 관련된 검사만을 실시, 실시 시에 사전 동의, 비밀 유지, 검사자료의 보관, 정보 제공, 자료 폐기까지 책임을 져야 한다.

(4) 검사의 사용 및 해석

결과 제공은 신뢰관계가 발달한 후에 하며 점수오차 범위를 고려하여 조심성 있게 기술하고 검사결과는 개인의 성장사, 생활사, 인구학적 변인 및 면접, 관찰 등에 의한 다양한 자료를 포함하여 통합적으로 해석해야 한다.

> **기출문제 확인학습**
>
> **심리검사를 선정할 때 고려하여야 할 사항**
> 1) 심리검사 선정을 위해서는 각 심리검사가 지니고 있는 검사로서의 기본 조건과 특징, 장점 및 단점을 이해하는 것이 요구된다.
> 2) 심리검사를 선정할 때 고려하여야 할 사항은 다음과 같다.
>   (1) 심리검사의 목적을 분명히 하고 목적달성에 적절한 검사를 선정해야 한다.
>   (2) 표준화된 검사를 사용하는 경우 검사의 신뢰도를 검토해 보아야 한다.
>   (3) 표준화된 검사일지라도 검사의 타당도가 검사요강에 제시되어 있지 않은 경우가 있는데, 이는 신뢰도 검증에 비해 타당도 검증이 쉽지 않기 때문에 타당도 검증을 거치지 않고 표준화 검사로 사용되기 때문이다.
>   (4) 심리검사의 실용성을 고려해 보아야 하는데, 즉 검사 시행과 채점의 간편성, 시행시간, 심리검사지의 경제성 등을 검토해야 할 것이다.

3 심리검사의 해석과정에서 윤리적 고려사항

(1) 전문적인 자질과 경험을 갖춘 사람이 검사결과를 해석해야 한다.
(2) 검사의 한계와 특징, 범위 내에서 사용하고 해석하며 규준에 따라 해석되어야 한다.
(3) 다른 검사나 관련 자료를 함께 고려하여 결론 내린다.
(4) 피검사자를 명명하거나 낙인찍어서는 안 되며 검사결과에 너무 의존하지 않는다.
(5) 검사자가 자기충족 예언을 해서는 안 된다.
(6) 검사결과를 악용해서는 안 된다.
(7) 해석에 대한 피검사자의 반응을 고려하여 해석해야 한다.
(8) 검사결과에 대하여 이해하기 쉬운 언어를 사용한다.
(9) 피검사자에게 검사의 점수를 말해주기보다는 피검사자의 진 점수의 범위를 고려하여 해석해주는 것이 좋다(예 "어떤 부분이 극히 안 좋다."라고 하기보다는 "규준점수에 비해 상대적으로 낮다."라고 해석하는 것이 좋다).
(10) 피검사자의 방어를 최소화하기 위해 검사결과에 대한 중립적이고 무비판적이어야 한다.
(11) 검사자가 일방적으로 해석하기 보다는 피검사자 스스로 생각해서 자신의 진로를 결정하도록 돕는데, 즉 검사자가 검사결과를 결정적, 획일적, 절대적인 것으로 해석하지 않는다.
(12) 검사지의 대상과 용도를 명확히 한다.
(13) 피검사자에게 최종 선택에 대한 동기를 부여하고 용기와 자신감을 주는 것이 필요하다.
(14) 피검사자의 흥미를 느끼는 분야를 중요하게 여기고 각종 검사 결과가 서로 일치하지 않을 경우 어느 한 쪽도 부정하거나 강요하지 않는다.

> **참고**
>
> **심리학자와 평가기법의 윤리적 측면**
> 1) 심리학자는 평가기법을 이용할 때 의뢰인이 그 기법의 목적과 본성을 자신이 이해할 수 있는 언어로 충분히 설명을 받을 권리가 있음을 인정하며 이러한 권리를 제한할 때는 사전에 문서로 동의를 받는다.
> 2) 심리학자는 심리검사나 다른 평가기법을 개발하고 표준화할 때 기존의 잘 확립된 과학적 과정과 방법을 따라야 한다.
> 3) 심리학자는 평가결과를 보고할 때 평가 환경이나 피검사자를 위한 규준의 부적절성으로 인한 그 해석을 다른 사람이 오용하지 않도록 노력한다.
> 4) 심리학자는 평가결과가 시대에 뒤떨어진 것일 수 있음을 인식한다.
> 5) 심리학자는 채점과 해석 서비스가 그러한 해석에 이르기 위해, 사용한 과정과 프로그램의 타당도에 대한 적절한 증거를 갖출 수 있게 한다.
> 6) 심리학자는 적절한 훈련이나 교습, 후원 감독을 받지 않은 사람들이 심리검사 기법을 이용하는 것을 조장하거나 권장하지 않는다.

4 심리검사에 관한 윤리강령[6]

(1) 일반사항
   ① 검사자는 피검사자의 환경(사회적, 문화적, 상황적 특성 등)과 개별적 특성을 고려한 후, 피검사자를 조력하기 위한 목적에 적합한 심리검사를 선택해야 한다.
   ② 심리검사를 실시할 때에는 자격이 있는 사람이 표준화된 절차에 따라 실시해야 하며, 그 과정을 경시해서는 안 된다.
   ③ 검사자는 검사 채점과 해석을 수기로 하건, 컴퓨터를 사용하건, 혹은 다른 서비스를 사용하건 상관없이 피검사자의 요구에 적합한 검사도구를 적용, 채점, 해석, 활용한다.
   ④ 검사자는 검사 전에 검사의 특성과 목적, 잠재적인 결과 수령자의 구체적인 결과의 사용에 대해 설명한다. 이 때 검사자는 피검사자의 개인적·문화적 상황, 피검사자의 결과 이해 정도, 결과가 피검사자에게 미치는 영향을 고려한다.
   ⑤ 검사자는 피검사자의 복지, 명확한 이해, 검사결과를 누가 수령할 것인지에 대한 결정에서 사전 합의를 고려한다.

(2) 검사도구 선정과 실시조건
   ① 검사자가 검사도구를 선정할 때 도구의 타당도, 신뢰도, 실용도, 객관도, 심리측정의 한계를 신중하게 고려한다.
   ② 검사자는 제3자에게 피검사자에 대한 검사를 의뢰할 때, 적절한 검사도구가 사용될 수 있도록 피검사자에 대한 구체적인 의뢰 문제와 충분히 객관적인 자료를 제공한다.
   ③ 검사자는 문화적으로 다양한 집단을 위한 검사도구를 선정할 경우, 그러한 피검사자 집단에게 적절한 심리측정 특성이 결여된 검사도구를 사용하지 않도록 합당한 노력을 한다.

---

[6] 한국상담학회 윤리규준 중의 일부를 인용함

④ 검사자는 검사도구의 표준화 과정에서 설정된 동일한 조건하에서 검사를 실시한다.
⑤ 검사자는 기술적 또는 다른 전자적 방법들이 검사실시에 사용될 때, 실시 프로그램이 잘 기능하고 있는지 그리고 정확한 결과를 제공하는지에 대해 점검한다.

(3) 검사 채점 및 해석
① 검사자는 개인 또는 집단검사 결과 발표에 정확하고 적절한 해석을 포함시킨다.
② 검사자는 검사결과를 보고할 때, 검사상황이나 피검사자의 규준 부적합으로 인한 타당도 및 신뢰도와 관련하여 발생하는 제한점을 명확히 한다.
③ 검사자는 연령, 피부색, 문화, 장애, 민족, 성, 인종, 언어 선호, 종교, 영성, 성적 지향, 사회경제적 지위가 검사실시와 해석에 영향을 미친다는 것을 인식하고, 피검사자와 관련된 다른 요인들을 고려하여 적절하게 검사결과를 해석한다.
④ 검사자는 기술적인 자료가 불충분한 검사도구의 경우 그 결과를 해석할 때 주의해야 한다. 그러한 도구를 사용하는 특정한 목적을 피검사자에게 명확히 알린다.
⑤ 검사자는 피검사자에게 심리검사 결과의 수치만을 알리거나 제3자에게 알리는 등 검사결과가 잘못 통지되지 않도록 해야 한다.

(4) 정신장애 진단
① 검사자는 정신장애에 대해 적절한 진단을 하도록 특별하고 세심한 주의를 기울인다.
② 검사자는 치료의 초점, 치료유형, 추수상담 권유 등의 피검사자 보살핌을 결정하기 위해 사용되는 개인상담을 포함한 검사기술을 신중하게 선택하고 합당하게 사용한다.
③ 검사자는 정신장애를 진단할 때는 피검사자의 문제를 규정하는 방식에 문화가 영향을 미친다는 것을 인식하고 피검사자의 사회경제적·문화적 경험을 고려한다.
④ 검사자는 어떤 개인이나 집단들에 대해 오진을 내리고 정신병리화하는 역사적·사회적 편견과 오류에 대해 충분히 이해하고 이러한 편견과 오류가 발생하지 않도록 특별한 주의를 기울인다.
⑤ <u>검사자는 심리검사의 결과가 피검사자나 다른 사람들에게 해를 끼칠 수 있다고 판단되면 진단이나 보고를 해서는 안 된다.</u>

제2장 지능검사

제1절 지능의 기초 개념

지능의 의미는 임상적 입장과 이론적 입장이 있다.

1 임상적 입장

지능은 전체적인 잠재적 적응 능력으로서 지능의 구성요소에 대한 가설을 바탕으로 하여 지능검사를 제작하고 타당도를 검증하면서 개인의 전체적 능력평가를 위해 사용한다. 동기나 성격과 같은 비 지적 요소가 지적 기능의 수행에 영향을 미친다.

2 이론적 입장

지능의 개념을 과학적으로 정의하기 위해 개인이 아닌 집단을 대상으로 한 지능검사 결과와 개인의 성, 연령, 학력변인 등과의 상관관계를 연구하여 지능검사의 소 검사들에 대한 요인분석 연구를 바탕으로 지능의 개념을 발전시켜 왔다.

(1) 비네(Binet, 1905)

지능이란 잘 판단하고, 이해하고, 추리하는 일반적이고 기본적 능력으로서 그 구성요소는 판단력, 이해력, 논리력, 추리력, 기억력이며, 이러한 기본적 능력이 행동차원에서 평가될 수 있다.

기출문제 확인학습

비네(A. Binet)

1) 비네는 1905년 의사 T. Simon의 도움을 받아 정신박약아를 판정하기 위한 검사를 작성하였으며 이것이 지능검사의 시초라고 일컬어지고 있고 이 때문에 비네는 지능검사의 아버지라고 불리고 있다.
2) 비네는 일반지능의 본질로서 일정한 방향을 설정하고, 그것을 유지하는 능력, 목표달성을 위해 일하는 능력, 행동의 결과에 대해서 수정하는 능력 등의 세 가지 면을 들고 있다.
3) 즉, 비네는 새로운 상황에의 적응행동을 지능으로 보고, 지능의 본질로서 방향성, 목표 적합성 및 수정(자기비판)의 세 가지 측면을 생각하고 있다.

> **지능**
> 1) Terman : 지능을 추상적 사고를 할 수 있는 능력으로 보았다.
> 2) Binet : 지능에는 판단력, 실제적 감각, 주도력, 그리고 환경에 대한 적응력이 포함되어야 한다고 보았다.
> 3) Wechsler : 지능은 합리적으로 사고할 수 있는 능력, 목적을 갖고 행동하는 능력, 그리고 환경에 효과적으로 대처하는 능력으로 간주하였다.
> 4) Horn : 유동적 지능(fluid intelligence)과 결정적 지능(crystallized intelligence)의 2차원으로 구별하였다.

(2) 스피어만(Spearman, 1904)

모든 지적 기능에는 공통 요인과 특수 요인이 존재한다는 2요인설을 제시하였다.

(3) 손다이크(Thorndike, 1909)

추상적, 언어적 능력과 실용적 지능, 사회적 지능 등의 특수 능력을 분류하였다.

> **기출문제 확인학습**
>
> **손다이크(Thorndike)의 지능 다요인설**
> 1) 손다이크는 스피어만의 통계적 처리 결과를 비판하고, 지능에 일반요인은 존재하지 않으며 무수한 특수요인으로 구성되었음을 주장하였다.
> 2) 지능의 영역 분류
>   (1) 기계적 지능(구체적 지능) : 손이나 손가락을 통하여 기계적 조작을 하는 능력
>   (2) 사회적 지능 : 주위의 사람들에게 대처하는 능력
>   (3) 추상적 지능 : 언어 및 추상적 관념에 관한 능력
> 3) 손다이크는 추상적 지능의 검사기준으로 문장 완성력, 산수추리력, 어휘력, 지시를 따를 수 있는 능력을 제시하였다.

(4) 웩슬러(Wechsler, 1939)

지능은 유목적적으로 행동하고, 합리적으로 사고하고, 환경을 효과적으로 다루는 개인의 종합적인 능력으로 성격의 다른 부분과 분리될 수 없으며 이러한 인지적, 정서적, 동기적 측면을 모두 포함하는 전체적 능력이다.

(5) 써스톤(Thurstone, 1941)

지능의 다 요인이론으로 기본정신 능력으로 7개 요인을 제시(7 - PMA)하였다.

(6) 카텔과 혼(Cattell, 1963; Horn & Cattell, 1966)

유동성 지능(fluid intelligence)과 결정성 지능(crystallized intelligence)으로 구분하였다.

(7) 길포드(Guilford, 1967, 1988)

지능은 내용차원, 조작차원, 산출차원의 세 차원을 구성하는 요소들이 상호 결합하여 얻어지는 상이한 정신능력으로 구성된다. 이를 지능의 구조모형이라고 한다.
최초에는 120개의 요인으로 제시되었으나 180개로 점차적으로 늘어나고 있다.

(8) 스턴버그(Sternberg, 1984, 1985)

지능이 분석적, 경험적, 맥락적 능력으로 구성된다는 지능의 삼원이론을 제시하였다.
이는 기존의 지능검사가 학업적인 부분에 한정되어 있다는 비판 위에서 비학업적이고, 실용적이며 사회적인 지능을 포괄하는 대안적 지능이론으로 지능의 여러 측면을 포괄적으로 진단하는데 초점을 둔다.

(9) 가드너(Gardner, 1983)

독립적 7요인(언어적, 음악적, 논리 - 수학적, 공간적, 신체 - 운동적, 개인 간, 개인 내 요소)을 제시하였다. 이후 자연친화지능과 실존지능을 포함하여 9요인으로 제시하고 있다.

결론적으로 지능이란 유전적, 환경적 결정요인을 지니는 것으로 검사를 통해 측정되는 지능은 유전적 결정요인뿐만 아니라, 초기 교육적 환경, 후기교육과 작업경험, 현재의 정서적 상태 및 기질적, 기능적 정신장애, 검사 당시의 상황요인의 상호작용 결과로 나타나는 개인의 전체적인, 잠재적인 적응능력이다.

(10) 비고츠키(Vygotsky, 1978)

지적 능력을 근접발달영역(zone of proximal development: ZPD)로 설명하였으며, 근접발달영역은 개인의 실제적 수준과 타인의 도움으로 도달할 수 있는 잠재적 수준의 차이를 의미한다. 따라서 개인의 수행수준에 맞춘 효율적인 촉진 방안이 필요하며, 이를 발판화(scaffolding)라고 부른다.

제2절 지능의 분류와 특성 - 지능이론 중심으로

1 요인이론 : 지능을 구성하고 있는 요인이 무엇이냐에 관심이 있다.

(1) 스피어만(Spearman)
한 개의 일반요인(여러 가지 다양한 지적 과제를 해결하는 데 고르게 관여하는 일반적인 능력)과 여러 개의 특수요인(특정 과제를 해결하는 것에만 주로 활용되는 특수한 능력)으로 구성

(2) 써스톤(Thurstone)
56개의 지능검사 결과를 요인 분석한 결과 일곱 가지 기초 정신능력을 발견하였다. 일곱 가지 기초 정신능력(PMA : Primary Mental Ability)은 언어이해력, 추리력, 수리력, 공간지각력, 언어 유창성, 지각속도, 기억력이다.

(3) 길포드(Guilford)
① 내용(시각적, 청각적, 상징적, 의미론적, 행동적), 산출(단위, 유목, 관계, 체계, 변환, 함축), 조작(평가, 수렴적 사고, 확산적 사고, 기억파지(=기억장치), 기억저장, 인지)의 세 차원으로 구성되어 있다.
② 이 세 차원의 조합에 따라 180개의 능력으로 구성(초기에는 120개의 능력으로 구성되었다고 했다가 이후 150개의 능력이라고 수정하였으며, 가장 최근에는 180개 능력으로 구성되어 있다고 주장함)되어 있다.
③ 조작 차원 중 수렴적 사고는 하나의 정답을 찾아 가기 위해 생각을 모아가는 방식의 사고를 말하고 확산적 사고는 다양한 가능성 있는 대안을 찾기 위해 생각을 퍼뜨리는 방식의 사고를 말한다.
④ 길포드에 의하면, 창의력은 확산적 사고와 관련이 깊다고 한다.

기출문제 확인학습

길포드(Guilford)의 지능구조 입체모형 - 3차원적 지능의 구조

Guilford(지능구조 입체모형)는 180개의 요인을 설명하기 위해 조작, 산출, 내용의 세 가지 요소를 축으로 하는 입방형 모형을 제시하였다.
1) 내용의 차원 : 시각, 청각, 상징, 의미, 행동(5개)
2) 조작의 차원 : 평가, 수렴, 확산, 기억장치, 기억저장, 인지(6개)
3) 결과의 차원 : 단위, 종류, 관계, 체계, 변용, 함축(6개)
4) 3차원의 상호작용 결과(5×6×6)로 180개의 지능요인이 존재함을 밝혀냈다.

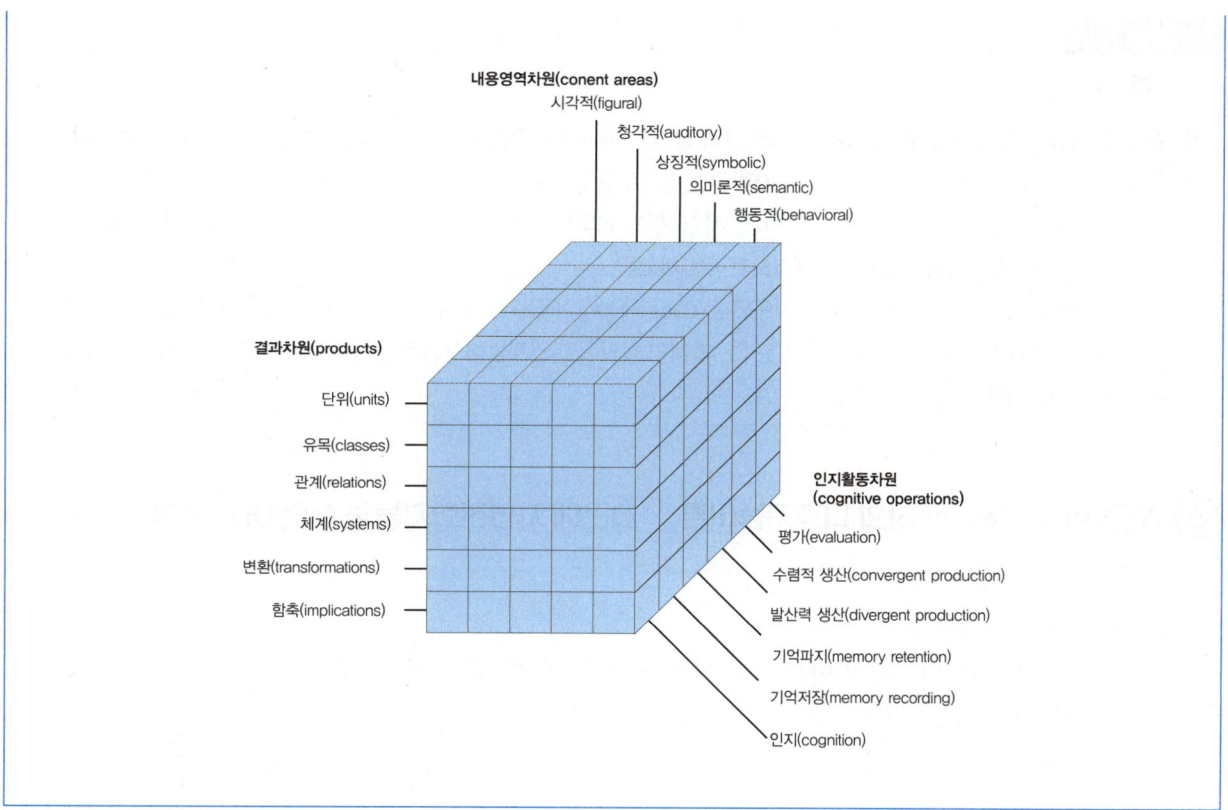

2 위계이론

지능 요인 간에 공유되거나 중첩된 변인을 종합함으로써 보다 높은 수준의 요인을 가정하고 있는 이론이며, 대표적으로 커텔과 혼(Cattell & Horn)은 유동성 지능과 결정성 지능으로 구분하였다.

기출문제 확인학습

Cattell과 Horn(1966)의 지능모델

유동성 지능 (Fluid Intelligence : Gf)	결정성 지능 (Crystallized Intelligence : Gc)
• 연령이 높아질 수록 뇌 손상에 의해 감소될 수 있다. • 비언어적이며, 문화적 경험과 적게 관련된다. • 정신작용과 과정을 중시하며, 학습된 능력이 아니다. • 복합적인 정보에 대한 처리와 문제해결능력을 측정한다(예 언어추리력).	• 연령이 높아질 수록 꾸준히 증가하며, 뇌 손상에 의해 감소되지 않는다. • 문화적 경험으로 발달하는 지식 또는 기능과 관련된다. • 숙달된 인지적 능력으로 학습된 능력과 연관된다. • 정보의 단순한 회상이나 재인과 같은 구체적 능력을 측정한다(예 어휘력).

> **심화**
>
> ### C-H-C 지능이론
>
> 1) Cattell-Horn의 Gf-Gc이론은 지능을 1차요인(기초정신능력)과 2차 요인(광범위한 인지능력)으로 구성하였으며, 2차요인은 유동성지능과 결정성지능을 포함한 9~10개의 능력으로 분류하였다.
> 2) Carroll(1997)은 3층 인지능력 이론을 제안하면서 1층위는 협의의 인지능력, 2층위는 유동성지능과 결정성지능을 포함한 광범위한 인지능력, 3층위는 일반인지능력으로 제시하였다.
> 3) 맥그루와 플래나간(McGrew & Flanagan, 1998)은 Cattell-Horn과 Carroll의 이론의 유사성을 비교하며 통합을 제안하였으며, 1층위는 70여개의 협의의 인지능력, 2층위는 10개의 광범위한 인지능력, 3층위는 일반지능의 위계 모형으로 구성한 것이 C-H-C 지능이론이다.

3 가드너(Gardner, 1983)의 다중지능이론 - 최근에 자연친화지능과 실존지능[7] 포함

(1) 언어적 지능

이것은 우리가 흔히 일컫는 언어분석력, 복잡한 어문자료를 이해하는 능력, 은유를 이해하는 능력을 포함한다(대표자는 시인 엘리어트).

(2) 논리 수학적 지능

산수연산이나 상징적 논리력은 모두 이 지능을 요구한다(대표자는 과학자 아인슈타인).

(3) 공간적 지능

숨은 그림을 찾고 공간 속에서 사물을 머릿속으로 그 위치를 바꾸고 돌려서 그것을 진술할 수 있는 능력을 말한다(대표자는 화가 피카소).

(4) 신체 운동적 지능

자신의 신체를 완벽하게 인식하고 조절할 수 있는 능력을 말한다(대표자는 무용가 마르샤 그래함).

(5) 음악적 지능

음악과 관련된 모든 자질을 의미한다(대표자는 음악가 스트라빈스키).

(6) 대인 간 지능

타인의 동기, 기분, 의도를 파악하고 구분 짓는 능력을 말한다(대표자는 정치가 간디).

---

[7] 1983년에 가드너가 다중지능이론을 발표할 때는 포함시키지 않았던 것이지만, 10년이 지난 뒤 완성한 실존지능은 영적 지능을 의미하는 것으로, 인간존재에 대한 근본적 질문을 제기하는 것이며, 자신의 존재 의미와 삶의 실존적 의미, 그리고 인생의 참된 가치가 무엇이며 그것을 어떻게 발견하고 그러한 가치를 구현하기 위하여 나는 어떤 인생을 살아야 할 것인가를 깨닫는 능력을 말한다.

(7) 개인 내 지능

자신을 들여다보는 능력, 자기의 감정, 동기, 의식 등을 스스로 알고 분석하고 표현하는 능력을 말한다(대표자는 정신분석가 프로이트).

(8) 자연친화 지능

식물이나 동물 또는 자신이 살아가고 있는 환경에 관심을 가지고, 그 인식과 분류에 탁월한 전문 지식과 기술을 발휘하는 능력을 말한다(대표자는 곤충학자 파브르).

(9) 실존지능

8가지 지능의 상위지능으로서 인간의 존재론적 의미, 삶과 죽음 등에 대한 사유와 인간 존재 이유나 의미, 삶의 근원적 가치를 추구하는 능력을 말한다. (대표자는 성직자 마더 테레사)

4 스턴버그(Sternberg, 1986)의 삼원지능이론

(1) 성분적 요소
① 지능을 원초적으로 구성하는 성분으로서 상위 성분, 수행 성분, 지식습득 성분이 있다.
② 분석적 사고력이 높은 사람은 이 성분적 요소의 역할이 강하게 나타난 사람이다.

(2) 경험적 요소
경험을 통하여 생소한 과제를 통찰력 있게 다룰 줄 아는 것으로서 창의력이 높은 사람은 이 경험적 요소의 역할이 강하게 나타난 사람이다.

(3) 맥락적 요소
① 외부환경에 대응하는 능력, 즉 현실상황에의 적응력을 강조하는 것으로서 전통적인 지능검사로 측정한 지능지수나 학업성적과는 무관한 능력이다.
② 어떤 상태에든 잘 적응하는 사람은 이 맥락적 요소의 역할이 강하게 나타난 사람이다.

> **기출문제 확인학습**
>
> **지능을 평가할 때의 '임상적 접근'과 '개념적 접근'**
>
> 지능을 논의하는 데는 크게 임상적 접근과 개념적 접근으로 나눈다(House, 1996).
> 1) 임상적 접근
>   - 지능평가의 합리성을 강조함
>   - 지능을 측정할 수 있는 구체적인 실체라고 가정함
>   - 검사도구를 통해 어떻게 지능을 측정할 것인가 하는 실용적인 면에 초점
> 2) 개념적 접근(= 이론적 입장)
>   - 지능을 가설적, 이론적 구성개념으로 가정함
>   - 지능의 정의와 분석 방법을 연구하는 데 초점
>   - 현재 주로 사용되는 지능검사의 활용에 크게 관심을 두지 않음

제3절 지능검사[8] – 웩슬러(Wechsler) 오리지널 검사[9]

1 웩슬러 검사의 기본적 입장론

지능이란 효율적인 적응을 성취할 수 있는 잠재적 능력으로서 다음의 특징이 있다.
(1) 지능검사는 잠재력을 평가하는 표준화된 과제들로 구성된 정신기능 측정검사이다.
(2) 지능은 다요인적, 중다 결정적이며 전체적인 능력이다.
(3) 지능은 인지적 요인뿐만 아니라 비인지적 요인도 평가하는 것이다.

2 비네(Binet) 지능검사가 언어와 언어적 기술에 너무 많은 비중을 두었다 생각하여 비언어적 지능을 측정하기 위한 수행검사를 개발하여 추가한 것으로서, 언어성 IQ와 동작성 IQ 그리고 전체 IQ를 산출해낸다.

(1) 성인용 : 만 17~64세 대상 WAIS(Wechsler Adult Intelligence Scale, 1955) → WAIS - R(1981)
(2) 아동용 : 만 6~16세 대상 WISC(Wechsler Intelligence Scale for Children) → WISC - R(1974)
(3) 유아용 : 만 4~6.5세 대상 WPPSI(Wechsler Preschool & Primary Scale of Intelligence) → WPPSI - R(1989, 개정판)

> **참고**
>
> **웩슬러 검사와 스탠포드 - 비네 검사 비교**
> 웩슬러 검사와 비네 검사는 둘 다 개별적으로 실시되는 지능 검사이며 두 척도 간에는 주요한 차이점이 많다.
> 1) 웩슬러 검사는 하위검사별로 배열 실시되며, 비네 검사는 연령수준별로 배열 실시된다.
> 2) 웩슬러 검사는 언어과제와 수행과제(동작성)를 포함하고, 비네 검사는 내용면에서 언어에 비중을 두고 있다.
> 3) 웩슬러 검사는 언어, 수행, 전체 척도에 대한 지능지수와 하위검사 점수를 제공하는데, 비네 검사는 전체 지능지수 하나와 정신연령 점수를 제공한다.
> 4) 비네 검사는 주로 2~18세 어린이용으로 고안되고 성인용으로도 실시될 수 있다. 이에 비해 WAIS는 성인용(15세 이상)으로 고안되었으며, 6~16세 어린이용(WISC - R)과 4~6세 6개월용(WPPSI) 척도들이 개발되었다.
> 5) 웩슬러 검사는 점수 척도이고, 비네 검사는 연령척도이다.
> 6) 웩슬러 검사의 경우 모든 대상에 동일한 하위검사들이 실시되고, 비네 검사의 경우 내용이 연령수준에 따라 다르다.
> 7) 웩슬러 검사는 진단용으로 더 적합하다.

---

[8] 스탠포드 - 비네(Stanford - Binet) 검사(1905, 1908, 1911)는 정상 / 지적장애 아동을 감별하기 위한 목적으로 최초 실용적인 지능검사를 제작하였으며 그리고 스탠포드 - 비네(Stanford - Binet) 검사는 1916년, 스탠포드 대학의 터만(Terman)이 비네 검사를 개정한 것으로서, 비율 IQ를 도입하였다. 공식은 [IQ = 정신연령÷생활연령×100 즉, IQ = MA / CA×100]이다.
[9] 웩슬러 지능검사의 내용은 오리지널 검사내용과 최근 4번째 개정판(성인용, 아동용)의 내용을 수록하였다. 시험은 4번째 개정판 위주로 출제되므로 최근 개정판 내용을 집중적으로 학습하길 바란다.

실력다지기

웩슬러 지능검사의 개발과 발달

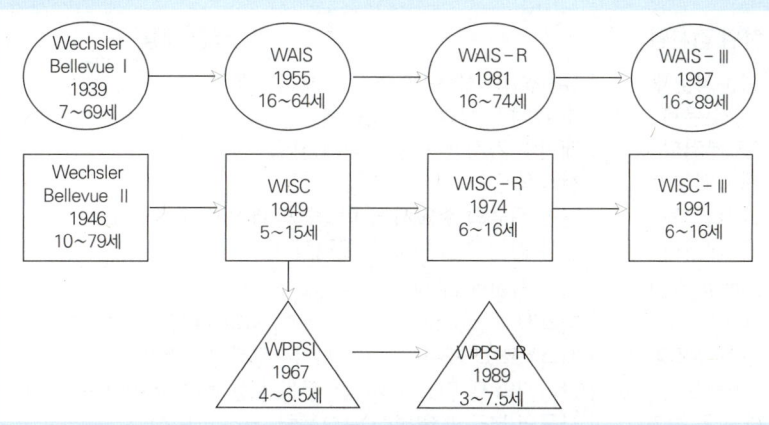

<Wechsler 지능검사의 역사>

출처 : Kaufman & Lichtenberger(1999). Essentials of WAIS-Ⅲ Assessment.

3 웩슬러 지능검사(오리지널)의 구성

(1) 11개 소검사, 동작성(5)과 언어성(6) 지능으로 구분하였다.
(2) 편차지능지수(편차 IQ)의 개념 사용 : 동일 연령 대상으로 실시하여 평균 100, 표준편차 15를 적용하여 산출한다.
(3) 언어성 검사(verbal) 6가지 : 기본 지식, 숫자 외우기, 어휘문제, 산수문제, 이해문제, 공통성 문제
(4) 동작성 검사(performance) 5가지 : 빠진 곳 찾기, 차례 맞추기, 토막 짜기, 모양 맞추기, 바꿔쓰기
(5) 웩슬러 지능검사를 실시하면 언어성 IQ(Verbal IQ), 동작성 IQ(Performance IQ), 그리고 전체 IQ(Full-Scale IQ)를 얻게 된다.
(6) 언어성 검사는 고도로 조직화된 능력, 즉 아동기부터 축적된 경험과 지식을 요구하는 반면, 동작성 검사는 비교적 덜 조직화된 즉각적인 문제해결능력, 과거 축적된 지식의 활용, 즉각적인 대처능력을 요구한다.

4 한국판 웩슬러 성인지능검사(오리지널)의 구성

	하위 검사명	측정 내용
언어성 검사	공통성문제 산수문제 기본지식 숫자외우기 어휘문제 이해문제	유사성 파악능력과 추상적 사고능력 수 개념 이해와 주의집중력 개인이 가지는 기본 지식의 정도 청각적 단기기억, 주의력 일반 지능의 주요지표, 학습능력과 일반개념 정도 일상 경험의 응용능력, 도덕적·윤리적 판단능력
동작성 검사	차례 맞추기 토막 짜기 모양 맞추기 바꿔쓰기 빠진 곳 찾기	전체 상황에 대한 이해와 계획 능력 지각적 구성능력, 공간표상능력, 시각 - 운동 협응능력 지각능력과 재구성 능력, 시각 - 운동 협응능력 단기기억 및 민첩성 시각 - 운동 협응능력, 주의집중력 사물의 본질과 비본질 구분능력, 시각 예민성

암기법 <언어성 검사의 종류와 암기법 : 어 - 이 - 공 - 산 - 지 - 수>
<동작성 검사의 종류와 순서 암기법 : 빠 - 차 - 토 - 모 - 바꿔 쓰기>

심화

K - WAIS 지능검사

국내에서는 한국 가이던스사가 WAIS - R를 토대로 한국 실정에 알맞은 내용으로 문항을 보완하여 K - WAIS라는 지능검사를 개발하여 사용하고 있으며 그 내용을 간단히 소개하면 다음과 같다(탁진국, 1996).

1) 언어성 검사
   (1) 기본지식 문제(29개) : 개인이 갖고 있는 기본지식의 정도를 측정한다.
      예 운명 교향곡을 작곡한 사람은 누구입니까?
   (2) 숫자 외우기(14개) : 청각적 단기기억과 주의력을 측정하는 검사로서 검사자가 숫자를 불러주면 피검사자가 이를 바로 따라서 말하거나 거꾸로 따라서 말하면 된다.
      예 5 - 3 - 1 - 4 - 9
   (3) 어휘문제(35개) : 학습능력과 일반 개념의 정도를 측정하는 검사로서 검사자가 단어의 뜻을 물어보면 피검사자는 이에 답하도록 되어있다.
      예 목도리, 망각하다
   (4) 산수문제(16개) : 수 개념의 이해와 주의집중력을 측정한다.
      예 사과 4개에 사과 5개를 더하면 모두 몇 개입니까?
   (5) 이해문제(16개) : 일상 경험의 응용능력이나 도덕적·윤리적 판단능력을 측정한다.
      예 옷은 왜 빨아 입습니까?
   (6) 공통성문제(14개) : 유사성의 관계 파악 능력과 추상적 사고능력을 측정한다.
      예 붕어와 명태의 공통점은 무엇입니까?

2) 동작성 검사
   (1) 빠진 곳 찾기(20개) : 사물의 본질적인 부분과 비본질적인 부분을 구별하는 능력과 시각적 예민성을 측정하는 검사로서 피검사자는 하나의 그림이 나와 있는 카드를 보고 그림에서 무엇이 빠져있는지를 맞추어야 한다.
      예 꼬리가 없는 돼지 그림 카드 제시

(2) 차례 맞추기(10개) : 전체 상황에 대한 이해력과 계획능력을 측정하기 위한 검사로서 피검사자는 순서가 뒤섞인 여러 장의 그림카드를 보고 올바른 순서대로 배열해야 한다.

> 예) 이 그림은 인부가 집을 짓고 있는 이야기입니다. 그런데 그림의 순서가 잘못되어 있습니다. 이야기가 되도록 바른 순서대로 배열하십시오.

(3) 토막짜기(9개) : 시각구성능력과 시각 - 운동 협응능력을 측정하기 위한 검사로서 피검사자는 모두 9개의 토막(각 토막에는 빨간색, 흰색이 칠해져 있음)을 이용해서 검사자가 보여준 카드의 모양대로 만들어야 한다.

(4) 모양맞추기(4개) : 시각능력과 재구성능력, 시각 - 운동 협응능력을 측정하는 검사로서 피검사자는 배열된 여러 조각들을 이용해서 올바른 모양으로 만들어야 한다.

(5) 바꿔쓰기(93개) : 단기기억능력 및 민첩성, 시각 - 운동 협응능력을 측정하는 검사로서 피검사자는 주어진 숫자 바로 밑의 공란에 그 숫자를 다른 기호(예) '1'은 'ㅡ', '2'는 'ㅗ')로 바꾸어 써야 한다.

5 웩슬러 지능검사(오리지널)의 해석 방식

(1) 해석의 일반적 주의사항

① 지능검사 시행과정에서 관찰되는 개인의 행동특징, 반응내용은 인지적 발달과 성숙의 중요 결정요인으로 작용할 뿐만 아니라 인지적·성격적 평가에 있어서도 중요한 자료를 제공해 줄 수 있다.

② 지능검사는 개인이 과거에 학습한 내용을 측정하고 있어서 임상가는 지능검사를 통하여 과거 학습에 의한 피검사자의 성취를 평가할 수 있다는 입장을 취하면서 현실적 문제에 대한 해답을 제공해 주는 것이 바람직할 것이다.

③ 지능검사를 구성하는 과제들은 인위적인 문항 표집의 결과이므로 지능검사의 결과를 일반적인 상황에 일반화시키는 것은 신중하게 검토되어야 하며, 검사결과의 일반화는 검사결과와 반응행동을 전체적으로 종합한 임상가의 판단을 거쳐서 결정되어야 한다.

④ 지능검사 결과는 피검사자별로 해석되어야 하며 지능검사의 결과는 관찰된 행동, 과거력, 다른 검사 결과들을 종합하여 해석을 내릴 때 가장 유용할 것이다.

(2) 전체 지능검사 결과의 분석

① 전체 지능지수

㉠ 전체 지능지수는 어떤 소검사의 점수보다 신뢰로운 점수이므로 전체 지능지수, 지능수준, 백분위, 오차범위에 따라 기술한다.

㉡ 유의할 점은 이러한 개인의 전체 지능점수가 피검사자의 과거력, 특히 지적 성취수준과 어느 정도 일치하는지 아니면 불일치 하는지를 검토해야 한다는 것이다.

㉢ 만약 개인의 지능수준 자체는 매우 우수한 수준이지만 학업성적이나 지적인 성취가 매우 제한된 수준이라면 그 이유를 밝히도록 시도해 보아야 할 것이다.

② 언어성 지능과 동작성 지능의 비교

㉠ 언어성 지능과 동작성 지능의 차이가 유의한 수준인가를 밝혀야 한다.

㉡ 만약 유의한 수준의 차이라면 특정하게 뇌 손상이나 정신장애와 연관되는 점수 차이라는 판단은 보류되고 단지 언어성과 동작성 기능의 차이가 유의한 수준에 있다고 해석을 내리는 것이 타당할 것이다.

ⓒ 만약 두 검사 간 지능점수의 차이가 유의하다면 이러한 차이가 비정상적 수준의 차이인지를 다시 검토해야 하는데, 그 이유는 비정상적인 수준의 차이라면 뇌 손상이나 정신장애와 연관이 있을 가능성을 검토해보아야 하기 때문이다.

③ 언어성 지능과 동작성 지능이 유사한 경우
  ㉠ 언어성 과제와 동작성 과제를 다루는 능력이 대체로 유사하다는 것을 의미한다.
  ㉡ 이 경우에 피검사자는 문제해결을 위해 언어적 능력을 이용해서 언어적 문제를 처리하는 것 뿐 아니라 시각적 분석과 운동 기능을 요하는 과제에서도 동등한 능력을 발휘할 수 있다고 말할 수 있다.
  ㉢ 이 피검사자의 추론, 개념화, 판단, 계획 능력은 언어적 표현과 분석 또는 시각 - 운동 표현과 분석을 통해 동등하게 다뤄져야 한다.

④ 언어성 지능이 동작성 지능보다 높은 경우
  ㉠ 시각 - 운동 기능보다 언어적 표현, 분석, 회상 능력이 우수한 사람으로 주지화 방어를 많이 사용하고, 성취동기가 높고 언어적 관심이 많은 경향이 있다.
  ㉡ 교육이나 문화적 경험들의 주류에 동화된 사람들로 행동, 동작성 기술, 기계적 응용력은 떨어진다.
  ㉢ 진단 및 병리적 측면에서 언어적 기술을 강조하는 문화적 가치들에 기인한 동조 성향이 많은 경우와 단어들이나 언어적 개념들에 특수한 의미들을 부여하여 강박적인 성향이 있는 경우에 언어성 지능이 높을 수 있다.
  ㉣ 분열적(schizoid) 성향이 있는 환자나 매우 관념적인 접근을 하거나 편집증적 성향이 있는 조현병 환자들은 다른 사회적 관심들을 철회하기 위해서 단어들과 언어적 상징들에 의존하므로 언어성 지능이 높을 수 있다.
  ㉤ 우울증 환자의 경우 느린 정신운동 능력 때문에 시간제한이 있는 동작성 과제들에서 낮은 점수를 얻는다.
  ㉥ 시각 또는 운동 능력에 특정한 영향을 미치는 뇌 영역에 상해를 입은 기질성 장애 환자도 전반적인 동작성 지능 점수가 낮다.
  ㉦ 주지화 방어가 강하고 관념적 성격 양식을 지닌 조현병 환자들의 경우 이들이 갖는 조현병적 혼란은 언어적 기술보다는 지각 및 시각 - 운동 분석 능력에 더 쉽게 영향을 미칠 수 있으므로 동작성 지능이 언어성 지능보다 낮을 수 있다.

⑤ 동작성 지능이 언어성 지능보다 높은 경우
  ㉠ 반영적 사고 성향에 비해 행위나 활동을 더 선호하는 사람으로 기계적 활동에 대한 관심, 우수한 시각적 분석능력 또는 잘 조정된 운동 반응을 보이게 된다.
  ㉡ 언어적 기술을 강조하지 않는 사회 및 문화적 배경 또는 이에 영향을 미친다.
  ㉢ 병리적 측면에서 동작성 지능이 높은 사람은 충동적이고 행동 - 지향적인 양식이 지배적인 외향적 행동(acting - out) 성향을 많이 보이게 된다.
  ㉣ 언어 능력과 관련한 뇌 부위에 신경학적 문제를 갖고 있는 기질성 뇌 손상 환자들은 언어성 지능은 떨어지는 반면, 동작성 지능은 그대로 유지된다.

⑥ 언어성 지능 - 동작성 지능 불일치의 의미
  ㉠ 언어성 지능점수와 동작성 지능 점수 간의 불일치가 비정상적으로 클 때, 이는 그 피검사자에게 실질적인 장애가 있음을 보여주는 징표(sign)일 수 있다.
  ㉡ 심리학자는 이러한 불일치를 설명하기 위한 가설을 수립하기 위해서 모든 검사 결과들을 검토하여야 한다.
  ㉢ 불일치 점수가 30점 이상인 경우에 심리학자는 보고서에 이를 설명해주어야 하며, 유의미한 불일치는 정신증적 진행, 기질적 손상 또는 유의미한 발달상의 문제가 있음을 나타낼 수 있다.

정리

웩슬러 지능검사(오리지널)에서 해석방법

1) 언어성 지능 < 동작성 지능 : 동작성 지능이 언어성 지능보다 유의미하게 높을 때
  (1) 동작성 기술이 언어적 기술보다 더 잘 발달되어 있다.
  (2) 시각 - 운동 협응능력이 청각적 - 언어적 정보처리 능력보다 더 잘 발달되어 있다.
  (3) 즉각적인 문제해결 능력이 경험을 통해 축적된 지식보다 더 잘 발달되어 있다.
  (4) 읽기능력과 학업성취에 어려움이 있을 수 있다.
  (5) 언어능력에 결함이 있을 수 있다.
2) 언어성 지능 > 동작성 지능 : 언어성 지능이 동작성 지능보다 유의미하게 높을 때
  (1) 언어적 기술이 동작성 기술보다 더 잘 발달되어 있다.
  (2) 청각적 - 언어적 정보처리 능력이 시각 - 운동 협응능력보다 더 잘 발달되어 있다.
  (3) 경험을 통해 축적된 지식이 즉각적인 문제해결 능력보다 더 잘 발달되어 있다.
  (4) 피검사자가 실용적인 과제들을 다루는 데 어려움이 있다.
  (5) 대처기술에 결함이 있을 수 있다.
  (6) 시각 - 운동 협응능력의 어려움이 수행에 영향을 주었을 수 있다.
  (7) 속도를 요하는 과제를 수행하는데 어려움이 있다.

경계선 지능(Borderline Intelligence)

1) 경계선 지능은 웩슬러 지능검사 등의 표준화된 지능검사로 지능지수가 70~79점을 받은 경우를 지칭하는 말이다.
2) 즉, 경계선의 의미는 정상과 지적장애의 경계에 있다는 의미로서, 정상이 80 이상이고 70이 되지 않으면 지적장애이므로 그 사이에 있다는 것이다.

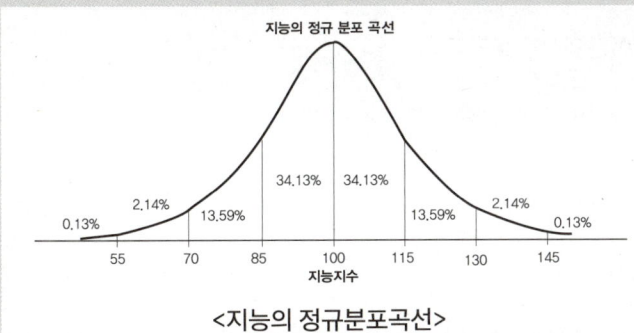

<지능의 정규분포곡선>

지능지수	분류	백분율(%)
130 이상	최우수	2.2
120~129	우수	6.7
110~119	평균 상	16.1
90~109	평균	50.0
80~89	평균 하	16.1
70~79	경계선	6.7
69 이하	지적장애	2.2

웩슬러 지능검사와 분류

1) 웩슬러 지능검사가 가장 많이 사용되고, 나이에 따라 유아용(K - WPPSI), 아동용(K - WISC - III), 성인용(K - WAIS)으로 나누어진다.
2) 웩슬러 지능검사의 항목은 주로 언어적 이해, 지각적 조직화, 주의집중력 등을 평가하는 문항으로 구성되어 있고, 학습을 통해 습득된 지식 정도를 평가하는 문항은 있지만, 기억력 측정 문항은 없는 것이 특징적이다.
3) 검사자의 기술이나 당일 아동의 상태에 따라 측정 오차는 존재하므로, IQ 지수 자체보다는 어느 범위에 해당하는지 보는 것이 중요하다.
4) 같은 연령대의 아동들의 지능 분포를 평균 100, 표준편차 15로 분포곡선을 그려서 어느 위치에 해당되는가로 아동의 IQ 지수를 계산하는데, 80~120을 평균이라 하고, 70~79를 경계선 지능(전체 인구 중 7~7.5%), 69 이하(인구의 1.5~2%)를 지적장애로 분류한다.

비율지능[10]과 편차지능[11]

1) 지능지수(IQ)는 비율지능(Ratio IQ, RIQ)과 편차지능(Deviation IQ, DIQ)으로 나뉘는데, 현대에 이르러서는 편차지능이 주로 사용되고 있다. 그 이유는 검사를 받는 사람이 나이가 많은 경우에 비율지능으로 수치를 산출하기가 곤란하기 때문이다.
2) 다만 검사를 받는 사람의 나이가 만 6세 미만 정도로 어릴 경우에 한해, 여전히 비율지능으로 IQ를 나타내기도 한다.
3) 비율지능지수(RIQ)는 (피험자의 정신연령÷피험자의 생활(신체)연령)×100으로 산출되는데, 예를 들어 만 나이 5세의 아동이 지능검사를 실시한 결과 6세의 정신연령을 가지고 있었다면 이 아동의 비율지능지수는 (6÷5)×100 = 120임을 알 수 있다.
4) 편차지능지수(DIQ)는 {(원점수 - 원점수의 평균)÷(원점수의 표준편차)}×(사용하고자 하는 표준편차) + 100으로 산출된다. 예를 들어 어떤 사람이 원점수 평균이 60이고 원점수 표준편차는 20이며 표기되는 표준편차는 16인 지능검사에서 80의 원점수를 받았다면 이 사람의 편차지능지수는 {(80 - 60)÷20}×16 + 100 = 116 임을 알 수 있다.
5) 편차지능은 전체 인구와의 상대적 비교가 용이하기 때문에 비율지능보다 더 정확하고 세련된 개념이다.
6) 표준편차(Standard Deviation, SD) 15는 웩슬러(WAIS) 검사, 16은 스탠포드 - 비네 검사, 24는 레이븐스 검사에서 사용되는데, 편차지능에서 표준편차에 특별한 언급이 없으면 표준편차 16을 따르는 것이 일반적이다.

웩슬러(Wechsler) 개인용 지능검사 반응을 통해 나타나는 우울증의 특징

1) 언어성 지능이 동작성 지능보다 높다. 느린 정신운동 능력 때문에 시간제한이 있는 동작성 과제들에서 낮은 점수를 얻는다.
2) 주의집중이 어려워 산수문제, 숫자외우기, 기호쓰기의 점수가 낮다.
3) 빠진 곳 찾기, 기호쓰기와 같은 시간제한이 있는 항목에서 점수가 낮다.
4) 쉽게 포기하는 경향이나 인내심이 부족하다.
5) 반응의 질적인 면에서 정교하거나 능숙한 모습의 결여된 양상을 보인다.
6) 전반적인 반응이 느리다.

---

10 지능지수 또는 IQ는 지적 능력을 수치적으로 측정하기 위해 고안된 시험에 의해 산출되는 점수이다. IQ라는 용어는 독일의 Intelligenz - Quotient에서 변화한 것으로 독일의 정신학자 윌리엄 스턴(William Stern)이 1912년에 현대의 어린이들의 인지검사(20세기 초에 알프레드 비네, Theodore Simon이 개발한 것과 같은)의 점수를 매기는 방식으로 제안한 것이며, 이 용어는 생활 속에서 일상적으로 쓰인다. Stern이 사용한 IQ산출 계산방식은 비율지능지수(RIQ)는 (피험자의 정신연령÷피험자의 생활(신체)연령)×100으로 산출된다.

11 출처 : 위키백과 수정 인용

6 지능검사 활용의 유의점

(1) 지능검사는 개인의 전체 성격의 중요한 특징을 밝히기 위해 실시하는 임상적 검사들이므로 문항의 점수들보다 피검사자의 행동관찰이나 검사과제에 대한 개인의 반응양식이 더 중요할 수 있다.
(2) 숙련된 검사자는 이론가, 연구자, 임상가로서 검사자료를 새롭게 합성할 수 있도록 많은 훈련을 받아야 한다.
(3) 지능검사는 그 개인이 학습한 것을 측정한다. 언어적이든 비언어적이든 모든 검사과제의 내용은 한 문화 내에서 배운 것이다.
(4) 지능검사를 구성하는 과제는 모든 것을 포괄하기(exhaustive)보다 행동의 표본들을 나타내며 Wechsler 지능검사도 다른 검사와 마찬가지로 임의적인 행동표본으로 구성되어 있으므로 지능검사 이외에 인지, 임상, 신경심리학적 검사를 병행해서 실시하는 것이 정신병리 진단에 도움을 준다.
(5) 지능검사는 고정된 실험조건하에서 정신기능을 측정하며 검사결과가 의미 있도록 하기 위해서는 표준화된 절차에 따라 검사가 실시되어야 한다.
(6) WAIS - R과 같은 검사들은 개별적으로 실시될 뿐 아니라 예리하고 융통성 있는 탐사를 통해 개별적으로 해석되어야 하며 검사점수 프로파일은 피검사자의 배경정보, 관찰행동, 각 문제해결 과제에 대한 접근방식을 알고 있는 상태에서 해석할 때 가장 의미가 있다.
(7) 지능검사는 피검사자에게 잠재적으로 도움을 주는 가설을 만들어내는데 사용되며 한 개인이 심리평가에 의뢰된다면 그 사람은 문제가 있기 마련이며, 검사자가 해야 할 일은 그 문제를 해결하도록 돕는 것이며, 적어도 그 문제의 부정적인 효과를 감소시키는 것이다.

실력다지기

웩슬러 지능검사의 일반적인 시행방법 및 주의할 점

1) 표준 시행과 더불어 검사행동 관찰의 중요성을 고려한다.
2) 결과의 의미 있는 해석을 위해 표준화 절차를 엄격하게 따라야 한다.
3) 피검사자의 주의를 분산시키는 자극(조명, 환기, 소음)이 없어야 한다.
4) 피검사자의 최대 능력이 발휘될 수 있는 분위기에서 시행될 수 있도록 한다.
5) 일반적으로 간단하게 설명해 준 다음에 질문하는 것이 바람직하다.
6) 피검사자의 불완전한 반응에 대처할 수 있도록 채점의 원칙을 잘 알고 있어야 한다.
7) 특별한 이유가 없는 한 1회에 전체 검사를 완성하는 것이 바람직하다.
8) 유용한 정보를 제공하는 행동관찰에 대한 훈련이 되어 있어야 한다.
9) 검사시행이 피검사자보다 중요한 목적이 되어서는 안 된다는 점을 숙지해야 하며, 만약 검사시행이 적절치 않은 경우 시행을 중단하거나 면담을 통해 상황을 극복하도록 시도한다.
10) 철저한 채점원리의 파악으로 정확한 채점을 할 수 있어야 한다.

심화

병전지능(웩슬러 검사)
1) 웩슬러 지능검사에서 병전지능이라는 것은 원래의 지능수준을 말하는 것이다. 병전지능은 지능검사를 시행한 후 피검사자의 원래의 지능수준을 추정하여 현재의 지능수준과의 차이를 계산해 봄으로써 급성적, 만성적, 병적 경과, 지능의 유지나 퇴보정도를 파악하는데 도움이 된다.
2) 원래의 지능수준은 어휘문제를 기준으로 추정되는 방식이 제안되었고 일반적으로는 기본 상식, 어휘 문제, 토막 짜기 결과와 피검사자의 연령, 학력, 직업, 학교성적 등을 고려하여 추정한다. **암기법** 상 / 어 / 인구 / 토막

웩슬러 지능검사로 병전 지능수준을 추정하는 방법
1) 지능검사를 시행하고 난 다음, 피검자의 원래의 지능수준을 추정하여 현재의 지능수준과의 차이를 계산해 봄으로써 급성적·만성적 병적 결과, 지능의 유지나 퇴보 정도를 추정한다.
2) 원래의 지능수준(병전 지능수준)은 어휘문제를 기준으로 하여 추정되는 방식이 일반적이지만, 환자의 연령, 성, 인종, 학력, 직업과 같은 인구통계학적 변인과 상식(기본지식), 토막짜기를 활용하여 측정이 가능하다.
3) 이러한 결과가 원래의 지능과 현재의 지능지수가 15점 이상 차이가 난다면 유의한 지적 기능의 저하가 있다고 해석할 수 있다.
4) 급성의 경우 혼란이 심하며 지능이 많이 낮아진 상태이다.
5) 만성의 경우 급한 증상은 없으며 표정이나 감정의 분화가 나타나고 사회적 현실을 도피한다.

기출문제 확인학습

WMS - R(또는 WMS - III)[12]

1) 개정판 Wechsler 기억검사(Wechsler Memory Scale - Revised, WMS - R ; Wechsler, 1987)는 성인의 기억기능을 평가하는데 널리 사용되는 검사도구 중 하나로, 난치성 간질 환자에서도 수술 전과 후의 기억력을 평가하는데 흔히 사용되고 있다.
2) WMS - R의 시각성 기억검사가 지닌 한계점을 보완하기 위해 개발된 새로운 검사 도구들이 제3판 Wechsler 기억검사(WMS - III ; Wechsler, 1997)에 제시되고 있다.

---

12 WMS - R(또는 WMS - III은 기억장애를 보이고 있는 환자에게 기억 및 학습능력을 평가하는데 가장 적합한 척도이다.

제4절 K - WISC - IV(한국판 웩슬러 아동용 지능검사)[13]

- 저자 : David Wechsler
- 한국판 표준화 : 곽금주·오상우·김청택
- 목적 : 아동의 종합적인 인지능력 평가
- 대상 : 만 6세 0개월~만 16세 11개월
- 실시형태 : 개별검사
- 소요시간 : 65~80분

1 개요

(1) 한국판 웩슬러 아동용 지능검사(K - WISC - IV)는 6세 0개월~16세 11개월까지의 아동의 인지적 능력을 평가하기 위한 개별 검사도구이다.

(2) 기존의 한국판 웩슬러 아동용 지능검사(K - WISC - III)를 개정한 것으로 개정과정에서 인지발달, 지적평가, 인지과정에 대한 최근 연구들을 통합하여 전반적인 지적능력(전체검사 IQ)을 나타내는 합성점수는 물론, 특정 인지 영역에서의 지적 기능을 나타내는 소검사와 합성점수를 제공한다.

2 K - WISC - IV 검사의 특징

(1) 소검사 추가
① K - WISC - IV는 15개의 소검사로 구성되어 있다.
② K - WISC - III와 동일한 10개 소검사와 5개의 새로운 소검사(공통그림찾기, 순차연결, 행렬추리, 선택, 단어추리)가 추가되었다.

(2) 합성점수 산출
K - WISC - IV는 다섯 가지 합성점수를 얻을 수 있으며, 아동의 전체적인 인지능력을 나타내는 전체검사 IQ를 제공한다(15개의 소검사로 이루어져 있지만 합성점수를 얻기 위해서는 대부분 10개의 주요검사만 실시한다).

(3) 처리점수 산출
① K - WISC - IV는 3개의 소검사(토막짜기, 숫자, 선택)에서 7개의 처리점수를 제공한다.
② 이러한 점수들은 아동의 소검사 수행에 기여하는 인지적 능력에 대한 보다 자세한 정보를 제공하도록 고안되었다(처리점수는 다른 소검사 점수로 대체할 수 없으며, 합성 점수에도 포함되지 않음).

---

13 출처 : 학지사 / 상식, 빠진 곳 찾기, 어휘 등의 15개 소검사를 이용해 아동의 전반적인 인지기능 평가

(4) 심리교육적 도구

① K - WISC - IV는 전반적인 인지적 기능에 대한 포괄적인 평가할 때 사용할 수 있다.
② 또한 지적 영역에서의 영재, 지적장애, 그리고 인지적 강점과 약점을 확인하기 위한 평가의 일부분으로 사용가능하며, 임상장면 및 교육장면에서 치료계획이나 배치결정을 내릴 때 유용하다.

(5) 다양한 인지기능 평가

인지 능력이 평균 이하로 추정되는 아동, 아동의 인지기능을 재평가해야하는 아동, 낮은 지적능력이 아닌 신체적·언어적·감각적 제한이 있는 아동, 청각장애아 또는 듣는 데 어려움이 있는 아동의 평가 등이 가능하다.

> **실력다지기**
>
> 1) 전반적인 지적능력(즉, 전체검사 IQ)은 물론, 특정 인지 영역에서의 지적 기능을 나타내는 소검사와 합산 점수를 제공한다.
> 2) 3판에서 4판으로 개정되면서 '공통그림 찾기, 순차연결, 행렬추리, 선택, 단어추리'라는 5개의 소검사가 추가되어 4판에서는 소검사는 총 15개로 이루어져 있다.
> 3) 소검사는 주요 소검사와 보충 소검사로 구별되고 10개의 주요 소검사들은 언어이해 지표, 지각추론 지표, 작업기억 지표, 처리속도 지표로 총 네 가지 지표로 구성되고 있다.
> 4) 언어이해 지표(VCI)에서 주요 소검사는 공통성, 어휘, 이해가 있으며, 보충 소검사로는 상식(지식), 단어추리가 있다.
>   **암기법** 어이공 / 단지
> 5) 지각추론 지표(PRI)에는 토막 짜기, 공통그림 찾기, 행렬추리가 주요 소검사에 속하며, 빠진 곳 찾기가 보충 소검사에 포함된다. **암기법** 토공행 / 빠
> 6) 작업기억 지표(WMI)에서는 숫자, 순차연결이 주요 소검사이며, 산수가 보충 소검사이다.
>   **암기법** 수순 / 산
> 7) 처리속도 지표(PSI)의 주요 소검사는 기호쓰기, 동형 찾기이며, 보충 소검사는 선택이다.
>   **암기법** 동기 / 선
>
> ※ 주요 소검사는 합산점수가 필요한 대부분의 상황에서 반드시 실시해야 하며, 보충 소검사는 주요 소검사를 대체하는 용도로도 사용되고 인지적, 지적 기능에 대한 더 광범위한 표본을 제공해주기도 한다.

3 K - WISC - IV의 소검사 구성[14] (도표 정리)

지표	소검사
언어이해 지표(VCI)	공통성, 어휘, 이해, (상식), (단어추리)
지각추론 지표(PRI)	토막짜기, 공통그림찾기, 행렬추리, (빠진곳 찾기)
작업기억 지표(WMI)	숫자, 순차연결, (산수)
처리속도 지표(PSI)	기호쓰기, 동형찾기, (선택)

※ ( ) 안의 것은 보충 소검사임.

---

[14] 출처 : 학지사, 시그마프레스, (주) 마음사랑 등 다양한 자료에서 인용함

소 검사	약호	설명
토막 짜기	BD	아동이 제한시간 내에 흰색과 빨간색으로 이루어진 토막을 사용하여 제시된 모형이나 그림과 똑같은 모양을 만든다.
공통성	SI	아동이 공통적인 사물이나 개념을 나타내는 두 개의 단어를 듣고, 두 단어가 어떻게 유사한지를 말한다.
숫자	DS	숫자 바로 따라하기에서는 검사자가 큰소리로 읽어 준 것과 같은 순서로 아동이 따라한다. 숫자 거꾸로 따라 하기에서는 검사자가 읽어준 것과 반대 방향으로 아동이 따라한다.
공통그림 찾기	PCn	아동에게 두 줄 또는 세 줄로 이루어진 그림들을 제시하며, 아동은 공통된 특성으로 묶일 수 있는 그림을 각 줄에서 한 가지씩 고른다.
기호쓰기	CD	아동은 간단한 기하학적 모양이나 숫자에 대응하는 기호를 그린다. 기호 표를 이용하여 아동은 해당하는 모양이나 빈칸 안에 각각의 기호를 주어진 시간 안에 그린다.
어휘	VC	그림문항에서 아동은 소책자에 있는 그림들의 이름을 말한다. 말하기 문항에서는, 아동은 검사자가 크게 읽어주는 단어의 정의를 말한다.
순차연결	LN	아동에게 연속되는 숫자와 글자를 읽어주고, 숫자가 많아지는 순서와 한글의 가나다 순서대로 암기하도록 한다.
행렬추리	MR	아동은 불완전한 행렬을 보고, 다섯 개의 반응 선택지에서 제시된 행렬의 빠진 부분을 찾아낸다.
이해	CO	아동은 일반적인 원칙과 사회적 상황에 대한 이해에 기초하여 질문에 대답한다.
동형 찾기	SS	아동은 반응 부분을 훑어보고 반응 부분의 모양 중 표적 모양과 일치하는 것이 있는지를 제한 시간 내에 표시한다.
빠진 곳 찾기	PCm	아동이 그림을 보고 제한시간 내에 빠져있는 중요한 부분을 가리키거나 말한다.
선택	CA	아동이 무선으로 배열된 그림과 일렬로 배열된 그림을 훑어본다. 그리고 제한 시간 안에 표적 그림들에 표시한다.
상식	IN	아동이 일반적 지식에 관한 광범위한 주제를 다루는 질문에 대답을 한다.
산수	AR	아동이 구두로 주어지는 일련의 산수 문제를 제한 시간 내에 암산으로 푼다.
단어추리	WR	아동이 일련의 단서에서 공통된 개념을 찾아내어 단어로 말한다.

4 K-WISC-IV의 소검사의 내용

1) 언어이해 지표 소검사

(1) 공통성

개념을 나타내는 두 개의 단어를 제시받고, 그들이 어떻게 비슷한지 설명 / 언어적 추론과 개념 형성을 측정

(2) 어휘

그림의 이름을 말하거나, 소리 내어 읽어주는 단어를 정의 / 아동의 언어지식과 언어적 개념 형성을 측정

(3) 이해

일반적 원칙이나 사회적 상황에 대한 이해를 바탕으로 문항에 답변하도록 요구 / 언어적 추론과 개념화, 언어적 이해와 표현, 과거 경험을 평가하고 사용하는 능력, 실제적 지식을 발휘하는 능력을 측정

(4) 상식(기본 지식)
일반적 지식 주제에 대해 답변 / 일반적이고 사실적인 지식을 획득하고 유지하고, 인출하는 능력을 측정

(5) 단어추리
일련의 단서가 설명하고 있는 공통개념을 알아내도록 요구 / 서로 다른 유형의 정보를 통합 및 종합하는 능력, 대체 개념을 만들어내는 능력을 측정

2) 지각추론 지표 소검사

(1) 토막 짜기
소책자를 보고 동일한 토막을 만들도록 요구 / 추상적 시각 자극을 분석하고 종합하는 능력을 측정

(2) 공통그림 찾기
그림을 제시받고 공통특성으로 묶을 수 있는 그림들을 각각 고름 / 추상화와 범주적 추론 능력을 측정

(3) 행렬추리
반응 선택지에서 행렬의 빠진 부분을 선택 / 유동성 지능의 좋은 측정치

(4) 빠진 곳 찾기
특정 제한시간 내에 중요한 빠진 부분의 이름을 말해야 함 / 시지각 및 시각적 조직화, 집중력, 사물의 본질적인 세부에 대한 시각적 재인을 측정

3) 작업기억 지표 소검사

(1) 숫자
숫자를 반대로 혹은 똑바로 따라하게 함 / 청각적 단기기억, 계열화 능력, 주의력, 집중력을 측정

(2) 순차연결
순차적으로 불러주는 숫자와 글자를 듣고 순서대로 기억하고 말하게 함 / 계열화, 정신적 조작, 주의력, 처리속도 등을 측정

(3) 산수
일련의 수학 문제를 암산 / 정신적 조작, 집중력, 주의력, 단기기억 및 장기기억, 수와 관련된 추론 능력, 기민함을 측정

4) 처리속도 지표 소검사

(1) 기호쓰기
간단한 모양을 서로 짝지어진 숫자와 맞게 적음 / 처리속도와 단기기억, 학습 능력, 시 지각, 시각 - 운동 협응 등을 측정

(2) 동형 찾기
시간 내에 표적 모양 중 하나라도 일치하는 기호가 있는지 찾음 / 집중력, 시각적 변별, 인지적 유연성 등을 측정

(3) 선택
무선 혹은 일렬배열로 되어 있는 그림에서 목표 그림을 찾음 / 시각적 선택 주의, 각성, 시각적 무시를 측정

※ 다만, 낮은 지적 기능, 그 자체로 지적장애라는 진단을 내릴 수 없는 것과 마찬가지로 지능검사에서 낮은 점수를 받았다고 해서 반드시 지적 기능이 낮음을 의미하는 것은 아니다. 그 이유는 낮은 IQ 점수는 대부분의 경우 지적 손상을 반영하겠지만, 다른 요인이 원인이 될 수도 있기 때문이다.

예를 들어서 검사의 표준화 집단과 문화적, 언어적인 이질성이나 아동의 주의산만 또는 낯선 환경에 대한 불안, 검사자에 대한 거부 등등도 그 이유가 될 수 있다. 그렇기 때문에 더 정확한 결과를 얻기 위해서는 위와 같은 상황을 주의 깊게 관찰할 수 있고 볼 수 있는 검사자와 함께 검사를 진행해야 한다.

실력다지기

K - WISC - IV의 해석 절차

1) 1단계 : 전체 지능지수(FSIQ) 및 지표점수 분석

   (1) 전체지능지수 및 지표점수의 표준점수, 신뢰구간, 백분위점수, 기술적 분류 등을 확인한다.

*합산점수의 기술적 분류[15]	
130 이상	최우수
120~129	우수
110~119	평균상
90~109	평균
80~89	평균하
70~79	경계선
69 이하	매우 낮음

   (2) 4개의 지표점수 간 차이가 23점(1.5 표준편차)이상 이면 전체 IQ로 아동의 지적 능력을 설명할 수 없고, 대안적으로 일반능력지표(GAI)로 대체할 수 있다.

2) 2단계 : 지표점수 차이 분석

   (1) 지표점수의 차이(VCI와 PRI, VCI와 WMI, VCI와 PSI, PRI와 WMI, PRI와 PSI, WMI와 PSI)를 분석한다.

   (2) 지표점수 내의 소검사 간 차이가 5점 이상 이면 지표점수가 능력을 정확히 평가하지 못할 수 있으므로, 해석시 유의한다.

3) 3단계 : 강점과 약점 평가

   (1) 4개의 지표점수의 평균과 비교하여 평가한다.

   (2) 10개의 주요소검사 평균과 비교하여 평가한다.

4) 4단계 : 소검사 - 수준의 차이 비교 평가

   (1) 3쌍의 소검사(숫자와 순차연결, 기호쓰기와 동형찾기, 공통성과 공통그림찾기) 비교 평가한다.

   (2) 가장 높은 소검사와 가장 낮은 소검사의 차이가 5점 이상일 때 해석이 가능하다.

5) 5단계 : 질적분석

   (1) 처리점수와 소검사 내 패턴 평가

   (2) 검사 태도에 대한 평가

---

15 K-WISC-IV의 이해와 실제, 김도연, 옥정, 김현미(2016), 시그마프레스

제5절 K-WISC-V (한국판 웩슬러 아동용 지능검사 V판)[16]

1 개요

(1) 한국 웩슬러 아동지능검사 V판 (K-WISC-V)은 만 6세 0개월~만 16세 11개월까지의 아동의 인지적 능력을 평가하기 위한 개별 검사도구로 K-WISC-IV 와 연령 대상은 동일하다.
(2) 기존의 한국 웩슬러 아동지능검사(K-WISC-IV)를 개정한 것으로 지능이론, 인지 발달, 신경 발달, 인지신경과학, 학습과정에 대한 심리학 연구를 기초로 제작되었다.

2 K-WISC-V 검사의 특징

(1) 검사의 체계
 ① 전체척도와 기본지표척도, 추가지표척도로 구성됨
 ② 전체척도는 FIQ(전체IQ)를 제공하며, 기본지표척도는 5개의 기본지표점수, 추가지표척도는 5개의 추가지표점수를 제공함

◎전체척도

언어이해	시공간	유동추론	작업기억	처리속도
공통성 어휘 상식 이해	토막짜기 퍼즐	행렬추리 무게비교 공통그림찾기 산수	숫자 그림기억 순차연결	기호쓰기 동형찾기 선택

◎기본지표척도

언어이해	시공간	유동추론	작업기억	처리속도
공통성 어휘	토막짜기 퍼즐	행렬추리 무게비교	숫자 그림기억	기호쓰기 동형찾기

◎추가지표척도

양적추론	청각작업기억	비언어	일반능력	인지효율
무게비교 산수	숫자 순차연결	토막짜기 퍼즐 행렬추리 무게비교 그림기억 기호쓰기	공통성 어휘 토막짜기 행렬추리 무게비교	숫자 그림기억 기호쓰기 동형찾기

 ③ WISC-V에 있던 보충지표척도(명명속도지표, 상징해석지표, 기억인출지표)는 한국 표준화 과정에서 포함시키지 않음.

---

16 곽금주(2021). K-WISC-V 이해와 해석. 서울: 학지사

④ 전체척도의 구성(5개 영역) : 언어이해, 시공간, 유동추론, 작업기억, 처리속도
  - 총 16개의 소검사 : 10개의 기본 소검사 + 6개의 추가 소검사
  - 기본 소검사(10개) : 공통성, 어휘, 토막짜기, 퍼즐, 행렬추리, 무게비교, 숫자, 그림기억, 기호쓰기, 동형찾기
  - 추가 소검사(6개) : 상식, 이해, 공통그림찾기, 산수, 순차연결, 선택
⑤ 기본지표척도의 구성(5개 지표) : 언어이해지표, 시공간지표, 유동추론지표, 작업기억지표, 처리속도지표
  - 5개 지표로 구성되며, 각 지표는 2개의 기본 소검사를 포함

기본지표척도	소검사
언어이해 지표	공통성, 어휘
시공간 지표	토막짜기, 퍼즐
유동추론 지표	행렬추리, 무게비교
작업기억 지표	숫자, 그림기억
처리속도 지표	기호쓰기, 동형찾기

실력다지기

K-WISC-V 검사에서 달라진 지표와 소검사

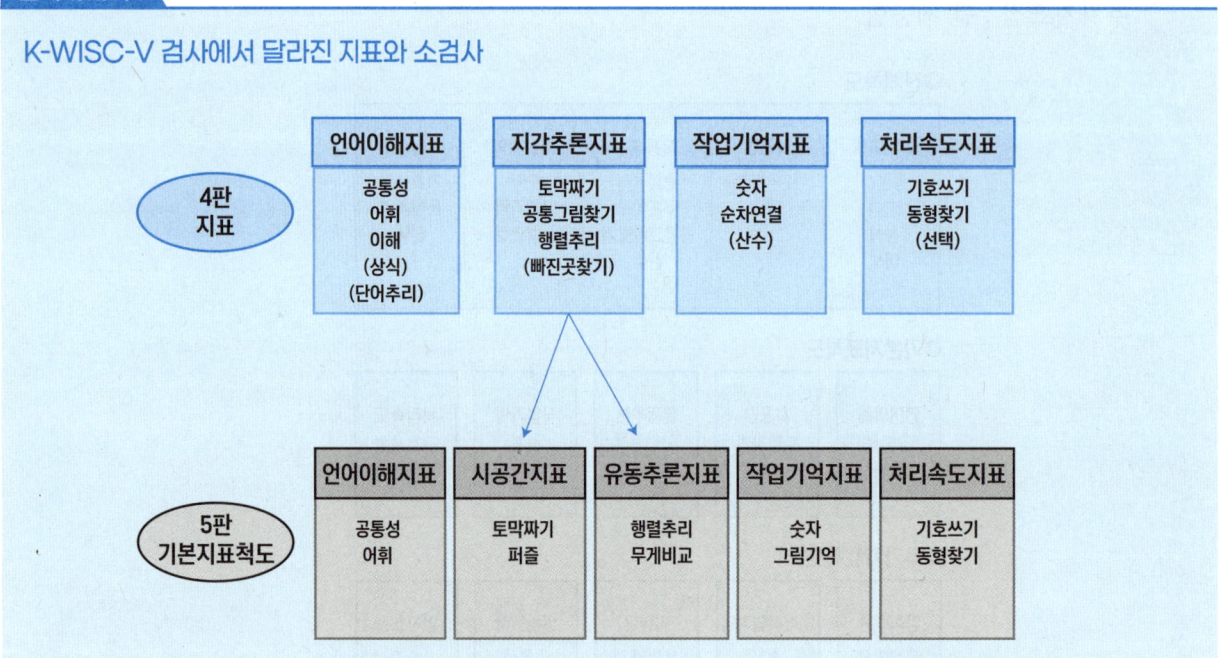

⑥ 추가지표척도의 구성 : 양적추론지표, 청각작업기억지표, 비언어지표, 일반능력지표, 인지효율지표
  - 5개의 추가지표로 구성되며, 각 지표는 기본 소검사와 추가 소검사의 조합으로 구성됨.
  - 양적추론지표 : 무게비교, 산수
  - 청각작업기억지표 : 숫자, 순차연결
  - 비언어지표 : 토막짜기, 퍼즐, 행렬추리, 무게비교, 그림기억, 기호쓰기
  - 일반능력지표 : 공통성, 어휘, 토막짜기, 행렬추리, 무게비교
  - 인지효율지표 : 숫자, 그림기억, 기호쓰기, 동형찾기

⑦ 소검사의 구성
- 소검사는 총 16개로 10개의 기본 소검사, 6개의 추가 소검사로 구성됨

실력다지기

K-WISC-V 소검사 종류와 내용

지표	소검사
토막짜기(Block Design)	재한시간 내에 두 가지 색으로 이루어진 토막을 사용하여 제시된 모형이나 그림과 똑같은 모양을 만들어야 한다.
공통성(Similarities)	공통적인 사물이나 개념을 나타내는 두 개의 단어를 듣고, 두 단어가 어떻게 유사한지 말해야 한다.
행렬추리(Matrix Reasoning)	행렬이나 연속의 일부를 보고, 행렬 또는 연속을 완성하는 보기를 찾아야 한다.
숫자(Digit Span)	수열을 듣고 기억하여 숫자를 바로 따라하고, 거꾸로 따라하고, 순서대로 따라해야 한다.
기호쓰기(Coding)	제한시간 내에 기호표를 사용하여 간단한 기하학적 모양이나 숫자에 상응하는 기호를 따라 그려야 한다.
어휘(Vocabulary)	그림 문항에서는 소책자에 그려진 사물의 이름을 말하고, 말하기 문항에서는 검사자가 읽어 주는 단어의 뜻을 말해야 한다.
무게비교(Figure Weights)	제한시간 내에 양쪽 무게가 달라 균형이 맞지 않는 저울 그림을 보고 균형을 유지할 수 있는 보기를 찾아야 한다.
퍼즐(Visual Puzzles)	제한시간 내에 완성된 퍼즐을 보고, 퍼즐을 구성할 수 있는 3개의 조각을 찾아야 한다.
그림기억(Picture Span)	제한시간 내에 1개 이상의 그림이 있는 자극페이지를 본 후, 반응페이지에 있는 보기에서 해당 그림을(가능한 한 순서대로) 찾아야 한다.
동형찾기(Symbol Search)	제한시간 내에 반응 부분을 훑어보고 표적 모양과 동일한 것을 찾아야 한다.
상식(Information)	일반적 지식에 관한 광범위한 주제를 다루는 질문에 답해야 한다.
공통그림찾기(Picture Concepts)	두 줄 혹은 세 줄로 이루어진 그림들을 보고 각 줄에서 공통된 특성으로 묶을 수 있는 그림들을 하나씩 골라야 한다.
순차연결(Letter-Number Sequencing)	연속되는 숫자와 글자를 듣고, 숫자는 오름차순으로, 글자는 가나다 순으로 암기해야 한다.
선택(Cancellation)	제한시간 내에 무선으로 배열된 그림과 일렬로 배열된 그림을 훑어 보고 표적 그림에 표시해야 한다.
이해(Comprehension)	일반적인 원칙과 사회적 상황에 대한 이해에 근거하여 질문에 답해야 한다.
산수(Arithmetic)	제한시간 내에 그림 문항와 말하기 문항으로 구성된 산수 문제를 암산으로 풀어야 한다.

⑧ 처리점수의 구성
- 토막짜기, 숫자, 그림기억, 순차연결, 동형찾기, 기호쓰기, 선택 소검사에서 총 18개의 처리점수 제공

실력다지기

처리점수의 종류

처리점수	원어(약자)
시간보너스 없는 토막짜기	Block Design NO Time Bonus (BDn)
토막짜기 부분점수	Block Design Partial Score (BDp)
토막짜기 공간크기 오류	Block Design Dimension Errors (BDde)
토막짜기 회전 오류	Block Design Rotation Errors (BDre)
숫자 바로 따라하기	Digit Span Forward (DSf)
숫자 거꾸로 따라하기	Digit Span Backward (DSb)
숫자 순서대로 따라하기	Digit Span Sequencing (DSs)
가장 긴 숫자 바로 따라하기	Longest Digit Span Forward (LDSf)
가장 긴 숫자 거꾸로 따라하기	Longest Digit Span Backward (LDSb)
가장 긴 숫자 순서대로 따라하기	Longest Digit Span Sequencing (LDSs)
가장 긴 그림기억 자극	Longest Picture Span Stimulus (LPSs)
가장 긴 그림기억 반응	Longest Picture Span Reponse (LPSr)
가장 긴 순차연결	Longest Letter-Number Sequence (LLNs)
동형찾기 세트 오류	Symbol Search Set Errors (SSse)
동형찾기 회전 오류	Symbol Search Rotation Errors (SSre)
기호쓰기 회전 오류	Coding Rotation Errors (CDre)
선택(무선배열)	Cancellation Random (CAr)
선택(일렬배열)	Cancellation Structured (CAs)

3 K-WISC-V 검사의 해석

(1) 결과 해석은 아동의 인지적 특성, 강점 및 약점에 대해 평가하는 것이다.

(2) K-WISC-V 검사의 해석은 7단계로 이루어진다(곽금주, 2021).

> **K-WISC-V 검사의 해석 단계**
> - 1단계 : 전체 IQ 해석
> - 2단계 : 기본지표척도 해석
> - 3단계 : 기본지표척도 소검사 해석
> - 4단계 : 추가지표척도 해석
> - 5단계 : 추가지표척도 소검사 해석
> - 6단계 : 처리점수 해석
> - 7단계 : CHC 분석 해석

(3) 전체 IQ 지수는 기본지표들을 통합한 전반적인 인지능력을 의미한다. 따라서 기본지표점수들 간의 점수가 크게 차이나는 경우(표준편차 1.5 이상, 23점 이상) 전체 IQ 지수가 대표성을 갖기 어렵다. 이런 경우에는 일반능력지표, 인지효율지표, 비언어지표 등을 통해 해석한다.

(4) 기본지표척도 점수는 소검사 점수들로 구성되어 있으며, 소검사들 간의 점수가 크게 차이나지 않는 경우(표준편차 1.5 미만, 5점 미만)에만 지표점수를 해석하고 인지적 강점과 약점을 평가할 수 있다.

(5) 추가지표척도 점수의 해석도 기본지표척도의 해석과 마찬가지로 소검사들 간의 점수가 크게 벗어나는 경우 해석에 주의해야 한다.

(6) K-WISC-V 검사에서는 18개의 처리점수를 제공하며, 이에 따른 질적 분석이 가능하다.

(7) K-WISC-V 검사에서는 2개 이상의 소검사를 조합하여 CHC 이론에 따른 15개의 지표 점수를 제공한다.

실력다지기

K-WISC-V 검사 표기 약자와 내용

약자	내용
Q(Query Administered)	추가 질문을 사용한 경우
P(Prompt Adminstered)	촉구를 사용한 경우
DK(Don't Know)	아동이 모른다고 반응한 경우
NR(No Response)	아동이 반응하지 않은 경우
IR(Item Repetition)	문항을 반복하여 알려 준 경우
RR(Request Repetition)	아동이 문항 반복을 요구했지만, 검사자가 문항을 반복하지 않은 경우
SV(Subvocalization)	아동이 식별할 수 있는 보조발성을 사용한 경우
SC(Self-correction)	아동이 자발적으로 자신의 반응을 수정한 경우

검사 대상에 따른 WISC 검사 분류

연령	예상되는 능력 수준	검사
6세 0개월 ~ 7세 7개월	평균 이하	K-WPPSI-IV 혹은 다른 대체 검사
	평균	K-WISC-V
	평균 이상	K-WISC-V
16세 0개월 ~ 16세 11개월	평균 이하	K-WISC-V
	평균	K-WISC-V
	평균 이상	K-WAIS-IV 혹은 다른 대체 검사

제6절 K-WAIS-IV(한국판 웩슬러 성인용 지능검사)

1 개요[17]

(1) 한국 웩슬러 성인용 지능검사 - 4판(K - WAIS - IV)은 16세 0개월부터 69세 11개월까지의 청소년과 성인의 인지능력을 개인적으로 평가할 수 있도록 만들어진 임상도구이다.
(2) WAIS - IV는 웩슬러 성인용 지능검사의 가장 최신판으로, 소검사들과 합성점수로 이루어져 있다.
(3) 합성점수는 일반적인 지적 능력을 나타내주는 점수와 특정 인지영역에서의 지적 기능을 나타내 주는 점수로 구성되어 있다.
(4) WAIS - III에서 처음으로 채택되었던 언어이해, 지각추론, 작업기억, 처리속도의 4요인 구조가 WAIS - IV에서도 유지되어 K - WAIS - IV에서도 4요인 구조가 그대로 적용되었다.
(5) 또한, 이전 판에 있던 소검사들 중 차례 맞추기와 모양 맞추기 소검사가 없어지고 행렬추론, 동형 찾기, 퍼즐, 순서화, 무게비교, 지우기와 같은 새로운 형식의 소검사가 추가되었다.
(6) 이러한 변화를 통해 유동적 지능, 작업기억, 그리고 처리속도를 안정적으로 측정할 수 있게 하였다.
(7) 지능지수를 연령 범주별 환산점수로부터 유도하도록 하였다(전체연령 기준의 환산점수도 제공됨).
(8) 산출되는 지능지수의 범위를 IQ 40~160으로 확장하여 능력이 매우 뛰어나거나 매우 제한된 사람들의 지능지수 산출을 가능하게 하였다.
(9) 그 밖에, 시범문항과 연습문항을 도입하고, 시각적 자극의 크기를 확대하고, 언어적 지시를 단순화하고, 시간 보너스의 비중을 줄이고, 검사의 수행과정에서 운동 요구를 감소시켜 전반적으로 실시를 간편화하고 실시시간을 단축시켰으며, 특히 나이든 집단의 과제 수행을 용이하게 하였다.
(10) K - WAIS - IV는 평균이 100점이고 표준편차는 15점의 분포를 지닌다.

기출문제 확인학습

K-WAIS - IV의 과정점수(process score)에 포함되는 점수

1) WAIS - IV의 과정점수(process score)는 조합점수(합산점수, 4가지 지표를 조합한 점수)와 구분되는 개념으로 검사 수행의 질적 해석이 중요하다는 관점에서 만들어진 점수로서 속도를 배제했을 때 수행능력을 나타낸다.
2) 소검사 수행에 기여하는 인지적 능력에 대한 보다 자세한 정보를 제공하는 것이다.
3) 추가적 실시 절차 없이 본 수행의 결과로 도출하며, 과정점수가 소검사 점수나 조합점수로 대체할 수 없다.
4) WAIS - IV는 지각추론 지표의 토막짜기 1개(핵심), 작업기업 지표의 숫자 6개(핵심), 작업기업 지표의 순서화 1개(보충)의 과정점수를 제시한다.
5) 과정점수의 구성
   - 시간 보너스 없는 토막짜기(BDN)
   - 숫자 바로 따라하기(DSF), 숫자 거꾸로 따라하기(DSB), 숫자 순서대로 따라하기(DSS)
   - 최장 숫자 바로 따라하기(LDSF), 최장 숫자 거꾸로 따라하기(LDSB), 최장 숫자 순서대로 따라하기(LDSS)
   - 최장 순서화(LLNS)

---

[17] 출처 : 학지사, 시그마프레스, (주) 마음사랑 등 다양한 자료에서 인용함

> **cf** K-WISC-IV에서는 처리점수에 해당하며, 토막짜기, 숫자, 선택에서 7개의 처리점수가 있다. 처리점수는 시간 보너스 없는 토막짜기(BDN), 숫자 바로 따라하기(DSF), 숫자 거꾸로 따라하기(DSB), 최장 숫자 바로 따라하기(LDSF), 최장 숫자 거꾸로 따라하기(LDSB), 무선배열(CAR), 일렬배열(CAS)이다.

2 WAIS - IV의 주요 구조 및 소검사

지표점수(Index Scales)의 구조[18]		
전체척도 (Full Scale)	일반능력 지표 (GAI)	언어이해 지표(VCI)
		지각추론 지표(PRI)
	인지효능 지표 (CPI)	처리속도 지표(PSI)
		작업기억 지표(WMI)

지표	소검사
언어이해 지표(VCI)	공통성, 상식, 어휘, (이해)
지각추론 지표(PRI)	토막짜기, 퍼즐, 행렬추론, (빠진 곳 찾기), (무게비교)
작업기억 지표(WMI)	숫자, 산수, (순서화)
처리속도 지표(PSI)	기호쓰기, 동형 찾기, (지우기)

※ ( ) 안의 것은 보충 소검사임.

> **참고**
>
> **암기법**
> 1) 언 (언어이해) : 어 / 이 / 공 / 상
> 2) 지 (지각추론) : 빠 / 퍼 / 토 / 행 / 무
> 3) 작 (작업기억) : 산 / 수 / 순
> 4) 처 (처리속도) : 동 / 기 / 지
>   **cf** 보충검사 : 이 / 빠 / 무 / 순 / 지 (핵심 소검사는 나머지)

3 K - WAIS - IV 소검사 측정 능력

(1) 언어이해 지표

① 공통성 : 추상적 사고
② 어휘 : 언어적 개념 형성 및 언어 표현 능력
③ 상식(기본 지식) : 결정화된 지능, 학습과 경험을 통해 축적된 지식
④ 이해 : 관습적 기준, 사회적 판단력, 성숙도

---

18 임상심리검사의 이해 2판, 김재환 외(2015), 학지사

(2) 지각추론 지표
　① 토막짜기 : 공간구성력, 지각적 조직력
　② 행렬추론 : 유동성 지능, 추상적 추론 능력
　③ 퍼즐 : 시공간 구성능력, 추론 능력
　④ 무게비교 : 추상적 추론 능력
　⑤ 빠진 곳 찾기 : 시각적 예민성, 사물의 본질적 세부사항에 대한 시각적 재인

(3) 작업기억 지표
　① 숫자
　　㉠ 바로 따라 하기 : 기계적 암기, 청각적 주의력
　　㉡ 거꾸로 따라 하기, 순서대로 따라 하기 : 작업기억, 정보변환
　② 산수 : 주의집중, 연산능력, 수추론 능력
　③ 순서화 : 청각적 작업기억, 계열화

(4) 처리속도
　① 동형찾기 : 처리속도, 시각적 변별, 동기
　② 기호쓰기 : 처리속도, 시 지각 - 운동 협응, 동기
　③ 지우기 : 처리속도, 각성, 시각적 선택주의

> **실력다지기**
>
> **웩슬러 성인용 지능검사(K - WAIS - IV)의 지표별 내용**
>
> 1) 언어이해 지표 - 소검사로는 공통성, 어휘, 상식 등이 있다.
> 　(1) 공통성 검사
> 　　① 두 단어에 대한 공통성을 추상적으로 표현할 수 있는 능력을 측정하는 검사이다.
> 　　② 서로 반대의 개념을 가지고 있는 두 개의 단어에서 공통성을 찾아내는 검사이기 때문에 언어에 대한 이해가 없는 경우에는 조금 까다로울 수도 있다.
> 　(2) 어휘 검사
> 　　일상생활에서 사용되는 단어에 대한 이해도를 측정하는 검사이다.
> 　(3) 상식 (기본지식) 검사
> 　　후천적으로 습득한 지식의 정도를 파악하기 위한 검사이다.

기출문제 확인학습

웩슬러 지능검사 중 언어성 검사의 기본지식이 측정하는 측면

1) 기본지식(information) 소검사는 개인이 소유한 기본 지식(상식)의 보유 수준을 측정한다.
2) 교육적 기회, 문화적 노출 및 환경의 영향을 많이 받는다.
3) 기본지식은 상당히 안정적인 검사이기 때문에 병전 지능 추정의 근거 자료로 쓰인다.
4) 일단 획득된 정보가 활용되지 않는 수준에 도달하려면 상당한 정도의 기능 퇴보나 해체가 있어야 한다.
5) 측정 요소 – 인지적 및 행동적인 측면
    (1) 실제 지식의 전반적인 수준, 획득된 지식 수준
    (2) 기억의 인출, 장기 기억
    (3) 언어적 이해력, 청각적 이해력
    (4) 결정적 지능
    (5) 지적 동기 수준, 지적 호기심
    (6) 초기 환경의 풍부함, 폭넓은 독서

요청 언어이해 지표의 점수는 후천적인 지식 습득을 통하여 충분히 높일 수 있다. 학력이 높을수록 언어이해 영역에서는 높은 점수를 받을 수 있다. 만약 웩슬러 지능검사에서 언어이해 영역의 점수가 낮게 나왔다면 꾸준한 책 읽기를 통하여 추후에는 어느 정도 높은 점수를 받을 수 있을 것이다.

2) 지각추론 지표 – 소검사로는 토막 짜기, 행렬추론, 퍼즐 등이 있다.
   (1) 토막 짜기 검사
       ① 동일한 블록을 가지고 다양한 모양을 얼마나 빠른 시간에 만들 수 있는가를 측정하는 검사이다.
       ② 이 검사는 시간제한이 있기 때문에 빠른 시간에 제시된 토막을 완성하는 경우에 높은 점수를 받을 수 있다.
   (2) 행렬추론 검사
       ① 몇 개의 도형 그림이 제시되었을 때 빠진 부분의 도형을 얼마나 정확하게 고를 수 있는가를 측정하는 검사이다.
       ② 대중에 잘 알려져 있는 멘사 유형의 IQ 테스트라고 보면 될 것 같다.

1) K-WAIS-IV의 하위검사 중 행렬추론은 주어진 시각적 자극의 전체를 고려하여 답을 이끌어내는 능력을 측정하며, 시각적 추론의 적절성을 평가하는 검사이다.
2) 행렬추론은 반응 선택지에서 행렬의 빠진 부분을 선택하는 것으로, 몇 개의 도형 그림이 제시되었을 때 빠진 부분의 도형을 얼마나 정확하게 고를 수 있는가를 측정하는 검사이다.
3) 유동성 지능의 좋은 측정치이며 추상적 추론 능력을 측정한다.
4) 주어진 시각적 자극의 전체를 고려하여 답을 끌어내는 능력을 측정하며, 시각적 추론의 적절성을 평가하는 검사라고 할 수 있다.

   (3) 퍼즐(공통그림 찾기) 검사
       ① 제시된 도형을 만들기 위하여 제한된 개수의 도형 조각을 얼마나 잘 고를 수 있는가를 측정하는 검사이다.
       ② 도형 조각은 회전되어 있는 경우가 대부분이기 때문에 머릿속에서 도형을 회전하는 능력을 측정하는 검사로 보면 될 것 같다.

지각추론 지표의 점수는 선천적인 지능을 보여준다. 물론 꾸준한 연습을 통하여 점수를 높일 수는 있겠으나, 선천적인 지능의 영향을 가장 많이 받는 영역이 바로 지각추론 영역이다.

3) 작업기억 지표 - 소검사로는 숫자, 산수 등이 있다.
   (1) 숫자 검사
      ① 검사자가 여러 개의 숫자를 불러주면 피검자가 순서대로 따라 말하는 검사이다.
      ② 검사자가 불러준 여러 개의 숫자를 거꾸로 말하는 검사도 포함된다.
      ③ 이 검사는 검사자가 불러준 숫자를 얼마나 잘 기억하고, 주어진 정보를 머릿속에서 어떻게 조작할 수 있는지를 측정하는 검사이다.
      ④ 특히 숫자 거꾸로 말하기 검사는 숫자를 외우는 작업과 거꾸로 바꾸는 작업을 동시에 수행해야 하므로 굉장히 까다로운 검사이다.
   (2) 산수 검사
      ① 말 그대로 덧셈, 뺄셈, 곱셈, 나눗셈을 얼마나 정확하고 빠르게 할 수 있는지를 측정하는 검사이다.
      ② 피검자는 문제를 볼 수 없으며 검사자가 불러주는 문제를 기억하여 암산해야 하는 검사이다.

기출문제 확인학습

산수(arithmetic) - 작업기업 지표

1) 이 소검사는 간단한 계산 문제를 암산으로 푸는 과제로 구성되어 있다(피검자는 종이와 연필을 사용할 수 없다).
2) 주로 수 개념의 이해와 주의 집중력을 측정하는데, 숫자 외우기 소검사에 비하여 보다 많은 주의 집중력을 요구한다.
3) 인지적 및 행동적 측면
   (1) 주의집중력, 주의 지속 능력, 주의력 범위
   (2) 청각적 기억, 기억의 인출
   (3) 계산 기술, 숫자를 다루는 능력, 수학적 능력
   (4) 언어적 지시의 이해
   (5) 연속적 정보의 전달(연속적 정보처리능력)
   (6) 정신적 기민성
   (7) 상징적 내용의 기억, 표상적 수준에서의 조직화
   (8) 학교 학습, 학습 장애
   (9) 시간적 압력하에서 작업하는 능력
   (10) 불안

요청 작업기억 지표의 점수는 단기기억과 관련된 지능을 보여주는데 사용된다. 인간의 뇌에는 어떠한 정보를 단기적으로 기억할 수 있는 공간이 있다. 이 공간의 용량은 개개인마다 다르다고 한다. 작업기억 영역에서 높은 점수를 받는다는 것은 선천적인 단기기억력이 좋다는 것을 의미한다. 하지만 인간의 뇌는 여러 가지 운동을 통하여 충분히 그 능력이 향상될 수 있기 때문에, 꾸준한 연습을 한다면 숫자 검사나 산수 검사에서 좋은 점수를 받을 수 있을 것이다.

4) 처리속도 지표 - 소검사로는 동형 찾기와 기호쓰기가 있다.
   (1) 동형 찾기 검사
      여러 개의 도형 중에서 특정한 도형의 존재 여부를 얼마나 빠르게 판단할 수 있는가를 측정하는 검사이다.
   (2) 기호쓰기 검사
      제시된 숫자와 도형을 연계하여 옮겨 적는 검사이다.

> **요청** 처리속도 지표의 이 두 개의 소검사는 육군, 해군, 공군 지각속도 검사에서도 사용하고 있을 정도로 두뇌의 처리속도를 측정할 때 가장 많이 사용되는 검사이다.

※ 전체 IQ는 우리가 흔히 말하는 지능지수를 의미하며, 전체 IQ는 언어이해, 지각추론, 작업기억, 처리속도 지표의 점수가 모두 고려되어 최종적으로 도출된 종합적인 지능지수이다.
※ 백분위는 동일한 연령대에서의 백분위이며, 지능은 연령대에 따라 달라질 수 있기 때문에 모든 IQ는 피검자가 소속되어 있는 연령대를 기준으로 판단된다. 만약 백분위는 95%가 나왔다면, 이는 동일 연령대의 인구가 100명이라고 가정했을 때 상위 5명에 속한다는 것을 의미한다.
※ 웩슬러 지능검사 결과 보고서에 신뢰구간이 존재하는 이유는 지능검사 결과는 피검자의 검사 당일 컨디션의 영향을 크게 받기 때문이며, 만약 95% 신뢰구간에 전체 IQ가 119~129를 보이고 있다면, 100번 웩슬러 지능검사를 받았을 때 95번은 이와 같은 결과가 나온다는 것을 의미하며, 나머지 5번에 한하여 더 낮거나 높게 나올 수 있다는 것을 의미이다.

4 웩슬러 지능검사의 시행 및 채점상의 주의점

(1) 검사 시행의 표준 절차를 철저하게 지키는 것이 매우 중요하다.
(2) 검사가 시행되는 방은 조명이 잘 되어 있고 환기가 잘 되어야 하고 가능하면 조용해야 하며 피검자의 주의를 분산시키는 자극이 없어야 한다.
(3) 지능검사는 피검자의 최대 능력이 발휘될 수 있는 분위기에서 시행될 수 있어야 할 것이다.
(4) 검사 상황에서 질문을 시작할 때는 피검자가 반응하도록 기대되는 내용에 대해 일반적인 말로 간단하게 설명해 준 다음에 질문하는 것이 바람직하다. 원칙적으로 검사자가 피검자를 격려하는 것은 바람직하지만 정답 여부를 직접 가르쳐 주지는 않는다.
(5) 임상가는 검사를 시행하는 과정에서 미리 채점의 원칙을 잘 알고 있어야 한다.
(6) 지능검사 수행에 소요되는 시간은 1시간이나 1시간 30분 정도이다. 특별한 이유가 없는 한 1회에 전체 소검사를 완성하는 것이 바람직하다. 예를 들면 쉽게 피로하거나 오래 집중하지 못하는 노인환자나 뇌손상 환자, 심한 정신증적 환자의 경우는 2~3회 나누어 검사를 시행한다.
(7) 웩슬러 지능검사는 개인용 지능검사로서 검사 수행 시 세밀한 행동관찰이 매우 유용한 정보를 제공해 준다.
(8) 지능검사 시행을 불가피하게 중단해야 하는 경우가 있다. 임상가의 노력에도 불구하고 검사에 대한 피검자의 저항이 해결되지 않거나 피검자의 조건이 검사를 시행하기에 적절하지 않은 경우 검사 시행을 중단하거나 면담을 통하여 이러한 상황을 극복하도록 시도해 보는 것이 바람직하다.
(9) 지능검사에 나타난 반응을 채점하는 과정에서 검사자는 철저하게 채점의 원리를 파악하고 독특한 반응들을 채점 원리에 따라 정확하게 채점할 수 있도록 훈련되어야 한다.
(10) 모호하거나 이상하게 응답되는 문항은 다시 질문하여 확인하여야 한다. 검사자가 채점의 원칙을 미리 잘 알고 있어야 피검자 반응의 불분명한 점을 알아채고 채점 원칙에 비추어 적절히 질문할 수 있을 것이다. 검사 채점은 실시 요강의 채점안내에 제시된 기준에 따른다.

(11) 시간제한이 없는 검사에서는 피검자가 응답할 수 있을 때까지 충분한 시간 여유를 주어야 한다. 시간제한이 있는 경우에는 원칙적으로 시간제한을 지켜서 실시하지만, 과제를 성공적으로 해결할 수 있는지를 검토하기 위해서는 제한시간이 지나더라도 어느 정도 시간을 주고 결과를 지켜보는 것이 필요하다(한계 검증).

(12) 피검자의 반응을 기록할 때는 항상 피검자가 한 말을 그대로 기록하도록 한다.

> **실력다지기**
>
> **지능지수(IQ)를 해석할 때 유의사항[19]**
>
> 1) 학습자들의 개인차와 학업성취에서의 차이를 결정짓는 가장 큰 요인은 학습자의 능력인 지능이라고 여겨진다.
> 2) IQ는 하나의 점수로서가 아니라 하나의 간격치로서 해석하는데, 이는 완전히 신뢰도가 높은 지능검사는 없기 때문에 IQ를 단일점수보다 점수범위로 생각하는 것이 합리적이다. 예컨대, 학생 A의 IQ가 120이라고 하는 것보다 115~125라고 하는 것이 더욱 정확하다.
> 3) 7세부터 14세까지의 아동을 대상으로 Binet법을 이용한 C. L. Burt의 연구에 의하면, 지능과 학습 내용 간의 상관에 있어서, 지적 교과나 추상적인 교과는 지능과의 상관이 높고, 기술적·예능적 교과와의 상관은 낮다는 사실을 알 수 있다. 그러나 많은 연구를 통해 IQ수치가 높다고 해서 모든 측면에서 능력을 나타내는 것이 아니고, 낮다고 해서 능력이 없는 것이 아니라는 사실이 밝혀지면서 IQ수치에 대한 맹신을 없애 주었다. 이렇듯 IQ는 단지 개인의 지적능력을 설명하는 단 하나의 지표일 뿐이며, 과잉해석을 피해야 한다.
> 4) 지능을 결정하는 데는 많은 영향 요인이 있으므로 이런 것들을 모두 고려해서 지능에 대한 정확한 판단이 내려져야 한다.
> 5) 지능지수는 개인의 절대적 지적 수준이 아니라 상대적 지적 수준을 나타낸다. 개인의 지적 능력을 나타내는 지표는 매우 다양하다. 따라서 IQ를 개인의 지적 능력을 나타내는 하나의 지표로 생각해야 한다. IQ가 동일하더라도 하위요인은 다를 수 있다. 학생 A와 학생 B의 IQ가 모두 120이더라도 학생 A는 언어능력이 높고 수리력이 낮지만 학생 B는 수리력이 높은 반면 언어능력이 낮을 수 있다.
> 6) 지능지수는 학업성적과 높은 상관이 있지만 지능지수가 높다고 해서 학업성적이 반드시 높은 것은 아니다. 따라서 학업성적을 예측할 때나, 중요한 의사결정을 내릴 때는 지능을 포함한 다양한 정보를 종합적으로 감안해야 한다.

> **기출문제 확인학습**
>
> **K - WAIS 단축형 검사를 실시할 수 있는 상황**
>
> 1) 정신장애를 감별하고 지능에 대한 대략적 평가가 목적일 때
> 2) 과거 1년 이내 완전한 심리평가가 완료되었고 임상적 특이한 변화가 없는 상태
> 3) 많은 피검자를 대상으로 스크리닝 검사를 실시하는 경우
> 4) 제한된 시간이 허락되고 지능이 일차적 목표가 아닌 일부인 경우
> 5) 임상평가의 목적이 피검자 지능의 판단이며, 특정 능력이나 임상판단이 아닌 경우

19　이경화 외 4인 공저,「효과적인 교수 - 학습을 위한 교육심리학」, 교육과학사, 2008, pp.77~96.

심화

카우프만 아동용 지능검사(K - ABC : Korean Kaufman Assessment Battery for Children)

1) 특수아동, 영재아동 및 학습장애 아동의 평가 및 교육적 처치에 탁월한 지능검사 도구
2) 목적 : 영재아동 판별 및 좌뇌 IQ, 우뇌 IQ, 인지과정처리 IQ, 습득도 IQ 측정
3) 대상 : 2세 6개월~12세 5개월
4) 소요시간 : 45~75분
5) 특징
    (1) 정보처리이론을 바탕으로 개발된 검사로서 기존 내용중심의 검사와 달리 아동이 왜 그러한 정도의 수행을 하였는지에 대한 설명이 가능하다.
    (2) 학교 현장이나 교육 현장에서 문제해결능력과 학습한 정도를 서로 비교할 수 있으며, 또한 좌뇌 지향적인지, 우뇌 지향적인지에 대한 비교분석이 가능하다.
    (3) 발달수준에 근거한 연령별 실시, 하위검사 구분
        기존의 검사들은 피검자의 발달수준을 고려하지 않은 채 모든 연령이 동일한 검사를 실시함으로써 피검자들이 실제 그 검사를 실시할 수 있는가의 역량이 고려되지 않고 있다. 카우프만 아동용 지능검사는 이를 보완하였다.
    (4) 좌·우뇌의 기능을 고루 측정하는 하위검사 구성
        대부분의 지능검사들이 좌뇌의 기능을 측정하는 하위검사들로 구성되어, 우뇌가 발달한 아동이나, 우뇌중심권 문화권에서 성장한 아동들은 상대적으로 지능이 평가절하되는 경향이 있다. 카우프만 아동용 지능검사는 이를 보완하였다.
    (5) 처리중심의 검사
        대부분의 지능검사들은 내용중심의 검사로서 지능의 구성요인을 측정하는 데 그쳐, 실제 검사결과를 가지고 이를 학습현장이나 임상현장에서 활용을 하는 데 제한이 있다. 카우프만 아동용 지능검사는 이를 보완하였다.
    (6) 5가지 지능점수의 산출
        ① K - ABC는 인지처리과정이론에 근거하여 지능을 인지처리과정으로 보고 이를 문제 또는 과제의 해결이 순차 처리적이냐 동시 처리적이냐에 따라 분리하여 측정한다.
        ② 지능사정에 있어 언어능력이 배제된 비언어성 척도를 마련하여 언어장애 아동의 지능을 효과적으로 사정할 수 있다.
        ③ 학교나 가정, 기타 후천적으로 습득한 지식을 지능척도와 분리하여 평가함으로써 아동의 문제해결능력과 그러한 문제해결력을 사용해 얻어진 습득된 능력을 비교할 수 있게 해준다.
    (7) 척도구성(5가지)
        동시처리 척도, 순차처리 척도, 인지처리과정 척도, 습득도 척도, 비언어성 척도

카우프만 아동용 지능검사(K-ABC) 특징

1) 순차 - 동시처리 능력을 분리해서 측정 - 좌우뇌의 고른 측정
2) 비언어성 척도를 포함하여 다문화 아동이나 장애아동 측정 가능
3) 연령별 하위검사 차별화 - 발달단계별 수행가능 검사를 구별함.
4) 지능과 학력을 구별

K-ABC-II의 특징

1) 만3세에서 18세에 이르는 아동과 청소년의 정보처리와 인지능력을 측정함.
2) 이원적 이론구조로 해석 - CHC(결정 - 유동성지능), Luria 모델에 근거하여 개발됨.
3) 언어적 제한의 최소화 - 비언어성 척도를 포함하여 제한된 언어능력을 갖춘 아동에게 활용 가능함.
4) 새로운 하위검사 추가(10개)
5) 질적 지표의 표기하여 결과 해석에 참고할 수 있도록 함.
6) 전체 모집단의 규준에 따라 레벨 구애받지 않아 또래 지능의 평균을 벗어나는 아동에게 실시 가능함.

K-ABC의 하위검사 구성도

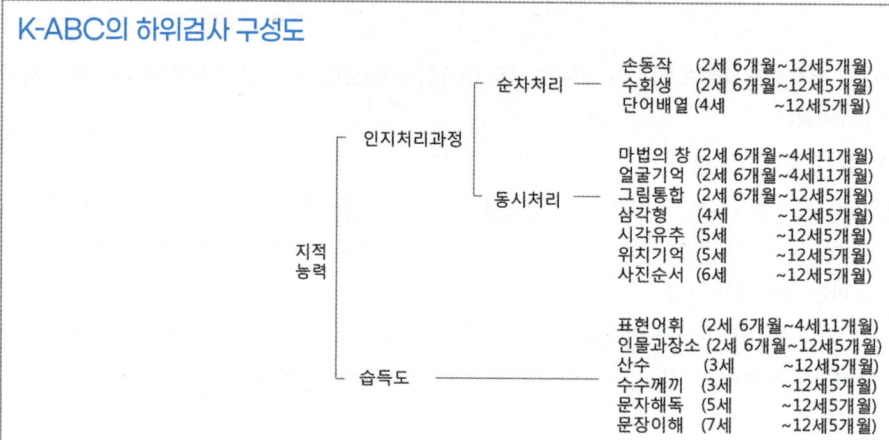

K-ABC에서 변화된 하위검사[102]

K-ABC-II에서 제외된 K-ABC의 하위검사		K-ABC-II에서 유지되는 K-ABC의 하위검사			새로운 K-ABC-II의 하위검사
K-ABC	하위검사	K-ABC	하위검사	K-ABC-II	
1	마법의창	7	단어배열	14	1. 이름기억
9	위치기억	5	수회생	5	2. 관계유추
8	도형유추	3	손동작	16	4. 이야기완성
10	사진순서	6	삼각형	12	7. 빠른길찾기
12	인물과 장소	2	얼굴기억	3	8. 이름기억 - 지연
13	산수	4	그림통합	6	10. 언어지식
15	문자해독	14	수수께끼	18	11. 암호해독
16	문장이해	11	표현어휘	9	13. 블록세기
					15. 형태추리
					17. 암호해독 - 지연

제3장 다면적 인성검사(MMPI-2)

제1절 다면적 인성검사(MMPI-2)의 개발과정

1 MMPI-2는 원판 MMPI의 개정판으로 1989년 미국에서 출판하였다.

2 표준척도의 변화를 최소한으로 하면서 기존 MMPI의 문제점을 개선하였다.

3 특징

검사 문항의 향상, 동형 T점수의 사용, 타당도 척도의 추가, 재구성 임상척도 개발, 새로운 내용척도 개발, 새로운 보충척도의 개발

기출문제 확인학습

MMPI-2의 재구성 임상척도의 개발 이유

1) MMPI-2의 재구성 임상척도의 개발은 임상척도의 제한점 해결을 위해 2003년 텔리젠(Tellegen) 등에 의해 개발되었다. 기존의 임상척도의 2가지 제한점은 타당성이 의심스러운 문항들로 인해 척도 상승의 의미를 명확히 하기 힘들었다는 점과 (convergent validity) 임상척도 간의 상관이 높아 척도의 차별적 해석에 어려움(discriminant validity)이 있었기 때문이다.
2) 이러한 제한점을 극복하기 위해 코드타입의 해석, 하위척도의 개발, 보충척도의 개발 등이 이루어졌다.

실력다지기

MMPI-2 타당도 척도

1) L : 바른 척하려는 태도, 심리적으로 세련되지 못한 부인(denial)의 방어기제
2) F : 비전형 척도로서 고립감과 소외감, 심리적 불편감에 대한 지표
3) K : 정상인의 경우는 성격적 통합성과 건강한 적응의 지표, 부적응을 겪는 사람에게는 방어성의 지표, L 척도에 비해 세련되고 은밀한 방어
4) VRIN : 응답이 심하게 일관되지 못한 경우, 부적응으로 일관성을 유지할 수 없는 경우
5) TRIN : 무성의한 응답자를 가려냄
6) F(B) : 특이한 비전형 척도가 문항 후반부에서도 발견되는지 가려내는 척도
7) F(P) : 정신병리가 있는 척하는 사람들을 가려내는 척도
8) S : 지나치게 완벽해 보이려 방어하는 사람을 가려냄
9) ? (무응답) : 응답하지 않은 문항(불성실성)을 가려냄

---

20 최영주, 정혜정(2017). 심리재활현장에서의 심리진단 및 평가. 시그마프레스.

제2절 타당도 척도(Validity Scales)[21]

범주	척도명	측정 내용
성실성	?(무응답)	빠짐없이 문항에 응답했는지, 문항을 잘 읽고 응답했는지에 대한 정보 제공
	VRIN(무선반응 비일관성)	
	TRIN(고정반응 비일관성)	
비전형성	F(비전형)	일반인들이 일반적으로 반응하지 않은 방식으로 응답했는지에 대한 정보 제공
	F(B)(비전형 - 후반부)	
	F(P)(비전형 - 정신병리)	
	FBS(증상타당도)	
방어성	L(부인)	자기 모습을 과도하게 긍정적으로 제시하고자 했는지에 대한 정보 제공
	K(교정)	
	S(과장된 자기제시)	

1 ?(무응답, cannot say) 척도

(1) ? 척도는 ① 빠뜨린 문항과 ② '그렇다'와 '아니다'에 모두 응답한 문항의 단순한 합산임
(2) 한 문항도 빠짐없이 응답하도록 권유가 필요함
(3) 원 점수 30 이상이면 전체 결과가 무효일 수 있음

2 VRIN(무선반응 비일관성, Variable Response Inconsistency) 척도

(1) 무선반응(random response)의 탐지하는 척도
(2) 내용상 '유사한' 문항 쌍 혹은 내용상 '상반된' 문항 쌍에 대해 비일관적으로 응답한 문항 쌍의 개수 : 49개 문항 쌍, 67개 반응 쌍(5개 T - T, 5개 F - F, 57개 T - F / F - T)
(3) F(비전형) 척도와 함께 해석하면 유용함
(4) T점수가 80 이상이면 무효임

3 TRIN(고정반응 비일관성, True Response Inconsistency) 척도

(1) 모두 '그렇다' 혹은 모두 '아니다' 식의 편향 반응을 탐지하는 척도
(2) 내용상 '상반된' 문항 쌍에 대해 비일관적으로 응답한 문항 쌍의 개수 : 20개 문항 쌍, 23개 반응 쌍(14개 T - T, 9개 F - F)
(3) L, K, S와 함께 해석하면 유용
(4) T점수가 80 이상이면 무효임

---

21 타당도 척도 - ① 피검사자가 문항을 주의 깊게 읽고 내용을 파악한 뒤에 솔직하게 응답해야만 신뢰성 있고 타당한 해석이 가능함 ②수검태도(test - taking attitude)의 탐지, 무선반응, 편향반응, 비일관 반응, 부정왜곡, 긍정왜곡, 방어반응, 과대보고, 과소보고 등 ③검사 외적 행동(성격, 정신병리)에 대한 유용한 정보를 제공함

기출문제 확인학습

> **MMPI - 2에 추가된 타당도 척도 5가지**
>
> 1) 무선반응 비일관성 척도(Variable Response Inconsistency : VRIN)
>   문항 응답 시 무선적으로 반응하는 경향을 탐지한다.
> 2) 고정반응 비일관성 척도(True Response Inconsistency : TRIN)
>   모든 문항에 '예(T)' 또는 '아니오(F)'로 반응하는 경향을 탐지한다.
> 3) 비전형 - 후반부 척도(Back infrequency : Back F, Fb)
>   검사 후반부에서 비전형 반응을 탐지한다.
> 4) 비전형 - 정신병리 척도(Infrequency - Psychopathology, F(P))
>   비전형적 반응을 탐지하지만, F 척도에 비해 심각한 정신 병리에 덜 민감하고 F 척도의 점수 상승이 무선반응이나 고정반응으로 인한 것이 아닐 때 사용한다.
> 5) 과장된 자기 제시 척도(Superlative Self - Presentation : S)
>   K 척도와 마찬가지로 방어성을 측정하지만, 검사의 전반부에 국한된 K 척도와 달리 검사 전반에 걸쳐 있다.

4 F(비전형, Infrequency) 척도

(1) 검사 전반부의 비전형 반응 탐지(1~370번 문항에 분포)
(2) 한 사람의 생각이나 경험이 다른 사람들과 다른 정도를 측정
(3) F 척도의 상승요인 : 무선반응(VRIN), 고정반응(TRIN), 정신병리(F), 부정왜곡(F(p))에 민감함
(4) F가 높으면 특히 임상척도 상승에 영향을 줌
(5) T점수가 80 이상이면 무효일 수 있음

5 F(B)(비전형 - 후반부, Back F) 척도

(1) 검사 후반부의 비전형 반응 탐지(281번 문항 이후에 분포)
(2) 구성방법은 F 척도와 같음
(3) 무선반응, 고정반응, 정신병리, 부정왜곡에 민감
(4) 검사 과정에서 수검 태도의 변화를 알려줌
(5) T점수가 90 이상이면 무효일 수 있음

6 F(p)(비전형 - 정신병리, F - Psychopathology) 척도

(1) 무선반응 및 부정왜곡(faking - bad) 가능성 높음
(2) F 척도에 비해 정신병리에 덜 민감함
(3) F 척도 상승의 의미를 명확하게 해줌
(4) 실제로 심각한 정신병리를 지니고 있는가, 아니면 정신병리를 왜곡해서 가장하고 있는가를 측정함
(5) T점수가 100 이상이면 무효일 수 있음

7 FBS(증상타당도, Faking Bad Scale) 척도

(1) 원래 부정왜곡 척도로 개발되었으나, 척도 해석상 논란의 여지가 있어 증상타당도척도로 불림.
(2) 상해소송에서 꾀병을 탐지하기 위해 개발됨.
(3) F 척도가 신체증상 과대보고에 덜 민감하여 추가로 FBS척도를 개발함.
(4) 경험적으로 43문항을 추출하여 구성함.
(5) T점수가 100 이상이면 신체적/인지적 증상에 대한 과대보고 시사

기출문제 확인학습

MMPI - 2에서의 증상 타당도 척도(Symptom Validity, FBS)

1) 2011년 7월부터 MMPI - 2 타당도 척도 상에서 증상 타당도 척도(Symptom Validity, FBS)가 추가되었다.
2) FBS(증상 타당도) 척도
   FBS 척도는 총 43개의 문항으로 구성되어 있으며, 개인 상해 소송(personal injury litigation) 장면에서 자신의 증상을 과장하는 사람들을 가려내기 위한 목적 하에 개발되었다(Lees - Haley, English와 Glenn, 1991).

8 L(부인, Lie) 척도

(1) 방어적인 태도를 측정하기 위한 15개 문항으로 구성
(2) 대부분의 사람들이 인정하는 사소한 결점이나 인간적인 약점마저 부인하면서 자신을 좋게 보이려고 하는 긍정왜곡(faking - good) 경향을 측정함
(3) 모든 문항이 '아니다'로 응답할 때 채점되므로, TRIN 척도를 함께 고려할 필요가 있음
(4) T점수가 80 이상이면 무효임(주로 '아니다'로 응답하는 경향)

기출문제 확인학습

MMPI - 2에서 타당도 척도인 L척도 해석

1) L 척도 높은 점수
   (1) 지나치게 관습적이며, 사회에 순응적이고, 생각에 독창성이 없다.
   (2) 문제해결방식에 융통성 부족, 스트레스나 압력에 대한 인내력이 부족하다.
   (3) 완고하고, 도덕적이며 '심리적 세련성'이 부족하다.
   (4) 자신에 대하여 과대평가를 한다.
2) L 척도 낮은 점수
   (1) MMPI 문항에 솔직하게 답한 사람이다.
   (2) 자신의 사소한 결점이나 문제점들을 인정할 수 있을 정도로 자기 자신에 대하여 충분한 자신감을 가진 사람이다.
   (3) 지각력도 우수하고 독립적이고 자기 신뢰감도 높다.
   (4) 때로는 다른 사람들에게 냉소적인 인상을 주기도 하지만, 자신의 생각을 효과적으로 타인에게 표현할 수 있다.

9 K(교정, Defensiveness) 척도

(1) 정상 프로파일을 보인 정신과 환자의 반응과 정상인의 프로파일 반응을 비교하여 변별력 있는 30개의 문항으로 구성함
(2) L 척도에 반영되는 것보다 조금 더 세련되고 교묘한 방어성을 탐지하는 척도
(3) T점수가 75 이상이면 긍정왜곡(faking - good) : 주로 '아니다'로 응답하는 경향이며, T점수가 40 미만이면 부정왜곡(faking - bad) : 주로 '그렇다'로 응답하는 경향으로 무효일 수 있음

기출문제 확인학습

MMPI 채점에서 K 교정

1) 답안지를 검토하고 모르겠다고 대답한 문항(? 척도)이 몇 개나 되는지 확인한다.
2) 5번 Mf 척도는 남녀 별로 채점판이 따로 마련되어 있으므로 혼동을 일으키지 않도록 유의한다.
3) K 교정을 하는데, K 교정은 K 척도의 원점수를 비율을 달리해서 1(Hs) + .5K, .4(Pd) + .4K, 7(Pt) + 1K, 8(Sc) + 1K, 9(Ma) + .2K 등 다섯 개 척도에 더해주는 것이다.
4) K 교정이 끝난 후 각 원점수를 피검사자가 속한 규준표를 찾아 T점수로 바꾸고 이 T점수를 프로파일 용지에 그려 넣는다.

MMPI - 2에서 타당도 척도

1) 무반응(?) 점수가 100이상일 때는 채점에서 제외시킨다.
2) 방어성 척도 중 L 점수가 낮으면 사소한 결점이나 약점을 인정하는 태도를 보인다.
3) 비전형 척도 중 F 점수는 보통사람들과는 다른 생각(예 정신병을 가진 사람), 이상한 태도, 이상한 경험을 가진 사람에서 높아지는 경향이 있다.
4) 방어성 척도 중 K 점수가 낮으면 방어적 태도가 낮아져 과도하게 솔직하고 자기비판적임을 나타낸다.

10 S(과장된 자기제시, Superlative Self - Presentation) 척도

(1) 50문항, 검사 전 후반에 골고루 퍼져 있음
(2) '아니다'로 응답할 때 채점되므로 TRIN 함께 고려해야 함
(3) T점수가 75 이상이면 긍정왜곡(faking - good) : 주로 '아니다'로 응답하는 경향으로 무효일 수 있음

심화

1) ?(무응답, cannot say) 척도

원 점수	프로파일 타당성	점수 상승이 가능한 이유
30 이상	전체 결과가 무효일 수 있음	독해능력 부족 또는 부주의, 심각한 정신병리, 강박적 태도 비협조적 태도,
11~20	일부 척도들이 무효일 수 있음	선택적 문항 무응답
0~10	유효함	특정 피검사자에게 적용되지 않는 문항

2) L(부인, Lie) 척도

T점수	프로파일 타당성	점수 상승이 가능한 이유
80 이상	무효일 것임	긍정왜곡(faking good). 주로 '아니다'로 응답하는 경향
70~79	무효일 수 있음	긍정왜곡(faking good), 전통적인 성장배경 '아니다'로 응답하는 경향이 중간 정도
65~69	타당도가 의심스러움	지나친 긍정적인 자기표현
60~64	유효할 것임	세련되지 못한 방어
59 이하	유효할 것임	

3) K(교정, Defensiveness) 척도

T점수	프로파일 타당성	점수 상승이 가능한 이유
75 이상	무효일 수 있음	긍정왜곡(faking - good). 주로 '아니다'로 응답하는 경향
65~74	무효일 수 있음	중간 수준의 방어성 '아니다'로 응답하는 경향이 중간 정도
40~64	유효함	
40 미만	무효일 수 있음	부정왜곡(faking - bad) 주로 '그렇다'로 응답하는 경향

4) F(비전형, Infrequency) 척도

T점수	프로파일 타당성	점수 상승이 가능한 이유
80 이상	무효일 수 있음	무선반응 / 고정반응, 심각한 정신병리
65~79	과장된 것일 수 있음. 그러나 유효할 것임	문제를 과장하여 표현함
40~64	유효할 것임	
39 이하	방어적일 수 있음	문제를 부인하여 응답했을 수 있음

5) F(B)(비전형 - 후반부, Back F) 척도

T점수	프로파일 타당성	점수 상승이 가능한 이유
90 이상	무효일 수 있음	무선반응 / 고정반응, 심각한 정신병리, 증상 과장 응답, 응답 태도의 변화

6) F(p)(비전형 - 정신병리, F - Psychopathology) 척도

T점수	프로파일 타당성	점수 상승이 가능한 이유
100 이상	무효일 수 있음	무선반응 부정왜곡(faking - bad)
70~99	과장된 것으로 보임. 그러나 유효할 것임	문제를 과장하여 표현함
69 이하	유효할 것임	

7) VRIN(무선반응 비일관성, Variable Response Inconsistency) 척도

T점수	프로파일 타당성	점수 상승이 가능한 이유
80 이상	무효	독해능력 부족, 혼란 / 반응 표기상 실수, 의도적 무선 반응
65~79	유효함. 단 일부 비일관적 반응이 개입되어 있음	부주의, 집중력의 일시적 상실
64 이하	유효함	

8) TRIN(고정반응 비일관성, True Response Inconsistency) 척도

T점수	프로파일 타당성	점수 상승이 가능한 이유
80T 이상	무효	'그렇다' 반응경향 강함
65T~79T	유효함. 단 프로파일이 부분적으로 '그렇다' 반응 경향에 영향 받음	부분적으로 '그렇다' 반응경향 있음
50~64(T or F)	유효함	
65F~79F	유효함. 단 프로파일이 부분적으로 '아니다' 반응 경향에 영향 받음	부분적으로 '아니다' 반응경향 있음
80F 이상	무효	'아니다' 반응경향 강함

9) S(과장된 자기제시, Superlative Self - Presentation) 척도

T점수	프로파일 타당성	점수 상승이 가능한 이유
75 이상	무효일 수 있음	긍정왜곡(faking - good), 주로 '아니다'로 응답하는 경향
70~74	무효일 수 있음	중간 수준의 방어성, '아니다'로 응답하는 경향이 중간 정도
69 이하	유효함	

타당도 척도의 해석 순서

1) '성실성'의 평가

   (1) ? > 30점(원 점수) : 전체결과가 무효일 수 있음

   (2) VRIN > 80점(T점수)

   의도적인 무선반응 가능성이 높으며 F 척도의 점수를 함께 고려해야 하며 F 척도가 상승했다면, 그 이유는 실제의 정신병리가 아닌 무선반응 때문일 가능성이 높기 때문이다.

   (3) TRIN > 80점(T점수)

   의도적인 편향반응(고정반응) 가능성이 높으며 L, K, S 척도의 점수를 함께 고려해야 하는데 그 이유는 이들 척도는 '아니다'로 응답할 때 상승하는 경향이 있기 때문이다.

2) '비전형성'의 평가

   (1) F 척도 상승의 의미, 즉 MMPI – 2에서 비전형 반응을 하게 되는 이유(다른 사람들이 흔히 응답하지 않는 방향으로 응답하는가?

   (2) 무선반응 : VRIN 척도 고려

   (3) 고정반응 : TRIN 척도 고려

   (4) 부정왜곡 : F(p) 척도 고려

   (5) 심각한 정신병리 : 척도(F 척도)의 원래 목적에 부합함

3) '방어성'의 평가

   (1) L 척도의 모든 문항은 '아니다'로 응답한 경우(긍정 왜곡(faking – good))에 채점된다.

   (2) K, S 척도의 경우에도 '아니다'로 응답(긍정 왜곡(faking – good))할 때 채점되는 경향이 크다.

   (3) TRIN 척도와 함께 고려해야 한다.

   (4) 비 임상장면에서(특히 인사 선발, 보호관찰평가 등) 자신을 되도록 좋게 보일 필요성이 강할 때 상승하는 경향이 있다.

   (5) K, S 척도와 함께 방어 성향을 탐지한다.

실력다지기

MMPI-2의 무응답 척도 해석법에 있어 주의할 점

1) 무응답 문항의 개수가 30개 이상이라면 검사결과 자체를 무효로 간주하지만, 결론을 내리기 전에 두 가지 사항을 신중하게 고려해야 한다.
2) 첫째, MMPI-2에서는 단축형 검사 실시를 쉽게 하기 위해서 원판 타당도 척도(L, F, K)와 임상척도들은 최초 370문항 안에 모두 배치하였기 때문에 대부분의 무응답 문항이 370번 문항 이후에 나타났다면, 단지 무응답 문항의 수가 많다는 이유만으로 전체 검사결과의 타당성을 의심할 필요는 없다.
3) 둘째, MMPI-2에서는 척도마다 전체 문항 중 몇 %의 문항이 응답되었는지를 표시해준다. 그래서 무응답 문항들이 각 척도에 실제로 영향을 미쳤는지, 영향이 있다면 어느 정도인지를 파악할 수 있다. 무응답 문항이 전체의 10% 이상인 척도는 해석을 해서는 안 된다.

2) ∧형(삿갓형) : L 척도와 K 척도 점수가 낮고 F 척도 점수가 높다.
　자신의 신체적 및 정서적 곤란을 인정하고, 자신의 문제해결 능력에 자신이 없으며, 도움을 요청한다.
3) 부적 기울기(L > F > K) : ↘
　순박하고 덜 세련되었으나 좋게 보이려고 애쓰는 사람이나, 성공하지 못하고 신경증 척도가 상승한 경우가 많고 자신의 문제를 인정하지 않으며 교육 수준이나 경제적 수준이 낮은 사람이다.
4) 정적 기울기(L < F < K) : ↗
　(1) 일상생활에서 당면하는 문제들을 해결할 수 있는 능력 있고 현재 갈등이나 스트레스를 겪지 않는 사람에게 나타난다.
　(2) 정교한 방어기제를 쓰고 있는 대학교육을 받거나 사회경제적 수준이 높은 사람, 좋게 보이려는 입사지원자에서 보인다.

MMPI-2의 타당도 척도 상 삿갓형의 2가지 유형

1) 유형 : L, K ≤ 50, F > 60
　신체적, 정서적 곤란을 인정하고, 도움을 요청하며 문제해결능력에 자신감은 결여된 상태
2) 유형 : L, K = 50~60, F ≥ 70
　자신의 문제를 인정하지만, 이러한 문제에 대해 자신을 방어하는 상태(L < K이면 조금 더 세련된 방어를 보이며 어느 정도 능력은 있는 상태임)

방어적 경향이 강한 수검자에게 임상심리사가 취할 수 있는 방법

1) 지나치게 방어적인 내담자의 경우 내담자에게 방어성에 대한 피드백 이후에 다시 검사를 실시할 수 있다.
　지나치게 방어적인 내담자의 경우 자신의 정서적인 문제를 최소화하려는 동기가 있을 수 있으므로, 정직하게 응답하도록 지시하고, 검사를 반복하도록 요청할 경우 더 개방적이고 정직하게 응답하게 된다(Walfish, 2007)[22]
2) HTP, 로샤검사와 같은 투사적 검사를 통해 내담자의 심리적 특성을 평가할 수 있다.
　투사적 검사는 간접적으로 내담자의 심리를 측정함으로 방어적 경향이 강한 내담자의 심리적 특성을 반영하는 다양한 반응과 독특한 반응을 이끌어 낼 수 있다.

22　Walfish, S. (2007). Reducing Minnesota Multiphasic Personality Inventory defensiveness: effect of specialized instructions on retest validity in a sample of preoperative bariatric patients. Surgery For Obesity & Related Diseases, 3(2), 184.

제3절 임상척도(Clinical Scale)

1 임상척도(Clinical Scale)

(1) MMPI - 2 임상척도에서는 몇 개의 문항이 삭제되었으나, 본질적으로 원판 MMPI와 동일하다.
(2) 원판 MMPI의 해석 지침 및 연구결과를 동일하게 적용할 수 있다.
(3) Original MMPI의 566문항 중에서(150문항 + 중복 16문항) 16개 중복문항을 삭제하였다.
(4) 82문항을 재 기술하였으며 중요 내용영역을 추가하였다(154문항).
(5) MMPI - 2는 총 567문항, 임상척도는 13문항 삭제, 표준척도는 370번 이내로 배치하였다.

2 MMPI - 2에서 이상으로 간주되는 점수의 의미

(1) 높은 점수
  - T점수 ≥ 65 의 경우, 의미있는 상승으로 해석할 수 있음.

(2) 낮은 점수
  - T점수 ≤ 40 의 경우, 보수적으로 해석함.
  - 5번(Mf), 0번(Si)를 제외한 임상척도는 낮은 점수를 해석하지 않기를 권고함.
  - 9번(Ma)의 경우 낮은 점수를 에너지 소진, 무력감 등으로 해석 가능함.
  - 비임상장면에서는 긍정적인 의미로 볼 수 있음.

기출문제 확인학습

MMPI - 2에서 이상으로 간주되는 점수

1) MMPI의 T점수는 평균이 50, 표준편차가 10으로 환산한 점수이다.
2) MMPI 원판에서 일반적으로 이상으로 간주되는 점수는 T점수 70점으로, 2표준편차에 해당하기 때문이다.
3) MMPI-2는 원판과 비교하여, 평균 T점수가 5점 낮아지는 결과가 나타났기 때문에, 대부분의 연구자들이 상승기준을 정할 때 65점을 적용한다.
4) T점수 40점 미만의 낮은 점수도 지나치게 방어, 부인하는 경향이므로 해석 상 주의가 요구된다.

3 임상척도와 소척도

	척도명	기호	약자	Kunce & Anderson
임상척도	건강염려증(Hypochondriasis)	1	Hs	신중성
	우울증(Depression)	2	D	평가
	히스테리(Hysteria)	3	Hy	표현
	반사회성(Psychopathic Deviate)	4	Pd	주장성
	남성특성 - 여성특성(Masculinity - Feminity)	5	Mf	역할유연성
	편집증(Paranoia)	6	Pa	호기심
	강박증(Psychasthenia)	7	Pt	조직화
	조현병(Schizophrenia)	8	Sc	상상력
	경조증(Hypomania)	9	Ma	열의
	사회적 내향성(Social Introversion)	0	Si	자율성

임상척도명	임상 소척도(Harris-Lingoes)
우울증 (Depression)	D1 주관적 우울감(Subjective Depression) D2 정신운동 지체(Psychomotor Retardation) D3 신체적 기능장애(Physical Malfunctioning) D4 둔감성(Mental Dullness) D5 깊은 근심(Brooding)
히스테리 (Hysteria)	Hy1 사회적 불안의 부인(Denial of Social Anxiety) Hy2 애정 욕구(Need for Affection) Hy3 권태-무기력(Lassitude-Malaise) Hy4 신체증상 호소(Somatic complaints) Hy5 공격성의 억제(Inhibition of Aggression)
반사회성 (Psychopathic Deviate)	Pd1 가정 불화(Familial Discord) Pd2 권위 불화(Authority Problems) Pd3 사회적 침착성(Social Imperturbability) Pd4 사회적 소외(Social Alienation) Pd5 내적 소외(Self-Alienation)
편집증 (Paranoia)	Pa1 피해의식(Persecutory Ideas) Pa2 예민성(Poignancy) Pa3 순진성(Naivete)
조현병 (Schizophrenia)	Sc1 사회적 소외(Social Alienation) Sc2 정서적 소외(Emotional Alienation) Sc3 자아통합 결여 - 인지적(Lack of Ego Mastery-Cognitive) Sc4 자아통합 결여 - 동기적(Lack of Ego Mastery-Conative) Sc5 자아통합 결여 - 억제부전(Lack of Ego Mastery-Defective Inhibition) Sc6 기태적 감각경험(Bizarre Experiences)
경조증 (Hypomania)	Ma1 비도덕성(Amorality) Ma2 심신운동 항진(Psychomotor Acceleration) Ma3 냉정함(Imperturbability) Ma4 자아팽창(Ego Inflation)
사회적 내향성 (Social Introversion)	Si1 수줍음 / 자의식(Shyness/Self-Consciousness) Si2 사회적 회피(Social Avoidance) Si3 내적/외적 소외(Alienation-Self and Others)

4 건강염려증(Hypochondriasis) - 1(Hs)

(1) 문항 내용
    ① 신체건강에 대한 비정상적인 걱정을 드러내는 환자들의 반응을 근거로 구성되었다.
    ② 신체전반에 걸친 모호한 기능 이상과 염려를 특징으로 한다.
    ③ 단일 차원적인 척도로 건강에 대한 부정적인 사고와 다양한 신체적 불평을 갖는다.

(2) 높은 점수의 의미
    ① 막연하고 애매모호한, 비특정적인 신체증상을 호소한다.
    ② 만성적 통증, 소화기 증상, 허약감과 무기력감, 피로감, 불면증 등을 호소한다.
    ③ 스트레스에 대한 신체반응으로 나타난다.
    ④ 심리적으로 세련되지 못하며, 심리적인 마인드가 부족하다.
    ⑤ 신체증상을 통해 다른 사람을 조종하기 위한 목적이 있다.

(3) 진단적 특성
    ① 신체형 장애, 건강염려증, 우울증
    ② Hs > 80인 경우, 거의 모든 신체기관에서의 불편감을 호소하며, 기이한 신체증상을 동반할 수 있다.

> **기출문제 확인학습**
>
> **MMPI - 2에서 임상척도인 건강염려증이 상승한 경우 해석**
>
> 1) 자신에게 어떤 신체적 병이 있다고 생각하거나 그 같은 병을 이용하여 다른 사람을 조종하고 지배하려 함
> 2) 모호한 신체적 증상에 대해 과도하게 집착함
> 3) 불평이 많고, 냉소적이며, 요구사항이 많고, 부정적이며, 비관적임
> 4) 타인에게 의존적이나 매우 비관적이며, 적개심을 간접적으로 표현함
> 5) 심리적 및 신체적 치료에 대한 예후가 불량하며 해결책에 대해서도 거부적임

5 우울증(Depression) - 2(D)

(1) 문항 내용
    ① 우울증상을 측정하기 위한 문항으로 구성되어 있다.
    ② MMPI 시행 당시에 그 사람이 느끼는 비관 및 슬픔의 정도를 나타내는 기분 척도이다.
    ③ 우울의 다양한 측면(우울감, 걱정, 불만족, 자기비하, 흥미상실, 주의집중 곤란, 불면, 사회적 관계의 회피 등)과 무의미, 죽음과 자살의 편견을 측정한다.

(2) 높은 점수의 의미
    ① 우울, 불안, 위축, 비관적이고, 자신감 부족, 죄의식 등을 호소한다.
    ② 현재 상황에 대한 불만을 인정하며, 주관적인 고통의 지표가 된다.

③ 자기비하적이며, 우유부단함, 걱정이 많다.
④ 흥미나 즐거움이 감소되고, 신체기능과 면역기능의 저하, 수면이나 식욕의 감퇴를 호소한다.
⑤ 대인관계에서 대립을 피하려고 하며, 쉽게 상처를 받는다.

(3) 진단적 특성
① 우울증적 증상을 나타내는 환자
② 척도2가 단독 상승하는 경우 가족의 죽음과 같은 상황적인 스트레스 경험인 반응성 우울을 반영한다.
③ 정신병적 요소가 있는 우울증의 경우 다른 척도나, 면담을 통해 우울의 원인을 파악한다.

6 히스테리(Hysteria) - 3(Hy)

(1) 문항 내용
① 히스테리 환자 집단의 반응을 근거로 문항을 구성하였다.
② 특정한 신체적 호소를 반영하는 문항과 심리적, 정서적 문제 또는 사회적 상황에서 불편감을 부인(denial)하는 문항들로 구성되었다.
③ 외향성, 타인에 대한 신임이나 낙천성을 강조한다.

(2) 높은 점수의 의미
① 부인, 억압, 피암시성이 강하고, 주로 신체적 증상을 통해 스트레스에 대처하거나 책임을 회피한다.
② 타인의 관심, 애정, 주목, 인정, 돌봄에 민감하다.
③ 신체증상이 극적으로 나타나고 갑자기 사라진다.
④ 심리적으로 미성숙하며, 유치하고, 유아적이다.
⑤ 대인관계는 사교적으로 보이나 피상적이고, 관여적이며, 얻어내려는 의도를 갖는다.

(3) 진단적 특성
① 척도3은 척도1과 동반상승하는 경향이 있다.
② 전환장애, 신체화장애, 연극성 성격장애

7 반사회적 성격(Psychopathic Deviate) - 4(Pd)

(1) 문항 내용
① 비사회적, 비도덕적 유형의 정신병질적 성격으로 진단된 환자의 반응을 근거로 구성되었다.
② 주요 범죄자는 포함되지 않았으며, 거짓말, 절도, 성적방종, 지나친 음주, 일상생활의 일탈 정도를 평가한다.
③ 엄격한 사회동조에서 충동적이고 반사회적인 행동에 이르는 차원을 반영하였다.

(2) 높은 점수의 의미
① 충동성, 참을성 부족, 즉각적인 충족을 원한다.
② 욕구좌절에 대한 인내력이 부족하며, 결과를 고려하지 않은 채 행동으로 옮긴다.

③ 경험으로 부터 배우지 못하기 때문에 동일한 문제를 반복한다.
④ 권위나 규범에 대한 거부감, 분노, 저항성 등으로 반사회적 행동을 나타낸다.
⑤ 과시적이며, 허세적이지만 이면에는 쉽게 상처받고, 낮은 자존감으로 공허감과 두려움이 존재한다.

(3) 진단적 특성
① 반사회성 성격장애, 수동-공격적 성격의 소유자
② 외향화, 행동화, 합리화, 주지화 방어기제가 나타나며, 치료적 예후가 나쁘다.
③ 척도8, 9가 동반상승하면 비행률이 높고, 척도 1,2,7이 동반상승하면 비행률이 낮다.

8 남성성 - 여성성(Masculinity - Femininity) - 5(Mf)

(1) 문항 내용
① 남성 동성애자를 가려낼 목적으로 남성 동성애자의 반응을 근거로 구성하였으나 별로 효과가 없음이 확인되었다.
② 남성과 여성이 다르게 채점되며, 남성에게는 여성성을 여성에게는 남성성을 평가한다.
③ 이것은 전통적인 남녀의 역할과 흥미에 관련된 항목에 동의하는 정도를 측정한다.

(2) 높은 점수의 의미
① 남성에게 높은 점수는 광범위한 취미, 심미적인 흥미, 교육수준과 비례한다.
② 여성의 높은 점수는 드물다. 전통적인 여성적 역할을 거부하는 진취적인 취향을 갖는다.

(3) 낮은 점수의 의미
① 남성에게 낮은 점수는 남성적인 특징을 강박적으로 강조하고, 공격적이고 거칠며 생각보다 행동이 앞선다.
② 여성에게 낮은 점수는 수동적, 복종적이고, 의존적이며, 억제되어 있고, 자기연민이 강하다.

9 편집증(Paranoid) - 6(Pa)

(1) 문항 내용
① 편집 증상을 보이는 환자 집단의 반응을 근거로 구성하였다.
② 대인관계의 민감성, 예민성과 의심성을 특징으로 한다.
③ 도덕적 경직성, 순진성, 그리고 자기정당성에 대한 확신, 망상 등을 평가한다.

(2) 높은 점수의 의미
① Pa > 70 인 경우, 명백한 정신병적 증상, 사고장애, 피해망상 등을 나타낸다.
② 60 < Pa < 70 인 경우, 대인관계의 과민성, 지나친 의심, 완고하며 융통성 부족 등을 보인다.
③ 척도3이 동반상승 한 경우 척도3이 더 높으면 편집증적 징후가 보다 사회화된 면을 보인다.
④ 정서표현이 감소하고, 주로 합리화, 주지화 방어기제가 나타난다.

⑤ 비판에 과도하게 민감하고 여성의 경우 슬프고 불안하며 현실도피적인 경향을 나타낸다.

(3) 진단적 특성
① 조현병, 망상장애, 편집성 성격장애
② 경직성과 의심으로 대인관계 접촉이 어렵고, 정서적 문제에 관해 회피하며 합리화만 하려고 하기 때문에 치료자와의 관계형성도 매우 어렵다.

10 강박증(Psychasthenia) - 7(Pt)

(1) 문항 내용
① 정신쇠약 환자 집단의 반응을 근거로 구성되었다.
② 주로 오랫 동안 지속되어 온 만성적 불안을 측정한다.
③ 상태불안 보다는 걱정을 많이 하는 성격(특성불안)에서 나타나는 스트레스 상황을 평가한다.

(2) 높은 점수의 의미
① 심한 불안상태, 걱정이 많고, 긴장되고, 우유부단하며, 초조하고 주의집중이 안된다.
② 강박적 사고와 초조가 심하여 불안을 통제할 수 없을 것에 대한 두려움이 나타난다.
③ 매우 심한 죄책감과 우울증을 동반할 수 있다.
④ 자의식적이며, 자기비판적이고, 열등감과 부적절감을 갖는다.
⑤ 완벽주의적이고 가혹한 기준으로 자신을 평가하며, 대인관계에 서툴고 무미건조하며 주지화 방어기제를 사용한다.

(3) 진단적 특성
① 강박적 성격의 측면보다는 증상적인 측면을 더 잘 반영한다.
② 범불안장애, 공포증, 강박증, 외상후 스트레스, 우울증
③ 치료에 대한 동기가 높고, 심리치료에 잘 반응하지만 극단적으로 높을 경우 약물치료가 필요할 수 있다.

11 조현병 (Schizophrenia) - 8(Sc)

(1) 문항 내용
① 조현병으로 진단된 환자집단의 반응을 근거로 구성하였다.
② 척도들 가운데 문항수가 가장 많으며, 다양한 사고, 감정, 행동 등의 장애와 외부현실에 대한 해석의 오류, 망상, 환각 등을 평가한다.
③ 조현병 정신상태, 고립감, 괴이한 사고과정과 특이한 지각, 빈약한 가족관계, 성정체감에 대한 관심, 소망 충족적인 환상으로의 철수 경향 등의 차원을 측정한다.

(2) 높은 점수의 의미
① 환경으로부터의 소외감과 유리감을 느낀다.
② 점수가 높아질수록 비논리적이며, 주의집중과 판단력의 장애 및 사고장애를 보인다.

③ 양가감정, 제한된 정서반응, 충동통제곤란이 나타난다.
④ 기태적 행동과 공격적 행동, 조화되지 않는 부적절한 행동이 나타난다.
⑤ 환경적 스트레스, 자아정체의 위기를 맞고 있는 경우에도 상승할 수 있다.

(3) 진단적 특성
① 조현병, 망상장애, 조현형 성격장애, 조현성 성격장애
② Sc > 90 이상인 경우, 부정왜곡, 도움의 요청, 급성적 정신병적 혼란의 가능성을 검토하는 것이 필요하다.

12 경조증 (Hypomania) - 9(Ma)

(1) 문항 내용
① 경조증 환자 집단의 반응을 근거로 구성하였다.
② 정신적 에너지를 측정하는 척도로 높을수록 정력적이고, 무엇인가를 하지 않고는 못 견디는 특징을 평가한다.
③ 지나치게 자신만만하고 예민성을 부인하며, 자신에 대한 과대평가 정도를 측정한다.

(2) 높은 점수의 의미
① 정서적 흥분성, 불안정성, 말이 빠르고 많으며, 경쟁적이고 화를 잘 낸다.
② 기분의 불안정한 변동, 주기적인 우울감이 나타난다.
③ 사고의 비약, 과대망상, 긴장, 안절부절, 충동억제 곤란이 나타난다.
④ 자아팽창, 비현실적 웅대성, 고양된 기분, 다양한 흥미를 나타낸다.
⑤ 과도하고 목적없는 활동, 대인관계에서 외향적, 사교적이며, 지배적이고 피상적인 관계를 맺는다.

(3) 진단적 특성
① 대부분 프로파일에서 척도 2와 7이 낮게 나온다.
② Ma > 80일 경우, 조증장애를 의심해 볼 수 있으며, 척도 4와 동반상승 될 경우 감정발산이 현저하다.
③ Ma < 40일 경우, 척도 2의 높은 점수보다 심각한 우울증을 나타낼 가능성이 많으며, 점차 활기를 회복하면서 자살 위험성이 커질 수 있다.

기출문제 확인학습

MMPI - 2의 9번 척도가 27점일 때 임상양상 2가지

MMPI - 2의 9번 척도인 Ma(경조증 척도)의 점수가 27점이라면, 무력감이나 미래의 불투명 등의 원인으로 노인처럼 우울하며, 활력 및 활동수준이 낮은 일면을 보일 수 있다.

1) 경조증(Hypo - mania, Ma)은 정신적 에너지를 측정하는 척도로서, 40점 이하의 경우 우울증, 특히 내인성 우울증을 고려해야 한다.
2) 활력 및 활동수준이 낮은 환자의 경우로, 그 원인은 우울증일 수도 있고 또는 피로나 일시적인 병에 기인할 수도 있으며, 극단적으로 낮을 경우에는 척도2의 상승에 관계없이 우울증을 의미한다.

13 사회적 내향성(Social Introversion) - 0(Si)

(1) 문항 내용
   ① 사회적 내향성 - 외향성 차원을 평가하기 위해 사회성이 낮은 대학생 집단의 반응을 근거로 구성하였다.
   ② 사회적 불편감, 예민성, 수줍음, 당황함 등을 평가한다.
   ③ 내향성 - 외향성 어느 쪽이 더 좋다는 가치판단은 불가하다.
   ④ 척도0의 점수는 정신병리와 무관한 경우가 많으며, 다른 임상척도를 고려하여 해석한다.

(2) 높은 점수의 의미
   ① 사회적 상황 회피, 불편감, 자기억제, 감정표현이 미숙함을 나타낸다.
   ② 다른 사람들로부터 회피하는 경향으로 자신을 돕는 사람과의 관계에서도 회피적이므로 다른 임상척도에서 나타나는 문제를 악화시키는 효과가 있다.
   ③ 내향적, 수줍음, 걱정, 과민, 불안이 높고 감정발산의 가능성이 적은 반면 명상이 많다.

(3) 낮은 점수의 의미
   ① 외향적, 사교적, 잘 어울림, 활발, 유쾌함 등을 나타낸다.
   ② 극단적으로 낮을 경우(Si<35), 대인관계가 피상적이고 참된 깊이가 없는 경향이 있다.
   ③ 어울림에 대한 욕구가 높으며, 혼자있는 것이 어려움을 나타낸다.

실력다지기

다면적 인성검사(MMPI) 상승척도 쌍 해석(몇 가지의 사례)

1) 코드타입(code type, 상승척도 쌍)
   (1) 임상척도 중에서, 가장 높은 2개 혹은 3개의 척도(예 2 - 7, 1 - 3, 4 - 7, 2 - 4 - 9 등)
   (2) T점수가 65점 이상일 때 코드타입으로 분류
   (3) 정의된(defined) 코드타입만 해석이 권장됨
   (4) 척도 5와 0은 코드타입 분류에서 제외

2) 코드타입 해석의 장점
   (1) 두 개 이상의 척도가 상승된 집단이 단일 척도만 상승된 집단보다 더욱 동질적이다.
   (2) 코드타입으로 확인된 해석 내용이 단일 척도 상승에 대한 해석 내용보다 신뢰도가 높다.
   (3) 형태해석을 통해 더욱 풍부하고 유용한 정보를 얻어낼 수 있다.

3) 코드타입의 유형
   (1) 1 - 3 / 3 - 1의 경우
      ① 신체형 장애, 통증장애, 전환 장애, 섭식문제
      ② 신체적 고통과 불편감에 대한 극적인 호소(심리적 문제를 신체증상으로 전환)
      ③ 효율이 저하된 상태에서 기능을 유지하는 경향(심각한 정서적 동요는 적음)
      ④ 타인에게서 관심, 애정, 동정 받으려는 강한 욕구(없으면 불안, 불안정)

(2) 1 - 4 / 4 - 1 유형
   ① 심한 신체증상 호소(특히, 불특정적인 두통)
   ② 외향적이지만, 사교적 기술 부족
   ③ 불만족, 비관적, 요구적, 심술, 불평 잦음
(3) 2 - 8 / 8 - 2 유형
   ① 불안, 초조, 긴장, 안달하는 느낌 : 우울 + 혼동 + 비효율
   ② 수면 곤란, 주의집중 곤란, 혼란된 사고, 잦은 망각(인지기능의 감퇴·저하)
   ③ 맡은 일을 효율적으로 완수하지 못함
   ④ 사고 및 문제해결 양상이 독창적이지 못함
   ⑤ 쉽게 화를 내고, 대부분의 시간동안 분노를 품고 지냄
(4) 3 - 4 / 4 - 3 유형
   ① 만성적 분노, 적대적·공격적 충동을 품고 있으나, 적절한 방식으로 표현하지 못함
   ② 자신의 행동의 원인과 결과에 대한 통찰 결여 : 타인에 대한 과도한 비난, 책망
   ③ 관심·인정을 갈망하면서도, 타인에게 냉소적이고 의심하는 경향
   ④ 폭음, 폭발적 행동 이후에 자살시도
   ⑤ 성격장애, 특히 수동 - 공격성 성격장애, 물질남용·의존 보임
(5) 4 - 7 / 7 - 4 유형
   ① 자신의 행동이 초래할 결과에 무관심하게 신경을 쓰지 않는 기간과 그 행동이 타인에게 미칠 영향을 지나치게 걱정하는 기간을 번갈아 반복
   ② 일탈행동·방종행동의 시기가 지난 다음, 죄책감을 느끼며 자신을 비난하는 시기 도래
(6) 6 - 8 / 8 - 6 유형
   ① 가장 두드러진 특징은 편집증적 경향과 사고장애이다.
   ② 사고는 자폐적, 단절적, 우회적이다.
   ③ 주의집중의 곤란과 판단력의 장애를 보인다.
   ④ 체계화된 망상을 보이며 비현실감을 호소하고 많은 시간을 백일몽과 환상 속에서 보낸다.
   ⑤ 진단명으로 가장 많은 진단은 조현병이며, 다음으로 조현성 또는 편집형 성격장애이다.

기출문제 확인학습

MMPI - 2 검사에서 1 - 2 / 2 - 1의 코드 타입의 해석
1) 이 척도 쌍을 보이는 사람들의 주요 특징은 다양한 신체적 증상을 호소하며 신체적 기능에 대한 과도한 염려를 보인다는 것이다.
2) 여러 신체적인 고통을 호소하며 실제로 신체적인 증상이 있다.
3) 이러한 신체적인 증상 호소 외에 나타나는 특징으로는 우울, 불안, 긴장과 같은 정서적 고통에 대한 호소이다.
4) 성격적으로 이들은 내향적이고 수줍음이 많으며 위축되어 있다.

2 - 3 / 3 - 2 코드 타입의 주요 특징
1) 만성적인 피로감과 무력감, 위장계통의 신체적 증상 호소
2) 우울이나 불안감이 모두 신체적 증상 때문이라고 생각
3) 성격특징은 수동적, 순응적이며 의존적임

4) 타인으로부터의 관심과 수용 그리고 보호를 받기도 함.
5) 피상적인 관계를 통해서 어느 정도의 안정감을 얻지만, 대인관계에서 미성숙하고 부적절하며 불편감을 느끼기 때문에 사회적 상황을 회피함.
6) 일과 관련해서는 성공이나 성취에 대한 욕구를 강하게 느끼고 있지만 경쟁상황에 대한 부담감과 실패에 대한 두려움으로 인해 종종 이런 상황에 직면하는 것을 회피함.
7) 주요 방어기제는 부인(denial)과 억압(repression)
8) 통찰력이 부족하고 불편감을 인내하는데 익숙해져 있어 치료적 예후가 좋지 않음

MMPI - 2 검사에서 2 - 7 / 7 - 2의 코드 타입의 해석

1) 척도 2(D, 우울)와 척도 7(Pt, 강박증)에서 높은 점수의 경우 불안하고 우울하며, 긴장하고 예민한 모습을 보이며 완벽주의적 성향을 보인다.
2) 증상으로는 불안, 긴장, 과민성 등 정서적 불안, 우울정서, 신체적 증상, 체중감소 등 임상적인 우울증상을 보인다.
3) 성격특징으로는 비관적인 세계관과 성취 욕구가 강하고 목표설정이 너무 높아서 달성하지 못했을 때 심한 죄의식을 보이며 완벽주의와 융통성 결여의 문제가 있다.
4) 대개 진단은 우울장애, 강박장애로 이루어진다.

MMPI - 2 검사에서 임상척도 4 - 9 / 9 - 4 코드 타입의 해석

1) 재범 우려가 있는 범죄자나 신체노출, 강간 등의 성적 행동화를 보이는 사람이다.
2) 충동적, 반항적 성격과 함께 과격하고 공격적인 행동을 특징으로 한다.
3) 자기중심적 성향과 다른 사람에 대한 불신으로 대인관계가 피상적이다.
4) 자신의 행동에 대해 책임을 지지 않으려 하며, 사회적 기준이나 가치를 무시하는 경향이 있다.
5) 반사회성 성격장애, 양극성 장애의 진단이 가능하다
6) 합리화의 방어기제를 사용하여 자신의 문제를 외면하고 실패의 원인을 다른 사람에게 전가한다.

MMPI - 2 검사에서 임상척도 4 - 6 / 6 - 4 코드 타입의 해석

1) 분노와 적개심이 억제되어 있을 가능성이 높다.
2) 타인에 대한 불신감이 많을 가능성이 높다.
3) 권위적 대상(authority figure)과의 관계에서 문제가 발생할 가능성이 높다.

MMPI의 척도 4와 척도 6이 상승되어 있고, 척도 5가 이들 척도보다 10점 이상 낮거나 T점수 50점 이하로 하락되어 있는 형태의 명칭

1) 척도 4와 6이 상승되어 있고 척도 5가 이들보다 10점 이상 낮거나 T점수 50점 이하로 하락되어 되어 있는 형태는 ∨모양의 척도로서, 4 - 5 - 6 형태가 수동 - 공격형 ∨ 형태이다.
2) 수동 - 공격형 ∨ 또는 Scharlett O' Hara[23] ∨의 형태는 여자들에게서 많이 나타난다.

---

23 영화 [바람과 함께 사라지다]에서 비비안 리가 열연한 스칼렛 오하라가 대표적인 히스테리성 성격의 소유자의 유형과 관련이 있다.

> **심화**
>
> ### 수동 - 공격형 ∨ 또는 Scharlett O'Hara ∨
>
> 1) 매우 수동적, 의존적, 전통적 여자 역할에 과도하게 동일시하며, 표면적으로는 사교적, 자신만만하고 내면에는 분노감, 적대감, 애정에 대한 강한 욕구가 있다.
> 2) 타인에게 지나칠 정도로 애정을 요구하며, 특히 남자에게 의지하는 경향이 있다.
> 3) 의존성은 다소 수동 - 공격적인 양상이며, 이들은 원하는 것을 얻기 위해 요구적이고 도발적인 태도로 타인을 조정하려고 한다.
> 4) 이러한 방식은 타인을 짜증나게 만들고 중요한 타인을 떠나가게 하는 결과를 가져 온다.
> 5) 척도 6의 상승은 편집적 경향을 나타내는 것이 아니라, 자신의 결점이나 실패를 외부환경으로 돌리려는 경향성이나 만성적인 분노감을 반영한다.
> 6) 이러한 여성들은 타인을 화나게 하는데 능숙하지만, 그것에 기여한 자신의 책임을 인정하지 않으려 하기 때문에 치료적인 개입이 매우 어렵다.

MMPI - 2 검사에서 임상척도 6 - 8 / 8 - 6 코드 타입의 해석

1) 이 프로파일은 심각한 정신병리의 가능성을 시사하며 보통 F 척도가 함께 상승하며, 척도 6과 8의 T점수가 70이상 상승되어 있고 7과 10점 이상 차이가 나면 조현병을 의심해 보아야 한다.
2) 특징
   (1) 편집증적 경향과 사고장애이다.
   (2) 사고는 자폐적, 단절적, 우회적이며 사고의 내용은 기태적(奇態的)이고 주의집중 곤란 및 지속적 주의력의 곤란을 호소한다.
   (3) 기억력의 둔화와 판단력의 장애를 보이며, 체계화된 망상(과대 혹은 피해) 및 환각이 나타나며, 비현실감을 호소한다.
   (4) 많은 시간을 백일몽과 환상 속에서 보내며, 추상적·이론적인 주제나 종교적·성적인 주제 등에 집착하여 깊이 생각한다.
   (5) 현실생활에 명백하고 구체적인 일들에 대해서는 무관심하다.
   (6) 스트레스에 긴장하고 우울증상을 보이며 감정은 둔화된다.
   (7) 회피, 의심, 불신, 타인과 정서적 거리 유지하여 대인관계에서 고립된다.
   (8) 대인관계가 있다면 원한과 의심과 적개심이 함께 하며 예측 불허의 행동과 사회적으로 부적절함 무감동이 행동전반에 깔려 있다.
   (9) 깊은 열등감과 불안정감을 가지고 있으며, 지나치게 수줍어하고 자신감과 자기존중심이 결여되어 있으며 실패라고 생각되는 것에 죄책감을 느낀다.
   (10) 혼자 있을 때 편안함을 느끼며 다른 사람들은 그들을 화를 잘 내고 변덕이 심하며 비우호적이며 부정적인사람으로 본다.

MMPI - 2에서 8 - 9 / 9 - 8 상승척도 쌍을 보이는 사람들의 특징

1) 과잉 활동적이고 정서적으로 불안정하다.
2) 다른 사람들에게 다소 자기중심적이고 유아적인 기대를 한다.
3) 성취 욕구가 강하고 성취에 대한 압박감을 느끼지만, 그들의 실제 수행은 기껏해야 평범한 수준인 경우가 많다.
4) 자신에게 많은 관심을 보여줄 것을 요구하며, 이런 요구가 충족되지 않으면 화를 내면서 적대적으로 행동한다.

> **심화**

재구성 임상척도의 구성문항의 선정기준(2003년 재개발)

1) 12개 씨앗척도와 전체 567문항의 상관을 계산하여 추출하였다.
2) 12개 씨앗척도 중에서 가장 높은 상관을 보이는 척도에 포함되었다.
   (1) 최소한의 일정한 수치 이상의 상관을 보일 것
   (2) 다른 씨앗 척도와의 상관이 0.30보다 작은 경우가 일정한 비율 이상일 것
   (3) 위의 일정한 수치와 일정한 비율은 시행착오적으로 판단함

척도명			내용
RCd	dem	Demoralization	정서적 혼란과 관련된 문항
RC1	som	Somatic Complaints	신체적 불편감
RC2	lpe	Low Positive Emotions	낮은 긍정적 정서
RC3	cyn	Cynicism	냉소성
RC4	asb	Antisocial Behavior	반사회적 행동
RC6	per	Ideas of Persecution	피해의식
RC7	dne	Dysfunctional Negative Emotions	역기능적 부정적 정서
RC8	abx	Aberrant Experiences	기태적 경험(망상, 환각 등)
RC9	hpm	Hypomanic Activation	경조증적 상태

제4절 성격병리 5요인(PSY-5) 척도

(1) 주요 성격특성의 전체적 윤곽을 제공한다.
(2) 심리장애를 범주적(categorical)으로 분류하는 체계에 문제가 있음을 지적한다.
(3) 성격장애를 정상 성격기능의 연장선상에서 개념화할 필요성을 제기한다.
(4) 차원적(dimensional)으로 접근할 필요성을 제기한다.
(5) PSY-5는 정상적인 기능 및 임상적인 문제 모두와 관련되는 성격특질을 평가하기 위해 제작된 척도이다.

> **암기법** 공 - 통, 정 - 신, 내향성

	척도명		내용
AGGR	Aggressiveness	공격성	공세적이고 도구적인 공격성에 초점
PSYC	Psychoticism	정신증	현실과의 단절 평가
DISC	Disconstraint	통제결여	위험추구, 충동적, 관습에 얽매이지 않는 성향 평가
NEGE	Negative Emotionality / Neuroticism	부정적 정서성 / 신경증	부정적 정서를 경험하는 성격 성향
INTR	Introversion / Low Positive Emotionality	내향성 / 낮은 긍정적 정서성	높은 점수 : 내향적, 비관적 낮은 점수 : 사교적

제5절 내용척도(Content Scales) - 15개

(1) MMPI - 2 내용척도는 새로운 내용 영역에 대한 문항을 추가함
(2) 15개 내용척도(65T 기준 점수)는 이성적 방법과 통계적 방법을 사용함
(3) 내적 일치도와 척도 간 독립성이 높음
(4) 내용척도의 구성 - 15개

	척도명		소척도
ANX	Anxiety	불안	
FRS	Fears	공포	FRS1 (일반화된 공포) FRS2 (특정공포)
OBS	Obsessiveness	강박성	
DEP	Depression	우울	DEP1 (동기 결여), DEP2 (기분 부전) DEP3 (자기 비하), DEP4 (자살 사고)
HEA	Health Concerns	건강염려	HEA1 (소화기 증상) HEA2 (신경학적 증상)
BIZ	Bizarre Mentation	기태적 정신상태	BIZ1 (정신증적 증상) BIZ2 (조현형 성격특성)
ANG	Anger	분노	ANG1 (폭발적 행동) ANG2 (성마름)
CYN	Cynicism	냉소적 태도	CYN1 (염세적 신념) CYN2 (대인 의심)
ASP	Antisocial Practices	반사회적 특성	ASP1 (반사회적 태도) ASP2 (반사회적 행동)
TPA	Type A	A 유형 행동	TPA1 (조급함) TPA2 (경쟁 욕구)
LSE	Low Self - Esteem	낮은 자존감	LSE1 (자기 회의) LSE2 (순종성)
SOD	Social Discomfort	사회적 불편감	SOD1 (내향성), SOD2 (수줍음)
FAM	Family Problems	가정 문제	FAM1 (가정 불화) FAM2 (가족내 소외)
WRK	Work Interference	직업적 곤란	
TRT	Negative Treatment Indicators	부정적 치료 지표	TRT1 (낮은 동기) TRT2 (낮은 자기개방)

제6절 보충척도(Supplementary Scales) - 15개

(1) MMPI - 2의 문항군집을 문항분석, 요인분석, 직관적 절차를 통해 다양하게 재조합하여 새로운 척도를 개발함
(2) 연구자료를 참조하여, 신뢰도와 타당도가 확보된 척도만을 MMPI - 2에 포함시킴
(3) 보충척도의 구성 - 15개

	척도명		비고
A	Anxiety	불안	타당도 척도와 임상척도의 제1요인
R	Repression	억압	타당도 척도와 임상척도의 제2요인
Es	Ego Strength	자아강도	심리적 적응 지표(방어성과 관련)
Do	Dominance	지배성	1 : 1관계의 강자, 자신감과 관련
Re	Social Responsibility	사회적 책임감	법과 규범, 관습의 존중
Mt	College Maladjustment	대학생활 부적응	대학생에 한해서 해석
PK	Post - Traumatic Stress Disorder	외상 후 스트레스 장애	극심한 심리적 혼란 측정(PTSD 환자 이외에도 높은 점수)
MDS	Marital Distress	결혼생활 부적응	가까운 사람과의 관계에서의 불만족
Ho	Hostility	적대감	냉소적 태도와 관련
O - H	Overcontrolled - Hostility	적대감 과잉통제	과도한 공격 반응 가능성
MAC - R	MacAndrew Alcoholism - Revised	MacAndrew의 알코올 중독	외향성과 위험추구 행동의 성격적 특성
AAS	Addiction Admission	중독 인정	13개의 명백한 문항으로 구성
APS	Addiction Potential	중독 가능성	제한된 연구결과
GM	Masculine Gender Role	남성적 성역할	대다수의 남자들과 여자들의 10% 미만이 응답한 문항
GF	Feminine Gender Role	여성적 성역할	대다수의 여자들과 남자들의 10% 미만이 응답한 문항

제7절 다면적 인성검사(MMPI-2)의 실시[24]

1 검사자의 자격조건

심리측정에 대한 지식(통계적 의미 해석), 성격 / 정신병리에 대한 지식(임상적 의미 해석), 타 분야 전문가와의 효과적인 의사소통 능력이 있어야 한다.

2 피검사자의 조건

피검사자의 조건은 초등학교 6학년 수준 이상의 독해력 요구, 신체적·정서적 문제에 대한 고려(예 시력 저하, 중독 / 금단 상태, 기질성 혼미, 환각, 정신운동 지체 등), 19세 이상 성인 등이다.

3 소요 시간

약 50~90분, 시간제한은 없으나 가능한 빨리 읽고 빨리 답하도록 지시하고 가능하면 한 번에 실시하지만, 임상적 상태에 따라 분할 실시가 가능하다.

4 검사 실시

(1) 검사자의 감독하에 실시하고 옳고 그른 답이 없으므로 자신의 생각을 솔직하게 응답하도록 지시한다.

(2) 피검사자들의 질문에 대한 답변
    단어의 뜻을 질문하는 경우 간단한 정의를 말해주거나 구어적 표현으로 바꾸어 말해줄 수는 있으나, 그 이상의 언급은 피해야 한다.

(3) 일반적으로 "본인이 생각하는 대로 답하시면 됩니다."라고 말하는 것으로 충분하다.

실력다지기

다면적 인성검사의 실시 시 유의사항

1) 검사를 실시·채점하는 데 있어서 표준화 과정에서 사용한 방법과 조금이라도 차이가 있으면 검사결과는 표준화 과정에서 나온 규준에 비추어 해석한다는 것은 무의미하게 된다.
2) 검사자는 검사요강을 숙독하여 검사 실시방법 및 유의사항을 고려하여야만 피검사자의 인성요인을 정확히 측정할 수 있다.
3) MMPI를 실시하기 전에 우선 고려해야 할 사항은 피검사자의 상태이다.
4) 검사문항이 다른 심리검사에 비해 월등히 많아 많은 시간을 요구하기 때문에 피검사자가 피로에 지쳐 있지 않고 권태를 느끼지 않을 시간대를 선택하여 검사를 실시하는 것이 바람직하다.
5) 피검사자의 독해력 여부를 확인하는 일이다.
6) MMPI를 제대로 응답할 수 있느냐의 가장 중요한 요인의 하나는 독해력이다.

[24] (주) 마음사랑에서 발표한 자료를 정리한 내용임

7) 원래 MMPI의 문항제작 시 초등학교 6학년 수준의 문장으로 구성했으므로 초등학교 이상의 정규교육을 받은 사람이면 별 어려움 없이 MMPI를 할 수 있다.
8) 피검사자의 연령과 지능수준을 고려해야 한다.
9) Wechsler 성인용 검사에서 언어성 검사 IQ가 80 이하인 사람들은 MMPI를 응답하기에 불가능한 것으로 본다.
10) 검사 장소는 충분히 밝은 조명과 공간이 확보되어 있고 환기도 잘 되며 조용한 곳이어야 한다.
11) 검사는 개인별로 할 수도 있고 집단으로 할 수도 있으며, 소요시간은 60분에서 90분이 보통이다.

심화

MMPI - 2와 MMPI - A(청소년용)의 비교

구분	MMPI - 2	MMPI - A
문항 수	567문항	478문항
문항 내용	중요 내용 영역의 문항 추가	청소년에 적합한 문항 내용 및 표현
규준연령	(미국) 18~84세 / (한국) 19~78세	(미국) 14~18세 / (한국) 13~18세
타당도척도	9개(?, VRIN, TRIN; F, F(B), F(P); L, K, S)	8개(?, VRIN, TRIN; F, F1, F2; L, K)
임상척도	10개	MMPI - 2와 동일한 임상척도 10개 Mf, Si 척도에서 문항수가 줄어듦
K 교정 점수	K 교정 점수 적용	K 교정을 적용하지 않음
재구성임상 척도	9개의 재구성 임상척도 개발(2003)	없음
내용척도	15개의 새로운 내용 척도 개발	11개의 내용 척도(MMPI - 2와 동일) 4개의 내용 척도(청소년용으로 개발)
보충척도	15개의 새로운 보충 척도 개발	3개의 보충 척도(MMPI - 2와 동일) 3개의 보충 척도(청소년용으로 개발)

MMPI-A에만 있는 내용척도와 보충척도

1) 내용척도

   ① A-aln(Adolescent-Alienation, 소외 척도)

   ② A-las(Adolescent-Low Aspirations, 낮은 포부 척도)

   ③ A-con(Adolescent-Conduct Problems, 품행 문제 척도)

   ④ A-sch(Adolescent-School Problems, 학교 문제 척도)

2) 보충척도

   ① ACK(Alcohol/Drug Problem Acknowledgment, 알코올/약물 문제 인정)

   ② PRO(Alcohol/Drug Problem Proneness, 알코올/약물 문제 가능성)

   ③ IMM(Immaturity, 미성숙)

3) MMPI-A에서 내용척도와 보충척도의 구성[25]

   ① MMPI-A의 15개 내용 척도들 중에서 4개 척도는 MMPI-A에만 존재하는 것으로, 소외 척도(A-aln), 낮은 포부 척도(A-las), 그리고 학교 문제 척도(A-sch)는 주로 MMPI-A를 위해 새롭게 선정된 문항들로 구성되었고, 품행 문제 척도(A-con)는 MMPI-2의 반사회적 특성 척도 (ASP)를 대체하여 새롭게 개발되었다.

   ② MMPI-A의 보충척도들 중 세 가지 척도(A, R, MAC-R 척도)는 원판 MMPI에서 사용되어 온 척도들을 청소년에 맞게 일부 수정하였고, ACK, PRO, 그리고 IMM 척도는 MMPI-A를 위해 새로 개발되었다.

---

[25] 임지영(2008). 청소년 심리평가에서 한국판 MMPI-A의 임상적 유용성에 대한 연구. 한국청소년연구, 19(1). 193~213

제8절 다면적 인성검사(MMPI-2)의 해석[26]과 사례

1 MMPI-2의 해석전략

다음의 질문에 대한 해답을 찾으려고 노력하면서 결과를 해석한다.

(1) 피검사자의 수검태도는 어떠하며, 이러한 태도는 검사결과를 해석하는 데 어떤 식으로 참고하여야 할까?
(2) 피검사자의 전반적인 적응수준은 어떠한가?
(3) 피검사자가 어떤 종류의 행동(예 증상, 태도, 방어)을 보일 것으로 추론 / 기대할 수 있는가?
(4) 결과를 보고 내릴 수 있는 가장 적절한 진단은 무엇인가?
(5) 치료에 대한 시사점은 무엇인가?

2 MMPI-2 해석의 단계

(1) 의뢰사유, 기초 신상자료의 검토

(2) 수검행동 및 수검태도의 검토

(3) 타당도 척도의 검토 : **타당한 프로파일인가?**
   타당하지 않다면? : 더 이상의 해석을 하지 말아야 하며 이유를 확인한 뒤, 가능하면 재검사 실시

(4) 전반적 적응수준의 검토
   ① 정서적으로 얼마나 편안한가? - [주관적 고통의 기준]
   ② 갈등 / 불편함을 느끼는지에 관계없이 일상생활의 책임을 잘 수행하고 있는가? - [부적응성의 기준]
   ③ 임상척도의 전반적인 상승 - [부적응의 지표]
      ㉠ 8개의 임상척도에서 65T 이상의 척도 개수가 많을수록
      ㉡ A 척도 상승 : 주관적인 정서적 혼란감
      ㉢ Es 척도 하강 : 자아강도의 빈약
      ㉣ RCd 척도 상승 : 전반적인 정서적 불편감

(5) 프로파일 해석
   ① 개별 임상척도의 검토
   ② 상승된 척도가 있다면?
      재구성 임상척도 및 임상 소척도 검토, 척도의 연관성을 고려하여 해석적 가설 점검, 프로파일의 코드타입 검토 : 형태해석

---

26 MMPI-2 결과에서 얻어진 추론은 다른 심리검사, 임상면접, 행동관찰, 배경정보와 함께 사용할 때 그 가치를 가장 잘 발휘할 수 있다.

③ 내용척도, 내용소척도, 보충척도의 검토
④ 결정적 문항의 검토
⑤ 통합적 해석
　㉠ 인지적 특성 : 자기관, 타인관, 미래관 / 평가적, 판단적, 피상적 등
　㉡ 정서적 특성 : 정서의 체험 및 표현
　㉢ 행동적 특성 : 부적응적인 행동, 과잉 발달된 행동, 과소 발달된 행동
　㉣ 대인관계적 특성 : 대인관계 장면에서 주로 구사하는 방략
　㉤ 생리적·신체적 특성

> **기출문제 확인학습**
>
> **MMPI - 2 검사의 일반적인 해석 단계**
>
> 1) 1단계 : 피검자의 검사태도를 검토한다.
> 2) 2단계 : 척도별 점수를 검토한다.
> 3) 3단계 : 척도들 간 연관성 또는 인과성에 대한 분석을 한다.
> 4) 4단계 : 척도들 간의 응집 혹은 분산을 찾아보고 그에 따른 해석적 가설을 세운다.
> 5) 5단계 : 낮은 임상 척도에 대해서 검토한다.
> 6) 6단계 : 형태적 분석을 한다.
> 7) 7단계 : 전체 프로파일 형태에 대한 분석을 한다.

(6) 치료적 시사점
① 치료를 얼마나 필요로 하는가?
② 치료에 지속적으로 참여하고 바람직한 방향으로 반응할 것인가?
③ 어떤 치료가 가장 효과적인가?
④ 치료에서 고려해야 할 문제영역은 무엇인가?
⑤ 치료진행을 방해 / 촉진할 수 있는 개인적 자산 / 단점은 무엇인가?
⑥ 타당도 척도의 패턴이 특히 유용하게 활용될 수 있다.
　㉠ 방어적 유형(L, K, S > F) : 자신의 문제나 증상에 대해 이야기하고 싶어 하지 않으며, 치료를 받지 않을 가능성이 높다.
　㉡ 호소적 유형(F > L, K, S) : 자신의 문제나 증상, 정서적 고통을 인정할 가능성이 높음. 치료에 대한 동기도 높을 가능성이 크다.
⑦ 일반적으로 심리적 고통이 클수록 치료를 받아들일 가능성도 높으며 치료를 받는 데 드는 노력이나 불편을 견뎌내려고 할 것이므로 심리적 고통의 지표들을 확인할 필요가 있다.
⑧ 척도 4의 점수가 높을수록 자신의 고통 / 어려움에 대한 책임을 인정하려 하지 않으며 불쾌한 환경을 피하기 위해서만 치료에 동의하는 경향이 있다.
⑨ 2 - 7 / 7 - 2 코드타입[27]
정서적인 고통 때문에 치료에 동의하고 오랫동안 참여하는 경향이 있으며 느리지만 안정적인 진전을 기대할 수 있다.

---

[27] 코드타입(상승척도쌍)은 임상척도 중에서, 가장 높은 2개 혹은 3개의 척도(예 2 - 7, 1 - 3, 4 - 7, 2 - 4 - 9, 6 - 7 - 8), T점수가 65점 이상일 때 코드타입으로 분류한다.

기출문제 확인학습

다면적 인성검사(MMPI)의 해석방식

1) 형태해석(Configurational Interpretation)
   (1) 임상척도 간 상관관계나 임상증후 간 중복 때문에 피검자의 MMPI 결과는 몇 개의 척도가 동시에 하나의 형태를 이루면서 상승하는 경향이 있다.
   (2) 형태 분석은 T점수가 70점 이상으로 상승된 임상척도들을 하나의 프로파일로 간주하여 해석하는 2 - 코드, 3 - 코드 방식이 있다.
   (3) 임상척도 가운데 척도 2와 척도 7이 T점수 70점 이상으로 상승되어 있으면 2 - 7코드형이 된다.
   (4) 타당도 척도와 임상척도 가운데 의미 있게 점수가 상승하는 척도들을 묶어서 전체 형태로 보는 방식이 있다.
   (5) 전체 임상척도의 프로파일에 대한 형태적 분석방식도 있다.
   (6) 이러한 각 형태분석 방식은 서로 배타적이라기보다 보완적이며 단계적으로 진행하면서 해석할 수 있다.

2) <u>내용에 근거한 해석(Content - based Interpretation)</u>
   MMPI에 대한 연구개발과 임상 적용을 프로파일들의 경험적 연구와 이를 근거로 한 내용적 해석을 강조한 것이며 내용 해석은 피검자가 검사 문항에 응답하는 과정에서 문항의 의미와 내용에 솔직하고 직접적으로 반응한다는 가정을 전제로 한다.
   (1) 요인분석적 접근
       MMPI 전체 문항들이나 특정척도에서 요인을 밝혀내는 접근인데, 그 대표적인 경우가 "불안", "억압" 척도로서, MMPI의 표준 임상척도 간 상관관계를 분석하여 요인척도 "A"(불안)와 "R"(억압)이 개발된 것이다.
   (2) 내용해석에 대한 논리적 접근
       논리적 분석에 따라 내용척도를 개발하려는 시도로 이루어졌으며 상승된 척도의 내용차원의 "의미"를 검토함으로써 척도에 대한 논리적이거나 직관적인 분석을 바탕으로 하여 이루어져야 한다.
   (3) 내용해석에 대한 '결정 문항' 접근
       ① 이 접근은 피검자들이 문항에 대한 자신의 반응을 통해서 개인적인 문제를 드러낼 것이라는 가정을 전제로 하고 있으며, 어떤 문항들은 다른 문항들보다 더 중요하게 문제영역을 결정적으로 반영한다고 간주된다.
       ② 이 방식은 단일 문항들의 낮은 신뢰도가 문제점으로 지적이 되지만 내용에 근거한 해석과정으로서 경험적인 해석방법에 추가되고 있다.

3) 특수척도의 해석(Special scale interpretation)
   (1) 현재 MMPI에 대한 연구와 실시는 주로 타당도 척도, 임상척도, 내용척도, 그리고 다른 특정한 또는 실험적인 척도를 사용하고 있다.
   (2) MMPI의 경우 지배성이나 편견과 같은 성격특성 혹은 행동특성을 측정하거나 약물남용이나 만성적 질병과 같은 다양한 증후군을 예측하려는 목적에 따라 부가적인 척도들이 개발되었다.
   (3) 이러한 부가척도 중 소수의 특정 척도는 널리 연구되고 임상적으로 활용되어 왔다. 자아강도 척도, 일반적 부작용, 불안측정 요인척도, 알코올 남용척도 등이 있다.

다면적 인성검사(MMPI)의 특수척도 중 자아강도 척도(Ego strength scale)

1) 자아강도 척도(Es : Ego Strength scale)는 정신치료 성공 여부를 예측하기 위해 고안하였으며 개인의 전반적인 기능수준과 상관이 있다고 한다.
2) 높은 점수의 경우 효율적인 기능과 스트레스를 견디는 능력을 반영하며 개인들은 문제를 해결하는데 도움을 주는 심리적 자원(psychological resources)을 지니고 있다.

3) 자아강도(Es)척도 – 68개 문항
  (1) 바론(Barron)은 환자들에게서 평정된 호전도와 의의 있게 높은 상관을 보이는 문항들을 골라내어 자아강도(Ego-strength) 척도라 명명하였다.
  (2) 성격 통합 능력이라는 일반적 요인, 즉 자아강도를 측정하는 것으로서 주로 신체적 기능, 사회적 회피성, 종교에 대한 태도, 도덕적 태도, 성격 적응능력, 공포 및 불안 등을 포함한다.
  (3) Es 척도가 높으면 자아강도가 높고, 치료가 진행됨에 따라 그 사람에게서 나타날 수 있는 자질이 있음을 의미한다.
  (4) Es 척도가 높은 환자들은 환경적인 스트레스를 크게 당면하고 있는 경우가 많고, Es 척도가 낮은 환자들은 만성적이며 성격적인 문제를 갖고 있을 가능성이 많을 것이라고 가정했다.

기출문제 확인학습

다면적 인성검사(MMPI)의 타당도 및 임상척도 해석 시 고려사항

1) 각 타당도 및 임상척도에 대한 환자의 점수를 검토하는 일이다.
  각 척도마다 임상심리사는 이 점수가 이 특정 환자에게 있어서 정상 범위에 속하는가 아니면 비정상 범위에 속하는가? 그리고 각 척도에 대한 이 범위의 점수가 무엇을 의미하는가를 잘 생각해보아야 한다.

2) 척도별 연관성에 대한 분석이다.
  각 점수가 의미하는 바와 있을 수 있는 가설들을 종합하여 임상심리사는 어느 특정척도의 점수를 근거로 하여 다른 척도들에 대한 예측을 시도해야 한다.

3) 척도 간의 응집 또는 분산을 찾아보고, 그에 따르는 해석적 가설을 형성하는 일이다.
  두 개 척도 간의 관계만을 대상으로 하는 해석법으로 만일 고려의 대상이 되는 두 개 척도가 가장 높거나 또는 가장 비정상적인 임상척도들이라면 MMPI 해석체계의 핵심인 상승척도 쌍의 분석을 사용할 수 있다.

4) 매우 낮은 임상척도에 대한 검토이다.
  낮은 점수에 주의를 기울이는 것은 그 환자가 방어하려 하고, 나타내 보이지 않으려고 하는 행동의 종류를 알 수 있는 방법이라고 주장하기도 한다.

5) 타당도 및 임상척도에 대한 형태적 분석이다.
  대표적인 방법으로 세 쌍을 동시에 고찰하는 방법이 있다.

6) 전체 프로파일에 대한 형태적 분석이다.
  전체적 형태분석에서 주로 고려하게 되는 프로파일의 특징은 척도들의 상승도, 기울기 및 굴곡이다.

기출문제 확인학습

다면적 인성검사(MMPI)의 9번 임상척도 상승과 관련된 해석

1) 척도 9 : 경조증(Ma : Hypomania)
  (1) Ma척도는 정신적 에너지의 정도를 측정하며 이 척도가 측정하는 성격의 기본차원은 열의이다.
  (2) 이 척도의 정상적 점수대는 활동적이고 외향적이며, 정력적이라고 할 수 있지만, 지나치게 높은 점수(T점수 75점 이상)의 경우 조증 증상, 즉 사고의 비약, 과대 망상, 기분의 변동성, 환각, 과잉 활동성, 정서적 흥분 등을 시사한다.
  (3) 이 척도에서의 다소 낮은 점수(T점수 40점대)는 활력이 부족하고 기(氣)가 다소 죽어 있음을 시사하며 이 척도의 점수가 지나치게 낮은 경우(T점수 35이하)에는 masked depression(우울감을 느끼거나 표현하는 것은 아니지만, 활력과 의욕이 없고, 세상살이에 별다른 재미를 느끼지 못하는 우울증)의 가능성을 검토해 보아야 한다.

기출문제 확인학습

다면적 인성검사(MMPI - 2) 프로파일에서 상승한 척도가 1 - 2 - 3, 3 - 4, 7 - 8 - 9, 2 - 7 - 3인 경우, 가장 우선적으로 다루어야 할 척도(응급하게 다루어야 할 척도)와 그 이유

1) 다면적 인성검사(MMPI - 2) 프로파일에서 상승한 척도가 1 - 2 - 3, 3 - 4, 7 - 8 - 9, 2 - 7 - 3인 경우라면, 1 - 2 - 3, 3 - 4, 2 - 7 - 3보다는 7 - 8 - 9 척도를 가장 우선적으로 다루는 것이 바람직하다.
2) 그 이유는 7 - 8 - 9의 3 - 코드는 정신증 척도인데, 더 정확히 설명하면 조기 정신증일 때 7 - 8 - 9는 동반상승하게 된다. 조기 정신증의 발견과 치료로 만성적인 정신증으로의 이행 예방과 함께 이를 지연시키기 위해 우선적으로 다루어야 한다. 1 - 2 - 3, 3 - 4, 2 - 7 - 3 코드는 일반적으로 신경증 척도인데, 정신증이 신경증에 비해 증상이 심각할 우려가 있기 때문에 정신증 척도를 우선적으로 다루게 된다.

> 1) 신경증 3척도군
>   1(Hs), 2(D), 3(Hy)의 3개 척도가 기타의 척도들보다 월등히 높은 형태를 말하며 3개 척도의 조합은 여러 가지가 있다.
> 2) 정신증 4척도군
>   정신병적 징후와 관련이 있는 6(Pa), 7(Pt), 8(Sc), 9(Ma)의 4개 척도는 해석 시 하나의 범주로 묶어서 취급하면 편하며, 6(Pa), 8(Sc), 9(Ma)의 3개를 정신병 3척도군이라고도 한다.
> 3) 비행성 성격척도군
>   4(Pd), 6(Pa), 8(Sc), 9(Ma)의 4개 척도군이 기타 척도보다 높은 형태를 취한다.

기출문제 확인학습

검사결과를 토대로 한 해석 사례적용

> 20세 남성으로 재수하여 3월에 입학한 대학생이다. 재수를 시작한 지 1개월 만에 기분이 우울하고, 가슴이 두근거리고, 머리가 아프고, 소화가 안 되고, 불면증이 나타났으며, 매사에 짜증이 나고, 집중력이 저하되어 공부도 안 되는 증상이 나타나기 시작하였다. 원하던 대학교에 입학한 후에도 증상이 지속되어 동네 내과병원에 방문하였으나, 내과적 이상소견은 없어서 심리상담소에 방문하게 되었다. MMPI, BDI, K - WAIS를 실시하였는데, MMPI에서 L(52), F(58), K(62), Hs(59), D(73), Hy(58), Pd(62), Mf(35), Pa(54), Pt(65), Sc(46), Ma(48), Si(59)이었고, BDI에서는 23점이었으며, K - WAIS에서는 언어성 IQ 125, 동작성 IQ 94, 전체 IQ 114로 나타났다.

1) 사례의 임상 양상
   (1) 내담자 A씨가 나타내 보이는 평상시의 우울감, 가슴 두근거림, 짜증스러움, 불면증, 집중력 감소 등은 주요 우울삽화에 해당하는 것으로, 해당 증상들의 심각성이 명확히 제시되어 있지 않지만, 공부를 하는 데 있어서 지장을 초래하는 것으로 제시되어 있다.
   (2) MMPI의 척도 2(D, Depression, 우울증)가 다른 소 척도에 비해 높은 점수를 나타내 보이고 있다.
   (3) BDI(Beck Depression Inventory) 우울증 테스트에서 23점의 '중한 우울 상태'를 나타내 보이고 있다는 점에서 내담자 A씨의 우울한 상태를 짐작할 수 있다.
2) 내담자의 정신장애 유형 : 주요 우울장애 - 임상양상 (DSM - 5 진단기준)
   (1) 우울 기분, 즉, 9가지 증상 중 5가지(또는 그 이상) 증상이 하루의 대부분, 거의 매일, 적어도 2주간의 기간 동안 나타남
   (2) 9가지 증상은 우울한 기분, 흥미나 즐거움 상실, 체중 저하, 식욕 저하, 불면 혹은 과다수면, 정신 운동성 초조나 지체, 피로감, 무가치감, 죄책감, 집중력 저하, 자살사고 등이다.

제4장 신경심리검사

제1절 신경심리검사의 제 개념

1 신경심리학[28]의 기본 개념

(1) 신경심리학은 뇌 기능 체계와 인간행동 간의 관계를 연구하는 학문이다.
(2) 행동의 동인(動因)이 되는 마음과 뇌의 관계는 깊고 복잡한 만큼 신경심리학이 발전할 수 있는 가능성은 무한대로 열렸다고 할 수 있다.
(3) 신경심리학의 주요 목표는 인간 심리 과정이 어떻게 이루어지는지를 뇌의 구조와 체계와 관련해서 이해하고자 하는 것이다.
(4) 신경심리학이라는 분야는 오랜 기간을 거쳐 탄생하게 되었고 실제로 이 학문을 다루는 관련 전문가들의 관심 분야에 따라 임상 신경심리학과 인지 신경심리학으로 구분된다.
(5) 임상 신경심리는 손상된 뇌를 손상된 심리기능과 연결시키는 반면, 인지 신경심리는 손상된 심리신경 기능을 정보처리의 각 단계에 관한 가설적 모형과 연관시킨다.
(6) 인지 신경심리학자들은 정보처리 요소를 통해 기능손상을 설명할 수 있다고 보며, 가설적인 정보처리 모형을 세우는 것으로 끝낼 수도 있지만 이를 다시 뇌와 연결할 수도 있다.

2 인지기능의 유형 및 특성[29]

(1) 인지기능은 지식과 정보를 효율적으로 조작하는 능력으로서, 능력의 복잡성 수준에 따라 몇 가지 수준으로 분류해 볼 수 있다.
(2) 기본 인지기능 : 범주화, 순서화, 비교, 요소 및 속성 파악, 관계와 유형 파악, 중심 아이디어 식별, 오류 확인, 귀납, 연역, 유추를 들 수 있다.
  ① 조직 기능 - 범주화와 순서화
  ② 분석 기능 - 비교, 요소 및 속성 파악, 관계와 유형 파악, 중심 아이디어 식별, 오류 확인
  ③ 추론 기능 - 귀납, 연역, 유추

---

28 신경심리학이라는 용어는 1949년에 출판된 Hebb의 저서인 「The Organization of Behavior : A Neuro psychological Theory」에서 부제로 사용되었는데 그 당시에는 용어 자체를 정의하지 않았다. 심리학에서 행동주의에 대한 바람이 가라앉고 인지과정에 대한 관심이 등장하던 1950년대와 1960년대 사이에 신경심리학이라는 용어가 나타나기 시작한다.
29 출처 : 교육심리학용어사전, 한국교육심리학회, 2000, 학지사

3 주요 신경심리검사의 종류

(1) 언어성 기억력 평가

① Digit span test

컴퓨터 스피커를 통해 들려주는 숫자를 그대로 따라 말하는 forward digit span과 역으로 말하는 backward digit span이 있어 가장 많이 기억한 숫자를 점수로 계산한다.

② Verbal learning test

㉠ 컴퓨터 스피커를 통해 15가지 목표단어를 들려준 후, 순서에 상관없이 회상(recall)하고, 같은 목표단어를 반복하여 총 5회 들려준다.

㉡ 5회 실시 후에는 간섭(blocking)을 위해 새로운 단어 15개를 들려준 후, 회상하게 하며(interference), 그 후 처음 들려준 15개 단어를 다시 회상하게 한다.

㉢ 20분 경과 후, 다시 15개 목표단어를 회상하게 하고, 목표단어 15개를 포함한 30개 단어가 포함된 단어목록을 화면상에서 제시한 후 단어를 찾게 함으로써 재인(recognition)검사를 한다.

(2) 시공간 기억력 평가

① Visual span test

화면에 9개의 원이 순서적으로 깜박이면 위치와 순서를 기억하여 그대로 따라서 마우스로 클릭하는 forward visual span test와 거꾸로 따라하게 하는 backward visual span test가 있어 가장 많이 기억한 숫자를 점수로 계산한다.

② Visual learning test

화면에 15개의 도형을 순차적으로 제시하고 피검사자가 그 도형을 기억하도록 한 후, 제시되지 않은 도형 15개와 제시된 도형 15개를 포함한 30개의 도형 중에서 이전에 제시되었던 도형을 찾아 마우스로 클릭하게 하고, 같은 방법으로 5회 반복 실시한 후 20분 후에 15개의 도형을 찾아내도록 한다.

(3) 주의력 기능 평가

① Auditory CPT(continuous performance test)와 auditory controlled CPT

스피커를 통해 여러 숫자를 들려주면서 3이란 숫자가 들릴 때 버튼을 누르게 하는 auditory CPT와 3이란 숫자가 연속해서 들릴 때 버튼을 누르게 하는 auditory controlled CPT검사로 반응시간으로 채점한다.

② Visual CPT와 visual controlled CPT

화면을 통해 여러 숫자가 제시되며 3이란 숫자가 보일 때 버튼을 누르게 하는 visual CPT와 연속으로 3이란 숫자가 제시될 때 버튼을 누르게 하는 visual controlled CPT검사로 반응시간으로 채점한다.

③ Word - color test

초록, 파랑, 노랑 및 빨강의 글자와 이에 해당하는 색깔을 24개 나열하여 가능한 한 빨리 읽게 하는 검사로써, 검은 글자를 읽도록 하는 검사(A), 각각 색깔이 있는 네모를 제시하여 그 색을 읽도록 하는 검사(B), 글자를 구성하는 색이 글자와 일치되어 그 글자를 읽도록 하는 검사와(C), 글자를 구성하는 색이 글자와 일치되지 않아 그 색을 읽도록 하는 검사(D)로 구성되어 있으며 각각의 반응시간으로 채점한다.

(4) 시각 - 운동 협응(visual - motor coordination) 기능평가

화면상의 작은 원안에 25까지의 숫자 "1 - 2 - 3, …"를 순서대로 줄을 그어 연결하는 검사와(A), 숫자와 한글 "가 - 나 - 다, …"를 번갈아가면서 연결시키는 검사(B)로 모두 연결했을 때의 수행시간으로 평가한다.

(5) 고위 인지기능검사(higher - order cognitive capacity test)

① Hypothesis formation test

네모난 frame 안에서 하얀색 버튼을 눌러 그림을 찾아 나가게 하는 검사로 그림은 규칙성을 가지고 있어 가능한 빨리 연계성을 찾게 하는 검사로, 4가지 종류가 있으며, 그 수행시간으로 평가한다.

기출문제 확인학습

신경심리검사의 종류와 실시[30]

1) Rey - Osterrieth Complex Figure Test
   (1) Copy : 시공간 구성 능력 측정
   (2) Immediate recall & delay recall(3분 / 30분) : 시공간 회상 능력 측정
   (3) 낮은 점수는 감소된 시공간 회상능력을 말함
   (4) 채점 체계
      ① Quantitative scoring : 회상율 및 정확성만 평가, 1~36점만 분포
      ② Qualitative scoring : 10여 개의 방법이 존재, 다양한 질적 측면 고려

레이 - 오스테리스 복합도형 검사[31](Rey - Osterrieth Complex Figure Test, RCFT) - 신경심리검사 중 하나

1) 레이 - 오스테리스 복합도형검사는 1941년부터 개발되어 사용되기 시작한 검사로서 최근 전전두엽기능과 관련이 있는 인간의 실행기능을 평가하는 데도 유용한 도구로 알려져 있다.
2) 약 40분~1시간 정도가 소모되는 이 검사는 복잡한 그림을 보고 복사하기, 즉각 회상 그리고 지연회상(20~30분 후) 과정으로 이루어져 있다.
3) 레이 - 오스테리스 복합도형검사는 정상인에서의 인지기능평가는 물론 각종 신경계(간질, 파킨슨병 등) 및 정신계 질환(조현병, 신경증, 과잉운동장애, 틱 장애 등)의 인지기능평가에도 유용하게 사용되고 있다.

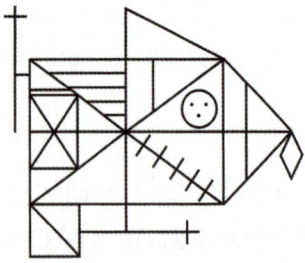

<레이 - 오스테리스 복합도형 검사>

---

30 출처 : http://blog.naver.com/PostView
31 서울대학교병원 신경정신과 홈페이지 참고

2) Trail Making Test

Attention, sequencing, mental flexibility, visual search, motor function에 대한 검사

기호잇기 검사(Trail Making Test)

1) 기호잇기 검사(TMT)는 임상신경심리검사 상에서 가장 유용한 진단 도구 중 하나이다.
2) 기호잇기 검사에서의 수행능력 저하는 전두엽 부위의 다양한 손상과 연관되어 있다고 알려져 있다.
3) 기호잇기 검사 Black & White(TMT - B&W)는 기호잇기 검사와 다양한 유사점을 가지고 있으나, Part B에서 알파벳 글자를 사용하는 대신 검정색과 흰색의 원을 사용하여 구성되었고 알파벳을 알아보지 못하는 문화권이나, 혹은 낮은 교육 수준의 환자에게도 검사를 진행할 수 있도록 고안하였다.
4) ADHD 진단에 사용되는 신경심리검사의 같은 그림 찾기(Matching Familiar Figure Test)는 충동적인지 양식을 측정하고, 집중력과 정신적 추적능력을 알아보기 위해 사용되는 선 잇기(Trail Making Test), 추상적 사고와 분류기억, 작업기억, 유연성 등의 실행기능을 측정하는 위스콘신 카드분류 검사(Wisconsin Card Sorting Test, WCST) 등이 ADHD 평가에 도움을 줄 수 있다.

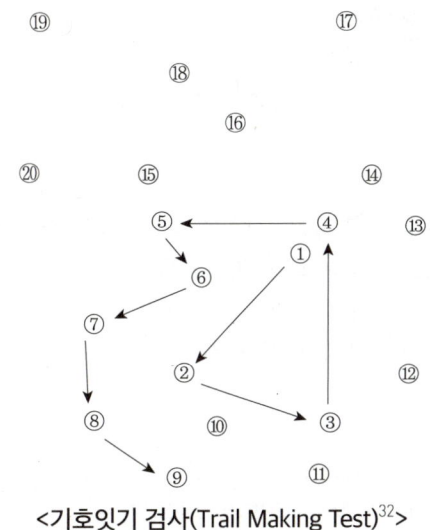

<기호잇기 검사(Trail Making Test)[32]>

3) Object alternation learning test
  (1) 첫 시행은 피검자가 어느 컵을 가리켜도 동전이 있을 수 있게 두 개의 컵에 모두 동전을 숨긴다.
  (2) 두 번째 시행부터 피검자가 맞히면 동전을 옮기고, 맞히지 못하면 동전을 그대로 두는 방식으로 피검자가 연속해서 10회를 맞힐 때까지 실시한다.
  (3) 10회를 맞히면 Object alternation learning이 된 것으로 본다.
  (4) 채점은 연속적으로 두 번 이상 틀린 것을 perseverative error 1회로 개수를 세고, total number of correct response와 원리를 학습하기까지의 시행횟수(trials to criterion)를 계산한다.

---

32 배제천 외, 만성신부전 환자에서 혈액투석 전후의 P300 인지유발전위검사, 대한임상신경생리학회지

4) Controlled Oral Word Association(COWA)
  (1) 제한된 시간 안에 주어진 범주나 철자로 시작되는 자발적인 production을 평가(단어연상 유창성)
  (2) 이 검사는 엄격한 탐색조건(주어진 범주나 철자) 아래 개인의 단어 생산성을 측정
  (3) 우반구나 subcortical 손상환자보다 좌반구 손상환자에게서 저조한 수행이 발견됨
  (4) 철자 유창성 : 전두엽 기능 평가의 표준적인 측정
  (5) 범주 유창성 : 전두엽 기능에 보다 덜 한정적이며 부전 실어증에 더 민감
5) Wisconsin Card Sorting Test(WCST)
  (1) 추상적 개념을 형성하는 능력, 셋트(set)를 이동하고 유지하는 능력, feedback을 활용하는 능력을 평가함
  (2) 변화하는 환경적 유연성들에 대한 반응에 있어서 인지적 전략을 이동시키는 능력과 추상적 능력을 평가함
  (3) 전략적 계획화, 조직화된 탐색, 인지적 세트(set)를 이동하기 위해 환경적 feedback을 사용하는 능력, 목표 - 지향적 행동, 충동적 반응을 조절하는 능력을 요구하는 면에서 집행(executive)기능을 측정함
  (4) 문제해결적인 행동측면에 대한 정보 제공
6) Boston Diagnostic Aphasia examination(BDAE)
  (1) 실어증 환자의 언어기능의 평가
  (2) 특정한 언어모델을 따르기보다는 실어증의 하위집단의 진단과 관련되는 모든 영역의 언어기능을 포함함
  (3) 검사의 구성
    <청각적 이해력>
    ① 단어 변별 : 검사자의 요구에 따라 카드에 있는 대상·행동·형태·숫자·철자·색깔 등을 지적, 36개의 항목
    ② 신체 - 부분 확인 : 오른쪽 - 왼쪽 변별을 포함, 26개 항목
    ③ 명령 : 검사자가 요구하는 5개의 명령
    ④ 복잡한 개념적 질문 : 예, 아니오로 대답, 24개의 항목
    <언어적 표현력>
    ① 구강(입)민첩성, 언어적 민첩성
    ② 단어의 반복, 구와 문자의 반복, 단어 읽기
    ③ 반응적 명명하기, 동물 이름 대기, 시각적 대립되는 이름대기 등
    <문자언어의 이해>
    ① 상징적 단어 변별(10개의 항목)
    ② 단어재인
    ③ 불러주는 철자의 이해
    ④ 단어 - 그림 짜 맞추기
    ⑤ 문장과 문단 읽기
    <쓰기>
    ① 알파벳과 숫자
    ② 초급수준의 듣고 쓰기(철자, 숫자, 단어)
    ③ 철자를 듣고 쓰기
    ④ 이야기식의 쓰기
    ⑤ 문장 듣고 쓰기

7) Visual Search and Attention Test(VAST)
   (1) 시각적 탐색과 지속적 주의를 평가
   (2) 피검사자가 색 구별이 가능한지 확인한 후, 4단계의 수행이 이루어짐
       ① 제한 시간 내에 목표자극과 동일한 철자를 찾아 빗금을 침
       ② 제한 시간 내에 목표자극과 동일한 기호를 찾아 빗금을 침
       ③ 제한 시간 내에 목표자극과 동일한 색과 모양의 철자를 찾아 빗금을 침
       ④ 제한 시간 내에 목표자극과 동일한 색과 모양의 기호를 찾아 빗금을 침
   (3) 좌·우측의 원점수의 차이는 뇌 손상 유형 및 부위와는 관련이 없음
   (4) 이 검사는 특정증후군의 존재 여부를 가리는 단일한 척도보다는 다른 검사들과 함께 사용되어야 함
8) Token Test
   (1) 복잡해지는 명령에 대한 언어적 이해력 평가
   (2) 점수는 수용적 언어의 손상에 민감
   (3) 실어증 환자와 뇌 손상 환자를 89% 가량 변별
   (4) 인지적 수행의 요소도 측정
       실어증에서 토큰 검사와 유사한 지각적 과제에서의 손상은 언어 - 특정 결손뿐만 아니라 일반적인 인지를 반영
   (5) 검사의 구성
       39개의 지시문과 반응 기록지, 플라스틱 토큰들로 구성됨, 토큰들을 일련의 순서로 배열한 후 지시문대로 피검자에게 지시
9) Purdue Pegboard Test
   (1) 손가락과 손의 기민성 측정
   (2) 검사의 구성
       ① 핀(등)을 열에 세우는 수행
           ㉠ 작은 사물에 대하여 손가락의 빠르고 능숙하며, 통제된 조작적 운동을 나타냄
           ㉡ 3번 시행 : 선호하는 손 → 다른 쪽 손 → 양손 모두 사용
       ② 열에 세워진 핀(등)을 다시 모으는 수행
           큰 사물에 대한 팔과 손의 빠르고 능숙하며 통제된 조작적 운동을 나타냄
   (3) 손상에 민감하고 편측화에 대한 정보를 제공하지만 다른 검사와 비교해서 진단해야 함

지능검사와 신경심리검사의 차이[33]

1) 지능검사와 신경심리검사가 인지검사라는 점에서 기본적으로 유사한 검사라는 인식이 있다.
2) 지능검사와 신경심리검사가 측정의 목적이나 방법에서는 의미 있는 차이를 보이지 않지만, 측정의 영역에서는 명확한 차이를 보인다.
3) 지능검사는 주로 주의, 언어, 시공간기능에 국한된 인지검사인 반면에, 신경심리검사는 주의, 언어, 시공간기능, 기억, 관리기능의 주요한 인지영역을 모두 측정한다.
4) 지능검사와 신경심리검사는 후자가 보다 종합적인 인지검사라는 점에서 가장 실질적인 차이가 있다.

---

33 김홍근 논문의 국문요약 내용 발췌

실력다지기

신경심리검사의 의의와 종류

1) 신경심리검사의 의의

신경심리학적 평가란 신경심리학 검사도구들을 사용하여 피검사자의 정보처리 능력, 행동실행 능력, 언어능력, 고등인지능력 등을 평가하여 뇌기능 손상에 대한 종합적인 평가를 내리고 뇌 손상 부위와 정도를 추론하는 과정이다.

2) 신경심리검사의 종류[34]

   (1) Bender - Gestalt Test (BGT)
   (2) Free drawing : DAP
   (3) Rey - Osterrieth complex Figure Test
   (4) Wisconsin Card Sorting Test
   (5) Wechsler Memory Scale
   (6) MAS(Memory Assessment Scale)
   (7) Trail Making Test
   (8) K - DRS(Korean - Dementia Rating Scale).
   (9) K - BNT(Korean - Boston naming test)

   > **K - BNT(한국판 보스톤 이름대기 검사, Boston naming test)**
   > 1) 보스톤 이름대기 검사(한국판)는 15세 이상의 성인 남녀에게 적용되며, 뇌졸중, 간질, 뇌 외상, 퇴행성 뇌질환에 수반되어 나타나는 언어영역의 손상 정도를 측정하는 검사로서 종합적인 신경심리 및 신경언어학적 평가도구의 일부로서 중요한 역할을 하고 있다.
   > 2) 실어증은 물론 치매의 조기 발견, 치매의 정도를 판별하는 데 효과적이며 또한 알츠하이머성 치매와 가성치매 간의 감별 진단에도 적용될 수 있고, 언어장애 환자들을 대상으로 한 임상 연구 활동에도 중요한 검사이다.
   > 3) 보스톤 이름대기 검사(한국판)를 실어증 환자를 대상으로 실시하는 경우 전반적인 환자의 상태를 알아보기 위해 언어검사를 먼저 실시한 후 세부검사로 이름대기 검사를 실시한다.
   > 4) 보스톤 이름대기 검사(한국판)를 치매환자를 대상으로 실시할 경우 병세의 진행상황을 알아보기 위한 수단으로 활용이 가능하다.
   > 5) 보스톤 이름대기 검사(한국판)는 언어장애 환자들을 대상으로 한 임상연구 활동에 적용이 가능하다.

   (10) SNSB(Samsung Neuro psychological Screening Battery)
   (11) Benton Neuropsychological Assessment
   (12) Luria - Nebraska Neuro psychological Battery

   > **Luria - Nebraska 신경심리검사** 암기법 Luria - Nebraska : 리언쓰 / 운시촉 / 익산기지
   > 1) Luria - Nebraska 신경심리검사(Luria - Nebraska Neuropsychological Battery)는 운동, 리듬, 촉각, 시각, 언어이해, 언어표현, 쓰기, 읽기, 산수, 기억, 지적 과정의 11개의 소검사로 구성되어 있다.
   > 2) 신경심리학적 기능을 포괄적으로 평가할 수 있다.
   > 3) 이 검사는 환자의 결함을 평가할 때 요구되는 소검사만을 선별적으로 실시할 수 있기 때문에 검사시간이 짧으며 검사도구와 절차가 간편한 장점을 지니고 있다.

   (13) Halstead - Reitan Neuro psychology Test Battery
   (14) Stroop test
   (15) 단어유창성 검사
   (16) 악력계 - 손 쥐는 힘을 측정

---

[34] 신경심리검사는 다양한 종류의 뇌질환에 의한 기질적,기능적 장애를 측정하는 것으로 여기에는 킴스(kims) 전두엽 - 관리기능 신경심리검사, 벤더도형 검사[BGT], 한국 치매평가 검사[K - CDR, K - GDS] 등이 있다.

기출문제 확인학습

신경심리평가(검사)의 배터리 검사

신경심리평가의 배터리 검사의 장점은 임상과 연구의 분야에서 그 목적을 충족시킬 수 있다는 점이다.

신경심리평가(검사) 배터리검사의 예

- **주의**
Digit Span (WIS)[35]
Arithmetic (WIS)
Symbol Digit Modalities Test
Sequential Operations Series

- **언어**
Information (WIS)
Comprehension (WIS)
Similarities (WIS)
Boston Naming Test

- **시공간 기능**
Block Design (WIS)
Picture Completion (WIS)
Picture Arrangement (WIS)
Rey Complex Figure Test, copy trial
Hooper Visual Organization Test
Judgment of Line Orientation Test
Visual Search
house and / or bicycle drawing

- **기억**
Rey Auditory Verbal Learning Test
Rey Complex Figure Test, recall trials
Sentence Repetition
Serial Digit Learning
Continuous Recognition Memory Test
recall of Symbol Digit Modalities Test pairs
story recall

- **관리 기능**
Stroop Test
Verbal Fluency Test
Ruff Figural Fluency Test
Trail Making Test
Category Test
Raven's Progressive Matrices

심리검사 배터리(Test Standard Battery)[36]

1) 배터리(Battery)란 <한 벌>, <한 갖추어진 기구들> 이라는 의미로, 심리검사는 배터리로 실시되어 평가되는 기능에 관한 자료가 종합적이다.
2) 심리검사는 한 가지 검사나 또는 몇 가지 검사가 상황에 따라 선택되어 실시되는 것이 아니라, 검사가 필요하여 실시되는 경우에는 표준 배터리 검사들이 필수적으로 함께 실시되어야 한다. 그 이유는 신뢰도가 증가되고 다른 수준의 성격측면과 여러 기능들이 측정되기 때문이다.
3) 예 객관적 검사와 투사적 검사가 측정하는 성격의 차원이 다르며, 투사적 검사 간에도 측정되는 무의식 수준의 깊이가 다르다.
4) 개인의 성격과 능력, 임상적 증상이 종합되어 평가될 수 있어 검사의 구성에 따라서 개개 환자의 원래 기능수준에 대한 평가가 가능하다.
5) 임상경험에서 예를 들면 객관적 검사인 MMPI에서는 신경증적 수준의 증상이 표현되고 있으나 투사적 검사에서는 잠재되어 있는 정신병리적 요소가 표현되어 있거나 정신병리적 진행이 잠재적 수준에서 이루어지고 있음이 나타나는 경우가 있다
6) 심리진단 검사(검사에 대한 충분한 이해가 있어야 가능)가 한 가지 또는 소수의 검사로 실시되어지는 경우 예외적인 특수한 경우를 제외하고는, 심리검사는 배터리로 실시되어야 한다.

---

35 Wechsler Intelligence Scale
36 종합심리검사(Full Battery)를 통해 정서, 인지, 사고, 행동습관, 생활방식, 대인관계 방식을 알 수 있으며, 피검자가 아동일 경우 아동지능검사, 정서 및 성격검사, 부모검사로 이루어져 있다. 성인일 경우 지능검사와 정서 및 성격검사가 이루어진다. 종합심리검사는 심리검사전문가인 임상심리전문가가 실시하며 증상에 대한 원인을 정확하게 규명하고 심리검사의 임상자료를 통해 치료의 예후를 예측한다. 소요시간은 3시간 내외이다.

7) 배터리로 사용되는 검사(연구와 임상평가 목적으로 사용 가능)

웩슬러 성인용 지능검사(Wechsler Intelligence Scale), 다면적 인성검사(MMPI), 로르샤흐 검사(로샤검사. Rorschach techniques), 주제통각검사(TAT), 인물화 검사(Draw - A - Person Test), 벤다 - 게슈탈트검사(BGT), 문장완성검사(Sentence Completion test) 등

풀 배터리 검사에 포함되는 검사 중에서 신경심리검사로 역할을 할 수 있는 검사

1) 웩슬러 지능검사(지능영역)

웩슬러 검사의 병전지능의 추정방법은 안정성이 높은 소검사인 상식, 어휘, 토막짜기 검사를 활용하여 전체 지능지수 산출의 기준으로 삼는다. 신경심리학적 평가라는 관점에서 지능지수는 예후나 재활에 참고할 수 있겠으나, 뇌 손상의 성질을 밝히는데 도움이 되지 못한다. 각각 소검사의 점수분포를 살펴보고 유의미하게 저하된 소검사에 대한 검토로 손상된 인지영역을 밝히려는 시도가 많은 정보를 줄 수 있다.

2) 벤더 - 게슈탈트 검사(BGT) - 시각구성능력

BGT는 임상가들에 의해 자주 사용되는 심리학적 검사의 하나로, 원래 두뇌의 기질적 장애를 평가하기 위한 목적으로 제작되었으나, 현재는 뇌 손상이나 시각 - 운동 협응에 대한 발달적 평가 외에 성격평가를 위한 투사적 기법 등 다양한 목적으로 폭넓게 사용되고 있다.

4 신경심리검사의 측정영역

(1) 뇌는 각 부위가 단독적으로 어떤 기능을 수행하는 것이 아니라 인접 조직이나 대뇌의 관련 부위가 상호 작용함으로써 여러 기능을 수행하게 된다.

(2) 우리 몸에서 일어나는 모든 반응과 기능들은 두뇌에서의 명령에 의한 것이며 두뇌의 특정부위의 이상은 그 부위가 관여하는 모든 기능에 대한 결손을 가져오게 된다.

(3) 신경심리 검사는 행동상으로 나타나게 되는 두뇌의 이상을 판단하기 위한 도구라고 할 수 있다.

(4) 여러 신경심리 검사가 현재 사용되고 있으며 운동영역, 촉각, 시각, 언어 능력, 쓰기, 읽기, 기억 등의 평가가 이루어진다.

(5) 각 검사들은 정상인의 수행을 기준으로 표준화되어 손상을 가진 환자들의 결손 정도를 측정하게 된다.

1) 전두엽

① 전두엽은 어떤 상황이 위험한지, 위험하지 않은지의 여부를 결정하는 데 중요한 역할을 한다.

② 전두엽은 동기부여를 이루어 주의집중을 하게 하고, 계획을 세우거나 결심을 하는 등의 목표 지향적인 행위를 주관하며, 인간성과 도덕성을 관장한다.

③ 전두엽이 손상을 받으면 계획을 세우고 복잡한 행동을 하거나 아이디어를 구상하는 일이 불가능해질 뿐만 아니라, 새로운 환경에 적응하지 못하고 비합리적인 자극에 예민해지게 된다.

2) 전두엽 / 집행기능 평가용 신경심리검사들

전두엽 / 집행기능은 Motor impersistence, Contrasting Program, Go - No - Go, Fist - Edge - Palm, Alternating Hand movement, Alternating Square and Triangle, Luria Loop, Controlled Oral Word Association Test(COWAT) 및 Korean - Color Word Stroop Test(K - CWST), 위스콘신 카드분류검사(WCST), 하노이 탑 검사(Tower of Hanoi test)로 평가한다.

검사명	내용
Motor impersistence	전두엽 장애인 운동을 지속하지 못하는 능력을 평가
Contrasting Program Go - No - Go test	전두엽의 중요한 기능인 인지전환능력과 반응억제를 평가
Fist - Edge - Palm Alternating Hand Movement test	운동계획능력(motor programming ability)과 운동전환능력(motor set - shifting ability)의 장애를 평가
Alternating Square and Triangle test Luria Loop test	그림을 베껴 그리도록 하여 전두엽 손상 지표 중의 하나인 보속증(직전에 한 말이나 동작을 계속 반복하는 증상)을 확인
COWAT (Controlled Oral Word Association Test)	'생성이름대기 능력'을 평가하는 것으로서 사고의 생산성을 평가하며 전두엽 손상 환자들을 탐지하거나 변별하는데 유용함
K - CWST (Korean Color Word Stroop Test)	'글자읽기 조건'과 '색깔 읽기 조건'으로 구성되어 있으며 전두엽에서 담당하는 주요 인지기능 중의 하나인 억제기능을 평가
위스콘신 카드분류검사 (WCST)	추상적 개념을 형성하고 사고를 전환하거나 유지하는 능력, 환류(feedback)를 활용하는 능력 등 목표 - 지향적 행동, 충동적 반응을 조절하는 능력을 요구하는 면에서 집행(executive)기능을 측정
하노이 탑 검사 (Tower of Hanoi test)	퍼즐의 일종이며, 한 기둥에 꽂힌 원판들을 그 순서 그대로 다른 기둥으로 옮겨서 다시 쌓는 과제로 집행기능을 측정

5 좌반구와 우반구[37]

부분적 인지기능은 좌, 우반구 인지기능으로 나누어 살펴볼 수 있으며 오른 손잡이일 경우 우세반구인 좌반구 인지기능으로는 언어능력(language), 계산능력(calculation), 쓰기와 읽기 능력(writing and reading) 및 실행력(praxis) 등의 소위 분석적 과정(analytical processing)을 담당한다. 반면에 비 우세반구인 우반구 인지기능으로는 무시현상(neglect phenomenon), 구성능력(constructional abilities), 복합 시 - 지각기능(complex visuo - perceptual skill)이 포함되고 우반구는 정서적 측면과 음악적 기능에 관여한다는 증거들이 제기되고 있다.

실어증(aphasia)의 종류[38]

① 브로카 실어증(broca's type aphasia)

브로카 영역은 대뇌피질의 한 영역으로, 운동성 언어의 중추이다. 즉, 말을 하는 기능을 지배하는 부위이다. 이곳이 손상되면 말을할 수 없게 된다. 주로 편측 마비(right hemiplegia)와 감각 이상이 동반된다. 프랑스의 외과의사 브로카가 실어증 연구를 하다가 대뇌피질이 부위에 따라 서로 다른 기능을 수행한다는 것을 밝혀내는 과정에서 발견하였다.

② 베르니케 실어증(Wernicke's type aphasia)

베르니케 영역(Wernicke's area)은 뇌의 좌반구에 위치하는 특정부위로 청각피질과 시각피질로부터 전달된 언어정보의 해석을 담당 한다. 수용적-유창실어증적인 증상이 나타나며, 표현 기능은 유지되지만 상대의 말과 글을 이해하지 못하고 의미 없는 말들이 연결되는 식으로 지리멸렬해지는 등의 증상이 나타난다[122]. 이는 독일의 신경정신과의사인 카를 베르니케(Carl Wernicke)가 발견하였다.

---

37 이영호 외, 간이 신경 인지기능 국재화 검사의 개발 Ⅰ: 고안, 1999
38 임상심리검사의 이해 2판. 김재환외 공저. 학지사(2015)

> ③ 전도성 실어증(conduction aphasia)
>   브로카 영역과 베르니케 영역을 이어주는 궁형소속(arcuate fasciculus)에 병변이 발생할 경우 나타나게 된다. 환자는 상대방의 말을 이해하고 문장을 구사하는데 문제가 없지만, 상대방의 말을 따라하지 못하는 증상이 나타난다.
> ④ 초피질성 운동 실어증(transcortical motor aphasia)
>   반복하는 능력은 유지되어 있으나 듣고 이해하는 말하는 것이 빈곤하고 언어 유창성은 떨어진다.
> ⑤ 초피질성 감각 실어증(transcortical sensory aphasia)
>   우세반구의 전두엽 부분이나 피질하 영역에 손상이 있을 경우 발생한다. 베르니케 실어증과 유사하나 말을 따라 하는 능력에는 이상이 없다.
> ⑥ 전반적 실어증(global aphasia)
>   뇌의 손상부위가 매우 커서 언어에 대한 이해와 표현 모두에 어려움을 보이는 경우로, 실어증 중에서도 치료가 가장 어렵다. 우측 편측마비(right hemiplegia)와 감각의 이상이 동반되게 된다.

6 측두엽[40]

측두엽의 손상이나 신경외과적 제거가 언어적 자극과 시각적 자극을 학습하고 조직하는 데 심한 장애를 초래할 수 있다고 알려져 왔다. 하측두 영역(inferiortemporal areas)을 포함하는 좌측 측두엽 절제나 손상은 중간 정도의 단기 기억 장애를 일으키고 지연 기억과 단어쌍 학습, 그리고 단어 쌍과 숫자 계열의 회상을 심하게 손상시킨다. 유사하게 전측 및 후측 측두 영역(anterior and posterior temporal regions)을 전기 자극하였을 때, 언어적 재료에 대한 심한 역행성 및 순행성 기억 상실이 나타났다.

대조적으로, 우측 측두 영역(right temporal areas)의 손상이나 절제는 촉각에 대한 재인 기억의 결함을 일으키고, 얼굴이나 의미 없는 도안과 같은 시각적 자극을 회상하는 데 결함을 초래할 뿐만 아니라 사물의 위치와 지남력 및 시각적 자극을 기억하는 데 결함을 유발한다.

7 좌측 시각무시 또는 편측 무시(무시증후군)

> 뇌졸중 환자에게 반구손상이 있음을 확인하였고 손상여부를 알아보기 위해 글자 지우기 검사를 실시하였다. 그 결과 시야의 좌측 글자를 지우지 못하였다.

(1) 글자 지우기 검사(Letter cancellation)에서 좌측 부분은 남겨두고(좌측 글자를 지우지 못함) 우측 부분만 지우는 현상을 좌측 시각무시 또는 편측 무시(무시증후군) 소견이라고 한다.

> **편측 무시(unilateral neglect)[41]**
> 편측 무시(unilateral neglect)란 뇌졸중 환자에게서 나타나는 지각 손상 중의 하나로 말초 운동 및 감각 신경의 손상과 상관없이 손상된 대뇌반구의 반대편의 공간과 신체의 지각이 감소된 상태로 정의된다(Zoltan, 1996). 편측 무시를 동반한 환자들은 양방향에서 동시에 주어지는 자극에 대해서 한쪽 자극만 지각하며 뇌손상 반대편의 신체 움직임의 인식 부족과, 무시된 공간 쪽으로의 적은 눈 움직임을 보인다. 또한 이들은 공간관계나 신체상(body image)에 대한 손상이 심하다.

---

39 Filley(2012), 임상신경심리학의 기초(김홍근 역), 시그마프레스
40 이소영 외, 외상성 뇌손상집단과 측두엽 간질집단의 신경심리적 특성, 1999
41 뇌졸중 환자의 재활치료에서 편측 무시에 대한 시야 가리기 방법의 효과. 김은주, 대한작업치료학회지 제11권 제2호, 2003

(2) 좌측 시각무시 또는 편측 무시(무시증후군) 증상은 뇌의 우반구 손상을 의미하며, 후부 대뇌피질의 위축으로 나타난 것이며, 이는 주로 시각적인 행동장애를 보이면서 점차 치매로 발전하는 증례들이 최근 발표되고 있다.

(3) 좌측 시각무시 또는 편측 무시(무시증후군) 증상을 평가할 수 있는 검사종류는 다음과 같다. 편측 무시의 정도를 알아보기 위하여 '직선이분검사', '앨버트 검사', 'ㄹ 지우기 검사', '해 모양 지우기 검사', '집 보고 그리기', '데이지 꽃 보고 그리기', '시계 그리기', '읽기 과제' 검사 등이 있다. 이 중에서 '직선이분 검사'와 '앨버트 검사', '시계 그리기' 방법은 선행된 연구논문에서 타당도가 연구된 바 있는 방법이다.

(4) 무시증후군을 일으키는 병변
① 좌반구 손상 때에는 우측을 무시하고, 우반구 손상 때에는 좌측을 무시한다.
② 우반구 손상 때에 좌반구 손상 때보다 증상이 심하고 오래 간다.
③ 대개는 두정엽 병변이 가장 강조되어 있으나 무시증후군을 일으키는 병변은 두정엽 외에도 전두엽, 측두엽, 기저핵, 시상 등 다양하다.
④ 우반구에 뇌경색이나 출혈이 있을 때, 무시증후군이 나타날 수 있다.
⑤ 우반구 손상 환자에서 무시증후군의 유병률은 검사 방법에 따라 다양하나, 약 68%이다.

> **시계 그리기 검사**
> 환자에게 지름 8cm의 원을 제시하고 그 안에 시계를 그리도록 지시하고, 지시된 숫자를 배열하는 방법에 따라 1점(심한 무시)에서 4점(무시 없음)을 준다.

제2절 신경심리검사의 실시

1 면담 및 행동관찰[42]

(1) 심리검사는 지능검사, 성격검사, 적성검사 등의 개별적인 검사를 지칭하는 개념인데 비해, <u>심리평가는 여러 종류의 '심리검사'를 실시하여 얻어진 자료와 '임상적 면담' 그리고 '체계적인 행동관찰'을 통해 얻어진 모든 정보를 종합하고 해석하는 전문적인 과정을 말한다.</u>
(2) 결과를 피검사자나 보호자 혹은 심리평가를 의뢰한 사람에게 '전달하고 의사소통'하는 과정을 포함한다.
(3) 평가는 풍부한 임상경험을 갖춘 임상심리사 또는 임상심리전문가가 실시한다.

기출문제 확인학습

신경심리검사 또는 신경심리평가의 목적

1) 신경심리평가를 위해 신경심리검사를 사용하여 뇌와 행동과의 관계에 따른 신경심리장애의 여부를 총체적 및 계량적으로 측정해서 평가하는 것이다.
2) 신경심리평가는 환자와의 면담이나 관찰을 통해서 전체적인 뇌기능을 알아보고(전반적 외모, 신체운동, 감정, 사고과정의 형태와 내용, 지각능력 등) 신경심리검사를 통해서 대뇌피질(cortex)과 피질하(subcortex)의 인지적 기능을 알아본다(주의력, 언어능력, 건망증, 공간구성능력, 실행능력, 계산능력, 손가락 인지능력, 좌우지남력 등).
3) 신경심리평가의 목적
   (1) 대뇌손상의 유무, 정도, 종류를 알아본다.
   (2) <u>기질성 뇌질환과 기능성 정신장애를 구별한다. - 단, 기능적 장애의 원인을 판단하는데 도움이 되는 것은 아니다.</u>
   (3) 뇌수술 이전과 이후 또는 재활치료의 이전과 이후의 효과를 비교한다.
   (4) 사고 후 법적 및 보상 문제에 대비하고, 치료적인 효과 여부를 알아본다.
   (5) 재활과 치료평가 및 연구에 유용하다.
   (6) CT나 MRI와 같은 뇌영상 기법에서 이상소견이 나타나지 않을 때 유용할 수 있다.
   (7) 나아가, 각종 뇌 손상에 관한 학술적 연구 및 두뇌 - 행동 관계에 관한 가설을 검증하는 것이다.

읽을 거리

신경심리검사[125]

1) 신경심리평가를 위해 신경심리검사를 사용하여 뇌와 행동과의 관계에 따른 신경심리장애의 여부를 총체적 및 계량적으로 측정해서 평가하는 것이다.
2) 신경심리평가의 목적 중 첫째는 대뇌손상의 유무, 정도, 종류를 알아보고, 둘째는 기질성 뇌질환과 기능성 정신장애를 구별하며, 셋째는 뇌수술 이전과 이후 또는 재활치료의 이전과 이후의 효과를 비교하고, 넷째는 사고 후 법적 및 보상문제에 대비하고, 치료적인 효과 여부를 알아보며, 다섯째는 각종 뇌손상에 관한 학술적 연구 및 두뇌 - 행동 관계에 관한 가설을 검증하는 것이다. 3) 신경심리평가의 첫째 부분은 환자와의 면담이나 관찰을 통해서 전체적인 뇌기능을 알아보고(전반적 외모, 신체운동, 감정, 사고과정의 형태와 내용, 지각능력 등), 둘째 부분은 신경심리검사를 통해서 대뇌피질(cortex)과 피질하(subcortex)의 인지적 기능을 알아본다(주의력, 언어능력, 건망증, 공간구성능력, 실행능력, 계산능력, 손가락인지능력, 좌우지남력 등).
3) 이를 위한 하나가 한국판 벤톤신경심리검사(Benton Neuropsychological Assessment), 다른 하나는 특수기억검사(Memory Assessment Scale)다.

---

42 면담 및 행동관찰은 심리검사의 면접 및 행동관찰과 유사한 부분이므로 이는 본 교재의 심리검사 앞부분에서 기술한 내용을 참고하길 바란다.

2 주요 신경심리검사 실시

(1) 종합 심리평가
   ① 인지기능, 정서상태, 성격특징, 핵심갈등 영역, 대인관계, 심리적 자원 등 심리적 기능 전반을 종합적으로 탐색·평가한다.
   ② 진단과 더불어 심리치료 계획 수립을 위한 체계적인 분석을 실시한다.
   ③ 가장 포괄적인 심리평가로서 정신과적 진단 목적 또는 병사용 및 정신감정용 진단서에 첨부될 공인 보고서를 필요로 하는 경우에도 실시된다.
   ④ 소요시간은 약 3시간 30분 정도이며, 심층면접이 포함된다.

(2) 인지기능 평가
   ① 지적 능력, 현재의 지능상태, 인지적 활동의 특징 등을 평가한다.
   ② 전반적인 지능수준(IQ)은 물론 세부 인지기능의 강점과 약점을 파악하고 이를 통해 현재 문제의 원인과 보완책을 얻는데 도움이 되는 정보를 얻을 수 있다.
   ③ 전문가와 일대일로 집중적인 검사를 실시하여 정확하고 신뢰할 수 있는 자료를 얻을 수 있다.
   ④ 집단 실시된 지능검사의 결과는 최소한의 선별 기능만을 지닌 것이므로, 집단 지능검사의 결과에서 의문점이 생기는 경우 개인검사를 받아서 확인하는 것이 바람직하다.
   ⑤ 소요시간은 약 2시간 정도이며, 평가면접이 포함된다.

(3) 성격평가
   ① 성격 특징, 자아개념, 정서반응 양식, 내적 갈등, 스트레스 대처 방식, 대인관계 양상 등을 집중적으로 평가하여, 개인의 성격적 특성을 이해하고 효과적인 치료의 방향과 전략을 수립하는데 필요한 정보를 얻을 수 있다.
   ② 소요시간은 약 2시간 30분 정도이며, 심층면접이 포함된다.

(4) 주의력 평가
   ① ADHD(주의력 결핍 및 과잉행동장애)의 경우, 주의 집중력의 어려움이 어느 정도인지, 어떤 양상을 띠고 있는지를 세부적으로 평가할 수 있으며, 다른 학습적 문제나 정서적 문제와 함께 나타나는 주의 집중력의 어려움의 경우, 주의력문제가 일차적인지 이차적인지를 감별하여 구체적인 접근 방략을 세우는데 도움을 준다.
   ② 5세는 총 10분, 6세는 총 20분, 7세 이상은 총 30분이 소요된다.
   ③ 실시 대상은 5세부터 15세까지 해당된다.

(5) 발달평가
   ① 정상발달과 발달장애를 감별하기 위한 것으로 인지, 언어, 운동 영역 전반의 발달 수준이 실제 생활연령과 어느 정도 일치하는지, 불일치하는지를 평가하는 것이다.
   ② 만 3세부터 5세까지 해당하며 소요시간은 2시간 정도로 평가면접이 포함된다.

(6) 치매평가(신경심리평가)

① 뇌의 손상 여부나 정도를 평가하는 신경심리평가로 기억력, 시공간구성 능력, 주의 집중력, 언어능력, 추상적 사고능력, 실행 및 운동기능 등을 정밀하게 평가함으로써 치매초기의 인지기능 장애나 뇌 손상으로 인한 후유증 등을 감별할 수 있는 검사이다.
② 소요시간은 2시간 정도이며 평가면접이 포함된다.

기출문제 확인학습

신경심리평가에서 일반적으로 평가하는 영역

1) 신경심리평가의 정의
   신경심리평가는 신경심리학적 지식을 바탕으로 한 여러 가지 종류의 신경심리검사들로 뇌의 다양한 기능을 측정한 후 결과를 분석·종합하여 뇌기능 손상을 진단한다.

2) 신경심리평가는 검사에 따라 다음과 같은 영역을 평가한다.
   ① 지능평가 – 문제해결, 계산능력, 추상적 사고 등의 일반적인 지적능력을 평가함
   ② 뇌의 편재화 평가 – 언어적 기능과 시공간적 기능을 담당하는 반구 간 차이에 관한 평가를 함
      ㉠ 뇌기능이론 중에서 국재화(편재화, localization)는 어떤 인지기술이 뇌의 특정 영역에 자리잡고 있다는 것이다.
      ㉡ 뇌기능이론 중에서 등력성 주의(equipotentialism)는 뇌 영역이 한 가지 이상의 기능을 수행한다고 주장하며, 뇌 손상 후에 나타나는 부분적인 기능회복은 등력성의 지지증거이다.
   ③ 기억 기능검사 – 단기기억 및 장기기억의 손상에 대한 평가를 함
   ④ 언어기능 평가 – 실어증과 같은 언어능력의 이상과 의사소통의 장애 등을 평가함
   ⑤ 주의력 평가 – 주의력 개념혼란 단계인 각성도, 무시, 초점 주의, 할당 주의, 지속적 주의, 상위 주의 통제를 평가함
   ⑥ 성격과 정서적 상태 평가 – 성격의 변화와 국소적인 정서의 변화 등을 평가함

실행증(Apraxia)

주어진 과제를 제대로 이해하고 있고, 정상적으로 그것을 실행할 수 있는 운동 능력을 가지고 있음에도 불구하고 그 과제를 제대로 수행하지 못하는 상태를 의미한다.

1) <u>구성 실행증(Constitutional apraxia) – 구성장애</u>
   지형적 구성을 그리지 못함 / <u>두정엽의 기능 장애</u>

2) 착의 실행증(Dressing apraxia)
   옷을 제대로 입지 못함 / 두정엽 기능 장애

3) 보행 실행증(Gait apraxia)
   서 있다가 걷기 시작하는 것을 어려워하는 증상을 느낌 / 전두엽 및 전뇌량 병변

4) 안구 운동 실행증(Oculomotor apraxia)
   스스로 안구를 움직이는 능력이 손상된 상태 / 두정엽 – 후두엽 병변

5) 관념 운동성 실행증(Ideomotor apraxia)
   생각과 행동이 분리되어 있는 상태. 어떤 행동은 생각대로 잘 되지만 다른 특정한 행동에 대해서는 움직임을 수행하지 못함 / 우성 대뇌반구의 병변

6) 관념 실행증(Ideational apraxia)
   하나하나의 움직임들은 그대로 수행하지만 연속적인 움직임을 제대로 해내지 못함 / 전두엽 병변

일반적인 심리평가보고서의 구성형식과 보고서의 내용

1) 심리학적 평가보고서(Psychological Assessment Report)

    전통적으로 임상장면에서 논의되는 심리학적 평가보고서란, 전문가가 평가 의뢰된 개인이나 그 개인의 주변 인물과의 면접, 그 개인에 대한 행동관찰, 다양한 생활사적 정보 및 심리검사 결과를 종합하여 의뢰된 목적 혹은 문제에 대해 그 개인의 전체 기능 및 그 개인에 대한 조망이나 제안과 같은 실제적으로 도움이 될 주제들을 중심으로 그 개인의 독특한 측면을 간편하면서도 분명, 간결하게 기술한 평가의 최종 산물이다.

2) 심리평가보고서의 구성형식

    (1) 개인적인 정보(기본적인 확인사항)

    의뢰된 사람의 이름, 성, 나이, 출생일, 결혼상태, 교육수준, 주 호소 문제, 평가 장소 및 평가일, 평가자 이름 확인

    (2) 의뢰이유 및 원천(주 호소 문제)

    현 시점에서 도움을 받고자 하는 이유, 동기, 문제에 대해 진술하고 언제부터 시작되었는지 파악

    (3) 가족배경 및 개인의 발달사적 과거력

    (4) 행동관찰

    일반적이거나 특징적인 외양과 언어적이거나 비언어적 의사소통 방식을 살피고 검사 시 태도가 얼마나 협조적이거나 저항적, 방어적이거나 복종적인지 전체적으로 평가

    (5) 평가도구 및 절차

    사용되는 평가의 목록, 평가의 절차 등

    (6) 실시된 검사명

    (7) 평가 결과에 대한 해석

    내담자의 인지적 기능, 정서 및 성격의 역동, 대인관계에 대한 평가 등

    (8) 검사결과에 대한 종합적인 해석

    검사 시행 시 보였던 특정한 반응이나 행동, 임상심리사에 대한 태도와 방어성 평가, 기타 검사 수행 시 보였던 생활사적 정보들의 통합과 평가

    (9) 추론된 진단명(가설적인 진단과 평가와 치료방향을 위한 제언)

    (10) 결론

    의뢰된 질문에 대한 대답, 진단적 통합, 치료에 대한 제안, 사회적 회복을 위한 예후, 자원, 성격의 변화에 대한 동기 등

    (11) 요약

    보고서의 핵심을 간략히 기술

3) 심리평가보고서의 내용

    (1) 사고, 지각, 기억들의 인지적 과정

    (2) 정서경험과 표현

    (3) 의미 있는 내적 갈등

    (4) 두드러진 방어기제 및 대처기제

    (5) 되풀이되는 대인관계의 주제와 성향

    (6) 스트레스에 대한 반응상의 취약성과 자원

심리평가보고서의 작성을 위한 지침

1) 피검자에 대한 판단 후, 피검자를 평가하기 전에 보고서를 작성한다.
2) 평가자 자신에게 가장 좋다고 생각되는 양식과 표현방식을 개발하는 것이 좋다.
3) 보고서의 길이는 의뢰목적이나 실시된 검사나 기법의 수, 얻어낸 자료 등 여러 요인에 의해 달라질 수 있으나, 간략하고도 명확한 보고서를 작성하도록 해야 한다.
4) 보고서는 얻어진 결론이 명료하게 그리고 직접적으로 쓰여야 한다.
5) 보고서는 흥미가 있어야 한다(극적으로 써야 하는 것은 아니지만 실제 평가과정에서 나왔던 단어나 문구들을 신중히 선택하여 기술하는 것이 보고서를 예리하고 초점이 있는 것으로 만들어준다).
6) 보고서를 읽을 의뢰자가 어떤 유형의 사람인지, 어떤 종류의 보고서를 원하는지를 정확히 파악하여 거기에 맞는 보고서를 작성해 주어야 한다.

제5장 기타 심리검사

제1절 아동 및 청소년용 심리검사

1 아동 및 청소년용 심리검사의 종류

(1) 아동 및 청소년 심리평가 : 행동평정척도
  ① Achenbach(1991)의 아동 및 청소년 행동평가척도(CBCL)
    부모가 평정하며, 4~18세를 대상으로 함
  ② 교사용 아동행동평가척도(TRF)
    교사가 평정하며, 4~18세를 대상으로 함
  ③ 청소년 자기 행동평가척도(YSR)
    자신이 직접 평정하며 11~18세를 대상으로 함
  ④ 아동기 자폐증 평정척도(CARS)
    전문가가 평정하며, 만 2세 이상을 대상으로 함

(2) 아동 및 청소년 심리평가
  ① 인지기능
    ㉠ 지능검사 : K - WISC - IV(만 6~16세), K - WPPSI(만 3~7세 3개월)
    ㉡ 언어장애나 운동장애가 있는 경우의 지능 평가 : K - ABC 검사(만 2세 6개월~12세 5개월), 한국판 그림 지능검사(K - PT, 만 4세부터 7세)
  ② 적응 기능검사 : 사회성숙도 검사
  ③ 학습 및 성취도 검사 : 기초학습 기능검사(만 5세~12세 11개월), 학습방법 진단검사
  ④ 주의력 검사 : TOVA, ADS(5~15세)

기출문제 확인학습

사회성숙도 검사

1) 사회성숙도 검사는 자조(SH - self help), 이동(L - locomotion), 작업(O - occupation), 의사소통(C - communication), 자기관리(SD - self direction), 사회화(S - socialization) 등과 같은 변인으로 구성되는 사회적 능력, 즉 적응행동을 평가 혹은 측정하는 도구이다.

사회성숙도 검사의 6가지 영역

1) 자조(SH - self help)
   자조 일반(SHE - self - help general) ② 자조 식사(SHE - self - help eating) ③ 자조 용의 (SHE - self - help dressing) 등 3개 영역 39문항으로 구성됨

2) 이동(L - locomotion)
   기어 다니는 능력부터 어디고 혼자 다닐 수 있는 능력까지를 알아보는 10개의 문항으로 구성됨

3) 작업(O - occupation)
   단순한 놀이에서 고도의 전문성을 요하는 작업에 이르는 다양한 능력을 알아보기 위한 22개의 문항으로 구성됨

4) 의사소통(C - communication)
   동작, 음성, 문자 등을 매체로 한 수용과 표현에 관한 15개 문항으로 구성됨

5) 자기관리(SD - self direction)
   독립성과 책임감을 알아보는 14개 문항으로 구성됨

6) 사회화(S - socialization)
   사회적 행동, 사회적 책임, 현실적 사고 등에 대한 17문항으로 구성됨

2) 1936년 미국의 E. A. Doll이 [바인랜드 사회성숙척도(Vineland Social Maturity Scale)]라는 이름의 사회성숙도검사(1965년 개정판 - 5판)를 모체로 하여 국내에서 김승국 등이 우리나라 사정에 맞도록 수정하여 연구한 것이다.

3) 이 척도는 ① 자조, ② 이동, ③ 작업, ④ 의사소통, ⑤ 자기관리, ⑥ 사회화 등과 같은 적응행동의 표본이 된다고 할 수 있는 117개의 문항으로 구성되어 있다.

(3) 아동 및 청소년 심리평가 : 성격검사

① 투사검사
   ㉠ 그림검사 : 인물화 검사, 집 - 나무 - 사람 그림검사, 운동성 가족화 검사
   ㉡ 아동용 문장완성검사(SCT)
   ㉢ 아동용 주제통각검사(CAT)

② 객관적 검사
   한국 아동 인성검사(K - PIC, 만 4~14세), 청소년용 다면적 인성검사(MMPI - A, 14~18세), 기질 및 성격검사(JTCI, 중, 고, 대학생)

2 아동 및 청소년용 심리검사의 실시류

(1) 아동 및 청소년의 면담과 행동평가
  ① 부모 및 교사와의 면담
    ㉠ 문제의 확인, 배경정보를 통해 문제의 원인을 파악하고 해결방법의 단서를 찾고 치료계획을 세운다.
    ㉡ 치료과정에서 부모 및 교사의 개입이 필수적이므로 라포 형성이 반드시 필요하다.
    ㉢ 주 문제 및 주문제의 과거력, 의학적 측면의 과거력(질병력, 질병과 관련된 가족력 등), 발달력(임신 시부터의 발달 정보), 사회 정서적 기능(기질, 애착관계, 부모와의 관계, 외상적 경험, 주 양육자 등), 교육상태(학교 적응, 학업 성취, 학교 내 문제 행동, 학교 내 친구 및 선생님과의 관계, 좋아하거나 싫어하는 과목 등), 단체 활동 참여 등 5가지 일반적 범주에 대한 정보를 파악한다.
    ㉣ 부모의 아동에 대한 태도도 중요한 정보이다.
  ② 본인과의 면담 및 행동관찰
    ㉠ 면담이나 검사장면에서 아동 및 청소년의 행동을 직접 관찰하여 얻은 정보와 면담과정에서 아동 및 청소년이 직접 보고한 언어적 정보를 통합한다.
    ㉡ 행동관찰은 신체적 특징, 행동특징, 사회적 및 정서적 기능, 인지기능 등 4가지 영역의 정보를 관찰한다.

(2) ASEBA 아동·청소년 행동평가척도
  ① ASEBA 아동·청소년 행동평가척도(ASEBA School-age Forms)는 Achenbach와 Edelbrock(1983)이 개발한 아동청소년 행동평가척도(Child Behavior Checklist) 및 청소년 자기 행동평가척도(Youth Self Report)와 1991년에 개발한 교사용 아동 행동평가척도(Teacher's Report Form)에 기반한다.
  ② ASEBA 아동·청소년 행동평가척도의 평가 대상 및 검사 실시자
    a) CBCL 6-18 : 초등학생, 중학생, 고등학생(만6~18세) / 양육자(부모) 검사 실시
    b) YSR : 중학생, 고등학생(만11~18세) / 청소년 본인 검사 실시
    c) TRF : 초등학생, 중학생, 고등학생(만6~18세) / 교사 검사 실시
  ③ 국내에서 ASEBA를 바탕으로 한국판 아동청소년 행동평가척도를 개발(오경자, 김영아, 2010)하여, 아동·청소년 행동평가척도 부모용, 청소년 행동평가척도 자기보고용, 아동·청소년 행동평가척도 교사용으로 구성되어있다.
  ④ 각 척도는 문제행동 척도와 적응 척도로 구성되어 있다.
    - 문제행동척도 : 문제행동 증후군 척도(내재화, 외현화, 사회적 미성숙, 사고문제, 주의집중문제, 기타문제), DSM 진단척도(정서, 불안, 신체화, ADHD, 반항행동, 품행), 문제행동 특수척도(강박증상, 외상후 스트레스, 인지속도부진)
    - K-CBCL 적응척도 : 사회성 척도, 학업수행 척도
    - K-YSR 적응척도 : 사회성 척도, 성적 척도
    * 한국판에서는 미국판 CBCL과 YSR에 포함되어 있는 학과외 활동 참여도가 제외됨.

> **실력다지기**
>
> ### Achenbach(1991)의 YSR(Youth Self Report)
> 1) 11~18세 청소년 대상이며 아동과 청소년이 스스로 평가한다.
> 2) 총 112개 문항에 3점 척도로 구성되어 있다.
> 3) 유능감 척도와 문제행동 척도로 구성되어 있으며 유능감 척도는 사회적 유능감과 사회활동에서 느끼는 유능감을 측정한다.
> 4) 오경자, 이혜련, 홍강의, 하은혜(1997)에 의해 표준화되었으며 사회 능력척도(사회성 척도, 학업수행 척도 및 총 사회능력 척도)와 8개 하위척도를 포함하는 문제행동 척도로 구성되어 있다.
> 5) 내재화, 외현화 및 총 문제행동 점수는 63T, 문제행동 증후군 척도의 판단기준은 70T가 적절하다.
> 6) 정상집단 대상으로 사전 판별을 주 목적으로 할 때는 문제행동 척도에 60T 기준을 유연하게 적용하는 것도 가능하다.

(3) 한국 아동 인성검사(Korean Personality Inventory for Children, KPI-C)
① 1997년 홍창희 등에 의해 개발되었으며 총 255문항, 총 16개의 척도로 구성되었으며 "그렇다, 또는 아니다"로 반응하게 되어 있다.
② 응답 일관성과 진실성을 측정하는 4개 타당도 척도와 스트레스에 대한 아동의 적응 잠재력을 측정하는 자아탄력성 척도, 11개의 임상척도가 있다.
③ 11개 임상척도는 언어발달, 운동발달, 불안, 우울, 신체화, 비행, 과잉행동, 가족관계, 사회관계, 정신증, 자폐증 척도를 포함한다.
④ 평정은 실시 전 적어도 6개월간 아동과 친밀한 관계가 있는 주변인물이 평정한다.

> **기출문제 확인학습**
>
> ### 한국 아동 인성 평정척도(KPRC)[43]
> • 대상 : 만 3~17세   • 검사시간 : 약 40분   • 문항수 : 177문항
>
> 1) 검사의 소개
>
> 한국 아동 인성 검사(Korean Personality Inventory for children ; KPI-C)를 부분적으로 수정하여 개발한 한국 아동 인성 평정척도(The Korean Personality Rating Scale for Children ; KPRC)가 개발되었다. 이 검사는 14개의 하위 척도로 구성되어 있으며, 해석은 각 척도에서 70점 이상의 높은 점수를 얻는 경우를 기준으로 기술되고, 점수가 낮은 경우는 해당 내용과 상반되는 특징이 있는 것으로 이해할 수 있다.
>
> 2) KPI-C의 문제점 및 이에 기초하여 수정한 내용
>
> (1) 임상적인 경험에서 자폐증(AUT) 척도는 자폐증을 진단하고 감별하는 척도라기보다는 사회적 관계에서 소외된 정도를 측정하는 척도로 나타났다. 자폐증을 지니고 있는 아동에게 있어, 자폐증 척도의 상승이 나타나기는 하지만, 이와 함께 인지 기능의 제한으로 인하여 사회적으로 고립되어 있고 주변으로부터 관계가 차단된 경우, 또는 다른 정신과적 문제로 사회적 관계에서 어려움을 보이는 경우에도 자폐증 척도의 상승이 나타났으며, 사회관계 척도와 유사한 양상을 나타내, KPRC에서는 자폐증 척도를 제외시킨 대신 사회관계척도를 보완·수정하였다.
>
> (2) DSM-5에 기초하여 임상척도들은 임상 증상을 좀 더 변별할 수 있는 문항들을 추가하였다. 따라서 대부분의 임상척도 문항에서, 중복 문항을 줄이고 문항의 의미를 보다 구체적으로 표현하였을 뿐 아니라, 변별력을 높이는 문항을 추가하였다.
>
> (3) 전체 문항의 수를 255문항에서 177문항으로 축소하여 실시 시간을 줄였다.

---

43 출처 : 가이던스프로 사이트 수정 인용

(4) 해석적 의미가 불분명하거나 두 개 이상의 다른 의미를 포함하는 문항은 삭제 또는 수정하여, 척도의 해석을 보다 명확하게 할 수 있게 하였다.

(5) 예 / 아니오 방식의 2점 척도 대신 4점 척도를 채택하였다. 이는 실제 응답자들이 예 / 아니오로 판단하기 어려운 내용들이 많다는 보고가 있어왔고, 특정 측정영역에서의 정도의 차이를 반응에 반영하기 위해서는 4점 척도가 보다 적합하다는 판단 때문이었다. 뿐만 아니라 반응방식이 2점 척도에서 4점 척도로 바뀜에 따라 문항수의 감소에 따른 척도 원점수 폭의 감소를 상쇄할 수 있다는 부수적인 장점도 감안하였다.

3) 타당도 척도

(1) 검사·재검사척도(T / R) : 피검자가 각 문항에 일관성 있게 반응한 정도를 평가한다.

(2) L 척도 (L) : 아동에서 흔히 볼 수 있는 문제 행동을 부정하고 아주 바람직한 아동으로 기술하려는 보호자의 방어적인 태도를 측정한다.

(3) F 척도 (F) : 의도적이거나 비의도적인 증상의 과장이나 무선 반응과 같은 일탈된 반응 자세를 가려내기 위한 척도이다.

4) <u>척도별 측정내용</u>

(1) 지적 발달
① 언어발달 : 언어적 능력이나 발달의 지체나 기능상의 손상 측정
② 운동발달 : 정신운동기능이나 동작성 능력에서 발달의 지체나 기능상의 손상 측정

(2) 정서
① 불안 : 자연 현상이나 동물, 대인관계, 사회관계에서의 두려움, 불안, 긴장 측정
② 우울 : 아동기의 우울 측정
③ 신체화 : 심리적인 문제를 신체증상으로 나타내는 신체화의 경향 측정

(3) 행동
① 비행 : 아동의 비행 성향을 측정하고 품행장애가 있는 아동들을 가려내기 위한 반항과 불복종, 공격성과 적대감, 거짓말, 도벽 등 비행이나 품행상의 문제 측정
② 과잉행동 : 주의력결핍 과잉행동장애(ADHD)의 특징을 보이는 아동들을 가려내기 위해 주의산만, 과잉행동, 충동성과 아울러 이에 수반되는 학습이나 대인 관계에서의 어려움, 우울 등 측정

(4) 대인관계
① 가족관계 : 가족 내의 역동이 아동의 부적응이나 정신 병리에 영향을 미치는 정도를 평가하기 위하여 가정불화와 가정 내의 긴장, 부모와 자녀와의 관계, 부부관계의 위기, 자녀에 대한 무관심 등 측정
② 사회관계 : 또래관계나 어른들과의 관계 등 아동의 사회관계에서의 어려움 측정하기 위하여 또래 관계에서의 소외, 리더십과 자신감의 부재, 대인관계에서의 불안이나 수줍음, 제한된 인내력과 포용력 측정

(5) 현실 접촉
정신증 : 정신병적인 증상이 있는 아동들을 가려내기 위해 상동적인 행동, 부적절하고 특이한 언행, 망상과 환각, 비현실감 등 언어, 사고, 행동에서의 특이함이나 현실접촉의 어려움 측정

(6) 자아탄력
<u>자아탄력성</u> : 여러 가지 심리적인 문제에 대한 아동들의 대처능력이나 적응 잠재력 측정 / 자신감과 여유, 원만하고 친밀한 대인관계, 인내심, 집중력, 포용력 등 측정 - <u>점수가 높을수록 내적, 외적 스트레스에 융통성이 있고 적절하게 대처하는 능력이 있는 경우이다.</u>

기출문제 확인학습

코너스 평정척도

1) 코너스 교사평정척도(Conners Teacher Rating Scale : CTRS)
   1969년에 Conners가 개발한 것으로 39문항으로 구성되었으나 Goyett 등(1978)이 이것을 바탕으로 개정한 것은 28문항으로 구성되어 있다. 행동문제, 과잉행동 등을 측정하는데에 유용하지만 우울, 불안 등의 문제를 측정하는 데에는 유용하지 않다. 약물효과 혹은 처치 프로그램의 효과를 알아보는데 효과적으로 이용될 수 있다. 과잉행동 지수의 점수가 1.50이상인 경우와 각 요인별로 규준집단의 평균치에서 상위 2표준편차 이상인 경우 ADHD로 진단된다.

2) 코너스 부모평정척도(Conners Parents Rating Scale : CPRS)
   1970년에 Conners가 개발한 것으로 93항과 개정판 48문항이 있다. 3세~17세 아동 570명을 대상으로 보고하였으며 ADHD를 처음으로 진단하는 것으로 사용되기보다는 약물효과나 부모훈련 효과 혹은 아동의 자기조절 훈련의 효과를 알아보고자 하는데 더욱 효과적이다. 하수를 나타내는 문항으로 분리하여 채점한다. 과잉행동 지수의 점수가 1.50이상인 경우와 각 요인별로 규준집단의 평균치에서 상위 2표준편차 이상인 경우 ADHD로 진단된다.

(4) 발달 검사

1) 베일리 영유아발달검사(BSID)와 하위 척도

   ① 베일리 영유아발달검사 1판(Bayley Infant Scale of Development, BSID, 1969)[44]
      ㉠ 검사 대상 : 생후 2~30개월 된 영아 대상
      ㉡ 영아발달척도의 구성 척도
         ㉮ 운동척도(Motor Scale) : 운동능력의 평가
            ⓐ 소근육 발달 : 잡기, 쓰기, 도구의 사용, 손 운동의 모방 등
            ⓑ 대근육 발달 : 구르기, 기기, 앉기, 서기, 걷기, 뛰기, 균형 잡기 등
         ㉯ 정신척도(Mental Scale)
            ⓐ 인지 발달 : 기억, 문제해결, 일반화, 분류, 변별, 타인 조망, 숫자 세기 등
            ⓑ 언어 발달 : 발성, 어휘, 수용 언어, 표현 언어, 전치사 사용 등
            ⓒ 개인/사회성 발달
         ㉰ 행동 평정 척도(BRS : Behavior Rating Scale) : 사회적 반응이나 목표지향성 같은 아동의 행동평가
            ⓐ 아동의 주의 및 각성 상태
            ⓑ 과제 및 검사자에 대한 참여 정도, 정서 조절
            ⓒ 운동의 질
      ㉢ 운동척도와 지적 척도를 합쳐서 발달지수(DQ)를 계산함
      ㉣ 베일리 척도의 유용성
         영아들에게 정신적인 결함이나 신경학적 결함, 시각, 청각, 언어 또는 사회적 반응에서의 문제점을 발견해 내는 데 유용함

---

44 이 검사는 3가지 척도, 즉 정신척도(Mental Scale), 운동척도(Motor Scale), 행동평정척도(BRS : Behavior Rating Scale)로 구성되어 영유아의 언어, 인지, 대근육, 소근육 발달의 강점과 약점을 측정할 뿐만 아니라 영유아의 상호 작용 방식과 사회성도 함께 측정해 주는 포괄적인 종합검사로써 영유아 능력을 정확히 평가한다.

② 베일리의 영유아발달검사 2판(BSID-II, 1993)[45]
  ㉠ 검사 대상 : 생후 1~42개월 된 영아로 확장
  ㉡ 1970년 이후의 영아기 인지 연구의 결과를 참조하여 성장 후의 지능을 예측할 수 있는 문항을 첨가함.

> 1) 게젤 발달검사(The Gesell developmental schedules, 1925)는 영유아용 발달 검사 중 가장 오래된 도구로 생물학적 성숙 이론에 배경을 두고 있으며, 생후 4주에서 5세까지의 영유아를 대상으로 적응행동(adaptive behavior), 대근육운동(gross motor), 소근육운동(fine motor), 언어(language), 개인 - 사회적 행동(personal-social behavoir)의 5개의 하위영역으로 구성되어 있는 직접관찰을 통한 부모보고식 평가이다.[46]
> 2) Bayley의 영아발달 척도(BSID : Bayley Scales of Infant Development, 1969)
> 3) 시지각 발달 검사(DTVP : Developmental Test of Visual Perception, 1966)
> 4) 사회성숙도 검사(VSMS : Vineland Social Maturity Scale, 1935)

2) 덴버발달 선별검사(Denver Development Screening Test : DDST)
  덴버발달 선별검사는 자폐아동을 선별하기보다는 유아가 연령에 비해 체격이 작고 걷는 것이 안정적이지 않으며, 말할 수 있는 단어가 '엄마, 아빠'로 제한되어 있는 경우 이를 진단하기 위한 검사이다.

대상	주요 특징	개발자

생후 1개월~6세 유아	1) Denver시에 거주하는 생후 1개월에서 6세까지의 정상소아 1,036명을 대상으로 105개의 항목을 사용하여 표준화한 검사
	2) 4가지 영역
	  (1) 전체운동(gross motor)
	  (2) 언어(language)
	  (3) 미세운동 - 적응기능(fine motor - adaptive)
	  (4) 개인성 - 사회성(personal - social)
	3) 피검자의 연령에 알맞은 여러 가지 과제를 제시하여 그것을 수행하도록 되어 있다.
		W. K Frankenburg (1967년, 1990년 2판 개정)

기출문제 확인학습

바인랜드 적응행동척도 2판(K - Vineland - II)

바인랜드 적응행동척도 2판(K - Vineland - II)은 사회성숙도 검사(SMS)의 개정판이다. 이는 연령범위가 0~90세까지이다. 사회성숙도 검사(SMS)는 0~30세인 것과 비교하면 80세 이상의 노인 집단용 규준이 마련되어 있다는 점이 특징이다. 측정영역은 의사소통영역, 일상생활기술영역, 사회화영역, 운동영역, 부적응 행동영역이다.

발달검사를 사용하여 아동을 평가할 때 고려해야 할 사항

1) 아동문제와의 관련성
  선택될 검사가 검사실시의 목적, 즉 아동 문제의 이해에 적합한 풍부한 정보를 제공하는가를 보아야 한다.
2) 표준화, 타당도, 신뢰도에 대한 고려
  ① 검사 목적이 명확하고 구체적인 치료 목적이 제시되면 검사를 선택하게 된다.
  ② 검사자가 검사를 선택할 때 가장 기본적으로 고려해야 할 점은 '표준화된 표본으로 검사를 제작하였는가?, 타당성 있는 검사인가?, 검사를 신뢰할 수 있나?'이다.

---

[45] 박혜원, 조복희, 최호정 (2003). 한국 Bayley 영유아 발달 검사(K-BSID-2)의 표준화. 한국심리학회 학술대회 자료집, 2003(1), 483-484.
[46] 송진숙 (2000). 영유아발달 척도의 개발을 위한 기초 연구. 한국생활과학회지, 9(4), 405 - 419.

3) 실용성

　검사 실시와 채점의 간편성, 시행시간, 심리검사의 경제성 등을 검토하여, 가능하면 시행과 채점이 간편하고 시행시간도 적절하고 검사비용도 지나치게 부담되지 않는 검사를 선정하여야 한다.

4) 유형별 장단점

　심리검사는 특정되는 검사 내용과 제작 방법에 따라 주관적인 투사 검사와 객관적 검사로 구별될 수 있다. 어떤 검사도 완벽한 상태는 아니며 각각의 장단점을 지니고 있으므로 평가자가 이러한 점을 인식하고 검사 실시 및 해석과정에서 이를 고려하여야 할 것이다.

5) 비형식적인 관찰

　① 표준화된 검사뿐 아니라 때로는 비형식적인 관찰도 평가에 많은 도움을 줄 수 있다.
　② 검사가 종료되면 아동에게 인형을 주고 부모와 놀도록 하는 것이 일반적인 비구조화된 상황으로 볼 수 있다.

6) 부모와의 대화

　검사자는 아동에게 초점을 맞추어야 하지만, 아동의 부모와 별도로 부모의 걱정, 검사자가 필요한 정보, 의논하고 싶은 화제에 대하여 이야기 할 필요가 있다.

(5) 투사적 검사(아동용 문장완성검사)

① 미완성된 문장을 제공하여 피검사자의 동기와 갈등, 가치관, 중요 인물에 대한 정서적 태도 등이 투사되게 한다.
② 주요 적응영역
　㉠ 가족 영역 : 부모, 가족에 대한 일련의 태도
　㉡ 사회 영역 : 또래 관계 및 일반적 대인 관계
　㉢ 학교 영역 : 학교에 대한 지각 및 욕구지향
　㉣ 자기 개념 : 개인적 평가, 미래지향, 일반적 정신건강 등
③ 강한 정서적 반응, 반복적 반응, 비 평범 반응, 정보제공적인 반응에 유의하고 논리적 분석보다 임상가의 직관(공감적 이해)과 경험이 가장 중요하다.

VMI(아동용 시지각-운동 통합 발달검사)[47]

1) 감각운동 통합능력 발달을 평가하는 수단으로 VMI가 개발되었음(Keith E. Beery, 1967)

2) BGT가 성인용으로 고안된 것에 비해, VMI는 아동용으로 2~15세 아동에게 실시 가능함.

3) 실시목적
   (1) 시지각과 소근육운동 협응능력 평가
   (2) 조기 선별 및 판별을 통해 학습 및 행동문제 예방

4) 검사의 구성
   (1) 24개의 도형으로 구성됨
   (2) 페이지마다 3개씩 배열되어 있고, 각 도형 아래 모사할 빈 공간이 구성됨.
   (3) 도형은 단순한 것에서 복잡한 것으로 난이도에 따라 배열됨.

5) 검사의 실시
   (1) 검사자의 시연없이 아동에게 모사하도록 지시함
   (2) 아동이 처음 3개의 도형을 바르게 대답할 수 없을 때 시연을 통해 모방하도록 함.
   (3) 지시문 : "지금부터 몇 개의 도형이 나오는데 도형을 순서에 따라 똑같이 따라 그리세요."
   (4) 3개 연속 실패할 경우 검사를 중단함.

6) 채점방법
   (1) 원점수는 3개 연속 실패할 때까지 성공한 도형의 수이며, 원점수를 환산표를 이용하여 표준점수로 환산한다.
   (2) 표준점수는 평균이 10, 표준편차가 3인 점수로 환산된다.

---

[47] https://blog.naver.com/healing2010/220454036602 재구성

제2절 노인용 심리검사 및 기타 심리검사

1 노인용 심리검사의 종류

(1) 노인 기억장애 검사(Elderly Memory disorder Scale, EMS)
   ① 치매진단을 위한 노인들의 인지기능을 평가하며 국내 노인 인구를 위하여 자체 개발된 것으로, 기억을 중심으로 한 신경심리 검사이다.
   ② 검사들은 국내 노인들의 인지 특성을 고려하여 이들의 기억 기능과 시공간 기능, 언어 기능 및 개념화 능력을 연구하고 평가하는 데 도움을 주기 위하여 개발되었다.
   ③ 각 검사의 측정 패러다임은 다양한 치매 연구에서 진단의 효율성이 증명된 과제들을 중심으로 선정되었고, 구체적인 자극 및 검사 절차는 한국 노인에게 친숙한 언어와 개념들을 사용하여 학력수준이 낮은 노인들에게 실시가 가능하도록 하였다.
   ④ 검사의 특징
      ㉠ 한국 노인의 인지 특성을 고려하여 국내 자체 개발된 인지평가 도구로서 구성 및 기준 타당도가 우수하다.
      ㉡ 기억기능의 다양한 과정과 구조를 정교하게 평가할 수 있다.
      ㉢ 언어와 시공간적인 기억을 대칭적으로 평가할 수 있도록 구성되어 있다.
      ㉣ 소검사들을 독립적으로 활용할 수 있도록 구성되어 있다.
      ㉤ 치매의 변별진단과 노인 인지 연구 등의 용도로 활용성이 높다.

(2) 인지기능검사 및 기억검사
   ① MMSE - K
      노인의 인지기능 장애 유무 및 치매 여부를 평가하기 위한 screening test
   ② 한국판 치매평가검사(K - DRS)
      뇌 손상 환자 또는 치매 환자의 전반적인 인지능력을 쉽고 객관적으로 측정함

(3) BGT(Bender - Gestalt Test)

(4) MAS(Memory Assessment Scale) : 성인용 기억검사

(5) WMS(Wechsler Memory Scale) : 기억기능 평가

(6) 그 밖의 검사들
   ① BDI(Beck's Depression Inventory) : 우울검사
   ② BAI(Beck's Anxiety Inventory) : 불안검사
   ③ SCL - 90 - R(Symptom Checklist - 90 - Reversion) : 간이 정신진단검사

> **CERAD평가집**
> 1) 1986년 미국에서는 알츠하이머병 환자를 위한 표준화된 평가 및 진단을 위해 National Institute on Aging의 연구비 지원을 받아 알츠하이머병 연구자들로 구성된 연구협의체인 CERAD (the Consortium to Establish a Registry for Alzheimer's Disease)가 결성되었다.
> 2) CERAD 평가집은 CERAD에서 개발된 표준화된 평가도구로 국내에서는 CERAD-K를 사용한다.
> 3) CERAD-K 임상 평가집은 지침에 따라 환자의 인구학적 자료, 병력, 개인력, 가족력, 임상력, 신체 검사, 신경학적 검사, 임상병리 및 영상학적 검사, 일상생활동작평가나 치매행동평가척도를 위한 선별검사, 한국어판 간이 블레스드 검사(SBT-K) 등의 평가를 시행하고 전산상 등록하여 제시된 기준에 따라 치매를 진단한다.
> 4) 처음에는 알츠하이머병을 진단하기 위한 목적으로 개발되었으나 이후 혈관성 치매, 파킨슨병 치매와 같은 비알츠하이머병에 대한 진단 항목도 추가되었다.[48]

2 노인용 심리검사의 실시 - 노인 기억장애 검사(EMS) 중심으로

(1) 노인 언어학습 검사

노인들의 학습능력과 학습전략, 단기기억 및 장기기억, 그리고 재인 능력을 평가하는 동시에 언어적 기억과 개념적인 능력 사이의 상호작용 평가

(2) 단순 REY도형 검사

시공간 구성 능력과 시각적 기억을 평가하는 것으로 지각, 운동, 기억기능뿐만 아니라 계획하고 조작하는 기술, 문제해결 전략 등 인지적 과정 평가

(3) 이야기 회상 검사

24개의 이야기 단위와 이야기의 논리적인 흐름상 중요한 의미를 지닌 6개의 주제 단위로 구성됨

(4) 숫자 폭 검사

즉각적인 언어적 회상의 폭을 측정하기 위해 가장 흔히 사용되며, 피검사자의 주의력과 단기기억 및 작업기억 능력 측정

(5) 시공간 폭 검사

시공간적인 작업기억 용량을 측정하는 검사로 '바로 따라하기'와 '거꾸로 따라하기'의 두 과제로 구성되어 있음

(6) 시계 그리기 검사

지시문에 대한 언어적 이해 및 기억능력, 추상적인 개념화 능력, 시공간적 구성 능력 등 다양한 인지능력을 요구하는 검사

---

48 Kim, H. J., & Im, H. (2015). Assessment of dementia. Brain & Neurorehabilitation, 8(1), 11-18.

(7) 단축형 K - BNT

단어인출의 용이성과 정확성 그리고 어휘 수준에 대한 정보 및 언어적 능력을 평가하여 실어증 및 치매의 유무와 진행정도에 대해 측정

3 적성검사[49]의 종류와 특징 - 일반적성검사(GATB) 중심으로

GATB(General Aptitude Battery)는 처음에는 미국에서 개발된 일반적성검사로서 이것을 토대로 국내에서 개발한 것이다. 이는 한 개인이 어떤 적성을 가지고 있으며 어떤 직업에서 일을 성공적으로 수행할 수 있는지 파악하기 위한 검사이다.

(1) 검사의 구성 : 11종의 지필검사와 4종의 동작검사로 구성되며, 15개의 하위검사를 통해 9가지 적성요인을 측정한다.

(2) 검출되는 적성

① 지능

일반적인 학습능력, 설명이나 지도능력과 원리를 이해하는 능력, 추리하고 판단하는 능력, 새로운 환경에 빨리 적응하는 능력을 말한다.

② 언어능력

언어의 뜻과 그에 관련된 개념을 이해하고 사용하는 능력, 언어 상호 간의 관계와 문장의 뜻을 이해하는 능력, 보고 들은 것이나 자신의 생각을 발표하는 능력을 말한다.

③ 산수능력(수리능력)

빠르고 정확히 계산하는 능력을 말한다.

④ 사무지각

문자나 인쇄물, 전표 등의 세부를 식별하는 능력, 잘못된 문자나 숫자를 찾아 교정하고 대조하는 능력, 직관적인 인지능력의 정확도나 비교 판별하는 능력을 말한다.

⑤ 공간적성

공간 상의 형태를 이해하고 평면과 물체의 관계를 이해하는 능력, 기하학적 문제해결 능력, 2차원이나 3차원의 형체를 시각적으로 이해하는 능력을 말한다.

⑥ 형태지각

실물이나 도해 또는 표에 나타나는 것을 세부까지 바르게 지각하는 능력, 시각으로 비교 판별하는 능력, 도형의 형태나 음영, 근소한 선의 길이나 넓이 차이를 지각하는 능력, 시각의 예민도 등을 말한다.

⑦ 눈과 손의 협응(운동반응)

눈과 손 또는 손가락을 함께 사용해서 빠르고 정확한 운동을 할 수 있는 능력, 눈으로 겨누면서 정확하게 손이나 손가락의 운동을 조절하는 능력을 말한다.

---

49 적성이란 어떤 과제나 임무를 수행하는 데 있어서 개인에게 요구되는 특수한 능력이나 잠재능력을 의미한다.

⑧ 손가락 재치

　손가락을 정교하고 신속하게 움직이는 능력, 작은 물건을 정확하고 신속하게 다루는 운동을 말한다.

⑨ 손 재치

　손을 마음대로 정교하게 조절하는 능력, 물건을 집고 놓고 뒤집을 때 손과 손목을 정교하고 자유롭게 운동할 수 있는 능력을 말한다.

실력다지기

일반적성검사(GATB) - 도표 정리

하위 검사명(15개)	검출되는 적성(9개)		측정방식
기구대조 검사	형태지각(P)		지필검사
형태대조 검사			
명칭비교 검사	사무지각(Q)		
타점속도 검사	운동반응(K)		
표식 검사			
종선기입 검사			
평면도 판단 검사	공간적성(S)		
입체 공간 검사		지능(G)	
어휘 검사	언어능력(V)		
산수추리 검사	수리능력(N)		
계수 검사			
환치 검사	손의 재치(M)		동작(수행)검사
회전 검사			
조립 검사	손가락 재치(F)		
분해 검사			

제3절 투사적 검사[50]

1 로샤(Rorschach)의 잉크반점 검사(Ink-blot test)

(1) 로샤(Rorschach) 검사의 특징
  ① 1921년 스위스의 정신과 의사인 로샤에 의해 최초로 소개되었다.
  ② 처음부터 투사형 성격검사를 개발하려고 한 것이 아니었고 우연히 잉크반점에 대한 정신분열증(조현병) 환자의 반응이 비장애인의 반응과 차이가 있다는 점을 발견하고 그것을 검증하기 위해 출발하였다.
  ③ 10장의 대칭형 그림이 있는 카드를 사용한다. 이중 Ⅷ, Ⅸ, Ⅹ번 카드는 칼라로 구성되어 있으며, Ⅱ, Ⅲ번 카드는 흑백에 붉은 색, 나머지 카드는 흑백만 구성되어 있다.
  ④ 로샤가 채점했던 주요 항목
      ㉠ 그림의 어떤 위치를 보고 반응했는지 여부
      ㉡ 어떤 요인을 보고 반응했는지 여부(예 모양, 색깔, 농도 등)
      ㉢ 어떤 내용을 반응했는지 여부
  ⑤ 엑스너(Exner)의 종합 체계 방식은 기본적으로 반응의 위치, 반응 위치의 발달 질, 반응의 결정요인, 형태의 질, 반응내용, 평범 반응, 조직활동, 특수 점수, 쌍 반응의 9개 항목으로 채점한다.

(2) 로샤검사의 실시
  ① 준비단계
      - 로샤 카드 세트, 충분한 양의 반응 기록지와 반응영역 기록지, 필기도구를 준비한다.
      - 좌석배치는 마주보는 위치보다는 옆으로 나란히 앉거나 90도 방향으로 앉는 것이 좋다.
  ② 소개단계
      - 피검사자에게 로샤 검사를 소개한다.
      - 상상력이나 창의력 검사라는 인상을 주어서는 안된다.
  ③ 자유연상단계
      - "이것이 무엇처럼 보입니까?"라는 간단한 지시문을 통해 피검사자의 반응을 기록한다.
  ④ 질문단계
      - 피검사자의 반응을 정확히 기호화하기 위해 진행한다.
      - "당신이 본 것을 나도 볼 수 있도록 말씀해 주시기 바랍니다"라는 지시문을 통해 피검사자가 말하는 내용을 반응 기록지에 기록하면서, 반점의 위치를 반응 영역 기록지에 표시한다.
      - 이 단계에서 검사자는 ㉠반응위치, ㉡반응 결정요인, ㉢반응 내용에 대한 정보를 획득한다.

---

50 투사적 검사는 성격검사의 하나로 엄격한 표준화가 되어있지 않아 임상적 해석이 필요한 검사이다. 투사적 검사는 글, 그림, 이야기 속에 한 사람의 성격이 투사되어 있다고 가정하고 그것을 분석한다. 그리고 불분명하고 모호한 검사자극에 대한 반응의 종류가 다양하기 때문에 그것을 실시 및 해석하는 데에는 많은 훈련과 경험이 필요하다. 채점과정이 매우 복잡하고 주관적인 측면이 있어서 신뢰도 및 타당도가 낮은 편이다.

⑤ 한계음미단계
- 질문단계 이후 한계음미 단계를 실시할 수 있다.
- 채점상 포함되지 않으며, 피검자의 상태를 좀 더 정확히 파악하는 데 필요하다고 판단 될 경우 사용하게 된다.

> **심화**

로샤 잉크블롯 검사

1) Rorschach의 잉크블롯은 심리적 장애인을 분류하는데 긴요하게 사용된다.
2) 잉크블롯에 대한 Rorschach의 연구는 1911년에 시작되었으며 그의 유명한 저서 심리진단방법이 발간됨으로써 절정에 이르게 되었다.
3) 로샤 검사는 가장 대표적인 투사적 성격검사이다.
4) 이 검사는 1921년 Hermann Rorschach에 의해 처음 개발되었으며 여러 학자들에 의해 채점 및 해석 체계가 발전되었다.
5) 이 검사는 데칼코마니 양식에 의한 대칭형의 잉크 얼룩으로 이루어진 무채색 카드 5매, 부분적인 유채색 카드 2매, 전체적인 유채색 카드 3매로 모두 10매의 카드로 구성되어 있다.
6) 이 카드를 순서에 따라 피검사자에게 한 장씩 보여 주고 이 그림이 무엇처럼 보이는지 말하게 한다.
7) 모든 반응은 검사자에 의해 자세하게 기록되며 10장 카드에 대한 피검사자의 반응이 끝난 후에 검사자는 다시 각 카드마다 피검사자가 카드의 어떤 점 때문에 그렇게 보았는지를 확인하게 된다.
8) 이러한 자료에 근거하여 각 반응은 채점 항목과 기준에 따라 채점되며 채점의 주요항목은 반응영역, 결정요인, 반응내용, 반응의 독창성 여부, 반응의 형태질 등이며 그 밖에 반응 수, 반응시간, 채점항목 간의 비율 및 관계 등이 계산되어 구조적 요약표에 정리된다.

로샤검사의 질문단계[51]

로샤검사의 질문단계는 피검자가 반응한 내용을 검사자가 정확하게 부호화하고 채점할 수 있도록 도와주지만, 때로는 잘못된 질문을 통하여 피검자의 응답을 유도하여 로샤검사자료의 타당성을 저해하게 되므로 적절한 질문방식을 익혀야 한다.

1) 질문목적

   피검자가 카드에서 보았던 것을 검사자가 그대로 볼 수 있고 이에 따라 정확하게 부호화하고 채점하고자 하는 것이 질문의 목적이다. 이러한 목적을 달성하려면 피검자에게 왜 질문이 필요하며 무엇을 이야기하도록 기대되는지를 이해시켜야 한다.

2) 질문단계 설명

   질문을 시작하면서 질문의 목적을 표준방식으로 설명해야 한다.

   > "나는 당신이 보고 말했던 것을 그대로 보고자하며 당신이 보았던 그대로 볼 수 있기를 바랍니다. 이제 한 번에 하나씩 검토해나갈 겁니다. 이제 당신이 말했던 그대로 내가 읽으면 당신은 나에게 어디서 그렇게 보았는지를 알려주시기 바랍니다. 그리고 그렇게 보도록 만든 것이 무엇인지 나도 알 수 있고 당신이 본 그대로 나도 볼 수 있도록 말해주기를 바랍니다. 이해가 됩니까?"

3) 질문단계 진행

   (1) 피검자가 충분히 이해하고 준비된 상태라면 하나씩 카드를 건네주면서 "여기서 당신은 ......이렇게 이야기했습니다."라고 말하면서 피검자의 말을 그대로 반복해준다.
   (2) 어떤 피검자들은 무엇이 그렇게 보도록 만들었는지를 말하기 어려워하는데 이 때 그렇게 보도록 만든 것이 무엇인지를 설명하도록 요구해야 한다.

51 출처 : http://cluster1.cafe.daum.net

4) 질문의 결정
- (1) 일단 피검자의 응답이 주어지고 난 다음 위치(어디서 그렇게 보았는지), 결정요인(무엇이 그렇게 보도록 만들었는지), 반응 내용(어떤 내용인지)의 3가지 항목에 대해 채점할 수 있어야 한다.
- (2) 질문단계에서 피검자가 반응의 위치를 밝히고 나면 검사자는 반응기록지에 반응 번호별로 반응의 위치를 기록해두고 표시해 두어야 한다.
- (3) 비교적 쉽게 채점될 수 있는 반응위치와 반응 내용과는 다르게 결정요인은 정확히 알아내어 채점하는 것이 어렵다.
- (4) 대부분의 피검자는 결정요인을 명확하게 지각하고 있지 않는 상태이므로 스스로 결정요인을 쉽게 말할 수 없으므로 검사자가 질문을 해야 한다.

5) 기본적인 질문방식
- (1) 검사자가 질문하는 경우 어떤 단서도 제공하지 않고 비지시적인 방식으로 질문해야 한다는 점이 중요하다.
- (2) 피검자가 원래 반응단계에서 반응했던 내용에 한해 응답해야 한다는 점도 중요하다.

6) 결정적 단어에 대한 질문
- (1) 검사자는 응답이 검사자의 질문에 영향을 받았는지의 여부를 결정하여 만약 영향 받지 않고 자발적으로 응답했다는 판단이 내려지면 추가 결정요인을 채점해야 하는지를 알기 위해 질문한다.
- (2) 질문단계에서 검사자가 질문을 많이 한 다음에 검사자의 질문의 영향을 받아서 피검자가 추가반응을 했다면 이런 경우는 추가요인으로 추가하지 않는다.

7) 부적절한 질문
- 질문 방식은 지시적이고 유도적인 경우 부적절하며 간단하고 비지시적이어야 한다.

로샤 검사와 MMPI와 같은 진단적 심리검사 결과가 일치하지 않을 수 있는 이유

1) 성격이 복합적 구조로 이루어져 있고, 개인차가 다양한 양상으로 나타나기 때문에 검사결과가 다르게 나타난다.
2) 각각의 심리검사는 성격의 상이한 수준을 측정하기 때문에 결과에 많은 영향을 미친다.
3) 각각의 심리검사는 측정의 방법과 관련된 요인이 결과에 많은 영향을 미친다.
4) 각각의 측정 방법은 검사 결과의 산출에도 영향을 미친다.
   - (1) 로샤 검사 : 검사자의 전문성, 검사의 상황변인 등
   - (2) 다면적 인성검사 : 사회적 바람직성, 반응 경향성 등

Rorschach검사를 투사적 검사로 분류하는 것에 대한 이의제기

Weiner(2003)는 로샤검사를 투사적 검사로 분류하는 것에 대하여 다음과 같은 두 가지 이유로 이의를 제기하였다.
1) 로샤를 객관적 검사가 아니라고 분류함으로써 검사자와 수검자에 따라 로샤 해석이 달라지는 주관적 검사라는 오명을 쓰게 된다는 점. → 주관적 해석은 검사자의 미숙함에서 비롯된다.
2) 로샤를 투사적 검사로 분류하는 것은 반응과정에 반드시 투사가 작용하고 투사가 작용하기 때문에 유용한 정보를 얻을 수 있다는 것처럼 오인하게 됨. → 로샤에서 항상 투사가 일어나는 것도 아니고, 투사가 가장 중요한 핵심도 아니다.

(3) 로샤검사에서 Exner 종합체계 중요채점법[53] 암기법 엑스너 - 조평내 / 결위 / 특쌍 / 질 two(발달질, 형태질)

채점(Scoring)은 내담자의 반응을 Rorschach 언어(symbol)로 바꾸는 절차이다. 채점은 크게 아홉 가지 유목으로 구성된다. 엑스너(Exner)의 종합 체계 방식은 기본적으로 반응의 위치, 반응 위치의 발달질, 반응의 결정 요인, 반응내용의 형태 질, 반응 내용, 평범 반응, 조직 활동, 특수 점수, 쌍 반응의 9개 항목으로 채점한다.

① 반응위치(Location) : 내담자가 반응한 반점이 어느 부위인가?

기호	정의	기준
W	whole response	전체를 사용한 경우
D	common detail response	흔히 반응되는 부분을 사용한 경우
Dd	unusual detail response	반응빈도가 5%미만인 부분을 사용한 경우
S	space response	카드의 공백부분을 반응에 사용한 경우 S는 독립적으로 채점되지 않고 W, D, Dd와 같이 채점됨(WS, DS, Dds)

② 반응위치의 발달 질(Developmental quality) : 그 위치 선택의 발달질이 어떠한가?

기호	정의	기준
+	synthesized response	둘 이상의 대상이 서로 관련을 맺고 있는 경우
o	ordinary response	단일 대상인 경우
v/+	vague-synthesized	둘 이상의 대상이 관계맺고 있으나 모두 분명한 형태가 없는 경우
v	vague response	형태가 없는 단일대상인 경우

③ 반응 결정인(Determinant) : 반응하게 하는데 기여한 반점의 특징은 무엇인가?

범주	기호	정의	범주		기호	정의
형태	F	형태반응	무채색		C´	무채색반응
운동	M	인간운동반응			C´F	무채색-형태반응
	FM	동물운동반응			FC´	형태-무채색반응
	m	무생물운동반응	음영	재질	T,TF,FT	음영-재질반응
	a-p	능동-수동		차원	V,VF,FV	음영-차원반응
유채색	CF	색채-형태반응		확산	Y,YF,FY	음영-확산반응
	FC	형태-색채반응	형태차원		FD	
	C	순수 색채반응	쌍반응		(2)	
	Cn	색채 명명반응	반사반응		Fr,rF	

---

52 출처 : http://cluster1.cafe.daum.net
53 암기법 엑스너 - 조평내 / 결위 / 특쌍 / 질 two(발달질, 형태질)

④ 반응내용의 형태 질(Form quality) : 피험자의 반응내용이 자극특징에 적절한가?

기호	정의	기준
+	superior-overelaborated	일반적인 형태 설명보다 수준이 높게, 우수하고 정교하게 설명함
o	ordinary	일반적인 형태 특징을 설명함
u	unusual	흔하지는 않지만 어느 정도는 그렇게 볼 수도 있는 반응
-	minus	전혀 맞지 않고 왜곡된 반응

⑤ 반응내용(Content) : 반응이 어떤 내용 범주에 속하는가?

범주	기호	정의
인간	H,(H),Hd,(Hd),Hx	인간, 가공의 인간, 인간부분, 가공의 인간부분, 인간경험
동물	A,(A),Ad,(Ad)	동물, 가공의 동물, 동물부분, 가공의 동물부분
주지화	Art, Ay	예술, 인류학
소외	Bt,Cl,Ge,Ls,Na	식물, 구름, 지도, 풍경, 자연
신체화	An, Xy	해부, X레이
의존성	Fd	음식
대상	Cg, Hh, Sc,	의복, 가정용품, 과학
	Sx	성
	Ex, Fi, Bl	폭발, 불, 피
	Id	특이한 반응

⑥ 평범(Popular) 반응 : 반응이 일반적으로 사람들이 많이 하는 반응인가?
⑦ 조직화(Organizational activity) 활동 점수 : 반점을 의미 있게 통합했는가?

기호	기준
ZW	전체반응, 발달질이 +, v/+, o 인 경우
ZA	인접한 부분에서 2개 이상의 개별적인 대상을 지각하고 이러한 대상들이 서로 의미 있는 관계를 이루고 있는 경우
ZD	인접하지 않은 부분에서 2개 이상의 개별적인 대상을 지각하고 그 대상들이 서로 의미있는 관계를 이루고 있는 경우
ZS	반점의 공간과 다른 영역을 통합하여 반응했을 경우

⑧ 특수 점수(Special Scores) : 반응에서 이상한 언어화가 있는가? 병리를 나타내는 특징이 있는가?

범주	기호	정의
특이한 언어반응	DV	검사자에게 특이하다는 인상을 주는 반응
	DR	부적절한 언어 사용
	INCOM	반점의 부분이 부적절하게 하나의 대상으로 합쳐진 반응
	FABCOM	두가지 이상 대상이 부적절하게 관계를 맺는 반응
	CONTAM	두가지 이상 대상이 비현실적으로 하나의 반응에 중첩된 반응
	ALOG	비논리적 표현
반응반복	PSV	카드내 반응 반복, 내용반복, 기계적 반응 반복

범주	기호	정의
통합실패	CONFAB	반점일부에 대한 반응이 반점 전체에 과일반화되는 경우
특수내용	AB	추상적 내용
	AG	공격적 운동
	COP	협조적 운동
	MOR	병리적 내용
인간표상 반응	GHR	좋은 인간 표상
	PHR	나쁜 인간 표상
개인적 반응	PER	개인적 반응
특수색채	CP	색채투사

⑨ 쌍 반응(Pairs response) : 사물을 대칭적으로 지각하고 있는가?

(4) 로샤검사의 구조적 요약 및 해석

1) 구조적 요약 단계

① 반응기록지에 채점된 각 반응 기호와 점수들을 점수계열지에 기록한다.
② 기록된 각 변인의 빈도들을 구조적 요약지 상단부에 기록한다.
③ 이를 토대로 반응간의 비율, 백분율, 산출 점수들을 계산하여 구조적 요약지의 하단부에 기록한다.

2) 구조적 요약 - 상단부

대부분의 반응 빈도를 기록한다. (Z점수, 반응영역, 발달질, 형태질, 결정인, 반응내용, 접근방식, 특수점수)

3) 구조적 요약 - 하단부

① 핵심영역(Core Section)

> * R (반응수) : 해석을 내릴 수 있을 만큼 충분히 표집되었는가?
> * L (Lambda, 람다) : 순수형태반응(F) ÷ 순수형태반응이 아닌 반응(R-F)
> * EB (경험형) = M : WSumC (WSumC = 1.5C + 1.0CF + 0.5FC)
> * EA (경험 실제) = M + WSumC
> * EBPer (EB 지배성) = EB 중 높은 점수 ÷ EB 중 낮은 점수
>   EBPer 은 다음 경우에만 계산한다.
>   - EA ≥ 4.0, and Lambda < 1
>   - 4.0 < EA < 10.0, (높은 점수 - 낮은 점수) ≥ 2.0
>   - EA ≥ 10.0, (높은 점수 - 낮은 점수) ≥ 2.5
> * eb (경험 기초) = sum(FM+m) : sum(all C' + all T + all Y + all V)
> * es (경험 자극) = sum(FM+m) + sum(all C' + all T + all Y + all V)
> * D (D 점수) : EA - es 를 D점수로 환산함.
>   - (EA-es)값이 ± 2.5일 때 D점수 0.
>   - (EA-es)값이 ± 2.5씩 증가할 때마다, D점수 ±1씩 증가함
> * Adj es (조정 경험 자극) : es - (m - 1 + sum Y - 1)
>   - m 또는 Y가 0일 경우는 0으로 계산한다.
> * Adj D (조정 D 점수) : EA - Adj es 를 D점수로 환산함.
>   - D < Adj D 일 경우, 스트레스 상황이 일시적일 가능성

② 관념영역(Ideation Section)

* a : p (능동 : 수동)
* Ma : Mp (능동 인간 운동 : 수동 인간 운동)
* 2AB + Art + Ay (주지화 지표)
* MOR (병적인 내용)
* Sum6, Lv2, WSum6
  - 6개의 특수점수(DV, INCOM, DR, FABCOM, ALOG, CONTAM)의 빈도
  - 인지과정의 문제점 반영
* M -, Mnone (인간운동반응의 형태질)

③ 정서영역(Affect Section)

* FC : CF + C (형태-색채비)
* SumC' : WSumC (SumC' = FC' + C'F + C')
  - SumC' > WSumC 일 경우, 정서를 지나치게 내면화함(constriction).
* Afr (Affective Ratio, 정서비) = Ⅷ,Ⅸ,Ⅹ 반응총합 ÷ 나머지 카드의 반응총합
* S (공백반응)
  - MMPI Pd 척도와 상관
* Blends : R (혼합반응수 : 전체반응)
* CP (색채투사) : 부인(denial) 방어기제와 관련됨.
* Pure C (순수 색채반응)

④ 인지중재영역(Mediation Section)

* XA% = (FQ+ + FQo + FQu) ÷ R
  - 확장된 형태 적합성
  - XA% < .70일 경우, 현실검증력 손상 가능성 시사
* WDA% = W, D 영역 반응 중 (FQ+ + FQo + FQu) ÷ 전체 W, D 반응수
  - 공통영역의 형태 적합성
  - WDA% < .75일 경우, 현실검증력 손상 가능성 시사
* X-% = Sum(FQx-) ÷ R : 왜곡된 형태
* S- : 공간(S) 반응 중 마이너스 반응의 수, 분노 통제와 관련됨.
* P (평범반응)
* X+% = (FQx+ + FQxo) ÷ R : 관습적 형태
* Xu% = Sum FQxu ÷ R : 드문 형태 반응

⑤ 처리영역(Processing Section)

* Zf (Z반응의 빈도) : 조직적 인지활동
* Zd = ZSum(Z점수의 총합) - Zest(최적의 ZSum값)
  - 인지과정의 효율성
  - Zd < -3.0, 과소통합형, Zd > +3.0, 과도통합형.
* W : D : Dd (경제성 지표)
* W : (기대 지표) : 피검자의 능력(M)과 기대수준(W)과의 관계
* PSV (반응 반복)
* DQ+, DQv (발달질의 빈도)

⑥ 대인관계영역(Interpersonal Section)

* COP(협조적 운동), AG(공격적 운동)
* GHR : PHR (좋은 인간표상 : 빈약한 인간표상)
* a : p (능동 : 수동)
* Food (음식 내용 반응) : 의존성과 관련됨.
* SumT (음영 - 재질 반응) : 친밀감에 대한 욕구와 관련됨.
* Human Cont = H + (H) + Hd + (Hd)
* Pure H (순수 인간 반응)
* PER (개인적 반응)
* Iso. Index (소외 지수) = (Bt + 2Cl + Ge + Ls + 2Na) ÷ R

⑦ 자기지각영역(Self Perception Section)

* [3r + (2)]/R (자아 중심성 지표)
* Fr + rF (반사반응의 빈도) : 자기애적인 특성을 암시함.
* SumV (음영 - 차원 반응)
* FD (형태차원 반응) : 심리적 통찰과 관련됨.
* An + Xy (해부반응, 엑스선 반응 빈도의 합) : 자기몰입, 신체에 대한 염려와 관련됨.
* MOR (병리적 반응)
* H : (H) + Hd + (Hd) 순수인간 반응과 그 외의 인간반응의 비율

기출문제 확인학습

로샤검사의 채점 중에서 반응위치와 평범반응 해석

1) 반응 위치
   (1) W반응 : 피검자가 잉크 반점의 전체를 사용하였을 때에만 사용한다.
   (2) D반응 : 전체 피검자의 5%가 부분으로 반응을 보이면 D로 채점한다.
   (3) Dd반응 : 가끔 사용되는 부분 반응을 채점할 때 쓰인다.
   (4) S반응 : 카드의 흰 공간을 포함시켜 반응했을 때 사용한다. - 공백반응
2) 평범반응(평범하게 반응하는 사람들의 특성)
   종합방식에서는 7,500개 반응 기록지에서 전체 반응수의 1/3 이상 빈번하게 반응되는 내용 13개를 추출하여 평범반응으로 정하였으며 평범반응과 내용 및 위치가 매우 유사하지만 정확하게 일치하지 않는 경우 평범반응으로 채점되지 않는다.
   (1) Ⅰ : 박쥐, 전체 블롯을 포함하고 있어야 한다. / 나비, 전체 블롯을 포함하고 있어야 한다.
   (2) Ⅱ : 동물, 곰, 개, 코끼리 등 구체적으로 동물의 이름이 제시된다. 보통은 동물의 머리나 상체부분으로 표현되지만 동물 전체 모양이 지각될 때도 평범반응으로 채점된다.
   (3) Ⅲ : 인간의 모습이나 인형, 만화 등 인간의 모습
   (4) Ⅳ : 인간 혹은 인간과 유사한 존재(거인, 괴물, 공상 과학적 존재)
   (5) Ⅴ : 박쥐, 카드의 정위치나 거꾸로 돌려본 위치에서 전체 블롯을 포함한다. / 나비, 카드의 정위치나 거꾸로 돌려본 위치에서 전체 블롯을 포함한다.
   (6) Ⅵ : 동물 가죽, 흔히 고양이나 여우의 전체 모양의 가죽이 언급된다.
   (7) Ⅶ : 인간 머리나 얼굴 특히 여성, 어린이, 인디안으로 지칭되거나 성이 언급되지 않기도 한다.
   (8) Ⅷ : 전체 동물 모습, 흔히 개, 고양이, 다람쥐 등 다양한 동물이 언급된다.
   (9) Ⅸ : 인간이나 인간과 유사한 존재, 마귀, 거인, 괴물, 공상과학적 존재

(10) X : 게 / 거미

> **평범반응 정리** 암기법　평범반응 : 나박 / 동인거 / 나박 / 동인동 / 괴인 / 게미
> 1) I (위치 : W) : 박쥐 / 나비
> 2) II (위치 : D1) : 동물의 전체 형태
> 3) III (위치 : D1) : 인간의 모습
> 4) IV (위치 : W) : 거인
> 5) V (위치 : W) : 나비 / 박쥐
> 6) VI (위치 : W) : 동물 가죽
> 7) VII (위치 : D1) : 얼굴(인간)
> 8) VIII (위치 : D1) : 동물 전체
> 9) IX (위치 : D1) : 인간, 괴물
> 10) X (위치 : D1) : 게 / 거미

로샤검사에서 형태질(Form quality)의 구조적 요약 방법

형태 질(Form quality)은 반응 내용은 자극의 특징에 적절한가?와 관련이 있다. 형태질은 형태질의 유형에는 +(우수하고 정교한 경우), o (보통의 경우), u(드문 경우), -(왜곡된 경우)의 4가지가 있으며, 구조적 요약에서 이 4가지 유형을 배열하는 방식이 3가지가 있다.

1) FQx(Form Quality Extended, 확대 형태질)
　형태를 사용한 모든 반응을 포함하는 것으로, 결정인과 형태질 칸에 있는 +, o, u, - 의 개수를 따로 세어서 기록하면 된다.
2) M Qual(인간운동반응 형태질)
　모든 인간 운동 반응의 형태질 빈도(+, o, u, - 기호의 개수)를 기록하는 것이다.
3) W + D(W와 D영역 형태질)
　W와 D영역을 사용한 반응 모두의 형태질 빈도(+, o, u, - 기호의 개수)를 기록하는 것이다.

로샤(Rorschach) 검사에서 X-%(Distorted Form, 왜곡된 형태반응) 지표

1) X-%는 전체 반응수에서 형태질이 -인 반응이 차지하는 비율을 나타낸다.

$$X-\% = \frac{\sum FQX-}{R}$$

2) 형태질이 -인 반응은 전체 규준집단에서 반응 빈도가 매우 낮은 반응으로 피검자가 어떻게 그렇게 지각하게 되었는지를 다른 사람들은 이해하기 어렵거나 전혀 이해할 수 없는 현실에 위배되는 반응이다.
3) 정상인 집단의 X-%의 평균은 7%정도이며, 정신과적 문제가 있는 경우 비율이 증가한다. X-%가 15% 이상일 경우에는 자극을 적절하게 지각하는데 문제가 있음이 시사되며, 20%이상일 때는 지각적 왜곡이나 손상이 있는 것으로 해석된다.

⑧ 특수지표

> * 구조적 요약 맨 아래에 6가지 특수지표가 있다.
> * S - CON (Suicide Constellation, 자살 관련 사고), PTI(Perceptual - Thinking Index, 지각 - 사고 지표), DEPI(Depression Index, 우울 지표), CDI (Coping Deficit Index, 대응 손상 지표), HVI (Hypervigilance Index, 과민성 지표), OBS (Obsessive Style Index, 강박 지표)는 Constellation Worksheet에서 해당하는 항목을 찾아 positive한 것으로 나오는 지표를 구조적 요약지에 체크한다.

Constellation Worksheet

S - CON (Suicide Constellation) 자살 관련 사고

■ positive : 8개 이상인 경우

(주의 : 14세 이상에만 적용)
- ☐ FV + VF + V + FD > 2
- ☐ Color - Shading Blends > 0
  (색채 반응과 음영반응이 함께 있는 반응)
- ☐ ([3r + (2)]/R < .31) or ([3r + (2)]/R > .44)
- ☐ MOR > 3
- ☐ (Zd > + 3.5) or (Zd < -3.5)
- ☐ es > EA
- ☐ CF + C > FC
- ☐ X + % < .70
- ☐ S > 3
- ☐ (P < 3) or (P > 8)
- ☐ Pure H < 2
- ☐ R < 17

PTI(Perceptual - Thinking Index) 지각 - 사고 지표

■ 절단점이 없는 연속적 척도임.

- ☐ XA% < .70 & WDA% < .75
- ☐ X-% > .29
- ☐ LV 2 > 2 & FAB 2 > 0
- *☐ (R < 17 & WSum6 > 12) or (R > 16 & WSum6 > 16)
- ☐ (M- > 1) or (X-% > .40)

Sum of PTI = _____

DEPI(Depression Index) 우울 지표

■ positive : 5개 이상인 경우
- ☐ (FV + VF + V + FD > 0) or (FD > 2)
- ☐ (Color-Shading Blend > 0) or (S > 2)
- *☐ ([3r + (2)]/R > .44 & Fr + rF = 0) or ([3r + (2)]/R < .33)
- *☐ (Afr < .46) or (Blends < 4)
- ☐ (SumShading > FM + m) or (SumC` > 2)
- ☐ (MOR > 2) or (2AB + Art +Ay > 3)
- ☐ COP < 2) or ([Bt + 2Cl + Ge + Ls + 2Na]/ R > .24)

CDI (Coping Deficit Index) 대응 손상 지표

■ positive : 4개 이상인 경우
- ☐ (EA < 6) or (AdjD < 0)
- ☐ (COP < 2) & (AG < 2)
- ☐ (WSumC < .25) or *(Afr < .46)
- ☐ (passive > active + 1) or (Pur H < 2)
- ☐ (Sum T > 1) or (Isolate/R > .24) or (Food > 0)

HVI (Hypervigilance Index) 과민성 지표	OBS (Obsessive Style Index) 강박 지표
■ positive : (1)번을 만족하고, (2)~(7) 중에서 4개인 경우 ☐ (1) FT + TF + T = 0 ☐ (2) Zf > 12 ☐ (3) Zd > +3.5 ☐ (4) S > 3 ☐ (5) H + (H) + Hd + (Hd) > 6 ☐ (6) (H) + (A) + (Hd) + (Ad) > 3 ☐ (7) H + A : Hd+Ad < 4:1 ☐ (8) Cg > 3	☐ (1) Dd > 3 ☐ (2) Zf > 12 ☐ (3) Zd > +3.0 ☐ (4) Popular > 7 ☐ (5) FQ+ > 1 ■ positive : 아래 항목 중 1개 이상 해당될 경우 ☐ (1)부터 (5)까지 모두 만족 ☐ (1)부터 (4)까지 항목 중 2개 이상 만족하고 FQ+ > 3 ☐ (1)부터 (5)까지 항목 중 3개 이상 만족하고 X+% > .89 ☐ FQ+ > 3 & X+% > .89

* 아동의 경우 교정점수 적용

심화

Rorschach 검사의 실시

1) 수검자의 질문에 응답하기

　비지시적으로 짧게 대답한다.

2) 좌석배치

　검사자와 피검자가 마주보는 위치는 피하고, 옆으로 나란히 앉거나 90도 방향으로 앉는다.

3) 질문단계(Inquiry)

　피검자의 반응을 정확히 기호화, 채점하려는 목적이 있으며, 이 단계에서 얻어야 할 정보는 ① 반응위치(어디서 그렇게 보았는지) ② 반응결정요인(무엇 때문에 그렇게 보았는지) ③ 반응 내용(무엇으로 보았는지)이다.

> "여러 가지로 말씀해 주셨는데, 지금부터 그것이 카드의 어느 곳에 보였는지에 대해서 여쭈어 보겠습니다."하면서 카드를 1번부터 보여주며 "카드의 어느 곳을 보고 반응한 것인가"를 질문한다.

cf 한계검증단계(Test the limit)

　질문단계를 거쳤음에도 불구하고 평범반응이 나오지 않으면 검사자가 카드를 들고 일정한 한계를 준 후(손으로 가리고) 다시 물어보는 단계이다. 평범반응은 적어도 3개가 반응되어야 하며, 8개 정도로 많이 나오면 지나치게 관습적인 사람이며, 너무 적으면 사회적인 통념과 위배되는 사람이라고 할 수 있다.

> **실력다지기**
>
> **연상단계**
> 1) 전체 반응이 14개 이하일 경우 연상단계에서 질문단계로 넘어가지 않고 표준절차를 벗어나서 추가 지시를 하고, 이 후 반응이 증가된다면 이 반응들을 모두 포함하여 채점하고 해석한다.
> 2) 이와 반대로 반응이 너무 많은 경우는 개입하여 반응을 5개 이하로 제한한다. 그러다가 만약 피검자가 어느 카드에서 5개보다 반응을 적게 한다면 이때부터 검사자는 피검자의 반응을 그대로 받아들인다. 이러한 반응의 제한은 반응비율을 변화시킬 위험성이 있다는 점이 고려되어야 한다.

2 주제통각검사(TAT : Thematic Apperception Test)

(1) TAT의 특징
  ① 욕구이론을 펼친 머레이(Murray)와 모간(Morgan)에 의해 1935년 개발되었다.
  ② 정신분석학에서 제시하고 있는 투사, 지각 및 통각, 자유연상과 심리적 결정론이라는 개념에 기초한다.
  ③ 피검사자가 꾸며낸 이야기에 그 사람의 성격이 투사되어 있을 것이라고 가정하고 그 이야기를 분석하여 성격을 진단하고자 한다.
  ④ 여러 가지 해석방법이 사용되고 있으나 '욕구(내적) - 압력(환경) 관계 분석법'이 가장 많이 사용된다.
  ⑤ 분석 내용은 주인공의 주요한 욕구, 갈등, 불안, 주위 인물에 대한 지각, 방어기제, 초자아의 적절성, 자아의 강도 등이다.
  ⑥ TAT 도판의 특징은 구성성과 모호성으로 구성성은 인물의 수와 성, 상황의 배경이 제시되어 있다는 점이고, 모호성은 그림의 내용이 불확실하여 여러가지 해석이 가능하다는 점이다(Murstein, 1961).
  ⑦ 로샤와 상호보완적으로 사용되며, 사고의 형식적인 측면이 아닌 내용을 주로 볼 수 있게 해 준다(Bellak, 1986).

(2) TAT의 실시
  ① 31장의 그림판이 있는데 모두 20매의 그림(11매는 공통, 성인 남자용 9매, 성인 여자용 9매, 소년용 9매, 소녀용 9매)을 제시하고 이 그림이 어떤 상황인지, 과거에 어떤 일로 인해 지금의 상황이 되었는지, 그리고 앞으로 이 일이 어떻게 진행되어 갈 것인지에 대해 상상력을 최대한 동원하여 이야기를 꾸며보라고 지시한다.
  ② 검사자가 생각하기에 불완전해 보이는 부분에서 중간질문을 할 수 있다. 중간질문은 연상의 흐름을 방해하거나 내용을 유도하지 않도록 조심스럽게 사용한다.
  ③ 종결질문은 20개 카드에 대한 반응이 모두 끝난 다음에 첫 카드부터 검사자가 보충하고 싶었던 부분에 질문을 한다. 수검자가 가장 좋았던 카드와 싫었던 카드를 고르고 이유를 질문하는 것도 도움이 될 수 있다.
  ④ 검사 실시는 통상 약 한 시간 정도를 두 번의 회기로 나누어 실시한다. 두 검사 회기간 적어도 하루 정도의 간격을 둔다.

(3) TAT 주요 도판별 내용과 기본 반응[54]

도판	도판 내용	기본 반응
1	한 소년이 바이올린 앞에서 무엇인가 골똘히 생각하고 있다.	부모의 태도와 주인공의 반응(권위에 대한 복종과 자립에 대한 갈등) 야망, 희망, 성취동기, 미래에 대한 수검자의 태도
2	시골풍경, 앞쪽에 한 젊은 여인이 책을 들고 있고, 뒤에 한 남성이 들에서 일을 하고 있음. 오른쪽에 한 중년 여인이 나무에 기대어 먼 곳을 응시하고 있다.	자립, 복종, 야망 수준 가족의 이별, 부모의 태도 성적 갈등, 임신, 잉태와 관련된 내용
3BM	한 소년이 의자에 기대어 머리를 파묻고 마루바닥에 주저 앉아 있으며 그 옆에는 권총과 비슷한 물건이 놓여 있다.	우울, 자살, 낙담 잠재적인 동성애 경향 공격성 억압과 회피
3GF	젊은 여인이 오른손으로 얼굴을 가리고 왼팔을 문쪽으로 뻗쳐 머리를 수그린 채 서있다.	우울, 실망, 억울한 심정 연인, 가족과의 갈등 죄책감
4	한 여인이 자기에게서 빠져 나가려는 듯한 남자의 어깨를 붙들고 있다.	결혼 생활의 적응문제 성에 대한 피검자의 태도 및 지각
5	한 중년 여성이 방문을 열고 방안을 들여다 보고 있다.	자위행위가 발견되는 것에 대한 공포감 성적 호기심
6BM	나이든 여인과 젊은 남자가 서 있고, 여인은 남자와 등을 돌리고 창문을 바라보며, 남자는 침울한 표정으로 아래를 내려다 보고 있다.	모자간의 갈등, 어머니에 대한 태도 가정불화의 원인 외디푸스 콤플렉스가 반영됨
6GF	안락의자에 앉아 있는 여인이 그녀의 어깨너머로 입에 파이프를 물고 있는 나이든 남자를 바라보고 있다.	남성에 대한 태도 여성의 역할, 이성에 대한 문제
7BM	백발의 남자가 젊은 남자와 머리를 맞대고 뭔가 이야기를 하고 있는 듯한 모습입니다.	권위자에 대한 반응 반사회적 경향, 편집증적 경향
7GF	한 여인이 책을 들고 앉아서 소녀에게 말을 걸거나 책을 읽어주고 있고, 인형을 안고 있는 소녀는 딴 곳을 쳐다 보고 있다.	모녀관계, 어머니에 대한 태도 자기자신에 대한 태도
8BM	한 젊은 소년이 정면을 응시하고 있으며, 한쪽엔 엽총 같은 것이 보이고 뒤에는 수술을 하는 장면이 흐릿하게 보인다.	공격성, 야망, 성취동기 (반응을 회피할 경우)공격성에 대한 부인이나 억압을 시사함
8GF	한 젊은 여성이 턱을 고이고 앉아 어딘가를 바라보고 있다.	미래에 대한 태도 현실의 어려움을 반영함.
9BM	네 명의 남자가 풀밭에 누워 휴식을 취하고 있다.	일과 동료에 대한 태도, 교우관계 사회적 태도나 편견
9GF	해변가를 달려가는 한 여인을 나무 뒤에서 다른 여인이 쳐다 보고 있다.	여성에 대한 태도, 자매간 갈등 동년배 여성에 대한 적의나 질투심
10	한 여인이 남자의 어깨에 머리를 기대고 있다.	남녀관계 문제, 부부관계 문제 (모두 남성으로 지각할 경우) 동성애 문제를 시사함.

---

54 심리검사의 이해. 최정윤, 시그마프레스(2007) 재구성

도판	도판 내용	기본 반응
11	높은 절벽 사이로 길이 나있고 길 저쪽에는 모호한 장면이 보이며 왼편에는 용의 머리 같은 것이 암벽에서 불쑥 튀어 나와 있다.	소아기적 공포, 원시적 공포에 대한 방어기제. 용의 머리가 남성성기나 구강기적 공격성의 상징으로 본능적 욕구를 반영함.
12M	한 남자가 눈을 감은 채 누워있고 중년의 남자가 누워있는 남자의 얼굴 위로 손을 뻗치면서 몸을 굽히고 서 있다.	성인 남자(권위자)에 대한 태도 수동적인 의존성 또는 치료에 대한 태도가 반영됨.
12F	젊은 여자가 있고 그 뒤에 머리에 숄을 걸친 섬뜩하게 생긴 늙은 부인이 얼굴을 찡그리고 있다.	선과 악에 대한 주제 어머니에 대한 개념이 반영됨.
12BG	숲속의 시냇가에 빈 배가 하나 있고, 무성한 나무가 한 그루 서 있는 풍경이다.	자살, 죽음, 우울의 경향 은둔적 경향을 반영함.
13MF	한 젊은 남자가 팔에 얼굴을 파묻은 채 서있고 뒤에는 한 여인이 침대에 누워있다.	성에 대한 태도, 성행위에 대한 죄책감 여성에 대한 적개심 남성에 대한 불신감을 반영함.
13B	한 어린 소년이 통나무 집 문 앞에 쪼그리고 앉아 있는 모습이다.	외로움이나 부모에 대한 애정의 욕구가 나타남.
13G	한 어린 소녀가 꼬불꼬불한 계단을 올라가고 있다.	혼자 어떤 일을 하는 것에 대한 느낌 미지의 시간에 대한 태도가 나타남.
14	까만 배경 속에 열려진 창가에 한 남자가 서있다.	자신의 문제, 욕구, 야망, 걱정이 반영됨 자살에 대한 집착이나 자살충동이 표현됨.
15	이상한 모습의 남자가 묘비 한가운데서 앙상한 손을 모으고 서있다.	피검자의 적대감이나 이에 대한 죄책감 죽은 사람에 대한 공포, 우울경향을 반영함.
16	백지	현재상태나 가장 고민하고 있는 문제 치료자에 대한 태도가 표현됨.
17BM	벌거벗은 듯한 남자가 줄에 매달려 올라가거나 내려오는 동작을 하고 있다.	피검자의 인정에 대한 욕구, 야망의 수준, 과시경향이 표현됨. 또는 문제상황을 회피하고자 하는 욕구를 반영함.
17GF	물위에 다리가 놓여 있고 한 여인이 다리에서 아래를 내려다 보고 있으며, 그 위에는 높은 건물들이 보이고 아래에는 작은 남자들의 모습이 보이고 있다.	우울과 불행에 대한 감정 자살경향이나 자포자기한 태도를 나타내기도 함.
18BM	한 남자가 보이지 않는 사람들의 손에 붙잡혀 있다.	모르는 공격에 대한 불안, 외부환경에 대한 두려움 알코올 중독이나 약물 중독에 대한 반응이 나타남.
18GF	한 여자가 쓰러지려는 사람을 붙들어 안고 목에 손을 대고 있는 듯한 모습이다.	질투심, 열등감 모녀관계, 여성간의 관계가 나타남
19	눈 덮힌 시골집의 움막이 있고 그 위로 구름이 덮혀 있다.	불안, 불안정성 안전에 대한 욕구
20	한 남자 또는 여자가 밤중에 가로등에 기대서 희미한 불빛을 받고 있다.	이성관계에 대한 문제나 태도 공격적 성향 불확실성에 대한 두려움

실력다지기

주제통각검사(TAT) 해석

1) 해석방법
   (1) TAT 반응을 해석하기 전에 피검사자에 관한 기본 정보(성, 결혼상태, 직업, 연령, 부친의 사망이나 이별 여부, 형제들의 연령과 성 등)는 검사자가 필수적으로 갖고 있어야 한다.
   (2) 해석의 타당성은 임상가의 훈련과 경험 그리고 역동심리학에 대한 이해에 의존한다.
2) 슈나이드만(Schneidman, 1951)이 제안한 다섯 가지 방식의 해석
   (1) 표준화법
      TAT 해석을 수량화하려는 입장이며 각 개인의 검사기록에 의한 TAT 반응상 특징을 항목별로 분류하여 유사점과 이질점을 피검사자군에서 작성된 표준화 자료에 비교하여 분석한다.
   (2) 주인공 중심의 해석법
      가장 중요한 의의를 갖는 연구법으로 이야기에 나오는 주요 인물, 주인공을 중심으로 분석하는 방법으로서 이야기 속 인물 분석법, 요구 - 압력 분석법[55], 주인공 중심법이 있다.
   (3) 직관적 방법
      정신분석이론에 기초한 가장 비조직적 분석방법이며 해석자의 통찰적인 감정이입 능력에 의존하고 반응내용 기저의 무의식적 내용을 자유연상법으로 해석하는 방법이다.
   (4) 대인관계법
      ① Arnold(1949)의 인물 등의 대인관계 상태분석법 : 이야기 중 인물 간 및 인물들에 대한 피검사자의 역할에 비추어 공격, 친화, 도피 감정을 중심으로 분석하는 방법이다.
      ② White(1944)방식 : 이야기에 나오는 여러 인물의 사회적 지각 및 인물들의 상호 관계를 중심으로 분석한다.
   (5) 지각법
      피검사자의 이야기 내용 형식을 분석하며 도판의 시각 자극의 왜곡, 이야기 자체의 기묘한 왜곡, 언어의 이색적 사용, 사고나 논리의 특성 등을 포착, 분석한다.
3) 해석하는데 관련되는 기본 요인
   주인공, 환경자극의 압력, 주인공의 욕구, 대상에 대한 주인공의 감정(긍정적, 부정적), 주인공의 내적 심리상태, 주인공의 행동표현 방식, 결과

욕구 - 압력 분석법 7단계

1) 주인공을 찾는다
2) 환경의 압력을 분석한다.
3) 주인공의 반응에서 드러나는 욕구를 분석한다.
4) 주인공이 애착을 표현하고 있는 대상을 분석한다.
5) 주인공의 내적인 심리 상태를 분석한다.
6) 주인공의 행동이 표현되는 방식을 분석한다.
7) 일의 결말을 분석한다.

---

[55] 현재 가장 많은 지지를 받고 있는 분석법으로서, 개인의 욕구와 환경 압력 사이의 상호작용 결과를 분석하여 심리적 상황을 평가한다.

실력다지기

아동용 주제통각검사 등

1) 아동용 주제통각검사(CAT)
   (1) Bellak & Bellak이 개발하였으며 3~10세 아동용으로 활용된다.
   (2) TAT와 다른 점은 그림판에 동물이 등장한다는 점이며 표준 그림판 9매, 보충 그림판 9매 총 18매의 그림판으로 구성된다.
2) 주제통각검사 읽을거리
   (1) 1935년에 Harvard대학교의 임상심리연구실에서 Murray와 Morgan에 의하여 제작된 투사적 검사이다.
   (2) 피검사자가 쉽게 동일시 할 수 있는 인물과 상황을 묘사한 30매의 그림카드와 아무런 그림이 없는 1매의 공백카드로 구성되어 있다.
   (3) 30매의 카드는 남성 성인용, 여성 성인용, 소녀용, 소년용, 겸용(공통)으로 분류되어 있는데 한 피검사자에게 20매를 제시하도록 되어 있다.
   (4) 피검사자에게 각 카드를 보여주면서 현재 무슨 일이 일어나고 있는 지, 카드 내에 나타난 인물들의 생각, 느낌, 행동은 어떤지 그리고 과거에는 어떠했고 미래에는 어떻게 될 것인지에 대하여 상상력을 발휘하여 이야기를 만들어 보라고 요청한다.
   (5) 이 검사는 모호한 그림에 대하여 이야기를 구성하는 과정에서 피검사자가 자신의 개인적인 과거 경험, 상상 및 공상내용, 관심과 욕구를 투사하게 되며, 이러한 공상 속에서 피검사자의 무의식적 충동, 방어 및 개인적인 갈등이 표현된다는 가정에 근거하고 있다.
   (6) TAT는 임상장면에서 임상진단과 치료적 목적으로 활용될 뿐만 아니라 교육, 사회, 산업장면에서 폭넓게 활용되고 있다.

3 벤더 게슈탈트 검사(BGT : Bender Gestalt Test)

(1) BGT의 특징

1) 벤더 - 게슈탈트 검사(이하 BGT)는 베르트하이머(Wertheimer, 1923)가 지각과 관련된 게슈탈트 심리학의 원리를 증명하기 위해 고안한 도형들에 착안하여 Bender(1938)가 개발한 심리학적 평가 도구이다.
2) 벤더(L. Bender)가 1938년 개발한 것으로서 본래 Bender Visual - Motor Gestalt Test이었던 것을 1940년에 BGT로 개칭하였다.
3) 형태주의 심리학의 창시자인 베르타이머(Wertheimer)가 형태 지각 실험에 사용한 여러 기하학적 도형 중 9단계를 선택하였다(도형 A, 도형 1~8).
4) BGT는 임상가들에 의해 가장 자주 사용되는 심리학적 검사의 하나로 원래 두뇌의 기질적 장애를 평가하기 위한 목적으로 제작되었으나, 현재는 뇌 손상이나 시각 - 운동 협응에 대한 발달적 평가 외에 성격평가를 위한 투사적 기법 등 다양한 목적으로 폭넓게 사용되고 있다.
5) BGT 심리검사기법은 9개의 도형을 제시하고 베껴서 그리도록 하는 검사로 휴대하기가 용이하며, 검사자체가 간편하고 그 실시와 채점 및 해석이 다른 심리검사기법들보다 쉽다.
6) BGT는 대표적인 투사검사로 행동상의 미성숙을 검사하는 방법 중에서 가장 신뢰로운 검사이다. 로샤(Rorschach)검사나 주제통각검사(TAT)와는 달리 비언어적인 검사로서 문화적인 영향을 적게 받기 때문에 비교적 피검사자의 나이나 문화와는 무관해서 실시, 해석될 수 있다는 장점을 가지고 있다. 또한 검사 실시, 채점, 해석이 다른 투사적 검사보다 쉽고 간편하면서도 투사적 기본이론에 일치하고 신뢰도 및 타당도가 충분하기 때문에 교육과 임상 장면에서도 활발히 사용되고 있다. 또한 BGT는 심리검사의 통합적인 면을 갖고 있어 시각 - 운동기능 성숙도, 지능, 성격구조, 정서문제, 학습장애, 학업성취도 등의 진단과 예언에 유용하게 적용될 수 있다.

(2) BGT의 실시
1) 지시
"9개의 도형을 보여줄테니, 가능한 한 그림과 똑같이 그려보세요."
2) 실시방법의 변형
① 집단실시(Group Administration)
- 식별검사의 역할로서 인쇄된 책자나 스크린을 통해 집단적으로 실시할 수 있다.
② 회상법(Recall Method)
- 모사단계에서 그린 그림을 최대한 많이 기억하여 다시 그리도록 한다.
- 기질적 뇌기능장애환자와 조현병 환자를 감별진단할 때 사용된다.
③ 순간노출제시(Tachistoscopic Presentation)
- 5초동안 그림을 보여주고 기억에 의해 그림을 그리게 한다.
- 기질적 장애와 다른 유형의 정신장애를 감별진단한다(Hutt & Briskin, 1960).
④ 배경간섭절차(Background Interference Procedure: BIP)
- 처음엔 표준적 모사를 실시하고 그 다음엔 다양한 곡선이 교차하는 선이 인쇄된 용지에 도형을 그리도록 한다.
- 기질적 장애의 예측성을 높이기 위해 고안되었다.

실력다지기

BGT 검사[56]를 통해 알아볼 수 있는 증상

1) BGT 검사의 특징
  (1) 기질적 장애를 판별하려는 목적에서 널리 사용
  (2) 뇌 손상 이외에 정신증, 지적장애, 그 밖의 성격적인 문제를 진단하는데 적용될 수 있음
  (3) 시지각 - 운동 성숙수준, 정서적인 상태, 갈등의 영역, 행동통제의 특성이 드러남
2) BGT 검사가 유용한 검사자
  (1) 언어적인 방어가 심한 환자
    강박적이고 이지적이며 자기합리화를 하는 경향이 강한 사람들 또는 자신이 가지고 있는 증상 이상으로 병리적인 반응을 보이는 사람들
  (2) 문화나 언어적인 배경을 뛰어넘기 때문에 언어적 능력이 제한되어 있는 사람이나 언어표현이 자유롭지 못한 환자(예 긴장성 조현병 환자)
  (3) 뇌 손상 여부가 의심스러운 사람들
  (4) 지적장애를 좀 더 정확히 진단할 수 있음

기질적 뇌손상(organic brain syndrome)

1) 토막짜기, 바꿔쓰기, 차례 맞추기, 모양 맞추기 점수가 낮다.
2) 숫자 외우기 소검사에서 '바로 따라 외우기'와 '거꾸로 따라 외우기' 점수 간에 큰 차이를 보인다.
3) 공통성 문제 점수가 낮고 개념적 사고의 손상을 보인다.
4) 어휘, 상식, 이해 소검사의 점수는 비교적 유지되어 있다.
5) 실수를 할 가능성이 높다.

---

56 독일 형태심리학자인 베르트하이머(Wertheimer) 등이 제2차 세계대전이 발발하면서 다양한 문화배경에서 징집된 군인들을 진단할 필요가 생기면서 고안됨

(3) BGT의 채점체계
1) BGT가 Bender에 의해 개발된 이래로 Bender(1938, 1946), Pascal - Suttell(1951), Peek - Quast(1951), Hutt(1953, 1960, 1969, 1977, 1985), Hutt - Briskin(1960), Koppitz(1960, 1964, 1975), Hain(1964), Cooper - Barnes(1966), Pauker(1976), Lacks(1984), Perti - cone(1988)등의 많은 채점 방법들이 개발·제시되었다. 이 중에서 가장 널리 사용되고 있는 것은 Pascal - suttell(1951), Hain(1964), Hutt - Briskin(1960) 3가지 체계이고, 5세~10세를 위한 Koppitz(1960) 아동용 채점체계가 많이 사용되고 있다.
2) Pascal - Suttell의 객관적 채점법
   ① 이상의 그림이 정상의 그림에 비해 일탈이 심하다는 전제를 통해 변별항목을 선택하였다.
   ② 8개 도형의 98개 항목, 전체 구도에 대한 7개 항목으로 구성되었다.
   ③ 자, 각도기, 채점기준표(score sheet)를 통해 채점한다.
3) Koppitz 아동용 채점
   ① 5세에서 10세까지의 어린 아동을 대상으로 한 객관적 채점법이다.
   ② Koppitz는 정서지표를 개발하여 아동의 정서장애를 BGT로 식별하도록 하였다. 이로써 BGT를 통하여 아동의 지능, 학업성취도, 정신박약 및 정서적 문제 등을 식별 진단하고 예언할 수 있게 되었으며 아동에 대한 연구와 활동이 촉진되었다.
   ③ Koppitz(1974) 아동용 채점법이 개발된 후 우리나라의 경우 정종진(1986)에 의해서 BGT를 집단으로 실시했을 때의 신뢰도가 연구되고 오상우(1988)에 의해서 Koppitz의 아동용 BGT가 자세하게 소개되었으며 김민경, 신민섭(1995)에 의해 Koppitz의 아동용 규준을 위한 예비연구가 진행되었다. 그 밖에도 교육학과 심리학 분야에서 Koppitz의 채점체계를 사용한 아동의 지적능력 및 발달수준(박찬운, 임동찬(2003), 신민섭, 양윤란(1988), 심기변(1994), 송영혜(1989), 한종철, 윤희령(1995)과 관련된 연구와 정서장애(김정규, 정종진(1984) 및 문제행동(박무직, 김병하(1978)과 관련된 연구들이 활발하게 이루어지고 있다.
4) Hutt의 정신병리척도
   ① Hutt의 개정된 정신병리척도의 채점항목은 조직, 형태의 변화, 형태의 왜곡 등 3개의 유목으로 조직된 17개의 징후로 구성되어 있다.
   ② 최고의 척도가는 10점이며 1개의 징후(도형 A의 위치)만 3.25점이다.

③ 주요 유목과 징후[57]

징후(변인)	도형(일탈이 일어난 도형)	요인(유목)
1) 배열순서	혼란;불규칙;아주 엄격함;정상	조직에 관련된 요인 (Factors Related to Organization)
2) 도형 A의 위치	비정상 : 가장자리의 1인치 이내 정상 : 용지상단 1/3 이내 중앙배치 : 10점	
3) 공간사용	비정상 : 도형 간의 공간이 지나치게 좁거나 넓을 때	
4) 중첩	중첩 : 극단, 보통, 중첩있음. 중첩경향 : 극단, 보통, 중첩경향 있음	
5) 용지회전	도형전부 : 3~8개, 도형일부 : 1~2개	
6) 폐쇄곤란	A, 2, 4, 7, 8	형태변화와 관련된 요인 (Factors Relating to Changes in the Form of the Gestalt)
7) 교차곤란	6, 7	
8) 곡선곤란	4, 5, 6	
9) 각의변화	2, 3, 4, 5, 6, 7	
10) 지각적 회전	A, 1, 2, 3, 4, 5, 6, 7, 8	형태왜곡과 관련된 요인 (Factors Related to Distortion of the Gestalt)
11) 퇴영	1, 2, 3, 5	
12) 단순화	A, 1, 2, 3, 5, 6, 7, 8	
13) 단편화	A, 4, 7, 8	
14) 중복곤란	A, 4, 6, 7	
15) 정교화	A, 1, 2, 3, 4, 5, 6, 7, 8	
16) 고집화(보속성)	1, 2, 3, 5, 6	
17) 재묘사	A, 1, 2, 3, 4, 5, 6, 7, 8	

> **기출문제 확인학습**
>
> ### BGT (Bender - Gestalt Test)는 완충검사(buffer test)로 쓸 수 있다는 의미
>
> 1) 임상가들이 환자를 대상으로 검사를 실시할 경우 지능검사나 그 밖의 성격검사를 실시하기 이전에 BGT를 실시하는 이유는 피검자와 검사자 간의 라포형성에 도움이 되기 때문이다.
> 2) 이 검사는 피검자들의 검사에 대한 긴장을 덜어주는 역할을 한다.
> 3) 검사자에게 아는 바를 반응하거나 애매한 자극에 대한 얼굴을 마주보고 반응해야 하는 지능검사나 로샤, TAT검사 등과는 다르게 BGT는 단지 도형을 그리는 작업에 몰두하게 되어 긴장완화와 함께 라포형성에 도움이 된다.

---

[57] 정종진(2017). BGT 심리진단법. 학지사

> **심화**

BGT 평가 항목들과 그에 대한 해석

BGT의 평가는 처음에 조직화(organization), 크기의 일탈(deviation in size), 형태의 일탈(deviation in form), 전체적 왜곡(gross distortion), 그려나가는 방식(movement) 등 5개의 유목, 27개 징후로 구성되었지만 1985년 개정된 정신병리척도에서는 조직, 형태의 변화, 형태의 왜곡 등 3개의 유목, 17개 징후로 구성되어 있다.

1) 조직에 관련된 요인(Factors Related to Organization)
  조직화 방식은 일반적으로 개인의 조직성, 계획성 등과 관련 있다고 알려져 있다.
  (1) 배열순서(sequence)
    ① 9개의 도형을 용지에 배열하는 순서의 규칙성을 말한다. 대부분 왼쪽에서 오른쪽 또는 위에서 아래로 배열하는데 이런 배열 방식에서 벗어날 때, 또 피검자가 정한 순서에 변화가 일어날 때 평가의 대상이 된다.
    ② 객관적 접근 방식에서는 도형을 처음에 오른쪽에서 왼쪽으로, 아래에서 위로 배열하는 것이 나타나면 1회 변화일탈로 채점하고, 그 외에는 순서가 달라질 때마다 그 횟수를 세어둔다.
    ③ 1회 정도의 일탈은 정상적인 것으로 받아들일 수 있다. 강박적인 사람은 아주 정확한 순서로 배열하고, 불안이 매우 심하여 그에 압도되어 있거나 정신증적 증상을 가진 사람들은 계획성 없이 혼란된 방식으로 그려 나가는 경향이 있다.
  (2) 도형 A의 위치(position of the first drawing)
    ① 도형 A를 어디에 그리는가에 대해서 평가하는 것이다. 도형 A가 용지 상부의 1/3 이내에 있고 가장자리에서는 (어느 가장자리에 그리든) 2.5cm 이상 떨어져 있다면 정상적인 위치에 있는 것으로 볼 수 있다.
    ② 용지의 왼쪽 또는 오른쪽 아래의 모서리에 A도형을 그리면 매우 병리적인 상태임이 시사된다. 소심하거나 겁이 많은 사람은 A도형을 극단적으로 왼쪽 위의 모서리에 배치하고 도형을 전체적으로 작게 그리는 경향이 많다.
    ③ 자기중심적이고 주장적인 사람은 용지의 중앙에 비치하면서 크게 그리는 경향이 있는데, 도형 하나에 용지 1매를 사용하는 경우도 있다.
  (3) 공간의 사용(use of space)
    ① 이어서 그린 도형들 사이의 공간의 크기에 대해서 평가한다. 연속되는 두 도형 간의 공간이 앞 도형의 해당 축(수평 또는 수직 축)의 크기보다 1/2 이상 떨어져 있거나 1/4 이내로 좁으면 비정상적인 것으로 본다.
    ② 도형 사이의 공간이 지나치게 큰 것은 적대적이고 과장을 잘하며 독단적인 성격을 가진 사람들에서 많이 나타난다. 반면에 사이의 공간이 아주 좁으면 수동적 경향, 퇴행, 조현성 성격 특성을 반영할 수 있다.
  (4) 중첩(collision)
    ① 도형들이 서로 중첩되어 그려진 경우이다. 즉, 한 그림이 다른 도형에 접해 있거나 겹쳐서 그려진 것을 말한다. 중첩되게 그리는 것은 그 피검자의 자아 기능에 큰 장애가 있음을 시사한다.
    ② 계획능력의 빈약, 극단적인 충동성을 반영하기도 한다. 그리고 뇌기능 장애를 가지고 있는 환자의 경우에도 나타날 수 있다.
2) 형태변화와 관련된 요인(Factors Relating to Changes in the Form of the Gestalt)
  (1) 용지의 회전 (shift in the position of the paper)
    주어진 용지를 수직 위치에서 수평 위치로 회전시키는 것으로 약 90도 정도로 회전시키게 된다. 용지 회전은 제멋대로 하려는 경향을 시사하는 것으로, 잠재적 혹은 외현적인 저항, 자기중심적인 경향이 있을 때 나타난다.

(2) 폐쇄곤란(closure difficulty)
  ① 한 도형 내에서 폐곡선을 완성시키지 못하거나 부분들을 접촉시키는 데 어려움이 있는 것을 말한다. 이러한 폐쇄 곤란이 일어나는 도형은 A, 2, 4, 7과 8이다.
  ② 폐쇄 곤란은 적절한 대인 관계를 유지해 나가기가 곤란함을 시사하며 이와 관련된 정서 문제를 반영하는 지표가 될 수 있다.
(3) 교차곤란(crossing difficulty)
  ① 도형 6과 7에 해당되는 항목으로, 다각형들의 교차 곤란을 말한다. 선이 서로 교차되는 지점에서 지우고 다시 그리거나 스케치하는 경우, 선을 지나치게 꼭 눌러 그리는 경우가 있을 수 있다.
  ② 이 현상은 심리적 단절(psychological blocking)의 지표가 될 수 있으며, 강박증과 공포증 환자, 대인관계의 곤란을 겪는 사람들에게서 많이 나타난다.
(4) 곡선 곤란(curvature difficulty)
  ① 도형 4, 5, 6에 있어서 곡선의 성질이 명백히 변화된 것으로, 진폭이 커지거나 작아지는 경우이다. 이 요인은 정서와 밀접한 관련이 있는데, 곡선의 진폭이 커졌을 때는 정서적인 민감성이나 정서적 반응성이 큼을 나타내는 것으로 해석된다.
  ② 곡선의 진폭이 작아졌을 때는 커졌을 때와는 상반되는 해석을 한다. 우울한 환자는 진폭을 작게 그리는 경향이 있다.
(5) 각의 변화(change in angulation)
  ① 도형 2, 3, 4, 5, 6, 7에서 각도가 15도 이상 커지거나 작아지는 것을 말한다. 정확하게 각도를 그리는 능력은 지적 발달이나 지각의 문제와 관련이 깊다고 볼 수 있다.
  ② 각도를 부정확하게 그리면 기질성 뇌손상 혹은 지적장애와 관련이 많다.

3) 형태왜곡과 관련된 요인(Factors Related to Distortion of the Gestalt)
 (1) 지각적 회전 (perception rotation)
  ① 자극도형과 용지는 정상적인 표준위치를 유지하고 있는데도 불구하고 묘사된 도형은 그 주된 축이 회전된 것을 말한다. 심한 회전은 다른 명백한 요인이 없으면 자아 기능 수행에 심한 장애를 시사하는 것으로 해석할 수 있는데, 이러한 현상은 뇌기능 장애, 지적장애, 정신증 환자들에서 흔히 볼 수 있다.
  ② 시계방향으로의 경미한 회전은 우울증과 관련이 깊고, 역시계방향의 회전은 반항적 경향과 관련이 깊다고 알려져 있다.
 (2) 퇴영(retrogression)
  ① 자극 도형을 아주 유치한 형태로 묘사하는 것이다. 예로는 도형 1, 3, 5에서 점 대신 봉선으로 그리는 경우, 원을 고리 모양으로 그려 버리거나 도형 2에서 원 대신 점으로 찍어 버리는 경우를 들 수 있다.
  ② 일반적으로 퇴영은 심리적 외상에 대한 비교적 심하고 만성적인 방어 상태에서 일어나며, 자아 통합과 자아 기능 수행의 실패를 나타내 주는 것으로 해석된다. 또한 조현병 환자나 방어기제가 약화된 심한 신경증 환자에게서 나타나는 경우도 많다.
 (3) 단순화(simplification)
  자극 도형을 훨씬 단순화시켜 그리는 경우를 말한다. 여기에는 ① 도형 A에서 두 부분을 접촉시키지 않는 경우, ② 도형 1, 2, 3, 5에서 구성 요소들의 수를 최소 3개 이상 감소시키는 경우, ③ 도형 6에서 곡선의 수를 감소시키는 경우, ④ 도형 7, 8에서 다각형을 장방형으로 그리는 경우가 있다. 단순화는 과제에 대한 집중력의 감소를 나타내며, 행동의 통제나 자아를 실행하는 기능의 장애와도 관련이 있다.

(4) 단편화(fragmentation)
   ① 자극의 형태가 본질적으로 파괴된 것인데, 여기에는 도형 묘사를 분명하게 완성하지 못하는 경우, 형태가 결합되어 있지 않고 부분 부분이 각각 떨어져 있는 모양으로 묘사되어 전체적인 형태가 상실된 경우가 있다.
   ② 단편화는 지각 - 운동 기능 수행에 심한 장애를 반영하며, 추상적 사고능력과 통합능력의 저하와도 관련이 깊은 것으로 알려져 있다.

(5) 중첩 곤란(overlapping difficulty)
   도형 7의 두 부분을 겹치는 것이 잘 안 되는 것과 도형 A와 4에서 두 부분의 접촉에 특별한 곤란을 보이는 것을 말한다. 여기에 속하는 것으로는 ① 자극도형 A와 4에는 존재하지 않는 중복을 크게 겹쳐 그리는 것, ② 도형 7에서 두 부분을 겹치지 못한 것, ③ 도형 7의 겹치는 지점에서 어느 한쪽 그림의 여러 부분을 단순화시키거나 왜곡시키는 것이 있다. 중첩 곤란은 뇌기능 장애와 관련이 있다고 해석할 수 있다.

(6) 정교화 또는 조잡(elaboration or doodling)
   ① 너무 정교하게 그리거나 낙서하듯 되는 대로 그려서 그 모양이 크게 변해 버린 것이다. 정교화는 원래 도형 모양에 고리나 깃 모양을 덧붙인다거나 선 또는 곡선을 더 그림으로써 형태를 변화시키는 것을 말한다.
   ② 조증 삽화를 보이는 환자들에게서 많이 볼 수 있는데, 이 요인은 충동통제의 문제나 강한 불안과 관계가 된다.

(7) 고집화(보속성, perseveration)
   ① 앞 도형의 요소가 뒤 도형에 이어서 이용되거나, 한 도형의 요소들이 자극 도형에서 요구되는 것 이상으로 연장해서 그려진 경우를 말한다. 보속성은 장면을 변화시킬 능력의 부족이나 이미 설정된 장면을 유지하려는 완고성을 나타내는 것이다.
   ② 이는 자아 통제력이 크게 저하되어 있음을 반영할 뿐 아니라, 현실 검증력의 저하 때문인 것으로도 해석할 수 있다.

(8) 재묘사(redrawing of the total figure)
   ① 첫 번째로 모사한 것을 완전히 지우지 않고 그대로 두거나, 지우개를 사용하지 않고 줄을 그어 지워버리고 다시 그리는 것을 말한다.
   ② 이러한 현상이 한 번만 일어날 때는 현재 불안 수준이 상승되어 있음을 반영하고, 한 번 이상 일어날 때는 계획 능력의 부족 또는 지나친 자기 비판적 태도라고 해석할 수 있다.

> **암기문장** 열A공간중첩-회전폐쇄교차곡선각-전투단2중복정교재

BGT에서 나타나는 진단별 반응 특징

1) 기질적 뇌 손상
   (1) 제시되는 sign들은 뇌 손상의 유형, 기간, 심각도, 환자의 과거 성격 특성 등에 따라서 달라질 수 있다.
   (2) 중첩(경향), 뚜렷한 각의 변화, 심한 회전(특히 피검자가 회전되었다는 사실을 모르거나 그것을 수정할 능력이 없을 때 더욱 중요), 단순화, 심한 단편화, 중첩곤란(경미한 것에서 심한 것까지 다양), 경미한 정교화, 전 도형을 재모사함, 선의 굵기가 일정치 않음, 경직성(concreteness)

2) 조현병
   혼란스런 배열 방식, 도형 A의 위치가 심하게 비정상적임, 지나치게 큰 그림 / 용지를 과도하게 많이 사용, 지나친 가장자리의 사용(특히 편집성에서), 심한 폐쇄곤란, 심한 곡선곤란, 경미한 회전(대부분 수정할 수 있음), 퇴영, 단편화(경미한 것에서 심한 것까지), (심한)정교화, 전 도형을 재모사함, 단순화

3) 신경증(성격장애 제외)
   지나치게 엄격하거나 불규칙한 순서, (심한) 아주 작은 그림, (현저한) 고립적인 크기의 변화, 곡선곤란(경미), 각의 변화(경미), 회전(경미), 그려나가는 방식의 비정상 또는 불일치, 교차곤란, 선의 질이 매우 굵거나 가늘거나 심하게 비일관적

4 집, 나무, 사람 그림검사 (HTP : House, Tree, Person Drawing Test)

(1) HTP의 특징

1) 1948년 벅(Buck)에 의해 처음 제창되었으며 1958년 햄머(Hammer)에 의해 크게 발전되었다.
2) 집, 나무, 사람은 누구에게나 친밀한 주제이기 때문에 이것을 그리게 하여 환경에 대한 적응적인 태도, 무의식적 감정과 갈등을 파악하려고 하였다.
3) 로샤검사와 TAT검사가 제시된 자극에 반응하는 성격의 수동적인 과정에 중점을 두는 반면, HTP검사는 적극적인 반응을 구성해 가는 성격의 표출과정을 중시한다. 또한 TAT검사가 언어적 의사소통(verbal communication)에 근거한다면 HTP검사는 상징적인 도식적 의사소통(graphic communication)에 의해 성격의 여러 면을 표현하게 된다.[58]

(2) HTP의 실시

1) 용지 4매, 연필, 지우개를 준비하여 집, 나무, 사람을 각각 그리도록 하는데, 자신과 반대되는 이성을 그린 경우 용지를 한 장 더 주어 자신과 같은 동성의 인물화를 그리도록 하였으며 인물화의 경우 팔 다리를 모두 갖춘 그림을 그리도록 지시하고 집, 나무, 사람의 매 그림마다 소요시간을 기록한다.
2) 수검자가 지나치게 단순하게 그리면 다시 그리도록 지시해 줄 수도 있다. 수검자가 그림을 그리는 동안 관찰되는 모든 특징적인 행동은 기록해 두는 것이 좋다.
3) 그림이 모두 완성되면, 그림에 대한 연상을 이끌어 낼 수 있는 다양한 질문을 할 수 있다. 인물을 통해 연상되는 사람, 그려진 인물의 성별, 나이, 직업, 자세, 표정, 기분, 성격이나 인상, 미래의 꿈과 소망, 가장 마음에 들게 잘 그려진 곳과 아닌 곳 등을 질문한다.

(3) HTP의 해석

1) HTP 종합적 해석

HTP 검사의 해석이란 그림에 의해 성격의 여러 면을 밝혀 나가는 것이며 전체적 평가, 형식적 분석, 내용적 분석을 종합하여 해석한다.

① 전체적 평가

상징성보다는 전체적인 느낌 분위기, 조화, 구조 등을 바탕으로 사회적인 관계, 신체에 대한 왜곡, 적응력을 파악해야 한다.

② 형태적 분석

그림의 필압, 그림을 그려나가는 순서, 위치, 크기, 음영, 지우개의 사용정도, 운동성 등을 통해 성격을 파악해 나가는 것이다.

③ 내용적 분석

어떻게 그렸느냐가 아니라 무엇을 그렸느냐가 중요하게 다루어지며, 특정적인 사인이 무엇인가? 그림에 그려진 그 무엇들의 상징적인 의미는 무엇인지를 파악하고 특징들의 의미를 찾아내야 한다.

---

[58] 김동연, 공마리아, 최외선(2002). HTP와 KHTP 심리진단법. 동아문화사.

> **개별 그림의 해석**
> ① 집 - 피검사자의 환상, 자아기능, 현실검증 능력, 가정 상황에 대한 지각 등에 대한 단서
> ② 나무 - 심층적이고 무의식적인 자기상을 대변, 가장 감정 이입적인 동일시를 느낌
> ③ 사람 - 심리적인 자아상으로서 의식적인 자기 모습(자기 개념이라는 성격의 핵심적 측면이 투사) 피검사자로부터 가장 많이 거부당하는 검사이며 청소년기에는 이상적 자아상, 아동의 경우 부모의 이미지를 그림

2) 집 - 나무 - 사람 그림검사(HTP)에서 그림의 위치에 따른 해석
   ① 용지의 중앙 : 정상 / 안정된 사람
   ② 정확히 중앙인 경우 : 불안정감 / 완고성 - 특히 대인관계의 융통성 결여
   ③ 용지의 가장자리 : 의존적 / 자신감 결여
   ④ 용지의 왼쪽 : 충동적인 행동화 경향 / 즉각적인 욕구충족 추구 / 자기중심적
   ⑤ 용지의 오른쪽 : 비교적 안정되고 통제된 행동 / 욕구충족의 지연 / 정서적 만족보다는 지적 만족을 선호 / 환경의 변화에 민감
   ⑥ 용지의 위쪽 : 욕구 수준 높음 또는 에너지 수준은 낮은데 과잉보상 방어를 함 / 공상을 즐김 / 야심이 높음 / 성취를 위한 투쟁 / 냉담 / 초연 / 낙천주의
   ⑦ 용지의 아래쪽 : 불안정감 / 부적절감 / 우울경향 / 조용하고 나서지 않는 성격
   ⑧ 용지의 위쪽의 왼쪽 모퉁이 : 퇴행 / 미성숙 / 불안정감 / 공상

3) HTP(집, 나무, 사람 검사) 그림의 해석
   ① 「집」 - 그의 가정환경이나 가정에서의 인간관계와 관련된 연상, 특히 아동에게 있어서 자신과 부모나 형제 사이와의 관계가 분명하다.
      * 필수 구성요소 : 지붕, 벽, 창문, 문, 굴뚝
   ② 「나무」 - 무의식적이고 감추어진 감정이나 성격과 관련된 연상이다(내면 감정 투영).
      * 필수 구성요소 : 나무 기둥, 가지, 잎새
   ③ 「사람」 - 가장 의식적인 그림 내용이므로 피험자의 방어기제 사용을 최소로 하기 위해 제일 나중에 그리게 되는데 이는 자아상이나 이상적 자아상 또는 중요한 사람과 관련된 연상을 일으키며 그의 심리, 사회적 적응도를 나타나게 된다.
      * 필수 구성요소 : 얼굴, 눈, 코, 입, 귀, 목, 몸체, 팔, 손, 다리

4) 형식 분석과 햄머(Hammer)식 해석법의 예
   ① 계열성 : 표현의 계속과정 속에 그린 자의 심리가 나타나 있는데, 예를 들어 집은 잘 그렸으며 나무는 피로한 인상을 주고, 사람의 머리만 그리면 우울증을 의심한다.
   ② 그림의 크기 : 그림에 나타난 인물의 크기는 자신감의 정도를 나타낸다.
   ③ 선 화필의 압력 : 선이 강한 경우 적극적인 사람으로 볼 수 있으나, 간질과 뇌 장애자에게서 나타날 수 있고 선이 약한 경우 억제적, 억압적인 사람으로 볼 수 있다.
   ④ 그림의 위치(용지 전체 중)
      ㉮ 중앙 : 자신감 있는 자기중심적인 사람 / 감정적으로 행동함
      ㉯ 중앙에서 이탈 : 자기 통제력이 없는 의존적인 사람
      ㉰ 오른쪽 : 안정, 통제적, 만족 연기, 지적 만족 추구
      ㉱ 왼쪽 : 강박적, 자기 욕구와 충동적인 정서적 만족 추구
      ㉲ 위쪽 : 노력가, 공상적, 비사교적
      ㉳ 아래쪽 : 우울하지만 야무진 근성

기출문제 확인학습

집 - 나무 - 사람 그림검사(HTP)에서 그림의 크기와 위치가 나타내는 의미

1) 그림의 크기
   (1) 지나치게 큰 그림
       공격적 / 행동화 경향 / 낙천적 / 과장적 경향
   (2) 지나치게 작은 그림
       ① 열등감 / 부적절감 / 자존감 낮음 / 불안
       ② 수줍음 / 위축 / 과도한 자기억제 / 철수 경향
       ③ 퇴행적 / 의존적 경향 / 스트레스 상황에서 위축된 행동
       ④ 자아 구조가 약하거나 자아 강도가 낮음
       ⑤ 강박적 성향

2) 그림의 위치[59]
   (1) 용지의 왼쪽
       충동적인 행동화 경향 / 즉각적인 욕구충족 추구 / 자기중심적
   (2) 용지의 오른쪽
       비교적 안정되고 통제된 행동 / 욕구충족의 지연 / 정서적 만족보다는 지적 만족을 선호 / 환경의 변화에 민감

HTP검사에서 사람(Person) 그림을 통해 평가할 수 있는 측면

1) 현재의 자아상태(자아상)
   현재의 자아상태는 피검자가 자신에 대해 스스로 어떻게 느끼는지를 묘사하는 것으로 신체적·심리적 측면이 투사된다.
   (1) 신체적인 측면
       생리적 및 신체적 장애를 가지고 있는 경우 그와 같은 결함이 피검자의 자아개념에 영향을 미치고 심리적인 감수성을 일으킬 때 그림 속에 재현된다. 예컨대, 남성적 발달을 상징하는 것들이 투사되어 나타나는 경우가 많다.
   (2) 심리적인 측면
       심리적 자아의 모습이 그림 속에 나타나게 된다. 예컨대, 키가 큰 피검자가 자신의 모습을 왜소하고 팔을 무기력하게 늘어뜨린 채 불쌍해 보이는 얼굴로 그렸다면, 이 피검자는 심리적으로 자신을 무기력한 존재로 느끼고 있는 것일 수 있다.

2) 이상적으로 바라는 자기상(이상적인 자아)
   피검자가 이상적으로 바라는 자기상을 투사한 것으로, 예컨대 연약한 편집증의 남성은 건장한 체격의 운동선수를 그릴 수 있을 것이다.

3) 자신에게 영향을 미치는 중요 인물(중요한 타인)들
   (1) 자신에게 영향을 미치는 중요 인물은 피검자의 현재 또는 과거의 경험 및 환경으로부터 도출되는 것으로서, 피검자에게 영향을 미치는 중요 인물들의 영향력을 반영한 것이다.

---

[59] HTP 원문(그림의 위치 : 왼쪽 / 오른쪽)
Placement on the left side suggests probable impulsive behavior with a drive towards immediate emotional satisfaction of needs (Hammer, 1958, 1969b). Orientations towards the past, that which is unknown, or the ending of some phase of life are also represented by drawings on the left side (Jolles, 1971; Urban, 1963).
Placement on the right side of the page indicates intellectualizing tendencies, sometimes to the point of inhibiting expression of feelings (Hammer, 1969b; Jolles, 1971). Right side placement may also show that the person's behavior is governed by the "reality principle" or that he candidly looks at the here and now (Hammer, 1969b; Marzoff and Kirchner, 1972). In addition, right side placement (especially in the lower right side) indicates that the material is approaching consciousness, and thus represents potential areas of development and integration.

(2) 예 아동이 부모를 그리는 것은 아동의 생활에서 부모가 차지하는 비중이 크다. 부모는 동일시해야 할 모델이기 때문이다.

실력다지기

HTP의 사람 그림에서 각 부위의 의미

1) 집과 나무에 비해 자기 개념, 자기 표상, 자기에 대한 태도 등이 좀 더 의식적인 수준에서 직접적으로 드러난다.
2) 현재의 자기 지각이나 이상적인 자기상이 반영될 뿐만 아니라 부모, 배우자, 가족과 같이 중요한 타인에 대한 표상이 투영되기도 한다.
3) 사람 그림에서는 머리, 얼굴, 팔과 다리, 이목구비 같은 신체의 각 부위와 복장 등의 구성 요소와 함께 전반적인 인상, 크기, 성별을 묘사하는 순서 등을 살펴봐야 한다.
4) 인물 각각에 대한 수검자의 언어적인 설명은 해석의 중요한 단서가 된다.
5) 머리
　머리는 상징적으로 아동의 인지적 능력, 즉 지적 능력 및 공상 활동에 대한 정보를 나타낼 수 있다.
6) 상반신
　(1) 목 : 목은 머리에서 일어나는 인지적 활동, 즉 사고, 공상, 감정과 몸에서 일어나는 신체적 반응을 연결하는 통로이다.
　(2) 어깨 : 어깨는 짐을 지거나 무게를 지탱하는 능력을 나타내므로 상징적으로 책임을 지는 능력과 관련될 수 있다.
　(3) 몸통 : 어깨 바로 밑의 쇄골뼈부터 가랑이까지의 부분이 몸통에 해당되는데, 여기는 그 사람이 내적인 힘을 보유하고 있는 부분이다.
7) 팔다리
　팔은 우리가 하고자하는 바를 수행하며, 동시에 외부환경과 직접적인 접촉을 하는 신체부위이므로, 팔을 어떻게 그렸는가 하는 것은 환경과 어떻게 상호작용하는가, 현실 속에서 어떻게 대처하고 자신의 욕구를 충족하는가에 대한 중요한 지표가 된다.

인물화검사(Draw-A-Person Test; DAP)

1) 인물화검사는 아동의 지적 수준을 조사하고 청각장애와 신경의 결함 등을 가진 아동을 연구하는 것이 목적이다.
2) 인물화검사에 의해 측정하는 지능의 개념은 지적 성숙, 다시 말하면, 개념적 성숙이란 의미로 생각하는 것이 좋다.
3) 이것은 아동이 인간의 모습에 대해서 갖고 있는 개념의 한 표본으로 보기 때문이다.
4) 인물화에 의해 측정되는 지능은 선천적인 정신능력이기보다 학습에 의해 측정되고 시간의 경과에 따라 반응이 풍부해진 지적 성숙을 의미하며 본 검사는 이런 지능을 측정하는 것을 그 목적으로 한다.

5 단어연상검사와 문장완성검사

(1) 단어연상검사
　① 1908년 융(Jung)이 단어빈도사전에 의거하여 최다빈도의 단어 100개의 자극어를 택해 만든 것이다.
　② 자극어를 듣고 제일 먼저 머리에 떠오르는 단어를 빨리 대답하도록 지시한다.
　③ 의식적, 무의식적 콤플렉스를 파악하고자 만든 것이다.
(2) 문장완성검사(SCT: Sentence Completion Test)
　① 단어연상검사의 응용으로 에빙하우스(H. Ebbinghaus)에 의해 발전되었다.

② 현재 임상 현장에서는 Sacks의 문장완성검사(SSCT)가 가장 널리 사용된다.
③ 투사검사로서 다른 투사검사에 비해 개인의 심리적 특성이 투사될 가능성이 제한되는 것은 사실이나, 투사적 검사로서 유용성이 확인되었다.
④ Sacks는 가족, 성, 자기개념, 대인관계의 네개 영역을 세분화하여 총 15개의 영역으로 분류하였으며 총 50개의 문항이 현재 많이 사용되고 있다.
   - 아버지에 대한 태도, 어머니에 대한 태도, 가족에 대한 태도,
     여성에 대한 태도, 남성에 대한 태도, 이성과 결혼에 대한 태도,
     친구에 대한 태도(대인지각), 권위자에 대한 태도,
     두려움에 대한 태도, 죄책감에 대한 태도, 자신의 능력에 대한 태도,
     과거에 대한 태도, 미래에 대한 태도, 목표에 대한 태도
⑤ 검사결과의 해석
   성격적인 요인으로 지적 능력, 정의적 측면, 가치 지향적 측면, 정신 역동적 측면을 알아볼 수 있고, 결정적 요인으로 신체적 요인, 가정적·성장적 요인, 대인적·사회적 요인 등을 알 수 있어 그 분석을 통해 개인의 성격이나 적응 상태를 이해할 수 있다.

기출문제 확인학습

문장완성검사(SCT)[60]

1) 모든 투사검사는 사실상 어떤 형태이든 피검자의 주관적 경험에 의해 완성시켜야 할 모호한 부분을 포함하고 있기 마련인데, 문장완성검사(SCT : Sentence Completion Test)는 미완성된 언어(문장) 제공하는 형태의 검사이다.
2) 다른 투사검사와 마찬가지로 수검자가 문장을 완성하는 과정에서 자신의 기본적 동기와 갈등, 공포, 중요한 인물에 대한 정서적 태도, 가치관 등을 반영한다고 가정한다.
3) 그러나 로르샤하 검사나 주제통각검사보다 검사자극이 보다 분명하고 수검자가 검사자극의 내용을 감지할 수 있도록 구성되어 있어서, 다른 투사검사보다 의식수준의 심리적 현상이 잘 반응되는 경향이 있다.
4) 임상실제에서 문장완성검사는 면접과정에서는 잘 나타나지 않는 개인의 갈등이나 병리적 내용에 대한 정보를 제공해 줄 뿐만 아니라 다른 검사들에서 나타난 역동적 내용을 확인시켜 주는 유용한 검사이다.
5) 그러나 반드시 그렇지만은 않다. 우선, 문장완성검사의 종류마다 그 앞 문장의 모호함이 다르고, 또 동일한 검사 내에서도 각 문항이 피검자에게 주는 모호함의 정도는 다르다. 예를 들면, '나는'과 같은 문항과, '나의 평생 가장 하고 싶은 일은'이라는 문항은 그 모호함이나 앞 문장이 제시하는 방향제시의 강도가 각각 다르다.
6) 더 중요한 것은, '투사(projection)'라는 것이 문장의 내용이나 의미 속에서만 이루어지는 것이 아니며, 투사되는 정서적 내용들이 표현되는 미묘한 방식 역시, 피검자만의 어떤 독특한 면을 드러낸다는 점이다.
7) 겉보기에는 비슷한 내용이라도 그 표현에 있어 미묘한 뉘앙스의 차이가 있을 수 있고, 다른 문항에 비해 표현된 문장의 분량에 차이가 있을 수 있으며, 그 밖에도 수사법, 표현의 정확성이나 모호함, 반응시간, 수정된 부분 등과 같은 형식적 특성들도 중요한 의미를 지닌다.

---

60 출처 : 하은혜(숙명여대 교수), 문장완성검사(SCT)의 이해와 적용

> **기출문제 확인학습**

로렌츠바이크(Rosenzweig)의 그림좌절검사(picture frustration test)

1) 그림좌절검사는 로젠츠바이크(Rosenzweig)가 창안한 것으로서, 이는 어떤 욕구가 좌절된 상태를 그린 만화와 비슷한 25매의 인물표정이 나타나 있지 않은 그림으로 되어 있다.
2) 이 검사는 피험자로 하여금 좌절된 주인공의 반응을 대신하게 하여, 그 결과를 분석하여 그의 성격을 진단한다.
3) 만화 형식으로 그려진 익명의 표정이 없는 두 사람이 등장한다.
4) 한 사람은 어떤 말을 하고 있고 적당히 좌절된 상태의 다른 한 사람은 반응이 생략되어 있는데, 이런 그림이 25매가 있다.
5) 피검사자는 만화 속에 이 좌절자가 할 말을 대신 써놓도록 요구받는다.
6) 이 검사의 가정은 피검사자는 자신을 만화 속의 좌절된 인물과 동일시하게 되어 그 반응 속에 자신의 반응 경향을 투사할 것이라는 것이다.
7) 그림좌절검사(picture frustration test)에서 표출되는 공격성의 세 방향은 내부지향형, 외부지향형, 회피지향형이다.

<자아좌절 장면의 예>   <초자아좌절 장면의 예>

6 기타 질문지형 검사의 종류와 특징

(1) 16PF(16 Personality Factor Questionnaire)
① 1949년 커텔(Cattell)과 그 동료들이 개발하였다.
② 사전을 통해 인간에게 적용되는 모든 형용사 목록을 추려서 4,500개의 성격특성 목록을 작성한 후, 이 중 인간 특성을 가장 잘 나타낸다고 생각되는 171개 단어 목록을 선정하였다.
③ 이것을 대학생에게 선정된 단어 목록을 얼마나 알고 있는지 평정하게 하고 요인 분석하여 16개 요인을 발견하였다.
④ 16개 요인[61]
냉정성 - 온정성 / 낮은 지능 - 높은 지능 / 약한 자아강도 - 강한 자아강도 / 복종성 - 지배성 / 신중성 - 정열성 / 약한 도덕성 - 강한 도덕성 / 소심성 - 대담성 / 강인성 - 민감성 / 신뢰감 - 불신감 / 실제성 - 가변성 / 순진성 - 실리성 / 편안감 - 죄책감 / 보수성 - 진보성 / 집단의존성 - 자기 충족성 / 약한 통제력 - 강한 통제력 / 이완감 - 불안감

---

[61] 염태호, 김정규, 1990. [성격요인검사 - 실시요강과 해석방법]

⑤ 16요인은 척도 점수상 높은 것과 낮은 것에 각기 다른 이름을 붙이고 이 검사는 다양한 프로파일을 분석하여 그 사람의 성격특성을 이해할 뿐만 아니라 직업적 적성까지도 이해하려고 하였다.
⑥ 3개의 타당성 척도가 있는데 그것은 '무작위 반응 척도', '허세반응 척도'(faking good), '꾀병 척도'(faking bad)이다.

(2) NEO - PI - R(NEO - Personality Inventory - Revised)
① 올포트(Allport)는 주 특성, 중심 특성, 이차적 특성으로 구분하여 설명하고 있으며 아이젱크(Eysenck)는 그의 성격검사에서 정신병적 경향성, 외향성 - 내향성, 신경증적 경향성, 허위성(Lie) 척도를 제시하고 있다.
② NEO - PI - R은 1992년 코스타와 맥크레이(Costa & Mccrae)에 의해 개발된 것으로서, CPI, MMPI, MBTI 등의 성격검사들을 [결합요인 분석]을 하여 공통적으로 추출되는 요인을 발견하고자 한 결과의 산물이다.
③ 5대 성격요인이라는 용어는 골드버그(Goldberg, 1981)가 "개인차를 구조화하기 위한 모델은 Big Five 차원을 어느 수준에서든 포함해야 할 것"이라고 제안하면서 사용되기 시작하였다.
④ 코스타와 맥크레이(Costa & Mccrae)는 처음에는 신경증(N : Neuroticism), 외향성(E : Extraversion), 개방성(O : Openness) 즉, "NEO"에 초점을 맞추어서 "새 성격검사"(NEO - PI)라고 하였다가, Big Five 모델을 취하여 수용성(A : Agreeableness), 성실성(C : Conscientiousness)을 추가하여 NEO - PI - R(개정판)을 만들었다.
⑤ 5대 요인은 각각 6개의 하위 척도로 구분되며, 각 척도 당 8문항씩 모두 240문항으로 구성되어 있다.
⑥ 5가지 요인(Big Five factor)의 6개 하위 척도
  ㉠ 신경증(Neuroticism, 정서적 불안정성) : 불안, 적대감, 우울, 자의식, 충동, 심약성
  ㉡ 외향성(Extraversion) : 온정, 사교성, 주장, 활동성, 흥분성, 긍정적 감정
  ㉢ 개방성(Openness, 경험개방성) : 공상, 심미, 느낌, 행동, 사고, 가치
  ㉣ 수용성(Agreeableness, 호감성) : 신뢰, 정직성, 이타주의, 순종, 겸손, 동정
  ㉤ 성실성(Conscientiousness) : 능력, 질서, 착실성, 성취, 자기규제, 신중함
⑦ 중학생 이상 한글을 해독할 수 있는 사람이면 누구나 응시가 가능하고 개인 또는 단체로 실시하며 소요시간은 30분~40분 정도이나 엄격한 시간통제는 필요치 않고 원 점수를 구하고 규준표에 따른 환산점수(T점수 - 평균이 50, 표준편차 10) 얻은 후 프로필을 작성한다.

정리

성격의 5요인 이론(Big five model) 　암기법　 외 - 호 - 성 - 정불 - 경개

요인	소검사	비고 (30개 소검사)
외향성	온정성, 사교성, 리더십, 적극성, 긍정성, 흥분성	6개 하위척도
호감성	타인에 대한 믿음, 타인에 대한 배려, 도덕성, 수용성, 겸손, 휴머니즘	6개 하위척도
성실성	유능함, 조직화 능력, 책임감, 목표지향성, 자기통제력, 완벽성	6개 하위척도
정서적 불안정성	불안, 분노, 우울, 자의식, 충동성, 스트레스 취약성	6개 하위척도
경험개방성	상상력, 문화, 정서, 경험 추구, 지적 호기심, 가치	6개 하위척도

(3) 마이어스 - 브리그스 유형 지표[62](MBTI : Myers - Briggs Type Indicator)
  ① 우리 각자가 가지고 태어난 선천적인 경향을 알아보고자 하는 것이다.
  ② 4개 차원(세상에 대해 어떤 태도를 갖는가, 무엇으로 인식하는가, 어떻게 결정하는가, 채택하는 생활양식은 무엇인가)으로 응답자를 분류(외향·내향, 감각·직관, 사고·감정, 판단·인식)한다.
  ③ 현재 직업 불만족의 이유를 탐색하며 직업대안 및 적합한 직업환경 탐색 및 직업을 좋아하는 이유제시 등에 활용한다. - 직업적 차원에서
  ④ 마이어스 - 브리그스 유형 지표(MBTI)의 네 가지 양극차원
    ㉠ 세상에 대한 일반적인 태도(관심의 방향)
      ㉮ 외향형(E) : 사람과 사건들과 같은 외부세계에 관심이 있는가?
      ㉯ 내향형(I) : 관념과 내적 반응 같은 내부세계에 관심이 있는가?
    ㉡ 지각적 또는 정보 수집적 과정
      ㉮ 감각형(S) : 정보를 오감(五感)을 통해 수집하고 사실과 자료에 초점을 맞추는가?
      ㉯ 직관형(N) : 직관을 거친 개연성과 육감(肉感)에 초점을 맞추는가?
    ㉢ 정보 사정 스타일
      ㉮ 사고형(T) : 논리와 이성에 의거해서 정보를 사정하는가?
      ㉯ 감정형(F) : 개인의 가치에 따라 다른 사람에 대한 영향을 고려하면서 정보를 사정하는가?
    ㉣ 의사결정 속도
      ㉮ 판단형(J) : 일을 종결하기 위해서 신속하고 확고한 의사결정을 하는가?
      ㉯ 지각형(P) : 정보를 더 수집하기 위하여 의사결정을 미루는가?

실력다지기

MBTI의 선호 축

1) 외향 (E : Extraversion) ·················· 내향 (I : Introversion)
   주의집중의 방향과 에너지의 원천에 따라 구분됨
2) 감각 (S : Sensing) ·················· 직관 (N : iNtuition)
   정보수집(인식)기능에 따라 구분됨
3) 사고 (T : Thinking) ·················· 감정 (F : Feeling)
   의사결정(판단)기능에 따라 구분됨
4) 판단 (J : Judging) ·················· 인식 (P : Perceiving)
   행동(생활)양식에 따라 구분됨

---

[62] 융(C. Jung)의 성격유형이론을 차용한 지표이다.

> **정리**

마이어 - 브리그스 유형지표(MBTI : Myers - Briggs Type Indicator)

1) 4가지 유형
   (1) 어느 방향에서 나의 에너지가 더 선호하게 흐르는가? (에너지 방향, 원천, 주의집중)
      - 외향성(E : Extroversion) / 내향성(I : Introversion)
   (2) 나는 어떤 것을 인식할 때 어떤 과정으로 인식하는 것을 더 선호하는가? (정보수집)
      - 감각기능(S : Sensing) / 직관기능(N : iNtuition)
   (3) 무엇을 결정하고 어떤 견해를 내세울 때, 어떤 과정으로 판단하는 것을 더 선호하는가? (판단과 결정)
      - 사고형(T : Thinking) / 감정형(F : Feeling)
   (4) 나의 외부생활에서 판단기능을 더 선호하는가? 인식기능을 더 선호하는가? (생활유형)
      - 판단태도(J : Judging) / 인식태도(P : Perceiving)

2) 구체적인 분류
   (1) 외향형(E)
      ① 자기 자신의 외부에 있는 사건, 상황, 사람들에 의해 에너지가 주입된다.
      ② 무엇보다 말을 먼저 하는 경향이 있으며 그 다음 자신이 말한 것과 생각하는 것에 대하여 생각한다.
      ③ 많은 사람들을 알고 많은 친구를 가진 것처럼 보이고 그들과 함께 즐기며, 여러 장소에 가고 많은 일을 하는 것처럼 보인다.
      ④ 자신은 그들과 그들의 개인적인 삶에 관심이 가는 생각과 세부사항들에 대하여 아주 많은 것을 아는 것 같다.
   (2) 내향형(I)
      ① 자신의 내부에서 에너지가 주입되며 자신의 심연으로부터 활력을 얻고자 하는 필요성을 발견하게 된다.
      ② 많은 사람들을 알지 못할 수 있다.
      ③ 다른 사람들도 확실하게 그들과 그들의 업무에 대하여 알지 못할 것이다.
      ④ 자신이 생각하는 것을 솔직히 말하지 못하며, 매우 가까운 동료나 한두 명의 친구만을 선호할 것이다.
   (3) 감각형(S)
      ① 특별하고 세부적인 일들을 더 선호한다.
      ② 어떤 일에 대하여 단순히 생각하기보다는 어떤 일을 하려고 한다.
      ③ '보는 것이 믿는 것이다.'라고 생각함으로써 현재 시제 안에 근거하며 고착된 일들을 선호한다.
      ④ 세부사항에 대한 예리한 눈을 가지며 사물의 명암을 본다.
   (4) 직관형(N)
      ① 세부사항에 대해서 싫어할 수 있고 광대하고 일반적인 묘사를 더 선호한다.
      ② 일반적으로 행위보다는 사고를 더 선호하여 행동으로 실천할 때 매우 서툴다.
      ③ 현재보다 미래에 대해 더욱 관심을 가지고 있고 그들은 희망적이고 예상되는 가능성들을 좋아한다.
      ④ 사물들에 대한 주의를 기울이지 못하고 자주 사물들을 그냥 스쳐버린다.
   (5) 사고형(T)
      ① 사람들을 행복하게 만드는 것보다 공정하고 객관적인 근거에 대한 논쟁을 더 선호할 것이다.
      ② 과정이 더욱 중요할 것이며 만약 어떤 과정이 좋고 논리적이며 합당한 근본을 수립하지 못한다면 좋은 결과나 끝맺음을 가질 수 없다고 믿을 것이다.

(6) 감정형(F)
   ① 조화로움을 이루도록 하는 사물을 결정짓는 것을 더욱 선호할 것이다.
   ② 중요한 것이란 오로지 결과 - 평화, 조화, 수용 - 에 달려 있다는 것이고 과정에 대해 지나치게 관심을 두는 것보다 결과가 무엇보다도 더욱 중요하다는 것을 안다.
(7) 판단형(J)
   ① 언제나 약속을 위한 시간을 지키고, 약속 그 자체를 위한 시간과 장소를 가지는 일들을 더 선호한다.
   ② 많은 목록표를 만들어 그것을 지닌다.
   ③ 조직과 위계, 규칙 그리고 규정들을 감지하는 경향을 가진다.
   ④ 잘 조직된 사물들을 좋아하고 또한 그들은 어떤 상황에 관련되어 있는 장소를 알고자 한다.
(8) 인식형(P)
   ① 사후(事後)의 일에 더욱 관심을 가지는데 이는 그들이 찾고자 했던 것들을 확실하게 발견할 수가 없었기 때문이다.
   ② 목록표에 의해 생각하지 않고 비록 그렇게 한다고 해도 그들은 목록표를 좀처럼 지니고 다니지 않는다.
   ③ 제도나 절차 그리고 형식적인 구조화에 싫증을 느끼고 오히려 비형식적이고 자발적인 기질을 더 선호한다.
   ④ 규칙, 남의 도움보다 자기경험에 의지하고, 감정적으로 대부분의 사물들을 보며, 만약 어떤 일이 더욱 적절하게 보이면 언제나 그들의 마음을 변화시킬 준비가 되어 있다.

(4) 성격평가 질문지(PAI, Personality Assessment Inventory)
   ① 개념
      ㉠ 성인의 다양한 정신 병리를 측정하기 위해 구성된 성격검사로 임상진단, 치료계획 및 진단 집단을 변별하는 데 정보를 제공해 줄 수 있을 뿐만 아니라 정상인에게도 적용할 수 있는 성격검사이다.
      ㉡ 과거 정신장애 진단분류에서 중요하게 다루어지는 임상증후군들을 선별하여 측정할 수 있도록 하였다.
      ㉢ 성격평가질문지(PAI)는 미국의 심리학자 Morey(1991)가 개발한 성인용 성격검사로서 자기보고형 질문지이다.
      ㉣ 총 344문항, 총 22개 척도, 4점 척도(전혀 그렇지 않다(0), 약간 그렇다(1), 중간 정도이다(2), 매우 그렇다(3))로 구성되어 있다.
      ㉤ 4개의 타당성 척도, 11개의 임상척도, 5개의 치료척도, 2개의 대인관계 척도로 구성되어 있으며, 이 중 10개의 척도는 3~4개의 하위 척도를 포함하고 있다.
      ㉥ 각각의 척도들은 타당성 척도, 임상척도, 치료고려척도, 대인관계척도 등의 4가지 척도군으로 분류하고 있는데, 이 중에서 환자의 치료동기, 치료적 변화 및 치료결과에 민감한 치료고려척도, 대인관계를 지배와 복종 및 애정과 냉담이라는 2가지 차원으로 개념화하는 대인관계척도를 포함하고 있는 것이 특징이다.
   ② PAI의 구성척도
      ㉠ 타당도 척도 : 비일관성 척도, 저빈도 척도, 부정적 인상척도, 긍정적 인상척도
      ㉡ 임상척도 : 신체적 호소 척도, 불안 척도, 불안 관련장애 척도, 우울 척도, 조증 척도, 망상 척도, 조현병 척도, 경계선적 특징 척도, 반사회적 특징 척도, 알코올 문제 척도, 약물문제 척도
      ㉢ 치료고려 척도 : 공격성 척도, 자살관념 척도, 스트레스 척도, 비지지 척도, 치료거부 척도
      ㉣ 대인관계 척도 : 지배성 척도, 온정성 척도

③ PAI척도의 해석
  ① 1단계 : 프로파일 왜곡 가능성 평가
  ② 2단계 : 적절한 준거집단 결정하기
  ③ 3단계 : 개별척도들에 대한 해석
  ④ 4단계 : 프로파일 구조에 대한 해석

> **개념비교**
>
> **MCMI 밀론 다축 임상검사 (Millon Clinical Multiaxial Inventory)**
> 1) MCMI는 DSM-5에 약술된 특정 정신 질환을 포함하여 성격 특성과 임상적 진단 정보를 제공하기 위한 심리 평가 도구로 성격검사에 해당한다.
> 2) MCMI는 다른 성격검사와 다르게 밀론의 진화론에 바탕을 두고 다축적으로 구성된 성격 검사이다.

(5) 클로닝거(C. R. Cloninger)의 심리생물 인성모델(7가지의 기본척도)에서 기질과 성격의 구조 및 특징 - TCI (Temperament and Character Inventory)[63]

1) 기질은 자동적으로 일어나는 정서적 반응성향 행동조절 시스템에 대한 기초 신경시스템의 발달양상으로 유전적 요인이며 기질척도[64]로는 <u>4개의 척도가 있는데 ① 자극추구, ② 위험회피, ③ 사회적 민감성, ④ 인내력이다.</u>

   ① 자극추구

   새로운 자극, 보상 단서에서 행동의 활성화와 처벌과 단조로움을 적극적으로 회피하려는 유전적 성향에서의 개인차를 알 수 있다.

   ② 위험회피

   처벌이나 단서 앞에서 수동적인 회피성향, 행동이 억제되거나 이전의 행동이 중단되는 유전적 성향 에서의 개인차를 알 수 있다.

   ③ 사회적 민감성

   행동특성 중 사회적 보상 신호에 민감하게 반응하는 유전적인 경향성을 알 수 있다.

   ④ 인내력

   한 번 보상된 행동을 일정한 시간 동안 꾸준히 지속하려는 성향이 있는지에 대해 알 수 있다.

2) 성격은 체험하는 것에 대한 개인적 해석과의 관계, 자기개념의 발달과 관련 기질과 환경의 상호작용의 결과이다. 성격척도에는 3개의 척도가 있는데 ① 자율성, ② 연대감, ③ 자기초월이다.

   ① 자율성

   자신을 '자율적 개인'으로 이해하고 동일시하는 정도로, 자신이 '선택한' 목표와 가치를 이루기 위해 자신의 행동을 상황에 맞게 통제, 조절, 적응시키는 능력을 말한다.

   ② 연대감

   사회의 한 일부분으로서의 자기로서, 타인에 대한 수용 능력 및 타인과의 동일시 능력에서의 개인차를 말한다.

---

63 TCI는 기존의 다른 인성검사들과는 달리, 한 개인의 기질과 성격을 구분하여 측정할 수 있다는 데 큰 장점이 있으며, 기질과 성격의 분리로 인해서, 인성 발달에 영향을 미친 유전적 영향과 환경적 영향을 구분하여 인성 발달 과정을 이해하는 것이 가능하다.
64 기질척도로 8가지의 기질을 구분할 수 있는데, 모험적 기질, 열정적 기질, 예민한 기질, 폭발적 기질, 꼼꼼한 기질, 독립적 기질, 신뢰로운 기질, 조심성 많은 기질이다.

③ 자기초월

우주의 일부로서의 자기로 우주만물과 자연을 수용하고 동일시하며 이들과 일체감을 느끼는 능력에서의 개인차를 말한다.

3) TCI 프로파일 해석 - 개별 척도의 해석
① 기질유형(Temperament type)의 해석
3가지 기질차원(자극추구, 위험 회피, 사회적 민감성)의 상호작용의 관점에서 가장 잘 이해된다.
② 성격 척도와 기질유형의 연계 해석
성격 척도들 중에서 특히 자율성과 연대감 차원의 발달정도를 평가하고, 성격발달의 정도가 기질 유형에 미치는 조절적 영향을 이해한다.
③ 성격유형(Character type)의 해석
3가지 성격차원들(자율성, 연대감, 자기 초월)의 조합에 의해서 이루어지는 성격유형을 분류하고 이를 해석한다.

(6) 홀랜드(Holland) 인성이론 - RIASEC 6각형 모형 [암기법] 현탐예사진관

① 현실적(realistic)
㉠ 추상적인 것보다 확실하고 현재적인 것을 지향한다.
㉡ 직접 손을 사용하고 복잡한 사물들에게 격려되고 보상되는 금전, 소유, 힘을 추구하며 확실하고 예측 가능한 환경을 선호한다.

② 탐구적(investigative)
㉠ 추상적이거나 문제를 해결하는 지향성의 소유자이다.
㉡ 학문적, 과학적인 성공을 선호하며 지식을 존중하고 지식이 세상을 다루는 도구라고 믿는다.
㉢ 지위와 인정을 존중하고 보상을 중시한다.

③ 심미적, 예술적(artistic)
㉠ 어떤 것의 시비보다는 상상적이고 창조적인 것을 지향한다.
㉡ 환경은 추상적, 예술적, 창의적인 세계이며 인정, 지위, 창조적인 자유의 증가를 추구한다.

④ 사회적, 사교적(social)
㉠ 인간의 문제와 성장, 인간관계를 지향하고 사람과 직접 일하기를 좋아하고 원만한 대인관계를 맺는다.
㉡ 환경은 인간세계이며 항상 변화하는 관계를 갖고 있고, 사회적인 기법과 타인의 변화를 촉진시키는 능력을 존중한다.

⑤ 설득적, 진취적(enterprising)
㉠ 정치적, 경제적 도전 극복에 지향적이다.
㉡ 다른 성격형태보다 자기주장이 강하고 지배적이며, 자기 확신이 강하다.
㉢ 환경은 새로운 도전이 계속되는 세계이며 힘, 지위, 금전을 추구한다.

⑥ 관습적(conventional)
㉠ 규칙을 따르고 관례적이며, 구조적, 예언적인 것을 좋아한다.
㉡ 자료를 가지고 일하며 사무적, 수리적 능력의 일에 적합하다.
㉢ 환경이란 자료 및 세부사항에 대한 실제적 관리에 대해 격려와 보상을 받는 환경에서 일하며 실제적이고 조직적인 사실을 말해주는 곳이다.

실력다지기

홀랜드(Holland) 6가지 모형에 해당하는 직업

현실적(R)	밖에서 일하거나 도구를 가지고 일하는 것과 관련된 직업 예 자동차 기술자, 조사연구원, 농부, 전기공
탐구적(I)	과학적 활동이나 추상적 문제해결과 연관된 직업 예 생리학자, 디자인 기술자, 물리학자
예술적(A)	창의성, 작문, 음악, 예술적 능력과 연관된 직업 예 작가, 인테리어 장식가, 작곡가
사회적(S)	사람들과 어울려 작업하거나 사람들을 돕는 것과 연관된 직업 예 교사, 검사자, 목회직
진취적(E)	설득, 지도자, 말하는 능력과 연관된 직업 예 판매원, 기업실무자, 변호사
관습적(C)	숫자, 세부사항, 자료와 연관되어 일하는 직업 예 사무직 근로자, 은행원, 세무사

Holland의 흥미 6각 모형 정리

1) 현실형(R) - 실행 / 사물 지향
2) 탐구형(I) - 사고 / 아이디어 지향
3) 예술형(A) - 창조 / 아이디어 지향
4) 설득형(E) - 관리 / 과제 지향
5) 사회형(S) - 자선 / 사랑 지향
6) 관습형(C) - 동조 / 자료 지향

심화

홀랜드의 이론

1) 이 이론은 각 모형 형태에서 사람의 속성을 비교할 수 있도록 기술되어 있으므로 개인의 가장 유사한 형태를 결정할 수 있는데, 개인이 한 가지나 그 이상의 형태를 갖고 있기 때문에 유사한 다른 형태의 것에 확대하여 결정한다. 개인의 가장 유사한 세 가지 형태는 부호로 기술되는데 예컨대 SAE 부호는 가장 유사한 사회적 형태(S)와 조금 낮은 정도의 예술적 형태(A), 그리고 진취적 형태(E)를 의미한다.

2) 각각의 부호는 6각형 모형을 사용하면 가장 쉽게 이해할 수 있다. 각 형태의 첫 번째 글자로 표기된 6각형은 위의 그림과 같다. 이 모형에서 6각형 각각에 인접한 다른 유형은 서로 상반된 직선에 있는 것보다 더 유사성을 가지고 있고, 또한 가까이 서로 관련된 유형에 있는 부호는 가까이 있지 않은 부호보다 더 자주 나타나는데, 예컨대 ESC와 RIC의 부호는 CSI와 IES의 부호보다 더 빈번히 나타난다는 것이다.

3) 성격형태와 환경을 서술하기 위하여 홀랜드가 사용한 언어는 개인의 심상을 주제논술로 전환하는 데 매우 유용하다. 이 모형은 개인이 어떻게 생각하고 그들 자신에 대해 이야기하는지에 대해 쉽게 관련지을 수 있다. 홀랜드의 모형은 개인의 결과를 해석하는 수단으로서 많은 흥미검사에서 사용된다.

(7) 진로발달검사(CDI)
① 슈퍼의 진로발달의 이론적 모델에 기초하여 제작하였으며 목적은 학생들의 진로발달과 직업 또는 진로 성숙도를 측정하고 교육 및 진로계획수립에 도움을 줄 수 있는 진로결정을 위한 준비도를 측정한다.
② 중학생, 고등학생을 위해 제작된 학교용과 고등교육기관에서 사용할 수 있는 대학교용이 있다.
③ 8개의 하위 척도로 구성되어 있다. 즉, 진로계획, 진로탐색, 의사결정, 일의세계에 대한 정보, 선호하는 직업군에 대한 지식, 진로발달 - 태도, 진로발달 - 지식과 기술, 총체적인 진로성향의 하위척도가 있다.

실력다지기

자기 보고형 검사(객관적 검사)와 투사적 검사의 비교

1) 객관적 성격검사(자기 보고형 검사 / 지필 검사)
   (1) 장점
      ① 검사 실시의 간편성
         객관적 검사는 시행과 채점, 해석의 간편성으로 인하여 임상가들에게 선호되는 경향이 있고 검사에 따라 차이가 있지만 시행시간이 비교적 짧다는 장점도 있다.
      ② 검사의 신뢰도와 타당도
         투사적 검사에 비해 검사제작 과정에서 신뢰도와 타당도 검증이 이루어지고 신뢰도와 타당도가 충분한 검사가 표준화되기 때문에 검사 신뢰도와 타당도가 높다.
      ③ 객관성의 증대
         투사적 검사에 비해 검사자 변인이나 검사 상황변인에 따라 영향을 적게 받기 때문에, 그리고 개인 간 비교가 객관적으로 제시될 수 있기 때문에 객관성이 보장될 수 있다.
   (2) 단점
      ① 사회적 바람직성에 의한 측정오류 발생
         문항의 내용이 사회적으로 바람직한 내용인가에 따라 문항에 대한 응답결과가 영향을 받는다.
      ② 반응 경향성
         개인이 대답하는 방식에 있어서 일정한 흐름이 있어서 이러한 방식에 따라 결과가 영향을 받는다.
      ③ 문항 내용의 제한성
         객관적 검사문항이 특성 중심적 문항에 머무르기 때문에 특정 상황에서의 특성 - 상황 상호작용 내용이 밝혀지기 어렵다.
   (3) 종류
      다면적 인성검사(MMPI), 캘리포니아 성격검사(CPI), 성격유형검사(MBTI), 16요인 성격검사 등이 있다.

2) 투사적 성격검사
   사람들이 모호한 자극을 지각하고 그에 대해 반응하는 방식과 내용에는 그 사람의 무의식적인 사고방식, 감정 반응양식, 대인관계 방식, 갈등 영역 등의 개인적이고 독특한 성격 특성이 반영되고 투사되어 나타난다.
   (1) 장점
      ① 반응의 독특성
         임상장면에서 보면 투사적 검사반응은 면담이나 행동관찰, 객관적 검사반응과 다르게 매우 독특한 반응을 제시해주며 이러한 반응이 개인을 이해하는데 매우 유용하다.

② 방어의 어려움
　　반응과정에서 피검사자는 불분명하고 모호하고 신기한 검사자극에 부딪혀서 적절한 방어를 하기가 어렵게 된다.
③ 반응의 풍부함
　　검사자극이 모호하고 검사 지시 방법이 제한되어 있지 않기 때문에 개인의 반응이 다양하게 표현되며 이러한 반응의 다양성이 개인의 독특한 심리적 특성을 반영해준다.
④ 무의식적 내용의 반응 - 정신분석이론의 영향
　　실제 투사적 검사는 자극적 성질이 매우 강렬하여 평소에는 의식화되지 않던 사고나 감정이 자극됨으로써 이러한 전의식적이거나 무의식적인 심리적 특성이 반응될 수 있다.

(2) 단점
　① 검사의 신뢰도
　　투사적 검사는 신뢰도 검증에 있어서 전반적으로 신뢰도가 부족하다.
　② 검사의 타당도
　　대부분의 투사적 검사의 경우 타당도 검증이 매우 빈약하고 그 결과는 매우 부정적이다.
　③ 반응에 대한 상황적 요인의 영향력
　　투사적 검사는 여러 상황적 요인에 의해 강한 영향을 받는데 예를 들면 검사자의 인종, 성, 검사자의 태도, 검사자에 대한 피검사자의 선입견 등이 검사 반응에 강한 영향을 미친다는 것이다.

(3) 종류
　로샤 검사, 주제통각검사(TAT), 문장 완성 검사(SCT), 집, 나무, 사람 그림검사(HTP : House, Tree, Person Drawing Test)등

PART 4
임상심리학

- **제1장** 심리학의 역사와 개관
- **제2장** 심리평가 기초
- **제3장** 심리치료의 기초
- **제4장** 임상심리학의 자문, 교육, 윤리
- **제5장** 임상 특수분야

임상심리사 2급 이론서

심리학의 역사와 개관

제1절 심리학의 역사

1 심리학의 현대적 발전

1 심리학의 기원 - 고대 그리스에서 심리학적인 사색활동의 증거

(1) 데모크리토스
  ① 기원전 400여년 전에 인간의 행동을 몸과 마음의 관점에서 볼 수 있음을 제안하였다.
  ② 데모크리토스는 우리의 행동이 외적인 자극에 의해서 영향을 받는 것을 볼 때, 과연 자유의지 또는 선택이라는 것이 존재하는가에 대해 논의를 제기한 최초의 사람이다.

(2) 플라톤
  ① 소크라테스의 가르침인 '너 자신을 알라'를 기록하였고, 이것은 후세에 심리학적 사고의 표어로 남게 되었다.
  ② 소크라테스는 자신을 알기 위해 합리적 사고나 내성법을 써야 한다고 제안했다.
  ③ 내성법은 현대의 심리학에서도 사용되고 있는 연구 방법으로서 '자신의 정신적 내용을 묘사하는 객관적 접근법'을 말한다.

2 근대의 심리학

(1) 1879년 독일의 심리학자 빌헬름 분트가 라이프니히 대학에 심리학 실험실을 열고, 미국에서도 심리학 연구를 시작한 1870년대라는 견해가 일반적이다.
(2) 분트는 자신을 심리학자로 부르고, 심리학 교과서를 출판한 최초의 인물이다.
(3) 초기의 심리학에 공헌한 다른 인물로는 헤르만 에빙하우스, 윌리엄 제임스, 이반 파블로프 등이 있다.
(4) 심리학에 접한 다양한 영역으로 생리학, 신경과학, 인공지능, 사회학, 인류학, 철학 및 기타 인간활동이 있다.

3 현대 심리학의 역사에서 등장하는 학파들의 개요

(1) 구조주의
　① 구조주의는 마음의 구조, 즉 마음의 기본요소에 대한 연구를 중심으로 하는 학파로서 분트와 그의 제자들이 주장하였다.
　② 구조주의 학파들은 최대한 객관적으로 기술하기 위해 의식의 내부를 들여다보는 것, 즉 내성을 하였다.
　③ 구조주의 학파에서는 의식경험(무의식이 아닌 의식에서의 경험)의 구성요소를 정의하고 그것을 시각이나 미각과 같은 객관적 감각과 정서반응, 의지 및 정신 이미지와 같은 주관적 느낌으로 세분해 보고자 하였다.

(2) 기능주의
　① 기능주의는 의식경험의 기본요소보다는 마음의 사용 또는 기능을 강조하는 학파이다.
　② 19세기 말에 제임스(1842~1910)는 의식경험과 행동 사이의 관계에 중점을 두고 심리학에 대한 보다 폭넓은 관점을 수용하였다.
　③ 기능주의에서는 의식뿐 아니라 외적인 행동까지 다룬다.
　④ 구조주의자들이 '심리과정의 부분 요소가 무엇인가?'에 질문을 던졌다면 기능주의자들은 '정신과정과 외적인 행동의 목표는 무엇인가?'에 연구의 초점을 두었다.

(3) 행동주의
　① 미국에서 행동주의 심리학의 창시자는 왓슨이며 왓슨은 1908년에 존스 홉킨스 대학교로 자리를 옮겨서 행동주의를 창시하였고, 현대 심리학에 깊이 뿌리 내리는 데 기여하였다.
　② 왓슨의 주장은 심리학이 물리학이나 화학처럼 자연과학이 되려면 연구대상을 관찰 가능하고 측정 가능한 사건, 즉 외적인 행동으로 제한해야 한다는 것이었다.
　③ 또한 기능주의자들이 학습의 중요성을 강조하는 것에 동의하였지만, 심리학에서 학습의 범주는 환경의 자극에 대한 측정 가능한 반응을 중심으로 해야 한다고 주장하였다.
　④ 파블로프는 개가 침을 분비하는 것은 그 개가 자신의 정신과정을 통해서 기대하고 있기 때문이 아니라, 실험실에서의 조건이 그렇게 만들었다고 하는 관점, 즉 조건화 때문이라고 설명하였다.
　⑤ 하버드 대학교의 스키너는 현대판 왓슨으로 불릴 정도로 행동주의를 더욱 급진적으로 발전시켰으며 행동주의에 강화라는 개념을 도입하였다. 강화는 반응에 이어서 주어지는 자극을 말하는데, 이 자극이 어떠하냐에 따라서 그 반응의 빈도가 증감된다.

(4) 형태주의
　① 지각된 내용을 하나의 전체로 통합하고 분리된 자극을 의미 있는 유형으로 통합하고자 하는 경향을 강조하는 학파로서, 1920년대에 독일에서 왕성하게 활동하였다.
　② 형태주의자들은 지각에 초점을 맞추고, 어떻게 지각이 사고 및 문제해결에 영향을 미치는가를 연구하였다.
　③ 형태주의학자들은 외적인 행동만 가지고는 인간의 본질을 이해할 수 없다고 보았으며 인간의 지각, 정서 또는 사고과정을 기본 요소의 입장에서만 설명할 수 없다고 비판하면서, 지각은 부분의 합보다 큰 전체라고 하였다.

(5) 정신분석
　① 정신분석은 지그문트 프로이트에 의해서 시작되었다.
　② 프로이트의 주요개념은 사람이란 마음 깊이 감추어진 충동에 의해 움직이며, 말의 실수나 꿈은 모두 자신의 무의식적 소망이나 원하는 바를 나타낸다는 것이다.
　③ 프로이트는 환자에 대한 임상적 면접을 통해서 사고, 정서 및 행동에 대한 이해를 하게 되었다.
　④ 프로이트는 인간행동을 결정하는 데에 의식적 사고보다는 무의식의 과정, 특히 원초적인 성 충동과 공격성이 더 큰 역할을 한다고 보았다.
　⑤ 행동의 밑바닥에는 성격에 기인한 기본적 역동성이 있으므로 프로이트의 이론을 정신역학이라고도 한다.

2 임상심리학의 성장과 발전

1 임상심리학의 정의

(1) 임상심리학은 고전적으로는 사람의 심리적 부적응 및 이상행동을 진단하고 치료하며 연구하는 응용심리학으로 정의된다. 임상심리학은 심리학의 한 분야로 다른 모든 분야와 인문학, 사회학 등 인문 계열 분야의 인접 학문에서 연구된 이론을 부적응 문제에 진단 치료에 적용시키는 학문이다.
(2) 인간의 심리적 문제의 진단과 치료를 담당하며 이 때 진단을 할 때에는 각종 임상테스트나 임상진단기술을 이용한다.
(3) 현재 임상심리학은 지능, 성격, 개성 등 많은 부분을 파악하고 있어 원래는 군인이나 어린 아이에게 많이 적용되던 것이 그 영역을 확장해 청소년, 어른 등 사회 전반적으로 적용되고 그 치료방법이 사용되고 있다.
(4) 최근에는 더욱 포괄적인 정의로서 심신의 건강을 위해 예방과 치료, 재활활동에 심리학적 지식을 활용하는 학문으로 더욱 폭넓게 규정된다.

2 임상심리학의 역사

(1) 임상심리학의 초기 발전
　① 임상심리학의 시작은 1896년 L. 위트머가 펜실베이니아 대학에 몸이 불편한 아동을 위해 클리닉을 개설하고, 1909년 W. 힐리가 빗나가는 청소년들의 개진을 위한 시설 건설을 시작으로 한다.
　② 위트머(Lightner Witmer)가 1896년 미국의 펜실베이니아 대학에 심리클리닉을 설립하고 아동의 학습문제를 치료한 것에서부터 시작되었다.
　③ 위트머가 임상심리학이란 용어를 사용하면서 강조한 점은 각 개인의 요구에 따라 관찰과 실험의 과학적 방법을 적용한다는 것이며, 아울러 임상심리사는 사람들이 능력을 개발하도록 조력하는 교육적 역할을 한다는 것이었다.
　④ 1차 세계대전 때 집단 언어성 지능검사인 육군 알파(Army Alpha) 검사와 비언어성 지능검사인 육군 베타(Army Beta) 검사가 개발되어 능력에 따른 직무배치에 이용되었다.

⑤ 정신병원의 환자들을 대상으로 한 심리검사의 활용은 지능검사뿐만 아니라 보다 다양한 검사들을 요구하였으며 1921년에 오스트리아의 정신과 의사였던 로샤가 개발한 잉크반점검사(ink blot test)가 심리 측정학의 전통을 지니고 있던 임상심리사들에 의해 1940년대까지 발전적으로 적용되었으며 이는 사고장애와 성격적 특성을 밝히는데 매우 유용한 투사검사로서 각광받게 되었다.

⑥ 그 이후인 1930년대에 미국 전역에 정신분석학에 대한 사상이 뿌리내린 것과 컬럼비아 대학에 정식으로 임상심리학 관련 학과와 양성 코스가 생긴 것 등도 발전의 계기가 되었다.

기출문제 확인학습

1차 세계대전과 2차 세계대전 사이의 임상심리학 역사

1) 심리학자에 의한 평가활동의 지속과 확장 : 다양한 심리검사가 제작, 활용됨
   (1) Strong 직업흥미검사
   (2) Wechsler - Bellevue 지능검사
   (3) MMPI(다면적 인성검사)
   (4) 투사적 검사들(정신역동적 원리에 입각) : Rorschach test, TAT, Drawing test, BGT 등

2) 심리치료 영역에서의 역할 증대
   (1) 개업활동 시작
   (2) 정신과적 문제, 정서·행동적 문제를 가진 아동에 대한 개입으로 확장
   (3) 놀이치료기법 개발

3) 임상심리학자의 직업적인 갈등 → 직업적 정체성을 형성하기 위한 임상심리학자의 투쟁
   (1) 정신의학계와의 갈등 → 심리치료가 의학적 활동이어야 한다.
   (2) 심리학계 : 전통적 학문적 기초, 과학적 연구가 약해지는 것을 우려 → 임상심리학은 비과학적 접근이다.
   (3) 이론적 견해 : 당시의 심리학의 행동주의적 조류 → 임상심리학은 당시 정신분석적 접근을 중시하였다.
      ※ 1896년에 임상심리학의 시작으로 간주되는 심리상담소를 설립한 사람은 Lightner Witmer이다. Lightner Witmer는 1896년 최초의 심리치료소를 설립하여 학습장애나 행동장애를 겪는 아동에 대한 치료를 하였으며, 심리학을 실용적으로 적용하는 영역을 '임상심리학'으로 명명하였다.
      ※ 제2차 세계대전으로 인해 군인들에 대한 심리치료의 필요성이 급증하게 되었으나 정신과 인력은 부족하여 임상심리학자의 역할에 대한 요구가 증대되었다. 임상심리학이 전문직으로서 인정을 받고 영역이 크게 확대된 계기는 제2차 세계대전이다.

기타

1) Kraepelin은 정신병리의 유형에 관한 분류를 하였으며 1883년 출간한 '정신의학개론'에서 정신질환에 대한 초기 분류체계를 소개하여 정신질환의 생물학적 속성을 명확히 하고자 시도하였다.

> **Emil Kraepelin(에밀 크레펠린)**
> '정신질환도 단위질환에서처럼 원인, 발병기전, 병리, 임상증상, 경과 및 예후를 갖고 있다.' - 병의 분류와 정신의학 발전에 기여
> 1) 오늘날의 정신의학은 크레펠린에 의해 집대성되었다고 해도 과언이 아니며 특히 병의 분류는 거의 그의 학설을 따른다.
> 2) 크레펠린의 체계는 분트의 심리학을 기초로 하고 있다.
> 3) 그는 정신질환도 단위 질환에서처럼 원인, 발병기전, 병리, 임상증상, 경과 및 예후를 가지고 있다고 주장하여 정신질환을 경과 중심으로 정리하였다.

2) 주제통각검사(TAT) - Murray와 Morgan
3) 집단지능검사인 Army 알파 개발 - R. Yerkes 등
4) 의식에 관한 연구를 무의식의 영역까지 확대하여 연구 - S. Freud

(2) 임상심리학의 확대 발전
① 임상심리학의 발전에서 가장 큰 부분을 차지한 것은 제2차 세계 대전 당시 군인들이 다양한 심리적, 정신적 스트레스에 시달리면서 치료와 진단이 필요한 것을 계기로 임상심리학이라는 학문이 본격적으로 구도를 잡고 성립되었다.
② 2차 대전 직전인 1930년대 후반부터 정신분석학적 수련배경을 가진 유럽의 많은 심리학자와 정신의학자가 미국으로 이동하면서 성격 및 부적응적인 성격특성에 대한 심리측정 요구가 증가되었다.
③ 2차 대전 기간 중에 임상심리검사를 이용한 부적응자(능력결여, 정서적 불안정, 정신장애 등)의 효과적인 감별은 적절한 인사배치에 심리검사가 요구되었다.
④ 2차 대전 종료 후에는 많은 퇴역군인이 정신장애로 고통 받고 있었으므로 이들의 치료와 재활, 예방 활동을 집행한 보훈처와 국립정신건강연구소에 더 많은 예산이 배당되었다.
⑤ 이러한 과정에서 임상심리사는 정신건강인력으로서 효과적인 평가기법들을 갖추고 있으며 정신장애의 연구방법에 전문성을 지니고 정신건강 분야에 확고한 전문적 지식을 갖고 있다는 것을 보여주었다.
⑥ 로저스(인본주의, 1942)가 치료회기 동안에 축어록(verbatim)을 작성하면 어떤 과정을 통해 치료효과가 나타나는지 알 수 있다고 주장했으며, 내담자의 주관적 경험이 심리치료 과정에서 중요하게 다루어져야 한다고 주장하였다.

3 임상심리학의 최근 동향

임상심리학의 최근 동향을 4가지로 살펴보면 다음과 같다.

1 정신분석의 퇴조와 인지행동의 증대로 대변할 수 있다.

인지행동치료의 활용으로 환자의 비합리적 신념의 변화를 통해 정서와 행동을 치료하는 분야의 연구와 임상적 접근이 주를 이루고 있다.

2 통합적 또는 절충적 치료의 확장으로 치료적 공통요인 탐색을 중시하고 있다.

이는 환자의 다양한 문제나 욕구를 통합적인 차원에서 접근하고 해결하는 방법을 중시하게 되었다는 것이다.

3 신경심리평가의 발전이다.

(1) 신경심리평가는 신경심리검사를 사용하여 뇌와 행동과의 관계에 따른 신경심리장애의 여부를 총체적 및 계량적으로 측정해서 평가하는 것이다.

(2) 신경심리평가는 환자와의 면담이나 관찰을 통해서 전체적인 뇌기능을 알아보고(전반적 외모, 신체운동, 감정, 사고과정의 형태와 내용, 지각능력 등) 신경심리검사를 통해서 대뇌피질(cortex)과 피질하(subcortex)의 인지적 기능을 알아본다.

4 지역사회 정신건강 운동으로 서비스 장면이 확대되고 치료가 아닌 예방을 강조하며 환자가 아닌 일반인까지 확장하고 있다.

시설보호보다는 지역사회 중심의 보호를 강조하는 등 사례관리의 중요성이 대두되고 있으며, 보다 적극적인 예방적 접근과 대상자도 환자뿐만 아니라, 일반인까지 확대하고 있는 추세이다.

기출문제 확인학습

임상심리학자만의 전통적 역할
1) 임상심리학자만의 전통적 역할은 심리검사를 통한 평가이다.
2) 심리검사를 통한 평가는 임상심리학자의 가장 고유하고도 중요한 역할이라고 볼 수 있으며 임상심리학자의 정체성을 결정짓는 주된 요소이다.

제2절 심리학의 제 이론

1 정신분석 관점

(1) 1890년대에 이르러 오스트리아의 지그문트 프로이트는 정신분석학을 주창하여 독자적인 심리학 영역을 구축하였다.
(2) 프로이트는 인간의 행동을 무의식과 의식, 자아와 초자아라는 독특한 개념으로 설명하면서 인간 행동의 기반을 성적 에너지인 리비도와 죽음의 본능인 타나토스로 보았다.
(3) 리비도는 초기의 프로이트, 타나토스는 2차 대전을 경험한 이후의 프로이트가 제창한 개념이다.
(4) 정신분석이 심리학에 기여한 가장 중요한 점은 무의식의 발견, 그리고 심적 결정론이라 할 수 있다.
(5) 정신분석적 관점의 기본 가정은 행동이 무의식 과정에서 비롯된다는 것으로 무의식 과정은 개인이 자각하지 못하지만 그럼에도 불구하고 행동에 영향을 주는 신념, 공포, 욕망을 가리킨다.
(6) 부모나 사회에 의해 금지되거나 처벌되는 다수의 충동들은 자각의 영역에서 무의식의 영역으로 이동할 뿐 사라지지는 않으며 그것들은 정서적인 문제나 정신 질환의 증상으로 나타나거나 예술적 또는 문화적 활동과 같은 사회적으로 용인된 행동으로 나타난다.
(7) 비정상적 행동이나 문제행동은 갈등이 불만스럽게 해결되었거나 해결에 실패한 것을 나타낸다.
(8) 프로이트 이후 직접 또는 간접적으로 그의 영향을 받은 수많은 정신분석가들이 배출되었으며, 그들 중 유명한 학자로는 분석심리학을 창시한 칼 구스타프 융(Carl Gustav Jung), 개인심리학을 창시한 알프레드 애들러(Alfred Adler) 등이 있다.
(9) 정신분석학은 곧 과학적 엄밀성의 결여, 경험적 증거의 부족, 이론체계의 반증 불가능성 등으로 인해 혹독한 비판을 받게 되었다.
(10) 정신분석학의 과학적 지위에 대한 비판보다는 그 이론 자체가 적용되지 않은 부분들과 문제점, 그리고 프로이트 이론에 대한 반발감 등으로 영향력이 축소되어서 현대 심리학에서 정신분석이 차지하는 위치는 크지 않다.

> **기출문제 확인학습**
> 자신의 초기 경험이 타인에 대한 확장된 인식과 관계를 맺는다는 가정을 강조하는 치료적 접근은 대상관계이론이다.

실력다지기

정신역동적 관점과 학자

1) 이 관점은 정신의 에너지, 인간행동이 결정되는 상황적 맥락, 정신과 환경의 상호 작용에 따라 성격이 역동적으로 작용한다고 보는 입장이다.
2) 프로이트를 시작으로 아들러(1870~1937)의 개인심리학, 칼 융(1875~1961)의 분석심리학, 호나이(1885~1952)의 신경증적 성격이론, 설리반(1892~1949)의 대인관계이론, 머레이(1893~1988)의 욕구 및 동기이론, 프롬(1900~1980)의 성격유형이론, 그리고 정체감 위기란 개념으로 유명한 에릭슨(1902~1994)의 심리사회적 발달이론 등이 대표적이다.
3) 이 중에서 프로이트와 머레이는 정신분석학파로 구분되며 행동의 여러 측면들은 인간의 성격 안에 내재된 무의식적이며 감춰진 힘(forces)에 기인한다고 보는 반면, 신(新)정신분석학파로 분류되는 아들러, 호나이, 설리반, 프롬, 에릭슨, 페어베언 등은 인간의 주요동기는 무의식이 아니라 의식적인 측면이고, 성적(性的)인 힘보다는 사회적이고 문화적인 힘이 더 중요하다고 보았다.
4) 대인관계 이론은 다른 사람들과의 관계를 중요시하는 정신분석학파이지만, 프로이드(Freud)의 이론이 너무 생물학적인 이론에 치우쳐 있다는 점에 불만을 표시하였다.
5) 핵심인물로는 설리반(H.S.Sullivan), 프롬(E.Fromm), 호나이(K.Horney), 톰슨(C.Thompson), 프롬 - 라이히만(Frieda Fromm - Reichmann), 윌리엄 페어베언(William Fairbairn) 등이 있으며, 이들을 신프로이드학파(Neo - Freudia)라고 한다.

2 행동주의 관점

(1) 20세기 초 존 왓슨(John B. Watson), 에드워드 손다이크(Edward Thorndike), 클라크 헐(Clark L. Hull), 스키너(B.F. Skinner)등에 의해 행동주의 심리학이 주창되었다.
(2) 행동주의 심리학들은 쥐, 비둘기 등의 동물을 이용하여 학습 과정을 연구하였고, 인간을 포함한 동물의 학습이 환경의 자극에 대한 반응이라 주장하였다.
(3) 자극 - 반응 이론(S - R 이론)으로 미국을 중심으로 한 세계 여러 사회에 커다란 영향을 미쳤으며, 특히 교육에 큰 영향을 주었다.
(4) 설립자인 왓슨(John B. Watson)은 어떤 사람이 무엇을 하는가를 이해하려면 그의 학습의 역사, 상황적 영향, 그리고 그 과정에 포함된 보상을 보면 된다고 하였다.
(5) 행동적 접근에서는 어떤 사람이 학습을 통해 '무엇을' 알게 되었는가를 보고자 하는 것이 아니라 '무엇이', 즉 어떤 외적인 절차가 그를 조건화시켰는가를 보고자 하였다.
(6) 행동주의 심리학자들은 특히 심리학의 과학화에 큰 공헌을 하였는데, 그들은 검증 가능한 것을 강조하던 당시의 시대적 분위기에 발맞춰 심리학 연구에 있어서도 검증 가능한 것들만을 연구대상으로 삼아야 한다고 주장하였는데, 이것은 이전의 큰 심리학적 흐름이었던 정신분석과 다른 것이었다.
(7) 행동주의자들은 검증 가능한 것에 대한 지나친 집착 때문에 정작 심리학의 진정한 연구 대상이라 할 수 있는 심적, 내적 과정에 대한 탐구를 소홀히 한 결과 여러 가지 어려움에 부딪히게 되었고, 끝내는 인지혁명 이후 주된 패러다임의 자리를 인지심리학 등 다른 분야에 내주게 되었다.

3 생물학적 관점

(1) 심리학 분야에서 생물학적 관점은 자연과학적인 접근방법으로써, 신경생물학적 접근방법을 말한다.
(2) 신경생물학적 접근방법의 개념은 인간의 행동과 정신작용을 우리 두뇌와 신경계 안의 신경세포들 사이에서 일어나는 생리학적 과정으로 설명하려는 접근방식이다.
(3) 생물학적 관점은 행동을 신체 내부에서 일어나는 전기적 활동 및 화학적 활동과 연관시키려고 한다.
(4) 우리의 사고, 꿈 및 정신 이미지 등이 중추적 역할을 하는 뇌에 의해서 이루어진다는 것이 생물학적 관점 심리학자들의 가정이다.
(5) 생물학적 접근을 취하는 심리학자들은 두뇌에서의 사고(예 뇌세포의 활동)와 정신 과정 간의 연결을 찾아보고자 하였다.

기출문제 확인학습

생물학적 조망에 대한 설명

1) 행동과 기질적 기능 간의 상호작용에 초점을 맞추고 있다.
2) 마음과 몸은 하나의 복잡한 실체의 두 측면이다.
3) 심리적인 스트레스와 신체적인 질병은 서로 영향을 미친다.
4) 관찰 가능한 표현형은 그 사람의 유전인자와 연관된 경험의 산물이다.

4 현상학적 관점(인본주의 관점, 실존주의 심리학)

(1) 1950년대 장 폴 사르트르 등의 철학자가 주창한 실존주의의 영향으로 인본주의 심리학이 파급되었다.
(2) 주요 심리학자로는 욕구이론을 주창한 에이브러햄 매슬로(Abraham Maslow), 인간중심 심리치료를 주창한 칼 로저스(Carl Rogers), 직관적이며 전체적 인지를 중시한 장 이론인 게슈탈트 심리학을 주창한 프리츠 펄스(Fritz Perls) 등이 있다.
(3) 로저스의 현상학적 이론은 프로이트의 정신분석에서 취하는 치료자중심보다 내담자중심치료를 강조하였고, 윌리암슨의 특성 - 요인적 상담에서 취하는 지시적 접근보다 비지시적 접근이 내담자를 돕는 데 보다 효과적임을 주장하였다.
(4) 개인의 주관적 경험을 가장 중요한 연구대상으로 하는데, 즉 인생을 살아가면서 자기인식, 경험 및 선택을 통해 '우리 자신을 창조해 나간다.'는 접근법이다.
(5) 모든 행동은 어떻게 생각하고 행동할 것인지를 선택하는 개인의 능력에 달려 있다고 보며 이러한 선택은 각 개인이 세상을 어떻게 보느냐에 따라 달라진다.

기출문제 확인학습

인간중심 치료(인본주의 치료법)

1) 로저스의 저술에 일관되게 나타나는 중심 주제는 만약 존중과 신뢰의 풍토가 조성된다면 인간은 긍정적이고 건설적인 방향으로 발전하려는 경향을 지닌다는데 대한 깊은 믿음이다.
2) 로저스는 인간은 신뢰할 수 없으며 우월하고 탁월한 위치에 있는 사람에 의해 지시받고, 동기화되고, 가르침 받고, 처벌받고, 보상받고, 통제되고, 지배받아야 한다는 가정에 기초한 이론적 체계들에 대해 공감하지 않는다.
3) 로저스는 성장을 계속 촉진시키는 분위기를 만들어서 개인을 발전하게 하고 유능하게 만드는 상담자의 세 가지 속성이 있다고 보았으며 이 속성들은 ① 순수성 또는 진실성, ② 수용 또는 돌봄, ③ 깊은 이해 등이다.
4) 로저스는 만약 이런 태도를 지니고 조력자가 내담자와 대화한다면 내담자들은 덜 공격적이 되고 자신과 주변 세계의 경험에 보다 개방적으로 된다고 가정하였다.
5) 인본주의 접근법에 의하면 심리치료는 내담자가 혼자서 할 수 없는 것을 도와주는 다른 사람과의 관계 자체에서 또는 그런 관계를 통해 내담자는 치료적 성장을 경험한다.
6) 내담자의 치료에서의 변화를 돕는 일치성 있는(외적 표현과 행동이 내적 감정이나 생각과 일치하는)그리고 수용적이고 공감적인 상담자와의 관계이다.
7) 인간중심적 접근법에서 치료자의 기능은 즉시 제공되어야 하고 내담자에게 접근 가능해야 하며 그들의 관계에서 만들어진 지금-여기의 경험에 초점을 맞추어야 한다.
8) 인본주의 이론은 치료의 과정과 결과에 대한 연구를 통해 발전해 왔다고 할 수 있으며 이 이론은 고정된 것이 아니라, 수많은 상담관찰을 통해 성장해 왔으며 인간본성과 치료과정에 대한 이해를 증진시키는 새로운 연구로서 변화를 계속할 것이다.
9) 인본주의 치료법은 일련의 기법도 아니고 확정된 이론도 아니다.
10) 상담자가 보여 주는 일련의 태도와 신념에 뿌리를 둔 이 접근법은 상담자와 내담자가 그들의 인간성을 통해 성장경험에 참여하는 존재양식으로서 그리고 함께 하는 여정으로서 특징 지을 수 있을 것이다.

5 인지주의 관점

(1) 인지심리학에 대한 현대적 정의는 '감각정보를 변형하고, 단순화하며, 정교화하고, 저장하며, 인출하고 활용하는 등 모든 정신과정을 연구하는 학문이다'라고 한다.
(2) 20세기 후반(1960년대 이후)에 일어난 이른바 '인지혁명'은 심리학의 패러다임을 바꾸어 놓았다.
(3) 노엄 촘스키 등 언어학자들과 앨런 튜링, 폰 노이만 등의 컴퓨터 과학자들의 영향을 받아 인지혁명이 시작되었다.
(4) 촘스키는 심리학의 연구 대상은 인간의 내적 심리과정이어야 함을 주장하여 행동주의 심리학을 강하게 비판하였다.
(5) 인지심리학은 행동주의 심리학과 달리 내적인 심리과정을 중시하며 이에 대한 연구를 주된 목표로 삼는다.
(6) 정신과정에 연구의 초점을 두고 우리 마음(mind)이라 부르는 것들(예 지각, 기억, 사고, 판단, 의사결정, 기타 정보 처리 체계)을 연구한다.
(7) 인간의 두뇌가 어떻게 정보를 받아들여 처리하고 특정의 행동 유형을 만들어 내는가를 연구하는 접근법이다.
(8) 인지심리학자들은 종종 마음을 컴퓨터에 비유한다. 즉, 입력 정보는 여러 방식으로 처리되고 그것은 선택되고 비교되며, 이미 기억 속에 있는 정보와 결합되고 재배열된다.

(9) 인간의 심리과정을 컴퓨터의 정보처리과정에 비유하여 이해한다는 것인데, 이는 인접 학문들의 영향을 받은 결과로서, 이를 인간정보처리론(human information processing)이라고도 한다.

6 통합적 관점(절충주의적 접근 : 정신분석, 행동치료 등의 절충)

(1) 통합적 관점(절충주의)은 1980년대 이전까지 한 가지만을 고수하는 분위기에 대한 반발로 예전의 한 가지 조망에 개입하고 다른 조망이나 조직과는 거의 상호작용을 하지 않음이 치료에 효과적이지 않음을 알면서 출현하였다.
(2) 통합적 관점(절충주의) 기본 가정은 효과적인 심리치료라는 것은 환자의 욕구에 얼마나 잘 부합되는가에 의해 정의된다.
(3) 어떤 환자문제의 해결을 위해 최상의 효과를 가지는 것으로 보이는 다양한 이론과 기법을 사용한다.
(4) 환자의 독특한 욕구에 잘 부합되는 치료를 설계하기 위해 다양한 조망으로부터 나온 전략을 사용한다.
(5) 대표적인 절충은 '정신역동이론과 행동주의이론의 절충'이다.
　① 정신역동 관점과 행동주의 관점을 통합하는 틀은 초기 아동기 경험으로 초점을 맞출 때는 정신역동적 조망을 사용하고, 현재 진행 중인 문제를 이해하기 위해서는 행동주의적 강화원리를 사용한다.
　② 통찰은 행동적 변화를 일으키며, 행동적 중재는 통찰을 향상시킨다고 본다.
(6) 절충적 접근의 또 다른 대표적인 예는 Lazarus의 중다양식접근이다.
BASIC ID(Behavior, Affect, Sensation, Imaginary, Cognition, Interpersonal, Relationship, Drug) 7대 요소를 두루 사용하는 것이 좋은 방법이라는 접근법이다.

기출문제 확인학습

병적 소질(질병 소인) - 스트레스 조망

1) 심리사회적 또는 환경적 스트레스와 조합된 생물학적 또는 기타 취약성이 질병을 일으킨다는 것은 병적 소질(질병 소인) - 스트레스 조망이다.
2) 생물학적 또는 기타 취약성은 병적 소질에 해당하며 심리사회적 또는 환경적 스트레스는 스트레스에 해당하므로 병적 소질(질병 소인) - 스트레스 조망이라고 한다.

제2장 심리평가 기초

기출문제 확인학습

전통적 모델과 치료적 모델의 목표 및 역할

1) 전통적 모델
   (1) 심리평가의 목표
   ① 치료자와 환자 사이에 관계형성을 돕기 위하여 평가자가 심리평가를 통해 환자의 정보를 얻어 치료자에게 제공하는 것을 목표로 한다.
   ② 평가자와 치료자가 각각 다른 사람인 경우가 대부분이다.
   (2) 심리평가자의 역할
   치료자의 치료를 돕는 역할을 수행한다.

2) 치료적 모델
   (1) 심리평가의 목표
   ① 심리평가도 치료라는 큰 틀의 초기단계로 본다.
   ② 치료적 모델은 심리평가 그 자체가 관계형성을 하는 과정이다.
   ③ 치료적 모델에서는 평가자와 치료자가 같아야 한다.
   (2) 심리평가자의 역할
   단순히 치료자의 치료를 돕기 위하여 환자의 심리평가 정보를 치료자에게 전달하는 역할이 아니라, 심리평가자 자신이 치료자의 역할을 한다.

---

1 심리평가란 심리검사, 임상적 면접 및 행동관찰 등의 방법을 통해 얻어진 여러 자료들을 종합하여 개인의 다양한 심리적 속성 및 특성을 밝히는 전문적인 과정이다.

제1절 면접의 제 개념

1 면접의 개념

(1) 면접은 임상에 있어서 매우 중요한 활동이자 기본적인 수단이며 대화의 방식을 사용한 두 사람 간의 의사소통이다.
(2) 면접은 의사소통하는 방식 중 하나이며 의사소통을 잘하기 위해서는 언어적, 비언어적인 의사소통의 기법들을 잘 알고 있어야 한다.
(3) 면접은 목적과 대상 그리고 시간·공간적인 제약의 형식적 구조와 진행과정에 의해서 구분한다.

(4) 면접의 정의
　① 면접은 둘 이상의 사람이 일정한 환경에서 직접 대면하면서 일정한 목적을 가지고 상호 간 대화, 정보의 교환, 상호 간 의지나 감정을 전달하여 문제를 해결하는 것이다.
　② 서로 간의 생각과 느낌이 교환되는 가운데 언어적, 비언어적인 의사소통을 포함한 목적 지향적인 대화이다.
　③ 면접의 초기과정에서 라포(rapport) — 긍정적 친화관계 — 가 잘 형성되어야 환자가 자신의 감정을 개방적으로 드러내고 자기방어 없이 표현할 수 있게 된다.
　④ 라포는 임상심리사와 환자 사이의 상호 이해와 전문적 관계의 수립을 가능하게 하는 조화, 공감 및 화합의 상태를 말하는 것이다.

2 면접의 유형

(1) 심리검사 시 면접의 종류
　① 구조화 면접
　　치료자가 환자로부터 정보를 얻기 위하여 기록된 설문목록, 즉 면접조사표를 가지고 질문을 하며 이는 치료자의 편향된 오류를 최소화하기 위한 것이다.
　② 반구조화 면접
　　정보를 얻기 위하여 처해진 상황에 따라 질문을 변화하는 경우로 면접지침만 존재하며 치료자는 환자의 이해정도에 따라서 질문을 달리 할 수 있다.
　③ 비구조화 면접
　　가장 자유롭고 개방적인 형태의 면접으로서 면접에 대한 간단한 주제 목록을 가지고 질문을 하며 이 때 질문은 규칙적이지 않고 대체적으로 자유롭게 전개한다.

참고

상담과정에서의 면접 종류

1) 정보를 얻기 위한 면접
   (1) 환자의 개인적·사회적 문제와 관련된 사회적 배경이나 개인의 성장 발달사에 관한 정보를 얻기 위한 것이다.
   (2) 정보수집 면접의 목적은 환자의 사회적 배경이나 개인의 성장 발달 배경을 앎으로써 문제를 보다 잘 이해하는데 있다.
2) 사정을 위한 면접
   (1) 사정면접은 어떤 서비스를 제공할지, 개입방향을 결정하는 면접으로 정보수집 면접보다는 더욱 목적 지향적인 특성이 있다.
   (2) 환자가 처해 있는 현재 문제 상황, 문제해결의 목표, 목표를 달성하기 위해 어떤 개입방법을 선택해야 할지 결정하게 된다.
3) 치료를 위한 면접
   (1) 치료면접은 환자가 변화할 수 있도록 원조하기 위한 면접이다.
   (2) 환자에게 자신감을 부여하고 자기효능감이 강화되도록 하며 필요한 기술을 훈련시켜 자신의 문제를 해결할 수 있는 능력을 키우는 것 등이 목적이다.

기출문제 확인학습

임상적 면접보고서에 포함되어야 할 내용

1) 환자에 대한 신상정보
   기본적인 정보로서 성명, 성별, 연령, 거주지, 연락처, 결혼 여부(기혼, 미혼), 직업 등
2) 주 호소문제
   환자의 욕구와 도움을 받고자 하는 내용 및 이유, 욕구(문제)의 강도와 지속기간 등
3) 현재의 병력
   증상의 변화과정, 치료 경력, 증상에 대한 환자의 대응 노력 등

> **현 병력을 기술할 때 필요한 정보**
> 1) 병력(History)
>   병력은 의학 분야에서 중요하며 의료재활의 특수성에 따라 부가되어야 할 사항들이 있는데, 질병으로 인해 발생하는 일상 생활의 기본 동작의 장애, 사회 심리적 상태, 직업경력 등이 포함되어야 한다.
> 2) 현 병력(History of the Present Illness)
>   ① 현 병력을 청취하여 문제점을 알아내는 것은 질환을 밝히는 것뿐 아니라 이로 인한 기능적 장애의 영향을 아는 것이 중요하다.
>   ② 발병일, 이로 인한 문제점, 치료력, 합병증에 대해서뿐 아니라 기능적 소실과 제한에 대한 기술이 반드시 있어야 한다.
>   ③ 장애의 특징 중의 하나가 기본적인 일상 생활동작을 다른 사람에게 의존하여 수행하는 것인데, 이렇게 타인에게 의존하는 일상 생활동작의 수행이 현 병력에 포함되어야 한다.

4) 과거 병력
   정서적인 상태에 영향을 주는 과거 신체 질병의 유무, 과거의 정신적 혼란의 삽화, 투여한 약물 등
5) 병전 성격
   현재 기능수준에 대한 기저선(기초선) 파악, 병전 성격(원래의 성격) 평가 등
6) 개인력
   신체적·심리적 문제에 대한 개인적인 역사, 유년기 및 청소년기의 발달 경험 등

7) 가족력
　　과거의 가정환경, 부모의 성격 및 부모와의 관계, 사회적 지위, 가족의 정신과적 병력 등
8) 정신상태 검사
　　외모, 면담태도, 정신활동, 정서적 반응, 언어와 사고, 감각과 지능, 기억력 등의 검사
9) 권고사항
　　특정한 문제와 목표증상에 대한 적절한 치료 종류 및 방법의 제시가 요구됨

아동의 초기 면접 시 관찰사항

1) 인지발달
　　언어발달, 수 개념, 논리성 측면, 관계 개념, 창의성 등
2) 정서발달
　　감정의 일반적 특징, 상담에 임하는 태도, 성취도, 욕구 감정분화, 감수성 등
3) 사회성 발달
　　눈맞춤(eye - contact), 애착 형성, 부모 또는 교사와의 관계, 또래와의 관계, 상호작용 등
4) 운동발달
　　지각, 소근육 운동발달, 대근육 운동발달 등
5) 놀이발달
　　인지적 측면, 사회적 측면, 진단적 놀이평가, 구조화·비구조화된 놀이 등 평가
6) 이 외에도 기본적으로 아동의 목소리와 말, 비언어적 행동, 개인적인 용모, 정동, 신체적, 신경학적 발달 등을 관찰한다.

초기 면담 시 행동관찰에 포함되어야 할 사항

1) 내담자가 정시에 도착하였는가?
2) 내담자의 외모, 인상, 위생상태
3) 내담자의 면담 태도(말과 표현, 신체 동작 등)
4) 내담자에게 시각, 청각의 문제가 있는지?
5) 면담 당시의 내담자의 컨디션
6) 내담자의 언어적 이해력(사고력, 논리력, 추리력, 상황판단 능력 등)
7) 내담자의 특이 행동
8) 내담자의 정서적 반응
9) 의사소통 능력(언어적, 비언어적 의사소통 능력)

질문 기법

1) 개방형 질문은 반응자가 자유롭게 자신의 의견을 나타낼 수 있도록 만든 문항형태이다.
2) 간접형 질문은 직접적으로 언급하기보다는 간접화법을 인용하여 질문하는 것이며 내담자에게 편하게 응답을 구하는 방식이기 때문에 내담자로부터 많은 정보를 얻어내는데 효과적인 질문이다.

Cormier가 제시한 적극적 경청 기술

적극적인 경청의 구체적 기술에는 명확화(clarification), 바꿔 말하기(paraphrase), 반영(reflection), 요약(summarization), 침묵의 탐색(exploring silence) 등이 있다.

접수면접

접수면접은 환자가 내원하여 처음으로 받는 면접으로서 라포 형성, 제공되는 서비스에 대한 일반적인 설명, 그리고 접수한 기관에서 치료가 어려울 경우 다른 기관으로의 의뢰 등을 생각해 볼 수 있다.

정신상태평가 - 정신의학적 면접법

1) 정신병리가 의심될 때 주로 사용하는 구조화된 정신의학적 면접법은 정신상태평가이다.
2) 정신상태평가는 원래 신체적 의학평가를 기초로 한 것으로, 중요한 정신기능의 체계를 점검한다.
3) 정신상태 평가의 '원(raw)'자료를 전반적인 배경정보와 통합하여 환자에 대한 일관된 인상을 정리하고 진단을 내리게 된다.

정신상태검사

일반적 관찰	외관과 태도 행동	복장, 자세(걸음걸이 등), 언어, 면담자에 대한 반응(시선 맞춤, 면담에 대한 집중력, 협조성) 등 정신운동 지체 또는 초조 등
기분과 정동	우울 / 불안 / 분노 / 무쾌감증 / 외로움 / 기분 동요 등	정동의 범위, 부적절한 정동, 정서적 불안정성 등
사고 과정	질(quality) / 말의 유창함 / 응집성과 적절성 / 회피 등	연상의 이완, 구체적 사고, 반향언어 등
사고 내용	망상 / 공포증 / 죄책감 / 자기비난 등	강박적 사고, 자살이나 죽음에 대한 관념 등
신체 기능	식욕 / 에너지 수준 / 수면 기능 등	리비도, 지각 장애, 신체적 염려 등
지각	환각 / 착각 등	비현실감 등
감각	사람, 장소, 시간에 대한 지남력 / 의식의 명료함 등	해리 등
인지 기능	기억력이나 집중력 장애	지능 등
판단력	가족 및 다른 사회적 관계, 직업 상황, 미래 계획의 부분에서 판단력 평가	
병식	자신, 문제의 기여도, 해결법에 대한 자각 정도 평가	
위험 가능성	자해, 자살, 타인을 향한 폭력에 대한 상념과 그 계획에 대한 질문	

사회성 측정법 : 사회관계 측정법(sociogram)

1) 사회성 측정은 집단내의 개인 간에 존재하는 사회적 관계를 기술하는 방법이다. 이 방법은 여러 상황에서 학생들이 선택하거나 배척하는 사람은 누구인가를 물음으로써 개인 사이의 수용이나 배척관계를 알 수 있다. 특히 생활지도에서 이 방법은 매우 유용한 것으로 개인의 집단생활에의 적응과 학생 간의 관계에 대한 이해에 유용하다.
2) 인간이 성장을 위해서 상호작용하는 환경 중에서 학교환경 특히 학생 집단 사회에서 어느 정도 인정되고 수용되느냐의 문제는 사회적 발달측면에서 뿐만 아니라 정서적 및 지적 활동에도 많은 영향을 미친다. 그리고 흔히 문제는 사회적 적응에의 실패에서 발생하기 때문에 더욱 그 중요성이 인정된다. 이러한 의미에서 집단내의 인간관계에 대한 올바른 파악은 생활지도에 필수적이며 그 방법이 바로 사회성 측정법인 것이다. 이것은 일명 수용성 검사 혹은 교우관계 조사법이라고도 한다.
3) 사회성 측정법은 친우 관계의 유형을 알게 하고, 수용이나 배척의 상호 관계를 알게 하며, 집단의 구조를 분석할 수 있게 하며, 수락 또는 매력과 반발의 강도나 빈도를 측정함으로써 집단에 대한 개인의 위치, 집단 자체의 구조 및 설명 또는 발견, 평가하게 해 준다.
4) <u>사회성 측정법을 이용할 때 고려할 점</u>
   (1) 집단이 형성된 시간을 고려해야 한다.
   (2) 집단의 연령수준을 고려해야 한다.
   (3) 집단의 크기가 알맞아야 하고 모든 성원을 참여시켜야 한다.
   (4) 자연적인 활동을 통해서 반응을 측정해야 한다.
   (5) 실시집단은 필요한 정보를 얻은데 적합해야 한다.
5) 사회성 측정방법은 그 분석유형에 따라 동료평정법, 지명법, 추인법, 사회적 거리추정법, 사회도로 나눌 수 있다.

제2절 행동평가 제 개념

1 행동평가의 개념

(1) 행동평가는 행동주의 이론에 근거를 두고 있는 평가법으로써, 행동평가는 문제행동을 발견해내고 이러한 문제행동과 더불어 문제행동의 결정요인으로 작용하는 환경요인 또는 개인과 환경과의 상호작용을 양적으로 평가해내는 과정이다.
(2) 성격특징이나 정서, 심리적 상태보다는 행동에 관심, 행동의 용어로 설명하고 기술한다.
(3) 행동의 원인으로서의 내적 갈등보다는 현재 환경에서의 유발자극 및 유지조건에 관심을 가지므로 객관성을 보장한다.

> **기출문제 확인학습**
> 전통적인 정신역동적 심리평가는 무의식적인 동기(내적 심리)를 파악하는 평가이므로 환경을 고려하지 않아 가설적 - 연역법을 적용하여 환경요인을 규명하는 행동평가와 다르다.

(4) 행동평가는 특정상황에 대한 개인의 개별적 행동에 초점을 맞추는 것이기 때문에 법칙 정립적 접근보다는 개인차적 접근(idiographic approach) 또는 개별사례적 접근에 기초한다.
(5) 법칙정립적 접근은 서로 다른 개인들을 소수의 대표적 차원으로 구성된 개념체계 위에서 법칙처럼 보편적으로 적용 가능한 진술로 엮을 수 있는 차원들을 찾아내려는 접근방법이다.
(6) 이 접근에서 각 개인의 행동은 다른 모든 개인들에게서도 같은 식으로 나타나는 일반적인 차원들로 기술될 수 있고, 일반적인 법칙을 빌어 개인의 행동을 설명할 수 있다.

> **실력다지기**
>
> **행동평가의 기본전제**
> 1) 행동평가는 행동의 결정요인을 환경적 사건이라고 전제한다.
> 2) 행동평가에서는 문제행동과 시간적으로 인접한 환경적 요인 또는 행동과 환경과의 상호작용이 문제행동에 있어서 보다 중요하다고 강조한다.
> 3) 환경결정론과 밀접하게 관련이 있는 가정은, 행동의 발생이나 특성을 설명함에 있어서 행동에 선행되거나 동반되는 상황적 요인이 중요한 것이다.
> 4) 행동주의자들은 행동의 다요인 결정론을 지지한다.
> 5) 행동평가에서는 평가의 대상이 되는 문제행동이 다양한 요소들로 구성되어 있다는 반응의 단편화를 전제로 한다.
> 6) 개인의 행동이 환경에 영향을 줄 수도 있다고 전제한다.
> 7) 행동은 환경 변화에 따라 결정되는 특성과 행동은 외부로 표현되기 때문에 외재적 특성을 전제한다.
>
> **행동평가의 ABC 패러다임**
> 행동평가는 선행 요인(선행조건, antecedents) - 행동(목표행동, behavior) - 후속 결과(행동결과, consequences)의 약자를 따서 행동평가의 ABC 패러다임이라고 한다.

2 　행동관찰은 Pavlov의 고전적 실험에서와 같은 행동주의 심리학으로부터 시작되었으며 형태심리학, 사회심리학, 발달심리학, 비교심리학과 같은 다양한 영역에서의 실험심리학적 발달이 체계적인 행동관찰법을 촉진시켰다.

2 행동평가의 방법

(1) 자연관찰법(naturalistic observation)
① 내담자의 집, 학교, 병원 등에서 자연스럽게 나타나는 문제행동을 관찰하는 것이다.
② 시간과 비용면에서 효율적이지 못하다(문제행동이 나타나는데 시간이 걸린다).
③ 생태학적으로 가장 완벽하고 많은 정보를 제공해준다.
④ 여러 상황에 걸쳐 관찰함으로써 문제행동의 리스트를 작성하고 문제행동의 기초자료를 수집하는데 도움을 준다.

(2) 유사관찰법(통제관찰법)
① 제한이 가해진 환경에서 관찰하는 방법이다.
② 유사관찰은 통제된 관찰과 같은 의미로, 관찰대상과 장소와 방법을 한정하고, 행동을 인위적으로 일으키거나 조직적으로 변화시켜서 관찰하는 방법이다.

> **정리**
>
> **유사관찰법(통제관찰법, analogue observation)**
> 1) 관찰의 효율성을 높이기 위해 내담자가 문제행동을 보이는 상황을 조작(예 일방거울, one - way mirror) 해놓고 그 조건에서의 문제행동을 관찰하는 것이다.
> 2) 가족관계, 사회적 관계, 아동의 행동, 부부 간 행동을 상담실에서 평가하거나 역할참여놀이 상황에서 평가하는 것이다.
> 3) 발생빈도가 낮고 자연스런 환경에서는 관찰하기 어려운 행동의 경우 유용하다.

(3) 자기관찰법[3]
① 자신의 행동, 사고, 정서 등을 스스로 관찰하고 기록하는 것이다.
② 자신에 대한 기록과 관찰을 왜곡할 수 있다는 단점이 있다.
③ 비용이 저렴하고 자신의 행동에 대한 피드백으로 문제행동을 통제하는 장점이 있다.

(4) 참여관찰법
① 반응성 효과가 적고, 관찰자로 하여금 광범위한 자연 장면에서 행동을 기록할 수 있도록 해주기 때문에 생태학적 타당도를 높일 수 있는 행동평가 방법은 참여관찰법이다.
② 관찰하고자 하는 개인의 자연스러운 환경에 관여하고 있는 관찰자로 하여금 관찰하게 하는 방식이다.
③ 비참여관찰의 경우 반응성의 효과(조사반응성)가 큰 특징이 있다.

---

[3] 자기관찰(자기모니터링)은 자신의 내면적 세계에 대한 적극적인 탐색을 의미하며 자신의 사고를 성찰하는 능력뿐만 아니라, 자신이 사회문화적 환경과 맺고 있는 관계를 이해하는 것이다.

기출문제 확인학습

관찰기록의 종류[4]

1) 표본기록법(specimen record)

   관찰자가 관찰 대상이나 장면을 미리 정해 놓고 그 장면에서 일어나는 아동의 행동과 상황, 말을 모두 일어난 순서대로 기록하는 방법

2) 일화기록법(anecdotal record)

   개인의 특성을 이해하기 위하여 구체적인 행동 사례나 어떤 사건에 관련된 관찰 기록을 상세히 기록하는 방법

3) 사건표집법(event sampling)

   어떤 행동이나 사건으로 명명된 행동의 발생을 기록, 관찰하고자 하는 특정 행동이나 사건이 발생할 때만 관찰하는 방법.

4) 시간표집법(time sampling)

   정해진 시간 간격을 두고 행동을 관찰하여 그 결과를 기록하는 방법. 일정한 시간 간격으로 비교적 짧은 시간 사이에 발생한 행동을 양적으로 측정하는 방법.

5) 행동목록법(check list)

   관찰자가 일련의 행동목록을 사전에 준비하고, 준비된 행동목록에 있는 행동이 관찰장면에서 나타나는지를 체크로 표시하는 방법.

6) 평정척도법(rating scale method)

   행동의 출현 뿐 아니라 특성, 빈도나 강도 등 행동의 질적인 특성을 평가하고자 할 때 사용하는 방법. 기술평정, 숫자평정, 도식평정, 표준평정 등이 있음.

실력다지기

전반적 범위의 아동평가 평정척도

1) K - CBCL(한국판 아동, 청소년 행동평가 척도)

   (1) K - CBCL(Korea - Child Behavior Checklist)은 Achenbach와 Edelbrock(1983)이 개발한 CBCL을 우리나라에서 오경자 등(1997)이 번역하여 표준화한 행동평가도구이다.

   (2) CBCL은 아동, 청소년기의 사회적 적응 및 정서, 행동 문제를 부모가 평가하는 것으로, 아동, 청소년의 심리장애 진단에 유용한 임상적 도구이다.

2) KPRC(한국아동 인성평정척도)

   (1) 한국 아동인성 평정척도(Korean Personality Rating Scale for Children, KPRC)는 대한민국의 한 개인 소아 정신병원에서 아동 환자와 환자의 보호자들을 통해 최근 10년 이상의 기간 동안 수집한 임상자료와 DSM - IV, 미국의 아동인성검사(Personality Inventory for children, PIC), 아동 문제행동 평가척도(Child Behavior Checklist, CBCL), 사회성숙도 검사, 국제 질병 분류 10판(ICD - 10)에서 아동, 청소년 정신장애와 관련된 내용, 아동평가와 관련된 문헌 및 저자들의 임상경험을 바탕으로 하여 아동의 심리적 장애나 정신과적 문제를 선별 진단하기 위해 개발된 한국 아동인성검사(Korean Personality Inventory for children, KPI - C)를 부분적으로 수정하여 한국 가이던스에서 새롭게 개발한 검사이다.

   (2) 만 3~17세 아동의 보호자를 대상으로 총 50분간 실시하며 아동의 다양한 환경 안에서의 일반적이지 않은 행동들과 정서적으로 불안정하거나 침체된 정신과적 문제 등을 두루 측정한다.

   (3) 정서적 특성들을 평가하고 진단하여 빠른 시기에 일찍 발견하여 도움을 제공하는 것을 목적으로 개발된 검사이다.

---

[4] 유아관찰평가의 이론과 실제, 전남련 외, 양서원(2005)

제3절 성격평가 제 개념

1 성격평가의 개념

1. 성격이란 개인이 환경에 따라 반응하는 특징적인 양식으로서, 타인과 구별되게 하는 독특하고 일관성이 있으며, 안정적인 사고·감정 및 행동방식의 총체라고 할 수 있다.

2. 성격평가는 자신의 성격이나 정서 상태에 대한 전반적인 모습을 알아볼 수 있는데, 우울이나 불안 등과 같은 정서적인 어려움이 있는지, 성격유형은 어떠한지 등에 대한 적절한 이해를 할 수 있는 평가이다.

3. 신경심리검사상 성격평가를 통해 성격특징, 자아개념, 정서반응 양식, 내적 갈등, 스트레스 대처 방식, 대인관계 양상 등을 집중적으로 평가하여, 개인의 성격적 특성을 이해하고 효과적인 치료의 방향과 전략을 수립하는데 필요한 정보를 얻을 수 있다.

2 성격평가의 방법

1 객관적 검사방법

(1) 장점
① 검사 실시의 간편성
객관적 검사는 시행과 채점, 해석의 간편성으로 인하여 임상가들에게 선호되는 경향이 있고 검사에 따라 차이가 있지만 시행시간이 비교적 짧다는 장점도 있다.
② 검사의 신뢰도와 타당도
투사적 검사에 비해 검사제작 과정에서 신뢰도와 타당도 검증이 이루어지고 신뢰도와 타당도가 충분한 검사가 표준화되기 때문에 신뢰도와 타당도가 높다.
③ 객관성의 증대
투사적 검사에 비해 검사자 변인이나 검사 상황변인에 따라 영향을 적게 받기 때문에, 그리고 개인 간 비교가 객관적으로 제시될 수 있기 때문에 객관성이 보장될 수 있다.

(2) 단점

① 사회적 바람직성

문항의 내용이 사회적으로 바람직한 내용인가에 따라 문항에 대한 응답결과가 영향을 받는다.

② 반응 경향성

개인이 대답하는 방식에는 일정한 흐름이 있어서 대답 방식에 따라 결과가 영향을 받는다.

③ 문항 내용의 제한성

객관적 검사문항이 특성 중심적 문항에 머무르기 때문에 특성 - 상황의 상호작용 내용이 밝혀지기 어렵다.

(3) 종류

다면적 인성검사(MMPI), 캘리포니아 성격검사(CPI), 성격유형 검사(MBTI), 16요인 성격검사 등이 있다.

실력다지기

Burish(1984)의 객관적 성격검사 제작에 관한 접근들[5]

Burish(1984)는 객관적 성격검사 제작에 관한 3가지 접근들, 즉 외적(external) 접근, 귀납적(inductive) 접근, 연역적(deductive) 접근을 규명하고 기술하였다. 이 접근은 외적 준거 접근, 내적 구조 접근, 내적 내용 접근이라고 표현할 수 있는데, 이 접근들은 상호 배타적이지 않으며, 현재의 검사 제작자들은 검사를 개발하는데 있어서 이러한 접근들의 다양한 조합을 사용할 수 있다.

1) 외적 준거 접근(external criterion approach) → MMPI

   (1) 외적 준거 접근(external criterion approach)은 경험적 제작(empirical keying)법으로 불리기도 하는데, 이 접근은 어떤 특정 부류에 속할 수 있는 가능성을 예언할 수 있다.

   (2) MMPI가 바로 이 방법으로 제작되었는데, 예를 들어 우울증 척도를 구성하기 위해서는 우울증을 갖고 있는 집단과 아무런 정신장애를 가지고 있지 않은 정상 집단, 그리고 우울증 이외의 다른 정신장애를 가지고 있는 집단을 비교한다. 이 세 집단을 유의미하게 분별해 주는 문항들로 우울증 척도를 구성할 수 있다.

2) 내적 구조 접근(internal structure approach) → 16PF

   (1) 내적 구조 접근(internal structure approach)은 보편적인 성격 구조를 찾기 위하여 사용하는 방법으로, 많은 사람들에게 공통적으로 해당하는 문항들을 뽑아서 척도를 구성한다.

   (2) 많은 사람들에게 공통적으로 해당하는 문항들은 결국 보편적인 성격 구조를 나타낸다고 볼 수 있기 때문에, 귀납적인 방법이라고도 한다.

3) 내적 내용 접근(internal content approach) → MBTI

   (1) 내적 내용 접근(internal content approach)은 측정하려는 특질에 대하여 개발자의 입장에서 합리적인 추론이나 판단, 이론에 따라서 문항을 구성한다.

   (2) 내용에 기초하여 문항을 구성하기에 연역적 방법이라고도 하며, 수집된 자료 이외의 다른 자료가 필요하지 않다.

---

[5] 출처 : 가톨릭대 상담심리대학원 자료

2 투사적 검사방법

사람들이 모호한 자극을 지각하고 그에 대해 반응하는 방식과 내용에는 그 사람의 무의식적인 사고방식, 감정 반응양식, 대인관계 방식, 갈등 영역 등의 개인적이고 독특한 성격 특성이 반영되고 투사되어 나타난다.

(1) 장점

① 반응의 독특성
  임상장면에서 보면 투사적 검사반응은 면담이나 행동관찰, 객관적 검사반응과 다르게 매우 독특한 반응을 제시해주며 이러한 반응이 개인을 이해하는 데 매우 유용하다.

② 방어의 어려움
  반응과정에서 피검사자는 불분명하고 모호하고 신기한 검사자극에 부딪혀서 적절한 방어를 하기가 어렵게 된다.

③ 반응의 풍부함
  검사자극이 모호하고 검사 지시 방법이 제한되어 있지 않기 때문에 개인의 반응이 다양하게 표현되며 이러한 반응의 다양성이 개인의 독특한 심리적 특성을 반영해준다.

④ 무의식적 내용의 반응
  실제 투사적 검사는 자극적 성질이 매우 강렬하여 평소에는 의식화되지 않던 사고나 감정이 자극됨으로써 이러한 전의식적이거나 무의식적인 심리적 특성이 반응될 수 있다.

(2) 단점

① 검사의 신뢰도
  투사적 검사는 신뢰도 검증에 있어서 전반적으로 신뢰도가 낮다.

② 검사의 타당도
  대부분의 투사적 검사의 경우 타당도 검증이 매우 빈약하고 그 결과는 매우 부정적이다.

③ 반응에 대한 상황적 요인의 영향력
  투사적 검사는 여러 상황적 요인에 의해 강한 영향을 받는다. 예를 들면 검사자의 인종, 성, 검사자의 태도, 검사자에 대한 피검자의 선입견 등이 검사 반응에 강한 영향을 미친다는 것이다.

(3) 종류

로샤 검사, 주제통각검사(TAT), 문장완성검사(SCT), 집, 나무, 사람 검사(HTP : House, Tree, Person Drawing Test) 등

제4절 심리평가의 실제

> **심리평가 과정**
> 1) 1차적으로 자문이 의뢰된 문제를 분석하고 난 다음, 적절한 평가절차와 심리검사 유형 등을 선택할 것인가를 결정하고 검사를 시행 및 채점하며, 심리검사 결과를 해석하고 그 외 다른 자료와 종합하며 심리평가를 자문한 의뢰처나 인접 전문가 또는 피검사자에게 결과를 효율적으로 전달해 주는 일련의 절차를 거치게 된다.
> 2) 심리평가 과정은 심리학, 정신병리론 그리고 임상적 경험이 바탕이 되어야 한다.
> 3) 심리검사를 시행하고 검사결과를 해석하는 과정은 고도의 전문적 지식과 충분한 훈련, 실제의 경험을 종합하는 과정이다.

1 계획

(1) 심리평가의 계획은 우선 심리평가의 과정을 잘 이해하는 것에서부터 출발한다.
(2) 자문이 의뢰된 문제를 분석 → 적절한 평가절차와 심리검사 유형 등을 선택 → 검사를 시행 및 채점 → 심리검사 결과를 해석 → 자료와 종합하며 심리평가 → 결과를 효율적으로 전달하는 일련의 과정에 따른 계획을 수립하여야 한다.
(3) 심리평가는 전문적인 지식, 면접, 행동관찰, 심리검사의 종합화한 개념이기 때문에 각각의 내용을 잘 실시하며 판단하기 위한 계획 수립이 요구된다.
   ① 면접
      '지금 - 여기'의 관점을 원칙으로 방문 사유와 그에 대한 내담자의 태도, 내담자의 가정과 직장에서의 생활과 적응, 중요한 대인관계, 발달 초기부터 현재까지의 개인력에 관한 정보 등을 제공받기 때문에 적합한 면접의 방법을 고려하고 효율적인 면접 계획을 수립한다.
   ② 행동관찰
      모든 부적응적 문제는 행동을 통해 드러난다는 것을 전제로 하여 행동에 관한 면밀한 관찰 계획을 세워야 한다.
   ③ 심리검사
      ㉠ 재고자 하는 것 전체를 측정하는 것이 아니라 일부, 즉 표집된 내용을 측정하여 이를 통해 전체를 추정하는 과정이다.
      ㉡ 전문적인 지식과 경험을 바탕으로 한 심리검사 실시계획을 수립하여야 하며 또한 목적에 맞는 심리검사를 실시하는 계획이 요구된다.

---

[6] 심리평가는 여러 종류의 '심리검사'를 실시하여 얻어진 자료와 '임상적 면담' 그리고 '체계적인 행동관찰'을 통해 얻어진 모든 정보를 종합하고 해석하는 전문적인 과정을 말한다. 그리고 그 결과를 내담자나 보호자 혹은 심리평가를 의뢰한 사람에게 '전달하고 의사소통'하는 과정을 포함한다. 심리평가는 풍부한 임상경험을 갖춘 임상심리사나 임상심리전문가가 실시한다.

기출문제 확인학습

투사적 검사

1) 자기보고형 성격검사를 실시한 결과 의도적 왜곡 가능성이 높아 결과 해석에 어려움이 있다.
2) 이러한 의도적 왜곡을 최소화 할 수 있는 검사는 투사적 검사이다.
3) 투사적 검사는 애매모호한 자극을 통해 수검자의 무의식적 동기와 갈등을 추론하고자 하는 검사로, 수검자가 방어하기 어렵기 때문에 결과의 왜곡가능성이 적다.
4) 로샤검사, 주제통각검사, 문장완성검사, HTP검사 등이 투사적 검사이다.

미네소타 다면적 인성검사(Minnesota Multi - phasic Personality Inventory)

1) 미네소타 다면적 인성검사(Minnesota Multi - phasic Personality Inventory)는 객관적 성격검사로 미네소타 대학의 Starke Hathaway와 Joyian Mckinley에 의해 처음으로 발표되었다.
2) MMPI는 정신질환자를 평가하고 진단함에 있어 보다 효율적이고 신뢰로운 심리검사를 개발하려는 목적으로, 이전의 논리적 제작 방식을 탈피하여 외적 준거방식 및 경험적 제작방식을 이용하여 개발된 것이다.
3) 준거집단에 해당하는 환자집단과 일반 정상집단을 잘 변별해 주는 문항들을 비교하여 척도를 구성하는 방식이다.
4) MMPI에서 각 임상척도의 평균과 표준편차는 평균 50, 표준편차 10(T점수)이다.
5) MMPI는 각 임상척도의 원점수를 백점만점 점수로 환산한 후 이를 T점수로 변환하여 규준집단에서 비교하도록 되어있다.

2 실시 - 심리평가의 중심철학을 중심으로 기술

(1) 전문성 요구

① 심리평가가 환자에 대한 다양한 정보를 객관적으로나 심층적으로 제공할 수 있다는 것이 장점이다. 이를 온전하게 발휘하려면 심리평가의 실시, 채점, 해석과정이 철저하게 전문적이어야 한다.
② 선행 연구와 자신의 실제적인 임상경험을 토대로 하여 현재로서 가능한 범위 내에서 가장 전문적인 견해를 제시하려고 끊임없이 노력해야 한다.
③ 심리평가가 전문성을 지니려면 피검자의 다각적 측면을 객관적, 심층적, 종합적으로 제시할 수 있어야 하고 또한 피검자의 현실을 예리하게 드러내 줄 수 있어야 할 것이다.

(2) 객관적 태도 견지

심리평가를 시행하는 동안 임상심리사는 마치 실험심리학자와 같이 열정적으로 탐색하면서 아울러 객관적인 태도를 취해야 한다.

(3) 인간으로서의 존엄성 기반

① 심리평가를 시행하는 전문가는 환자를 존엄한 한 인간으로서 자각하고 있어야 한다.
② 심리평가의 목적이 환자의 심리적 체계를 이해하고 보다 건강하고 행복한 삶을 살아갈 수 있도록 돕고자 한다는 점을 명심하고 이러한 목적에만 한정하여 심리평가 결과가 사용되어야 한다는 점도 명심하여야 한다.

(4) 심리평가의 타당성을 위한 노력
　① 심리평가의 타당성은 환자에 대한 철저한 치료과정, 심층적 면담, 집중적 사례분석, 임상연구나 실험연구를 통하여 밝혀질 수 있다.
　② 임상심리 전문가는 훈련과정과 임상 실제에서도 이러한 다각적인 역할을 병행하도록 노력해야 한다.

3 해석

(1) 심리평가 과정에서 전반적으로는 심리검사 결과를 가장 중요한 해석의 근거로 사용하는 것이 사실이기도 하지만, 심리평가가 맹목적으로 검사결과에만 의존해서 해석하기보다는 행동관찰과 면담자료를 참고하여 심리검사 결과를 해석하는 것이 바람직하다.

(2) 심리평가의 결과는 충분한 검토를 거쳤다 하더라도, 현실이 아닌 하나의 가설일 수 있기 때문에 이러한 가설의 타당성에 의문이 제기될 수 있음을 인정해야 한다.

(3) 임상심리사는 항상 자신의 평가에 대해 스스로 의문을 제시하면서 현실을 바탕으로 하여 진정한 해답을 발견하려는 겸허한 자세를 지녀야 한다.

(4) 범주적 진단분류와 차원적 진단분류 [기출]
　심리평가 결과를 범주적 진단분류(장애의 유무 판단)와 차원적 진단분류(장애의 정도 판단) 중 어느 하나만을 선택할 필요는 없다.
　① 범주적 진단분류
　　진단을 유목화하여 내리는 접근방식을 말하며 증상이나 행동들을 유목으로 나누고 각 유목의 질적인 차이를 강조한다.
　② 차원적 진단분류
　　㉠ 증상이나 행동을 양적으로 바라보는 접근방식으로써, 양적인 차원에서 정도의 차이를 평가한다.
　　㉡ 즉, 심리평가 결과를 양과 질적인 수준으로 고려할 수 있다는 것이다.

(5) 심리평가 보고서(psychological test report) [기출]
　① 심리평가 보고서는 통합적으로 환자를 이해하고 평가자료의 의미를 해석, 그것을 토대로 환자에 대한 통합된 설명을 제공하는 보고서로, 환자에 대한 의견을 공유할 수 있는 수단으로 의뢰자를 고려하여 작성한다.
　② 심리평가 보고서 작성 시 고려할 점
　　㉠ 의뢰자가 읽기 쉬운 방식(readable manner)으로 작성해야 한다.
　　㉡ 의뢰자가 누구이며 의뢰목적이 무엇인지 확인하여 보고서의 구성방식이나 내용을 달리한다.
　　㉢ 의뢰자가 이미 알고 있는 바와 전혀 모르는 바를 구분하여 염두에 둔다.
　③ 심리학적 평가보고서 작성 시 포함될 사항
　　㉠ 검사사유(심리검사가 의뢰된 이유)
　　㉡ 행동관찰

ⓒ 검사 결과 및 해석
  인지영역 - 지적 능력, 인지영역 - 사고, 정서(emotion)및 감정(feeling) 영역, 대인관계
ⓓ 진단적 예언(예후)과 치료적 제안
  cf 질환의 원인은 기록하지 않는다.

기출문제 확인학습

심리치료의 효과성 검증방법

1) 통계적 방법에 의한 검증(통계적 유의도)
측정도구를 활용한 사전사후 검사로 치료효과를 알아보는 방법으로, 비교연구(Comparison study)의 경우는 두 가지 또는 그 이상의 치료적 접근법의 치료효과를 비교할 경우 사용한다.
2) 임상적 방법에 의한 검증(임상적 유의도)
임상심리사와 내담자가 함께 환자의 문제나 증상이 호전된 정도를 평가하는 방법으로, 성과연구(Outcome study)의 경우는 특정한 치료가 환자의 고통이나 증상을 경감시키는 데 얼마나 효과적인가를 평가할 때 사용한다.

임상적 판단 및 통계적 판단의 장·단점

1) 통계적 판단
  (1) 장점
    명료성을 확보할 수 있으며 효과적 의사소통이 가능하고 각 장애에 대한 비교가 가능하다.
  (2) 단점
    개인의 독특한 정보가 유실될 수 있으며 진단의 꼬리표를 붙이는 효과가 있고, 치료효과 및 예후에 대한 편의현상(선입관)이 작용한다.
2) 임상적 판단
  (1) 장점
    개인의 고유한 성격과 심리상태를 적절하게 평가할 수 있으며, 증상이나 행동의 다각적인 평가가 가능하다.
  (2) 단점
    진단의 일치가 어렵고 신뢰성이 떨어지며 치료자의 주관적 판단이 영향을 미칠 수 있다.

규준

1) 규준은 특정 집단의 전형적인 또는 평균적인 수행 지표를 제공해 준다.
2) 비교하고자 하는 집단의 검사점수의 분포를 규준이라 한다.
3) 규준은 원점수의 규준집단에서의 상대적 위치를 가늠해 보기 위한 자료로써, 규준은 대개 모집단을 대표할 수 있는 표본에서 얻어진 점수의 분포로 제시된다.

> **규준의 개념 및 필요성**
> 1) 심리검사 점수는 상대적인 것이며 상대적 점수 해석을 위한 기준이 필요한데, 그것이 바로 규준이다.
> 2) 규준은 대표집단의 사람들에게 실시한 검사점수를 일정한 분포도로 작성한다.
> 3) 규준의 제작은 모집단에 대한 대표성을 확보할 수 있는 표본추출 방법을 이용하여 규준 집단을 구성하여 제작한다.
> 4) 심리검사에서 규준을 마련하는 것은 검사점수 해석을 위해 꼭 필요한 작업이다.
> 5) 원 점수를 어떤 상대적 측정치로 변환해서 사용함으로써 ① 대표집단 내 수치가 차지하는 위치를 쉽게 파악, ② 상호비교가 가능하게 된다.

사례 적용

강박증(Obsessive Compulsive Disorder)의 심리평가 보고서 사례

1년 전부터 고개를 좌우로 흔들고 제자리에서 펄쩍 뛰거나 왔던 길을 되돌아가는 등의 강박 행동을 보인 15세 남자 환아로, 어릴 때부터 자기중심적인 성격 때문에 친구들로부터 따돌림을 당하고 집에서는 인형과 얘기하거나 혼잣말을 하는 모습이 관찰되기도 하였다.

검사 결과에서도 보통 수준의 언어성 지능에 비해 동작성 지능이 보통 하 수준으로 저하되어 있는데, 이는 환아의 강박적인 성향과 융통성이 부족하고 심사숙고하는 인지적 양상으로 인해 효율적이고 신속한 정보처리가 힘들고 조직화 능력도 저하된 면을 반영해준다. 또한 한 가지 생각에 지나치게 집착하여 과도한 반추와 비현실적인 걱정을 보이고 있어서, 과제에 집중적인 몰입이 어렵고 주의초점적인 사고 전개에도 어려움을 겪고 있다. 한편 사회적 상황에 대한 실제적인 이해와 판단 능력이 부족하고 전후 인과 관계를 추론하는 능력이 저조한 반면에 지나친 예민성을 보이고 있어서, 환아의 자기중심적이고 임의적인 행동이 초래한 또래의 거부와 거절에는 쉽게 상처를 받고 이로 인해 내적으로는 매우 우울하고 위축되어 있는 상태다.

→ 환아는 강박 증상으로 인해 동작성 지능이 저하되고 주의집중력이 저하되어 있으며, 우울과 사회적 위축 때문에 오히려 아이처럼 말하는 양상(baby tongue)이 확산되면서 치료진들이 초기에 판단할 때는 지적장애로 오인할 정도였다. 환아의 강박 증상 및 우울은 주로 대인 갈등에 대한 지나친 걱정과 사회적 실패감과 관련되어 있으므로, 앞으로 환아에게 친사회적 기술이나 대인관계가 갈등에 대처할 수 있는 다양한 문제해결 능력(problem solving skill)을 교육시키는 것이 증상 완화에 도움이 될 것으로 생각된다.

제3장 심리치료의 기초

제1절 행동 및 인지행동 치료의 제 개념

심리치료 개요
1) 매우 오랜 기간 심리치료는 정신건강의학과 의사의 전유물인 것처럼 인식되어 왔지만, 사회가 복잡해짐에 따라 인간이 경험하는 문제들도 복잡하고 다양해지고 있다.
2) 약물이나 기타 의학적 요법을 통해 환자를 치료하는 데는 한계가 있고, 보다 인간이 처한 문화적 맥락을 고려한 치료방식이 필요하게 되었다.
3) 임상심리학자들은 보다 과학적이고 효과를 검증할 수 있는 치료방법을 만들고자 하는 시도를 계속하고 있다.
4) 또한 치료자에 따라 치료효과의 차이를 최소화하여 누구나 일정 수준의 수련과정을 거치면, 비슷한 치료효과를 낼 수 있도록 치료 기술을 체계화하려는 노력이 계속되고 있다.
5) 특정 진단이나 문제별로 가장 효과적인 심리치료기법이 무엇인지를 찾기 위한 노력도 계속되고 있다.

치료와 재활의 차이
1) 치료
   (1) 개인의 증상과 병리를 감소하는 것이 목적이다.
   (2) 다양한 인과적 이론에 기초하여 개입을 결정한다.
   (3) 과거와 현재 그리고 미래에 초점을 둔다.
   (4) 정신의학, 정신역동이론 등의 역사적 근거를 지니고 있다.
   (5) 약물치료, 정신치료 등을 활용한다.
2) 재활
   (1) 개인의 자원과 강점을 개발하는 것이 목적이다.
   (2) 인과이론에 기초하여 개입을 결정하지 않는다.
   (3) 과거에는 치중하지 않고 현재와 미래에만 초점을 둔다.
   (4) 인간자원개발, 신체재활, 직업재활, 특수교육 등에 근거한다.
   (5) 자원조정, 직업기술훈련 등을 활용한다.

1　행동주의 치료(행동치료)

1 행동치료의 개념
(1) 행동치료는 내담자의 행동에 초점을 두며 이를 치료하는데 역점을 둔다.
(2) 행동치료는 인간행동에 대한 과학적 관점에 근거하며 상담에서 체계적이고 구조적인 접근을 의미한다.
(3) 주요 목표는 바람직하지 못한 내담자의 행동을 수정하는 행동수정이다.
(4) 행동적 접근은 1950년대와 1960년대 초반에 출현하였으며, 초기행동치료는 1950년대에 문제행동을 치료하기 위해 고전적(수동) 조건형성과 조작적(능동) 조건형성의 원리를 적용했다는 점에서 다른 치료이론과 구분되었다.
(5) 발전의 4가지 영역은 고전적 조건형성, 조작적 조건형성, 사회학습이론, 인지행동치료이며 인지행동치료와 사회학습이론은 현대 행동치료의 주류에 해당한다.

2 행동주의 치료의 기본적 특징
(1) 행동치료는 과학적 방법의 원리와 절차에 근거한다.
(2) 행동치료는 과거를 중요시하지 않으며, 내담자의 현재 문제를 다루고 현재 문제에 영향을 주는 요인들을 다룬다.
(3) 행동치료에서 내담자에게 자신의 문제를 다루기 위해 구체적인 행동들을 하도록 요구한다.
(4) 행동치료는 근원적인 역동의 통찰 없이도 변화가 가능하다고 가정하며, 행동변화는 자기이해와 동시에 그 이전에 일어난다고 보며, 행동변화가 높은 수준의 자기 이해를 이끌 것으로 본다.
(5) 변화를 평가하고 문제를 확인하며 외현적 행동을 직접 평가하는 것을 강조한다.
(6) 행동절차는 각 내담자의 욕구에 맞도록 만든다.

3 행동주의 치료자들의 수행 기능
(1) 포괄적인 기능적 평가에 기초하여 임상심리사는 초기 치료의 목표, 계획, 방법들을 공식화한다.
(2) 행동주의 치료자는 구체적 행동문제에 개입하며 연구를 통해 지지된 전략을 이용한다.
(3) 행동주의 치료자는 치료기간동안 목표를 향한 진전을 측정함으로서 변화의 성공을 평가한다.
(4) 행동주의 치료자의 중요한 과제는 변화가 지속되는지 후속평가를 하는 것이다.

기출문제 확인학습

행동치료를 위해 현재 문제에 대한 기능분석

1) 행동평가는 문제행동의 직접적 평가(자연관찰), 선행(상황적)조건, 그리고 결과(강화물)을 강조한다.
2) 기능분석을 수행함으로써 임상가들은 행동의 맥락과 원인을 더 정확하게 이해할 수 있다고 보았다.
3) 행동평가는 진행과정이며, 치료중의 모든 시점에서 일어난다는 것이다.
4) SORC 모델
   행동적 관점에서 임상적 문제들을 개념화하는 모델로, 이 모델에서 S는 문제행동을 가져오는 자극(stimulus) 혹은 선행조건, O는 문제행동과 관련 있는 유기체적 변인(organismic variable)들, R은 반응(response) 혹은 문제행동, C는 문제행동의 결과(consequence)이다.

4 치료자의 역할

(1) 행동주의 치료에서 내담자와 치료자의 역할은 학습자와 교사의 역할이다.
(2) 치료자는 내담자에게 그의 증상을 버리고 보다 만족을 주는 행동으로 대체하도록 돕는 전문가이다.
(3) 치료자는 내담자의 불안을 학습 동기로 이용하며 행동목표를 설정하고 신중히 평가해야 한다.
(4) 학습자로서 내담자는 치료과정에서 적극적으로 참여해야 한다.
(5) 행동수정은 내담자가 그 치료의 근거에 대해 잘 알고 있어야 하며, 이것이 행동주의 치료방법을 사용하는 데 꼭 필요한 것은 아니지만, 잘 알고 있는 내담자가 더욱 협조적이다.
(6) 행동주의 치료는 증상을 일으키는 기본적 내적 갈등을 밝히거나 내담자에게 자신의 과거를 탐색하도록 하지 않는다.

5 치료자의 역할

(1) 체계적 둔감법 - Wölpe의 상호억제원리(상호제지이론)
   ① 웰페(Wölpe)의 상호억제원리(상호제지이론)와 밀접히 관련된 행동치료기법은 체계적 둔감법이다.
   ② 체계적 둔감법은 주로 공포나 불안을 제거하기 위하여 제시한 행동치료법이다. 체계적 둔감법의 순서는 ㉠ 이완상태를 끌어 낸 다음 ㉡ 불안위계목록을 작성하고 ㉢ 낮은 강도에서 높은 강도의 순서로 불안이나 공포상태를 경험하게 하여 혐오자극에 의해 유발된 불안 혹은 공포자극의 영향을 감소시키는 방법이다.
   ③ 체계적 둔감법은 자극과 반응의 관계이므로 기본 절차는 고전적 조건형성의 원리에 기초한 치료기법이다.
   ④ 불안·공포를 제거하기 위해 불안과 양립할 수 없는 이완 반응을 끌어낸 다음, 불안을 유발시키는 경험을 상상하게 하여 불안을 제거하는 방법으로 고전적 조건화의 원리에 기초한 것이다.

(2) 토큰강화법(토큰경제)
   ① 행동치료 목적으로 응용되는 토큰강화 프로그램은 조작적 조건 형성의 원리에 근거한다.
   ② 토큰경제는 원하는 목표 반응을 설정하고 그러한 행위를 했을 때는 명확하게 대가를 지불하는데, 대가로 받은 토큰이나 점수는 어떠한 강화물과도 교환이 가능하며 과제의 복잡성에 따라 토큰의 수에 차등을 둔다.
   ③ 토큰 강화물을 사용하는 경우 장점
      ㉠ 토큰은 바람직한 행동과 강화제공 사이의 시간적 지연을 메우는 역할을 하기 때문에 행동의 강도를 계속 유지시킬 수 있고, 아동에게 만족을 지연시키는 습관을 길러줄 수 있다.
      ㉡ 연속적으로 일어나는 행동의 경우에는 강화제공으로 인해 중단없이 간편하게 강화시킬 수 있다.
      ㉢ 토큰 자체로 인한 강화와 교환가치에 의한 강화로 이중강화의 효과가 있다.
      ㉣ 토큰은 휴대와 보관이 편리하고 모양을 표준화할 수 있을 뿐 아니라 학급단위나 가정단위의 독립적 행동지도 프로그램을 진행하는데 유용하다.
      ㉤ 토큰은 부모나 교사의 칭찬, 관심 등 일반적으로 사용되는 강화자극에 별로 반응하지 않는 아동에게도 유용하다.

⠀⠀⠀ⓗ 토큰은 여러 가지 강화자극과 교환될 수 있기 때문에 동일한 강화자극에 의한 포화를 방지할 수 있다.
⠀⠀⠀ⓢ 어느 특정 아동에게 가장 효과적인 강화자극이 무엇인지를 찾아내는 데 유용하다.
⠀⠀⠀ⓞ 목표행동의 학습에 대한 아동의 참여의욕을 높여주는 데 유용하다.
⠀⠀⠀ⓩ 하나의 강화를 여러 조각으로 나누어 줄 수 있기 때문에 경제적이다.

> **기출문제 확인학습**
>
> **토큰경제 시행방법**
>
> 1) 표적행동 정의 : 병실환경내에서 교정이 가능하다고 판단되는 행동을 표적행동으로 정한다.
> 2) 기저선 측정 : 관찰기간을 정해 빈도수를 조사한다.
> 3) 교환 강화물 및 토큰 교환율 설정 : 표적행동에 대한 토큰 수량과 이에 따른 교환 강화물을 설정한다.
> 4) 직원훈련 및 토큰경제의 적용 : 토큰경제 적용에 앞서 직원훈련을 하고 토큰경제를 적용한다.
> 5) 평가 및 종결 : 개입에 대한 효과를 평가하고, 재개입 또는 종결을 결정한다.

(3) 모델링

① 타인의 행동을 관찰하여 자신이 그 행동을 몸에 익히는, 즉 간접적인 체험에 의해 학습이 행해지는 것을 말한다.
② 모델이 되는 타인이 자신이 존경하는 사람이거나 자신과 동일시할 수 있는 사람일 경우 효과가 상승한다.
⠀⠀모델링의 효과는 나이, 성(性), 인종, 태도 등에서 서로 유사할수록, 지위가 높거나 능력 있는 사람이 시범을 보일 때, 더욱 효과적이다.
③ 모델링 기능
⠀⠀㉠ 획득기능으로 새롭고 적절한 행동유형을 학습한다.
⠀⠀㉡ 사회적 촉진기능으로 더 적절한 시기에 더 적절한 방식으로 행동할 수 있도록 유도한다.
⠀⠀㉢ 공포나 불안 때문에 회피하고 있던 행동의 탈억제를 초래한다.
⠀⠀㉣ 소거의 증가로써 인물이나 대상과 관련된 공포의 대리적 소거와 직접적 소거를 증가한다.

> **기출문제 확인학습**
>
> 골수 이식을 받아야 하는 아동에게 불안과 고통에 대처하도록 돕기 위하여 교육용 비디오를 보게 하는 치료법은 사회학습법이다.

(4) 자기 지시 기법

① 자기 지시 기법은 자신의 언어로 자기 자신에게 지시를 하여 이 언어가 자극이 되어 행동의 변화를 꾀하는 방법이다.
② 폭력행동 같은 각종 수의운동반응, 대인관계, 교육지도 등 다양한 행동에 적용한다.
③ 절차
⠀⠀㉠ 인지모델링(cognitive modeling) 단계는 우선 치료자가 큰소리로 말하면서 모델이 되어 과제를 수행하는 것이다.
⠀⠀㉡ 치료자에 의한 유도단계에서 내담자는 치료자인 모델처럼 과제를 수행한다.

ⓒ 지시를 점차 줄여 나가는(fading) 단계에서 내담자는 자기 자신에 대해서 지시를 차차 작은 소리로 줄이면서 속삭인다.
ⓓ 내담자 자신에 의한 자기지시 단계에서 내담자는 마음 속에서 중얼거리면서 과제를 수행한다.

(5) 점진적 이완훈련[7]

① Jacobson은 심리학과 생리학의 이론을 근거로 하여 체계적이고 조직적으로 심신의 긴장을 이완시키는 방법을 제시하였다. 그의 이론에 의하면, 긴장은 생리적 긴장과 심리적 긴장으로 구분되고, 모든 종류의 심리적 긴장은 반드시 어떤 형태의 생리적 또는 신체적 긴장을 수반하고 있다. 심리적 긴장 없이 신체적 혹은 생리적 긴장을 경험하게 되면 심리적 긴장이 일어나게 되고, 신체적 긴장이 사라지면 그로 인하여 발생된 심리적 긴장도 없어진다.

② Jacobson은 이러한 사실에 근거를 두고, 주요 신체부위의 근육을 의도적으로 그리고 점진적으로 수축시켰다가 서서히 풀어주는 동작을 반복하는 과정에서 여러 가지 다른 원인으로 야기된 심리적 긴장을 자유자재로 통제할 수 있는 기술을 터득하게 되리라고 가정하였다. 그가 세운 이러한 가설의 타당성은 전문가들에 의하여 다각적인 실험을 통해 충분히 입증되었다. Jacobson의 이완훈련은 근육의 긴장을 점진적으로 이완시키면 심리적 긴장도 저절로 해소된다는 원리에서 도출된 이완훈련이라는 점을 부각시키기 위해 근육이완훈련 혹은 점진적 이완훈련이라고 불리기도 한다.

③ 점진적 이완훈련은 두 가지 목적이 있는데, 첫째는 긴장감과 이완감을 구분할 수 있도록 하고, 또 어떤 근육이 긴장하는지를 알도록 하며, 둘째는 모든 근육을 이완시키는 방법을 가르치는 데 있다.

④ 점진적 이완훈련은 모든 중요 근육을 이완시키기 위해 사용될 수도 있고, 단지 몇몇 근육만을 이완시키기 위해서도 사용될 수 있다. 이 훈련의 또 다른 이점은 어떤 특정 근육 하나가 긴장하기 시작하는 것을 미리 알아차릴 수 있게 해준다는 것이다. 우리는 어떤 특정 근육 하나가 긴장하기 시작하는 것을 모르고 있다가 나중에 이것이 확대되어 두통, 견비통 또는 요통과 같은 심한 통증을 느끼게 된다. 따라서 어떤 한 근육이 언제, 어디에서 긴장이 시작되는지를 명확하게 알 수 있게 되면, 두통이나 견비통과 같은 통증을 피할 수 있다.

⑤ 근육이완과 함께 호흡훈련을 동시에 실시하면 다음과 같은 효과를 얻을 수 있다. 즉 첫째, 이완 기간을 점점 더 연장시킬 수 있고, 둘째, 숨을 내쉬면서 근육이완이 자동적으로 이루어지도록 조건화함으로써 숨을 내쉴 때 모든 근육이 긴장이 낮아지고 완전한 이완상태로 들어갈 수 있다.

⑥ 이완시키는 것은 하나의 기술이며, 훈련에 의해서만 이루어진다는 것을 명심해야 한다. 다른 기술들처럼 이 기술도 장시간 수련하지 않으면 잘 되지 않는다. 비록 이완기법에 능숙한 기술을 익힌 훈련자라 할지라도 매일같이 자신을 점검하고 부추겨야 할 필요가 있다. 처음에는 근육을 긴장시키고 다음에는 이완시키는 것을 되풀이하는 것이 점진적 이완훈련의 핵심인데, 처음 몇 번만 학습하게 되면 쉽고 빠르게 이완시킬 수 있게 된다.

---

[7] 참고문헌 : 이현수 역(1995), 제이콥슨 박사의 긴장이완법, 학지사.

기출문제 확인학습

점진적 근육이완 훈련의 시행지침

1) 점진적 근육이완은 조용하고 편안한 장소, 예컨대 의자에 기대어 앉거나, 마루나 방바닥에 다리를 뻗고 앉아서 실시한다. 이 훈련은 특정한 장소가 아니라도 어디에서나 편안히 앉아서 특정 신체 부위의 근육을 이완시키는 방법만 배우면 된다.
2) 점진적 이완훈련의 절차는 대체로 세 가지 단계로 구성되어 있다.
    (1) 환자에게 가장 편안한 자세로 앉도록 지시한 다음, 두 눈을 지긋하게 감도록 한다.
    (2) 근육에서 충분한 이완감을 느낄 수 있을 때까지 눈을 감은 채, 치료자의 지시에 따라 숨을 복부 깊숙이 들이마시면서 근육을 인위적으로 수축 - 긴장시켰다가, 숨을 밖으로 내뿜으면서 근육에 일어난 긴장을 방출 - 이완시키는 동작을 되풀이한다.
    (3) 심리적 이완이 필요하면 '온 몸과 마음이 편안하고 느긋해진다'라는 생각과 동시에 심신의 이완을 얻을 수 있는 순간까지 마음속으로 이 말을 하면서 근육의 수축 - 이완훈련을 계속한다.

기출문제 확인학습

혐오치료법

1) 혐오치료법에서 주로 사용되는 자극은 전기와 화학약물이다.
2) 전기치료에서는 환자가 바람직하지 않은 행동을 할 때마다 약간 고통스러운 전기 쇼크를 가한다. 이 방법은 변태성욕을 치료하는 데 사용되어왔다.
3) 화학치료법에서는 바람직하지 않은 행동과 결합될 때, 구토와 같은 불쾌한 효과를 내는 약물이 환자에게 투여된다. 이 방법은 약을 복용하고 술을 마시면 구토증이 일어나게 하여 알코올 중독 치료에 흔히 사용되어 왔다.

차별강화의 종류

1) 고율 차별강화(DRH, differential reinforcement of higher rates of behavior)
    발생률이 높은 행동에 대한 차별 강화
2) 저율 차별강화(DRL, differential reinforcement of lower rates of behavior)
    발생률이 낮은 행동에 대한 차별 강화
3) 무반응 차별강화(DRO, differential reinforcement of other behavior)
    문제가 되는 행동 이외의 다른 모든 행동에 대한 차별 강화
4) 대안행동 차별강화(DRA, differential reinforcement of alternative behavior)
    표적행동에 대한 대체 행동을 강화함
5) 상반행동 차별강화(DRI, differential reinforcement of incompatible behavior)
    표적행동과 양립할 수 없는 상반되는 행동을 강화함

변증법적 행동치료(다이어렉티컬 행동치료, DBT, Dialectical Behavior Therapy)

1) 변증법적 행동치료는 미국 워싱턴 대학의 마샤 리네한 박사에 의해 개발된 치료 기법으로, 감정 조절의 어려움으로 인한 만성적인 자기 파괴적 행동과 자살 위기에 대한 임상 연구를 시작하여 많은 연구 업적을 남겼다.
2) 리네한 박사는 1990년대에 변증법적 행동치료를 통해 감정 조절의 어려움을 가진 환자들(예 경계성 성격장애)의 자살 위기가 현격하게 감소했다는 연구 결과를 발표하면서, 본격적으로 이 치료를 보급하기 시작했다.
3) 변증법적 행동치료의 핵심은 우리 자신을 비참하게 느끼게 하고 정신적으로 고통을 주는 모든 행동적, 감정적, 인지적 양식을 바꿀 수 있는 기술을 배우고 다듬어 나가는 것이다.

4) 기술 훈련은 크게 네 가지 영역으로 나눌 수 있는데, 마음 챙김(마인드풀니스) 기술, 감정 조절 기술, 대인 관계 효율성 기술, 고통 감내 기술이다.
5) 내담자는 치료자와 함께 줄여가야 할 행동과 늘려가야 할 행동의 목록을 만들고, 각각의 기술을 익혀 나가기 시작한다.
6) 이를 통해 충동적이거나 자기 파괴적인 행동을 줄이고, 감정을 효과적으로 조절하며, 사람들과의 따뜻한 관계를 나눌 수 있다.

> **읽을 거리**
>
> 경계선 성격장애자는 아무리 효과적인 약물요법을 받고 있더라도 심리사회적 치료가 필수적인 것으로 알려져 있다. 이 매뉴얼에 있는 심리사회적 기술훈련은 다이어렉티컬 행동치료(Dialectical behavior therapy, DBT)라는 치료모델을 기초로 하고 있다.
>
> 이론과 철학은 치료자가 내담자를 대하는 태도와 치료방법 자체에 대한 태도를 결정하기 때문에 치료자와 내담자의 관계에 핵심적인 역할을 하게 된다. 올바른 치료적 관계를 형성하는 것은 자살 위기를 겪고 있거나 경계선 성격장애를 보이는 사람을 치료하는 데 필수적인 것이다.

2 인지행동치료

1 인지행동치료의 개념

(1) 인지행동치료는 심리치료의 한 접근법으로 행동치료의 기법과 인지치료의 기법을 통합하여 만든 과학적 치료법의 하나이다.
(2) 인지행동치료는 인지치료가 다루는 '인지'와 행동치료가 다루는 '행동'을 동시에 고려한다.
(3) 인지행동치료는 세상을 바라보는 생각, 믿음, 태도와 이를 바탕으로 행하는 행동 모두를 효율적인 삶의 방식으로 바꿔주는 노력을 한다.
(4) 내담자의 잘못된 생각은 토의를 통해 분석하고 실제 현실에서의 실험을 통해 비합리적이었음을 깨달을 수 있도록 돕는다.
(5) 인지행동치료는 종합적 치료체계인 만큼, 응용범위도 매우 넓으며 일반적인 심리장애인 불안증이나 우울증 등에 탁월한 효과가 있을 뿐 아니라, 식습관의 문제에서 비롯된 거식증, 과식증의 치료와 다이어트 프로그램, 금연, 금주프로그램 등에도 응용될 수 있다.

2 인지행동치료의 특징

(1) 내담자와 치료자의 상호협력 관계를 중시한다.
(2) 주로 심리적인 고민이 인지과정을 방해한다는 기능을 전제로 한다.
(3) 정서와 행동을 변화시키기 위해 인지를 변화시킬 것을 강조한다.
(4) 구체적이고 구조화된 목표를 강조하는 시간 제한적이고 교육적인 심리상담치료이다.

3 인지행동치료의 특징[8]

(1) 합리정서행동치료(REBT) - 엘리스(Albert Ellis)
   ① 합리정서행동치료는 정신분석적, 인간중심적, 형태주의 접근과는 다르며 사고, 판단, 행동을 강조한다는 점에서 인지치료 및 행동치료와 공통점이 더 많다.
   ② 합리정서행동치료는 인지, 정서, 행동이 서로 영향을 주고, 상호 인과관계를 가진다는 가정을 기초로 한다.
   ③ 합리정서행동치료는 3가지 양식들과의 상호작용을 꾸준히 강조하고 있으므로, 중다양식적 접근 또는 통합적 접근이라는 특징이 있다.
   ④ 치료목표
   합리정서행동치료에서 사용되는 많은 방법들은 내담자가 더 현실적이고 실현가능한 인생철학을 습득함으로써 정서적 문제나 자기 패배적 행동들을 최소화하는 것을 목표로 한다.
   ⑤ 치료자의 역할
      ㉠ 합리정서행동 치료자들은 교육을 강조하며 근본적으로 인지적이며 지시적인 행동과정으로 치료자와 내담자 간의 밀접한 인간관계에 대해서는 그리 신경을 쓰지 않는다.
      ㉡ 합리정서행동 치료자들은 내담자에게 많은 장애 행동을 유발하는 기본적 비합리적인 사고를 찾아내도록 격려한다.
      ㉢ 합리정서행동 치료자들은 내담자에게 자신의 생각이 타당한지를 확인하도록 한다.
      ㉣ 합리정서행동 치료자들은 논리적 분석을 통해 내담자의 비합리적 신념을 최소화한다.
      ㉤ 합리정서행동 치료자들은 내담자의 신념이 얼마나 비생산적이며 어떻게 정서적, 행동적 장애를 일으키는지 보여준다.
      ㉥ 합리정서행동 치료자들은 비합리적 사고를 경험적 토대를 가진 더 합리적인 사고로 대치할 수 있는 방법을 설명한다.
      ㉦ 합리정서행동 치료자들은 사고에 과학적 접근을 적용하는 방법을 가르쳐서 그들이 관찰할 수 있도록 하고, 자기 파괴적 방식으로 느끼고 행동하게 만드는 현재나 미래의 비합리적 사고와 비논리적 추론을 최소화할 수 있게 한다.
      ㉧ 합리정서행동 치료자들은 인지적, 정서적, 행동적 기법을 사용해서 내담자가 직접 자신의 감정을 처리하도록 도와 장애에 직면하여 행동하도록 한다.

(2) 인지치료 - 벡(Aaron T. Beck)
   ① 부정적 사고와 부적응적 신념을 인식하고 변화시키는 것을 강조하는 통찰 심리치료이다.
   ② 인지치료는 능동적, 지시적, 시간 제한적(단기), 현재 중심적, 구조적 접근이다.
   ③ 인간의 내적인 의사소통은 내성법[9]으로 접근 가능하다.
   ④ 내담자의 신념은 매우 주관적이며 이는 치료자가 해석해주거나 가르쳐주지 않아도 내담자가 스스로 발견할 수 있다는 것이다.

---

8 구체적인 내용은 심리상담에서 기록되어 있으므로 이를 참고하기 바람
9 내성법은 구조주의 심리학에서 강조하는 것으로, 인간의 의식도 그 구성요소와 결합되어 있는 구조를 분석해 낼 수 있다고 확신하고 체계적이고 과학적으로 분석할 수 있는 방법, 즉 의식의 내용을 스스로 관찰하여 언어로 보고하는 방법이다.

⑤ 인지치료에서는 잘못된 가정이나 잘못된 개념을 이끄는 체계적 오류를 의미라는 인지적 왜곡들을 제시하였다.
⑥ 인지치료는 역기능적 정서와 행동을 변화시키는 가장 직접적인 방법은 부정확하고 역기능적인 사고를 수정하는 것이라고 주장한다.

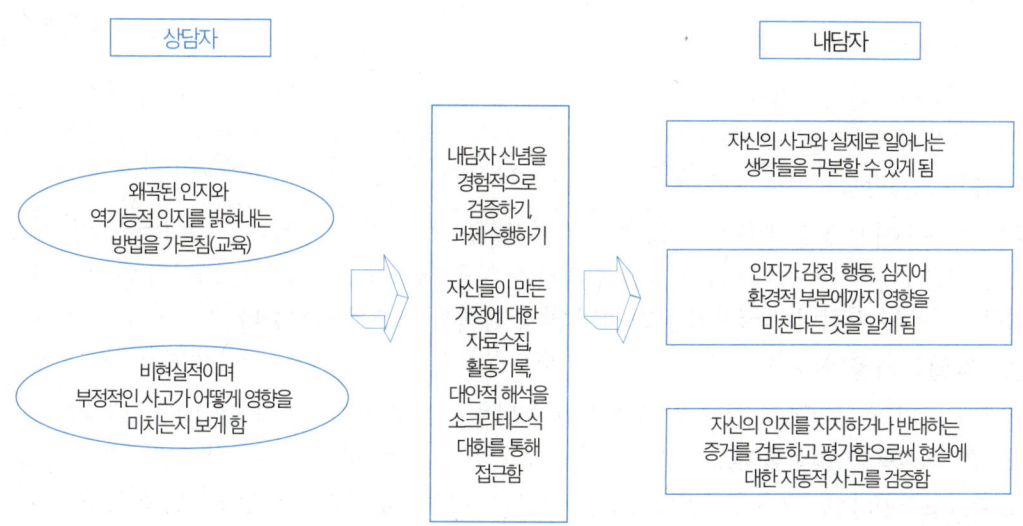

기출문제 확인학습

인지삼제(Cognitive triad)
1) 인지행동적 치료에서 우울증은 주요 3가지(triad)에 대한 부정적 관점을 가지기 때문에 발생한다고 보았다.
2) 3가지 부정적 관점을 인지삼제라고 하며 이는 우울증을 경험하는 사람들의 자동적 사고와 관련된다.
3) Beck이 제시한 우울증상을 경험하는 사람들의 인지삼제는 자신, 미래, 세상이다.
4) 자신에 대한 비관적인 생각, 미래에 대한 염세적인 생각, 세상에 대한 부정적인 생각이 그것이다.

4 인지행동치료에서 사용하는 기법들

(1) 인지적 기법

① 비합리적 신념을 논박하기

가장 많이 사용되는 인지적 방법으로 치료자가 내담자의 비합리적 신념을 적극적으로 논박해서 이 도전을 스스로 받아들이는 방법을 가르치는 것이다.

② 인지적 과제

내담자들은 자신의 문제 목록표를 만들고 절대적 신념을 찾아서 그 신념을 논박해야 한다.

③ 내담자의 언어를 변화시킴

부정확한 언어가 왜곡된 사고과정의 원인 중 하나라고 간주하며, 무력하고 자기 비난적인 언어를 사용하는 내담자들이 새로운 자기진술을 사용하도록 학습하게 한다.

④ 유머의 사용

치료자들은 내담자의 과도하게 심각한 측면을 반박하고 법칙적 생활 철학을 논박하기 위해 유머를 사용한다.

(2) 정서적 기법들

① 합리 - 정서적 상상

새로운 정서패턴을 확립하도록 설계된 강렬한 정신훈련으로써, 내담자는 그들이 실제 생활에서 생각하고 느끼고 행동하고자 하는 바로 그 방식으로 생각하고 느끼고 행동하는 자신을 상상한다.

② 수치심 - 공격연습

내담자들이 어떤 행동에 대한 비합리적인 수치감을 감소시키도록 돕는 연습이며 이러한 연습에서 중요한 점은 다른 사람들이 내담자들을 인정하지 않을 때조차도 수치감을 느끼지 않도록 하는 것이고, 내담자들은 수치감이나 굴욕감을 느끼지 않기 위해서 스스로 연습한다.

③ 힘과 정열의 사용

내담자가 지적 통찰에서 정서적 통찰로 가는 방법으로 수치감 - 공격 연습의 기본적인 부분인 힘과 에너지의 사용을 의미한다.

(3) 행동적 기법들

① 인지행동치료자는 대부분의 일반적 행동치료 절차, 특히 조작적 조건형성, 체계적 둔감법, 이완기법, 모델링 등을 사용한다.
② 실생활에서 행동해보도록 하는 과제는 중요하며 이 과제는 체계적인 방식으로 행해지며, 서식(양식)에 맞춰 기록되고 분석된다.

기출문제 확인학습

건강신념모델

1) 신념과 행동의 간접적 연결 모델을 제공하는 것으로써, 건강신념모델은 로젠스톡(Rosenstock)과 베커(Becker)를 중심으로 발전되었다.
2) 이 모델의 가정은 인간의 행동은 객관적이고 논리적인 사고과정에 의하여 결정된다는 것이다.

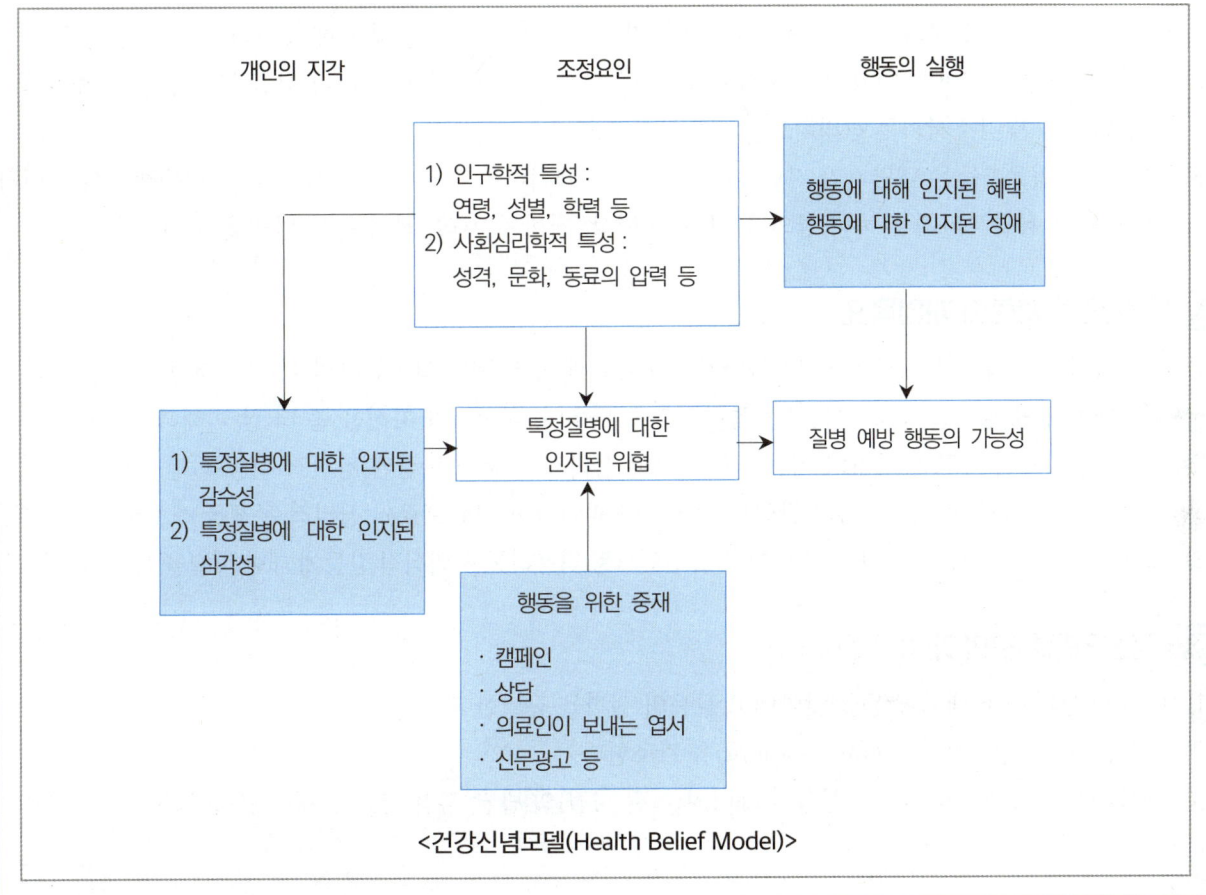

<건강신념모델(Health Belief Model)>

제2절 정신역동적 심리치료의 제 개념

1 정신역동치료의 의미
(1) 정신역동치료는 심리적 결정론에 기초하며, 인간의 모든 행동이나 생각은 우연히 나타나는 것이 아니라, 본능적 욕구인 성욕구와 공격적 욕구를 충족하기 위한 무의식적 충동에 의해서 나타난다고 본다.
(2) 정신역동치료는 문제를 일으키는 내적 심리(정신)세계의 역동성을 이해하여 이들 간의 갈등을 해소하고 문제의 증상을 감소시키는 심리치료가 필요하다고 본다.
(3) 정신역동 치료자들은 내담자가 지닌 내적인 갈등을 제거하기 위하여 억압되어 있는 갈등해소에 주력하고, 갈등을 통찰시키기 위하여 꿈의 분석, 자유연상, 저항의 처리, 전이 등의 방법을 동원한다.

2 정신역동치료의 개입목표
(1) 내담자가 과거의 경험에서 갖게 된 불안감이나 무의식적 갈등을 의식화하여 이러한 것들이 현재 자신의 행동에 어떻게 영향을 주고 있는지를 통찰하도록 도우며, 내담자가 자신을 좀 더 잘 이해하도록 한다.
(2) 정신역동치료의 목표는 자아의 기능을 강화하여 심리적 증상과 관련된 정신적 갈등을 해소하는 것인데, 즉 강화된 자아의 힘으로 증상과 관련된 정신적인 원인을 해결함으로써 심리적 문제를 해소하는 것이다.
(3) 겉으로 드러난 문제만 해결하는 것이 아니라, 원인으로 작용하는 무의식적 갈등에 대한 해결을 목표로 삼는다.

3 정신역동치료의 개입 초점
(1) 내담자 성격 구조 내의 갈등을 찾아내고 갈등의 성격을 규명한다.
(2) 분석을 통한 지속적인 사정(assessment)을 강조한다.
(3) 과거를 탐색함으로써 현재의 상황과 유아기(어린 시절)의 발달 경험 간의 관계를 규명한다.

1 정신역동적 심리치료 시행 방안

1 치료 상황의 구성
(1) 내담자와 치료자 사이의 기본적인 신뢰관계 형성이 전제되어야 하고 상담시간은 1회 40~50분 정도가 적합하며 1주일에 1~3회 정도로 진행되는 것이 바람직하다.
(2) 상담기간 중 내담자는 시간을 엄수해야 하며 치료자는 내담자의 비밀엄수에 대한 약속을 하는 것이 좋다.

2 치료의 초기
(1) 내담자의 기억이나 감정 등을 솔직하게 이야기할 수 있도록 격려한다.
(2) 치료자는 상황에 대하여 자세하게 질문함으로써 갈등현상에 숨겨진 의미나 동기 등을 명확하게 한다.

(3) 치료자는 중립적 입장을 유지하고 경험세계 및 정서생활을 깊이 이해하도록 노력하면서 치료자의 경청, 관찰 태도를 내담자가 동일시하도록 모범을 보여주어야 한다.

3 치료의 중기

(1) 내담자와 치료자는 치료과정에서 갈등 의식을 치료하기 위한 과도기임을 인식하고 전이[10]를 형성한다.
(2) 치료가 진행됨에 따라 내담자의 어린 시절의 경험과 갈등들은 무의식 속에서 의식의 표면으로 떠오르기 시작한다.
(3) 전이감정의 형성, 이해, 해소에는 많은 시간이 소요되는데, 전이 형성을 잘못된 방어기제나 자신행동의 그릇된 점을 인식하여 새로운 방어기제와 적응방식을 활용하도록 유도한다.
(4) 치료자가 자신의 내적 갈등 때문에 무의식적으로 내담자를 마치 자신의 과거에 심리적으로 중요했던 인물인 것처럼 반응하는 역전이에 치료자는 유의해야 한다.

4 치료의 종결

(1) 치료자는 종결 시기를 결정해야 하는데, 내담자와 치료자 양쪽 모두 제기할 수 있으며 성공과 실패를 통하여 종결된다.
(2) 내담자가 치료를 중단할 경우 치료자는 한 번 정도 만나보도록 노력하고 중단에 따른 관련 문제를 논의해야 한다.
(3) 치료자가 치료를 중단할 경우, 치료가 효과적이지 않다고 판단하는 것으로 내담자와 합의를 해야 한다.
(4) 치료의 종결은 내담자로 하여금 중요한 현실적 대상 및 지지자의 상실을 의미하게 됨으로 내담자에게 충분한 시간적 여유를 주어야 한다.

실력다지기

정신역동치료의 개입과정

1) 관계형성 단계
   본격적 원조과정으로 들어가기 위해서 치료자와 내담자가 라포를 형성하는 시기이다.
2) 동일시를 위한 자아구축단계
   내담자와 치료자 사이에 치료를 위한 친밀한 관계가 형성되는 단계이다.
3) 내담자가 독립된 자아정체감을 형성하도록 원조하는 단계
   내담자가 자신의 문제에 대한 통찰이 깊어지는 단계로서, 치료자의 전문적 원조를 받은 후에는 내담자가 독립된 하나의 인격체로서 세상을 향해 나아가야 하기 때문에 독립된 정체감을 확립하는 것이 필요하다.
4) 내담자의 자기이해를 원조하는 단계
   내담자가 자신의 행동과 그 행동의 원인을 이해할 수 있도록 원조하는 단계로써 내담자의 무의식적 갈등과 미해결된 문제를 해결하는 단계이다.

---

10 전이는 내담자가 어릴 때(과거) 중요한 인물(부모나 형제)과의 관계에서 가졌던 유아기적 감정과 욕구, 기대 등을 현재 상황에서 반복하려는 경향을 말한다.

5 정신역동치료의 개입기법

(1) 자유연상

어떤 대상과 관련하여 마음에 떠오르는 생각, 감정 등을 아무런 수정도 가하지 않고 이야기하도록 하는 것이며 치료자는 이를 통해 내담자의 증상이 무의식적으로 어떤 의미를 지니는지 이해할 수 있게 된다.

(2) 꿈의 분석

① 잠을 자는 동안에는 무의식에 대한 자아의 방어가 약해지게 되므로 억압된 욕구와 본능적 충동들이 의식의 표면으로 보다 쉽게 떠오른다.
② 꿈의 의미를 해석함으로써 자아가 의식하기에는 너무나 고통스럽고 위협적인 잠재몽[11]을 비위협적인 현재몽[12]으로 바꾸는 작업을 말한다.

(3) 해석

치료자가 꿈, 자유연상, 저항, 전이 등의 의미를 내담자에게 지적하고 설명하고 가르치는 것이다.

(4) 직면

직면은 내담자의 행동이 다른 사람들에게 어떻게 영향을 끼치는가를 명확히 하고 이것이 거꾸로 내담자에게 거부당하거나 억압받는다는 느낌을 준다는 것을 알게 해준다.

(5) 명료화

직면에 비하여 보다 지지적인 개입으로서, 내담자가 말한 것들 모두를 좀 더 일관된 내용으로 통합시키는 일종의 재구성이며 명료화는 내담자가 말로 표현하기 어려워하는 것들을 분명하게 표현하도록 돕는 데 목적이 있다.

(6) 전이 해석

① 내담자는 치료자와의 관계에서 무의식 속에 묻어두었던 생각이나 감정들을 드러내며 치료자는 내담자가 치료자에게 보이는 태도나 행동을 그냥 지나쳐 버려서는 안 된다.
② 내담자가 치료자에 관한 어떠한 생각을 품고 있는지를 주의 깊게 관찰하여 그것이 어떤 의미를 지니는지를 이해하고 분석해야 한다.

(7) 저항의 해석

저항이란 내담자가 치료에 협조하지 않는 모든 행위를 말하는데, 치료자는 내담자가 보이는 저항에 내담자의 주의를 환기시킨 다음, 내담자가 수용할 수 있도록 배려하면서 해석을 한다.

---

11 잠재몽은 잠자는 사람을 깨우려고 위협하는 무의식적 욕구, 충동, 생각 따위를 말한다. 치료자는 사람들의 표면적인 꿈을 분석해 무의식적 욕망이나 소망이 드러나는 잠재몽을 찾아낸다.
12 꿈을 꾼 사람이 기억하는 내용의 것을 현재몽(現在夢)이라고 하고, 그 이면에 감추어진 의미를 잠재몽(潛在夢)이라고 한다.

(8) 훈습

내담자가 통찰을 가질 수 있을 때까지 전이와 저항을 반복적으로 해석하는 것으로써, 치료자의 노력도 필요하지만 내담자 자신이 치료시간 중에 치료자가 진단하고 있는 병에 대한 인식을 받아들이려 노력하고, 이를 통합하는데 최선을 다하여야 한다.

기출문제 확인학습

명료화 기법

1) 환자에게 자신의 메시지를 정교화하도록 도울 뿐만 아니라 면접자가 그 메시지를 이해하고 있다는 것을 확실히 하기 위하여 사용되는 의사소통기법은 명료화(명확화)이다.
2) 명료화는 내담자의 막연하고 모호한 대화를 분명하게 하는 것이며 내담자의 대화내용을 분명히 하고 내담자가 표현하고자 하는 바를 정확히 지각하였는지를 확인하는 기법이다.

심리치료 과정에서 저항이 일어나는 일반적인 이유

1) 환자가 변화를 원할지라도 환자의 삶에 중요한 영향을 미치는 타인들이 현 상태를 유지하도록 방해할 수 있기 때문에 저항이 일어난다.
2) 부적응적 행동을 유지함으로써 얻는 2차적 이득을 환자가 포기하기 어렵기 때문에 저항이 일어난다.
3) 익숙한 행동을 변화시키려는 시도가 환자에게 위협을 주기 때문에 저항이 일어난다.
4) 환자가 자신의 변화로 인해 주변 사람들의 시선이나 태도가 부정적으로 변할 수 있다는 생각에 두려움을 느끼기 때문에 저항이 일어난다.

단기 정신역동 치료의 경향

1) 프로차스카와 노르크로스(2007)의 단기 정신역동 치료의 공통점
    (1) 시간제한 치료법의 틀 안에서 행한다.
    (2) 첫 시간에 특정 대인관계 문제에 초점을 맞춘다.
    (3) 전통적 분석방법보다 중립적 입장을 강조한다.
    (4) 강한 치료협력을 구축한다.
    (5) 치료관계에서 비교적 일찍부터 해석을 한다.
2) 시간제한적 역동적 심리치료(TLDT)
    내담자에게 깊이 박혀 있고 반복되는 대인관계의 패턴을 바꾸는 것이다.

제3절 심리치료의 기타 유형

1 인본주의 치료

1 인본주의 이론의 기본원칙

(1) 통합된 전체로서의 개인

인본주의 이론의 가장 중요한 관점 중의 하나는 각 개인은 유일하면서도 통합된 전체로서 연구되어야 한다는 것이다.

(2) 인간 본성의 선함

인본주의 이론은 인간의 본성이 본질적으로 선하다고 보며, 인간이 악하고 파괴적이며 폭력적인 요소들을 갖게 된 것은 좋지 못한 환경의 영향에 의해 발생한 것으로 본다.

(3) 인간의 잠재적 창조성
① 인간의 창조성은 인본주의 이론의 가장 핵심적인 요소이다.
② Maslow[13]에 의하면 '창조성'은 인간이 태어날 때부터 잠재적으로 가지게 되는 인간본성의 공통적 특질이라는 것이다.
③ 인본주의에서는 인간의 내면에 있는 성장의 욕구를 중심으로 어려움에 처해있는 개인이 스스로 어려움을 극복하고 내적 성장을 이루면서 문제를 해결하도록 돕는데 근본원리가 있다고 주장한다.
④ Rogers는 인간이 기본적으로 자유로우며, 자신의 행동에 대해 책임을 지고, 자발적이며 합리적이고 건설적인 방향으로 나가는 미래지향적 존재라고 본다.
⑤ Rogers의 현상학이론은 개인의 주관적 경험, 감정 및 세계와 자기 자신에 대한 개인적인 견해를 중요시 한다.

2 주요개념

(1) 자아실현의 경향
① Rogers는 자아실현의 경향을 유일하고도 기본적인 인간의 동기라고 보았다.
② 인간은 출생 이후부터 자아실현을 향해 생산적으로 성장하도록 되어 있으며, 가능한 한 자신의 잠재력을 최대한 발휘하려 한다.

---

13 Maslow의 자아실현이론은 인간이 근본적으로 선하며 존경받을 만하고 그들은 만약 환경조건이 적당하기만 하면 그들의 잠재능력을 실현해 나가려 한다고 보았다. 그는 인간행동의 연구에서 건전하고 창조적인 측면을 기초로 하였으며, 인간행동이 자신의 욕구를 추구하려는 동기에서 나타난다고 보았다.

(2) 주관적 경험과 행동
① 현상학은 현실을 결정하는 데 있어서 개인의 '지금 - 여기'에서의 의식적 경험의 중요성을 강조한다.
② Rogers는 개인의 현실지각에 관한 지식이 인간행동을 이해하는 데 필요하며, 개인의 자기 자신과 주변의 세계에 관한 주관적인 인식이 일치하는 방향으로 행동한다고 주장한다.
③ 인간행동의 결정인자는 객관적인 현실이 아니라, 개인이 주관적으로 현실을 보는 방식에 기초한다.
④ Rogers는 현재의 행동이란 항상 현재의 지각과 해석에 의해 영향을 받는다고 주장한다.

(3) 자기(self)의 중요성
① 자기(self) 또는 자기개념은 인간이 자기 스스로가 어떤 사람인가를 인식하는 것이다.
② Rogers는 인간의 자기개념은 항상 정형화된 형태적 특성을 지니고 있기 때문에, 시간의 흐름에 따라 개인이 변화되더라도 인간은 자신이 이전과 똑같은 사람임을 느끼는 확고한 내적 감정을 보유하고 있다고 본다.

(4) 긍정적 관심에의 욕구
긍정적 관심은 인간이 보편적이며 영속적으로 갖게 되는 욕구로서, 이것은 부모를 비롯한 다른 사람들로부터 받게 되는 수용, 사랑, 존중 등을 포함하는 개념이다.

(5) 완전히 기능하는 사람
① 완전히 기능하는 사람은 자신의 잠재력을 인식하고 능력과 자질을 발휘하여 자신에 대한 완벽한 이해와 경험을 풍부히 하는 방향으로 이동해 나가는 사람이다.
② 완전히 기능하는 사람의 5가지 조건은 실존적인 삶, 경험의 개방성, 선택에의 자유의식, 자신의 유기체에 관한 신뢰, 창조성이다.

3 인간중심치료(인본주의 치료)

(1) 진실성(자기 일치감)
① 치료자는 내담자와의 관계에 있어서 자기 일치감을 가져야 한다.
② 치료자는 방어적인 모습이 없이 진실해야 하며, 내담자와의 관계에서 일치되어 있어야 한다.

(2) 무조건적인 긍정적 관심
① 치료자는 내담자에게 무조건적인 긍정적 관심을 제공해야 한다.
② 치료자는 긍정적 관심을 내담자에게 전달할 수 있어야 하며, 내담자 자신이 어떠한 존재이고, 어떠한 존재로 될 수 있는가에 대해 존중해 주어야 한다.

(3) 공감적 이해
① 치료자는 내담자의 경험과정에 민감하게 관련되어야 하며, 이 경험이 이해되었다는 것을 내담자에게 효과적으로 전달할 수 있어야 한다.
② 치료자는 내담자가 자기 자신을 표현하는 데 나타나는 두려움을 잊어버리고, 자신의 유기체적 경험과 보다 밀접한 접촉을 많이 하도록 따뜻한 분위기를 만들려고 노력해야 한다.

기출문제 확인학습

심리치료의 공통적 요인

1) 치료적 관계
   (1) 치료자와 내담자의 협력적 관계를 의미하며 치료적 동맹 또는 작업동맹이라고 불리기도 한다.
   (2) 치료적 관계는 Rogers가 주장했듯이, 치료자가 무조건적 존중, 정확한 공감, 진실성을 나타낼 때 촉진된다.
2) 긍정적 기대와 자기효능감
   (1) 긍정적 기대는 내담자가 어떤 행동을 성공적으로 수행할 수 있다는 기대와 자신감을 의미한다.
   (2) 자기효능감은 어떤 행동을 시작할 것인지, 그 행동에 얼마나 많은 노력을 투입할 것인지, 그리고 어려운 난관이나 장애에 부딪혔을 때 얼마나 오래 노력을 지속할 것인지를 결정한다.
   (3) 자기감찰(자기모니터링)
       자신의 내면적 세계에 대한 적극적인 탐색을 의미하며 자신의 사고를 성찰하는 능력뿐만 아니라, 자신이 사회문화적 환경과 맺고 있는 관계를 이해하는 것이다.

심리치료에서 일반적으로 강조하는 목표

1) 의기소침 극복, 희망 얻기
2) 숙달감, 자기효능감 높이기
3) 회피 극복하기
4) 생각을 자각하고 수정하기
5) 현실적인 삶 수용하기
6) 통찰 획득하기
7) 성격 강점 발견 및 실현하기
8) 행복과 삶의 질 증진하기

다양한 치료(이론)의 강조점 - 기출

1) 합리적 정서행동치료(REBT) : 내담자가 더 현실적이고 실현 가능한 인생철학을 습득함으로써 정서적 혼란과 자기 패배적 행동을 최소화하는 것을 강조한다.
2) 현실치료 : 내담자의 좌절된 욕구를 알고 사람들과의 관계에서 새로운 선택을 함으로써 보다 성공적인 관계를 얻고 유지할 수 있음을 강조한다.
3) 실존치료 : 현대의 소외, 고립, 무의미 등 생활의 딜레마 해결에 제한된 인식을 벗어나 자유와 책임능력의 인식을 강조한다.
4) 개인심리이론 : 가족 내 서열에 대한 해석은 어른이 되어 세상과 작용하는 방식에 큰 영향이 있음을 강조한다.

그 밖의 심리치료 - 실존적 접근의 심리치료(May & Frankl)[14]

1) 개요
   (1) 정신분석치료와 행동주의치료에 대한 반동에서 발달하였고 성장과 자아건강을 개념화하였다.
   (2) 인간 존재의 불안원인은 본질적인 시간의 유한성과 죽음 또는 존재하지 않는 것에 대한 불안에서 기인하며, 이 문제의 해결방법은 인간 존재의 참된 의미를 발견하는 것이다.

---

[14] 실존주의 상담은 오로지 내담자로 하여금 자기존재를 완전히 자각하게 하는 데 그 목적을 둔다. 존재란 인간 개개인이 그가 누구인가에 대하여 인식하는 것이며, 그 자신에게 내리는 정의이며, 무엇이 그 자신을 현재의 그로 만드는 것인가에 대한 자각인 것이다. 상담자의 역할은 내담자로 하여금 자기존재의 의미를 경험하게 하고, 자기존재에 대한 결단을 내리게 하며, 자기 능력에 따라 행동할 수 있도록 돕는 것이다.

2) 치료목표

(1) 소외된 내담자로 하여금 세계와의 관계 속에 있는 자신을 보게 하고 그가 보는 것에 따라 행동하고 선택할 수 있도록 하여 내담자의 타고난 잠재력을 실현하게 하는 것이다.

(2) 인간의 부적응 행동은 타고난 경향성을 실현하지 못한 결과이며 인간의 타고난 가능성 또는 경향성을 포함한 자신의 존재의 의미를 찾고 자아실현에 도달하는 것이다.

(3) 실존주의 상담의 유형의 하나인 의미요법, 즉 의미치료는 내담자의 성격에서 무의식적이고 정신적인 요인을 자각하게 하는 것이다.

기출문제 확인학습

중요 치료적 접근과 등장시기

1) 합리적 정서치료

창안자는 미국의 심리학자 Albert Ellis로서, 1955년 합리적 치료(rational therapy, RT), 1962년 합리적 정서적 치료(rational - emotive therapy, RET), 1993년 합리적 정서행동치료(rational - emotive - behavior therapy, REBT)로 발전하였다.

2) Adler의 개인심리학

알프레트 W. 아들러(Alfred W. Adler)는 1870년 2월 7일~1937년 5월 28일)는 오스트리아의 정신의학자이자 심리학자이다. 1911년에 지그문트 프로이트와 결별하고 '자유정신분석학회(Society For Free Psychoanalysis)'를 설립하였고, 이 학회는 나중에 '개인심리학회'의 근간이 되었다. 이 시기에 Hans Vaihinger의 저서 『'마치 ~처럼'의 철학(The philosophy of the 'as If')』을 접하고 많은 영향을 받았다. 인간의 근본적인 동기를 성적 충동이나 리비도가 아닌 권력 추구 또는 완전성의 추구로 대체하였다. 아들러는 개인심리학의 목표를 자신의 개념으로 인간 전체를 설명하고자 했던 프로이드와 달리 '고유한 개인을 이해하는 것'으로 삼았다.

3) 교류분석

교류분석(Transactional Analysis : TA)는 1957년 미국의 정신과의사인 에릭 번(Eric bern)에 의해 창안된 인간의 교류나 행동에 관한 이론체계이자 동시에 거기에 의거하여 실시하는 치료요법이다.

4) 게슈탈트

1951년 독일의 Fritz Perls가 창안한 게슈탈트 심리치료는 정신분석 치료이론을 위시하여 유기체 이론, 신체 이론, 장 이론, 게슈탈트 심리학, 사이코드라마, 연극과 예술 철학, 실존철학 그리고 동양사상 가운데서 특히 도가와 선사상 등의 광범위한 영향을 받으며 탄생하였다. 이러한 배경에서 생겨난 게슈탈트 심리치료는 다양한 삶의 문제들을 각각 하나씩 따로 분리된 것으로 보지 않고, 서로 전체적이고 유기적으로 관련되어 있다고 본다. 또한 신체와 정신, 그리고 환경을 서로 불가분의 관계에 있는 통합적이고 유기적인 존재로 이해하는 인간관과 세계관을 갖는다.

제4장 임상심리학의 자문, 교육, 윤리

제1절 자문

1 자문의 정의[15]

임상심리사는 인간의 심리적 건강 및 효과적인 적응을 다루어 궁극적으로는 심신의 건강증진을 돕고, 심리적 장애가 있는 사람에게 심리평가[16]와 심리검사, 개인 및 집단 심리상담, 심리재활프로그램의 개발과 실시, 심리학적 교육, 심리학적 지식을 응용해 자문을 한다.

1 자문의 개념

(1) 자문의 원래 뜻은 어떤 일을 효율적이고 바르게 처리하기 위해 그 분야에 전문적인 지식을 가진 사람이나 기관에 의견을 묻는 것을 말한다.
(2) 임상심리학자들은 임상사례(개인)에서 전체 기관의 대상을 원칙으로, 병원, 진료소, 학교, 사업체, 정부기관 등의 다양한 공동체장면에 존재하는 특정한 질문들과 문제들에 대하여, 인간행동의 지식과 이론을 응용하여 전문적인 충고를 제공한다.

2 자문의 사례

(1) 고도의 스트레스를 받게 되는 산업 현장에서 노동자들의 스트레스를 관리할 수 있는 방안을 제시할 수 있다.
(2) 범죄자들을 다루는 교도관들에게 이들을 다룰 수 있는 전문적 방법을 조언할 수도 있다.
(3) 병원에서는 특정한 의학적 치료를 잘 받으려 하지 않는 사람들을 어떻게 다루어야 하는지에 대한 도움을 줄 수 있다.
(4) 기업체에서는 인사채용이나 승진 등의 심사에서 임상심리학자의 자문을 받을 수 있다.

---

15 한국임상심리학회 홈페이지 참고
16 한 개인의 지적 능력을 평가하는 지능검사에서부터 성격검사, 신경심리검사, 행동관찰 등 다양한 검사가 존재한다. 최근에는 한 개인의 정신문제에 관여하는 뇌의 손상을 연구하는 신경심리학이 크게 대두되고 있다. 임상심리학자들은 다양한 심리검사와 자신의 임상적 지식을 통해 면담이나 각종 촬영도구들이 밝혀낼 수 없는 개인의 미묘한 문제들을 진단한다. 이를 심리평가라고 한다.

2 자문의 유형

1 자문의 대상에 따른 자문의 유형

(1) 정신건강 자문

전형적으로 자문의 여러 유형이 정신건강 장면에서 임상심리학자들에 의해 수행되는 것을 의미한다.

① 피자문자 - 중심 사례 자문

피자문자가 경험한 도전에 초점을 맞추며 피자문자의 무경험, 정보의 부족 및 실수들이 자문(토론)의 주제가 된다.

② 내담자 - 중심 사례 자문

특정한 환자의 치료나 보호에 책임이 있는 다른 동료 전문가에게 자문하는 것을 포함하는 것으로써, 더 적절하게 환자의 욕구를 충족시키기 위해 그 자문가의 조언을 구한다.

③ 프로그램 - 중심 행정 자문

개인적인 사례보다는 프로그램이나 제도에 초점을 둔다.

④ 피자문자 - 중심 행정 자문

일반적으로 기관 내의 행정적인 쟁점과 인사쟁점에 관한 업무가 포함된다.

⑤ 비공식적 동료집단 자문

주로 비공식적으로 이루어지며, 자신이 임상심리학자로서 다루고 있는 도전적인 임상사례에 대해 동료들에게 자문을 요청하는 것이다.

> **기출문제 확인학습**
>
> **피자문자 중심 사례 자문**
>
> 주의력 결핍장애를 가진 아동의 혼란된 행동을 다루는 방법을 확신하지 못하고 있는 초등학교 3학년 담임교사에게 자문을 해 주었다.
>
> **친구를 괴롭히고 교사에게 반항하는 아동을 가르치는 교사에의 자문**
>
> 1) 아동에게 학급의 규칙을 제시하도록 한다.
>   아동으로 하여금 다양한 상황에서 어떠한 행동이 기대되며 어떠한 행동이 적절한 것으로 간주되는지에 대해 명백히 알려줄 규칙을 제시하도록 한다.
> 2) 교사가 관심과 칭찬을 제공하도록 한다.
>   아동이 과제에 집중하는 태도에 관심을 기울이며 아동이 규칙을 잘 따르거나 적절한 행동을 보이는 경우 칭찬을 하도록 한다.
> 3) 교사가 토큰강화와 반응대가를 사용하도록 한다.
>   아동이 적절한 행동발생 가능성을 높이기 위해 토큰강화를 사용하며 부적절한 행동발생 가능성을 줄이기 위해 아동이 습득한 토큰이나 특권을 잃도록 하는 반응 대가 프로그램을 사용한다.

> 4) 교사에게 기법으로써, 고립을 사용하도록 한다.
>   고립은 아동이 부적절한 행동을 보이는 경우 일정한 시간동안 아동을 학급활동에서 배제한 채 후속적으로 아동을 관찰하는 것이다.
> 5) 가정과 학교 간에 알림장을 통한 의사소통이 이루어지도록 한다.
>   부모와 교사 간에 의사소통을 증진시키고 가정과 학교에서 아동의 행동을 중재하기 위한 일관성 있는 조치를 가능하게 한다.

(2) 조직자문
   ① 임상심리사는 기관이나 조직에 대해 자문을 제공한다.
   ② 조직체가 효과적으로 적응력 있게 운영되도록 하기 위한 자문을 제공한다.
   ③ 체계이론에 대한 전문적 지식을 필요로 하며 중재 시에 조직의 한 측면에 개입하는 것이 다른 전체적 조직체계에 어떤 영향을 줄 것인지를 고려해야 한다.

2 자문의 모델

(1) 정신건강 모델
   ① 자문 요청자가 대부분의 문제를 해결할 수 있다고 가정하며, 관계는 평등하다.
   ② 정신역동적 또는 위기 개입의 입장을 취하거나 자문 요청자가 자신의 능력 범위를 넓힐 수 있도록 하며, 자문가는 단지 필요한 전문적 조언과 지시를 제공한다.
   ③ 정신건강모델은 환자에게 문제해결능력이 있다고 가정하며, 치료자와 환자 간의 관계는 평등하고 치료자는 조언과 지시를 제공하는 역할을 수행한다.

(2) 조직모델에는 조직인간관계 모델과 조직사고 모델이 있다.
   ① 조직인간관계 모델
      조직 내에서 사람들 간의 상호작용이 어떻게 이루어지는가에 관심을 지닌다.
   ② 조직사고 모델
      조직인간관계 모델의 변형된 형태로서, 의사소통과 의사결정, 목표설정 및 역할규정, 조직 내 갈등 등에 관심을 지닌다.

(3) 조직옹호모델
   ① 조직옹호모델은 부모나 환자와의 동반자 관계를 개발하고, 특정 환자에 대해 적합한 치료과정 찾기 등이 목표가 된다.
   ② 자문가의 추진력은 목표지향적이며 그 실행방식에 있어서 촉진적이어야 한다.
   ③ 자문가는 문제해결을 위한 지식과 함께 옹호과정 지식에 대한 전문성을 지니고 있어야 하며, 법률지식뿐만 아니라 대중매체를 활용할 수 있어야 하고, 설득적 연설문 작성과 도움을 줄 수 있는 사회적 지지망을 구축해야 한다.

(4) 과정모델
    ① 과정모델은 기본적으로 치료자와 환자 간의 협력을 강조하는 것으로, 조직의 상호작용을 분석하여 문제해결책을 모색한다.
    ② 이 모델은 환자가 대인관계 상호작용에 대한 이해를 높이는 것이 중요하다.

(5) 행동주의 모델
    ① 행동주의 모델은 자문가가 학습이론이 어떻게 개인, 집단 및 조직의 문제에 실질적으로 적용될 수 있는지를 가르치고 보여주는 인정된 전문가로 인식한다.
    ② 학습이론이 문제해결에 도움을 준다고 가정하며 자문목표는 환자의 바람직하지 않은 행동의 빈도를 감소시키고 바람직한 행동의 빈도를 증가시키는 것이다.
    ③ 자문가와 자문 요청자 간에 보다 분명한 역할이 있다.
    ④ 문제해결에 있어 상호관계가 있을 수 있지만, 행동지식 기반에 있어서 자문가와 자문 요청자 사이에는 커다란 불균형이 있다.

기출문제 확인학습

심리학적 자문 프로그램의 사례

1) 만성적인 문제를 지닌 환자의 재활을 위한 프로그램
2) 자살을 시도했거나, 강간 및 폭력을 당한 환자에 대한 위기개입 프로그램
3) 청소년 성행동과 아동기의 비만문제를 개입하기 위한 프로그램
4) 정신건강의 증진이 요구되는 청소년을 위한 정신건강증진 프로그램
5) 청소년 대상의 학교 부적응 및 학교폭력에 대한 문제에 대한 프로그램
6) 부부관계 및 이혼에 관한 가정문제를 해결하기 위한 프로그램
7) 실직자 및 구직자를 위한 정신건강을 위한 프로그램

과학자 - 전문가 모형(scientist - practitioner model) - 보울더 모형

1) 1949년 미국 콜로라도 보울더(Boulder)에서 개최된 미국심리학회 회의에서 임상심리학자의 수련과 관련하여 제시된 모델이다.
2) 과학자 - 전문가 모델은 보울더 모델, 과학자 - 실무자 모델이라고도 한다.
3) 임상심리학자의 수련 및 다양한 학문들 간 관계 형성을 통한 진단, 연구, 치료에 중점을 두었다.
4) 과학과 임상실습의 통합적 접근을 통해 임상심리학자가 과학자이자, 서비스 제공자로서의 역할을 동시에 수행할 것을 강조한다.
5) 임상심리학자는 과학자와 전문가로서의 역할을 동시에 훈련받음으로써, 이론적·학문적·응용적·임상적인 역량을 강화하여야 한다.
6) 심리학자의 역할은 전문가로서 내담자를 치료하는 기술을 연마하여 사용하는 측면과 과학자로서 새로운 이론이나 치료에 대해 개발하고 연구하는 측면을 모두 갖추어야 한다는 점을 강조하였다.

보울더(Boulder) 모델에서 제시한 임상심리학자의 주요 역할

1) 과학자 - 전문가모형(scientist - practitioner model)은 1949년 미국 콜로라도 보울더(Boulder)에서 개최된 미국심리학회 회의에서 임상심리학자의 수련과 관련하여 제시된 모델이다.

2) 임상심리학자의 역할에 있어, 전문가로서 내담자를 치료하고 평가하는 기술을 연마하여 활용하는 측면과 과학자로서 새로운 이론이나 치료에 대해 개발하고 연구하는 측면을 모두 갖추어야 한다는 점을 강조하였다. - 치료, 평가, 연구

Bergan과 Kratochwill은 임상심리사의 자문과 관련하여 10가지 자문 모형과 자문과정의 5가지 핵심문제
Bergan과 Kratochwill은 임상심리사의 자문과 관련하여 10가지 자문 모형은 정신건강모델, 행동주의 모델, 조직(인간관계)모델, 조직(조직 사고)모델, 조직옹호모델, 과정모델, 임상모델, 프로그램 모델, 교육 및 훈련 모델, 협동모델이다. 그리고 자문과정을 5가지 핵심문제로 분석하였다. 이는 이론, 지식 기반, 목표, 단계, 자문가의 책임이다.

3 자문의 역할과 단계

1 자문의 역할

(1) 직접적인 역할과 간접적인 역할
  ① 직접적 역할
    ㉠ 직접적인 역할을 하는 자문가들은 과제지향적인 역할로서, 문제해결을 위해 필요한 직접적인 지식을 제공한다.
    ㉡ 전문적·기술적 자문을 제공하여 피자문자가 관심을 갖고 있는 쟁점에 대하여 피자문자 자신이 문제를 해결하도록 도움을 주어 결과에 더 초점을 맞춘다.
  ② 간접적 역할
    ㉠ 간접적인 역할을 하는 자문가들은 과정 지향적, 촉진적 역할로서, 문제해결을 위해 피자문자의 기술을 촉진한다.
    ㉡ 간접적인 역할은 어려운 작업을 관리자들이 실행하도록 하기 위해 역할시연을 수행하고 그 수행을 비평하면서 과정이나 성장에 초점을 맞춘다.

실력다지기

효과적인 자문을 위한 요소
1) 유능한 대인관계 및 의사소통 기술이 요구된다.
   감정이입, 진솔성, 사회적 기술 등의 기술로 편안하고 신뢰로우며 협력적인 환경을 만들 수 있어야 한다.
2) 효과적인 경청자 및 의사소통자가 되어야 한다.
   유용한 질문, 정보수집, 능숙한 방식으로 피드백과 비평을 제공할 수 있어야 평가, 중재과정이 보다 효율적으로 이루어진다.
3) 조직체를 대상으로 일하는 능력이 있어야 하며 조직의 업무 풍토와 문화를 평가, 이해할 수 있어야 한다.
4) 집단 역학과 집단 과정을 이해하고, 집단장면에서 갈등을 다룰 수 있어야 한다.
5) 전문적이며 윤리적 행동이 요구된다.
6) 전문적인 지식을 성실하게 제공하려는 노력이 요구된다.
7) 자문자의 특정한 목적이 개입되지 않도록 하며 피자문자의 숨겨진 목적에 대한 충분한 이해가 요구된다.

2 자문의 단계(질문의 이해 → 평가 → 중재 → 종결 → 추적조사) 　암기법　 이평중 / 종추

(1) 질문의 이해
　① 의뢰한 자문의 성질과 목적을 정확히 이해한다.
　② 자문가는 자신이 유능하고 전문적인 자문을 제공하기 위한 수련, 경험, 전문성을 지니고 있는가를 결정한다.
　③ 자문에 대한 피자문자의 준비성과 개방성이 요구된다.

(2) 평가
　① 의뢰된 질문의 성질을 충분히 조사해야 한다.
　② 의뢰한 자문의 내용과 실제적으로 필요로 하는 자문의 내용이 일치하지 않을 수 있다.
　③ 조직의 관습, 신념, 규칙, 일반적인 조직의 풍토를 평가한다.
　④ 평가 내용을 종합하여 문제를 진단하고 목표를 설정하며, 개입하는 방법이나 전략의 윤곽을 잡는다.

(3) 중재
　① 자문가가 변화를 위한 실제적인 조언이나 제안을 제공하고 실행하는 단계이다.
　② 중재가 실행되고 있는 과정 및 성과에 대한 검토나 평가도 포함한다.

(4) 종결
　① 협의된 자문 목적이 충족된 경우 종결한다.
　② 자문가의 목적이 이루어질 수 없는 것이라고 결론을 내리는 경우에도 종결한다.
　③ 자문가의 중재나 조언이 사용되지 않는다.

(5) 추적
　① 행동과 습관은 한 번에 변화되기 어려우므로 주기적인 추적 회기가 요구된다.
　② 새롭게 제기되는 문제에 대한 후속 중재 혹은 프로그램이 요구될 수 있다.

기출문제 확인학습

슈퍼비전의 기능 3가지

오스틴(Austin)은 슈퍼비전을 내담자에게 최선의 서비스를 제공하기 위해 슈퍼바이저와 슈퍼바이지 간의 긍정적인 관계가 수립되어 있는 가운데, 슈퍼바이저가 행정적, 교육적, 지지적 기능을 창조적으로 결합하여 이용하는 것이라고 하였다.

1) 교육적 기능(훈련)
　<u>교육적 기능에 있어서 슈퍼비전의 핵심은 상담사(슈퍼바이지)의 지식과 기술의 향상</u>이며, 교육적 차원에 있어서 슈퍼비전의 기능은 전문인으로서 상담사(슈퍼바이지)의 능력을 향상시키는 데 초점을 둔다.

2) 행정적 기능(관리)
　<u>관리자로서 슈퍼바이저는 조직의 규정과 절차에 맞는 서비스를 제공하는 것</u>이다. 즉, 적합한 상담사(슈퍼바이지)에게 특정한 내담자의 사례를 위임하는 것을 비롯하여 상담사(슈퍼바이지)의 관리 및 서비스 제공을 감독하고 평가하는 것이다.

3) 지지적 기능(지지)
　지지적 기능은 상담사(슈퍼바이지)의 개별적 욕구에 관심을 갖는다. 즉, <u>슈퍼바이저는 상담사(슈퍼바이지)에게 스트레스를 유발하는 상황을 제거하고 이에 대처하는 것에 관심을 갖고 상담사(슈퍼바이지)의 사기를 진작시키며</u> 불만족과 좌절을 해결함으로써 직무만족을 제고하는 것에 초점을 둔다.

4 지역사회 심리학(Community psychology)

1 지역사회

(1) 지역사회 심리학에서 정의하고 있는 지역사회(Community)는 관계적인 공동체와 유사하다.
(2) 관계적 공동체라는 것은 서로의 관심, 관계를 근거로 한 공동체로 지리적 뿐만 아니라, 인간과 인간, 인간과 환경의 관계를 포함한다.
(3) 관계적 공동체는 결과적으로 지역사회 심리학이 개인과 사회문제의 해결을 위한 응용학문의 성격을 띠고 있음을 뜻한다.

2 지역사회 심리학

(1) 지역사회 심리학은 문제의 발생, 문제의 완화에서 '환경적 힘'의 역할을 강조하는 정신건강 접근으로 기술되어 왔다.
(2) 지역사회 심리학은 개인치료 모델에 집중하는 '개인의 심리학'과는 다른 새로운 접근으로써, 개인, 집단, 단체, 사회적 차원의 행동에 영향을 끼치는 사회적·환경적 요소에 관한 연구를 포함한다.
(3) 지역사회 심리학은 환경적 요인을 강조하며 문제의 해소를 위한 개입방법에서 환경적인 개입을 강조하고 있다.
(4) 지역사회 심리학 관점은 지역사회에서 발생하는 여러 개인적, 사회적 문제들의 원인은 환경과의 연관 속에서 해석해야 하며 예방과 치료도 지역사회에서 맡아야 한다는 관점이다.

실력다지기

지역사회 정신건강과 지역사회 심리학의 차이점

지역사회 정신건강은 정신건강 서비스의 전달 방식이 주요 관심사인 반면, 지역사회 심리학은 사회적·환경적 요인들이 행동에 미치는 영향을 개인, 집단, 조직, 사회적 차원에서 연구하는 학문 분야이다.

3 지역사회 심리학의 관점

(1) 정신건강에 대한 치료적인 의미보다 예방적 접근을 강조한다.
(2) 지역사회 공동체의 강점과 유능성을 강조한다.
(3) 생태학적 관점(Ecological perspective)으로 환경적 요인을 강조한다.
(4) 지역사회의 다양성, 독특성을 인정하고 존중한다.
(5) 권한 또는 역량(Empowerment)과 자기 통제력을 부여하는 권한부여의 입장을 취한다.
(6) 정신건강 서비스의 선택권(자기결정권)을 제공한다.
(7) 지역사회의 사회적 변화를 추구한다.
(8) 타 전문분야와의 협력과 공동체 의식의 함양을 중시한다.

4 정신 사회재활치료에서 환자를 대상으로 한 치료적 개입

(1) 정신 사회재활치료는 개인적인 접근과 사회적인 접근으로 나눌 수 있다.
(2) 개인적인 접근이란 환자와 가족에게 질병을 극복하고 사회생활을 잘 할 수 있도록 환자의 교육과 훈련을 하는 것이고, 사회적인 접근은 환자가 사회에서 잘 생활할 수 있도록 필요한 환경을 제공해 주도록 노력하는 것이다.
(3) 개인적인 접근
　① 환자에게 사회생활에 필요한 사회기술을 조직적으로 가르쳐주고 훈련시키는 사회기술훈련 프로그램
　② 약물과 증상에 대한 교육을 하는 환자교육과 가족을 대상으로 병에 대한 전반적인 지식을 구체적으로 가르쳐 주는 가족교육 프로그램
　③ 낮에만 병원에 있으면서 다양한 교육과 치료를 받고 밤에는 집으로 돌아가는 낮 병동, 그리고 다양한 활동을 통하여 즐거움과 성취감을 주는 활동치료 프로그램
　④ 환자가 심한 스트레스를 받거나 재발의 징조를 보일 때 적극적으로 개입하여 도와주는 위기관리 프로그램
(4) 사회적인 접근
　① 환자나 가족들이 만나 서로 지지해 주고 도와주는 자조모임 프로그램
　② 환자가 가지고 있는 직업적 흥미와 자질을 발견하여 사회에서 실제로 직업을 얻을 수 있도록 도와주는 직업재활 프로그램
　③ 환자가 병원이나 집이 아닌 장소에서 독립적으로 생활하도록 돕는 거주시설 제공의 주거프로그램

5 만성 정신과 환자의 재활 개입방법

(1) 사회기술훈련 프로그램
　의사소통의 결여로 인해 발생하는 환자의 역기능적인 대인관계나 사회기술상의 결함을 극복하도록 하기 위한 구조화된 교육과정이다.

기출문제 확인학습

사회기술의 구성요소(증상관리 교육은 아님에 유의할 것)

1) 미시적(微視的) 구성요소
　(1) 사회적 각성 또는 수용기술 : 상대방의 반응과 기분 상태를 정확하게 파악하고 인식하는 능력이다.
　(2) 인지기술, 문제해결기술, 처리기술 : 가능한 대안(代案) 중에서 최선의 해결책을 선택하는 기술로서 문제해결기술, 추상적(抽象的) 사고능력 등이 필요하다.
　(3) 행동적 테크닉 또는 표현(자기주장)기술 : 대인관계 상황에서 언어적, 비언어적 요소를 효율적으로 사용하여 적절하게 표현하는 기술이다.
2) 대국적 구성요소
　미시적(微視的) 구성 요소들이 복합적으로 이루어져서 사회기술이 되는 것으로서, 표현사건 해결기술, 위생관리기술, 사교기술, 자기주장기술, 금전관리기술, 스트레스관리기술, 직업유지기술, 일상생활기술 등이 있다.

(2) 직업재활훈련 프로그램

만성 정신질환자에게 필요한 물품 및 서비스를 제공받을 수 있는 수단을 제공하는 동시에 사회적인 접촉 기회를 제시하고 사회적인 역할을 부여하는 효과적인 재활치료의 중요 요소이다.

(3) 주거프로그램

환자에게 외래치료의 대체형태로서 치료의 연속성을 유지하도록 하는 동시에 사회적 지지체계와의 접촉을 유지할 수 있도록 돕는 것이다.

실력다지기

정신재활에 있어서 가장 기본적인 원리(정신재활치료의 근본 철학)

1) 환자들이 자신의 능력을 최대한 개발할 수 있도록 돕는다.
2) 환자의 주위환경 적응능력을 개발하거나, 환경을 환자의 능력과 필요에 따라 변화시킨다.
3) 환자의 장점을 개발하는 데 중점을 둔다.
4) 환자들에게 희망을 심어준다.
5) 환자들의 직업능력을 낙관적으로 보고, 일하는 것을 재활의 중점으로 여긴다.
6) 환자들에게 포괄적인 진료와 서비스를 제공하여 다양한 사회활동과 여가 생활을 보낼 수 있도록 필요한 서비스를 제공한다.
7) 환자와 가족을 치료와 재활에 적극적으로 개입시킨다.
8) 정신재활치료는 단 한 번의 치료가 아닌 장기간 진행하는 과정이다.

기출문제 확인학습

정신사회재활에서 기본적인 원리

1) 모든 사람은 자기결정에 대한 권리 및 책임을 가진다.
2) 환자를 위한 최적의 서비스가 제공되어야 한다.
3) 정신사회재활에서는 지금 – 여기(here & now)가 강조된다.
4) 정신사회재활에서 사회적 보호가 의학적 보호보다 우선한다.
5) 정신사회재활에서는 환자의 강점이 병리보다 우선한다.

만성 정신과 환자의 약물효과를 증대시키기 위한 지침

1) 환자에게 가장 적합하며, 효과가 탁월한 약을 처방한다.
2) 환자의 신체 상태나 약에 대한 민감성, 생활환경 등을 종합적으로 고려하여 약의 용량 및 복용 방법을 결정한다.
3) 약을 꾸준하게 지속적으로 복용해야 한다는 사실을 환자에게 인식시킨다.
4) 환자 및 그 가족에게 약의 부작용에 대해 주지시킨다.
5) 복합처방 시 부작용이 발생하지 않도록 주의를 기울인다.

만성 정신질환자를 위한 정신 사회재활의 일반적 목표

정신사회재활이란 학습과 환경적 변화를 통해 만성 정신질환자의 사회적 기능을 최대한 회복시키는 것이다.
1) 증상의 호전을 장기간 지속시키고, 대인관계 및 독립적인 생활기술을 환자가 배우도록 하고 보다 만족스러운 삶의 질을 성취하는 것이다.
2) 정신장애를 가진 사람들이 학습을 통해 사회적응 면에서 가능한 한 정상인과 비슷하게 해낼 수 있도록 그들의 능력을 호전시키고 오랫동안 유지시키는 것이다.
3) 장기간 계속되는 장애 및 핸디캡을 보상할 수 있도록 주거환경이나 사회적 환경을 변화시키는 것이다.

6 만성 정신과 환자의 치료에 있어서 가족의 역할

(1) 가족이 만성 정신과 환자의 치료와 재활을 돕는 방법
   ① 가족은 환자가 치료와 재활을 지속적으로 받도록 도와야 한다.
   ② 가족은 환자의 재발을 방지하기 위해 약을 지속적으로 복용하도록 격려해야 한다.
   ③ 가족은 환자의 치료와 스트레스를 적게 주는 활동에 참여하도록 한다.
   ④ 가족은 차분하고 인내하는 집안 분위기를 유지하는 것이 요구된다.
   ⑤ 가족은 환자의 역할 수행에 대한 기대치를 현실적 수준으로 낮춰야 한다.

(2) 가족이 만성 정신과 환자의 치료와 재활을 위해 피해야 할 태도
   ① 가족이 환자 때문에 좋아하는 여가활동이나 개인적 활동을 포기한다.
   ② 가족이 잔소리를 하거나 지나치게 비관적으로 말한다.
   ③ 가족이 가족 내에서 환자를 따돌리거나 친구를 만나지 못하게 한다.
   ④ 가족이 환자가 작은 호전을 보일 때 그것을 당연하다고 생각한다.
   ⑤ 가족이 빨리 호전될 것이라고 기대한다.

기출문제 확인학습

상담계획 수립에서의 사례관리 절차

사례관리는 접수 → 사정(진단) → 계획 → 개입 → 점검 → 평가 및 종결의 과정을 거친다.

1) 접수
   내담자의 당면한 주요 문제를 파악하여 잠재적 사례관리 실시 여부를 판단한다.
2) 사정
   내담자의 욕구에 대한 심층적 조사·상담 및 보호 형태를 결정한다.
3) 계획
   사정단계에서 파악된 내담자의 현재 상황 및 욕구, 강점을 종합적으로 고려하여 복지 및 보건의료서비스가 제공될 수 있도록 서비스 목표와 계획을 수립한다.
4) 개입(연계)
   서비스 실행 계획에 따라 지역사회 내의 자원 및 서비스 기관에 의뢰한다.
5) 점검
   상담 및 서비스 실행 계획에 따라 내담자에게 서비스가 제공되고 연계되고 있는지를 정기적으로 점검한다.
6) 평가 및 종결
   내담자의 욕구와 문제가 개입과 점검을 통해 어느 정도 달성되었는지를 확인하는 과정을 거치고 내담자에 대한 개입을 종료한다.

지역사회 심리학 예방의 개념

1) 1차 예방

질병의 감수기로, 해로운 환경이 질병을 야기하기 전에 제거하는 것이다.

2) 2차 예방

질병의 초기로, 정신건강 문제의 조기 확인 증진과 정신장애로 발전하지 않도록 초기 단계에서 문제를 치료하는 것을 포함한다.

3) 3차 예방

질병의 장애기로 고위험군 대상에 해당하며, 진단된 정신장애의 영향을 줄이는 것이 중요하며 주요초점은 사회복귀이다.

손상, 장애, 핸디캡의 의미와 개입방법의 차이점

1) 손상
   (1) 심리적·생리적·해부학적 구조 또는 기능에 이상이 있는 상태로, 그 사례로 환각, 망상, 우울 등을 들 수 있다.
   (2) 개입방법으로 약물치료, 정신치료 등이 있다.
2) 장애
   (1) 손상으로 인해 정상적인 행동을 수행할 능력이 제한 또는 결핍된 상태로, 직무적응 기술 부족, 사회기술 부족, 일상 생활 기술 부족이 그 사례이다.
   (2) 개입방법으로 재활상담, 기술훈련, 환경지원 등이 있다.
3) 핸디캡
   (1) 손상이나 장애로 인해 정상적인 역할 수행에 제한 또는 장애가 발생함으로써 불이익을 경험한 상태로, 학교를 다니지 못하거나, 취업을 하지 못하는 경우가 그 사례이다.
   (2) 개입방법으로 제도변화(법 제정), 권익옹호 등이 있다.

정신재활모형에서 장애의 정의와 개입방법

1) 정신재활모형에서 장애의 정의

장애는 손상으로 인해 정상적인 행동을 수행할 능력이 제한 또는 결핍된 상태로, 직무적응 기술 부족, 사회기술 부족, 일상생활기술 부족 등이 사례이다.

2) 개입방법

개입방법은 기본적으로 장애에 대한 재활상담을 실시하고 직무적응 기술 부족, 사회기술 부족, 일상생활기술 부족 등에 대해 기술훈련을 실시하며 이외에도 환경지원 등을 할 수 있다.

제2절 교육

1 교육의 정의[17]

(1) 교육은 다양한 장면에서 임상심리학적 지식을 전달하는 개념이며 임상심리학자(임상심리사)가 이러한 역할을 담당하게 된다.
(2) 임상심리학자(임상심리사)는 대학의 교수진으로 활동하면서 심리학 학부생이나 대학원생을 위한 수업을 하는데 많은 시간을 보낸다.
(3) 많은 임상심리학자들은 대학원에서 박사학위를 취득하고 대학이나 기타 사회교육시설에서 교양심리학을 강의하고 있다.
(4) 병원이나 상담시설에 속한 임상심리학자들은 임상심리학도의 수련을 담당하는 감독자로 활동하고 있으며 수련생들의 이론교육과 심리평가, 심리치료에 대한 임상 지도감독을 실시하게 된다.
(5) 그 외에도 임상심리학자들은 인간관계 전문가로서 기업인들을 대상으로 교육을 하는 등 다양한 장면에서 임상심리학적 지식을 전달하고 있다.

기출문제 확인학습

학교심리학자
1) 학교심리학자는 학교에서 발생하는 학생과 관련된 문제상황을 해결해 가는 전문가들이다.
2) 이들은 훈련받은 기술들을 교육가로서의 역할뿐만 아니라, 부모, 다른 정신건강 전문가들(의사, 사회사업가, 특수교육 전문가 등)과 함께 팀을 이루어 아동들이 안전하고 건강하며 지지적인 환경에서 공부하도록 하기 위해 노력한다.
3) 학교심리학자의 경우 상담, 자문, 진단 및 치료 등의 역할을 담당한다.
4) 교육 역할에서는 대개 아동학대, 비행청소년, 장애학생 등을 위한 효과적인 교육프로그램을 개발하는 역할이다.

2 교육의 유형

(1) 학구적인 장면에서의 교육
  ① 대학이나 대학원의 심리학과
    ㉠ 임상심리학, 이상심리학(정신병리학), 심리검사, 심리치료, 심리통계, 면담법 등을 강의한다.
    ㉡ 대학생 또는 대학원생의 임상사례들에 대한 개별적, 집단적 지도감독을 실시한다.
    ㉢ 학생들의 평가, 치료, 자문활동들을 검토, 지도함으로써 양질의 개입을 보증하고 있다.
  ② 대학이나 대학교의 다른 학과
    교육학, 여성학, 경영학, 사회복지학, 아동복지학 등의 학과에서 강의한다.
  ③ 의과대학과 병원
    ㉠ 의과 대학생, 레지던트, 간호사, 의료 스텝진 등을 위한 강의를 진행한다.

---

[17] 한국임상심리학회 홈페이지 참고

ⓒ 발달심리학, 건강심리학, 성격심리학 등의 강의를 하고 있다.
　　　ⓓ 질병의 발병, 유지, 치료에 있어서의 심리적 요인들, 효과적인 의사소통법 등에 대한 세미나, 사례토의, 수련생의 지도감독 등을 실시하고 있다.

(2) 비(非)학구적 장면에서의 교육
　① 진료소 : 정신건강증진센터, 개업진료소, 재활기관 등
　　특정 장애들을 가진 환자들을 평가하고 치료하는 방법에 대한 강의를 진행한다.
　　특정 집단(인종, 연령집단, 특수질병집단)을 효과적으로 다루는 방법을 가르친다.
　② 워크숍 : 주로 학회나 학교가 운영하고 있다.
　　　ⓐ 특정한 주제를 가지고 집중적으로 하루 또는 며칠동안 교육한다.
　　　ⓑ 상세한 정보와 수련을 위한 정보를 제공할 수 있다.
　　　ⓒ 대상은 학생, 일반인, 환자의 가족, 교사, 사회복지사, 의사, 간호사 등이다.
　③ 내담자 또는 그의 가족을 위한 심리교육
　　정신과적 문제를 이해하고 다룰 수 있도록 가르치며 이는 심리치료에 통합될 수 있다.
　④ 사업체와 산업체
　　특정한 주제에 대한 강의나 교육프로그램을 운영한다.
　⑤ 일반대중
　　교회, 자원봉사단체, 대중매체를 통해 교육적 정보를 제공하고, 글을 쓰는 등의 창작활동을 한다.

기출문제 확인학습

심리교육적 집단치료

1) 심리교육적 집단치료는 암, 당뇨 등을 가진 환자들을 위한 효과적인 집단개입의 형태에 적용된다.
2) 암, 당뇨와 같이 건강상 문제가 있을 경우 심리적인 위축 등이 나타날 수 있으므로 이를 집단구성원과 공유하여 위안을 얻음과 동시에 문제를 해결해 나갈 수 있는 마음가짐을 가질 수 있다는 장점이 있어 가장 적절하다.

제3절 윤리

1 심리학자의 윤리규정과 행동규약[18] - 꼭 알아두어야 할 사항 정리

(1) 윤리규정과 현행법과의 갈등 - 제2조
   ① 현행법이 윤리규정을 제한할 경우는 전자가 우선적으로 적용된다.
   ② 만약 윤리규정이 현행법이 요구하는 것보다 엄격한 기준을 설정하고 있다면, 심리학자는 윤리규정을 따라야 한다.

(2) 심리학자의 기본적 책무 - 제9조
   ① 심리학자는 인간의 정신 및 신체건강의 향상을 위해 노력하여야 한다.
   ② 심리학자는 개인과 사회의 발전을 위해 노력하여야 한다.
   ③ 심리학자는 학문연구, 교육, 평가 및 치료의 제 분야에서 정확하고 정직하며 진실되게 업무를 수행하여야 한다.
   ④ 심리학자는 자신의 업무가 사회와 인류에 영향을 미칠 수 있음을 자각하여, 신뢰를 바탕으로 전문가로서의 책임을 다한다.
   ⑤ 심리학자는 심리학적 연구결과와 서비스가 필요한 모든 사람에게 공정하게 제공될 수 있도록 최선의 노력을 기울여야 한다.
   ⑥ 심리학자는 인간의 가치와 존엄성을 존중하며, 아울러 사생활을 침해받지 않을 개인의 권리와 자기결정권을 존중한다.

(3) 전문성 - 제10조
   ① 심리학자는 자신의 능력과 전문성을 발전시키고 유지하기 위하여 지속적인 노력을 기울여야 한다.
   ② 연구와 교육에 종사하는 심리학자는 전문분야에 대한 과학적 지식을 추구하고 이를 정확하게 전달하기 위하여 끊임없이 노력하여야 한다.
   ③ 평가와 심리치료에 종사하는 심리학자는 교육, 훈련, 수련, 지도감독을 받고 연구 및 전문적 경험을 쌓은 전문적인 영역의 범위 내에서 서비스를 제공하여야 한다. 긴급한 개입을 요하는 비상상황인데 의뢰할 수 있는 심리학자가 없는 경우에는 자격을 갖추지 못한 심리학자가 서비스를 제공할 수 있다. 단, 이 경우에는 자격을 갖춘 심리학자의 서비스가 가능해지는 순간 종료하여야 한다.
   ④ 자신의 전문 영역 밖의 지식과 경험이 요구되는 서비스를 제공하고자 하는 심리학자는 이와 관련된 교육과 수련 및 지도감독을 받아야 한다.

---

18 [한국심리학회] 홈페이지 내용을 참고하였으며 자세한 전체내용은 부록에 실었다.

(4) 업무와 관련된 인간관계 - 제12조

① 심리학자는 동료 심리학자를 존중하고, 동료 심리학자의 업무활동에 대해 사실에 근거하지 않은 비판을 하지 않는다.
② 심리학자는 성실성과 인내심을 가지고 함께 일하는 다른 분야의 종사자와 협조적으로 업무를 수행한다.
③ 심리학자는 학생이나 수련생에게 필요한 지식과 경험을 제공하여야 하며, 그들에게 종속적인 업무만을 하도록 하여서는 아니 된다. (제13조 착취관계, 참조)
④ 심리학자는 연구참여자의 인격을 존중하여야 하며, 연구 참여 과정 중에 이들이 위험에 처하지 않도록 안전과 복지를 보장하는 조치를 취하여야 한다. (제23조 연구참여자에 대한 책임, 참조)
⑤ 심리학자는 내담자 / 환자와 신뢰 관계를 형성하여야 하며, 다중관계나 착취관계를 가지지 않는다. (제14조 다중관계, 제13조 착취관계, 참조)

(5) 착취관계 - 제13조

심리학자는 자신이 지도감독 또는 평가하거나 기타의 권위를 행사하는 대상, 즉 내담자 / 환자, 학생, 지도감독을 받는 수련생, 연구참여자 및 피고용인을 물질적, 신체적, 업무상으로 착취하지 않는다.

(6) 다중관계 - 제14조

① 다중관계, 즉 어떤 사람과 전문적 역할 관계에 있으면서 동시에 또 다른 역할관계를 가지는 것은 심리학자가 공정하고 객관적이며 효율적으로 업무를 수행하는 데 위험요인이 될 수 있으며, 또한 상대방을 착취하거나 해를 입힐 가능성이 있으므로, 심리학자는 다중관계가 발생하게 될 때 신중하여야 한다.
② 심리학자는 자신의 업무 수행에 위험요인이 되고 상대방에게 해를 입힐 수 있는 다음과 같은 다중관계를 피하여야 한다.
   ㉠ 사제관계이면서 동시에 사적 친밀관계인 경우(제44조 학생 및 수련생과의 성적 관계, 참조)
   ㉡ 사제관계이면서 동시에 치료자 - 내담자 / 환자 관계인 경우(제43조 개인치료 및 집단치료 2항, 참조)
   ㉢ 같은 기관에 소속되어 사제관계, 고용관계 또는 상하관계에 있으면서 기관 내의 치료자 - 내담자 / 환자에 대한 지도감독의 대가로 직접 금전적 관계를 형성하는 경우
   ㉣ 치료자 - 내담자 / 환자 관계이면서 동시에 사적 친밀관계인 경우(제60조 내담자 / 환자와의 성적 친밀성, 참조)
   ㉤ 내담자 / 환자의 가까운 친척이나 보호자와 사적 친밀관계를 가지는 경우
   ㉥ 기타 업무수행의 공정성을 저해할 가능성이 있거나 착취를 하거나 피해를 입힐 가능성이 있는 다중관계
③ 심리학자의 업무 수행에 위험요인이 되지 않고, 또 상대방에게 해를 입히지 않을 것으로 생각되는 다중관계는 비윤리적이지 않다.
④ 예측하지 못한 요인으로 인해 해로울 수 있는 다중관계가 형성된 것을 알게 되면, 심리학자는 이로 인해 영향 받을 사람들의 이익을 고려하여 합당한 조처를 하고 윤리규정을 따르도록 한다.

> **기출문제 확인학습**
>
> **이중관계 지양**
> 1) 이중관계는 윤리적 문제(윤리원칙 중 성실성 위배)를 일으킬 수 있기 때문에 내담자와의 관계에서 경계선을 분명히 하여 전문적 관계를 유지하도록 노력한다.
> 2) 치료기간 동안 내담자와 개인적인 관계나 성적 관계, 금전거래를 해서는 안 된다.
> 3) 이중관계를 어쩔 수 없이 맺어야 할 경우, 이 관계가 자신의 욕구 때문인지, 내담자의 욕구 때문인지를 생각하고 내담자의 욕구를 우선적으로 충족시키도록 해야 한다.
> 4) 이중관계에서 문제가 발생 시 수련감독자나 다른 전문가에게 자문을 구한다.

(7) 이해의 상충 - 제15조

심리학자는 개인적, 과학적, 전문적, 법적, 재정적 또는 기타 이해관계나 대인관계에 있어서 다음과 같은 경우에는 전문적 역할을 맡는 것을 자제하여야 한다.
① 심리학자로서의 역할을 수행하는 데 객관성, 유능성 혹은 효율성을 해치는 경우
② 전문적 관계를 가지고 있는 개인이나 조직에 해를 입히거나 착취할 것으로 생각되는 경우

(8) 비밀 유지 및 노출 - 제17조

① 심리학자는 연구, 교육, 평가 및 치료과정에서 알게 된 비밀정보를 보호하여야 할 일차적 의무가 있다. 비밀 보호의 의무는 고백한 사람의 가족과 동료에 대해서도 지켜져야 한다. 그러나 내담자 / 환자의 상담과 치료에 관여한 심리학자와 의사 및 이들의 업무를 도운 보조자들 간에서나, 또는 내담자 / 환자가 비밀노출을 허락한 대상에 대해서는 예외로 한다. 그러나 이 경우에도 실명노출을 최소화하기 위해 노력한다.
② 심리학자는 조직 내담자, 개인 내담자 / 환자, 또는 내담자 / 환자를 대신해서 법적으로 권한을 부여받은 사람의 동의를 얻어 비밀정보를 노출할 수도 있다. 이는 전문적인 연구 목적에 국한하여야 하며, 이 경우에는 실명을 노출해서는 안 된다.
③ 법률에 의해 위임된 경우, 또는 다음과 같은 타당한 목적을 위해 법률에 의해 승인된 경우에는 개인의 동의 없이 비밀 정보를 최소한으로 노출할 수 있다.
  ㉠ 필요한 전문적 서비스를 제공하기 위한 경우
  ㉡ 적절한 전문적 자문을 구하기 위한 경우
  ㉢ 내담자 / 환자, 심리학자 또는 그 밖의 사람들을 상해로부터 보호하기 위한 경우
  ㉣ 내담자 / 환자로부터 서비스에 대한 비용을 받기 위한 경우

(9) 연구 참여자에 대한 책임 - 제23조

심리학자는 연구 참여자에 대해 다음과 같은 책임을 가진다.
① 연구 참여자의 인격, 사생활을 침해받지 않을 개인의 권리와 자기결정권을 존중한다.
② 연구 참여자의 안전과 복지를 보장하기 위한 조처를 하고, 위험에 노출되지 않도록 하여야 한다.
③ 연구 참여자에게 심리적, 신체적 손상을 주어서는 아니 되며, 예상하지 못한 고통의 반응을 연구 참여자가 보일 경우 연구를 즉시 중단하여야 한다.

(10) 연구 동의 면제 - 제27조

심리학자는 다음 경우에 연구 참여자로부터 동의를 받지 않을 수 있다
① 연구가 고통을 주거나 해를 끼치지 않을 것으로 판단되는 경우
　㉠ 교육 장면에서 수행되는 교육 실무, 교과과정 또는 교실 운영 방법에 대한 연구
　㉡ 연구 참여자의 반응 노출이 참여자들을 형사상 또는 민사상 책임의 위험에 놓이지 않게 하거나, 재정 상태, 고용가능성 또는 평판에 손상을 입히지 않으며, 비밀이 보장되는 익명의 질문지, 자연 관찰 또는 자료수집 연구
　㉢ 조직 장면에서 수행되는 직업이나 조직 효율성에 관련된 요인들에 대한 연구로, 참여자의 고용 가능성에 위험이 되지 않고, 비밀이 보장되는 경우
② 국가의 법률 또는 기관의 규칙에 의해 허용되는 경우

(11) 연구결과 보고 - 제32조

① 심리학자는 자료를 조작하지 않는다.
② 심리학자는 연구대상 개개인이 식별될 수 있는 자료는 익명화하여 보고하여야 한다.
③ 심리학자는 출판된 자신의 자료에서 중대한 오류를 발견하면 정정, 취소, 정오표 등 적절한 출판수단을 사용하여 오류를 바로잡기 위한 조치를 취한다.

(12) 개인치료 및 집단치료의 위임 - 제43조

① 심리학자는 자신의 업무 수행에 위험요인이 되고 상대방에게 해를 입힐 수 있는 다중관계를 가지지 않도록 하여야 한다. 따라서 학생의 학업 수행을 평가하거나 평가할 가능성이 있는 교수는 그 학생을 직접 치료하지 않는다. (제14조 다중관계 참조)
② 개인치료나 집단치료가 프로그램 또는 교과과정의 필수과목일 때, 이 프로그램을 주관하는 심리학자는 다중관계를 피하기 위해 프로그램 참여 학생들에게 이 프로그램과 직접 관계가 없는 다른 전문가로부터 치료를 받을 수 있도록 허락해야 한다. 그러나, 교육을 목적으로 수업료 이외의 비용을 지불하지 않고 이루어지는 집단 치료나 상담의 경우는 예외로 한다.

(13) 평가의 기초 - 제47조

① 법정 증언을 포함한 추천서, 보고서, 진단서, 평가서에 의견을 기술할 때, 심리학자는 자신의 의견을 입증할 만한 객관적 정보 또는 기법에 근거하여야 한다.
② 개인의 심리 특성에 대한 의견을 진술할 때, 심리학자는 자신의 진술을 지지하기 위한 면밀한 검사과정을 거쳐야 한다. 그러한 노력에도 불구하고 검사가 실제적이지 못할 경우, 심리학자는 자신이 기울인 노력의 과정과 결과를 문서화하고, 불충분한 정보가 자신의 견해의 신뢰도와 타당도에 영향을 미칠 수 있음을 밝히고, 결론이나 권고 사항의 본질과 범위를 제한한다.
③ 개인에 대한 개별검사가 보장되지 않는 상황에서 자료를 검토, 자문, 지도감독해야 할 경우에, 심리학자는 자신의 견해가 개별검사에 기초하지 않았다는 사실을 밝히고 자신의 견해를 뒷받침하는 근거 정보를 제시한다.

(14) **평가의 사용** - 제48조
   ① 심리학자는 검사도구, 면접, 평가기법을 목적에 맞게 실시하고, 번안하고, 채점하고, 해석하고, 사용하여야 한다.
   ② 심리학자는 타당도와 신뢰도가 검증된 평가도구를 사용하여야 한다. 그렇지 못한 경우에는 검사결과 및 해석의 장점과 제한점을 기술한다.
   ③ 심리학자는 평가서 작성 및 이용에 있어서, 객관적이고 학문적으로 근거가 있어야 하고 세심하고 양심적이어야 한다.

(15) **평가 결과의 해석** - 제51조
   ① 평가 결과를 해석할 때, 심리학자는 해석의 정확성을 감소시킬 수 있는 다양한 검사 요인들, 예를 들어 피검사자의 검사받는 능력과 검사에 영향을 미칠 수 있는 상황이나 개인적, 언어적, 문화적 차이 등을 고려해야 한다.
   ② 평가 결과의 해석은 내담자 / 환자에게 내용적으로 이해 가능해야 한다.

(16) **무자격자에 의한 평가** - 제52조
   심리학자는 무자격자가 심리평가 기법을 사용하도록 허용해서는 안 된다. 단 적절한 감독하에 수련 목적으로 사용하는 경우는 예외로 하며 다음과 같은 사항에 주의한다. 수련생의 교육, 수련, 및 경험에 비추어 수행할 수 있는 평가 기법들에 한정해 주어야 하며 수련생이 그 일을 유능하게 수행할 수 있는지 지속적으로 감독해야 한다.

(17) **검사채점 및 해석 서비스** - 제54조
   ① 다른 심리학자에게 검사 또는 채점 서비스를 제공하는 심리학자는 절차의 목적, 규준, 타당도, 신뢰도 및 절차의 적용, 그리고 사용할 수 있는 자격에 대해 정확하게 기술해야 한다.
   ② 심리학자는 프로그램과 절차의 타당도에 대한 증거에 기초하여 채점 및 해석 서비스를 선택해야 한다.
   ③ 심리학자가 직접 검사를 실시, 채점, 해석하거나, 자동화된 서비스 또는 기타 서비스를 사용하더라도, 평가도구의 적절한 적용, 해석 및 사용에 대해 책임을 져야 한다.

(18) **치료 절차에 대한 설명과 동의** - 제58조
   ① 심리학자는 내담자 / 환자에게 치료의 본질과 치료절차를 알려주고 동의를 얻어야 한다. 이때 치료비, 비밀유지의 한계 및 제3자의 관여 등에 대한 설명도 있어야 한다.
   ② 치료에서 위험요인이 있을 때는 그 사실과 다른 대체 치료방법에 대한 설명도 하여야 한다.
   ③ 이에 더하여 심리학자는 내담자 / 환자에게는 그 사람의 능력에 맞게 치료에 관하여 설명하여야 하며 치료에 대한 동의를 구하여야 한다.
   ④ 심리학자는 내담자 / 환자의 선호와 최상의 이익을 고려해야 한다.

(19) **치료의 중단** - 제61조
   심리학자는 자신의 질병, 죽음, 연락 두절, 전근, 퇴직 또는 내담자 / 환자의 이사나 재정적인 곤란 등과 같은 요인으로 심리학적 서비스가 중단될 경우에 대비하여, 내담자 / 환자에 대한 최상의 복지를 고려하고, 법적인 범위 안에서 이후의 서비스를 계획해 주는 적절한 조치를 취하는 노력을 하여야 한다.

(20) 치료 종결하기 - 제62조
① 심리학자는 내담자 / 환자가 더 이상 심리학적 서비스를 필요로 하지 않거나, 계속적인 서비스가 도움이 되지 않거나 오히려 건강을 해칠 경우에는 치료를 중단한다.
② 심리학자는 내담자 / 환자 또는 내담자 / 환자와 관계가 있는 제3자의 위협을 받거나 위험에 처하게 될 경우에는 치료를 종결할 수 있다.

(21) 치료에 관한 기록 - 제64조
① 심리학자는 심리학적 서비스에 관한 기록을 최소한 10년 이상 보관하여야 한다.
② 심리학자는 내담자 / 환자가 동의할 경우 다른 심리학자에게 치료 기록이나 기록의 요약을 넘길 수도 있다.
③ 심리학자가 퇴직하거나 개인 개업을 중단할 경우에는 보관 기간을 고려하여 기록을 없애고, 내담자 / 환자가 동의할 경우에만 기록을 후임 심리학자에게 넘길 수 있다.
④ 심리학자는 권리가 손상되지 않을 경우 치료의 종결 시점에서 내담자 / 환자가 희망할 경우 기록을 보게 할 수도 있다.

2 임상심리학자의 윤리원칙

(1) 유능성
임상심리학자는 자신이 수행할 역량이 있는 업무만 해야 하며 자신의 강점과 약점, 자신이 가지고 있는 기술과 그것의 한계에 대해 충분히 자각하여야 한다.

> **'유능성'을 위반하게 되는 이유**
> 1) 임상심리사가 개인적인 심리적 문제를 갖고 있다.
> 2) 임상심리사가 너무 많은 부담 때문에 지쳐있다.
> 3) 임상심리사가 교만하여 더 이상 배우지 않고 배울 필요가 없다고 생각한다.
> 4) 임상심리사가 해당되는 특정 전문 교육수련을 받지 않고도 특정 내담자 군을 잘 다룰 수 있다고 여긴다.

(2) 성실성(정직)
임상심리학자는 전문인으로서 타인을 다룰 때 공정하고 거짓이 없어야 하고, 성실하고 정직한 자세로 내담자에게 자신의 서비스로부터 기대할 수 있는 바를 설명하며, 자신의 직업과 관련하여 스스로의 요구 및 가치가 어떠한 영향을 미치는지 알고 있어야 한다. 특히 성실성에서는 환자나 내담자와 부적절한 이중관계나 착취관계, 성적 관계를 금한다.

(3) 전문적, 과학적인 책임
임상심리학자는 전문가로서 행동할 때 높은 수준을 유지해야 하며, 전문적이고 과학적인 기초 위에서 활동함으로써 자신의 지식과 능력의 범위를 인식할 의무가 있다.

(4) 인간의 권리와 존엄에 대한 존중
임상심리학자는 타인의 비밀과 사생활을 지켜주어야 하고, 각 개인의 개성과 문화의 차이에 민감해야 하며, 자신의 일방적인 지식과 편견을 지양해야 한다.

(5) 타인의 복지에 대한 관심
임상심리학자는 전문적인 지식을 활용하여 타인을 돕기 위해 노력해야 하고 자신이 제공하는 서비스를 통해 타인의 삶의 질이 개선될 수 있도록 노력해야 한다.

(6) 사회적 책임
임상심리학자는 자신의 기술을 사회에 이익이 되도록 사용해야 하고 타인을 돕고, 인간의 행동과 심리에 모순되거나 부당한 착취의 우려가 있는 정책에 대해 반대하여야 한다.

> **참고**
>
> **미국 윤리규약[19] APA 윤리 강령**
>
> 1) 역량(유능성)
>   심리학자는 자신이 수행할 역량이 있는 업무만 한다.
> 2) 정직(성실성)
>   심리학자는 전문인으로서 타인을 다룰 때 공정하고 거짓이 없어야 한다.
> 3) 전문적이고 과학적인 책임
>   심리학자는 전문가로서 행동할 때 높은 수준을 유지해야 한다.
> 4) 인간의 권리와 존엄성에 대한 존중
>   심리학자는 타인의 비밀과 사생활 관리를 지켜주어야 한다.
> 5) 타인의 복지에 대한 관심
>   심리학자는 전문적인 지식을 활용하여 타인을 돕기 위해 노력해야 한다.
> 6) 사회적 책임
>   심리학자는 자신의 기술을 사회에 이익이 되도록 사용해야 한다.

---

[19] 윤리규약은 미국심리학회에 의해 1953년에 출간된 이후로 8번 갱신되었다. 가장 최신판은 1992년 12월에 출간되었다. 캐나다 심리학자 윤리규약의 가장 최근판은 1995년에 출간되었는데, 미국 규약과 다른 점보다 유사한 점이 더 많다. 여기에는 유능성, 존중, 기밀성, 동의서, 사회적 정의 그리고 상해 및 착취 회피가 있다.

제5장 임상 특수분야

제1절 개념과 활동

1 행동의학[20] 및 건강심리학

1 행동의학

(1) 행동의학의 정의
   ① 행동의학은 근본적으로 행동과학과 의학의 통합을 의미한다.
   ② Matarazzo(1980)는 이 용어를 건강, 질병 또는 그것과 연관된 생리학적 기능장애에 관한 과학적인 연구, 교육 및 실행을 하는 광범위한 다학제 간 영역을 지칭하기 위해 사용하였다.
   ③ 행동의학은 심리학, 간호학, 정신의학, 약학, 사회복지학, 역학, 치의학 및 다른 많은 분야들을 대표하는 개인들로 구성된 하나의 분야이다.

(2) 행동의학 전문가들의 역할
   행동의학 전문가들은 건강한 개인에게 생겨나는 질병을 예방하기 위해 일하며, 한 개인이 일단 신체적 문제로 진단을 받게 되면 더 심한 합병증을 예방할 수 있도록 돕고, 장애나 다른 신체적 문제를 지닌 개인들을 치료하거나 재활시키는 역할을 한다.

2 건강심리학

(1) 건강심리학의 정의
   ① 건강심리학은 건강을 증진하고 유지하는 것과 병을 예방하고 치료하는 것, 그리고 건강 및 그와 관련된 기능장애의 원인과 진단적 상관물을 밝히는 것에 대한 학문이다.
   ② 건강심리학은 일상생활에서 현대인들의 건강과 밀접하게 연관된 금연, 체중조절(비만), 스트레스 관리 등을 위한 다양한 프로그램을 연구하여 적용하고 있다.
   ③ 건강심리학은 건강의 유지와 증진과 질병의 예방과 치료를 위하여 심리학적 지식과 기법을 적용하는 학문으로 정의할 수 있다.

---

20   기출   행동의학에서 주로 다루는 것은 만성통증 관리이다.

(2) 건강심리학의 학문적 성격
① 건강 심리학은 신체적 병리(예 심혈관계 질환, 암, 당뇨병 등)에 일차적 관심을 갖는다.
② 전통적으로 임상심리학자들은 정신적 병리(예 우울장애, 불안장애, 성격장애 등)에 주로 관심을 보여 왔다.
③ 건강심리학은 건강의 회복이나 질병의 치료와 함께 건강의 유지 또는 증진과 질병의 예방을 강조하는 반면에 전통적인 임상심리학에서는 질병의 치료와 건강의 회복에 강조를 두어 왔다.

(3) 건강심리학의 주요 관심 영역
① 건강행동(흡연, 폭주, 불균형한 식사, 운동부족, 스트레스 등의 해결)
② 건강보호(금연, 절주, 균형 잡힌 식사, 적절한 운동, 스트레스 관리, 치아 관리, 자가 검진)
③ 주요 만성질병(심장질환, 뇌졸중, 암, 소화 장애, 당뇨병, 만성통증)
④ 주요 치료기법(명상법, 이완법, 바이오피드백, 최면법, 인지행동치료)
⑤ 인지적 요인(건강 신념, 내적 통제, 자기효능감)
⑥ 건강보호 전달(치료자 - 환자 간의 관계, 의료적 수술 준비, 치료사항 준수)

기출문제 확인학습

바이오피드백
1) 바이오피드백은 바이올로지(biology)와 피드백(feedback)의 합성어이다.
2) 이는 미국에서 일종의 자기 컨트롤법으로 쓰이고 있다.
3) 바이오피드백은 이전에는 불가능한 것으로 생각해 온 자율반응이나 뇌파도 스스로 컨트롤할 수 있음을 보여주는 것으로, 본태성 고혈압·긴장성 두통·편두통·부정맥·간질·천식·불안신경증·불면증 등의 치료법으로서 권장되고 있다.

유관학습
1) 유관학습에서 유관성이란 행동과 그에 따르는 결과 사이의 관계를 말한다.
2) 유관학습의 사례로는 욕설을 하지 않게 하기 위해 욕을 할 때마다(행동) 화장실 청소하기(결과)의 내용이 적합한 사례이다.
3) 유관학습의 유관성 원리에서는 특정 행동반응이 일어남에 따라 주어지는 보상의 유형을 구체화시킨다.
4) 따라서 새롭거나 적응적인 행동은 그 행동이 일어날 때 마다 제공되는 보상에 의해 촉진된다.
5) 그러나, 문제행동은 이러한 강화를 제공하지 않거나 제거함으로써 감소되는 것이다.

기출문제 확인학습

정신보건법(1995년 제정)은 2016년에 법률 명칭이 변경되어, 「정신건강증진 및 정신질환자 복지서비스 지원에 관한 법률」로 전면 개정되었다. 이에 정신건강전문요원의 업무범위를 아래와 같이 규정하고 있다. 참고로 2022년 4월부터 정신건강작업치료사가 정신건강전문요원의 범주에 포함되어 시행된다.

• 정신건강전문요원의 업무범위 - 시행령 [별표 2] 참고

1) 공통 업무
  (1) 정신재활시설의 운영
  (2) 정신질환자 등의 재활훈련, 생활훈련 및 작업훈련의 실시 및 지도
  (3) 정신질환자 등과 그 가족의 권익보장을 위한 활동 지원

(4) 법 제44조 제1항에 따른 진단 및 보호의 신청
(5) 정신질환자 등에 대한 개인별 지원계획의 수립 및 지원
(6) 정신질환 예방 및 정신건강복지에 관한 조사·연구
(7) 정신질환자 등의 사회적응 및 재활을 위한 활동
(8) 정신건강증진사업 등의 사업 수행 및 교육
(9) 그 밖에 보건복지부장관이 정하는 정신건강증진 활동

2) 개별 업무
  (1) 정신건강임상심리사
    ① 정신질환자 등에 대한 심리 평가 및 심리 교육
    ② 정신질환자 등과 그 가족에 대한 심리 상담 및 심리 안정을 위한 서비스 지원
  (2) 정신건강간호사
    ① 정신질환자 등의 간호 필요성에 대한 관찰, 자료수집, 간호 활동
    ② 정신질환자 등과 그 가족에 대한 건강증진을 위한 활동의 기획과 수행
  (3) 정신건강사회복지사
    ① 정신질환자 등에 대한 사회서비스 지원 등에 대한 조사
    ② 정신질환자 등과 그 가족에 대한 사회복지서비스 지원에 대한 상담·안내

기출문제 확인학습

건강심리학의 발달 배경

1) 건강심리학은 건강의 유지와 증진, 질병의 예방과 치료를 위하여 심리학적 지식과 기법을 적용하는 학문으로 정의할 수 있으며, 건강 개선(enhancement), 질병의 예방 및 치료 그리고 건강관리에 영향을 미치는 보건 정책의 평가와 변경을 초래하는 심리적·사회적 요인을 연구한다.

2) 건강심리학의 발달 배경
  (1) 건강심리학이 과학적 전문영역으로 발달하게 된 배경에는 여러 관련분야의 기여가 있었다.
      임상심리학과 의료심리학, 전염병학과 공중건강, 의료사회학과 의료인류학, 정신신체의학 및 질병에 대한 생물심리사회적 접근, 행동의학(Behavioral Medicine)이나 행동건강(Behavioral Health) 등이 여기에 해당한다.
  (2) 건강심리학의 독특성에서 발달 배경을 찾을 수 있는데, 건강심리학의 내용영역은 심리적 차원과 신체적 차원을 모두 포함하고 있다는 측면에서 다른 심리학 영역 (임상, 상담)과 구별된다.
      사람의 건강을 위협하는 신체적 질병(예 암, 심혈 관계 질환, 당뇨 등)이 생활습관이나 행동, 스트레스 대처방식, 태도 등에 의해 큰 영향을 받는다는 사실, 즉 심리적인 문제와 신체적인 문제가 분리될 수 없다는 사실에 기초한 것이다. 예를 들어, 분노나 불안 등의 부정적 감정을 마음속에 장기간 쌓아 두거나 타인에 대한 적대적 태도를 지속시키는 것, 고지방 위주의 식습관 등은 심혈관계 이상의 주범으로 알려져 있으며, 장기간의 흡연이나 억압 위주의 스트레스 대처 전략은 암과 밀접한 관련이 있는 것으로 알려져 있다.
  (3) 또 다른 독특성으로는 건강심리학이 건강하고 행복한 삶이 질병이나 고통이 없는 수동적 상태가 아니라 신체 / 심리 / 사회적으로 안녕(well - being)한 상태를 유지하는 능동적 과정이라는 시대정신을 반영하고 있다는 점이다.
      건강심리학은 인간의 적응 문제를 다루더라도 해결책과 더불어 문제가 발생하기 전에 이를 예방할 수 있는 길을 찾고, 건강할 때 이를 유지하고 증진시키는 방법에 초점을 맞추고 있다. 이러한 정보는 개인 수준을 넘어 건강 관련 정책이나 교육 등에 활용될 수 있으며, 건강 커뮤니케이션 활성화와 건강 증진 교육, 공중 건강(public health)에 관한 정책 자문 등을 담당하고 있는 학문영역이다.

> **읽을 거리**
>
> ### 건강심리학 : 건강과 행복 추구[21]
>
> 건강심리학이 새로운 과학적 전문영역으로 발달하게 된 배경에는 여러 관련분야의 기여가 있었다. 임상심리학과 의료심리학, 전염병학과 공중건강, 의료사회학과 의료인류학, 정신신체의학 및 질병에 대한 생물심리사회적 접근 등이 여기에 해당한다. 건강심리학과 비슷한 시기에 함께 출범한 행동의학(Behavioral Medicine)이나 행동건강(Behavioral Health)으로부터도 영향을 주고받았다. 행동의학이 생리학과 의학 영역에서 유래하는 생의학적 지식과 기술을 행동과학적 영역(핵심적으로 심리학)에서 유래하는 지식 및 기술과 통합하려는 학제 간 성격을 많이 지니는데 반해, 건강심리학은 심리학에서 자신의 정체성을 찾고 있다. 즉, 건강심리학은 심리학의 한 하위분야로 뿌리를 내리고 있다. Matarazzo의 말처럼, '심리학'은 주제 영역을 지칭하는 명사로, '건강'은 심리학이 적용되는 문제나 장면을 규정하는 형용사적 의미로 사용한다.
>
> 건강심리학은 비교적 짧은 기간의 역사를 통해 세계 여러 나라에서 고유한 전문영역으로 자리를 잡고 발전의 기틀을 마련했다. 여러 나라에서 건강심리학회가 구성되었고 국제학회도 설립되었다. 건강심리학과 관련된 다양한 학술지들이 발간되고 있으며 대학원 과정과 박사 후 훈련 과정이 자리를 잡았다. 미국 전문심리학위원회(ABPP)의 한 하위분야로 인준을 받았으며, 최근 미국심리학회나 세계 심리학회의 학술발표에서 가장 많은 발표가 이루어지고 있는 분야이기도 하다. 2001년 미국심리학회에서는 '건강 증진'을 학회의 핵심 사명 중 하나로 추가했다. 건강 증진은 건강심리학의 핵심 사명에 해당한다.
>
> #### 건강심리학과 전통적 임상심리학의 비교
>
> 1) 건강심리학은 신체적 병리(예 심혈관계 질환, 암, 당뇨병 등)에 일차적 관심을 갖는 반면, 임상심리학자들은 정신적 병리(예 우울 장애, 불안장애, 성격 장애 등)에 주로 관심을 보여 왔다.
> 2) 건강심리학은 건강의 회복이나 질병의 치료와 함께 건강의 유지 또는 증진, 그리고 질병의 예방을 강조한 반면, 전통적인 임상심리학에서는 질병의 치료와 건강의 회복에 강조를 두어 왔다.

2 신경심리학[22]

1 뇌의 구성 - 좌반구와 우반구

(1) 좌반구

좌반구는 신체의 우측을 조정하며 우뇌는 신체의 좌측을 조정한다. 좌뇌는 청각의 인식과 언어기능을 담당하며 말하기, 읽기, 쓰기, 계산, 논리적 사고 등을 관장한다.

(2) 우반구

우뇌는 풍부한 표현력 등을 관장하며 그림구성, 표정을 읽는 일, 시각적 정보를 종합하여 공간인식의 기능을 담당한다.

---

21 건강심리학 : 건강과 행복 추구 - 김교헌(한국건강심리학회장), 2007년 기고문 중 일부 인용
22 신경심리학은 두뇌 기능과 직접적으로 관련된 행동을 이해하고 평가하고 치료하는 것에 관한 학문이다.

실력다지기

Wernicke 영역(베르니케 영역)과 Broca 영역(브로카 영역)

1) Broca 영역
   (1) 1861년 Broca는 좌측 대뇌반구의 전두엽 후부이며 운동영역인 중앙전회(precentral gyrus)의 하부가 손상을 받으면 언어의 생성능력, 즉 말하는 능력에 장애가 나타남을 관찰하였고, 이 영역을 Broca 영역이라고 하였다.
   (2) Broca 영역은 좌반구 전두엽 손상으로 표현 언어결함과 관련된다.
2) Wernicke 영역
   (1) 1876년 Wernicke는 좌측 대뇌반구의 측두엽 상부가 손상을 받으면 말하는 능력에는 이상이 없이 언어를 이해하는 능력에 장애가 나타남을 관찰하였고, 이 영역을 Wernicke 영역이라고 하였다.
   (2) Wernicke 영역은 좌반구 측두엽 손상으로 수용적 언어결함과 관련된다.

언어능력

1) 언어능력은 자발적인 언어표현능력, 따라 말하기능력, 이름대기능력, 언어 이해력, 쓰기 및 읽기능력, 그리고 사회언어적 능력 등으로 나눌 수 있다.
2) 언어생성은 주로 좌반구의 하전두엽 부분에 있는 브로카 영역[23]을 포함하는 부위에서 관여하고, 언어이해는 주로 좌반구의 상측두엽 부분에 있는 베르니케 영역[24]의 주변 부위에서 관여한다.
3) 사회언어적 능력이란 암묵적인 대화 규칙을 지키고, 언어의 운율, 리듬, 얼굴표정 등을 상황에 맞게 이해하고 사용할 수 있는 능력을 말한다.
4) 대부분의 언어능력은 주로 좌반구에서 담당하지만, 사회언어적 능력만은 우반구의 외측구 주변에서 관여한다고 알려져 있다.

기출문제 확인학습

1) 브로카 영역은 대뇌피질의 한 영역으로, 운동성언어 중추이다. 즉 말을 하는 기능을 지배하는 부위이다. 이곳이 손상되면 말을 할 수 없게 된다(표현적 실어증). 프랑스의 외과의사 브로카가 실어증 연구를 하다가 대뇌피질이 그 장소에 따라 서로 다른 기능을 수행한다는 것을 밝혀내는 과정에서 발견하였다.
2) 언어적 이해의 장애 혹은 수용적 실어증 – 베르니케 영역(Wernicke's area)의 손상
   베르니케 영역(Wernicke's area)은 뇌의 좌반구에 위치하는 특정부위로 청각피질과 시각피질로부터 전달된 언어정보의 해석(언어적 이해의 장애, 수용적 실어증과 관련)을 담당한다. 이는 독일의 신경정신과 의사인 카를 베르니케(Carl Wernicke)가 발견하였다.
3) 목표지향적 운동을 수행하지 못하는 실행증 – 두정엽, 대뇌피질, 후두엽 등의 손상
4) 소리가 인식되거나 해석되지 못하는 실인증 – 전두엽, 측두엽, 후두엽의 손상

---

23 브로카 영역은 대뇌피질의 한 영역으로, 운동성 언어의 중추이다. 즉, 말을 하는 기능을 지배하는 부위이다. 이곳이 손상되면 말을 할 수 없게 된다. 프랑스의 외과의사 브로카가 실어증 연구를 하다가 대뇌피질이 부위에 따라 서로 다른 기능을 수행한다는 것을 밝혀내는 과정에서 발견하였다.

24 베르니케 영역(Wernicke's area)은 뇌의 좌반구에 위치하는 특정부위로 청각피질과 시각피질로부터 전달된 언어정보의 해석을 담당한다. 이는 독일의 신경정신과의사인 카를 베르니케(Carl Wernicke)가 발견하였다.

2 뇌의 4가지 영역

(1) 후두엽
① 뇌 뒤쪽에 있으며, 이 후두엽에는 시각 중추가 있어서 시각 피질이라고도 부른다.
② 망막에서 들어오는 시각정보를 받아 분석하며, 이 영역이 손상되면 안구가 정상적인 기능을 하더라도 시력을 상실하게 된다.

(2) 측두엽
언어를 인식하는 데 중추적인 역할을 하며, 정서적 경험이나 기억에 중요한 역할을 담당한다.

(3) 두정엽
① 보고 들은 정보를 종합해서, 알맞게 몸을 움직이도록 한다.
② 운동에 관한 정보를 받아들이지는 않는다.
③ 두정엽은 기관에 운동명령을 내리는 운동중추가 있다.
④ 체감각 피질과 감각연합영역이 있어 촉각, 압각, 통증 등의 체감각 처리에 관여하며 피부, 근골격계, 내장, 미뢰로부터의 감각신호를 담당한다.

(4) 전두엽
① 대뇌반구의 전방에 있는 부분으로 전전두엽 관련 영역을 가져 기억력·사고력 등의 고등행동을 관장하며 다른 연합영역으로부터 들어오는 정보를 조정하고 행동을 조절한다.
② 추리, 계획, 운동, 감정, 문제해결에 관여한다.

기출문제 확인학습

뇌 손상
1) 변연계 손상 – 기억, 추리, 판단 등 고차적 인지 기능에 결함
2) 후두엽의 손상 – 주로 시지각과 시각학습에서의 결함
3) 측두엽의 손상 – 언어표현의 결함 : 실어증(Wernicke's aphasis)의 경우 뇌의 좌반구 측두엽 뒤쪽에 입은 손상 때문에 생기는 언어장애이다.

이원청취기법
1) 뇌의 편측성(편측화) 효과를 탐색하는 방법은 이원청취기법(양분 청취법, Dichotic Listening Technique)이다.
2) 이원청취기법은 각 메세지를 양쪽 귀에 하나씩 들려준 다음 메시지의 재생률을 측정하는 방법으로, 반응정도에 따라 뇌의 편재화된 기능(편측성 효과)을 파악할 수 있다.
3) 뇌의 편측성(대뇌 편재화)의 경우 뇌량의 수초화는 좌반구와 우반구를 연결해서 정보의 교환과 협응이 원활하게 한다.

일화의 부호화와 의미적 인출의 영역

1) 신경구조를 정보처리 측면에서 살펴보면, Schacter(1996)는 뇌영상 연구를 통해 전전두엽의 활성화가 일화 기억의 주의 및 동기 측면을 반영한 것일 수도 있지만, 전전두엽이 외현기억의 부호화에 관여한다는 것을 제안하였다.
2) Cabeza와 Nyberg(2000)도 일화의 부호화는 좌전전두피질, 인출은 우전전두피질 관여한다는 것을 보여주었다.
3) 또한 과제가 단어일 경우에는 좌반구가 활성화(Wagner, Schacter, Rotte, Koutstaal, Maril, Dale, Rosen, & Buckner, 1998)되는 반면, 컬러사진일 때는 우전두피질과 양측 중앙측두엽이 활성화(Gabrieli, Poldrack, & Desmond, 1998)되었고, 정보가 언어와 공간적으로 부호화되면 좌우반구 전전두엽 모두 활성화(Kelley, Miezin, McDermott, Bucker, Raichle, Cohen, Ollinger, Akbudak, Conturo, Snyder, & Petersen, 1998)됨으로써 정보에 따라 전전두엽의 활성화영역은 다르게 나타났다.
4) 그리고 의미적 인출에는 좌전전두피질이 관여하는 것으로 나타났다.[25]

주의력 결핍 - 과잉행동장애(ADHD)

1) 상황을 종합적으로 분석하고, 목표를 계획하고, 실행하는 기능에 결함을 보인다는 측면에서 전두엽의 손상을 시사한다.
2) 뇌의 전두엽은 사고력을 주관하고 행동을 조절하며 또한 판단력, 감정조절, 집중력 조절, 기획능력 등을 책임진다. 상황분석, 목표계획 및 실행과도 관련된다.

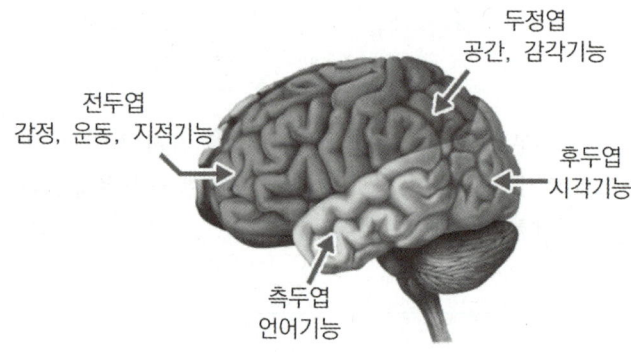

3 기저핵(basal ganglia)

기저핵은 미상핵(caudate nucleus), 담창구(globus pallidus), 피각(putamen) 등 종뇌에 있는 피질하 핵들의 집합으로서 운동통제에 관여하고 파킨슨병 및 헌팅턴병 같은 운동장애의 발병과 관련이 가장 큰 곳이다.

(1) 헌팅턴병(Huntington's Disease)
  ① 헌팅턴병은 기저핵(basal ganglia)의 질병으로, 미상핵(caudate nucleus)과 조가비핵(putamen)의 퇴행이 주요 원인이다.
  ② 헌팅턴병은 제어할 수 없는 몸의 움직임을 동반하는데, 특히 팔, 다리가 경련하듯(jerky limb movement) 움직이곤 한다.
  ③ 헌팅턴병은 점점 악화되어 인지장애, 감정장애까지 불러올 수 있으며, 결국에는 증상이 발현된 후 약 10~15년 정도에 죽음에 이르게 된다.

---

25 진영선 외, 2010, [자전적 기억의 특성 분석과 적용 가능성의 탐색] 논문 중에서

(2) 파킨슨병(Parkinson's Disease)
   ① 파킨슨병은 흑질(substantia nigra)에서 기저핵(basal ganglia)으로 뻗어있는 도파민 분비성 뉴런들을 일컫는 흑질 - 선상계(nigrostriatal system)에 문제가 생겨 발생한다.
   ② 주요 증상은 근육 경직(muscular rigidity), 몸의 떨림, 자세 불안정, 운동완서(bradykinesia ; slowness of movement ; 몸의 동작이 느려짐) 등이 있다.
   ③ 운동완서에 의해 파킨슨 병에 걸린 사람은 앉은 상태에서 일어나기 어렵고, 일단 걷기 시작하면, 멈추기 힘들다.
   ④ 몸의 움직임이 생각에 비해 많이 지연(delay)되는데, 이런 증상은 파킨슨병에 걸린 사람들의 운동신경은 기저핵이 손상을 입으면서 자율운동 조절과 습관적 반응 작용이 일어나지 않아 발생한다.

4 뉴런과 시냅스

(1) 뉴런
   ① 뉴런은 신경계의 정보처리와 정보 전달자로 (1) 세포체, (2) 수상돌기, (3) 축색, (4) 종말단추로 구성된다.
   ② 뉴런은 자연적 전하를 띠는데, 이를 안정 전위(resting potential, 뉴런의 세포막 안과 밖 사이의 전하 차이)라고 부른다.
   ③ 활동전위(action potential)는 동작전위라고도 하며, 근육·신경 등 흥분성 세포의 흥분에 의한 세포막의 일시적인 전위 변화를 말한다.
   ④ 세포막에 존재하는 나트륨·칼륨 등의 여러 이온 펌프의 활동에 의해 세포 안팎의 이온 조성은 차이가 있는데, 이러한 이온 조성차로 세포막 안쪽이 60~90 mV의 음전위(정지전위)를 나타낸다.

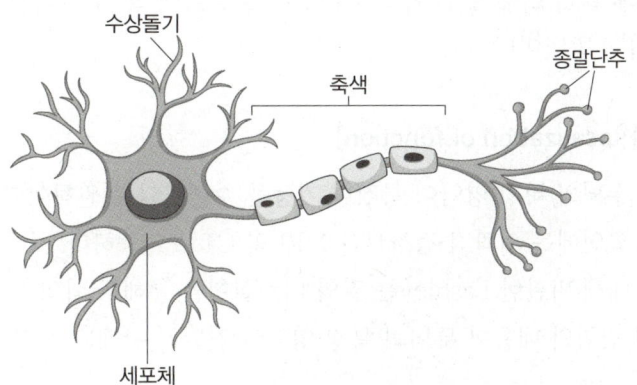

<뉴런의 구조 및 주요부분>

(2) 시냅스
   ① 시냅스는 한 뉴런의 종말단추와 다른 뉴런의 막 사이의 접합이다. 시냅스를 통해 한 뉴런에서 다른 뉴런으로 신호가 전달된다.
   ② 시냅스는 수상돌기, 세포체, 축색에 존재하며, 이러한 시냅스를 축색수상돌기, 축색세포체, 축색축색 시냅스라고 한다.

5 뇌 과학 분야의 주요 침습적 및 비침습적 검사 방법

뇌 - 기계 접속기술(Brain - machine Interface, BMI)은 인체에 직접 연결되는 침습적(침입적) 기술과 인체에 손상이 없는 비침습적(비침입적) 기술로 구분된다.

(1) 뇌파검사
   ① 뇌의 자발적인 전기활동을 파악하기 위한 비침습적(비침입적)인 검사방법이다.
   ② 대뇌겉질에서 기원하는 전류는 많은 신경세포의 동시 활성화를 통한 전기의 흐름으로 나타나는데 이를 두피에 붙인 전극을 통해 기록하는 검사를 뇌파검사라고 한다.

(2) 양전자 방출 단층촬영(Positron Emission Tomography, PET)
   ① 체내에 양전자를 방출하는 동위원소가 붙은 방사성 의약품을 주입한 후 체내에 분포한 양전자로부터 방출되는 감마선을 검출하여 단층영상을 만드는 영상법이다.
   ② 인체 내에서 일어나는 다양한 생화학적, 기능적 변화를 영상으로 관찰하고 질병을 진단하는 침입적 방법이다.

(3) WADA 검사(와다검사)
   경동맥을 통해 마취제를 주사하여 한쪽 뇌의 기능을 일시적으로 마비시킨 후 마취되지 않은 반대쪽 뇌의 기능을 평가함으로써 뇌의 우성반구를 확인하는 침입적 검사이다.

(4) 심전극(Depth Electrode) 또는 심부전극
   통상 뇌파기록은 전극을 두피 위에 놓고 기록하지만 전극을 뇌내, 특히 기저신경핵부시상 등에 삽입하는 일이 있기 때문에 침입적 방법이다.

6 두뇌 기능의 국재화(localization of function)

(1) 두뇌 기능의 국재화는 두뇌의 특정 영역이 특정한 기능을 수행한다는 원칙이다.
(2) 뇌의 국재화 기능문제 확인에는 외과적 검사보다 MRI 및 CT로 가능하다.
(3) 두뇌 기능의 국재화에 대해 비판한 Lashley는 쥐의 미로실험을 통해 두뇌의 손상정도에 따라 학습수행에 차이는 있지만, 학습된 경험의 내용이 두뇌의 특정 영역과 긴밀히 관계되는 것은 아니라고 주장하였다.

기출문제 확인학습

뇌 기능의 국재화

1) 뇌 기능의 국재화에 관한 연구 논리는 연구자가 MRI 등을 통해 확인이 가능하다.
2) 말이 아닌 소리, 예를 들어 교향곡 같은 것을 들을 때와 비교해서 말을 들을 때 뇌의 어떤 부분이 활동적이 되는가를 알아보려 한다고 가정해 보자.
3) 이 문제를 다루는 한 가지 방법은 각 청취조건에서 MRI 촬영 사진을 조사한 후에 아무 것도 듣지 않고 편안히 쉬고 있을 때와 비교하는 것이다.
4) 3가지 사진을 비교하면 어느 조건에서 어떤 부분이 좀 더 활동적이 되는지를 알 수 있다.
5) 어느 한 영역이 말소리 조건에서는 활동적이지만 다른 조건에서는 그렇지 않다면 바로 그 영역이 말소리 처리 과정에서 중요하다고 생각할 수 있을 것이다.
6) MRI 촬영은 정상적인 뇌의 활동 수준에 대한 정보를 제공할 수 있다.

출처 : 실험심리학 용어사전

대뇌기능의 편재화 평가

대뇌기능의 편재화 평가는 대개 인간의 신체 중 쌍으로 이루어진 눈이나 손 또는 발은 대뇌기능의 편재화를 평가하는데 있어 유용한 검사도구로 활용될 수 있다.

예 손잡이(handedness) 검사, 발잡이(footedness) 검사, 눈의 편향성 검사 등

기출문제 확인학습

생명유지에 필수적인 기능에서 고차원적 인지 기능으로 발달하는 뇌의 발달단계

후뇌(교와 소뇌) → 수뇌(연수) → 중뇌 → 간뇌 → 종뇌의 순이다. 암기법 후수중간종

실력다지기

발생학적, 기능적 구분에 따라 분류

1) 후뇌 : 소뇌, 교(뇌교)
2) 수뇌 : 연수, 망상체
3) 중뇌 : 중뇌개, 중뇌피개
4) 간뇌 : 시상, 시상하부
5) 종뇌 : 대뇌피질, 기저핵, 변연계

중추신경계

1) 후뇌(metencephalon)
    (1) 소뇌(cerebellum)
        - 자세 유지, 균형
        - 신체 기관의 움직임의 협응 운동 담당
    (2) 교(뇌교, pons)
        - 대뇌와 소뇌 연결 역할
2) 수뇌(myelencephalon) - 뇌의 가장 하부에 위치한 구조
    (1) 연수(medulla oblongata)
        - 척수와 연결된 부분
        - 호흡, 혈압, 심장박동 등 생명 유지에 관련된 필수 기능 담당

(2) 망상체(reticular formation)
- 각성과 주의 담당
- 뉴런들이 덩어리로 모여 있는 구조물

3) 중뇌(mesencephalon)

(1) 중뇌개(tectum)
- 상소구(superior colliculus) : 도약 안구운동(saccade)
- 하소구(inferior colliculus) : 청각 관련 반사 행동

(2) 중뇌피개(tegmentum)
- 여러 핵을 포함하고 있음
- 공격 혹은 방어행동, 운동 조절 등

4) 간뇌(diencephalon)

(1) 시상(thalamus)
- 후각을 제외한 모든 감각 정보를 지나는 곳

(2) 시상하부(hypothalamus)
- 자율신경계와 호르몬 분비 통제
- 종의 생존과 관련된 여러 행동(공격, 방어, 섭식, 교미, 체온조절)에 영향

5) 종뇌(telencephalon)

(1) 대뇌피질(cerebral cortex)
- 뇌의 겉 부분을 둘러싼 표면층
- 좌우 2개의 반구, 뇌량(corpus callosum)으로 연결 : 좌반구 / 우반구
- 4개의 영역 : 후두엽(occipital lobe), 두정엽(parietal lobe), 측두엽(temporal lobe), 전두엽(frontal lobe)

(2) 기저핵(basal ganglia)
- 시상의 바깥을 둘러싼 여러 구조물로 구성
- 운동 통제 및 습관적 행동의 학습

(3) 변연계(limbic system)
- 동기, 정서, 학습, 기억
- 편도체 – 정서(공포)
- 해마 – 기억(손상 시 기억상실증)

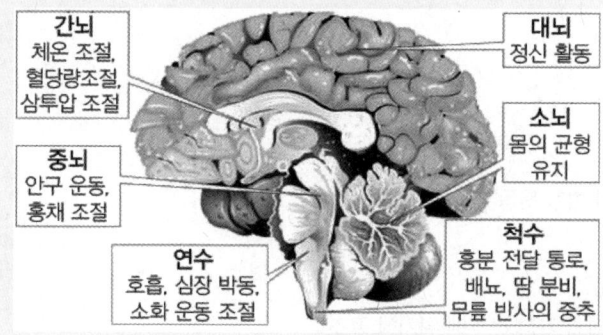

> **참고**
>
> 간뇌 아래로 안구 운동, 홍채 수축 등 눈에 관련된 업무를 맡고 있는 중뇌가 있고 중뇌 밑에 심장박동, 호흡, 소화 등 생명유지에 필수적인 활동을 하는 연수와 뇌교가 있는데 중뇌, 연수, 뇌교를 묶어 뇌간이라 한다. 뇌의 가장 아랫부분을 이루고 있는 척수는 운동신경과 감각신경, 자율신경이 지나는 통로이다.

3 법정 및 범죄심리학[26]

(1) 법률이나 사법제도에 관련된 논제들에 대한 모든 심리학자의 업무와 관련된 것으로, 법적인 문제와 관련된 심리학적 연구와 법정에서의 심리학을 실질적으로 적용하는 것이다.

(2) 형사재판, 민사사건, 청소년 법정심문 및 아동보호 감호를 포함하며 다양한 법적 소송절차에서의 소송 당사자 평가 및 증언 등과 관련된다.

(3) 법정심리학은 "직접적으로 법원, 법적 절차, 교정 및 법정신적 시설, 그리고 사법적 지위를 가지는 행정적, 법적, 입법 단체에 심리학적 문제들에 대한 도움을 줄 수 있는 법 / 심리학적 전문가의 모든 전문적 활동"을 말한다.

(4) 법정심리학과 유사한 개념인 범죄심리학(criminal psychology)은 범죄를 일으키는 범죄자의 특성과 배경, 환경요인을 알아내서 범죄예방과 범죄수사 그리고 범죄자의 갱생에 기여하는 것을 목적으로 하는 심리학의 한 분야이며 범죄 심리학의 연구 영역은 범죄정신의학, 범죄사회학, 형사정책 등과 겹치는 부분도 많다.

실력다지기

깨진 유리창 이론(Broken Windows Theory)

1) 깨진 유리창 이론은 미국의 범죄학자인 제임스 윌슨과 조지 켈링이 1982년 3월에 공동 발표한 깨진 유리창(Fixing Broken Windows : Restoring Order and Reducing Crime in Our Communities)이라는 글에 처음으로 소개된 사회 무질서에 관한 이론이다.

2) 깨진 유리창 하나를 방치해 두면, 그 지점을 중심으로 범죄가 확산되기 시작한다는 이론으로, 사소한 무질서를 방치하면 큰 문제로 이어질 가능성이 높다는 의미를 담고 있다.

범죄자 프로파일링

범죄 심리분석 또는 범죄자 프로파일링(offender profiling, criminal profiling)은 범죄 심리분석관, 범죄 심리분석요원, 범죄 심리행동분석요원들이 발생한 범죄에 대해 범죄심리학을 활용하여 판단 및 해결을 돕고 연구하는 것을 말한다.

---

[26] 법정심리학은 심리학의 방법, 이론 및 개념들을 법률체계에 적용하는 학문이다.

기출문제 확인학습

P. J. Brantingham과 F. L. Faust의 범죄예방유형(범죄예방의 구조모델론)[27]

제1차적 예방	대상	일반대중
	내용	물리적·사회적 환경 중에서 범죄원인이 되는 조건들을 개선시키는데 초점을 두는 것으로 환경설계, 이웃감시, 민간경비, 방범교육(경찰이 금융기관에 CCTV 설치를 독려하고 금은방에 비상벨을 달도록 지도하는 경우) 등이 이에 해당하며 형사사법기관의 활동에 의해 이루어진다.
제2차적 예방	대상	우범자나 우범집단
	내용	잠재적 범죄자를 초기에 발견하고 비합법적 행위가 발생하기 이전에 예방하고자 하는 것으로 우범환경이나 우범자를 대상으로 이들과 많이 접하는 지역사회 지도자, 교육자, 부모에 의해 이루어진다.
제3차적 예방	대상	범죄자 / 가해자 / 피해자
	내용	실제 범죄자들을 대상으로 하여 그들이 더 이상 범죄를 저지르지 않게 하는 활동으로 이에는 체포, 기소, 교도소구금, 치료, 사회복귀와 같은 것이 관련된다. 이러한 활동의 대부분은 형사사법기관이 담당하지만 이외에도 민간단체나 지역사회의 교정프로그램도 이에 포함된다.

4 소아과 심리학 및 아동 임상심리학[28]

1 아동 임상심리학의 개요

(1) 대상

아동과 그를 둘러싼 환경(부모, 가족, 학교 등)을 대상으로 한다.

기출문제 확인학습

아동심리치료에 있어서 성인과 차별되는 아동의 특성

1) 아동에게 자신의 문제에 대하여 과연 어떠한 것이 어떻게 문제가 되는지에 대한 성찰이나 통찰이 어렵고, 아동 스스로 자발적으로 상담을 의뢰하는 경우는 드물다.
2) 아동의 문제가 부모와 관련되어 있거나 또 다른 보호자와의 관계에서 발생됨이 발견되는데, 부모들의 무관심이나 부모 자신의 심리적 문제로 인해 아동들이 고통을 받게 되는 경우 성인과는 달리 그 원인을 아동 스스로 제거할 수 없다
3) 아동들은 심리치료 중에 부모나 또는 다른 보호자와의 문제가 노출되면 자기에게 어떠한 일이 발생할지도 모른다는 막연한 불안이 잠재되어 있다.

(2) 임상장면

지역사회 정신건강증진센터, 아동보호치료시설, 학교, 아동병원 등

---

27 출처 : http://class.osan.ac.kr/board/down
28 아동 임상심리학은 정신 병리적 증상이 나타나게 된 아동과 청소년들을 대상으로 한 임상심리학이다.

(3) 치료자의 역할
   ① 치료자는 임상심리학의 지식 및 유아, 아동기 발달문제, 포괄적인 관계상 문제, 역동을 다룰 수 있는 능력이 요구된다.
   ② 치료자는 아동에 대해 신경심리 기능, 인지기능 수준, 정서적 상태 등에 대한 평가 및 치료를 제공한다.

기출문제 확인학습

엑스라인(Axline)이 제시한 놀이치료자가 갖추어야 할 원칙 8가지

1) 치료자는 어린이와 따뜻하고 친근한 관계를 가능한 한 빨리 형성하도록 한다.
2) 치료자는 어린이를 있는 그대로 수용한다.
3) 치료자는 어린이가 자신의 감정을 완전히 자유롭게 표현할 수 있도록 하기 위해 허용적인 분위기를 조성한다.
4) 치료자는 어린이가 표현하는 감정을 예민하게 느끼고 인정하며, 어린이가 자신의 행동에 대한 통찰력을 갖도록 느낌이나 생각을 반영해 준다.
5) 치료자는 어린이가 기회만 주어지면 자신의 문제를 해결할 능력을 갖고 있음을 존중하고 선택의 책임과 변화를 시도할 자유가 어린이에게 있다고 인정한다.
6) 치료자는 어떤 방법으로도 어린이의 행동과 대화를 지시하지 않는다.
7) 치료자는 치료를 서두르지 않는다. 치료는 점진적인 과정임을 치료자가 인식한다.
8) 치료자는 어린이가 다른 사람과 관계를 맺는 것은 자신의 책임이라는 것을 알도록 하기 위해서만 제한을 가한다.

(4) 자문 제공
   학교 담임교사, 소아정신과 의사, 부모, 가족 등에게 효과적인 지도, 행동관리 방법, 효과적인 부모양육 행동, 의사소통법 등에 관한 자문을 제공한다.

2 아동 임상심리학의 문제영역

(1) 유아기 및 아동기 심리적, 정서적, 행동적 문제
   학습장애, ADHD, 품행장애, 자폐스펙트럼 장애, 우울과 불안장애, 학대 문제, 가족 간 불화, 이혼에 따르는 적응과 정서적 문제 등

(2) 병원(임상) 장면에서의 문제
   암, 발작, 두통, 천식, 당뇨 등에 개입하여 아동에게 통증관리 전략을 제공하고, 가족이 더 효과적으로 대처할 수 있도록 돕는다.

(3) 유아 및 아동의 환경적 맥락의 개입
① 교사, 부모, 가족관계 등 환경적 맥락에 관여한다.
② 원인에 따라 개입의 중요도가 달라질 수 있다.
   ⊙ 아동의 문제가 환경과의 갈등을 초래하는 경우
      자폐증, 학습장애, 질병 자체에 대한 이해부족으로 부적절하고 고통스런 관계가 형성되며 ADHD 행동으로 인해 부모를 힘들게 할 수 있다.
   ⓒ 환경의 문제가 아동의 문제를 초래하는 경우
      잘못된 부모의 양육행동은 아동의 우울증, 불안증 등을 유발시키고 가정의 스트레스로 인한 아동학대, 무관심, 이로 인한 부정적 영향들이 나타날 수 있다.
   ⓒ 아동의 문제와 환경의 문제가 서로 상호작용해서 상승하는 경우
      예 ADHD 아동에 대해 부모의 통제방식이 문제가 되는 경우

(4) 개입
아동에게 위험요인은 치료적 개입을 통해 가능하면 제거하고 보호요인은 강화시켜주는 것이 중요하다.

기출문제 확인학습

놀이치료의 치료적 가치

1) 저항을 극복하는 데 도움이 되므로 치료적 관계를 형성하는 데 유용하다.
2) 의사소통의 매체로써 치료자가 아동을 이해하고 진단하는 데 유용하다.
3) 아동의 불안을 감소시키고 이완하게 함으로써 효과적인 치료를 가능하게 한다.
4) 정화(catharsis)를 통해 심리적 외상을 극복할 수 있게 한다.
5) 창조적 사고를 통해 참신한 문제해결능력을 발달시킨다.
6) 유능성을 향한 욕구를 자극하고 실현하게 함으로써 자아존중감을 발달시킨다.
7) 역할 놀이를 통해 새로운 행동의 연습과 획득이 가능하며 공감력도 증진시킬 수 있다.
8) 은유적 교훈을 통해 통찰에 도움을 줄 수 있다.
9) 환상과 상상을 통해 대리적인 욕구충족을 가능하게 한다.
10) 애착형성을 촉진하고 관계를 향상시킴으로써 타인과 친밀해지는 능력을 발달시킨다.
11) 일상생활에 일반화될 수 있는 사회적 기술을 발달시킬 수 있는 기회를 제공한다.

기출문제 확인학습

아동상담과 비밀보장

1) 아동의 심리적 문제를 해결하기 위한 상담에는 흔히 아동과의 직접적 면담 이외에도 가족상담이나 놀이치료 및 행동수정 등의 방법이 활용되고 있다.
2) 아동상담의 대상은 사회적인 또는 법률적인 미성년자들이므로 아동에게 치료 중 일어난 일은 성인의 경우와 달리, 부모 등에게 알려야 하는 상황이 발생할 수 있다.
3) 비밀보장의 예외가 될 수 있다는 점을 유의하면 된다.
4) 비밀보장의 한계에 대하여 부모나 아동에게 사전에 알려주어야 하며 아동의 동의하에 법적인 보호자인 부모에게 아동의 정보를 제공하는 것이 바람직하다.
5) 비밀보장의 예외에 미성년자의 법적 보호자인 부모의 요구도 포함된다.

PART 5
심리상담

제1장 상담의 기초
제2장 심리상담의 주요 이론
제3장 심리상담의 실제
제4장 중독상담
제5장 특수문제별 상담유형

제1장 상담의 기초

제1절 상담의 기본적 이해

1 상담의 개념

(1) 상담의 정의

도움을 필요로 하는 사람, 즉 내담자가 전문적 상담자와의 대면관계에서 생활과제의 해결과 사고, 감정, 행동측면의 인간적 성장을 위해 노력하는 학습과정이다.
① 상담의 3가지 구성요소 - 상담자, 내담자, 상담관계
② 상담에서 무엇을 얻는가? - 내담자의 변화
③ 변화는 학습의 결과이며 학습의 목표는 생활상 과제의 해결 및 인간적 성장이다.
④ 상담의 성과는 한두 번의 대화가 아닌 상담과정을 통해 이루어지는 것이다.

(2) 상담의 본질

상담의 본질은 인간관계로서 내담자는 "교정적 정서체험"을 통해 자아의 강도를 증진시키면서 정화와 통찰이 이루어지는 과정으로서, 잘못 형성된 패턴을 재경험과 재구조화를 통해 재조건화하는 과정이다.

2 상담의 필요성과 목표[1]

(1) 상담의 목표

① 행동의 변화 촉진

상담은 내담자로 하여금 보다 생산적이고 행복한 생활을 영위하며 만족한 삶을 누리는데 도움이 되는 행동을 형성하게 하거나 증가시키는 것을 목적으로 한다.

② 적극적인 정신건강의 증진

상담은 정신질환의 원인이 되는 여러 가지 병리적인 요소를 제거하거나 수정하여야 할 문제를 제시하여 여러 가지의 고민이나 부적응 행동을 정상적인 방향(행동)으로 치료해줌으로써 적극적인 정신건강을 유지하는데 초점을 둔다.

③ 문제의 해결

상담은 무엇이든지 내담자가 당면한 문제를 하나하나 해결하여 나가는데 초점을 둔다. 어떠한 문제이든 내담자가 당면한 문제에 대해 현명하게 자기이해와 통찰, 자기지도와 자아현실에 이르도록 목적이 뚜렷한 전문적 대화를 통하여 개인을 돕는데 있다.

---

[1] 쉬르쳐(Shertzer)와 스톤(Stone)이 제시한 상담의 목표를 중심으로 기술

④ 내담자의 잠재력 촉진

상담은 내담자의 사고·결정·잠재력을 효율적으로 증진하는 목적이 있어야 한다. 생산적 사고를 증진하고 적응적인 인간관계를 형성하고 다양한 문제 상황을 효과적으로 대처하는 능력을 기르는 것에 목표를 두는 것이다.

⑤ 의사결정의 능력 함양

상담은 개인이 선택하고 결정하기 위하여 필요한 정보(교육·직업·개인·사회적)를 제공하고 의사결정에 개입하는 정보적 문제나 심리적인 특성을 확인하고 분석하며 장애가 되는 측면을 극복하도록 한다. 상담 선택과 결정의 필요를 내담자가 인식하여 이에 요구되는 정보를 수집·평가하는 긍정적이고 정서적인 태도를 함양할 것을 강조하게 된다.

3 상담의 기본원리

(1) 내담자 존중의 원리 : 경청, 공감, 강점 활용, 성장욕구 격려

(2) 진실성의 원리 : 공감, 즉시성, 비밀보장

① 공감적 이해

내담자의 입장에서 내담자가 생각하고 느끼는 것을 이해하고 이러한 이해를 전달하는 상담자의 능력을 말한다.

② 동등하고 인격적인 관계

상담자와 내담자의 관계는 항상 동등해야 한다.

③ 경청

내담자가 하는 말을 주의 깊게 듣고 내담자의 비언어적 행동이나 자세를 관찰하며 내담자가 자유로이 표현할 수 있도록 격려하고 상담자와 내담자의 대화내용을 기억하는 것을 포함한다.

④ 관계의 즉시성

'지금 그리고 여기'에서 두 사람 간에 일어나고 있는 일에 대해 민감하고 직접적으로 반응하는 것이다.

4 상담의 기능

(1) 교육적 기능

상담이 내담자의 행동을 바람직한 방향으로 변화시키기 위한 전문적인 조력과정으로 정의된다는 점에서 교육적 기능을 포함한다.

(2) 진단적·예방적 기능

내담자의 적응력을 신장시키고 성장가능성을 촉진시키기 위해서는 내담자가 현재 당면하고 있는 부적응 행동의 원인을 정확히 진단하고 그 원인을 제거하기 위한 적절한 상담기법의 적용이 불가피하다.

(3) 교정적 기능
어떤 내담자는 "나는 아무것도 할 수 없다"라는 그릇된 자아의식을 가짐으로써 성장이 지체되고 있는 경우가 많은데, 이와 같은 경우 상담은 '생각 바꾸기'와 같은 하나의 교정적 과정을 나타내게 된다.

(4) 치료적 기능
상담의 목표가 '인간의 성장을 제거하는 장애물이 있을 때는 언제나 이를 제거하고 극복하여 인간자원의 최적발달을 성취하도록 개인을 도와주는 것'이라고 할 때 치료적 기능에 해당한다.

제2절 상담의 역사적 배경

1 국외 상담의 발전과정 – 상담심리학의 역사를 중심으로

(1) 상담심리학의 태동기(1910년대~1940년대)
① 분트
  ㉠ 분트의 실험실에서는 주로 감각과 지각에 관심을 가지고 연구를 하였다.
  ㉡ 자극에 대한 피험자의 내성 보고를 면밀히 기록하여 심상, 감각 및 관념의 자료가 어떻게 의식과정으로 연합되는가를 연구하였다.
② 왓슨
  ㉠ 내면적 경험과정에 대한 피험자의 주관적 보고에 의존하는 것은 비과학적이라는 비판이 대두되었다.
  ㉡ 행동주의적 관점에서는 체계적 관찰 및 엄격하게 통제된 실험을 통해 관찰과 측정이 가능한 행동을 연구하는 것이 과학으로서의 심리학의 본업이며 인간을 제대로 이해하는 길이라고 주장한다.
③ 프로이트
  ㉠ 정신분석의 발전으로 '무의식적 갈등의 분석'을 통해 '마음의 병'이 고쳐질 수 있다고 믿게 되었다.
  ㉡ 신경증의 원인과 치료에서 심리적 요인의 중요성을 최초로 강조하였다.
④ 로저스
  ㉠ 인본주의 심리학의 발전으로 로저스의 인본주의는 '인간은 자발적으로 인생의 의미를 추구하는 자유인'이라는 당시의 실존주의 철학과 함께 상담 분야에 획기적인 영향을 주었다고 할 수 있다.
  ㉡ 정신분석 및 정신의학에서 주로 사용하던 '환자, 정신질환' 등과 같은 개념보다는 '내담자, 자기실현' 등과 같은 비의학적이고 인간중심적인 개념들이 사용되기 시작하였다.

(2) 상담심리학의 형성기
① 제2차 세계대전은 상담 및 임상 분야에 관심들 둔 많은 응용심리학자들이 심리적 치료와 재활을 필요로 하는 병사들에게 전문적인 서비스를 제공하는 기회가 되었다.
② 심리학의 전문 응용분야의 하나로서 상담심리학을 공식적으로 출범시키기 위한 노력이 1943년에 미국심리학회와 미국응용심리학회가 공동으로 미국심리학회 제17분과를 출범시키면서 시작되었다.
③ 1952년에는 '상담심리학'이라는 명칭이 사용되기에 이르렀으며 1953년 미국심리학회 연차 학술대회에서 공식적으로 채택되어 오늘날까지 그대로 이어져 오고 있다.

(3) 전문적 상담심리학의 발전과정
① 1950년대 초반 공식적인 상담심리학이 출범한 이후로 상담심리학의 질적·양적 팽창이 이루어졌다.
② 상담심리학이 관심을 두고 있는 분야는 계속 확대되고 있으며, 상담심리학자들의 연구관심 대상 또한 더욱 세분화되어 가고 있다.

③ 이러한 세분화와 팽창과 더불어, 상담이론 면에서 절충주의적 입장을 취하는 상담심리학자들이 증가하고 있고, 연구면에서 상담성과 및 과정연구를 통합하려는 시도가 증가하고 있다.
④ 1980년대 이후의 상담심리학은 한 분야가 고도로 발전했을 때 나타나게 되는 '분화와 통합'이라는 양면적인 발전과제를 안고 있다.

2 국내 상담의 발전과정[2]

(1) 우리나라에서 본격적인 상담활동은 해방과 더불어 구미의 민주적인 교육사상이 도입되고 1950년대 초반인 미국교육사절단의 활동을 계기로 중·고등학교의 교도교사 강습으로부터 시작되었다.

(2) 미국교육사절단의 권고와 중앙교육연구소의 활동이 생활지도와 상담의 발전에 기여했다고 볼 수 있으며 최초의 조직적인 생활지도활동은 1957년 서울특별시 교육위원회에서 주최한 생활지도교사강습회를 통해서 '가이던스'라는 생소한 용어가 사용되고 초보적인 상담활동이 시작된 것이다.

(3) 대학에서의 본격적인 상담활동은 1962년 서울대학교에 아시아 재단의 협조하에 학생지도연구소가 발족되면서 시작, 상담운동의 지도적 역할을 담당하게 되었다. 1963년에는 중·고등학생 카운슬러를 중심으로 한 한국카운슬러협회가 창설되었고 한국카운슬러협회의 발족은 학생생활지도담당자들의 전문적인 직업단체가 처음으로 생겼다는 점과 상담을 활성화시킬 수 있는 전기를 마련했다는 점에서 큰 의미를 가지고 있다.

(4) 1970년대에 들어서면서 1960년대 중반에 잠시 침체되었던 상담운동 즉, 중·고등학교 상담무용론, 카운슬링 불필요론에 대한 반성과 아울러 상담의 전문성을 요구하게 되었다.

(5) 과거의 상담이론과 기법의 모호성, 실습과 감독의 부족에서 벗어나 1970년대부터는 상담이론이 체계적으로 소개됨으로서 상담의 전문성을 확보하려는 노력이 시작되었다. 감수성 훈련, T - group 등 집단상담 프로그램이 도입되었고, 중·고등학교 교사들을 중심으로 적극적인 활동을 전개해 나갔다.

(6) 대학에서는 상담전공 석사과정을 개설(이화여자대학교 1972년, 서울대학교 1975년)하여 상담전문가 양성을 위해 노력하였으며 이 즈음에 한국심리학회 내에 임상심리분과가 창립되어 임상심리분야와 더불어 상담심리전문가자격시험과 실습수련과정을 시작하게 된 것도 한국 상담 발전에 매우 큰 기여를 하였다.

(7) 1985년 서울시 교육위원회에서 처음으로 상담 자원봉사를 실시하였고, 지역 상담실에서 상담자원봉사자를 선정하여 상담이론 및 집단상담 경험 등 소정의 연수과정을 거친 수료자들로 하여금 학교현장에서 학생상담의 일익을 담당하게 하였으며, 1988년까지 전국적으로 확산되었다.

(8) 이러한 노력들은 사회적으로 상담에 대한 대중적인 확산에 영향을 미쳤으나, 좀 더 전문적인 상담교육에 대한 요구들을 증가시켰다. 1987년 한국심리학회 산하 임상심리학회로부터 상담분과가 분리되면서 한국심리학회 산하 상담심리 및 심리치료학회가 발족하여 국내에도 독립적이며 전문적인 상담으로 발전하기 위한 기초가 마련되었다.

(9) 1993년에는 '재단법인 청소년 대화의 광장'으로 법인 설립을 하게 되었고, 이후에는 청소년상담원으로 공식출범하면서 2003년에는 청소년상담사 국가자격검정을 실시하게 되었다.

---

[2] 박애선 외, 한국 상담의 정체성 확립을 위한 발전과제, 한국심리학회, 2008, 재인용

(10) 한국심리학회 산하 상담심리 및 심리치료학회는 1996년 상담 및 심리치료학회로 명칭변경을 하고, 2003년에 다시 사단법인 한국상담심리학회로 명칭을 변경하면서 한국 상담에 대한 정체성을 정립하려는 노력을 계속하고 있으며 2000년에 한국상담학회가 창설되어 한국 상담의 발전을 더욱 가속화시켰다.

기출문제 확인학습

상담심리학의 형성에 근원이 된 5가지 영향과 상담심리학의 기반형성의 시기(1908~1950)

1) 파슨스의 업적과 직업운동의 성숙
2) 정신건강에 대한 관심
3) 심리측정적 경향의 발달과 개인차 연구
4) 비의학적 그리고 비정신적 관점으로부터 상담과 심리치료의 발달
5) 사회적 그리고 경제적 발달

제3절 상담관련 윤리 - 윤리강령 중에서 중요내용을 중심으로[3]

1 전문적 태도

1 전문적 능력
(1) 상담자는 상담에 대한 이론적 지식, 전문적 실습, 교수, 상담활동, 연구를 통해 전문성을 발달시키기 위해 지속적으로 노력해야 한다.
(2) 상담자는 자신의 능력 및 기법의 한계를 인식하고, 전문적 기준에 위배되는 활동을 하지 않는다. 만일, 자신의 개인 문제 및 능력의 한계 때문에 도움을 주지 못하리라고 판단될 경우에는 내담자에게 동의를 구한 후, 다른 동료 전문가 및 관련 기관에 의뢰한다.
(3) 상담자는 자신의 활동분야에 있어서 최신의 과학적이고 전문적인 정보와 지식을 유지하기 위해 지속적인 교육과 연수에 참여한다.
(4) 상담자는 윤리적 책임이나 전문적 상담 실시에 대해 의문이 생길 때 다른 상담자나 관련 전문가들에게 자문을 구하는 절차를 따른다.
(5) 상담자는 정기적으로 전문가로서의 능력과 효율성에 대해 자기반성과 자기평가를 해야 하며, 필요한 경우 자신의 효율성을 증진시키기 위해 지도감독을 받아야 한다.

2 충실성
(1) 상담자는 내담자를 보다 효과적으로 도울 수 있는 방법에 관하여 꾸준히 연구 노력하고, 내담자의 성장촉진과 문제의 해결 및 예방을 위하여 최선을 다한다.
(2) 상담자는 자신의 능력 한계나 개인적인 문제로 내담자를 적절하게 도와줄 수 없을 때에는 상담을 시작해서는 안 되며, 다른 전문가에게 의뢰하는 등의 적절한 방법으로 내담자를 돕는다.
(3) 상담자는 자신의 질병, 사고, 이동 또는 내담자의 질병, 사고, 이동이나 재정적 한계 등과 같은 요인에 의해 상담을 중단할 경우, 이에 대한 적절한 조치를 취해야 한다.
(4) 상담자는 상담을 종결하는 데 있어서 어떤 이유보다도 우선적으로 내담자의 관점과 요구에 대해 고려해야 하며, 내담자가 다른 전문가를 필요로 할 경우에는 적절한 과정을 통해 의뢰한다.
(5) 상담자는 자신의 기술이나 자료가 다른 사람들에 의해 오용될 가능성이 있거나, 개선의 여지가 없는 활동에 참여해서는 안 되며, 이런 일이 일어난 경우에는 이를 시정하여야 한다.

---

[3] 한국상담학회 윤리강령을 기준으로 제시하였으며 전체 내용은 교재 마지막 부분에 있는 부록을 참고하기 바람

2. 정보의 보호

1 비밀보장

(1) 상담자는 사생활과 비밀유지에 대한 내담자의 권리를 최대한 존중해야 할 의무가 있다.
(2) 상담자는 내담자에 대한 상담 기록 및 보관을 윤리 규준에 따라 시행한다. 또한 상담자는 상담내용의 녹음 및 기록에 관해 내담자의 동의를 구해야 한다.
(3) 상담자는 내담자가 기록에 대한 열람이나 복사를 요구할 경우, 그 기록이 내담자에게 잘못 이해될 가능성이 없고 내담자에게 해가 되지 않으면 응하는 것이 원칙이다. 다만 여러 명의 내담자를 상담하는 경우, 다른 내담자와 관련된 사적인 정보는 제외하고 열람하거나 복사하도록 한다.
(4) 상담자는 상담과 관련된 기록을 보관하고 처리하는 데 있어서 비밀을 유지해야 하며, 이를 타인에게 공개할 때에는 내담자의 직접적인 동의를 구해야 한다.
(5) 상담자는 내담자 개인 및 사회에 임박한 위험이 있다고 판단되는 등의 비밀보호의 예외가 존재하는 경우를 제외하고는, 내담자의 서면 동의 없이 제3의 개인이나 단체에게 상담기록을 공개하거나 전달해서는 안 된다.

2 집단 및 가족상담의 비밀보장

(1) 상담자는 특정 집단을 대상으로 집단상담을 시작할 때 비밀보장의 중요성과 한계를 명확하게 설명한다.
(2) 상담자는 가족상담을 할 때 각 개인의 비밀보장에 대한 권리와 그 비밀보장을 유지해야 할 의무와 관련해 참여한 모든 사람으로부터 동의를 구하고 그 동의 사항을 문서에 기록한다.
(3) 상담자는 자발적인 동의 능력이 불가능하거나 미성년인 내담자를 상담할 때, 부모나 보호자가 참여할 수 있음을 알린다.

3 전자 정보의 비밀보장

(1) 상담자는 컴퓨터를 사용한 자료 보관의 장점과 한계를 알아야 한다.
(2) 상담자는 내담자의 기록이 전자 정보의 형태로 보존되어 제3자가 내담자의 동의 없이 접근할 가능성이 있을 때, 적절한 방법을 통해 내담자의 신상이 드러나지 않도록 조치를 취한다.
(3) 상담자는 컴퓨터, 이메일, 팩시밀리, 전화, 음성메일, 자동응답기 그리고 다른 전자 테크놀로지를 사용해 정보를 전송할 때는 비밀이 유지될 수 있도록 사전에 주의를 기울인다.

4 비밀보장의 한계

(1) 상담자는 상담 시작 전이나 상담 과정 중 내담자에게 비밀보장의 한계를 수시로 알리고 비밀보장이 불이행되는 상황에 대해 주지시킨다.
(2) 상담자는 아래와 같은 내담자 개인 및 사회에 임박한 위험이 있다고 판단될 때 매우 조심스러운 고려 후에, 내담자에 관한 정보를 적정한 전문가 혹은 사회 당국에 제공할 수 있다.

① 내담자의 생명이나 사회의 안전을 위협하는 경우
② 내담자가 감염성이 있는 치명적인 질병이 있다는 확실한 정보를 가졌을 경우
③ 내담자가 심각한 학대를 당하고 있을 경우
④ 법적으로 정보의 공개가 요구되는 경우

(3) 상담자는 만약 내담자에 대한 상담이 여러 전문가로 구성된 집단에 의한 지속적인 관찰을 포함하고 있다면, 그러한 집단의 존재와 구성을 내담자에게 알릴 의무가 있다.
(4) 상담자는 내담자의 사적인 정보의 공개가 요구될 때 오직 기본적인 정보만을 공개한다. 더 많은 사항을 공개하기 위해서는 사적인 정보의 공개에 앞서 내담자에게 알리고 동의를 얻어야 한다.
(5) 상담자는 비밀보장의 예외 및 한계에 관한 타당성이 의심될 때에는 다른 전문가나 지도감독자 및 우리 학회 윤리위원회의 자문을 구한다.

> **기출문제 확인학습**
>
> **심리치료자가 내담자의 비밀보장을 할 수 없는 경우**
> 1) 법률에 의해 위임된 경우
> 2) 필요한 전문적 서비스를 제공하거나 적절한 전문적 자문을 구하기 위한 경우
> 3) 내담자 / 환자 자신, 심리학자 또는 그 밖의 사람들을 상해로부터 보호하기 위한 경우
> 4) 내담자 / 환자에게 에이즈와 같은 감염성 질병이 있는 경우
> 5) 내담자가 범죄행위와 같은 위법행위 계획을 밝힐 경우
>
> **내담자에 대한 비밀보장의 예외 및 필요절차**
> 1) 비밀보장의 예외
>   (1) 내담자가 범죄행위에 대한 계획을 밝힐 경우
>   (2) 내담자가 스스로 자살시도의 확률이 매우 높은 경우
> 2) 필요한 절차
>   (1) 관계기관이나 가족에게 보고해야 할 법적 의무가 있음을 내담자에게 알린 후, 필요한 조치를 취해야 한다.
>   (2) 내담자의 문제를 도와줄 수 있는 관련 분야의 전문가에게 의뢰하여 적절한 도움을 받도록 조치한다.

3 상담관계

1 다중관계

(1) 상담자는 내담자와의 친밀한 관계를 인식하고 내담자에 대한 존중감을 유지하며, 내담자를 이용하여 상담자 개인의 필요를 충족하고자 하는 활동 및 행동을 하지 않는다.
(2) 상담자는 상담 전에 상담관계에 영향을 줄 수 있는 상담의 목표, 기술, 규칙, 한계 등에 관해서 내담자에게 알려 주어야 한다.

(3) 상담자는 객관성과 전문적인 판단에 영향을 미칠 수 있는 다중 관계를 피해야 한다.
단, 내담자의 복지를 위해 상담자와 내담자가 사전 동의를 한 경우와 그에 대한 자문이나 감독이 병행될 때는, 상담관계를 맺을 수도 있다.
(4) 상담자는 특별한 경우를 제외하고는, 내담자와 상담실 밖에서 사적인 관계를 맺지 않는다.
(5) 상담자는 내담자와의 관계에서 상담료 이외의 어떠한 금전적, 물질적 거래관계도 맺지 않는다.

2 성적 관계

(1) 상담자는 내담자와 어떤 형태의 성적 관계를 갖지 않는다.
(2) 상담자는 내담자와 성적 관계를 맺었거나 유지하는 경우 상담 관계를 형성하지 않는다.
(3) 상담자는 상담관계가 종결된 이후에도 최소 2년 내에는 내담자와 성적 관계를 맺지 않는다.
(4) 상담자는 상담 종결 이후 2년이 지난 후에 내담자와 성적 관계를 맺게 되는 경우에도 이 관계가 착취적이 아니라는 것을 철저하게 검증할 책임이 있다.
(5) 상담자는 성적 유인, 신체적 접근 또는 성적인 성격을 지닌 성적 위협에 관여하지 않는다. 이를 알게 되거나 듣게 되었을 때 묵과하지 않고 적절한 조치를 취한다.

기출문제 확인학습

상담의 윤리적 갈등 해결단계

1) 제1단계 : 현재의 문제점이나 딜레마를 확인한다.
2) 제2단계 : 숨겨져 있는 잠재적 쟁점들을 확인한다.
3) 제3단계 : 문제에 대한 일반적 지침을 기술하고 있는 윤리강령이나 법 규정 등을 살펴본다.
4) 제4단계 : 문제에 대해 다양한 관점들을 파악하기 위해 여러 기관에 자문을 구한다.
5) 제5단계 : 나타날 수 있는 다양한 행동의 진로들에 대해 깊이 있는 생각을 해본다.
6) 제6단계 : 다양한 결정의 결과들을 나열하고, 내담자를 위한 개별적인 행동 진로의 연관성을 고려한다.
7) 제7단계 : 최상의 행동방침이 무엇인지 결정한다.

정리

상담에서 나타날 수 있는 윤리적 갈등의 해결단계

(확인) 현 상황에서 문제점이나 딜레마를 확인한다. → (고찰) 관련 윤리강령, 법, 규정 등을 살펴본다. → (자문) 한 사람 이상의 전문가에게 자문을 구한다. → (결정) 다양한 결정의 결과를 열거해보고 결정한다.

기록 및 녹음의 보관과 양도(청소년상담사 윤리강령 중에서)

1) 청소년상담사는 내담자에게 전문적인 서비스를 제공하기 위해 상담내용을 기록하고 보관한다.
2) 청소년상담사는 기록 및 녹음에 관해 내담자의 사전 동의를 구한다.
3) 청소년상담사는 면접기록, 심리검사 자료, 편지, 녹음·녹화 테이프, 기타 문서기록 등 상담과 관련된 기록을 보관하고 처리하는 데 있어서 비밀이 보장되어야 한다.
4) 청소년상담사는 내담자의 동의없이는 상담의 기록을 제3자나 기관에 공개하지 않는다.

5) 청소년상담사는 내담자와 보호자가 상담기록의 삭제를 요청을 할 경우 법적, 윤리적 문제가 없는 한 삭제하여야 한다. 상담 기록을 삭제하지 못할 경우 타당한 이유를 내담자와 보호자에게 설명해 주어야 한다.
6) 청소년상담사는 퇴직, 이직 등의 이유로 상담을 중단하게 될 경우 기록과 자료를 적절한 절차에 따라 기관이나 전문가에게 양도한다.

상담자와 내담자 간의 윤리적 지침

1) 유능성
임상심리학자는 자신이 수행할 역량이 있는 업무만 해야 하며 자신의 강점과 약점, 자신이 가지고 있는 기술과 그것의 한계에 대해 충분히 자각하여야 한다.

2) 성실성(정직)
① 임상심리학자는 전문인으로서 타인을 다룰 때 공정하고 거짓이 없어야 하고, 성실하고 정직한 자세로 내담자에게 자신의 서비스로부터 기대할 수 있는 바를 설명하며, 자신의 직업과 관련하여 스스로의 요구 및 가치가 어떠한 영향을 미치는지 알고 있어야 한다.
② 성실성에서는 환자나 내담자와 부적절한 이중관계나 착취관계, 성적 관계를 금한다.

3) 전문적·과학적인 책임
임상심리학자는 전문가로서 행동할 때 높은 수준을 유지해야 하며 전문적이고 과학적인 기초 위에서 활동함으로써 자신의 지식과 능력의 범위를 인식할 의무가 있다.

4) 인간의 권리와 존엄에 대한 존중
임상심리학자는 타인의 비밀과 사생활 권리를 지켜주어야 하고, 각 개인의 개성과 문화의 차이에 민감해야 하며, 자신의 일방적인 지식과 편견을 지양해야 한다.

5) 타인의 복지에 대한 관심
임상심리학자는 전문적인 지식을 활용하여 타인을 돕기 위해 노력해야 하고 자신이 제공하는 서비스를 통해 타인의 삶의 질이 개선될 수 있도록 노력해야 한다.

6) 사회적 책임
임상심리학자는 자신의 기술을 사회에 이익이 되도록 사용해야 하고 타인을 돕고, 인간의 행동과 심리에 모순되거나 부당한 착취의 우려가 있는 정책에 대해 반대하여야 한다.

상담윤리의 원칙(키치너)

일반적으로 상담윤리의 원칙에는 자율성의 원칙, 무해성의 원칙, 자선의 원칙, 정의 및 공정성의 원칙, 성실의 원칙이 있다.

1) 자율성의 원칙
자율성이란 개인의 가치에 기초한 신념을 가지고 선택을 하고 행동할 수 있는 개인의 권리이며, 개인의 선택은 다른 사람에 의해 강요될 수 없음을 의미한다.

2) 자선의 원칙
내담자의 정신건강이나 복지에 최선을 다해서 긍정적인 방향으로 성장할 수 있도록 돕는 원칙이다.

3) 무해성의 원칙
타인에게 해를 입히지 말아야 할 소극적인 의무로서, 다른 사람(내담자 및 제3자)에게 피해를 주지 않아야 한다는 원칙이다.

4) 성실의 원칙
성실은 상담자가 성실하게 약속을 지키려고 하는 것과 약속을 할 때의 신뢰와 정직성을 표현하는 것이다.

5) 정의(공정성)의 원칙

　내담자가 다른 사람과 달리 취급받아서는 안 된다는 것으로서, 성, 인종, 장애여부 등의 차이로 차별을 받는 것이 아니라, 평등하게 취급받아야 한다는 원칙이다.

키치너의 윤리원칙은 미국심리학회(APA), 미국상담협회(ACA)의 윤리규정에 모두 반영되어 있음.

주요 단체의 윤리원칙

1) 미국심리학회(APA)의 기본적인 도덕원칙
　① 유익성/무해성(Beneficence and Non-maleficence)
　② 신뢰/책임감(Fidelity and Responsibility)
　③ 고결성(Integrity)
　④ 공정성(Justice)
　⑤ 인간의 권리와 위엄 존중(Respect for People's Rights and Dignity)

2) 미국상담협회(ACA)의 윤리원칙
　① 자율성(autonomy)
　② 무해성(nonmaleficence)
　③ 복지 제공(beneficence)
　④ 공정성(justice)
　⑤ 신뢰성(fidelity)
　⑥ 진실성(veracity)

3) 미국상담협회(ACA) 윤리강령(1996)
　① 상담관계
　② 비밀보장 및 사생활 존중
　③ 전문적 책임감
　④ 다른 전문가와의 관계
　⑤ 평가, 사정 및 해석
　⑥ 수퍼비전, 훈련 및 교육
　⑦ 연구 및 출판
　⑧ 원거리 상담, 기술 및 소셜미디어
　⑨ 윤리 문제의 해결

제2장 심리상담의 주요 이론

제1절 정신분석적 상담(지그문트 프로이트)

1 기본개념

(1) 주요개념

정신의 구조	의식	의식은 현재 자각하고 있는 생각을 포함 - 현재 자각하고 있는 부분(개인이 현재 자각하고 있는 생각을 포함)
	전의식	의식과 무의식의 중간 부분으로 조금만 주의를 기울이면 의식영역으로 이끌 수 있는 정신의 부분
	무의식	① 무의식은 정신의 가장 깊은 수준에서 작동되는 것이며 우리가 자각하지 못하는 경험과 기억으로 구성 ② 무의식은 본능에 의해 지배되며 억압된 사고와 감정이 그 내용을 이루고 있고 행동의 대부분은 이 무의식에 의해 결정
성격의 구조	원초아(id)	완전히 무의식적이고 정신적 에너지의 저장소, 본능과 충동으로 구성, 쾌락의 원칙
	자아(ego)	① 현실원리에 따라 작동하는 성격의 의사결정 요소 - 사회규범, 규칙, 관습과 같은 사회적 현실을 고려해서 행동 결정 ② 즉각적인 만족을 추구하려는 원초아와 현실을 중재하는 역할
	초자아 (super ego)	① 초자아는 무엇이 옳고 그른가에 대한 사회적 기준을 통합하는 성격의 요소, 양심과 자아의 이상으로 이루어진 정신구조 최고 단계로 고등법원 판사 역할 ② 도덕적 목표와 완전을 추구, 쾌락보다 완전을 추구하고 현실보다는 도덕적이고 이상적인 것을 추구 ③ 도덕성을 추구하나 이러한 요구가 지나치면 죄책감을 느끼게 된다. 즉, 초자아가 너무 강해도 문제가 될 수 있음

기출문제 확인학습

정신분석 상담 - 불안의 3가지 유형

1) 현실적 불안
   자아가 현실을 지각하여 두려움을 느끼는 불안으로 실제적 위험에서 인간을 보호하는 데 기여한다.
2) 신경증적 불안
   원초아와 자아 간의 갈등에서 비롯된 불안으로, 막대한 힘을 가진 원초아에 의해서 충동적으로 표출된 행동이 처벌 받을지도 모른다는 무의식적 두려움을 말한다.
3) 도덕적 불안
   원초아와 초자아 간의 갈등에서 비롯된 불안으로 자신의 양심에 대한 두려움이다. 자신이 도덕적 기준에 위배되는 생각이나 행동을 했을 때에 수치심과 죄의식을 느끼게 된다.

(2) 정신분석적 상담의 목표

정신분석 상담의 목표는 무의식에 근거하고 있는 내담자의 무의식적 갈등이나 문제행동을 전이과정을 통해 의식화하여 내담자로 하여금 자각과 통찰을 얻게 하고 내담자의 자아 강화와 내담자를 보다 건설적인 방향으로 변화시킴으로써 환경에 잘 적응하는 개인으로 성장, 발달할 수 있도록 돕는데 있다.

> **기출문제 확인학습**
>
> ### Bordin(1979)이 제시한 치료동맹(작업동맹)의 3대 요소
> 1) 유대(결속), 작업의 동의(과업), 목표에 동의(목표)가 Bordin(1979)이 제시한 치료동맹(작업동맹)의 3대 요소이다.
> 2) '결속'은 참여자들 간의 관계의 질을 말하고 '목표'는 치료적 여행의 목적지이며 '과업'은 이 목표를 성취하는 수단이다.
>
> ### 정신분석 상담이론
> 1) 지그문트 프로이트(S. Freud)의 정신분석 상담이론은 현재보다는 과거를 중시하는 상담이론이다.
> 2) 프로이트는 인간의 행동이 무의식적 동기와 과거 어린 시절인 생후 5년간의 생활경험에 의해 결정된다고 보았다.
>
> > 지금과 여기, 현재의 체험을 중시하는 치료이론은 인간중심적 치료, 게슈탈트 치료, 실존치료 등이다.

2 주요 기법과 절차

(1) 주요기법

① 자유연상 - 과거를 회상하는 개념

내담자는 일상 생활의 상념과 선입견을 제거하고 어떤 감정이나 생각도 억압하지 않은 채 마음에 떠오르는 것이면 무엇이든 즉시 말하도록 하는 기법으로 내담자가 최대한 자발적으로 참여하도록 해야 한다.

② 해석[4]

치료적 관계에서 나타나는 내담자 행동의 의미를 설명하고 때로는 가르치기도 하는 것으로 행동에 대한 단순한 설명이 아닌 자아가 더 깊은 무의식의 내용을 탐색 할 수 있도록 도와주는 기술인데 너무 많은 해석, 성급한 해석, 비현실적 해석은 바람직하지 않고 적절한 시기를 선택해서 해석을 해야 한다.

③ 저항의 분석과 해석

저항은 참을 수 없는 불안에 대항하여 자아를 방어하려는 무의식적 역동으로 치료자는 이 저항을 지적하고 해석함으로써 내담자가 이에 대해 깨달을 수 있게, 즉 통찰을 할 수 있도록 한다.

④ 전이의 분석과 해석

전이에 대한 분석은 내담자로 하여금 과거 자신의 해결되지 못했던 일이 현재 자신에게 어떻게 영향을 미치는지 통찰할 수 있는 기회를 부여하며 통찰된 미결사항을 적절히 해석하고 훈습(薰習)[5]함으로써 내담자가 자신을 변화시킬 수 있는 기회를 갖게 한다.

---

4 해석은 내담자가 직접 진술하지 않은 내용이나 개념을 그의 과거 경험이나 진술을 토대로 하여 추론해서 말하는 것이다.
5 훈습 : 환자의 저항, 분석자의 저항에 대한 해석, 해석에 대한 환자의 반응을 반복적으로 하는 과정이며 반복, 정교화, 확대로 구성된다.

기출문제 확인학습

전이
1) 전이는 내담자가 무의식 속에 잠재되어 있는 아동기에 부모 또는 가족들의 경험에서 느꼈던 감정이 의식영역의 상담자에게로 옮겨지는 것을 말한다.
2) 내담자가 과거의 부모나 중요한 타인과 경험했던 감정이나 갈등을 치료자에게 옮겨 다시 경험하는 것으로, 무의식적으로 일어나는 과정이며 보통 부적절한 감정이나 행동으로 나타난다.
3) 정신분석 상담자는 여러 가지 형태의 전이를 잘 다루고 분석함으로써 내담자의 적응기제를 이해하고 이를 치료적으로 활용할 수 있다.

> **역전이**
> 치료자가 내담자에게 하는 전이현상으로, 치료자의 무의식적 갈등이 내담자에게 전이된 것으로 현실에 대한 왜곡을 야기하여 바람직하지 않을 수 있다.

버텨주기 기법과 현실검증(reality testing) - 정신분석적 상담
1) 버텨주기 기법
   정신분석적 상담에서 내적 위험으로부터 아이를 보호하고 안정시켜주는 어머니의 역할처럼, 내담자가 막연하게 느끼지만 스스로는 직면할 수 없는 불안과 두려움에 대해 상담자의 이해를 적절한 순간에 적합한 방법으로 전해주면서 내담자에게 의지가 되어주고 따뜻한 배려로 마음을 녹여주는 활동 기법이다.
2) 현실검증(reality testing)
   정신분석 이론에서 자아가 수행하고 있는 가장 주요한 기능의 하나로써, 현실의 조건과 상태를 여러 가지 기준에 비추어 비교하고 평가하고 판단하는 것이다.

(2) 정신분석적 상담의 절차
① 내담자에게 자신에 관한 사례를 작성하게 하기
② 내담자를 긴 의자에 눕게 하고 아무런 통제나 제지를 받지 않는 상태에서 연상되는 것을 자유롭게 말하게 하기
③ 상담자가 내담자의 자유연상이나 꿈 또는 저항을 분석하여 내담자의 무의식적 동기를 해석해 주기
④ 내담자의 전이를 분석해줌으로써 내담자의 자기이해 돕기
⑤ 내담자는 상담자의 해석에 의해 자신을 통찰하게 되고 억압된 갈등이나 욕망을 해소하여 적응력을 갖는다.

기출문제 확인학습

정신분석적 측면에서 치료 종결을 할 때 이상적 목표와 함께 종결하는데, 정신분석적 측면에서의 이상적 목표의 내용

1) 정신분석상담의 이상적인 목표는 성격의 내적 조화(성격의 3요소 간의 조화)의 확립이라고 할 수 있다.
2) 즉, 자아가 원초아의 어떤 부분을 새롭게 의식화하기 위하여 자아를 강하게 하고, 자아를 초자아에 덜 의존적이게 하며, 자아의 지각의 장(場)을 확대하고 자아의 조직을 복구하고 증축한다.
3) 지그문트 프로이트는 정신분석상담이 우선적으로 성취해야 할 것은 증상의 제거가 아니고, 무의식적인 소망을 의식화하여 자기화하고, 포기할 것은 포기하며 현실적이고 자유로운 선택을 할 수 있는 능력에 도달하게 하는 것이라고 주장한다.

정리

메르텐스(1990)가 제시한 정신분석상담의 목표
1) 부적응적 행동에 변화가 오게 한다.
2) 문제가 되는 증상이 없어지게 한다.
3) 심리장애로 인해 그 동안 중단되었던 발달과정을 정상궤도로 진입하게 한다.
4) 자기분석 능력을 키운다.
5) 전이현상과 더불어, 훈습하고 이를 극복하는데 그 목표가 있다고 하였다.

제2절 인간중심 상담(칼 로저스)

1 기본개념

1 인간중심 상담이론의 개요
(1) 미국의 심리학자인 칼 로저스(Carl Rogers)에 의해 1940년대에 체계화된 것으로 당시 개인 치료의 중심 기류였던 지시적이고 정신분석학적인 접근법에 대한 반동으로 생겨난 것이다.
(2) 비지시적인 이 상담모델은 기존의 정신분석학적이고 지시적인 접근법에서 상담자와 내담자 간의 위계적 관계를 수평적인 관계로 전환시켰다.
(3) 인간 본성에 대한 인본주의적인 낙관적 관점을 수용하여 상담자가 감정이입적이고 무조건적인 긍정적 관심을 가지고 내담자를 수용하고 진정한 관심(진실성)을 보이면 긍정적 변화가 일어난다고 본다.
(4) 인간중심상담에서는 상담의 기법보다 상담자와 내담자 사이의 관계의 본질이 치료에서 가장 핵심적인 부분으로 간주된다.
(5) 모든 인간이 자아실현의 욕구를 지녔다고 가정하며 자아실현 욕구는 자신을 유지하거나 향상시키는 방향으로 자신의 모든 능력을 개발하려는 인간의 타고난 성향이다.
(6) 자기개념과 개인의 경험 간의 불일치라는 것이 자아실현을 향한 유기체적인 힘과 그것들을 의식이나 활동으로 바꿀 수 있는 인간의 능력 사이에서 성장하는 것이라고 보고 개인에게 어떤 다른 조건이 주어지면 이를 극복해 나갈 수 있다고 본다.
(7) 인간에 대한 긍정적인 시각을 가지고 내담자의 능력에 대한 신뢰를 기반으로 하고 있다.
(8) 내담자에게 해석을 내리는 권위주의적 관계구조에 반대하며 내담자와 상담자와의 인간적인 관계를 중시한다.
(9) 이 상담은 내담자의 자기성장을 향한 잠재력이 발현될 수 있는 분위기를 조성하는 데 목적을 두고 있다.
(10) 개입방향에 대한 일차적인 책임이 내담자에게 있도록 내담자의 문제에 대해 과거사보다 '지금 - 여기'(here and now)를 강조한다.

2 인간관
(1) 인간은 사회적이고 미래지향적이며 자기실현의 의지와 아울러 선한 마음을 갖고 태어난다고 본다.
(2) 인간은 본래 부적응 상태를 극복하고 정신적 건강 상태를 되찾을 수 있는 능력을 갖고 있다.

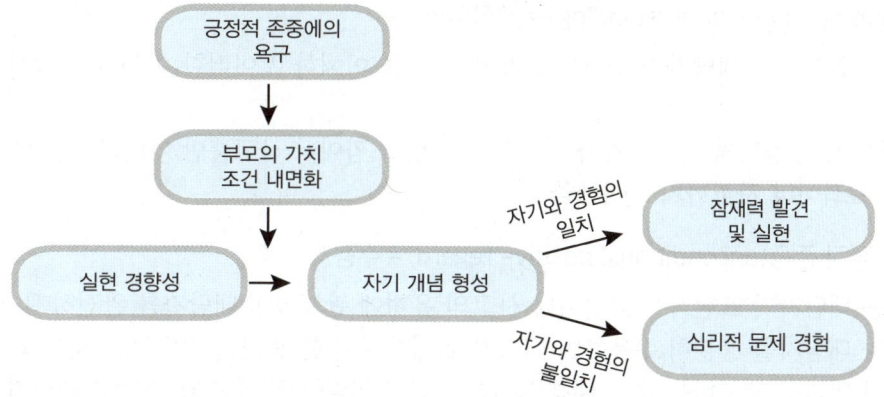

<인간 중심적 이론에 따른 심리적 증상의 형성 과정(이장호 외, 상담심리학, 재인용)>

> **기출문제 확인학습**
>
> **로저스의 인간중심상담의 철학적 가정**
>
> 1) 개인은 가치를 지닌 유일한 존재이다.
> 2) 개인은 자기 확충을 향한 적극적인 성장력을 지니고 있다.
> 3) 개인은 근본적으로 선하며, 이성적이고 믿을 수 있는 존재이다.
> 4) 개인을 알기 위하여 개인의 주관적 생활에 초점을 두어야 한다.
> 5) 개인은 자신이 결정을 내릴 권리를 가지고 있을 뿐 아니라, 자신의 장래를 선택할 권리도 지니고 있으며 내담자를 가장 잘 돕는 방법은 자기지도를 하게 하는 것이다.
> 6) 개인은 결정하고, 계획하고, 훌륭한 사람이 되는데 소용되는 내적 자원을 지니고 있다.
> 7) <u>상담의 목표는 개인으로 하여금 자기를 수용하고, 심리적 장애를 제거하려는 자기 통찰을 통하여 전인적인 기능을 발휘하도록 하는 것이다.</u>

2 주요 기법과 절차

1 인간중심상담에서의 상담자의 태도 (= 상담 촉진관계를 유지하고 형성하는 세 가지 태도)

(1) 진솔성(congruence) = 진실성 = 일치성 = 개방성
   ① 상담자가 자신의 내적 경험을 읽고 그 내적 경험에 솔직하게 따른다.
   ② 상담자가 자신의 진실된 반응을 신뢰하고 그러한 감정 또는 반응을 전달하는 능력을 말한다.
   ③ 진실성은 관계 속에서 허위나 방어적인 태도가 없는 참된 존재가 되도록 해준다.

(2) 공감적 이해(empathetic understanding) = 감정이입
   ① 내담자의 입장에서 내담자가 생각하고 느끼는 것을 이해하고 이러한 이해를 전달하는 상담자의 능력이다.
   ② 이 과정을 통해 상담자는 내담자가 외부로 표현한 느낌이나 사고뿐만 아니라, 내담자가 표현하지 않은 내적 느낌이나 사고까지도 이해한다.

(3) 무조건적 긍정적 존중(unconditional positive regard) = 수용적 존중
   ① 상담자는 내담자가 표현하는 감정이나 사고의 유형에 관계없이 내담자를 완전하게 인정하게 한다.
   ② 상담자가 내담자를 충분히 수용하며 내담자에 대한 순수한 관심을 전달하는 것을 의미한다.
   ③ 내담자가 말하고 행동하는 것에 대해 '만약 ~하면' 이라는 조건을 달지 않고 내담자에 대해 관심과 보살핌, 호의, 수용, 온정, 존중을 표현하는 것을 의미한다.

> **기출문제 확인학습**
>
> **수용적 존중**
>
> 수용적 존중의 경우 기본적인 수준에서는 내담자의 감정, 경험 및 잠재력에 대해 긍정적인 존중과 관심을 전달하는 것이며, 궁극적인 수준에서는 내담자를 한 인간으로서의 가치와 자유인으로 잠재력에 대해 매우 깊은 긍정적 존중을 전달하는 것이다. 이는 내담자에 대한 수용을 의미하는 개념이다.
>
> **Rogers(1957) 치료적 성격 변화의 필요충분조건**
>
> 1) 두 사람이 심리적 접촉 상태에 있다.
> 2) 내담자라고 불리는 첫째 사람이 불일치 상태에 있고 취약하거나 불안을 경험하고 있다.
> 3) 상담자라고 불리는 둘째 사람은 관계에서 일치(진실 또는 진솔)하고 내담자는 이 일치를 인식한다.
> 4) 상담자는 내담자에 대한 무조건적 긍정적 존중을 경험한다.
> 5) 상담자는 내담자의 내적 참조 체계에 대한 공감적 이해를 경험하고 이 경험을 내담자에게 의사소통하기 위해 노력한다.
> 6) 상담자의 공감적 이해와 무조건적 긍정적 존중이 내담자에게 어느 정도 전달된다.

2 치료목표

(1) 방어적 행동을 해제하도록 도와서 내담자가 경험에 대한 개방성을 증대시킬 수 있도록 돕는 것이다.
(2) 자기개념과 경험 간의 일치 정도를 높일 수 있도록 돕는 것이다.
(3) 자아실현 경향성을 성취할 수 있도록 하고 완전히 기능하는 인간이 되도록 조건을 조성하는 것이다.
(4) 치료방법이나 기법보다는 상담자의 철학이나 태도를, 상담자의 언행보다는 상담관계를 강조한다.

3 로저스가 주장한 '완전히 기능하는 사람(fully functioning person)'의 특성

'완전히 기능하는 사람'은 자신의 잠재력을 인식하고 능력과 자질을 발휘하여 자신에 대한 완벽한 이해와 경험을 풍부히 하는 방향으로 이동해 나가는 사람이다.

경험에의 개방성	가치의 조건에 아무런 제재를 받지 않는 상태로 자신의 감정과 태도를 자유로이 경험할 수 있다. (↔ 방어적인 삶)
실존적인 삶	경직성, 경험에 대한 의도적인 구조가 없는 삶이다. (↔ 전에 부모로부터 습득한 방식대로 삶)
유기체에 대한 신뢰	가장 만족스런 행동에 도달하는 믿을만한 수단이 자신의 유기체임을 믿는 상태이다. (↔ 유기체의 불신)
자유 의식	삶에 대한 개인적 지배를 즐기며 그것은 일시적인 생각이나 환경, 과거의 사건들에 의해 결정되는 것이 아니라 자기 자신에게 달려있다고 믿는다. (↔ 조작되는 느낌, 자유롭게 선택할 수 없음)
창조성	타인들로부터의 인정에 별 관심이 없기 때문에 자기 자신이 존재하는 모든 영역에서 창의적인 자세와 삶으로 스스로를 표현한다. (↔ 일상적이고 틀에 박힌 삶)

제3절 행동주의 상담(구스타인 등) - 행동치료

1 기본개념

1 행동주의 상담의 기본철학
(1) 인간 행동이란 학습과 환경조건에 의해 형성된다고 여기기 때문에 상담의 초점은 현재의 행동을 강조하고 과거의 심리적 작용이나 원인에 대한 접근은 중요시하지 않는다.
(2) 인간 행동은 거의 모두가 학습된 것이며 학습 과정을 통해 변화시킬 수 있다고 전제한다.
(3) 행동주의 상담은 학습이론에 기초하여 내담자로 하여금 이전의 바람직하지 못한 행동을 없애고 보다 적응적인 행동을 학습하게 돕는 것을 주목적으로 한다.

2 인간관
인간은 본질적으로 그들의 사회문화적 환경에 의해서 형성되고 결정되며 인간의 모든 행동은 학습된 것으로 본다. 즉, 인간을 환경과 유전의 영향에 의해서 전적으로 결정되는 운명론적이며 기계론적인 존재로 본다.

(1) 인간의 행동이 일정한 법칙성을 가지고 있다고 가정한다.
(2) 행동의 변수를 알 수 있으면 행동을 예언하고 수정할 수 있다.
(3) 대부분의 인간 행동은 학습된 것이며 학습 원리를 통해 인간의 행동을 파악하려 한다.

3 행동주의 상담의 특징
(1) 명백하면서도 특징 있는 행동에 초점을 맞춘다.
(2) 상담목표가 정확하게 설명되어야 한다.
(3) 문제에 적합한 상담계획을 세운다.
(4) 상담결과에 대한 객관적인 평가를 한다.
(5) 겉으로 드러난 구체적 행동을 변화시키는 것이 중요하다.
(6) 현재의 행동을 강조하며, 과거사와 심리적 작용의 기원에는 많은 관심을 두지 않는다.
(7) 행동주의 상담자는 능동적이고 지시적인 역할을 한다.

4 상담의 목적
(1) 부적응 행동을 제거하고 바람직한 새로운 행동을 강화시켜 이를 습득하게 한다.
(2) 상담의 목표는 분명한 말로 서술되어야 하며 내담자는 자기가 성취하고자 하는 것이 무엇인가를 명확히 인식해야 한다.

(3) 행동주의 상담은 내담자에게 적합하지 않은 행동을 제거하기 위해 새로운 행동을 습득시키며 그 행동을 계속 강화해 주어 행동수정에 의한 자기치료를 제공해 주는 것이 주요 목적이다.

기출문제 확인학습

행동치료

1) 주로 겉으로 드러나는 내담자의 증상이나 장애행동을 없애거나 바람직한 적응행동을 습득시키는 데 초점을 두는 상담접근법이다.
2) 이는 바람직하지 못한 행동은 바람직한 행동과 같이 학습된 것이라는 입장과, 연구방법론에 있어 관찰 가능한 외현적 행동들을 대상으로 과학적인 연구를 강조하는 치료법이다.

행동치료에서 행동을 직접 측정하는 경우에 일반적으로 포함시키는 특징

1) 빈도(행동비율)
   어떤 행동이 얼마나 자주 발생하는가를 측정하는 단위로써, 관찰 기간, 표적행동이 발생한 횟수, 행동의 비율 등이 포함된다.
2) 강도
   행동이 나타날 때 사용되는 힘의 양에 관한 것으로, 강도는 측정하기가 매우 어렵고 주관적일 수 있다.
3) 지속시간
   행동이 지속되는 시간의 길이에 관한 것으로, 일일이 행동의 시작시간과 종료시간에 주목하고 기록해야 한다.
4) 지연시간
   바람직하지 못한 행동이나 바람직한 행동의 지연 정도를 측정한다.
5) 반응 간 시간
   바람직하지 못한 행동의 반응과 바람직한 행동의 반응 간 시간간격을 측정한다.
6) 후속결과
   선행사건(antecedents) - 행동(behavior) - 후속결과(consequences)의 A - B - C 흐름에서 후속결과(consequences)를 측정한다.

행동치료에서 행동분석에 사용되는 SORC 모델

1) S(자극, Stimulus) : 개인이 행동을 일으키는 어떤 특정상황, 즉 외적 환경과 자극을 의미한다.
2) O(유기체, Organism) : 개인이 환경을 지각하는 방식, 성격, 신체적 조건 등의 개인적 변인을 의미한다.
3) R(반응, Response) : 개인의 행동의 특징을 규명하는 것으로써 외현적 행동 뿐 아니라 정서적 행동을 포함한다.
4) C(결과, Consequence) : 개인의 행동의 결과를 의미하는 것으로 개인의 행동은 상황과 자극의 연합에 의한 영향 뿐 아니라 그 결과에 의해 유지, 강화된다.

2 주요 기법과 절차

1 치료 기법

(1) 체계적 둔감화(systematic desensitization) : 절차 [암기법] 이 - 불 - 계

인간은 느긋하면서 동시에 불안할 수 없다는 원리에 입각한 기법이다.
① 깊고 완전한 이완을 유지할 수 있도록 훈련한다.
② 내담자에게 불안을 유발하는 여러 상황들을 정도에 따라 위계적으로 배열하게 한다.
③ 이완을 유지한 상태에서 가장 낮은 불안을 유발하는 자극부터 상상하게 한다.
④ 불안의 위계에 따라서 단계적으로 불안을 극복하게 한다.
⑤ 체계적 둔감화의 적용 : 다양한 공포증과 불안과 관련된 문제들에 적용할 수 있다.

(2) 혐오치료(aversion therapy)
① 문제행동을 혐오자극과 연합시켜 문제행동의 빈도를 감소시키는 기법이다.
② 바람직하지 않은 행동이나 사고를 쇼크(공포)와 연결시켜서 그에 대한 혐오반응을 형성시킨다.
③ 약물중독, 알코올 중독, 성도착증 등의 치료에 적용한다.

> **기출문제 확인학습**
>
> **벌을 통한 행동수정 시 유의사항**
> 1) 벌 받을 행동을 구체적으로 세분화하고 설명한다.
> 2) 벌 받을 상황을 가능한 한 없애도록 노력한다.
> 3) 바람직한 행동을 하도록 그 조건을 극대화한다.
> 4) 가장 효과가 클 것으로 예상되는 벌을 선택한다.
> 5) 벌은 그 강도를 점차 높이지 않는다.
> 6) 벌 받을 행동이 일어난 직후에 즉각적으로 벌을 준다.
> 7) 벌은 행동의 연속선상에서 전반부에 주는 것이 좋다.
> 8) 바람직한 행동이 무엇인지 사전에 말해준다.
> 9) 벌을 강화와 함께 주지 않도록 한다.

(3) 노출치료(홍수법)
① 내담자가 무서워하거나 위험을 느끼는 장면에 내담자를 실제로 노출시킨다.
② 내담자가 상상 속에서 생각했던 만큼 실제로 두렵지 않음을 직접 경험하게 한다.
③ 회피반응을 소거하기 위해 내담자가 자극 상황을 피하지 못하게 하는 것이 필요하다.

(4) 긍정적 강화
   ① 내담자가 바람직한 목표 행동을 했을 때 보상을 주어 강화함으로 목표행동을 증가시킨다.
   ② 강화물 - 생리적 욕구 충족물(음식, 수면 등), 사회적 욕구 충족물(미소, 인정, 칭찬, 돈, 선물 등)
   ③ 치료 절차
      ㉠ 내담자에게 보상이 될 수 있는 것을 찾는다.
      ㉡ 바람직한 행동할 때마다 체계적으로 보상을 해준다.

(5) 모델링(modeling)
   ① 내담자가 무서워하는 대상에 타인이 두려움 없이 대처하는 것을 보여주고 따라 하게 하는 것이다.
   ② 공포를 감소시키고 자기주장과 같은 새로운 기술을 가르치는데 성공적이라는 것이 입증되었다.

(6) 자기표현 훈련
   ① 주로 대인관계의 문제해결에 좋다.
   ② 감정표현(분노, 불쾌한 감정, 애정, 호감, 거절 등)을 잘 못하는 사람이 주된 대상이다.
   ③ 상담자와 내담자가 문제 상황에 서로 역할을 바꾸어 자유로이 자신의 감정과 의사를 표현하는 방법으로 역할행동을 많이 활용한다.

기출문제 확인학습

자기표현 훈련이 필요한 내담자의 특성

1) 내담자는 자신이 옳고 상대방이 그르다거나 또는 자신은 그르나, 상대방은 옳다고 단정한다.
2) 내담자는 의사결정을 상대방에게 미루거나, 자신이 결정을 내리더라도 상대방을 위해 선택한다.
3) 내담자는 자신에 대한 자부심의 수준이 매우 낮다.
4) 내담자는 문제에 직면하는 경우 회피하거나 굴복하는 양상을 보인다.
5) 내담자는 상대방의 불만이나 불평을 야기하며, 상대방이 방어적인 태도를 나타내기에 이른다.
6) 내담자는 설사 성공을 하더라도 그것이 운이나 상대방의 조력에 의해 이루어진다.

자기표현 훈련을 통해 내담자가 인식해야 할 사상
(1) 내담자에게 스스로 결정할 권리인 자기결정권이 있다.
(2) 내담자의 권리가 타인으로부터 침해받지 않을 권리가 있다.

(7) 토큰(token) 강화
   ① 바람직한 행동을 인정해 주는 것만으로는 별 효과가 없을 때 적용한다.
   ② 토큰을 주어 내담자가 원하는 물건이나 권리로 바꿀 수 있도록 하는 치료 기법이다.

> 기출문제 확인학습

자극통제법
1) 자극통제법은 행동수정의 한 기법으로, 자극통제란 단서들에 의해 조성된 행동을 그 단서들을 통제함으로써 조절하는 일을 일컫는다.
2) 자극통제의 방법으로는 문제행동을 조장시키는 환경단서들을 피하도록 하는 것(흡연의 가능성을 줄이기 위하여 이틀에 담배를 한 갑만 사는 것), 어떤 행동에 적절한 상황과 적절하지 못한 상황을 변별하도록 하는 것(부하의 잘못을 지적하는 적절한 상황을 상사가 구분하도록 하는 것)이 있다.

자기감찰(self-monitoring)
1) 자기감찰은 자기점검, 자기관찰이라고도 한다.
2) 내담자들이 보이는 행동이나 사고를 체계적으로 측정하는 방법으로, 개인의 자연환경에서 행동을 평가하기 위해 내담자로 하여금 스스로 자신의 행동을 관찰하고 주간행동을 기록표, 일일활동일지, 자동적 사고 기록지 등에 작성하도록 하는 방법으로, 다시 말하면 내담자 스스로 자신을 모니터링하는 것이다.

행동적 기법 중 점진적 이완훈련
1) 점진적 이완훈련은 근육이나 신경의 긴장을 이완시키기 위해 고안된 하나의 치료방법이다.
2) 이완이란 근육이나 신경의 긴장을 감소시키는 것으로 행동수정에서는 불안을 억제할 수 있는 모든 반응을 가리킨다.

행동조성법(조형)
1) 내담자들의 바람직한 목표행동을 설정해두고, 이 행동에 근접하는 행동을 보일 때 단계적으로 강화를 주어 점진적으로 바람직한 행동에 접근하도록 만드는 치료기법이다.
2) 행동조성법(behavior shaping)은 목표행동에 근접하는 행동을 보일 때마다 강화를 하여 점진적으로 목표행동을 학습시키는 방법이다.

체계적 둔감법
체계적 둔감법은 불안·공포를 제거하기 위해 불안과 양립할 수 없는 이완반응을 끌어낸 다음, 불안을 유발시키는 경험을 상상하게 하여 불안을 제거하는 방법으로 고전적 조건화의 원리에 기초한 것이다. 이는 자극과 반응의 관계를 응용한 사례이다.

노출훈련
1) 사회공포증 치료에서 극복을 위한 집단치료 프로그램 내용 중 불안을 유발하기 때문에 지금까지 피해왔던 상황을 더 이상 회피하지 않고 그 상황에 직면하게 하는 일종의 행동치료기법이다.
2) 사회공포증(Social phobia)은 낯선 사람과 이야기하거나, 다른 사람들 앞에서 연설을 하는 등의 사회적 상황에 대한 두려움과 불안이 있어서 그런 상황을 가능한 한 피하려 하는 질환이다.
3) 사회공포증으로 고통 받는 사람들이 하는 훈련의 대부분이 노출훈련이다.
4) 이 노출훈련으로 최대의 성과를 얻기 위해서는 두려워하는 상황에 가능한 한 자주 노출하고, 공포감이 줄어들 때까지 두려운 상황에 머물러 있는 것이 중요하다.

점진적 노출의 치료효과
1) 점진적 노출(Prolonged Exposure)은 외상 사건에 실제 노출(in vivo exposure)시키거나 또는 심상적 기법(imaginary technique)을 이용하여 외상에 점진적으로 노출시키는 것이다.
2) 노출치료는 회피해왔던 실제 외상관련 자극들에 대해 점진적으로 노출시킴으로서 외상 사건을 경험한 내담자가 외상과 관련된 두려움이나 불안에 직면시키는 것을 핵심으로 하는 치료방법이다.

3) 점진적 노출치료의 효과

(1) 내담자가 불안을 줄이기 위해 시도되는 회피행동과 관련된 인지적 오류를 수정하고, 부정적인 면의 강화를 감소시키며 왜곡된 외상 기억에 대한 올바른 정보를 습득하게 한다.

(2) 노출법을 통해 내담자는 외상 사건 및 후유증에 관한 평가들에 도전을 받을 수 있고, 외상 사건이 과거에 있다는 것을 정서적으로 수용하는 것을 도움 받을 수 있다.

(3) 노출법은 외상사건 장소를 다시 방문해보도록 함으로써 치료자와 내담자는 기억의 장면이 과거 외상 중인 것처럼 보이게 했던 것들과 현재인 것처럼 보이게 했던 것 사이의 유사성과 차이점들에 관한 논의를 해 보고 이는 내담자로 하여금 시간 조망(time perspective)을 갖도록 돕는다.

2 상담의 과정(절차)

(1) 변화시킬 행동을 밝혀내고 이를 행동 용어로 서술한다.
(2) 원하는 목표행동의 기초선(base line)을 정한다.
(3) 목표행동이 일어날 수 있도록 상황을 배열한다.
(4) 내담자에게 강화가 될 수 있는 자극과 사건들을 밝혀낸다.
(5) 원하는 목표행동이나 그 행동에 접근하는 행동을 강화한다.
(6) 목표행동으로의 변화를 기록함으로써 치료절차의 효과를 평가한다.

기출문제 확인학습

행동치료에서 자기 - 통제 프로그램의 일반적인 5단계

1) 1단계 : 수정할 문제행동을 구체적으로 세분화한다.
2) 2단계 : 문제행동의 기초선을 설정한다.
3) 3단계 : 자기통제 프로그램의 설계와 운영을 한다.
4) 4단계 : 재발 방지를 위한 조치를 취한다.
   행동 자체에 퇴보의 원인이 있을 경우, 행동의 후속결과의 조절에 문제가 생겼을 경우 재발 방지를 위한 조치를 하며 퇴보를 부추기는 상황을 피한다.
5) 5단계 : 자신의 자기 - 통제에 대한 평가를 실시한다.

기출문제 확인학습

행동주의 집단상담의 절차

행동주의 집단상담의 절차는 상담관계 형성 → 문제가 되는 행동의 정의 및 평가 → 현재 상태(기초선) 파악 → 문제에 적합한 상담목표를 구체화 → 상담계획을 공식화하고 방법을 적용(상담기술 적용) → 결과를 객관적으로 평가하고 피드백 → 상담종결의 순서로 이루어진다.

행동주의 상담의 공헌과 한계

공헌	한계
1) 치료기법의 체계적인 접근 2) 기법의 다양화 3) 중재가 가능한 모든 사람에게 적용할 수 있는 다양한 영역에 적용 가능 4) 실험연구와 치료결과에 대한 평가 가능	1) 행동은 변화시킬지 모르나 감정은 변화시키지 못함 2) 행동치료자들은 치료에서 중요하게 관련된 요인들을 무시함 3) 통찰을 제공하지 않음 4) 현재 행동과 관련한 과거의 원인들을 무시함 5) 치료자에 의한 통제와 조작

제4절 인지적 상담(엘리스, 벡)

1 기본개념

1 합리적 정서행동치료(REBT, 엘리스)

(1) 인간관
합리적 정서행동치료(REBT)에서 인간은 선천적으로, 합리적으로 될 잠재성과 함께 비합리적으로 될 잠재성도 가지고 태어난다고 본다.

(2) 특징
① 인간의 인지나 생각이 심리장애의 주요 근원의 하나라는 개념에서 출발한다.
② 인간의 사고과정을 수정·변화시킴으로써 정서적·행동적 장애를 없애는 접근방법이다.
③ 인간행동에 대한 과거 사건의 영향력보다는 현재에 초점을 둔다.
④ 엘리스는 상담이 내담자의 행동을 의도적으로 변화시킨다는 관점에서 상담을 교육방법으로 파악하였다.

(3) 주요개념

자기 독백 (self - talk)	모든 정서적 문제의 주요 원인이 그 상황에 대해 스스로 말하는 자기 독백(self - talk)에 달려 있다고 전제하고 자기 독백이라는 자체가 비합리적인 신념에 의해서 이루어졌을 때 문제가 될 수 있다.
비합리적 신념	① 안정된 삶을 방해하고 정서적·사회적 문제를 야기하는 비합리적 요소이다. ② 항상 남으로부터 사랑과 인정을 받아야 하고 자신은 언제나 성공적이어야 한다는 당위적 사고는 비합리적 신념 중 하나이다. ③ 당위적 사고는 must의 개념으로 "~ 해야 한다.", "결코 ~ 할 수 없다." 등이 여기에 해당한다.

기출문제 확인학습

엘리스의 비합리적 신념·사고

1) 인간은 주위의 모든 중요한 사람들에게서 항상 사랑과 인정을 받아야만 한다.
2) 인간은 모든 면에서 반드시 유능하고 성취적이어야 한다.
3) 일이 내가 바라는 대로 되지 않는 것은 끔찍스러운 파멸이다.
4) 인생에 있어서 어떤 난관이나 책임을 직면하는 것보다 회피하는 것이 더욱 쉬운 일이다.
5) 인간은 다른 사람의 문제나 곤란에 대해 항상 신경을 써야 한다.
6) 모든 사람에게 사랑이나 인정을 받는 것은 개인에게 절대적으로 필요한 일이다.
7) 가치 있는 사람이 되려면 매사에 유능하고 완벽해야 한다.
8) 내가 두려워하는 일이 실제로 일어날 가능성이 있음을 항상 걱정해야 한다.
9) 인간은 타인에게 의지해야 하며, 의지할 만한 그 누군가가 필요하다.

2 인지치료(아론 벡)

(1) 이론적 근거
① 인간은 자기의 심리장애를 이해·해결할 수 있는 자각능력과 의식기능을 가진다고 본다.
② 우울증 환자 연구에 활용되며 자신과 자신의 미래, 환경(세상)에 대해 비현실적·비관적 생각을 가지고 있음을 발견한다.

(2) 특징
① 엘리스와는 달리 탐색적인 접근을 지향한다.
② 인지적 오류(= 인지적 왜곡)를 문제의 원인으로 파악한다.

(3) 주요 개념
① 도식
자신의 인지구조에 따라 특정 자극에만 선택적으로 주의를 기울여 반응하게 되는 인지구조이다.
② 자동적 사고
㉠ 생활 속의 사소한 자극에 의해 매우 자동적으로 생성되는 사고이다.
㉡ 한 개인이 어떤 상황에 대해 반응하여 떠올리는 자동화된 사고로서 자동적 사고는 부정적일 수도, 긍정적일 수도 있다.
예 개를 보고 귀엽다고 쓰다듬는 사람을 볼 때마다 '더러워'라는 생각이 들고 움찔하는 경우
③ 인지적 오류
생활사건의 의미를 해석하는 과정에서 나타나는 추론 과정의 체계적 오류를 말한다.

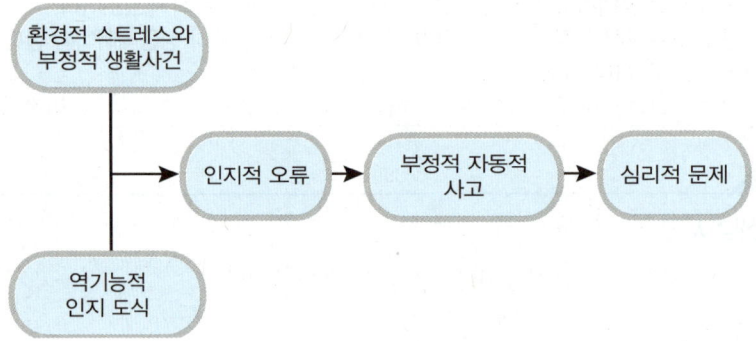

<인지치료이론에 따른 심리적 문제의 발생과정(이장호 외, 상담심리학, 재인용)>

기출문제 확인학습

인지적 오류의 종류

1) 전부 아니면 전무의 사고(이분법적 사고)

   생활 사건의 의미를 '이것 아니면 저것'이라는 식의 이분법적 범주로 나누어 둘 중의 하나로 생각하는 오류이다.

   예 '완벽하게 성공하지 못하면 실패한 것이다.', '나를 좋아하지 않으면 싫어하는 것이다.'

2) 과잉일반화

   한두 번의 사건에 근거하여 일반적인 결론을 내리고 무관한 상황에도 그 결론을 적용하는 오류이다.

   예 한두 번 시험에 떨어진 사람이 '나는 어떤 시험을 치든지 나의 노력이나 상황과는 상관없이 실패할 것이 뻔하다.'라고 일반화하여 생각하는 경우

3) 의미 확대와 의미 축소(극대화와 극소화)

   어떤 사건의 의미나 중요성을 실제보다 지나치게 확대하거나 축소하는 오류이다.

   예 불쾌한 감정을 자주 느끼는 사람은 자신의 단점이나 약점을 매우 중요한 것으로 확대해서 해석하여 심하게 걱정하면서, 장점이나 강점은 별 것 아닌 것으로 과소평가하는 경우

4) 정신적 여과 또는 선택적 추상화

   어떤 상황에서 일어난 여러 가지 일 중에서 일부만을 뽑아 상황 전체를 판단하는 오류이다.

   예 어떤 교수가 자신의 강의를 열심히 듣는 대다수의 학생보다, 졸고 있는 서너 명의 학생에 근거하여 '내 강의가 재미없나 보다, 나는 강의를 잘 못한다.'하고 결론 내리는 경우

5) 개인화

   자신과 무관한 사건을 자신과 관련된 것으로 잘못 해석하는 것으로, 다른 사람의 행동에 대한 좀 더 타당한 설명을 고려하지 않고 자신이나 어떤 사람 때문에 다른 사람이 부정적으로 행동한다고 믿는 오류이다.

   예 화장실에 갔다가 사무실로 들어오는데 동료들이 웃고 있는 모습을 보고서, '나에 대해 무언가 이야기하고 있었던 것 아냐?'라고 생각하는 경우

6) 재앙화(파국화)

   미래에 대하여 좀 더 현실적인 다른 고려도 없이 부정적으로 예상하는 경우

   예 화를 잘 내지 못하고 억누르는 사람들 중 '내가 한번 화를 내면 폭발하고 말거고, 그렇게 되면 난 전혀 제어하지 못하고 끔찍한 일이 일어나고 말거야.'라고 생각하는 경우

7) 임의적 추론

   충분한 증거가 없거나 근거가 전혀 없는 경우에도 결론을 내리는 오류이다.

   예 '그 사람이 전화를 안받는 것을 보니, 나를 무시하는게 틀림없어'라고 생각하는 경우

8) 정서적 추론

   다른 증거에 관계없이 자신의 정서적 반응에 따라 결론을 내리는 오류이다.

   예 '죄책감이 드는 것을 보니, 내가 잘못한게 틀림없다'라고 생각하는 경우

9) 잘못된 명명

   어떤 하나의 행동이나 부분적 특성을 바탕으로 사람이나 사건에 대해 단정적으로 이름붙이는 오류이다.

   예 한 번 실수한 행동을 보고, '실수대장'이라고 이름붙이는 경우

> **부연복습**
>
> **우울증 환자들이 갖고 있는 대표적인 잘못된 사고체계(인지적 오류)**
>
> 1) 전부 아니면 전무의 사고(흑백 논리, 양극단적 사고, 이분법적 사고)
>   - 예 완벽하게 성공하지 못하면, 실패한 것이다.
> 2) 재앙화
>   - 예 나는 매우 화가 날 것이고 전혀 기능을 하지 못할 것이다.
> 3) 긍정적인 면의 평가절하
>   - 예 계획이 성공했지만, 내가 유능한 것이 아니라 단지 운이 좋았을 뿐이다.
> 4) 과장 / 축소
>   - 예 평범하다는 평가를 받는다는 것은 내가 얼마나 부적합한지 증명하는 것이다. 높은 평가를 받는 것이 내가 똑똑하다는 것을 의미하는 것은 아니다.
> 5) 정신적 여과(선택적 추상)
>   - 예 나의 평가에서 받은 한 가지 낮은 점수는 내가 일을 엉망으로 한다는 것을 의미한다.
> 6) 지나친 일반화(과잉일반화)
>   - 예 (나와 의견이 좀 다르다고 해서) 나는 이 친구를 사귀기에 필요한 요소를 가지고 있지 않다.
> 7) 자기 탓(개인화)
>   - 예 그 수리공이 나에게 퉁명스럽게 대했던 것은 내가 무엇인가 잘못했기 때문이다.

2 주요 기법과 절차

1 합리적 정서행동치료(REBT, 엘리스)

(1) **치료 절차** - 비합리적 신념을 먼저 규명한 후, 이를 보다 합리적인 생각으로 바꾸는 것이 중요하다.

① 절차
  ㉠ REBT의 기본철학 및 논리를 내담자가 믿도록 하는 설명과 설득이 필요하다.
  ㉡ 면접과정에서 내담자의 자기관찰 및 치료자의 반응을 통해 비합리적 신념을 규명한다.
  ㉢ 상담자는 내담자의 비합리적 신념을 직접적으로 논박하고 문제·좌절 장면에 대한 합리적 해석을 예시 또는 시범을 보인다.
  ㉣ 비합리적 신념을 합리적 자기 독백으로 대치시키기 위한 인지적 연습의 반복이 요구된다.
  ㉤ 합리적 행동 반응을 개발·촉진하기 위한 행동과제의 연습이 필요하다.

② ABCDE 모형
  ㉠ A(Antecedents) : 내담자가 노출되었던 문제 장면 또는 선행사건
  ㉡ B(Belief system) : 문제 장면에 대한 내담자의 관점 또는 신념
  ㉢ C(Consequences) : 선행사건 때문에 생겨났다고 내담자가 보고하는 정서적·행동적 결과

- ② D(Dispute) : 비합리적 신념에 대한 상담자의 논박
- ⑤ E(Effect) : 내담자의 비합리적 신념을 직면 또는 논박한 효과
  - ㉮ 내담자를 정서적으로 곤란하게 하는 것(C)은 선행사건(A)이 아니고 말로 표현되는 내담자의 신념(B)이다.
  - ㉯ 내담자 개인을 논박하는 것이 아니고 내담자의 비합리적 신념이 직접적인 공격의 대상임을 강조하여야 한다.
  - ㉰ 논박의 특성 : 논리성, 현실성, 실용성, 융통성, 파급효과

기출문제 확인학습

인지행동치료 ABCDE에 기초한 치료계획

1) 엘리스의 합리정서행동치료 모델의 개입과정을 ABCDE의 모델로 간단히 도식화하고 있으며, 이 도식에 의하면 사건 (A)가 (C)의 정서나 행동상태를 일으키는 원인이 아니라, 사건 (A)에 대한 개인의 신념체계인 (B)가 (C)를 유발하는 주요 원인이라고 보는 것이다.
2) (B)지점이 가장 중요한 부분으로 간주되어 개인이 갖고 있는 비합리적인 신념체계를 발견하여 이를 철저히 논박함(D)으로써 합리적인 신념체계를 바꾸어 주도록 시도한다.
3) 부당한 죄책감, 불안, 적개심과 같은 부정적 정서와 자기 파괴적인 행동을 감소하거나 제거(E)하는 것이다.
4) 단계별 치료계획을 세우면 다음과 같다.
   (1) 1단계
      ① 치료자는 내담자가 어떠한 비합리적인 생각과 신념을 가지고 있는지를 재빨리 찾아내어 이를 내담자에게 보여준다.
      ② 내담자로 하여금 자신에게 비합리적이고 자학적인 사고방식과 태도가 있다는 것을 분명히 자각하고 인식하도록 한다.
   (2) 2단계
      내담자의 신념이 어떻게 심리적 고민과 정서적 혼란의 원인이 되고 있는가를 보여준다.
   (3) 3단계
      내담자가 갖고 있는 비논리적인 신념들이 사실은 내면화된 자기 독백의 내용으로 어떻게 연결되고 있는가를 깨닫도록 인도하기 위해 치료자는 내담자가 갖고 있는 머릿속의 신념을 구체적인 문장으로 정확하게 표현해 준다.
   (4) 4단계
      비합리적인 신념을 논박해 보도록 자기의 사고방식을 분석하고 교정하는 시간을 가짐으로써, 지금까지와는 다른 새로운 신념체계인 합리적이고 융통성 있고 효율적인 사고로 바꾸게 한다.

(2) 상담 목표

문제행동의 제거보다는 문제행동의 원인이 되는 자기패배적 신념과 비합리적 신념을 극소화시켜서 현실적이고 융통성 있고 합리적인 가치관을 가지게 하는 것이다.

(3) 상담 방법
  ① 치료는 내담자가 비합리적이고 부적절한 자기 독백(self - talk)을 인식하게 하고 보다 합리적이고 긍정적인 자기 독백으로 대체하도록 돕는 것이다. 다시 말해서 비합리적인 신념을 합리적인 신념으로 그리고 부정적인 자기 독백을 긍정적인 자기 독백으로 바꾸어 주는 것이다.
  ② 상담 기법에는 교수, 독서, 과제 등의 다양한 방법이 있는데 크게 인지적 기법, 정서적 기법, 행동적 기법이 있다.

③ 인지적 기법은 내담자에게 비합리적 신념으로 인해 정서적 장애가 발생함을 가르치고, 내담자의 비합리적 사고가 비합리적인 이유와 근거를 교육하여 합리적 사고로 대치시켜 정신건강을 유지할 수 있도록 철학적 교육을 하는 방법이다.
④ 정서적 기법은 내담자가 스스로를 정직하게 표현하도록 하고 자신의 부정적 경험을 인정하며 정서적 모험을 경험하게 하여 정서적으로 개방되도록 조력한다.
⑤ 행동적 기법은 다양한 행동 기법을 활용하여 실제 생활 속에서 인지적, 행동적 과제를 이행하도록 하여 구체적이고 확고한 행동을 형성하도록 한다.

기출문제 확인학습

1) 인지행동상담에서의 상담기술은 사고 재구성 방법과 행동변화 기법을 결합해서 내담자들의 사고와 감정의 변화를 이끌어 내는 것으로 인지적 재구성, 인지행동 수정, 스트레스 접종 등이 있다.
2) 스트레스 접종방법에는 자기 대화, 이완훈련, 심호흡 연습, 재구조화 연습 등이 있다.

2 인지치료(아론 벡)

(1) 인지치료의 목표와 방법
① 인지치료의 목표는 내담자가 보다 건설적이고 목표 지향적인 활동에 참여하면서 자신의 능력에 대한 부정적이고 역기능적 사고를 변화시키는 것이다.
② 치료 초기에는 비교적 인식되기 쉬운 부정적 자동적 사고에 초점을 두어 스스로 이러한 자동적 사고를 식별하고 평가하여 수정할 수 있도록 돕는다.
③ 역기능적 사고의 기초가 되고 있는 신념체계에 치료의 초점이 옮겨진다.
④ 기법들
특별한 의미 이해하기, 절대성에 도전하기, 재귀인하기, 인지 왜곡 명명하기, 흑백논리 도전하기, 파국에서 벗어나기, 장·단점 열거하기, 인지적 예행 연습 등

기출문제 확인학습

인지치료의 개입방법

1) 주의 환기하기
주의를 환기하는 활동을 통해서 내담자가 부정적으로 생각하는 것을 환기시킨다.
2) 이중잣대 방법
사람들은 종종 친구나 동료들보다 자신에게 더 인색하게 대할 때가 있으므로 같은 상황에서 스스로를 친구에게 하듯이 대하도록 한다.
3) 장점과 단점
내담자로 하여금 자신의 특별한 신념이나 행동에 대한 장점과 단점을 열거하도록 하면서 흑백논리에서 벗어나도록 돕는다.
4) 다른 설명 찾기
다른 설명이 가능한 상황에서 부정적인 결론을 고수하는 내담자에게 다른 대안적인 설명을 찾도록 한다.

기출문제 확인학습

인지적 오류 사례와 치료기법 1

사례 "이번 학기에 모든 과목에서 A학점을 받지 못한다면, 이번 학기는 실패한 것이나 다름없어."

1) 오류 : 이분법적 사고(흑백논리)
2) 치료적 기법 - 흑백논리 도전하기
   (1) 내담자가 어떤 일을 흑백논리로 기술할 때, '측정하기'라는 과정을 사용해서 이분법적 범주화를 연속선상의 측정으로 변환시킨다.
   (2) 내담자는 연속선상에서 자신의 위치를 확인함으로써 이분법적 사고에서 비롯된 파국적 결과의 낙담에서 벗어날 수 있다.

인지적 오류 사례와 치료기법 2

사례 "성적이 우수한 고등학생이 학급에서 5등 밖으로 벗어나면 끝장이라고 생각하는 경우"

1) 오류 : 파국화
2) 치료적 기법 : 파국에서 벗어나기
   '만약 ~하면 어떤 일이 일어날까(what if)'란 기법으로, '만약 너의 성적이 7등이 된다면 어떤 일이 일어날까?'라고 물어서 그러한 결과가 마음 아프겠지만, 가능할 수 있다는 것을 깨닫게 한다.

(2) 주요 절차

① 상담자는 내담자의 생각 중 왜곡된 부분을 발견, 시정하도록 돕고 생활경험을 보다 현실적으로 소화하는 대안적 안목 및 태도를 학습하도록 돕는다.

② 특징
   ㉠ 비교적 단기간에 좋은 결과를 보인다.
   ㉡ 내담자와의 관계를 중시한다.
   ㉢ 내담자 스스로 답을 찾는 소크라테스식 질문을 사용한다.
   ㉣ 문제 중심적, 교육적·지시적, 숙제를 중요시한다.

③ 내담자의 생각 중 잘못된 신념을 지적하고 교정하여 자기 충족적인 생활로 바꾸어 나가도록 한다.
   ㉠ 내담자가 자기 생각이 무엇인지 자각하게 한다.
   ㉡ 내담자가 자각한 생각 중 부정확하고 왜곡된 신념이 무엇인지 규명한다.
   ㉢ 부정확한(현실적 근거가 없는) 신념을 대치할 수 있는 정확하고 객관적인 인지 내용이 무엇인지 발견, 학습하도록 한다.
   ㉣ 상담자는 내담자의 인지적·행동적 변화에 대해 피드백과 강화를 한다.

> 기출문제 확인학습

자동적 사고를 찾는 방법

1) 감정의 변화 즉시 질문하기
   내담자가 감정을 나타낼 때 이는 중요한 자동적 사고가 방금 일어났다는 신호이다.
2) 사고기록지 작성
   내담자는 자동적 사고를 기록하는 과정에서 중요한 인지에 주의를 기울이게 될 뿐 아니라 체계적인 방법으로 자동적 사고를 찾는 연습을 할 수 있다.
3) 자동적 사고 체크리스트
   가장 많이 사용되는 자동적 사고 체크리스트는 주로 경험적 연구에서 치료에 따른 자동적 사고의 변화를 측정하기 위해 사용되었다.
4) 심리교육
   대개 치료자들은 치료 초기에 자동적 사고의 특성과 함께 자동적 사고가 감정과 행동에 어떻게 영향을 미치는지에 관해 간략히 설명한다.
5) 심상
   내담자가 상상을 통해 중요한 사건을 다시 회상하도록 하여 사건이 일어났을 당시의 생각과 감정을 떠올리도록 돕는 것이다.
6) 역할극
   치료자가 내담자의 인생에서 어떤 한 사람의 역할을 맡아 자동적 사고를 자극하는 상호작용을 모의적으로 해 보는 것이다.

사고변화 기록지의 5개 컬럼(SEARO)

1) 상황(Situation)
   불쾌함을 야기한 사건, 생각의 흐름, 기억내용을 서술한다.
   예 "기분 나쁜 감정을 일으키게 한 일이나 생각 또는 상황은 무엇이었습니까?"
2) 감정(Emotions)
   이전 상황에서 발생한 감정의 유형(슬픔, 분노 등) 및 감정의 강도를 서술한다.
   예 "상기 상황에서 발생한 (슬픔, 불안, 분노 등) 자신의 감정은 무엇이었습니까?"
3) 자동적 사고(Automatic Thoughts)
   감정과 관련된 자동적 사고와 자동적 사고의 확신 정도를 서술한다.
   예 "어떤 생각이나 장면이 마음 속을 스쳐 갔습니까?"
4) 합리적 반응(Rational Response)
   자동적 사고에 대한 합리적인 반응과 합리적 반응의 확신 정도를 서술한다.
   예 "어떤 사고의 왜곡을 하였습니까?"
5) 결과(Outcome)
   현재의 상황에서 자동적 사고의 확신 정도와 결과적으로 드러난 감정의 강도를 서술한다.
   예 "이제 각각의 자동적 사고들을 얼마나 믿고 있습니까?"

소크라테스식의 대화법의 의미와 원리

1) 문답식 산파술의 '문답식'이라는 말이 제시하는 것처럼, 상담자는 질문을 하고 내담자는 대답을 하며 이 과정에서 내담자가 자신의 머릿속에 있는 생각을 스스로 탐색해 나가거나 자신이 막연하게 가지고 있는 신념들을 상담자의 예리하고 분석적인 질문을 통하여 통찰하고 사색하고 정리하게 된다.

2) 내담자는 자기 자신 내부에 이미 해답을 가지고 있음에도 불구하고 그것을 유도해 낼 수 있는 적절한 자극제가 없기 때문에 미처 찾지 못했던 해답을 상담자의 적절한 촉진적 자극에 의해서 깨닫게 된다.
3) 소크라테스식의 대화법은 상담자의 통찰력 있는 질문이 선행되어야 하며 학습과 회상에 영향을 준다.
   (1) 일문일답의 형식을 따라야 한다.
   (2) 합의에 도달할 때까지 계속해서 이야기를 한다.
   (3) 질문을 던질 때마다 장황하게 말을 늘어놓거나 토론의 원줄기를 놓치는 일이 없도록 유념해야 한다.
   (4) 한꺼번에 퍼부어대는 식의 질문은 삼가야 한다.
   (5) 한 가지 질문에 대해서 여유를 가지고 대답할 수 있는 시간을 주어야 한다.

소크라테스식 대화의 특징

1) 소크라테스식 대화는 인지치료에서 사용하는 것으로, 문답식 산파술이라고도 한다.
2) 소크라테스식 대화의 특징
   (1) 소크라테스식 대화법은 내담자들의 사고를 외현적으로 드러내 보인다.
      스스로의 사고를 보다 더 의식하고 정교화하며 발전시키고 평가하도록 가이드하는 데 목적이 있다.
   (2) 소크라테스식 대화법은 모든 사고에는 논리, 즉 구조가 있다는 아이디어에 기초하고 있다.
      사고란 여러 요소들이 서로 연결되어 전체적인 체계를 이루고 있으며 논리는 '관계'를 의미하며 이것들이 부분들 간의 관계에 따라 사고의 전체는 하나의 체제를 이룬다.
   (3) 소크라테스식 대화법은 수업이나 기타의 학습장면에서 손쉽게 적용될 수 있다.
      그 이유는 이들의 대부분은 질문하고 대답하는 변증법적인 대화의 과정으로 이루어지기 때문이다.

소크라테스식 질문을 사용할 때 유의해야 할 사항

1) 구체적인 결과물(성과)을 얻을 수 있는 질문을 한다.
2) 내담자를 학습에 참여하도록 유도하는 질문을 한다.
3) 내담자를 취조하는 듯한 질문을 하지 않아야 한다.
4) 내담자의 인지기능, 주의 집중력 등을 고려하여 질문을 한다.
5) 미리 정해진 결론을 유도하는 질문을 하지 않아야 한다.
6) 필요하다면 선다형의 질문을 하는 것이 좋다.
7) 변화의 가능성을 보여주는 질문을 한다.
8) 내담자에게 도움이 되는 수준의 질문을 던지는 것이 좋다.
9) 정해진 결론으로 이끄는 질문은 피하는 것이 좋다.

소크라테스식 질문 활용을 위한 요령

1) 문답식 대화에 의미와 방향을 제공하는 중요한 질문을 미리 준비한다.
2) 기다리는 시간 활용 : 최소 30초 정도를 허용한다.
3) 학생의 반응에 이어 그에 뒤따르는 반응을 해 준다.
4) 탐구적인 질문을 한다.
5) 정기적으로 토론된 핵심 포인트를 글로 요약한다.
6) 토론에 가능한 많은 학생을 참여시킨다.
7) 교사가 하는 탐구적인 질문을 통해 학생 스스로 깨닫게 만든다.

소크라테스식 질문의 사례

1) **명확한 질문**
   (1) 무슨 의미인가?
   (2) 그것을 다른 방식으로 표현할 수 있는가?
   (3) 주요 이슈가 무엇이라 생각하는가?
   (4) 예를 들 수 있는가?
   (5) 그 관점을 좀 더 확대시킬 수 있는가?

2) 처음 질문 또는 이슈에 관한 질문
   (1) 이 질문이 왜 중요한가?
   (2) 이 질문이 대답하기 쉬운가 아니면 어려운가? 왜 그렇게 생각하는가?
   (3) 이 질문에 기초하여 어떤 가정을 할 수 있는가?
   (4) 이 질문이 다른 중요한 이슈와 질문을 이끌어 주는가?

3) 가정에 관한 질문
   (1) 왜 그가 이러한 가정을 했을까?
   (2) 여기서 _____ 은 무엇을 가정하고 있는가?
   (3) 그 대신 다르게 가정할 수 있는 방법은?
   (4) _____ 라고 가정하고 있는 듯 하군요.
   (5) 내가 제대로 이해하고 있는가?

4) **이유와 근거에 관한 질문**
   (1) 예로는 무엇이 있을까?
   (2) 왜 이것이 진실이라고 생각하는가?
   (3) 이 밖에 다른 정보는?
   (4) 이유를 설명해 줄 수 있는가?
   (5) 어떤 추론으로 그와 같은 결론에 도달했는가?
   (6) 그 근거를 의심할 이유가 있는가?
   (7) 그렇게 믿는 근거는 무엇인가?

5) **기원 또는 출처에 관한 질문**
   (1) 그 생각을 어디에서 얻었는가?
   (2) 무엇 때문에 그렇게 느끼는가?
   (3) 원래 여러분의 생각인가 아니면 다른 데서 들은 이야기인가?
   (4) 항상 그런 식으로 느끼는가?
   (5) 그 의견은 다른 것 또는 다른 사람의 영향을 받은 것인가?

6) 암시적, 결론적 질문
   (1) 어떤 효과가 있을까?
   (2) 그 일이 정말 벌어졌는가 또는 벌어질 가능성이 있는가?
   (3) 대안은?
   (4) 그것으로 암시하고자 하는 바는 무엇인가?
   (5) 만약 그 일이 벌어졌다면 결과로 그 밖에 어떤 일이 벌어질 것인가? 왜 그런가?

7) 관점 질문
    (1) 이 질문에 다른 그룹의 사람들은 어떻게 반응할 것인가? 왜 그런가?
    (2) 만약 여러분 _____ 가 할 수 있는 대답에 어떻게 반론을 펼 수 있겠는가?
    (3) _____ 라고 믿는 사람은 무슨 생각을 할 수 있겠는가?
    (4) 다른 대안은?
    (5) _____ 와 _____ 의 생각이 어떻게 같은가? 다른가?

3 마이켄바움의 인지행동수정(CBM : Cognitive Behavior Modification)

(1) 마이켄바움의 인지행동수정은 우울증 같은 심각한 정신병리보다, 자기 스스로 통찰하는 과정이 있다는 점에서 생활에 약간의 문제가 있는 사람에게 더 잘 적용된다고 할 수 있다.

(2) 이 접근은 REBT나 벡의 인지치료와 마찬가지로 고통스런 정서가 대개 부적응적 사고의 결과라고 가정한다. 그러나 마이켄바움의 자기 - 지시 치료(SIT : Self Instructional Therapy)는 내담자가 자기 - 대화를 인식하도록 돕는데 초점을 둔다.

(3) 행동변화법

① 1단계 : 자기 - 관찰

변화과정의 시작단계는 내담자가 자신의 행동을 관찰하는 방법을 학습하는 것이다. 이 과정에는 자신의 사고, 감정, 행동, 생리적 반응, 대인 관계에서의 반응에 대한 높은 민감성이 포함된다.

② 2단계 : 새로운 내적 대화의 시작

내담자들은 자신의 부적응적 행동을 알아차리는 것을 배우고, 그들은 적합한 행동 대안에 주목하기 시작한다. 내담자들은 심리상담 / 치료를 통해 자신의 내적 대화를 변화시키는 것을 배우게 된다. 그들의 새로운 내적 대화는 새로운 행동을 유도한다. 이 과정은 내담자의 인지적 구조에 영향을 끼친다.

③ 3단계 : 새로운 기술의 학습

효과적인 대처 기술을 내담자에게 가르치고 그것을 실생활에서 실행한다. 동시에 내담자들은 새로운 내적 대화를 시도하고, 결과를 관찰하고 평가하는데 계속해서 초점을 둔다.

기출문제 확인학습

자기교습훈련 [마이켄바움의 인지행동수정(Cognitive Behavior Modification)]

1) 내담자의 자기 - 언어화를 변화시키는 것을 중점적으로 다룬다.
2) 인지행동수정(CBM)의 기본전제는 행동변화가 일어나기 위해서는, 내담자들이 그들의 생각, 느낌, 행동과 '그들이 사람들에게 미치는 영향'을 알아야한다는 것이다.

제5절 기타 상담접근법

1 개인주의 상담이론[6](아들러)

1 개인주의 상담이론의 특징 및 주요개념

(1) 특징
1) 열등감과 보상은 아들러(Alfred Adler)가 만든 개인심리학의 주요 개념이다.
2) 아들러는 약 9년 동안(1902 - 1911) 지그문트 프로이트와 교류하다가 관점의 차이로 정신분석학회에서 이탈하여 그의 추종자들과 함께 1912년에 '개인심리학회'를 만들었다.
3) 아들러는 프로이트가 지나치게 강조한 생물학적 결정론에 따른 심리적 발달에 동조하지 않았다. 즉 아들러는 프로이트 정신분석 이론의 핵심 개념인 성 추동(sex drive)을 남성성 추구(masculine)로 대체하고 프로이트의 생물학적, 외적, 객관적인 원인 설명을 심리적, 내적, 주관적 원인 설명으로 대체시켰다.
4) 아들러는 인간을 사회적이며, 목적론적인 존재로 보고 이해하려고 시도하여, 아들러는 사회적 관심을 강조하였으며 '인간의 모든 행동은 목적이 있다'고 하였다.
5) 아들러는 상담을 통해 개인이 보다 나은 생활양식을 개발하고, 잘못된 생활양식을 긍정적인 관점으로 대치하고 또한 사회적 관심을 발달시킬 것을 강조하였다.

(2) 주요개념
1) 생활양식(Life Style)
   인생목표 뿐 아니라 자아개념, 타인에 대한 감정, 세상에 대한 태도 등 스스로 설계한 한 개인의 독특한 특징으로 유형으로는 지배형, 기생형, 회피형, 사회적 유용형이 있다.

2) 열등감과 보상(Inferiority and Compensation)
   ① 열등감
      ㉠ 개인이 잘 적응하지 못하거나 해결할 수 없는 문제에 직면했을 때 생기는 것이다.
      ㉡ 모든 인간으로 하여금 무엇인가를 추구할 수 있게 하는 동기이다.
      ㉢ 열등감은 누구에게나 있고, 인간이 성숙해지고 자신의 잠재력을 실현하는 데 필요한 것이다.

---

6 아들러(Adler)의 개인주의적 상담에서 인간의 모든 행동은 사회적 맥락에서 일어난다고 보아 사회적 관계를 중시하였다. 인간의 전체성과 주관성을 인본주의적 측면에서 강조하였으며, 인간은 끊임없는 변화·발전·자기창조를 통하여 자기완성을 추구한다고 보았다. 열등감과 그릇된 생활양식의 발달 과정에 대한 이해를 통하여 잘못된 생활목표를 변화시켜 새로운 생활양식을 형성하고 사회적 관심을 가지게 하는 것을 상담의 목표로 삼았다.

② 보상

잠재력을 발휘하도록 인간을 자극하는 건전한 반응, 즉 열등감에서 우월감을 갖도록 어떤 것을 유발하는 건전한 반응이 바로 보상이다.

3) 사회적 관심

각 개인이 이상적인 공동사회의 목표를 달성하고자 할 때 사회에 공헌하려는 성향을 의미한다.

4) 자아의 창조적인 힘

자아의 창조적인 힘은 생의 의미를 제공하는 원리로 작용하면서 풍요롭게 만들며 자신의 인생목표와 이를 추구하는 방법을 결정하고 사회적 관심의 발달에 영향을 미친다.

5) 우월성 추구 / 우월을 향한 노력(will to power)

열등감을 보상하려는 욕구에서 출발하며 인간생활의 궁극적 목적은 우월하게 되는 것이다.

2 개인주의 상담의 목표와 과정

(1) 상담목표
① 일반적으로 잘못된 목표나 잘못된 가정을 규명하고 탐색하기 위한 계약을 체결하고, 다음에 건설적인 목표를 설정하기 위해 내담자를 재교육한다.
② 기본목표는 내담자의 사회적 관심, 즉 잘못된 사회적 가치를 바꾸는 것이다.
③ 행동수정보다는 동기수정에 관심을 가지며 기본적인 삶의 전제들, 즉 생의 목표에 도전하려 한다.

(2) 상담과정(4단계)
① 치료관계 형성(1단계)
  ㉠ 내담자의 삶에 책임감을 느끼도록 협동관계를 수립한다.
  ㉡ 격려와 지지를 통해 강점을 자각하도록 돕는다.
  ㉢ 내담자의 주관적 경험과 욕구를 중심으로 상담을 진행한다.
② 개인역동성 탐색(2단계)
  ㉠ 내담자의 목표는 자신의 생활양식을 이해하고, 그것이 현재 생활의 모든 문제에 있어서 어떻게 기능하는지를 이해하는 것이다.
  ㉡ 초기기억(어린 시절의 회상)은 내담자가 구체적으로 명확하게 기억할 수 있는 것들에 한하며 아들러 학파의 치료자들은 이러한 초기회상을 개인의 생애유형 발달과 개인 생활양식에 대한 중요한 단서로 본다.
  ㉢ 꿈은 현재의 관심이나 기분을 투사한 것으로 보아, 꿈이 문제를 표면으로 가져오기 때문에 꿈은 치료의 방향을 제시한다.
③ 통합과 요약(3단계) → 자기이해와 통찰단계
  ㉠ 개인의 가족 내에서의 위치와 초기회상, 꿈, 우선과제 등에 대한 자료수집 후 각 영역을 분리해서 요약한다.
  ㉡ 요약된 내용을 내담자에게 보여주고 내담자와 토의하며 내담자와 상담자가 같이 구체적으로 수정한다.

ⓒ 상담자는 내담자가 자신의 생활양식, 현재의 심리적인 문제, 잘못된 신념 등 기본적 오류를 깨닫도록 해주고 그것이 어떻게 내담자에게 문제가 되는지 해석해 준다.
　　ⓔ 상담자는 내담자의 언행의 불일치, 이상과 현실 간의 불일치 등에 대해 내담자가 직면하여 자신에 대한 통찰을 얻을 수 있도록 해야 하며 해석을 통하여 내담자의 장점을 지적하고 격려해야 한다.
　④ 재교육(4단계)
　　㉠ 해석을 통해 획득한 내담자의 통찰이 실제 행동으로 전환되는 단계로써, 내담자는 과거의 잘못된 신념, 행동, 태도를 버리고 새로운 생활양식을 갖고 사회적 관심을 갖도록 원조된다.
　　ⓒ 상담자는 내담자에게 사회적 접촉을 시범으로 보여주고 내담자가 이를 다른 사람에게도 실시해 보도록 격려한다.

(3) 상담기법
개인심리학에서는 내담자에게 스스로 변화할 수 있는 능력이 있다고 믿기 때문에 그러한 믿음을 그에게 보여줄 수 있는 상담 기법을 사용한다.
　① 일반적 상담기술
　　관심 기울이기, 경청하기, 공감, 구체성, 진실성, 자기노출, 바꾸어 말하기, 맞닥뜨림, 해석, 즉시성(상담 중에 나타나는 것이 일상생활에서 생기는 것의 표본이라는 사실을 내담자가 깨닫도록 돕는 것)
　② 언어적 기술
　　개인심리학에서는 충고를 사용하되, 내담자의 의존성을 부추기지 않도록 해야 하며 내담자의 자기지도력과 자립 능력을 격려하도록 충고해야 한다.
　③ 격려하기
　　불행, 우울, 분노, 불안의 심리 상태에 있는 사람은, 성장할 수 있고 보다 자기 충족적인 방향으로 모험을 감행할 수 있는 스스로의 능력에 대한 신뢰가 없기 때문이라고 생각한다. 따라서 이런 사람들의 내적 자원(resource)의 개발을 촉진하고 긍정적인 방향으로 나아갈 수 있는 용기를 북돋아 주는 것이 필요하다.
　④ 행동적 기술
　　역할 연기(role playing), 빈 의자 기법
　⑤ 역설적 의도
　　내담자가 두려워하는 행동이나 사고를 의도적으로 과장하여 하도록 하는 기법이다.
　⑥ 초인종 누르기(단추 누르기, push button technique)
　　내담자가 자신의 감정을 창조하는 것임을 깨닫도록 돕는데 사용하는 기법으로, 단추 누르기 기법은 내담자가 유쾌한 경험과 유쾌하지 않은 경험을 번갈아 가면서 생각하도록 하고 각 경험과 관련된 감정에 관심을 가지도록 하는 것이다.
　⑦ 끓는 국에 찬물 끼얹기(= 스프에 침 뱉기)
　　내담자의 자기패배적 행동 뒤에 감춰진 의도나 목적을 드러내 밝힘으로써 내담자가 그 행동을 하는 것을 주저하게 하는 기법이다.

⑧ 수렁(악동) 피하기

　　내담자가 일상생활에서의 자기 패배적 행동양상을 상담 장면에 가져오는데 잘못된 가정도 사실로 인정받을 수 있는 기회가 있기 때문에 잘못된 가정에 매달려 있는 것인지도 모르므로, 상담자는 함정에 빠지지 않도록 하며 내담자의 행동을 강화하지 않도록 주의해야 한다.

⑨ 마치 ~인 것처럼 행동하기

　　상담자는 내담자가 자신의 바람을 이룬 자신으로 상상하고 행동하도록 역할놀이 상황을 설정하며, 내담자가 "만약 내가 …을 할 수 있다면"이라고 말하면 최소한 일주일 동안 그 환상 속의 역할을 실제로 행동해 보고 무슨 일이 일어났는지를 보도록 한다.

기출문제 확인학습

빈 의자 기법과 두 의자 기법

1) 빈 의자 기법 – 개인심리 상담(아들러), 게슈탈트 상담
　(1) 예 어떤 내담자가 직장의 상사와 어려움을 겪고 있다면 그 사람이 자기 앞에 놓여있는 빈 의자에 앉아 있다고 가정하고 그와 더불어 대화를 해보도록 할 수 있다.
　(2) 내담자는 자신이 맡고 있는 역할의 자아상태가 가진 많은 생각, 감정, 태도를 표출할 수 있게 된다.
　(3) 내담자는 빈 의자 기법을 통해 자기 자신의 자아상태를 보다 깊이 각성하는 계기를 갖게 된다.
　(4) 빈 의자 기법은 내적 갈등 때문에 괴로워하는 사람에게 도움이 된다.

2) 두 의자 기법 – 개인심리 상담(아들러)
　(1) 내담자가 자신의 성격 중 갈등하고 있는 부분들(우월한 자 / 열등한 자 혹은 수동자 / 공격자) 사이에 꼭 끼어서 꼼짝하지 못하고 있을 때 사용될 수 있다.
　(2) 이러한 상황에서 치료자는 내담자에게 이 의자에서 저 의자로 옮겨 앉으면서 두 가지 역할을 모두 해보라고 권할 수 있다.
　(3) 내담자는 묘사되고 있는 성격의 부분을 나타내기 위하여 자리를 바꿔가면서 두 부분들 간의 언어적 대화를 수행한다.
　(4) 이러한 대화를 통해 갈등이 표면화되고 내담자는 그것을 충분히 경험하게 된다.
　(5) 내담자가 양측을 모두 받아들이고 통합할 때 이러한 갈등은 비로소 해결될 것이다.
　(6) 이 기법은 내담자로 하여금 자신이 거부해왔던 감정이 바로 자신의 실제적인 일부분임을 깨닫게 함으로써 내담자가 이러한 자신의 일부분에서 떨어져 나가지 않도록 해준다.

2 게슈탈트 치료(형태주의 상담이론, 프릿츠 펄스)

1 개요

(1) 형태주의 상담이론은 현상학, 실존주의에 영향을 많이 받았다.
(2) 인간은 인생에서 자기 자신의 길을 찾아내고 개인적인 책임감을 받아들여야 한다.
(3) 형태주의 상담이론은 내담자로 하여금 자신이 어떻게 여기 - 지금(here and now)의 현재의 현실에서 느끼고 경험하는 것을 방해하는지를 각성(awareness)하도록 돕는 접근방법이다.
(4) 게슈탈트 치료 상담은 지나치게 사회화되어 있고 차분하며 억제되어 있는 사람들, 신경증, 공포증, 완벽주의, 무력증, 우울증 등으로 기술되는 사람들에게 가장 효과적이다.

(5) 형태주의 상담이론 학자인 프릿츠 펄스(F. Perls)의 가장 중요한 공헌은 현재를 올바르게 인식하고 충분히 경험하는 데에 초점을 둔다는 것이다.

2 주요개념

(1) 알아차림(= 각성, Awareness)

'알아차림'이란 개체가 자신의 유기체 욕구나 감정을 지각하여 게슈탈트로 형성하여 전경[7]으로 떠올리는 행위 또는 그러한 능력이며 알아차림은 누구에게나 자연적으로 갖추어져 있는 능력이다.
① 개체가 자신의 욕구나 감정을 지각하고 그것을 게슈탈트로 형성하여 전경으로 떠올리는 행위이다.
② 개체가 자기조정 작용을 원활히 하기 위해서는 매 순간 자신의 사고나 감정, 욕구와 감각을 명확하게 알아차리는 상태를 유지하는 것이 중요하다.
③ 접촉 경계 혼란이 개입되면 개체는 알아차림을 차단하고 게슈탈트 형성에 실패하게 된다.

(2) 게슈탈트(Gestalt)

'전체', '형태', '모습' 등의 뜻을 지닌 독일어로서 게슈탈트란 '개체에 의해 자각된 자신의 행동 동기'를 뜻한다. 즉, 개체가 자신의 유기체 욕구나 감정을 하나의 의미 있는 행동동기로 조직화하여 지각한 것을 뜻한다.
① 게슈탈트란 '전체', '형태' 등을 뜻하는 말로, 여러 부분들이 연결되어 형성하는 의미 있는 전체이다.
② 개인이 자신의 욕구나 감정을 하나의 의미 있는 행동동기로 조직화하여 지각한 것이다.

(3) 접촉

전경으로 떠오른 게슈탈트 해소를 위해 현재를 있는 그대로 경험하고 환경과 상호작용하는 것이다.

기출문제 확인학습

게슈탈트 심리치료

1) 게슈탈트 심리치료에서 알아차림-접촉주기(Awareness-Contact Cycle)는 욕구나 감정이 배경에서 전경으로 떠올라 해결되고 다시 배경으로 돌아가는 과정을 주기적으로 반복하는 순환과정을 말한다.
2) 게슈탈트 심리치료에서 '알아차림 → 접촉주기' 단계는 배경 → 감각 → 알아차림 → 에너지 동원 → 행동 → 접촉 → 배경의 순이다.

---

[7] 관심의 초점이 되는 부분을 전경이라 하고 관심 밖에 놓여있는 부분을 배경이라고 한다.
　① 사람이 대상을 지각할 때, 지각의 중심부분에 떠올려지는 부분과 뒤로 물러나는 부분이 있는데, 이 때 지각의 초점이 되는 부분이 전경이고, 관심 밖의 부분이 배경
　② 정서적 측면에 적용하면, 어떤 상징에서 사람의 욕구와 필요의 초점이 되는 부분이 전경, 그 밖의 부분이 배경

> **알아차림 - 접촉 주기(cycle) : 게슈탈트의 형성과 해소**
>
> 1) 개체는 배경으로부터 분명한 게슈탈트를 형성해 내어 전경으로 떠올리고, 이를 환경과의 상호작용을 통해 해결하여 배경으로 사라지게 하고, 다시 새로운 게슈탈트를 형성하여 전경으로 떠올리는 순환과정을 되풀이 한다.
> 2) 게슈탈트가 생성되고 해소되는 반복과정을 '알아차림 - 접촉 주기'라고 부르는데, Perls는 우리의 유기체적 삶은 바로 이러한 게슈탈트의 형성과 해소의 끊임없는 반복 순환이라고 하였다.
> 3) '알아차림(awareness)'은 개체가 자신의 유기체적 욕구나 감정을 지각한 다음 게슈탈트로 형성하여 전경으로 떠올리는 행위를 말하며 알아차림은 누구에게나 자연적으로 갖추어져 있는 능력이다.
> 4) '접촉'은 전경으로 떠오른 게슈탈트를 해소하기 위해 환경과 상호작용 하는 행위를 뜻한다.
> 5) 에너지를 동원하여 실제로 환경과 만나는 행동으로, 게슈탈트가 형성되어 전경으로 떠올라도 이를 환경과의 접촉을 통해 완결 짓지 못하면 배경으로 사라지지 않는다.
> 6) 접촉은 알아차림과 함께 서로 보완적으로 적용하여 게슈탈트 형성과 해소의 순환과정을 도와주어 유기체의 성장에 이바지한다.
> ★7) Zinker는 '알아차림 - 접촉 주기'를 아래의 그림과 같이 여섯 단계로 나누어 설명했다.
>
> ```
>         ① 배경   ⇨   ② 감각   ⇨   ③ 알아차림
>           ⇧                              ⇩
>         ⑥ 접촉   ⇦   ⑤ 행동   ⇦   ④ 에너지 동원
> ```
>
> 먼저 ① 배경에서 ② 어떤 유기체의 욕구나 감정이 신체감각의 형태로 나타나고 ③ 이를 개체가 알아차려 게슈탈트로 형성하여 전경으로 떠올리고 ④ 이를 해소하기 위하여 에너지(흥분)를 동원하여 ⑤ 행동으로 옮기고 ⑥ 마침내 환경과의 접촉을 통해 게슈탈트를 해소한다.
> 8) 그러면 그 게슈탈트는 배경으로 물러나 사라지고 개체는 휴식을 취한다.
> 9) 잠시 후 다시 새로운 욕구나 감정이 배경으로부터 떠올라 이 과정을 반복하는 것이다.
> 10) '알아차림 - 접촉 주기'는 위에서 기술한 여섯 단계의 어느 곳에서나 단절될 수 있으며, 어느 단계에서든 차단이 되면 유기체는 게슈탈트를 건강하게 완결 지을 수가 없고, 따라서 미해결 과제가 쌓이게 되어 그 결과 현실 적응에 실패하게 된다.

(4) 미해결과제(unfinished business)
① 개체가 게슈탈트를 형성하지 못했거나 형성된 게슈탈트가 적절히 해소되지 못하여 배경으로 물러나지 못한 상태이다.
② 미해결 과제는 계속 이에 대한 해결을 요구하며 전경으로 떠오르려고 하면서 전경과 배경의 자연스런 교체를 방해하여 개체가 환경과 접촉하고 적응하는 것을 방해한다.
③ 미해결 과제를 해결할 수 있는 방법은 '지금 - 여기(here and now)'를 알아차리는 것이다.

(5) 회피
① 사람은 미해결 과제 및 그것과 관련된 불편한 감정을 직면하지 못하고 회피하려는 경향이 있다.
② 이러한 회피 경향 때문에 자신의 문제를 해결하지 못하고 이러지도 못하고 저러지도 못하는 상황에 빠지게 된다.

(6) 한의 장벽
　① 불편 때문에 개인들이 위협적인 감정들의 경험을 회피하는 지점이며 극도의 무력감과 아무 것도 아니라는 느낌을 자주 경험한다.
　② 고통스런 감정을 변화시키려 하지 않고 이를 피하려고 하면서 그에 대해 생각할 수도 없게 되어 성장의 가능성을 가로막는 것이 한의 장벽이다.
　　　사례 "내가 실은 온순한 것이 아니라, 단지 그렇게 믿고 있을 뿐이었다는 것을, 남들 앞에서 그렇게 보이려고 하는 것뿐이었다는 것을 깨달아도 세상을 살아가려면 어쩔 수 없어, 그래도 난 그렇게 살 수밖에 없어."라고 생각하는 경우

(7) 에너지와 에너지 차단
　① 형태주의 상담에서는 에너지가 어디에 있고 어떻게 사용되고 있는지 그리고 어떻게 차단될 수 있는지에 대해 특별한 주의를 기울인다.
　② 내담자가 에너지를 차단하는 방식을 알게 하며 차단된 에너지를 적응적으로 전환하게 도와준다.

기출문제 확인학습

형태치료(게슈탈트 치료)에서 접촉 - 경계 혼란을 일으키는 여러 가지 심리적 현상 - 접촉을 방해하는 것

1) 내사(내면화, 투입, introjection)
　개체가 환경과의 접촉을 통하여 자신에게 필요한 것을 외부로부터 받아들일 때 무비판적으로 받아들여서 자신의 것으로 동화시키지 못한 채 남아있으면서 개체의 행동이나 사고방식에 악영향을 미치는 타인의 행동방식이나 가치관이다.

2) 투사(projection)
　개체가 자신의 생각이나 욕구, 감정 등을 타인의 것으로 지각하는 현상으로 개체가 자신의 욕구나 감정을 자신의 것으로 자각하고 접촉하는 것을 두려워한 나머지 그것에 대한 책임 소재를 타인에게 돌리면서 책임을 회피한다.

3) 융합(confluence)
　(1) 밀접한 관계에 있는 두 사람이 서로 간에 차이점이 없다고 느끼도록 합의함으로써 발생하게 되며 공허감과 고독을 피하기 위해 시작되고 유지된다.
　(2) **예** 서로 지극히 위해주고 보살펴주는 것처럼 보이지만, 내적으로는 서로 독립적으로 행동하지 못하고 의존 관계에 빠진 경우

4) 반전
　(1) 개체가 다른 사람이나 환경에 하고 싶은 행동을 자기 자신에게 하는 것 또는 타인이 자기에게 해 주기를 바라는 행동을 스스로 자기 자신에게 하는 것이다.
　(2) 환경이 용납하지 않은 행동을 하지 않으면서 자신이 처벌이나 불이익을 받지 않으려는 것이다.
　(3) 대상이 자기 자신이기는 하지만, 반전행동을 통하여 부분적으로 욕구나 충동을 해소한다.

5) 편향(deflection)
　(1) 감당하기 힘든 내적 갈등이나 환경 자극에 노출될 때 이에 압도당하지 않으려고 자신의 감각을 둔화시켜서 환경과의 접촉을 피하거나 약화시키는 것이다.
　(2) 개체는 환경과의 접촉에서 사용되어야 할 에너지를 철회함으로써 접촉을 피한다.

3 상담의 목표

(1) 기본적인 목표는 참여자들로 하여금 자신의 인식에 대한 책임능력을 어떻게 회피하고 있는지를 인식시키고 외적인 지지보다도 내적인 지지를 찾도록 격려하는 것이다.
(2) 이러한 인식을 통하여 내담자들은 단절되었던 자신의 부분을 인지하고 재통합하여 전체적으로 된다.
(3) 개인들로 하여금 성숙하고 성장하도록 돕는 것이며 상담 목표는 통합[8](integration)의 성취라는 목표가 함축되어 있다.

4 상담의 과정

(1) 형태주의 상담은 능동적이고 직접적인 경험에 관심을 가지고 시작한다.
(2) 상담자가 중심이 되어 상담활동을 정한다.
(3) 언제나 현재를 중심으로 각성시키는 것을 중요한 상담목표로 정한다.
(4) 상담과정은 형태의 생성(=형성)과 소멸(=해소)을 방해하는 요인을 제거하는 모든 과정이 포함된다.

5 상담의 기법 [빈출영역]

(1) 욕구와 감정 자각
   지금 여기에서 체험되는 욕구와 감정을 알아차리게 하는 경우이다.
   사례 "지금 어떤 느낌이시죠?", "지금 당신이 원하시는 것이 무엇입니까?"

(2) 환경 자각
   ① 주위 사물과 환경에 대해 자각하도록 해줌으로써 환경과의 접촉을 증진한다.
   ② 환경 자각은 내담자들의 공상과 현실에 대한 분별을 높여준다.
   사례 "지금 무엇이 보입니까?", "방 안에 전에 없던 새로운 것들이 있습니까?"

(3) 언어 자각
   ① 말에서 행동의 책임 소재가 불명확한 경우 자신의 감정과 동기에 책임을 지는 문장으로 말하는 것이다.
   ② '나는' 이라는 말 대신 '그 사람이'라고 말하면, '나는'으로 바꿔 말하게 하기

(4) 신체 자각
   ① 보기, 듣기, 만지기, 맛보기, 냄새 맡기, 목소리 내기 등의 감각작용을 통해 환경과의 접촉을 증진한다.
   ② 정신작용과 신체작용은 서로 불가분의 관계에 있기 때문에 신체감각에 대해 자각하도록 함으로써 자신의 감정이나 욕구, 무의식적인 생각을 자각하게 한다.
   사례 "당신의 호흡을 자각해 보세요.", "당신의 신체감각을 한번 느껴보세요."

---

8 통합이란 개인의 느낌, 지각, 사고 및 신체과정이 더 큰 전체의 부분임을 의미한다.

(5) 언어 연습
① 게슈탈트 치료에서는 언어를 사용하는 양상과 성격 간의 관계를 강조한다.
② 언어를 사용하는 양상은 개인의 느낌, 사고, 태도를 표현하며 이에 초점을 맞추게 되면 자기 인식을 증가시킬 수 있다.
   사례 인칭대명사의 사용, "나는 ~에 대해 책임을 집니다."

(6) 투사놀이
① 어떤 내담자는 자신의 감정이나 동기를 부인하고 그러한 것을 다른 사람에게 돌리는데 너무 많은 에너지를 소비한다.
② 이처럼 내담자가 무엇인가를 다른 사람에게 투사하고 있을 때 상담자는 내담자에게 그 사람의 역할을 해 보라고 요청할 수 있다.

(7) 꿈 작업 - 주의할 것은 [꿈의 해석]은 정신분석적 기법이므로 구분하여야 함
게슈탈트 치료에서는 정신분석에서처럼 꿈을 해석하고 분석하지 않는다. 그 대신에 꿈을 현실화하고 재현시켜서 마치 지금 일어나고 있는 것처럼 꿈을 다시 체험하게 한다. 상담자는 내담자에게 자신의 꿈을 현재 시제로 재현하고 행동화하여 꿈의 중요한 요소들을 대화로 변형시키고 꿈의 일부분이 되도록 권한다.
① 게슈탈트 치료에서는 꿈을 내담자의 욕구나 충동 혹은 감정이 외부로 투사된 것으로 보며 꿈에 등장하는 사람, 나무, 집 등 모든 것은 우리 자신의 투사물로 간주한다.
② 이렇게 투사된 것들을 다시 찾는 방법은 꿈의 각 부분들과 동일시 해보는 것이다.
③ 살인자에게 쫓기는 꿈을 꾸면 살인자 역할을 해 보도록 해서 공격적 욕구와 접촉하게 한다.

(8) 빈 의자 기법
치료 장면에 없는 사람과 상호작용을 할 필요가 있을 때 내담자에게 그 인물이 맞은편의 빈 의자에 앉아 있다고 상상하고 대화하게 하는 방법이다.

기출문제 확인학습

1) 게슈탈트 상담의 공헌점
   (1) 실존적 의미 및 실제 경험으로 내담자의 성장에 도움 제공
   (2) 꿈의 실존적 메시지를 내담자가 발견하도록 도와줌
   (3) 과거를 현재와 관련시켜 생생하게 처리함
2) 게슈탈트 상담의 비판점
   (1) 성격이론의 정교화 부족
   (2) 치료기제의 이론화 부족
   (3) 성격의 인지적 측면 무시

3 실존주의 상담이론(메이, 프랭클, 얄롬 등)

1 실존주의 상담이론의 개요 및 인간관

(1) 정신분석 치료와 행동주의 치료에 대한 반응에서 발달하였으며 성장과 자아의 건강을 개념화한 것이다.
(2) 인간 존재의 불안 원인은 본질적인 시간의 유한성과 죽음 또는 존재하지 않는 것에 대한 불안에서 기인하며 이 문제해결방법은 인간 존재의 참된 의미를 발견하는 것이다.
(3) 대표적 학자로는 롤로 메이(Rollo May), 어빈 얄롬(Irvin Yalom), 빅터 프랭클(Frankl) 등이 있다.
(4) 인간관에서 인간은 선택과 행위에 책임이 있다는 가정에 기초한다.
(5) 인간은 어떤 상황에서든지 자신의 태도를 선택하고 자신의 방식을 선택할 수 있으며 인간의 본질은 의미나 목적을 찾는 데 있다.

기출문제 확인학습

인간 실존조건의 기본적 차원 - 실존주의 상담

1) 명제 1 : 자기 인식의 능력
   (1) 나는 살아 있고 경험하는 존재라는 것을 아는 것이다.
   (2) 나는 나 자신의 존재를 선택하며 이 때 선택은 지금 내가 무엇을 하고 싶은지에 대한 선택을 의미한다.
   (3) 자신에 대한 자각을 할 때 비로소 환경과 타인에 의한 희생에서 벗어날 수 있다.
2) 명제 2 : 자유와 책임
   인간은 자신에게 자유가 주어져야 하고 이에 대한 책임 주체가 된다.
3) 명제 3 : 정체감과 대인관계의 추구
   자신 존재에의 용기, 개인적 경험, 관계의 경험을 강조하며 이에 따라 대인관계를 추구하는 것이다.
4) 명제 4 : 의미의 추구
   이는 낡은 가치관을 없애는 문제이며 새 의미의 창조를 의미한다.
5) 명제 5 : 삶의 조건인 불안 존재
   불안은 생존하기 위한 욕구로써 역기능적인 요소인 것만은 아니다.
6) 명제 6 : 죽음과 비존재에 대한 인식
   죽음과 비존재에 대한 인식은 삶에 대한 열정이나 창조성의 근원이 된다.

2 실존주의 상담의 목표

(1) 내담자가 자신의 행동에 대한 많은 자유와 책임 능력을 수용하게 하는 것이다.
(2) 새로운 자유는 불안을 초래하기 때문에 성장을 위해 자유에 대한 공포를 직면하게 한다.
(3) 가치 있는 존재를 창출하려는 진실한 목적에 기초한 행동을 하도록 돕는다.
(4) 소외된 내담자로 하여금 세계와의 관계 속에 있는 자신을 보게 하고 그가 보는 것에 따라서 행동하고 선택할 수 있도록 함께 내담자의 타고난 잠재력을 실현하게 하는 것이다.
(5) 인간의 부적응적 행동은 타고난 경향성을 실현하지 못한 결과이며 인간의 타고난 가능성 또는 경향성을 포함한 자신의 존재 의미를 찾고 자아실현에 도달하는 것이다.

3 상담자의 역할

(1) 내담자가 새로운 선택을 할 수 있도록 돕기 위해 내담자의 주관적 세계를 이해하는데 초점을 둔다.
(2) 내담자가 제한된 실존(實存)으로 살아간다는 사실을 직면하도록 하고 스스로의 역할을 인식하게 돕는 것이다.

4 상담기법과 과정

(1) 역설적 의도(Paradoxical Intention) - 누구나 자기의 심리적 문제를 대하는 입장을 선택할 수 있다는 전제에 따라, 내담자가 자기 문제와 싸우는 대신 두려운 문제를 경험할 수 있는 용기를 내도록 돕는 기법이다.
   > **사례** 일을 미루기만 하고 끝내지 못하는 내담자에게 일을 더 미루도록 요구하는 것

(2) 탈숙고(dereflection) - 자신의 내면에 일어나는 일에 과대-숙고하는 내담자들에게 지나친 자기 반영을 멈추고 외부로 시선을 돌리도록 하는 기법이다.

(3) 정신분석적 기법과 인지적 행동치료에서의 기법을 혼용하여 사용한다.

(4) 치료자 자신을 치료에 사용하는 것이 실존주의 상담의 핵심이다.

(5) 상담과정
   ① 초기 단계 - 내담자가 세계에 관해 가지고 있는 가정을 확인하고 명료화한다.
   ② 중간 단계 - 자신의 가치체계에 대한 원천과 근거를 더 철저하게 검토하도록 격려한다.
   ③ 종결 단계 - 내담자가 자신들에 관해 배운 것을 행동으로 실천할 수 있도록 돕는데 초점을 둔다.

> **실력다지기**
>
> **의미치료**
> 1) 인간은 자기분리나 자기초월 능력을 가진 실존적 존재이다.
> 2) 내담자의 문제는 삶의 의미를 추구하는 의지를 상실한데서 비롯된다.
> 3) 인간은 자기분리와 자기초월을 할 수 있는 능력이 있다.
> 4) 이러한 능력에 근거한 역설적 의도(불안이나 공포로부터 도피하지 않고 직면함)와 탈숙고(지나친 숙고를 상쇄하여 자발성과 활동성을 회복함)를 통해 불안과 공포의 악순환의 고리를 끊으면 심리적 문제를 해결할 수 있다.
> 5) 삶의 의미를 추구하는 것이 중요하다.

> **기출문제 확인학습**
>
> **실존주의 상담이론은 정상적 불안과 신경증적 불안이 있는데, 정상적 불안의 특징**
>
> 정상적 불안(성장을 위한 원천)은 당면한 상황에 대한 적절한 반응으로 세 가지 특징이 있다.
> 1) 정상적 불안은 직면하고 있는 상황에 부합된다.
> 2) 정상적 불안은 억압을 요구하지 않는다.
>   우리 모두가 결국은 죽게 된다는 사실에 타협할 수 있는 것처럼, 우리는 그것과 화해할 수 있다.
> 3) 어떤 자극이 불안을 일으키는 딜레마에 직면하고 확인하도록 돕는 경우처럼, 그러한 불안은 창조적으로 사용될 수 있다.
>
> > **실존적 불안**
> >
> > 실존적 불안은 정상적 불안이며, 불안은 생존하고 자기 존재를 유지하고 표현하기 위한 욕구로부터 생겨나므로 인간생활의 필수 조건이며, 성장 능력으로 간주한다. 즉, 실존적 불안은 인간이 삶에서 필연적으로 겪게 되는 것이지만, 신경증적 불안과 달리, 인간이 절망에 빠지지 않고 기꺼이 자신의 삶을 더욱 의미 있게 살아가게 하는 원동력이 되는 것이다.
> >
> > **신경증적 불안(상황과 조화를 이루지 못하면 무기력)의 특징**
> >
> > 1) 신경증적 불안은 상황에 적합하지 않다.
> >   **사례** 어떤 부모는 아이가 차에 치일까봐 너무 불안해서 절대 아이를 집 밖으로 못 나가게 할 수도 있다.
> > 2) 우리가 핵전쟁의 두려움을 억압하는 것과 같이, 신경증적 불안도 억압을 요구한다.
> > 3) 신경증적 불안은 건설적이지 못하고 파괴적이기 때문에, 창조성을 자극하기보다는 개인을 마비시키는 경향이 있다.
>
> **실존상담에 적절한 내담자**
> 1) 발달적 위기, 슬픔과 상실의 경험, 죽음을 앞두었거나 삶의 주요 결정들에 당면한 사람들
>   예 청소년기의 정체성에 대한 투쟁, 중년기에서 경험할 수 있는 실망감에 대처, 아이들이 집을 떠나는 것에 적응, 결혼과 직장에서의 실패, 노년의 신체적 한계
> 2) 사회적으로 소외되었다고 여기거나 삶의 의미를 찾는 사람들
> 3) 갈림길에 있거나 현재 상황에 도전하려는 사람들
> 4) 자살을 생각하거나 상황적 위기를 겪고 있는 사람들

4 교류분석적 상담 - 상호교류분석이론(Transaction Analysis : TA) - 에릭 번

1 개요

(1) 심리교류 분석 또는 의사거래 분석이라고도 한다.
(2) 교류분석이론은 초기의 인생결정 또는 과거의 전제에 근거하여 현재의 결정을 내린다는 가정에 근거를 둔 상호작용치료로서 인간관계를 나누는 것을 분석하는 이론이다.
(3) 언어, 행동을 분석해서 자신의 자아 상태와 상대방의 자아 상태를 분석하는 것이다.
(4) 상담의 목적은 내담자가 그의 현재행동과 삶의 방향에 대한 새로운 결정을 내리는 것을 원조하는 것이며 자율성[9]의 성취에 있다.

---

[9] 개인의 과거 경험들이 그 개인의 성격발달에 어떻게 영향을 주었든지 상관없이 내담자가 현재 자신의 행동과 생활양식을 보다 적절한 것으로 선택-결정할 수 있는 행동 특성을 의미한다.

2 자아의 구성요소

(1) 부모 또는 어버이(Parent : P) 자아
   ① 출생에서부터 5년간의 외계의 경험이 주가 되며 주로 부모를 통하여 모방 또는 학습하게 되는 태도 및 기타 지각내용과 그 행동들로 구성된다.
   ② 어버이 자아의 특징은 비판에 의한 교정 없이 받아들여져서 내면화된다.
   ③ 어버이 자아는 명령함으로써 영향을 미치는 기능을 할 수 있고 직접 부모의 행동을 해 보일 수 있는데, 이는 양육적이고 보호적일 수도 있고 통제적이고 억압적일 수도 있다.

(2) 어린이(Child : C) 자아
   ① 인간 개체 내에서 자연히 발생하는 모든 충동과 감정들, 생의 초기에 경험하는 일들에서 느끼게 된 감정들과 감정에 대한 반응양식으로 구성된다.
   ② 어린이 자아는 때로는 창조적·직관적·정서적이고 때로는 반항적이거나 순종적이기도 하다.
   ③ 과거발달단계에서는 적합한 경험과 감정이었으나, 현재의 발달단계에서는 부적합한 감정이나 경험을 나타낼 수 있다.

(3) 어른(Adult : A) 자아
   ① 어른 자아는 18개월부터 발달하기 시작하여 12세 정도면 정상적으로 기능하게 된다.
   ② 어른 자아는 사고와 합리적 행동이 그 특성으로, 내적 욕구와 외적 욕구를 중재하는 중재자이다.
   ③ 어른 자아는 객관적이며 자율적으로 자료와 정보를 처리하고 확률을 추정하는 것과 관련되어 있는 자아이다.
   ④ 어른 자아는 현실적이고 논리적이며 자신과 환경에 관련된 정보를 분석하고 저장하고 인출하는 것처럼 전혀 정서적이 아닌 인지적 기능을 담당한다.

3 상담의 단계

(1) 구조분석[10] - 자아 상태에 관한 분석(1단계)
   ① 혼입성(오염)
      하나의 자아 상태 내용이 다른 자아 상태와 혼합되어 존재함으로써 각각의 자아상태가 독립된 총제로서의 가능을 하지 못하는 것을 의미한다.
   ② 배타성
      3가지 자아상태 중에서 하나 또는 두 가지만 사용될 때 나타나는 문제로서 어버이 자아 배제 시 가치감을 상실하고 어른 자아를 배제 시 외부세계 간의 중재를 할 수 없으며 어린이 자아 배제 시 상황에 대해 정서적으로 반응할 수 없게 된다.

---

[10] 기출 구조분석은 성격이나 일련의 교류들을 자아상태 모델의 관점에서 분석하는 것이다.

③ 손상

자아상태 중 어느 것이 완전히 성장하지 못하고 '상처를 입게 되는 것'으로 비합리적이고 통제할 수 없는 행동이 나타나게 되며, 특히 어린이 자아에서 더 많이 나타나는 경향이 있다.

④ 해이한 경계선

자아상태 간의 에너지 흐름이 지나치게 자유로운 경우로 어른 자아의 통제라는 것이 거의 없고 행동은 수시로 바뀌고 혼란되어 있는 것이 특징이다.

(2) 상호교류 분석(2단계)

구조분석을 기초로 하여 내담자가 다른 사람들과 맺고 있는 상호교류(두 사람의 자아상태에서 이루어지는 자극과 반응)를 이해하도록 하는 것이다. 이는 상호보완적, 교차적, 암시적 상호교류 등을 분석한다.

① 내면적 교류

자아상태 간의 대화를 말하는 것으로 어버이 자아의 금지령, 어른 자아의 사고능력, 어린이 자아의 욕구가 관련된다.

② 타인과의 교류

㉠ 상보적 교류 : 특정한 자아 상태에서 메시지를 보냈을 때, 예견되는 반응을 얻은 교류
㉡ 교차적 교류 : 개인이 보낸 메시지에 대해 타인이 기대하지 않았던 반응을 하는 교류
㉢ 이면적 교류 : 언어적 메시지와 비언어적 메시지가 일치되지 않으며 한 번에 3~4개의 자아상태가 관련되는 교류

(3) 게임 분석(3단계)

① 게임이란 일련의 연속적 교류가 이루어진 결과로 두 사람이 모두 나쁜 감정으로 끝나는 심리적 교류이다.
② 게임은 초기결정을 지지할 목적에서 이루어지며 유쾌한 감정을 가장하고 인생각본을 추진시키기 위한 교류로 시간구성의 한 방법이다.
③ 게임분석에서 중요한 것은 어루만짐 또는 애무(stroke)[11]로서 이는 타인으로부터의 인정을 말하는 것이다.

(4) 인생각본 분석(4단계)

인생각본은 생의 초기에 있어서 개인이 경험하는 외적 상황들에 대한 자신의 해석을 바탕으로 하여 형성·결정된 환경에 대한 반응행동 양식이다.

---

11 인정자극이라고도 하며 사람들 간에 인식이 이루어지게 되는 기본단위로서 긍정적, 부정적 스트로크가 있으며 언어, 신체적 접촉, 표정, 감정, 몸짓 등 언어적 또는 비언어적인 방법으로 표현된다.

> **정리**
>
> 1) 라켓감정
>   - (1) 라켓(racket)은 초기 결정을 확증하기 위하여 다른 사람을 조작하는 과정을 말하며, 조작적이고 파괴적인 행동과 연관된 감정을 라켓감정(racket feeling)이라고 한다. 즉 자신의 의사와 다르게 표현되는 감정이다.
>   - (2) 사람은 주의를 끌기 위해 불쾌하고 쓰라린 감정, 위장된 죄의식 또는 위장된 우울한 감정을 발달시킬 수 있다.
>   - (3) 이러한 위장된 감정은 불쾌하고 쓰라린 감정을 지속시켜주는 상황(게임)을 개인이 스스로 선택하게 함으로써 계속하여 유지되며, 자신의 지속적인 감정유형이 되고, 이러한 감정유형이 전형적인 행동방식을 만들어내게 된다.
> 2) 게임
>   - (1) 인간관계에서 일어나는 의사소통에는 감추어진 함정이 있는데 이것은 대개 이면적인 교류에서 나타나며 이러한 이면적인 교류를 게임이라고 한다.
>   - (2) 의사교류에 관여하는 두 사람 모두 또는 한 사람에게 부정적인 감정을 불러일으키는 의사교류의 한 유형으로 게임은 친밀성을 방해한다.

(5) 관계 분석(5단계)

내담자의 배우자와 동료와의 관계를 분석하는 것이며 흔히 자아 상태와 상호교류를 밝히기 위한 과제로 활용한다.

기출문제 확인학습

교류분석 치유의 단계 [암기법] 통증전각

1) 1단계 : 사회적 **통**제(Social Control)
2) 2단계 : **증**상 완화(Symptomatic)
3) 3단계 : **전**이 치유(Transference Cure)
4) 4단계 : **각**본 치유(Script Cure)

보충

Berne(1961, 1966)은 치유의 단계에 대한 개념을 발전시켰다. Berne의 이론에 의하면, 변화과정의 첫 번째 단계는 사회적 통제(social control)로, 그 사람은 타인과의 상호작용에 있어 자신의 행동의 통제를 발달시킨다. 다음 단계인 증세 완화(symptomatic relief)의 단계에서는 개인이 불안과 같은 자신의 증세의 완화를 주관적으로 느끼는 것을 포함한다. Berne의 체계에서 다음 단계는 전이치유(transference cure)로, 내담자는 치료사를 하나의 내사물(introject)로서 '자신의 머리속에' 보유함으로써 건강을 유지할 수 있게 된다(Clarkson, 1992; Stewart, 2007). 이와 같이 내담자는 중요한 심리적 내사물을 보유하는 동안 치유상태가 유지된다고 보는 것이다. Berne의 마지막 치유단계는 각본치유(script cure)로, 내담자는 그의 각본에서 완전히 벗어나 제한적 각본결단을 재결단하여, 자율적인 사람이 되는 것을 포함한다.[12]

---

[12] Widdowson, M. (2013). The Process and Outcome of Transactional Analysis Psychotherapy for the Treatment of Depression : An Adjudicated Case Series. Unpublished doctoral thesis, University of Leicester를 발췌한 것이다.

5 현실치료(글래서)

1 현실치료의 인간관
(1) 인간은 궁극적으로 자기 결정적이며 자신의 상(image)에 대한 책임과 능력이 있다고 가정하기 때문에 비결정론적이고 긍정적이다.
(2) 인간은 자유롭고 자신이나 환경을 통제할 수 있으며 자신의 목표를 스스로 선택하고자하는 욕구를 지니고 있다.

2 인간의 기본 욕구
(1) 인간은 신뇌에서 유발되는 욕구인 소속감, 힘, 자유, 즐거움의 욕구와 구뇌에서 유발되는 생리적 욕구가 있다. 〔암기법〕 소힘즐자생
(2) 인간은 태어날 때부터 이러한 욕구들에 의해서 움직여 왔고, 모든 행동은 매 순간 이러한 욕구들을 충족시키기 위한 최선의 노력이다.
   ① 소속 : 소속되고 사랑을 나누려는 속성
   ② 힘 : 경쟁하고 성취하고 중요한 존재가 되고 싶어 하는 속성
   ③ 자유 : 이동하고 선택하는 것을 마음대로 하고 싶어 하는 속성
   ④ 즐거움 : 새로운 것을 배우고 놀이를 통해 즐기고자 하는 속성
   ⑤ 생존 : 건강하게 생존하기 위해 생리적 기능을 하는 속성

> **기출문제 확인학습**
>
> **Glasser의 현실요법 상담이론의 5가지 욕구**
> Glasser의 현실요법 상담이론에서 가정하는 기본적인 욕구는 소속과 사랑의 욕구, 통제력(힘)에 대한 욕구, 자유에 대한 욕구, 재미(즐거움)에 대한 욕구, 생존의 욕구 등 5가지(〔암기법〕 소힘즐자생)이다.

3 현실치료의 특징

(1) 의학적 모델 거부
   정신병적 행동은 우연히 일어난 것이 아니라, 개인이 선택한 것이다.

(2) 긍정적 탐닉
   달리기, 명상 등의 삶에 있어 심리적인 힘의 자원을 얻는데 긍정적으로 탐닉할 것을 강조한다.

(3) 책임에 대한 강조
   ① 책임은 다른 사람의 욕구 충족을 방해하지 않는 범위에서 자신의 욕구를 충족시키는 노력이다.
   ② 정신건강과 책임을 같은 개념으로 보며 책임 있는 행동은 정신건강의 원인이 되고 불행은 무책임의 결과로 나타난다.

(4) 옳고 그름의 가치판단을 강조하므로 다른 상담접근과 달리 도덕성을 중요시한다.

　　가치판단 없이 악한 행동을 하면 타인의 비난이나 처벌 등의 현실적 책임을 면하기 어렵다.

(5) 과거 탐색의 가치에 대한 과소 평가

　　지금 - 여기에 초점을 두고 보다 나은 선택을 함으로써 현실세계를 효율적으로 조정하게 된다.

(6) 전이 경시

　　전이는 상담자가 한 인간으로 숨어 있는 것으로 간주하며 이를 거부한다.

(7) 통찰을 통한 변화보다는 적극적으로 욕구 충족을 위하여 새로운 방법을 교육시켜 주는 것을 강조한다.

기출문제 확인학습

현실치료에서 Glasser가 제시한 8가지 원리

1) 개인적인 따뜻한 만남의 관계를 맺는다.
2) 감정보다는 행동에 중점을 둔다.
3) 현재에 초점을 맞춘다.
4) 가치판단을 내리도록 한다.
5) 계획을 세운다.
6) 계획에 따라 반드시 실천을 하겠다는 약속을 다짐받는다.
7) 변명은 금물이다.
8) 결코 처벌하지 않는다.

현실치료 사례적용

> 지금은 정상적이지만 예전에 얼어붙듯 주먹 쥔 손 모양을 하고 있었던 때가 있었던 젊은 남자를 상담할 때, 치료사는 그의 습관대로 손을 아래에 숨기는 것이 아니라 다른 사람들이 볼 수 있도록 들어보라고 제안하였다. 치료사는 젊은 남자에게 일시적 장애를 극복한 것에 대해 자랑스럽게 느껴보도록 노력하라 제안했고, 그것을 숨긴다면 아무도 자신이 어려움을 극복했다는 것을 모를 것이라고 이야기해주었다. 치료사는 물었다. "이 일을 당신이 어려움을 극복할 수 있음을 주위 사람들에게 보여주기 위한 예로 사용하지 그래요?"

(1) 현실치료는 인간이 직접적으로 자기 통제를 할 수 있는 요소는 전체행동 중에 '활동' 요소라는 것을 전제하기 때문에 환경 조건이 바뀌지 않아도 개인이 활동을 계획함으로써 내담자의 통제력 증대가 용이해지며, 이는 내담자의 능력을 개발과 자신감을 갖도록 해준다.

(2) 위 사례에서 치료사가 예전에 얼어붙듯 주먹 쥔 손 모양을 하고 있었던 때가 있었던 젊은 남자를 상담할 때, 치료사는 그의 습관대로 손을 아래에 숨기는 것이 아니라 다른 사람들이 볼 수 있도록 들어보라고 제안하였다. 치료사는 젊은 남자에게 일시적 장애를 극복한 것에 대해 자랑스럽게 느껴보도록 노력하라 제안했고, 그것을 숨긴다면 아무도 자신이 어려움을 극복했다는 것을 모를 것이라고 이야기해주었다. 그리고 "이 일을 당신이 어려움을 극복할 수 있음을 주위 사람들에게 보여주기 위한 예로 사용하지 그래요?"라고 말한 것은 '자기 자신을 개방하기(Share Yourself)'를 권유하는 [재구성하기 기술에 해당한다.

4 상담목표

내담자가 현실적이고 책임질 수 있는 행동을 하며 성공적인 정체감을 개발하여 자율성을 갖게 하는 것이다.

> **기출문제 확인학습**
>
> ### WDEP 모형(현실치료)
>
> WDEP 모형은 Want(욕구), Doing(수행), Evaluation(평가), Planning(계획)에 해당한다.
>
> 1) Want(욕구) : 내담자가 자신의 좋은 세계(quality world)를 탐색하여 자신의 바람을 명료하게 밝히도록 돕는 것
> 2) Doing(수행) : 내담자가 현재 어떤 행동을 하며 살아가고 있는지를 명확하게 인식하도록 돕는 것
> 3) Evaluation(평가) : 내담자의 전행동과 욕구나 바람과의 관계를 점검하여 생산적 행동과 비생산적 행동을 구분하는 것
> 4) Planning(계획) : 생산적 행동으로의 변화를 위한 계획수립을 돕는 것

제3장 심리상담의 실제

제1절 상담의 방법 – 면접의 기본방법

1 경청

상담에서 가장 기본적인 기법으로서 상담자가 내담자의 말과 행동을 적극적으로 듣는 것뿐만 아니라, 선택적으로 주목해서 듣는 것을 의미한다.

기출문제 확인학습

적극적인 경청

1) 적극적인 경청은 상대방의 말의 내용을 파악함은 물론, 상대방의 몸짓, 표정, 그리고 음성의 섬세한 변화를 알아차리며, 저변에 깔려있는 메시지를 감지하고, 나아가서는 그 사람이 말하지 못하는 내용까지도 육감적으로 직감하는 것을 내포한다.
2) 적극적 경청의 방해 요인들
    (1) 다른 사람의 말을 적극적으로 경청할 의사가 없는 것
    (2) 상대방에게 전적으로 주의를 기울이는 대신 자기가 다음에 하고 싶은 말을 생각하고 있는 것
    (3) 자신의 역할이나 자기가 상대방에게 어떻게 보이느냐에 지나치게 신경을 쓰는 것
    (4) 자신을 타인의 위치에 둠으로써 공감하는 태도 없이 상대를 평가하고 판단하는 것

좋은 경청자가 되기 위한 방법

1) 상담자는 논의될 주제에 대해서 미리 준비하고 숙지한다.
2) 상담자는 민감성을 견지하고 내담자가 말하고 있는 것에 집중한다.
3) 상담자는 면담이 이루어지는 동안 외부의 산만하게 하는 것들을 제거한다.
4) 상담자는 인내심을 가지고 개방된 마음으로 이해한다.
5) 상담자는 사실적 내용과 감정적 내용을 경청한다.

경청의 방법

1) 소극적 경청
    (1) 정의
        수동적으로 들어주는 형태로써, 상대방의 이야기에 대해 질문하거나 반박하는 것과 같은 외현적 표현을 하지 않고 들어주는 것으로, 쉽게 말하면 침묵이라고 표현할 수 있다.
    (2) 소극적 경청의 효과
        소극적 경청은 상대방으로 하여금 더 많은 이야기를 털어놓도록 격려해 주는 효과적인 비언어적 메시지이며, 침묵하면서 상대방의 이야기를 수용하면서 경청하면 공감을 전달할 수 있다.

2) 적극적(반영적) 경청
   (1) 정의
   자신이 상대방의 이야기를 집중하고 있다는 것을 상대가 지각할 수 있도록 외현적인 표현을 하면서 듣는 형태로, 대화 중의 불확실하거나 이해되지 않는 부분에 질문과 공감의 표시를 할 수 있다.
   (2) 적극적 경청의 효과
   적극적 경청은 내담자의 문제를 스스로 해결하도록 도와주며 내담자의 말을 경청하는 주의력을 높여주며 또한 내담자 - 상담자 관계가 친밀해지고 의미 있는 관계로 된다.

2 재진술(= 바꾸어 말하기 = 환언)

(1) 내담자의 말 중에 가장 중요하다고 생각되는 것을 재진술하여 바꾸어 말해주는 것이다.
(2) 내담자가 하던 이야기를 이어가고 자기탐색을 계속하게 한다.

3 명료화(= 명확화)

내담자가 표현을 분명하게 할 수 있도록 격려한다. 장점으로는 상담자가 내담자의 이야기를 주의 깊게 경청하고 있으며 이야기에 중요성을 부여하고 있음을 보여 주는 것이고 단점은 내담자가 부담을 느껴 면접의 흐름을 방해할 수 있다는 것이다.

(1) 내담자의 말 속에 내포되어 있는 뜻을 내담자에게 명확하게 말해 주는 것이며 또한 내담자가 보다 분명하게 표현할 수 있도록 도와주는 것이다.
(2) 내담자에게 언급해 주는 내용과 의미는 내담자의 표현 속에 포함되었다고 판단된 것이어야 한다.
(3) 명료화 해줄 것은 내담자가 미처 자각하지 못하는 의미와 관계가 있는 것으로 한다.
(4) 내담자가 애매하게 느끼던 내용과 자료를 상담자가 말로 표현해 주기 때문에 내담자는 자신이 이해받고 있고 상담이 잘 진행되고 있다는 느낌을 갖게 해주는 장점이 있다.
(5) 내담자가 미처 생각하지 못했던 측면을 분명하게 생각하도록 하는 자극제 역할을 한다.

4 감정반영 - 공감(감정이입)과는 다르다

(1) 내담자가 말한 내용에서 감정과 관련된 부분을 바꾸어 말하는 것이며 거울처럼 비추어준다고 하여 감정반영이라고 한다.
(2) 내담자의 말 속에 흐르는 주요 감정을 전달해 주는 것이다.
(3) 내담자에게 이해받고 있다는 인식을 주게 되어 라포 형성에도 도움이 된다.
(4) 내담자의 자기이해를 도와준다.

5 요약

(1) 내담자의 생각과 감정을 간략하게 묶어서 정리해 말해주는 기법이다.
(2) 내담자의 말에서 중요한 내용과 감정을 언급하는 것이 일반적이다.
(3) 면접의 초반부터는 이전 면접의 내용을, 면접의 후반에는 당일 한 상담의 중요내용을 정리하여 주는 기술이다.

6 질문

(1) 질문을 통해 생략된 정보를 보완하고 내담자 말의 의미를 구체화하고자 할 때 사용한다.
(2) 내담자가 자신의 내면세계를 더 깊이 탐색하고 자기이해를 높일 수 있게 돕는다.
(3) 유형에는 개방형 질문과 폐쇄형 질문이 있다.

> **기출문제 확인학습**
>
> **개방형 질문과 폐쇄형 질문의 차이**
>
> 1) 개방적 질문
>   (1) 폐쇄적인 질문과 대조적으로, 대개 육하 원칙으로 기술할 수 있으며 개방형 질문은 내담자가 말할 수 있는 많은 시간을 허락하여야 한다.
>   (2) 내담자가 이야기를 시작하도록 격려하고 자신을 탐색할 수 있도록 돕는다.
>   - **사례** "오늘은 무엇에 대해 얘기하고 싶으세요? / 요즘은 지내시는 게 어떠세요?"
> 2) 폐쇄적 질문
>   (1) 폐쇄적 질문은 '예', '아니오'와 같은 특정하고 짧으며 제한된 응답을 요구하고 짧은 시간에 상당한 양의 정보를 추출해 내는데 아주 효과적이다.
>   (2) '네 / 아니오'로 답하거나 짧게 답하게 하는 질문으로 위기상황에 있는 내담자에게 적합하다.
>   - **사례** "어머니를 좋아하세요? / 잘 지내셨는지요?"

7 질문 - 내담자의 언행불일치(모순)의 경우 사용함

(1) 내담자가 자신도 모르고 있거나 인정하기를 거부하는 생각과 느낌에 대해서 주목하도록 하여 내담자의 탐색과 자각을 촉진하는 상담자의 직접적 진술이다.
(2) 내담자의 양가감정을 따뜻하고 공감적으로 직면해 주는 것이 필요하다.
(3) 직면은 내담자의 변화와 성장을 증진시킬 수도 있지만, 반대로 심리적 위협과 상처를 줄 수도 있다는 것에 유의해야 한다.
(4) 상담자가 직면할 때는 특히 상담 중기 때 시기적절하게 받아들일 준비가 되었는지를 면밀히 점검을 한 후에 직면 활용을 고려해야 한다.

8 해석

(1) 내담자가 자신의 문제를 새로운 각도에서 이해하도록 내담자의 생활경험과 행동의 의미를 설명해 주는 것이다.
(2) 내담자가 보이는 행동들 간의 관계 및 의미에 대한 가설을 상담자가 제시하는 것이다.
(3) 내담자가 과거의 생각과는 다른 새로운 각도에서 자신의 행동과 내면세계를 파악하게 하는 것이다.

> **사례**
> - 내담자 : 당신은 나에 대해 모든 것을 아는 것처럼 행동하지만, 당신은 아무것도 몰라요.
> - 상담자 : 내가 당신의 아버지를 기억나게 하는 것은 아닌지 의문스럽군요. 당신은 아버지가 모든 것을 아는 것처럼 행동한다고 말했었지요.

사례 적용

상담기법 - 정리

1) 반영

　반영은 상담자가 내담자의 행동 속에 내재된 내면 감정을 정확히 파악하여 이를 내담자에게 되돌려 주는 것이다.

2) 명료화

　명료화는 내담자의 말 속에 내포되어 있는 애매모호한 내용에 대해 상담자가 그 의미를 분명하게 밝히는 것이다.

3) 직면

　(1) 직면은 내담자가 미처 깨닫지 못하거나 인정하기를 거부하는 생각과 느낌에 대해 주목하도록 하는 것으로서, 언어적 행동과 비언어적 행동이 불일치되는 점을 깨닫게 하기 위한 방법이다.

　(2) 내담자가 가지고 있는 불일치·모순·생략 등을 상담자가 내담자에게 기술해 주는 것이다.

4) 해석

　(1) 해석은 내담자로 하여금 자기의 문제를 새로운 각도에서 이해하도록 그의 생활경험과 행동의 의미를 설명하는 것으로, 내담자가 과거의 생각과는 다른 참조체제를 바탕으로 자신의 문제를 바라볼 수 있도록 돕는 것이다.

　(2) 내담자가 인식하지 못하는 의미까지도 설명해 준다는 면에서 해석은 가장 어려우면서 '무의식 세계에 대한 전문적 분석 능력'을 요한다.

내담자 반응을 해석할 때 주의해야 할 사항

1) 상담자는 내담자가 받아들일 준비가 되어 있다고 판단되는 경우 조심스럽게 해석을 실행한다.
2) 상담자는 내담자의 성격을 파악하지 못한 경우 또는 해석에 대한 실증적인 근거가 없는 경우 해석을 삼간다.
3) 상담자는 상담 초기에는 감정의 반영, 상담 중기에는 명료화와 직면, 상담 후기에는 구체적인 해석으로 인한 내담자의 통찰이 이루어지도록 전개하여야 한다.
4) 상담자는 즉각적이거나 충고적인 해석을 삼간다.
5) 내담자가 스스로 해석을 내리도록 인도한다.

제2절 상담의 과정

1. 상담의 진행과정 - 상담준비를 중심으로

1. 상담을 위해 필요한 물리적 공간 준비

(1) 상담실
  방음장치, 외부소음 차단, 녹음시설, 비디오 녹화시설, 필기도구, 거울 등 비치

(2) 대기실
  조용한 음악, 편안함을 느낄 수 있는 의자 등 비치

(3) 접수실
  내담자가 가장 쉽게 찾을 수 있는 공간에 마련함

(4) 검사실
  조용하고 쾌적한 공간적 분위기

2. 상담실 가구 배치

3. 각종 서류의 준비
(1) 상담신청서, 내담자별 파일, 각종 검사도구의 구비 등
(2) 기록지 준비

상담준비	상담접촉과정	상담접수
• 상담을 위한 공간 　상담실, 대기실 　접수실, 검사실 　상담파일 보관실 • 각종 서류 및 도구의 준비	• 상담실 접촉 　=상담의 시작 　전화이용 접촉 　인터넷 통한 접촉 　직접방문 접촉	• 상담신청서 작성 • 접수면접의 준비 • 접수면접자 역할 중요 • 접수면접 시 유의사항 • 정보수집 • 본 상담자에게 인도

기출문제 확인학습

심리치료의 7단계

1) 초기 자문

   환자가 왜 도움을 구하기로 결정했는지, 심리치료 경험으로부터 얻기를 희망하는 것은 무엇인지를 논의한다.

2) 문제 및 상황 평가

   치료프로그램을 계획하기 위하여 진단 및 방향에 관한 합리적인 수준의 이해를 발달시키기 위해 환자와 상황을 파악한다.

3) 치료 목표 설정

   문제의 본질에 대한 합리적 수준의 이해를 확립하여 치료 목표 및 목적을 설정한다.

4) 치료 실시

   치료 목표에 도달할 수 있는 희망과 함께 치료를 제공하며 환자에 따라 치료계획의 다양한 조합과 변경이 가능하다.

5) 치료 평가

   치료 계획이 효과가 있는지, 환자에게 유용한지 정규적으로 수행한다.

6) 치료 종결

   일반적으로 성공적으로 치료 목표에 도달하게 되면 종결된다.

7) 추적 회기

   치료가 종결된 후에 치료과정 동안 성취된 변화들이 유지되고 있는지를 확인하기 위하여 추적회기가 제공된다.

2 상담의 시작과 종결

1 접수면접

(1) 접수 면접자의 역할

막연한 기대를 하는 내담자에게 전문적인 능력과 기술을 지닌 사람이라는 인상을 심어 주는 것이 필요하다.

(2) 접수면접 시 유의해야 할 사항

① 희망을 불러일으키는 것이 요구된다.
② 비밀이 보장됨을 확실히 이야기를 하고 비밀보장의 한계도 설명해야 한다.
③ 상담에 대한 기대를 평가하여야 하는데, 상담관계에 대한 잘못된 개념, 왜곡된 기대 등을 안내해 줄 필요성이 있다.
④ 기본적인 정보를 수집한다. - 가족관계, 사회경제적 수준, 이전에 받았던 상담 경험, 주요하게 호소하는 문제, 정서적인 강도(양가감정의 정도), 인지적 기능, 대인관계 기술 등
⑤ 내담자가 상담실에 찾아오게 된 경위를 파악한다.
⑥ 행동적인 변화에 대한 동기를 파악하는 것이 요구된다.

2 상담의 초기에 중요하게 다룰 부분

(1) 내담자의 문제 이해

내담자가 도움을 청하는 내용과 직접적인 이유를 확인하며 문제가 발생한 배경을 탐색하면서 문제해결에 대한 동기와 의욕을 평가한다.

(2) 상담목표 및 진행방식에 대한 합의(계약)

상담목표를 정하고 상담 진행방식을 합의한다.

(3) 촉진적 상담 관계(라포)의 형성

① 상담진행의 효과성을 위해 상담의 구조화를 이룬다.
② 상담과정에 대한 오리엔테이션과 합의가 이루어져야 한다.
③ 상담의 특성, 한계, 조건, 앞으로 기대되는 결과, 내담자와 상담자의 의미, 상담의 목표, 비밀보장 등에 대해 언급한다.
④ 상담의 구조화를 통해 상담이 그 방향이나 초점을 잃지 않도록 하여 상담진행을 돕는다.

기출문제 확인학습

상담의 초기단계에 반드시 이루어져야 하는 내용

1) 관계 형성
   상담자는 내담자와 신뢰로우며 허용적인 분위기를 형성하는 관계가 중요하다.
2) 내담자에 대한 이해와 평가
   상담자는 내담자가 상담을 받으러 온 계기와 내담자의 개인적 특성과 정보를 파악하여 내담자의 문제를 보다 명료화하고 이를 이해하여야 한다.
3) 상담의 구조화
   (1) 상담자는 상담의 구조화를 하여야 하는데, 이는 상담의 효과를 극대화하기 위해 필요한 것이다.
   (2) <u>상담의 구조화는 상담자와 내담자와의 관계의 본질, 상담의 한계 및 목표 등을 정하고 상담자와 내담자의 역할, 바람직한 태도 등 상담의 모든 조건에 대해 명확히 하는 과정이다.</u>
4) 목표 설정
   상담의 목표는 상담방향을 제시하고 상담전략을 계획할 수 있도록 하는데 도움이 되며 상담자가 판단을 하는 기준이 되기 때문에 내담자와의 협의를 통해 상담목표를 설정하여야 한다.

상담목표 설정 시 지켜야 할 기준

1) 상담목표는 결과 또는 성취로 진술되어야 한다.
2) 상담목표는 검증가능하고 구체적인 것이어야 한다.
3) 상담목표는 측정 가능하도록 하여 가시적이어야 한다.
4) 상담목표는 내담자의 능력을 고려하여 현실적으로 실현 가능한 것이어야 한다.

5) 상담목표는 목표달성을 위한 현실적인 시간이 설정되는 시간제한적인 특징으로 설정되어야 한다.

> ### 상담목표(goal)를 설정할 때 고려해야 할 사항
> 1) 목표는 구체적이고 측정가능한 것이어야 한다.
>   - 예 '1개월 안에 다른 직업을 찾고 싶어요.'라는 목표는 상담초점에 대한 초기 아이디어를 제공하기 때문에 충분히 구체적이어야 한다.
> 2) 목표들은 실현가능해야 한다.
>   실현가능하거나 성취 가능한 목표는 내담자가 목표달성에 필요한 시간, 에너지, 능력, 자원을 가지고 있음을 의미한다.
> 3) 목표들은 내담자가 원하고 바라는 것이어야 한다.
>   해야만 하는 것 또는 타인의 기대를 반영한 목표들은 내담자의 동기를 저해한다.
> 4) 내담자의 목표는 상담자의 기술과 지식에 상응하여야 한다.
>   상담원의 능력에 걸 맞는 목표를 설정하는 것이 바람직하다.
> 5) 목표는 성장을 강조하는 긍정형으로 서술한다.

상담목표의 구성요소

1) 과정목표

   내담자의 변화에 필요한 상담분위기의 조성과 관련되며, 일반적인 목표로서 라포형성, 편안한 분위기의 조성, 감정이입과 긍정적 존중의 전달 등이 있고, 이에 대한 결과는 상담자의 1차적 책임이 강조된다.

2) 결과목표

   (1) 내담자의 호소문제, 상담을 통해 이루고자 하는 구체적인 삶의 변화와 직접적으로 관련되며, 수정이 가능하고 객관적이고 구체적이어야 한다.

   (2) 사례로는 '계획한 것을 80% 이루고 싶다. 게임시간을 줄여나가겠다(일주일 3일 이하, 하루 2시간 이하)'. 등을 들 수 있다.

상담 초기단계에서 내담자를 평가 시 고려할 사항

1) 내담자에 관한 인적 사항
   (1) 내담자에 관한 기본적 인적 사항
   (2) 일반적인 외모 또는 분위기
   (3) 상담 또는 정신과적 치료경험, 신체적인 질병이나 건강상태
   (4) 교육정도와 취업경험
   (5) 의사소통 양식
2) 내담자의 호소문제
   (1) 호소문제의 유형, 상담에 오게 된 경위
   (2) 관련된 개인의 발달사, 성장배경, 가족사, 가족관계
   (3) 호소문제를 해결하기 위해 시도된 노력과 방법들
3) 파악되는 증상들
   (1) 임상적 측면(우울증, 불안, 과잉행동, 자살충동, 수면장애 등)
   (2) 성격적 측면(성격장애, 반사회성, 수동성 및 공격성)
   (3) 신체적 측면(두통, 소화불량, 신체화 증상, 자해행동 등)

4) 현재의 기능상태
  (1) 사고기능(현실판단 능력, 문제해결 능력 등)
  (2) 정서적인 안정 정도 및 감정조절 능력
  (3) 사회적 기능(가정생활, 사회생활, 전체적인 대인관계 양식)
5) 사회적인 지원체제의 정도
  가족, 친척, 동료, 교사, 종교기관 등 내담자를 위한 지원 정도 등

초기면담의 행동관찰에서 포함되어야 할 요소

1) 내담자가 정시에 도착하였는가?
2) 내담자의 외모, 인상, 위생상태
3) 내담자의 면담 태도(말과 표현, 신체 동작 등)
4) 내담자에게 시각, 청각의 문제가 있는지?
5) 면담 당시의 내담자의 컨디션(상태)
6) 내담자의 언어적 이해력(사고력, 논리력, 추리력, 상황판단 능력 등)
7) 내담자의 특이 행동
8) 내담자의 정서적 반응
9) 의사소통 능력(언어적, 비언어적 의사소통 능력)

3 상담의 중기

(1) 문제를 해결하는 단계이다.

(2) 여러 가지 상담기법을 사용한다.

(3) 상담 중기의 과제
  ① 저항의 처리 - 저항하는 경우 이에 대한 내용을 점검하고 처리해 주어야 한다.
  ② 구체적 탐색과 직면 - 문제에 대해 구체적인 탐색과 내담자의 불일치된 면이 나타나는 경우 이에 직면할 필요가 있다.
  ③ 다양한 기법을 활용하고 해결 대안의 발달을 촉진한다.
  ④ 내담자가 문제해결을 위해 실천할 수 있는 동기를 조성해 나가야 한다.
  ⑤ 실천과정을 유지하고 강화해 나가야 한다.

4 상담의 종결

(1) 종결의 준비과정을 거쳐야 하며 점진적으로 내담자와 함께 정할 필요가 있다.
(2) 내담자의 불안을 다루어 주어야 한다. - 상담을 통한 변화와 발전을 재음미하고 요약하며 종결에 따른 불안을 다뤄 주는 것이다.

(3) 상담자를 향한 의존성을 극복할 수 있게 원조한다.
   ① 상담자와 내담자의 상담관계가 상담목표를 가지고 만난 일시적인 관계임을 상기시킬 필요가 있다.
   ② 내담자를 격려해 주고 상담관계가 내담자에게 의미 있는 관계임을 확인시켜 주어야 한다.
(4) 대처에 대한 면역력을 증대시킨다.
   상담 종결 후의 생활을 예견해 보고 대처방안을 논의한다.
(5) 증상 재발시의 대처방법을 강구한다.
   증상 재발 시 추가 만남에 대한 가능성을 제시한다.

기출문제 확인학습

상담관계 종료 시 해야 할 일

1) 이별의 감정 다루기
   내담자가 분리 불안을 잘 다루면서 스스로 설 수 있도록 지지하여야 하며, 종결 후에도 상담이 가능하다는 것을 알려 주어 내담자에게 심리적인 안정감을 줄 수 있도록 해야 한다.
2) 상담 성과에 대한 평가와 문제 해결력 다지기
   (1) 상담 과정을 통해서 변화하고 성장한 것은 무엇인지, 상담을 통해 해결하지 못한 것은 무엇인지 탐색해 본다.
   (2) 일상생활에서 상담 성과가 유지되기 위해서 필요한 노력을 구체화한다.
3) 의존성 감소하기
   내담자의 의존성을 줄여나가는 노력이 요구되며, 이를 위해 회기간격을 늘리는 것이 좋다.
4) 추수상담에 관해 논의하기
   추수상담은 내담자의 행동 변화를 지속적으로 점검하고, 내담자가 잘하는 점을 강화하고 부족한 점을 보완할 수 있다.

내담자가 상담을 끝낼 준비(종결준비)가 되었는지 상담자가 확인하는 가운데 나타날 수 있는 사례

1) 상담을 종결할 시기가 되었다는 가장 분명한 단서는 내담자가 호소하던 불편이 사라지는 것이다. 내담자 스스로 자신이 많이 좋아졌고 상담이 만족스럽다고 이야기하면, 상담자는 조만간 종결하게 될 것을 예상하고 그에 대해 내담자와 논의해야 한다.
2) 내담자는 상담자가 보기에 상태가 많이 좋아졌다고 생각되지만, 내담자 자신은 좋아졌다고 분명하게 말하지 않는 경우가 있다. 이 경우에 내담자가 현재의 생활에 잘 적응하고 있는 것처럼 보인다면, 상담자가 먼저 상담을 종결하자는 이야기를 꺼내 상담 종결에 대해 논의해 나갈 수 있다.
3) 내담자가 지나치게 의존적이어서 상담자에게 강한 애착을 느끼는 내담자는 상담자가 상담 종결 이야기를 꺼내면, 분리불안과 함께 상담자에게 거절당하는 듯한 기분을 느낄 수 있다. 상담자와의 분리를 거부하는 이런 감정은 상담 기간이 길수록 더욱 커질 수 있다. 이런 경우 상담자는 가능한 빨리 종결을 준비시켜야 하며, 이런 내담자의 의존적인 성향을 강화하는 행동을 가능한 피해야 한다. 이런 내담자의 경우에는 가능하다면 초기에 상담기간을 설정하여 미리 정해 두는 것도 좋다.

실력다지기

상담 종결 시 고려해야 할 점(내담자 측면과 상담자 측면에서)

1) 내담자 측면에서
   (1) 내담자가 얼마나 좋아졌는지를 상담자가 평가하고 가능한 종결 시기를 예측해 상호 동의에 이르도록 내담자와 함께 종결을 의논하는 것은 상담 후반부에 매우 중요하다.
   (2) 종결 시 나타날 수 있는 문제들은 내담자 유형, 상담 기간, 상담 형태 및 상담과정에서 상담자와 내담자 간의 관계 형성이 어떠하였는지에 따라 다르다. 대부분의 내담자는 상담이 오래 지속되면 의존적이 되고 상담자와 상담에 매달리게 된다. 그렇게 되면 종결하기가 더 어렵고 종결을 논의하는 데도 많은 시간이 걸린다. 내담자가 매우 의존적인 사람이라고 생각될 때는 상담을 끝내게 될 시기를 되도록 빨리 이야기해 두는 것이 좋다. 그러면 내담자는 미리 종결을 준비할 수 있게 된다.
   (3) 상담 방법에 따라 상담 기간과 종결 시기에 대한 예측이 달라질 수 있다. 예를 들어, 전통적인 정신분석적 상담에서는 주로 전이관계를 평가하고 이를 충분히 해결하였는지 강조한다. 상담자는 전이관계의 모든 면을 해결해야 한다.

2) 상담자 측면에서
   (1) 종결을 고려할 때 상담자는 내담자의 유형에 따라 상담이 내담자에게 어떤 의미를 가지고 있는지 잘 인식하고 있어야 하며, 종결이 내담자에게 어떠한 영향을 미칠지 예상하고 있어야 한다. 그리고 종결하기 전에 내담자에게 예상되는 종결 날짜를 미리 알려 주는 것이 좋다. 내담자에게 아무런 예고도 없이 오늘이 마지막 시간이라고 말하는 것은 문제가 되기 때문이다. 상담자가 종결 날짜를 알려 주게 되면 대부분의 내담자는 이를 받아들여 상담이 종결된다. 그러나 내담자가 다른 반응을 보인다면 상담자는 그 이유를 명확하게 밝혀내야 한다.
   (2) 상담자가 상담을 종결하지 않고 내담자와의 관계를 매우 만족스러워하면서 그 관계를 포기하지 않으려고 할 수 있다. 이것은 분명 바람직한 상태가 아니다. 이런 경우 상담자가 상담을 지속시키려고 하는 진정한 동기가 무엇인지 솔직하게 살펴보아야 한다. 상담은 상담자가 아닌 내담자를 위해서 하는 것이기 때문이다.
   (3) 상담이 진전이 거의 없거나 전혀 없는 상태로 계속 시간이 흐른다면, 상담자는 내담자와 상담의 종결에 대하여 논의하는 것이 바람직하다. 이런 경우에 상담자는 대안적인 방법으로 다른 상담자를 소개해 주거나 다른 상담 방법을 논의하는 등의 대책을 세워 내담자가 피해를 입지 않도록 최선의 노력을 기울여야 한다.

제3절 집단상담

1 집단상담의 의의

집단상담은 한 사람의 상담자가 여러 명의 참여자를 대상으로 집단을 구성하고 그 참여자들의 역동적 상호작용을 활용하여 참여자 개개인의 문제를 해결하거나 성장·발달을 촉진시켜 나가는 과정을 말한다.

(1) 집단상담자가 여러 명의 내담자를 대상으로 행동양식의 변화를 가져오게 하는 노력이다.
(2) 집단 역동성에 기초하여 자신에 대한 통찰력 및 타인에 대한 태도를 증진시키는 것이 목적이다.
(3) 허용적 분위기 속에서 자신의 감정과 태도 및 자신과 외부와의 관계를 이해하도록 하여 자신의 가능성을 최대로 개발시키도록 도와주는 과정을 말한다.

2 집단상담의 장점과 단점

(1) 집단상담의 장점
① 개인상담에서는 내담자가 상담자와의 일대일 관계에서 오는 부담감이나 불안감을 느끼게 되지만 집단 속에서는 보다 편안함과 안정감을 가지게 된다.
② 집단상담 장면은 개인으로 하여금 어떤 외적인 비난이나 처벌에 대한 두려움 없이 새로운 행동을 검증해 볼 수 있는 실험실 역할을 하게 되어 새로 학습한 행동을 실제의 생활 속에서 실천할 수 있는지를 집단 안의 가상적 현실 속에서 검증할 수 있다.
③ 집단상담에서는 동료들 간에 서로의 관심사나 감정을 터놓고 이야기할 수 있기 때문에 구성원들은 쉽게 소속감과 동료의식을 발전시킬 수 있다.
④ 집단상담은 집단원들에게 넓은 범위의 다양한 성향(특히 연령, 성별, 흥미, 성장배경, 사회경제적 지위, 문제의 형태 등이 다양한 개인들)의 소유자들과 접할 수 있는 기회를 부여해 줌으로써 풍부한 학습 경험을 할 수 있다.
⑤ 서로 경청하고 수용하고 지지하고 대면할 수 있는 구성원이 많다는 점에서 집단상담은 개인상담에서 보다 학습효과가 더욱 클 수 있다.
⑥ 집단 속에서 개인이 한편으로 직접 참여하면서도, 다른 한편으로 물러서서 관망할 수도 있다.
⑦ 특정한 대화의 내용을 취급하는데 고통이나 위협을 느끼는 경우 그는 다른 구성원들을 관찰하면서도 함께 생각하고 느끼므로 자기 자신과 타인 이해에 도움이 될 수 있고 자신의 문제해결에 필요한 통찰을 얻을 수 있다.
⑧ 집단상담은 또한 개인 상담을 회피해 온 사람이 상담집단에서 용기를 얻어 개인 상담을 신청할 수 있게 한다.

(2) 집단상담의 단점
① 구성원 개개인에게 모두 만족을 줄 수 없다.
② 집단상담에서는 특정 내담자의 개인적인 문제가 충분히 다루어지지 않을 가능성이 많다.

③ 집단상담 경험에 치우쳐 집단경험 그 자체를 목적으로 삼는 경우 집단이 현실도피의 기회가 되어버릴 수 있다.
④ 참여자들이 심리적으로 준비가 되기 전에 자기의 마음 속을 털어놓아야 한다는 집단압력을 받기 쉽다.
⑤ 모든 사람이 집단 상담에 모두 적합하지는 않다(예 많은 의심, 지나친 적대감, 심한 정서 장애 등).
⑥ 집단상담이 개인의 생활양식과 가치관에 변화를 초래할 경우, 개인이 안정감을 상실할 가능성이 있다.
⑦ 동료들과의 상담집단이 대체로 유리하지만, 그 반대의 경우도 생길 수 있는데 이는 비슷한 연령과 생활환경을 가진 참여자들로 구성되면 참여자들의 공통적인 문제가 주로 논의되기 쉬워서, 다른 다양한 성격과 수준의 참여자들로부터 자극을 받거나 배울 기회가 없게 된다.

기출문제 확인학습

치료집단과 자조집단

1) 치료집단(Therapy Groups)
   치료집단은 주로 병원이나 임상장면에서 신경증적 장애, 성격장애, 정신과적 장애 등의 문제를 가진 집단성원들을 대상으로, 성격의 분석 및 재구조화, 증상의 완화 등을 목적으로 장기집단의 형태로 운영된다.
2) 자조집단(Self - Help Groups)
   자조집단은 공통의 문제나 관심을 가지고 있는 사람들이 모여, 문제로 인한 스트레스를 해결하고 자신의 생활양식을 바꾸거나 효율적으로 대처해 나갈 수 있도록 동기를 갖게 하는 지지체계를 형성하는 집단을 의미한다.

동질집단에서의 집단원이 얻을 수 있는 장점

1) 집단성원의 동질성은 높은 출석률과 집단 상호 간의 즉각적 지지가 가능해진다.
2) 집단성원의 동질성은 성원 간 갈등이 적고, 응집성이 빨리 발달한다.
3) 집단성원의 동질성은 집단 소속감의 발달이 쉽게 이루어진다.

참고

동질집단의 특징

1) 장점 : 출석률 좋음 / 공감이 쉽게 형성 / 상호 간 즉각적 지지 가능 / 갈등 적고, 응집성이 빨리 발달 / 소속감 발달 용이
2) 단점 : 피상적 관계로 그칠 우려 / 영속적인 행동변화의 가능성 낮아짐

이질집단의 특징

1) 장점 : 다양한 대인 간의 상호작용으로 의미 있는 자극 교류 / 서로의 차이점 발견, 이해 / 현실검정의 기회 풍부
2) 단점 : 경험이 적은 지도자에게는 지나치게 이질적인 사람들의 구성은 힘듦

집단성원의 비생산적 행위

1) 여러 성원이 한 성원에게 계속 감정을 표출하거나 질문을 하는 경우
2) 특정 집단 구성원에게 개인적 정보를 캐묻는 경우
3) 집단 활동과 관련이 없는 사회현상에 대한 자신의 의견을 늘어놓는 경우
4) 질문자의 질문에 대한 답변을 하기보다는 자신의 질문만을 계속 하는 경우
5) 자신의 문제나 책임을 마치 다른 사람의 것처럼 전가하는 경우
6) 비논리적인 말을 길게 함으로써 다른 집단성원들을 지루하게 만드는 경우

집단상담의 치료요인(얄롬)

1) 희망을 심어주기
    (1) 집단의 구성원들은 종종 비슷한 문제를 지녔으나 치료의 효과로 인해 회복된 다른 사람과 만나게 된다.
    (2) 집단치료가 끝날 무렵 환자들이 다른 환자의 회복을 지켜보는 것이 얼마나 중요했는지에 관한 언급을 하는 것을 종종 듣곤 하며, 이로 인해 치료효과에 대한 희망이 생길 수 있다.
2) 보편성
    모임의 초기 단계에서 나만 이렇다는 환자의 느낌이 사실이 아님을 보여주는 것은 환자에게 상당한 위안이 된다.
3) 정보전달
    치료자나 환자들이 제공하는 충고, 제안 또는 직접적 지도뿐만 아니라 치료자가 제시해 주는 정신건강, 정신질환, 일반 정신역동에 관한 교수적 강의를 포함한다.
4) 이타주의
    자기가 남들에게 중요할 수 있다는 사실을 발견하는 경험은 생기를 주며 그들의 자아존중감을 북돋워 준다.
5) 모방행동
    (1) 치료초기에는 동일시할 집단의 치료자를 더 필요로 하기 때문에 모방행동은 집단치료의 후기보다는 초기에 더 중요한 역할을 한다.
    (2) 모방행동이 오래 가지는 못할지라도 새로운 행동을 실험할 수 있도록 경직된 개인을 풀어 주고 결국 이를 통해 적응적 연속순환을 시작할 수 있게 된다.
6) 초기가족의 교정적 재현
    가족 내 갈등이 교정적으로 다시 살아난다.
7) 사회화 기술의 발달
    기본적인 사회기술의 개발인 사회학습은 가르칠 기술의 본질과 그 과정의 명료성이 집단치료의 유형에 따라 매우 다양하기는 하지만, 모든 집단치료에서 작용하는 치료적 요인이다.
8) 대인관계학습
    집단성원과의 상호작용을 통해 자신의 대인관계에 대한 통찰과 자신이 원하는 관계 형성에 대한 아이디어를 가질 수 있으며, 대인관계 형성의 새로운 방식을 시험해 볼 수 있다.
9) 집단 응집력
    응집력은 집단원들이 집단에 남아 있도록 하는 모든 힘의 합이나, 좀 더 간단히 구성원들이 느끼는 집단의 매력이며 구성원들이 집단에서 따뜻함과 편안함, 소속감을 느끼고 집단을 가치 있게 여긴다.
    (1) 응집력이 높은 집단은 자기개방을 많이 한다.
    (2) 응집력은 집단상담의 성공에 매우 중요한 요소가 된다.
    (3) 응집력이 높은 집단은 지금 - 여기에서의 사건이나 일에 초점을 맞춘다.
    (4) 응집력이 높은 집단은 집단의 규범이나 규칙을 지키지 않는 다른 집단원을 제지한다.
10) 정화
    정서를 개방적으로 표현하는 것은 집단치료에 절대적으로 필요한 것이다.
11) 실존적 요인들
    자신이 다른 사람들로부터 아무리 많은 지도와 지지를 받는다 할지라도 자기 인생을 살아가는 방식에 대한 궁극적인 책임은 자신에게 있다는 점을 알게 된다.

3 집단상담의 유형

(1) 참 만남 집단

타인과의 보다 의미 있는 만남과 접촉을 통해 인간관계에 대한 경험적 통찰과 학습, 인간 실존에 대한 자각을 강조하며 건강하고 정상적인 청소년들이 그들 자신뿐만 아니라 다른 사람들과도 더 친근감을 갖고 만날 수 있도록 도움으로써 그들이 더욱 성장하고 발전할 수 있게 한다.

(2) 가이던스 집단(지도 및 교육집단)

구체적 교육목표를 가지고 강의, 교수 등 구조화된 방법을 사용한다.

(3) 상담집단

개인의 성장과 발달뿐만 아니라 성장에 방해요소를 제거시키거나 자기인식에 초점을 두는 집단상담으로, 일상생활에서 어려움을 경험하는 일반인들을 대상으로 대인관계문제, 자기 이해 증진, 부적응 행동의 극복 등에 도움이 된다.

(4) 치료집단

주로 병원이나 임상장면에서 치료목적으로 장기집단 형태로 운영한다.

(5) 자조집단

공통의 문제나 관심을 가진 사람들이 모여 문제를 효율적으로 대처해 나갈 수 있도록 동기를 갖게 하는 지지 체제를 형성하는 집단이다.

(6) T - 집단

중학교, 고등학교의 학급단위로 이루어지는 훈련 집단이나 대학생들을 대상으로 하는 인간관계훈련 집단 또는 잠재력 개발 훈련 집단 등으로, 소집단의 훈련을 위주로 형성된 집단을 훈련 집단, 일명 T - 집단이라고 한다.

(7) 구조화 집단

집단원들이 특수한 기술을 개발한다거나, 어떤 특정한 주제를 이해하거나 또는 인생의 힘든 전환기를 헤쳐 나가도록 돕기 위한 프로그램이다.

1 집단상담의 과정

1 참여단계

(1) 신뢰감 형성
예상불안을 감소시키며 긴장을 풀어주어 신뢰감을 형성하며 안정된 집단 분위기의 조성이 필수적이다.

(2) 집단의 구조화
① 집단의 성격과 목적에 대한 설명이 이루어진다.
② 집단상담자의 주된 역할에 대해 언급을 한다.
③ 집단의 기본 규칙과 유의사항(예 지금 - 여기, 느낌에 초점두기, 비밀보장 등)을 전달한다.

(3) 행동적 목표의 설정
① 과정적 목표
과정상 지금 - 여기에 초점, 자기 노출, 모험 시도, 피드백, 통찰 실험, 새로운 행동 적용 등을 목표로 둔다.
② 개인적 목표
집단성원 각자가 개인적 목표설정을 하도록 돕는다.

기출문제 확인학습

집단치료(집단상담)의 준비과정 과업

1) 집단치료 계획서 작성
집단을 계획할 때 가장 먼저 해야 할 것은 집단의 필요성과 이론적인 근거를 명확하게 하고 그를 기초로 세부적인 계획을 세우는 것이다.
2) 집단 구성원의 모집, 선발, 오리엔테이션
집단 치료에 대한 오해, 비현실적인 공포, 집단에 대한 기대들을 명료화하기
3) 집단 상담 환경의 물리적 준비 등

효과적인 집단을 위한 고려사항에는 다음과 같은 내용이 포함된다(이형득 외, 2002)

1) 집단의 장소와 분위기
2) 집단의 크기
3) 집단의 구성
4) 집단의 개방성
5) 집단의 기간
6) 집단의 조직성
7) 협동상담자
8) 집단에 대한 평가방법
9) 의도적 활동 및 게임의 활용

2 과도기적 단계

(1) 안정되고 신뢰가 느껴지는 집단 분위기를 조성해서 이어지는 작업 단계를 준비하는 단계이다.

(2) 과도기적 단계의 과제(순서 암기법 의→저→갈→응)
   ① 의존성
      ㉠ 집단상담자가 집단을 주도하고 지시 및 충고를 하며 평가해 주기를 기대하는 의존성을 다루어 준다.
      ㉡ 집단원 간 상호작용 시에도 집단상담자를 향해 말하면서 집단상담자의 시인과 수용을 기대하게 된다.
      ㉢ 집단상담자는 집단 활동의 책임을 점차로 집단에 이양하는 것이 바람직하다.
   ② 저항 – 집단상담자가 지도성의 책임을 이양하게 되면 집단은 저항할 수 있다.
      ㉠ 저항 반응들은 집단원들이 자기보호를 위한 노력이라고 생각하는 것이 바람직하다.
      ㉡ 집단원들이 집단에서 어떻게 처신할 것인가를 탐색하는 과정에서 나타난다.
      ㉢ 저항은 이것이 타인들에게 수용될 것인지, 아니면 무시나 배척을 당할 것인지에 대해 타진해 보는 노력이다.
   ③ 갈등(지배, 통제, 권력을 갖고자 하는 노력)
      ㉠ 저항이 처리되고 집단원들이 집단에 참여하기 시작하면 처음으로 나타나는 '지금 - 여기'의 상호작용이 집단상담자나 다른 집단원들을 향한 부정적 감정의 표출로 이어지게 된다.
      ㉡ 갈등기에는 지배할 것인가, 지배당할 것인가에 주된 관심을 두게 된다.
      ㉢ 집단원들이 집단 상담자에게 도전하게 된다.
   ④ 응집성
      ㉠ 저항과 갈등을 생산적으로 처리하고 나면 집단은 점차 응집성이 발달한다.
      ㉡ 응집성이란 집단원들이 경험하는 집단에의 매력, 소속감, 결속감 그리고 일치감을 뜻한다.
      ㉢ 부정적 반응과 갈등의 표현이 허용된다면 지금부터는 상호 간에 믿고 가까워져도 되겠다는 생각을 하게 된다.
      ㉣ 자기노출이 긍정적인 반응을 수반함에 따라 집단원 상호 간에 신뢰감이 발달한다.
      ㉤ 집단상담자는 응집성을 높이기 위해 스스로 모범을 보이고 응집성을 높이려는 집단원 반응을 강화한다.
      ㉥ 응집성은 집단상담에서 작업단계를 위한 전제조건이기 때문에 그것 자체가 목적이 되어서는 안 된다는 것을 유념해야 한다.

기출문제 확인학습

집단상담의 과정 중 과도기적 단계

1) 의존성 : 집단상담자가 집단을 주도하고 지시하며 충고하고, 평가해주기를 기대하는 의존성 다루기
2) 저항 : 집단상담자가 지도성의 책임을 이양하면 집단은 저항함
3) 갈등 : 저항이 처리되고 집단원들이 집단에 참여하기 시작하면 처음으로 나타나는 지금 - 여기의 상호작용이 집단상담자나 다른 집단원들을 향한 부정적 감정의 표출로 이어지고 상담자는 필요한 지지와 도전을 제공하는 역할을 해야 하는 단계 (지배, 통제, 힘에의 노력)
4) 응집성 : 저항과 갈등을 생산적으로 처리하고 나면 집단은 점차 응집성을 발달시킴

3 작업단계(생산단계)

(1) 행동적인 변화를 촉진하는 단계
   ① 집단원들은 집단상담자에게만 의존하지 않는 분산적 지도성의 패턴을 발달시킨다.
   ② 자기노출, 피드백, 맞닥뜨림을 생산적으로 취급할 수 있을 정도의 신뢰관계가 형성된다.
   ③ 집단원들이 각자의 삶에서 겪고 있는 심각한 문제를 내어놓고 취급할 수 있게 된다.

(2) 작업단계의 과정
   ① 자기 노출과 감정의 정화
      ㉠ 집단원들이 부정적 정서의 토로 등으로 의미 있는 자기노출을 시도한다.
      ㉡ 사무친 감정적 응어리가 충분히 정화하도록 촉진한다.
   ② 비효과적인 행동패턴 취급
      ㉠ 당면문제와 감정의 응어리가 충분히 정화되어 집단원이 심적 여유를 가지게 된다.
      ㉡ 집단원이 자신에게 시선을 돌려 문제와 관련된 비효과적인 행동패턴을 탐색하고 이해하며 수용하게 돕는다.
      ㉢ 집단상담자는 집단이 그 집단원의 행동패턴에 대해 효과적으로 피드백하도록 돕는다.
   ③ 바람직한 대안 행동의 취급
      집단원이 자신의 비효과적 행동패턴을 깨닫고 인정한 후, 바람직한 대안행동을 탐색하고 선택하여 학습하게 된다.

4 종결단계

(1) 비효과적인 행동패턴을 버리고 새로운 대안행동을 학습해서 목적을 달성하면 종결단계에 진입하게 된다.

(2) 종결단계의 특징
   ① 집단원들이 자신의 문제를 해결하게 되어 자기노출을 줄인다.
   ② 이제까지 맺어 온 유대관계에서 분리되어야 하는 아쉬움을 경험한다.

(3) 종결단계의 과제
   ① 학습 결과의 적용문제
      집단원들이 학습결과를 잘 정리하여 이를 실천하겠다는 의지와 희망을 갖게 도와야 한다.
   ② 이별 감정의 취급
      아쉬움의 감정을 표현하고 상호 간에 공유할 수 있게 돕는다.
   ③ 집단 경험의 개관과 요약
      전체 집단과정에서 자신에게 특별한 의미가 있었거나 도움이 되었던 경험을 나누게 한다.

④ 집단원의 성장 및 변화 평가

집단원들 각자의 변화를 집단 시작 시점과 종결의 현재를 비교하여 살펴보게 한다.

⑤ 미해결 과제의 취급
   ⊙ 집단에서 마무리 짓지 못한 채 남겨진 안건을 확인한다.
   ⓒ 집단원 상호 간에 부정적 감정을 가지고 있지 않은지 확인한다.
   ⓒ 집단원 중 개인적 문제해결을 마무리하지 못해 아쉬운 사람이 없는지 확인한다.
   ⓔ 미해결 과제를 새롭게 취급하는 것이 아니라, 이를 집단에서 토로할 기회를 제공하고 공감해 준다.

⑥ 피드백 주고받기
   ⊙ 종결단계의 피드백은 지금까지 관찰한 집단원의 행동변화를 최종적이고 종합적으로 정리하고자 하는 특징이 있다.
   ⓒ 마무리 단계의 피드백은 부정적인 것보다는 긍정적인 측면에 초점을 두고 실시한다.

⑦ 지속적 성장 촉구
   ⊙ 집단의 경험은 하나의 계기가 되며 학습한 것을 소화하기 위해 지속적 노력이 필요함을 언급해 준다.
   ⓒ 학습한 행동을 가정과 사회에서 실행할 때 주위의 오해를 사거나 배척될 수 있는 가능성을 언급해 준다.

2 집단상담의 방법

1 자기노출하기

(1) 집단상담자가 적절한 때에 자기 자신에 대한 정보를 노출하는 기술이다.
(2) 자기노출을 통해 집단원에게 유사성과 친근감을 전달하고 집단상담자와 집단원 간의 보다 깊은 이해를 발달시킬 수 있다.
(3) 자기노출을 통하여 집단원들에게 보다 철저하고 깊이 있는 자기탐색의 모범을 보여주게 된다.

2 자기노출하기 - 유의할 점

타인의 행동에 대한 자신의 반응을 상호 간에 솔직히 이야기해주는 과정이다.

(1) 사실적인 진술을 하되, 가치판단을 하거나 변화를 강요하지 않아야 한다.
(2) 구체적으로 관찰 가능한 행동에 대하여 그 행동이 일어난 직후에 해줄 때 효과적이다.
(3) 변화 가능한 행동에 대해서 피드백을 하고 가능한 대안까지 마련해서 제시하는 것이 좋다.
(4) 한 사람보다는 집단의 여러 사람에게서 온 피드백이 더욱 효과적이다.

실력다지기

피드백의 주의사항

1) 분명하고 직접적으로 주어지는 간결한 피드백이 효과가 크다.
2) 내용이나 비언어를 포함한 모든 집단의 전 과정에 대해 피드백을 주는 것이 좋다.
3) 포괄적인 피드백은 피하는 것이 좋다.
4) 피드백은 적절한 시기에 이루어져야 하고 비 판단적이어야 한다.
5) 피드백은 이를 주고받는 사람 간의 관계를 다룰 때 큰 의미를 가진다.
6) 피드백은 그 집단원에 대해 부정적으로 경험한 것과 마찬가지로 긍정적으로 경험한 것에도 관심을 가지는 것이 좋다.
7) 피드백을 통해 상대를 강제로 바꾸려 해서는 안 된다.
8) 생각이나 느낌을 나타내는 하나의 지각적 사실로 피드백이 주어져야 한다.
9) 변화가 가능한 행동에 대해서 피드백이 주어져야 한다.
10) 같은 피드백이라도 여러 사람이 주면 집단역동 때문에 영향력이 더 크다.
11) 서로가 잘못 이해하여 오해할 수 있는 소지를 파악하기 위해 피드백을 받을 때는 관심을 기울이고 상대방이 말한 내용을 확인해 본다.

기출문제 확인학습

피드백 주고받기 – 집단상담

1) 집단상담의 필수요소로 상대방의 행동이 나에게 어떤 반응을 일으키는가에 대하여 상대방에게 직접 이야기해주는 것은 피드백 주고받기이다.
2) 피드백은 타인의 행동에 대한 자신의 반응을 상호 간에 솔직하게 이야기해주는 과정으로서, 집단성원으로 하여금 타인이 자신을 어떻게 보고 있고 어떻게 반응하는지에 대해 학습할 기회를 제공한다.

3 촉진하기

집단원들이 의사소통의 장애가 되는 것들을 극복하고 열린 마음으로 자신을 표현하도록 돕는 것이다.

(1) 집단원들이 그들의 두려움이나 기대하는 것 등을 솔직하게 표현하도록 돕는다.
(2) 안전하고 수용적인 분위기를 조성하기 위하여 적극적으로 활동한다.
(3) 집단원이 개인적인 문제를 탐색하거나 새로운 행동을 시도해 보려고 할 때 지지와 격려를 보낸다.
(4) 집단원들이 참여하도록 초대하고 도전함으로써 가능한 한 많은 집단원들을 상호작용에 참여시킨다.
(5) 집단상담자에 대한 의존성을 감소시키는 방향(상담자의 집단 개입의 최소화)으로 개입한다.
(6) 갈등이나 의견의 불일치를 공공연히 표현하도록 장려한다.
(7) 직접적으로 의사소통을 하는데 있어서 장애물을 극복하도록 돕는다.

4 감정, 사고, 행동의 확인, 명료화 및 반영

(1) 집단원들이 정리되지 않은 생각과 감정으로 인해 문제에 포함되어 있는 혼돈과 갈등을 가려 내어 의미를 설명하는 것을 의미한다.
(2) 땀이나 심장박동의 증가, 위의 수축과 긴장 등의 생리적 지표들은 감정상태의 변화와 밀접히 관련되어 있다.
(3) 생리적 행동들은 쉽게 관찰되거나 판단하기 어려운 경우도 있겠지만 집단상담자는 집단상담의 과정에서 그러한 행동들 이면의 감정과 사고 상태를 감지하고 그 감정과 사고의 흐름을 명료화 해주고 필요에 따라 집단원이 가지고 있는 감정이나 행동의 본질을 스스로 볼 수 있도록 반영해주어야 한다.

5 직면시키기(Confronting)

(1) 맞닥뜨림, 지적하기, 직면하기는 집단상담자가 관심사(문제)에 대한 집단원의 사고, 감정, 행동반응의 모순, 비일관성, 비합리성을 확인하여 지적해주는 기술이다.
(2) 직면시키기는 흔히 무례하고 불친절하며 적대적인 행동으로 지각되기 쉽다.
(3) 효과적인 집단상담자는 그가 개인적으로 집단원을 싫어하거나 자기의 취향에 맞추기 위해서 지적한다는 인상을 주지 않는다.

6 침묵에 대한 처리

(1) 경험이 부족한 집단상담자는 집단 내에서의 침묵에 매우 불안을 느낀다.
(2) 효과적인 집단상담자는, 침묵에는 그 원인이 있게 마련이고 그 원인은 집단원마다 다를 수 있다는 것을 알고 있으므로 집단원들이 침묵할 권리가 있음을 인정한다.

기출문제 확인학습

내담자가 '침묵'을 나타낼 때 그 이유나 의미

1) 내담자가 상담 초기 관계형성에서 두려움을 느끼는 경우
2) 내담자가 상담자에게 적대감을 가지고 저항하는 경우
3) 내담자가 자신의 말에 대한 상담자의 확인이나 해석을 기대하고 있는 경우
4) 내담자가 자신의 감정 표현으로 인한 피로에서 회복하고 있는 경우
5) 내담자가 할 말이 더 이상 생각나지 않거나 무슨 말을 해야 할지 모르는 경우

심리치료 과정에서 저항이 일어나는 일반적인 이유

1) 환자가 변화를 원할지라도 환자의 삶에 중요한 영향을 미치는 타인들이 현 상태를 유지하도록 방해할 수 있기 때문에 저항이 일어난다.
2) 부적응적 행동을 유지함으로써 얻는 2차적 이득을 환자가 포기하기 어렵기 때문에 저항이 일어난다.
3) 익숙한 행동을 변화시키려는 시도가 환자에게 위협을 주기 때문에 저항이 일어난다.
4) 환자가 자신의 변화로 인해 주변 사람들의 시선이나 태도가 부정적으로 변할 수 있다는 생각에 두려움을 느끼기 때문에 저항이 일어난다.

> 집단치료 시, 동료 집단원에 대해 다른 집단원들의 초점이 맞춰져 있는 상황에서, 집단치료자가 집단원들의 관심을 유지하면서 집단원들이 동료 집단원에게 도움을 줄 수 있는 방법
>
> 1) 피드백 주고받기
>   다른 집단성원의 행동에 대한 자신의 반응을 성원 상호 간에 솔직히 이야기해주는 기술이며 서로가 잘못 이해하여 오해할 수 있는 소지를 파악하기 위해, 피드백을 받을 때는 관심을 기울이고 상대방이 말한 내용을 확인해 보는 것이 필요하다.
> 2) 집단 의사소통의 초점 유지하기
>   집단 과정 중 관련 없는 의사소통을 감소시키고, 중요한 문제에 대해 보다 더 심도 있는 탐색을 할 수 있게 하는 기술로써, 이는 성원 간 의사소통의 초점을 유지하고 집단의 목적을 달성하는 데 도움을 준다.

7 해석하기

(1) 해석은 단정적이거나 교리적으로 하지 않고 시사적으로 혹은 가설적으로 하며 내담자의 의향을 묻는 형식을 취하는 것이 바람직하다.
(2) 좁은 대인관계 문제보다는 전체 집단의 문제를 우선적으로 다룬다.
(3) 일반적으로 판단이나 주장보다는 느낌을, 과거보다는 '지금과 여기'를 중심으로, '사람들'보다는 '나와 너'를, 간접적인 것보다는 직접적인 것을, 일반적인 것보다는 구체적인 것을, 추측이나 가정보다는 스스로의 탐색(확인)을, 방어보다는 자기개방 등을 권장하는 지적 및 해석이 필요하다.

기출문제 확인학습

집단적 사회기술훈련의 장점

1) 집단치료자는 물론 다른 구성원들에게서 피드백을 제공받을 수 있으므로, 이를 통해 개별구성원이 스스로 자신의 문제를 발견하고 교정할 수 있다.
2) 집단에는 다양한 구성원들이 참여하게 되며, 개별 구성원들에게 실제 생활영역과 유사한 환경을 제공할 수 있다.
3) 집단치료방식은 한 명의 치료자가 보통 7~8명을 동시에 지도할 수 있기 때문에 개인치료보다는 시간이나 경비 측면에서 훨씬 더 효율적이다.
4) 역할연습이 가능하므로 상호작용 능력을 습득하기에 더욱 유리하다.
5) 집단으로 시행하면 사회적 반응이 쉽게 일어나기 때문에 다양한 사회기술을 자연스럽고 자발적으로 연습할 기회를 가지게 된다.
6) 치료자뿐만 아니라, 다른 동료들이 칭찬이나 인정을 해주기 때문에 학습할 기술의 강화효과가 증폭된다.
7) 치료자보다 동료로부터의 피드백을 훨씬 더 신뢰하기 때문에 학습에 큰 도움을 준다.

시간제한적(단기적) 집단치료의 특징

1) 시간제한
   치료에서 시간제한을 미리하면, 집단원에게 치료현실을 직면시키고, 짧은 시간 안에 좋아질 수 있다는 치료자의 확신을 전달하여 집단원들을 격려할 수 있다. 시작과 중반, 종결이라는 분명한 구조를 알려주는 역할도 한다.
2) 제한된 목표
   단기집단치료에서는 제한된 시간 때문에 목표설정 또한 제한되고, 여러 문제 중 중요한 한두 가지의 목표를 정하게 된다. 집단원의 문제증상의 감소나 제거, 정서적 균형 회복, 현재 불편에 대한 원인의 이해 그리고 문제대처 능력 키우기 등이다.

3) 초점유지

제한된 시간에 단기집단치료의 목표에 도달하려면 치료적 개입을 필요로 하는 특정한 문제영역을 선택하여 여기에 초점을 맞추어야 한다. 단기치료에서 초점을 정해야 하는 이유는 치료의 목적을 잃지 않으면서 일관되고 분명한 감각을 유지하기 위해서이다. 그리고 이를 통해서 치료자는 치료가 진행되는 과정과 방향을 알 수 있다.

4) 적극적인 치료활동

제한된 시간에 설정된 목표에 도달하기 위해서 치료자는 장기치료에서보다 더 적극적으로 활동해야 한다. 적극적(active)이란 의미는 치료자가 필요에 따라 대화를 주도해나가고 치료초점을 유지하면서 해석하고 지지와 안내를 하며, 집단원이 따라야하는 행동을 계획하고 과제를 부여함을 뜻한다.

5) 즉각적인 개입

단기치료에서는 시간의 한계로 인해 길고 포괄적인 평가를 할 수 없기 때문에 평가와 치료가 동시에 이루어진다. 즉, 평가와 동시에 즉각적인 치료적 개입으로 들어가게 된다.

6) 치료 융통성

치료자의 융통성이 중요하며 동일한 접근 안에서도 때에 따라 적절하게 방법이나 기법 등을 활용할 필요가 있다. 치료방법 측면에서 절충적인 접근방법을 따를 수도 있다. 치료자는 임상적 정통성에 매달리지 말고 다양한 치료모델을 연합하고 이론적 관점을 통합하여 이를 집단원의 동기와 치료개입이 적절히 조화시킬 수 있는 실용주의적 태도가 필요하다.

기출문제 확인학습

NLP(Neuro-Linguistic Programming) 상담기법[13]

1) NLP(Neuro-Linguistic Programming, 신경언어 프로그래밍)는 1970년대 중반에 미국의 심리학자이자 정보통신전문가인 밴들러(R. Bandler)와 캘리포니아대학의 언어학 교수인 그라인더(J.Grinder)가 창시한 기법이다.

2) 각 방면에서 탁월한 성과를 보인 사람들의 성공사례를 모방하면서 시작되어 미국의 게슈탈트 치료의 창시자인 펄스(F. Perls), 가족치료로 유명한 사티어(V. Satiar), 세계적으로 유명한 정신과 의사이자 최면치료자인 에릭슨(M. Erickson) 등을 모델로 연구하였다.

3) 인간 성취와 우수성 개발을 위하여 다학제 간의 전문가(정보통신, 신경과학, 수학, 언어학, 커뮤니케이션, 정신분석, 가족치료, 게슈탈트, 심리학)들이 학문의 담을 헐고 공동으로 참여한 심리공학적 성취기술로서, 인간경험을 구조적 측면에서 총체적(감각기능, 뇌의 정보처리 방식, 주관적 경험, 생리심리적 연동성, 언어의 역할과 의미 등), 통합적으로 다루기 위해 만들어진 것이다.

4) NLP의 전제조건
   (1) 지도는 영토가 아니다.
   (2) 정신과 육체는 하나의 체계이다.
   (3) 경험은 구조를 가지고 있다.
   (4) 모든 행동은 긍정적 의도에서 나온다.
   (5) 선택할 수 있다는 것은 그렇지 못한 것보다 바람직하다.
   (6) 사람들은 그 당시에 할 수 있는 가장 최선의 선택을 한다.
   (7) 실패란 없다. 다만 피드백이 있을 뿐이다.
   (8) 타인의 세계관을 존중하라.
   (9) 누군가 할 수 있다면 다른 사람도 배울 수 있다.
   (10) 사람들은 이미 필요한 모든 자원을 가지고 있다.

---

13   O'Conner & McDermott(2010), NLP의 원리(설기문 역). 학지사

제4절 가족상담

1 가족상담의 정의

(1) 가족상담이란 가족을 하나의 체계로 보며, 그 체계 속의 상호교류 양상에 개입함으로써 개인의 증상이나 행동에 변화를 가져오도록 추구하는 치료적 접근법이다.
(2) 최근에는 가족을 구성하고 있는 개인을 강조하던 기존의 관점과는 달리 개인을 둘러싼 맥락을 강조하는 관점으로 전환하고 있는데, 즉 개인의 행동은 환경의 역동성을 반영한다고 가정하는 것이다.

기출문제 확인학습

가족치료
1) 가족치료의 이론적 근거는 체계이론에 입각한 것이다.
2) 한 성원의 문제는 다른 전체에 영향을 미치고 다시 그 성원에 영향을 미치는 순환적 인과성(순환의 사고), 관계와 체계의 사고, 비합산(비총합성)의 원칙(전체는 각 부분의 합보다 크다) 등이 있다.

가족상담의 일반적 원리
1) 내담자의 모든 말과 행동의 의미와 이유를 가능한 정확히 이해한다.
2) 내담자의 반응을 정확히 예측한다.
3) 상담목표를 분명하게 설정하고 중간목표 달성에 노력한다.
4) 문제보다는 문제에 대한 내담자의 대처방법에 주안점을 둔다.
5) 긍정적인 경험을 반복, 확대시킨다.
6) 가족체계의 문제성을 이해하도록 한다.
7) 자녀행동과 부모관계를 파악한다.
8) 감정노출보다는 생산적 이해에 초점을 둔다.
9) 과거보다 현재 상황에 초점을 둔다.

일반적으로 가족치료를 권유하게 되는 경우
1) 가족치료의 정의
   개인의 심리적 장애와 문제가 가족 간의 부적응으로 인해 생긴다는 전제 아래 가족 간 상호작용에서 발생하는 여러 부적응 현상을 치료하는 집단치료의 일종이다.
2) 가족치료를 권유하게 되는 경우
   (1) 가족 구성원 간의 관계문제가 있을 때, 가족 구성원 간의 관계구조와 상호작용을 변화시켜 대인관계 기술과 적응능력을 향상시킬 필요가 있는 경우 가족치료를 권유한다.
   (2) 개인을 둘러싼 환경요소 중 가족을 치료적 매개로 사용하여 개인 치료로 해결하지 못한 문제들을 다룰 필요가 있는 경우 가족치료를 권유한다.

2 가족상담의 과정

1 가족상담의 초기 과정

(1) 인테이크 상담

　① 1단계(의뢰 단계)

　　내담자가 가족상담을 하기 위해 오게 되는 과정으로 누가 가장 먼저 문제가 있다고 생각했는지, 가족상담이 필요하다고 생각한 사람은 누구인지에 대해 알아본다.

　② 2단계

　　가족의 최근 변화와 문제에 대해 간략하게 알아본다.

　③ 3단계

　　이전에 받아 본 적이 있는 치료에 대해 평가해 본다.

　④ 4단계

　　가족에 대한 정보를 파악한다.

　⑤ 5단계

　　첫 번째 상담에 누가 참여할 것인지 등에 관한 내용에 대해 논의한다.

(2) 가족사정(family assessment)

　① 가족상담 영역에서는 가족의 건강, 기능, 과업수준을 파악하는 것을 가족사정이라고 한다.
　② 가족사정은 직관이나 느낌보다는 가족에 대한 관찰과 기록, 관련 문헌 등 경험적인 자료에 근거해 이루어진다.
　③ 가족사정을 정확히 하기 위해 단일 모델로 가족의 기능을 평가하기보다는, 다양한 모델의 장점과 단점을 취하여 가능한 한 객관적인 자료를 확보하기 위해 노력한다.
　④ 사정도구로는 가계도나 생태도, 가족도, 가족조각 기법 등 다양한 방법을 활용하여 가족사정을 하게 된다.

(3) 가족문제를 정하고 상담목표를 정하기

　① 문제를 명료화함으로써 가족은 자신들이 문제에 어떻게 개입되어 있는지 이해할 수 있다.
　② 역기능적이고 혼란스러운 문제를 잘 기술하게 하는 것이 첫 번째 행해지는 치료적 개입이 될 수 있다.

(4) 상담과정의 구조화

　① 상담과정의 구조화는 상담과정에 대한 전반적인 지침을 세우는 것이다.
　② 상담의 구조화는 상담하면서 느낄 수 있는 내담자 및 가족의 불안을 감소시키고 상담에의 참여도와 관여도를 높일 수 있다는 점에서 중요한 의미가 있다.

2 가족상담의 중기 과정

(1) 공감하기

　공감이란 상대방이 어떤 감정을 느끼고 있는지를 알아보고, 그러한 감정을 내면화할 수 있는 능력이다.

(2) 직면하기

　① 직면(confrontation)은 일관되지 않거나 불일치한 행동을 지적하고 교정할 수 있는 유용한 기술로서 불일치한 행동에 대한 책임을 부각시키고 결과적으로 집단을 활성화시킬 수 있다.
　② 상담자와 가족과의 관계가 안정적(라포형성이 충분히 된 경우)일 때 활용하는 것이 바람직하다.

(3) 경계 설정하기

　① 가족조각 기법
　　가족관계가 소원하고 가족이 서로 조망하는 시각 차이를 보일 경우 가족응집력 강화 및 구성원의 개별화 촉진을 위해 활용한다.
　② 역할 바꾸기
　　가족구성원에 대한 공감도를 높이고 새로운 역할을 연습시키기 위해 시도한다.

3 가족상담의 종결과정

(1) 상담 종결 시 다루어야 할 과제

　① 가족원의 감정 다루기(양가감정의 해소)
　② 가족상담 효과 검토하기(평가)
　③ 미해결된 과제 다루기
　　㉠ 상담자는 어떤 점이 미진(未盡)하고 후회가 되는지 알아보고, 미흡한 것이라도 불안한 상태를 공감해 준다.
　　㉡ 지금으로서는 충분히 다룰 수 없음을 이해시키는 것이 좋다.
　　㉢ 경우에 따라 다루어야 할 상태라고 판단되면, 전체 상담이 종결된 후에 개별적 상담을 권하거나 다른 상담자에게 의뢰하는 것이 바람직하다.
　④ 피드백 주고 받기
　　㉠ 상담자는 피드백을 줄 때에는 분명하고 직접적이고 간결하게 주며, 관찰 가능한 구체적인 행동과 변화 가능한 행동에 관련된 피드백을 준다.
　　㉡ 가급적 긍정적인 피드백을 주어 내담자 가족의 자존감을 높여주어야 하며, 부정적인 피드백을 줄 경우에는 매우 구체적인 사실을 알려 주어야 한다.
　⑤ 추후 과정에 대한 인식과 작별인사

(2) 상담 종결 후 추후지도
  ① 가족에 따라서 추후에 재발 가능성도 있으므로 상담 종료 후, 그들이 직면하게 될 심리적 문제를 위해 추가적인 가족상담이나 개인상담의 가능성을 알려주는 것이 좋다.
  ② 전화나 편지를 활용하여 추후관리를 시행하는 것도 하나의 방법이 될 수 있다.

3 가족상담의 방법

1 가족상담 초기에 주로 적용되는 상담기술

(1) 합류하기 - 라포 형성 기술
  가족과의 합류(joining)는 가족을 있는 그대로 받아들이고 가족에 적응함으로써 가족의 신뢰를 얻는 것을 의미한다.

(2) 순환적 질문하기
  전략적 가족치료모델 중 하나인 밀란 모델에서 개발된 면접 방법으로서, 가족 성원들이 문제에 대해 제한적이고 단선적인 시각에서 벗어나 문제의 순환성을 깨닫도록 돕기 위한 질문을 연속적으로 하는 기법이며, 이 기법은 초기단계에 속하는 사정단계에서 사용할 때 가족에 대한 새로운 이해를 촉진시킬 수 있다는 점에서 효과적이다.

2 가족상담 진행기(중기)에 주로 적용되는 상담기술

(1) 탈삼각화
  ① 보웬(다세대적 가족치료)에 따르면, 성원들의 분화가 이루어지지 않은 가족일수록 두 성원들 간 불안 수준이 높아지며 다른 성원들을 끌어들여 삼각관계를 형성하게 된다.
  ② 탈삼각화(de-triangulation)란 두 성원들의 감정 영역에서 제3의 성원을 분리시키는 과정이다.

(2) 가족조각(family sculpture)
  ① 경험적 모델에서 주로 사용하는 가족 조각이란 성원들이 가족에 대해 어떻게 인식하고 있는지를 시각적으로 표현함으로써 가족에 대한 이해를 돕기 위한 기법이다.
  ② 가족이 가족행동의 중요한 측면을 재연하여 갈등과 문제를 완화시키도록 돕기 위해서 가족원의 한 사람이 공간을 이용하여 가족성원을 다양한 신체적 자세로 배열시킴으로써 가족구조를 시각적으로 묘사하는 기법을 말한다.
  ③ 가족의 사전 동의를 구하고 무언(無言)으로 실시한다.

(3) 경계 만들기

구조적 가족치료 기법으로써, 가족 내 하위체계들 간의 경계가 지나치게 유리(= 분리)되거나 밀착된 경우에 유리된 경계는 보다 가깝게 해주고 밀착된 경계는 어느 정도 거리를 두도록 만드는 것이다.

(4) 역기능적 균형 깨뜨리기

① 구조적 가족치료 기법으로써, 가족 내 하위 체계들 간의 역기능적 균형을 깨뜨리기 위한 기법이다.
② 즉, 기능적 구조상에 어떠한 역기능적인 균형이 이루어지고 있다면 이를 깨뜨려야 하는데 이러한 균형을 깨뜨리는 기법이다.

(5) 역설적 지시(증상처방)

전략적 가족치료 모델의 기법으로써, 문제를 유지하는 연쇄적인 내용들을 변화시키기 위해 가족이 역설적이라고 생각하는 행동, 즉 문제 행동을 유지하거나 또는 강화하는 행동을 오히려 수행하도록 지시하는 기법이다.

(6) 재명명(재정의, 재구성)

전략적 가족치료 모델의 기법으로써, 가족성원들이 문제 혹은 이슈를 다른 시각, 즉 긍정적인 시각에서 보도록 또는 다른 방법으로 이해하도록 돕는 것을 의미하며 재명명(relabeling) 혹은 재규정(redefining)이라고도 한다.

기출문제 확인학습

해결중심 가족치료의 기본원리

1) 건강하고 긍정적인 것에 초점 두기
2) 강점, 자원, 증상까지 치료에 활용하기
3) 탈이론, 비규범, 내담자 견해 존중하기
4) 간단하고 단순한 방법 선호하기
5) 변화는 불가피하다.
6) 현재에 초점을 맞추고 미래지향적이다.
7) 내담자와의 협력관계를 중요시한다.

해결중심 상담의 질문기법[14]

해결중심 상담의 질문기법은 상담사가 문제와 해결방법을 제시하는 과정에 능동적으로 참여하는 것을 말한다.

1) 첫 상담 전 변화에 관한 질문 : 내담자가 상담 약속을 한 후 상담을 받으러 오기 전에 문제 상황에 변화가 일어났음을 전제로 내담자에게 질문을 한다. '상담약속을 잡으신 후 문제에 변화를 일으킨 어떤 행동을 했습니까?'와 같은 질문을 통해, 내담자 스스로 변화하고 있음을 격려한다.
2) 예외질문 : 내담자가 살아오면서 지금 문제로 지목하는 그 일이 문제가 되지 않았던 때가 있었다고 전제하고 예외적인 상황을 탐색한다.
   예 'oo님께서 지금까지 살면서 문제가 일어나지 않거나 덜 심각한 때는 언제입니까?'

---

14 심리상담과 치료의 이론과 실제 제10판, Cengage Learning(2018).

3) 기적질문 : 상담자는 '하룻밤 사이에 기적이 일어나 당신의 문제가 해결된다면 당신은 그것을 어떻게 알 수 있으며, 무엇이 달라질까요?'라고 질문하고 내담자에게 문제가 아직 있는 것을 알지만 달라질 것을 실행해보도록 한다.
4) 척도질문 : 0에서 10까지의 척도를 통해 내담자의 변화를 세밀하게 관찰하고 내담자가 문제에 완전하게 패배한 것이 아니라는 점을 내담자에게 알려주기 위해 사용한다.
   예 '오늘 여기 가지고 오신 문제가 전부 해결이되어 최상의 상태가 될 때를 10점이라고 하고, 지금까지 경험했던 것 중에 가장 힘든 상태가 1점이라고 한다면, 지금은 몇점이나 될까요?'
5) 대처질문 : 자신과 자신의 미래를 절망적으로 보는 내담자에게 '그런 심각한 문제를 가지고 어떻게 지금까지 지내올 수 있었는지' 질문하면서 내담자가 대처해 온 경험에 대해서 격려하고, 내담자가 스스로 자신이 대처기술을 가졌음을 깨닫게 된다.
6) 관계성질문 : 내담자와 중요한 관계에 있는 사람들이 자신을 어떻게 보고 있을 것인가를 질문하면서 자신에게 중요한 타인의 입장에서 자신을 보게 되면서 변화의 가능성을 만들어낼 수 있다.
   예 '아들이 귀가가 늦는다고 어머니께 전화하면, 아들은 어머니께서 어떻게 반응하기를 바랄까요?'[15]
7) 첫 회기 과제 공식질문 : 첫 회기와 둘째 회기 사이에 내담자가 수행하도록 상담자가 부여하는 과제의 형식을 말한다. '지금부터 다음번 우리가 만날 때까지 당신에게서 앞으로 계속 일어나기 원하는 어떤 일이 일어나는지를 관찰해보세요'라고 하고, 두 번째 회기에서 내담자에게 무엇을 관찰했으며 앞으로 어떤 일이 일어나기를 바라는지를 질문한다.

가족상담 기법 - 정리

1) 가족조각 - 경험적 가족치료
   (1) 가족들이 어떤 특정한 사건을 언어로 표현하는 대신에 공간적 배열과 신체적 표현으로 묘사하는 기법이다.
   (2) 이는 가족구성원에게 어떤 위치에 있게 하고, 그들이 의사소통과 관계 유형을 어떻게 지각하는지를 명백히 보여주기 위해서 다른 가족성원들의 신체적 배치를 의미한다.
2) 재구조화 - 구조적 가족치료
   (1) 가족성원이 다른 역할을 수행하는 전체의 한 부분으로 서로 원활하게 상호작용을 할 수 있도록 가족 체계를 활성화시키는 것이다.
   (2) 여기에는 '경계 만들기', '균형 깨뜨리기' 등이 있다.
3) 순환질문 - 전략적 가족치료
   가족성원들이 문제에 대해 단선적인 시각에서 벗어나 순환적 인과성에 의해 문제의 순환성을 깨닫게 하기 위해서 연속적으로 질문을 하는 것이다.
4) 탈삼각화 - 다세대적 가족치료
   제3자를 두 사람의 관계에서 분리시켜 가족 내에 형성되어 있는 삼각관계를 벗어나게 함으로써 가족원들이 자아분화가 되도록 돕는 기법이다.

---

15 사례로 배우는 가족상담과 가족치료. 학지사(2015).

5) 경계 만들기 - 구조적 가족치료
   가족 내 하위체계들 간의 경계를 유리된 경계는 보다 가깝게 하며, 밀착된 경계는 어느 정도 거리를 두도록 만드는 기법이다.
6) 역설적 지시 - 전략적 가족치료
   문제행동을 유지하거나 혹은 강화하는 행동을 오히려 수행하도록 지시하는 기법이다.
7) 재명명 - 전략적 가족치료
   가족성원의 문제를 다른 관점에서 이해하도록 하는 것으로 문제나 증상의 긍정적인 측면을 강조하는 기법이다.

의사소통 유형 - 사티어의 경험적 가족치료

구분	유형	의사내용분석	자신	타인	상황
기능적	일치형 (congruent)	• 언어적 메시지와 비언어적 메시지가 일치하는 의사소통 유형 • 자신, 타인, 상황을 모두 고려, 진솔한 의사소통유형	존중	존중	존중
역 기능적	비난형 (blamer)	• 자기주장이 강하고 독선적이며 명령적이고 지시적인 사람들이 많이 사용하는 의사소통유형 • 잘못을 남의 탓으로 돌리며 자신에게는 충성과 복종을 요구함 • "다 너 때문이야.", "나에게는 잘못이 없어."	존중	무시	존중
역 기능적	회유형 (placater)	• 상대방의 의견에 무조건 동의하고 상대방이 원하는 대로 행동 • 자신의 내적 감정이나 생각을 무시하고 타인의 비위에 맞추며 희생적으로 행동함 • "다 내 잘못이야.", "나는 신경 쓰지 마."	무시	존중	존중
역 기능적	초이성형 (계산형, super- reasonable)	• 지나치게 이성적이고 잘 따지며 부정적인 측면을 잘 지적함 • 자신의 감정을 잘 표현하지 않으며 실수하지 않으려고 노력함 • "사람은 논리적이어야 해."	무시	무시	존중
역 기능적	혼란형 (산만형, irrelevant)	• 상황에 적절하게 반응하지 못하고, 의사 표현에 초점이 없고 요점이 없음 • 타인의 말이나 행동과는 무관한 의사소통을 함	무시	무시	무시

정리

사티어의 경험적 가족치료의 의사소통 유형

1) 회유형 : 자신의 내적 감정이나 생각을 무시하고 타인의 비위를 맞추려는 성향
2) 비난형 : 타인을 무시하는 성향
3) 초이성형 : 자신과 타인 모두를 무시하고 상황만을 중시하는 성향
4) 산만형 : 자신과 타인, 상황 모두를 무시하는 유형
5) 일치형 : 의사소통의 내용과 내면의 감정이 일치하는 유형

제4장 중독상담

제1절 중독상담 기초

1. 중독모델 - 알코올 중독에 관한 도표식 정리[16]

모델	예	강조하는 원인적 요인들	개입방법	적절한 개입매개체
도덕모델	죄악, 범죄	영성, 개인적 책임	영적인 방향 도덕적 설득 사회적 제재	성직자, 법 집행기관
성격모델	정신분석	성격, 특성·소인 방어기제	정신치료 위험 식별 자아 이미지 수정	정신치료사
질병모델	유전·뇌· 생리적인 것	유전적, 신체적	의학적 치료 위험 식별	의사, 의료전문가
A.A. 12단계모델	A.A.	생리·심리 사회환경적 요인 도덕·영적인 요인	평생 단주, 직면 자조집단	회복중인 알코올 중독자들과 동료의 지지
사회학습모델	인지치료, 재발방지	모델링, 기대 대처기술 부족	적절한 모델·목표 인지적 재구조화, 대처기술훈련, 자기조절 훈련	인지 - 행동치료자 적절한 모델들
교육모델	강의 정서적 교육	지식의 부족 동기 부족	교육	교육자들
사회문화모델	소비조절	환경적·문화적 규범	공급 측면의 개입 사회정책 술 제공자 개입	로비스트·입법부 사회정책가 소비자·공급자
공중보건모델	세계보건기구	주체·객체·환경의 상호작용	포괄적·다영역적	다학문적 접근

---

16 각 모델마다 알코올중독에 대해 각기 다른 입장들을 취하고 있다.

12단계 촉진치료

1) 자조집단인 단주모임(A.A.)의 12단계 중 첫 3단계의 목표를 달성하도록 촉진시키는 치료 프로그램이다.
2) 알코올 의존자의 회복 과정에서는 영적 요소는 필수이며 12단계의 영적인 요소들이 알코올 의존자의 삶의 문제를 다루게 함으로써 영적 각성을 통한 영적 성장, 즉 삶의 변화를 유도하여 단주와 더불어 삶의 회복을 기대할 수 있게 되는 것이다.

공중보건모델

1) 공중보건 관점에 의한 알코올문제 개입은 agent - host - environment 삼각구도의 고전적 공중보건 모델을 기반으로 한다.
2) 공중보건모델은 알코올(agent)과 개인 특성(host)과 물리적 사회적 배경(environment) 사이의 상호작용을 다루는 '전체인구 대상의 개입'을 통해서 문제성 음주와 관련된 이환율과 사망률을 감소시키고자 한다.

사례관리 과정

1) 만성정신과 환자를 위한 정신재활치료에서 사례관리의 목적은 환자에게 필요한 다양한 서비스를 조정, 통합하는 것이다.
2) 사례관리는 원스톱 서비스의 개념으로, 다양한 욕구를 해결하기 위해 다양한 서비스를 연계, 통합, 조정하여 자원의 힘을 빌어서 실천하는 지역사회보호이다.
3) 사례관리 과정은 접수(Intake) → 사정(Assessment) → 계획(Plan) → 개입(Intervention) → 점검(Monitoring) → 평가(Evaluation)의 과정을 거친다.

2 변화단계이론[17] - 범이론 모형(Transtheoretical Model, TTM)

(1) 변화단계이론은 문제 행위들이 역동적인 변화의 과정을 거쳐서 변화가 일어난다는 것을 기본으로 개발되었다.
(2) 변화단계이론은 다양한 건강문제들을 갖고 있는 사람들의 변화 과정을 매우 효과적으로 이해하고 기술하고 예측할 수 있는 모델로, 1979년 프로체스카(Prochaska)에 의해 개발되었다.
(3) 변화단계이론의 기본가정은 개인의 행동이 변화하는 과정은 예측이 가능하도록 단계 단계의 시리즈로 옮겨간다는 것으로 모두 다섯 단계로 구분된다.
(4) 변화단계이론은 인간 행동의 변화를 점차적으로 계속되는 역동적인 과정으로 강조하는 것이 특징이며 개인이 어떻게 의도적으로 행위변화를 수행해 나가는지에 대한 이론적 틀을 제공한다.

1 구성요소

행위변화에 대한 이해를 제공하여 주는 변화의 5단계(stages of change)는 아래의 구성요소와 일련의 과정으로 설명된다.

---

[17] 금연상담기법 - 5A's / 5R's, 배경희, 대한임상건강증진학회, 2006, 재인용

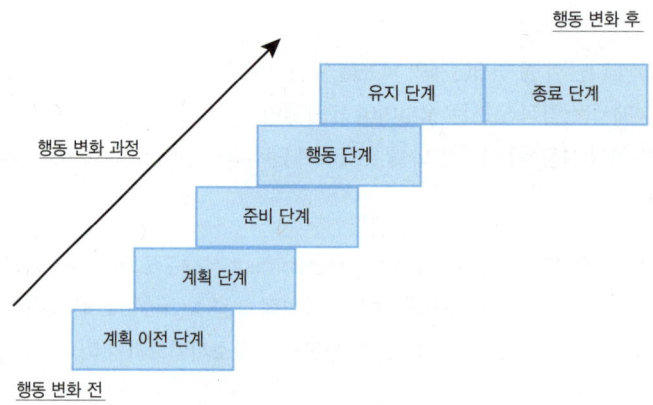

(1) 계획 이전 단계(precontemplation stage)
   ① 계획 이전 단계는 변화의 의도가 전혀 없는 단계를 말하며, 자신이 문제를 갖고 있다고 생각하지도 않으며, 변화해야 할 필요성이나 위험을 느끼지 않는 단계이다.
   ② 행동과학자들이 행위의 변화로 인정하기 위한 최소한의 6개월 지속 기간을 감안하여, 비교적 가까운 장래인 향후 6개월 이내에 어떠한 행위를 수행할 의도가 전혀 없는 시기를 말한다.

(2) 계획단계(contemplation stage)
   ① 계획단계는 문제라고 받아들이고 6개월 이내에 행위 변화를 실행할 의도를 가지고 있으며, 자신의 문제에 관심을 두고 있는 단계이다.
   ② 그러나, 문제를 인식하고 변화를 생각해보면서도 당장 실행으로 옮기지는 않는 단계이다.

(3) 준비단계(preparation stage)
   ① 준비단계는 아주 가까운 시기인 향후 1개월 이내에 행위를 취할 의도가 있는 단계이다.
   ② 이 시기의 사람들은 이미 과거에 건강교육에 참가하거나 상담자나 의사의 상담을 받거나 자신에게 도움이 되는 책을 사는 등 변화를 시도한 경험이 있기도 하며 자기변화를 위한 노력의 계획을 세우기도 한다.

(4) 행동단계(action stage)
   ① 행동단계는 최근 6개월 이내에 생활양식이 특정방법으로 외형적인 변형이 이루어진 경우를 말한다.
   ② 활동은 관찰 가능한 것이므로 행위변화(behavioral change)와 활동(action)을 같은 것으로 볼 수 있으나, 이 모형에서는 모든 행위 변형이 활동으로 간주되지는 않는다.
   ③ 행동이 지속적으로 이루어지지 않고 부분적이 될 수 있기 때문에, 전문가가 제시한 질병위험을 충분히 감소시킬 수 있는 기준을 성취하여야 한다.

(5) 유지단계(maintenance stage)
   ① 유지단계는 재발의 유혹에 빠지지 않고 새로운 행동을 6개월 이상 계속하는 시기이지만 행동단계에서처럼 변화과정을 자주 사용하지는 않는다.
   ② 재발은 행위변화의 과정에서 일반적으로 거쳐 가는 위기의 상황이며, 행동변화 이전의 상태로 다시 돌아가는 것을 말한다.

(6) 종료단계(termination)
① 바람직한 행동변화는 유지단계가 계속되는 것으로 볼 수 있지만, 약물 중독과 같은 행동에는 마지막으로 종료단계가 적용된다.
② 종료단계의 사람은 유혹을 전혀 받지 않으며 완전한 자기 효능을 갖는다.

3 정신약물학

1 정신약물학의 용어 중 향정신성 약물(psychotropics)

(1) 정신기능, 행동 또는 경험에 영향을 미치는 약물로써, 관습적으로 정신과 고통과 장애를 해소하기 위한 특수 목적으로 사용되는 약물

(2) 분류
① 항정신병약물(antipsychotics), 항우울제(antidepressants)
② 항조증제 혹은 기분안정제(antimanics)
③ 항불안제(antianxiety drug / anxiolytics) 등

2 약물치료의 일반적 지침

(1) 치료자 - 환자 관계의 중요성
어떤 약물치료도 기본적인 라포형성(신뢰관계) 없이는 커다란 효과를 기대하기 어렵다.

(2) 다른 치료와의 연계
생물학적 성향이 강한 질환이라도 현재의 추세는 정신치료나 다른 형태의 치료가 동반되는 것이 일반적이다.

(3) 교육의 필요성
상황에 따라 다르지만, 자신의 병이나 증상 그리고 치료약의 종류 및 부작용에 대하여 환자에게 가능한 한 설명하는 것이 필요하다.

(4) 치료순응의 문제
실제로 외래의 경우 상당수의 환자들이 투약된 약을 먹지 않으므로 환자의 반응을 면밀히 살펴야 한다.

(5) 부작용

신약의 개발에도 불구하고 아직도 상당수의 약은 생활의 불편이나 순응도에 영향을 줄 정도의 부작용을 가지고 있으므로 충분히 고려하여 처방되어야 한다.

(6) 불응성 환자

오랜 기간 동안 질병을 앓아온 경우 약물에 대한 반응이 좋지 않을 수 있으므로 치료목표와 기대를 분명히 해야 한다.

(7) 약물의 상호작용

여러 가지 약물을 같이 사용할 시 원하지 않은 부작용이 나타날 수 있으며, 알코올, 담배, 커피 등도 약물의 농도에 영향을 주므로 주의해야 한다.

기출문제 확인학습

약물에 관한 설명 기출

1) 약물 내성은 동기의 대립과정이론으로 설명할 수 있다.

> **동기의 대립과정이론**
> 1) 동기의 대립과정이론의 기본가정에는 초기 정서상태의 반복이 그것에 길항적인 대립과정의 힘을 증가시킨다는 점이 있다.
> 2) 이 가정은 내성의 발달, 이에 동반하는 금단 증후의 성장, 그리고 그 결과인 약물중독의 악순환을 설명해 줄 수 있다.
> 3) 이 이론에 따르면, 암페타민과 같은 행동적 흥분제에 의해 일어나는 정서반응은 반대방향으로 압력을 가하는 대립과정을 야기시킨다.
> 4) 약물의 복용빈도가 많아질수록 대립과정은 더 강하게 되며, 그 결과로 내성은 증가되며 정서적 각성을 높이기 위해서는 보다 많은 용량이 필요하게 된다.

2) 바비튜레이트는 중추신경 억제제이다.
바비튜레이트(Barbiturate) 계열 약물은 자극제가 아니라, 중추신경계 억제제로서, 가벼운 진정부터 완전한 마취까지 다양한 효과를 유발할 수 있는 약물들이다. 이와 더불어 항불안제, 수면제, 항경련제, 효과도 있다.

3) 메스칼린은 환각제이다.
메스칼린은 페이요테라는 선인장에서 추출한 물질로, 일종의 마약(환각제)이다.

4) 진정제는 GABA 시냅스에 영향을 준다.
GABA의 길항제(agonists)로서 술이나 진정제가 GABA 수용기(receptor)에 작용하여 억제 시냅스 역할을 한다. 즉 진정제는 GABA 시냅스에 영향을 준다.

> **GABA(감마 아미노낙산 / 감마 아미노 부틸산)**
> GABA(Gamma Amino Butyric Acid)는 신체 내에서 만들어지는 아미노산이다.
> 뇌기능을 정상화시켜주는 두뇌의 신경 전달 물질로 주로 두뇌와 눈에서 발견된다.
> 스트레스를 받거나 극도로 불안정, 활동 항진일 때 가바는 두뇌의 알파파 활동을 증진시켜주고, 스트레스, 긴장을 초래하는 신경전달을 억제하여 두뇌기능을 정상화시켜서 스트레스와 긴장, 신경불안정, 긴장으로 인한 고혈압, 간질, 조현병, 활동 항진, 불면 등의 증상을 개선시켜 준다.

기출문제 확인학습

스트레스 및 스트레스 대처

1) 스트레스의 원천으로는 좌절, 압력, 갈등, 변화 등이 있다.
2) 스트레스에 대한 생리적 반응으로 교감신경계가 활성화된다.
3) 스트레스 대처방안에는 문제중심형과 정서중심형 대처방법이 있다.
4) 스트레스에 대한 생리적 반응은 경고, 저항, 소진 단계 순으로 진행된다.

제2절 개입방법

1 선별 및 평가[18] - 선별(screening) 및 진단(diagnosis) 등 용어를 중심으로

1 선별(screening)
선별은 심층적 평가의 필요성 여부를 결정하는 가장 초기 단계의 사정 방법이다.

2 진단(diagnosis)
진단은 적격 조건을 결정하는 중요한 과정으로 질환의 원인을 찾아내고 증상에 따른 적절한 치료법을 결정하는 과정이며, 의학 분야에서 많이 사용된다.

3 판별(identification)
판별은 선별 및 평가활동을 통하여 개인의 능력 및 심리적 특성이 같은 사람들을 구분하는 진단 활동을 말한다.

4 검사(test)
검사는 좀 더 구체적인 용어로 구조화된 조건하에서 질문에 응답하는 것이며 사정하기 위한 한 방법이다.

5 평가(evaluation)
(1) 평가는 문제영역에 대한 정보를 수집하는 사정에서의 구체적인 과정을 의미한다.
(2) 문제영역에 대한 평가방법에는 여러 방법과 종류가 있을 수 있으며 개인의 특성 및 상황에 따라 적합한 것을 선택하여 실시하여야 한다.

6 사정(assessment)
(1) 사정은 개인에 관한 결정을 내리기 위한 목적으로 개인의 특성 및 요구를 판별하고 조치하여 이에 대한 평가를 수행하여 재판별, 재조치를 수행하는 과정을 말한다. 즉, 사정에서는 객관적으로 정보를 수집하여 종합분석·해석하는 일련의 과정이다.
(2) 단순히 개인의 특정 측면만의 정보를 가지고 그 개인의 전체적인 측면을 유추해내는 과정이 아니라, 사정을 하는 목적에 따라 필요한 모든 정보를 객관적으로 수집하고 그 개인에 대한 결정을 내리는 것이다.

---

18 강성군, 도박 중독의 선별과 평가, 한국심리학회, 2008

2 동기강화 상담 (Motivational Interviewing, MI)

1 동기강화 상담의 기본 원리와 기법

(1) 기본원리
① 공감표현하기 : 내담자의 관점을 이해하고자 존중하는 태도로 귀를 기울인다.
② 불일치감 만들기 : 내담자의 현재 행동과 자신의 긍정적인 목적과 가치관 사이에 불일치감을 만들어 강화한다.
③ 저항과 함께 구르기 : 내담자의 저항에 직접 맞서지 않고, 내담자의 저항을 최소화하는 방법으로 상담을 진행한다.
④ 자기효능감 증진하기 : 새로운 변화에 적응해 가며 변화를 지속해 나갈 수 있다는 것을 내담자 스스로 믿고 그런 자신감을 키우도록 돕는다.

(2) 기본기법(OARS)
① O - 열린 질문 사용하기(Open question) : 내담자가 자신의 문제 영역을 탐색할 수 있도록 열린 질문을 통해 비판단적인 대화 분위기를 조성한다.
② A - 인정하기 (Affirming) : 내담자와 내담자의 강점의 가치를 긍정해주는 반응을 통해 긍정적인 면에 집중하도록 한다.
③ R - 반영하기 (Reflecting) : 내담자에 대한 상담자의 관심, 공감 및 이해를 표현하면서 내담자가 더 깊이있게 탐색하거나 초점을 이동하도록 촉진시킨다.
④ S - 요약하기 (Summary) : 내담자가 말했던 것들을 종합적으기 모아서 반영해주는 것으로 기본적으로 반영하기 기법에 해당한다.

2 동기강화 상담의 과정

* 1단계 : 변화의 중요성을 증폭시키고 자신감을 고취하며 양가감정을 해결한다.
* 2단계 : 내담자의 변화에 대한 결심과 개입을 더욱 공고히 하고 변화계획을 수립한다.

> **참고**
>
> **동기강화 상담의 4단계**
> 관계형성하기 - 초점맞추기 - 유발하기 - 계획하기
> ※ 변화동기에 중요한 요소들은 의지(변화의 중요성), 능력(변화에 대한 자신감), 준비(중요성의 우선순위) 세 가지이다.

3 내담자의 변화 단계별 적절한 질문 - (대표적인 4가지씩만 정리함)

(1) 중독자는 겉으로는 자신의 문제를 부인하지만 속에는 감추어진 변화의 의지가 있으며 이러한 자발적인 변화의 의지를 끌어내어 실제 삶을 변화시키고자 하는 것이 동기강화 상담이다.

(2) 동기강화 상담을 설명할 때 빼놓을 수 없는 것이 프로체스카(Prochaska)의 변화 단계 모델이다. 이 모델에 의하면 사람이 자신의 행동을 수정하고 변화하는 과정이 여러 단계로 이루어진 연속선상에 있으며 단계별 변화를 거쳐 결국 보다 연속적으로 유지되는 상태로 발전된다.

(3) 변화의 단계는 아래 그림과 같이 도식화할 수 있다.

<Prochaska의 변화단계모형>

* 전 숙고단계
  ① 당신이 무가를 변화시키려고 생각한다면 당신의 생활에서 달라져야 할 필요가 있는 것은 무엇인가요?
  ② 당신이 무언가를 변화시키는 문제를 고려해보고 있다고 가정해봅시다. 왜 그것을 변화시키고 싶을까요?
  ③ 지금까지 변화에 대해 생각해 본 적이 있습니까?
  ④ 당신이 무언가를 변화시키는 것을 고려해 보기 위해서는 당신이 해야 할 필요가 있는 것은 무엇인가요?

* 숙고단계
  ① 현재 행동에 대하여 하고 싶은 것은 무엇인가요? 하고 싶지 않은 것은 무엇인가요?
  ② 당신이 현재 그대로 살고 싶은 이유는 무엇인가요?
  ③ 당신이 변화하고 싶은 이유는 무엇인가요?
  ④ 일단 당신이 변화를 결심했다고 가정해봅시다. 당신이 변화를 원하는 이유가 무엇일 것 같습니까?

* 준비단계
  ① 이것을 변화시키려는 주된 이유는 무엇입니까?
  ② 이것을 변화시킬 필요성은 무엇이라고 생각합니까? 어떤 방법이 효과적일 것이라고 생각합니까?

③ 이것을 변화시키는 것에 대한 당신의 아이디어는 무엇입니까?
④ 당신이 그러한 변화를 이루고 난 후의 미래를 천천히 생각해 본다면, 당신은 무엇을 하고 있을까요?

* 실천단계

① 변화를 향한 실천행동을 하면서 당신이 만날 수도 있는 장애물이 무엇입니까?
② 이러한 장애물들을 어떻게 관리할 것입니까? 어떤 해결방법이 효과적일까요?
③ 당신이 계획을 실천하기 시작한 이래로 양가감정을 경험한 적이 있습니까?
④ 당신이 특히 기쁘고 자랑스럽게 느낄 수 있는 성공은 무엇입니까?

* 유지단계

① 당신의 최근의 계획달성 사례를 되돌아보면서 다른 사람들에게 자신의 성공사례를 들려주실 수 있나요?
② 당신이 예전 행동을 다시 하고 싶은 충동을 경험하였다면 효과가 입증된 대처전략은 무엇인가요?
③ 당신이 예전 행동을 다시 하는 경험을 하였다면 당신이 이미 얻은 이익들을 잃지 않기 위해 그러한 재발을 어떻게 다루었겠습니까?
④ 현재의 이러한 변화를 경험해본 결과, 당신이 이루고 싶은 또 다른 변화가 있습니까? 있다면 무엇입니까?

* 유지 - 재발 및 재순환 단계

① 예전의 행동패턴으로 되돌아가게 만든 원인은 무엇입니까?
② 당신이 원했던 곳으로 되돌아가기 위해 어떻게 할 것입니까?
③ 이번 경험에서 배운 것이 무엇인지 설명해 주시겠어요?
④ 당신이 찾았던 변화들을 다시 계속 달성하고 싶은 바람은 어떻습니까?

기출문제 확인학습

인터넷 중독의 징후(인터넷 게임중독 관련하여)

1) 인터넷 게임에 과도하게 몰입하여 계속 하기를 원하고 게임을 하고 있지 않을 때 불안, 초조함을 느끼는 금단 현상을 경험한다.
2) 게임을 끊으려는 시도를 하지만, 여러 번 실패한 경험이 있다.
3) 게임에 매달리는 일이 시간과 돈의 낭비이고 건강에도 좋지 않다는 것을 알면서도 게임을 끊기 힘들어한다.
4) 게임을 하면 할수록 더욱 오래해야만 만족하거나 더욱 폭력적이고 자극적인 게임을 해야만 만족하게 되는 내성을 경험한다.
5) 불규칙한 식사와 수면부족으로 일상의 리듬이 깨지고 건강을 해치게 된다.
6) 게임에 몰입하여 오랜 시간을 보냄으로 인해서 학업 문제를 비롯한 현실 생활에서 어려움을 경험한다.
7) 혼자 게임에 빠져 가족이나 친구 등 대인관계에 문제가 발생한다.
8) 거의 매일 하루 평균 4시간 이상 게임을 한다.

인터넷 중독이 의심될 때 중독에서 벗어날 수 있도록 일반적으로 추천하는 방법

1) 컴퓨터를 가족의 공동 장소인 거실에 두어 내담자의 인터넷의 부적절한 사용을 방지한다.
2) 컴퓨터 사용시간을 계획하도록 하여 내담자 스스로 자신의 컴퓨터 사용을 통제하도록 유도한다.
3) 컴퓨터 이외의 다른 취미활동이나 운동을 권유함으로써 관심 영역을 분산시키는 동시에 신체적·정신적 건강을 도모하도록 한다.

4) 내담자 자신이 해야 할 일을 먼저 완수하도록 한 후, 일종의 보상으로서 정해진 시간만큼 컴퓨터를 사용할 수 있도록 유도한다.
5) 평소 대화 시간을 늘림으로써 일상생활이나 대인관계 등의 고민에 대해 온화한 분위기에서 이야기를 나누도록 한다.

1차적 약물남용과 2차적 약물남용

1) 약물남용 청소년의 진단 및 평가에 있어서 상담자가 유의해야 할 사항 중 가족문제나 학교 부적응 등의 관련요인들의 영향으로 인한 약물남용은 2차적인 약물남용이라고 한다. 관련요인들의 영향에 앞서 나타나는 것이 1차적 약물남용이다.
2) 약물남용이 1차적인가 또는 2차적인가에 따라 개입해야 하는 상담의 목표도 달라져야 한다.

금단증상과 내성

1) 금단증상이란 장기간 사용했던 약물을 더 이상 복용하지 못하게 되었을 때 신체가 적응하는 과정에서 나타나는 신체적 정신적 산물들이며 일시적인 증상이다.
2) 장기간 사용 중이던 약물을 얼마 동안 사용하지 않았을 때 심리적으로 초조하고 불안함을 느낄 뿐 아니라 약물에 대한 열망과 메스꺼움 등의 신체적인 불쾌감을 경험하는 것이다.
   내성 : 약물의 반복 복용에 의해 약효가 저하하는 현상이다.

알코올 중독치료

1) 알코올 중독치료에서 많이 활용하고 있는 상담은 개인상담보다는 자조집단, 집단상담이다.
2) 알코올 남용은 알코올 의존보다 경미한 상태로 내성이나 금단증상은 없으나, 신체적·심리적 및 사회적으로 문제가 나타난다.
3) 알코올 중독에 대한 심리치료에서 치료 초기에 무의식적 사고와 감정에 대한 해석을 자주 사용하지 않으며 해석은 치료의 중기과정에서 많이 사용한다.

약물중독의 4단계

1) 1단계 : 실험적 사용단계
   처음에는 호기심과 동료들의 권유로 감정의 변화를 경험하는 것이 즐겁고 동료들과 어울릴 수 있는 것이 좋아서 시작을 한다.
2) 2단계 : 사회적 사용단계
   적극적으로 기분이 좋아지기 위해서 사용하거나 오락적으로 사용하는 단계이다.
3) 3단계 : 약물 남용단계
   (1) 점차 조절능력을 상실하고 행동이나 감정에도 변화가 나타난다.
   (2) 일상생활의 문제가 발생하기도 하지만, 일정한 시간에만 약물을 복용한다.
4) 4단계 : 약물 의존단계
   (1) 한 시간이라도 약물이 없으면 불안하여 매일 사용하는 단계이다.
   (2) 기분이 좋아지기 때문에 사용한다기보다는 금단증상 등 좋지 않은 느낌이 오지 않도록 하기 위해서 약물을 사용한다.

약물중독의 용어 정리

1) 약물남용 : 의도적으로 약물을 다른 목적으로 사용하는 것
2) 약물의존 : 약물이 없이는 지낼 수 없어 계속 약물을 찾는 상태
3) 약물오용 : 의도적은 아니지만, 약물을 적절한 용도로 사용하지 못하고 잘못 사용하는 것
4) 약물중독 : 약물로 인해 신체건강에 여러 부작용을 나타내는 상태

상담자의 유의사항

1) 약물남용 청소년들에 대해서는 약물사용 문제 외의 여러 문제에 대한 다각적인 접근이 필요하다.
2) 즉, 상담의 목표나 전략을 정할 때 청소년이나 청소년의 부모가 제시하는 특정한 측면이나 문제에 국한하지 않고 신체, 인지, 정서, 사회성 등 각 영역에 있어서 청소년의 발달정도 및 특성, 능력 등을 고려하여야 한다.
3) 또한 청소년들은 사고보다는 행동을 지향하는 경향이 많기 때문에 수동적이고 간접적인 접근보다는, 적극적인 교육과 구체적인 내용을 포함하는 직접적이고 참여적인 치료적 접근이 더 유용하다.

기출문제 확인학습

12단계 촉진치료의 전문[19]

1) [제 1단계]
   우리는 알코올에 무력했으며, 우리의 삶을 수습할 수 없게 되었다는 것을 시인했다.
2) [제 2단계]
   우리보다 위대하신 힘이 우리를 본 정신으로 돌아오게 해주실 수 있다는 것을 믿게 되었다.
3) [제 3단계]
   우리가 이해하게 된 대로, 그 신의 돌보심에 우리의 의지와 생명을 맡기기로 결정했다.
4) [제 4단계]
   두려움 없이 우리 자신에 대한 도덕적 검토를 했다.
5) [제 5단계]
   우리의 잘못에 대한 정확한 본질을 신과 자신에게, 그리고 다른 어떤 사람에게 시인했다.
6) [제 6단계]
   신께서 이러한 모든 성격상 결점을 제거해 주시도록 완전히 준비했다.
7) [제 7단계]
   겸손하게 신께서 우리의 단점을 없애 주시기를 간청했다.
8) [제 8단계]
   우리가 해를 끼친 모든 사람의 명단을 만들어서 그들 모두에게 기꺼이 보상할 용의를 갖게 되었다.
9) [제 9단계]
   어느 누구에게도 해가 되지 않는 한 할 수 있는 데까지 어디서나 그들에게 직접 보상했다.
10) [제10단계]
    인격적인 검토를 계속하여 잘못이 있을 때마다 즉시 시인했다.
11) [제11단계]
    기도와 명상을 통해서 우리가 이해하게 된 대로의 신과 의식적인 접촉을 증진하려고 노력했다. 그리고 우리를 위한 그의 뜻만 알도록 해주시며, 그것을 이행할 수 있는 힘을 주시도록 간청했다.
12) [제12단계]
    이런 단계들의 결과, 우리는 영적으로 각성되었고, 알코올중독자들에게 이 메시지를 전하려고 노력했으며, 우리 일상의 모든 면에서도 이러한 원칙을 실천하려고 했다.

---

19 12단계의 이해와 실제, 계요병원 알코올센터장, 정신과전문의 김한오

3 재발방지 – '알코올 중독자 재발방지를 위한 계획'을 중심으로

1 단주상태를 확실히 유지하도록 한다.

단주상태를 확실히 유지시키는 것이 재발을 막는 첫 번째 단계이다.

2 알코올 중독에 따른 평가를 한다.

만약 처음 치료를 받기 시작하였다면, 재발방지 계획을 치료과정 중 세워야 하며 알코올 중독에 따른 평가가 요구되며 재발을 방지하기 위해 무엇을 할 수 있는지 상담해 보는 것이 필요하다.

3 재발의 과정에 대해 배운다.

재발과 회복의 과정에 대해 배우는 것이 필요하며 단주를 하기 위해서는 어떤 것이 필요하고 자신의 경우에는 무엇을 택할 것인가를 충분히 알아야 한다.

4 경고증상에 대해 이해한다.

경고증상이 보이거나 점차 많아지는 것은 또 다시 술을 마실 수 있는 가능성이 높아지고 있다는 위험의 징표이다.

5 회복의 프로그램을 재검토한다.

(1) 회복과 재발은 동전의 양면과 같아서, 내담자가 만약 회복의 길을 가고 있지 않다면 재발의 길로 가고 있는 것이다.
(2) 좋은 회복의 프로그램은 재발을 막는데 필수적이므로 과거에 내담자에게 도움이 되었던 회복 프로그램이 어떤 것이었는지 참고하여 새로운 프로그램을 만들어 보는 것이 좋다.

6 목표를 세워 일상생활에 적용하여 훈련한다.

(1) 알코올 중독 환자는 하루하루의 생활방식을 새롭게 배워 나가야 하며 하루하루 생활 목록표와 균형을 이룰 수 있도록 자신을 훈련시켜야 한다.
(2) "내가 오늘도 나의 주관적 가치나 기준에 따라 살고 있는가?", "이 가치나 기준이 현실적인가?", "나는 나의 알코올 중독에 대해서 받아들이고 처리할 수 있는가?", "내 자신의 건강을 잘 돌보고 있는가?" 등을 검토하여 재발의 가능성을 나타내는 증상들에 대해 목록을 만들어 재발을 예방할 수 있도록 한다.

7 재발을 알리는 증상을 미리 막는다.

재발을 경고하는 증상들에 대해 어떻게 대처하는 방법을 아는 것이 중요하며 그것을 발견하고 내담자의 삶에 영향을 주고 있는 증상들에 대해 무엇을 할 것인가를 결정하여야 한다.

8 자신에게 중요한 사람들과 친교를 갖는다.

(1) 내담자와 매일 친교를 갖는 사람들에게서 재발을 막거나 단주를 유지하는 데 필요한 도움을 받도록 하는 것이 좋다.
(2) 재발의 경고증상이 보이면 가족이나 가까운 사람들에게 미리 알려서 즉시 도움을 받을 수 있도록 하는 것이 현명하다.

9 퇴원 후 프로그램을 강화해야 한다.

회복프로그램의 일부인 재발방지 계획을 세우며 실천하여 생활화하도록 노력해야 하며 알코올 중독에서 회복하고 있는 환자들은 일상 생활의 규칙 안에서 자유를 누리는 것이 중요하다.

기출문제 확인학습

약물남용 청소년의 진단 및 평가에 있어서 상담자가 유의해야 할 사항

1) 약물남용 청소년들에 대해서는 약물사용 문제 외의 여러 문제에 대한 다각적인 접근이 필요하다.
2) 상담의 목표나 전략을 정하는데 있어서 청소년이나 청소년의 부모가 제시하는 특정한 측면이나 문제에 국한하지 않고 신체, 인지, 정서, 사회성 등 각 영역에 있어서 청소년의 발달정도 및 특성, 능력 등을 고려하여야 한다.
3) 청소년들은 사고보다는 행동을 지향하는 경향이 많기 때문에 수동적이고 간접적인 접근보다는, 적극적인 교육과 구체적인 내용을 포함하는 직접적이고 참여적인 치료적 접근이 더 유용하다.
4) 청소년이 약물을 사용한 경험이 있다는 것만으로 약물남용자로 낙인찍지 않도록 한다.
5) 청소년 약물남용과 관련해서 임상적으로 이중진단의 가능성이 높은 심리적 장애는 우울증, 품행장애, 주의결핍 - 과잉행동 장애, 자살 등이 있다.
6) 청소년 약물남용자들은 약물사용 동기나 형태, 신체적 결과 등에서 성인과 다른 양상을 보이므로 DSM - 5와 같은 성인 위주 진단체계의 적용에 한계가 있다.

기출문제 확인학습

행위중독(병적도박 등)

1) 행위중독은 행위 작용에 의한 중독으로 도박, 운동, 섹스, 게임, 모바일 폰, 쇼핑, 일 등이 여기에 해당한다.
2) 행위중독의 주요기제는 생물학적 이론의 민감화(sensitization)로서, 중독성 물질이나 행위를 반복하면 대뇌변화가 생기는데, 도파민성 대뇌보상회로의 과민에 의해 효과가 점차 증가된다.
3) 이러한 즐거움이 긍정적 강화로 작용하여 의존이 발생하며, 민감화로 인해 중독성 물질이나 행위로 인한 보상의 정도가 커져서 초기 양으로 만족 못하는 내성이 일어난다.
4) 중독성 물질이나 행위를 추구하고 조절력을 상실하게 되고, 이를 중단하면 불안과 흥분이 발생하는 금단 현상이 일어난다.

제5장 특수문제별 상담유형

제1절 학습문제 상담

1 학습문제의 기본특징

(1) 시험불안, 공부 자체에 대한 회의와 의문, 집중력 부족, 성적 저하 및 저조로 인한 걱정과 스트레스, 공부 방법 문제, 공부에 대한 반감, 노력은 했는데 성적이 안 오름, 능력부족, 공부습관 미형성, 공부에 대한 동기 부족, 성적에 대한 집착, 성적으로 인한 관계에서의 문제, 낮은 학습 효능감, 다른 활동과의 갈등, 신체적·물리적 환경 등

(2) 학습부진 요인에 대해서는 개인 변인과 환경 변인, 변화 가능한 요인과 비교적 변화시키기 어려운 변인을 두 개의 축으로 설정하여 제시된다.

개인 변인	변화 가능한 변인	기초학습기능, 선수학습, 학습동기, 학습전략, 성격, 공부에 대한 태도, 부모에 대한 지각, 불안, 우울, 비합리적 신념, 자아개념, 공부시간
	변화 불가능한 변인	지능, 적성, 기질, 인지 양식
환경 변인	변화 가능한 변인	부모와의 관계, 부모의 양육태도, 성취압력, 또래관계, 교사와의 관계, 형제와의 경쟁
	변화 불가능한 변인	부모의 지위변인, 가족 구조의 변화, 학교풍토, 교육과정, 교사의 교수법, 학습과제, 학교시설, 시험형식, 경쟁구조, 사교육

2 학습문제 상담의 실제

(1) 학습상담의 정의
 ① 학생들의 학업발달을 다루는 상담영역을 학업상담 또는 학습상담이라고 한다.
 ② 학습상담은 학습자가 학습의 과정에서 원하는 바를 인식하고 성취할 수 있도록 돕고 학습자는 학습상담을 통해 학습과정에서 겪은 문제를 보다 체계적이고 통합적으로 해결하여 유능한 학습자가 될 수 있도록 조력하는 일련의 과정이다.

(2) 학습상담의 목적
 ① 학업성취도란 학습의 결과를 말하며 학습자들이 학습상담을 받는 최종적인 목적은 학업성취도를 높이기 위한 것이다.
 ② 학습자의 학업성취도 향상과 관련되어 있는 개인적인 변인이나 환경적 변인의 변화는 학습상담에서의 과정적 목적이라고 할 수 있다.

(3) 학습상담의 특징

① 학습상담의 상담의 목표가 무엇인지 혼란스러울 때가 있다.
일반적으로 학습상담의 목적은 학업성취도의 개선 또는 향상이지만, 성적 올리기라는 말은 매우 추상적이라 어느 정도까지 성적을 올려야 목표가 성취되었다고 할 수 있는지 가늠하기가 매우 어렵다.

② 학습상담을 받게 되는 대부분의 학생은 비자발적이다.
학생 스스로 학습 성취도 향상을 위해 상담을 희망하는 경우는 매우 드물고 문제를 인식한 교사나 부모의 추천 및 요구로 학습상담을 받게 되는 경우가 많아, 이러한 경우 상담에 대한 학습자의 동기를 불러일으키는 것에 많은 시간을 투자해야만 한다.

③ 학습문제와 그 밖의 문제를 구분해야 한다.
대부분의 학습상담의 대상이 되는 학습자들은 학습 외의 다른 부분에서도 심각한 문제를 가지고 있거나 정서적인 곤란을 겪는 경우가 많고, 이러한 경우 가장 우선적으로 다루어야 할 심각문제의 우선 순위를 정해 체계적이고 지속적인 조력 서비스를 제공해야 한다.

3 학습문제 상담시 고려사항

(1) 학습상담의 실제 : 학습전략[20]

① 학습동기
  ㉠ 학습동기는 학습목표와 관련이 깊으며 적정하게 설정된 목표는 학습동기를 증가시키지만, 과도하게 혹은 과소하게 설정된 목표는 학습동기를 오히려 감소시킬 수 있다고 한다.
  ㉡ 학습목표를 스스로 결정하였을 때 학습동기는 증가되므로 학습상담을 할 때, 학습동기를 향상시키기 위해서는 학습 목표를 적정하게 설정하도록 돕는 한편, 학습 목표를 스스로 설정하도록 안내할 필요가 있다.

② 주의집중
  ㉠ 주의집중이란 학습과제에 깊이 집중할 수 있는 능력이 있는가, 혹은 쉽게 주의력이 분산되는가의 정도를 나타내는 것이다.
  ㉡ 주의집중 능력은 인지 및 학습의 전 과정에 영향을 미치는 주요 요인이 된다.

③ 인지 및 초인지전략
  ㉠ 인지전략
  시연, 정교화, 조직화 등 내용을 읽고 이해하고 기억하는 전략을 의미한다.
    ㉮ 시연전략은 기억 속에서 정보가 사라지지 않게 하기 위한 전략으로 밑줄 긋기, 노트하기, 암송하기 등이 포함된다.
    ㉯ 정교화전략은 새롭게 유입되는 정보를 이전 지식과 관련을 맺도록 하여 장기기억 속에 저장하는 전략이다.
    ㉰ 조직화전략은 학습내용 요소 간의 내적 연결 구조를 만들어 논리적으로 구성, 위계화 시키는 것으로 복잡한 내용을 보다 쉽게 이해할 수 있도록 돕는 인지전략이다.

---

20 학습전략은 학습을 하는 데 있어서 적용되는 제반방법들을 포괄하는 개념이다. 학습전략이란 학습자가 학습해야 할 내용을 효과적으로 이해하여 획득하고 기억체계 속에 저장하며 필요할 때 적절하게 활용할 수 있게 하는 학습방법이라고 할 수 있다.

ⓒ 초인지전략
- ㉮ 자신의 학습과정을 계획하고 모니터링하며 조절하는 과정으로 자기 자신의 인지과정 전반을 인식하고 통제할 수 있는 능력을 말한다.
- ㉯ 학습의 목표를 설정하고 어떤 인지전략을 사용할 것인지를 계획하고 인지전략의 효과성을 검토하는 과정으로 인지전략을 돕는 전략이라고 볼 수 있다.

> **기출문제 확인학습**
>
> **SQ3R 독서전략**
>
> 1) SQ3R은 '개관하기, 질문하기, 자세히 읽기, 암기하기, 재검토하기'의 과정으로 구성되며, 각각의 과정은 다음과 같은 읽기 활동으로 이루어진다.
> 2) SQ3R 독서법은 먼저 글 전체를 미리 훑어보면서(Survey) 글 내용 체계를 살펴 스스로 질문을 만든 다음(Question), 정독하여 글을 읽는다(Reading).
> 3) 이후 읽은 내용을 다시 머릿속에 되새겨보거나(Recite), 자기가 낸 질문에 대한 대답을 비평하는(Reviewing) 단계로 세분화하면서 글 내용을 다시 살핀다.
> 4) SQ3R은 글 읽기 과정 전체를 학습독서 과정으로 정한 것이다.

④ 시간관리
- ㉠ 학업을 위해서 시간을 어떻게 관리하고 조절하는가를 의미하며 학업 전반에 투자하는 시간과 노력, 시간과 노력의 효율성, 시간표 짜기, 계획세우고 관리하기 등이 해당된다.
- ㉡ 학습에서의 시간관리는 자신의 목표가 무엇인지를 알고 우선순위를 정할 수 있는 것이며 미래의 요구와 가능한 변화를 예상하고 자기 자신을 시간의 통제 안에 두는 것이다.

> **기출문제 확인학습**
>
> **학습상담**
>
> 1) 학습상담은 학습문제와 관련되어 있는 것이 개인의 심리적 문제일 것이다.
> 2) 무력감을 경험하며 학습장애가 있을 시 충동성이나 공격성이 있을 수 있는데, 이에 대한 접근도 요구된다.
> 3) 학습문제의 원인에 대한 전반적인 탐색이 이루어져야 하며 표준화검사를 실시하여 내담자의 현재 상태를 파악하는 것이 중요하다.
>
> **Taylor의 학습과진아와 학습부진아의 특성**
>
> 1) 학업불안 : 학습과진아는 불안이 덜하고 목표달성에 대한 내적인 통재력과 긴장감이 있는 반면, 학습부진아는 불안을 가지고 있다.
> 2) 자존감 : 학습과진아는 낙관적이며 자기 신뢰감을 가진 반면, 학습부진아는 자기 비판적이고 부적절감을 가지고 있다.
> 3) 성인과의 관계 : 학습부진아는 추종, 회피, 맹목적 반항 혹은 부모에 대한 적대감을 자지고 방어적으로 행동한다.
> 4) 대인관계 : 학습부진아는 고립감을 느끼기 쉽고, 타인에 대해 무관심하거나 비판적이다.
> 5) 독립과 의존간의 갈등이 심하다.
> 6) 활동패턴 : 학습과진아는 학업 지향적인 반면, 학습부진아는 사회지향적이다.
> 7) 목표설정 : 학습과진아가 보다 현실적이고 성공적인 반면, 학습부진아는 목표에 대해 비현실적이고 계속적으로 실패하게 된다.

> **기출문제 확인학습**

시험불안에 대한 이론적 접근[21]

1) 욕구이론적 접근

   Hull의 욕구이론(drive theory)을 이용하여 불안과 성취 간의 관계를 설명하려는 의도로 시도되었으며(Taylor와 Spence, 1952), 이것이 Mandler와 Sarason(1952)에 의하여 보다 발전되었다. 이들은 시험상황에서 과제수행의 욕구와 불안욕구를 가정하고, 상황에 따라 두 종류 중 어느 하나의 욕구가 발생하여 과제 수행을 촉진 또는 방해하므로 성적이 증가 또는 감소한다고 보았다.

2) 행동주의적 접근

   시험불안의 행동주의적 접근은 조건형성으로 설명한다. 즉, 불쾌한 정서와 학습이 연합되거나 유쾌한 정서와 학습이 연합될 때 성적이 감소하거나 증가한다고 보게 된다.

3) 인지주의적 접근

   시험불안의 인지주의적 접근은 인지기능, 특히 주의력(attention)의 차이에 따라 시험불안이 증가하거나 감소한다고 보는 견해이다.

   (1) 인지적 간섭모델 접근 : 부정적인 내적대화가 인지기능에 방해를 준다.[22]
   (2) 인지적 결핍모델 접근 : 학습전략의 부족으로 본다.

4) 인지 및 감정적 접근

   시험불안을 구성하는 요인으로 인지적 요인(Worry)과 감정적 요인(Emotionality)을 함께 고려한다.

5) 역동학적 접근

   Sarason등(1960), Hermans등(1972)은 시험불안의 원인 부모와의 관계에서부터 기인한다고 하였으며, 시험불안이 낮은 아동들은 성공한 경험이 많으며, 부모들과도 긍정적인 상호작용이 많지만, 시험불안이 높은 아동들은 실패한 경험이 많고, 부모와 부정적인 상호관계를 맺으며, 회피하려는 태도를 갖는다고 하였다(Hill등, 1977)

---

21 Cho, S. C. (1991). Concept and theory of test anxiety. Journal of the Korean Academy of Child and Adolescent Psychiatry, 2(1), 3-10. 재구성
22 tp://donotfeelbad.tistory.com/69?category = 685335 참고

제2절 성(性) 문제 상담

1 성문제 상담의 지침

(1) 성문제 역시 인간이 느낄 수 있는 자연스럽고도 정상적인 인간의 문제이다. 어떤 성적 내용이라고 하더라도 이를 수용하는 자세가 필요하며 이를 위해서는 성에 대한 선입견, 편견, 고정관념을 버려야 할 것이다.
(2) 성문제도 일반상담과 유사하게 접근할 수 있다.
듣고, 목표를 정하고, 정해진 목표를 풀어나가고, 끝을 내는 과정은 마찬가지이다.
(3) 내담자와 연령의 차이를 분명하게 느낄 때는 자연스럽게 말을 낮추어서 응대한다.
(4) 성문제는 문제발생의 배경이나 문제로 부각되기까지의 발생과정보다 해결해야 할 문제에 초점을 맞추어야 하는데, 이를 위해서는 신속하게 상담목표를 설정하는 것이 중요하다.
(5) 성상담의 많은 부분은 정확한 성지식의 정보제공에 있으므로 상담자는 체계적인 성지식의 습득이 요구된다.
(6) 상담자는 성에 대한 자신의 태도를 인식해야 한다.
(7) 개방적인 의사소통 즉, 개방적이고 침착하며 솔직해야 하고, 직접적 용어를 사용하는데 거리낌이 없어야 한다.
(8) 상담자가 구체적인 성에 관한 지식을 갖추고 있어야 한다.
(9) 상담자 자신의 한계를 인식하고 필요한 경우 다른 전문가에게 의뢰해야 한다.
(10) 상담자의 능력과 태도를 시험해보는 내담자의 회피적 태도를 잘 다루어야 한다.

2 성 피해자의 상담

(1) 성폭력[23] 피해자를 상담하는 상담자의 태도[24]

① 성폭력 상담자는 친절하고 안정된 정서를 갖고 있어야 한다.
상담실에 찾아온 내담자들은 두렵고 불안한 상태에 있으므로 상담자의 친절하고 안정된 태도를 통하여 마음이 편안해지고 안정되기 때문이다.
② 상담자는 일관성 있고 신뢰성 있는 태도를 가져야 한다.
피해자들은 세상과 타인에 대해 심한 불신감을 갖고 경계심을 보이는데 상담자의 일관되고 신뢰로운 모습을 통하여 상담자에게 신뢰를 형성할 수 있게 되고, 이를 통하여 차츰 세상에 대한 새로운 희망과 신뢰를 회복할 수 있기 때문이다.
③ 상담자는 피해자의 이야기를 잘 들어주고 공감해 줄 수 있어야 한다.
㉠ 피해자의 이야기들은 매우 민감한 것들이어서 상담자가 공감에 실패하면 오히려 새로운 상처가 되므로 상담자의 공감은 매우 중요하다.

---

[23] 성폭력은 성적 자기결정권의 침해이며 성폭력은 '성을 매개로 상대방의 의사에 반해 이뤄지는 모든 가해행위'로서, 개인의 성적 자기결정권을 침해함으로써, 개인 혹은 집단에 대해 신체적·심리적·사회적 고통을 야기하는 행위를 의미한다.
[24] 김정규, 성신여대 심리학과, 성폭력피해의 심리상담의 글 중에서 발췌

ⓛ 표면적인 공감에 그치지 말고 세부적인 사실들을 잘 드러나게 한 후에 깊은 공감을 해줄 수 있어야 한다.

ⓒ 피해자들이 자신의 이야기를 자세히 할 수 있도록 수용적인 분위기를 마련해주면서 관심 있는 질문들을 해주어야 한다.

ⓔ 가능하면 피해를 당한 상황과 실제 있었던 행동들을 구체적으로 이야기할 수 있도록 질문을 해주어야 하는데, 이때 취조하듯이 꼬치꼬치 캐어묻는 질문태도도 좋지 않지만 피해자를 너무 의식하여 구체적인 상황과 사건들에 대해 묻지 않고 대충 넘어가는 것도 좋지 않다.

ⓜ 피해자의 심정을 이해하고 공감할 수 있기 위해서는 피해사건이 일어난 구체적 상황과 장소, 가해자의 행동들, 그에 대한 피해자의 행동과 생각, 감정 등에 대해 구체적으로 물어봐야 한다.

④ 상담자는 피해자를 격려하고 지지해주어야 한다.

피해자들은 대개 좌절감과 우울감에 젖어 있으며 자신에 대한 무가치감과 절망감을 느끼고 있으므로 상담자는 피해자가 지금껏 살아오면서 상처를 극복하기 위해 엄청난 노력을 기울여왔음을 자각시키고 그것들의 가치에 대해 인정하도록 설득하고 격려와 지지를 해주어야 한다.

(2) 성폭력 피해자 전화상담 시 바람직한 상담자의 태도
① 피해자의 신변안전 여부를 확인한다.
② 피해자의 말을 경청하며, 있는 그대로 수용하고 존중해준다.
③ 피해자를 책망하거나 비난하지 않는다.
④ 피해자의 심리적인 안정을 찾을 수 있도록 도우며, 가족에게 도움을 요청한다.
⑤ 피해자에게 증거를 보존할 수 있도록 주의사항들을 알려준다.

기출문제 확인학습

전화상담
1) 전화상담에서 가장 중심이 되어야 하는 활동은 위기상황에 대한 판단이다.
2) 그 이유는 전화상담의 기법은 기본적인 위기개입의 기법들을 전화라는 특수상황에 응용하는 것이기 때문이다.
3) 전화상담은 익명으로 자신의 문제를 노출시킬 수 있기 때문에 체면을 유지하면서 긴급한 요구를 성취할 수 있는 편의성이 있다.

전화상담의 장점 및 단점
1) 장점
 (1) 익명성 보장
   자신을 드러내고 싶지 않은 문제나 내담자에게 유용
 (2) 이용의 편리성
   응급상황 등에도 전화만 있는 곳에는 도움 요청 가능
2) 단점
 (1) 1회적인 경우가 많다.
   지속적인 상담을 통해 만족할 만한 문제 해결이 어렵다.
 (2) 내담자로부터 얻는 정보가 제한적이다.
   대화를 통해 내담자가 보고하는 정보만 얻을 수 있다.

> **사이버 상담**
> 1) 사이버 상담은 도움을 필요로 하는 사람, 즉 내담자의 문제를 해결하고 생각, 감정, 행동 측면의 인간적 성장을 위해 사이버 공간에서 수행되는 만남을 의미한다.
> 2) 전통적 상담과 그 목적에 있어서는 동일하되, 그 목적을 이루기 위해 사용하는 매체의 차이로 인해 여타 대면상담이나 전화상담과는 방법상의 차이가 있다는 점에 있다.
> 3) 사이버상담은 컴퓨터통신이 단순한 정보교환이나 의사소통의 수준을 넘어서서 인간의 내면세계까지 다루게 된 결과, 내담자의 문제를 해결하고 성장을 촉진하는 것을 돕는 과정까지 담당하게 된 결과로 가능해졌다.

(3) 성폭력 피해자 심리상담 초기단계의 유의사항
① 내담자와 신뢰관계를 유지함으로써 라포 관계형성에 힘을 기울여야 한다.
② 내담자에게 상담 내용의 주도권을 준다.
③ 지금 - 여기의 시점에서 표현할 수 있는 내용에 대해서 이야기할 수 있도록 배려해야 한다.
④ 내담자의 비언어적 메시지에 주의를 기울이며, 적절한 반응이 요구된다.
⑤ 성폭력 피해로 인한 합병증 등 여러 가지 증상을 파악해야 한다.
⑥ 내담자가 피해의 문제가 없다고 부인한다면, 이를 받아들이며 언제든지 상담의 기회가 있음을 권고하고 알려주어야 한다.

3 성(性) 상담 시 고려사항 - 청소년 대상 성(性) 상담의 과정을 중심으로

청소년들의 성문제 상담을 위해서는 문제해결식, 그리고 단기개입의 형식을 띤 상담과정이 요구되며, 이를 위해 다음과 같은 상담의 과정과 절차가 필요하다.

(1) 내담자의 호소 문제 정확히 확인

효과적인 성(性) 상담을 위해서는 우선적으로 해야 할 일은 내담자가 호소하는 문제가 무엇이고 그가 어떤 도움을 받기를 원하는지를 구체적으로 밝혀 상담자와 내담자가 함께 의논해야 할 문제가 무엇인지를 명확하게 이해하는 일이다.

(2) 내담자가 원하는 내용의 파악

내담자의 호소문제가 파악되고 또한 그 원인이 탐색된 경우에 상담자는 내담자가 그 문제 상황과 관련하여 무엇을 원하고 있는지를 확인할 필요가 있다.

(3) 내담자의 문제해결 노력의 확인 및 수용
① 청소년들은 성(性)과 관련된 문제 상황에 직면하여 나름대로 그 문제를 해결하려는 노력을 하게 된다.
② 내담자의 문제해결 노력을 확인하는 과정에서 내담자의 특성 이해 및 대처 능력, 내담자가 호소하는 문제의 적절성 등을 확인하고 탐색하는 기회가 될 수 있다.

(4) 상담목표의 논의와 합의

(5) 새로운 대처행동 계획수립 및 결과 확인

상담자는 내담자의 희망사항과 이전 대처노력을 확인 한 후 새로운 대처행동을 모색하고, 그 결과를 확인하고 논의할 수 있도록 한다.

> **기출문제 확인학습**
>
> ### 단회기 상담에서 강조되는 원리 또는 기술
> 1) 상담자는 사례의 성격이나 상황에 따라 단회기로 할 것인지, 아니면 다(多)회기로 할 것인지 결정해야 한다.
> 2) 상담자는 내담자가 무엇을 원하는지를 발견해야 한다.
> 3) 상담자는 내담자가 원하는 것을 발견한 후에 이와 관련하여 내담자와 합리적인 목표를 수립하는 계획을 세워야 한다.
> 4) 상담자는 적극적 경청이나 질문, 반영기법, 초점화 등의 기법을 동원하여 내담자와의 면담과정을 잘 이끌어 가야 한다.
> 5) 상담자는 융통성과 동시에 단호함을 갖추어야 한다.
> 6) 상담자는 내담자가 문제해결 의지와 동기를 상실하지 않도록 원조하여야 한다.
> 7) 상담자는 조언뿐만 아니라, 지시를 적절히 활용하여 효율적인 상담이 이루어지도록 노력해야 한다.
>
> ### 단기상담이 적합한 내담자
> 1) 호소하는 문제가 비교적 구체적인 경우
> 2) 주 호소문제가 발달 과정상의 문제인 경우, 즉 임신, 출산, 자녀양육 등 부모로서의 역할을 비롯하여 은퇴, 죽음, 노화 등 인간으로서 겪는 다양한 발달 과업에 수반하는 심리적 변화를 겪는 내담자의 경우
> 3) 호소문제가 발생하기 이전에 비교적 기능적인 생활을 하였을 경우
> 4) 내담자 주위에 지지적인 대화 대상자가 있는 경우
> 5) 과거나 현재에 상호보완적인 좋은 인간관계를 가져 본 일이 있는 경우, 즉 인간관계에서 소통이 잘 되고 정신기능이 능률적인 내담자이고 그 문제가 심각하지 않고 표면적인 것에 불과한 경우
> 6) 내담자가 자신의 문제를 분명하게 인식하고 문제의 해결책을 명확하게 알기를 원하는 경우
> 7) 위급한 상황에 놓인 군인, 학생 등의 각종 조직이나 기관의 구성원인 경우
> 8) 내담자의 생활이나 지위에 최근 어떤 변화가 일어나서 내담자가 정서적인 어려움을 갖고 있을 경우, 즉 갑자기 발생한 문제로 고통 받는 내담자
> 9) 인생에 중요한 영향을 끼친 주요 인물과 최근에 사별 또는 이별했을 경우

트라우마 체계 치료(TST; Trauma Systems Therapy)

1) 트라우마 체계치료(TST)의 원리
   ① 무너진 체계를 조정하고 복원하기
   ② 먼저 안전을 확보하기
   ③ 사실에 근거하여 명확하고 초점화된 계획을 만들기
   ④ 준비되지 않았을 때 시작하지 않기
   ⑤ 최소한의 자원으로 작업하기
   ⑥ 책임, 특히 당사자의 책임을 주장하기
   ⑦ 현실에 맞추기
   ⑧ 당신 자신과 팀을 돌보기
   ⑨ 강점으로 시작하기
   ⑩ 더 좋은 체계를 만들어 남겨 두기

2) 트라우마 체계 치료의 특징
   ① 트라우마 체계 치료(TST)는 실제 또는 협박 사망 또는 심각한 부상을 초래한 사건 또는 자신 또는 타인의 신체적 완전성에 대한 위협을 경험하거나, 목격 또는 대면에 노출된 아동·청소년을 위한 정신건강 치료모델이다.
   ② 트라우마 체계 치료는 아동·청소년의 정서적, 행동적 필요는 물론 아동·청소년이 거주하는 환경(가정, 학교, 커뮤니티)에 중점을 둔다.
   ③ TST는 기술 기반 심리 치료, 가정 및 지역 사회 기반 치료, 옹호, 정신 약리학 등 4 가지 구성 요소가 포함된다.
   ④ 임상 시험에 따르면 TST는 외상을 입은 아동·청소년의 정신 건강과 복지를 향상시키는 데 효과적인 것으로 나타났다.
   ⑤ TST는 피해자만을 위한 것이 아니며, 피해자가 회복 할 때 피해자를 지원하고 미래의 스트레스가 많은 상황에서 감정을 통제 할 수 있도록 피해자에게 중요한 다른 사람들을 교육하는 것을 포함한다.

제3절 비행청소년 상담

1 청소년비행과 상담

(1) 비행의 유형(워너, Weiner의 구분)
   ① 사회적 비행
      ㉠ 심리적 문제가 없이 비행 하위문화의 구성원으로 저지르는 비행이다.
      ㉡ 비행집단 내에서는 인정되는 방식이므로 행위자 입장에서는 적응적인 행동양식이다.
      ㉢ 초등학교 시절 부모의 보호와 훈육을 받지 못하고 반사회적 또래의 영향을 많이 받은 사람의 경우가 많다.
   ② 심리적 비행
      ㉠ 성격적 비행
         ㉮ 자신의 행동을 통제하는 능력 부족, 공격적이고 쾌락 추구적인 충동을 행동으로 즉시 옮긴다.
         ㉯ 유아기나 아동기에 거절당한 경험으로 타인의 감정을 공감하는 능력을 발달시키지 못한 경우나, 아동 후기의 부적절하거나 일관적이지 못한 훈육과 감독에서 비롯된다.
      ㉡ 신경증적 비행
         ㉮ 자신의 욕구를 충족시킬 수 없을 때 자신의 욕구를 표현하는 방식으로 저지르는 비행이다.
         ㉯ 주로 단독으로 저지르며, 급작스럽고 상황적으로 이루어지는 행동이다.
         ㉰ 가족환경의 변화로 가족 구성원들 간에 애정과 관심에 변화가 있을 때 발생할 수 있다.
      ㉢ 정신병적 비행
         정신병이나 두뇌의 기질적 손상으로 설명되는 비행이다.

> **인성이론 - Weiner의 비행분류**
> 1) 인성이론은 성격, 신경증, 정신병적 요인이 비행발생과 관련이 있다고 보는 견해이다.
> 2) 일시적 작용이나 분노에 의한 감정폭발 등이 여기에 해당하는데 Weiner(1982)는 심리적인 비행을 성격적 비행, 신경증적 비행 그리고 정신병적 비행으로 구분하였다.
> 3) 성격적 비행은 비사회적인 성격구조, 자기통제 능력 부재, 충동성, 타인무시 등에 의한 행위이고 신경증적 비행은 자신의 요구가 거절되었을 때 급작스럽게 자신의 욕구를 표현하는 행위의 문제이고, 정신병적 비행은 행동을 통제하기 어려운 조현병이나 두뇌의 기질적 손상 등에 의해 나타나는 비행을 말한다.

(2) 비행평가를 위한 면접에서 고려할 사항
   ① 처음으로 의뢰되거나 재판을 받은 나이
   ② 이전 검거(단속) 횟수
   ③ 집 밖 시설이나 기관에 수용된 횟수
   ④ 학업성취도
   ⑤ 학교생활과 출석률
   ⑥ 물질남용

⑦ 분노문제
⑧ 가족 안정성 문제
⑨ 부모의 통제정도
⑩ 또래관계
⑪ 비행에 관한 현재의 생각, 감정, 환상
⑫ 비행관련 생각, 감정, 환상의 역사
⑬ 희생자로서 또한 가해자로서의 경험에 대한 질문
⑭ 잠재적인 비행에 관한 질문 등

기출문제 확인학습

청소년 비행의 원인 - 사회학적 관점[25]

1) 아노미이론
   (1) 뒤르케임 - 범죄는 아노미 상태에서 발생한다.
   (2) 머튼 - 긴장유발이론(하위계층의 목표달성에 대한 좌절)
2) 생태학이론(문화갈등이론)
   시카고 학파 - 각 지역사회의 문화적 갈등을 통해 범죄나 비행이 발생한다.
3) 사회해체론
   (1) 버게스와 파크(Burgess & Park)
   시카고 지역을 5개의 동심원지대로 나누어 각 지대별 특성과 범죄의 관련성을 조사하여 빈곤, 인구유입, 실업 등과 관련이 있다고 규정하였다.
   (2) 쇼와 맥케이(Shaw & Macay)
   도시의 특정지역에서 범죄가 일반화되는 이유는 인구의 유입보다는 지역사회의 내부에 있다고 규정하였다.
4) 하위문화이론
   (1) 코헨
   하류계층의 청소년들이 목표와 수단의 괴리를 통해 중류계층에 대한 저항으로 비행을 저지르며, 목표달성의 어려움을 극복하기 위해 자신들만의 하위문화를 만들게 되며, 범죄는 이러한 하위문화에 의해 저질러지는 것이다.
   (2) 밀러
   범죄는 하위문화의 가치와 규범이 정상적으로 반영된 것이다.
5) 차별적 접촉이론
   서덜랜드가 대표적 학자로서, 범죄는 범죄적 전통을 가진 사회에서 많이 발생하며 이러한 사회에서 개인은 범죄에 접촉, 참가, 동조하면서 학습하게 된다.
6) 중화기술이론
   맛차와 사이크스가 대표적 학자로서 청소년은 비행의 과정에서 합법적, 전통적 관습, 규범, 가치관 등을 중화시킨다.
7) 사회적 유대이론(사회통제이론)
   허쉬가 대표적 학자로서 범죄의 원인은 사회적인 유대가 약화되어 통제되지 않기 때문이라고 주장한다.
8) 낙인이론
   범죄자로 만드는 것은 행위의 질적인 면이 아닌 사람들의 인식이다.

---

25 출처 : http://class.osan.ac.kr/board/down 참고

> **사례 적용**
>
> 사회배제(Social exclusion) 이론은 사회 구조적으로 다양한 영역에서의 박탈과 결핍, 불이익을 당해 사회·경제·정치 활동에 제대로 참여할 수 없게 됨으로써 인간으로서의 최소한의 기본권마저 침해당하는 상황을 말한다. 사회배제 이론은 주로 인권이나 빈곤과 같은 주제를 설명하는 이론이다.

2 비행청소년에 대한 접근방법

(1) 비행상담 전략

① 종합전략의 필요
   ㉠ 청소년 비행에 대처하고자 하는 다양한 기관과 제도는 청소년 비행문화의 분쇄를 위한 공동 목표를 달성하기 위하여 비행청소년의 예방, 교정, 재활을 위한 개입 활동을 체계적이고 종합적으로 추진하여야 할 것이다.
   ㉡ 가정, 학교, 지역사회의 유기적인 협력 체제의 구성뿐만 아니라 개입활동에 있어서도 상승적인 효과를 발휘하도록 다양한 비행의 유형과 수준에 따른 프로그램이 구성되고 협응적인 개입이 필요하다.

② 위험요소의 감소와 보호요소의 증진 전략
   ㉠ 위험요소를 감소시키고, 보호요소를 증진시키는 전략을 중요시하는 것이다.
   ㉡ 위험요소에 초점을 둔 접근은 문제의 위험가능성을 증가시키는 과정을 밝혀내고, 이를 제거함으로써 문제를 예방할 수 있다는 관점이다.
   ㉢ 여러 위험요소에도 불구하고 청소년을 건강하게 발달시키는 보호 요소를 찾고, 이러한 보호요소를 증진함으로써 청소년문제를 예방하고자 하는 보호요소에 초점을 둔 접근이 요구된다.

(2) 예방전략 대(對) 제재·재활전략

① 탈비행화를 돕기 위한 전략은 크게 예방과 재활로 구분할 수 있는데, 많은 연구들은 예방적인 개입에 더 큰 비중을 두고 있다.
② 문제행동을 일으키고 일탈행동을 일삼는 많은 수의 위험 청소년(at-risk youth)이 더 심각한 비행이나 범법행동을 하지 않도록 예방하려는 접근이 보다 효과적이고 경제적이라는 면에서 예방 개입 전략에 대한 관심이 높다.
③ 다른 측면으로는 범법행동과 심각한 범죄행동을 일삼는 비행 청소년(delinquent youth)에게는 비행의 정도에 따라 제재가 가해져야 하고 재활에 초점을 둔 전략도 필요하다.

3 상담자의 역할 – 비행청소년과 상담자 간 상담관계 촉진방법들을 중심으로

(1) 다가가기
   ① 비행청소년들에게 다가간다는 것은 자기중심적 자기몰입의 경계를 넘어선 만남을 시도하는 것을 말하는 것으로, 청소년의 공통된 장벽을 뛰어넘는 것을 뜻한다.
   ② 청소년들이 공유하고 있는 문화는 독특하며, 다문화적 관점에서 이들에게 다가갈 수 있다.

(2) 수용하기
   ① 현재 비행청소년이 가지고 있는 행동, 생각, 태도가 변화해야 함이 당연해도 비행청소년 개인은 인간으로서 무조건 존중되어야 한다.
   ② 비행청소년들의 반항적이고 공격적인 행동에 화도 나고 가족 상황에 대한 동정심부터 현재 행동이나 태도에 대한 적개심이나 혐오감까지 여러 가지 감정이 생긴다.
   ③ 이러한 감정들은 비행청소년과의 관계 형성을 방해하므로, 이러한 감정을 인식하고 잘 다루어나가야 한다.

(3) 관계 맺기
   비행청소년과 어떻게 관계를 맺고 상호작용을 어떻게 하는가가 개입전략의 성공에 중요한 영향을 미친다.

4 비행청소년 상담 시 고려사항

(1) 있는 그대로 받아주기
   상담자의 평가 틀에 맞추지 않고 청소년의 모습을 있는 그대로 존중하고 인정한다.

(2) 진심으로 믿어주기
   탈(脫) 비행화를 촉진하기 위해서는 청소년 그 자체를 진심으로 믿어주는 태도가 필요하며 청소년이 무슨 말과 행동을 하든지 말이나 행동에 초점을 두기보다 그 말과 행동을 하는 청소년을 믿어준다.

(3) 기다려주기
   상담자의 기대와 요구를 재촉하지 않고 청소년 자신의 변화 속도에 보조를 맞추어 청소년의 시행착오를 인내하고 참아준다.

(4) 함께하기
   상담자가 청소년에게 든든한 버팀목이 되어주고, 청소년이 감당하기 어려워하는 일에 대해 실제적으로 지원하거나 협력한다.

(5) 모범보이기

상담자는 청소년에게 말이나 지시로써 무엇을 가르치려하기보다 솔선수범하여 행동으로 모범을 보인다.

(6) 한계 설정하기

청소년의 자율적이고 주도적인 행동을 격려한다 하더라도 가정, 학교, 사회의 질서를 유지하고 함께 생활하기 위하여 지켜야 할 규범이 있게 마련이므로 상담자는 가정과 학교, 사회에서 요구되는 최소한의 규범을 설정하여 엄격히 일관성 있게 밀고 나간다.

제4절 진로상담

1 진로상담의 의미

(1) 진로상담이 내자가 가장 적절한 진로결정을 하기 위해 자신과 환경의 이해를 종합하고 응용하도록 돕는 목적을 가진 상담자와 내담자 사이의 개인과 또는 개인과 소집단의 관계이다.
(2) 개인의 진로계획 및 준비, 직업준비와 선택, 진로문제의 해결과 적응 등을 단계적으로 도와주는 연속적인 과정이 내포되어 있다.
(3) 진로상담은 상담자와 내담자 사이의 관계를 강조하면서 진로목표와 문제해결을 위해 원만한 인간관계의 형성이 이루어져야 하며, 내담자가 원만한 인격적 통합이 이루어지도록 하는 내용이 포함된다.

실력다지기

진로상담
1) 진로상담은 일과 직업에 대한 올바른 가치관을 형성하는 데 도움을 준다.
2) 진로상담의 목표는 내담자가 자기 자신과 직업세계에 대해 알지 못했던 사실을 발견하도록 도와주는 것으로, 내담자가 이미 잠정적으로 선택한 진로결정을 확고하게 해주는 것이다.
3) 내담자의 합리적인 의사결정능력을 증진시키고 직업의식을 확립시키는 등 내담자의 성장과 능력향상에 그 목적이 있다.
4) 진로상담은 직업선택과 직업생활에서 순응적인 태도를 함양하는 과정은 아니다.

직업상담자의 역할
1) 치료자 및 조언자의 역할
2) 자료제공자의 역할
3) 기관 / 단체들과의 협의자 및 직업심리검사의 해석자
4) 기타 : 상담자, 지원자, 관리자 등
5) 내담자 자신을 이해하고 직업의식을 촉구하며 직업생활에 도움을 줄 수 있는 프로그램 개발 및 개발된 프로그램을 실제로 적용한다.
6) 적용 후 그 결과에 따른 평가에 의해 프로그램을 보완하며 다른 프로그램 개발자에게 자료를 제공하게 된다.
7) 성격장애, 약물중독, 자기능력 비하 등의 고정관념을 갖는 심리적이고 정신적인 요인의 문제로 직업에 적응하지 못하는 내담자에게는 심리치료자로서의 역할을 한다.
8) 지시적인 역할보다는 내담자 스스로 문제를 해결할 수 있도록 조언하는 역할을 한다.

2　진로상담의 이론[26]

1　특성 - 요인 상담

(1) 개요

특성 - 요인 상담은 내담자에 대한 정서적 이해보다는 문제의 객관적 이해에 중점을 두며 대개 직업상담에서 많이 활용한다. 특성 - 요인 상담은 내담자가 자신의 문제를 객관적으로 볼 수 없고 독립적으로 해결하지 못한다는 기본적인 가정을 전제로 하여 내담자의 특성과 직업적 요인의 매칭을 강조하므로 문제의 객관적 이해가 중시된다.

(2) 특성 - 요인 직업상담의 세 가지 전제적 가정
  ① 각자의 독특한 심리적 특성으로 인하여 직업인들은 특수한 직업유형에 잘 적응한다.
  ② 여러 가지 타 업종에 종사하는 근로자들은 각기 다른 심리적 특성을 가지고 있다.
  ③ 직업에의 적응이라는 것은 근로자의 특성과 직업에서 요구하는 것 사이의 조화 정도에 달려있다.

(3) 윌리암슨에 의한 특성 - 요인상담의 인간본성에 대한 5가지 기본가정
  ① 인간은 선과 악의 잠재력을 모두 지니고 있는 존재이다.
  ② 인간은 선을 실현하는 과정에서 타인의 도움을 필요로 하는 존재이다.
  ③ 인간이 선한 생활을 결정하는 것은 바로 자기 자신이다.
  ④ 선의 본질은 자아의 완전한 실현이다.
  ⑤ 우주와 인간의 관계, 즉 세계관은 개인적인 것으로서 인간은 누구나 그 자신의 독특한 세계관을 지닌다고 본다.

(4) 윌리암슨의 특성 - 요인 진로 상담 과정
  ① 자료수집 및 분석/종합단계
    ㉠ 개인에 관한 자료수집, 표준화된 검사 실시, 적성, 흥미, 동기 등과 관련된 심리검사 실시
    ㉡ 개인의 성격, 장단점, 욕구, 태도 등에 대한 이해를 위해 정보수집 후 종합
  ② 진단단계 : 문제의 원인들을 탐색하고 문제를 해결할 수 있는 다양한 방법들을 검토한다.
  ③ 예측단계 : 상담으로 인한 조정가능성이나 문제해결 대안으로 가능한 여러 결과를 판단하고 대안적 조치와 중요한 점을 예측한다.
  ④ 상담단계 : 현재 또는 미래의 바람직한 적응을 위하여 무엇을 해야 하는지 함께 상담을 통해 협력적인 분위기를 유도한다.
  ⑤ 사후지도(추수지도) : 새로운 문제가 대두되면 위의 과정을 반복하고 바람직한 행동 계획을 실천할 수 있도록 계속적으로 원조한다.
    ※ 위의 과정에서 자료수집 및 분석/종합단계에서 예측단계까지는 상담자가 주도적 역할을 하고 상담단계와 사후지도는 내담자가 능동적으로 참여한다.

---

[26] 출제된 내용을 중심으로 서술함

> **기출문제 확인학습**
>
> ### 검사결과 해석 시 주의할 사항
> 1) 해석과정 중간 중간 내담자의 반응을 유도하여 정확하게 이해하고 있는지 확인
> 2) 내담자가 이해할 수 있는 용어를 사용하도록 하고, 내담자가 검사에서 얻고자 하는 목표에 초점을 맞추어 설명
> 3) 대상에 따라 다르게 접근할 수 있겠지만, 수검자에게는 가능성과 대안에 무게를 두어 설명
> 4) 검사결과 제시된 점수를 받아들이는 자세 안내
>   (1) 검사결과에 제시된 점수는 성적이 아님
>   (2) 높은 / 낮은 영역을 함께 고려하되 무엇에 주목할지에 따라 결과는 다르게 이해될 수 있음
>   (3) 검사결과는 규준에 의한 상대적인 위치를 보여주는 것이므로(가치관 검사 제외) 평소 자신이 느끼던 것과 다른 결과가 제시될 수도 있음
>   (4) 너무 작은 점수 차이에 집중하기보다는 전체적인 경향성을 고려할 것
> 5) 검사결과를 활용하여 진로 선택 시 다음의 사항을 고려하도록 안내
>   (1) 흥미, 적성은 변화할 수 있고, 개발 및 보완 가능함
>   (2) 검사결과로 진로를 결정하려 하기보다 주체적으로 스스로 결정하는 것이 중요함
>   (3) 검사결과에 현저하게 낮게 나온 영역은 피하는 방법 고려
>   (4) 성급하게 결정하려 하기보다 현명하게 미결정하는 것도 고려해볼 것
>   (5) 흥미, 적성의 발달 시기는 모두 다르므로 남과 비교해서 불안해하지 말 것
> 6) 검사결과를 해석하는 과정은 학생의 문제해결력을 키워주는 과정임을 인식

2 사회학습이론 - 진로상담이론

(1) <u>진로선택 과정을 단순화하려는 시도로 진로선택을 결정하는 데 영향을 미치는 삶의 사건들에 관심을 보였다(크롬볼츠, 미첼, 겔라트).</u>

(2) 진로발달 과정과 관련 있는 요인

① 유전적 요인과 특별한 능력
개인의 진로 기회를 제한하는 타고난 특질이다.

② 환경조건과 사건
환경에서의 특정한 사건이 기술발달, 활동, 진로선호 등에 영향을 미친다.

③ 학습경험
도구적 학습경험(과거의 학습경험이 직업적 행동에 대한 도구로 작용하는 것)과 연상적 학습경험(중립적 상황에 대한 부정적, 긍정적 반응)으로 나눈다.

④ 과제접근 기술
문제해결 기술, 작업습관, 정신구조, 정서적 반응, 인지적 반응 등 개인이 개발시켜 온 기술 일체를 포함한다.

3 가치중심적 진로접근 모형

(1) 브라운(Brown)의 가치중심적 진로접근법은 인간의 기능이 개인의 가치에 의해 상당 부분 영향을 받고 형성되는 것이라는 가정에서 비롯된다.
(2) 흥미는 가치만큼 진로결정에 큰 역할을 하지 않고 가치들은 원하는 목표 상태에 방향을 제공하며 목표설정에 중추적인 역할을 함에 따라 진로결정과정에서 가장 중요한 작용을 하므로 가치는 행동역할을 합리화하는 강력한 결정요인이다.
(3) 가치는 개인이 환경 속에서 행동을 지도하는 것으로써 중요성에 따라 우선순위가 매겨진다.

4 Holland의 인성이론 주요개념 〔암기법〕 홀랜드 : 일차 / 정치계

(1) <u>일관성</u>
<u>어떤 쌍들은 다른 유형의 쌍들보다 공통점을 더 많이 가지고 있으며</u> 조작하는 방법은 홀랜드 코드 첫 두 문자를 사용한다.

(2) 차별성
하나의 유형에는 유사성이 많지만 다른 유형에는 별로 유사성이 없다는 개념이다.

(3) 정체성
개인유형과 환경의 보충화를 조직해주는 요인으로, 개인의 정체성은 목표, 흥미, 재능에 대한 명확하고 견고한 청사진이며 환경의 정체성은 조직의 투명성, 안정성, 목표·일·보상의 통합이라고 규정한다.

(4) 일치성
자신의 인성유형과 비슷하거나 정체성이 있는 환경유형에서 일하거나 생활할 때 일치성이 높아지게 된다.

(5) 계측성
6각형 모형에서 유형 간의 거리는 그것들 사이의 이론적인 관계(상관성)에 반비례한다.

홀랜드의 6각형 모형(개인 - 환경 적합성 모형)

- 현장형 REALISTIC (R)
- 탐구형 INVESTIGATIVE (I)
- 예술형 ARTISTIC (A)
- 사회형 SOCIAL (S)
- 진취형 ENTERPRISING (E)
- 사무형 CONVENTIONAL (C)

Strong

5 진로 발달이론

(1) Ginzberg의 발달이론
① 직업선택과정이 아동기부터 초기 성인기까지의 사회, 문화적 환경에 따라 주관적으로 평가, 발달된다고 주장하였으며, 특히 초기선택의 중요성을 강조하였다.
② 직업선택은 일생 동안의 의사결정과정이며 진로목표와 현실의 직업 세계 간 조정의 과정이라고 주장 하였다.

(2) Super의 발달이론
① 수퍼(Super)는 직업발달이 평생 동안 이루어진다는 전 생애론적 발달론을 제시하였다.
② Super가 제시한 발달적 직업상담 단계는 문제탐색 및 자아개념 묘사 → 심층적 탐색 → 자아 수용 및 자아 통찰 → 현실검증 → 태도와 감정의 탐색과 처리 → 의사결정의 순서로 이루어진다.

> **정리**
>
> **Super가 제시한 발달적 직업상담 단계** 　암기법　 수퍼 - 문심/자현/태의
> 1) 1단계 : 문제탐색 - 비지시적 방법에 의해 문제 탐색과 자아개념을 표출한다.
> 2) 2단계 : 심층적 탐색 - 심층적 탐색을 위해 지시적인 방법으로 주제를 설정한다.
> 3) 3단계 : 자아수용 - 자아수용과 통찰을 얻기 위해 사고와 감정을 명료화한다.
> 4) 4단계 : 현실검증 - 현실검증을 위한 심리검사 및 직업정보를 분석한다.
> 5) 5단계 : 태도와 감정의 탐색과 처리 - 현실검증에서 얻은 태도와 감정을 통해 자신과 일의 세계를 탐색한다.
> 6) 6단계 : 의사결정 - 의사결정을 돕기 위한 대안과 행동을 고찰한다.

(3) Tuckman의 발달이론
① 자아인식, 진로인식, 진로의사결정의 3요소를 중심으로 8단계의 진로발달이론을 주장하였다.
② 진로발달단계 : 일방적 의존성 단계 - 자기주장단계 - 조건적 의존성 단계 - 독립성 단계 - 외부지원 단계 - 자기결정 단계 - 상호관계 단계 - 자율성 단계

(4) 타이만과 오하라(Tiedman & O'Hara)의 발달이론
   ① 에릭슨의 영향으로 자아정체감이 발달하면서 진로관련 의사결정이 이루어진다고 본다.
   ② 개인은 사회에서의 통합, 즉 직업세계로 통합을 희망한다.
   ③ 진로결정의 기제로서 4개의 예상 측면과 3개의 실행 측면을 제시하였다.
   ④ 예상측면(탐색/구체화/선택/명료화), 실행 측면(유도(순응)/재형성(개혁)/통합)

예상기 혹은 전 직업기	암기법	탐구/선명	⇨	실행기 혹은 적응기
탐색기 → 구체화기 → 선택기 → 명료화기				순응기 → 개혁기 → 통합기

기출문제 확인학습

진로의사결정 모델

1) Vroom의 기대모델
   (1) 주요 개념
      ① 일역할(work role) : 역할 종사자에 의하여 행해진 일련의 기능
      ② 동기(motivation) : 자발적인 행동을 조절하는 과정
      ③ 유인가(valence) : 특정한 결과에 대한 정서적 방향성
      ④ 기대(expectancy) : 선택이 현실화될 수 있다는 믿음
   (2) 의사결정자들로 하여금 특정한 진로를 선택하게 만드는 힘은 모든 결과들에 대한 유인가의 총합과 기대의 강도와 직접적으로 연관된다.

2) Janis와 Mann의 갈등모델
   (1) 각 개인이 의사결정을 하려고 할 경우에는 언제나 갈등이 발생한다고 가정한다.
   (2) 의사결정에 있어서 세심한 접근을 하는 것은 의사결정자에게 결정 후의 스트레스를 최소화시키는 경향이 있다고 가정한다.
   (3) 스트레스와 의사결정상의 갈등 간의 관계에 대한 기본가정을 전제로 한다.
   (4) 위협과 기회는 의사결정을 촉진한다.
   (5) 의사결정의 스트레스는 위협이나 기회가 생길 때마다, 의사결정자가 현재 행동의 방향을 얼마나 분명히 하느냐의 정도와 상관이 있다.

3) Tversky의 관점에 따른 배제모델
   (1) 배제모델은 대안들을 하나씩 순차적으로 줄여가는 진로의사결정 모델이다.
   (2) 보유하고 있는 대안들이 실제로 배제된 대안들보다 더 우수하다는 것을 보장하지 못한다.
   (3) 주관적 평가(예 가치), 객관적 강제(예 물리적 필요와 태도), 직업 그 자체의 성질(예 작업환경, 월급, 명성 등)에 기반을 두고 등급화한다.
   (4) 가장 중요한 관점의 등급이 수용할만한지 확인한다.
   (5) 고려되고 있는 관점에 대해 수용할만한 등급에서 벗어난 진로들을 배제한다.

4) Mitchell과 Beach의 주관적 기대효용모델(효용모델)
   (1) 사람들이 어떻게 의사결정을 해야 하는가를 보여주기 위해 개발하였다.
   (2) 의사결정자들이 바람직한 결과를 얻을 수 있는 가능성의 극대화를 도와주는 것이다.

(3) 가능성의 극대화 원리

의사결정자가 여러 결과들에 직면했을 때 각 결과의 가치나 효용, 그 결과 발생의 가능성에 따라서 취하게 될 행동을 예상할 수 있다는 것이다.

> **출제지문**
> 1) 배제모델은 대안들을 하나씩 순차적으로 줄여가는 진로의사결정 모델이다.
> 2) 기대모델은 진로선택 시 유인가와 기대의 상호작용에 의해 진로를 결정한다.
> 3) 갈등모델은 의사결정 과정에서 항상 갈등이 발생한다고 가정한다.

진로교육을 실시하기 위한 일반적인 지도단계 `암기법` 식탐준취

1) 진로인식 단계

여러 가지 일과 직업에 대한 경험을 통해 일과 직업의 중요성을 깨닫고, 그에 대한 건전한 태도와 가치관을 형성하는 시기이다.

2) 진로탐색 단계

직업 세계에 대한 이해와 자신의 적성과 흥미에 대한 이해를 토대로 자신에게 적합한 직업들을 직접 탐색하는 시기이다.

3) 진로준비 단계

취업에 필요한 각종 지식 및 기술을 습득하고, 직업 선택 계획을 구체적으로 세워야 하는 시기이다.

4) 취업단계

취업에 필요한 각종 지식 및 기술을 습득하였으며 취업이 이루어진 시기이다.

3 진로상담의 기본지침 - 진로상담의 목표를 중심으로

1 자아개념의 구체화

일반적으로 자아개념이란 한 개인이 자신의 능력, 인간 특성, 적성, 흥미, 대인관계, 외모 등에 대하여 갖는 이미지를 뜻하는데, 진로상담을 통하여 정확하고 현실적인 자신의 이미지를 형성하도록 도와줄 필요가 있다.

2 일의 세계에 대한 이해

일의 종류, 직업세계의 구조, 직업세계의 특성, 변화하는 직업의 요구조건과 필요한 기술, 고용기회 및 경향, 피고용자와 고용자와의 관계 등에 관하여 이해시켜야 한다.

3 진로계획에 대한 책임감

(1) 인간은 자신의 진로를 스스로 계획하고 추구하여 나갈 권리와 의무가 있음을 인식시켜 주어야 한다.
(2) 이러한 인식을 굳히기 위해서는 주기적으로 진로상담을 실시해야 하며, 자신의 앞날을 스스로 계획함으로써 그만큼 선택의 자유가 보장되고, 아울러 선택의 폭이 확장된다는 점을 인식시켜야 한다.

4 의사결정 능력

(1) 자신의 진로를 현명하게 계획하고 이를 추진하기 위해서는 상황을 정확히 판단하고 최선의 것을 선택할 수 있는 수준 높은 의사결정 능력이 요구된다.
(2) 이러한 능력을 신장시켜 주기 위해서는 의사결정 시 고려해야 할 요소, 결정의 우선순위, 필요한 정보 등을 제공하고 연습하도록 도움을 준다.

5 일에 대한 태도

일에 대한 태도는 상담을 통하여 개선될 확률이 상당히 낮으므로 가정생활과 학교교육을 통하여 올바르게 형성되어야 하며, 진로상담에서는 이를 확인하는 정도에서 그쳐야 한다.

4 진로상담 시 고려사항 - 진로 관련 문제 해결을 위한 상담자의 역할을 중심으로

1 내담자의 문제 파악

적성 검사, 흥미 검사, 성격 검사, 지능 검사 등 표준화된 검사들과 진로성숙도 검사 등 기타 평가 질문지들을 사용하거나, 구조화된 면접이나 비구조화된 면접, 관찰 등을 통하여 청소년 내담자가 진로와 관련하여 가진 문제를 파악하고 자신을 이해할 수 있도록 돕는다.

2 문제 해결에 대한 동기화

상담자는 진로 문제 해결을 위한 전문적인 지식과 기술을 토대로 청소년 내담자가 진로 문제를 막연한 것으로 느끼지 않고 해결할 수 있는 문제로 파악할 수 있도록 도우며, 또한 진로 문제의 해결이 가능함을 인식하게 함으로써 청소년 내담자의 동기를 높인다.

3 문제 해결과 관련되는 주변 자원 탐색 과정의 조력

청소년의 진로 문제 해결을 위하여서는 청소년 내담자 스스로의 노력에 더해서 주변 자원들을 적절히 활용하는 것이 중요하다.

4 의사결정 기술의 훈련과 수정

상담자는 청소년이 즉흥적으로나 부분적인 정보에 기초하여 의사결정을 하지 않고 합리적이고 신중한 의사결정을 할 수 있도록 돕기 위하여, 의사결정기술을 교육하고 훈련시키며 각 청소년 내담자가 가진 의사 결정 기술상의 결함을 수정할 수 있도록 도와야 한다.

5 개인적인 진로 계획 수립 과정의 조력

(1) 청소년 내담자마다 각각의 개인적 특성과 환경적 조건 및 원하는 바에 따라서 진로 계획은 개별적으로 수립된다.
(2) 전반적인 능력 수준과 적성, 학업 성취도, 가치, 흥미, 성격 등의 개인적 특성들과 주변 환경으로부터의 지원 가능성과 청소년이 가족 관계 내에서 맡은 역할 등 다양한 조건들에 대한 이해와 그러한 조건들의 변화 가능성, 그리고 현재와 미래의 직업 세계와 생활 전반에 대한 전망에 기초하여 상담자는 개별적으로 진로 계획을 수립하는 과정이 원활히 진행될 수 있도록 돕는다.

6 현실적인 대안들의 창출과 선택 과정의 조력

상담자는 변화의 가능성을 고려하되 현재 청소년의 상황과 특성에 따라서 진로를 추구하고 조정할 수 있도록 현실적 대안들도 함께 탐색하는 과정도 도와야 한다.

7 원하는 진로추구를 위하여 해야 할 일의 우선순위를 정하고 조력함

상담자는 원하는 진로의 추구를 위한 일들의 우선순위를 청소년 내담자와 함께 정하고 실행할 수 있도록 곁에서 지원한다.

실력다지기

생애기술 상담[27]

1) 생애기술 상담은 넬슨과 존스(Nelson - Jones)가 사람들이 보다 효과적으로 일상생활의 문제에 대처하도록 돕기 위해서 제시한 접근방법이다.
2) 호흡과 같은 명백한 생물학적 기능과는 별개로, 대부분의 인간 행동은 후천적으로 학습된 생애기술이라고 볼 수 있는데, 이 생애기술은 한 사람이 살아가면서 자신의 잠재력을 개발시키고 유지하는데 도움이 되는지에 따라서 장점이 되기도 단점이 되기도 한다.
3) 생애기술 상담에서는 사람들이 공동체 속에서 발전적인 방향으로 생애기술을 획득하고 유지할 수 있도록 도와, 결과적으로 문제를 해결하는 것뿐만 아니라 그 문제를 유지시키는 보다 근본적인 기술을 변화시키는 것을 목표로 한다.
4) 생애기술 상담은 [DASIE] 구조라고 불리는 체계적인 5단계 모형에 따라서 진행되는데, DASIE의 5단계는 관계를 맺고 문제를 명료화하는 첫 단계(D : Develop), 기술적 용어로 문제를 다시 정의하는 단계(A : Assess), 목표를 진술하고 중재를 계획하는 단계(S : State), 생애기술을 발달시키는 단계(I : Intervene), 실제 생활에의 적용을 강조하고 종결하는 마지막 단계(E : Emphasize)로 이루어져 있다.
5) 상담의 단계
   (1) 관계를 맺고 문제를 명료화하는 첫 단계(D : Develop)
       상담의 초반(D)에는 다른 상담 및 치료 접근에서와 마찬가지로 상담자와 내담자간의 지지적인 상담관계를 형성하고 문제를 상세하게 규명하는 것이 목적이다.

---

[27] 출처 : 서울대학교 심리학과 대학원, 임상/상담심리학 연구실 자료, 수정 인용

(2) 기술적 용어로 문제를 다시 정의하는 단계(A : Assess)
  ① 다음 단계(A)에서는 앞선 단계에서 일상적인 용어로 설명하고 명료화된 문제에 대해서 기술적 용어로 다시 정의하게 된다.
  ② 상담자는 기술언어(Skills Language)를 통해서 문제를 더 명료화 할 수 있는데, 기술 언어란 생애기술의 장점과 단점의 관점에서 문제에 대해 생각하고 말하는 것을 의미하며, 특히 기술 언어는 문제를 지속시키는 구체적인 사고기술과 행동기술 상의 단점을 밝히고, 그것을 다음단계(S)에서 상담목표로 바꾸는 것도 포함한다.

(3) 목표를 진술하고 중재를 계획하는 단계(S : State)
  ① 이 단계에서는 앞서 부족하다고 생각된 사고 및 행동 기술을 바탕으로 사고기술 목표와 행동기술 목표를 각각 정하게 된다.
  ② 예를 들어, 면접에 어려움을 겪고 있는 사람의 부족한 행동기술은 긴장된 자세나 힘이 없는 목소리, 장황한 답변 등 미숙한 면접기술로 정의 될 수 있다. 이를 바탕으로 행동기술 목표를 정한다면 이러한 면접기술을 보다 자연스럽고 효과적인 것으로 바꾸는 것이 될 것이다.
  ③ 이러한 행동의 바탕이 되는 사고기술에서 부족한 점은 답변이 완벽해야 한다는 비현실적인 규칙이나 자신의 장점을 고려하지 않고 막연히 일이 잘못될 것 같다고 생각하는 부정적인 인식이 될 것이며, 이에 대해서도 보다 현실적인 규칙과 정확한 인식을 발달시키는 것을 사고기술 목표로 정할 수 있다.

(4) 생애기술을 발달시키는 단계(I : Intervene)
  ① 이렇게 목표가 정해졌다면 생애기술을 발달시키는 단계(I)로 진행하게 되는데, 상담자는 효과적인 관계기술과 훈련기술을 잘 갖추고 있어서 내담자가 충분히 생애기술을 발달시킬 수 있도록 도울 수 있다.
  ② 상담자는 발달시킬 기술에 대한 분명한 지침을 말해주고, 그 기술을 실행하는 방법을 직접 보여주며, 그것을 배울 수 있는 구조화된 활동과 과제를 하도록 한다.
  ③ 각 회기 상담을 마칠 때는 그 날 학습한 내용을 확실하게 다시 한 번 요약하고 과제를 정해서 집에서도 계속 연습할 수 있게 돕는다.

(5) 실제 생활에의 적용을 강조하고 종결하는 마지막 단계(E : Emphasize)
  ① 마지막 단계(E)에서는 이렇게 학습한 기술을 실제 상황에서도 적용할 수 있도록 하며, 이 때 부딪힐 수 있는 어려움에 대해서도 충분히 논의하고, 이 기술을 유사한 다른 상황에서 적용할 수 있도록 연습한다.
  ② 앞에서 든 예로 다시 설명하면, 실제 면접하는 것과 같이 질문과 답변을 주고받으면서 그 내용을 mp3에 녹음하고 다시 들어보기를 반복하는 것은 문제가 되는 기술이 무엇인지 객관적으로 돌아볼 수 있게 하는 좋은 방법이 된다. 이 과정에서 사고기술과 행동기술이 어떻게 바뀌면 좋을지에 대해서 함께 이야기해볼 수 있으며, 간략하고 핵심적인 내용으로 예상답변을 만들어 그 내용을 보다 편안한 자세와 자연스러운 목소리로 답하는 연습을 할 수 있다. 또한 언제나 답변이 완벽해야 된다는 생각에 대해서도 논박해보고, 대신할 보다 현실적인 규칙을 발달시킬 수 있게 된다. 또한 면접할 때뿐만 아니라 다른 대인관계에서도 유사한 어려움이 있다면 새로 배운 면접기술을 대인관계 상황으로 확장시켜서 적용해볼 수 있다.

제5절 위기 및 자살상담

1 위기 및 자살상담의 의미 및 이론

1 청소년 자살의 특성

발달 단계적 특성상 **자살 시도율이 높은 시기이다.**	• 전두엽 발달이 완전하지 못하여 종합적 사고가 어려운 시기 • 신체적, 정서적 많은 변화로 인한 격동의 시기 • 지적 변화로 기존의 가치나 규범에 도전하는 시기 • 자아정체성이 확립되지 않은 정체성 혼란의 시기 • 학교생활과 학업 스트레스가 많은 시기
계획적인 경우보다 **충동적인 경우가 많다.**	• 무가치하다고 생각될 때 충동적으로 선택 • 부모나 주변 어른들의 잔소리가 싫어질 때 충동적으로 선택 • 여러 사람 앞에서 비난이나 꾸중을 들을 때 충동적으로 선택
자기 나름대로의 **분명한 자살동기를 갖는다.**	• 자살을 준비하던 중 "나가 죽어라"라는 말이 방아쇠가 되어 바로 시도 • 고통의 끝이나 문제해결의 대안으로 선택 • 분명한 이유를 만들어 합리화하는 경향 • 남을 조종하거나 보복하려는 동기로 선택
동반자살 및 모방 자살 가능성이 있다.	• 자살사이트를 통한 관심 • 연예인이나 추종자의 죽음으로 연쇄 자살
죽음에 대한 환상을 갖고 있다.	• 판타지 소설류나 인터넷 게임의 영향 • 대중매체가 전하는 자살소식을 여과장치 없이 받아들임 • 죽음을 문제해결방법으로 잘못 생각

(1) 자살을 하거나 시도하는 학생들에게 공통적으로 나타나는 성격특성
① 부정적 자아개념
② 부족한 의사소통 기술
③ 충동성
④ 부적절한 대처 기술

2 자살징후 및 관련 요인(위험 및 보호요인)

(1) 자살징후

자살징후는 언어적, 행동적, 상징적 표현 등이 다양하게 나타난다. 따라서 여러 가지 단서에 대해 미리 알고 이를 세심하게 관찰하여 대처하는 것이 중요하다. 만약 작은 징후라도 발견되면 학부모에게 알리고 필요한 경우 전문가의 도움을 받도록 안내하고 학생과 가족과의 상담내용을 기록해 둔다.

(2) 자살위험요인

위험요인이란 개인을 둘러싸고 있는 내·외적 환경이나 개인의 특성 중 부정적인 영향을 미치는 요인을 말한다.
① 위험요인에 취약한 학생은 자살 위험이 낮다가도 갑자기 높아질 수 있다.
② 자살경고 징후에 관한 완벽한 리스트는 없다.
③ 자살은 항상 다차원적이다.
④ 만약 위험요인을 줄일 수 있다면 자살위험성을 줄일 수 있다.

(3) 자살보호요인

보호요인이란 개인의 발달에 부정적인 영향과 개인의 위험요인을 감소시킬 수 있도록 도와주는 요인을 말한다.
① 주어진 상황에서 오는 자극과 스트레스를 잘 견디고 해결해 나갈 수 있는 능력을 기르는 것이 중요하다.
② 가족 간에 긍정적인 가치관을 가지고 서로를 지지하는 분위기를 만드는 것이 가장 중요하다.
③ 교사의 지지와 허용이 가장 중요하며, 위험을 감지하고 처리할 수 있는 관리체계 구축이 필요하다.
④ 위험에 처해 있는 청소년들에게 구조적으로 도움을 줄 수 있는 사회지지 기관과 제반 법률들이 구성되어야 한다.

3 청소년 자살 위기상담의 목표

상담자로서 다음과 같은 목표를 갖고 상담에 임해야 한다.

(1) 청소년이 손상을 입지 않고 위기에 잘 대처하게 한다.
(2) 청소년에게 희망이 존재한다는 것을 알게 한다.
(3) 청소년에게 자살 외에도 어려움을 해결할 여러 대안들이 있음을 알게 한다.
(4) 위기에 처한 청소년들을 도와줄 여러 가지 자원들과, 이러한 자원을 동원하는 방법을 알게 한다.

기출문제 확인학습

청소년 자살 경고적 징후(위험인자)

1) 타인에게 자살할 것이라고 위협을 하거나 죽고 싶다는 말을 자주 하는 것
2) 죽음에 대해 지나치게 생각하거나 몰두하는 것
3) 충동적으로 행동하는 것
4) 지속적인 슬픔을 느끼거나 가족 상실로 인한 슬픔이 지속되는 것
5) 친구 또는 좋아하는 활동을 포기하는 것
6) 학교 성적이 갑작스럽게 떨어지는 것
7) 섭식 또는 수면습관이 급작스럽게 변하는 것
8) 심각한 죄의식과 수치감을 갖는 것
9) 자신의 가치에 대해 회의감을 갖는 것
10) 약물을 남용하는 것
11) 자살을 시도하는 것
12) 아끼는 물건을 다른 사람에게 주거나 버리는 행위 등

2 위기 및 자살상담의 기본지침 - 위기개입 6단계 모델을 중심으로

1 자살 위기개입 상담이론(모델)

(1) 위기개입 6단계 모델(Gilliland, 1982)

(2) ASIST(Applied Suicide Intervention Skills Training)
1983년에 캐나다에서 개발된 이래로 22개국에서 100만명 이상이 교육을 받은 전 세계적으로 가장 많이 보급된 프로그램으로 safeTALK(지역사회 게이트키퍼 교육), ASIST(자살예방전문가 교육)으로 구분하여 대상자별 특성에 맞는 전문적이고 체계화된 교육과정으로 구성되었다.

(3) QPR(Question, Persuade, Refer)
QPR은 Paul Quinnett가 개발한 자살을 생각하거나 자살하려는 사람들의 정신건강을 향상시키기 위한 위기 개입법 QPR연구소의 발표와 출판물을 통해 1995년에 처음으로 소개하였으며 QPR은 질문(Question), 설득(Persuade), 의뢰(Refer)를 의미하며, 이 3가지 단계는 누구든지 자살하려는 사람의 생명을 구하는 것을 배울 수 있는 간단한 절차이다.

(4) 해결중심 상담

(5) 동기강화 상담

2 위기개입 6단계 모델(Gilliland, 1982)

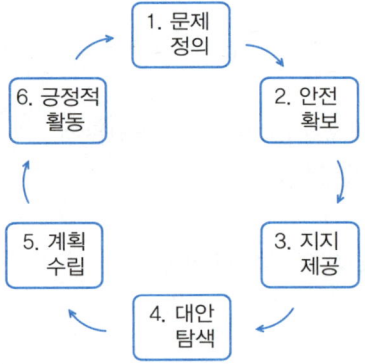

(1) 경청(Listening)
감정이입, 진실, 수용, 비심판적인 태도, 돌보는 태도를 가지고 관심 기울이기, 관찰하기, 이해하기, 반응하기
① 문제 정의
내담자 관점에서 문제를 검토하고 정의하며 적극적 경청을 사용한다.

② 안전 확보
　㉠ 내담자의 신체적, 심리적 안전에 대한 위협의 치명성, 중요성, 비유동성(immobility), 심각성과 상황 모두를 사정한다.
　㉡ 필요하다면 충동적이고 자기 파괴적인 행동에 대한 대안을 내담자가 자각하도록 돕는다.
③ 지지 제공
　내담자를 돌보고, 긍정적이고, 비소유적이고, 비심판적이고, 수용적이고 인간적인 개입을 하고 있음을 말, 음성, 신체언어로 드러낸다.

(2) 활동(Acting)
내담자로부터 사정된 욕구와 이용 가능한 환경적 지지의 정도에 따라서 비지시적, 협력적, 지시적 수준에서 개입하기
① 대안탐색
　내담자가 지금 이용할 수 있는 선택사항 탐색 원조. 즉각적인 상황적 지지, 대처기제, 긍정적 사고를 찾아내도록 촉진한다.
② 계획수립
　㉠ 이용자원을 명확히 하고 대처기제를 제공할 수 있는 현실적 단기계획을 세우도록 원조한다.
　㉡ 계획은 내담자가 이해할 수 있고 실천할 수 있는 명확한 활동 단계여야 한다.
③ 참여유도(긍정적 활동)
　내담자가 현실적으로 달성할 수 있으며 수용할 수 있는, 명확하고 긍정적인 행동단계에 참여하도록 도와야 한다.

기출문제 확인학습

심리적 응급처치 방법 5단계

1) 심리적 응급처치는 재난이나 테러 직후, 초기 고통을 줄이고 단기적 적응과 장기적 기능 회복을 돕기 위한 것으로, 모든 생존자가 심한 정신적 문제를 겪게 되거나 회복에 장기적인 어려움을 보이는 것은 아니라는 가정 하에 시행한다.
2) 심리적 응급처치는 재난 직후 생존자는 여러 가지 스트레스 반응을 보이지만, 스스로 회복할 수 있는 힘을 지니고 있으며 적절한 도움을 받으면 회복이 가능하다.
3) 심리적 응급처치 방법 5단계[28] 암기문장 안정 / 연효희
　(1) 1단계 : 안전감 단계
　　안전감 단계는 재난 상황에서 신체적 안전을 확보하는 것이 최우선이며, 이 때 생존자와 주변을 돌아보고, 말에 귀를 기울이고, 응급처치 요원의 도움을 받는 등 3L 철칙 즉, 포착하라(Look), 경청하라(Listen), 연결하라(Link)을 적용해야 한다.

28　조벽 교수 "감정 응급처치법 통해 지진 트라우마 극복 가능", 경주신문, 2016, 수정 인용
　조벽 교수는 감정 응급처치법은 안전감 - 안정감 - 연결감 - 효능감 - 희망감 5단계로 나뉘며, 순차적으로 진행해 생존자가 가지는 감정을 부정 상태에서 중립상태, 긍정상태로 이동시켜주는 것이라고 밝혔다. 지진으로 놀라고, 공포스러운 부정적 감정 상태에서 가장 먼저 해야할 것은 사람을 안정시키는 것이다. 그 다음 안심시키고 효능감을 맛보게 해주고 희망을 느끼게 해줘야 한다는 것이다. 특히 매 단계마다 세계보건기구(WHO)가 제시한 포착하라(Look), 경청하라(Listen), 연결하라(Link) 등 '3L' 철칙을 실행하는 것이 응급진단치료 방법이다.

(2) 2단계 : 안정감 단계
　① '안정감' 단계에서는 생존자의 몸과 감정 상태를 관찰하고 몸을 움츠리거나 떨 때, 쉽게 짜증 낼 때, 음식물을 먹지 않을 때 등 흔히 볼 수 있는 모습일 경우 심호흡을 반복하면 된다.
　② 그러나 방향감각이 없거나, 눈동자에 초점이 없을 때, 격한 감정을 보일 때, 숨을 거칠게 쉴 때 등 감정이나 생각을 관리하는 기능이 일시적으로 마비된 상태로 특별 응급처치가 필요할 때는 그라운딩을 통해 안정시켜야 한다.
　③ 그라운딩은 응급처치 요원의 안내로 오감을 순차적으로 되찾는 것으로 시각, 청각, 촉각 순으로 안정된 실체와 연결시켜야 하는데, 예를 들면 시각적 연결은 생존자가 쉽게 볼 수 있는 의자, 창문, 옷 등 흔하고 감정적으로 중립적인 것을 찾아보라고 언급하면 된다.

(3) 3단계 : 연결감 단계
　① 연결감 단계는 풍랑을 만난 작은 배가 큰 배에 연결되면 마음이 안정되는 것처럼, 안심감을 느끼게 해주는 단계이다.
　② 특히 이 단계에서 반드시 피해야 할 말과 권장하는 대화를 구분하는 것이 중요한데, 상대방을 존중, 경청, 배려하는 자세로 '도와주어도 되겠느냐'고 묻고, '답을 강요하거나 보채지 말고 기다려 줄 것' 등이 권장하는 대화에 해당한다.

(4) 4단계 : 효능감 단계
　① 효능감 단계에서는 생존자가 자신의 감정을 알아차리게 해줘야 하며, 스스로 본인의 감정과 욕구를 알아차리게 돕고, 본인을 위해서 스스로 무언가를 하도록 격려하고 돕는 단계이다.
　② 생존자는 아무 것도 할 수 없는 피해자가 아니라, 도움을 받고 나서 도움을 줄 수 있는 사람으로 바꿔줘야 한다.
　③ '효능감'이라는 것은 내가 이런 것을 함으로써 나에 대한 긍정적인 경험을 쌓아 가는 것으로, 도움을 주는 응급처치 요원이 북돋워주는 것이다.

(5) 5단계 : 희망감 단계
　① 희망감 단계의 '희망감'이란, 생존자가 유사한 위기상황에 다시 놓이게 됐을 때 스스로 대처할 수 있을 것이라는 자신감으로, 본인 주변 다른 사람을 돕거나 상황에 긍정적으로 기여할 수 있을 것이라는 기대감이기도 하다.
　② 이 단계에서 응급처치 요원은 생존자의 감정을 상담 전후와 비교해 다시 살펴보고 회복을 기원하며 작별하게 된다.

> **참고**
>
> **"응급처치 요원 스스로 먼저 보호해야"**
>
> 현장에 투입된 응급처치 요원들이 스스로 자신을 보호해야 한다는 것도 명심해야 한다. 응급처치 요원의 초기 희망과 열망이 실망과 절망, 그리고 원망의 단계로 변해 갈 수 있기 때문에, 심리적 응급처치법의 가장 기본은 남을 돕기 전에 자신을 먼저 보호해야 한다.

3 위기 및 자살상담시 고려사항

1 상담자는 위기 상황을 평가하여야 한다.

평가를 통해 학생이 자살 계획을 실행시킬 가능성이 높으면 교사는 개입을 해야 한다.

2 상담자는 내담자에게 개방적이고 정직하여야 한다.

감정에 민감하며, 믿고 이야기 할 수 있도록 내담자에게 신뢰감을 주어야 한다.

3 상담자는 감정의 심각성을 평가하여야 한다.

내담자는 자살하려는 게 아니고, 매우 화가 난 것일 수도 있으며 어떤 이는 별로 화가 나 보이진 않지만 자살성향이 높을 수가 있으므로 상담자는 이 상황들을 평가할 수 있어야 한다.

4 상담자는 비판적이 되어서는 안 된다.

내담자의 모든 내용들과 감정들을 진지하게 받아들이고 상담자는 내담자의 말에 동의하지 않는다고 하더라도, 비판하지 말고 경청하여야 한다.

5 상담자는 위기 상황에 대해 더 넓은 전망을 갖도록 하는 것이 좋다.

상담자가 내담자의 당면한 위험에 대해 경청하고 충분히 이야기 할 때, 내담자는 이 상황에 대해 더 넓은 시야를 갖게 된다.

6 상담자는 미래가 희망이 있고, 많은 가능성이 있다는 것을 믿도록 하는 것이 좋다.

내담자는 자신의 감정을 이야기함으로써, 이전에 보지 못하던 것을 보게 되고 위기의식이 감소하게 되며, 미래의 희망을 보게 된다.

7 상담자는 희망과 가능성을 안내한 후, 자살 이외의 대안들을 생각하게 하여야 한다.

자살이란 말을 언급하는 것을 두려워하지 말고, 다른 대안들을 선택할 수 있도록 한다.

8 상담자는 내담자가 문제를 해결할 수 있는 계획을 세우도록 도와주어야 한다.

내담자가 당면한 문제에 관한 가능한 해결책을 산출해 낼 수 있도록 인도해야 한다.

9 상담자는 내담자가 이용할 수 있는 지역사회 안의 이용 가능한 자원들을 활용하여야 한다.

10 상담자는 위기 상황에 대한 지원요청을 두려워하지 말아야 한다.

위기 개입의 목표는 내담자와 다른 사람들에게 아무 피해 없이 위기가 지나가도록 하는 것이기 때문에 상담자는 도움을 받는 것에 대해 주저하지 말아야 한다.

기출문제 확인학습

내담자의 자살의도에 대한 상담자의 대처방법

1) 내담자의 자살위험신호를 주의 깊게 살핀다.
2) 내담자가 자신의 감정을 자유롭게 표현하도록 하며 관심을 보인다.
3) 내담자의 자살과 자살의도에 대해 자유로우면서도 직접적으로 묻는다.
4) 내담자를 몰아붙이는 모습을 삼가며 내담자가 방어적인 자세를 취하지 않도록 한다.
5) 내담자를 공감으로 대한다.
6) 정신건강의학과 전문의나 자살예방센터에 도움을 청하는 등 적극적인 조치를 취한다.

신체적 장애 발생에 따른 심리적 적응단계(충격 → 부정 → 우울 → 저항 → 적응)

신체적 장애 발생에 따른 심리적 적응단계는 제1단계 충격(shock ; 외상시 나타나는 즉각적인 반응), 제2단계 부정(denial ; 초기에 외상 자체를 부정하는 것), 제3단계 우울반응(depressive reaction ; 장애나 질병의 심각성과 정도를 이해하고 완전히 인정하게 될 때), 제4단계 독립에 대한 저항(reaction against independence ; 독립적으로 자기간호와 재활의 노력이 가능할 때 나타나는 반작용), 제5단계 적응(adaption ; 회복과정을 거쳐 삶에 적응)을 거치게 된다.

상실을 경험한 가족(노년기)

1) 대상상실 : 물리적 기능상의 장애 뿐 아니라 가족에게는 자신의 가족을 상실한 경험으로 인한 심리적 충격
2) 린더만 : 애정의 대상을 박탈당했을 때, 인간의 반응에 대한 연구(건강한 비애반응 & 병적인 비애반응)
　(1) 건강한 비애반응
　　　① 신체적인 반응단계 - 신체적 고통
　　　② 죽은 사람의 기억과 이미지에 휩싸이는 단계
　　　③ 죄책감의 단계
　　　④ 적의 반응 단계
　　　⑤ 일상적인 행동을 하기 어려운 단계
　(2) 병적인 비애반응
　　　① 비애반응 지체 또는 연기
　　　② 왜곡된 비애반응

부록

제1장 심리학자의 윤리기준
제2장 상담사의 윤리기준
제3장 DSM - 5(2013)의
   주요 장애 진단기준

임상심리사 2급 이론서

심리학자의 윤리기준[1]

1) 한국심리학회 개인 정회원(이하 심리학자라 한다)의 역할은 전문적이고 과학적인 활동을 통해서 인간에 대한 지식을 확장하고 개인과 사회의 안녕을 위해 자신의 지식과 능력을 발휘하는 것이다.
2) 본 심리학자 윤리규정(이하 윤리규정이라 한다)은 심리학자가 이러한 역할을 수행하는 과정에서 확립되어야 할 원칙과 기준을 규정한다.
3) 심리학자는 언제나 최대한의 윤리적 책임을 지는 행동을 하도록 노력할 의무가 있다.
4) 심리학자는 전문적이고 과학적인 기초 위에서 활동함으로써 자신의 지식과 능력의 범위를 인식할 의무가 있으며, 또 이를 남용하거나 악용하게 하는 개인적, 사회적, 경제적, 정치적 영향으로부터 벗어나도록 노력해야 할 의무가 있다.
5) 윤리규정에 어긋나는 행위를 한 심리학자는 윤리규정과 한국심리학회 회칙에서 정한 절차에 따라 회원자격박탈, 회원자격정지, 자격(면허)상실, 자격(면허)정지 등의 징계를 할 수 있다.
6) 또, 이 조처를 다른 기관이나 개인에게 알릴 수 있다.

제1장 윤리규정의 시행에 관한 지침

제1조 윤리규정 서약

한국심리학회 회원으로 가입하기 위해서는 윤리규정에 서약해야 한다. 본 윤리규정의 발효시 기존 회원은 본 윤리규정에 서약한 것으로 간주한다.

제2조 윤리규정과 현행법과의 갈등

현행법이 윤리규정을 제한할 경우는 전자가 우선적으로 적용된다. 만약 윤리규정이 현행법이 요구하는 것보다 엄격한 기준을 설정하고 있다면, 심리학자는 윤리규정을 따라야 한다.

제3조 윤리규정과 조직 요구와의 갈등

심리학자가 소속되어 있는 기관이 윤리규정에 반하는 요구를 할 경우, 심리학자는 자신이 윤리규정에 이미 서약하였음을 알리고, 윤리규정을 준수하는 방식으로 그 갈등을 해결하도록 노력한다. 또한, 윤리규정에 반하는 기관의 요구를 학회 및 상벌위원회에 알리고 자문을 구하여야 하며, 위원회는 적절한 자문을 해주어야 한다.

제4조 윤리위반의 보고

심리학자는 다른 심리학자가 윤리규정을 위반한 것을 인지하게 되면 그 심리학자로 하여금 윤리규정에 주목하게 함으로써 문제를 해결하도록 노력한다. 그러나, 문제가 해결되지 않거나 명백한 윤리규정 위반으로 비공식적 방식이 적절하지 않은 경우, 한국심리학회 산하학회 또는 한국심리학회 상벌 및 윤리위원회에 보고한다. 한국심리학회 산하학회 또는 한국심리학회 상벌 및 윤리위원회는 문제를 학회에 보고한 심리학자의 신원을 외부에 공개해서는 안 된다.

제5조 상벌 및 윤리위원회와의 협조

윤리규정 위반으로 보고된 심리학자는 학국심리학회 산하학회 또는 한국심리학회 상벌 및 윤리위원회에서 행하는 조사에 협조해야 한다. 윤리조사에 협조하지 않는 것 자체가 윤리규정 위반이 된다.

---

[1] 한국심리학회 홈페이지 참고

제6조 소명 기회의 보장
　　윤리규정 위반으로 보고된 심리학자에게 충분한 소명의 기회가 주어져야 한다.

제7조 징계심사 대상자에 대한 비밀 보호
　　윤리규정 위반에 대해 한국심리학회 이사회의 징계 결정이 내려질 때까지 한국심리학회 산하학회의 윤리위원과 한국심리학회 상벌 및 윤리위원은 해당 심리학자의 신원을 외부에 공개해서는 안 된다.

제8조 윤리규정의 수정
　　윤리규정의 수정 절차는 한국심리학회 회칙 개정 절차에 준한다. 윤리규정이 수정될 경우, 수정 전의 규정에 서약한 회원은 추가적인 서약 없이 새로운 규정에 서약한 것으로 간주한다.

제2장 일반적 윤리

제9조 심리학자의 기본적 책무
1. 심리학자는 인간의 정신 및 신체건강의 향상을 위해 노력하여야 한다.
2. 심리학자는 개인과 사회의 발전을 위해 노력하여야 한다.
3. 심리학자는 학문연구, 교육, 평가 및 치료의 제 분야에서 정확하고, 정직하며, 진실되게 업무를 수행하여야 한다.
4. 심리학자는 자신의 업무가 사회와 인류에 영향을 미칠 수 있음을 자각하여, 신뢰를 바탕으로 전문가로서의 책임을 다 한다.
5. 심리학자는 심리학적 연구결과와 서비스가 필요한 모든 사람에게 공정하게 제공될 수 있도록 최선의 노력을 기울여야 한다.
6. 심리학자는 인간의 가치와 존엄성을 존중하며, 아울러 사생활을 침해받지 않을 개인의 권리와 자기 결정권을 존중한다.

제10조 전문성
1. 심리학자는 자신의 능력과 전문성을 발전시키고 유지하기 위하여 지속적인 노력을 기울여야 한다.
2. 연구와 교육에 종사하는 심리학자는 전문분야에 대한 과학적 지식을 추구하고 이를 정확하게 전달하기 위하여 끊임없이 노력하여야 한다.
3. 평가와 심리치료에 종사하는 심리학자는 교육, 훈련, 수련, 지도감독을 받고, 연구 및 전문적 경험을 쌓은 전문적인 영역의 범위 내에서 서비스를 제공하여야 한다. 긴급한 개입을 요하는 비상상황인데 의뢰할 수 있는 심리학자가 없는 경우에는 자격을 갖추지 못한 심리학자가 서비스를 제공할 수 있다. 단, 이 경우에는 자격을 갖춘 심리학자의 서비스가 가능해지는 순간 종료하여야 한다.
4. 자신의 전문 영역 밖의 지식과 경험이 요구되는 서비스를 제공하고자 하는 심리학자는 이와 관련된 교육과 수련 및 지도감독을 받아야 한다.

제11조 업무위임
　　심리학자가 피고용인, 지도감독을 받는 수련생, 조교에게 업무를 위임할 때에는 다음과 같은 조처를 한다.
(1) 서비스를 받게 될 사람과 다중관계를 가지고 있어서 착취하거나 객관성을 상실할 가능성이 있는 사람에게는 업무위임을 피한다. (제14조 다중관계 참조)
(2) 이수한 교육, 수련 또는 경험상 독립적으로 또는 지도감독 하에서 업무를 유능하게 수행할 것으로 여겨지는 사람에게만 업무를 위임한다.
(3) 위임받은 자가 위임받은 업무를 유능하게 수행하는지를 확인한다.

제12조 업무와 관련된 인간관계
1. 심리학자는 동료 심리학자를 존중하고, 동료 심리학자의 업무활동에 대해 사실에 근거하지 않은 비판을 하지 않는다.
2. 심리학자는 성실성과 인내심을 가지고 함께 일하는 다른 분야의 종사자와 협조적으로 업무를 수행한다.
3. 심리학자는 학생이나 수련생에게 필요한 지식과 경험을 제공하여야 하며, 그들에게 종속적인 업무만을 하도록 하여서는 아니 된다. (제13조 착취관계, 참조)
4. 심리학자는 연구참여자의 인격을 존중하여야 하며, 연구 참여 과정 중에 이들이 위험에 처하지 않도록 안전과 복지를 보장하는 조치를 취하여야 한다. (제23조 연구참여자에 대한 책임, 참조)
5. 심리학자는 내담자 / 환자와 신뢰 관계를 형성하여야 하며, 다중관계나 착취관계를 가지지 않는다. (제14조 다중관계, 제13조 착취관계, 참조)

제13조 착취관계
심리학자는 자신이 지도감독하거나 평가하거나 기타의 권위를 행사하는 대상, 즉 내담자 / 환자, 학생, 지도감독을 받는 수련생, 연구참여자 및 피고용인을 물질적, 신체적, 업무상으로 착취하지 않는다.

제14조 다중관계
1. 다중관계, 즉 어떤 사람과 전문적 역할 관계에 있으면서 동시에 또 다른 역할관계를 가지는 것은 심리학자가 공정하고 객관적이며 효율적으로 업무를 수행하는 데 위험요인이 될 수 있으며, 또한 상대방을 착취하거나 해를 입힐 가능성이 있으므로, 심리학자는 다중관계가 발생하게 될 때 신중하여야 한다.
2. 심리학자는 자신의 업무 수행에 위험요인이 되고 상대방에게 해를 입힐 수 있는 다음과 같은 다중관계를 피하여야 한다.
    (1) 사제관계이면서 동시에 사적 친밀관계인 경우(제44조 학생 및 수련생과의 성적 관계, 참조).
    (2) 사제관계이면서 동시에 치료자 - 내담자 / 환자 관계인 경우(제43조 개인치료 및 집단치료 2항, 참조)
    (3) 같은 기관에 소속되어 사제관계, 고용관계, 또는 상하관계에 있으면서 기관 내의 치료자 - 내담자 / 환자에 대한 지도감독의 대가로 직접 금전적 관계를 형성하는 경우
    (4) 치료자 - 내담자 / 환자 관계이면서 동시에 사적 친밀관계인 경우(제60조 내담자 / 환자와의 성적 친밀성, 참조)
    (5) 내담자 / 환자의 가까운 친척이나 보호자와 사적 친밀관계를 가지는 경우
    (6) 기타 업무수행의 공정성을 저해할 가능성이 있거나 착취를 하거나 피해를 입힐 가능성이 있는 다중관계
3. 심리학자의 업무 수행에 위험요인이 되지 않고, 또 상대방에게 해를 입히지 않을 것으로 생각되는 다중관계는 비윤리적이지 않다.
4. 예측하지 못한 요인으로 인해 해로울 수 있는 다중관계가 형성된 것을 알게 되면, 심리학자는 이로 인해 영향받을 사람들의 이익을 고려하여 합당한 조처를 하고 윤리규정을 따르도록 한다.

제15조 이해의 상충
심리학자는 개인적, 과학적, 전문적, 법적, 재정적 또는 기타 이해관계나 대인관계에 있어서 다음과 같은 경우에는 전문적 역할을 맡는 것을 자제하여야 한다.
    (1) 심리학자로서의 역할을 수행하는 데 객관성, 유능성, 혹은 효율성을 해치는 경우
    (2) 전문적 관계를 가지고 있는 개인이나 조직에 해를 입히거나 착취할 것으로 생각되는 경우

제16조 성적 괴롭힘
심리학자는 성적 괴롭힘을 하지 않는다. 성적 괴롭힘은 심리학자로서의 역할과 활동을 하는 과정에서 나타나는 성적 유혹, 신체적 접촉, 또는 근본적으로 성적인 의미가 있는 언어적, 비언어적 품행을 포괄한다.

제17조 비밀 유지 및 노출
1. 심리학자는 연구, 교육, 평가 및 치료과정에서 알게 된 비밀정보를 보호하여야 할 일차적 의무가 있다. 비밀 보호의 의무는 고백한 사람의 가족과 동료에 대해서도 지켜져야 한다. 그러나 내담자 / 환자의 상담과 치료에 관여한 심리학자와 의사 및 이들의 업무를 도운 보조자들 간에서나, 또는 내담자 / 환자가 비밀노출을 허락한 대상에 대해서는 예외로 한다. 그러나 이 경우에도 실명노출을 최소화하기 위해 노력한다.
2. 심리학자는 조직 내담자, 개인 내담자 / 환자, 또는 내담자 / 환자를 대신해서 법적으로 권한을 부여받은 사람의 동의를 얻어 비밀정보를 노출할 수도 있다. 이는 전문적인 연구 목적에 국한하여야 하며, 이 경우에는 실명을 노출해서는 안 된다.
3. 법률에 의해 위임된 경우, 또는 다음과 같은 타당한 목적을 위해 법률에 의해 승인된 경우에는 개인의 동의 없이 비밀 정보를 최소한으로 노출할 수 있다.
   (1) 필요한 전문적 서비스를 제공하기 위한 경우
   (2) 적절한 전문적 자문을 구하기 위한 경우
   (3) 내담자 / 환자, 심리학자 또는 그 밖의 사람들을 상해로부터 보호하기 위한 경우
   (4) 내담자 / 환자로부터 서비스에 대한 비용을 받기 위한 경우

제18조 업무의 문서화 및 문서의 보존과 양도
1. 심리학자는 연구, 교육, 및 평가, 치료과정에서 개인으로부터 받은 구두 동의, 허락, 승인 내용을 문서화하여야 한다.
2. 심리학자는 다음과 같은 목적으로 자신의 전문적 과학적 업무에 대해 기록하여 문서화하여야 한다.
   (1) 자신을 포함한 전문가들의 이후 연구, 교육, 평가 및 치료에 도움이 되도록 하기 위해
   (2) 연구설계와 분석을 반복검증하기 위해
   (3) 기관의 요구에 부응하기 위해
   (4) 청구서 작성과 지불의 정확성을 보장하기 위해
   (5) 법률 준수를 보장하기 위해
3. 심리학자는 문서화한 기록과 자료를 저장하고 보존하여야 하며, 직책이나 실무를 그만 두게 될 경우에는 기록과 자료를 양도하여야 한다.

제19조 공적 진술
1. 공적 진술에는 유료 또는 무료 광고, 제작물 품질보증, 연구비 신청서, 자격증 신청서 등 다양한 종류의 신청서, 소책자, 인쇄물, 주소록, 개인이력서, 대중매체용 논평, 법적 소송에서의 진술, 강의와 구두 발표 및 출판물 등이 포함된다.
2. 심리학자가 강연, TV 프로그램, 인쇄물, 인터넷 또는 기타 매체를 통해 공적인 조언이나 논평을 할 때는 (1) 과학적 근거가 있는 전문지식, 수련 또는 경험을 토대로 진술하며, (2) 사실에 의하여 진술하며, (3) 본 윤리규정과 일치하게, 그리고 (4) 수혜자와 심리학자 간에 특수 관계가 있는 것으로 여겨지지 않도록 진술하여야 한다.
3. 심리학자는 (1) 학력, (2) 경력, (3) 자격, (4) 연구기관이나 학회 가입, (5) 제공할 수 있는 서비스의 종류(전문분야) (6) 자신이 제공하는 서비스의 과학적 임상적 기초와 그 성과의 정도, (7) 치료비, (8) 업적이나 연구결과에 관하여 허위 진술을 하지 않는다.

제20조 광고

심리학자는 거짓, 기만, 과장, 기타 비윤리적인 방식으로 영업, 상업광고, 호객행위 등의 활동을 하지 않는다.

다음 경우는 비윤리적인 활동에 해당되지 않는다.
(1) 사실에 근거한 자신의 업무와 전문성에 대한 정보를 기관 안내지, 안내 편지, 언론매체, 인터넷 등의 정보매체를 이용하여 전달하는 것
(2) 이미 치료를 받은 내담자 / 환자에게 도움을 줄 목적으로 접촉을 시도하는 것
(3) 지역사회 봉사활동의 일환으로 심리평가, 상담 및 치료 서비스를 제공하기 위하여 그 대상자를 찾는 것

제3장 연구 관련 윤리

제21조 학문의 자유와 사회적 책임

연구에 종사하는 심리학자는 학문의 자유에 대한 기본권을 가지며, 그에 따른 다음과 같은 사회적 책임과 의무를 가진다.
(1) 사상, 종교, 나이, 성별 및 사회적 계층과 문화가 다른 집단의 학문적 업적에 대하여 편견 없이 인정하여야 한다.
(2) 자신의 연구에 대한 비판에 개방적이고, 자신의 지식에 대하여 끊임없이 회의하는 자세를 가져야 한다.
(3) 자신의 주장을 반박하는 설득력 있는 증거를 발견하면, 자신의 오류를 수정하려는 자세를 가져야 한다.
(4) 새로운 연구 문제, 사고 체계 및 접근법에 대하여 편견 없이 검토하여야 한다.

제22조 기관의 승인

연구수행 시 기관의 승인이 요구될 때, 심리학자는 연구를 수행하기 전에 연구계획에 대한 정확한 정보를 제공하고 승인을 얻는다. 또한 승인된 연구계획안대로 연구를 수행하여야 한다.

제23조 연구참여자에 대한 책임

심리학자는 연구참여자에 대해 다음과 같은 책임을 가진다.
(1) 연구참여자의 인격, 사생활을 침해받지 않을 개인의 권리와 자기결정권을 존중한다.
(2) 연구참여자의 안전과 복지를 보장하기 위한 조처를 하고, 위험에 노출되지 않도록 하여야 한다.
(3) 연구참여자에게 심리적, 신체적 손상을 주어서는 아니 되며, 예상하지 못한 고통의 반응을 연구참여자가 보일 경우 연구를 즉시 중단하여야 한다.

제24조 연구 참여에 대한 동의

1. 연구 참여는 자유의지로 결정되어야 한다. 따라서 심리학자는 연구참여자로부터 연구 참여에 대한 동의를 받아야 한다.

   동의를 얻을 때에는 다음 사항을 알려주고, 이에 대해 질문하고 답을 들을 수 있는 기회를 제공한다.
   (1) 연구의 목적, 예상되는 기간 및 절차
   (2) 연구에 참여하거나 중간에 그만둘 수 있는 권리
   (3) 연구 참여를 거부하거나 그만두었을 때 예상되는 결과
   (4) 참여 자발성에 영향을 미칠 것으로 예상되는 잠재적 위험, 고통 또는 해로운 영향
   (5) 연구에 참여함으로써 얻을 수 있을 것으로 예상되는 이득
   (6) 비밀 보장의 한계
   (7) 참여에 대한 보상

2. 실험 처치가 포함된 중재 연구를 수행하는 심리학자는 연구 시작부터 참여자에게 다음 사항을 분명하게 알려준다.
   (1) 실험 처치의 본질
   (2) 통제집단에게 이용할 수 있거나 또는 이용할 수 없게 될 서비스
   (3) 처치집단 또는 통제집단에의 할당 방법
   (4) 개인이 연구에 참여하고 싶지 않거나, 연구가 이미 시작된 후 그만두고 싶어 할 경우 이용 가능한 처치 대안
   (5) 연구 참여에 대한 보상이나 금전적인 대가

제25조 연구를 위한 음성 및 영상 기록에 대한 동의

심리학자는 자료수집을 위하여 연구참여자의 음성이나 영상이 필요한 경우에는 기록하기 전에 연구참여자로부터 동의를 받아야 하는데, 다음의 경우는 예외로 한다.
   (1) 연구의 내용이 공공장소에서 자연관찰하는 것이거나, 그 기록이 개인의 정체를 밝히거나 해를 끼치는 데 사용될 것으로 예상되지 않을 경우
   (2) 연구 설계에 속이기가 포함되어 있어서, 기록 후에 기록 사용에 대한 동의를 얻어야 하는 경우

제26조 내담자 / 환자, 학생 등 연구자에게 의존적인 참여자

1. 심리학자가 내담자 / 환자, 학생 등 자신에게 의존적인 사람을 대상으로 연구를 수행할 때에는, 심리학자는 이들이 참여를 거부하거나 그만둘 경우에 가지게 될 해로운 결과로부터 이들을 보호하는 조처를 한다.
2. 연구 참여가 수강 과목의 필수사항이거나 추가 학점을 받을 수 있는 기회가 될 경우, 수강학생에게 다른 대안적 활동을 제공하여 학생 스스로 선택할 수 있도록 한다.

제27조 연구 동의 면제

심리학자는 다음 경우에 연구참여자로부터 동의를 받지 않을 수 있다.
   (1) 연구가 고통을 주거나 해를 끼치지 않을 것으로 판단되는 경우
      ① 교육 장면에서 수행되는 교육 실무, 교과과정 또는 교실 운영 방법에 대한 연구
      ② 연구참여자의 반응 노출이 참여자들을 형사상 또는 민사상 책임의 위험에 놓이지 않게 하거나, 재정 상태, 고용가능성 또는 평판에 손상을 입히지 않으며, 비밀이 보장되는 익명의 질문지, 자연관찰 또는 자료수집 연구
      ③ 조직 장면에서 수행되는 직업이나 조직 효율성에 관련된 요인들에 대한 연구로, 참여자의 고용 가능성에 위험이 되지 않고, 비밀이 보장되는 경우
   (2) 국가의 법률 또는 기관의 규칙에 의해 허용되는 경우

제28조 연구 참여에 대한 보상

1. 심리학자는 연구 참여에 대해 적절한 정도의 보상을 한다. 그러나 연구 참여를 강요하게 될 정도로 지나치게 부적절한 금전적 또는 기타의 보상을 제공하지 않는다.
2. 연구 참여에 대한 보상으로 전문적 서비스를 제공할 시, 심리학자는 그 서비스의 본질뿐만 아니라, 위험, 의무, 한계를 분명히 하여야 한다.

제29조 연구에서 속이기

1. 심리학자는 속이기 기법을 사용하는 것이 연구에서 예상되는 과학적, 교육적 혹은 응용 가치에 의해서 정당한 사유가 되고, 또한 속임수를 쓰지 않는 효과적인 대안적 절차들이 가능하지 않다고 결정한 경우를 제외하고는 속임수가 포함된 연구를 수행하지 않는다.

2. 심리학자는 연구에 참여할 사람들에게 신체적 통증이나 심한 정서적 고통을 일으킬 수도 있다는 정보를 알려주고 속이지 않는다.
3. 심리학자는 실험에 포함된 속임수를 가능한 한 빨리, 가급적이면 연구 참여가 끝났을 때, 아니면 늦어도 자료수집이 완료되기 전에 설명함으로써, 참여자들에게 자신의 실험자료를 철회할 수 있는 기회를 준다.

제30조 연구참여자에 대한 사후보고
1. 심리학자는 연구참여자들에게 연구의 본질, 결과 및 결론에 대한 정보를 제공하는 것이 과학적 가치와 인간적 가치를 손상시키지 않는 한, 연구참여자들이 이에 대한 정보를 얻을 수 있는 기회를 제공한다.
2. 심리학자는 연구절차가 참여자들에게 피해를 입혔다는 것을 알게 되면, 그 피해를 최소화하기 위한 조처를 한다.

제31조 동물의 인도적인 보호와 사용
심리학 연구에서 동물실험은 불가피할 수 있다. 그러나 심리학자의 기본 의무는 생명을 존중하는 것이므로 동물을 대상으로 연구할 때 다음과 같은 기준에 따라야 한다.
(1) 연구를 위해 동물실험 이외의 대안적 방법이 없는지에 대해 신중히 생각하고, 대안이 없을 경우에만 동물을 대상으로 연구한다.
(2) 동물실험은 과학적 지식을 얻기 위한 목적으로만 수행되어야 하며, 실험 방법, 사용하는 동물의 종, 동물의 수가 적절한지에 대해 심사숙고하여야 한다.
(3) 현행 법률과 규정에 따라서 그리고 전문적 기준에 따라서 동물을 확보하고, 돌보고, 사용하며, 처리한다.
(4) 동물 피험자의 고통, 통증 및 상해를 최소화하기 위해 노력한다.
(5) 대안적인 절차 사용이 가능하지 않을 때에만, 그리고 그 목적이 과학적, 교육적 또는 응용 가치에 의해 정당화될 때에만 동물을 통증, 스트레스 혹은 박탈 상황에 노출하는 절차를 사용할 수 있다.

제32조 연구결과 보고
1. 심리학자는 자료를 조작하지 않는다.
2. 심리학자는 연구대상 개개인이 식별될 수 있는 자료는 익명화하여 보고하여야 한다.
3. 심리학자는 출판된 자신의 자료에서 중대한 오류를 발견하면 정정, 취소, 정오표 등 적절한 출판수단을 사용하여 오류를 바로잡기 위한 조치를 취한다.

제33조 표절
심리학자는 자신이 수행하지 않은 연구나 주장의 일부분을 자신의 연구나 주장인 것처럼 논문이나 저술에 제시하지 아니 한다. 비록 그 출처를 논문이나 저술에서 여러 차례 참조하더라도, 그 일부분을 자신의 연구나 주장인 것처럼 제시하는 것은 표절이 된다.

제34조 출판 업적
1. 심리학자는 자신이 실제로 수행하거나 공헌한 연구에 대해서만 저자로서의 책임을 지며, 또한 업적으로 인정받는다.
2. 논문이나 기타 출판 업적의 저자나 저자의 순서는 상대적 지위에 관계없이 연구에 기여한 정도를 상대적으로 정확하게 반영하여야 한다. 단순히 어떤 직책에 있다고 해서 저자가 되거나 제1저자로서의 업적을 인정받는 것은 정당화되지 않는다. 연구나 저술에 대한 작은 기여는 각주, 서문, 사의 등에서 적절하게 고마움을 표한다.
3. 예외적인 상황을 제외하고, 학생의 석사학위 또는 박사학위 논문을 토대로 한 여러 명의 공동 저술인 논문에서는 학생이 제1저자가 된다.

제35조 연구자료의 이중 출판
국내외 출판을 막론하고 심리학자는 이전에 출판된 자료(출판 예정이나 출판 심사 중인 자료 포함)를 새로운 자료인 것처럼 출판하거나 출판을 시도하지 않는다. 이미 발표된 자료를 사용하여 출판하고자 할 때에는, 출판하고자 하는 저널의 편집자에게 게재 요청 시에 이전 출판에 대한 정보를 제공하고 이중출판에 해당하는지 여부를 확인하여야 한다.

제36조 결과 재검증을 위한 연구자료 공유
1. 연구결과가 발표된 후, 다른 연구자가 재분석을 통해 발표된 결과를 재검증하기 위한 목적으로 연구자료를 요청하면, 연구참여자에 대한 기밀이 보호될 수 있고, 또 소유한 자료에 대한 법적 권리가 자료 공개를 금하지 않는 한, 심리학자는 자료를 제공한다.
2. 전항에 의해 자료제공을 받은 심리학자는 오로지 그 목적으로만 자료를 사용할 수 있으며, 그 외의 다른 목적으로 자료를 사용하고자 할 경우에는 사전에 서면 동의를 얻어야 한다.

제37조 심사
투고논문, 학술발표원고, 연구계획서를 심사하는 심리학자는 제출자와 제출내용에 대해 비밀을 유지하고 저자의 저작권을 존중한다.

제4장 교육 및 수련 관련 윤리

제38조 교육자로서의 심리학자
1. 심리학자는 과거로부터 현재에 이르기까지 수행된 여러 심리학 연구에서 밝혀진 과학적 사실들을 정확하고 이해하기 쉽게 전달하고자 노력하여야 한다.
2. 심리학자는 배우는 사람과 가르치는 사람의 역할 관계에 대하여 분명하게 인식하고 있어야 하며, 자신이 가르치는 사람으로서의 역할을 제대로 수행하고 있는지 스스로 자성하는 자세를 가져야 한다.
3. 심리학자는 학생이나 수련생에게 끼칠 수 있는 영향력을 인식하고, 그들의 인격을 손상하는 행위를 하지 않도록 노력하여야 한다.

제39조 교육 내용의 구성
심리학자가 교과목을 개설하거나 교육 및 수련 프로그램을 제공하는 경우, 학생 또는 수련생에게 필요한 지식과 경험을 제공할 수 있도록 그 내용을 구성한다. 제공하고자 하는 교육 프로그램이 자격증 취득과 관련된 것일 경우는 자격증 취득에 필요한 요건을 충족할 수 있도록 내용을 구성한다.

제40조 교육 내용에 대한 기술
1. 교과목을 개설하는 심리학자는 강의계획서를 통해 교과목의 특징, 강의에서 다룰 주제, 평가기준 등에 대한 정보를 제공하며, 강의계획서의 내용에 따라 강의를 진행하도록 한다.
2. 심리학자가 교육 및 수련 프로그램을 제공하는 경우, 프로그램의 내용, 수련 목적, 참가비, 그리고 프로그램 이수증을 취득하기 위한 요건(출석, 시험평가 등)을 프로그램 안내서에 명시한다.

제41조 정확한 지식 전달
심리학자는 과학적 근거에 기초한 지식을 객관적이고 정확하게 또 이해하기 쉽게 전달해야 한다. 개인적 견해를 전달하고자 할 때에는 사적인 견해임을 밝힌다.

제42조 학생 및 수련생에 대한 수행 평가
1. 심리학자가 교과목을 수강하는 학생과 지도감독을 받는 수련생에 대한 수행을 평가할 때에는 제때에, 공정한 기준에 의하여 평가하여야 하며, 평가에 대한 피드백을 제공해야 한다. 수행 평가기준에 대한 정보는 강의 또는 지도감독을 시작할 때 학생 또는 수련생에게 제공한다.

2. 학생과 수련생을 평가할 때에는, 프로그램에서 요구하는 항목에 대한 실제 수행을 평가기준에 따라 평가한다.

제43조 개인치료 및 집단치료의 위임
1. 심리학자는 자신의 업무 수행에 위험요인이 되고 상대방에게 해를 입힐 수 있는 다중관계를 가지지 않도록 하여야 한다. 따라서 학생의 학업 수행을 평가하거나 평가할 가능성이 있는 교수는 그 학생을 직접 치료하지 않는다.(제14조 다중관계 참조)
2. 개인치료나 집단치료가 프로그램 또는 교과과정의 필수과목일 때, 이 프로그램을 주관하는 심리학자는 다중관계를 피하기 위해 프로그램 참여 학생들에게 이 프로그램과 직접 관계가 없는 다른 전문가로부터 치료를 받을 수 있도록 허락해야 한다. 그러나, 교육을 목적으로 수업료 이외의 비용을 지불하지 않고 이루어지는 집단 치료나 상담의 경우는 예외로 한다.

제44조 학생 및 수련생과의 성적 관계
심리학자는 자신의 학과, 기관, 또는 수련 센터의 학생이나 수련생, 혹은 자신이 평가 권한을 가지고 있거나 그럴 가능성이 있는 사람과 성적 관계를 가져서는 아니 된다. (제14조 다중관계 참조)

제45조 학생 및 수련생의 개인 정보 노출 요구
심리학자는 수업 또는 프로그램을 진행하는 과정에서 학생이나 지도감독을 받는 수련생에게 구두 상으로나 서면 상으로 개인정보(성 관련 내력, 학대나 방치 내력, 심리학적 치료 경험 및 부모, 동료, 배우자 또는 중요한 타인들과의 관계)를 노출하도록 요구하지 않는다.
그러나 다음의 경우는 예외로 한다. (제17조 비밀 유지 및 노출 3항 참조)
(1) 프로그램 신청 서류에 이 요건이 명시되어 있을 경우
(2) 학생의 개인적 문제가 학생 자신의 수련활동과 전문적 활동에 방해가 되고 또 학생 자신과 타인에게 위협이 될 것으로 판단되어서, 학생에게 필요한 평가를 하여 도움을 주기 위해 학생에 대한 개인정보가 필요한 경우

제46조 학생 및 수련생의 개인 정보에 대한 비밀 유지
심리학자가 수업 또는 프로그램을 진행하는 과정에서 알게 된 학생 또는 수련생의 개인 정보에 대해서는 비밀을 보장하여야 한다. (제17조 비밀 유지 및 노출 1항 참조)

제5장 평가 관련 윤리

제47조 평가의 기초
1. 법정 증언을 포함한 추천서, 보고서, 진단서, 평가서에 의견을 기술할 때, 심리학자는 자신의 의견을 입증할 만한 객관적 정보 또는 기법에 근거하여야 한다.
2. 개인의 심리 특성에 대한 의견을 진술할 때, 심리학자는 자신의 진술을 지지하기 위한 면밀한 검사과정을 거쳐야 한다. 그러한 노력에도 불구하고 검사가 실제적이지 못할 경우, 심리학자는 자신이 기울인 노력의 과정과 결과를 문서화하고, 불충분한 정보가 자신의 견해의 신뢰도와 타당도에 영향을 미칠 수 있음을 밝히고, 결론이나 권고 사항의 본질과 범위를 제한한다.
3. 개인에 대한 개별검사가 보장되지 않는 상황에서 자료를 검토, 자문, 지도감독해야 할 경우에, 심리학자는 자신의 견해가 개별검사에 기초하지 않았다는 사실을 밝히고 자신의 견해를 뒷받침하는 근거 정보를 제시한다.

제48조 평가의 사용
  1. 심리학자는 검사도구, 면접, 평가기법을 목적에 맞게 실시하고, 번안하고, 채점하고, 해석하고, 사용하여야 한다.
  2. 심리학자는 타당도와 신뢰도가 검증된 평가도구를 사용하여야 한다. 그렇지 못한 경우에는 검사결과 및 해석의 장점과 제한점을 기술한다.
  3. 심리학자는 평가서 작성 및 이용에 있어서, 객관적이고 학문적으로 근거가 있어야 하고 세심하고 양심적이어야 한다.

제49조 검사 및 평가기법 개발
  검사 및 기타 평가기법을 개발하는 심리학자는 표준화, 타당화, 편파의 축소와 제거를 위해 적합한 심리측정 절차와 전문적 지식을 사용해야 한다.

제50조 평가에 대한 동의
  1. 평가 및 진단을 하기 위해서는 내담자로부터 평가 동의를 받아야 한다. 평가 동의를 구할 때에는 평가의 본질과 목적, 비용, 비밀유지의 한계에 대해 알려야 한다. 그러나 다음의 경우는 평가 동의를 받지 않아도 된다.
    (1) 법률에 의해 검사가 위임된 경우
    (2) 검사가 일상적인 교육적, 제도적 활동 또는 기관의 활동(취업시 검사)으로 실시되는 경우
  2. 동의할 능력이 없는 개인과, 법률에 의해 검사가 위임된 사람에게도 평가의 본질과 목적에 대해 알려주어야 한다.
  3. 검사결과를 해석해주는 자동화된 해석 서비스를 사용하는 심리학자는 이에 대해 내담자 / 환자로부터 동의를 얻어야 하며, 검사결과의 기밀성과 검사 안정성이 유지되도록 해야 하며, 법정증언을 포함하여 추천서, 보고서, 진단적, 평가적 진술서에서 수집된 자료의 제한성에 대해 기술해야 한다.

제51조 평가 결과의 해석
  1. 평가 결과를 해석할 때, 심리학자는 해석의 정확성을 감소시킬 수 있는 다양한 검사 요인들, 예를 들어 피검사자의 검사받는 능력과 검사에 영향을 미칠 수 있는 상황이나 개인적, 언어적, 문화적 차이 등을 고려해야 한다.
  2. 평가 결과의 해석은 내담자 / 환자에게 내용적으로 이해 가능해야 한다.

제52조 무자격자에 의한 평가
  심리학자는 무자격자가 심리평가 기법을 사용하도록 허용해서는 안 된다. 단, 적절한 감독하에 수련 목적으로 사용하는 경우는 예외로 하며 다음과 같은 사항에 주의한다. 수련생의 교육, 수련, 및 경험에 비추어 수행할 수 있는 평가 기법들에 한정해 주어야 하며 수련생이 그 일을 유능하게 수행할 수 있는지 지속적으로 감독해야 한다.

제53조 사용되지 않는 검사와 오래된 검사결과
  1. 심리학자는 실시한지 시간이 많이 경과된 검사결과에 기초하여 평가, 중재 결정, 중재 권고를 하지 않아야 한다.
  2. 심리학자는 현재 사용되고 있지 않거나 현재의 목적에 유용하지 않은, 제작된 지 오래된 검사나 척도에 기초하여 평가, 중재 결정, 중재 권고를 하지 않아야 한다.

제54조 검사채점 및 해석 서비스
  1. 다른 심리학자에게 검사 또는 채점 서비스를 제공하는 심리학자는 절차의 목적, 규준, 타당도, 신뢰도 및 절차의 적용 그리고 사용할 수 있는 자격에 대해 정확하게 기술해야 한다.

2. 심리학자는 프로그램과 절차의 타당도에 대한 증거에 기초하여 채점 및 해석 서비스를 선택해야 한다.
3. 심리학자가 직접 검사를 실시, 채점, 해석하거나, 자동화된 서비스 또는 기타 서비스를 사용하더라도, 평가도구의 적절한 적용, 해석 및 사용에 대해 책임을 져야 한다.

제55조 평가 결과 설명

검사의 채점 및 해석과 관련하여, 심리학자는 검사를 받은 개인이나 검사집단의 대표자에게 결과를 설명해 주어야 한다. 그러나 관계의 특성에 따라서는 결과를 설명해 주지 않아도 되는 경우도 있다(조직에 대한 자문, 사전고용, 보안심사, 법정에서의 평가 등). 이러한 사실은 평가받을 개인에게 사전에 분명하게 알려주어야 한다.

제56조 평가서, 검사 보고서 열람

1. 평가서의 의뢰인과 피검사자가 동일하지 않을 경우에, 평가서와 검사보고서는 의뢰인이 동의할 때 피검사자에게 열람될 수 있다.
2. 건강에 피해를 줄 수 있다고 판단되지 않는 한, 피검사자가 원할 때는 평가서와 검사보고서를 볼 수 있도록 도와야 한다.
3. 평가서를 보여주어서 안 되는 경우, 사전에 피검사자에게 이 사실을 인지시켜주어야 한다.

제57조 검사자료 양도

내담자 / 환자를 다른 서비스 기관으로 의뢰할 경우, 심리학자는 내담자 / 환자 또는 의뢰기관에 명시된 다른 전문가에게 검사자료를 제공할 수 있다. 그러나 검사자료가 오용되거나 잘못 이해되는 것으로부터 내담자 / 환자를 보호하기 위해 검사자료를 양도하지 않을 수도 있다. 여기에서 검사자료란 원점수와 환산점수, 검사 질문이나 자극에 대한 내담자 / 환자의 반응, 그리고 검사하는 동안의 내담자 / 환자의 진술과 행동을 지칭한다.

제6장 치료 관련 윤리

제58조 치료 절차에 대한 설명과 동의

1. 심리학자는 내담자 / 환자에게 치료의 본질과 치료절차를 알려주고 동의를 얻어야 한다. 이때 치료비, 비밀유지의 한계 및 제3자의 관여 등에 대한 설명도 있어야 한다.
2. 치료에서 위험요인이 있을 때는 그 사실과 다른 대체 치료방법에 대한 설명도 하여야 한다.
3. 이에 더하여 심리학자는 내담자 / 환자에게는 그 사람의 능력에 맞게 치료에 관하여 설명하여야 하며 치료에 대한 동의를 구하여야 한다.
4. 심리학자는 내담자 / 환자의 선호와 최상의 이익을 고려해야 한다.

제59조 집단치료

집단치료 서비스를 하는 경우, 심리학자는 치료를 시작할 때 모든 당사자의 역할과 책임, 그리고 비밀유지의 한계에 대하여 설명한다.

제60조 내담자 / 환자와의 성적 친밀성

1. 심리학자는 치료적 관계에서 내담자 / 환자와 어떤 성적 관계도 허용되지 않는다.
2. 심리학자는 내담자 / 환자의 보호자, 친척 또는 중요한 타인과 성적 친밀성을 가져서는 안 된다.
3. 심리학자는 과거 성적 친밀성을 가졌던 사람을 내담자 / 환자로 받아들이지 않아야 한다.
4. 심리학자는 치료 종결 후 적어도 3년 동안 자신이 치료했던 내담자 / 환자와 성적 친밀성을 가지지 않아야 한다. 그러나, 가능하면 치료 종결 3년 후에라도 자신이 치료했던 내담자 / 환자와 성적 친밀성을 가지지 않는다.

제61조 치료의 중단

심리학자는 자신의 질병, 죽음, 연락 두절, 전근, 퇴직 또는 내담자 / 환자의 이사나 재정적인 곤란 등과 같은 요인으로 심리학적 서비스가 중단될 경우에 대비하여, 내담자 / 환자에 대한 최상의 복지를 고려하고, 법적인 범위 안에서 이후의 서비스를 계획해 주는 적절한 조처를 취하는 노력을 하여야 한다.

제62조 치료 종결하기

1. 심리학자는 내담자 / 환자가 더 이상 심리학적 서비스를 필요로 하지 않거나, 계속적인 서비스가 도움이 되지 않거나 오히려 건강을 해칠 경우에는 치료를 중단한다.
2. 심리학자는 내담자 / 환자 또는 내담자 / 환자와 관계가 있는 제3자의 위협을 받거나 위험에 처하게 될 경우에는 치료를 종결할 수 있다.

제63조 다른 기관에서 서비스 받고 있는 사람에게 서비스 제공하기

다른 곳에서 정신건강 서비스를 받고 있는 사람에게 서비스를 제공할 것인지를 결정할 때, 심리학자는 치료의 쟁점과 내담자 / 환자의 복지에 대해 심사숙고해야 한다. 이러한 문제들과 관련하여 혼란과 갈등이 발생할 위험을 최소화하기 위해 심리학자는 내담자 / 환자 자신 또는 내담자 / 환자를 대신하여 법적인 권한을 부여받은 사람과 이러한 문제들에 대해 논의하고, 가능하다면 내담자 / 환자가 서비스를 받고 있는 다른 서비스 제공자의 자문을 구하면서 치료적 쟁점들을 주의깊고 세심하게 처리한다.

제64조 치료에 관한 기록

1. 심리학자는 심리학적 서비스에 관한 기록을 최소한 10년 이상 보관하여야 한다.
2. 심리학자는 내담자 / 환자가 동의할 경우 다른 심리학자에게 치료 기록이나 기록의 요약을 넘길 수도 있다.
3. 심리학자가 퇴직하거나 개인 개업을 중단할 경우에는 보관 기간을 고려하여 기록을 없애고, 내담자 / 환자가 동의할 경우에만 기록을 후임 심리학자에게 넘길 수 있다.
4. 심리학자는 권리가 손상되지 않을 경우 치료의 종결 시점에서 내담자 / 환자가 희망할 경우 기록을 보게 할 수도 있다.

제65조 치료비

1. 심리학자와 내담자 / 환자는 가능한 빨리, 치료비 관련 문제에 대해 논의하고 합의한다.
2. 심리학자는 치료비에 대하여 허위 진술을 하지 않는다.
3. 재정적인 한계로 인하여 서비스의 한계가 예상될 경우, 이 문제를 내담자 / 환자와 가능한 빨리 논의한다.
4. 내담자가 동의했던 서비스에 대한 치료비를 지불하지 않을 경우나 심리학자가 치료비를 받아내기 위하여 법적인 수단을 이용하려고 하는 경우, 심리학자는 그러한 수단이 취해질 것임을 내담자에게 먼저 통지하여 신속히 지불할 기회를 준다.

제2장 상담사의 윤리기준[2]

한국상담학회는 교육적, 학문적, 전문적 조직체이다. 상담자는 각 개인의 가치, 잠재력 및 고유성을 존중하며, 다양한 조력활동을 통하여 내담자의 전인적 발달을 촉진한다. 상담자는 내담자의 신체적, 정신적, 사회적, 영적 안녕을 유·증진하는 데 헌신한다. 이러한 역할을 수행하는 과정에서 상담자는 내담자의 복지를 가장 우선시한다. 상담자는 내담자와의 관계에서 의사소통의 자유를 갖되, 그에 대한 책임을 지며 내담자의 성장과 사회공익을 위하여 최선을 다한다. 이를 위해 상담자는 다음의 윤리규준을 준수한다.

1 전문적 태도

(1) 전문적 능력
① 상담자는 상담에 대한 지식, 실습, 교수, 임상, 연구를 통해 전문성을 발달시키기 위해 지속적으로 노력해야 한다.
② 상담자는 자신의 능력 및 기법의 한계를 인식하고, 전문적 기준에 위배되는 활동을 하지 않는다. 만일, 자신의 개인 문제 및 능력의 한계 때문에 도움을 주지 못하리라고 판단될 경우에는 내담자에게 동의를 구한 후, 다른 동료 전문가 및 관련 기관에 의뢰한다.
③ 상담자는 자신의 활동분야에 있어서 최신의 과학적이고 전문적인 정보와 지식을 유지하기 위해 지속적인 교육과 연수에 참여한다.
④ 상담자는 윤리적 책임이나 전문적 상담에 대해 의문이 생길 때 다른 상담자나 관련 전문가들에게 자문을 구하는 절차를 따른다.
⑤ 상담자는 정기적으로 전문가로서의 능력과 효율성에 대해 자기반성과 자기평가를 해야 하며, 필요한 경우 자신의 효율성을 증진시키기 위해 지도감독을 받아야 한다.

(2) 충실성
① 상담자는 내담자를 보다 효과적으로 도울 수 있는 방법에 관하여 꾸준히 연구·노력하고, 내담자의 성장촉진과 문제의 해결 및 예방을 위하여 최선을 다한다.
② 상담자는 자신의 능력의 한계나 개인적인 문제로 내담자를 적절하게 도와줄 수 없을 때에는 상담을 시작해서는 안 되며, 다른 전문가에게 의뢰하는 등의 적절한 방법으로 내담자를 돕는다.
③ 상담자는 자신의 질병, 사고, 이동, 또는 내담자의 질병, 사고, 이동이나 재정적 한계 등과 같은 요인에 의해 상담을 중단할 경우, 이에 대한 적절한 조치를 취해야 한다.
④ 상담자는 상담을 종결하는 데 있어서 어떤 이유보다도 우선적으로 내담자의 관점과 요구에 대해 고려해야 하며, 내담자가 다른 전문가를 필요로 할 경우에는 적절한 과정을 통해 의뢰한다.
⑤ 상담자는 자신의 기술이나 자료가 다른 사람들에 의해 오용될 가능성이 있거나, 개선의 여지가 없는 활동에 참여해서는 안 되며, 이런 일이 일어난 경우에는 이를 시정하여야 한다.

---

[2] 발달심리학은 인간이 수정이 되면서부터 사망에 이르는 전 생애를 다루는 전 생애적 접근 방법을 통해 인간의 발달과 변화를 설명하고 기술하는데 중점을 두는 심리학 분야이다.

2 정보의 보호

(1) 비밀보장
① 상담자는 사생활과 비밀유지에 대한 내담자의 권리를 최대한 존중해야 할 의무가 있다.
② 상담자는 내담자 또는 내담자의 법정대리인에게 비밀보장의 예외와 한계에 대해 설명해야 한다.
③ 상담자는 (5) 비밀보장의 한계를 제외하고는, 내담자의 서면 동의 없이는 제삼의 개인이나 단체에게 상담기록을 공개하거나 전달해서는 안 된다.

(2) 집단 및 가족상담의 비밀보장
① 상담자는 특정 집단을 대상으로 집단상담을 시작할 때 비밀보장의 중요성과 한계를 명확하게 설명한다.
② 상담자는 집단 및 가족상담시 개인의 비밀보장에 대한 권리와 그 비밀보장을 유지해야 할 의무와 관련해 참여한 모든 사람으로부터 동의를 구한다.
③ 상담자는 자발적인 동의 능력이 불가능하거나 미성년인 내담자를 상담할 때, 부모 또는 대리인의 동의를 받고, 그들이 참여할 수 있음을 알린다.

(3) 전자 정보의 비밀보장
① 상담자는 컴퓨터를 사용한 자료 보관의 장점과 한계를 알아야 한다.
② 상담자는 내담자의 기록이 전자 정보의 형태로 보존되어 제삼자가 내담자의 동의 없이 접근할 가능성이 있을 때, 적절한 방법을 통해 내담자의 신상이 드러나지 않도록 조치를 취한다.
③ 상담자는 컴퓨터, 이메일, 팩시밀리, 전화, 음성메일, 자동응답기 그리고 다른 전자 테크놀로지를 사용해 정보를 전송할 때는 비밀이 유지될 수 있도록 사전에 주의를 기울인다.

(4) 상담기록
① 상담자는 내담자에게 전문적인 서비스를 제공하기 위해 내담자에 대한 상담기록 및 보관을 본 학회의 윤리강령 및 시행세칙에 따라 시행한다. 또한 상담기록을 안전하게 보관하고 허가된 사람 이외에는 기록에 접근할 수 없도록 한다.
② 상담자는 상담내용의 녹음 혹은 녹화에 관해 내담자 또는 대리인의 동의를 구한다.
③ 상담자는 상담내용의 사례지도나 발표, 혹은 출판시 내담자의 동의를 구한다.
④ 상담자는 내담자가 상담기록의 열람을 요구할 경우, 그 기록이 내담자에게 잘못 이해될 가능성이 없고 내담자에게 해가 되지 않으면 응하도록 한다. 다만 여러 명의 내담자를 상담하는 경우, 내담자 자신과 관련된 부분에 대해서만 공개할 수 있다. 다른 내담자와 관련된 사적인 정보는 제외하고 열람하거나 복사하도록 한다.
⑤ 상담자는 상담과 관련된 기록을 보관하고 처리하는 데 있어서 비밀을 유지해야 하며, 이를 타인에게 공개할 때에는 내담자의 동의를 구한다. 내담자에게 해를 끼치지 않는 범위 내에서 공개해야 한다.

(5) 비밀보장의 한계
　① 상담자는 아래와 같은 내담자 개인 및 사회에 임박한 위험이 있다고 판단될 때 내담자에 관한 정보를 사회 당국 및 관련 당사자에게 제공해야 한다.
　　㉠ 내담자가 자신이나 타인의 생명 혹은 사회의 안전을 위협하는 경우
　　㉡ 내담자가 감염성이 있는 치명적인 질병이 있다는 확실한 정보를 가졌을 경우
　　㉢ 미성년인 내담자가 학대를 당하고 있는 경우
　　㉣ 내담자가 아동학대를 하는 경우
　　㉤ 법적으로 정보의 공개가 요구되는 경우
　② 상담자는 만약 내담자에 대한 상담이 여러 전문가로 구성된 집단에 의한 지속적인 관찰을 포함하고 있다면, 그러한 집단의 존재와 구성을 내담자에게 알릴 의무가 있다.
　③ 상담자는 내담자의 사적인 정보의 공개가 요구될 때 기본적인 정보만을 공개한다. 더 많은 사항을 공개하기 위해서는 사적인 정보의 공개에 앞서 내담자에게 알리고 동의를 얻어야 한다.
　④ 상담자는 비밀보장의 예외 및 한계에 관한 타당성이 의심될 때에는 다른 전문가나 지도감독자 및 본 학회 윤리위원회의 자문을 구한다.

3 내담자의 복지

(1) 내담자 권리 보호
　① 상담자의 최우선적 책임은 내담자의 존엄성을 존중하고 내담자의 복지를 증진시키는 것이다.
　② 상담자는 상담활동의 과정에서 소속 기관 및 비전문가와의 갈등이 있을 경우, 내담자의 복지를 우선적으로 고려하고 자신이 소속된 전문적 집단의 이익은 부차적인 것으로 간주한다.
　③ 상담자는 내담자에게 전문적인 도움을 주는 것이 어렵다고 판단되면 상담자는 상담관계를 시작하지 말아야 하며, 이미 시작된 상담관계인 경우는 즉시 종결하여야 한다. 이 경우 상담자는 내담자에게 적절한 다른 대안을 제시해 주어야 한다.
　④ 상담자는 내담자의 잠재력을 개발하여 건강한 삶을 영위하도록 도움을 주며, 어떤 방식으로도 해를 끼치지 않는다.
　⑤ 상담자는 상담관계에서 오는 친밀성과 책임감을 인식하고, 전문가로서의 개인적 욕구충족을 위해서 내담자를 희생시켜서는 안 되며, 내담자로 하여금 의존적인 상담관계를 형성하지 않도록 노력하여야 한다.

(2) 내담자 다양성 존중
　① 상담자는 모든 인간의 기본적인 권리, 존엄성, 가치를 존중하며 연령이나 성별, 인종, 종교, 성적 선호, 장애 등의 어떤 이유로든 내담자를 차별하지 않는다.
　② 상담자는 내담자의 발달단계와 문화에 적합한 방식으로 정보를 전달한다.
　③ 상담자가 사용하는 언어를 내담자가 이해하는 데 어려움이 있을 때는 내담자가 명확하게 이해할 수 있도록 통역자나 번역자를 배치하여 필요한 서비스를 제공한다.
　④ 상담자는 자신의 고유한 가치, 태도, 신념, 행위가 사회에서 어떻게 적용되는지를 인식하고 내담자에게 자신의 가치를 강요하지 않는다.
　⑤ 상담자는 훈련이나 수련감독 실천에 다문화 / 다양성 역량 배양을 위한 내용을 적극적으로 포함시키고 수련생들이 이에 대한 인식, 지식, 기술을 습득할 수 있도록 적극적으로 훈련시킨다.

4 상담관계

(1) 정보제공 및 동의

상담자는 상담을 제공할 때에, 내담자에게 상담관련 정보를 제공하고 이에 대한 동의를 받는다.

(2) 다중관계
① 상담자는 내담자와의 친밀한 관계를 인식하고, 내담자에 대한 존중감을 유지하며 내담자를 이용하여 상담자 개인의 필요를 충족하고자 하는 활동 및 행동을 하지 않는다.
② 상담자는 객관성과 전문적인 판단에 영향을 미칠 수 있는 다중 관계를 피해야 한다. 상담자가 내담자를 지도하거나 평가를 해야 하는 경우라면 그 내담자를 다른 전문가에게 의뢰한다. 단, 내담자의 복지를 위해 상담자와 내담자가 사전 동의를 한 경우와 그에 대한 자문이나 감독이 병행될 때는, 상담 관계를 맺을 수도 있다.
③ 상담자는 특별한 경우를 제외하고는, 내담자와 상담실 밖에서 사적인 관계를 맺지 않는다.
④ 상담자는 내담자와의 관계에서 상담료 이외의 어떠한 금전적, 물질적 거래관계도 맺지 않는다.

(3) 성적 관계
① 상담자는 내담자 또는 내담자의 가족들과 성적 관계를 갖거나 어떤 형태의 친밀한 관계를 갖지 않는다.
② 상담자는 내담자 또는 내담자의 가족과 성적 관계를 맺었거나 유지하는 경우 상담 관계를 형성하지 않는다.
③ 상담자는 상담관계가 종결된 이후에도 최소 2년 내에는 내담자와 성적 관계를 맺지 않는다.
④ 상담자는 상담 종결 이후 2년이 지난 후에 내담자와 성적관계를 맺게 되는 경우에도 이 관계가 착취적이 아니라는 것을 철저하게 검증할 책임이 있다.
⑤ 상담자는 다른 상담자가 자신의 내담자와 성적관계를 맺는 것을 알았을 경우 묵과하지 않고 적절한 조치를 취한다.

5 사회적 책임

(1) 사회관계
① 상담자는 사회윤리 및 자신이 속한 지역사회의 도덕적 기준을 존중하며, 사회공익과 자신이 종사하는 전문직의 올바른 이익을 위하여 최선을 다한다.
② 상담자는 경제적 이득이 없는 경우라 하더라도 전문적 활동에 헌신함으로써 사회에 봉사한다.
③ 상담자는 내담자의 재정 상태를 고려하여 상담료를 적정 수준으로 정하여야 한다. 정해진 상담료가 내담자의 재정 상태에 비추어 적정 수준을 벗어날 경우에는, 가능한 비용으로 적합한 상담 서비스를 받을 수 있도록 내담자를 돕는다.
④ 상담자는 수련생에게 적절한 훈련과 지도감독을 제공하고, 수련생이 이 과정을 책임 있고 유능하게 수행할 수 있도록 돕는다.

(2) 고용 기관과의 관계
   ① 상담자는 자신이 재직하고 있는 상담기관의 설립 목적에 기여할 수 있는 활동을 할 책임이 있다.
   ② 상담자는 자신의 전문적 활동이 재직하고 있는 상담기관의 목적과 모순되고, 직무수행에서 갈등이 해소되지 않을 때는 상담기관과의 관계를 종결해야 한다.
   ③ 상담자는 자신이 재직하고 있는 상담기관의 관리자 및 동료들과의 관계를 통해서 상담업무, 비밀보장, 기록된 정보의 보관과 처리, 업무분장, 책임에 대해 상호 간의 동의를 구해야 한다. 상담자가 재직하고 있는 상담기관과 비밀보장이나 정보의 보관과 처리 등 윤리적인 문제로 마찰이 생기는 경우 윤리위원회에 중재를 의뢰할 수 있다.
   ④ 상담자는 자신이 재직하고 있는 상담기관의 고용주에게 해를 끼칠 수 있는 상황 혹은 기관의 효율성에 제한을 줄 수 있는 상황에 대해 미리 통보를 하여야 한다.
   ⑤ 상담자는 해당 기관의 상담 활동에 적극적으로 종사하고 있지 않다면, 자신의 이름이 상업적인 광고나 홍보에 사용되지 않도록 해야 한다.

(3) 상담기관 운영
   ① 상담기관 운영자는 상담 기관에 소속된 상담자의 증명서나 자격증은 그 중 최고 수준의 것으로 하고, 자격증의 유형, 주소, 연락처, 직무시간, 상담의 유형과 종류, 그와 관련된 다른 정보 등이 정확하게 기록된 목록을 작성해 두어야 한다.
   ② 상담기관 운영자는 자신과 현재 종사하고 있는 직원의 발전에 책임 의식을 가져야 하고, 직원들에게 상담 기관의 목표와 상담 프로그램에 대해 알려주어야 한다.
   ③ 상담기관 운영자는 고용, 승진, 인사, 연수 및 지도감독 시에 연령, 성별, 문화, 장애, 인종, 종교, 혹은 사회경제적 지위 등을 이유로 차별하지 않는다.

(4) 타 전문직과의 관계
   ① 상담자는 상호 합의한 경우를 제외하고는 타 상담전문가로부터 도움을 받고 있는 내담자를 대상으로 상담을 하지 않는다.
   ② 상담자는 자신의 전문적 자격이 타 전문분야에서 오용되는 것에 적절하게 대처하며, 자신의 이익을 위해 타 전문직을 손상시키는 언어 및 행동을 삼간다.
   ③ 상담자는 자신의 상담 접근 방식과 차이가 있는 다른 전문가의 접근 방식 및 전통과 관례를 존중한다.
   ④ 상담자는 상담 전문가로서의 자신의 관점, 가치, 경험과 다른 학문 분야에 종사하는 동료의 관점, 가치, 경험을 활용하여 내담자의 복지에 영향을 미칠 수 있는 결정에 참여하고 기여한다.

(5) 홍보
   ① 상담기관 운영자는 상담기관을 홍보하고자 할 때 일반인들에게 해당 상담기관의 전문적 활동, 상담 분야, 관련 자격 등을 정확하게 알려주어야 한다.
   ② 상담기관 운영자는 내담자나 교육생을 모집하기 위해 개인상담소를 고용이나 기관가입의 장소로 이용하지 않는다.

6 상담연구

(1) 상담연구

상담연구는 연구윤리규정에 준한다.

(2) 연구책임

① 상담연구자는 연구의 결과가 상담의 이론과 실제에 바람직한 기여를 하도록 노력해야 하고, 연구로 인한 문제에 대해 책임을 져야 한다.
② 상담자는 연구참여자를 대상으로 하는 연구를 수행할 때 윤리규정, 법, 기관 규정, 과학적 기준에 합당한 방식으로 연구를 계획, 설계, 실행, 보고한다.
③ 상담자는 윤리적인 연구수행에 대한 궁극적인 책임이 연구책임자에게 있다는 것을 인식하고 연구 활동에 참여하는 모든 사람이 윤리적 책임을 공유하며 각자의 행동에 대해 책임을 진다는 사실을 주지시킨다.
④ 상담자는 연구참여 때문에 연구참여자의 삶에 혼란이 초래되는 것을 피하기 위해 합당한 사전 조치를 취한다.
⑤ 상담자는 연구 목적에 적합하다면 문화적인 고려를 통해 연구 절차를 구체화하도록 한다.

(3) 연구참여자의 권리

① 상담자는 피험자에게 연구의 필요성을 포함하여 연구에 관한 전반적인 사항에 대해 상세히 설명하여 동의를 얻어야 하며, 그들이 자발적으로 연구에 참여하도록 해야 한다.
② 상담자는 내담자를 포함시키는 연구를 수행할 때 사전동의 절차에서 내담자가 연구활동에 참여할 것인지에 대해 자유롭게 선택할 수 있다는 점을 명확하게 하고 동의를 받는다.
③ 상담자는 연구 과정에서 연구참여자에 대해 획득한 정보를 비밀로 유지한다.
④ 상담자는 자료가 수집된 후 연구에 대해 참여자들이 가질 수 있는 오해를 해소하기 위해 연구의 특성을 명확하게 설명한다.
⑤ 상담자는 학술 프로젝트나 연구가 완료되면 합당한 기간 내에 연구참여자의 신분을 확인할 수 있는 자료나 정보가 포함된 오디오, 비디오, 인쇄물과 같은 기록이나 문서를 파기하는 조치를 취한다.

(4) 연구결과의 보고

① 연구결과를 발표할 때에는 그 결과와 관련된 모든 정보를 정확하게 서술해야 하며, 객관적이고 공정한 발표가 되게 하고, 연구결과가 다른 상담자의 연구를 위한 자료가 될 수 있도록 해야 한다.
② 상담자는 출판된 연구에서 중대한 오류를 발견하면, 정오표나 다른 적절한 출판 수단을 통해 그 오류를 수정하는 합당한 조치를 취한다.
③ 상담자는 모든 연구참여자의 신분을 보호하고 복지를 위해 자료를 각색·변형하고 결과에 대한 논의가 연구참여자에게 해를 끼치지 않도록 합당한 조치를 취한다.
④ 상담자는 연구대상자의 요구가 있을 경우 연구의 결과와 결론을 제공하고 연구대상자가 요구하는 연구의 오류를 바로잡을 수 있다.

⑤ 상담자는 다른 사람의 저작을 자신의 것처럼 표절하지 않는다. 또한 자신의 작품을 이중출판하거나 발표하지 않는다.
⑥ 상담자는 공동 저자, 감사의 글, 각주 달기 등의 적절한 방법을 통해 연구에 상당한 기여를 한 사람들에게 그런 기여에 합당하게 공로를 인정하고 표시한다.

7 심리검사

(1) 일반사항
① 상담자는 내담자의 환경(사회적, 문화적, 상황적 특성 등)과 개별적 특성을 고려한 후, 내담자를 조력하기 위한 목적에 적합한 심리검사를 선택해야 한다.
② 심리검사를 실시할 때에는 자격이 있는 사람이 표준화된 절차에 따라 실시해야 하며, 그 과정을 경시해서는 안 된다. 또한 수련상담자는 지도감독자로부터 훈련받은 검사도구를 제대로 이용하는지의 여부를 평가받는다.
③ 상담자는 검사 채점과 해석을 수기로 하건, 컴퓨터를 사용하건, 혹은 다른 서비스를 사용하건 상관없이 내담자의 요구에 적합한 검사 도구를 적용, 채점, 해석, 활용한다.
④ 상담자는 검사 전에 검사의 특성과 목적, 잠재적인 결과, 수령자의 구체적인 결과의 사용에 대해 설명하고 내담자의 동의를 받는다. 이 때 상담자는 내담자의 개인적·문화적 상황, 내담자의 결과 이해 정도, 결과가 내담자에게 미치는 영향을 고려한다.
⑤ 상담자는 피검자의 복지, 명확한 이해, 검사 결과를 누가 수령할 것인지에 대한 결정에서 사전 합의를 고려한다.

(2) 검사 도구 선정과 실시 조건
① 상담자가 검사 도구를 선정할 때 도구의 타당도, 신뢰도, 실용도, 객관도, 심리측정의 한계를 신중하게 고려한다.
② 상담자는 제삼자에게 내담자에 대한 검사를 의뢰할 때, 적절한 검사도구가 사용될 수 있도록 내담자에 대한 구체적인 의뢰 문제와 충분한 객관적인 자료를 제공한다.
③ 상담자는 문화적으로 다양한 집단을 위한 검사 도구를 선정할 경우, 그러한 내담자 집단에게 적절한 심리측정 특성이 결여된 검사 도구를 사용하지 않도록 합당한 노력을 한다.
④ 상담자는 검사도구의 표준화 과정에서 설정된 동일한 조건하에서 검사를 실시한다.
⑤ 상담자는 기술적 또는 다른 전자적 방법들이 검사 실시에 사용될 때, 실시 프로그램이 잘 기능하고 있는지 그리고 정확한 결과를 제공하는지에 대해 점검한다.

(3) 검사 채점 및 해석
① 상담자는 개인 또는 집단검사 결과 발표에 정확하고 적절한 해석을 포함시킨다.
② 상담자는 검사 결과를 보고할 때, 검사 상황이나 피검사자의 규준 부적합으로 인한 타당도 및 신뢰도와 관련하여 발생하는 제한점을 명확히 한다.
③ 상담자는 연령, 피부색, 문화, 장애, 민족, 성, 인종, 언어 선호, 종교, 영성, 성적 지향, 사회경제적 지위가 검사 실시와 해석에 영향을 미친다는 것을 인식하고, 내담자와 관련된 다른 요인들을 고려하여 적절하게 검사 결과를 해석한다.

④ 상담자는 기술적인 자료가 불충분한 검사 도구의 경우 그 결과를 해석할 때 주의해야 한다. 그러한 도구를 사용하는 특정한 목적을 내담자에게 명확히 알린다.
⑤ 상담자는 내담자 혹은 심리검사를 수령할 기관에 심리검사결과가 올바로 통지되도록 해야 한다.
⑥ 상담자는 내담자 이외에는 내담자의 동의를 받은 제삼자 또는 대리인에게 결과를 공개한다. 또한 이러한 자료는 자료를 해석할만한 전문성이 있다고 상담자가 인정하는 전문가에게 공개한다.

(4) 정신장애 진단
① 상담자는 정신장애에 대해 적절한 진단을 하도록 특별하고 세심한 주의를 기울인다.
② 상담자는 치료의 초점, 치료 유형, 추수상담 권유 등의 내담자 보살핌을 결정하기 위해 사용되는 개인 상담을 포함한 검사 기술을 신중하게 선택하고 합당하게 사용한다.
③ 상담자는 정신장애를 진단할 때는 내담자의 문제를 규정하는 방식에 문화가 영향을 미친다는 것을 인식하고 내담자의 사회경제적·문화적 경험을 고려한다.
④ 상담자는 어떤 개인이나 집단들에 대해 오진을 내리고 정신병리화하는 역사적·사회적 편견과 오류에 대해 충분히 이해하고 이러한 편견과 오류가 발생하지 않도록 특별한 주의를 기울인다.
⑤ 상담자는 심리검사의 결과가 내담자나 다른 사람들에게 해를 끼칠 수 있다고 판단되면 진단이나 보고를 해서는 안 된다.

8 윤리문제 해결

(1) 윤리위원회와의 협력
① 상담자는 본 윤리강령 및 시행세칙을 숙지하고 이를 실천할 의무가 있다.
② 상담자는 본 학회의 윤리강령뿐만 아니라 상담관련 타 전문기관의 윤리 규준에 대해서도 충분히 이해하고 있어야 한다. 상담자에게 주어진 윤리적 책임에 대한 지식의 결여와 이해 부족이 상담자의 비윤리적 행위에 대한 면책사유가 되지 않는다.

(2) 윤리위반
① 상담자는 다른 상담자의 윤리적인 문제를 알게 되었을 때, 윤리위원회에 제소할 수 있으며 윤리위원회는 본 윤리강령 및 시행세칙에 따라 적절한 조치를 취할 수 있다.
② 상담자는 윤리강령을 위반한 것으로 지목되는 사람에 대해 윤리위원회의 조사, 요청, 소송절차에 협력한다. 또한 자신이 연루된 사안의 조사에도 적극 협력해야 한다. 아울러 윤리문제에 대한 불만접수로부터 불만사항 처리가 완료될 때까지 본 학회와 윤리위원회에 협력하지 않는 것 자체가 본 윤리강령의 위반이며, 위반 시 징계 등 상응하는 조치를 취할 수 있다.
③ 상담자는 윤리적 책임이 법, 규정 또는 다른 법적 권위자와 갈등이 생기면 본 학회윤리규정에 따른다는 것을 알리고 갈등을 해결하기 위한 조치를 취한다. 만약 갈등이 그러한 방법으로 해결되지 않으면 법, 규정, 다른 법적 권위자의 요구 사항을 따른다.
④ 상담자는 명백한 윤리강령 위반이 비공식적인 방법으로 해결되지 않거나, 그 방법이 부적절하다면 윤리위원회에 위임한다.
⑤ 상담자는 그 주장이 그릇됨을 증명할 수 있는 사실을 무모하게 경시하거나 계획적으로 무시해서 생긴 윤리적 제소를 시작, 참여, 조장하지 않는다.

9 회원의 의무

본 학회의 정회원, 준회원 및 평생회원은 본 학회 회원의 자격을 부여 받기 이전이라 할지라도 본 윤리강령을 준수할 의무가 있다.

제3장 DSM-5(2013)의 주요 장애 진단기준[3]

1 기분장애의 진단분류(DSM - 5)

우울장애(Depressive disorders)	양극성 및 관련 장애(Bipolar and related disorders)
1) 주요우울장애(Major depressive disorder) 2) 지속성 우울장애(persistent depressive disorder, Dysthymia) 3) 분열적 기분조절장애(Disruptive mood dysregulation disorder) 4) 월경 전 불쾌장애(Premenstrual dysphoric disorder)	1) 양극성 장애 Ⅰ형(Bipolar Ⅰ disorder) 2) 양극성 장애 Ⅱ형(Bipolar Ⅱ disorder) 3) 기분순환장애(Cyclothymic disorder)

기분 장애의 분류는 우울 및 조증 삽화의 조합에 근거함

(1) 주요우울 장애 : 조증, 경조증 삽화 없이 주요 우울 삽화만 나타나는 경우
(2) 지속성 우울장애 : 주요우울 장애 또는 경미한 우울증상이 2년 이상 지속되는 경우 (소아 청소년의 경우 1년 이상)
(3) 양극성 장애 Ⅰ형 : 일생동안 한번이라도 조증 삽화를 경험하게 되는 경우
(4) 양극성 장애 Ⅱ형 : 주요 우울삽화와 경조증이 나타나는 경우
(5) 기분순환장애 : 경조증과 경미한 우울증상이 반복되는 경우
(6) 분열적 기분조절장애 : 6~18세에 진단, 떼쓰고 땡깡, 고집부리는(temper outburst) 소아, 청소년
(7) 월경 전 불쾌장애 : 월경 주기와 관련, 월경 전 불안정한 기분, 짜증, 화 등 우울 증상을 보이다 월경 시작 후 증상이 호전되는 경우

장애		우울성 장애		양극성 장애		
삽화		주요 우울 장애	지속성 우울장애	양극성 장애 Ⅰ형	양극성 장애 Ⅱ형	순환성 기분 장애
우울	주요 우울삽화	○	±	±	○	×
	주요 우울삽화에 못 미치는 우울증상	±	○		±	○
조증	조증 삽화 또는 혼합 양상	×		○	×	×
	경조증 삽화			±	○	○

---

[3] 발달심리학은 인간이 수정이 되면서부터 사망에 이르는 전 생애를 다루는 전 생애적 접근 방법을 통해 인간의 발달과 변화를 설명하고 기술하는데 중점을 두는 심리학 분야이다.

1 주요 우울장애의 DSM - 5 진단기준(요약)

	단일 삽화 주요우울장애	재발성 주요우울장애
A	1회의 주요우울삽화	2회 이상의 주요 우울삽화 (2개월 이상의 간격으로 구별되는)
B	조현 정동장애, 조현병 / 조현 양상장애, 망상장애, 기타 정신병적 장애 배제	
C	조증 / 경조증 삽화를 겪은 적이 없어야 함	

2년 이상 지속되는 주요 우울장애는 "지속성 우울장애"로 진단함

2 주요 우울삽화의 DSM - 5 진단기준(요약)

A	(1)~(9) 중 5가지 이상이 2주 이상 거의 매일 지속되는 평상시와 확연히 다른 상태. 그리고 (1), (2)중 한 가지는 반드시 있어야 함 (1) 하루의 대부분동안 우울한 기분(소아 / 청소년에게서는 짜증) (2) 대부분의 활동에서 흥미 / 쾌감의 저하 (3) 현저한 체중의 감소나 증가, 또는 식욕의 감소나 증가 (4) 불면 또는 수면과다 (5) 정신운동성 초조 또는 지체 (6) 피로 / 기력 저하 (7) 무가치감 또는 지나친 죄책감 (8) 사고력, 집중력 저하 또는 우유부단함 (9) 반복적 자살사고, 자살계획 또는 자살시도
B	현저한 기능장애 또는 고통
C	배제진단 – 물질 / 신체질환

3 조증 삽화의 DSM - 5 진단기준(요약)

A	들뜨거나 과대하거나 짜증스런 기분, 에너지 수준과 목적 지향적 활동의 현저한 증가 1주일 이상 기간 동안 지속(혹은 입원이 필요할 정도로 심함)
B	A의 기간 동안 다음 중 3가지 이상(짜증스러운 기분만 있을 때는 4가지) (1) 자신감 충만 또는 과대사고 (2) 수면 욕구 감소 (3) 평상시보다 말을 못 참고 말이 많아짐 (4) 사고 비약 (5) 주의 산만 (6) 목적지향적 활동(일, 공부, 사교) 증가 또는 정신운동성 초조 (7) 뒷감당이 안 되는 활동을 저지름(묻지마 투자, 묻지마 쇼핑, 성적 문란)
C	현저한 기능장애 또는 고통, 또는 입원치료 필요, 또는 정신병적 증상
D	배제진단 – 물질 / 신체질환

4 조증 삽화의 DSM - 5 진단기준(요약)

A	들뜨거나 과대하거나 짜증스런 기분, 4일 이상동안 지속
B	(조증 삽화의 B항목과 동일)
C, D	평상시와 확연히 다른 양상으로 남들이 보기에도 눈에 뜨이는 변화
E	현저한 기능장애 또는 고통, 정신병적 증상 없고 입원치료 불필요
F	물질 / 신체질환 배제

* 항우울제 유발 조증 / 경조증 삽화는 정의상 기분 삽화가 아닌 물질에 의한 기분장애로 분류함

5 양극성 장애 Ⅰ형의 DSM - 5 진단기준(요약)

양극성 장애 Ⅰ형 단일 조증 삽화	양극성 장애 Ⅰ형 최근 조증 삽화	양극성 장애 Ⅰ형 최근(주요 우울 / 경조증) 삽화
1회의 조증(또는 혼재성) 삽화	현재 또는 가장 최근의 기분 삽화가 조증 삽화	현재 또는 가장 최근의 기분삽화가 주요 우울 / 경조증 삽화
	적어도 조증 / 주요 우울삽화 중 하나를 이전에 경험	조증 삽화를 이전에 경험
조현 정동장애, 조현병 / 조현 양상장애, 망상장애, 기타 정신병적 장애 배제		

6 양극성 장애 Ⅱ형의 DSM - 5 진단기준(요약)

A, B	1회 이상의 주요 우울삽화 AND 1회 이상의 경조증 삽화
C	조증 삽화를 겪은 적이 없어야 함
D	조현정동장애, 조현병 / 조현 양상장애, 망상장애, 기타 정신병적 장애 배제
E	현저한 기능장애 또는 고통

2 불안장애의 진단 분류(DSM - 5)

분리불안장애 separation anxiety disorder
선택적 함구증 selective mutism
특정 공포증 specific phobia
사회공포증 social phobia / social anxiety disorder
공황장애 panic disorder
광장공포증 agoraphobia
범불안장애 generalized anxiety disorder
물질 / 약물 유발성 불안장애 substance / medication - induced anxiety disorder
다른 의학적 상태로 인한 불안장애 anxiety disorder due to another medical condition
달리 분류되는 불안장애 other specified anxiety disorder
분류되지 않는 불안장애 unspecified anxiety disorder

1 공황발작의 DSM - 5 진단기준(요약)

다음 13가지 증상 중 4가지 이상이 갑자기 발생하여 수분 내에 최고조에 도달함
① 심계 항진 ② 땀 흘림 ③ 떨리거나 후들거림 ④ 숨찬 느낌 ⑤ 질식감 ⑥ 흉통, 흉부 불쾌감 ⑦ 오심, 복부 불쾌감 ⑧ 현기증 ⑨ 오한이나 열감 ⑩ 이상감각(감각이 둔해지거나 따끔거리는 느낌) ⑪ 비현실감 / 이인증 ⑫ 통제를 잃거나 미칠 것 같은 공포 ⑬ 죽을 것 같은 공포

2 공황장애의 DSM - 5 진단기준(요약)

	공황장애
A	예기치 않은 공황발작이 반복됨
B	적어도 1개월 이상은 다음 중 하나가 있어야 함 (1) 추가적인 공황발작 및 공황발작의 결과(통제력을 잃음, 심장마비, 미치는 것)에 대해 걱정 (2) 공황발작과 관련된 뚜렷한 행동 변화
C, D	배제진단 - C : 물질 / 신체질환, D : 다른 정신장애(주로 다른 불안장애)

3 광장공포증의 DSM - 5 진단기준(요약)

A	다음 5가지 상황 중 두 가지 이상의 상황에서 심한 공포나 불안 (1) 대중 교통 이용 (2) 주차장, 다리건너기 등 개방된 공간 (3) 가게, 영화관 등 닫힌 공간 (4) 사람 많은 곳에서 줄서는 상황 (5) 혼자 외출
B, C	위의 상황에서 거의 항상 유발되는 불안이나 공포가 공황발작(또는 공황발작 유사증상)이 발생했을 때 그곳을 벗어나거나 도움을 받기 어려울 것이라고 생각하기 때문
D	그래서 그런 상황을 견디기가 힘들고 아예 피해버리거나 타인에게 동반할 것을 요구함

E	이 공포와 불안이 객관적 상황이나 사회문화적 맥락에서 실제 위험보다 지나침
F	공포, 불안, 회피가 6개월 이상 지속
G	사회, 직업기능 등에 막대한 지장
H, I	배제진단

4 범불안장애의 DSM - 5 진단기준(요약)

A	6개월 이상 기간 중 대부분동안 지속되는 매사(예 공부, 직장생활)에 대한 지나친 불안과 걱정	
B	걱정을 주체할 수 없음	
C	다음 6가지 증상 중 3가지 이상(소아에서는 1가지)	
	(1) 초조 및 예민	(2) 피로감
	(3) 집중력 저하 / 머릿속이 하얘지는 느낌	(4) 짜증
	(5) 근육 긴장	(6) 수면장애
D	이로 인한 심한 고통, 또는 사회 / 직업 기능의 장애	
E, F	배제진단 - E : 물질 / 신체질환, F : 다른 질환	

3 강박장애의 DSM - 5 진단기준(요약)

	강박사고 또는 강박행동이 있음	
	강박사고 :	강박행동 :
A	(1) 뇌리를 파고들어 불안감을 유발하는 반복적 / 지속적인 생각, 심상, 충동	(1) 강박사고 때문에, 혹은 규칙에 맞추어 반복할 수밖에 없다고 느끼는 행동(세척, 확인) 또는 정신활동(기도하기)
	(2) 환자는 이를 상쇄(= 강박행동)또는 억제하려 애씀	(2) 이는 원치 않는 결과를 막기 위한 행동이지만 정도가 지나치거나 현실적 연관성이 없음
B	현저한 기능장애, 고통 또는 시간소모(하루 1시간 이상)	
C	배제진단 - C : 물질 / 신체질환 D : 강박증상을 보일 수 있는 다른 정신장애(범불안장애, 신체이형장애 등)	

4 강박장애의 DSM - 5 진단기준(요약)

> **외상 및 스트레스 관련 장애(Trauma and Stress - related Disorders)의 하위유형**
> 1) 반응성 애착장애(Reactive Attachment Disorder)
> 2) 탈억제성 사회적 유대감 장애(Disinhibited Social Engagement Disorder)
> 3) 외상 후 스트레스 장애(Posttraumatic Stress Disorder)
> 4) 급성 스트레스 장애(Acute Stress Disorder)
> 5) 적응장애(Adjustment Disorder)
>   ※ 불안장애에서 별도로 독립시켰다.
>   ※ 스트레스 관련장애를 한 영역으로 묶었다.

1 범불안장애의 DSM - 5 진단기준(요약)

A	성인 양육자를 대상으로 억제되고 감정적으로 위축된 모습 [(1), (2)] (1) 고통 받으면서 편안함을 거의 느끼지 못함 (2) 고통 시에 편안함을 제공해도 이에 대해 거의 반응하지 않음
B	사회적, 감정적으로 지속적인 어려움 ≥ 2/3 (1) 타인에 대해 사회적 감정적 반응이 거의 없음 (2) 긍정적 정동이 제한됨 (3) 성인 양육자의 위협적이지 않은 갑작스러운 행동에 대해 예민함, 슬픔, 공포를 보임
C	부적절한 양육 ≥ 1/3 (1) 아동의(위안, 자극, 애정 등) 감정적 요구를 무시 (2) 아동의 신체적 요구를 무시 (3) 일차 양육자의 잦은 교체(잦은 입양 등)
D	C가 A의 원인이라는 근거(시간적 선후관계 등)
E, F, G	배제진단 - E : 자폐 스펙트럼 장애 F : 5세 이전에 증상 발현이 있어야 함 G : 발달 연령 9개월 이상이어야 함

2 외상 후 스트레스 장애의 DSM-5 진단기준(요약)

A	(1) 사망할 뻔하거나, 심한 부상을 당(할 뻔)한 위협적 사건을 경험 / 목격 후 (2) 극심한 공포, 무력감, 고통과 함께 B + C + D + E 모두를
F	1개월 이상 지속해서 경험

B. (사건관련)재경험× ≥ 1(1가지 이상)	C. (사건관련)회피 × ≥ 1(1가지 이상)	D. 인지와 감정 증상(사건 전 없던)둔화 (numbing) × ≥ 2(2가지 이상)	E. (사건 전 없던) 과각성 × ≥ 2(2가지 이상)
(1) 사건관련 원치 않는 회상 (2) 사건관련 악몽 (3) flashback (4) cue 노출 시 심적 고통이나 생리작 반응	(1) 생각, 느낌, 대화 회피 (2) 장소, 행동, 사람 회피	(1) 사건관련 기억상실 (2) 자신, 타인, 세계에 대한 부정적 인식 (3) 외상 사건의 원인 결과에 대한 왜곡된 인지 (4) 지속적으로 부정적인 감정 (5) 흥미 저하 (6) 남들과 동떨어진 느낌 (7) 긍정적인 감정 경험의 어려움	(1) 예민, 분노 폭발 (2) 난폭함 또는 자기파괴적 행동 (3) 경계태도(hypervigilance) (4) 경악반응 (startle response) (5) 집중력 저하 (6) 불면

G	현저한 기능장애 또는 고통

* flashback : 마치 사건을 생생하게 다시 겪고 있는 듯한 느낌
* cue : 사건이 떠오르게 하는 단서(예 비행기 추락사고 후 비행기 모형)

5 해리장애의 진단 분류(DSM-5)

해리장애 (dissociative disorders)	해리성 정체성장애(dissociative identity disorder)
	해리성 기억상실(dissociative amnesia)
	이인화 / 비현실감 장애(depersonalization / derealization disorder)
	달리 분류되는 해리 장애(other specified dissociative disorder)
	분류되지 않는 해리 장애(unspecified dissociative disorder)

1 해리성 정체성장애의 DSM-5 진단기준(요약)

A	2가지 이상의 뚜렷이 구분되는 주체성 / 인격이 환자를 교대로 통제
B	주요개인정보 관련한 광범위 기억장애
C	증상으로 인해 사회, 직업 기능의 현저한 장애
D	증상이 문화나 종교적으로 넓게 받아들여지는 정상적인 범위를 벗어난 수준
E	배제진단 - 물질 / 신체질환

2 해리성 기억상실의 DSM - 5 진단기준(요약)

A	주요 개인정보 관련한 광범위 기억장애
B	현저한 기능장애 또는 고통
C	배제진단 - 해리성 주체장애, 외상 후 스트레스 장애 / 급성 스트레스 장애, 물질 / 신체질환 등

3 이인감 / 비현실감 장애의 DSM - 5 진단기준(요약)

A, B	(1) 이인감 : 마치 외부관찰자인 것처럼 정신활동 또는 신체로부터 분리되는 경험 (2) 비현실감 : 마치 외부 관찰자인 것처럼 주변과 분리되고 비현실감을 느끼는 경험 (3) 현실 검증력은 정상
C	현저한 기능장애 또는 고통
D, E	배제진단 - 조현병, 공황장애, 급성스트레스장애, 다른 해리장애, 약물(예 LSD) ・ 신체질환(예 TLE)

6 신체증상 및 관련 장애의 진단분류(DSM - 5)

신체 증상장애 Somatic symptom disorder
질병 불안장애 Illness anxiety disorder
전환 장애 Conversion disorder(functional neurologic symptom disorder)
다른 의학적 상태에 영향을 미치는 정신적 요인 Psychological factors affecting other medical conditions
가장성 장애 Factitious disorder
달리 분류되는 신체증상 및 관련 장애 Other specified somatic symptom and related disorder
분류되지 않는 신체증상 및 관련 장애 Unspecified somatic symptom and related disorder

[참고] 신체증상 장애 : DSM - IV - TR의 신체화 장애와 미분화형 신체장애가 합쳐진 진단임
ICD - 10에서 전환 장애는 신체증상 및 관련 장애가 아닌 해리장애로 분류되어 있음

1 신체화 장애의 DSM - 5 진단기준(요약)

A	일상생활에 심각한 장애를 초래하는 1가지 이상의 신체 증상
B	신체 증상 및 건강에 대한 걱정과 관련된 다음 중 한 가지 이상의 생각, 느낌 또는 행동 (1) 과도하고 지속적으로 증상의 심각성에 대해 생각함 (2) 건강 또는 증상에 대한 지속적으로 과도한 불만 (3) 이런 증상 또는 건강을 걱정하는 것에 과도한 시간과 에너지를 소비함
C	증상이 지속적(6개월 이상), 단 한 가지 증상이 쭉 지속될 필요는 없음(증상이 중간에 바뀌어도 진단 가능)

2 신체화 장애의 DSM - 5 진단기준(요약)

A	수의운동 / 감각기능의 이상이나 결손
B	증상이 신경학 또는 의학적인 상태에 부합하지 않음
C	배제진단 - 다른 의학적 또는 정신 장애
D	증상이나 결손으로 인해 사회 직업적 또는 다른 중요한 기능적 장애나 고통

7 급식 및 섭식장애의 진단분류(DSM - 5)

급식 및 섭식장애(Feeding and Eating Disorders)의 하위유형

1) 신경성 거식증(Anorexia Nervosa)
2) 신경성 폭식증(Bulimia Nervosa)
3) 이식증(Pica)
4) 반추장애(Rumination Disorder)
5) 회피적 / 제한적 음식섭취장애(Avoidant / Restrictive Food Intake Disorder)
6) 과잉섭취장애(Binge - Eating Disorder)

※ 아동기, 성인기 장애를 통합하였다.
※ 거식증의 세분화 및 폭식증의 세분화가 이루어졌다.

1 신경성 식욕부진증의 DSM - 5 진단기준(요약)

A	정상 하한선 이상의 체중을 유지하기를 거부함 (기대 체중의 정산 하한선 미만이 되도록 체중이 줄어듦 또는 성장기에 적절히 증가하지 않음
B	저체중이면서도 체중이 늘거나 뚱뚱해지는 것에 대해 극도의 공포
C	다음 중 한 가지 이상 (1) 체중과 체형에 대해 왜곡하여 받아들임 (2) 체중이나 체형이 자기평가에 과도한 영향 (3) 현재 저체중 상태의 심각성을 부인

2 신경성 폭식증의 DSM - 5 진단기준(요약)

A	반복적 폭식 삽화 (1) 단위시간에 일반인의 식사보다 많은 양을 섭취 (2) 폭식하는 중에는 자제가 불가능
B	체중 증가 방지를 위한 부적합한 보상행동 - 제거행동(구토, 설사, 이뇨제, 관장) 또는 굶기나 심한 운동
C	A / B 둘 다, 최소 주 1회 발생, 3개월 이상 지속
D	체중이나 체형이 자기평가에 과도한 영향
E	신경성 식욕 부진증 배제(즉 저체중이 아님)

3 폭식장애의 DSM - 5 진단기준(요약)

A	반복적 폭식 삽화 (1) 단위시간에 일반인의 식사보다 많은 양을 섭취 (2) 폭식하는 중에는 자제가 불가능
B	폭식 때 다음 중 3가지 이상 나타날 것 (1) 빠른 속도로 먹음 (2) 배불러 불편할 만큼 먹음 (3) 배고프지 않아도 먹음 (4) 많이 먹는 게 민망하여 숨어서 먹음 (5) 과식 후 죄책감, 자기혐오 또는 우울감
C	A / B 둘 다, 최소 주 1회 발생, 3개월 이상 지속
D	폭식에 대해 심하게 괴로워함
E	보상행동이 없다.

8 수면 - 각성장애(sleep - wake disorders)의 진단분류(DSM - 5)

수면 - 각성장애 (sleep - wake disorders)	1) 불면장애(insomnia disorder) 2) 과다수면장애(hypersomnolence disorder) 3) 기면병(narcolepsy)
호흡 - 관련 수면장애 (breathing - related sleep disorders)	1) 폐쇄성 수면 무호흡 저호흡(obstructive sleep apnea hypopnea) 2) 중추성 수면 무호흡(central sleep apnea) 3) 수면 - 관련 저환기(sleep - related hypoventilation)
일주기 리듬 수면 - 각성장애(circardian rhythm sleep - wake disorder)	
사건 수면 (수면 수반증, parasomnia)	1) 비렘 수면각성 장애(non - REM sleep arousal disorder) 2) 수면 보행장애(몽유병, sleepwalking disorder) 3) 야경증(sleep terror disorder) 4) 악몽장애(nightmare disorder) 5) 렘수면행동장애(REM sleep behavior disorder) 6) 하지불안증후군(restless legs syndrome)
물질 / 약물 - 유발 수면장애(substance / medication - induced sleep disorder)	
달리 분류되는 불면장애(other specified insomnia disorder)	
분류되지 않는 불면장애(unspecified insomnia)	
달리 분류되는 과다수면장애(other specified hypersomnolence disorder)	
분류되지 않는 과다수면장애(unspecified hypersomnolence disorder)	
달리 분류되는 수면 - 각성장애(other specified sleep - wake disorder)	
분류되지 않는 수면 - 각성장애(unspecified sleep - wake disorder)	

1 불면장애의 DSM - 5 진단기준(요약)

A	다음 중 1가지 이상 수면의 양, 질과 관련한 불만족 증상 (1) 입면의 어려움 (2) 수면 유지의 어려움 (3) 이른 오전에 깨어 다시 잠들기 어려움
B	불면 또는 연관된 주간 피로에 의해 현저한 기능장애 또는 고통
C, D	C - 평균 1주일에 3회 이상 D - 적어도 3개월 이상 지속
E~H	배제진단 - E : 부적절한 수면환경 F : 다른 수면 - 각성장애 G : 물질에 의한 수면장애 H : 다른 정신장애, 의학적 상태로 주로 설명될 경우

2 일주기 리듬 수면 - 각성장애의 DSM - 5 진단기준(요약)

A	환자의 하루 중 수면 - 각성 양상과 환경에 맞는 수면 - 각성 일정이 어긋나서 수면이 방해받음
B	이로 인해 과도한 졸림 또는 불면이 발생함
C	이로 인해 현저한 기능장애 또는 고통

9 성기능 장애(sexual dysfunction)의 진단분류(DSM - 5)

장애
지연 사정 Delayed ejaculation
발기 장애 Erectile disorder
여성 극치감 장애 Female orgasmic disorder
여성 성적 관심 / 흥분장애 Female sexual interest / arousal disorder
생식기 - 골반통증 / 삽입 장애 Genito - pelvic pain / penetration disorder
남성 성욕 감퇴장애 Male hypoactive sexual desire disorder
조루증 Premature(early) ejaculation
물질 / 약물 유발 성기능 장애 substance / medication - induced sexual dysfunction
달리 분류되는 성기능 장애 Other specified sexual dysfunction
분류되지 않는 성기능 장애 Unspecified dysfunction

성 도착 장애(paraphilic disorders)

소아성애 장애 (pedophilic disorder)	13세 이하, 사춘기 이전 소아를 대상으로 한 성적행위(환자는 16세 이상, 나이차 5년 이상) (1) 여아 / 남아 / 남아 - 여아 모두로 구별 (2) 근친상간에만 국한된 경우도 있음 (3) 성인에게도 성욕을 느끼는 경우와 그렇지 못한 경우로 구별	욕구로 인해 고통 또는 생활에 지장을 받거나 (동의하지 않는 상대를 대상으로) 행동으로 옮길 때 진단
노출장애 (Exhibitionistic disorder)	낯선 남에게 자신의 성기를 노출	
관음장애(Voyeuristic disorder)	남의 벗은 몸 또는 옷 벗는 과정, 성행위를 몰래 쳐다봄	
접촉 도착장애 (Frotteuristic disorder)	동의하지 않는 상대를 만지거나 부빔	
성적가학 장애 (Sexual sadism disorder)	상대방에게 신체적 / 심리적으로 고통을 가하는 데에 집착	

성적피학 장애 (Sexual masochism disorder)	모욕, 구타, 결박 등 고통을 주기 위한 행위를 당하는 데에 집착	욕구 또는 행동으로 인해 고통 또는 생활에 지장을 받을 때만 진단
절편 음란장애 (Fetishistic disorder)	여성 속옷 등의 물건에 집착	
이성복장 착용장애 (Transvestic disorder)	이성애자 남자가 여장하는 데에 집착	

기타 : zoophilic disorder(동물기호장애 ; 수간), necrophilic disorder(사체기호장애 ; 시간), thlephone scatologia(전화음란장애 ; 폰섹스), partialistic disorder(편애장애 ; 특정 신체부위에만 집착), coprophilic / urophilic / klismaphilic disorder(대변 / 소변 / 관장 기호장애) 등

* 해당 성적 행동, 또는 이에 대한 성욕 또는 공상이 6개월 이상 반복 / 지속될 때, <u>이러한 증상으로 인한 사회·기능적 저하, 고통이 있을 때 진단함</u>(DSM - 5에서는 단순한 증상만으로 진단하지 않음. 즉, 노출증은 질환이 아니지만 노출 장애는 질환임)

10 성격장애의 진단분류(DSM - 5)

A	다음 4가지 영역 중 2가지 이상에서의 비정상 소견 (1) 인지(자신, 타인, 세상에 대한 관점) (2) 감정특성(affectivity) (3) 대인관계 (4) 충동조절
B	이 양상이 쉽게 바뀌지 않고, 개인적 / 사회적 상황에 전반적으로 보임
C	고통이나 기능장애
D	사춘기나 초기 성인기에 시작되어 장기 지속
E, F	감별진단 - E : 타 정신질환의 증상 또는 후유증, F : 약물 또는 신체질환의 영향

1 A군 인격장애의 DSM - 5 진단기준(요약)

	편집성 인격장애	조현성 인격장애	조현형 인격장애
A	불신, 의심, 타인이 악의적이라고 느낌 ≥ 4/7	대인관계에 무관심하며 감정표현 메마름 ≥ 4/7	인지 / 지각왜곡과 괴상한 행동으로 대인관계장애 ≥ 5/9
	(1) 피해 / 핍박받는다는 오해 (2) 기분 나쁜일 못 잊고 원한 (3) 지나친 말조심 (4) 대화의 숨겨진 악의 찾음 (5) 비판이라 오해해 과민반응 (6) 친구 / 동료의 배신을 의심 (7) 배우자가 바람핀다 의심	(1) 친밀한 인간관계에 무관심 (2) 친구 없음 (3) 성관계에 무관심 (4) 주로 혼자 놀기 (5) 좋아하는 활동 거의 없음 (6) 칭찬 / 비판에 무덤덤 (7) 냉담하고 둔마된 정동	(1) 마술적 사고(텔레파시 등) (2) 독특한 지각경험 (3) 괴이한 사고 / 언어(비유↑) (4) 관계사고(not 관계망상) (5) 의심 (6) (자존심과 무관한)대인 공포 (7) 부적절 / 둔마된 행동 (8) 괴상한 행동 (9) 친구 없음
B	배제진단 - 조현병 등 정신병적 장애, 정신병적 증상 동반 기분장애, 물질 / 신체질환		
		* 조현성, 조현형은 자폐 스펙트럼 장애도 배제	

2 B군 인격장애의 DSM - 5 진단기준(요약)

	반사회성 인격장애	경계성 인격장애
A	타인 권리의 무시 및 책임 ≥ 3/7 (1) 무책임(결근, 채무불이행 등) (2) 양심의 가책 없음 (3) 짜증 또는 공격성 (4) 충동성이나 무계획성 (5) 안전을 고려하지 않는 무모함 (6) 범법행위 (7) 거짓말이나 가명 사용	충동성 및 self - image, 대인관계, 감정의 불안정성 ≥ 5/9 (1) 만성적 공허감 (2) 과도한 분노 (3) 일시적 피해사고 또는 해리증상 (4) 정체성 혼란(불안정한 self - image) (5) 불안정한 정동 (6) 버림받는 것에 대한 공포 (7) 강렬하고 불안정한 대인관계(이상화와 평가절하)
B, C	18세 이후 진단, 15세 이전 품행장애	
D	배제진단 - 조현병 및 조증삽화	(8) 자기파괴적 무절제 ≥ 2 (알코올 중독, 쇼핑중독, 섹스 중독, 폭식, 난폭운전)

히스테리성 인격장애	자기애성 인격장애
과장된 감정표현과 관심 끌기 ≥ 5/8	남에 대한 공감 없는 과대사고 및 존경 요구 ≥ 5/9
(1) 시선을 끌지 않으면 불편함	(1) 스스로에 대한 과대사고(대단한 사람이라 생각)
(2) 피암시성(귀가 얇다)	(2) 성공, 권력, 이상적인 사랑 등에 몰두
	(3) 특별대우를 당연히 받아야 한다고 생각
(3) 피상적 / 가식적 감정표현	
(4) 과장되고 극적인 감정표현	(4) 남의 감정 / 요구에 공감 못함
(5) 알맹이 없는 과장된 언어사용	(5) 남을 부러워하거나, 남이 자기를 부러워한다 생각
(6) 부적절한 성적 유혹 / 도발	(6) 높은 / 특별한 사람과만 어울리려 함
(7) 눈에 띄기 위해 외모를 이용	(7) 건방지고 거만한 태도
(8) 실제보다 남들과 친하다고 착각	(8) 칭찬 / 존경을 지나치게 요구
	(9) 타인을 이용하고 착취

3. C군 인격장애의 DSM - 5 진단기준(요약)

회피성 인격장애	의존성 인격장애	강박성 인격장애
소심함, 자기비하, 비판에 예민 ≥ 4/7	독립에 대한 공포로 맹목적으로 매달림 ≥ 5/8	질서, 통제, 완벽함에 집착하여 융통성, 효율 포기 ≥ 4/8
(1) 자신이 못나고 한심하다 생각	(1) 혼자되는 데 대한 공포	(1) 일 못 끝낼 정도의 완벽주의
(2) 비판, 거절당할까 노심초사	(2) 혼자있을 때 불편 / 무력함	(2) 순서, 세부사항 등에 집착
	(3) 헤어지면 금방 딴사람 찾음	(3) 자기방식에 정확히 따르지 않으면 일을 남에게 못 맡김
(3) 사람 대하는 직업을 피함	(4) 남 눈밖에 날까봐 불편감수	(4) 일 때문에 취미 / 사교를 포기
(4) 낯가림	(5) 반대의견을 못냄	(5) 자신 / 남에게 돈 쓰는데 인색
(5) 자기편인 사람과만 어울림		(6) 필요없는 물건도 못 버림
(6) 친한 사람 사이에서도 조심	(6) 스스로 일을 벌이지 못함	(7) 가치관에 융통성이 없음
(7) 망신당하기 싫어 새로운 시도를 못 함	(7) 남의 동의가 있어야 결정	(8) 고집이 셈
	(8) 남이 대신 책임져주기 원함	

11 파괴적, 충동조절, 행실장애의 진단분류(DSM - 5)

적대적 반항장애(oppositional defiant disorder, ODD)
간헐성 폭발성 장애(intermittent explosive disorder)
행실장애(conduct disorder)
병적 방화벽(방화광, pyromania)
병적 도벽(절도광, kleptomania)
달리 분류되는 파괴적, 충동조절, 행실장애(other specified disruptive, impulse - control, and conduct disorder)
분류되지 않는 파괴적, 충동조절, 행실장애(unspecified disruptive, impulse - control, and conduct disorder)

1 물질 사용 장애의 DSM - 5 진단기준(요약)

A	6개월 이상 지속되는 부정적. 적대적. 반항적 행동 ≥ 4/8 (1) 쉽게 화냄 (2) 어른들과 다툼 (3) 규칙이나 어른의 요구를 거절 (4) 타인의 짜증을 의도적으로 자극 (5) 자신의 실수나 잘못에 대해 남을 탓함 (6) 쉽게 짜증냄 (7) 분노와 원망을 쉽게 품음 (8) 심술궂거나 복수심을 품음
B	사회, 학업, 직업기능에 지장
C	배제진단 - C : 물질, 기분장애

12 물질 관련 장애의 진단분류(DSM - 5)

	물질 사용 장애(substance use disorder)
물질 유도성 장애 (substance induced disorder)	물질중독(substance intoxication)
	물질금단(substance withdrawal)
	물질 유도성 섬망(substance induced delirium)
	물질 유도성 지속성 신경인지기능장애(substance - induced major / mild NCD)
	물질 유도성 기분장애(substance - induced mood disorder)
	물질 유도성 정신병적 장애 (substance - induced psychotic disorder)
	물질 유도성 불안장애(substance - induced anxiety disorder)
	물질 유도성 성기능장애(substance - induced sexual dysfunction)
	물질 유도성 수면 - 각성장애(substance - induced sleep - wake disorder)
	기타 물질 관련장애

1 물질 사용 장애의 DSM-5 진단기준(요약)

| A | 1년 동안 다음 중 3가지 이상의 기능장애나 고통을 유발하는 부적응적인 물질사용
(1) 의도보다 많이 투여
(2) 끊으려 하나 실패
(3) 물질을 얻기 위한 시간 / 노력 소모
(4) 갈망
(5) 학업 / 직장생활 / 가사에 지장(결석 / 결근, 해고, 자녀방치 등)
(6) 사회 / 대인관계의 지장이 있음을 알면서도 사용
(7) 사회 / 직업 / 취미생활의 포기 또는 감소
(8) 위험한 상황에서의 물질 사용(운전, 기계조작 등)
(9) 신체적 / 정신적으로 해롭다는 것을 알면서도 사용
(10) 내성(같은 효과를 위해 점점 많은 물질이 필요 / 같은 양 물질의 효과가 점차 감소)
(11) 금단(해당물질의 특징적 금단증상, 또는 금단증상을 피하기 위해 물질 사용) |

13 신경 인지기능 장애(Neuricognitive disorders)의 진단분류(DSM-5)

섬망(Delirium)	물질중독 섬망(Substance intoxication delirium) 물질금단 섬망(Substance withdrawal delirium) 약제유발 섬망(Medication - induced delirium) 신체질환에 의한 섬망(Delirium another medical condition) 여러 요인에 의한 섬망(Delirium due to multiple etiologies) 달리 분류되는 섬망(Other specified delirium) 분류되지 않는 섬망(Unspecified delirium)
중증과 경증의 신경 인지기능 장애 (Major and mild neurocognitive disorder, NCD)	(1) 알츠하이머병에 의한 신경 인지기능 장애(Major and mild NCD due to Alzheimer's disease) (2) 전두측두엽 신경 인지기능 장애(Major and mild frontotemporal NCD) (3) 루이소체를 동반한 신경 인지기능 장애(Major and mild NCD with Lewy bodies) (4) 혈관성 신경 인지기능 장애(Major and mild vascular NCD) (5) 외상성 두부손상에 의한 신경 인지기능 장애(Major and mild NCD due to traumatic brain injury) (6) 물질 / 약제유발 신경 인지기능 장애(Substance / medication - induced major and mild NCD) (7) HIV감염에 의한 신경 인지기능 장애(Major and mild NCD due to HIV infection) (8) Prion병에 의한 신경 인지기능 장애(Major and mild NCD due to prion disease) (9) 파킨슨병에 의한 신경 인지기능 장애(Major and mild NCD due to Parkinson's disease) (10) 헌팅톤병에 의한 신경 인지기능 장애(Major and mild NCD due to Huntington's disease) (11) 다른 의학적 상태에 의한 신경 인지기능 장애(Major and mild NCD due to another medical condition) (12) 여러 요인에 의한 신경 인지기능 장애(Major and mild NCD due to multiple etiologies) (13) 분류되지 않는 신경 인지기능 장애(Unspecified NCD)

1 섬망의 DSM - 5 진단기준(요약)

	신체질환에 의한 섬망	여러 요인에 의한 섬망
A~C	A. 주의집중 / 유지 / 전환의 감소를 동반한 의식의 변화 B. 이 변화는 수 시간 - 수 일의 단기간에 발생하여 일중 변동 C. 추가적으로 다른 인지의 변화(기억 결핍, 지남력, 언어, 시공간 능력이나 지각)	
D	이것이 신체질환의 직접적인 생리적 결과라는 병력 / 신체검진 / 검사상 근거	2가지 이상의 신체질환 또는 신체질환 + 물질의 영향에 의해 발생

14 신경발달장애의 진단분류(DSM - 5)

지적장애(intellectual disabilities)
의사소통장애(communication disorders)
언어장애(language disorder)
음성장애(speech sound disorder)
소아기 - 발병 유창성장애(childhood - onset fluency disorder, 말더듬 stuttering)
사회적(실용적)의사소통장애(social(pragmatic) communication disorder)
분류되지 않는 의사소통장애(unspecified communication disorder)

자폐 스펙트럼 장애(autism spectrum disorder, ASD)
주의력 결핍 과잉행동 장애(attention - deficit / hyperactivity disorder)
특정 학습장애(specific learning disorder)
읽기장애(with impairment in reading)
쓰기장애(with impairment in written expression)
산술장애(with impairment in mathematics)

운동장애(motor disorders)
발달 협응 장애(developmental coordination disorder)
상동 운동장애(stereotypic movement disorder)
틱 장애(Tic disorders)
뚜렛 장애(Tourette's disorder)
지속성(만성) 운동 / 음성 틱 장애(persistent(chronic) motor or vocal tic disorder)
잠정적인 틱 장애(provisional tic disorder)
달리 분류되는 틱 장애(other specified tic disorder)
분류되지 않는 틱 장애(unspecified tic disorder)

기타 신경발달장애(other neurodevelopmental disorders)
달리분류되는 신경발달장애(other specified neurodevelopmental disorder)
분류되지않는 신경발달장애(unspecified neurodevelopmental disorder)

1 지적장애의 DSM - 5 진단기준(요약)

A	전반적 지적 기능이 유의하게 낮음(IQ 70 이하 또는 이에 준하는 임상양상)
B	적응기능의 결핍 / 장애 (1) 의사소통　　　　　　　　(6) 자기관리 (2) 자기보호　　　　　　　　(7) 학습 (3) 가정생활　　　　　　　　(8) 작업 (4) 사회 / 대인관계　　　　　(9) 취미생활 (5) 공공시설 이용　　　　　(10) 건강 / 안전
C	발달시기에 나타남

2 자폐 스펙트럼 장애의 DSM - 5 진단기준(요약)

A	지속적인 사회적 상호작용, 의사소통의 장애 1. 사회 / 감정적 상호성 없음 2. 비언어적 상호작용 안됨(눈맞춤, 표정, 몸짓 등) 3. 타인과 관계를 발전, 유지, 이해하지 못함
B	반복 / 상동 / 제한적인 행동, 관심사 1. 상동 / 반복운동 2. routine이나 ritual의 고수 3. 상동 / 제한된 관심사 집착 4. 자극에 대해 과도하거나 저하된 반응
C	증상의 시작이 초기 발달기
D	이로 인하여 학업, 직업, 의사소통에 막대한 지장
E	배제진단 - 지적장애, 발달 지연

3 주의력 결핍 과잉행동 장애의 DSM - 5 진단기준(요약)

A	(1), (2) 중 적어도 하나 만족(발달 수준에 부적절하게 6개월 이상 지속) (1) [주의력 결핍] ≥ 6　　　　　　　　　　(2) [과잉행동] ≥ 6 (17세 이상에서는 ≥ 5)　　　　　　　　　(17세 이상에서는 ≥ 5) 　b. 작업, 놀이에 집중 못함　　　　　　　　a. 꼼지락거림 　c. 타인 경청 전혀 못함　　　　　　　　　b. 자리에 못 앉아 있고 일어남 　h. 쉽게 한눈을 팖　　　　　　　　　　　c. 부적절하게 뛰어다니고 기어오름 　a. 부주의한 실수　　　　　　　　　　　　(청소년기 : 앉아 있으면 몸이 근질거림) 　g. 물건을 잘 잃어버림　　　　　　　　　 d. 차분히 놀지 못함 　l. 할 일을 잘 잊어버림　　　　　　　　　 e. 모터가 달린 것처럼 계속 움직임 　d. 끝까지 공부 / 일을 마무리 못(not 안)함　f. 말이 많음 　e. 계획적인 공부 / 일 못함 　f. 공부, 숙제 등을 회피　　　　　　　　　[충동성] 　　　　　　　　　　　　　　　　　　　　 g. 질문 끝나기 전에 대답 　　　　　　　　　　　　　　　　　　　　 h. 차례를 기다리지 못함 　　　　　　　　　　　　　　　　　　　　 l. 불쑥 끼어들고 참견
B	12세 이전 시작

C	2가지 이상의 환경에서 나타남(집, 학교, 직장 등)	
D	학업 사회, 직업기능의 심각한 장애	
E	배제진단 - 조현병, 기타 정신장애(기분장애, 불안장애, 해리장애, 인격장애)	

* A(1) 우세 : 부주의함(predominantly inattentive presentation)
A(2) 우세 : 과잉행동 - 충동성향(predominantly hyperactive / impulsive presentation)
A(1) / A(2) 비슷 : 혼합형(combined presentation)

4 틱 장애의 DSM - 5 진단기준(요약)

	뚜렛 장애	지속성(만성) 운동 / 음성 틱 장애	잠정적 틱 장애
A	틱(갑작스럽고 빠르게 반복되는, 불규칙한 상동적 운동 또는 발성		
	다수의 운동 틱 + 음성 틱	운동 틱 or 음성 틱	
B	1년 이상 지속		1년 미만
C	18세 이전 발병		
D	물질(정신자극제) 및 신체질환(뇌염, 헌팅톤병 등) 배제		
E		뚜렛 장애 아님	뚜렛 장애, 지속성 틱 장애 아님

15 조현병 스펙트럼 및 기타 정신증적 장애의 하위유형

1) 조현병(Schizophrenia)
2) 조현형 성격장애(Schizotypal Personality Disorder)
3) 망상장애(Delusional Disorder)
4) 단기 정신증적 장애(Brief Psychotic Disorder)
5) 조현양상장애(Schizophreniform Disorder)[4]
6) 조현정동장애
7) 긴장증(Catatonia)

---

4 조현양상장애는 ① 조현병과 동일한 임상적 증상을 나타내지만 장애의 지속기간은 1개월 이상 6개월 이하이다. ② 장애의 지속기간이 6개월 이상 지속될 경우에는 진단이 조현병으로 바뀌게 된다. ③ 유병률은 조현병의 절반 정도로 추정되고 있고, 청소년에게 흔하다고 알려져 있다.

1 조현병(정신분열증)의 DSM-5 진단기준

1) 특징적 증상 : 다음 증상 가운데 2개(또는 그 이상)가 있어야 하며, 1개월 중 상당 기간 동안 존재해야 한다(단, 성공적으로 치료된 경우는 짧을 수 있다).
   (1) 망상
   (2) 환각
   (3) 와해된 언어(예 빈번한 탈선 또는 지리멸렬 → 말이 조리 있게 안 됨)
   (4) 심하게 와해된 행동이나 긴장증적 행동
   (5) 음성 증상, 즉 정서적 둔마, 무논리증 또는 무욕증
      ※ 주의 : 만약 망상이 기괴하거나, 환각이 계속적으로 행동이나 생각에 대해 간섭하는 목소리이거나, 둘 또는 그 이상이 서로 대화하는 목소리일 경우에는 한 개 증상만 있어도 된다.
2) 사회적·직업적 기능부전 : 발병 이후 상당 기간 동안 직업이나 대인 관계, 또는 자기 관리와 같은 하나 또는 그 이상의 주요 생활 영역의 기능 수준이 발병 이전과 비교하여 현저히 감소되어 있는 경우(또는 소아기나 청소년기에 발병될 경우에는 대인관계, 학업 또는 직업 분야에서 적절한 성취를 이루지 못하는 경우)
3) 기간 : 장애의 징후가 적어도 6개월 이상 지속되어야 한다. 6개월의 기간은 진단기준 A를 충족시키는 증상(활성기 증상)이 존재하는, 적어도 1개월의 기간을 포함하고 있어야 하며(또는 성공적으로 치료되면 더 짧을 수 있음), 이 기간은 전구기와 잔류기를 포함할 수 있다. 전구기나 잔류기에는 음성증상만 있거나 진단기준 A에 있는 증상 가운데 2개 이상의 증상이 악화된 형태로 나타난다(예 괴상한 믿음, 이상한 지각적 경험).
4) 조현정동장애와 기분장애의 배제 : 조현정동장애와 정신증적 양상이 있는 기분장애는 다음과 같은 이유로 배제될 수 있다.
   (1) 주요 우울증, 조증 또는 혼재성 삽화가 활성기 증상과 동시에 나타나지 않는다.
   (2) 만약 활성기 증상이 있는 기간 중에 기분 삽화가 발생한다면, 활성기와 잔류기에 비해 전체 삽화의 기간이 상대적으로 짧다.
5) 물질 및 일반적인 의학적 상태의 배제 : 장애가 물질(예 남용 약물이나 투약 약물)이나 일반적인 의학적 상태의 직접적인 생리적 효과로 인한 것이 아니다.

2 망상장애의 DSM-5 진단기준(요약)

A	망상이 1개월 이상 지속
B	조현병 진단기준의 A항목을 만족시키지 않음
C	망상과 관련 없는 영역에서의 기능저하나 기괴한 행동은 없음
D~E	배제진단 - D : 기분장애(망상에 동반한 기분삽화가 있을 경우 망상이 있는 기간보다 짧아야 함) E : 물질 및 신체질환

참고문헌

참고도서

- 고홍월 외, 상담연구방법론, 학지사, 2013
- 권대훈, 교육심리학의 이론과 실제(2판), 학지사, 2009
- 권석만, 현대 이상심리학, 학지사, 2013
- 권석만, 이상심리학의 기초, 학지사, 2014
- 권석만, 현대 심리치료와 상담이론, 학지사, 2012
- 권정혜 외, 임상심리학 7판, 시그마프레스, 2010
- 권정혜 외, 임상심리학 [8판], CENGAGE LEARNING, 2014
- 권준수 외, DSM - 5, 학지사, 2015
- 김귀환 외, 사회복지조사방법론, 2005
- 김계현 외, 상담과 심리검사, 학지사, 2012
- 김기원, 사회복지조사론, 나눔의 집, 2002
- 김동민 외, 심리검사와 상담, 학지사, 2013
- 김영진 외, 심리학개론, 시그마프레스, 2011
- 김재환, 임상심리검사의 이해, 학지사, 2006
- 김중술 외, 사례로 읽는 임상심리학 : 심리학적 검사해석과 면담기법 및 심리치료를 위한 임상심리학, 서울대학교출판문화원, 2012
- 김창대, 상담 및 심리치료의 기본기법, 학지사, 2006
- 김충렬 박사의 '편집증' 기고문
- 김화자. 한국과 미국의 상담윤리규정 비교 연구. Journal of Counseling and Gospel/제, 22(1). 2014
- 노안영, 상담심리학의 이론과 실제, 학지사, 2005
- 박소현, 김문수 공역, 학습과 행동, 시그마프레스, 2004
- 박선환 외, 심리학개론, 양서원, 2009
- 손정락 옮김, 현대임상심리학 [3판], Contemporary Clinical Psychology (Hardcover), 시그마프레스, 2012
- 안창일, 임상심리학 [3판], 시그마프레스, 2010
- 양명주, 김가희 & 김봉환. 대학 진로, 취업상담자가 지각하는 윤리적 딜레마에 관한 개념도 연구. 상담학연구, 17(2), 101-119. 2016
- 이성진, 교육심리학 서설(제3판), 교육과학사, 2009
- 이소영 외, 외상성 뇌손상집단과 측두엽 간질집단의 신경심리적 특성, 1999
- 이영호, 임상심리학 입문, 학지사, 2012
- 이영호 외, 간이 신경 인지기능 국재화 검사의 개발 I : 고안, 1999
- 이장호, 임상노인심리학, 시그마프레스, 2009
- 이장호 외, 상담심리학의 기초, 학지사, 2005
- 이현수 외, 임상심리학 [전정판 7판] 박영사, 2012
- 임인재 외, 심리측정의 원리, 학연사, 2003
- 임창재, 심리학개론, 동문사, 2009
- 정명숙 외, 아동 및 청소년 이상심리학, 시그마프레스, 2011
- 정미경 외, 심리학개론, 양서원, 2009

- 정옥분, 발달심리학, 학지사, 2004
- 조현춘 외, 심리상담과 치료의 이론과 실제, 센게이지러닝, 2012
- 최정윤 외, 이상심리학, 학지사, 2006
- 최정윤, 심리검사의 이해, 시그마프레스, 2010
- 천성문 외, 상담심리학의 이론과 실제, 학지사, 2009
- 탁진국, 심리검사 개발과 평가방법의 이해, 학지사, 2007
- 퍼시픽학술국. 정신과, 퍼시픽북스, 2014
- 홍성렬(2010) 사회과학도를 위한 연구방법론. 시그마프레스.
- 황순택 외, 옮김(Geoffrey P. Kramer, Douyglas A. Bernstein, Vicky Phares 지음), 임상심리학의 이해, 학지사, 2012
- Flores, P. J. (2004년). Addictions as an Attachment Disorder. [김갑중, 박춘삼 (2010년) 애착장애로서의 중독. 서울: 도서출판 NUN.]
- Gerald C. Davison, John M. Neale, 이상심리학, 시그마프레스, 2000
- Widdowson, M. (2013). The Process and Outcome of Transactional Analysis Psychotherapy for the Treatment of Depression: An Adjudicated Case Series. Unpublished doctoral thesis, University of Leicester

참고 수험서

- 김형준, 청소년상담사 2급 이론서, 나눔book, 2021
- 김형준, 청소년상담사 3급 이론서, 나눔book, 2021
- 김형준 외, 직업상담사 2급 이론서, 나눔book, 2021
- 김형준 외, 임상심리사 1급 필기기출문제집, 나눔book, 2021

논문 / 기타

- 강성군, 도박 중독의 선별과 평가, 한국심리학회, 2008
- 김교헌(한국건강심리학회장), 건강심리학 : 건강과 행복 추구, 2007년 기고문 중 일부 인용
- 김은주, 뇌졸중 환자의 재활치료에서 편측 무시에 대한 시야 가리기 방법의 효과, 대한작업치료학회지 제11권 제2호, 2003
- 김정규, 성신여대 심리학과, 성폭력피해의 심리상담
- 김한오(계요병원 알코올센터장), 12단계의 이해와 실제
- 박애선 외, 한국 상담의 정체성 확립을 위한 발전과제, 한국심리학회, 2008
- 배경희, 금연상담기법 – 5A's / 5R's, 대한임상건강증진학회, 2006
- 서울대학교 심리학과 대학원, 임상/상담심리학 연구실 자료, 수정 인용
- 서은현, 뇌의 구조와 인지 기능, 한국치매협회
- 심리학용어사전, 한국심리학회
- 조벽, "감정 응급처치법 통해 지진 트라우마 극복 가능", 경주신문, 2016, 수정 인용
- 진영선 외, 자전적 기억의 특성 분석과 적용 가능성의 탐색, 2010
- 하은혜(숙명여대 교수), 문장완성검사(SCT)의 이해와 적용

홈페이지

- 대한심리연구소 홈페이지
- 참마음 심리상담센터 홈페이지
- 네이버 백과사전
- 다음 백과서전
- 한국심리학회 홈페이지
- 한국임상심리학회 홈페이지
- 한국상담학회 홈페이지
- 보건복지부, 통계청, 여성가족부 등 중앙부처 홈페이지
- http://story.pxd.co.kr/218
- http://class.osan.ac.kr/board/down
- https://knun.net/ezview/article_main.html?no=16249

찾아보기

ㄱ

가드너(Gardner, 1983)의 다중지능이론	282
가용성 발견법	133
가족상담	573
가족상담 기법 - 정리	578
가치중심적 진로접근 모형	611
가현운동 - 지각심리학	93
간섭이론(interference theory)	105
간헐적 폭발성 장애	233
감각기억(sensory memory)	95
감각운동기	36
감정반영	551
강박 및 관련 장애	161
강박성 성격장애	200
강박장애	250
강박증(Obsessive Compulsive Disorder)의	438
강화와 처벌	73
개인심리이론	54
개인주의 상담이론	532
객관적 성격검사	409
건강신념모델	449
건강심리학	478
게슈탈트 법칙	88
게슈탈트 치료	535
경계선 지능(Borderline Intelligence)	289
경계성 성격장애	194
계열위치 효과(serial - position effect)	95
고순위 조건형성(higher - order conditioning)	68
고전적 조건형성	65
고정간격계획	76
고정비율계획	76
공황장애	168
과학자 - 전문가 모형(scientist - practitioner model) - 보울더 모형	461
교류분석적 상담	543
구성주의	132
구체적 조작기	35
귀인이론	127
규준	437
근접발달 영역	40
금단증상과 내성	590
기능적 기억장애와 기질적 기억장애	239
기초심리 통계	108
길리건(Gilligan)의 도덕 추론설	45
길포드(Guilford)	280
깨진 유리창 이론	489

ㄴ

내용척도(Content Scales) - 15개	335
내재적 동기	140
내적 작동 모델	42
내현성격이론	125
노출훈련	518
놀이치료의 치료적 가치	492
뇌와 인지	91
뇌의 4가지 영역	483

ㄷ

다단계 모형	94
다면적 인성검사(MMPI - 2)	313
다면적 인성검사(MMPI) 상승척도 쌍 해석	329
다면적 인성검사(MMPI)의 해석방식	341
단기기억(short - term memory : STM)	97
단기상담이 적합한 내담자	601
단기 정신역동 치료의 경향	453
대응표본 t - 검정	119
도구적 조건형성	70
도박장애	184
독립표본 t - 검정	118
동기강화 상담 (Motivational Interviewing, MI)	587
두뇌 기능의 국재화	486

ㄹ

로렌츠(Lorenz)의 각인(imprinting)	42
로렌츠바이크(Rosenzweig)의 그림좌절검사(picture frustration test)	401
로샤(Rorschach)의 잉크반점 검사	374
로저스의 현상학적 이론	56
리겔(Riegel)의 변증법적 추론모형	40

ㅁ

마르샤(Marcia)의 자아 정체감 수준 분류	43
마법의 수 7±2	98
마우러의 회피 학습	75
마이어스 - 브리그스 유형 지표	403
마이켄바움의 인지행동수정	531
망상장애	667
매슬로의 욕구위계이론	56
메타인지(metacognition, 초인지, 상위 인지)	107
명료화 기법	453
명료화(= 명확화)	551
문장완성검사(SCT: Sentence Completion Test)	399
미신행동(= 징크스)	75

ㅂ

바이오피드백	479
바인랜드 적응행동척도 2판(K - Vineland - II)	367
반사회성 성격장애	192
반응성 애착 장애	245
배설장애	252
버텨주기 기법과 현실검증	508
범불안장애	651
범죄심리학	489
범죄예방의 구조모델론	490
베르니케 실어증	353
베일리 영유아발달검사(BSID)와 하위 척도	366
벤더 게슈탈트 검사(BGT : Bender Gestalt Test)	389
변동간격계획	76
변동비율계획	77
변산도	115
변증법적 행동치료(다이어렉티컬 행동치료, DBT)	444
변태성욕장애(성(性) 도착증)	216
변화단계이론	581
병적 소질(질병 소인) - 스트레스 조망	422
병전지능(웩슬러 검사)	292
보충척도(Supplementary Scales) - 15개	336
부적연습법	80
부호화 특정성 원리(encoding specificity principle)	96
분석심리이론	54
불면장애	253
불안장애	165
브로카 실어증	353
비고츠키의 인지발달이론	39
비율지능과 편차지능	290
비행청소년 상담	603
비확률표집의 종류	110
빈 의자 기법과 두 의자 기법	535

ㅅ

사고변화 기록지의 5개 컬럼(SEARO)	528
사례관리 과정	581
사이버 상담	600
사회공포증	166
사회성숙도 검사	362
사회심리학	123
사회적 추론	131
사회 지각	123
사회학습이론 - 진로상담이론	610
상담관련 윤리	500
상담사의 윤리기준	638
상담윤리의 원칙(키치너)	505
상담의 구조화	556
상담의 역사적 배경	497
상호 제지법	80
생애기술 상담	616
샤이에(Schaie)의 성인 인지발달 5단계 모형	40
선택적 함구증	166
섬망(delirium)	236
섭식장애	229
성격병리 5요인(PSY - 5) 척도	334
성격심리학	46
성격장애	188
성격평가 질문지 (PAI, Personality Assessment Inventory)	405
성(性)기능 장애	214
성(性) 문제 상담	598
성(性)별 불쾌감 장애	217
성취도 검사	264
성취동기	138
성취목표 지향성	139
손상, 장애, 핸디캡의 의미	468
슈퍼비전의 기능 3가지	463
스턴버그(Sternberg, 1986)의 삼원지능이론	283
스펄링(Sperling)의 기억에 관한 실험	104
스피어만(Spearman)	280
시간제한적(단기적) 집단치료의 특징	571
시험불안에 대한 이론적 접근	597
신경발달장애	218

신경성 식욕부진증	230
신경성 폭식증	231
신경심리검사	344
신경심리평가(검사)의 배터리 검사	351
신경심리학	481
신경인지장애	236
신경증적 성격이론	55
신경증, 정신증의 구분	158
신근성 효과	125
신뢰도 및 타당도	270
신체이형장애	251
신체적 장애 발생에 따른 심리적 적응단계	624
신체증상 및 관련장애	241
신체증상장애(신체화장애)	241
실존주의 상담이론	541
심리검사에 관한 윤리강령	275
심리검사의 윤리문제	273
심리검사의 의미	258
심리사회이론	52
심리적 응급처치 방법 5단계	621
심리평가보고서의 구성형식	359
심리학의 역사	412
심리학자의 윤리규정과 행동규약	471
심리학자의 윤리기준	626
심적 회전	87
써스톤(Thurstone)	278

ㅇ

아동 및 청소년용 심리검사	361
아를린(Arlin)의 문제 발견적 사고	41
약물에 관한 설명	584
양극성 및 관련 장애	173
에빙하우스의 무의미 철자 실험	105
에인스워드(Mary Ainsworth)의 낯선 상황 (strange situation) 검사	42
엔돌핀과 엔케팔린	187
역 조건형성(counter-conditioning)	67
연극성 성격장애	196
완전히 기능하는 사람	455
외상 및 스트레스 관련 장애	652
외상 후 스트레스 장애	246
외재적 동기	140
용암법(fading)	80
우울증의 귀인이론	176

웩슬러(Wechsler) 오리지널 검사	284
위계이론	281
위기개입 6단계 모델	620
위기 및 자살상담	618
유관학습	479
의사소통 유형 - 사티어의 경험적 가족치료	579
의사소통 장애	220
의존성 성격장애	199
이상심리학의 이론	152
이상심리학의 정의	146
이원청취기법	483
이중관계 지양	473
인간발달의 원리	33
인간중심 상담	510
인본주의 이론	56
인본주의 치료	454
인지 부조화 이론	86
인지사회이론	62
인지심리학	91
인지적 상담(엘리스, 벡)	521
인지적 오류의 종류	523
인지치료 - 벡(Aaron T. Beck)	446
인지치료(아론 벡)	522
인지학습	82
인지행동치료	445
인터넷 중독의 징후	589
일반적성검사(GATB)	372
임상심리학의 역사	414
임상심리학의 자문	458
임상적 면접보고서에 포함되어야 할 내용	425
임상척도(Clinical Scale)	322

ㅈ

자극추구(sensation-seeking) 성향	70
자기감찰(self-monitoring)	518
자기애성 성격장애	197
자기 효능감의 원천	63
자동적 사고를 찾는 방법	528
자료수집 방법	120
자문의 단계	463
자문의 모델	460
자아 방어기제 이론	50
자폐스펙트럼 장애	221
장기기억(long-term memory)	98

적극적인 경청	550
적대적 반항장애	232
전조작기	37
전통적 모델과 치료적 모델의 목표 및 역할	423
전환장애	242
점진적 노출의 치료효과	518
점진적 이완훈련	443
접촉가설	124
접촉위안(contact comfort)	41
정신건강사회복지사	480
정신건강임상심리사	480
정신건강 자문	459
정신분석이론	48
정신분석적 상담	506
정신상태검사	427
정신역동치료	450
젤리넥(Jellinek)의 알코올 의존 4단계	182
조작적 조건화	72
조현병	204
조현병 스펙트럼 및 기타 정신증적 장애	666
조현성 성격장애	190
조현정동장애	212
조현형 성격장애	191
좌반구와 우반구	481
주요 우울장애	648
주의력 결핍/과잉행동장애	223
주제통각검사(TAT : Thematic Apperception Test)	385
중다기억 체계	103
중독상담	580
중독장애(물질관련 장애)	181
증상 타당도 척도(Symptom Validity, FBS)	316
지능검사	277
지역사회 심리학	464
지적 장애	218
직면	452
진로상담	608
진로상담의 이론	609
진로의사결정 모델	613
질병불안장애(건강염려증)	241
집, 나무, 사람 그림검사(HTP : House, Tree, Person Drawing Test)	396
집단사고(Janis)	137
집단상담	561
집단상담의 과정	565
집단상담의 방법	568
집단상담의 유형	564
집단상담의 치료요인(얄롬)	563
집단용 지능검사	262
집중 경향치	115

ㅊ

차별강화의 종류	444
착시 – 지각심리학	94
청소년 비행의 원인 – 사회학적 관점	604
체계적 둔감법	441
초기 면담 시 행동관찰에 포함되어야 할 사항	426
추동(충동)감소 이론	79
충동통제장애	232
취약성 – 스트레스 모델	154
치료와 재활의 차이	439
치료집단과 자조집단	562
치매	236
침습과 비침습	486

ㅋ

카우프만 아동용 지능검사	311
켈러(J. M. Keller)의 학습동기유발이론	141
켈리(Kelley)의 공변 원리	130
코너스 평정척도	366
코티솔(cortisol)	249
콜버그(L. Kohlberg)의 도덕성 발달 이론	44
퀼리언(Quillian)의 의미망 모형	134
퀼러의 통찰학습	82
클로닝거(C. R. Cloninger)의 심리생물 인성모델	406

ㅌ

타당도 척도(Validity Scales)	314
토큰강화법(토큰경제)	441
톨만의 잠재학습	83
투사적 검사	374
투사적 동일시의 4가지 유형	203
특성 – 요인 상담	609
특성이론	58
특정 학습장애	224
특질이론	59
틱 장애	225

ㅍ

파킨슨병	485
편집성 성격장애	189
포화의 원리	80
표본오차와 비표본오차	110
표준점수(T점수)	118
표준점수(Z점수)	117
표준편차	116
표준화 검사의 제작과정	267
품행장애	233
프리맥(Premack)의 원리	78
피아제의 인지발달이론	35
피자문자 중심 사례 자문	459

ㅎ

학습된 무기력	78
학습문제 상담	594
학습심리학	65
한국 아동 인성검사	364
한국 아동 인성 평정척도	364
할로우(Harlow)의 어린 원숭이 대리모 실험	41
합리적 정서행동치료(REBT, 엘리스)	521
합리적 행위이론(마틴 피시바인, Martin Fishbein)	81
합리정서행동치료(REBT)	446
해리장애	227
해석	552
행동연쇄(chaining)	81
행동조성법(조형)	518
행동주의 상담	514
행동평가	428
행위중독(병적도박 등)	593
허위성 장애	243
헌팅턴병	484
헐(Hull)의 신행동주의	79
현실치료(글래서)	547
혐오치료법	80, 444
형식적 조작기	38
형태 재인(pattern recognition)	102
형태주의 학습이론	82
홀랜드(Holland) 인성이론	407
확률표집의 종류	108
회상(recall)과 재인(recognition)	102
회피성 성격장애	198

숫자

12단계 촉진치료의 전문	591
16PF(16 Personality Factor Questionnaire)	401

A~Z

A군 성격장애	189
Burish(1984)의 객관적 성격검사 제작에 관한 접근들	432
B군 성격장애	192
Cannon - Bard 이론	142
Cormier가 제시한 적극적 경청 기술	426
C군 성격장애	198
DRO	80
DSM-5(2013)의 주요 장애 진단기준	647
DSM - 5의 심리장애 상위범주 및 하위유형	160
DSM - 5 주요 특징	159
James - Lange 이론	142
K - WAIS - IV(한국판 웩슬러 성인용 지능검사)	304
K - WISC - IV(한국판 웩슬러 아동용 지능검사)	293
Luria - Nebraska 신경심리검사	350
MMPI - A	338
NEO - PI - R(NEO - Personality Inventory - Revised)	402
Rey - Osterrieth Complex Figure Test	346
Schachter - Singer 이론	142
SQ3R 독서전략	596
WDEP 모형(현실치료)	549

김형준

- **학력 및 경력**

  사회복지학 박사 / 교육학 박사 / 심리학 박사

  현) 오산대학교 사회복지학과 겸임교수

  현) 원광디지털대학교 사회복지학과 시간강사

  현) 노량진 메가공무원학원 심리학 전임교수

  현) 서울복지상담협동조합 이사장

  현) 나눔복지교육원, 나눔book 대표

  현) 에이치알디이러닝(주) 대표이사

- **주요 저서**

  김형준 나눔 사회복지학개론 공무원 기본이론서 (배움)

  김형준 뫼비우스 사회복지학 기출문제집 (메가스터디)

  김형준 포커스 사회복지학 핵심요약집 (메가스터디)

  김형준 원샷원킬 사회복지학 실전문제집 (배움)

  사회복지직 공무원 면접가이드 (공저, 배움)

  사회복지사 1급 이론서 / 기출문제집 / 핵심요약집 / 실전문제집 (나눔book)

  청소년상담사 1급 필기 기출문제집 (공저, 나눔book)

  청소년상담사 2급 이론서 / 실전문제집 / 기출문제집 / 면접가이드 (공저, 나눔book)

  청소년상담사 3급 이론서 / 실전문제집 / 기출문제집 / 면접가이드 (공저, 나눔book)

  청소년지도사 2급 / 3급 면접가이드 (나눔book)

  임상심리사 1급 필기 기출문제집 / 실기 기출문제집 (공저, 나눔book)

  임상심리사 2급 이론서 / 필기 기출문제집 / 핵심요약 및 실기 기출문제집 (공저, 나눔book)

  직업상담사 2급 필기 이론서 / 필기 기출문제집 / 핵심요약 및 실기 기출문제집 (공저, 나눔book)

유상현

- **학력 및 경력**

  상담학 박사

  전문상담사 1급(No. 847)

  현) 몰입과 중독 심층심리 연구소장

  현) 한국법무보호복지공단 충남지부 상담위원

  현) 천안·아산 범죄피해자 지원센터 상담위원

  현) 한국청소년상담학회 학술위원

  전) 천안보호관찰소 상담위원

- **주요 저서**

  청소년상담사 2급 이론서 / 실전문제집 / 기출문제집(공저, 나눔book)

  청소년상담사 3급 이론서 / 실전문제집 / 기출문제집(공저, 나눔book)

  임상심리사 2급 이론서 / 필기 기출문제집 / 핵심요약 및 실기 기출문제집(공저, 나눔book)

MEMO

MEMO

MEMO

2026 임상심리사2급 1차 찐정리 한권끝장 필기 이론서

발행일   초판 2023년 1월 30일
          개정판(1쇄) 2026년 1월 2일
발행처   인성재단(나눔book)
발행인   조순자
편저자   김형준, 유상현
편집디자인   김지원

※ 낙장이나 파본은 교환해 드립니다.
※ 이 책의 무단 전제 또는 복제행위는 저작권법 제136조에 의거하여 처벌을 받게 됩니다.

정 가   35,000원   **ISBN**   979-11-7491-054-7